国家出版基金项目
NATIONAL PUBLICATION FOUNDATION

The New Cambridge Medieval History
Volume V   *c.*1198–*c.*1300

新编剑桥中世纪史

第五卷　　约1198年至约1300年

[英] 大卫·阿布拉菲亚（David Abulafia）主编

莫玉梅　　译

CAMBRIDGE

中国社会科学出版社

审图号：GS（2022）4505 号

图字：01 – 2021 – 4542 号

图书在版编目（CIP）数据

新编剑桥中世纪史. 第五卷，约 1198 年至约 1300 年／（英）大卫·阿布拉菲亚
主编；莫玉梅译. —北京：中国社会科学出版社，2023. 10

书名原文：The New Cambridge Medieval History Volume V：c. 1198 – c. 1300

ISBN 978 – 7 – 5227 – 0733 – 4

Ⅰ. ①新…　Ⅱ. ①大…②莫…　Ⅲ. ①欧洲—中世纪史—1198 – 1300

Ⅳ. ①K503

中国版本图书馆 CIP 数据核字（2022）第 142974 号

出 版 人	赵剑英
责任编辑	安　芳
责任校对	李　莉
责任印制	李寡寡

出　　版	中国社会科学出版社
社　　址	北京鼓楼西大街甲 158 号
邮　　编	100720
网　　址	http://www.csspw.cn
发 行 部	010 – 84083685
门 市 部	010 – 84029450
经　　销	新华书店及其他书店

印刷装订	北京君升印刷有限公司
版　　次	2023 年 10 月第 1 版
印　　次	2023 年 10 月第 1 次印刷

开　　本	650 × 960　1/16
印　　张	77
字　　数	1258 千字
定　　价	298.00 元

皇帝弗雷德里克二世的奥古斯塔利斯钱币，1231 年或之后为其西西里王国发行（菲兹威廉博物馆，剑桥）

新编剑桥中世纪史

编 委 会

总　译　序

　　《剑桥古代史》《剑桥中世纪史》与《剑桥近代史》是剑桥大学出版社出版的三部世界史名著，代表了西方史学研究的趋势和水平，在西方史学界乃至世界史学界享有极高的学术地位，国际史坛习称为"剑桥三史"。其中，《剑桥近代史》的第 2 版以《新编剑桥世界近代史》的中文译名，已由中国社会科学出版社出版，成为我国学人及广大世界史爱好者的重要读物。

　　《剑桥古代史》初版于 20 世纪前期，自 70 年代开始由英语世界及法国、德国等国的知名学者和专家进行长达 30 年的重写，由原来的 12 卷扩展至 14 卷 19 册。新版《剑桥古代史》将初版中公元 3 世纪的古代史下限推到公元 7 世纪左右，大量增加关于古代埃及、西亚文明与早期希腊历史，以及社会经济史、文化史的内容，在古代文明的起源、古代经济的一般特征、古典文明与东方文明的关系、古代世界的转变等一系列根本问题上，取得了重大突破。

　　《新编剑桥中世纪史》共计 7 卷 8 册，与旧版《剑桥中世纪史》相比，在编写体例和篇章编排上更为清晰明了，突破了传统政治史的旧框架，试图呈现"全面的历史"，将经济、社会、精神、文化等领域纳入论述范围，提供了对中世纪更为全面、翔实的记载。值得注意的是，新编系列摆脱了以往将欧洲视为世界全部的"欧洲中心论"，反对将欧洲各国历史机械拼凑或简单相加，力图从整体上考察中世纪欧洲各国的历史发展轨迹及相互间的影响，反映了一个世纪以来西方学术研究的繁荣与进步。

　　多卷本《剑桥古代史》（14 卷 19 册）和《新编剑桥中世纪史》（7 卷 8 册），由于篇幅巨大，内容涉及史前史、古埃及史、古代近东史、古希腊史、古罗马史、基督教文明史、伊斯兰教文明史等丰富的历史与多种文字，其中包括大量古代文字，如埃及象形文字、西亚楔形文字、古希腊文、拉丁文等，翻译难度极大，此前一直未能组织翻译出版，这不能不说是中国世界史学界的一大憾事。

改革开放以来，我国世界古代史和世界中世纪史学科取得长足进步，在高校与科研院所中形成了一批受过良好的专业和外语训练的研究队伍，翻译《剑桥古代史》与《新编剑桥中世纪史》的条件逐渐成熟。由于历史学是其他各门人文社会科学的基础，翻译出版两部巨著，不仅会改变中译本《新编剑桥世界近代史》"一只孤雁"的状态，把体现世界史学高水平的"剑桥三史"全部介绍到国内，而且对推动我国世界历史学科，特别是世界古代史和中世纪史学科的建设和人才队伍建设，着力提升中国世界史体系及世界通史研究水平具有重要的学术价值。迄今为止，《剑桥古代史》和《新编剑桥中世纪史》尚无英文之外的译本，中译本的完成和出版，将是这两套重要历史学著作的第一个译本，对于提高我国世界史研究在国际学术界的地位，以及提高我国的文化软实力都有重要意义。

为了将这两部史著翻译成中文出版，中国社会科学出版社于2008年购得了两部著作的中文版权。2010年初启动了由著名历史学家、时任中国社会科学院副院长武寅研究员主持的"《剑桥古代史》《新编剑桥中世纪史》翻译工程"。2010年下半年，该工程被批准列为中国社会科学院重大科研项目和国家社科基金重大招标项目。

在首席专家武寅研究员的领导下，翻译工程集中了全国科研机构和高等院校世界古代中世纪史一流学者组成翻译队伍；聘请国内世界古代、中世纪史老专家作为顾问；组成了由具有较高学术水平和组织经验的世界史专家、出版社领导及相关人员参加的翻译工程工作委员会（简称总编委会），负责翻译工程的日常工作，确保翻译、出版工作的顺利进行。

"翻译工程"不是简单的、一般意义的翻译，而是将这种翻译建立在深入研究的基础上，在某种意义上，这是难度更大、任务更为艰巨的研究性课题。两套史书共27卷册，涉及语种众多，国内和海外对人名、地名及专有名词的译法多有不一。课题组首先组织翻译了各卷册名词索引，又由专人将其汇编成两大本《世界古代史译名词典》和《世界中世纪史译名词典》，作为翻译工程的指南，将来可作为我国世界古代、中世纪史研究和翻译的工具书出版。两部史著不仅涉及的语种多，涉及的学科门类也多，增加了翻译的难度，课题组反复多次请教了不同语种不同专业的专家，解决难点疑点问题。在忠实翻译原著的同时，为便于读者理解，适当增加了译注，在一定程度上反映了国内外最新研究成果和中国学者的观点。

虽然时间紧、任务重，课题组成员发扬艰苦奋斗、精益求精、甘于奉献的精神，按时完成了任务。在此谨对课题组全体成员表示感谢，感谢首席专家武寅研究员，她自始至终率领大家攻坚克难，并从头到尾审阅了全部书稿；感谢于沛研究员做了大量组织工作并审阅了大部分书稿；感谢郭小凌教授和侯建新教授，在完成本卷册翻译任务的同时，还分别担任了古代史和中世纪史子课题的负责人，做了大量组织和审稿工作；感谢所有译者，他们拿出宝贵时间，完成繁重的翻译工作。特别感谢刘家和、朱寰、王敦书、庞卓恒等国内著名老专家，作为顾问全力支持翻译工程。感谢中国社会科学院科研局和国家社科规划办提供的多方支持，有力保证了"翻译工程"顺利进行。感谢中国社会科学出版社赵剑英社长在人力财力上给予大力支持，感谢郭沂纹副总编做了大量具体的组织统筹工作，感谢前社长孟昭宇和原副总编辑曹宏举等关心和支持本课题的所有人，没有他们的支持，本课题也不可能顺利完成。

剑桥翻译工程课题组
2017 年 12 月 17 日

《新编剑桥中世纪史》译序[*]

  《新编剑桥中世纪史》（*The New Cambridge Medieval History*）的中译本终于要与华语世界的读者见面了！它将与新版《剑桥古代史》中译本一道陆续出版发行，无疑是奉献给中国学界的一道丰盛大餐，尤其助力于我国的世界史学科的基础性研究，想到此，相信付出 8 年艰辛劳动的译者们无不深感欣慰！

  旧版《剑桥中世纪史》是著名的"剑桥三史"（剑桥古代史、剑桥中世纪史、剑桥近现代史）之一，酝酿于 1904 年，出版时间从 1911 年至 1936 年最后一卷完成，前后耗时 33 年之久。^① 自面世以来，一直被认为是同类作品中的扛鼎之作。大约 20 世纪中叶前后，随着西方新史学的兴起，"剑桥三史"的内容渐显陈旧，^② 此后旧版虽多次有略加修改的重印本，仍不能满足时代要求，因此剑桥大学出版社决定先后启动"剑桥三史"的重新编写工作。1995 年，英国剑桥大学出版社首推《新编剑桥中世纪史》（以下简称《新编》）第二卷，自此各卷相继出版，到 2005 年，共 7 卷 8 分册英文版《新编》全部问世。从 20 世纪 80 年代后期酝酿重编事宜到全部出齐，《新编》也经历了大约 20 年。这是一部欧洲史的著作，虽然该书也涉及并写到了近东和北非等地区，仍不能称为世界史作品，然而，它的学术影响却是世界性的。

---

  * 天津师范大学郑阳博士帮助搜集了相关资料，在此致以谢意。

  ① 参见 P. A. Linehan, "The Making of the *Cambridge Medieval History*", *Speculum*, Vol. 57, No. 3 (Jul. , 1982), pp. 463 – 94. Linehan 是《新编剑桥中世纪史》8 人编委会的成员之一，他的这篇文章详细地介绍了老版《剑桥中世纪史》的来龙去脉。

  ② 甚至有人戏称为"鸡肋"，比如，约翰·阿珀斯博士是批评者之一。他于剑桥大学获得博士学位，从事黑死病和瘟疫史研究。他在回忆旧版《剑桥中世纪史》时说，在其攻读博士学位时无人推荐他去阅读这部作品，包括其导师克里斯托弗·布鲁克在内，尽管该书第七卷涉及他的研究时代，而且该卷主编之一的扎克利·布鲁克还是其导师的父亲。参见 John Aberth, "Review: *The New Cambridge Medieval History*, Ⅵ: *c. 1300 – c. 1415*", *Speculum*, Vol. 77, No. 4 (Oct. , 2002), p. 1324.

一

每部史学著作都不可避免地留下时代的烙印。《新编剑桥中世纪史》和旧版《剑桥中世纪史》作为具有谱系关系的两部史著，既有联系又有区别，从内容取舍、写作风格不同到编纂体例和史学理念的变化，都可以品味皇皇巨著背后的时代沧桑。《新编》与旧版主要有哪些区别，或者说什么是《新编》的主要特点？

其一，《新编》撰写体例和内容都发生了变化。剑桥大学史学编纂体例的传统是兼顾主题和时段两大要素。① 旧版各卷也兼顾了两大要素，只是政治性主题被强化，各卷大都依照特定的政治主题编排。诸如罗马基督教帝国与日耳曼各王国的建立、日耳曼人和西方帝国、东罗马帝国、帝国与教廷之争、教廷的胜利、帝国和教廷的衰落等，显然是一部典型传统的政治史和军事史，显示了那个时代的史学特征。19 世纪末以降，兰克学派盛行于世，在史学方法上强调实证主义，叙事内容则以政治史研究为中心。剑桥大学的史学圈深受其影响，其代表人物阿克顿勋爵主编的《剑桥近代史》把西方的政治史推向新高峰。旧版《剑桥中世纪史》则紧随其后。英国史学界对于政治史的过分强调显然限制了《剑桥中世纪史》的研究视野和内容取舍。②

《新编》编排的方式以时段要素为主，诸分卷依时序相衔接；同时各卷试图紧扣该时段最具典型特征的历史画面，重视政治，也不忽略经济、社会、文化与艺术等方面。而且，关注下层社会的历史，关注非精英团体的历史，打破了旧版以英雄人物为焦点的传统。③ 有人认为这种撰写体例有进步也有缺陷，最大的缺陷莫过于主题过多而无法形成有机整体，形神俱散。例如，巴克拉克在对《新编》第二卷

---

① 参见 J. O. McLachlan, "The Origin and Early Development of the Cambridge Historical Tripos", *Cambridge Historical Journal*, Vol. 9, No. 1 (1947), p. 83.

② 参见 B. Bachrach, "Review: *The New Cambridge Medieval History*, Ⅱ: *c. 700 – c. 900*", *Speculum*, Vol. 74, No. 1 (Jan., 1999), p. 217; E. Peters, "Review: *The New Cambridge Medieval History*, IV: *c. 1024 – c. 1198*", *The International History Review*, Vol. 28, No. 2 (Jun., 2006), pp. 375 – 378.

③ P. Freedman, "Review: *The New Cambridge Medieval History*, V: *c. 1198 – c. 1300*", *Speculum*, Vol. 77, No. 1 (Jan., 2002), pp. 122 – 123.

所作的书评中，就批评该卷由于过多强调社会、文化等当下学界热捧的各个研究维度，致使难以归纳出该时段的历史特征。① 阿珀斯在评论《新编》第六卷时，毫不客气地指出该卷各章之间缺乏整合性，只见树木不见森林。② 不过总的来看，《新编》的体例普遍受到好评，一些学者认为，即使上述那些问题存在也无伤大雅，因为从受众角度看，这部作品主要面对具有相当研究基础的学术群体，属于专业研究生使用的大型教科书，大多数人只是查阅相关部分，很少通读全书，因而在一定程度上回避了该书撰写体例上的缺陷。③

其二，改善编纂组织方式，研究视域涵盖整个欧洲。19 世纪末 20 世纪初，民族主义思潮盛行，以致引发世界大战，这给旧版《剑桥中世纪史》留下深深的伤痕。第一次世界大战爆发后，剑桥大学出版社特别委员会决定罢免所有参与《剑桥中世纪史》撰写的"敌对国家"的学者，并以"自己人"取而代之。据此，所有来自德国、奥地利、匈牙利甚至俄国的作者皆遭排斥出局，而这些作者本是当时相关领域的一流学者；取而代之的学者往往相形见绌。④ 结果旧版《剑桥中世纪史》迟迟不能成书，质量也大打折扣，皆为后人所诟病。第二次世界大战后，人们对于民族主义及其引发的灾难进行了深刻的反思，推动了《新编》编纂的国际合作精神。作为一部英语学术著作，《新编剑桥中世纪史》的非英语国家的撰稿人在各卷中均占有一定的比例，最低占 24%，最高则达到 46%。⑤ 此外，《新编》展现了更为公允的学术立场。以《新编》第二卷为例，主编麦克科特里克及其英籍同事对欧洲大陆历史事件客观而准确的叙述和分析，颇受好评，远非旧版可比，后者的一些表现被斥责为强烈的"盎格鲁

---

① B. Bachrach, "Review: *The New Cambridge Medieval History*, II: *c. 700 – c. 900*", *Speculum*, Vol. 74, No. 1 (Jan., 1999), p. 219.

② John Aberth, "Review: *The New Cambridge Medieval History*, VI: *c. 1300 – c. 1415*", *Speculum*, Vol. 77, No. 4 (Oct., 2002), pp. 1324, 1327.

③ D. Shanzer, "Review: *The New Cambridge Medieval History*, I: *c. 500 – c. 700*", *Speculum*, Vol. 83, No. 2 (Apr., 2008), p. 436.

④ 例如，第八卷第四章涉及 15 世纪的神圣罗马帝国，取代德国学者科伊特根（Keutgen）的是英国学者拉芬（R. D. G. Laffan），在给当时《剑桥中世纪史》主编之一的特纳（J. R. Tanner）的信中，拉芬坦言："我阅读德文很慢，困难重重，因此几乎不能阅读任何重要的德文著作，尽管我有时提及它们；虽然我希望明天去学习这门语言，但在相当一段时间里却无法精通。"见 P. A. Linehan, "The Making of the *Cambridge Medieval History*", *Speculum*, Vol. 57, No. 3 (Jul., 1982), p. 466.

⑤ 根据《新编剑桥中世纪史》各卷撰稿人情况统计得出。

中心主义"。① 旧版《剑桥中世纪史》的所有主编均有剑桥大学的背景，而且一人通常兼管数卷，权限过大，交接无序，无可避免地影响了作品质量。②《新编》的最高编委会由 8 名国际学者构成，各卷的主编向编委会负责，从而有利于编纂组织工作公允有效地推进。

《新编》的研究视角囊括整个欧洲，麦克科特里克指出，《新编》第二卷致力于通过跨学科的方法探究整体欧洲的发展。③ 各卷大多都有北欧、东欧地区的专门章节，而且波兰、捷克、立陶宛、挪威等国的学者直接参与了各卷的撰写并取得了丰硕的成果。④ 同时注重欧洲与周边非基督教文明的互动。事实上，欧洲整体史以及文明互动的观念在《新编》各卷中均有表现。伊斯兰教世界在《新编》中具有更重要的位置，比如《新编》第四卷第二部分中有两章专门探究相关时期的伊斯兰世界。⑤ 对此，彼得斯认为新版欧洲中世纪史的研究视域扩展到了东方和南方的新边界。⑥

其三，史料翔实，并力求史料与分析并重。剑桥史学一向以扎实敦厚的研究院风格著称于史学界，《新编》承继了这一传统，而且原始资料的来源范围更加宽泛。不仅包括各种传统的档案与法典，个人信件、税单、货单、徽章、忏悔书、墓志铭、印章、社团手册和工艺品等都纳入涉猎范畴。近几十年最新考古成果的贡献也相当醒目。应该说，《新编》比旧版的史料基础更为坚实和广阔。各卷末所列参考及进一步阅读书目，占该卷总篇幅的 15% 以上，是全书的重要组成部分。一方面重视原始资料，另一方面重视吸纳和展示当代学者的最新研究成果，浏览参考书目可掂出成果之厚重，也感受到明显的时代气息。《新编》另一个明显的新特征是，加强了历史解释和评论的力

---

① J. Campbell, "Review: *The New Cambridge Medieval History*, II: *c. 700 – c. 900*", *The English Historical Review*, Vol. 113, No. 452（Jun., 1998），p. 684.

② 关于旧版《剑桥中世纪史》的编辑组织的变化以及各位执行主编的问题，均见 P. A. Linehan, "The Making of the *Cambridge Medieval History*".

③ Rosamond McKitterick, ed., *The New Cambridge Medieval History*, II: *c. 700 – c. 900*, Cambridge, Eng.: Cambridge University Press, 1995, pp. xvii – xviii.

④ 例如，T. Noonan 在《新编剑桥中世纪史》第三卷中关于东欧地区的研究便十分出色，被认为具有很高的学术价值。见 J. Contreni, "Review: *The New Cambridge Medieval History*, III: *c. 900 – c. 1024*", *The International Historical Review*, Vol. 23, No. 3（Sep., 2001），p. 633.

⑤ David Luscombe & Jonathan Riley-Smith, eds, *The New Cambridge Medieval History*, IV: *c. 1024 – c. 1198, Part 2*, New York: Cambridge University Press, 2004, chap. 22, 23.

⑥ E. Peters, "Review: *The New Cambridge Medieval History*, IV: *c. 1024 – c. 1198*", *The International Historical Review*, Vol. 28, No. 2（Jun., 2006），pp. 377 – 378.

度。它保留了兰克学派实证主义的方法，同时在相当程度上摒弃了述而不论、怀疑论及不可知论，后者曾被调侃为"外交"型历史学家的风格。秉持述论并重的原则，而且不失时机地介绍其他相同的和不相同的观点，无疑使史学思辨更富有张力。

二

下面，笔者对《新编》各卷做简要介绍，以方便读者阅读。

《新编》共7卷8分册，探讨的时段自大约公元500年至公元1500年。其中第一至三卷探究中世纪早期的欧洲历史，第四、五卷探究中世纪盛期的欧洲历史，第六、七卷探究中世纪晚期的欧洲历史。各卷情况大致如下：

第一卷主要阐释6—7世纪欧洲发端时期的背景历史。先以导论方式介绍了晚期罗马帝国、蛮族入侵以及相关史料及其解读。继而以时段为序，以地域性政治实体为单元分别讨论了这一时期的历史。最后一部分以专题的方式探究了犹太人、王权、地中海与北海经济等问题。考古材料和各种非文献史料的运用是本卷的亮点，伊斯兰文明和拜占庭文明在本卷中占有一定的分量，显示了开阔的视野。

第二卷主要阐释8—9世纪欧洲文明形成时期的历史。本卷重点探究以法兰克王国为中心的蛮族王国对欧洲的塑造性作用，包括政治观念、统治方式、社会组织、教俗关系、文化生活等各个方面。本卷分为四个部分。第一部分一般性介绍8、9世纪欧洲各王国和各族的政治史；第二部分分析王权、贵族、经济制度、军事组织、乡村社会等专题；第三部分阐述教宗制度与仪式，以及教俗关系；第四部分从不同方面系统地探讨了8、9世纪的欧洲知识与文化的历史。

第三卷主要阐释"漫长的10世纪"（可上溯至9世纪末下推及11世纪20、30年代），欧洲封建制、庄园依附制出现与形成，欧洲的政治格局和政治版图由此奠定。本卷分成三部分，第一部分为经济—社会史的各类专题，第二和第三部分以加洛林帝国地域为界，分别探究"后加洛林欧洲"各国，以及"非加洛林欧洲"各地区的历史。欧洲在这一时期完成了从古代世界向中世纪世界的转变，欧洲核心区各王国开始了自我认同的历史进程。

第四卷主要阐释11—12世纪政教二元架构下的欧洲。本卷分上下两册，基本内容大多涉及教会或教会与俗世的关系。上册作为专题史，论述了宗教和世俗两个世界的发展与变革，包括人口、农业、贸易、城市、教会改革及其与东派教会、伊斯兰世界和犹太人的关系等。下册侧重于政治史视角，探究教俗重大政治事件的进程与发展，包括教宗制转型、欧洲各王国、各地区精英阶层的兴起与政府组织的发展等。

第五卷主要阐释13世纪的欧洲历史，以西欧地区与外界边沿地区的互动为研究框架，从多个维度凸显"扩张"这一时代主题：如天主教会的扩张、欧洲人口的急剧增长和经济扩张，以及王权的深度发展等。

第六卷主要阐释14—15世纪欧洲的历史，凸显14世纪进步性的一面。传统上认为14世纪以灾难与衰退为特征，特别是黑死病损失了欧洲三分之一的人口。本卷在客观分析大灾变的同时，指出14世纪是旧事物衰落、新事物萌生的时期，例如战争技艺的提高、近代国家的起源、市民阶层的兴起与宪政的发展、农民社会地位和生活水平的提高等。总之，进步隐含于混乱和衰败之中。此外，把东欧作为独立主体进行叙述，是个明显的变化。

第七卷主要阐释1415年前后至1500年左右的欧洲历史，重点是欧洲民族国家的发展。而各国的案例呈现出多样性特征，无论政府和政治体制发展，还是贵族的地位和作用均如此。另外，与第六卷强调14世纪的进步一样，本卷也力图扭转一些非理性的传统观点，多角度展现该时期欧洲所取得的成就，正是在这一背景下，欧洲文明步入现代。

三

《新编剑桥中世纪史》的权威性举世公认，被世界各国历史学科及其他相关学科图书馆列为基本藏书，某种程度上具有了工具书的性质。这种学术性极强的鸿篇巨制，翻译难度相当高，非置身其中是难以体会的。将艰涩的学术语言译成流畅、准确的中文绝非易事，不仅需要深入了解已经逝去的且千变万化的语境，还要排除古希腊文、拉丁文、古英文、阿拉伯文等不常见文字和死文字的干扰。不仅如此，由于是大型系列学术专著，一些规定性语言要求卷内一致，还须各卷一致，中世纪史与古代史也须避免矛盾和误解。仅仅人名地名的统一这项工作就耗费了我们大量的精力和时间。工作初期我们花费了几乎一年时间，逐渐消化有可能产生歧义的数万词条。2013 年初，在天津师范大学专门召开了"新编剑桥中世纪史译名研讨会"，对有争议的人名地名"会诊"，反复讨论，逐条敲定。在上上下下的若干回合中，几乎每个词条译法，都集中了大家的意见，最后编成涵盖上万词条的《中世纪史译名手册》，供译者使用。这不是说我们做得很好了，只能说尽力了。由于水平有限，仍难免疏漏和错误。杨绛先生曾云：翻译就像是抓虱子，再小心也不免有落网之虫。那就请大家与我们一起来抓虱子吧！不论译名还是译文，诚恳地期待读者批评指正。随着我国世界史研究水平的提升，也期待着更好的中译本问世。

参与《新编》翻译的各卷册主持人名单如下：

第一卷（*c.*500—*c.*700）徐家玲教授（东北师范大学历史文化学院）

第二卷（*c.*700—*c.*900）郭方研究员、李桂芝副研究员（中国社会科学院世界历史研究所）

第三卷（*c.*900—*c.*1024）顾銮斋教授（山东大学历史文化学院）

第四卷第一分册（*c.*1024—*c.*1198）彭小瑜教授（北京大学历史学系）

第四卷第二分册（*c.*1024—*c.*1198）陈志强教授（南开大学历史学院）

第五卷（*c.*1198—*c.*1300）徐浩教授（中国人民大学历史学院）

第六卷（*c.*1300—*c.*1415）王加丰教授（浙江师范大学历史系）

第七卷（*c.*1415—*c.*1500）侯建新教授、刘景华教授（天津师范大学欧洲文明研究院）

在《新编》中文版即将问世之际，我对上述主持人表示衷心感谢，对各卷的译者们表示衷心感谢。数年愉快的合作留下美好的回忆。《中世纪史译名手册》的审校工作，彭小瑜教授、徐家玲教授倾注了大量心血，谨致以敬意。感谢项目首席专家武寅研究员，没有她出色的领导，很难组织起如此庞大的、来自几十所高校和研究机构的学术团队。感谢赵剑英、曹宏举、郭沂纹、魏长宝、王茵等中国社会科学出版社的领导、编辑和工作人员的辛勤工作。在译名手册的编纂中，初选上来的数万词条需逐一查重、核准，天津师范大学欧洲文明研究院陈太宝博士默默做了大量的基础性工作，翻译微信群的交流活动等，青年教师刘芮付出劳动，在此一并表示谢意。

　　是为序。

侯建新

2016 年 1 月 17 日

于天津师范大学欧洲文明研究院

译　　序

　　《新编剑桥中世纪史》（The New Cambridge Medieval History，以下简称"新版"）出版于 1995—2005 年，以替代 1911—1936 年问世的《剑桥中世纪史》（The Cambridge Medieval History，以下简称"旧版"）。2009 年，新版翻译工程启动。经过十余年坚持不懈的努力，从 2020 年起新版各卷的中译本开始陆续出版。目前，第五卷基本上已经完成译校，即将付梓。值此之际，作为该卷翻译项目的主持人，笔者想借此机会就新版第五卷的显著变化向广大读者做一简要说明。

　　首先，新版第五卷与旧版修订卷的卷次不同。新版第五卷出版于 1999 年，修订对象是七十年前即 1929 年问世的旧版第六卷。两者之所以在卷次上出现"错位"，是因为旧版共计八卷九册，新版取消了旧版的第四卷（该卷标题原为"东罗马帝国"，一册；1967 年修订后标题改为"拜占庭帝国"，同时增加到两册），该卷内容被分散到有关各卷之中，并将旧版的第五—第八卷改为新版的第四—第七卷（第四卷也增加至两册）。由此，新版的卷册数减少到七卷八册，第五卷对应于旧版第六卷。

　　其次，新版第五卷与旧版第六卷的编辑组织机构不同。旧版仿照阿克顿勋爵（Lord Acton，1834—1902）任总策划人的《剑桥近代史》的做法，全书也设有总策划人，由英国古代罗马史和早期拜占庭史专家伯里（J. B. Bury，1861—1927）担任，负责统筹全书的主旨结构。据旧版"总序言"介绍，伯里应剑桥大学出版社的邀请，策划了整个《剑桥中世纪史》，并拟定了每卷的大纲，[①] 这些工作在他

　　[①]　*The Cambridge Medieval History*，Planned by J. B. bury，edited by H. M. Gwatkin，J. P. Whitnet，Volume I，New York：The Macmillan Company，1911，General Preface，p. V.

去世前均已完成。在总策划人之下，旧版采用共同主编制，最初任命
了三位主编一起主持各卷的具体编写工作。依据总策划人制定的主旨
结构，主编们独立负责每卷中所包含的内容，遴选各章作者，以及对
所讨论主题的一般处理。① 由于第一次世界大战的影响，旧版从策划
到全书出齐历时约 30 年之久，在此期间首批共同主编相继去世和退
休，致使后几卷的编辑人员全部更换。第 4—7 卷的共同主编分别是英
国剑桥大学中世纪史教授坦纳（J. R. Tanner，1860—1931）、普雷维
特·奥顿（C. W. Previté-Orton，1877—1947）和布鲁克（Z. N. Brooke，
1883—1946），普雷维特·奥顿为旧版第六卷撰写了"导论"，并担任
该卷第六章"1250—1290 年的意大利"的撰稿人。②

　　新版取消了旧版的总策划人，代之以全书编委会，由 8 位历史学
家组成，分别来自部分分卷主编和该书的资深撰稿人。新版还改革旧
版的共同主编制，各卷均设有专职主编，具体负责该卷的编写工
作。③ 第五卷的主编是英国剑桥大学地中海史准教授（reader，又译
作高级讲师）、冈维尔凯斯学院研究员阿伯拉菲尔（D. Abulafia，
1949—）。他擅长中世纪和文艺复兴时期的意大利、西班牙和地中海
其他地区的历史，早年曾著有《两个意大利》（1977），《腓特烈二
世：一个中世纪的皇帝》（1988），《地中海的商场》（1994），《西地
中海王国》（1997）等著作，荣获意大利总统颁发的"意大利团结之
星勋章"。阿伯拉菲尔在新版第五卷的编写中承担了繁重工作，不仅
作为主编分别撰写了"序言"和"导论"，还是意大利和地中海边界
地区相关章节（第十六章、第十九章第三节和第二十章）的撰稿人，
其工作量与难度远远超过旧版第六卷的三位共同主编。如评论者所
说，"七十年后，大卫·阿布拉菲亚不得不独自承担起编辑这本意欲
取代旧版第六卷的巨著的全部重担。他的任务更加艰巨，因为现在写
作这样一部综合作品的目的比七十年前要模糊得多。"④ 除了作为新

---

　　① *The Cambridge Medieval History*，Planned by J. B. bury，edited by H. M. Gwatkin，J. P. Whitnet，Volume I，New York：The Macmillan Company，1911，General Preface，p. V.

　　② Martin R. P. McGuire，"An Appreciation of the 'Cambridge Medieval History'"，*The Catholic Historical Review*，Apr.，1943，Vol. 29，No. 1（Apr.，1943），p. 60.

　　③ 由于"新版"没有提供像"旧版"那样的"总序言"，后来也鲜有文章介绍其编纂情况，因而新版编委会和分卷主编的具体分工情况不甚清楚。

　　④ Jean Dunbabin，"Review"，*The English Historical Review*，Vol. 115，No. 462（Jun.，2000），p. 659.

版第五卷的主编和撰稿人外，阿布拉菲亚还是全书编委会的成员。在分卷主编中，只有他和第二卷主编迈克特里科（Rosamond McKitterick，1949—）教授获此荣誉。

复次，新版第五卷与旧版第六卷涉及的地理范围不同。尽管新版第五卷和旧版第六卷均以 13 世纪历史为对象，但两者关注的地理范围却有很大差异。旧版第六卷题为"教皇的胜利"（Victory of the Papacy），从标题看主要聚焦于罗马教会和西欧国家的历史，两者皆地处欧洲中心地区。在具体叙述中，该卷将西欧国家的政治史和教俗关系史作为主线，共计用了十二章，始于"被公认为历史上最有影响力的教皇"英诺森三世（Innocent III，1198—1216 年在位），继而是德意志、意大利、英国、法国、斯堪的纳维亚诸国和西班牙等 13 世纪的西欧主要国家。除了 13 世纪西欧的政治文明外，旧版第六卷的后十一章（第十四章至第二十五章）也几乎使用同样的篇幅详细地考察了物质文明和精神文明的进步，尽管缺失底层视角，但内容仍不失丰富多彩，令人目不暇接。如该卷"导言"指出，"在可能被称为更物质的领域里，我们可以算上旅行和商业、制造业和农业、武器和建筑。这些将我们引向事实上与制度或物质文明不可分离的智力进步。我们发现了解释、发展、改编和扩展民法、教会法和地方习惯法的法理学；建造大教堂和城堡的工艺与想象力，它们为和平和战争艺术提供了灵感；探索神学和哲学的敏锐而丰富的思想；以及诞生了传奇、史诗、抒情诗和爱情故事的创造性幻想和洞察力，有力地使那些被遗忘的世代仍然活在我们身边。"[1] 仅就物质文明部分而言，该卷聘请了欧洲当时最负盛名的经济史学家担任撰稿人，如第十四章"中世纪的商业和工业"由英国剑桥大学经济史教授克拉潘执笔，第十六章"北欧城市及其商业"由比利时根特大学中世纪史和比利时史教授皮朗撰写。应该说，旧版第六卷基本上是一部综合性的 13 世纪西欧地区史著作。至于西欧以外的国家和地区，旧版第六卷关注较少，只有中欧的波西米亚、波兰和匈牙利独立成章（第十三章），其他国家则付之阙如，没有专门讨论。

---

[1] *The Cambridge Medieval History*, Planned by J. B. bury, edited by H. M. Gwatkin, J. P. Whitnet, Volume I, New York: The Macmillan Company, 1911, Introduction, p. viii.

　　新版第五卷的标题是"大约 1198 年—大约 1300 年"（c. 1198—
c. 1300），在取名标准上以时间划分代替主题划分，从而给了所要叙
述的对象在空间和内容上以更大的自由。新版第五卷不仅包括了 13
世纪西欧中心地区，还延伸到西欧所有边界地区，汇集了战后以来西
欧边境地区历史研究的众多成果，地理范围空前扩大。对此，该卷主
编阿布拉菲亚不无自豪地说，"事实上，这本书不仅仅是一部西欧的
历史，它充分利用了拜占庭、斯拉夫和穆斯林地区研究的蓬勃发展，
从而包含了关于东欧和基督教国家的穆斯林邻国的重要和长篇章节。
罗斯、条顿骑士团和东欧诸王国都被给予了一些关注，克尔特国家也
是如此，其在卷末的位置是该地区杰出研究的巨大扩展的一个尚不充
分的认可。总的来说，这卷书的地理范围比旧版的《剑桥中世纪史》
更广。"① 该卷共分为六编。第一编至第四编专论西欧，其中第一编
"共同的主题"，主要叙述 13 世纪西欧的社会、经济和文化，反映了
年鉴学派"社会转向"后上述领域研究的极大扩展与深化。以下诸
编则集中于罗马教会和西欧各国的政治史。第二编和第三编分别讲述
了 13 世纪的罗马教会和法国、英国、德国三个西欧王国，延续了旧
版第六卷将教俗政治史作为叙述主线的传统做法。第四编则专门考察
了 13 世纪北意大利和西西里，这种安排无疑体现了该卷主编的个人
兴趣。最后两编则转向西欧边界地区，第五编"地中海边界地区"
和第六编"北部和东部边界地区"，分别叙述了 13 世纪的拜占庭、
伊斯兰、西班牙和葡萄牙，以及蒙古、斯堪的纳维亚、东欧和不列颠
岛的克尔特，占据新版第五卷近五分之二的篇幅，充分展现了一部
13 世纪西欧及其外围地区更加广阔的地理画卷。新版第五卷关注西
欧边界地区的目的不是单纯为了扩大地理范围，而是强调西欧中心地
区与边界地区之间的互动。用主编阿布拉菲亚的话说，"本卷的构建
原则是：边疆地区和西欧古老核心地区之间的相互作用是 13 世纪研
究的一个基本主题。"②
　　对新版第五卷以较大篇幅关注西欧边境地区的做法，评论者可谓

---

　　① Davie Abulafia, ed. , *The New Cambridge Medieval History*, Volume Ⅴ, c. 1198 – c. 1300, Cam-
bridge：Cambridge University Press, 1999, Preface, pp. xvii – xviii.
　　② Davie Abulafia, ed. , *The New Cambridge Medieval History*, Volume Ⅴ, c. 1198 – c. 1300, Cam-
bridge：Cambridge University Press, 1999, Preface, p. xvii.

褒贬不一。有学者完全予以肯定，认为"它代表了对欧洲政治史的
一次完全的当代重写。阿布拉菲亚牺牲了对原作更详细的顺序呈现，
以获得一部更具地域包容性和更丰满的作品。在几乎完全保持原有页
数的同时，他整合了拜占庭（原本是单独一卷），并对斯拉夫和伊斯
兰地区给予了迫切需要和早就应该的强调，并对地中海地区采取了不
同的方法。例如，伊比利亚按其政治构成进行了讨论，而意大利则根
据最近的研究进行了比较专题的讨论。阿布拉菲亚的地中海地区不仅
包括十字军国家，还包括北非的马格里布和马穆鲁克。他对北方和东
方同样尽职尽责，对蒙古帝国和东欧（中欧各王国、阿尔巴尼亚、
塞尔维亚、保加利亚以及罗斯）都有重要的记述。该卷展示了最近
关注的问题：欧洲的核心和边缘、边疆社会、被殖民者和殖民者之间
的关系。"① 应该说，学者们对关注边界地区本身并不持异议，毕竟
它们与 13 世纪西欧中心地区的历史进程具有极为密切的关系。不过，
边界地区的含义在一定程度上被扩大化了，不仅包括了中欧，有些古
老的西欧地区也被纳入其中，这种做法利弊参半。评论者认为，"虽
然对边疆的强调让人耳目一新，但确实涉及其他地方的一些牺牲，最
明显的是关于西欧诸王国的部分。因为大卫·阿布拉菲亚关于阿拉贡
–加泰罗尼亚的章节和彼得·莱恩汉关于卡斯提尔、葡萄牙和纳瓦拉
的章节都被纳入了边疆部分，由于强调重新征服，所以这部分（指
西欧诸王国）没有了西班牙的内容。"② 事实上，被从西欧诸王国部
分移除的不仅是西班牙和葡萄牙，还包括斯堪的纳维亚诸国。在笔者
看来，将基督教的和作为日耳曼人故乡的斯堪的纳维亚诸国置于西欧
以外，将其视作北部边疆，与伊斯兰地区、斯拉夫地区和蒙古帝国等
量齐观，似乎也是一种有失明智的选择。

　　最后，新版第五卷与旧版第六卷对 13 世纪的历史定位不同。旧
版第六卷着眼于西欧中心地区，将蛮族大迁徙以来尤其是 9 至 13 世
纪的西欧历史视为一场持续的进步。从查理曼帝国在 9 世纪解体后，
西欧人一直在慢慢地改造或重塑他们的文明和制度，他们的思想和生
活的整个结构。罗马人和日耳曼人在中世纪早期后半段的熔炉中被融

① G. G. Astill, "Review", *The Economic History Review*, Vol. 55, No. 1 (Feb., 2002), p. 201.

② Jean Dunbabin, "Review", *The English Historical Review*, Vol. 115, No. 462 (Jun., 2000), p. 660.

化成一个共同的统一体。他们模糊地意识到拥有罗马和日耳曼两种文
化遗产，并重塑了这一遗产，而 13 世纪则被视为从 9 世纪以来这种
改造或重塑过程的一种"完成"。三位联合主编之一的普雷维特·奥
顿在旧版第六卷"导言"中的这段话集中体现了编者们的这一观点：
"13 世纪不是（除了这个短语最无用的意思）一个'过渡的时代'
（age of transition），而是一个'完成的时代'（age of completion）。所
有中世纪的共同主题都在其中得到了最充分的表达。13 世纪没有看
到快速的转变，使之前的时代在思想和生活上过时，并使其后的时代
呈现出一个新世界的面貌——作为一个整体，这个世纪并不是一个旧
秩序解体的时代，而是旧秩序全面完善的时代。① 这种完善可以从 13
世纪的政治文明、物质文明和精神文明的进步中清晰可见，尽管它们
仍然存在这样或那样的局限，但无疑代表了 9 世纪以来欧洲文明发展
所达到的前所未有的高度。

　　新版第五卷则从西欧中心地区和边界地区出发，所看到的不再仅
仅是自 9 世纪以来拉丁和日耳曼文明改造和重塑为西欧文明过程的
"完成"，而是强调 13 世纪是一个正在"扩张"的世代，一个西欧中
心地区快速发展并试图将边界地区置于其影响下的时代。主编阿布拉
菲亚在对比旧版第六卷和新版第五卷的主编意图时写道，在旧版第六
卷中，"13 世纪被描述为一个'完成'的时代，中世纪早期的野蛮
行为最终被埋葬，中世纪的伟人制度，尤其是教皇和帝国，达到了它
们的巅峰，即使腓特烈二世之后的帝国进入了一个漫长而急剧的衰
落。"② 而在新版第五卷中，与"完成"之说不同的是，主编从四个
方面强调了西欧中心地区自身及其向边界地区的扩张。"13 世纪欧洲
历史的主旋律可以说是扩张：拉丁基督教的扩张，包括了东正教、穆
斯林和异教徒的土地，这些土地以前位于其外围；随着西方商人
（意大利人、德国人、加泰罗尼亚人）深入地中海、波罗的海和欧洲
大陆，经济也在扩张；人口的增长，在 1300 年左右才停止；政府的
扩张，西欧的统治者巩固了他们对领土的控制，教皇不断宣称自己的

---

① *The Cambridge Medieval History*, Planned by J. B. bury, edited by H. M. Gwatkin, J. P. Whitnet, Volume I, New York: The Macmillan Company, 1911, Introduction, p. vii.
② Davie Abulafia, ed., *The New Cambridge Medieval History*, Volume V, c. 1198 – c. 1300, Cambridge: Cambridge University Press, 1999, Preface, p. xvii.

权威，甚至凌驾于世俗统治者之上。"①

应该说，"扩张"与"完成"代表了相隔七十年主编们看待 13 世纪时的不同心态。前者似乎宣示，13 世纪像一个雄心勃勃的中年人，事业正处在蓬勃发展之中。后者则好像表明，该世纪更像一位身体尚且健康的老年人，对自己所走过的一生充满了欣慰。实际上，13 世纪是 9 世纪以来所塑造的欧洲文明的继承与发展，具有承上启下的作用。从后一种意义上说，包括 13 世纪在内的中世纪中期的欧洲文明是封建文明和转型文明的混合体。封建文明中蕴涵着转型文明，转型文明是封建文明的扬弃，而非完全的否定与终结。应该说，转型使欧洲文明焕发了青春，充满生机与活力。当然，13 世纪西欧的转型过程并不是普遍现象，存在明显的地区差异，主要出现在日耳曼因素占主导地位的西北欧地区，其他地区则由于各种原因逐渐落后于西北欧的发展进程。②

笔者以上只谈到了新版第五卷的某些明显变化，权且作为抛砖引玉，更多细节上的变化尚需读者通过阅读本书仔细品味。常言道，吃水不忘挖井人。在此我要特别感谢本卷书的译者，青岛理工大学外国语学院的莫玉梅博士。她以一人之力承担了长达 800 余页的第五卷的翻译工作，历时十年终于完成这项极具挑战性的艰巨译事，可谓巾帼不让须眉，可喜可贺！此外，我还要感谢青岛理工大学外国语学院的王振国教授，他应邀担任新编第五卷全部译稿的审校工作，为提高译文质量付出了大量劳动。此外，还有多位专家学者应邀审校了新编第五卷的部分译稿，提出了许多宝贵建议，却甘当无名英雄，在此也一并表示由衷的感谢。需要说明的是，尽管新编第五卷的译者和审校专家尽最大努力对译文进行了反复审校和修改，但限于专业水平和时间精力，译文仍难免存在各种问题甚至谬误，诚恳欢迎广大读者不吝赐教，予以批评指正，以便今后有机会改正之。

徐　浩

2022 年 11 月 10 日

---

① Davie Abulafia, ed., *The New Cambridge Medieval History*, Volume V, c. 1198 – c. 1300, Cambridge: Cambridge University Press, 1999, Introduction, p. 1.

② 徐浩：《西北欧在欧洲文明形成中的核心作用》，《史学月刊》2021 年第 10 期。

目　　录

第一部分　共同的主题

第二部分　13 世纪的教会

第六部分　北部和东部的边界

插图一览表

卷首插图

皇帝弗雷德里克二世的奥古斯塔利斯钱币，1231 年或之后为其西西里王国发行（菲兹威廉博物馆，剑桥）

原书 492 页到 493 页的插图

地图一览表

（本书地图系原书插附地图）

王朝世系一览表

作者简介

大卫·阿布拉菲亚（David Abulafia）：剑桥大学地中海史准教授、冈
　维尔与凯斯学院研究员。

迈克尔·安古尔德（Michael Angold）：爱丁堡大学拜占庭史教授。

斯维尔·巴奇（Sverre Bagge）：卑尔根大学历史学教授。

罗伯特·巴特利特（Robert Bartlett）：圣安德鲁斯大学中世纪史教授。

保罗·宾斯基（Paul Binski）：剑桥大学艺术史讲师、冈维尔与凯斯
　学院研究员。

威姆·布洛克曼斯（Wim Blockmans）：莱登大学历史学教授。

迈克尔·布雷特（Michael Brett）：伦敦大学亚非研究学院历史学高
　级讲师。

迈克尔·伯利（Michael Burleigh）：威尔士大学历史与考古系科研
　教授。

D. A. 卡彭特（D. A. Carpenter）：伦敦大学国王学院历史学准教授。

尤金·考克斯（Eugene Cox）：马萨诸塞韦尔斯利学院前历史学教授。

特雷弗·迪安（Trevor Dean）：伦敦罗汉普顿学院历史学准教授。

阿兰·杜斯里尔（Alain Ducellier）：图卢兹第二大学拜占庭史、历史
　教育与历史研究兼艺术与考古史教授。

彼得·埃德伯里（Peter Edbury）：加的夫威尔士大学中世纪史准
　教授。

史蒂文·A. 爱泼斯坦（Steven A. Epstein）：科罗拉多大学波尔得分
　校历史学教授。

西蒙·富兰克林（Simon Franklin）：剑桥大学俄语讲师、克莱尔学院
　研究员。

路易斯·格林（Louis Green）：莫纳什大学历史学高级讲师。

伯纳德·汉密尔顿（Bernard Hamilton）：诺丁汉大学十字军史教授。

诺曼·豪斯利（Norman Housley）：莱斯特大学历史学教授。

罗伯特·欧文（Robert Irwin）：圣安德鲁斯大学前中世纪史讲师。

彼得·杰克逊（Peter Jackson）：基尔大学历史学高级讲师。

大卫·雅各比（David Jacoby）：耶路撒冷希伯来大学历史学教授。

威廉·切斯特·乔丹（William Chester Jordan）：普林斯顿大学历史学教授。

彼得·莱恩汉（Peter Linehan）：剑桥大学圣约翰学院研究员。

约翰·H. 普赖尔（John H. Pryor）：悉尼大学历史学副教授。

凯瑟琳·L. 赖尔森（Kathryn L. Reyerson）：明尼苏达大学历史学教授。

S. C. 罗厄尔（S. C. Rowell）：克莱佩达西立陶宛与普鲁士史中心讲师。

杰勒德·西维里（Gérard Sivéry）：里尔第三大学前历史学教授。

科林·C. 史密斯（Colin C. Smith）（已故）：剑桥大学西班牙语名誉教授、圣凯瑟琳学院研究员。

罗伯特·斯泰希（Robert Stacey）：西雅图华盛顿大学历史学教授。

肯尼斯·R. 斯托（Kenneth R. Stow）：海法大学犹太史教授。

马可·坦格罗尼（Marco Tangheroni）：比萨大学中世纪史教授。

迈克尔·托克（Michael Toch）：耶路撒冷希伯来大学历史学教授。

安德雷·沃奇兹（André Vauchez）：罗马法兰西学院负责人。

雅克·维杰（Jacques Yerger）：巴黎第十大学历史学教授。

J. A. 瓦特（J. A. Watt）：泰恩河畔的纽卡斯尔大学中世纪史名誉教授。

前　　言

　　旧版《剑桥中世纪史》第五卷主要论述 13 世纪，70 年前就已出版了，副标题是"教会的胜利"。旧版本把 13 世纪描述成"完成"时代，其时中世纪早期的野蛮状态终于结束，中世纪的各种伟大机构进入巅峰期，特别是教会和罗马帝国，即使罗马帝国在弗雷德里克二世之后便进入漫长而曲折的衰退期。编者们决定将涉及时间跨度更为宽广的关于文化发展的几个章节囊括在该卷内，反映出 13 世纪是"完成"时代的这一感觉。杰西·韦斯顿（Jessie Weston）关于圣杯的研究颇有争议，尤其对 T. S. 艾略特（T. S. Eliot）的影响颇大，被委托撰写了"中世纪的传说"一章。该卷有几章是关于政治思想、骑士制度和战争艺术的，还有论及自 11 世纪中期以来的西班牙、波兰、匈牙利、波西米亚和斯堪的纳维亚的章节。但是，拜占庭史独自构成第四卷，1966 年对此卷进行了修订。该卷的撰写者们都是当时最著名的历史学家，包括皮雷纳（Pirenne）、珀蒂—迪塔伊（Petit-Dutaillis）、波威克（Powicke）、克拉彭（Clapham）、A. L. 普尔（A. L. Poole）、雅各布（Jacob）、拉什达尔（Rashdall）、阿尔塔米拉（Altamira）。因为某种原因，牛津学者们的观点在该书中得到很好的体现，该书似乎更适合称为《牛津中世纪史》，而不是《剑桥中世纪史》。

　　相比之下，《新编剑桥中世纪史》各卷副标题的使用似乎尤为谨慎；例如，该卷的副标题是"约 1198 年至约 1300 年"，正如导论所介绍，该卷的构建原则是：在对 13 世纪的研究中，边界地区与西欧老中心地区的互动是一个根本主题。实际上，这不仅仅是西欧史，如日中天的拜占庭、斯拉夫地区和穆斯林地区的研究得到充分利用，东欧和作为基督教国家近邻的穆斯林国家，占据了重要且篇幅相当长的

章节。基辅罗斯、条顿骑士团和东欧诸王国都有所论及，该卷卷末提

到凯尔特人诸国，这是对关于该地区的杰出研究得到极大拓展的勉强
认可。总体而言，该卷涵括的地理范围比旧版《剑桥中世纪史》的
范围大得多。正如诺曼·戴维斯（Norman Davies）在其1996年版的
大部头《欧洲史》中提醒读者的那样，欧洲本身就能够无数次地从
文化地理方面来界定，这里使用了一个广义界定。编写者将欧洲史不
仅仅是拉丁基督教国家发展到现代的历史视为公理，取代这种"垂直
式"欧洲史观点的是一种横向视角，以此充分确定和探讨对13世纪
来说很重要的地区和主题。因此，该卷将由杜斯里尔教授撰写的关于
巴尔干地区的章节收纳进来。同样，该卷留出不少篇幅来讨论地中海
较远的彼岸，不仅包括由十字军创建的国家，而且包括马穆鲁克治下
的埃及和马格里布的穆斯林国家。它们与拉丁欧洲关系如此密切，即
便不那么友好。该卷自然也不会将蒙古帝国遗漏。

　　这些内容加起来，所构成的议程要比旧版《剑桥中世纪史》的
编者们在对待这一时期的更为不易。由于篇幅有限，一些章节不能像
旧版那样集中详尽地论述，特别是在要增加13世纪欧洲和地中海的
社会、经济和文化史的最新研究成果的情况下。显然某些地方必须要
设定界限。塞尔柱土耳其人在这一时期深深地卷入伊朗世界或与亚美
尼亚和格鲁吉亚交往，只在最近再次被列入欧洲国家之列。对现任的
编者来说，要将塞尔柱土耳其人纳入叙述范畴似乎（虽有点遗憾）
会使该卷失去平衡。然而，对土耳其人来说，大量相关资料可从论述
拜占庭、蒙古和近东事务的篇章中找到。由于关于意大利的研究格外
丰富，对13世纪意大利的各个方面分节讨论的安排看来是正确的。
其中一节由路易斯·格林（Louis Green）撰写，主要是关于佛罗伦萨
的。目前的趋势是不再使用"西班牙"一词，而是倾向于"西班牙
诸王国"或伊比利亚半岛，这从分别由彼得·莱恩汉撰写的卡斯蒂
尔及其弱小邻国史和我撰写的加泰罗尼亚—阿拉贡史中反映出来。给
各位作者的简短声明是要保持对政治史平衡且权威的论述，同时要加
入不少经济、社会和文化主题，并在可能时将它们与对政治发展的更
广泛叙述糅合在一起。大多数章节都控制在13世纪的范畴内（结束

时间不一致），但在某些情况下，其他卷内找不到相应章节时，越过
这个时间界限是合理的，如由马可·坦盖罗尼（Marco Tangheroni）

撰写的关于撒丁岛和科西嘉岛的章节，以及由科林·史密斯（Colin Smith's）撰写的关于各族语言的章节。此外，W. C. 乔丹（W. C. Jordan）撰写的关于卡佩王朝的一章接着第四卷写，开始年份显然是 1223 年。这并不是说 1200 年到 1300 年有什么神奇之处。如犹太人在基督教社会的历史等主题也面临着类似的问题，作者们被给予一定空间，在各自章节里处理此类事情。同时，一些描述该时期的主要经济和社会发展，以及宗教变化的主题章节，则需与随后论及的政治史时间范畴相一致。自然，《剑桥欧洲经济史》（其新版第 11 卷在 1987 年出版）的存在意味着读者们能够在其他地方找到有关 13 世纪经济发展的大量评价，出色的《剑桥政治思想史》也涵盖了极广的范围，无须在此再次考察。

　　非常感谢各位作者，毫无怨言地为我们提供了各自勤勉撰写的书稿、终稿和参考文献。与 1929 年的旧版第五卷相比，这远远不是一个跨国项目而是一个跨洲项目，作者们遍及澳大利亚、美国、以色列、意大利、法国、荷兰、挪威、立陶宛和英国。1929 年版根本没有美国人参与，那时此事确实令人惊讶，现在则是令人无法置信了。我尽可能让那些对他们所写课题尚未有完整研究的学者们参与进来，这样一来，该卷总体上不是一份由相同学者撰写的，人们可以在别处读到的论述的总结。作为主编，我恳请个别作者的原谅，因为出于重复或其他考虑，他们的稿子被做了些改动。不可避免地，一些作者的注释或参考文献要比其他人的更多些，从某种程度上说这也反映出中世纪学术界不同研究领域的不同状况。特别要感谢立陶宛克莱佩达大学的斯蒂芬·罗厄尔博士，他在接到简短通知后立即填补了某一章的作者因故未能如期送达书稿造成的缺漏。在 1997 年科林·史密斯教授不幸故去后，利物浦大学的罗杰·赖特教授在准备出版由史密斯教授撰写的关于各族语言的章节时提供了友好的帮助。桑德拉·史密斯夫人出色地翻译了由安德雷·沃奇兹撰写的两章以及由西维里和维杰两位教授撰写的章节。我自己则负责翻译由阿兰·杜斯里尔和马可·但格罗尼所撰写的章节。许多前后卷本的作者们，特别是第六卷的主编迈克尔·琼斯，在讨论相连章节之间的连接时提供了尤为有用的帮助。

　　对其他语言字母进行音译时遵循着一个基本规则，即尽量再现该术语或名称的基本发音。在阿拉伯语里，发音变化随着 14 个太阳字母而出现：ad-din 而不是 al-din，as-Salih 而不是 al-Salih。虽然 ayn 的重读一般会标出，但 S、T、D 和 DH 的重读却没有标出。在希腊语里，样本用的是古典希腊语而不是常见的拉丁化希腊语：Komnenos 而不是 Comnenus，Doukas 而不是 Ducas。然而，中世纪晚期的发音并不能持续地再现出来，如我们使用 Basileus 而不是 Vassilefs，但 Vatatzes 同样一直在保持使用（虽然一些参考文献的词条用的是 Batatzes）。大多数重音在现代希腊语里已经弃之不用，当用希腊字母进行排版印刷时，人们几乎不会系统性地使用它们，虽然停顿符号 "（代表 h）和"（不发音）仍在使用。在希伯来语里，音译遵循现代塞法迪希伯来语或以色列希伯来语的规范，其发音相当接近。在俄语里，与众不同的标记′表示软音标志 b，就像基辅罗斯语中的 Pycb。冰岛语中，Þ 和 þ 被保留下来，代表着不发音的 th，Ð 和 ð 代表 dh（发音的 th）。德语里的 ß，代表 "ss" 或者更准确地说是 "sz"，总的来说也保留了下来。至于以拉丁字母书写的语言，加泰罗尼亚语在该语种现已复兴的地方使用，英语的使用更加灵活：用 Girona 而不是 Gerona，Penyafort 而不是 Peñaforte，但是统治者的名字使用了英语中的对应格式（用 James 而不是 Jaume 或 Jaime）。

　　本书所呈现出来的 13 世纪不仅仅限于教宗和皇帝之间的冲突，这是主宰 1929 年版编者们的视域的观点。中世纪的视野已经拓宽了很多，现在再一次被拓宽。本卷至少能够使读者们看到现在的视野已拓宽到了什么程度。我希望，在这幅更宽广的画卷中，读者们能够获得一些更为详尽的描述。

大卫·阿布拉菲亚（David Abulafia）

莫玉梅 译

徐　浩 校

致　谢

　　本书的成稿时间很长，最主要感谢的是颇具耐心的各章作者们，特别是某章必须重新编撰之时。同时，我必须带着极大的遗憾提到科林·史密斯的去世，他编撰的那章由好心的罗杰·赖特重新进行了通读，我还要感谢他所提供的相关参考文献。桑德拉·史密斯将一些章节从法语翻译成英语，我则将一些章节从法语和意大利语翻译过来。如果这些翻译在某些地方与编撰者们的原意相差甚远的话，我在此深表歉意。威廉·戴维斯是位尽职尽责的出版者，不仅鼓励我们而且还适当地催促我们。在编辑董事会里，彼得·莱恩汉经常提醒我们不要害怕耽搁，而且不要陷入困扰旧版《剑桥中世纪史》的种种争论中去。琳达·兰德尔是位尤为细心的稿件编辑，指出了文本、注释和参考文献中存在的众多自相矛盾、内容不清晰和不确定的地方。剑桥大学冈维尔和凯斯学院的计算机办公室利用梵蒂冈、英国图书馆及其他图书目录，对众多矛盾之处进行了查证，我对此表示感谢，并希望其精确度得到很大的提高。凯斯学院的凯瑟琳·福尔摩斯和埃德娜·皮尔默耐心地帮我复印或重新输入了那些我有权进行修改的章节。没有这些团队合作，我难以想象该卷会在 20 世纪面世。

大卫·阿布拉菲亚（David Abulafia）

莫玉梅 译

徐　浩 校

缩　写　语

Annales ESC	*Annales: économies, sociétés, civilisations*
BEFAR	Bibliothèque des Ecoles françaises d'Athènes de Rome
BIHR	*Bulletin of the Institute of Historical Research*
BN	Bibliothèque Nationale, Paris
BSOAS	*Bulletin of the School of Oriental and African Studies*
CAJ	*Central Asiatic Journal*
'CLI'	'Chronique latine inédite des rois de Castille (1236)', ed. G. Cirot, *Bulletin hispanique* 14–15 (1912–13)
COD	*Conciliorum oecumenicorum decreta*, ed. G. Alberigo, *et al.* (1962)
DA	*Deutsches Archiv für Erforschung des Mittelalters*
DOP	*Dumbarton Oaks Papers*
DRH	Rodrigo Ximénez de Rada, *Historia de rebvs hispanie sive historia gothica*, ed. J. Fernández Valverde, in *Corpus christianorum continuatio mediaevalis*, Turnhout (1966–), LXXII
EcHR	*Economic History Review*
EHR	*English Historical Review*
EIr	*Encyclopaedia Iranica*
JA	*Journal asiatique*
JEH	*Journal of Economic History*
JMH	*Journal of Medieval History*
MGH	*Monumenta Germaniae historica*
Epp. XIII	*Epistolae saeculi XIII e regestis pontificum romanorum selectae*, 3 vols.
Leg. IV Const.	*MGH Leges, part IV. Constitutiones et acta publica imperatorum et regum*, 9 vols.
SS	*Scriptores*, 32 vols.
PL	*Patrologiae cursus completus, series latina*, ed. J.-P. Migne, 221 vols., Paris (1844–)
P&P	*Past and Present*

PRO	Public Record Office, London	xxiii
Reg. [with name of pope]	*Bibliothèque des Ecoles françaises d'Athènes et de Rome,* 2nd and 3rd series. *Registres et lettres des papes du XIIIe et XIVe siècles,* Paris (1884–)	
RISS	*Rerum italicarum scriptores,* ed. L.A. Muratori, 28 vols., Milan (1723–51)	
RISS²	*Rerum italicarum scriptores,* 2nd series, Città di Castello and Bologna (1900–)	
ROL	*Revue de l'Orient latin*	
RS	Rolls Series	
TCE	*Thirteenth-century England,* 7 vols.: I–V: *Proceedings of the Newcastle upon Tyne conference, 1985 to 1993,* ed. P.R. Coss and S.D. Lloyd, Woodbridge (1986–95); V–VII: *Proceedings of the Durham conference 1995/1997,* ed. M. Prestwich, R.H. Britnell and S.D. Lloyd, Woodbridge (1997–8)	
TRHS	*Transactions of the Royal Historical Society*	

导　　论

13 世纪欧洲史的主题可以说是扩张：一是拉丁基督教世界的扩张，连同原本处于其边缘地带的东正教、穆斯林和异教的土地都包括在内；二是经济的扩张，因为西方商人（意大利人、德意志人和加泰罗尼亚人）更深入地渗入地中海地区、波罗的海地区和欧洲大陆块；三是人口的扩张，其扩张势头只在 1300 年前后暂停下来；四是政府的扩张，因为西欧各国君主巩固了对各自领土的控制权，教宗不断宣称自己甚至对世俗统治者也享有权威。到 13 世纪末，大不列颠岛的边缘地带也可以觉察到强大的欧洲诸王国在政治和人口方面的扩张，因为英格兰国王对各威尔士王公和苏格兰国王的自治造成的威胁更甚于以往。要从这个方面来考察 13 世纪不能仅仅从西方的、拉丁的视角着眼。早已显现的是，该时期的一个主要特征是拉丁西方对希腊和斯拉夫东方及穆斯林世界的蚕食。这是十字军主要征服运动发生的时代：在君主和王公的率领下，对埃及、突尼斯、穆斯林西班牙以及实际上信奉异教的普鲁士和利沃尼亚发起征服运动。但这也是一个使十字军征服运动改向的时期：原本目标在尼罗河口的十字军发现他们能够征服君士坦丁堡，使已经脆弱不堪的拜占庭帝国四分五裂，让罗马主教的权威凌驾于（不是很成功）希腊东正教会之上。拉丁人不是完全无视欧洲，也不是无视真正的地中海地区。即便中世纪欧洲史只有在关注东欧（包括拜占庭）和邻近欧洲的伊斯兰国家后才可以完成编写不是事实，但难以想象关于 13 世纪的卷本可以缺乏对远离法兰西岛的区域和对远离教宗和君主冲突的事务的详细描述，而且

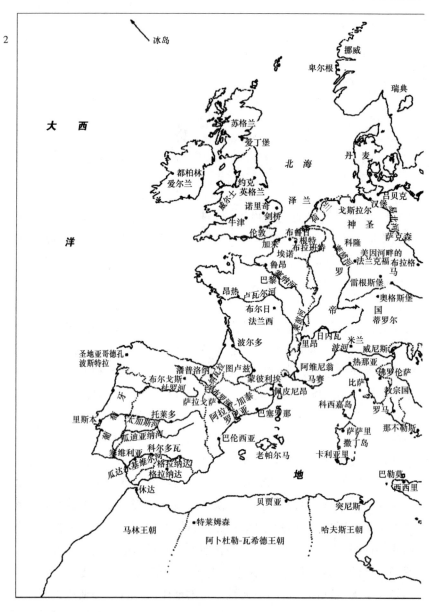

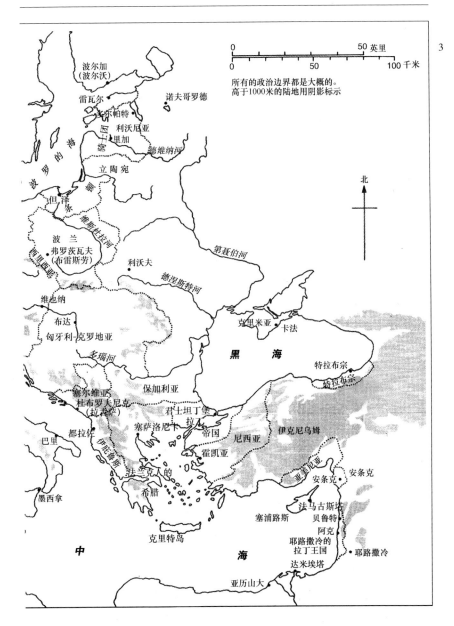

0　　　　　　　　　　　　50 英里
0　　　　　　　　　　　　　　100 千米

所有的政治边界都是大概的。
高于1000米的陆地用阴影标示

北

波尔加
（波尔沃）

雷瓦尔
戈尔帕特
诺夫哥罗德
利沃尼亚
骑士团
里加
德维纳河
立陶宛
普鲁斯
波罗的海

但泽
维斯杜拉河
西里西亚
波兰
弗罗茨瓦夫
（布雷斯劳）

第聂伯河

利沃夫
德涅斯特河

维也纳
布达
匈牙利-克罗地亚
多瑙河

克里米亚
卡法

黑　　　海

特拉布宗
特拉布宗

塞尔维亚
杜布罗夫尼克
（拉古萨）
保加利亚

拉萨
巴里
都拉佐
伊庇鲁斯
塞萨洛尼卡
君士坦丁堡

帝国
尼西亚
霍凯亚
伊兹尼乌姆

亚美尼亚
安条克
安条克

墨西拿
法兰克人的
希腊

克里特岛

法马古斯塔
塞浦路斯
贝鲁特
阿克
耶路撒冷的
拉丁王国
达米埃塔
耶路撒冷

中　　　　海

亚历山大

这个主题是这一时期许多调查的主要内容。①

4　　　拉丁基督教世界在军事和商业上取得了胜利，这些胜利使西方人和现已臣服于其权威下的那些人之间产生了各种新型关系。西班牙的大片土地现已处于拉丁人的统治之下，但是穆斯林人口占大多数，希腊存在相似的情形。法兰克人在那里对满怀恨意的东正教徒们实施统治，而东正教徒们一点都不支持法兰克人不遗余力地促成东西教会统一的做法（实际上，这样的做法只是加深了两个共同体之间的分歧）。西方教会比以往更迫切地注意到亚洲大草原上那些几乎没有遭到怀疑的民族的存在，这也使它将目光投向东方，希望与蒙古人结盟以对抗伊斯兰教，也希望基督教诸王远征东方的谣传变得有根有据。然而，令人生畏的蒙古铁骑在 1243 年横扫东欧，西方教会也难以将他们等同于长久以来人们迫切等待的大祭司约翰（Prester John）的基督教军队。在发现自己处于蒙古人前进道路上的王国中，匈牙利是一处连接不止两个而是众多世界的边缘地带，人口混杂，包括天主教徒、东正教徒、犹太人、穆斯林，还有异教徒。在法兰西斯修会修士和多明我修会修士的大力鼓动下，西方统治者们看起来对传教活动产生了更大兴趣；但这一参与传教活动之举不仅仅是直接指向亚洲，那些将托钵僧的传教活动看成只与蒙古威胁相关的人（想想乔万尼·迪·皮安·卡尔皮尼、波罗一家和其他人）严重低估了他们传教活动的范围和目的。事实上，西欧范围内也需要传教，不仅仅是为了反对异端分子和不信教者，而且也可以作为一种必需且急需的方法，加强极易走向罪恶的天主教徒的宗教意识。13 世纪末，正如拉蒙·柳利（Ramon Llull）的生涯所示，传教行为本身就可以将更强的基督教意识带给那些同意和支持传教活动的人，他们或身处教会，或身处王室宫廷，或实际上就在城市街道上。

非基督徒群体的存在引发了不同反应。在一些地区，特别是西西里，穆斯林被全部清除出去。在西欧，西班牙以外存在的一个重要的非基督徒群体是犹太人。一直以来，"奥古斯丁"保证让犹太人以附属身份生活在基督教社会中。当这一保证让位于对当前犹太教信仰和

---

① 参见 the old *Cambridge Medieval History*, VI: *The Victory of the Papacy* (Cambridge, 1929).

习俗的斥责时，当对犹太人的疯狂指控此起彼伏时，犹太人面临的改宗压力日益残酷起来。从 12 世纪中期开始，对犹太人的血祭诽谤及其谋杀基督徒孩童的指控流传开来，虽受到像弗雷德里克二世（Fredevick Ⅱ）和教宗英诺森四世（Pope Innocent Ⅳ）这样的统治者们的质疑，因为他们意识到这些指控缺乏根据，但并无效果。同时，塔木德逐渐成为犹太人蔑视基督教的证据。犹太人也被视为缺乏理性，因为他们未能接受基督教已经证实其本身所拥有的"合理真理"。如果理性是人性的显著特性，那么犹太人由于缺乏理性甚至可能缺乏人性。拉丁治下的犹太人、穆斯林、希腊人和异教徒不仅仅是被边缘化了的"他者"，基督教的末世论已经特别为犹太人留出了位置，虽说不怎么好。但是，通过将这些群体定为外来者，西方统治者们和教会人士也试图界定他们对其拉丁基督教臣民及追随者的期望。事实上，正是在 13 世纪第一次采取强有力的措施来阻止异端的传播，异端不仅仅是卡塔尔派公然信奉的反天主教信仰，还有瓦尔多派和固执的卑微者或贝居安会的（似乎是）被误导的福音主义：在阿尔比派十字军征服运动中为火和剑所误导；在法兰西南部、德意志和意大利则为审判者残酷彻底的调查所误导。13 世纪是卡塔尔派异端几乎完全被清除的时代，唯有在偏远村庄里的持续到了下个世纪，其中记录最全的就是比利牛斯山区的蒙塔尤（Montaillou）。但是，新的挑战出现了，一些还是来自教会核心，如法兰西斯修会中的精神派越发坚持绝对贫困的必要性。精神派的担忧是他们自己对 12 世纪晚期以来质问社会商业化的许多声音的大声回应。实际上，这些担忧成为阿西西的法兰西斯生涯中的一个主要因素。对待高利贷者的两难之处以及实际上对高利贷的界定，被一些颇有影响力的人物探讨过，如一度出任多明我修会总会长的拉蒙·德·佩尼亚福特，托马斯·阿奎那也就此发表过意见。总的来说，教会需要寻找各种方式来满足基督徒的精神追求，要确保这些追求不会转变成对抗教会教义的挑战。早在 1215 年第四次拉特兰宗教会议上，会议的第一条教规中规定了信经文本用拉丁文和希腊文分别书写，来满足在君士坦丁堡失陷后被迫急剧扩大的合一教会的需要。

　　教会坚持认为，像图卢兹伯爵或弗雷德里克二世这样的世俗统治者有积极参与镇压异端的职责，高利贷行为也经常受到像法兰西的路易九世（Louis Ⅸ）这样狂热的君主们的关注。异端问题再度开启了教会，尤其教宗是否有权命令世俗君主的艰难议题。日益权重的世俗权威与教会的紧张关系并不是 13 世纪的新生事物，但是弗雷德里克二世在 13 世纪 30—40 年代、法兰西的"美男子"菲利普在 1300 年左右对教宗权力发起了攻击，其激烈程度远远超过了 11 世纪晚期所谓的授职之争（Investiture Dispute）中的任何争端。宣传机器开始出现，充分利用那些在逐渐成形的大学中训练出来的雄辩家们所掌握的辩论技巧。对基于罗马法的争论的控制给予这些宗教会议更锐利的锋刃，因为世俗统治者们发现自己在自有一套连贯原则的事务中逐渐有了争辩能力，而这些原则显然维系着整个社会结构的安全。由于弗雷德里克既是西西里国王又是德意志皇帝，这加重了他与教宗之间的冲突。主要的世俗权势与独断的教宗们之间的斗争表明，教宗是不允许自己在最严重的挑战面前被吓得落荒而逃的：教宗与一个可能证明能够统治整个意大利（包括教宗国在内）的统治者开战，而且这位统治者有决心和办法来说服其他基督教君主们不再为教宗提供更多支持来对抗他的帝国。弗雷德里克作为敌基督的预示灾祸的形象自有其宣传价值，也深深地反映出亲教宗的一些派系所持有的信仰。世俗统治者们也正是在 13 世纪开始控制宣传活动，到菲利普四世（Philip Ⅳ）中伤卜尼法斯八世（Boniface Ⅷ）和圣殿骑士团时达到巅峰。或许，弗雷德里克并没有真的想让教宗成为神圣罗马帝国的神父。然而，重要的是教宗如何对一个被信以为真的威胁作出回应。从另一种意义上来说，教宗与帝国的普遍权力之争不合时宜。弗雷德里克自己关于帝国权威的观念更多地在于以炫耀的方式将天主教逼入困境，无意染指或行使普遍权力，甚至他自己的西西里王国是否是罗马帝国的一部分也无所谓。拜占庭帝国的垮台有效地解决了争名问题（Zweikaiser-problem），即一直存在两个要求获得罗马帝国皇帝称号的人的问题，这曾使弗雷德里克的同名祖父颇为焦虑。但是，正如人们所看到的，（在波伦亚和弗雷德里克在那不勒斯创办的那所不太成功的大学的法学教授的帮助下）诉诸罗马法的做法为提出皇帝（princeps）权威的要求提供了正当理由，但除皇帝外的其他君主也能使用，如英格兰的爱德华一世、卡斯蒂尔的阿方索十世或法兰西的菲利普四世的执政生涯以不同方式所展现出来的那样，教会法的发展也充分体现了这一点。统治者们日益被视为其领土上的国王：是法兰西国王（rex Fran-cie）而不是法兰克人的王（rex Francorum），是英格兰国王（rex An-glie）而不是盎格鲁人的王（rex Anglorum）。在一些王国里，各民族语言在如法典等公共文献中的使用越来越频繁，这即便还与政治疆域相去甚远，但有助于进一步确定日益增强的民族归属感。在这个世界里，罗马君主（rex Romanorum）即罗马人的国王统治的德意志王国显然日益成为一个怪异事物，它的君主由教宗加冕方有资格成为罗马皇帝。这个王国的王位继承方式（以越发激烈的竞选方式）、王权根基及其官僚体系，或者没有官僚体系，使它和那些分别以巴黎、威斯敏斯特和那不勒斯为都城的中央集权制君主国区别开来。在这些城市中心里，各君主国能够通过修建规模宏大的圣礼拜堂（Sainte-Cha-pelle）、威斯敏斯特教堂或那不勒斯的圣齐亚拉教堂（Santa Chiara）等纪念碑来颂扬各自的王朝。艺术赞美了各个王朝，而且到 13 世纪末也赞美了各位君主。他们的画像四处流传，以无比虔诚的方式获得了神圣的美名。这种神圣性在他们统治期间及其子孙后代统治时期，都可以帮助统治者化解各种政治危机。雅克·勒·高夫中肯地问道："圣路易真的存在吗？"（Saint Louis a-t-il existé？）重要的是，一位王室圣徒可以为继任者们的野心赋予神圣性，这种神圣性不仅仅限于法兰西，任何拥有卡佩王室血统的统治者的王国都可以得到。

　　然而，王室权威说起来容易，实施起来难。为了寻找实现王室目标（从十字军到婚礼账单）的资金，统治者们被迫以会议的形式投入到其影响力更大的臣子的怀抱里，不同统治者们在这些会议中都有过极为不同的关系。法兰西的三级会议在性质方面与其他地方出现的差别较大，从来没有获得英格兰上议院和（在适当的时候）下议院所产生的影响程度。在阿拉贡—加泰罗尼亚，统治者的不同统治区域内存在各种不同的科尔茨（议会，corts/cortes），不像人们可能预料的那样实行分而治之的政策，国王可以以此成为臣民的主人。截然不同的政治目的、耗资巨大的阿拉贡—加泰罗尼亚战争以及国家起源的独特理论，使这些议会能够对王室政策产生不同寻常的影响力。有件事经常涉及国王的顾问们：阿拉贡出现了不允许犹太人担任公职的运动，英格兰则出现了将"外国人"逐出公职的运动（由西蒙·德·蒙福尔领导，他本人就是一个外国人）。因此，获取罗马皇帝权威的请求并不总是可以逼迫成功的。有些情况下，一位国王获取对另一位国王的权威也变得至关重要：在苏格兰，不得不面对的事就是苏格兰国王是否要因其在英格兰持有的土地或他的整个王国向英格兰国王宣誓效忠；阿拉贡国王和马略尔卡国王之间的关系也极其复杂。

　　这些现象并不是基督教世界所独有的。在与欧洲相邻或远离的穆斯林土地上，原有的普遍主义受到挑战。格拉纳达的奈斯尔王朝、摩洛哥的马林王朝和突尼斯的哈夫斯·阿尔莫哈德王朝治下的各地方王国取代了统一的、坚持唯一神论的阿尔莫哈德帝国。从 12 世纪中期到晚期，该帝国征服了马格里布的大片土地以及西班牙南部。正如埃及那样，哈里发们最多就是一个象征，急于利用丰富的地方经济资源的地方官僚们帮着建立了国祚绵长的国家。蒙古人的入侵震惊世界，但并没有摧毁埃及和叙利亚的马穆鲁克国家，后者的军事力量直到 1500 年左右土耳其人侵入时仍然强大得令人吃惊。这部分归功于热那亚人和其他人愿意为军事精英阶层提供切尔克斯奴隶（Circassian slaves）。

　　再回到西欧，那里也有避开了王室统治的地区：理论上应直接归属皇帝的德意志各帝国城市；意大利北部和中部的各个城市，它们大多数名义上处于皇帝、教宗或某位有声望的统治者权威之下，但拿威尼斯来说，它明显独立于任何高一级的权威。到 13 世纪末，后来与几个主要城市联合在一起的各个瑞士乡村公社坚持拒绝地方领主，形成了将会获得惊人的物质力量的联合。13 世纪，意大利各城市市民向霍亨斯陶芬王朝的皇帝、那不勒斯的安茹诸王和教宗提出各种诉求，在派系林立的城市精英阶层间构成广大联盟网络的一部分。解决办法似乎在于城市公社屈从地方领主的权威，如费拉拉的埃斯特家族、米兰的德拉·托雷家族和维罗纳的德拉·斯卡拉家族。这些地方领主经常会保留现存的公社机构，但会插手结束内部争斗。领主（the signori）的到来没有受到普遍的欢迎，佛罗伦萨和热那亚通常都会想方设法保留传统公社，与之一起保留下来的还有家族世仇和骚乱。像其他地方一样，在这些城市里，较富有的工匠提出政治权利的要求，经常通过"人民（the popolo）机制"表现出来，这种机制进一步推动了紧张关系。最引人注目的是，佛罗伦萨和热那亚在面对如

此复杂的政治权力分割的情况下，仍然保持着重要工业和贸易中心的
地位。然而，王室对城市生活的干预并不总是会对经济成功构成威
胁。巴塞罗那确实繁荣昌盛，因为国王和市民拥有共同利益。相反，
马赛在安茹王朝统治者的手中遭受不幸，从一个贸易转口港变成一个
以海军兵工厂作为主要利润来源的城市。此外，正是巴塞罗那（像
威尼斯和热那亚一样）依靠领事馆、货栈和外交影响力形成了深远
影响力，马赛根本不能望其项背。不管是热那亚人和比萨人占领的撒
丁岛和科西嘉岛、威尼斯人占领的克里特岛，还是打着阿拉贡人的旗
帜、由加泰罗尼亚人侵入的马略尔卡和瓦伦西亚以及最后占领的巴勒
莫，这些海外殖民地带来了食物、原材料和占领地市场。西方生产商
通过威尼斯、安科纳和其他地方购买东方棉花进行加工，用像靛蓝这
样的东方染料来染色，然后再卖到东方市场上去。西方以这种方式逐
渐凸显其在工业上的支配地位，即便混战不断，如威尼斯千方百计地
限制通过安科纳前往东方市场的行动。相比之下，虽然像科隆和吕贝
克等德意志城市之间存在紧张关系，而且诸如热那亚和威尼斯等地中
海地区长期形成的对手之间仍然还有很长一段的和平期，但是早期汉
萨同盟的德意志商人们在贸易中采取了不太明显的竞争机制。正如在
传统的地中海地区那样，由波罗的海和北海构成的"北地中海"贸
易以用奢侈品交换基本的原材料和谷物为特征；十字军在前面开路
（在这个战场上，条顿骑士团堪称典范），为商人们扫除障碍。贸易
和十字军共同征服波罗的海。

　　地中海变成各初生帝国之间的战场：阿拉贡—加泰罗尼亚在西方
的扩张受到法兰西安茹王朝的挑战（而法兰西用修建艾格莫特港来
庆祝自己抵达地中海海滨）。在东方，耶路撒冷的拉丁王国被卷入两
股新势力的冲突中。一股是野心勃勃的蒙古人，另一股是显然想要将
法兰克人逐入大海的马穆鲁克人。1291 年，阿克落入马穆鲁克人之
手，这丝毫没有削弱十字军东征的热忱。但是，塞浦路斯之外没有了
稳固的桥头堡，要发动一场收复耶路撒冷的十字军东征变得日益困难
起来。这在十字军征服史上是一个重要时刻，标志着拉丁人在叙利亚
沿海和圣地的统治即将结束。不管怎样，自从英诺森三世发起阿尔比
派十字军征战以来，众多目标在十字军人力方面展开竞争：针对基督
教世俗权力的十字军征战（"政治十字军征战"），特别是那些反对德

意志和意大利的霍亨斯陶芬王朝的人；波罗的海地区和西班牙的十字军征战，前者带有极为强烈的改宗主义因素。即使前往耶路撒冷的十字军东征获得了特别的名声和荣誉，但是，对更为愤世嫉俗的人来说，在其他战场上履行十字军誓言实际上很可能也是适时的。在欧洲的外围地带，十字军征战易于与政治征服混在一起，复杂的理论易于变成清楚而直接的正当理由，不管是针对东正教罗斯（由近乎传奇式的阿列克山德罗·涅夫斯基领导）的瑞典战争还是针对异教徒拉普人的挪威战争都一样。赤裸裸的野心同样驱使着挪威的统治者们去获得冰岛，甚至格陵兰岛的所有权，虽然在马恩岛和赫布里底群岛，是苏格兰国王而不是挪威国王取得了胜利。正如我们所看到的，贸易与十字军征战紧密联系在一起，试图在芬兰和爱沙尼亚取得权威，并沿着为毛皮而捕杀动物者的通道进入罗斯。

这些地区似乎远离拉丁基督教世界的中心区域；这些中心区域获得众多关注，使其在描述 13 世纪时被大书特书。人们难以记得法兰西和英格兰是仅有的没有非基督徒居民（犹太人除外）或非拉丁语邻国的重要王国。然而，希望获得补偿的邪恶欲望偶尔将爱尔兰人归为名副其实的异教徒。在西班牙、意大利南部和德意志东部，对穆斯林、东正教徒或异教徒邻居的认识是无可争辩的事实。这不是说这种认识可以轻易地转变成容忍；当付诸实践时（如在瓦伦西亚或西西里），这种容忍是高度务实、有条件并建立在拉丁基督徒稳定占优势的保证之上的。正是这种拉丁社会的一体感，即遵从一个信仰或"法律"，从 11 世纪晚期、12 世纪教会的咄咄逼人的普遍主义中保留下来，仍然形成了如教宗英诺森三世、英诺森四世和卜尼法斯八世等法学大家的教义的重要核心。但是，到了 13 世纪末，在卜尼法斯八世担任教宗的时候，正是西方诸王——如在法兰西、英格兰、卡斯蒂尔、那不勒斯，等等——果断地利用这种基督教一致性的意识来加强他们自己的而不是教宗的权威。在极端的情况下，如 1290 年英格兰驱逐犹太人或 1300 年那不勒斯国王查理二世将穆斯林卢切拉的居民卖做奴隶时，坚持王国的基督教一致性可以给外来者带来可怕的灾难。

教宗吹响了召唤基督徒羊群归顺于一个牧羊人彼得的照看的嘹亮号角，以此开启并结束了 13 世纪。在《唯至圣诏书》（*Unam sanc-*

tam）中，卜尼法斯八世认为这样的归顺对于救赎来说是尤为必要的。但是，正是世俗统治者们最为成功地运用了归顺高一级权威的启示来实现他们的目标，将自己的臣民更安全地置于自己的权威之下：不是彼得的代理而是涂过膏油的国王们发现自己处于最有利的位置，在一个他们日益牢固地使之处于自己控制之下的社会里用自己的方式实行道德改革。

大卫·阿布拉菲亚（David Abulafia）

莫玉梅 译

徐　浩 校

第一部分

共同的主题

第 一 章

（1） 13 世纪的社会变迁：
贵族和骑士

　　13 世纪是一个人口增长、土地拓殖、城市扩大、社会流动迅速的时代。政府的权力日益扩大，法律体系更为复杂。法律和社会等级的区分也更加复杂。所有这些发展都影响了 13 世纪欧洲的贵族阶级，但是没有一种发展会有助于将贵族阶级本身界定为一个社会群体。相反，13 世纪欧洲贵族阶级通过自觉遵守一套全欧洲奉行的普遍文化价值观和设想来界定自己，这些价值观和设想包含在对骑士身份的狂热崇拜中。在讨论贵族阶级如何发生变化之前，我们必须首先知道谁是贵族。因此，我们必须从骑士制度开始。

　　到 12 世纪末，骑士阶级（*chevalerie*）的观念已为西欧的骑在马上的重装武士广泛接受。时人逐渐意识到，所有这些骑士（*chevaliers*）可以设想为构成社会的一个与众不同的阶级。和 12 世纪晚期社会中的其他阶级一样，这个军事阶级（*ordo militaris*）包括非常宽广的社会等级，从顶层的国王和皇帝到无地的武士都在其中。这些无地的武士反过来逐渐进入更富有的农民等级行列。骑士观念并不源自大领主，特别是在神圣罗马帝国，大领主们在此理念上是后来者。但到了 12 世纪的最后几十年，正是这些大领主通过赞助骑士比武、使用纹章和著述推动了骑士阶级作为一个社会等级的观念的形成，这种观念将这样的原本在生活中拥有不同身份的人绑到一起，也正是这些大领主通过使自己认同这种观念而将骑士阶级与真正的贵族阶级（*noblesse*）等同起来。不是所有在拉丁文献中被称为士兵（*milites*）的人在 1200 年都是贵族，不是所有的贵族都将会受到奉承，被称为士兵甚或骑士。但是，到了 1200 年，几乎在欧洲的每个地方，那些穿着沉重盔甲骑在马背上战斗的人都赞同普遍的骑士制度观念，这种观念将他们以某种方式与国王和诸侯联系在一起，使他们彻底地与农民区分开来。但不管怎么说，他们当中至少有一些人是与农民完全没有差别的。

　　这样一来，骑士制度作为一种自觉观念到 1200 年已经形成，13 世纪的欧洲贵族阶级将根据这种观念来界定自身及其界限。通过强调忠诚、慷慨、作战勇敢及谦和威严的品质是成为真正贵族的要素，骑士制度为骑士融入贵族阶级的各个等级提供了便利，因为很多骑士并不出身于贵族阶级。这在一个社会流动如 12—13 世纪欧洲那样的社会里可不是一件小事，也说明为什么 13 世纪的评论者们如此坚持不懈地致力于设定社会阶层划分的体系。这些体系为骑士是贵族阶级的基本构成单位提供了正当理由，却又承认财产、权力和地位方面存在巨大差别，以此区分骑在马背上的侍从及其领主；它们从许多方面继续将古老的贵族世系家族与那些因军功提升的骑士家族划分开来。然而，我们绝不能错将这种规定性架构当作描述性纪实。德意志的《分封次序图》（*Heerschildordnung*）、艾克·冯·雷普戈（Eike von Repgow）的《萨克森明镜》（*Sachsenspiegel*，约 1225 年），或后来的《施瓦本镜鉴》（*Schwabenspiegel*，约 1270 年），或阿方索十世的《七法全书》（*Siete partidas*，约 1260 年）描述了贵族阶级中的复杂等级划分，反映出时人看待世界的某些方式，但它们几乎没有提及 13 世纪贵族社会结构的真正复杂性。没有任何关于贵族社会变化的单一"模式"会适用于整个欧洲。地区差异甚至地方差异随处可见。然而，总的来看，骑士观念与那个时代的大领主的联合提高了骑士身份在 13 世纪社会的声望，同时也提高了获得和维持这一身份所必需的出身、地位和展示的要求。因此，在大多数地区，接受正式骑士身份的人数逐渐减少，其减少速度快于该世纪的推进速度。这一社会提升和排斥的进程早在 12 世纪末已经开始，一直延续到 14 世纪。然而，到了 1300 年，骑士身份的意义几乎在欧洲所有地方都已发生改变。13 世纪伊始，骑士阶级只是一种阶级概念；到了 13 世纪末，骑士成为一个社会阶级，虽然人数不断减少，但现已稳稳地占据贵族阶级的底端。

　　这一转变首先非常明确地发生在法兰西北部和中部。在这里，骑士观念扎根最早且最深，君主权力的不断扩大促进了 13 世纪贵族地位清楚划分的发展。12 世纪上半叶，那些不自由的骑在马背上的武士在佛兰德的部分地区、香槟、贝里和巴黎盆地仍然可以找到，但到了 1200 年已不复存在。到大约 1250 年，士兵们已被广泛地视为统治者（domini），从依附农民那里榨取收入，居住在建有防御工事的房子里，和伯爵与公爵一道被冷漠地称为"大人"（lord, messier）。当时的法兰西人试图描述出这些统治者的共有特征，通常提到"乡绅"（gentillesse, gentility）一词，这一灵活的概念将骑士出身与贵族生活方式和行为结合在一起。"新贵"（nobilitas）一词更受争议。诚然，到了 1100 年，贵族与士兵在勃艮第南部是可以互换的两个术语。但在其他地方，当骑士与 1150 年前的贵族阶级的联姻终于开始取代这些古老贵族家族同族结婚的传统时，新贵只有从 13 世纪晚期起才在特许状见证人列表的正式语言中被淡然指称为所有士兵。然而，作为对这一逐渐崛起的领主阶级的标准描述性术语，贵族阶级（noblesse）的称呼只有到了大约 1300 年才战胜乡绅的称呼，当时法兰西的"贵族阶级"获得与众不同的法律地位，表明该称呼的拥有者得到了特别的财政、司法和军事豁免权。

　　然而，在现实中，当某个人——王室官员或有时是另一个贵族——有理由来挑战另一个人对贵族身份的所有权时，法兰西北部和中部对贵族阶级的界定在整个 13 世纪出现就事论事的情形。当限制税被强加给那些卖给"非贵族"的封地财产时，这样的事从 13 世纪中期开始变得日益普遍起来。随着 13 世纪的推移，虽然世系成为一个越来越重要的标准，但是宗谱血统、对现有领主身份或封地的拥有权、生活方式和地方声望共同决定"贵族的身份"。随着国王对非贵族的征税权日益增强，巴黎高等法院（the parlement of Paris）逐渐成为正常的特别法庭，对那些渴望获得与其贵族等级相符合的税收豁免权的家族提出的各种要求进行判决。在"美男子"菲利普统治时期，王室分封特权的发展标志着贵族阶级作为一个法律等级的观念在法兰西得到进一步发展，因为这一法律等级由王室准许的特权来界定。1314—1315 年的联盟加强和保护了贵族作为一个社会阶级所拥有的可继承的法律地位，也表明贵族阶级作为一个法律等级观念的发展。

然而，直到 14 世纪下半叶贵族阶级的标准才在法律中完全确立，骑士血统或贵族阶级的特权才成为贵族身份的必要条件（*sine qua non*），剥夺贵族身份才成为一道法律程序。这些发展到 1300 年得到充分推动，但还远非不可逆转。

法兰西贵族阶级的合法统一是王室财政和司法政策的产物，并没有反映出贵族社会的结构现实。1200 年，财富和权力之间的巨大差别将出身卑微的骑士与大领主区分开来。随着 13 世纪的流逝，这个差距越来越大。在 13 世纪的头几十年里，获得领主身份的人迅速翻番，有些人获得低等司法权，但是其他人除地租外没有任何司法收入。与此同时，国王和少数其他大领主提出垄断平常权威的要求，逐渐剥夺许多存在已久的领主征收通行费和赋税以及在领地内行使最高 16 司法权的权利。结果是乡村地区的领主权威明显减弱。然而，随着通货膨胀消耗掉固定地租的价值，特别是 1270 年后，只有保留平常特权的大领主能够通过增加司法收入来弥补逐渐下降的农业收入。小领主逐渐跟不上上涨的时代标准，无法维持与其身份相当的贵族生活方式。到 1300 年，像皮卡迪和佛兰德等地区的无数小领主中间出现明显的危机迹象。

有些骑士以为大领主或国王提供服务来应对危机，那些成功的人有时可以因担任职务的收入来恢复地位。与富有的市民或农民联姻是另一条可以生存下去并继续向上流社会爬升的道路。其他人搬到城市居住，开始插手商业，这种现象在欧洲南部尤为常见，但在北欧的广泛性超过人们对此的普遍认识。当 13 世纪结束时，认为商业与贵族阶级不相匹配的各种偏见仍在逐渐形成。这些偏见直到 14 世纪末才在法律上得以强制实施，即使到了那时，也只在法兰西、卡斯蒂尔和中欧东部的部分地区有效。在 13 世纪，商业在整个西欧一直是一条甚至向最大领主都开放的机会通道。

领主们受到固定租金的真正价值下降的威胁，尽可能地削减开支。从 13 世纪中期开始，我们发现越来越多的法兰西下层骑士（lesser knights）的儿子们无法继续获得骑士身份，而是继续被称为先生（*armigeri*）、士绅（*damoiseau*）、"候补骑士"（squires）。到 1250 年，福雷有半数以上的封地持有者是未获骑士身份的候补骑士，而在马康奈，一半以上的贵族是骑士们的未受封的儿子们。在皮卡迪，授封骑士的仪式作为习俗一直保留到大约 1270 年，但是从那以后，除最大的家族外，候补骑士人数迅速增长。由于 13 世纪法兰西骑士家族通常将领地分给所有孩子，或者至少是所有儿子，而不是将继承物集中在一个继承人手中，因此这一事实使候补骑士的等级进一步增加。习俗因地而异，长子继承制在像博韦内和维克辛这样的地区仔细地保留下来。但在大多数地区，即使是在习惯法似乎占支配地位的地方，最大的贵族世系一直以来都实行诸子继承制。随着骑士越来越稳固地成为贵族精英的一部分，他们也采用贵族的继承习惯。在 13 世纪的香槟，长子继承制在涉及封地时确实是被禁止的。在其他地方，如皮卡迪，继承习俗的变化只能通过结果来查找。然而，结果是明显的：获得小领主身份的人数显著增加，到 13 世纪晚期，其持 17
有者显得特别容易遭遇经济困难；大领地遭到分割，这有利于君主或其他领主获取这些分割之地；贵族世系的灭绝率很高。在福雷，215 个贵族家族中有 66 个在 13 世纪消失了。在皮卡迪，1190 年的 50 个最大的家族到 1290 年只有 12 个还有男性继承人；但与此同时，不少于 64 个其他家族获得提升，进入贵族等级，跻身大家族之列。

　　到 1300 年，法兰西的骑士无疑已是贵族阶级的一部分，其享有特权的法律地位逐渐被看作是可继承的，甚至是他们那些没有受封的后代也可以继承。然而，作为一个社会阶级，贵族阶级仍然处于不断变化当中，将一直如此。到 1300 年，法兰西最富有的人是商人，而不是贵族。虽然新构建的法律等级差别可能会延迟商人们进入贵族阶级的各个等级，但是贵族却无力对抗两者之间正在发生变化的经济权力平衡。

　　英格兰贵族阶级的变化模式大致与法兰西北部的相似。在英格兰，1180 年到 1240 年也是地方骑士家族同化到统治者各个等级的关键时期。也正是在这些年里，大领主越来越喜欢将自己称为士兵，这是对那些把他们和通常无土地的骑士连在一起的普遍骑士价值观的认可，而这些骑士往往是他们的随从。然而，比在法兰西更明显的是，英格兰骑士地位的提升依赖于土地从总佃户手中大规模地转移到他们的骑士随从手中，这一转移过程发生在 1180 年前的那个世纪里。这样的转移最初可能是为了获得忠诚，但是随着这些可继承的转让物传到骑士的儿孙手中时，连接骑士佃户和他们尊贵的领主之间的纽带变得越来越弱。在爱尔兰和威尔士边疆地区，连续不断的拓殖和军事必要性使这些纽带维系得更加长久。但是在英格兰本土，由王室司法权提供的土地保有权安全性与骑士的日益增值的土地资源结合起来，使大多数郡骑士到1225年左右大体上摆脱了领主的控制。此后，希望控制各地区的大领主通常不得不与地方骑士家族合作来实现这一目标，为他们提供报酬、职位和法律庇护，以此来换得他们的服务与支持。然而，国王及其代理人的权力总是成为这样的领土野心的潜在平衡力。结果，郡骑士在13世纪成为独特的政治群体，其独立于国王和大领主的情形可以从13世纪60年代后期及以后的议会协商中得到证实。

　　尽管骑士在议会中逐渐成为"平民"的代言人，但是骑士自身无疑是英格兰贵族阶级的一部分。随着人数从1200年的大约3000人¹⁸到14世纪初降至1100人左右，他们更是贵族阶级不可分割的一部分。因贵族摆阔增加的费用、由君主向郡骑士强加的各种行政负担以及避免亲自服军役的愿望，都促使乡村地区的骑士人数急剧下降。从13世纪40年代起，国王对此做出反应，时不时地设法强迫所有年收入为15英镑、20英镑或40英镑的自由土地持有者接受骑士身份。免税权很容易用钱买到，于是这项政策对骑士的总数几乎没有影响，但有助于向人数迅速增加的候补骑士敞开英格兰贵族阶级的底限。正如在法兰西一样，这些13世纪候补骑士的土地财富和地方声望足以使他们跻身上流出身的人，虽然在英格兰，候补骑士要到14世纪才通过接受徽章，名副其实地进入贵族等级。然而，在英格兰，因为贵族阶级从未成为一个法律术语，所以候补骑士阶层从未因这个贵族阶级的特质向贵族阶级让步。从13世纪起，英格兰"贵族阶级"没有享有王室税收豁免权，在他们的庄园法庭之外没有享有司法权；除了有与他们地位相当的贵族审判的权利外，他们在法律程序中没有任何特权，这是由大宪章向所有自由人做出的保证，但这意味着被传唤到议会的领主个人应该只能由国王自己或议会中拥有领主身份的"贵族"进行审判。在某些方面，比如享有出售封地财产的自由，13世纪晚期的英格兰大领主甚至要比小领主受到更多的法律限制约束，因为他们更多的是直接从君主那里持有土地。

　　13世纪英格兰没有出现享有法律特权的贵族阶级，这一贯以来被视为英格兰君主权力强大的标志，也可能反映出这些大领主的巨大成功。对领地的直接剥削使他们成为农产品价格上涨的受益者，这正是 13 世纪的特征。他们与城市和贸易的持续联系为其产品提供了市场，也为他们提供了大量来自市场、通行费和集市的货币收入。有些贵族直接从事贸易，如阿伦德尔伯爵和彭布罗克伯爵，尤其是与爱尔兰和低地国家贸易，有时甚至使用他们自己的船只。其他人发展城市财产，尤其是在伦敦，或者创建新城市。贵族阶级与市民之间难以划下清楚的界限。作为各郡和城区的代表，骑士和市民在 13 世纪的议会中坐在一起；城市的统治寡头经常来自乡村家族，而伦敦和五港同盟的人通常被称为市场。贵族阶级身上的税收负担直到 13 世纪 90 年代都很轻，英格兰货币的稳定性降低了通货膨胀对固定租金的影响。不管怎样，与法兰西北部的领主比起来，固定租金在英格兰贵族收入中的比例要小得多。

在骑士和候补骑士中，稳定性要比大家族的差一些。在各个郡里，那些无远见的和不走运的家族消失了，因王室的青睐、行政服务、贸易、买地、联姻和成功的诉讼而崛起的新家族取代了他们的位置。政治上的错误估算是灾难性的；在 13 世纪中期的内战后，贵族各等级间发生了一场声势浩大的土地资源的重新分配，但贵族阶级本身的结构没有发生巨大的变化。英格兰贵族阶级没有被我们在 1300 年法兰西北部看到的那种系统性危机所摧毁。在法兰西，贵族阶级的建构在法律上部分地是为了应对贵族阶级自己对威胁的认知。英格兰没有出现这样的危机，也没有出现受法律保护的贵族阶级。

相比之下，在神圣罗马帝国的讲日耳曼语的土地上，自由骑士到 1200 年还很少见；到 1300 年，他们作为贵族社会中的一个显著群体在许多地方已经完全消失。骑士阶级的各个等级实际上由那些在法律上不自由的侍从（*ministeriales*）构成，他们在军事和政治方面的影响及其贵族生活方式，完全与法兰西的和他们具有同样骑士身份的人相一致，但是其法律地位原则上使他们直到 14 世纪仍然有别于自由贵族阶级。在 12 世纪早期，当一个与众不同的侍从阶级（*ordo ministerialis*）在德意志逐渐形成时，侍从的不自由身份对他们的行为有三个主要的限制：他们不能转让土地，除非是转让给同一领主下的其他侍从；没有自己领主的同意，他们不能宣誓效忠于任何其他领主或者从任何其他领主手中持有封地；没有领主的同意，他们也不可以和领

19

主领地外的人结婚。到 1200 年，这些对土地转让、效忠和多种封地持有方式的限制大半已经被打破，在 1197 年到 1218 年的混乱年代里甚至进一步松懈。弗雷德里克·巴巴罗萨统治时期，帝国侍从沃尔讷·冯·博兰登（Werner von Bolanden）持有的土地除来自巴巴罗萨的外，还有来自其他四十多个不同领主的。实际上，尤其是在像莱茵兰等地区，侍从们到 1200 年正在自由地通过出售、捐赠和分封土地转让财产，只是还要受制于一个习惯性要求：他们要以等值的土地来补偿领主的"损失"。尽管他们在法律上不自由，但到 1200 年，他们实际上要比法兰西北部或英格兰的骑士更自由，因为他们能够通过出售或作为礼物赠送的方式来转让领地财产，直到 13 世纪末仍然如此。他们的继承权同样在地方习俗中牢牢地稳固下来，这样一来，自由人偶尔也愿意接受侍从身份，显然是为了保证领地的继承。

20　　　当与北欧其他地方的习俗相比时，他们在婚姻自由方面的限制也不是少见的，至少在 12 世纪晚期之前如此。然而，我们在此之后注意到一个变化。在法兰西北部和英格兰，领主对骑士婚姻的控制从 12 世纪中期起开始逐渐瓦解，但是在德意志，这一法律限制却保留下来。虽然许多 13 世纪的侍从实际上在没有领主同意的情况下与领主领地之外的人结婚，但如果领主事后通过没收封地来对他未获认可的婚姻进行处置，那么真正这么做了的侍从则无法运用法律来保护自己。实际上，随着 13 世纪晚期德意志各公国越来越精确地划定各自的界限，领主有时甚至更强有力地推行对侍从婚姻的各种限制，如萨尔茨堡大主教。他努力维护和保持土地（terra）上的领土统一，急于通过与有竞争力的领主的依附者联姻来控制价值可观的侍从继承财产。

　　与其他地方的骑士一样，侍从们通过为大领主提供服务来争得一席之地。他们的不自由身份使其不能在领主家族（familia）中获得封臣的身份，但是他们所提供的服务都是受人尊崇的，包括骑在马背上作战、担任职务和参与行政管理。随着封臣身份纽带在 12 世纪传播开来，超过自由骑士、伯爵甚至公爵，"贵族阶级"与"自由"的传统等式观念逐渐与德意志贵族生活的实际情况无关。随着侍从获得封地，他们也开始获得与封地持有相联系的纹章标志。与 13 世纪欧洲的其他骑士一样，德意志的侍从们开始融入贵族阶级的等级中，以他们采用可继承的纹章为标志。在德意志，13 世纪侍从使用的纹章通常起源于他们最重要的领主的纹章，象征着他们的不自由身份，但是也突出他们具有向"自由"贵族阶级的上层等级不断靠近的潜力。13 世纪侍从的地位是所有这些复杂因素的产物。

尽管侍从们在财富和社会地位方面存在巨大差距，但在 12 世纪，时人普遍意识到他们构成德意志社会中的一个单一且独特的等级。然而，在 13 世纪，这种一致情形不复存在。最强大的侍从家族是那些持有许多领主的封地的人，不仅拥有城堡，在乡村地区行使领主权威，而且在 12 世纪已经开始将自己称为贵族（nobiles）。虽然这样的自称要到 14 世纪才被贵族社会普遍接受，但是大约从 1200 年开始，他们与自由贵族阶级一样被称为统治者。在整个 13 世纪，自由骑士继续进入侍从行列，尤其是在强大的君主逐渐成功地巩固权威的地区。在其他地方，最强大的侍从开始从领主那里获得实际上的独立，这一发展在那些因伯爵或公爵世系断绝而使他们不再有个人领主的地区更为迅速。1254 年之后，斯陶芬皇帝世系的断绝又一次导致大量无领主的帝国侍从涌入德意志社会。到 13 世纪末，最大的侍从家族与乡村地区留存的自由贵族阶级融合在一起，在像奥地利、斯蒂里亚和莱茵兰等地区构成一个"领主等级"（Herrenstand）。然而，大部分小侍从要么依附于其他领主并与他们自己的仆从相融合，构成一个"骑士等级"，即中世纪晚期的骑士等级（Ritterstand），要么跌回到农民阶级的各个阶层中。当然，在两者之上是德意志贵族阶级（Reichsfürstenstand），即帝国诸侯等级，该等级的各个阶层由 1180 年到 1237 年期间制定的一系列王室法令界定，此后不断调整。骑士和领主之间的这种分裂并没有在每一个地区都发生。在单一诸侯统治占支配地位的地方，如萨尔茨堡，或者在不断扩大的东部移民区，如"旧"贵族阶级从未存在过的勃兰登堡、梅克伦堡和梅森，只形成一个单一高贵的骑士等级。

然而，局部特例不应该模糊了普遍现象。像英格兰和法兰西北部的骑士一样，德意志的侍从们到 1300 年已经跻身于世袭贵族阶级的行列，以他们真正地进入上层或下层来划分。除侍从一直保留到 16 世纪的少数边远地区外，如盖尔德斯和聚特芬，他们在 14 世纪把不自由身份的残留痕迹完全去除。和自由贵族阶级一样，13 世纪侍从等级兴盛起来，使他们能够崛起的三大支柱如下：他们占有土地财富，通过受封和购买获得，但大多是通过内部扩张和土地垦殖不断增加土地财富；他们控制城堡；他们与城市联系在一起，许多12世纪的侍从家族被领主任命为城市管理者。结果是一个非常重要的城市贵族阶级在14世纪出现，尤其是在士瓦本、法兰克尼亚、巴伐利亚北部和莱茵兰等老定居地。他们居住在戒备森严的城市住宅中，从事商业，但与周围乡村地区的贵族阶级联系密切。正如在意大利北部、低地国家和法兰西东北部那样，中世纪晚期德意志的骑士制度在城市和在乡村一样为人们所热衷。然而，在西欧的每个地方，骑士制度一直是自我意识不断增强的贵族阶级所独有的意识形态。

在这种背景下，意大利北部和中部的贵族阶级在城市居住，以商业起家，其所谓的与众不同就失去了大部分的意义。到1100年，乡村贵族和城市的管理者兼商人之间长期存在的分封与服务的关系，在意大利各城市中创建了一个重要的城市贵族阶级。乡村贵族参与城市商业活动，新城市公社政府鼓励周围乡村地区（contado）贵族到城市居住，都进一步加强了城市和周围乡村地区的这些联系。不是每一个人都同意这么做的。在整个13世纪，大约有一半的乡村贵族抵制与商业或各个城市公社有任何重要联系。然而，到13世纪，各个城市公社本身就已经处于严密一体化的贵族阶级的统治下，这一贵族阶级既有来自乡村地区的土地贵族，也有来自城市的富有商人和放贷者。这些城市权贵住在城里的守卫森严的塔楼中，却从乡村财产中得到大多数财富。他们在周围乡村地区维系着代理人和亲属关系网，有一套荣耀与家族世仇交织在一起的生活准则，而这些到13世纪40年代对政治稳定造成严重挑战。但是，主要使他们与普通市民区分开的，是他们自发地与对骑士制度的狂热崇拜结盟。这一骑士制度起源于法兰西，在意大利作为贵族团结一致的标志自相矛盾地变得重要起来。甚至比欧洲其他地方更值得注意的是，意大利北部和中部的骑士制度用贵族文化价值观的普通准则界定，统一了一个社会出身尤为不同的精英阶层。

在意大利的大多数城市，骑马服军役对拥有指定财富水平以上的所有男性市民来说是一种义务。连续不断的战争是13世纪意大利生活的特征之一，有助于保留骑士身份是进入贵族社会的一种方式的传统，甚至对前农奴们也开放。这样一来，不是骑马服军役本身而是骑士身份的全套仪式服饰使只拥有财富的人与 13 世纪城市贵族阶级中的真正贵族家族区分开来。骑士身份的授封成为一种惯常仪式，一个家族以此显示其权贵身份，到 14 世纪 30 年代之前一直如此，尽管几个城市公社政府（最著名的要数佛罗伦萨）从 13 世纪 80 年代起通过禁止授封骑士和世袭政治职务来限制权贵家族的权力。然而，在整个 13 世纪，新家族有可能通过接受城市贵族的骑士价值观来进入贵族阶级。13 世纪欧洲其他地方对骑士等级的社会限制显而易见，但在意大利要到 14 世纪才变得清晰起来。这正好与乡村社会的普遍"再封建化"相一致；在托斯卡纳，则与小贵族阶级遭受经济危机相一致。

相比之下，在意大利南部，骑士制度不是常见的城市现象，骑士身份更多只能授予骑士的后代。城市生活不怎么发达，乡村领主权的结构更牢固地掌控在独霸各方的贵族手中。在意大利北部，财产税在 13 世纪期间不断增长，削弱了与贵族阶级相伴而生的各项财政特权，使贵族阶级更多的只是一种价值观和生活方式而已。然而，南部的情况正好相反。分封财产的免税权变得更加牢固，对贵族参与商业的偏见日益增加，加重了贵族阶级对领地的经济依赖。南北的继承习俗也不一样。南部的不可分割制保留了强大的贵族领主权的统一，而北部的诸子继承制分散了领主权。

因此，与 13 世纪意大利北部的骑士身份最相近的不是意大利南部，而是西班牙。在卡斯蒂尔，古老的贵族阶级由到 11 世纪就已存在的可继承性财政特权、血统和骑士服务来确定，分成一小群大权贵（*ricos hombres*，来自哥特语 *reiks*，意为"强大的"）和人数多得多的未受封贵族（*hidalgos*）或中小贵族（*infanzones*）。在卡斯蒂尔北部，未受封贵族主要是一个乡村群体，*hidalgo* 一词本身来自 *fijo d'alguno*，意为"有身份的人的儿子"。然而，在卡斯蒂尔中部和南部，国王因再征服运动而招募骑兵部队和移民，为带着骑士武器并骑在自己的马背上作战的任何边界市民提供小贵族（*hidalguía*）的各项特权。理论上，这些武装骑士（*caballeros villanos*）所拥有的骑士身份和随之产生的免税权不会自动传给后代。这一身份如此严格地依赖于服军役，

23

与小贵族的身份截然不同，后者的是可以继承的。然而，在现实中，对所有富有到可以维持服役的各种需要的男性来说，到边界城市服骑兵役是一种义务。由于马匹、武器和财富是可继承的，因此城市里的未受封贵族家族和骑士家族的区别日渐模糊。到13世纪早期，享有有效继承权的武装骑士群体和人数少得多的城市未受封贵族统治了大多数城市。他们提供的骑兵役使其获得因袭击与征服所带来的最多的战利品，而他们对地方官职的垄断，则保证其获得来自周边乡村地区的税收收入的最大份额。斐迪南三世和阿方索十世试图通过扩大免税权、放松服军役要求和坚持他们可以独自担任城市官职并在科尔茨（cortes，议会）中代表他们所在的城市等举措，将这两个群体融合成一个单一封闭，且按世系划分的城市骑士贵族阶级。这些举措进一步加强了他们的统治地位。

　　再征服运动带来很多劫掠和征服机会，使服骑兵役成为城市社会发展的一条绵延不断的通道，特别是在13世纪前半期。然而，13世纪中期后，我们发现卡斯蒂尔人越来越坚持骑士世系是成为真正贵族的必要条件。这部分归因于维持城市税收名册的重要性，但也反映出卡斯蒂尔社会的各种发展：服军役的机会随着再征服运动的结束日益减少；未受封贵族的经济地位逐渐衰退，尤其在未受封贵族人数最多的北方地区；主要由武装骑士构成的城市贵族阶级的权力和财富日益增加，但在安达卢西亚，城市贵族阶级中也有商人，其骑士身份依赖于他们的财富。阿方索十世采取各项非常慎重的措施，通过抑奢法、宫廷礼仪和《七法全书》（Siete partidas）来界定骑士价值观，使他们与真正的贵族相等同并集中在他的宫廷里。这些都是为构建他试图提升其地位的这一卡斯蒂尔新贵阶级的文化一体性做出的努力。他的成功在对熙德的崇拜中清晰呈现出来。熙德是武装骑士中最受人尊崇的英雄，到1300年也成为整个卡斯蒂尔贵族阶级的著名骑士英雄。到1300年，武装骑士稳固地成为世袭贵族阶级的一部分，此后这一贵族阶级将越来越严格地通过出身和世系来界定自身。在中世纪晚期的科尔茨（cortes，议会）里，这一骑士贵族阶级将成为一个单一的等级。

　　阿拉贡贵族阶级中发生的社会变化不足以引人注目。阿拉贡本土的这一小群大权贵在整个13世纪都相当的稳定，加强对依附佃户的控制，逐渐增强对君主的独立性。他们和人数更多的小贵族一样，都没有从国王詹姆斯一世对马略尔卡和巴伦西亚的征服中获利多少。当与加泰罗尼亚的可继承封地相比时，他们的佃农制中的不可继承性甚至显得更不公正。阿拉贡的城市在13世纪上半叶显著成长，但还是太小，不能满足更多的城市骑士家族的野心。因此，阿拉贡的骑士身份仍然是几乎完全排外的贵族产业，尽管12世纪的边境上出现少数武装骑士。大小贵族之间的区别反映在阿拉贡的科尔茨（cortes，议会）中，这两个群体在其中代表着不同的等级。然而，他们一起疏离君主，这一势头稳固增长；1265年在埃赫以及1283年的结盟，共同维护作为他们联合贵族阶级特征的免税权和司法特权。

　　相比之下，在加泰罗尼亚，由伯爵和子爵构成的古老贵族阶级在12世纪急剧衰落。取而代之的是人数多得多的城堡主们（castellan，此处或许完全等同于"Catalonia"），其贵族身份到1200年已经完全确立，在伯爵和城堡主的真正高贵与"暴发户"（arriviste）骑士群体的装腔作势之间形成引发怨恨的比较，而后者作为君主权威在13世纪最后一二十年里不断扩张的代理人已然崛起。詹姆斯一世的征服运动给所有三个群体都带来新机会，但是真正改变13世纪加泰罗尼亚社会的是巴塞罗那城的快速发展。像意大利北部的大城市一样，巴塞罗那由"尊敬市民"组成的紧密联结的贵族阶级控制，绝大多数人来自该城。但是，尽管城市贵族阶级和乡村贵族阶级在家族结构上存在重要区别，有些贵族家族，如蒙卡达家族，却确实参与巴塞罗那的城市发展和加泰罗尼亚帝国的商业扩张。甚至更为重要的是，巴塞罗那贵族阶级和乡村贵族阶级一起拥有加泰罗尼亚宫廷的公共文化和政治生活，一起成为借贷者、官职持有者和代表伯爵—国王利益的特使。以宫廷为中心发生这样的合作，其后果之一就是商人家族和贵族家族的联姻，这在整个13世纪都很普遍。它转而有利于促进社会发生引人瞩目的流动，这几乎在13世纪加泰罗尼亚社会的每一等级中都很明显。比起意大利同等规模的城市来说，骑士身份在巴塞罗那的"尊敬市民"中没那么普遍，但罗蒙·柳利的例子表明，骑士身份实际上是贵族家族的志向，也许在被征服的马略尔卡的新世界中尤其如此。迄今为止，我们对加泰罗尼亚的乡村贵族或者城市精英的文化生活知之甚少，无法满怀信心地决定普通骑士文化对二者的界定与统一程度。但在一种像 13 世纪加泰罗尼亚那样都市化的文化中，如果骑士价值观在某种程度上没有对社会等级截然不同的贵族、骑士和城市权贵发展成一个贵族阶级的进程起到推动作用，那将确实是令人惊讶的事，因为它们几乎在欧洲的任何其他地方都起过推动作用。

罗伯特・斯泰希（Robert Stacey）

莫玉梅 译

徐　浩 校

第　一　章

（2）13 世纪的社会变迁：
城市社会

　　城市社会与乡村社会、小城镇和大村庄之间的界限是很明显的，从传统意义上来说，取决于大部分人口是否以除渔业、农业、采矿业或牲畜饲养业之外的产业为生。以前存在只以法律地位来界定城市的倾向，这并不能让人完全满意。一些特别大的村庄有 1000 人，小城镇未必有这么多人口。成百上千的小市镇遍及整个欧洲，具有十分重要的地方性功能：为人们提供交换货物和日用品、修补农具、让孩子受洗或参加市集的地方。如果人口达 5000 人左右（在人口更为密集的地方），城市就会呈现出某些城市社会的特征来。但在斯堪的纳维亚或东欧，甚至更小的城市在当地也能起到巨大的作用。所有城市与乡村地区之间都存在共生关系，城市社会与乡村社会的任何比较将会冒着错误二分法的危险。任意的年代划分也是一个问题；1198 年到 1300 年并没有任何具有决定意义的、标志着影响整个欧洲城市社会的事件。

　　13 世纪欧洲的绝大多数地区仍然是乡村社会，因此城市像是由村庄与小村子构成的汪洋大海中的一座座独特的岛屿。城市社会的主题必然不能将这些城市看成普遍类型。人们无法掩盖地区之间的重要差异，也不能将这些地方典型化来隐藏变化进程。在最基本的层面上，西欧的城市比东欧的多，但 13 世纪标志着即使远至莫斯科的地方也涌现出一些重要的新城市。许多欧洲的最大城市点缀在从直布罗陀到博斯普鲁斯海峡的地中海海岸线上，但同样多的更新的城市沿着海岸线分布在英吉利海峡到芬兰湾之间。气候和地理差异造就城市生

活的一些不寻常的特点：威尼斯的运河不会结冰；卑尔根的陡坡屋顶
与巴伦西亚的瓦屋顶不一样；下雨有助于清洗伦敦的街道，但在巴勒
27 莫却不是这样；一些沼泽地区，如比萨附近的马里马（Maremma），
瘴气萦绕，使附近无法出现繁荣的城市生活。不同的城市外表标志着
地区风格各异，地中海城市看起来不会像低地国家的城市。然而，一
些生活特征并不受空间和气候的局限。大多数 13 世纪的城市由围墙
或水环绕。在每一座基督教的城市中，最大的建筑往往是一座教堂，
几乎无可避免地是部分建成的哥特式大教堂或罗马式的方形大教堂。
从波罗的海到地中海可以划一条粗略的线，从东到西，教堂里做弥撒
的语言不是希腊语就是拉丁语，人们不是以君士坦丁堡就是以罗马作
为精神指导。当然，分散各地的犹太人和西班牙与西西里的穆斯林在
犹太会堂和清真寺中举行着各自的宗教仪式，这些宗教在基督徒统治
的地方不会走向兴盛。

　　13 世纪见证了人口的极大增长，这一增长促进了欧洲城市的扩
张。任何一座 13 世纪的城市都没有留下人口普查资料或可靠的人口
估计数据。[①] 一些当时的数字奠定了猜测人口规模的基础。税收单记
录了家庭的户数，军事服役留下了能够拿起武器作战的男性成员的数
量，城市的围墙可以确定主要居住区。这些或多或少可靠的数据普遍
地需要一个乘数，包括家庭的平均规模、人口中性别和年龄的分布和
每公顷土地养活的人数，以此来计算假定的人口总数。每户的人口数
量或城市中每一公顷土地可以容纳多少人所产生的微小差别，都会导
致人口总数的巨大差别。更有用的就是简单的数量级，从几千到十万
覆盖整个区域。既然大点的城市往往是危险和不健康的地方，那么婴
儿死亡率就会高。因此城市人口的大部分增长并不是来自城市人口的
再生，而是来自从乡村地区或小城镇的移民。到 1200 年，绝大多数
的欧洲城市已经以某种形式存在，在随后的一个世纪里，这些地方多
半继续扩大，而一些著名的新城市，如埃汶河畔的斯特拉特福德
（Stratford-upon-Avon），由具有进取心的领主创建而成。在东欧，一
些像维也纳、布拉格和华沙等城市成为从模糊的城市雏形迅速成长的
例子。在伊比利亚边界，像巴伦西亚、塞维利亚、科尔多瓦和马洛卡

---

① Russell（1972），pp. 25 – 29.

堡等传统穆斯林城市获得重生，在一些情况下出现新的人口，逐渐成
为社会和经济生活的基督教中心。

　　欧洲的超级城市是巴黎，到 1300 年大约有 20 万人；威尼斯和
佛罗伦萨的人口达到 10 万，这是中世纪社会的人口上限，可能是
受制于向如此大的中心运输食物的难题。下一等级的城市包括科 28
隆、米兰、布鲁日、热那亚和伦敦在内，人口达到佛罗伦萨和威尼
斯的一半或以上。欧洲的两个地区，意大利北部和低地国家及下莱
茵兰（lower Rhineland），按地区划分要比欧洲其他地方出现更多较
大的城市。君士坦丁堡在 1200 年可能是欧洲最大的城市，1204 年
遭到第四次十字军东征的毁坏，在 13 世纪的大部分时间里处于一
个法兰西王朝的拙劣统治之下，到 1300 年已成为其以前的一个影
子。三座其他城市，罗马、那不勒斯和巴勒莫，在 13 世纪的大多
数时间里依然保持巨人的地位或相当规模，从它们作为政府中心的
角色中获取大部分力量。许多其他城市，如帕维亚或英格兰南部海
岸线上的一些小港口，在 13 世纪里并没有增长多少。在见证附近
城市成功的同时，它们也没有成为失败的例证。至于布达和佩斯，
两个城市都在多瑙河边发展起来，凸显出城市增长的两个重要特
征：处于道路交叉或运输方式发生变化的地理位置的重要性；一个
重要的城市通常会阻止附近有另一重要城市的出现（在此例中，多
瑙河设置了限制）。港口城市显然就是因运输发生必要的变化而兴
盛起来的地方的例子。但是对于一些个例来说，城市的扩张需要更
为仔细的考察。

　　国家君主制的首都城市，如伦敦或巴黎，或者处于重要领主统治
下的都城，如科隆或慕尼黑（自 1255 年起成为巴伐利亚首都），有
时突出王室、主教座地或公爵府邸及其官僚体系的存在所带来的优
势；但是，例如，阿拉贡的国王们四处巡回，在一个地方待的时间不
够长，不足以使萨拉戈萨发展成大都市。一座城市的规模同样得益于
拥有一位重要的主教，如林肯和鲁昂，或者有一所大学在此创建，如
波伦亚和牛津。所有主教中最为重要的主教，即教宗，所统治的城市
同样也是欧洲朝圣的主要目标。但是其他城市，如圣地亚哥·德孔波
斯特拉（Santiago de Compostela）和坎特伯雷，也从朝圣行为中获得
经济利益。作为都城或圣地所具有的这些与众不同的特点能够解释一

座城市存在的原因，但是它们本身不能保证城市的重要增长。

城市也是生产、分配和消费的地区中心。港口城市表明这些因素是如何促进增长的。威尼斯的舰队能够使它从远至克里特的地方得到食物供给，可以获得远至埃及的资源来满足德意志南部的另一腹地对棉布和香料的需求。威尼斯从大海和河流的连接中获利，通过贸易逐渐强大起来，同时也引领着一种大规模制造业，生产出一种结构复杂且劳动力密集的产品，即中世纪大型划船。到13世纪晚期，威尼斯利用地理位置及其海军力量在亚得里亚海和爱琴海的大部分海域成为霸主，但是其他城市，如马赛、热那亚、巴塞罗那、比萨、不来梅和吕贝克，还有像都柏林和里斯本等较小的港口，通过集散本地区的产品以及较远地区的货物同样为广大地区提供服务。食物和羊毛是最特别的产品。每个城市都吸引着那些沿着道路驱赶着牛群和猪群，或者驾着马车或划着驳船运载谷物赶向消费中心的人们。波尔多因本地出产葡萄酒而兴旺起来，其他地方则从富饶的乡村地区收购小麦而繁荣。城市因食物供应不断巩固，反过来能够使那些从事古典制造业的城市兴盛起来。在13世纪，欧洲的主要工业是羊毛纺织业，与此同时羊毛成为贸易的主要货物之一。佛罗伦萨、布鲁日、伊普尔、根特和其他城市是主要的布料生产中心，而同时也是地区分销中心。将羊毛纺织成布料的师傅和手工工匠需要许多他们家乡和其他地方的人们费力地管理后勤，为他们提供食物和羊毛。英格兰王国和西班牙王国出口羊毛，使低地国家和意大利的纺织工人得以谋生。

中世纪城市之间逐渐发展起来的相互联系，主要通过贸易和手工工匠的流动产生，这有助于解释13世纪城市规模快速增长的原因。城市成为人口和食物的汇集之地。移民依赖且促进了乡村地区农奴制的衰退，这是城市与乡村的关系发生变化的另一标志。来自乡村地区的移民填充了新的街区，使人们远离原始的亲属网，因此有时也迫使人们向非个人的城市机构寻求帮助。食物贸易要求更广泛地使用另一特别的城市产物——货币，因而更多现金渗入农业、牲畜饲养业和渔业地区。关键是无人计划这种增长及其结果。因此，每个地方的人们不得不去应对这一未曾预见的增长所带来的挑战。这些变化反过来导致城市里出现竞争和专业化。

在 13 世纪里，成功的城市通过创建和保护其物理空间来应对挑战，继续增长。所面临的一个大问题就是城市的基础设施建设；更大的城市需要修建新城墙，以保护在旧中心周围出现的市郊和近郊。城市地图表明新的城市扩张，旧图的西边经常还会在中间留有一个罗马式的坐标方格，就如佛罗伦萨的地图一样。需要修建更大的港口和桥梁来处理逐渐增加的运输量。这些大城市的精神需求需要更多更大的教堂。城墙和港口规模的扩大不时强调增长节奏。13 世纪的大量建筑工程，包括大教堂、城墙、桥梁和港口防波堤，造成巨大的开支，显示出城市人口的富裕、耐心和虔诚。

在对某些人员群体的边缘化方面，城市也起着与众不同的作用。因为城市，拿理查德·森内特（Richard Sennett）的话来说，就是"一个陌生人可能会碰面的地方"，13 世纪的城市居民开始认为某些"不受欢迎的人"区别于易受骗的公众，包括穆斯林、犹太人、麻风病人和妓女。② 不同的衣着、标记和铃铛有助于城市居民识别和避开陌生人，同时也防止这些不受欢迎的人进入备受尊崇的街区。在阿维尼翁和阿尔勒，妓女不允许佩戴面纱，因为那是地中海地区受人尊敬的端庄的标志。③ 到 13 世纪末，一些城市专门为犹太人留出地方，例如马略尔卡的严格管理的暂住区（Call）。衣着和面纱可以区分男女，长久以来特定贸易和职业穿着特殊服装的传统是一项城市惯例。这些城市容纳了中世纪欧洲第一批匿名的人群，但也有一些个人表现的全新标志倾向于创建一种社会身份认同。由死者构想的葬礼、家庭墓葬小教堂或教堂地下室、姓氏的广泛使用、抑奢法以及城市生活的其他方面，表明一些人有想要开拓出一片家族或个人空间的欲望，尽管这样的机会仅限于较富有的阶层。

典型的 13 世纪城市是几个街区的集合，这些街区分别按照手艺或职业、普通的乡村出身或某种形式的城市群体或宗教少数群体的成员身份等组织起来。在一些情况下，街道名称仍然保留着曾遍及特定街区的手艺的名称：1285 年，蒙彼利埃的妓女受命居住在名为"热街"（the Hot Street）的街道上；佛罗伦萨的黄金贸易固定在旧桥

30

---

② Sennet（1977），p. 48.
③ Otis（1985），pp. 18, 161.

(the Ponte Vecchio) 一带超过七个世纪。④ 虽然大多数的城市发展都没有进行规划，但是像屠宰、鞣革和布料漂洗等 "肮脏" 行业一般位于城市郊区，或者至少在饮用水源的下游。为此，阿拉贡的詹姆士一世迫使犹太染工将作坊搬迁到巴塞罗那的边缘地带。有大规模金属加工工业的城市在白天忍受着锻造时锤打的声响，经常夜间也是如此。不同贸易位于城市的特定地段，意味着本身就确定出各个街区的城市堂区通常有很高比例的人从事同一手艺或行业。这些城市街区，特别是在 "旧城"，往往混杂着来自各个社会阶层的人。1292 年，贝加莫的一次街区会议留下非常难得的记录，表明人们关心像他们的喷泉环境这样细小但又重要的事情。⑤ 处于社会底层的人们同样有关于

31 公共款项和财产的理念。热那亚的围绕圣马特奥教堂 (the church of San Matteo) 的街区成为垂直社会分层的例子，其小堂区教堂位于一片防卫森严的塔楼群中间。［这些塔楼在波伦亚和圣吉米亚诺 (San Gimignano) 有留存至今的著名遗迹，是那些处于高层冲突或处于市民冲突之中的各城市的典型产物：热那亚是既有高层冲突又有市民冲突的例子。］这个街区里居住着势力强大的贵族多里亚家族及其同盟者和依附者。这一家族有两处力量来源：一是该城北部的斯克里维亚山谷，二是该城东边靠近圣弗鲁图奥索 (San Fruttuoso) 的里维埃拉 (Riviera)。来自这些地区的移民往往定居在圣马特奥。三四层楼高的建筑模拟出这一街区的垂直社会组织：较贫穷的人居住在吵闹且阴暗的底层和走廊里，地位得到较大提升者居住在上层并支付较高租金。⑥ 这种社会混杂有助于一种城市家长式制度的产生，即富有和强势的人照看着他们选区、居住区和街区的利益。

　　或许，城市社会最与众不同且较为近期出现的特征是大量的人通过工资劳动来养活自己。⑦ 闲散的帮工、熟练工与妇女以及学徒工在小商店和像船坞这样的一些大企业中为师傅工作，而师傅们经常组织起来形成行会。不同语言中的术语 (*métier*, *gild*, *arte*, *Zunft*) 掩盖了一种合作组织的普遍模式，而这是中世纪社会的一大特点。城市居

---

④　Otis (1985), p. 26.

⑤　Little (1988), pp. 158 – 172.

⑥　Grossi Bianchi and Poleggi (1980), pp. 76 – 77.

⑦　Epstein (1991), pp. 3 – 9.

民不得不以某种方式养活自己，对大多数人来说，日工资在一周工作六天的发薪日来进行支付，即星期六。这是许多人赖以为生或仅能活命的方法。货币制度、市场兴起和劳动分工使经济日渐专业化。巴黎至少有一百个按照一些非常特别的行业组织而成的不同行会：例如，只有一个大学城才能支撑一种从事书本扣环制造的有组织且规模较小的手艺。[8] 13 世纪见证了行会在整个欧洲的兴起和细化。学徒制度使年轻人获得一些职业教育，通常不需他们的父母花费什么钱财，同时为各个行业中的一些兴盛企业提供更多人手。一旦学徒完成学徒期，大多数人会面对熟练工身份的生活，尤其是那些经营一家店铺的资本要求意味着大多数人将不得不终其一生为他人工作的行业。师傅们位于这一等级制度的顶端，通常是些独立的企业家，但从某种意义上说仍然为他们的顾客工作，或者就建筑行业来说，为国王、市政府或教堂工作。成为师傅并没有获得安全的保证。事故、疾病或行业的衰落可能给个人或整个群体带来失业或者贫困。许多工作都是在这一体系之外完成，但在西欧各地，雇佣的行会体系是社会和经济生活中的一大突出特点，尤其在以制造业为主的城镇和分销中心。行会在港口城市也存在，但是易于被贸易及其引入当地经济中的竞争削弱。

许多中世纪的工作依赖于白天，所以城市从拂晓开始苏醒。教堂的钟声有助于确定工作日，日晷是 13 世纪城市的一个十分普遍的特点，尽管有时会令人困惑（在阴天）。有些工作是季节性的。航海季节掌控着波罗的海和北海沿岸以及地中海部分地区的城市工作的步伐，航海工作有时使成千上万的男人们远离城市达数月之久。分散在整座城市的大烤炉几乎每一天都会烘焙出面包，柴火和其他必需品在街道上不断叫卖着，各种小便桶一一倾空。在巴黎和其他北方城市，沿街传报消息的人每天（除了耶稣受难日或者碰巧有君主或王室成员去世的日子）沿街大声喊出酒馆中葡萄酒的价格。[9] 有些街区处处传出织布机的咔嗒声，或者遍布新近兴起的棉布和丝绸工业，有些街道上飘出的味道表明了那里正在从事的行业。葡萄酒和麦酒消费的数

32

---

⑧ Lespinasse and Bonnardot（1879）.
⑨ Lespinasse and Bonnardot（1879）, p. 23.

量极大，成为暂时逃离日常生活中的单调工作的一种方式。

在所有这些手工工匠的喧闹活动中，其他城市群体也在各司其职。商人中混杂着从乡村迁移到城市并自身对贸易感兴趣的贵族，还有那些有名的白手起家的人。他们达成交易协议，在初生的银行中兑换钱币。这些新机构最先出现在像佛罗伦萨、卢卡、皮亚琴察和锡耶纳等意大利城市，然后进入北欧。城市教堂和修道院的日常宗教仪式在日益增多的独特的城市法兰西斯修会和多明我修会修道院中找到了新的表现形式。随着夜幕降临，有些工作仍在继续，犯罪也逐渐增加；蜡烛价格昂贵，灯火很稀少。巡夜者在黑暗危险的街道上来回巡查。到13世纪，星期天和教会节日在一年中已多达七八十天，为那些能够过得起的人提供一些休息和享乐。但对许多按日付酬的人来说，他们是得不到薪酬的节假日。城市生活的多姿多彩与纷繁复杂吸引着百无聊赖的贵族、宗教革新者、逃跑的农奴，还有穷人。

虽然13世纪城市社会的首要主题在大多数地方是人口增长带来的挑战，但也许城市社会最具决定意义的变化反映出对增长问题做出
33 何种应对，最为重要的是城市居民的健康和福利。城市生活中所有不变的事情，包括疾病、贫穷、犯罪、环境卫生、伪劣品和愚昧无知，并没有使他们找到极好或简单化的解决之道，整个欧洲都是如此。为了对迥然不同的问题和未曾奏效的办法有些了解，我们做些初步观察是有用的。一个国际性且又是城市之间的机构——教会，一直负责着城市里的许多慈善活动的管理工作，因而强加给许多城市一些仍在考查中的共同特点。贫穷、生病和被抛弃的人向城市堂区、修道院、法兰西斯修会与多明我修会、像医院骑士团等教会团体，或者由新的圣拉撒路骑士团创办的麻风病收容所求助。随着城市穷人的压力越来越大，13世纪丢弃孩子的行为越来越多。特鲁瓦的一家医院由于害怕被那些弃儿拖垮，在1263年宣布不再接收弃儿。[10] 大多数行会照顾起他们自己的贫困成员，有些人向更广泛的共同体捐献物品、食物或钱。基督的穷人是教会的事；总的来说，城市政府不是给那些需要的人提供社会服务的一方。幸存的13世纪史料，如遗嘱和医院与行会

---

[10] Boswell (1988), p. 361.

的章程，表明城市居民把许多问题都交予教会来解决。但是遗赠和慈善捐赠能够使拥有受训官员和持续意识形态的教会提供一定的援助，如果不是所有人的话，可以拯救一部分人免遭饥饿、遗弃或孤单地死去。

城市以其他方式为居民提供服务，大多数在公共健康和安全方面。巡夜和城市里消息的传报有时是将私人征集起来担负各项公共职责，有时由政府雇员承担，可以使城市更安全，也有助于消息的传播。伦敦颁发的《面包和麦酒法》（The Assizes of Bread and Ale）规定了这些重要商品的价格和质量。在 13 世纪里，亨利三世和爱德华一世鼓励城市政府保证肉类市场的卫生和负责过问有关城市环境卫生的各种事宜。对面包价格和面包质量的控制在许多城市都属于公共事务，还有城市垃圾这一难题。由屠夫、面包师和加工食物的零售商组成的各个行会，提供了多个由男子和妇女组成的适宜群体来负责维持质量标准和控制价格。由市民组成的初级委员会也试图接管这些问题。城市承担着维持公共和平的负担，同样需要创建法庭和监狱并承担此项开支，它们反过来会为城市带来一些收入并为律师、守卫和行刑者提供工作。像路易九世时期担任巴黎教务长（prévôt）的艾蒂安·布瓦洛（Etienne Boileau）等人的职业，或者许多在意大利各个城市担任城市行政长官（podestà, citymanager）的人，表明公共服务业正在不断职业化。

在 13 世纪里，整个欧洲的城市见证了教育的快速发展，从身份卑微的学徒学习一门手艺到重要大学的数量不断增加。公共权威再一次将教育的大部分工作，特别是大学，留在教会手中。行会中的师傅们控制着各种手艺的培训工作。商业的发展速度逐渐要求一些男女能够识文断字并能使用算盘；城市生活使各个阶层的受教育者获益，至少如果他们是男子的话。专业作家、公证人和代笔人在教会外找到工作，要么单干要么成为城市政府的小官僚体系中的付薪雇员。在像卢卡和热那亚这样的城市里，堂区学校和具有创业精神的教师培养初等读写和算术能力，但是各地留下的记录中有关城市教育的基础系统的信息少得可怜。然而，前工业欧洲最普遍的教学体系是由行会师傅进行的职业训练，为许许多多的年轻人提供了在各个行业中谋生的必要技能。城市工作能够使一些妇女（乔叟笔下的巴斯妇人的先驱）得

34

到学习机会，可以在女修道院外过着独立生活，但是她们的工资较低，而且行会限制她们在行业中的正式地位和权利。到 1300 年，大多数城市居民或许都有做过某种学徒的生活经历，在像伦敦等地方，成为学徒是获得市民身份的可能之路。

在南欧，伊比利亚半岛的一些城市以及至少到 13 世纪 20 年代的西西里都有大量穆斯林人口，这些地区和法兰西南部、莱茵兰与其他地方同样有小型城市犹太社区的存在。比起穆斯林来，犹太人甚至更属于一种城市现象。在这些城市中，犹太人和穆斯林居住在不同的街区里。人口稠密的中世纪城市使这些宗教信仰的差异性成为明显的焦点，或许还在工作场所和社会偏执中激起各种敌意。城市还是基督徒中各个试验群体的孵化器：最有名的要数列日以及莱茵河沿岸的科隆、法兰克福和美因茨等城市里的贝居安会与贝格会，意大利北部的卑微者（the Humiliati），其在米兰和克雷莫纳建有重要社区。被视为异端的卡塔尔派分布在从比利牛斯山脉到亚平宁山脉的弧形地区，不是城市特有的产物，但是最初他们在贝济耶和佛罗伦萨的人口中构成数量众多却秘密的一部分，在圣法兰西斯的出生地阿西西也出现过。法兰西斯自身就说明拥有财富和各种道德问题的城市环境是如何有助于形成新的不同宗教思想的。货币经济的扩张引发人们对城市社会中
35　日益增强的物质主义的关注，表现在教会对高利贷的强有力谴责和托钵修会的坚定信念中，即放弃世俗财富将会打开通往天堂的道路。法兰西斯修会和多明我修会经常在快速增长的市郊修建新教堂，因为那里居住着的穷人和新近迁移过来的人最需要他们的关注。

在 13 世纪里，整个欧洲的城市继续面对自治问题。几乎没有城市像热那亚和威尼斯那样获得绝对自由，而实际上所有其他城市都处于某种外部势力的控制之下。几乎所有城市，即使那些像巴黎那样处于王室严密控制下的城市，都享有某种形式的自治来管理那些对政府的更高阶层产生极小或没有影响的事。实际上是国家的城市，像意大利北部的许多公社，是例外；在欧洲的大多数地区，城市是一些更大的城邦的一部分，或者处于合并成一个实体的进程中。这些不同的情况危及城市社会的一般化。但是在自治的背景中，尽管范围较窄，一个基本的城市主题是平民或人民（非贵族市民）的崛起；这一潮流从意大利历史中得名，但在整个欧洲都具有广泛的意义。就城市管理

自身事务方面，关于哪些平民可以做管理工作，不可避免地会产生一些紧张关系。

有一个运行着的公社的城市不得不决定，或者为它们自己决定，谁拥有参与决策的权利。城市市民身份依然是一个模糊概念，但城市就是一个城邦所在的地方，成为市民会带来好处。虽然还残存着这样一种观念：所有自由成年男子都享有参与城市事务的权利，但在现实中，大型平民集会或议会的召开留待尤其庄严或欺骗时刻，并没有为城市的统治提供任何民主基础。因此，现实中面临的问题是：谁统治城市、制定法律、行使司法权和缴纳税收？在13世纪，妇女、少数人的宗教团体和奴隶没有政治地位，但不一定被否认缴纳税收的义务。然而，平民看待社会的方式多种多样，取决于他们自身的地位，将他们的人数分成参与者和依附者的界线可能在各个地方都存在。

在数量相对较少的贵族和富豪的一方与大多数普通人即单纯的或卑微的平民构成的另一方之间存在着根本区别。行会结构同样表明，那些提供工作的人和那些获得这些工作的人之间存在一条天然界线。此外，那些不是行会成员的人要比那些是行会成员的人享有的政治机会要少，根本不考虑个人的相对成功。问题的关键在于城市社会的权力之源，以及关于主权的新观念是如何改变传统的统治观的。权力来自较高的社会阶层，不是源自社会底层。12世纪的趋势继续强调城市是个人自由的地方——在简洁的德意志俗语"城市的空气使人自由"（*Stadtluft macht frei*）中可见一斑。虽然普通人拥有参与公共事务的实际机会各不相同，但偶尔拥有发言权的机会既新鲜又重要。

这一政治和经济的自由对城市社会的一半——妇女——来说是一种不明确的利益。这里必须再次将地区差别考虑进来。在北欧，大多数城市和国家的法律明确限制已婚妇女在没有丈夫的同意时签订合约的权利；在英格兰，一位已婚妇女要成为一个法人也变得越来越困难。这些限制中有一些在南欧同样存在，但是妇女似乎在朗格多克和意大利北部有更广阔的个人活动范畴。城市社会为一些单身妇女提供了新机会，她们要么通过宗教实验，要么因新兴的工资经济以不完全由男人设定的方式生活。寡妇在利用所有这些时最有优势，但穷人妇女仍然是城市社会中最绝望的成员。政治自由对任何阶级的城市妇女来说都没有什么现实意义。经济机会和一系列新职业——丝绸纺织工、金线纺织工、酒馆管理人和许多其他职业——使某些生活方式在城市出现成为可能，而在乡村地区可能会困难重重，甚至遭人猜疑。在手工行业外，许多妇女通过在富有的商人和成功的手工工匠的家庭里做仆人找到新出路，较为贫穷的妇女则通过担任他人孩子的奶妈来补充收入。城市经济中的这些新选择使一些妇女独立起来。那些收学徒、经营商店或投资商业冒险的妇女参与城市社会，但随着 13 世纪的推移，也给她们的自由方面招致更多限制。

所有这些大趋势和概括不同程度地适用于居住在 13 世纪城市里的无数人的生活。只有传记可以激发出这一集体经历的丰富性。然而在 13 世纪 90 年代的一座热那亚人的监狱里，威尼斯人马可·波罗将他旅行中的海外奇谈，包括中国的城市，讲给一位比萨的作家听，后者把他的讲述用法语全部记录下来。但丁以高超的手法将爱情十四行诗、自传和文学批评结合在一起，写出了《新生》（Vita nuova），在 13 世纪 90 年代早期奉献给读者，揭示出一个城市里的爱情状态。该诗集以贝阿特丽齐为原型，给未来的城市女性找到另一个在教堂佩戴面纱的理由。在学术中心，像巴黎的托马斯·阿奎那、牛津的罗伯特·格洛斯特和科隆的阿尔伯特·马格努斯这样的人拓展了神学和科学前沿，而与此同时也确立了一个事实：除一些惊人的例外，伟大的城市都有伟大的学校。出身良好的阿西西的圣克莱尔找到一条道路，可以使她比大多数贵族妇女更重要；她同时代的玛丽·德瓦尼斯也是一位城市妇女，在将会发展成贝居安运动的活动的最早期阶段十分活跃。⑪ 这些著名人士在更大范围里代表着成千上万的普通商人、公证人、学校教师、修女和劳动妇女，正是她们的个人努力造就了城市社会。

在 13 世纪，大多数的欧洲城市成为更富有、更大的地方，即便是在一些城市经济出现紧张和停滞迹象的 13 世纪 90 年代。成功的城市各个阶级的财富使城市更引人注目，从物理意义来说，这是伴随着中世纪的建筑繁荣达到巅峰而产生的；从精神意义来说，这是因城市

⑪ Bynum (1987), pp. 99 - 102, 115 - 121.

慈善变得更有效且城市面临着来自日益增多的贫穷人群的更大挑战而造成的。每个城市变得越来越不一样，它们的市民对塑造基础故事和保持市民自豪感更感兴趣。即使在一座城市与一个国家没有紧密联系的地方，到 1300 年城市居民的地方忠诚意识更强。城市促进了货币和工资经济，回报了有读写能力的人，推动有些人能够通过个人努力与美德提升自己地位的观念的产生。城市居民看重个人自由，即使他们在他们当中为受压迫的少数群体创建了一个光与影的世界。

史蒂文·A. 爱波斯坦（Steven A. Epstein）

莫玉梅 译

徐 浩 校

第 一 章

（3）13世纪的社会变迁：
乡村社会

过去一二十年里展开的研究不再使13世纪的乡村社会仍按照总体发展处处一致的简单推测来进行描述。当然，西欧的每个地方几乎都能感受到一些根本的影响：乡村人口在13世纪初接近总人口的90%，到1300年占85%，这些数据突出城市居民在数量上相对显得不太重要。人们只要看看佛罗伦萨的周围乡村地区（contado）和佛兰德地区，这些地方的城市人口到13世纪末大约只占总人口的30%，就会明白即使在城市化较高的地区，也有很高比例的居民仍然从事乡村职业。事实上，尽管标志着这一时期的领主制社会的特征仍在继续，但引起变化的普遍因素有时会碰到各种阻碍，而且经常以不同形式表现出来，这取决于地区、获取更重要市场的程度、古老传统和政治机构的影响强度。

乡村社会的基本发展趋势

人口增长

在13世纪，人口继续增长，但通过对时间和空间的估量，人口增长比以前更不稳定，增长势头更缺乏力度。从1200年到1300年之间，人口的总增长率从近15%下跌至10%，但是乡村人口削减使乡村地区的人口增长率更低于这个百分比，英格兰、皮卡迪和法兰西岛的人口增长明显呈平稳状态。也有许多时期出现极高的死亡率，法兰
西西部和英格兰在1257—1258年尤为痛苦不堪，洪灾泛滥导致大量

人口死亡。流行性疫病（英格兰7次、前低地国家4次）和饥荒也频繁发生，即便这些饥荒都是地区性的［埃斯考河与默兹河地区（the Escaut and Meuse regions）6次、莱茵兰地区7次］。在许多地区，土地垦殖时代大约在1250年结束，但北海沿岸的堤围泽地的拓殖还在继续，而东欧依然吸引着大量的拓荒者并为定居者（locatores）提供了拥有大量土地的机会。这些定居者是精力旺盛的创业者，组织了东部定居运动。此外，在伊比利亚半岛，从伊斯兰教徒手中征服的土地都附带着诱人的特权，有些像安达卢西亚这样的地区到13世纪晚期仍然人烟稀少。西北欧的人口稠密地区的情形大不相同，在那里一般认为已经超过了居民的最佳限度。

乡村人口爆炸带来的社会影响

对乡村人口爆炸带来的社会影响的考查，使上一代历史学家们忙于展开各种各样的理论辩论。对一些历史学家来说，乡村人口增长给各个村庄带来的只有痛苦，因为随之而来的是土地持有量的广泛减少。然而，人口增长被另一些历史学家几乎完全视为进步资源。实际上，形势显得更为复杂。一方面，在每个领地上，一些拥有土地较大的农民抵制这一趋势。另一方面，西北欧的小土地保有制农民的比例通常比英格兰高得多。当然，以整个英格兰来看，46%的保有地在2—4公顷，但在温切斯特主教区的庄园里，45%的佃户农场主持有4—6公顷土地。换句话来说，他们持有的土地数量足以维持乡村家庭生活。在埃塞克斯的黑弗灵（Havering），1/4的佃户农场主持有的土地有12公顷或更多。西北地区的比例如何不得而知。在那幕尔地区的哈尔廷（Haltinne），只有15%的村民拥有5.5公顷或更多持有地，在埃诺地区的赫奇斯（Herchies），情况甚至更糟糕。1267年，在255份保有地中，有60%（即152份）持有的土地少于1.12公顷，56份持有的土地在1.12公顷到4.48公顷之间。也就是说，81%的村民无法单靠农耕来支撑家庭。此外，该地区的记录中只有22份保有地持有10公顷或更多土地，只有8.5%的佃户农场主拥有一张至少有两匹马拉的好犁，可以雇佣熟练雇工并能够指望有剩余产品到开放市场上去出售。一旦完成了对邻近大片垦殖地的土地清理工作，形势也未见好转，因为前领地上的佃户农场主实际上是按照他们 40

以前持有地的表面面积比例来获得新土地。如何解释这一差异呢？从两个方面看，它们都得出同样的结论：最富有的人产生的影响和每个人获得工作的机会，取决于个人所有的生产工具与他所做的工作的重要性。

机会、贫困和技术进步

村庄中可以找到许多这样的微观社会的例子：在黑弗灵，一半的佃户农场主可能有剩余产品去出售，但在其他地方，最常见的是绝大多数佃户农场主做不到，这意味着他们不能从技术进步中获益，如重犁、作物轮作的机会（这对耕种土地是必不可少的）、购买种子，等等。相反地，更大的佃户农场主能够利用这些可能性，更小的土地持有者对这些"村庄里的雄鸡"（指代更大的佃户农场主，*coqs de villages*）的依赖从他们的劳作范畴中凸显出来，乡村共同体的领导者们（市长、治安官、陪审员、协会成员和执政官）位于富有佃户农场主之列的事实也说明这一点。因此，技术进步只是使成功之间的差距更大。

即使是在那些与城市市场关系良好的村庄里，小土地所有者也没有剩余产品出售；事实上，他们几乎难以生存。如果疾病来袭或家庭中的父亲死去，并且一家之主不能在附近的大农场上找到体力活干，或者不能像在乡村织布业等行业中成为一名手艺人，这个家庭将会跌入穷人之列，经常会越来越多地依靠乡村共同体来维持生存。慈善机构以前主要设置在城市里，但在 13 世纪，为穷人设置的共同体金库越来越多地在村庄里创建。然而，这一趋势不足以强大到阻止大骚乱发生的程度，比如在所谓的 1212 年儿童十字军东征和 1251 年牧羊人运动中，法兰西和低地国家的道路上到处都是处于极度贫困中的人们，而这是由人口过剩和谷物生产或布料纺织工业中的危机造成的。

乡村社会的宗教与文化

41 　　有个问题值得一问：为了应付村庄里的紧急情况而不断增多的慈善资金是否以某种方式与乡村社会的逐步基督教化有关联呢？乡村社会强烈地意识到它们必须保护其内聚力，而且这是不惜一切代价不得不维持的东西，尽管这些村庄微观社会中已经存在或即将出现各种紧张关系。当然，拉丁文圣经和祈祷书中的福音书的出现和传播，对通常不能很好地履行职责的乡村神父有很大帮助，这样的著作有助于更好地理解基督教教义和慈善义务。

少部分村民能够读写。在康布雷齐（Cambrésis）地区，《天主经》（Pater）和《信经》（Credo）被刻在大木板上，摆放在教堂附近的墓地前面，这样一来，信徒们能够通过阅读这些经文来进行学习。小型乡村学校在修道院附近的村庄里早已出现，但在整个 13 世纪里，其他学校在远离修道院的村庄里建立起来，通常位于更倾向于发展畜牧业的地区。然而，即使是在很少涉及商业的地区，一定程度的文化传播也开始了。在经过大约于 1242 年对法兰西米迪地区（the Midi region）的卡塔尔派异端进行官方清除之后，四处流动的传教士开始教人们读写，就像其他地区的堂区神父所做的那样。有迹象进一步表明，乡村人口的文化水平得到明显提高。来自 13 世纪的各种乡村特许状更详细地描述了集体道德规范，在细节方面比早期特许状更准确。世俗信徒的忏悔行为在 1215 年被拉特兰公会议定为一种义务，这标志着世俗心理发展的一个重要阶段。用修缮的新教堂取代旧教堂，或者一旦新近创建的村庄有了足够多的人口，被授予堂区地位，在这些村庄里建造全新的教堂，为乡村居民提供了一个看得见的提示，使他们每天都想起教会和宗教在社会中的作用。

那些将兄弟们及其妻儿置于同一屋檐下的共同生活在南部地区很常见，我们不应将其忽略；乡村社会的基本单位——家庭，越来越趋向于一夫一妻制。在 1215 年拉特兰公会议之后，人们更严格地遵守禁止近亲结婚的规定。这有利于异姓通婚，并迫使领主不再反对他们的佃户农场主及其子女与领地外的人结婚。

乡村居民的财产差异反映在住房上。这不是指所用的盖房材料（木料、稻草和泥浆、石料、砖头），这些主要因地而异，而是反映出不同社会群体的住房的大小和布局。某些体力劳动者简陋的一间房的住宅与有着好几个房间、有时不止一层的住宅形成对比。烟囱的修建更为广泛，但是到 1300 年，北部地区以外的地方仍然不常见。然而，这没有阻止取暖方法的使用，主要得益于牛群被关在与起居室分开的一个低矮的分隔间里，即使属于中等社会阶层的封建领主的庄园住宅也是这样。

42

家族姓氏的使用在乡村地区越来越普遍。在人口多的村庄里，基督教教名和通过使用父亲的教名（约翰，彼得的儿子）来表明家系的简单指示不再够用。父亲姓氏的添加不仅经常出现在自由家族中，而且不自由家族也是如此。

农奴制的衰落

在西欧的许多地区，这一时期农奴制的衰落非常明显，但是我们现在知道，农奴制并没有终结于13世纪。事实上，有时候乡村居民的生存条件恶化了，特别是在英格兰那些直接农业经营复兴的地方。在敞田上进行直接农业经营的成功激励着庄园领主将各种义务强加到自由农身上，后者发现自己变成了"维兰"（villeins），不再自由。在西班牙北部、德意志、梅肯地区（the Mâcon region）、阿基坦、里昂地区、香槟和布里，一旦农民定居在依附性的持有地上，他们就会被当作农奴。这种"新农奴身份"只与持有地相联系，并不延及佃户的儿女，所以与真正的农奴身份非常不同。真正的农奴身份通过父亲或母亲从上一代传到下一代，与出生机遇的联系要比实际义务大得多。但真正的农奴制在波兰和加泰罗尼亚得到扩大，继续存在于其他地方，例如在勃艮第的与世隔绝的高原区、阿登高地（the Ardennes）地区的某些山麓丘陵和一定数量的英格兰敞田制庄园里。即使是在以最"开明"闻名的地区，有时候也会出现一些抵制的小块地区，继续维持着农奴制。大约1270年，巴黎地区还有20%的乡村人口仍然受到农奴制的束缚。在蓬蒂厄和埃诺两个地区，几乎没有继承农奴身份的例子出现。这些地区也许有些家庭不愿意随着普遍的趋势去获得个人自由。毫无疑问，埃诺中部出现过这样的情况：埃诺伯爵的一些农奴家庭因某些利益与其他农奴区分开来，比如图尔奈座堂圣职团的教士团津贴会分发给教士的儿子们。

所有这一切都不能避免一场意义深远且强大的脱离农奴制获得自由的运动。这一运动在1200年前后在佛兰德和皮卡迪的大部分地区完成，但在瑞典、匈牙利、意大利和由城市占主导地位的周围乡村地区正处于高潮之中，即便世俗领主都反对。在英格兰，肯特郡的普遍做法于1293年获得君主的认可，这种做法确认"所有肯特人都应该获得自由"；其他的自由地包括德文郡和康沃尔郡，这些地方在13

世纪还处于殖民化的进程中。如何才能解释这种人身自由的拓展呢？尽管在基督教世界南部的一定数量的城市和乡村农场上还残存着真正的农奴制，但是基督教的影响在许多农奴制早期和完全消失的地方要比处于反抗农奴制斗争中的感觉明显得多。实际上，这就承认了人的某些基本权利，如婚姻权和养育婚生孩子的权利。此外，人口的急剧增加也有不可否认的影响：给予最早耕种者的特权意味着领主为了将农奴留在自己的领地上而被迫将个人自由给予农奴，而这些领主拥有耕种时间较长的土地。在某些地方，自由的给予具有传染性，在这些地区给予原庄园自由人的福利的扩大一样，如对任意税的抑制。同时，人口的融合使各种法令混乱起来。巴伐利亚出现享有有限自由的农民。到 13 世纪中期，韦尔芒杜瓦的地产主不再能够辨别某些家庭是农奴还是自由农。在前几个世纪里，当这种混乱对自由人不利并经常使他们与农奴混在一起时，农奴在欧洲大陆上被看成自由人。随着大部分谷物保留地的失去，许多领主只要求农奴完成对自由农所要求的劳役（每年三四天）。最后，公共权威（国王、大封建家族的领主、某些城市的统治者）从庄园领主和其他有影响力的领主手中收回被侵占的王室特权（刑事司法权、人员迁移权、违规征税权），削弱了他们的权力和影响。此外，英格兰王室权力在 13 世纪变得更弱，那些想恢复直接农业经营的一定数量的领主逐渐加强了劝说力量。

给予个体农奴自由的特许状出现过，但更多的是颁给整个农奴群体的。乡村产品的出售同样使村民可以购买自由。然而，自由还是难以获得的，从圣皮埃尔—德桑斯（Saint-Pierre de Sens）修道院院长和他的农奴们就购买自由的价格产生激烈争辩可见一斑。有时候，这些争辩甚至被描述成了获得自由的真正战争，比如 1251 年 2000 位自由农和农奴的联盟与奥利地区（the Orly region）的巴黎圣母院全体教士的斗争。此时，已经解放了许多自己的农奴的法兰西王室权威如在其他时候一样，支持属于其他领主的农奴提出的要求，因为这意味着可以获得这些农民的支持并限制领主权力。在一些地区，"自由死手捐"（herlot：领主可以据此继承他的农奴的一些物品，这一继承权只可以得到牲畜中的一头或一件物品）和"农奴死手捐"（领主据此拥有继承农奴的所有财产的权利）的区别是农奴希望获得个人自由的另一动机。

　　既然国王和大领地的主人们喜欢一个能够买得起盔甲和战马的富有农民，其程度超过一个不能购买如此昂贵物品的贫困贵族，那么普通人就慢慢地成功改变了他们以前作为农民的境况。

商业化增长带来的影响

　　社会变化更为复杂，在那些因乡村产品的广泛销售而变得繁荣起来的乡村地区社会转变得更快。在仍处于生存边缘、没有活跃的贸易且缺乏生产重要剩余产品的动机的地区，传统特征得以继续保留。在更多地参与到经济增长和信贷中并将小麦、葡萄酒或羊毛等产品大量地出售到或远或近的城市的地区，建立在以社会—职业群体或以收入来分类的群体为基础的社会地位，更快、更广、更明显地取代了由出身和法律地位决定的地位划分，这二者的重要性逐渐降低。举个例子：耕种足够大的土地和被激励着去生产更多产品的农民有足够的钱从手工工匠那里为自己购买工具和不同的物品，村庄里的手工工匠人数变得更多。铁匠在越来越多的村庄及其邻近地区铸造犁和工具，特别是犁板（mould boards），这对许多地区来说是增加生产所必不可少的。此外，水力和风力磨坊的数量越来越多，磨坊主在乡村生活和文化中成为一个重要组成部分。

　　佃户农场主和农场的类型也变得越来越多样化，在那些经济扩张迅猛且商业活动更为发达的地区变化得更快。然而，发展并不均衡，两个最重要的地区凸显出来。第一个地区与西欧的南部边缘地带相吻合，更常指的是地中海地区。这些地区的古老传统和世俗习惯将粮食供应的职责留给城市及其统治者。住在城里的主教、富有的商人和贵族保留其对周围乡村地区的土地的所有权，特别是通过分成制（mezzadria），从交换中得到所需的作物、牲畜、农具和资本，从而确保45 他们从收获中分得重要的一份（通常是一半），并且使他们可以控制粮食的价格，尤其是谷物。通常来说，这些价格只在饥荒时期发生显著变化。

　　当然，分成制在除意大利之外的其他地区也存在，例如法兰西西部。这里资金短缺，谷物收成不规律，都为分成制的实行提供了有利条件。但它在西北欧及其周边地区却很少见，这里的情形大相径庭。在新城市和那些形成已久、正在经历复兴的城市中，城市当局不得不接受这些变化。他们在谷物价格增长得过高时限制自己去设置最高价格表，但是不会去控制食物或原材料的供应。相反，他们将这一职责留给商人和乡村生产者，这些人会根据经常变化的价格来调整供求。因此，在出口大量谷物与羊毛的英格兰和西北欧，一种新型经济于12 世纪末出现，一个与众不同的特征就是存在高价格的循环阶段。当价格增长尤为迅猛时，危机就会产生，使发展趋势逆转，价格下跌，刚开始下跌得很厉害，但在一个新的增长时期出现前会缓慢减弱。这些后果在生产者、领主和佃户农场主看是不容忽视的。在英格兰，庄园领主恢复直接农业经营，但在欧洲大陆，许多领主从 12 世纪起就已经意识到谷物价格的增长，同时也知道使用更昂贵的设备完成工作来增加生产变得更为容易。出于这些原因，他们将树林和草原置于直接经营体系中，但是放弃用于谷物生产的土地中的很大一部分。他们表现出对迅速贬值的货币地租（cens）的不信任，喜欢以部分实物来支付地租的佃户农场主，或者甚至更喜欢以谷物或其他产品来缴纳地租的佃户农场主（tenanciers à champart 或 à terrage），这些人会将部分收成上交。这些类型的佃户农场主在堤围泽地或大森林已经被开垦了的地区（那些地区倾向支付租金的佃户）很少见，但在那些更倾向于谷类生产的地区大量存在，要么是在被耕种了很久的领主土地上，要么在新近开垦的地区。以水果来缴纳地租的持有地在英格兰非常罕见，或许是因为很少在那里发生通货膨胀。

　　然而，乡村农耕最进步的方式是暂时性的佃户耕作。我们得知佃户耕作在 12 世纪的英格兰持续了相当长时间，到下个世纪初期在埃斯考河盆地（the Escaut basin）的南部进行了调整，完全变成领主保留地的临时转换（大多数通常以九年为期）。一旦租约到期，领主可以选择恢复直接农耕经营。然而，这种情况很少发生；事实上，乡村地区出现一个新的社会阶级，即农场主，他们是拥有自己的牲畜、设备和资本的真正企业家。他会耕种土地九年，当租约到期时，他会同意新条款并延长租约期限，或者离开；但不管是哪种情况，如果想继续耕种，他不得不比其他农场主出更高的价格。此外，劳役地租（通过绑定的劳动将土地和农场主连在一起，villikatio）不断减少，有时候完全消失，导致工资劳动者发生演变。他们到 13 世纪末在伦巴第最肥沃地区的葡萄栽培酿酒业和畜牧业地带以及埃诺伯爵领的广阔畜牧业地区，最终变成直接农业经营的唯一方式，在桑布尔河谷（the valley of the Sambre）的南部和莫尔马尔森林（the Mormal forest）周边地区尤为显著。

城市需要与畜牧业相关的产品，这成为屠夫和乡村畜牧农场主联合经营团体或联盟发展的动因，为饲养牲畜而租赁土地的现象开始出现（bail à cheptel vif）。在牧场和放牧地丰富的地区，统一的单一牧群——通常首先出现在教会领地上——给乡村地区和乡村社会带来冲突和改变。村民们力图保住自己的公地，有时候会忽略领地界限，接着发现饲养单一牧群的好处。差别随之出现。在蒂耶拉什（Thiérache）地区的北部，乡村畜牧农场主展开抵制，并很快推行他们划分的界限。通常来说，在英格兰，领主畜牧业胜出，领主开始强制推行他们划分的界限，赶走好些小佃户农场主。然而，在像黑弗灵这样的庄园和通常最有利于畜牧业的那些地区（西南部、肯特郡及其周边地区），由乡村居民从事的畜牧业继续存在。

在资金形势较好的那些地区，建立在货币和信贷基础上的经济得到发展。放贷者以一块特定土地为抵押指定贷款的用途，因而保证自己可以获得一部分收成。这些地区的村庄微观社会尤其变得非常复杂，这归因于职业种类的多样化和社会群体的多样性。每个人承担的角色决定了各自的地位：地方领主，堂区神父（在与领主的斗争中通常站在佃户农场主一边）和有可能是自由持有农、分成制耕种者、农场主或佃户农场主（茅舍农、边农、维尔格特农或半维尔格特农、畜牧业者和以货币或产品支付租金的佃户农场主，等等）的乡村居民。[①] 如果他们生产的葡萄酒能够运到遥远的市场出售，或者如果他们在城市附近从事市场园艺业，非常小的佃户农场主甚至能够依靠贫乏的持有地生存下去。乡村工资劳动者的数量不断增加，乡村人口中的永久性因素开始涌现：管家，秘书，车夫，挤奶女工，女仆，放牧马、牛、猪、羊的牧人，以及在农活最多的时候出现的季节工。这些季节工有时候组成收获队或收割队，经常忙于价格战。同时也出现乡村世界的行政助手们（领主的警卫、乡村或堂区共同体的文书），有

47

---

① 随着果园和葡萄园的出现，种植园佃户也开始出现：领主将部分土地交给一个将会植树或种植葡萄的佃户农场主；一旦种植园开始出产产品，领主和佃户农场主将平分产出。

技艺的手工工匠（铁匠、石匠、盖屋顶工，等等），生产基本食物的农场主（磨坊主、面包师），车夫，旅馆老板以及从事牲口、谷物、黄油和奶酪买卖的商人。这些商人很少专门从事一种单一产品的买卖。在一定数量的村庄里还有熟练的布料纺织者和在采石场、砖窑与瓦窑工作并获得报酬的人。

领主和农民的根本区别不再是由与市场经济相联系的乡村社会来决定，可能会出现有人是农民却很富有、有人是贵族却负债累累的情形。不同的社会群体逐渐涌现，这取决于他们不得不传递的各种资源，或者纯粹由机遇造成。除被认为有必要去帮助的穷人外，还有地位卑微的人（petits，体力劳动者，那些薪酬很低的人）和富有的人（aisés，工匠或可能是土地所有者、农场主、拥有大量财产的佃户农场主或者甚至一些封地的所有者等地位较高的人）。这一宽裕阶层（the comfortable）还包括助理神父、文书、秘书或抄写员、警卫，有时候甚至包括小领主。相邻的社会阶级指的是富人们，如大牲口饲养者、拥有大领地的农场主、重要商人和中等阶层的领主。拥有几个领地的真正大领主形成一个单独的不同阶层，越来越成为不属于乡村社会不可或缺的组成部分。

乡村微观社会结构的调整和瓦解

乡村共同体在领地制之前就已经存在，其他的是在土地大垦荒时期出现的。此外，在 13 世纪，处于单个领主司法管辖范围内的地区的数量在人口过密地区变得越来越少。然而，尽管一个村庄里存在好几个领主（其中只有一个拥有禁令权），但是，除少数以外，乡村共同体和堂区共同体一样保持着独特的地位。还有，法兰西君主开始使用术语"堂区"来表示处于单个领主司法管辖范围内的一个地区的居民，由此强调领主权正在被逐渐削弱。

所有地区里的领主和农民的关系不能以同一方式来界定。在有时自史前时代就已存在的河岸边的高原区，即加洛林村镇（villae）的特权地区，服从主人的习俗有助于顺利地进入封建时期的领主制时代。在 13 世纪的欧洲大陆，固然没有完全处于沉寂之中，但是适宜谷物生产的敞田地区的乡村共同体很少反对领主，这些领主从农民当和比较富有的人中选出并任命市长和治安官。随着王室权威的侵占，领主的土地一点一点地失去，领主慢慢找到保持部分权力的方法，即控制公共财产（磨坊、烤炉）、管理必要的作物轮作（可以强迫人们遵守休耕地的规定，这对获得好收成也是必要的）、负责将轮作田地重新划分为四份或者有时分为三大部分（康布雷齐、阿图瓦、埃诺的西南部，等等）。这些乡村共同体紧紧地固守着它们的习俗，长久以来拒绝将这些习俗用书面形式固定下来。

另一方面，堤围泽地和垦荒地上的适合牲畜饲养的地带往往具有自由和享有很大自治权的特征。沿海地区的弗里西亚人和佛来芒人都是具有很强独立性的共同体。[②] 在沼泽地带，由大乡村共同体形成的"圈子"包括好几个村庄并控制着牧场。13 世纪末之后，英格兰东部的村庄记录了好些暴力事件，畜牧业在这些村里占有重要地位。老加泰罗尼亚的农民阶层的奴役地位正好与新加泰罗尼亚的乡村自由地位相对立，后者的居民是在再征服运动（Reconquista）之后移民过去的。在这个地区，服从主人的传统已不复存在，但这在其他地方完全不为人所知，先驱者们的后代经常强烈地反对想将这一传统强加给他们的领主。这些乡村共同体只承认给他们颁发了自由特许状和有时是创建自由城镇的特许状的公共权力（庄园领主、伯爵和国王）的权威。因此，他们的特权由书面文件来确保，这些共同体没有公共烤炉，只是有时有一些磨坊。洛里斯（Lorris）、普里斯奇斯（Prisches）和博蒙（Beaumont）的特许状在 13 世纪衍生出许多份。乡村共同体同样将自己组织成公社联盟；例如在努维永—昂蒂耶拉什（Nouvion-en-Thierache），四个相邻的村庄于 1290 年采用普里斯奇斯的特许状，甚至被授予管理出生与死亡的权力。[③] 拉纳地区（the Laonnais region）也存在几个由村庄和葡萄园组成的公社联盟，安道尔村庄联盟及其习俗一直延续到 20 世纪。由阿尔卑斯山区的村庄［例如，在布里扬松（Briançon nais）］组成的乡村共同体从修道院购得领主权，

---

② 在德意志南部和瑞士，行政领主（seigneur justicier）被禁止进入定居地区的受保护的界限内；这似乎主要与更适合畜牧业或葡萄栽培酿酒业的地区相关。但是，出现在 13 世纪的大德意志公社的起源仍然引起很大的争议：多普施认为它与保留持有地之间的联合有关；布利克认为它与固定劳役的减少有关；而巴德认为其起源可以追溯到中世纪盛期（见参考文献）。

③ Charte de Prisches (France, dép. Nord) (1158) in Cartulaire de la Terre d'Avesnes, ed. M. Leclercq, Avesnessur-Helpe (1911), pp. 174–181 (见 p. 179, 找到乡村社会管理出生和死亡的权利).

使农民畜牧农场主获利，能够进入高海拔的牧场并开始放牧。[④] 敞田地区的村民与更适合畜牧业的地区的村民，在人生观上有着明显区别。但许多村庄耕种着不同性质的土地：既有长久以来一直耕种的敞田区，也有新近开垦的土地。13 世纪之后，写下各种习俗和特权的书面文件（自由特许状、法律报告、习俗记录）经常阻止领主权的过度滥用，尤其是涉及土地的地方。在法兰西，随着有利于农民阶层的个人自由的王室权力复兴，王室代理人在领地里的财政需求和滥用不断增加，从 1247 年路易九世下令进行调查的反应中所揭露出来的各种指控可为佐证。

在 13 世纪，与西欧相比，拜占庭帝国和伊斯兰教国家里的乡村社会所发生的变化显然不太明显。在这些地区，各国没有出现王室权力的复兴，因为它们甚至在出现伊克塔（*iqta*）[*] 租借地的伊斯兰教国家或拜占庭帝国里出现社会分层的地区，都一直保留着王室权力。在伊斯兰教国家里，游牧绿洲上的双重生活一直持续下来，没有发生太大的变化，乡村人口向城市迁移，使乡村剩余人口离开，尤其引起了城市的关注。

杰勒德·西维里（Gérard Sivéry）

莫玉梅 译

徐　浩 校

---

④　Vaillant（1967）.

* iqta 意为"分封地产"，是中世纪伊斯兰国家的土地制度之一。——译者注

第 二 章

商业和交往

随着 10—11 世纪西欧远距离商业的复兴，北方和南方的交往得到加强，这一点无可争辩。像罗伯特·洛佩兹这样的历史学家将这一时代看成商业革命的开始。即使中世纪晚期的各种危机在 1300 年以前就已经萌芽，但欧洲出现了两个世纪的繁荣是毫无疑义的。学者们觉察到这个时期出现一种新的经济，它建立在迅速发展的城镇的基础上，由手工工业生产作为支撑，且与国际贸易紧密相连。这种新商业经济与传统乡村经济并存，后者在许多地区一直持续到工业革命的影响普遍化的 19 世纪。

对大多数经济史学家来说，13 世纪代表着中世纪经济扩张的最高点。14 世纪早期的饥荒在 1315—1317 年发展到致命的高峰期，预示着中世纪危机时代的到来。学者们普遍认为，这一时期之前，中世纪欧洲在从 11 世纪到 13 世纪的大约两百年中处于经济增长阶段。相比之下，历史学家对此后的 14 世纪和 15 世纪早期的经济变化性质提出不同意见。商业革命的成就在 13 世纪就已经非常明显。正如杰勒德·西维里所说，新经济到 13 世纪以周期为特征，这在前数据时代最为明显地从谷物价格和布料出口的变化中表现出来。影响深远的通货膨胀在 13 世纪显而易见。

一直以来，经济学家把经济分成三个部分：第一部分与原材料和农业相关，第二部分与工业、建筑和公共工程相关，第三部分涉及交通、商业和服务业。在中世纪，第一部分是经济变化的主要动力。人们对经济增长的原动力有着不同看法：国际贸易的复兴、人口增长、技术革新、企业家精神的出现和十字军东征。其中，人口增长也许是至关重要的，影响到所有三个经济组成部分。欧洲人口从 11 世纪到 14 世纪早期增加了三倍，欧洲的城市是人口增长的主要受益者。

在出现重要的城市增长之前，农业生产力达到一定的标准是必需的。技术革新的传播促进了农业生产力的极大发展，有些革新很早就已经实现，如重犁、马匹挽具，可能还有三圃制。到 13 世纪末，人口过剩超过食物资源。然而，在 13 世纪的大部分时间里，欧洲有着最好的经济条件，有利于城市增长和贸易扩张。虽然欧洲人口只有大约 10% 城市化了，在人口密度最大的低地国家和意大利北部或许达到 30%，但是城市文明的影响要比数字单独能说明的大得多。城市将会是商业和交往的中心。

一个对贸易和旅行有利的环境同样得益于法律法规的进步；这一进程始于 11 世纪的上帝之和平与休战（the Peace and Truce of God），从 13 世纪重现的政治理论观念中获得新的力量，从而促进了国家的发展。伴随着更大政治单位的发展而出现的是权力更强大的统治者，使范围更广阔的秩序良好的领土得以形成，为贸易的发生和交往的进行提供了可能性。

直到近来仍有人认为中世纪的城市和乡村之间隔着一条鸿沟。说教文学（exempla literature）中的一件逸事阐明了这种二分法。一个维兰赶着一群驴子走在蒙彼利埃的香料商人大街上，因受不了那些不熟悉的气味而被熏得在一家商店门前晕了过去，当时有几个学徒正在调配香料。为了使他苏醒过来，有人将一铲子粪便放在他的鼻子前。他立马醒了过来，中世纪的道德规范从而显现出来：各得其所。这样的一个故事表明城市和乡村之间存在巨大的差别，象征性与真正的分离（城墙、交叉路口、商业、城市法）加强了这种差别，但这种对比极有可能被夸大。尽管新城市经济与传统乡村经济并存，但城市和乡村之间通过乡村剩余人口的迁移和重要的城乡商业交换存在着许多联系。特别是在城市粮食供应方面，城乡之间的联系极为重要。谷物进口成为城市商人财富的一个重要来源。

人们看到人口运动在 13 世纪的欧洲持续不断。幸存下来的庄园记录保留了新来者或外来者的类别，永久性定居者被称为主人 52 （hôte）或许多其他名称中的任何一个，这要视地区而定。这样的新来者及其土地通常附带着特定的法律地位。过剩人口妨碍了 13 世纪的乡村地貌。中世纪的城市从周边乡村地区和远得多的地方迎来大量的人口，尤其当中世纪人口在 13 世纪不断增加之时。法兰西中部山区（the Massif Central region of France）的过剩人口向西进入图卢兹，南下抵达地中海沿岸和蒙彼利埃。像梅茨等城市从周边乡村地区吸收大量的新来者。一直以来，考虑到脏乱的卫生条件、传染的危险、营养不良和疾病，正如所有前工业城市一样，中世纪的城市是人口的吞噬者，只有依靠不断的移民才能保持人口数量，更不用说人口数量的增加了。

拓殖运动将老加洛林的地理疆域的边界远远地向东推移到中欧。但是，单单边界拓殖在 13 世纪无法满足需要，欧洲核心地区的城市和乡村逐渐感受到人口扩张的影响。大多数历史学家将会一致同意：13 世纪的欧洲表明自己已不能找到办法来解决日益加深的马尔萨斯式的危机。欧洲人在中世纪经常外出旅行，这与农民在集市日不敢到比最近的中等城市更远的地方的印象不相符。中世纪欧洲的交通要道和小道上到处可见避难者和流浪汉。十字军征服运动在 13 世纪依然吸引着大量的各个社会阶层的人前往近东地区。在欧洲范围内，所有不同地位的人都发出朝圣誓言，前往或远或近的受人尊崇的著名圣地去朝拜。当地圣徒所显现的奇迹能够在附近城市里激发对其遗体的狂热崇拜。对治疗方法的寻求驱使着许多人前往圣徒的圣殿恳求帮助。

基督徒崇拜的主要地点是罗马、耶路撒冷和圣地亚哥－德孔波斯特拉，吸引着大量的中世纪朝圣者。在四条穿越法兰西前往圣地亚哥的朝圣道路中，有三条从北部蜿蜒而行，一条是横经法兰西南部的普罗旺斯和朗格多克的罗马大道（the Cami Roumieu）。它们或许是中世纪最有名的大道，在穿越比利牛斯山脉后会合，横穿西班牙北部远至加莱西亚。主要的大型宗教建筑物，除了圣地亚哥教堂本身，其他的还有欧坦、韦兹莱、克吕尼、穆瓦萨克、孔克的圣福伊、图卢兹的圣塞尔明、圣－米歇尔·德·库克萨、莱昂和布尔戈斯等地的大教堂或修道院，都受到文化交流的影响，这种交流在西欧形成罗马式艺术的伟大运动。由石匠和艺术家组成的旅行工作室在地区差别中传播着相似的风格。沿着这些和其他路线，欧洲内外出现大量的文化交流。在 13 世纪，城市中心之间将会流行起哥特式的新教堂建筑风格。同样

地，旅行各地的擅长这种风格的建筑师——其代表人物是建筑师兼工
程师维拉尔·德·洪内库尔（Villard d'Honnecourt）——对各处遗迹
进行研究，吸收各种革新并将它们传遍整个欧洲。13世纪的学生四
处游历，主要的大学中心迎来大量的外国学生。波伦亚法学院在13
世纪60年代吸引了来自法兰西南部和加泰罗尼亚的学生。巴黎的神
学院和哲学院在13世纪的学生和导师中有许多外国人，如托马斯·
阿奎那（Thomas Aquinas）。

　　从中世纪早期开始，僧侣和世俗教士都是了不起的旅行家。信息
夹杂在僧侣之间的传闻中，以口头或书面的形式自由传播。在12世
纪大量的通信中，圣贝尔纳首先抱怨自己的僧侣缺乏稳定性。商人或
外国人通常是不同文化之间的传递者，把新物品和技术当作贸易的一
部分捎带过来；在与本地居民的接触中，他也传播思想、文化、美学
和道德价值观以及宗教信仰。新来者带来他或她的文化观念，但是在
他或她所接触的文化经历中被改变。有些欧洲文化比其他的更容易接
受新来者。在热那亚，如果财产标准已经达到，只要向市政当局宣誓
就可以获得公民身份。在威尼斯，一个人必须要定居25年才有资格
获得公民身份。因此，交往和商业是中世纪生活的重要部分，尽管旅
途都很艰辛。行动的极大准确性和协调性成为可能；我们只要回忆一
下1307年由"美男子"菲利普的官员在同一天、同一小时对全法兰
西的圣殿骑士展开的逮捕行动就可以了。

商业和旅行的基础设施

　　罗马道路体系在中世纪被继续使用，而且许多增建的次要道路在
整个西欧形成一个密集的道路网。西欧的南北交往以陆路和河道旅行
为基础，要到13世纪晚期才开始利用大西洋海上航线将地中海与英
吉利海峡及北海连接在一起。西欧的大河体系包括神圣罗马帝国境内
的莱茵河、默兹河、摩泽尔河、威悉河（Weser）、奥德河和美因河
（Main），比利时的斯凯尔特河，法兰西的塞纳河、卢瓦尔河、罗讷
河（Rhone）和加伦河（Garonne），伦巴第的波河以及英格兰的泰晤
士河，在罗马道路和桥梁逐渐衰落后给商业带来巨大的裨益。南欧河 54
流的用处比较小，因为它们夏季干涸，春秋两季又洪灾不断。

　　欧洲大多数的重要河流上都建有桥梁。有些作为中世纪慈善事业的产物变得尤为有名，如阿维尼翁附近的罗讷河上的圣埃斯普里桥（the Pont du Saint-Esprit）。桥梁的命名反映出那个时代的心态。许多桥梁被称为魔鬼桥（Ponts du Diable），表明河流具有叛逆性，其洪水位在雨季的暴雨中可能增高。

　　到 13 世纪，中世纪欧洲拥有了较为发达的道路体系。与连接重要城市中心的罗马大道相比，中世纪的道路从交通直干道蜿蜒而出，为中等重要的城镇提供服务。有两条道路将意大利和法兰西南部与香槟集市连接起来，即罗讷河谷通道和雷戈丹通道（the Regordane）。罗讷河谷通道部分是水路，部分是陆路，大部分处于神圣罗马帝国疆域内。许多中世纪商人都使用的雷戈丹通道完全在法兰西境内，从蒙彼利埃或尼姆延伸而出直至阿莱斯（Alès），北经塞文山脉（the Cévennes）至勒皮（Le Puy）、布里尤德（Brioude）、伊苏瓦尔（Is-soire）、克莱蒙和更远的地方。此路经由地中海和巴黎之间向西而去，途经洛代沃（Lodève）、米约（Millan）、罗德兹（Rodez），最远至菲雅克（Figeac），然后折向东北至欧里亚克（Aurillac），从这儿北经拉福尔斯（La Force）到克莱蒙。法兰西的中部山区在整个中世纪与地中海沿岸过往甚密，开辟出许多在群山之间迂回曲折的道路。

　　从法兰西的地中海沿岸到巴黎之间的行程对商队商人来说需要20—24 天，但这个距离对一个骑马的信使来说只需 12 天。道路的状况是旅行者时常关注的源头。商队大约需要 20 天可以到达香槟集市。从下朗格多克由陆路前往法兰西的大西洋海岸，中世纪商人通常可以选择三条不同道路中的一条。在大约 1320 年写成的著名商业手册——《商业指南》（La pratica della mercatura）中，弗朗切斯科·巴尔杜奇奥·迪·佩戈洛蒂（Francesco Balduccio di Pegolotti）标示了一条从蒙彼利埃向西北至卡奥尔，然后从卡奥尔至利布尔纳（Li-bourne）的道路。这条道路从 12 世纪起就经常有商人行走。另一条从蒙彼利埃到图卢兹，沿着地中海海岸途经贝济耶到纳尔榜，从纳尔榜经由陆路至卡尔卡松，再通过卡斯特诺达丽（Castelnaudary）到图卢兹。还有一条从纳尔榜穿过努瓦尔山（the Montagne Noire）经由圣蓬斯（Saint-Pons）到图卢兹。从图卢兹就有可能到达大西洋，可以取道阿让和加伦河谷远至利布尔纳和波尔多，或者向南经由奥赫到巴约纳。然后由海路去英格兰成为可能。

　　1237 年，跨过罗伊斯河（the Reuss）、翻过圣戈塔尔山口（Saint-Gothard pass）的陆路绕过香槟，从意大利北部取道莱茵河前往佛兰德。当第一个热那亚人尼科洛佐·斯皮诺拉（Nicolozzo Spinola）在 1277 年到达布鲁日，大西洋海上航线的开辟使欧洲的旅行发生了革命。英格兰在 1278 年成为终点。马略尔卡人到 1281 年也沿此线路航行。到 1298 年，热那亚人提供定期前往布鲁日和伦敦的海运服务。海上运输大大降低了成本，从伦敦经由海路到利布尔纳的距离只需要花费从利布尔纳经由陆路到蒙彼利埃的下朗格多克中心成本的 1/7。

　　在瓦卢瓦的菲利普六世（1328—1350 年在位）统治法兰西时期，王室对待香槟地区的意大利人的政策有些松动，取消了自菲利普三世（1270—1285 年在位）统治时期以来的严厉控制，菲利普三世要求意大利人使用艾格莫特港并居住在尼姆。然而，瓦卢瓦的菲利普迫使意大利人，如果他们想获得安全通行权的话，要经由卡尔卡松或博凯尔（Beaucaire）司法总管辖区（sénéchaussées）到达香槟。实际上，这一规定使罗讷河谷通道和翻越意大利北部的阿尔卑斯山脉的通道变成不合法的道路，因为这两条旅行路线都在法兰西疆域之外。从意大利由东向西穿过法兰西南部的是多米提亚大道（the Via Domitia），这条旧罗马道路沿着海岸在陆地上穿行。一旦到了意大利的弗朗西格纳大道（the Francigena）上，去罗马要经过卢卡、锡耶纳和维泰博。从法兰西北部前往罗马可以取道日内瓦湖，在茹纳河谷（the Cluse de Jougne）穿过侏罗（Jura），然后经过上罗讷河区，从大圣伯尔纳山口（the Great Saint-Bernard pass）翻越阿尔卑斯山，进入奥斯塔（Aosta）谷地，经由波河平原到达维切利。人们也可以从辛普朗关隘（the Simplon pass）翻过阿尔卑斯山前往米兰，最后经过波河平原到达威尼斯。翻越阿尔卑斯山的其他通道可能经过小圣伯尔纳山口（the Little Saint-Bernard pass）和塞尼峰山口（the Mont Cenis pass）。要从德意志和中欧到罗马去，可以先从阿雷佐到奥尔维耶托，然后在维泰博走上弗朗西格纳大道。有许多山口可以翻越亚平宁山脉。各地的古老道路在特定地理区域经常成为旧罗马道路体系的补充。在蒙彼利埃附近，萨利尼大道（the Cami Salinié）或盐道从前面的吕内尔

（Lunel）与多米提亚大道分开，向南延伸至莫吉奥（Mauguio）下面的内海湾，将马格劳那新城（Villeuve-lès-Maguelone）、马格劳那（Maguelone）和维克拉—格迪奥（Vic-la-Gardiole）等产盐区连接在一起。

现存的中世纪旅行者的著名旅行路线进一步提供了有关13世纪交通路线的信息。伊夫斯·勒努阿尔（Yves Renouard）追寻着鲁昂大主教厄德·里戈（1248—1269年）的旅行足迹来到罗马。为了在1248年圣路易十字军东征前夕提升自己的主教区，里戈在其大主教区内四处游说，但他最远的行程是1253年前往罗马的旅行，恰好在圣诞节之后。随从人员大约10人，在9月初返回鲁昂。他的目的不是寻欢作乐，而是为了赶走教皇就教区的副主教对听取直接上诉的大主教管辖权的上诉作出决定之前，与教皇取得联系。

这次前往罗马的旅行包括几条绕道，去时不着急，每天平均走25公里，花了73天；回程每天平均走29公里，花了60天。里戈的旅行路线图表明，这位高级教士分段使用了主要的商业轴线，因其好奇心和嗜好偏离主干道，也反映出他作为拥有法兰西斯修会和大学背景的法兰西大主教的地位。100年后，作为朝圣者，商人蒙托邦·巴泰勒米·博尼斯为了1350年的周年纪念而前往罗马的旅行要快得多，每天54公里，可能是骑马而行；这一行程也更为径直接，似乎是受到了从教宗驻跸地阿维尼翁前往罗马旅行的朝圣指南的启发。

除在欧洲大陆范围内的重要旅行外，欧洲人，特别是商人和传教士，到13世纪末已经到达过欧洲边界以外的地方。热那亚在东至黑海港口特拉布宗和克里米亚的卡发（Caffa）创建商业前哨；威尼斯人在埃及的亚历山大从事贸易，并且在东至里海的塔纳（Tana）建立前哨。特拉布宗是来自中亚的商队路线的终点；亚历山大是始于南亚的各条路线的最西端，包括印度和阿拉伯世界。在13世纪，欧洲商人会旅行到遥远的印度和中国——乔万尼·迪·皮安·卡尔皮尼、卢布鲁克的威廉和马可·波罗的旅行闻名天下。严格地说，中世纪欧洲的扩张在13世纪已经开始。到13世纪末，意大利人已在中国从事贸易活动，诚然人数非常之少，但这种短暂的欧洲人之旅取决于蒙古帝国广阔的政治结构，到14世纪上半叶便不复存在。

运输方式和交易成本

　　专业运输人员控制了中世纪陆路和水路贸易的一部分。这样的运输人员使香槟集市和为它们提供货物的各个城市运作起来。大多数中世纪城市形成迅捷的役畜驮运的货流，尤其是对商队商人非常重要的骡子。蒙彼利埃商业运输契约中的承运人的地理起源地是中部山区，包括芒德、圣弗卢尔（Saint-Flour）、米约、瓦布尔（Vabre）和罗德兹。其他的赶骡人来自蒙彼利埃和尼姆地区。中世纪盛期，商队行走在大路和小道上，与朝圣者和负有王室或教会使命的官方旅行者一样，住宿在小旅馆和朝圣旅客旅店中。

　　水路旅行大体上要比陆路运输便宜。地中海海上航行主要使用两 57种类型的船只，单层甲板大帆船（galley）和三或四桅帆船（nef）。单层甲板大帆船需要大量的船员，使用风帆驱动，虽然船上也备有船桨。它们最多可以运输几百吨的货物。三或四桅帆船是大帆船，所需船员人数较少，其货物运输量通常比单层甲板大帆船大，适合大宗贸易货物运输。风帆从方形帆演变成三角帆，使船只更容易操纵。北海—波罗的海贸易网使用只有一根桅杆且运输量大的弧形木船，到14世纪初期粗糙仿制的木船开始在地中海上航行。

　　中世纪商业的交易成本因运输费用和进出口关税而大大增加。运输途中出现的自然灾害所带来的危险进一步增加了做买卖的困难。此外，道路上的抢劫是所有商人和旅行者时常关心的问题。当水路运输——尤其是远距离的海上运输——的支出大大降低时，公海上的风险仍然很高。海上抢劫是地中海的一种生活方式。比萨人、热那亚人、马略尔卡人、加泰罗尼亚人和阿拉贡人根据需要更换服装，可以迅速地从商人变成海盗。依据捕拿抵消法的规定和意外之财与报复的技术，如果冒犯者没有补偿受害的商人，且没有通过正常法律渠道做出满意答复，君主和个体城市可以没收同胞的货物。这样的策略可能对海盗施加了来自同胞的很大压力，从而限制部分破坏活动的发生；然而诉讼大量出现，地中海各城市之间签订的条约常常试图协调微妙的双边关系，这些关系时常被侵犯和海上抢劫行为所扰乱。南欧城市

之间相互建立起真正的外交关系，通过协议来控制各自的市民在外国
港口和市场的商业命运。

　　法兰西诸王经常颁发出口禁令，禁止从法兰西出口原材料到低地
国家或意大利，或者拒绝进口特定商品。付出一定的代价后，商人们
能够从这些规定中获得豁免。通过这种方式，地区工业可能获得青睐
或者受到惩罚，必需品在战时可以被控制住。在英格兰，国王支配着
对低地国家的布料工业非常重要的羊毛出口政策。在英格兰之外且公
共工程仍然是中世纪君主的职责的地方，道路和桥梁的维修工作在欧
洲的大多数地区落到地方领主的身上。由这些领主征收河流通行费对
交通来说是一种灾难。僧侣通行费从加洛林时期开始就很普遍。到
13 世纪，王公贵族们设置通行费征收站，以此作为一项重要收入来
58 源。到中世纪末期，河流通行费已经成为难以承受的负担，以致抑制
了贸易且使道路改向。集散权（staple rights）是水路运输的另一灾
害；它们规定船只有义务开进码头，在继续前行前卸下船上的货物并
出售。各地显然都要征收过境费，不仅是在河流上，而且在港口、特
别收费站以及城市的出入口处都要收取。地方城市市场上的交易销售
税同样增加了货物成本。王室和地方领主对集市交易征收的税收进一
步增加了运输负担。垄断的存在迫使外国人定居在某些地方，如伦敦
的佛来芒集散地和布鲁日的英格兰集散地。在特殊贸易中对手工工业
生产的严厉控制进一步限制了自由贸易。中世纪的贸易心态使竞争消
失，无疑也使价格保持在一个较高水平上。同样地，由于贸易的继承
需要从父到子，进入特殊贸易的通道在中世纪晚期逐渐变得越来越
狭窄。

　　除极少数情况外——纺织业的意义最为重大，不管是羊毛、丝绸
或棉花，进口替代品不是中世纪贸易中的普遍现象。地中海的奢侈品
贸易中最受欢迎的货物，如香料、药品和各种各样的异国物品，因具
有气候特征而不能在西欧进行仿制。

中世纪的城市：交往的中心和贸易的场所

　　中世纪的城市是优越的国际贸易地点，也是许多地区交通的集结
地。城市复兴到 13 世纪已经达到重要的成熟阶段。在如法兰西这样

的王国里，城市在 13 世纪早期享受到中世纪最大的政治自治；到 13
世纪中期，法兰西君主享有的控制权将开始侵犯城市的独立。由于法
兰西北部在阿尔比派十字军征服期间出现政治征服，重要的新领土归
于卡佩王朝的统治之下：在 1229 年的《巴黎—莫城条约》签订后，
除蒙彼利埃的阿拉贡人占领的飞地外，下朗格多克归于卡佩王朝；普
瓦蒂埃的阿方斯和他的妻子、图卢兹公爵雷蒙七世的女儿兼继承人让
娜去世后，上朗格多克归于卡佩王朝。法兰西的行政结构，即博凯
尔—尼姆、卡尔卡松—贝济耶及图卢兹塞内的司法总管的辖区，将巴
黎的指令传到法兰西的南部地区（即米迪，the Midi）。南部的半自治
城市很快就感受到法兰西君主统治的入侵，特别是通过法庭的手段。
但 13 世纪法兰西诸王的政治事务，尤其是圣路易（St Louis，1226—
1270），允许法兰西城市的资产阶级商业家族享有相当大的自由掌
管权。

　　巴黎地区最为深刻地感受到君主预算的各种需要，这里有一个叫
博韦（Beauvais）的城市深受君主的财政政策之苦。博韦也成为其内
部投资策略的受害者。在由罗伯特·洛佩兹进行的引人注目的热那亚
和博韦之比较中，博韦布料工业的利润都投入到耗资过大的教堂建筑
中。过高的博韦大教堂中殿的坍塌带来极大的灾难，加上君主施加的
财政压力，导致博韦布料行业在 13 世纪末走向衰落。相比之下，热
那亚将其商业成功的果实再投资到更多的贸易中去。甚至热那亚大主
教都优先进行商业投资而不是教堂建筑，满足于保留一个小教堂。

　　在 13 世纪，人们发现第一本公司法的法律汇编，这些法令对商
业和工业产生重大影响，规范了中世纪贸易行会的日常运作。在法兰
西，北方通过公社制革命、南方通过领事协议首先来设置城市行政机
构。这些机构管理地方资源，征收税收，维持司法范围内的集市和市
场的秩序，监督道路的维修，控制城墙内稀少城市空间的使用并监督
那些同样的防御工事的构建。防御工事经常在 11 世纪的工事结构上
扩建，不断增长的城市人口很久以前就已经绕过这些 11 世纪的工事。
中世纪商业经济建立在信任和商人愿意履行义务的基础上。中世纪的
城市制定各种宣布垄断、囤积、占有和投机为非法的特许状。市政官
员强调体面的商业行为，当发现欺骗行为时，他们也进行起诉。城市
政府的核心是商人阶级的成员。远未实行参与性民主的中世纪城市政

府是实行排外主义的寡头统治，通过惯例和礼仪来表达他们的独立性和支配性。由市政委员（*échevins*）、执政官（*consuls*）、参议员（*capitouls*）等组成的城市政府来自共同体的特权阶层。城市为它们最显贵的市民和青睐的外国商人发布资产阶级的特许状。城市选举权建立在财产资格上。严格的规定控制着进入城市执行委员会的途径，而普遍城市市民身份则可以进入大议会。

考虑到贸易特性，各城市和国家都实行保护主义政策。英格兰要求外国人从事商业必须获得特别许可，然而伦敦却有大量的外国商人，尤其是意大利人和佛来芒人。《史料集成》（*The Rolls Series*）揭示出英格兰存在高度专业化的外国从业者，如 13 世纪中期为英格兰王廷酿制加香葡萄酒的蒙彼利埃人。德意志城市禁止外国人从事现在的术语称为"零售贸易"的行业。许多城市划出外国商人可以定居的特定地理区域；也有由犹太人自发形成或当局创建的犹太定居区，这些地方往往是手工行业和贸易的中心。在根特，忏悔节是一年当中外国人唯一能够在城市的任何地方自由贸易的时间。

贸易法规通常对外国人的参与采取非常严格的立场。蒙彼利埃的猩红色布匹染色工业是该市因之闻名的布料整饰贸易的顶点，其产品从 13 世纪初起就在热那亚各个市场销售并出口到地中海世界；1204年《市政惯例法》（*consuetudines*）中，有一条款就禁止外国人使用来自矮橡树丛寄生虫的胭脂虫洋红色染料来给羊毛布料上色。到 1225年，新法令允许已经在该市居住满五年的外国人使用这种猩红色染料来染布。到 1251 年，该工业已经完全开放，定居年限降到两年，附带条件要求候选人必须要有至少 300 梅尔戈林（*melgorien*）的财产且同意要在该城居住 10 年。自从阿拉贡的詹姆斯一世国王在 1265 年要求染工增加他们所使用的染料量，染色工艺的质量在整个 13 世纪明显下降，但是这一指令不足以遏止用取自茜红的染料来代替矮橡树丛胭脂虫洋红色染料的趋势。13 世纪晚期，热那亚的公证记录上可以看到销售量在下降，这反映出在技术和质量上的变化。

虽然欧洲十字军的主要征服发生在 11 世纪末和 12 世纪早期，但十字军现象的影响采取了在叙利亚海岸的十字军民众中间建立商业贸易中心（centrepôts）和市场的形式，这在 13 世纪有着重大的经济影响。甚至到 1291 年阿克的陷落也没有结束这一影响，从那之后，塞浦路斯的法马古斯塔和小亚美尼亚的商站，以及与君士坦丁堡不断的联系使利凡特贸易继续充满活力。由热那亚、比萨和威尼斯形成的贸易网是1096—1099年第一次十字军东征带来的结果，在12世纪晚期从诸如马赛和蒙彼利埃等法兰西南部城市的加入中获得支持。尽管领土有所丢失，但这一贸易网在13世纪很大程度上得到维系并延续到14世纪。另一结果就是将许多欧洲人接触到新的文化体验，随之培养出各种爱好，包括对获得东地中海和远东的奢侈品的欲望。

13世纪在很多方面都代表着地中海贸易网的全盛期，那时的成功前景仍然很高，海运的回报也非常大。对生息投资的起诉还没有完全展开。公证人阿马尔里克的记录和芒迪埃勒家族（the Manduel family）的文档显示出13世纪中期马赛的贸易操作的多样性，这为从现在是法兰西南部的视角了解这一世界打开一扇窗户。阿克是许多从马赛出发的船只的目的地。康曼达（commenda）合伙制为这一贸易提供了资金，允许大量的马赛人进行适度的投资，不论男女，正如1248年航行的圣埃斯普里号（Saint Esprit）所载货物所示。催生这一商业活动的重要原因是圣路易的第一次十字军东征，他在1248年7月从艾格莫特开始东征准备和真正的启程。虽然这次东征遭受了惨败，但人员和货物的流动促进了国际经济。国际商人间的海上贷款也有利于这一贸易。近东的产品，如在前往东方的远航途中购买的丝绸和香料，在西地中海进行重新分配，远至布日伊与休达。与那不勒斯和南意大利的贸易也日益繁荣起来。来自其他城市的商人，如蒙彼利埃和纳尔榜，和北意大利人、热那亚人、比萨人、威尼斯人一样利用马赛港。对马赛来说，这一商业全盛期被自13世纪60年代起逐渐获得统治权的安茹王朝所抑制。安茹的查理为自身的政治目的来指派马赛舰队。在遭受安茹王朝谋取地中海霸权的美梦破灭后，马赛的贸易将再也不会恢复到中世纪的显赫地位。

商业城市都在寻求享有特权的贸易地位。威尼斯是所有城市中最成功的，在992年从拜占庭帝国获得减少关税的权利，最终于1082年获得关税免税权，从而获得重要的贸易优势。然而，这些特权没能阻止1172年威尼斯人被从君士坦丁堡驱逐出去。1204年的十字军东征使威尼斯得以享有拜占庭帝国的3/8领土，这是拉丁人征服君士坦丁堡的不端行为的组成部分。这一令人无法置信的商业政变，到

1261 年由米哈伊尔八世·巴列奥略发起的，获得热那亚人支持的对拜占庭首都的重新征服部分地推翻。热那亚人和威尼斯人的商业竞争在 13 世纪演化成定期的军事冲突。热那亚和威尼斯之间尤为尖锐的冲突发生在 1261—1270 年和 1294—1299 年，预示了 1377—1381 年的基奥贾战争的发生。

热那亚人和比萨人也是东、西地中海上的主要对手。它们对现在法兰西南部的商业霸权的竞争被法兰西南部城市，如马赛、土伦、赫雅斯（Hyères）、纳尔榜和蒙彼利埃，在 13 世纪头 25 年里发出的独立声明所阻止。热那亚与比萨的竞争在 1284 年梅洛里亚战争（the battle of La Meloria）中达到巅峰。当时，热那亚人打败了比萨人，俘获大量战俘，拖着波尔图·皮萨诺港巨大的铁链返回热那亚。比萨再 62 也没有了挑战热那亚人的优势地位，虽然这座托斯卡纳城市没有停止在地中海世界的贸易，而且撒丁岛和科西嘉岛仍然是热那亚—比萨冲突中潜在的爆发点。

在 12 世纪创建吕贝克之后，北海—波罗的海贸易网在 13 世纪里不断成长。从英格兰延伸到诺夫哥罗德的商业联系一直以来都是这一北方贸易网的特点。汉萨同盟的管理结构在 13 世纪只是刚刚出现，要到中世纪晚期才获得很大发展。科隆、不来梅和英格兰之间的贸易联系在 12 世纪早期发展起来，现在因所谓的东方国家的人 * 的介入而逐渐拓展，这些人包括吕贝克商人和来自维斯比、罗斯托克、斯特拉尔松与远东的里加的商人。日德兰半岛周围的海上联系被开辟出来，取代了从汉堡到吕贝克的旧陆路路线。科隆、汉堡和吕贝克的三个商业同业公会（汉萨）于 1281 年在伦敦联合成一个德意志商业同业公会。商业同业公会制输入低地国家也发生在 13 世纪，佛兰德的女公爵玛格丽特在 13 世纪中期给予它们各种贸易特权。与伦敦的斯蒂尔亚德和位于诺夫哥罗德的彼得霍夫园或圣彼得园相比，德意志人在布鲁日与其他人口混杂在一起。

13 世纪见证了地中海贸易网与北欧商业在陆路以及到 13 世纪末在海路上的联系。意大利人到 13 世纪末定居在西北欧的所有地区。布鲁日成为北欧和地中海贸易网之间相互作用的重要节点，也成为伟

---

* 尤指波罗的海沿岸诸国来英格兰的商人。——译者注

大的中世纪交叉路口香槟集市的继承者。在 13 世纪，北海—波罗的海地区（"北方的地中海"）和地中海地区这两大贸易网中进行交易的物品非常不同。地中海贸易主要是奢侈品贸易，在短缺时期也有重要的谷物流动。佛来芒和法兰西北部纺织的精美毛料、武器装备、农产品和原材料以及贵重金属构成欧洲出口到近东的主要产品，而需求的产品则包括丝绸和香料、药品和异域水果、染料，这些产品有些产自近东，有些产自远东。在北方，谷物、柏油、漆、蜡、毛皮、鱼和木料等大宗货物从东部运往西部。谷物从波罗的海周边、英格兰和富饶的法兰西北部平原各省卖往佛兰德和低地国家的城市化中心。毛料和葡萄酒是非常受欢迎的西方产品。羊毛从英格兰卖到佛兰德。吕内贝堡的陆盐价格昂贵，产量不能满足北方市场的需求。因此，产自布尔纳夫（Bourgneuf）和盖朗德（Guérande）的大西洋海盐被送往卑尔根、里加和遥远的诺夫哥罗德。 63

商人与商业机制

11 世纪商业革命中出现的国际贸易增长因记录方法的存在而得到巩固，这些方法足以促使远距离的复杂商业交易的发生。这个世纪经历了一次信息爆炸，不管人们是否注意到与 9 世纪重要的财产清单相当的乡村记录再次涌现，或者由公证人和抄写员从事的商业记录开始出现。对义务、欠债、转让和销售记录的保留在进入 12 世纪后变得更为普遍。在南欧，这些以通常幸存在登记册上的公证手续的形式存在。从罗马人那里继承的书面法律传统在地中海世界并没有完全消失。在法兰西北部，城市市政委员们签署加盖印章的私人法律文件，包括商业合同都作为正式文件存放在城市档案馆。实际上，中世纪城市居民的读写能力已经由用民族语言书写的正式文件的存在证实，诉讼缠身的个体市民不得不将这些正式文件带到市政大厅去证明其合法性。越来越多的王公贵族和君主的立法同时被记录在案。到 13 世纪，书写记录的习惯、书面请求、书面证据、公证手续和正式文件在中世纪欧洲社会已经得到确认。人数日益增多的商人阶级成员更为普遍地拥有了读写能力，使他们在使用商业工具、金融方法和远距离通信方面具有更多的专长，从而可以进行复杂的商业交易。读写能力是西欧贸易增长的一个伟大的推动力。从 12 世纪中期开始，热那亚的公证手续越来越多，到 13 世纪已经保留了 1000 条。意大利其他城市，如卢卡和比萨，在 13 世纪和随后的几个世纪里也保留了无数的公证登记册。法兰西南部的公证登记册从 13 世纪中期开始保留的数目较少。加泰罗尼亚和马略尔卡在同一时期也有重要的公证档案幸存下来。在这同一时代，热那亚公证人活跃在远东和远至黑海的欧洲地中海商业的各个前哨。中世纪商人使用的商业工具也得到适当的记录。记账技术——复式簿记——从 13 世纪晚期发展起来，为正在萌芽的商业经济提供相互依存的支持。意大利的公司，如佩鲁齐，还有个体商人，如蒙托邦的博尼斯兄弟，福卡尔基耶（Forcalquier）的乌戈·泰拉尔和卡尔卡松的让·萨瓦尔，都有账簿残本幸存下来，尤其是 14 世纪的账簿。

合伙人制的方法极大地方便了地方和国际商业活动。作为为贸易提供资金的一种手段，合伙人制的早期传播无法确定具体时间。9 世纪，威尼斯总督朱斯蒂尼亚诺·帕尔泰奇帕齐奥德（Giustiniano Partecipazio）在遗嘱中就已经提及对海运贸易的投资。有关威尼斯康曼达或合伙人制（*collegantia*）的例证，从 11 世纪晚期开始就幸存下来，热那亚的康曼达和联盟（*societas*）合同从 12 世纪中期起便保留在公证登记簿上。正如约翰·普赖尔所证实（参见本卷的第十五章第一部分）的那样，康曼达的起源很复杂，与中世纪盛期盛行的海运形式有关：投资合伙人为商业提供资本并拿走 3/4 的利润，外出经营的合伙人提供的是劳力，所获得的报酬就是在最初的投资得到偿付后的该项业务的 1/4 利润。这种合同是一种尤为灵活的刺激贸易的工具，允许那些没有财产但有精力和野心的人，在多个康曼达合作伙伴的资助下，在一次航海中获得相当大的成功。南欧现存最早的公证登记簿是热那亚的乔万尼·斯克里巴（Giovanni Scriba）在 12 世纪中期留下的，已经包含许多此类合同的例子。13 世纪马赛的芒迪埃勒合同和 1248 年阿马尔里克的特许状登记簿，表明合伙人制稍晚即开始在法兰西南部使用。康曼达有一种与土地相关的合同形式，因其与简单贷款或实物借贷有相似之处，14 世纪早期在威尼斯被指责为高利贷；但是在中世纪商业的全盛时期，即从 11 世纪到 13 世纪，海运形式因为涉及冒险因素而逃脱高利贷的谴责。起源于罗马的联盟合同以土地和海运的形式出现。它提供了一种非一边倒的投资分担方式，通常由两个合伙人共同为商业计划提供资金。利润按照每个合伙人的投资比例来进行分配。

与康曼达和联盟合同同时出现的还有其他契约性的革新，如海洋借贷和货币兑换合同（cambium）。兑换的公证合同在 13 世纪开始使用，涉及四方：最初市场的债务人和债权人以及另一个城市的金融市场里的相应支付人和接收人。至少有一位经济史学家，即雷蒙德·德·罗弗（Raymond de Roover），将教会有关高利贷的观点看成是一个国际银行体系正在欧洲形成；它不是建立在通过实物借款形成的借贷的基础之上，而是建立在外币兑换合同的基础之上。这些兑换合同在公证登记簿上都有迹可循，1300 年前是一种制度工具（instrumenta ex causa cambii），后来以汇票的形式出现。其他解释不太看重教会对高利贷进行谴责的影响，认为中世纪的商人（和许多把钱放在自己口袋里的其他人）不顾教会的反对而借钱收息，虽然在一些情况下，有人临死前不乏忏悔之意；在其他情况下，例如像巴尔迪这样的意大利公司，它们的账簿上列出慈善捐款数目。兑换活动遍及全欧洲，促进了南北方的商业交换和 13 世纪晚期许多债券在香槟集市的大欧洲金融票据交换所里的流通。中世纪经济建立在信贷的基础上，这是考虑到使商人和君主都烦恼不堪的欧洲贵重金属贮藏量较少的情况下的必然做法。12 世纪的热那亚和 13 世纪中期的马赛的公证记录上留下数量相当多的海洋贷款，它们只有在船只安全回到目的港时才能获得偿还。这样的金融工具有助于更广地分散贸易风险。保险的观念从 13 世纪末开始发展起来，同样还是意大利人的发明。1287 年，巴勒莫的一位公证人写下一份早期的保险合同。起初只收取一船货物的价值的 1%。风险的分担有利于经济增长。与借贷和外币兑换一样，中世纪储蓄银行是商业经济的另一个推动力。定期存款和见票给付存款到 13 世纪都已在中世纪的银行中出现。这样的存款的利息多半是可以预见的。对商人银行家来说，接收存款代表着可以获得必要的资金来支付国际贸易的运转带来的高额开支。随着代表概念的发展，远距离从事商业的能力获得极大加强。代表的授权根据聘任条款可窄可宽。管理人（procurators）、使者（nuncii）、财产经营人（negotiorum gestores）、代理（factores）和康曼达与联盟里的合伙人制一道使中世纪贸易自由流动。公证登记簿上的代理合同尤其多，为商业行为的进行加设中间人。中世纪晚期出现了可协商的以持有人合同和背面签注的合同形式。

　　虽然 13 世纪商人的信件几乎没有幸存下来，当然也不可能跟 14 世纪末普拉托的弗兰切斯科·达·马可·达蒂尼（Francesco da Marco Datini）引人瞩目的书信集相比，但早期商人还是留下了一些零散的书信，如 13 世纪中期书信中谈到从法兰西王后那里获得一份玫瑰香水订单的蒙彼利埃的韦齐恩家族。为了利用需求，商人们有必要得知远方市场的商业状况。13 世纪末就有各种商人指南幸存下来。有关整个欧洲最著名的贸易中心的商业形势的信息对中世纪商人的成功运作非常重要。大约 1320 年，佩戈洛蒂甚至给出关于穿过亚洲到达中国的丝绸之路的准确信息。时尚产品、货币兑换率、度量衡和市场条件的不稳定变化是可靠信息来源的必需知识。

　　中世纪商人的心态是欧洲商业扩张的另一基本内容。不管是早期的例子芬查尔的戈德里克（Godric of Finchale）还是中世纪商人的典型——13 世纪意大利的个体商人，如贝内德托·扎卡里亚（Benedet-to Zaccaria），或合伙人，如锡耶纳的托洛梅伊和佛罗伦萨的巴尔迪与佩鲁齐，他们都有冒险、开发新市场、与同行相互交流合作的意向，同时还有敏锐的商业嗅觉和记账的基础，且大多数商人具有基本的读写能力。通过交际网络，商人们不得不与市场变化及多种欧洲货币的相对起落保持步调一致。1300 年，仅法兰西就可能多达 40 种不同的货币。商人需要对各个城市使用的非常不同的度量体系有所了解，更别提各个地区了。在最纯净的创业典型中，商人们相信佩戈洛蒂格言：贱买贵卖。财富成为商业社会的动机和动力，是中世纪晚期及以后的欧洲资产阶级社会的潜在基础。有时结果不尽如人意。杜埃的安东·布瓦内布罗克代表着中世纪布料工业在 13 世纪的一个剥削人的原始资本家的极典型的例子。

　　中世纪商业中隐含着接受风险的意向和极具多面性的商业方向。商人们将风险观念植入合伙人制中。12 世纪的威尼斯商人罗马诺·马伊拉诺在一生中获得和失去好几次财富，可能临死时剩下的资产并不多。众人皆知的贝内德托·扎卡里亚秉承热那亚人的优良传统，先后成为海军将领、商人和海盗。他的活动和投资十分多样化，包括船只、位于福西亚的明矾矿场、乳香种植园、公共债务证券和房地产，这表明中世纪欧洲经济的多维性和地中海贸易的深远视野。但中世纪商人文化也并不是没有更保守的天性。前商人中收租阶级的出现，特别是在欧洲北部，揭示出对贸易和财富的更为适度的接近以及融入封建等级制中的上层阶级的渴望。到13世纪末，随着商业运作从旅行商人的商队贸易模式演变成意大利的大商业公司的分支机构—代理人 67 导向的商业形式，如巴尔迪与佩鲁齐和后来佛罗伦萨的美第奇，我们看到中世纪贸易的定居化。然而，这些后来的合伙人制的基础截然不同。锡耶纳的托洛梅伊和佛罗伦萨的巴尔迪与佩鲁齐的合伙人为其成员的活动承担无限制的责任，这种做法最终导致它们分别在13世纪末和14世纪40年代早期走向破产和衰落。

意大利人，尤其是热那亚人、比萨人和威尼斯人，在13世纪里是海运商业领域里的领导者，但在商人银行业和陆路贸易中，伦巴第与托斯坎纳的商人和其他民族群体的成员加入进来，如卡霍森人，他们的名声可与伦巴第人的相提并论。大量的城市与香槟集市联系在一起，这表明甚至小城市中心也越来越多地卷入贸易中去。欧里亚克商人是蒙彼利埃和巴黎两个市场之间的重要中间人，特别是在香料贸易中。圣安托宁商人在朗格多克、鲁西荣和加泰罗尼亚专门从事佛来芒布料贸易，并贩卖到佩皮尼昂。所有这些群体在13世纪最大的集结地点就是香槟。

欧洲的集市

中世纪集市现象是研究13世纪欧洲的商业和交往的最好实验室。中世纪集市的前身是罗马的交易日（*nundinae romanae*）。其中最早的是7世纪在圣丹尼举行的墨洛温十月集市，11世纪开始出现的"朗迪"（*lendit*）集市。墨洛温和加洛林王朝时期还出现了宫殿市场（*mercatum palatii*）。在英格兰，国王在1200—1270年期间给市场和集市颁发了2200多个特许状。在所有幸存到中世纪晚期以后的欧洲集市中，特鲁瓦、普罗万、拉尼和奥布河畔的巴尔等城市的香槟集市是首要的典型。

位于法兰西中部东北方向的这些集市，虽然与低地国家和意大利

并不是等距离的，但依然可以便利地到达两地。到 12 世纪，这些集
市起初是农业集市，在发展过程中受益于香槟伯爵持续不断的庇护。
那时相对原始的商业经济受到通讯和交通的困难、旅行的危险、商业
交易缺乏保证的困扰，集市制度却能很好地为其服务。当大规模的永
久性商业还没有创建起来的时候，一种地理的暂时的集中减少了一个
68 时代的一些不安全性。香槟集市的死亡丧钟之一可能就是意大利商人
银行公司 14 世纪初在如布鲁日等城市里建立永久性的分支机构，以
及随之而来的这些集市所依赖的商队贸易的衰落。

　　香槟集市的发展可能呈周期性，可分成三个时期：从早期到 12
世纪最后 25 年；之后一直到 1260 年；从 1260 年到 1350 年，那时最
后一批意大利人，即皮亚琴察商人，不再频繁地前往集市。从严格的
商业角度来说，香槟集市在大约 1260 年经历了一次衰落，但这时这
些集市的定位发生了变化，从商业交换地点变成西欧的金融票据交换
场所。这个金融市场的鼎盛期持续到 1315—1320 年。在中世纪集市
经济的全盛期，香槟是西欧商队贸易的中心，可以用低地国家和法兰
西北部的高质量毛料交换到地中海世界的奢侈品货物，如香料、异域
药品和其他布料（avir-du-poids）与纺织品，特别是丝绸和锦缎。罗
伯特·雷诺兹确认，共有四组商人从事这一交易，并从香槟本地的服
务贸易中获得便利。低地国家的北方布料出口商在佛兰德收集布料并
运送到香槟；来自如阿斯蒂和维切利等意大利北部城市的商队商人或
运输商购买布料并出售从意大利带来的货物。然后他们把布料运送到
热那亚，布料商人在那里购买这些布料，也许要将这些布料进行精加
工，再出口到地中海世界。热那亚进口商是重要的资本家，即为第四
种类型的商人，为商队商人提供信贷并提供地中海的商品给他们带到
集市去。前往集市的通行权被聘请书（conductus）或安全通行证
（safe-conduct）所控制，最初是由香槟伯爵、后来是由法兰西诸王颁
发给外国商人的。

　　这一商业网到 12 世纪末已经创建，那时意大利人在香槟的活动
已经有据可查。意大利的城市，包括帕尔马、皮亚琴察、威尼斯、佛
罗伦萨、热那亚、锡耶纳、罗马、卢卡、阿斯蒂、克里莫纳和其他城
市，最初都处于各个执政官的统治之下，到 13 世纪中期之后，普遍
联合起来置于一个首领的领导下。出现在集市上的意大利公司的代表

是佛罗伦萨的佩鲁齐和巴尔迪以及锡耶纳的托洛梅伊。与香槟常往来的北欧城市联合起来，组成一个有 17 个城市加盟的商业同业公会。南欧城市处于来自蒙彼利埃的首领的统治之下，也出现在香槟集市上。

　　香槟的六个集市以一个年度周期来进行组织，最早的是 1 月 2 日举行的拉尼集市。每个集市持续大约 50 天，这个周期接下去的是奥布河畔的巴尔集市、普罗万的五月集市、特鲁瓦的圣让"热"集市、11 月开始的普罗万的圣阿伊武集市，正好在圣诞节前以特鲁瓦的圣雷米"冷"集市结束整个周期。

　　香槟集市的管理和司法结构在 12、13 世纪发生很大的变化。集市的发起人，即香槟伯爵和各宗教机构，在治安职责和集市法规的执行之外保留大部分司法管辖权。伯爵领法庭或教会法庭是裁决商人之间的冲突的特别法庭。管理集市的官员人数众多。最高掌管者是监管人，通常是两人，对六个集市行使管辖权。他们一般是从集市城市的资产阶级或贵族阶级中选出。监管人之下有很多小官员、承担治安工作的警役、起公证作用的书记员、测量员、称重员、搬运工和税收征收员。

　　刑事管辖权保留在香槟伯爵的手中，后来落入法兰西国王之手，但 1260 年后，监管人的司法权在某个方面得到加强：由他们负责集市合同或集市文书（lettres de foires）的执行，这些文书要正式加盖监管人的印章并由集市登记处记录在案。司法权仅限于那些经常光顾集市的人。审判既严厉又快速，是中世纪行商的"灰脚"法庭*的缩影。有些法律的正常保护被忽略，如延迟审判或从某个特定法庭提出豁免的权利。特鲁瓦大法院及后来的高等法院都设有上诉法庭。法庭承认的证据包括武装决斗、目击证据、书面誓词、集市文书以及集市登记处送呈的证据。从集市审判中逃跑的人招致严厉的惩罚。监管人把一份正式要求发送至逃跑者的家乡所在地，要求没收逃跑者的财产并公开出售来获得收益，以此来彰显集市法规的权威。集市监管人审判权的最后手段就是按照《捕拿抵偿法》的传统，禁止被指控者的同伴参加集市。与香槟诸法庭共存的其他自发司法法庭出现在法兰西南部（蒙彼利埃的小案件法庭、尼姆的惯例法庭），用来审判商业和

---

　　* 即商人法庭。——译者注

城市的法律案件，即所谓的密封件（*sceaux rigoureux*）。

香槟集市的衰落已经得出好几种解释。香槟伯爵和从 1285 年起法兰西国王的繁重财政政策，可能对货物运输造成损失。此外，法兰西的菲利普三世在 13 世纪 70 年代晚期倾向于尼姆和艾格莫特而不是蒙彼利埃（领主权属于阿拉贡人或马略尔卡人）作为进口地中海商品的港口，而与香槟地区的南部贸易一直集中在蒙彼利埃。1277 年，菲利普三世颁发一项禁令，禁止从法兰西出口葡萄酒、谷物、羊毛和其他商品。

⁷⁰ 对于意大利重要的布料整饰贸易来说，更复杂化，就是出现了一个完全意大利的布料工业，用原毛来生产布料。以佛罗伦萨利用这一新意大利工业以蓬勃发展的佛罗伦萨羊毛工会为代表，是佛来芒和法兰西北部工业的有力竞争者，导致了佛罗伦萨毛织品工会的衰落。后者是经由香槟的佛来芒布料的主要进口商和香槟集市最大的客户。法兰西的出口禁令也限制了毛织品工会的贸易。

1277—1281 年，大西洋航线的开辟以第一批热那亚人的单层甲板大帆船驶离地中海为标志，同行的还有马略尔卡人。这为前往英格兰和佛兰德提供了另一条通道，绕过了香槟，正如穿过罗伊斯河、再翻过圣戈塔尔山隘的陆路通道那样。巴黎和阿维尼翁分别作为法兰西王室都城和教宗驻跸地的发展是香槟集市衰落的原因，普罗万集市城市的市政动乱也是原因之一。14 世纪早期，意大利人在布鲁日创建永久性分支机构，表明商业业务技术在总体上发生变化。商人往往会在重要的城市中心定居下来。意大利商人银行公司在这些中心设置代理商。

香槟集市的衰落没有标志着欧洲集市现象的结束。较小的集市继续在香槟存在下去，日内瓦、法兰克福、博凯尔以及后来里昂都出现了重要的集市，并且一直延续到现代早期。香槟集市也不是唯一重要的集市。地方集市，如佩兹纳斯（Pézenas）与蒙塔尼亚克（Montagnac）的朗格多克集市等，表明贸易在中世纪晚期得到加强。

结　论

用经济学的术语来说，13 世纪被称为中世纪的秋天。这是一个灿烂的秋天。中世纪扩张时代的成果从来没有失去，虽然 14、15 世纪的危机会使发展慢下来，有时暂时地改变发展方向。随着中世纪的结束，首先在 13 世纪里完善起来的商业与金融方法的复杂化以及交往的改善，将会和海运技术进一步突破，把西欧推向地理大发现时代。

凯瑟琳·L. 赖尔森（Kathryn L. Regerson）

莫玉梅 译

徐　浩 校

第 三 章

各族语言

欧洲各民族语言逐渐兴起并在 13 世纪走向成熟，这都与作为国际宗教、文学、学术、管理和其他领域的语言的拉丁语有关（并最终成为拉丁语的竞争者）。从时间和空间上来看，这远远不是一个统一或稳定的进程：我们有必要对每个世纪、每个地方逐一考察才能获得全面的了解。

从广义上看，第一个区别在于古罗马帝国保持说拉丁语的地区——同时吸收了日耳曼人和其他入侵者与定居者，这些人在一定程度上或快或慢接受拉丁语——和说凯尔特语、日耳曼语和斯拉夫语的地区。就前者而言，即使读写能力在 5 世纪肯定会急剧衰退，但拉丁字母和使用拉丁文（从古典形式衍生出来的任何新体或变异）写作的能力幸存下来。随着基督教的传播，基督教会执掌起已经消亡的世俗国家的许多职能，拉丁语成为圣经（最初，虽然早期译本很重要）、礼拜仪式、布道和管理的唯一语言，使拉丁语获得极大支持。在其他地域，凯尔特语地区和其他地区之间存在着区别。其中，在后罗马时代的英国，基督教和拉丁语（都是以书面语形式，有段时期则以口语形式）幸存下来，足以维持英国西部已为人所知的"凯尔特教会"，其从圣帕特里克时代起在爱尔兰就非常出名；传到撒克逊人的诺桑伯利亚后，该教会就在那里传播基督教和书面拉丁语。奥古斯丁的使命在南部的盎格鲁—撒克逊王国完成了同样的事情，并且很快广泛传播。尼德兰、德意志的部分地区、后来的斯堪的纳维亚和冰岛以及匈牙利的福音传教，把基督教会的口头和书面拉丁语带到这些地区，而斯拉夫各族起初接受的是来自拜占庭的希腊语福音传教。

有些民族语言保持着丰富的吟游文化，包括英雄诗、赞美诗、民间故事等，还有口头保留下来的仪式和司法习惯。可能首先被信异教的各民族所感知到书写各族语言的需要，当时他们逐渐意识到拉丁语和希腊语在神圣罗马帝国中的存在和一个相当系统的用来表示简单铭刻的各种符号很有用，这些符号可以被刻在石头或其他耐磨材料上：因此，在不为人所知的情况下，爱尔兰的欧甘文字和日耳曼的鲁尼文字母被发明出来。这些导致早期但又总是很受限的读写习惯养成，以拉丁语为基础的各文字体系的发明存在了很长一段时间，因此人们可以用相应的各族语言在羊皮纸和牛皮纸上写长篇文本。

这一发明的时间、地点和方式还不为人所知，但有些情形可以推测出来：因此，以普通新布立吞语（将会发展成古威尔士语等）为例；可能是在威尔士但也可能在坎布里亚，有人在 6 世纪中期的某个时候肯定已经发明一种用拉丁语字母书写民族语言的方法，可以更好地表示日益非拉丁语的专有名词和语尾音节删除的形式，后来把以前的口头诗歌转化成书面形式（或者实际上促进新的书面创作，如诗歌"戈多丁"）。在这里和其他地方，文字发明可能是教士的功劳，新抄写员会接受正式训练，他们最初就是学着如何保管宗谱、王系列表、君主与贵族法庭以及地产主留下的其他记录，但书面语培养很快接踵而至。古爱尔兰语采用拉丁语字母来书写，这似乎发生在大约 600 年，一种强劲的民族语言书面语传统与僧侣拉丁语书面语传统同时发展起来。[①]

对欧洲大陆的日耳曼语来说，取代鲁尼语的最早字母表是由乌尔菲拉在 4 世纪中期为把《圣经》翻译成哥特语而设计出来的，共有 27 个字母，大多以希腊的安色尔体字母为基础，还有一些以鲁尼语和拉丁语为基础。8 世纪晚期，古高地德语似乎在德意志南部的一座修道院中首先使用，德意志北部的古撒克逊语则是在 9 世纪初出现。从大约 1150 年起，有着抒情诗人、宫廷史诗和骑士传奇的中古高地德语文化开始成长和繁荣起来。在盎格鲁—撒克逊时期的英格兰，民

---

① 最新的研究包括：Koch（1985－1986），Harvey（1990），Bruford（1990）。关于王系列表的口头对书面转换的含义等，可参见 Dumville（1977）。

族语言可能很少被用来书写 7 世纪肯特的各种特许状，在著名的诺桑伯里亚各学校中却更为广泛地使用，但这些都被丹麦入侵者灭绝，只有一些民族语言著作（如凯德蒙的赞美诗和比德的死亡诗）的残篇幸存下来。麦西亚从 7 世纪晚期开始做出的重要贡献最近得到了人们的重视，幸存文献包括部落土地税本、法律原本注释和词语汇编。在 8 世纪的麦西亚，以国王的名义进行的任何写作都是一种维护王权的重要方式。② 毫无疑问，在拉丁文化因来自东部和南部的入侵者的压力逐渐衰落的推动下，以西撒克逊形式的民族语言写作的再创作要归功于阿尔弗雷德大王。在他的统治下，大量的书面文本［包括《盎格鲁—撒克逊编年史》（Anglo-Saxon Chronide）］和来自拉丁文的译本被创作出来。阿尔弗雷德在《牧师的忠告》（Cura pastoralis）译本的前言中评价了拉丁学术的衰落，并指出许多人能够阅读英语著作的事实。用英语进行书面创作和写作的传统到诺曼征服时几乎已经断绝很长时间。符号系统基本上是拉丁语的，略微有些调整：增加了古鲁尼语"wynn"的符号Þ（取代拉丁语中的 u，v），"eth"的 ð 和 "thorn"的 þ（现代英语中发音与不发音的 th），而 h 在 loch 中代表颚音 ch，连字 sc 代表着首字母音，如在 modern ship 中，cg 代表尾音，如在 hedge 中。至于冰岛语，在 1000 年经过正式的福音传教之后，来自英国和德意志的传教士在 1100 年前的某个时候开始在书写当地民族语言时采用拉丁字母表，到 1300 年，出现了以各种不同类别的散文和韵文为主的异常丰富的文学。我们得知，在前书面语阶段，大约在 930 年出现的《乌尔夫约特法典》（the law çode of ulfjótr）被"说法者"（议长）时常当众朗诵，这一法典在 1117 年受命被书写下来。

斯拉夫语中的第一个书写体系，是由圣西里尔（此后称为西里利克）和塞萨洛尼卡的美多迪乌斯，应来自摩拉维亚的传教士和教师的要求，于 9 世纪中期创造出来的。他们在现在称为古教会斯拉夫语的希腊字母表的基础上设计了该体系，并用这种语言翻译了《圣经》、祷告文和布道文。

在说拉丁语的地区，关于发展的看法，近几年来我们颇受罗

---

② 图恩（Toon, 1983）对此进行过讨论，特别是在第 11—43 页。

杰·赖特的观点的影响。尽管他的观点还在争议之中，但也被广泛接受。③ 对口头拉丁语的前一统一体分裂成后来的各种罗曼语言的评价要比我们长久以来所认为的要晚得多，或者在使用者和书面语权威中，对这样的从拉丁语母体中衍生的分裂和分歧的认识进行的评价相对较晚。到大约 800 年，拉丁语书写体系已经满足所有使用者在书写和口头表达两个方面的需求：用标准国际正字法书写的拉丁文本能够以任何形式大声地给听众朗读（在教堂、法庭、市场或者为了文学娱乐），而且为了便于理解可以做修改。这一进程是自动发生的，正如现在的一个用标准书面英语书写的文本能够用从苏格兰到加勒比、从阿拉斯加（对美式拼写有轻微的调整）再到印度的各种不同发音来诵读，正如人们在读 *right* 和 *through* 时不会遇到长久以来不发音的 gh 所带来的些许困难。

　　正是查理曼的宗教和教育顾问们，尤其是从有修养的诺森伯兰的约克招募来的大臣阿尔昆，在他的整个帝国里致力于把好的标准加诸礼拜仪式的实施中去，从而产生巨大变化。这与其说是通过法令不如说是通过实例和文字（阿尔昆的《正字法》，*De orthographia*）以及在新体系中促进学校教育来实现的。随之而来的是引人注目的学术复兴，以及在法兰克王庭和教会的鼓励下对古老文献的抄写活动。阿尔昆坚持在咏唱和诵读中给予每个拉丁字母一个清晰的音值，以便与所说的传统价值观保持一致，并以此终止因错误诵读神圣经文来冒犯上帝的行为。未曾想到的结果是由此"创造"了人们通常所说的"中世纪拉丁语"，因其元音省略、综合性格词尾缺乏和后古典词汇丰富，而与日常所说的民族语言即罗曼语严格地区分开来。这一经过改革的体系和对差异化的新意识可能在一些地方很快产生了影响，但在其他地方，尤其是在法兰克人的中央集权统治瓦解后，旧习惯无疑还存在了很长一段时间。首先，人们早就认识到，如果以新的生硬发音进行的礼拜仪式使不识字的教堂会众中的大多数人远远无法理解，那么就有必要规定布道必须使用民族语言来进行，用罗曼语或法兰克语

74

---

③　Wright（1982），许多文章中对此进行了补充［Wright（1991）］，他自己的论文［Wright（1994）］对此进一步论证。麦基特里克（1989）在更宽广的文化背景下对赖特 1982 年提出的观点进行了评价；她显然接受赖特的方法，但是对阿尔昆的确切作用和改革的方式表示怀疑（第 11—12 页）。

因地方而定，正如 813 年图尔公会议提出的众人皆知的解决方法。④

通过 1080 年的布尔戈斯公会议，推动礼拜仪式拉丁语化发音的加洛林改革越过加泰罗尼亚（自 800 年左右占领巴塞罗那后成为法兰克人的领地）推广到西班牙，由此自西哥特时代就已存在的"莫扎勒布"礼拜仪式被标准罗马形式的礼拜仪式所取代。然后，在除加泰罗尼亚外的西班牙，对自称正确的拉丁语写作的使用时间要比在法兰克领土上的使用时间长，一些地方可能一直使用到大约 1200 年，而这些写作打算用各种罗曼语调整音来大声朗读。

在此基础上，来自讲罗曼语的地方的大量法律文献反映出一种慈善观点，包括特许状、捐赠书、出售单、产权转让证书等。这些文献的开头和结尾都使用了正确的拉丁文规则并以自称的拉丁文方式来拼写，但在模糊的拉丁形态学的表面下仍然包含着许多罗曼语词汇、词组和句法（例如："Hec est noditia de ganato de sancta Maria de Maruan que leurunt jnde sajones. Id est, una mula cum sua sella"——取自大约 1050 年的西班牙西部的萨莫拉省）。这种常见的混合体对法律记录来说已可以满足使用，对那些不识字的诉讼双方和证人来说也明白易懂，因为在法律记录上签名或画押前，有人会宣读给他们听。

来自意大利中北部的证据表明加洛林革新已被那里接受，赖特引用了好几份 10 世纪的资料，它们记录了不同地区的拉丁语和口语的罗曼语的不同之处，其中包括四份大约 960 年的文献；这四份文献表明人们试着书写民族语言，以此来帮助诉讼双方加强理解（这种做法很快就停止了）。

和在日耳曼各地一样，如果罗曼语中的非古典发音要体现出来，那么对拉丁字母表做一定的调整是需要的。起初采取了一次性的临时方法来解决，如 842 年确定下来的《斯特拉斯堡誓约》（the Oaths of Strasbourg）的各个版本与 9 世纪晚期和 10 世纪的早期古法语诗歌的例子。到 12 世纪下半叶武功歌和骑士传奇兴盛起来的时候，一个用于文本书写的一致体系显然已经存在——可能是为了抄写而在学校中教授。这一体系包含对拉丁语的一些让步（例如动词结尾的 t，如 *vi*-

---

④ 引自 Wright（1982），p. 120：这里讨论了 transferre 的含义。这一阐释受到对加洛林时代的整体语言形势进行了非常详尽的调查的班尼尔德（1995）的挑战。

ent，那时这个 t 不再发音，就像后来在 *espee* 中一个辅音字母被长期保留之前所写的 s，等等）。在卡斯蒂尔语中，人们不可能在那时就谈及一个体系，只能说在地方话罗曼语化方面做出了尝试性的努力：在 1155 年初次用拉丁文写成、但一个世纪之后却有用民族语言写成的版本幸存下来的阿维莱斯（阿斯图里亚斯）地方法中，人们发现同一发音体现在同一个词中，如 *directo*，*direto* 和 *dreito*。大概于 1207 年出现的《我的熙德之歌》（Poema de mio Cid，已知的只有一份 14 世纪的手稿）依然表明，在现代西班牙语中写成 ll (l, ll) 和 ñ (n, nn, ñ) 的硬颚音有着不同的图形，对纯粹抄写时才出现的 h 的使用也不稳定，但是更常见的是用 ch, ç 和 z 来代表非拉丁文发音。卡斯蒂尔语的标准化将会是从 1252 年起阿方索十世宫廷中的抄写员的工作；据记载（虽然要到 16 世纪），那位国王在 1253 年决定：在尚存疑虑的情况下，托莱多（那时是新卡斯蒂尔的主要城市）标准必须开始应用。另一因素对所有国家的这一进程颇有助益。当吟诵记忆中的文本或口头相传的诗篇的游吟诗人，或者背诵手稿的其他发言人，已经对他们的文稿进行了调整来适应听众时，地方语言的早期多样化并不是多大的障碍。但当世俗信徒读写能力的提高促进了用于私人阅读的抄本的增加，而且中央权威开始改革国家法典时，标准化成为必要。

作为书面语和文学语言的民族语言的发展，主要取决于政治环 [76] 境。在英格兰，威廉征服带来了一个新的贵族阶级和军事阶层，他们讲的是法语，拥有的学识一度与法兰西一样；而英语是不识字的平民百姓的语言，最终能够在 14 世纪崛起（在经过 13 世纪零星的尝试后）并获得完全的文学地位。诺曼法语在英格兰不再是一门理所当然口头使用的语言后，它作为法律和行政管理的中介牢固地保留了很长一段时间，已然变成了和拉丁语一样的学术语言。[5] 在法兰西，巴黎作为首都和王廷所在地的地位，保证了该地区的地方语言法兰西岛语最终战胜其他语言，这些语言即使在 13 世纪仍然具有竞争性：皮

---

⑤　对此进行了有用的讨论的是罗思韦尔 [Rothwell (1985)]。要参阅的是 M. K. 波普（M. K. Pope）写于 1934 年的著作的标题，该标题继续对盎格鲁—诺曼人给予了特别的关注。对此方面感兴趣的还是罗思韦尔 [Rothwell (1980)]，在第 125 页提到的关于中世纪英国生活的语言复杂性则来自克兰齐 [Clanchy (1979)] 的基础研究。

卡迪语、香槟语、诺曼语、勃艮第语，等等。同样地，第一次十字军征战看起来似乎对古法语的发展起到了强大的推动作用。由于指挥者和大多数士兵都是法兰西人，那么他们的语言在命令发布中肯定是唯一使用的语言，自那次及以后的十字军征战中产生的任何拉丁语文献多半都有与之相称的用民族语言书写的文献，不管是十字军征战歌曲还是史诗（虽然这还处于争议之中，但似乎将最重要的"牛津版"《罗兰之歌》的成文定在大约 1100 年，并把它与第一次十字军征战精神紧紧相连是符合情理的）。后来，根据每个国家都有各自的语言，圣约翰骑士团对要塞组织了不同区段的防御，他们在宿营地也做了同样的事，而且在像圣地亚哥－德孔波斯特拉这样的朝圣者中心的大教堂中都找得到每个语种的忏悔牧师。

在西班牙，不同基督教国家间存在着政治控制的分裂性，而且所有人有共同反抗来自非洲的具有革命精神的伊斯兰教（从 1086 年起是阿尔莫拉维德人造成威胁，从 1146 年起则是阿尔莫哈德人）威胁的需要，这与法兰西的情形完全不同，也解释了其民族语言发展相对延迟的原因：自 1212 年纳瓦斯大捷后，联合获得极大保证，卡斯蒂尔于 1230 年与莱昂合并，卡斯蒂尔语的主要进展和文学成熟期发生在 13 世纪下半叶。阿拉贡王权在 1238 年征服巴伦西亚和 1282 年征服西西里后得到扩张，与巴塞罗那的贸易繁荣一起，在同一时期促进了加泰罗尼亚语写作的发展。

在政权更为分散的亚平宁半岛上，意大利的形势有着相似之处。鲁斯蒂凯洛用法语记述了马可·波罗的旅行，大概认为法语比波罗的威尼斯语更有声望，当时威尼斯语还缺乏文学素养。托斯卡纳语的最终胜利部分地取决于它被认为具有特别的优点，但有人认为更多地取决于但丁、彼特拉克和薄伽丘在表达和智力上的卓绝能力。但丁的《筵席》（*Convivio*），特别是写于 1304—1307 年的《俗语论》（*De vulgari eloquentia*），表现出对所有这些问题的最详细且最深入的思考，而这些问题在中世纪处处可见。

如果拉丁语因其文本——教宗令谕、教会法、宗教理论、圣徒生平、科学与任何其他类型的严肃学术研究，与经典作品、短剧和游吟诗人的抒情诗形成竞争的现代史诗——通过普世性教会和学校无障碍地传播而具有了巨大优势，那么有些用民族语言写成的文学文本几乎一样畅通无阻地传播，而且产生了相当大的促进作用。第一批普罗旺斯语文学文本表现出地方特色，大约写于 1000 年博伊西斯诗（the Boecis poem）可能来自利摩日，而下一诗篇，即写于 11 世纪中期的圣福伊诗（the Sainte Foi poem），却是来自纳尔榜地区的另一端；但是当宫廷抒情诗第一次被记录下来的时候，用于文学创作的柯因内语（Koine）早已存在。普罗旺斯的抒情诗和乐曲的谱写者兼演奏者表现出一种"纯粹的爱"（fin'amors）的社会思潮，这些人在 12 世纪的宫廷圈子中随处可见，不仅在法兰西北部，而且在远至加莱西亚—葡萄牙［《爱之歌》（cantigas d'amon），《青春之歌》（cantigas de amigo），还有在宫廷传播的讽刺粗俗之作］、德意志南部以及后来处于弗雷德里克二世（1194—1250）统治下的西西里激起了抒情诗模仿高潮，并促进了对歌曲的现存民族传统的完善。这也为但丁和彼特拉克提供了重要技巧和情感典范。法兰西北部的武功歌原作（被游吟诗人以口头传播的方式记忆下来，后来被写成手稿）及其译本都广为流传。因此，到 12 世纪中期，《罗兰之歌》在西班牙北部的好些地方广为人知，众多版本被译成或改写成那瓦尔语（Roncesvalles）、德语（Rolandslied）、挪威语［成为散文《卡尔马格努斯佐贺》（Karlamagnussaga）的一部分］、冰岛语、中古英语和威尔士语。大约 1200 年，处于巅峰时期的法兰西史诗作为榜样，促进了 13 世纪卡斯蒂尔史诗的创作，这些史诗的主题最终与一直到文艺复兴时期仍然流行的民谣、散文体编年史、像《大海外征服》（Gran conquista de ultramar）这样的大型编著与传说中的民族主题融合在一起。

实际上，拉丁语的这种国际主义似乎在各民族语言中培育了一种相似的精神，这一过程当然要上溯到 1200 年，如果不是在 13 世纪早期的话。长久以来，拉丁语和各民族语言越过语言界限所进行的文学形式、母题、主题和人物的相互交换，在数量上是很惊人的。[⑥] 由于一门语言不是必然以现代方式与政治或地区边界相连，且很少有民族身份的含义（虽然这到 1300 年也将会发生变化），那么为一特定体裁服务的文学民族语言能够极为轻松地扩大它的使用（全世界范围

⑥ 冯·里希特霍芬（von Richthofen）的好些不同的著作记录了这些进程，最新的著作是 1989 年出版的。

内歌剧所使用的意大利语，或者流行歌曲中所使用的盎格鲁—美国英语，都提供了某种现代的语言形式）。因此，我们发现了加莱西亚语，可能还有它的从 13 世纪到 14 世纪早期在卡斯蒂尔的许多抒情诗中使用的音乐模式，一些加泰罗尼亚诗人和意大利北部的索尔代洛所使用的普罗旺斯语，以及 14 世纪在意大利用来再现法兰西史诗的主题的混合的法兰西—意大利语。

任何民族语言与拉丁语的关系，与其说是一种竞争，还不如看成一种生产性的共生关系。拉丁文圣经的翻译（部分或整体）对早期基督教化是很重要的，该译本直到后来才遭到猜疑。各种形式的古典和"中世纪拉丁"文本出于不同目的被翻译或改编，通常促进了民族语言的大发展，正如蒙茅斯的乔弗雷的《不列颠王史》（*Historia regum Britaniae*）以用法语写成的《瓦斯的布鲁特》（1155）的面目出现，反过来到 13 世纪早期又以用中古英语写成的《莱亚门的布鲁特》（*Lagamon's Brut*）的形式呈现——而且从独立的威尔士语和布立吞语的源泉中吸收大量素材——可能被说成开启了延续至今的对亚瑟王广泛的狂热崇拜。这本著作的许多内容进入欧洲编史学中，使后者饱受困扰之苦，就像第四卷中的拉丁文原著和五个法语译本中的任何一个版本的《圣雅各之书》（Liber sancti Jacobi，大约 1140 年?）和《图尔皮尼编年史》（Chronica Turpini）带来的困扰。阿拉贡犹太人佩特鲁斯·阿方西大约出生于 1062 年，1106 年皈依基督教，他所写的《教规》（*Disciplina clericalis*）是一本劝谕故事集，主要从东方来源中收集而成。它被译成多种民族语言，影响极广。大学在意大利创建并很快遍及其他地方，这对语言标准的要求很高，因为对法律（民法和教会法）和人文学科的学习基于古代和现代的拉丁语文本，所有科目的教学都是以拉丁语来进行；如果拉丁语游吟抒情诗的兴盛（主要是日耳曼人的产物）是一种深处收获，那么另一种收获就是促进了各民族语言中新情感和新风格的出现，正如当时大学里对奥维德的学习产生一个奥维德时期，各民族语言版本纷纷出现，如克雷蒂安·德·特洛亚的《爱的艺术》（Ars amatoria）、《玫瑰传奇》（*Roman de la Rose*）及其他作品。《诗艺》（*artes poetriae*）被写成教学手册，用来教授人们用拉丁文进行诗歌创作，很快就丰富了各民族语言的创作。

在西班牙，阿拉伯语对基督徒来说至少是与拉丁语同等重要的一种"古典"语言，因为阿拉伯文本以纯粹的形态保存了希腊哲学和科学，新近的研究更突出了这一点。12 世纪的托莱多从阿拉伯语到拉丁语的翻译活动，在早期阶段得到教会资助［首先是法兰西大主教雷蒙多（1125—1152 年）的资助］，随之而来的托莱多、塞维利亚和其他地方的从阿拉伯语到卡斯蒂尔语的翻译活动，则获得阿方索十世（1252—1284 年）的资助。除了国际外交，所有写作都使用民族语言事关王室政策，但也有事实可能在这方面提供了有利条件：翻译活动中的一些重要中间人是博学的犹太人，他们精通阿拉伯语和一门西班牙地方语言，当然还有希伯来语，但是他们不会拉丁语或者拒绝使用拉丁语，因为那是基督教会的语言。在这个时代的西西里，阿拉伯语同等重要，但说到翻译，阿拉伯语似乎总是被译成拉丁语。

除内容、主题和精神外，翻译意味着丰富了接受语词汇，通常在句法方面也是如此。甚至用民族语言对单词和词组所做的注解可能伴随着外来语翻译，或者可能促进新的抽象概念和复合词的创造，凯尔特语和日耳曼语从最早期开始就以这种方式受到影响。在罗曼语中，人们几乎不会提及学术性和半学术性的形式，这要到不同的民族语言写作开始，以及来自书面拉丁语（当然还有来自阿拉伯语和其他语言）的词语（重新）引入变得普遍起来之后。各地的基本基督教词汇（许多源自希腊语）中的分层情况出现得很早。后来，旧词新义可能以一种独立的技术主义形式出现，不得不增加注解，阿方索十世统治时期用卡斯蒂尔语写成的许多著作中都出现了这种情况，然后进入文学用语中，最后传到了口语中。⑦ 法律术语表现出同样的发展过程，正如我们发现 entencion（指控）来自罗马法中的 intentio（意图）并在《我的熙德之歌》（第 3464 行）中的一个法庭现场中使用，目的（超出了纯文学的范畴）可能是证明一种正在改革中的司法程序。在民族文学类型中，拉丁语法有可能表现出高贵化或修饰性的功能，正如贡萨洛·德·贝尔塞奥于 13 世纪中期在《我们的夫人的奇迹》

---

⑦ 一个例子开启了《骊歌Ⅱ.Ⅰ.Ⅹ》：暴君就是一个残忍的，殴打人的，侵占土地的，欺骗人的，会背叛的人。参见 van Scoy（1940）。

（*Mi Lagros de nuestra señora*）中把圣母描绘成"晓明之星"（33b）的时候。在句法方面，对带有大量的用连接词连接起来的附属从句的复杂拉丁文句子的翻译，促使接受民族语言中出现各种模仿和新的创造。并不是所有的交流都是单向的：为了记录和解释古典词语的由各民族语言和新近基于罗曼语与日耳曼语等形成的词语的非古典含义，"中世纪拉丁文"字典成为确实需要的东西。盎格鲁—诺曼语甚至在较晚时期同样也不是一门"死"语言，而是一门能够进行革新并进一步从那时的欧洲大陆法语规范中分离出去的语言。[⑧]

　　民族语言写作始于各种简单需求的基础之上，而且民族文学成长起来，因为有报酬的表演者可以满足流行需求，还因为资助人鼓励为他们自己、家人、法庭和侍从提供娱乐或教导，以及后来出于私人阅读的创作（通常如果能够支付高昂的费用用于抄写和书籍制作的话）。教会有兴趣对世俗信徒进行教导，而且还用不涉及强化世俗英雄或性欲渴求的高尚文雅的素材来为他们提供娱乐。政治宣传（如提及 14 世纪中期的内战的西班牙民谣）、贵族家族之间的世仇（如《我的熙德之歌》，如果我们接受它是一部亲拉腊反卡斯特罗的作品），以及维护王权或通过重建香槟的英雄时代（在法兰西史诗中）来重新审查和举例说明法律的各个方面的需要，也都是常见的动机。然而，民族语言的进展能够通过对那些不同种类的写作的研究得到最好的校准，这些写作大多数直接处于国家和教会等强大权威的管理之下。

　　对君主或其他权威——市政或伯爵领——来说，其中最重要的就是法律的表述和运作。当高度集权的王国在这种天性保守的事情上仍然还很墨守成规时，即直到较晚的时期仍使用拉丁语（或在英格兰，使用拉丁语和盎格鲁—诺曼语），有人发现，在说罗曼语的领地上，人们对这种民族语言充满了自信，似乎出现新的背离——除上面提到的孤立的意大利语例子，即便确实有幸存例证那也仍需要极为小心。许多或所有的这些例证可能是后来（13 世纪）对已佚失的拉丁文原本进行的翻译。来自罗德兹的一份 1102 年的捐赠文本流传至今，全部用普罗旺斯语写成。这很快就成为整个地区的普遍做法。在卡斯蒂

---

⑧　参见 Rothwell（1985）。

尔和莱昂，市政法律中的地方市民法由君主授权，用和拉丁语一样便
利的民族语言书写：已知的最早民族语言文本中有其原本可以上推到
1141 年之前的《马德里市民法》、1155 年的《阿维莱斯市民法》和
1171—1180 年间成文的《奥维耶多市民法》。用新卡斯蒂尔语写成的
《尤克莱斯市民法》由王室权威在 1157—1158 年颁发，或根据其最
晚的编者推测至晚在 1163 年之前。但当卡拉特拉瓦骑士修道会控制
了这座城市后，在 1179 年该市民法被一部拉丁文修订本所取代。即
使这些文本中好几个最初都是以拉丁文文本颁发的，但随之而来的民
族语言的翻译文本表明对非拉丁文文本的兴趣也正在产生。⑨ 在一些
情况下，拉丁文和民族语言的双语文本被创作出来。在卡斯蒂尔的阿
方索八世（1158—1214 年在位）的王室文献汇编中，以罗曼语（部
分莱昂语）写成的第一份文献，是 1194 年在卡里翁由当地居民上陈
的关于莱迪戈斯的界限的证词草拟而成的记录；在所有以前的、有时
还有较晚的此类案例中，人们自然用民族语言来做证，但他们的证词
被公证人用拉丁语记录。1206 年 3 月 26 日，卡斯蒂尔和莱昂起草了
《卡布雷洛斯条约》，显然只是用卡斯蒂尔语写成，成为该类型中的
第一份"高水平"的证据。1207 年初的一份王室法令最近被发现，81
以卡斯蒂尔语起草，用来规范托莱多市场。1214 年 1 月 1 日，政令
下达：卡斯蒂尔的王室大法官官署应该只使用民族语言——很可能该
语言的书面用法的各个方面现在已经得到证明。⑩ 在国家法典方面，
古老的西哥特人的《西哥特法典》被用来统治莱昂好几个世纪，于
1241 年根据王令翻译成了卡斯蒂尔语，从而拉开了为卡斯蒂尔—莱
昂（最终于 1230 年统一）编写一部国家法典的序幕。这一改革在阿
方索十世的指令下进行，首先是编写了题为《文集》（Espéculo）的
作品，然后是那本从 1256 年到 1263 年编写的了不起的法律汇编《七
法全书》（Siete Partidas），全部用民族语言写成。

　　当英雄诗体和传奇故事（萨迦）有可能包含了诸多历史事实，
当然也将当时被认为是历史的许多材料囊括进去，严肃的历史编撰用
散文体写成，大多数国家的早期史学著作都是在各个修道院里用拉丁

---

　　⑨　Gross（1991）。其他学者认为现存罗曼语版本是 13 世纪对 12 世纪拉丁文原本的翻译。
　　⑩　这一进程的背景已经由洛马克斯（Lomax, 1971）进行了考查。关于阿方索十世的政策可参见
Niederehe（1987）和彭斯的好些文章（Burns, 1990）。

文写成，最初的形式都是编年史和简单的记事。阿尔弗雷德时期开始
的《盎格鲁—撒克逊编年史》是一个例外，人们对用来编写这本编
年史的材料是以拉丁文还是民族语言写成的一无所知。用法语编写的
第一个民族语言史学著作文本是维尔阿杜安关于第四次十字军征战的
著作，大约写于 1210 年。不久之后，一些拉丁文历史著作被翻译成
法语；现在具备一定辨识能力且读写能力逐渐提高的贵族和资产阶级
公众能够自己进行阅读，对越发令人难以置信的武功歌产生厌倦感，
似乎已经习惯了对以民族语言散文体写成的"真正"历史文本的口
味。这些文本也被认为带有大量的道德说教。⑪ 最为重要的是 13 世
纪中期在法兰西最重要的王室修道院圣丹尼对拉丁文本集的翻译
（BN Ms lat. 5925），如《法兰西大编年史》（*Grandes chroniques de
France*）。这次翻译是应圣路易（死于 1270 年）的要求进行，最后的
完本于 1274 年呈送给其继任者。显然，拉丁文原本被认为是权威的，
而民族语言文本是为了广泛传播。⑫ 在西班牙，用民族语言写成的简
单历史著作在 1200 年前不久出现在那瓦尔，这之后很快出现了阿拉
贡语的《列王记》（*Liber regum*，一部世界历史概要）和卡斯蒂尔语
的《托莱多主编年史》（*Anales toledanos Primeros*）。教会人员编写的
民族历史著作继续用拉丁语书写，最后的大型著作是罗德里戈·希门
尼斯·德·托莱多于 1243 年编写的《西班牙纪事》（*De rebus Hispan-
iae*）。这和以前的著作为《西班牙历史》（*Estoria de España*）奠定了
基础，阿方索十世治下的学者团队于 1270 年开始创作这部作品；当
主要的精力转移到《通史》的大型创作上去的时候，它仍未完成，
到阿方索死时离完成也还很远。不是所有的创作都是为了个人阅读：
下个世纪，唐·胡安·曼努埃尔建议那些准备被围在城堡中的人应该
贮藏大量编年史书，这样一来，当这些史书被大声朗读时，这些故事
的内容和英雄传说可能会为军队和各个家族提供娱乐，使他们受到
激励。

　　中世纪的大多数时候，教会对各民族语言持宽容甚至鼓励的态
度。礼拜仪式和所有神学著作与管理自然是使用拉丁语，但并不禁

---

　　⑪　尼古拉斯·德·森里斯在呈送《图尔皮尼编年史》的法语译本时曾说："拉丁编年史和任何押
韵体故事一样不真实。"关于最新的考察可参见 Buridant（1990）。
　　⑫　Spiegel（1978），特别是第 72—91 页。

止对圣经经文的翻译（直到较晚时期为异端玷污）。这些翻译通常
是早期改宗的有力工具，而且传道一直使用。圣徒的生平和奇迹汇
编在大多数地方开始时是用拉丁文写成的，但很快被翻译成各民族
语言，成为世俗信徒最主要的提升自己的文学读本，通常注定以韵
文的形式当众诵读。关于最后这点，1215 年召开的第四次拉特兰
公会议出于关心民众的基督教教育的目的（还有很多其他目的），
给予相当大的激励：在西班牙，这一举措几乎没有产生实际效果，
贡萨洛·德·贝尔塞奥大约从 1220 年到 1250 年所写的大量诗歌作
品勉强算得上；它们由圣徒生平和关于玛丽亚的素材构成，所有诗
歌都明确地以其民族语言的方式提供给听众。[13] 这也与新托钵僧修
道会通过传教和其他方式，将宗教带给大众的革命性努力相一致。
甚至是我们只知道拉丁语形式的布道文，通常也是以民族语言的形
式来准备和宣讲，除非面对的是有学问的会众。如果萨福克的圣埃
德蒙修道院院长萨姆森的例子很常见的话，那么有很多东西可能没
有准备或者根本没有记录下来。此人显然大字不识一个，但用拉丁
语和法语布道时却很流畅，能够使用城市居民的方言英语给他们进
行有效传教。

　　迄今为止，我们没有提到影响民族语言兴起的一个重要因素，即
人们懒于学习和使用拉丁文。随着时光流逝，我们逐渐发现人们很
少使用拉丁语，甚至在负有职责的教会人士中也是如此。[14] 最终民
族语言渗入修道院。老卡斯蒂尔的布尔戈斯附近的圣佩德罗—德卡
尔德纳自认为是民族历史的圣地，大约于 1272 年在这里编写的
《我的熙德之歌》自然应该是用民族语言写成的，因为它要与民族　83
语言书写的王室编年史相吻合，而且要一部分一部分地读给前来瞻
仰位于修道院教堂的英雄墓地的参观者听；之后不久，人们发现该
修道院的内部记录也以卡斯蒂尔语保存。此处和其他一些地方的本
尼狄克修士的人数逐渐减少，开始像那些有仆人伺候的隐退乡村绅

---

　　⑬　参见 Lomax（1969）。
　　⑭　这些甚至能在学术性的法语中找到。在西班牙，因各种原因，书面拉丁语总是教得差劲，
学的也差劲，甚至 11 世纪晚期、12 世纪来自法兰西的克吕尼改革只对各项标准产生轻微的影响，就
仿如第一所大学——帕伦西亚大学在其短暂存在的时间里（1210—1246）所做出的贡献一样（事实
上，这可能为大约 1220 年教士学派的民族诗歌创作提供了较大的激励）。从 11 世纪开始，各种类型
的拉丁文学的创作在西班牙远远比在其他西方国家少得多。

士那样生活，他们所懂的拉丁语仅够他们完成教堂礼拜仪式的职责。拉丁语阶段逐渐被其传统的捍卫者出卖，民族语言力量所形成的激流将会接踵而至。[15]

科林·C. 史密斯（Colin C. Smith）

莫玉梅 译

徐　浩 校

[15]　在史密斯教授于 1997 年去世之后，本章的修改出版得到罗杰·赖特教授的帮助。编者为赖特博士提出的有用评论对他表示诚挚的感谢。

第 四 章
艺术与建筑

　　13 世纪西欧的视觉文化见证了哥特式风格建筑在西北欧许多地区的不断改进和传播，从这个意义上来说，它巩固和扩大了 12 世纪所取得的重大成就。但是，当 12 世纪资助与思潮的主流在根本上可以追溯到改革的修道主义氛围中时，首创精神到 1200 年正在逐步地转移到大教堂、城市和世俗贵族手中。这种新型的首创模式反映出世俗权力特别是君主政体得到加强和集中，座堂圣职团特别是在北欧拥有极大权力，以及扩张城市经济带来的各种资助形成不断增长的推动力。结果，英诺森三世和卜尼法斯八世的那个世纪中的一些伟大创作成就，可以归功于新城市环境，有种关于哥特式风格的看法认为其灵感基本来源于王权和城市。然而，教士并且特别是主教的资助仍然是绝对重要的，我们有充分理由将这个世纪的原创能量的主要象征——哥特式大教堂——看成是一个新的好斗的普世化教会必胜信念的标志。

　　有些权威已经决定，尤其要根据由巴黎主导的宫廷资助这一相对较新的范围来理解该世纪的主要发展。① 这在一定程度上是合理的。到 1200 年，巴黎已经出现视觉、智力和音乐文化方面的主要革新，使它可能成为北欧最活跃的艺术中心；与此同时，以前那些有创意的城市，尤其是罗马和君士坦丁堡，却正处于停滞或衰退时期。② 在罗

---

① Von Simson (1956), pp. 62 – 64; Branner (1965).

② Krautheimer (1980), pp. 203 – 228.

马，重要艺术资助的衰竭要到 13 世纪最后几十年里才发生，这提醒
我们那些正在获得重要的行政和政治权力（如果有的话）的中心未
85 必同时使之出现繁荣的文化。资助动力因地而异。对这一时期的充分
了解同样需要注意到世俗资助与教会资助的相互作用，因为这个时期
特别是在后者的范围中见证教会做出了巨大努力，在更广泛的乡村范
围传播 12 世纪的智力、神学和美学成就。对一些人来说，这些努力
被看成天真的改革者；对其他人来说，它们代表着教士精英分子为维
护他们在制定社会和宗教规范方面的主导地位所做出的努力。③ 世俗
资助和想法与宗教想象领域里的新激励因素融合在一起，使这个世纪
同时具备一体化和系统化的特征。13 世纪的杰尼科写道："谁想到 13
世纪都有他立即想到的理由（Qui pense XIIIIe siècle pense aussitôt rai-
son）。"这个世纪产生了阿奎那、杜兰德、沃拉吉内和百科全书编撰
者的伟大体系；与 14 世纪相比，这个世纪更常被看成是一个有秩序
而非充满冲突的世纪。④

座堂圣职团和哥特式建筑风格

　　我们不可避免地要从建筑开始。自 11 世纪晚期以来，如一些分
析者所说的那样，西北欧已经经历了一场"建筑繁荣"，这有益于修
道院的创建和城市的扩张。正是这一繁荣支撑了由修道院和座堂圣职
团进行的罗马式与哥特式建筑的大发展。巨大的教堂建筑首先是最为
富有的修道会的一种现象，如在勃艮第的克吕尼，那里建造的第三座
教堂在规模上轻易地超过 12 世纪那批最早的建筑，当时哥特式建筑
风格刚出现在法兰西东北部。建造真正大规模的哥特式建筑的趋势大
约于 1130—1140 年首先在巴黎出现，这主要是阿尔卑斯山以北的较
大且较富有的主教区座堂圣职团的一种现象。哥特式建筑风格本
身——1200 年，它主要还是一种盎格鲁—法兰西的现象——在改革
过的修道院资助的环境中产生，特别是在圣德尼的修道院院长叙热
（Suger，死于 1151 年）所在的巴黎。迄今，与罗马式的北欧和意大

---

③　Souther (1986)；Moore (1987).
④　Génicot (1968)，p. 299；参见 Male (1958).

利的许多地方相比，巴黎非常缺少根深蒂固的教堂建筑传统，没有出现这种建筑在英格兰、诺曼底、勃艮第和莱茵河地区拥有的范围和绝对的规模。但这可能使巴黎成为更肥沃且无约束的试验基地。在起源上，即便不必然是其特征，哥特式既属于修道院，也属于城市。这种新风格似乎非常自觉地远离北欧的罗马式艺术，被说成是当时的教会人士改革梦想的对应物。为哥特式大教堂的拨款是迅速的：有人公正地指出，"1144 年，受邀参加（圣德尼修道院）新唱诗班的 13 名主教的名单读起来，就像是对那些在未来 100 年里将会被重建的大教堂的点名"⑤。

　　巴黎圣母院大约在 1160 年开始建造，是第一座真正大规模的哥特式教堂建筑，大概为下个世纪的桑斯、兰斯、科隆和坎特伯雷（见插图 1）大主教区的大型建筑开创了新样式。⑥ 到 1200 年前后，这种类型的哥特式大教堂以彩色玻璃和门户雕像的协调一致而闻名。门户雕像以圣徒们的胜利形象为主，很好地表达出教会有意展示其必胜信念的趋势。然而，在更深层次上，这个特征的革新性不是一下子就能明显看出来的。对巴黎圣母院的考古挖掘表明，原址上的最早的 4 世纪或 5 世纪长方形基督教堂近似于罗马的君士坦丁时期的几个长方形基督教堂，有五条走廊，正是 12 世纪新哥特式设计所接替的那种类型。评论家近来越发强调在结构和美学革新中形成的哥特式风格所体现的辩证性，平面规划对源自晚古的各种传统的重申，以及大教堂的主要立面设计对古典柱形支撑物的使用（如大约 1140 年的圣德尼修道院和大约 1160 年的巴黎圣母院）。⑦ 值得一提的是，这个时期建筑的规模与精良的标准，在如叙热修道院院长等看来，依旧是罗马的那些伟大纪念物和查士丁尼于 6 世纪在君士坦丁堡修建的气势恢宏的圣索菲亚大教堂。从某种意义上来说，虽然哥特式风格发展成一种革新的后罗马式建筑风格，但从最早期开始恰恰依然援用古老的、在美学上已经过时的典范来加强自身的新权威性地位。

　　直到 1200 年，只有法兰西和英格兰建造了不同的各式各样的大

---

　　⑤ Wilson (1990), p. 44; Bony (1983), pp. 5 – 193. 还可参见 Panofsky (1979); Rudolph (1990); Fassler (1993).
　　⑥ Bony (1983); Wilson (1990).
　　⑦ Erlande-Brandenburg (1994), pp. 51 – 52; Bony (1983), pp. 62 – 64; Onians (1988), pp. 85 – 90.

哥特式教堂，主要是为修道院的朝圣教堂（圣德尼、坎特伯雷，大约1174年）或者世俗圣职团服务。在整个13世纪，许多因素导致其他地方各种各样的哥特式建筑风格的生长。设计和规划的不同反映出地区或国家的偏好和传统，或者新宗教机构的需要，尤其是城市托钵修会，它们的资助从大约1240年起开始逐步变得重要起来。实际上，直到进入13世纪，德意志、西班牙和意大利的哥特式建筑主要是以起源于勃艮第的建筑风格所产生的一种朴素的法兰西西铎会的变体而闻名。这使得西铎会成为这种风格的"传教士"，直到13世纪巴黎的哥特建筑风格从大约1250年起在欧洲的胜利变得更为普遍为止。⑧到13世纪晚期，托钵修会的建筑虽然从未形成重要影响，但在一些范围内还是颇有影响力的，如法兰西南部的阿尔比大教堂的设计就是模仿图卢兹的托钵僧教堂；它在意大利同样很重要，大概也影响了一些英格兰堂区教堂的设计。

　　直到13世纪晚期，虽然真正大规模教堂建设的时尚，在法兰西、英格兰、德意志和西班牙历久不衰，但是1200—1250年期间，却见证了更加重视哥特式建筑设计的改进和系统化，而不是只追求规模。实际上，一个不断重申的观点就是，到大约1240年，集中于巴黎和法兰西东北部的哥特式建筑结构和设计的关键试验时期已经结束。⑨少数大教堂，从巴黎圣母院开始然后是拉昂和沙特尔，到1200年已经获得前所未有的内部净高和结构的节省，从12世纪中期始于法兰西岛的这种发展的最终结果是：扇形肋穹顶、飞拱和扩展的窗户。到13世纪30年代，这种风格被一组重要的纪念性建筑主导，最为重要的是为后继者创建了主要设计原则的沙特尔大教堂（始建于1194年，见插图2）、香槟的兰斯大教堂（始建于1211年）和皮卡迪的亚眠大教堂（始建于1220年，见插图3）。这几座纪念性建筑标志着伟大的哥特式教堂设计的"古典"和英雄的阶段；在这个阶段，随着博韦大教堂的几个主要穹顶——自罗马万神殿建立以来在西欧所取得的最大内部空间——在1284年倒塌，哥特式建筑遭到"天罚"。此后，经济的相对减速使许多主要的建筑工程直到16世纪还没能完工。随

　　⑧　Wilson（1986）.
　　⑨　Bony（1983）；Wilson（1990）.

着人们明显满足于哥特式建筑"体系"的内部需求，法兰西的建筑
发展道路以与辐射式风格有关的美学改进为标志，这种风格具有极为
细小和精确的特点；也以哥特式风格建筑的其他地区性变体变得越来
越重要为标志，尤其是在13世纪最后几年的英格兰。那时，具有国
际意义的尖拱式建筑形式的出现，表明对两个世纪之前的盎格鲁—诺
曼建筑的活力的回归。⑩

　　法兰西北部和英格兰的主要哥特式运动与地区模式的日益多样性
和对资助的控制的关系，对那个时期的评价逐渐重要起来。法兰西依
然在建造最大且最为明显可见的建筑。但它所建造的大多数建筑并不
是最奢华的；13世纪英格兰主要大教堂的特征是豪华的内部装饰类
型，尤其是林肯大教堂（见插图4），反映出该时期英格兰主教管区
的圣职团积累了不同寻常的财富，与同一时期的大多数意大利主教管
区的建筑模式——通常是较小且较穷——形成明显对比。⑪ 现在我们
也不能轻易接受普遍持有的观点：法兰西创造出某些像建筑标准的东
西——特别以沙特尔及其后来者为代表——从而提供一种尺度来判断
所有其他的哥特式教堂。帕诺夫斯基和冯·西姆松对哥特式风格建筑
的高尚分析，将其视为话语的准学术形式或新柏拉图美学原则的一种
理想体现，这种分析集中在一个相对狭窄的范本范围上，它们突出该
风格的一种单一叙述的感觉。⑫ 当然，回顾过去，标准总是会被承认
的。有证据表明，到中世纪晚期这一建筑群恰恰真正代表一个参考
点。1455年，当石匠师傅兰斯的布勒埃被特鲁瓦大教堂的教士问及
对他们教堂的新西面外观设计的意见时，他回答说首先有必要去参观
一下兰斯和亚眠的教堂以及巴黎圣母院，这些建筑仍然拥有哥特式时
期最为壮观（或至少是装饰最奢华）的外观。⑬ 实际上，即使是在
13世纪都不缺乏对法兰西所取得的成就的认可：13世纪60年代，在
建造纳尔榜大教堂（按照所谓的大约1230年在巴黎周边逐渐形成的
辐射式风格的一种南部变形样式建造）时，来自法兰西的教宗克雷
芒四世曾赞扬其漂亮得不像话，可与那时"在法兰西王国内所建造

88

---

⑩　Bony (1979).
⑪　Brentano (1988), pp. 62 – 66.
⑫　Panofsky (1951)；Von Simson (1956)；Page (1993), pp. xv – xxiv, 1 – 42.
⑬　"这些是值得参观的几个教堂：雷斯、亚眠和巴黎圣母院。事实上，这是他给出的建议"：
Murray (1987), p. 149.

的壮观的教堂"相媲美。13 世纪晚期，一位德意志温普芬—伊姆—塔尔（Wimpfen-im-Thal）的圣彼得修道院的编年史家，以同样的方式描述了由法兰西工艺（*opere Francigeno*，法兰西人的作品）建造出来的完美的新教堂。⑭

　　然而，现代评论家强调法兰西工艺（*opus Francigenum*）的传播，揭示出某种文化政治学。它既以法兰西为中心，又像我们后来所看到的，也以典雅为中心。沙特尔大教堂虽然算不上是一座典雅的建筑，但仍然是中世纪法兰西文化霸权的某种类型的象征。沙特尔大教堂是一座重要的建筑，因为它保留了许多 13 世纪早期的彩色玻璃和雕塑（见插图 5）；自从有了埃米尔·马勒的著作之后，沙特尔大教堂就成为法兰西中世纪主义的一个清晰可见的象征。但是最近以来，正是因为这种明显不可怀疑的地位，沙特尔大教堂处于不安的位置。一方面，它仍然被看作塑造了后继建筑物的开创性纪念建筑，尤其是兰斯大教堂和亚眠大教堂。另一方面，它常常模糊了大教堂建筑中可供选择的同时代视觉的重要性，而这些建筑照样装饰着幸存下来的雕塑和玻璃，特别是布尔日大教堂（始建于 1195 年前后）；它们的规划和设计原则从本质上就不一样，而且它们在法兰西西部、西班牙甚至意大利的影响逐渐获得承认。⑮ 随着对哥特式可供选择视觉的兴趣的再定位，人们产生某种意识形态的怀疑论：沙特尔大教堂近来被认为是一座辉煌但某些方面却不连贯的建筑，由一伙不知名的承包人所建，没有一名石匠师傅来保驾护航；它被看成是教士阶级的新的狭隘价值体系的投射依据，为其形象体系的新马克思主义阐释提供了素材。一个曾经宁静的、代表 13 世纪和谐的标志，重现为一个分裂的、出现意识形态分歧并最终成为社会压迫的场所。⑯

　　关于沙特尔大教堂的争论，是中心权威与边缘人在对中世纪艺术的同期评论中表现出紧张关系的典型标志。不得不说，这一修正主义没准是合理的。设定标准有利于削弱对法兰西地区性哥特式建筑的研究，这些建筑充满活力，实际上却是非法兰西的。因而 13 世纪西班

---

　　⑭ "……非常昂贵、非常漂亮的装饰……在过程中模仿教会的高贵华丽建筑和那些在法兰西王国建造的教堂建筑"：Gardner（1990），pp. 83 – 84；Branner（1965），p. 1.

　　⑮ Bony（1983），pp. 198 – 220；Wilson（1990），pp. 107 – 111.

　　⑯ James（1979 – 1981）；Camille（1989）；Williams（1993）.

牙哥特式艺术在英语世界里在惊人程度上仍然是一个未知领域。随着对哥特式风格建筑的研究不断拓宽、深化和分裂，它的不均匀性变得越来越明显。当注意力转移到哥特式"运动"在各个地区——英格兰北部和西部、诺曼底和安茹、德意志和安茹王朝统治下的那不勒斯以及托钵修会的意大利——的多样化上时，因此它也转向到那个时期所有艺术产品的更深层次的结构性前提上，包括民族、礼仪、意识形态、生产方法和最终的认同等问题。单一的哥特式风格代表着一个"根本的" 13 世纪的可能性，现在似乎是不可能的，也是不必要的。[17]

宗教艺术和教义变化

虽然 13 世纪从大教堂构建方面见证了大量的地区性差异，但是这个时期从其他方面来看却在逐渐标准化。在 1100 年到 1300 年期间，整个西欧的城市大教堂成为高度集中化的建筑，在同一个屋顶下　90 整合所有的宗教仪式，它们以前分散在复杂的教堂建筑中（例如，对比一下意大利幸存下来的分散的洗礼堂）。[18] 在教士和主教阶层调整和改革教士与世俗信徒行为的广泛推动下，这个时期的礼拜仪式也逐渐一致化。这个方面的例子是 13 世纪早期塞勒姆圣歌在英格兰许多地方的传播，它首先由索尔兹伯里的理查德·普尔主教进行推广。罗马正式追封圣徒的过程本来只是反对地方性封圣行为，现在已成为一种规范。圣徒传记在广泛引用的《金色传说》中获得一种极为便利的格式，该书大约写于 1260 年，作者是多明我修会的雅克布斯·德·沃拉金。[19] 13 世纪是一个地方与世界的关系经历了一次危机的世纪，部分原因在于中心正在以前所未见的活力与权威来界定自己——在面对异端信仰时，1215 年第四次拉特兰公会议的教规被看作正统信仰的系统化定义这一过程的最为重要的文献。[20] 尽管领主艺术的重要性已经被谈及，但是主教对维持大教堂建造和如带有罩盖的雕像坟

---

[17]　Page (1993), pp. 1 – 42.

[18]　Erlande-Brandenburg (1994), pp. 124 – 130, 156 – 217.

[19]　Kemp (1948); Ryan (1993).

[20]　Moore (1987), p. 140.

墓等各种类型的革新的资助，比以前显得更为重要。

　　这种教士下令的内驱力与世俗信徒的美学和宗教经历之间的关系现在是极为重要的。我们尤其可以从三个方面看出这一点：偶像的使用与散播，圣事神学和炼狱的教义。

　　我们首先来看偶像的作用和特点。到 13 世纪，拉丁和希腊基督教中有关偶像和圣徒遗迹的文化传统开始汇集在一起。中世纪早期的西欧基督教给予圣徒遗迹一定的重要地位，而希腊教会则看重偶像，特别是圣像。拉丁艺术和建筑因而在很大程度上重视圣地和朝圣。在希腊教会中，偶像从本体上说与圣徒遗迹更为接近，从某种意义上因此享有更大权力。在 11—12 世纪，东西方对待圣徒遗迹和偶像的方式越来越接近。㉑ 拉丁人的精神性，尤其是由圣安塞姆和圣贝尔纳这样的人物在修士会里培育出来的，越来越看重基督的人性的重要性。正是出于这个原因，弥撒圣礼、复活和圣母玛利亚肉身升天的神学理论在 12 世纪神学辩论中占有如此重要的地位。㉒ 来自东方的东正教修道主义中的礼拜和敬拜的做法传播开来，这些做法在做礼拜和沉思时重视偶像的作用，进一步促进了基督的身体这种神学理论。到 1200 年，当然是在 1204 年君士坦丁堡被洗劫之后，与这些做法相关的偶像，主要是圣像，在西欧变得更广为人知，先是在教士圈子、然后是世俗信徒圈子。

　　这些发展的结果就是"偶像—遗迹"开始慢慢出现，视觉文化也逐渐出现，在拉丁基督教和东正教中逐渐普遍化。这种文化保留了对地方主题和敬拜遗址的兴趣——圣徒们的能力在 13 世纪和以前一样普遍被人知晓——但是将基督和圣母玛利亚的一种更通用的画像补充进来。像罗马时期维罗尼卡的偶像和基督圣容等偶像—遗迹，提供了一个敬拜与释放想象的重要场所（见插图 6）。正是在这个时期，中世纪晚期的诸多重要主题，如忧患之子（the Man of Sorrows，即耶稣）和基督的武器，通过它们拥有的种种赎罪功能变得格外重要，就像英诺森三世为维罗尼卡创作的那个一样。这样一来，偶像—遗迹不仅与炼狱赎罪经济的兴起有关，而且与宗教的关注点完全从根本上

91

㉑　Belting（1994）；Geary（1994），pp. 163 – 176.
㉒　Bynum（1992）and（1995）；Belting（1994）.

转移到万能的基督圣体上相关。[23]

这些变化的影响传播开来。作为拯救的一种方式，使用偶像的机会（主要指的是它们的复制品）变得重要起来。这有利于包括这一新敬拜样式的偶像在内的那些彩绘嵌板和插图手稿的大量生产。偶像的表现内容也发生变化：随着神学重点逐渐转向对人性和基督与圣母玛利亚的欢乐与苦难的思考上来，偶像的表达范围得到拓宽，反映出新修辞观念，以这种方式来使观看者产生更为亲近的感觉。偶像以一种在以前未必正确的方式满足了 13 世纪人的心理状态需要，这种新的关注与经常被称为哥特式自然主义的理念紧密联系起来：因而西欧艺术中的宗教偶像第一次出现了微笑与悲伤。圣像的热切而又悲怆的世界和忧郁的偶像成为一种普遍视觉潮流，13 世纪拉丁教会有助于将之进行巩固并制度化。它们最为出色的视觉表达最终出现在意大利中部自 13 世纪晚期起的墙壁和嵌板画上，虽然这种趋势从 13 世纪中期开始也能够在北部哥特式艺术中找到，例如瑙姆堡大教堂的圣坛屏风（见插图 7）和兰斯大教堂西立面上的雕像。[24] 即使是最保守的评论家，如 13 世纪中期圣阿尔班修道院中恐惧外国人的本笃派修会的历史学家兼艺术家马修·帕里斯，也给予了一定的重视。马修大约在 1250 年写了《大编年史》（*Chronica Majora*），它记录了一些像忧患之子和圣法兰西斯受圣烙（1244 年）等第一批西方代表作，这些可能是圣体新神学理论的最广为人知的表现。 92

接下来，13 世纪的兴趣表现在这些我们可以随意阐释的代表性变化的整合上，以及通过圣公会立法得到实施的正式教义变化，因为二者的本质在愿望方面体现着普世主义的形式，如果在实践中不总是这样。这里关于变体论、苦修和炼狱的教义是关键的。教会在 13 世纪没有试图去规范此类艺术的生产，到 16 世纪特伦托改革对此颁发了相关法规。那些实实在在出现了的法规，如英格兰主教关于祭台、圣坛和礼拜仪式用具的奉献与维修的规定，相对较为普遍，因此也是通用的。它们代表规范化了的礼仪的最低共同特征，而访问记录表明其本身经常是无望的乐观。[25] 同一时期的罗马法规可以芒德主教杜兰

[23] Ringbom（1965）.
[24] Sauerländer（1972），pl. 271.
[25] Powicke and Cheney（1964）.

德斯（死于 1296 年）的为代表，更为专业化的立法是由西铎会和托钵修会制定的。实质上，艺术的功能特征逐渐受到教会的正式教义阐述的影响。1215 年第四次拉特兰公会议制定的教规，一般被认为是这一进程的关键。㉖ 此次公会议的教规中没有直接与视觉艺术相关的规定，但是它们对时人理解圣事神学的间接影响可能是很大的。此次公会议的第 1 和第 21 条教规是最为相关的，前者说"耶稣基督既是神父也是祭献，他的身体和血在面包和葡萄酒的物种下真正包含在圣餐礼中；在神力的作用下，面包转化为耶稣的身体，葡萄酒转化为耶稣的血"。后者要求所有基督徒每年应该私下忏悔一次和至少在复活节接受圣餐的圣礼，违者将被教会拒绝并剥夺基督教葬礼。1264 年，对个人与集体弥撒和圣餐奉献的救赎重要性的正式关注，通过对基督圣体节宴会的正式承认得到加强，这是当时关于圣体的神学理论中的一个主要的新要素。㉗ 虽然世俗信徒对这些神圣要素的接受在这一时期受到限制，但是这些正规化的结果能够从祭台装饰的增长规模和精细化中找到迹象，特别是与祭坛装饰品一起，1300 年前在北欧和意大利以极快的速度发展起来；新灵牧文学论述了世俗信徒做弥撒（尤其是各民族语言的世俗信徒弥撒书）等内容，其目的是要将世俗信徒的圣餐奉献经验整合起来，而圣餐奉献此前主要是一种教士的活动（见插图 8）。彩饰祈祷书从 13 世纪下半叶开始在英格兰和法兰西变得越来越重要，这种世俗信徒使用的祈祷书相当于简明的教士每日祈祷书或办公用书，这也表明世俗信徒资助的精神材料日益变得重要起来。这些材料带有插图，生产逐渐批量化。㉘ 通过这样的方式，起源于中世纪早期修道生活的结构化敬拜生活的种种形式，首次在广泛的基础上渗透到世俗信徒的日常活动中。一个重要的例子就是圣母玛利亚敬拜。与这个时代最重要的礼拜仪式的发展一致，这种类型的礼拜仪式实践的规模和持续时间在这个时期得到扩展，因此 13 世纪同样见证了带有附属礼拜堂的大教堂，通过增设或就在其中特别提供对圣母玛利亚的世俗敬拜。各类教堂中的主祭台现在都增加了圣母玛利亚和守护圣徒的偶像，第四次拉特兰公会议进一步增加了《圣母颂》

㉖ Douglas（1975），pp. 643 - 676.
㉗ Rubin（1991）.
㉘ Wieck（1988）.

(*Are Maria*)，希望世俗信徒应该知晓《我们的天父》（*Pater noster*）和《信经》。西铎会在 12 世纪早已关注的圣母玛利亚敬拜，因此得到推广并制度化。

第四次拉特兰公会议所要求的一年一次的秘密忏悔和苦修，同样被认为是中世纪晚期灵性、文学和艺术发展中的一个分水岭。正是从 13 世纪到 14 世纪早期的手绘书稿和堂区教堂的壁画中，我们寻找到某些关于一种新的逐渐世俗化的忏悔文化的最初痕迹。我们从这类的主教改革计划中得知这种文化，林肯主教罗伯特·格洛斯特从 1238 年提出这样的计划，告诫教士然后是信徒要知道十诫、七宗罪和七项圣事。对最低水平的知识的正式阐释——因为罪孽的正式结构化当然是一种教育形式——从托钵修会的讲道中获得帮助。[29] 高层资助人，特别是王室资助人，开始将法兰西斯修会修士和多明我修会修士当作个人忏悔神父。一度在忏悔教规书中规定的忏悔和苦修的准确步骤现在通过记忆性的清晰图解而系统化，这些图解适合包括在虔诚的诗篇中，就像下个世纪早期为罗伯特·德·莱尔男爵所作的诗篇。[30] 堂区层次的对世俗信徒进行监督的普遍证据从主题新颖的教堂和内部壁画中可以获得，它们为世俗信徒们提供图示说教。流行的可怕偶像的最早例子，如主要建立在忏悔基础上的《三位生者和三位死者》（*the Three Livilng and the Three Dead*），从这样的改革氛围中产生。

除圣事神学外，炼狱教义的正式法规化在 1274 年第二次里昂公会议上首次武断地阐明，为这个时期正在运作的进步力量增加了最后一个要素。虽然该教义的关键要素——炼狱是死后灵魂净化的一种临时状态，其过程可以由生者履行的代祷而缩短，特别是祈祷和弥撒——到大约 1200 年在教义争论层面已经出现，但是社会和宗教实践不顾教会对此教义的逐渐教条正规化，迅速地接受了该教义的变化。[31] 其重要性是多方面的。它通过将弥撒和礼仪，特别是死者礼仪，放在从炼狱获得救赎的经济中心来增加弥撒圣事的重要性。除在较大的教堂中特别附加空间外，捐赠特定的私人弥撒来为死者吟颂，在 13 世纪变得越来越普遍。适用于家庭或其他群体纪念的专门化祭

94

---

[29] Owst (1966); Pantin (1955).

[30] Sandler (1983).

[31] Le Goff (1984); Binski (1996).

台空间，到1300年开始在法兰西、英格兰和意大利出现，如佛罗伦萨的圣十字教堂东端的各个小礼拜堂。与葬在教堂墓地不同，葬在教堂成为获得社会和精神认可的一种可接受的方式。虽然长久以来一直就有这样的做法，但是葬在教堂以作为记忆重点和代祷行为动力的雕像坟墓为发展焦点，获得新的重要性，同样首先出现在教士阶层。作为潜在圣徒的神圣卷宗的一个合法部分，这种类型的坟墓在教士被追封为圣徒的时期变得越发重要起来，于是把奇迹记录在坟墓上的做法仍具有强大的重要性。

　　在经济上从拥有圣徒遗骨和贵族遗迹中受益的修道院，继续和新的托钵修会竞争世俗信徒的葬礼。13世纪看到王陵在修会的保护下逐渐形成：法兰西王室成员和君主分别安葬在西铎会的若约芒（Royaumont）和本笃会的圣德尼；卡斯蒂尔家族在布尔戈斯附近的西铎会的拉斯维尔加斯接受后人缅怀；金雀花家族在本笃会的威斯敏斯特（见插图9）形成王陵。[32] 所有的都伴随着史无前例的耗资巨大的陵墓计划，这种趋势将陵墓的关注点集中到对一个国家至关重要的圣徒神龛上。葬礼从这个意义上与国家历史的构建紧密联系在一起。到13世纪，较旧的本笃会墓地，尤以圣德尼和威斯敏斯特出名，是所有正式编年史写作的中心。[33] 由于王陵逐渐表达出王朝延续的观念，因此历史写作的过程也能证明这种对过去的正式呈现。但是在13世纪，对其他修会的虔信忠诚的吸引力，强烈到足以保证君主的身体按照丧葬习俗以以下方式进行分离：君主的头和身体葬到修建好的王陵（它在教会法中代表正式埋葬地）中，君主的心脏（虔信忠诚的中心）葬入一座西铎会修道院或托钵修会修道院。关于身体细分的一个著名的例子，就是卡斯蒂尔的埃莉诺王后（死于1290年）在林肯、威斯敏斯特和伦敦的多明我修会修道院举行的多次葬礼和与此相关的纪念物。这是一种解决处于竞争中的历史和虔信忠诚的复杂问题的办法，它是如此的重要，以致卜尼法斯八世在1299年禁止这一重要的贵族习俗的企图失败了。[34]

　　因此，教义变化和通过主教立法和托钵修会给予世俗灵性的新动

---

[32]　Hallam (1982)；Binski (1995).
[33]　Wright (1974)；Binski (1995).
[34]　Brown (1981).

力与几个艺术类别的发展融合在一起，其中最为重要的是祭坛装饰品、祈祷书、带插图的忏悔手册、坟墓和附属于礼拜堂的小教堂。所有这些类别用来有益地支持经过净化的圣事和炼狱教义的含义。哥特式表征体系用一种新的自然主义风格强调精神状态的修辞投射，其变化同样有助于这些新偶像影响力，为许多中世纪晚期宗教艺术的发展奠定了基础。

宫廷艺术

与这些变化一起，13 世纪见证了艺术生产和资助的基础的转变。正如我们所见，这个世纪的第一部分由修建教堂的广泛运动，哥特式风格建筑在北欧的大多数地区还有意大利的巩固所主宰。建筑行业的专业化标志是石匠师傅的影响逐渐扩大。造型艺术的生产越来越多地集中在城市专业组织手中，而不是修道院组织。这反映了城市经济的普遍增长，但随之而来的也是在城市内部产生的新动力，这些新动力正在推动艺术生产需求的增长。例如，巴黎正在成为一个手抄手稿的有组织生产的重要中心，越发谦和地满足巴黎大学的需要。在这些新环境下生产的书籍，特别是《圣经》，在形式和内容上逐渐标准化。㉟快到 1300 年时，意大利的新城邦中的市民资助同样在教堂和民用房屋的公共赞助服务中增加了嵌板画和壁画的供应。虽然仍然没有被一种正式的行会结构所主导，但画家工作室组织在这个时期似乎已经变得专业化。最后，宫廷文化集中在像巴黎和伦敦这样的主要权力中心，有助于进一步刺激城市艺术经济的重要性。到 1300 年，巴黎的税收记录的证据表明该城正在进行营业的艺术家共同体的规模、专业化和财富。

　　像巴黎等城市崛起的一个主要因素，如果不是唯一因素，大概是宫廷的存在。虽然王权在行政管理方面很大程度上还处于巡回中，但是巴黎和威斯敏斯特以及 14 世纪的布拉格，正在形成实际与象征的权力集中，即王国中心的象征。㊱ 这提升了 13 世纪宫廷本身就是艺

96

㉟　Branner（1977）；Alexander（1992），pp. 22 – 23，95 – 120.
㊱　Branner（1965）；Binski（1995）.

术生产的主要中心的可能性，虽然根据被一些学者归属于研究查理大帝早期宫廷的那些观点，近来的研究倾向于将所谓的艺术生产的宫廷流派的重要性最小化，甚至否认。宫廷艺术似乎的确加入了整个城市的视觉环境，宫廷艺术家获得正式职位的时代还只是曙光乍现。

　　然而，对13世纪法兰西艺术的研究特别趋向于保留贵族资助的绝对中心性的观点。这以关于风格的最初发展和传播的理论作为条件。"这是一个合理的假设"，罗伯特·福蒂尔写道，"即卡佩王朝君主制的声望有助于为有利于王室领地和伟大的王城巴黎的艺术风格创造一种倾向性"[37]。在福蒂尔和德国学者泽德尔迈尔的影响下，罗伯特·布兰纳在讨论巴黎及其周边地区的辐射式风格——一种大约出现于1230年的哥特式大教堂建筑的风格，从最新的圆花窗的放射状钢丝而得名——的起源时，把这一观念延展到13世纪。他认为在本质上这是一种宫廷现象，原因在于宫廷雇佣的石匠现在成了艺术发展的先锋，而此前都是由教士资助来推动的。沙特尔大教堂的教士的哥特式现已被一种宫廷的哥特式所取代，路易九世于13世纪40年代在巴黎以13世纪的哥特式风格，重建圣德尼和圣夏佩尔修道院（见插图10）。正是这种新的现代化的、城市的风格最终引领着宫廷建筑的法兰西"体系"向外输出，以牺牲地方传统的代价到达英格兰、德意志和西班牙。因此，13世纪40年代北欧最大的教堂，威斯敏斯特修道院（始建于1245年，见插图11）和科隆大教堂（始建于1248年）是法兰西宫廷风格的异国变体，是圣路易最具基督精神的君主制之前的法兰西绝对文化霸权和获得较为广泛追捧的象征。[38]

　　布兰纳的论证是强有力的，而且在很多方面是正确的。虽然这类论证只对建筑做了卓越的视觉分析，但是论证的核心已经对艺术史形成了自己的观点，强调艺术风格的抽象发展而不是它们的社会和文化（换句话来说就是更为宽广的历史）环境。布兰纳认为，13世纪法兰西宫廷的资助基本上是单一风格，倾向于将教士阶层在辐射式哥特教堂的构想和建筑中的显著作用边缘化。他的观点是一位国际主义者的观点，将法兰西宫廷资助提高到"元资助"的形式，自然其他权力

---

[37]　Branner (1965), p. 112.
[38]　Branner (1965), pp. 112–137.

形式都在它之下，直到法兰西宫廷建筑运动的创造力枯竭为止。让·博尼认为，法兰西哥特式风格的建筑霸权到大约 1300 年结束，并且英格兰在 14 世纪早期自己宫廷风格的推动下取而代之。据此，他的观点是布兰纳分析的一种自然发展。[39]

从很多方面来看，这种观点越来越站不住脚。对英格兰和法兰西所特有的宫廷风格的确认，不管是建筑还是造型艺术方面，都存在疑问：有证据表明，为宫廷提供建筑和绘画是受到青睐的艺术家的职责，他们的组织结构是城市而不是宫廷的，他们的来源是广泛的。13 世纪的君主资助以高级教士资助普遍具有的多样性和复杂性原则为主，而不是一种具体单一的官方风格。路易九世统治时期没有两座宫廷建筑看上去相似，如圣日耳曼昂莱（Saint-Germain-en-Laye）的小教堂（13 世纪 30 年代）和巴黎的引人注目的圣夏佩尔（Sainte-Chapecle）教堂（13 世纪 40 年代）。13 世纪法兰西宫廷作品手抄本制作的证据，如讲道圣经（Bibles Moralisées）或祈祷诗篇，也不支持一种主导风格的观点，这有点像下个世纪出现在瓦卢瓦资助下的情形，那时规模较大的王室图书馆似乎已经首次形成。

宫廷资助的折衷主义的证据是其重要纪念建筑物之一，始建于 1245 年的亨利三世的威斯敏斯特修道院，从美学上来说其起源也是最为多样化的纪念物：远远不像布兰纳所指出的那样只是法兰西宫廷风格的一件复制品，威斯敏斯特对法兰西建筑的参考范围更宽，出于更多的意识形态动机，而不是现代性可能表明的只是一种简单的关注；[40] 导致这一现象的原因显而易见，宫廷文化生产的任何理论中心都包含之。首先，变体（varietas）的优点对任何层面的最富有的资助都很重要。前一个世纪产生于修道院争论中的审美礼仪的中心论述已经将简单与贫困、复杂和多样化与财富和符号密度等同起来。其次，王室资助人因其国际王朝的联系，在掌控和确定不同风格方面拥有相对更大的能力。13 世纪六七十年代，亨利三世和爱德华一世在 13 世纪罗马马赛克式的威斯敏斯特修道院里，为英格兰资助人圣徒忏悔者爱德华的地板、坟墓和神龛采用教宗的特色，为我们提供了这

98

---

[39] Bony（1979）.
[40] Binski（1995）.

方面的一个极好的例子。这种类型的尤具异国情调的选择，只能是资助的特有风格的产物。在英格兰，它们可能是由亨利三世外交政策的地中海维度，以及爱德华一世的十字军东征活动和帝国主义政策造成的。爱德华一世在位于卡那封的主城堡仿造了君士坦丁堡的狄奥多西城墙，保障了他对威尔士的征战（见插图12）。

但更广义地说，这种类型的美学交换揭示出由君主制自身所表达的更深的要求。亨利三世为自己的安葬选择了一种教宗类型的坟墓，可能强调他对君主制的准教士观念。他的陵墓可能是由著名意大利雕塑家阿诺尔福·迪·坎比奥的工作室设计的，这使它与阿诺尔福在意大利为安茹的查理以及后来为卜尼法斯八世设计的同时代作品处于同一范围中，使我们想起法兰西的菲利普四世是阿尔卑斯山脉以北雇佣罗马画家的第一位资助人。这种类型的忠诚表明艺术在实现权力的要求时的作用，以及在同时代权力的图像中为王室和教宗资助人配置相似的艺术形式和偶像的逐渐增强的趋势，否则他们的资助有可能被认为是别出心裁。从这种意义上说，宫廷的环境是国际主义，但是它也是建立在符号引用的一种日益共同融合的语言的前提基础上。

尽管普遍主义和权威主义逐渐增强，但是宫廷艺术的具体形象表明它们同样重视地方来源和成见。从某种层面上看，这些至多与那些在贵族中发展起来的一样多样化。俗人的阅读习惯倾向于传奇，特别是亚瑟王正典的传说，还有特意译成各民族语言且有生动插图的圣经故事（见插图13）和历史著作。在英格兰，理查德一世的东征活动为亨利三世及其王后画在宫殿的墙壁上。带插图的圣徒传和牧灵的、教诲的材料一样，逐渐变得流行起来。在法兰西和英格兰，伟大的民族圣徒，圣德尼、圣托马斯和圣爱德华，是彩色玻璃中的故事和手绘书稿的纪念主题。像路易和忏悔者爱德华（见插图8）等王室圣徒生平，在颂扬民族团结理想和即使是非正式地表达王室行为理想中起着特别的作用。虽然王室封圣的伟大时代已经逐渐结束，但是一个像圣爱德华这样的人物的生平，为英格兰宫廷提供了先例和行为典范，使之在经常发生的政局不稳定时期回到金雀花王朝的盎格鲁—撒克逊世系上，并颂扬理想化君主行为的特别幻想。1297年封圣后获得程式化的圣路易生平所提供的美德和虔诚的幻想也是如此。此类故事从王室历史传统的大规模展示中获得支持，如13世纪90年代菲利普四世为巴黎西岱宫的大厅而委托制定的法兰西诸王的巨大雕刻家谱。宫廷出现这种类型的历史对峙，与教宗治下的罗马正好在这一时期对该城壮丽的使徒时代的往事产生的新意识相一致。

随着艺术在说教性更强的层面上使用，它在连接理想和认同神话上的作用得到进一步发展。这个时期的大多数王室偶像体系在宣传上的意义已经不大；它们的主要目标是要在一个绝对精英的层面上直接面对宫廷。结果，文本和偶像的一个重要且逐渐广泛的作用，就是为权力本身提供一种自省说教，其中王室圣徒传在牧灵的自我理解层面上做出贡献。权力主义统治的公众形象现在已经伴随着相对应的复杂的内部批评机制。这个时期出现一种新类别劝诫文学建议君主如何在伦理上立身笃行，通常起源于亚里士多德学说，称为"镜子"文学。以罗马贾尔斯的《君主统治之书》（*Libre de regimine principum*）为例，这是在阿奎那的影响之下写成的，大约1280年受菲利普四世之命翻译成法语，这种类型的文本能够配上插图。奥古斯丁传统对暴政的祸害做了有益的评论，这种评论体现在关于英格兰宫廷生活的作品中，如坎布里亚的杰拉尔杜和瓦尔特·马普的作品，在13世纪有关旧约中的这种类型的暴君的壁画中也显而易见，而这些壁画在13世纪90年代曾装饰过威斯敏斯特宫。这样的形象的创造性混合物，基本是与13世纪晚期多明我修会的《王者大全》（*Somme le roi*）（见插图14）表现出来的精神的、训导的且主要是私人的口吻相容。圣路易的生平可能是这种理想的宫廷和家庭理念的最好象征，正如其传记作家茹安维勒向我们展示出来的。这种理念在几年内被巴黎的《福韦尔传奇》（*Roman de Faurel*，1310—1314）中的虚假宫廷残忍地（且非常滑稽地）进行了模仿，其角色包括道德败坏者、堕落者和谄媚者。像13世纪60年代布鲁内托·拉蒂尼的《宝库》（*Trésor*）这样有关世俗政治讽刺的作品同样在王室圈内传阅，从中可以发现下个世纪意大利中部的城市艺术。

意大利和地中海地区

1200年，西欧的许多地方仍然是一座有关罗马帝国的文化活动的宏伟档案馆。这种遗产是明显的：在意大利以外的地区，人们可以在普罗旺斯和勃艮第研究罗马建筑物，古宝石、浮雕宝石和金属制品在各大教堂的宝库中闪闪发光，就像在圣德尼和欧塞尔。在英格兰，把古代宝石镶嵌在主教的戒指上的时尚，由坎特伯雷大主教休伯特·沃尔特（死于 1205 年）的墓葬物品得到证实。马修·帕里斯在 13 世纪 50 年代从圣奥尔本斯修道院的财物中取得一大块罗马浮雕宝石，法兰西绘图员维拉·德·洪内库特在素描本上重绘了一座罗马坟墓。古代浮雕宝石是圣徒神龛的一种最受喜爱的装饰方式。罗马的美学、医学和科学遗产，如在维特鲁维厄斯和普林尼的著作中，与西塞罗的拉丁文标准一道，仍然是一个完美的根本性基准。罗马的物质遗产虽然危险地受到异教信仰的不良影响，但是依然被像大师格雷戈留斯等旅行者和朝圣者看作奇观。[41] 甚至到了 12 世纪中期，卡西诺山、圣德尼和弗勒里的修道院资助人把罗马和拜占庭视为因褫夺收入而致富的源泉，可以带走并重新安放在别的地方。[42]

　　13 世纪对古代残存和重新评估的模式体现出非系统性的拼装和真正的同化，并且可以被轻率地理解为与有时候被称为"12 世纪文艺复兴"的运动有关。古代晚期的造型艺术已经预示了加洛林艺术，正是这种类型的法兰克古典主义，经由如凡尔登的尼古拉斯等 12 世纪金属制造工的双手，在法兰西东北部和洛泰林吉亚重现，从那里逐渐变成由法兰西大教堂的手工作坊在 1200 年代雇用的雕塑家的作品，如在兰斯那样。负责始建于 1211 年的兰斯大教堂（见插图 15）外立面的最早的雕刻人物，与中世纪法兰克人本质上的敏感性相比，很少成功地表现出罗马精神。然而，在南方的普罗旺斯，位于阿尔勒和其他地方的教堂显然直接参考了当地古代遗迹；当石雕以褫夺收入的方式从马赛运往欧塞尔的时候，它们的古代形式和主题被引入欧塞尔大教堂的于 13 世纪下半叶开工的令人惊讶的西立面雕塑中。

　　实际上，就希腊艺术而言，对古代的评价不存在单一的模式，它所具有的持久且多样性规则从局部与普遍、意识形态与美学方面进行了同样多的思考和解读。[43] 从广义上说，这一规则有两个起源，分别经由拜占庭和行省罗马艺术。诺曼政权在西西里和地中海地区的巩固

101

---

[41]　Osborne（1987）.

[42]　Greenhalgh（1989）.

[43]　Panofsky（1960），pp. 42 – 113；Camille（1989），pp. 73 – 87.

是保证地区性拜占庭艺术在诺曼英格兰、伊比利亚半岛（如在锡格纳的壁画中）和神圣罗马帝国通常产生高质量影响的主要因素。虽然西铎会修士已经在将勃艮第哥特式的一种变体传播到德意志，但是那里产生的造型艺术实际上在 13 世纪的大多数时间里都保留着有决定意义的一种拜占庭变体。只有在特定的中心，如班贝格，雕塑家到 13 世纪中期承认了兰斯大教堂的艺术家们的成就。

西西里的罗杰二世虽然是一位拉丁统治者，但是他在自己的委托制作中鼓励生产希腊风格的马赛克和拜占庭的统治者像，毫无疑问反映出他是一位新贵的事实；其建筑计划中的更为广泛的地中海影响程度依然明显，特别是伊斯兰教的影响。这种挪用精神同样也是其最为著名的继任者西西里的霍亨斯陶芬国王兼神圣罗马帝国皇帝弗雷德里克二世（死于 1250 年）时期资助的特征。弗雷德里克的资助有时候被奉为兰斯的古典主义的副本。[44] 但是其特殊的性质彻底地将之与哥特式风格建筑在美学成果上的功绩隔离开来。弗雷德里克在 13 世纪 30 年代铸造的新古典奥古斯都货币以及同样建于 13 世纪 30 年代的卡普阿大门的装饰可以看作一种帝国古典主义。但是它们的质量和范围有限，对政府形式和目的的自觉反思的纲领性观点本质上说属于意大利传统的范畴内。因而弗雷德里克二世作为奥古斯都的形象，连同卡普阿大门上正义的拟人化，一起预见了锡耶纳的帕拉佐·普布利科的 14 世纪壁画中的原始人文主义。弗雷德里克的艺术带有地方性的、可能甚至是行政区的特征，在罗马风格上也不再比其王朝合作者们的更显眼，在技术和美学上肯定逊色于意大利中部的雕塑家稍晚的作品，如尼科洛·皮萨诺（然而他出生于意大利南部），那里对古代风格和技术的模仿较好。正如我们所看到的，弗雷德里克的连襟英格兰的亨利三世（其弟理查德在 1257 年当选为罗马人的国王）在威斯敏斯特委托制作了中世纪的罗马艺术品，其来源基本上位于古代和拜占庭的范围，更加自觉地标志着与地方传统的完全决裂。这是一种更加大胆的普遍主义。弗雷德里克二世为自己的葬礼擅用了罗杰二世的巨大斑岩石棺，其行

⑭ Panofsky（1960），pp. 62 – 66；White（1987），pp. 74 – 92；Abulafia（1988），pp. 280 – 289.

102 为与那些将古代石棺看得比其他都要重的 13 世纪教宗们并无二致。[45] 弗雷德里克在卡普阿的作品预见了其继任者安茹的查理对自己的准帝国坐像的资助，其中之一可能出自阿诺尔福·迪·坎比奥之手，是为罗马的朱庇特神殿而设计的（见插图 16）；正是从这里，卜尼法斯八世在罗马及其周边自我展示的计划发展到让法兰西的菲利普四世能够在事实上指控他进行偶像崇拜的程度。在擅长于将自己与加洛林王朝的过去联系在一起的法兰西君主制传统中，菲利普敏锐地意识到偶像的力量：他自己最终在巴黎圣母院中被塑造成马库斯·奥里利乌斯或查理大帝样子的骑士皇帝—国王，或者是那种竖立在马格德堡或班贝格类型的一位霍亨斯陶芬王朝的骑士形象。

　　13 世纪晚期的意大利尤其是罗马的情况需要特别注意。13 世纪下半叶，罗马教廷相继忙于两大问题：霍亨斯陶芬王朝的权力和后来的安茹的查理的影响。法兰西教宗的出现，特别是乌尔班四世和克雷芒四世（见插图 17），同样被人们所察觉，虽然他们在法兰西的资助（两者都与伟大的哥特式教堂建筑相关，分别在特鲁瓦的圣于尔班和纳博讷大教堂）略微不同于在意大利的资助。[46] 在阿诺尔福·迪·坎比奥和皮萨尼家族的作品中，北方哥特式元素表面上与古代元素融合在一起。但是从 13 世纪 70 年代起，随着罗马重新要求对教廷的控制，罗马家族等级的终结，特别是奥尔西尼家族和科隆纳家族，以及元老院而不是安茹或金雀花王朝对罗马人的限制，预示了一场引人注目的艺术复兴运动。这从卡瓦利尼、契马布埃和乔托的作品中表现出来，他们是大规模图像展示的地方罗马传统中所擅长的壁画和马赛克的重要装饰者。1300 年代，随着阿维尼翁教廷的开始，罗马资助衰退，在此之前，它在教廷和像斯特凡内斯齐家族等主要元老院家族的庇护下开始使用。[47] 在一定程度上，这种激励准确地反映了在北方地区围绕着宫廷中心成长起来的同样的人才集中。这一阶段罗马资助所幸存下来的可展示的不朽作品，以及阿西西的圣弗朗切斯科的上教堂里的壁画，显示出罗马装饰原则和法兰西斯精神在一种新叙述风格中

[45]　Gardner (1992).
[46]　Gardner (1990).
[47]　Krautheimer (1980), pp. 203 – 228.

的融合。这种风格可能是在第一位法兰西斯教宗尼古拉四世（1288—1292 年）时期出现的，已经展现出乔托画派革命（见插图 18）的所有基本组成成分。[48]

在罗马，早期基督教的长方形会堂和法兰西斯修会教堂都进行了大规模的重新装饰，这是一次对早期基督教罗马的辉煌过去的真正复原。但是艺术特色和名称都充满着进步和文艺复兴的味道。正如弗朗切斯科·达·巴尔贝里诺和但丁在 14 世纪早期所提倡的，乔托（大约 1267? —1337 年）的神话对这位艺术家的文艺复兴观点是很重要的。然而乔托早期与罗马的关系指向退步，指向一种反应文化，这种文化产生了惊人的却又在某些方面过时的景象，在一定程度上，指向前一个世纪的移情精神潮流，甚至更为古老的图像权威观念的综述。如果说北方哥特式风格是一种现代性的典范，那么罗马绘画是一种自觉的返古，在寻求自己的历史认同，并利用更古老的拜占庭规则来达到目的。但是随着许多保守革命的发生（有人可能也会想起修道院院长叙热），返祖现象为绝对激进的创新提供了坚实的基础：乔托既是第一位现代人，也是最后一位古人。[49]

与锡耶纳艺术对 14 世纪北欧的广泛影响相比，1300 年前后产生于罗马、翁布里亚和佛罗伦萨且主要与乔托相关的艺术主要存在于中世纪意大利内部。罗马作为一个教宗城市的衰落，导致被其他中心吸引的艺术家的流散，特别是安茹王朝的那不勒斯和最后的阿维尼翁，锡耶纳绘画也将要产生更为宽广的影响。然而，乔托圈子里的艺术家所产生的艺术，在展现综合了那个时期的许多重要信仰和具象特征的第一种革命性绘画文化方面是很重要的，这在前面已经谈到。反过来，图画空间、照明和修辞的古代晚期观念基本能为新的信仰艺术服务，它的作用不足以证明造型艺术中的一次科学行动，更多的是给予这个时期已经在西方基督教世界发展起来的有关身体的神学理论一种连贯的表达——13 世纪晚期罗马绘画新开辟的愉悦而连贯的空间，已经从新亚里士多德的光线理论、对数据的感知和现代自然科学中获得了"解释"。[50] 因此，13 世纪自然主义的特征本质上大概是超自然

[48]　Belting（1977）.

[49]　Gardner（1991）.

[50]　Pevsner（1945）；Hills（1987），pp. 64 – 71.

103

的。那些最出色的亚里士多德派的人们，如罗伯特·格洛斯特，也是那些杰出的柏拉图学派的人，这是这个时期的一大特点。像北方的哥特式艺术一样，意大利的造型艺术在特征上不是唯名论的；事实上，二者以不同的方式成为对最古老的基督教哲学体系的一种特殊思维的成果。通过其中世纪的继承者西铎会和法兰西斯修会的神学，新柏拉图主义的造型艺术正在以人们已经理解了身体对宗教情感的重要性方式对一场革命产生影响。基督人性的最现代的偶像，不是在唯名论的理性精神或人文主义的原始文艺复兴中产生，而是在西铎会和法兰西斯修会的禁欲主义思想中产生，因为正是像圣波拿文都拉这样的法兰西斯修会修士在这个时期以最贴近常识的方法，解释了物质世界及其对耶稣复活的神学理论的含义。这一耶稣复活的神学理论在下个世纪很容易与但丁的作品交融在一起。大约 1300 年起，从乔托作品中对自然的再评价中衍生的科学文艺复兴的神话，是文艺复兴的产物，而不是中世纪的产物。

保罗·宾斯基（Paul Binski）

莫玉梅 译

徐　浩 校

第二部分

13 世纪的教会

第 五 章

教宗权

13 世纪在教宗君主制史上占有重要位置。① 教宗权在这个时期达到了有效性的巅峰,这种有效性在整个 12 世纪已经有所发展。然而,这种有效性在该时期的衰退也初见端倪,其衰退在中世纪晚期将呈上升趋势。

教宗权是一种独一无二的君主制,它要求对精神和世俗事务的司法权。作为"所有教会的君主"和基督教世界的领导者,它要求首席司法权。它不寻求对世俗世界享有同样的司法权,因为它毫不怀疑上帝自己已经对精神和世俗权力的划分进行了裁决。但是它确实要求拥有对世俗统治者的司法权,进而视需要而定,在其他方面对世俗秩序进行权威性的干预。除了精神的和世俗的这两种类型的司法权,它还要求第三种司法权:对一个属于自己的国家行使司法权。凭借圣彼得的遗产(Patrimony of St Peter),它在意大利中部的一个国家中享有独立的领土管辖权,教宗在这里像任何其他欧洲君主那样进行统治。

在 13 世纪这三种类型的教宗司法权中,每一种都发生了重要变化。在 13 世纪最初几十年,特别是在英诺森三世(1198—1216 年在位)、洪诺留三世(1216—1227 年在位)和格列高利九世(1227—1241年在位)任期内,教宗要么首先发起,要么非常迅速地使自己与这个时代的新宗教和知识运动联系起来。② 教宗政府扩大自己的规模并以早

---

① 厄尔曼对此做了富有启发性的总结:Ullmann (1972), pp. 201 – 226, 251 – 278.
② 该卷的其他地方对一些重要方面进行了探讨(参见第 9、10 章)。

108

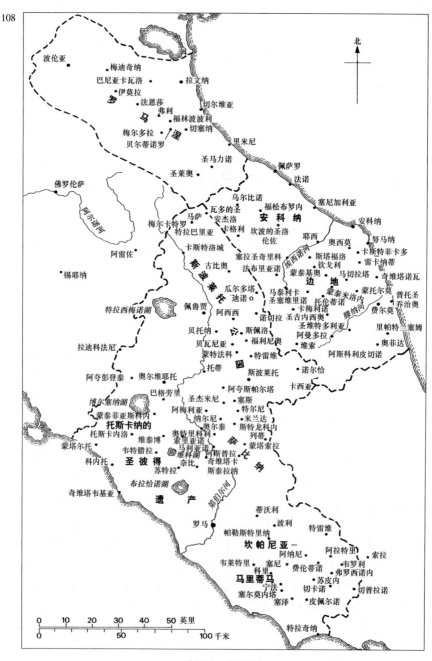

波伦亚

梅迪奇纳
巴尼亚卡瓦洛
伊莫拉 拉文纳
法恩莎
弗利 切尔维亚
罗 福林波波利
马 梅尔多拉 切塞纳
涅 贝尔蒂诺罗 里米尼
圣马力诺
圣莱奥 佩萨罗
法诺
乌尔比诺 塞尼加利亚
佛罗伦萨 瓦多的圣 福松布罗内 安科纳
马萨 安杰洛 安科纳
阿 梅尔卡特罗 卡格利 坎波的圣洛 努马纳
尔 特拉巴里亚 伦佐 耶西 奥西莫
诺 卡斯特洛城 塞拉圣奇里科 斯塔福洛 钦戈利 卡斯特菲卡多
河 阿雷佐 古比奥 边 法布里亚诺 蒙泰基奥 雷卡纳蒂
彭 地 基切拉塔 奇维塔诺瓦
锡耶纳 塔 瓜尔多塔 马泰利卡 泰塞米诺内 蒙托尔莫
莱 迪诺 圣塞维里诺 托伦蒂诺 普托圣
佩鲁贾 诺切拉 圣吉内西奥 费尔莫 乔治奥
特拉西梅诺湖 翁 阿西西 卡梅利诺 腾纳河 里帕特兰塞姆
贝托纳 斯佩洛 阿曼多拉
拉迪科法尼 贝瓦尼亚 福利尼奥 维索 奥菲达
布 蒙特法科 特雷维 阿斯科利皮切诺
阿夸彭登泰 奥尔维耶托 托蒂 斯波莱托 诺尔恰
巴格劳里 里 卡西亚
尔塞纳湖 圣杰米尼 阿夸斯帕塔
蒙泰菲阿斯科内 阿梅利亚 塞斯 特尔尼
托斯卡纳的 纳尔尼 米兰诺
蒙塔尔托 托斯内洛 奥特科利 斯特龙科内
科内托 维泰博 奥尔泰 列蒂 蒙塔索拉
韦特腊拉 素利亚诺 马里亚诺
圣彼得 奈比 阿斯普拉
苏特拉 奇维塔卡
布拉恰诺湖 斯泰拉诺 多
遗 产 台伯河
奇维塔韦基亚 蒂沃利 波利 特雷维
罗马
帕勒斯特里纳 阿拉特里 索拉
坎帕尼亚-
阿纳尼
韦莱特里 费伦蒂诺 韦罗利
科里 弗罗西诺内 苏皮内
马里蒂马 切卡诺 切普拉诺
宁法 塞泽 皮佩尔诺
塞尔莫内塔

特拉奇纳

0 10 20 30 40 50 英里
0 50 100 千米

北

地图2 教宗国

期教宗史上前所未有的程度提升素养。在政治领域，它同样要比以前介入得更深更广。它寻求以一种新的活力来拓展并有效地控制教宗国。

然而，随着逐渐陷入意大利地方性事务之中，教宗权到 13 世纪末似乎已经失去许多创造和鼓励革新力量的能力。国王们断然拒绝了教宗的政治诉求，因得到了各自教会和国家的有力支持。至于说教宗的政策在教宗国和意大利获得了成功，那么教宗在 14 世纪退至阿维尼翁的举动则足以说明一切。

教宗如何理解教宗权力的性质、他们如何行使它以及它如何受到挑战，特别是在政治领域，肯定构成本章的主题。但是教宗权在这个时期是一个选举产生的君主政体。选举团，即枢机主教团，同时也是代国王咨议会那样的教宗咨议会，前者是由负责政府日常事务的大臣和高级官员所组成的团体。教宗和枢机主教这一法人团体构成罗马教会，在教宗君主制的运作中存在着寡头政治的倾向。

在概述中出现的各种问题，构成一个在如此长的时期内新形成的如此多样性和复杂性的主题。本章以 13 世纪教宗政府的一个典型特征作为其组织原则，即把大公会议当作一个主要的政策工具。共有三次大公会议：第四次拉特兰公会议（1215 年）、第一次里昂公会议（1245 年）和第二次里昂公会议（1274 年）。在这种普世教会的主教参加并由其他教士等级和世俗权力代表扩大的集会上，教宗权面对危机，清楚地表达和宣扬它对教士和世俗信徒的期望，寻求赢得人心来支持其政策。要对这些集会上启动的各种计划的性质和履行情况进行评估，就是要将该时期的教宗君主制的不同境遇详述出来。

13 世纪教宗的产生

从英诺森三世 1198 年 1 月继位到卜尼法斯八世 1303 年 10 月逝世期间，共有 18 位教宗统治过教会。③ 其中 13 位是意大利人，4 位法兰西人，1 位葡萄牙人。这种国籍的混杂本身就表明这个时期通向教宗权的道路各不相同。上升到教会的领导人职位上可能极为迅速：在妻子死后，居伊·富尔克（Gui Foulques，克雷芒四世）在 10 年内

---

③ Sppelt（1931–6），Ⅲ，pp. 317–587，Ⅳ，pp. 9–61；Kelly（1986），pp. 186–210.

（1255—1265）历任神父、主教、大主教、枢机主教和教宗。甚至可能有更意想不到的：列日教堂副主教（archdeacon of Liège）泰达尔多·维斯孔蒂（Tedaldo Visconti，格列高利十世）虽然不是神父，但在 1271 年被选为教宗时，他正与十字军一起在圣地服务。还有更不可预见的：1294 年，以神奇的治疗术出名的隐士—修道士皮耶罗·莫罗内（Pietro Morrone）被人从阿布鲁齐（Abruzzi）山上的洞穴中带出来并选为西莱斯廷五世，时年他已经 80 多岁。

110　　　　那时，选举制度可以出人意料，但多半是平稳产生。在 13 世纪，在圣团（the Sacred College）（这个时期人们开始这样称呼枢机主教团）任职对选择教宗至关重要。从 11 世纪起，枢机主教组成通常被称为罗马教会的元老院的机构。④ 这个元老院的作用是在处理普世教会的事务时为教宗提供建议和帮助。正是在这个元老院的帮助下，教宗通常能够行使立法权、司法权和管理权。正如罗马元老院成员被认为是皇帝的左膀右臂一样，枢机主教团也通常被认为是教宗统治机构中的重要组成部分，共同承担教宗的普世灵牧职责和参与行使教宗的大量政府权力。⑤ 13 世纪的枢机主教是全职的罗马教廷官员。枢机主教团一直是一个相对较小的团体（就总体而言，13 世纪只晋升了大约 130 位枢机主教；从 1198 年到 1268 年晋升了 77 位）。⑥ 枢机主教被赋予各种重要的角色。他们与教宗一起行动，处理枢机主教会议的事务。就个人而言，他们可以掌握顶层的灵牧职务、司库、宗教裁判官和副大法官；被委任为教宗使节，将教宗权威传播至整个基督教世界；被任命为特使，审理案件、组成调查委员会（如调查封圣的候选人的委员会）、管理教宗国诸教省并成为各个修会的保护者。他们是教宗职责的真正分担者（这是重复时人关于他们作用的另一种说法）。习俗和常识决定了枢机主教组成的选举人在选举教宗时应该首先从他们自己的等级、从那些有丰富的教宗政府经验的人中物色。

实际上，13 世纪的 18 位教宗中只有 3 位没有担任过枢机主教（即乌尔班四世、格列高利十世和西莱斯廷五世）。作为罗马教廷中

---

④　Ullman（1955），pp. 319–325；Alberigo（1969），pp. 39–49；Robinson（1990），pp. 33–120。
⑤　Lecler（1964）；Watt（1980）。
⑥　总的来说，关于该世纪的详情，可参见 Eubel（1913），pp. 3–17。关于讨论几个较短的时期的重要著作，参见 Bagliani（1972）和 Maleczek（1984）。

的枢机主教，剩下的 15 位在他们中间积累了令人印象深刻的服务记录。尼古拉三世做了 33 年的枢机主教，格列高利九世 29 年，阿德里安五世 25 年，洪诺留四世 24 年，洪诺留三世 23 年，马丁四世 20 年。另有 5 人的任职期在 10—16 年。只有 4 人的任职期少于 10 年（即英诺森三世、克雷芒四世、英诺森五世和约翰二十一世）。这样的数字会令人们期待教宗政策能在 13 世纪有非常重要的连续性。

虽然枢机主教团的漫长的成员资格是这个时期教宗产生的最强预置因素，但这不是唯一起作用的因素。枢机主教团的构成具有明显的王朝元素。它存在任人唯亲的现象，但规模不大。18 位教宗中有 12 位封授过枢机主教，其中有 8 位任命了 1—2 位亲戚。英诺森三世任命了 3 位亲戚，卜尼法斯八世也任命了 3 位。这些亲属中的几位后来成了教宗。英诺森三世授予未来的格列高利九世枢机主教一职，而后者将未来的亚历山大四世晋升为枢机主教，这些人都是康蒂家族的亲戚。热那亚菲耶斯基家族的英诺森四世将他兄弟的儿子封为枢机主教，后来成为阿德里安五世。这些人中的每一个都是由一位亲戚使他们成为枢机主教，随后当选为教宗，因为在为教廷的漫长服务中证明自己是堪当此任的。整个 13 世纪，罗马城和教宗国中的各个家族——康蒂家族、萨韦利家族、奥尔西尼家族、卡波齐家族、安尼巴尔迪家族和凯塔尼家族[7]——在圣团中的突出地位不只是由教宗晋升他们自己的亲戚造成的。法兰西人教宗乌尔班四世授予的枢机主教中有一位来自奥尔西尼家族，一位来自萨韦利家族，还有一位来自安尼巴尔迪家族。人们承认，这样的家族能够在教宗处理当地特有的问题时给予大力帮助：达成和维护教宗在罗马的安全，确立教宗国中央政府的权威。

这些地方联盟所带来的危害是很明显的。教宗可能愿意实行一种王朝政策，让公共利益服从于家族的扩张。最引人注目的是，奥尔西尼家族的尼古拉三世受到了这样的指控，但丁的《地狱》第 19 章对此做了经典的描述。[8] 更为隐匿的还是纯粹由地方和朝代利益引发的家族争斗而产生的危害，这些斗争会逐步升级到教宗政府的中心。此

---

⑦ 布伦塔诺对此进行了详述：Brentano（1974）。
⑧ "……我确实是母熊的儿子，我是如此贪婪成性，想让小熊们也能青云直上，在人世我把钱财放进口袋，在这里则是把我自己打入恶囊。"——《地狱》，第 19 章，第 71—72 行。

类争斗可以解释选举延迟的原因，无疑会对教宗关于意大利事务的许多决策产生影响。这种家族世仇升级到对教宗权本身的争夺，我们可以看到最明显且危害最大的例子：13 世纪末，凯塔尼家族和科隆纳家族的争吵，导致两位来自科隆纳家族的枢机主教被从圣团中驱逐出去，这两个人成了卜尼法斯八世专注的、无情的敌人，不仅挑战他当选的合法性，甚至通过一位科隆纳家族的亲戚严重地威胁他，要结束他的生命。

　　然而，尽管家族在圣团中的影响很重要，但可以自信地说，这个时期没有任何教宗是作为任何利己主义集团或个人的爪牙当选的。不管结果如何，虽然枢机主教很少完全摆脱外部压力，有时的压力还很大，但现实的选择是由整个枢机主教团做出的，相当真实地反映出枢机主教团自身的构成。除当选五个月后退位的西莱斯廷五世这个重要例外，枢机主教选择的教宗的生存质量和在教廷事务中的能力，都在实际任职中得到很好的证明。

112　　这并不是说，枢机主教团作为教宗选举人的角色总是做得很好。新教宗的选举经常遭到延误。为西莱斯廷四世（死于 1241 年）寻找继任者一事拖了 20 个月，这或许情有可原，因为弗雷德里克二世囚禁着两位枢机主教。然而，人们实在找不到任何借口来解释教宗史上最长的空位：从 1268 年克雷芒四世逝世到 1271 年格列高利十世当选的近三年时间；也没有理由解释为尼古拉四世（1292—1294 年）找到一位继任者而发生的两年多的空位。在另外两种情况下，即约翰二十一世（1277 年）和尼古拉三世（1280 年）死后，空位持续了 6 个月。这些延误，尤其是 1268—1271 年的延误，导致人们对枢机主教团的广泛批评并要求进行选举改革。这项改革在 1274 年推出时，枢机主教团竭力反对，阻止了改革的立即实施。

　　在考察 13 世纪教宗的选举时还要考虑到另一因素：一些意外事件带来的重要影响。这个时期的教宗任职期特别短，占了极高的比例。西莱斯廷四世没来得及即位就在 1241 年去世，哈德里安五世也于 1276 年去世（甚至在授予他神父圣职之前）。实际上，1276 年就职的教宗不少于 4 位。另有 6 位教宗的统治期不到 4 年，1/7 的教宗勉强完成四年的教宗任期。只有四个教宗任期延长到 10 年或以上，所有这四个教宗的任期都是在 13 世纪上半叶。

最新的规范教宗选举的法律是在 1179 年的大公会议，即第三次拉特兰公会议上颁布的。《为避免》（*Licet de vitanda*）法令规定：如果在选举者之间无法达成全体一致，那么出席的枢机主教中 2/3 多数足以使选举生效。⑨ 该法令没有提及选举本身的具体操作。但在本质上，与其他任何主教选举相似，一次教宗选举就是一次主教选举。这种选举程序在第四次拉特兰公会议上被标准化。⑩ 选举者能够通过三种程序中的任何一种来做出自己的决定。

当没有唱票的正式程序，但所有枢机主教都自发地一致拥戴某人为教宗时，枢机主教团有可能会非常自然地做出选择。这种方法可以被描述成"通过灵感"⑪ "仿佛神示一般"的选择，这个时期唯一以此法当选的教宗格列高利九世在向教会宣告他当选的信中就是这样表达的。⑫ 人们所设想出的正常方法是经由正式的投票程序，是在依照教规而任命的监票人的监督下进行的，即以审议的形式（*per formam scrutinii*）进行的选举。投票持续进行，直到一位候选人获得必需的 2/3 多数票。教会法学家经常讨论 2/3 的票数是否可以包括被选举人自己的投票来获得，但在这一点上没有达成最后的决议。审议的方法当然是一件很漫长的事情，但是还有另一种方法，这种方法有助于打破在使用审议程序时遇到的任何僵局。这就是委托的方法［以妥协的形式（per formam compromissi）］，选举者据此将他们的权力委托给从他们自己当中选出来的一个小团体，并约束自己遵守它所做出的选择。这个团体的具体规模在这个时期没有正式的规定。所作出的委托的决定必须是一致同意的，它所做出的选举抉择也是如此。这种方法在整个 13 世纪一共用了三次（在选举洪诺留三世、克雷芒四世和格

113

---

⑨　*Decretales* I. 6. 6.

⑩　*Decretales* I. 6. 42. Aberigo（1969），pp. 246 – 247.

⑪　"好像经由每个人的神圣灵感"（ab omnibus quasi per inspirationem divinam）.

⑫　"……他（洪诺留三世）去世后的一天，葬礼举行，他的身体埋进土堆。我们已经一起同意他的继任者的选择，按照惯例公告，以圣灵的荣誉虔诚而又隆重地庆祝新教宗，已将所有我们的弱点当作神的默示，他们的眼睛（et in crastino iuxta mortem eius［Honorius III］celebratis exsequiis et ipsius corpore ad tumulum deportato, una cum fratribus ad eligendum convenimus successorem, et missa, ut moris est, in honore sancti spiritus devote ac sollempniter celebrate post aliquantulum tractatur de substitutione pontificis, omnes partiter ad imbecillitatem nostrum, quasi divinitus inspirati, oculos direxerunt）"，*Reg. Greg. IX* n. 1. The *Vita Greg. IX* 记录了这次选举："……社团和兄弟和谐，神圣的灵感并不比通过典型的选举少（de communi et impremeditata fratrum concordia, non minus electione canonica quam inspiratione divina）"．*Liber censuum*, ed. Fabre and Duchesne, Ⅰ, p. 19.

列高利十世时）。

人们期望选举能够迅速完成。由未来的洪诺留三世在 12 世纪的最后十年里修正的《罗马礼拜仪式》（*ordo Romanus*），明确提出选举应该在教宗死后的第三天进行，并在下一个星期日举行献祭仪式。事实上，英诺森三世、洪诺留三世[13]和格列高利九世的选举甚至更快。然而，洪诺留三世当选的一个特点表明：人们对枢机主教能够不负所托欣然地完成选举工作普遍没有多大信心。教宗选举不应该受到世俗干预是长久以来信守的公理。但是在 1216 年，佩鲁吉安家族按照意大利城市选举中并不少见的程序"圈禁"了这些枢机主教，从而促使他们早日做出决定。佩鲁吉安家族在 1265 年选举克雷芒四世时做了同样的事情。罗马的元老院议员在 1241 年擅自决定圈禁枢机主教们（结果是不幸的；枢机主教们遭受肉体上的折磨），那不勒斯的城市行政长官（*podestà*）在 1254 年照此办理，对亚历山大四世的当选助益良多。因此，1274 年颁发的新选举法令《那里有危险》（*Ubi periculum*）的主旨就是召开"秘密会议"，这在很早的时候就已出现；这种做法很不正式，严格地说也不符合教规。[14] 对选举者的保护很容易变质为一种坚决的、即使通常是相当温和的监禁形式，以迫使他们
114 尽快行动。毫无疑问，它同样允许有关各方就谁可以当选的问题提出自己的观点。

英诺森三世与教宗首席权的概念

教宗是被选来继任圣彼得的。基督在为他新创建的教会任命首脑时把权力交给使徒们的领导人，后来的教宗是所有这些权力的继承者。这是教宗职权的基本原则。当教宗本人注意到这一点时，它已经在我们所讨论的这个时期之前就存在了许多个世纪。当然，该职权已获得更广泛的公式化的表达，明确地说明它来源于《圣经》，并探索

---

[13]　Taylor（1991）.

[14]　正如教会法学家所提到。如帕尔玛的贝尔纳在《通用注释》中提到这些教令："如果他们不同意怎么办？然后世俗力量必须干预［*Decretum Gratiani* D. 17. c. 4］et xxiii. Question v. Liguribus［ibid., C. 23. q. 5. c. 42］，代替红衣主教，没有他的同意不能够置之一旁。所以说在选出洪诺留三世时是这样，同样在格列高利九世去世后也是如此，还有选出西莱斯廷和英诺森四世之时。"1. 6. 6 *s. v. nullatenus.* 关于 1241 年西莱斯廷四世的当选可参见：Hampe（1913）；Wenck（1926）.

其在教会政府中的种种精确的含义。⑮ 对教宗职务的性质和表述已经成为一套经典的术语，历代继任的教宗都经历了逐步发展的自我理解过程。我们所讨论的这个时期的教宗采用了这些传统表达，但他们并不是毫无考虑地简单附和。例如，英诺森三世经常就教宗首席权的主题进行宣讲。洪诺留三世尽管不太经常，但也做了同样的宣讲。在教宗职位上继续写作有关教会法《评论》（Commentary）的英诺森四世，富于启发性地写出他对教宗权力概念的理解，特别是关于世俗事务方面的权力。⑯ 教廷大法官法庭（papal chancery）就教宗职务规定了一套习惯术语，用于它自己的通信。而支撑起这些公式化表达的，就是经院哲学家、神学家和类似的教会法学家的著作。在思考教会的性质及其教阶制的过程中，这些人形成一种可能最好称为罗马教宗主权的概念。

　　在 13 世纪所有的教宗中，英诺森三世对教宗君主制理论的演变贡献最大。⑰ 这倒不是因为他曾经就此主题写过一本简明的综合性的论著。他的教宗首席权的愿景逻辑必须根据多种史料来重新建构。这些史料有两种主要类型。第一种由他本人的著作组成：《关于祭坛的神圣秘密》（On the sacred mystery of the altar，讨论基督教的教阶制）⑱、《婚姻的四种类型》（On the four kinds of marriage，以普世教会主教的精神婚姻为背景）⑲ 等部分论著，以及他的布道内容。在布道中，他不断地回到教宗首席权的概念上来：有时是他作为教宗在庆祝献祭周年纪念日的时候说的，⑳ 有时是在庆祝与教宗权有特别关联的宗教节日时说的，诸如纪念各位使徒的节日或纪念以前那些伟大的圣徒—教宗的节日。㉑ 第二种由教宗大法官法庭发出的信函组成，其

115

---

　　⑮　深受下列人员的影响：Leo I（440 – 461），Battifol（1924），pp. 417 – 432；Ullmann（1960）；Congar（1970），pp. 26 – 31.

　　⑯　Pacaut（1960）；Cantini（1961）；Tierney（1965）；Watt（1965a），pp. 61 – 73, 97 – 105.

　　⑰　Pennington（1984），pp. 13, 33："教宗英诺森三世（1198—1216）在他的任期内改变了教宗君主制的理论，并且在较小程度上也改变了教宗政府的惯例……13 世纪早期对教宗权力语言来说是一个关键时期。在一个有才能的教宗以及他们自身越发老练的驱动下，教会法学家完成了教宗权威的描述，这种描述一直持续到中世纪结束及其以后"；Morris（1989），pp. 413 – 451.

　　⑱　De sacro altaris mysterio I. C. Ⅷ. De primatu Romani pontificis，PL217. 778 – 779.

　　⑲　De quadripartita specie nuptiarum，PL217. 933, 956 – 958.

　　⑳　共有四次，PL217. 653 – 672.

　　㉑　PL217. 481 – 484（St Sylvester），513 – 522（St Gregory），543 – 548（St Peter），547 – 555, 555 – 558（SS Peter and Paul）.

个人因素不那么明显，却是由教宗权力签署的官方信件。这些信件中有很多提到教宗首席权的概念，试图在把它应用于各种具体情况时阐明这种概念。例如，涉及将一位主教从一个主教区调往另一个主教区的信件，或者在必须切割主教与他的主教区之间的精神纽带等场合写的信件，都提供了尤为重要的机会，以维护排他性的教宗特权。[22] 一些信件涉及这种首席权本身。其中有两封特别有意思：一封是给君士坦丁堡牧首约翰十世·卡玛特罗斯的，就后者关于彼得的首席权已转给英诺森的观点对某些反对意见作出答复。[23] 在另一封中，英诺森三世告知亚美尼亚大主教有关教宗对其牧首教座与罗马教廷之间的关系的观点。[24] 这种史料的多样性，包括论著、布道以及辩论的、说教的或例行公事的信件，形成了 13 世纪的教宗权如何使自身概念化的全面叙述，这些都可以在该时期的任何纯粹的教宗著述中找到。[25]

　　英诺森三世在教宗权中理解上帝子民的政府这一神圣计划的实现。[26] 这一计划在《旧约》里的第一批选民的统治地位中预示出来，并在第二批选民即基督教会中获得圆满成功。基督本人是教会首要的且特殊的基石（《哥林多前书》，3：11）。从圣保罗将教会描写为"建造在使徒和先知的根基上，有基督耶稣自己为房角石"（《以弗所书》，2：19-20）的意义上来说，使徒们共同成为第二基石。[27] 基督正是将他的教会的政府委托给了"使徒等级"及其继承人，即普世的主教。[28] 但是作为使徒中的第一人及其领袖，彼得被委以一个如此特殊的位置，这使他个人成为基督创建教会的第二基石。[29]

116　　《福音书》记载了基督如何凭借他的圣职，每隔一定时间挑选彼得作为杰出榜样。然后《使徒行传》记载了他的领导权如何在原始基督教会的实践中清楚地显露出来，他是如何以使徒的权利来承担这种职权以及使徒们是如何以此来承认他的领导权的。接下来就是罗马

---

[22] 尤其是：*Quanto personam* (*Decretales* I. 7. 3)，尤为关注的有：Pennington（1984）。

[23] *PL* 216. 1186 – 1191（庞波沙的雷内编纂的英诺森教令集汇编）。

[24] *PL* 214. 776 – 778。

[25] 在完整的教会学语境中得到了分析：Imkamp（1983）。

[26] Congar（1957）。

[27] "虽然基督是教会第一个也是最重要的基础，《使徒传记》上说：'基础应该设置，除此之外没有其他，这就是耶稣基督'［1 Cor. 3. 11］。使徒是第二个基础，《诗篇》上说：'基础在圣山……'［Ps. 86. 1］'". *PL*217. 602。

[28] "……使徒修会，基督的新娘，神圣教会的治理" *De quod. Spec. nupt.*，*PL* 217. 961。

[29] *PL* 216. 1186。

的神圣化，因为通过彼得殉道的优势，罗马教廷被授予了彼得的首席权。³⁰

英诺森三世将首席权的所有权证书归结到三个标题之下：基督在受难之前、受难期间和受难之后的重要声明。³¹ 受难之前，基督曾说："你是彼得，我要把我的教会建造在这磐石上，阴间的权柄不能胜过他。我要把天国的钥匙给你。凡你在地上所捆绑的，在天上也要捆绑；凡你在地上所释放的，在天上也要释放"（《马太福音》16：18，19）。对英诺森来说，该文本特别明示了彼得的"最高权力"（sublimitas potestatis），但是需要以后进一步的证实。在受难期间的声明中，基督说道："西门，撒旦想要得着你们，像筛麦子一样好筛你们"，这话是对着所有使徒说的。但是在继续表达命令中，他亲自对彼得说："但我已经为你祈求，叫你不至于失去了信心。"接着马上又说："你回头以后，要坚固你的弟兄。"英诺森认为，该文本表明了彼得的"信仰的永恒性"（constantia fidei）。正是他的信仰使他成为教会的基石。在英诺森看来，在那以后，他的继承者在任何时候都不会偏离真正的信仰的道路；他们要唤回迷失者，使怀疑者坚定信仰。³² 罗马教廷的教导权威（apostolicae sedis magisterium）解决了关于信仰的各种疑问。这种教导权威同样包含在教宗职责中。英诺森三世反复说明，作为个人，教宗可能陷入异端并应受到罢免。³³ 在受难之后的声明中，基督又一次对彼得说："如果你爱我，牧养我的羊"，又说"你跟从我吧"（《约翰福音》，21：15－17，19）。就这样，基督表明了彼得的灵牧职责（pastura gregis）以及他对整个基督

117

㉚　*PL* 216. 1188.

㉛　最完整的叙述可参见：*De sacr. Altaris myster.* I. C. Ⅷ. 778－779. 综述形式参见：*Sermo* Ⅲ, *in consecrat. pont. max.*："谁是忠心有见识的仆人，为主人所派，管理家里的人，按时分粮给他们呢［《马太福音》24：45］。"主耶稣将彼得放在首位，让他经历激情，关注激情之后。他说他有激情："你是彼得，我要把我的教会建造在这磐石上，阴间的权柄不能胜过他。我要把天国的钥匙给你，凡你在地上所捆绑的，在天上也要捆绑；凡你在地上所释放的，在天上也要释放。"［《马太福音》24：19］谈到激情："西门！撒旦想要得着你们，好筛你们像筛麦子一样；但我已经为你祈求，叫你不至于失了信心。你回头以后，要坚固你的弟兄。"［《路加福音》22：31－32］他确实遭受之后，第三次："如果你爱我，喂养我的羊"［参见《约翰福音》21：15－17］第一是权力，第二是坚贞信仰，第三是饲养羊群：这是由事实证明了的。坚贞的信仰，他说是家里人，饲养羊群，他说可以给予食物。*PL* 217. 658－659.

㉜　［Luke 22：31－2］"西门！撒旦想要得着你们，好筛你们像筛麦子一样；但我已经为你祈求，叫你不至于失了信心。"*PL* 216. 1187.

㉝　"信他的人，不被定罪；不信的人，罪已经定了，因为他不信神独生子的名。"［John 3：18］*PL* 217. 656. 还可参见 *PL* 217. 665, 670.

信众的领导权。英诺森也将此与教宗教导职责（ordo magisterii）相联系。他特别将之与维护统一联系起来；彼得的领导权及其教导职责使信众不会分散。㉞

　　这些就是三个关键的圣经章节。英诺森增加了更多的例子，宣称：《福音书》表明彼得作为十二门徒的代言人对基督做出了回答，或者在行动中获得了主动权。除了这些文本外，他增加了彼得在第一个基督教共同体中的特殊领导角色的证据。他在罗马的殉道将"失误的领导者"转变成了"真理的导师"。㉟

　　英诺森三世选来表达教宗的"最高权力"的术语是"充分权力"（plenitudo potestatis）。这在他所有的著述中反复出现，包括个人的和在大法官法庭写下的都一样，是理解他的首席权概念的关键。㊱ 他不是这一术语的发明者。它在教宗词汇中作为一个术语，其历史始于5世纪。㊲ 没人声称精神和世俗事务的所有权力都被授给了教宗（英诺森三世也没有这样认为）。到12世纪中期，这个术语出现在神学著作中（尤其是在圣伯纳德的著作和格拉蒂安的《教令集》中），它表示教宗司法权的普遍性，明显地不同于限于单个主教区的主教的司法权。它使交托给教宗的看护所有教会的职责，与一个主教的有限权力形成对比，后者受召唤分担普遍的灵牧责任中的一份。英诺森三世明显地偏爱神人同形同性的形象。由于接受了将《约翰福音》1：42中的"Cephas"解释为"头"，这是一种已知的即使是少数派的阐释，因此该文本就可以理解为基督对彼得说："你应该被称为头"，这样他得以论证说："正如头具有感觉的完整性，身体的其他部分也获得那种完整性的一部分，因此其他神父受召唤分担一份灵牧的职责，但是教宗拥有充分权力。"㊳

　　除去普遍司法权与特定司法权的对照之外，"充分的权力"这一

㉞ "……生怕他升天一分为二，信仰的不统一带来分歧，一个负责管理的君主，这是唯一的主，官方代理人和权威继任者。" PL 214.777.

㉟ Sermo XXII, in festo SS Petri et Pauli (PL 217.555–558) 中特别对这一主题进行了论述。

㊱ Watt (1965a)；Schatz (1970)；Imkamp (1983), pp. 252–263, 278–279；Pennington (1984), pp. 43–74.

㊲ Benson (1967).

㊳ Sicut enim plenitude sensuum abundant in capite, in ceteris autem pars est aliqua plenitudinis; ita ceteri vocatisunt in partem sollicitudinis; solus autem Petrus assumptus est in plenitudinem potestatis, ut illius ostendatur esse vicarius, qui de se dicit in evangelio："天上地下所有的权柄都赐给我了。"[Matt.28：18] PL 217.395. 关于 Cephas 等同于 head, 可参见 Congar (1952)。

术语只意味着在教会中的最高统治权力。它能够更多地从司法上进行阐释，英诺森三世经常这样做，把它与另一术语"普遍的普通"（*iudex oedinarius*；所有信仰者或所有教会的"普通的法官"）联系在一起。该术语表达了教宗司法权的即时性，即时性的意思是：教宗的司法权不需要中间的司法权，可以直接加以实施。英诺森三世正是选择了这一术语对他的教宗司法权的首席权作出最权威的陈述，即在第四次拉特兰公会议上的陈述："上帝安排罗马教会拥有超越所有其他教会普通权力的卓越地位，就像是所有基督信众的母亲与导师一样。"[39]或反过来说，罗马教会拥有充分的权力。[40]

　　13 世纪，在英诺森三世的推动下，还有一个术语成为界定教宗首席权的标准术语的组成部分，即"基督的代理人"（*vicarius Christi*）。[41] 英诺森三世在不同的语境中使用该术语，其共同目的就是他希望对教宗权力的唯一性给予特别的重视。他以一句特有的话语宣称，教宗"行事不是代表渺小的人，而是人间的真正的上帝"，[42] 置身"作为上帝与人之间的传递者，在上帝之下，却在人之上：不如上帝但比人要强得多"[43]。在对待君士坦丁堡的牧首和亚美尼亚的大主教时，他将基督的教区代牧职权与彼得的教导权威联系起来："只有彼得一个人是主确定人，作为他自己的代牧职权的替代人以及他的教义的继承人。"[44] 在他的教令中，当他想清楚地表达他正在运用只有基督自己才能使用的特权（因而是其法定代理人）时，他就会使用这一术语。这一用法的一个经典例子是用于一位主教与其主教区的精神上的亲密关系发生分离时，比如把他调往另一个主教区。拥有基督的

[118]

---

[39]　C. 5："Antiqua patriarchalium sedium privilegia renovantes, sacra universali synodo approbante sancimus, ut post Romanam ecclesiam, quae disponente Domino super omnes alias ordinariae potestatis obtinet principatum, utpote mater universorum Christi fidelium et magistra." *COD*, p. 236；*Decretales* 5. 33. 23. 关于 *iudex ordinarius*，Maitland（1898），pp. 100 – 131；Watt（1965a），pp. 92 – 97.

[40]　"Praeterea cum sedes apostolica caput omnium ecclesiarum existat, et Romanus pontifex iudex sit ordinaries singulorum, quando de ipsa quis assumitur in praelatum alterius, ei obiici posse non videtur, propter capitis privilegium quod obtinet plenitudinem potestatis." *PL* 216. 1192.

[41]　Maccarrone（1952），pp. 109 – 140.

[42]　"这不是一个人的，但在地球上是真正的代表"（"… quo non puri hominis, sed veri Dei vicem gerit in terries".）*Quanto personam*（*Decretales* 1. 7. 3）.

[43]　"放置在人与神之间，除了上帝，但人所认识的：神为小，但男人为长""… inter Deum et hominem medius constitutus, citra Deum, sed ultra hominen；minor Deo, sed maior homine…". *Sermo* Ⅲ，参见 *consecr. pont. max.*，*PL* 217. 658.

[44]　"这是唯一的主，官方代理人和权威继任者。"（"… solum Petrum substituit sibi Dominus et in officio vicarium et in magisterio successorem".）*PL* 216.

代牧职权的主张，与教宗拥有对各主教的权威有着特殊的关联。我们随后就会看到，英诺森三世提出的一些想法如何在英诺森四世时期得到发展，这与教宗拥有对皇帝和国王的权威产生了某种特殊的关联。

¹¹⁹

第四次拉特兰公会议（1215 年）

英诺森三世不仅仅是一个教宗领导权的理论家。[45] 他还是该理论在 13 世纪的主要阐释者。他所追求的领导权的性质和目的，充分地体现在 1215 年的整个 11 月召开的第四次拉特兰公会议中。这是参与人数最多、规划最雄心勃勃和其结果影响最大的一次中世纪公会议。历史学家毫无疑义地将之视为英诺森三世任期中的巅峰。它也可能被看作中世纪教会在其全盛时期的传统政策的最综合体现，同时代表了它的主要志向，确定了它的目标。

在召集这次公会议的书信《主的葡萄园》（*Vineam Domini*）中，教宗恳请上帝见证"所有今生我们心中的渴望，我们特别为之奋斗的有两件事，即成功收复圣地和普世教会的改革"[46]。这样一来，当英诺森"根据古老的习俗"召集此次会议时，在他心中，十字军东征和改革成为这次公会议的工作主旨。英诺森三世通过提及先辈的做法，牢记起过去召开的那些专门重新确定并捍卫真正的信仰的公会议，反对当时异端的种种攻击。但是第四次拉特兰公会议也有着更为明确的罗马根源。它标志着一场演变的终结阶段，这场演变见证了该地的罗马公会议（Roman synod）进一步推动格列高利改革运动。格列高利改革运动将这种协商模式扩大到包括教宗政府全部管辖范围的整个拉丁主教区。一个多世纪的经历使得教宗主导的公会议成了竭力改革的一个主要工具。

在会议的内容和程序上，此次公会议与 13 世纪后期在欧洲发展起来的各国国王的议会有很多相似之处。该会议的中心，即会议的核心和本质，就是得到 19 位枢机主教协助的教宗。他们起草了会议议

---

[45] 原始材料：Richard of S. Germano, ed. Garufi（1936 – 1938）；Anon. of Giessen, ed. Kuttner and Garcia（1965）；Garcia（ed.）, *Constitutiones*；COD, pp. 227 – 271；著作：Luchaire（1908）；Maccarrone（1961）；Foreville（1965）；Cheney（1976）, pp. 43 – 49；Bolton（1991）.

[46] Cheney and Semple（1953）, n. 51, pp. 144 – 147.

程，安排了议事次序，详细检查了英诺森为准备这次会议所提出的各种要求并准备了随后会以教宗的个人名义颁发的立法草案。依职权召集的是主教们，"教宗身体的组成部分"，是普世教会政府中教宗的天然顾问：共有来自81个教省的大约369位主教，遍布从爱尔兰西部的蒂厄姆到波兰的格涅兹诺的整个基督教世界，包括君士坦丁堡、安条克和耶路撒冷的拉丁牧首以及立窝尼亚和爱沙尼亚的传教士教区（missionary sees）主教。受召集的还有各个主要修会的领导者。一个新特征是主教座堂圣职团（chapters）代表的出席，不如说被召集来开会的像是爱德华一世议会中的下议院，与会的教会人士合计大约有1200人。也有少量但重要的世俗信徒参加，他们是世俗权威的代表。这是因为要确定并颁布重要的政治决定——涉及神圣罗马帝国的皇位继承、向阿尔比派派出十字军后对图卢兹伯爵领的处置，以及保护约翰王抵抗叛乱贵族和侵略英格兰的法兰西人；部分原因还在于将要通过涉及侵犯教会特权的立法，这种侵犯在意大利各个城市中特别明显；还有部分原因是要为十字军东征获取支持，尤其是财政支持。

　　此次公会议的决定日是1215年11月30日。时值第三次也是最后一次隆重会议，英诺森三世宣布了影响到神圣罗马帝国、图卢兹和英格兰的三个主要政治议题。这次公会议的这一政治部分随后将在更为广泛的背景中来考虑。与此同时，英诺森三世颁发了71条教令，1条涉及新的十字军计划，其余的构成了英诺森的改革方案。凭借这些条款，他希望"根除恶习，广植美德（《耶利米书》1：10），矫正弊端，端正品行，消除异端，坚定信仰"。

　　就广植美德和坚定信仰而言，英诺森三世认为派遣十字军起着关键性的作用。与本次公会议的召集令《主的葡萄园》（Vineam Domini）一道，他发出了教谕《因为大于一切》（Quia maior），号召信众广泛参与，以新的和更大的努力将圣地从受萨拉森人持续占领的蒙羞和耻辱中解放出来。《因为大于一切》是关于十字军的训诫中经典的教宗文献。与众不同的声音在于它强调十字军是精神重生的一种手段：这是"耶稣基督为拯救他的信众的权宜之计，他曾计划在当前实行革新"。该教谕认为现在正是这样的时期：邪恶太多，而爱在许多人的心中已经冷却。基督现在为他们提供十字军，将他们从罪恶的死亡沉睡中唤醒，从而获得悔悟的新生。十字军是对信仰的考验，是

120

救赎的希望，是对在"沉沦之子、假先知穆罕默德"的追随者奴役下的信仰基督的那些兄弟们的慈善行为。那些摒弃了这次赢得救赎机会的人，将在最后审判中受下地狱的惩罚。

　　《因为大于一切》不仅仅是触动已经冷却和不知感激的心灵的一次情感尝试。它指望着发挥实际作用。十字军的传教士需要任命，财务安排要着手进行，在每次弥撒中诵读的祝福成功的祷告词需要指定，每月的忏悔游行需要组织。那些能承担费用的人可以全部免罪。十字军战士享有的特权已经系统化。《因为大于一切》激情地鼓吹十字军，把它作为悔悟的一种方式，与法律的准确性和详细而实用的管理安排精细地糅合在一起，确实留下了英诺森三世本人的印记；整个召集令实际上都在构思更好地准备战斗的问题——也许除了当时基督教世界的统治者，他们得到的命令是至少保持四年和平。经过适当的更新，《因为大于一切》的精华形成约 71 条教规，即此次公会议的立法《关于解放》（*Ad liberandam*）（教宗敕令）。

　　《主的葡萄园》提到主的葡萄园被"各种各样的野兽"破坏，因此葡萄藤都遭受了病害，只能结出野葡萄（见《以赛亚书》5：2）。当然，在这些进行破坏的野兽中，他特地列出了异端。第四次拉特兰公会议上，工作的一个主要部分就涉及遭到多方面攻击的异端。其中之一，即向阿尔比派发动十字军的结果，就是将图卢兹伯爵领的命运交由此次公会议处置。考虑到居于首位的教规的重要性，另一方面就是起草一份新的信经，一份基督教基本信仰的总结，以一种明确拒绝流行的异端观点的方式重述出来。因此，它反对纯洁派和关于创造的二元教义，重申上帝乃是万物的创造者这一"宇宙的唯一原则"，包括精神和物质两个方面，以及罪是如何形成的这一传统教义。它继续重申了传统教会学和圣事神学，即上帝如何为堕落的人类提供了救赎的方式的整个逻辑，而纯洁派却要寻求提出另一种解释。这是一个信条，显然是为了检验那些被怀疑为异端的人是否有正统信仰，及为了从那些冒着转变为异端危险的人的心中清除任何混乱。此次公会议采取的第三个方法就是谴责一些特定的教义——菲奥雷的乔基姆的三位一体教义，贝内的阿莫里的泛神论学说追随者的教义。然后在《驱逐出教》（*Excommunicamus*）的第三条拟定了一份反异端措施的纲要，涉及监督主教区的主教职责、教会—国家之间的合作以及为那些被发现犯有异端罪、同情异端或者对追捕异端不上心的人制定的一套刑罚规则。在一种更加积极的关注上，本次公会议试图通过强调基督身临圣餐礼（"圣餐变体论"这一术语首次出现在官方的一次教义阐释中）的教义、坚持每年最少领受一次圣餐礼和忏悔礼来加强信仰。在这种对付异端的背景下，英诺森三世亲自鼓励即将成为反异端战役的领导者的多明我及其处于萌芽期的多明我修会，也应该列为此次公会议的首创精神之一。

当改革进行时，人们不难发现，英诺森三世对当时教会的看法及其对异端和其他罪恶的增长的解释是不正确的。在此次公会议开幕的 122 布道中，英诺森三世极为直言不讳地强调他的想法。提及被何西阿（特别参见《何西阿书》4：1-11）谴责过的以色列人的普遍堕落时，他宣称"所有的堕落主要始于教士"。像那位先知一样，他将罪恶产生的责任归于失职的神父，他们是"基督教民众中的万恶之源"。这样一来，改革对英诺森而言就是教士戒律的制定与维持。他的改革措施首先从主教区开始也就不足为怪了，因为英诺森的《教谕集》（*Register*）中的许多信件表明，当需要对主教失职或不称职进行谴责时，这位教宗从来都是不遗余力的。

英诺森在第四次拉特兰公会议的第 26 条教规宣称，"没有什么比任命不称职的高级教士来引导心灵更能危害上帝的教会"。因此，选举主教的程序应该严格审查并标准化。它需要主教座堂圣职团的多数票表决，需要经过投票、代表和灵感等必需程序。没有任何人可以经由世俗政权滥用权力而当选，任何通过此种方式获得提升的人，使自己失去了将来提升的资格；对那些配合这种不合法的选举的选举人也要处以种种惩罚。尤为重要的是都主教（metropolitan）的防范作用，其职责就是监督选举过程，确保选举没有任何违反教会法规，确保当选者适合于承担其重要职责。如果因其疏忽而使不称职的主教得到任命，承担这种监督职责的人将受到惩罚。如果选举者们自身疏忽大意，而使得自己的主教区在超过三个月的时间内没有选出一位主教，那么这种任命的权利移交给直接上司（通常是都主教，或者如果选举的是都主教，则移交给教宗）。

在选择和培训圣职候选人以及拒绝将神职授予不称职且无知的候选人时，此次公会议尤为强调主教的责任。它极力主张将神职授予将会成为好神父的少数人，认为这要比授予不能成为好神父的许多人好得多。主教管教教士的责任在神职授予之后仍在继续：公会议控制下的年度省会议是一种绝佳场合，可以清除那些不合格的神父并把那些将圣职授予此类神父的人停职。淫荡的教士将不会获得支持，不会获得提升，也不会被允许将其圣职传给其子。主教被要求要在主教座堂学校中聘用合适的教师和神学家，对那些准备担任神父职务的人提供教育和在职教士培训。圣职团在财政拨款上应该配合此类任命。

123　　接下来是一条处分规则，详细规定教士必需的生活方式和行为规范。他们必须保持独身、冷静，没有世俗资产的拖累，禁止出入酒馆和其他无益的消遣活动，如打猎、捕鸟和赌博，小心谨慎地保管好教堂，圣器和法衣要合乎礼仪，妥善保管祝圣过的面包和圣油，以免它们被用于不敬和亵渎神明的场合，穿着与削发式要像一个教士，避免追逐世俗时尚，关注于自己的礼拜仪式的职责，仔细地保守忏悔者的秘密。他们在涉及与血液有关的法律程序或外科手术中不能流血。禁止他们参与神灵审判，这将导致中世纪欧洲的民事法庭在朝向更为理性的程序方面发生意义重大的改变。他们会因买卖圣职和贪婪得到严厉的惩罚，因主持葬礼、婚礼和管理圣事而索取费用的行为遭到尤为严厉的谴责。此外，此次公会议试图保证堂区教士获得足够的资金，因为它接受了现实的观点：当教士获得的薪酬较低时，他们的质量会非常糟糕。从此，堂区教士可以接收什一税，这原本就是他们从主教、资助人和自身正在促进地方教士权利的各个修会那里应该得到的。

在谴责各种圣职买卖的教令中，有一种是禁止修士和修女在接受初学者进入其行列时要求缴纳费用。此次公会议关注各个修会在其他方面的改革。其中一点相当重要：那些习惯上不举行修道院院长和隐修会会长组成的大圣职团来管理所属各修道院的戒律的宗教组织，现在被要求创立这种大圣职团。还要求引入巡察制度。西多会的修士们举行圣职团会议的习惯由来已久，他们建议实施这条教令。进一步的监管限制了修会的增加：所有新加入宗教生活的人和那些希望找到一个新修会的人，必须在现有的获得许可的修会中进行选择。

对不同等级的教士的改革会有益于世俗信徒的精神健康。但世俗信徒在许多方面特别抢眼。其中已经提及的有参加每年举行的圣典礼仪。对于婚姻也制定了重要的教令。有关禁止婚姻的亲属关系的规定不再那么严厉。一项竭力谋求的工作是将婚姻契约的缔结置于教会的监督之下，并使之合乎教会法的统一规则：禁止秘密婚姻，必须发布结婚预告。一些教令的效果，特别是那些涉及圣职买卖的教令，就是为了使世俗信徒免受教士的剥削。反对假圣物的出售和假冒的救济物品的征集者的教令反映出同样的意图。

有一组教规专门处理一件对所有教士都尤为重要的事情：教会的特权，或者教会事务免受世俗干涉的自由。这一类教令对在教会财产和司法权领域滥用自己职权的俗人制定了惩罚标准。有一条教令对将来具有特殊意义：它谋求清除世俗任意向教士征税的权利。凡被认为为了共同体的利益而真正需要征税的地方，允许教士在自愿的基础上向民政当局纳税。但是首先，这必须咨询"担负着为共同利益做好准备的职责"的教宗。这次公会议同样制定法律反对滥用教会自由原则。它禁止教士以合法维护教士豁免权的借口来篡夺世俗司法权，要求教士们做到"凯撒的物当归给凯撒，神的物当归给神"（《马太福音》22：21）。

此次公会议将世人的关注引到需要尊重司法权的界限上来，这并不是唯一一次。它同样支持主教反对修道院院长对其司法权的侵犯。它加强了各个教省的大主教的司法权，特别是在主教选举方面。它确认，除了教宗权的司法权，东部各主教区的拉丁牧首在他们的辖区内享有审理上诉的权利。这些界定是此次公会议成果的一个重要组成部分的一个方面：阐明和改善教会司法秩序。另一方面就是修正和统一了程序，更好地防止了经常因其职责做出不受欢迎的决定的主教们受到各种恶意的抱怨，并且通过管理上诉、驱逐出教的程序和法官—代表（judges-delegate）的诉讼程序的改变，为在其他方面易受攻击的人提供保护。

十字军，教会改革，特别被理解为牧灵职位的改善（"对心灵的引导是艺术中的艺术"），保护基督教信仰免受异端、学校中错误教义的教师、分裂者（蔑视拉丁仪式和罗马权威的希腊人）和犹太人（基督的亵渎者）的侵害，教会的自由，以及对教会司法机构的维护，构成了这次公会议的议程表。它们为13世纪的教宗确立了政策重点。英诺森三世拥有第四次拉特兰公会议的控制权。但要是将会议安排简单地看成是上面强加的，那将是错误的。它是第三次拉特兰公会议和随后的立法的各种政策目标与教令、学校教学以及全体主教经验混合的产物。由英诺森三世和第四次拉特兰公会议所系统化的各优先考虑的事项，是由拉丁教会自己确定的。

　　在由第四次拉特兰公会议指明的每一个享有优先考虑的领域中，教宗权能够在多大程度上维持这种动力，正是整个 13 世纪该机构历史的基本内容。有一个主要的政策目标开始结出了丰硕的果实：对教会法律的改革和重组。⑰

125　　　虽然第四次拉特兰公会议的立法很重要，但相对于自从亚历山大三世教宗任期（1159—1181 年）以来罗马教廷发布的法律判决，或者甚至相对于英诺森三世颁发的法律来说，它只构成法律的一小部分。早在 1209—1210 年，英诺森已经下令将他的教令汇编当作正式确认的立法，在各个教会法庭和法律学校使用。这部汇编（《精选集 3a》，*Compilatio IIIa*）收录了英诺森要求他关于教会法的各种疑点做出决定的答复，不少于 482 份。第四次拉特兰公会议必须放在教会法律逐渐系统化的这种背景中来考查；其规划的效果只有把它纳入教会法的整体中才能充分得到认识。当教会法法学家开始收集各种教令，把它们作为格拉先的《教令集》（*Decretum*）的补充时，这一系统化的进程进入了最新且最具决定性的阶段。大约 1191 年到 1226 年汇编的五本教令集（*Quinque compilationes antiquae*，《古代五编集》）形成了这一演变过程的最高点［第四次拉特兰公会议成为《精选集 4a》（*Compilatio IVa*）的基本内容］。《教令集五卷本》（*Five collections*）中收录的法令总数达 2139 条，还有其他的、较不重要的法令汇编集仍在使用。这一增长背后的动力是地方教会权威，尤其是主教，与教宗权力中心的互动。为解决疑难问题而向罗马教廷咨询，这种行为的大量增长，是地方教会政府正在日益成熟和教宗权这一角色被视为君权的证据。教会法是某个教宗的产物，但它不是强加给普世教会的一种制度。它产生于时代的需要，教宗权角色自身是在现实实践中因解决所遇到的种种问题的普遍需要而形成的。

⑰　Van Hove (1945), pp. 349 – 361；Stickler (1950), pp. 217 – 251；Le Bras (1959), pp. 45 – 85；Le Bras, Lefebvre and Rambaud (1965).

　　《教令集五卷本》很快就过时无用了。它们在编纂中的随意性，不可避免地存在种种遗漏、重复、矛盾和文本的不确定性。1230 年决定要用一个单一的权威文本来取代它们的是格列高利九世。他将法律汇编的工作委托给拉蒙·德·佩尼亚福尔，1234 年 9 月 5 日《教令五书》(*Five Books of the Decretals*) 得以颁发，是 13 世纪教宗权取得的伟大成就之一。卜尼法斯八世在 1298 年编辑了第六部教令集，由此形成了持续使用到 19 世纪的教会法的基本法典。

　　《教令集五卷本》为格列高利法典提供了大量的材料。其五卷中的每一卷都分成若干部分或标题，共有 185 项。文本本身大多出自教宗之手，但也包括教父和教会会议的材料，总共有 1971 项法令。最重要的撰写者就是英诺森三世，他贡献了 596 个文本。

　　新汇编的序言是格列高利九世颁发的《爱好和平的王》(*Rex pacificus*) 的教宗训令，其开篇伊始便响亮地宣布法律与道德的不可分离性，宣布公正的观念是罗马帝国法律曾为罗马教廷的法律规定的，而教会法试图付诸实践的。其结尾是一项严厉的警告：没有罗马教廷的特别授权，任何人不得使用任何新的教会法汇编。第一编的开头是第四次拉特兰公会议的《信经》(Profession of Faith，或译《信仰表白》)，考虑成文法和习惯法的法律性质，然后收集各项管理教会的不同职责的法律，特别是关于不同的司法权的，诸如教宗使节和法官—代表的司法权的法律。涉及主教选举、圣职候选人的职责和匡正玩忽职守的主教这些第四次拉特兰公会议的重要立法，都在该卷中找到了它们合适的位置。第二编尤为关注教会法庭中的司法程序和辩护，所有内容都是关于各种案例如何在这些法庭中进行审理的。第三编主要收入第四次拉特兰公会议的立法，涉及主教区教士和修会的戒律和行为规范、圣事管理，以及教会建筑、教士收入和财产的法规。第四编处理关于婚姻及其相关问题。第五编是神职人员的犯罪（如异端和买卖圣职）及其惩处办法，驱逐出教的法律是该编的一个主要内容。[43]

---

　　[43]　《标准注释》(*The glossa ordinaria*) 总结了各个主题的分布："Unde versus: Pars prior official parat ecclesiaeque ministros. Altera dat testes, et cetera iudiciorum. Tertia de rebus et vita presbyterorum. Quarta docet quales sint nexus coniugiorum. Ultima de vitiis et penis tractat eorum. Vel sic, et brevius: Iudex, iudeicium, clerus, sponsalia, crimen."

这样，所有这些详细的原则与实践，为基督教社会及其教阶制的良好秩序形成了一套普遍的、统一的法律。它立即成为罗马实现教会统一的最有效的唯一法令，成为教会法学这一新兴学科的学术基础，为教会领导权提供智力支持，"是有史以来为教会治理而制订的最重要的典章"。[49]

教宗与政治（1215—1245 年）

第四次拉特兰公会议是一次特别重要的政治事件。大会当场做出的三个重要决定，非常有助于引出教宗卷入世俗政治的问题。

图卢兹伯爵和富瓦伯爵出现在此次会议上，跪求归还他们的土地。依照教宗的指令，这些土地目前由征讨阿尔比派的十字军的领导者西蒙·德·蒙福尔以监护权的名义拥有。经过激烈的争论，雷蒙德六世被判犯有包庇异端和拦路抢劫者（*routiers*）的罪行，被处以没收土地；西蒙·德·蒙福尔被宣布为图卢兹伯爵。关于富瓦的决定被延迟；雷蒙德—罗杰伯爵将很快收回他的领地。关于图卢兹的决定和此次公会议制定的《驱逐出教》（*Excommunicanus*）第三款之间存在着明显的联系。该条款规定：如果哪位统治者在得到适当警告后仍然疏于采取行动，镇压其领地内的异端，那么他将被驱逐出教。如果在一年之后，他依然没有行动，他将被上报给教宗；教宗可能依据保障任何封建主的权利的限制性条款，"宣布解除该统治者的封臣对他的忠诚，并将他的领地交由一位信仰正统的人来统治"。换句话说，哪位一直未能采取行动反对异端的统治者，都可能受到废黜的惩罚。

在第四次拉特兰公会议的第二个主要政治决定中，世俗职务的丧失是一个争论点，这里涉及神圣罗马帝国的继承问题。德意志诸侯于1211 年 9 月已经拒绝接受皇帝奥托四世，因为自 1210 年以来他违反了对罗马教会许下的誓言而被教宗驱逐出教，他们选举了年轻的西西里国王霍亨斯陶芬·弗雷德里克继承他。奥托的大使们、米兰的市民们获许在此次会议上为他的案子辩护。他们宣读了奥托对自己的违法行为表示懊悔的一封信，恳求解除对他的惩罚并宣称他将来愿意服从

[127]

[49] Southern（1970），p. 203.

教宗。然而，英诺森三世承认弗雷德里克为当选的皇帝，奥托的事业事实上已经不可挽回。

废黜统治者、对相互竞争的统治者进行仲裁和保护镇压反叛臣民的统治者：这些的确都是干涉世俗政治的重要行为。然而，此次公会议所关注的涉及世俗权威和教会权威关系的问题，并非仅仅限于这一方面。在此次公会议通过的各项法令中，还可以确定另外三个领域，尽管它们没有已经提到的三个那么引人注目，但提出了关于世俗权威与教会权威的关系的各项重要原则，以及提出教宗权是如何看待自己在世俗领域中的权威的。

第四次拉特兰公会议的几条教规表明，教宗权要求限制世俗权力的运作。它期望世俗统治者遵守"教会自由的豁免权"，如果他们不这样做，将会受到教会的制裁。在世俗统治者任意抢占教会财产或财政权利、篡夺教会司法权或没有适当的教宗授权而对教士征税的地方，那些相关的负责人员将会被驱逐出教（见第 44、46 条教规）。第 25 条教规规定：如果主教是通过滥用世俗权力而当选的，那么此次任命依法无效。该条教规没有对给选举人施加不适当压力的统治者特别制定任何惩罚措施，但不应该视为这意味着没有必要应用法律。当约翰王拒绝接受斯蒂芬·兰顿为大主教时，发生了著名的坎特伯雷选举案，致使约翰于 1206 年被驱逐出教，英格兰王国被实施六年的教宗禁令。[50] 这一事实证明：上述遗漏不意味着排除教会的制裁。

这些教规隐含的设想就是精神权力有权为世俗权力介入教会领域设定界限，由此可以推论出如下主张：在这种特定的语境中，虽然这些教规没有清楚地提出要求，但教会权力在任何关于划分各自司法权的边界线的争论中拥有决定性的发言权。

第 41 条教规隐含着一个不同的设想。这条教规关注时效权（prescription）问题，也就是关注通过长期使用或占有获得的所有权。此次公会议规定，任何通过时效权（prescriptive right）持有财产的人必须以诚信获得，也就是说不知道另一个人拥有合法的所有权。恶意维护时效权的做法在道德上是有罪的，有罪的行为不应该得到法律的支持。因此，任何允许恶意时效权存在的民法，应该被视为无效并予

128

50　Cheney（1976），pp. 294 – 325.

以取消。管理与罪行有关的事情是教会的职责，而世俗权力则应该放弃违反基督教道德的法律。

此次公会议制定的涉及犹太人的立法，也包含关于教会权威和世俗秩序的关系的原则。第69条教规要求：世俗统治者应该停止允许犹太人担任公职（西班牙和朗格多克是触犯这一规定的主要地区），违者则处以绝罚，"因为基督的亵渎者竟然对基督徒行使权力，真是太不适宜了"。第67条教规主张对犹太人拥有教会法学家所称的间接司法权。由于犹太人不是这个教会的成员，他们就几乎不可能遭受失去成员身份的惩罚，而这正是驱逐出教的含义所在，但是可以对他们间接地施加压力。如果发现犹太人过度勒索，或者拒绝支付什一税或拒交因他们现在持有的财产而应向教士支付的其他捐税，那么他们应该受到基督徒的联合抵制。为了强迫他们服从这些教规，基督徒将被禁止与犹太人进行商业或个人往来，违者将受到驱逐出教的处罚。对因违反教会法而被判有罪的那些犹太社团，在教会下令对其实施隔离的裁决时世俗权力要予以合作，这只是一种假设。[51]

然而，《驱逐出教》的第3条教规最为引人注目，这条教规规定了世俗权力在需要它施以援手时与教会权力合作的义务。其背景是关于异端的重要事务：如果没有世俗权力的治安行动，教会对异端的镇压不可能取得成功。世俗权力在驱逐出教的威胁下被要求宣誓：不论何时万一教会当局向他们发出号召，他们将不遗余力地检举其所辖领土或城市中的异端。如果他们坚持拒绝这一要求，那么他们将被驱逐出教。世俗权力的合作不是自愿的；拒绝意味着这位应受惩罚的人不能得到"尊重，不能算作教友"。

对教宗权来说，第四次拉特兰公会议上最重要的政治决定是灾难性的错误。会议接受了弗雷德里克二世为当选皇帝。30年后，另一次公会议将要拒绝他。英诺森四世在1245年召开的第一次里昂公会议上对弗雷德里克进行了审判，宣布他犯有受到指控的诸罪行，并命令他人取代他的神圣罗马帝国皇帝和西西里国王的职务。废黜弗雷德里克二世是13世纪教宗权的所有政治行动中最为严厉的举措。他是如何从1215年被教宗选择为皇帝到1245年被废黜的，以及废黜他的

———————————

    ⑤1 Watt（1992），pp. 101 – 102.

后果，这些在任何关于教宗权干预政治的解释中都必须占据中心位置。因为在扶持和废黜弗雷德里克二世作为神圣罗马帝国皇帝和西西里国王，以及在寻求他人取代这两个职务的过程中，所有的原则、政策和偏见实际上都凑到了一起，而这些构成了教宗权在世俗领域里的权威，及其如何设法应用到实际中去的观念。

当英诺森三世在有争议的皇帝选举中作为仲裁者出风头的时候，弗雷德里克根本不是他心目中的理想人选。[52] 这不仅仅是指弗雷德里克还是个婴儿，更重要的是，他的霍亨斯陶芬家族成员的身份就不合格。对英诺森来说，霍亨斯陶芬家族是教会的迫害者，他可以详细列出该家族历代成员所犯下的罪行。霍亨斯陶芬帝国的统治，每一步都表现为拒绝教宗自己关于帝国—教宗权关系的观点，是对教宗在意大利中部和南部的领土利益的主要威胁。

新近的霍亨斯陶芬家族的帝国事业，即弗雷德里克的父亲亨利六世的帝国事业，已经引起罗马教廷的特别恐慌。[53] 1194 年，当西西里国王坦克雷德和他的长子罗杰同时突然死去时，亨利在巴勒莫获得了继承权并进行加冕。帝国与王国的个人联合，由一个对教宗的祖传财物进行冷酷统治而从不犹豫的人完成了。对教宗在西西里王国实施教会权力，他也表现出咄咄逼人的敌意。坦克雷德已经同意放松自诺曼诸王以来对西西里教会的严厉控制，获得的回报就是教宗承认他的王权。亨利六世没有付出任何这样的代价，他取消了坦克雷德已经实施的放松对特权的控制的命令，清楚无误地表明了自己的意图。

亨利六世死后，他的遗孀康斯坦丝说服英诺森，英诺森以西西里宗主的身份同意弗雷德里克继承西西里的王位。坦克雷德特权的主要内容得到了承认，弗雷德里克于 1198 年 5 月 17 日加冕为王。当康斯坦丝本人在 1198 年 11 月去世时，年仅四岁的弗雷德里克成为受教宗监护的未成年人。在这些可能对教宗将来在意大利的位置非常有利的情况下，允许弗雷德里克成为皇帝根本不在英诺森的考虑范围内。他

130

---

[52] 关于英诺森三世和神圣罗马帝国可参见 Carlyle and Carlyle（1938），pp. 187 – 234；Maccarrone（1940），pp. 126 – 153；Kempf（1954）and（1985）；Hampe（1973），pp. 232 – 250；Tillmann（1980），ch. 5.

[53] 关于亨利六世和教宗可参见 Hampe（1973），pp. 220 – 231；Robinson（1990），pp. 503 – 522。关于弗雷德里克二世的生涯可参见 Hampe（1973），pp. 251 – 306；van Cleve（1972）；Abulafia（1988）。关于他与教宗的冲突可参见 Carlyle and Carlyle（1938），pp. 234 – 317；Ullmann（1960）；Seegrün（1968）。

决然提出了反对弗雷德里克候选人资格的理由：

> 　　对他来说，获得帝国不是权宜之计。西西里王国因此将并入
> 帝国，而且通过这一合并教会将陷入混乱之中。这一事实清楚地
> 表明了这一点。不用提其他的危险，为了帝国的尊严，他将拒绝
> 为了西西里王国而忠实和效忠于教会，就像他父母做的那样。[54]

　　于是，这一合并使人感到不安，因为它将会弱化教宗对意大利南部的政治控制。还有进一步的危险：对教宗国的控制，以及英诺森最渴望的目标之一的教宗国的扩大和巩固将会受到危害。那片领土的自治似乎是教宗权独立的一个必要的前提，也是其统治必要的物质基础。英诺森决定不在这一次明确说明的其他危险中，无疑还有对西西里教会自由的威胁，尤其威胁该王国主教选举的自由——这对一个主教接近 150 人的教会来说可不是一件小事。

　　对霍亨斯陶芬王朝通过帝国与王国的联合而控制意大利的担忧，使英诺森清楚地意识到，必须反对一个对帝国王位更认真的霍亨斯陶芬王朝的野心家拥有候选人资格。关于弗雷德里克的叔叔，也就是他父亲的兄弟，士瓦本的菲利普，英诺森断言："既然他是教会的迫害者，来自一个迫害者王朝，如果我们不去反对他，则如将一个疯子全副武装起来反对我们自己一样，给他一把剑要我们的脑袋。"[55] 然而，菲利普的要求不容忽视，因为英诺森自己提出的候选人布伦瑞克的韦尔夫·奥托在德国得到的支持相对不足。如果不出意外，尽管有所偏好，这位教宗很可能会被迫承认霍亨斯陶芬家族的成功，这是这几十年来教宗政治史中一个尤为突出的特征。随后士瓦本的菲利普于 1208 年 6 月被暗杀，这是一宗与争议重重的帝国皇位继承完全无关的犯罪。然后，英

131

---

[54] "Quod non expediat ipsum imperium obtinere patet ex eo quod per hoc regnum Siciliae uniretur imperio, et ex ipsa unione confunderetur ecclesia. Nam, ut cetera pericula taceamus, ipse propter dignitatem imperii nollet ecclesie de regno Sicilie fidelitatem et hominium exhibere, sicut noluit pater eius". *Deliberatio domini pape Innocentii super facto imperii de tribus electis*, 参见 *Regestum Innocenti III papae super negotio Romani imperii*, e-d. F. Kempf, Rome 1947), no. 29, p. 79.

[55] "Quod autem expediat opponere nos Philippo liquet omnibus manifeste. Cum enim persecutor sit et de genere persecutorum fuerit oriundus, si non opponeremus nos ei, uideremur contra nos armare furentem et ei gladium in capita nostra dare." *Deliberatio*, 参见 *Reg. neg. Rom. imp.*, ed. Kempf, no. 29, p. 83.

诺森三世心满意足地将他所有的影响投入到鼓励更多的人来支持奥托，并于 1209 年 10 月 21 日在圣彼得大教堂加冕其为皇帝。随着奥托四世成为帝国皇帝，以及受英诺森监护的弗雷德里克成为西西里国王，现在人们认为这样的一个时代已经来临：教廷有某种理由认为皇位继承危机已经如愿解决，依照教宗的条件构建起来的帝国与教会和谐相处的前景值得赞许，而且还避免了帝国与西西里王国的联合。

任何这样的期望都将会使人失望。奥托四世违反登基前和加冕时接受的义务，入侵教宗国，而且为了使自己成为西西里国王开始计划征服这个王国。英诺森将他驱逐出教，并解除他的臣民向他的效忠誓言。奥托在德意志的支持力量烟消云散。由于英诺森的支持，弗雷德里克发现自己可以当选并加冕为罗马人的国王。第四次拉特兰公会议正式地完成了废黜奥托的过程，并认可弗雷德里克在漫长的皇位斗争中成为最终的胜利者。

拿教宗的话来说，被当成罗马教会的儿子来培养的当选皇帝，毫无疑问面临着教会对他的种种期望。在一系列的庄严承诺里，弗雷德里克被要求立下誓言，保全并扩大教宗所有主要的教会和领土的利益。这些承诺的具体细节如下：首先于 1212 年 2 月在墨西拿宣誓，然后于次年 4 月在罗马亲自向教宗宣誓，还要以最庄严的形式，在德意志的重要诸侯们宣誓支持埃格尔的《黄金诏书》（the Golden Bull of Eger, 1213）时与他们一道宣誓。[56] 最后，英诺森向弗雷德里克提出宣誓；在去世的那个月，即 1216 年 7 月，他又两次提出这样的要求。

弗雷德里克要使自己坚守教宗关于皇帝在意大利政治秩序中的位置的看法的约束。从领土方面来说，这意味着承认教宗国的自治（霍亨斯陶芬王朝通常未予承认）。因省的"归还"（特别是斯波莱托公国和安科纳边境地区）而加强，教廷近来已开始证明说：这些地方的统治权在很久以前就通过皇帝授予而出让给了教宗。[57] 这还意味着承认教宗对西西里王国的宗主权。尤其重要的是，这意味着帝国与西西里王国不再联合。从教会方面来说，这意味着对"教会特权"的尊重；更具体地讲，是教宗享有上诉司法权和自由、规范的主教选

132

56　*MGH Leg. IV Const.*, II, no. 48.
57　Waley (1961), pp. 1 – 67; Robinson (1990), pp. 3 – 32.

举变得畅通无阻。这些自由权利将在德意志实行，从其被包含在要求奥托四世做出的承诺中可清楚地看出这一点。但是它们与西西里的关联更多，在这里教宗已经成功地使诺曼诸王把很早以前就已建立的对教会的严厉控制松懈下来。从政治方面来说，这意味着接受了教宗关于帝国的观点。这种观点主张神圣罗马帝国是由教宗创造的一种政府机关，而皇帝是教宗的拥护者或特殊的捍卫者。在皇位继承危机中，英诺森三世重新清楚地表达了这一教宗的观点。他阐明了皇帝与教宗的特殊关系，把这种关系放在帝国理论的转化（Translation of Empire）内来理解。⑤⑧ 从根本上看，这是对立奥三世在公元 800 年圣诞节为查理曼举行加冕礼的一种阐释。有人认为，通过这一举动，教宗权将罗马帝国从不能胜任的希腊人手中转到了日耳曼人手中，并且授予选帝侯们选择一位通过选举而产生的皇帝的权利。为当选的候选人加冕是教宗的权利。但是，根据主教选举类推，正是这位为皇帝加冕的人以权威的眼光来审查选举的有效性和被选举人的适宜性，并在合适的情况下废除这一位、驳回另一位。⑤⑨ 正是在这一原则的基础上，英诺森干预了整个继承纷争。既然纷争已经解决，那么这是让皇权的功能发挥作用的时候了。理论转化的出现是专门用来捍卫罗马教会的。在要求弗雷德里克承担的职责中，特别提到需要发挥这一捍卫角色的地方，是维护教宗在教宗国、西西里王国、科西嘉岛和撒丁岛的权利。此外，一个额外的职责，就是在与异端的斗争中充当治安部门的角色。

　　显然，在英诺森三世加诸弗雷德里克身上的所有要求中，宣布放弃帝国与西西里的联合，是继保证教宗国的自治之后重要的一个。1216 年 7 月 1 日，在斯特拉斯堡颁发的帝国《黄金诏书》清楚准确
133 地表达了教宗心中所想。弗雷德里克同意一旦加冕为皇帝，他会马上将西西里王权交给他的儿子亨利，亨利在教宗命令之下已经加冕为西

---

⑤⑧ "Nouimus etenim, et uos nostis quod eius provisio principaliter et finaliter nos contingit：principaliter quidem, quia per ecclesiam de Graecia pro ipsius specialiter fuit defensione translatum；finaliter autem, quoniam, etsi alibi coronam regni recipiat, a nobis tamen imperator imperii recipit diadema in plenitudinem potestatis." *Reg. neg. Rom. imp.*, ed. Kempf, no. 33, p. 102. 该转化理论更多参见 nos. 18, 29, 30, 31, 62, 79.

⑤⑨ "Sed et principes recognoscere debent, et utique recognoscunt quod ius et auctoritas examinandi personam electam in regem et promovendam ad imperium ad nos spectat, qui eam iniungimus, consecramus et coronamus." *Reg. neg. Rom. imp.*, ed. Kempf, no. 62, pp. 168 – 169. 这一文本成了 *Decretales* I. 6. 4（*Venerabilem*）.

西里国王。他将以罗马教会封地的方式来掌管西西里王国，从那时起，弗雷德里克将不再是西西里国王。到亨利成年之前，王国将设置一位摄政者，在获得教宗同意之后任命。这个王国的治理将与罗马教会的权利要求相一致，主权只属于后者并为之服务。[60]

　　这一权力转移从未发生。教廷没有坚持照字面履行斯特拉斯堡誓言。失败的原因并不是像人们常常认为的那样，即归因于洪诺留三世软弱的家长式统治对弗雷德里克的纵容，也不是因为他违反了前任确立的优先考虑意大利问题的做法。洪诺留三世竭尽全力让弗雷德里克二世按照英诺森三世制定好的路线前进，不断地要求他重申其宣誓过的义务。[61]但在外交形势中有另一因素存在，这是英诺森留下的一笔不小的遗产，至少从短期来看是一件高于一切的优先考虑的事情，那就是十字军。弗雷德里克在德意志亚琛举行加冕仪式时（1215年7月25日）宣布加入十字军行列，他这样做与教宗权无关（大约格列高利九世后来明确地加以阐述过）[62]。然而，一旦他宣誓，洪诺留三世就坚持他应该兑现誓言。[63]弗雷德里克似乎有了从灾难中获救的一线希望。因为十字军的缘故，教廷显然准备淡化斯特拉斯堡宣誓。当洪诺留三世在1220年11月加冕弗雷德里克为神圣罗马帝国皇帝时，弗雷德里克声明放弃西西里王权一事是没有问题的。他必须正式承认西西里的地位是罗马教会封地而不是帝国的一个固有部分。将来二者之间不会出现行政管理的联合；帝国政府与王国政府将保持分离。[64]此外，教宗同意选举弗雷德里克尚未成年的儿子亨利为罗马人的君主（*rex Romanorum*），德意志各诸侯已经完成了这次选举，而弗雷德里克声称他对此并不知情。那时英诺森三世把帝国和王国的统治权分开的计划就是这些。但在他死后的四年里，不仅仅弗雷德里克二世既是帝国皇帝又是西西里国王，他的已被加冕为西西里国王的儿子亨利现在也是候任皇帝，所有这一切都在教宗的默许下进行。

　　教宗对弗雷德里克施加压力，要他启程参加十字军东征，这在他

---

　　⑥　*MGH Leg. IV Const.*, II, no. 58.

　　⑥　*MGH Leg. IV Const.*, II, nos. 65, 66, 70, 85（关于他的帝位加冕仪式），90.

　　⑥　*MGH Epp. s. XIII*, no. 368.

　　⑥　洪诺留第一次因弗雷德里克没有兑现誓言以驱逐出教相威胁似乎发生在1219年2月，*MGH Epp. S. XIII*, no. 95.

　　⑥　*MGH Leg. IV Const.*, II, no. 84（Nov. 1220）.

134 举行皇帝加冕礼之前相当执着，而在皇帝重申誓言之后这种压力继续
增加，在第五次十字军东征逐渐走向灾难时（达米埃塔于 1221 年 9
月失陷）更是变本加厉。弗雷德里克在德意志和西西里的管理问题
成为他继续拖延出发的一个非常合适的借口。然而，教宗继续逼迫，
弗雷德里克最终保证于 1227 年 8 月出发，如果他没能成行，将被驱
逐出教。⑥

1227 年 9 月初，弗雷德里克准备出发参加十字军，但未能成行，
以重病为借口宣布出发时间推迟到来年 5 月。格列高利九世拒绝假定
他是无辜的，或者甚至表面上确实冷静地听完了他的辩解，要他遵守
诺言，并于 1227 年 9 月 29 日将他驱逐出教。⑥ 接下来就是一位被逐
出教会的皇帝面临的非凡景象：他遭到教士的谴责和抵制，但通过与
受到教宗谴责的埃及素丹交涉，为十字军战士取得了一次令人瞩目的
外交胜利。与此同时，教宗国的军队与帝国军队之间的公开战争在教
宗国和西西里王国爆发。和平最终于 1230 年 7 月取得，《圣日耳曼诺
条约》（the Treaty of San Germano）迫使弗雷德里克重申以往关于教
宗国自治和西西里教会自由的保证，以换取撤销将其驱逐出教的惩
罚⑥。这时，似乎极有可能的是，教廷和弗雷德里克二世之间的真正
相互信任的任何机会已经一去不返了。

然而，在签订和约之后的一些年里，双方的关系相对和谐。教宗
与皇帝合作镇压异端；当罗马市民迫使格列高利离开罗马时，弗雷德
里克保护了他；当皇帝面临儿子亨利的反叛时，格列高利支持弗雷德
里克；教宗帮助弗雷德里克与英格兰国王亨利三世的妹妹伊莎贝拉缔
结婚姻。

然而，这种和谐一致并没有持续下去。1236 年，双方关系的恶
化开始显现。⑥ 正是在那时，弗雷德里克第一次受到格列高利的种种

---

⑥ *MGH Leg. IV Const.*, II, nos. 102, 103（July. 1225）.

⑥ The *Vita Gregorii* 记录了该事件："ibique [Anagni] sequence proximo festo Michaelis archangeli, in
maiori ecclesia pontificalibus indutus, ex more assistentibus venerabilibus fratribus cardinalibus, archiepiscopis,
et aliis ecclesiarum prelatis sermonem exortus huiusmodi: Necesse est ut veniant scandala [Matt. 18：7], Cum
archangelus de dracone triumphans, Fredericum imperatorem frequenti monitione premissa, votum exequi resus-
antem excommunicatum publice nuntiavit. Qui sententiam excommunicationis a felicis memorie domino Honorio
papa III latam cui sponte se subiecit, incursivit." *Liber censuum*, ed. Fabre and Duchesne, pp. 19 – 20. 有关
该判决的公布，*MGH Epp. S. XIII*, nos. 367, 368.

⑥ 相关文献：*MGH Leg. IV Const.*, II, nos. 126 – 149.

⑥ *MGH Epp. S. XIII*, no. 676（29 Feb. 1236）.

指控⑥，当 1239 年 3 月弗雷德里克再次被驱逐出教时，这些指控将 135
被最后确定下来。弗雷德里克曾抱怨在伦巴第的教宗使节远远没有做
到一个仲裁者所需的公正，支持反叛分子对抗帝国的权威。格列高利
在回信中攻击弗雷德里克是一个教会的压迫者，特别是在西西里，
"在这里，没有你的命令，任何人都不能动手或动脚"，并指责他在
罗马煽动反教宗派系。该信的一个重要部分是诉诸《君士坦丁的赠
礼》（*Donation of Constantine*），格列高利将之与帝国转化理论联系起
来，提供了一个教宗是如何渐渐变得高于皇帝的历史解释。信中提到
了所谓的君士坦丁的赐赠，是他在将帝国首都迁移到君士坦丁堡的时
候赐给教宗的，这旨在提醒弗雷德里克：罗马及其周边领土的权力都
已经转让给了教宗，就如整个意大利的权力现在都服从于"罗马教
宗的指导"一样。对意大利的和平来说，教宗的统治正确与否还轮
不到一个皇帝来挑战；在伦巴第联盟和皇帝之间的冲突中，皇帝必须
接受教宗的仲裁。⑦

　　格列高利将会继续声称，正是弗雷德里克在西西里的罪行，"彼
得的特殊遗产"被他减少到"好像余火和灰烬"（教宗的话），这是
弗雷德里克的主要罪行。然而，在弗雷德里克的眼中，正是格列高利
声称要鼓励伦巴第联盟对抗他，才激起他对教宗日益增长的敌意。某
些经历为弗雷德里克的猜疑提供了证据。伦巴第算不上是教廷和霍亨
斯陶芬王朝之间新的争论焦点。伦巴第联盟的成立首先是为了对抗弗
雷德里克一世，得到了亚历山大三世全心全意的支持。英诺森三世经
常将霍亨斯陶芬王朝对教会的压迫与其对伦巴第各城市的压迫联系在
一起。如果说，在教宗看来，霍亨斯陶芬王朝传统上就是教会的迫害
者，那么对霍亨斯陶芬王朝来说，教宗传统上就是伦巴第反叛者的支
持者。

　　当弗雷德里克在意大利北部重申帝国权威的企图逐渐升级为与伦
巴第联盟的公开战争时，他的事业开始时是成功的。他使伦巴第联盟
在科特努瓦遭受了一次决定性的失败（1237 年 11 月 27 日）。在随后
写给罗马城的炫耀胜利的信件中，弗雷德里克承诺使罗马再次成为帝

---

⑥　*MGH Epp. S.* XIII, nos. 695（17 Aug. 1236），700.
⑦　*MGH Epp. S.* XIII, no. 703（23 Oct. 1236）.

国领域的中心，这对格列高利诉诸《君士坦丁的赠礼》构成了强烈的反击。然而，随着弗雷德里克开始在伦巴第出现军事上的失利，这样的承诺缺乏可信度。但是他已经使教廷感到惊恐，再次逼迫格列高
136
利不再坚持其有限制地容忍弗雷德里克对意大利的政策和态度。

1239 年 3 月，双方猛烈地抨击对方，证明教宗与皇帝的关系最后破裂了。首先，弗雷德里克亲自给枢机主教团写信，以新奇但不可靠的宪政学说宣称：作为使徒的继承者，枢机主教有平等的权利来参与执行教宗的权力。他力劝他们使用这一权力阻止"废黜的判决"降临到他的头上，防止"精神之剑"被代表伦巴第"反叛者"的人所利用。[71] 十天之后，格列高利九世再次将弗雷德里克驱逐出教。

共有十六项指控。其中十一项指控与弗雷德里克对西西里教会的所谓不当行为相关。另五项是大杂烩：阻碍一位枢机主教使节继续前往阿尔比派的领土；阻止突尼斯国王的侄子到教廷受洗；违反条约规定的义务，侵占教会土地；阻碍圣地的十字军以及援助君士坦丁堡的拉丁帝国。首当其冲的是指控"他在罗马激起了对罗马教会的反叛，企图将教宗和枢机主教驱逐出去"。教令以解除皇帝臣民对他的效忠誓言为结尾，告诫他应该即刻停止对其西西里臣民的压迫，并威胁要对皇帝的基督教信仰的正统性做进一步的调查。[72]

这份控罪书不是对皇帝与教宗之间争论中的根本问题的一次调查，也无意于此。真正的争议可归结为：不管是在西西里、罗马城、教宗国还是伦巴第，弗雷德里克已经被视为罗马教会的敌人。正如随后所证明的那样，他还是不可改变的敌人，因为当弗雷德里克在 1250 年去世时，他仍然没有与教宗和解。

正如 1227 年他第一次被驱逐出教一样，弗雷德里克对在 1239 年再次被驱逐出教没有多少畏惧。他开始对现在公开宣告的敌人格列高利展开攻击。他直率地采取了吞并的政策，将斯波莱托公国与安科纳边境地区（连接帝国北部与西西里王国至关重要的走廊地区）"和长期以来属于帝国但已被窃据的其他土地"并入帝国。换句话说，他威胁着要占领教宗国。他特别重视为他的反教宗立场赢取欧洲各国普

㉑　*MGH Leg. IV Const.*, II, no. 214.

㉒　Huillard-Bréholles, *Historia diplomatica*, v. pp. 286–287.

遍的同情，甚至支持；他指责格列高利本人不适合所担负的崇高的教宗的职责，但同时宣布尊重这一职责本身。格列高利以牙还牙。抨击与反抨击有着共同的特点：每一方都重新回顾皇帝—教宗关系的历史，证明对方的背叛和两面派行为；每一方都指责对方所担负的职责的合适性；双方都声称上帝站在自己一边；每一方都抢夺启示录中的反基督形象的生动语言来指责对方。[73] 即使基督教世界对此留下了深刻的印象，但这还不足以使他们行动起来决定性地干预这方或那方。

137

　　然而，双方显然都认同只可能有一种方式走出僵局。两者之间的争议必须交由公会议裁决的想法，首先是弗雷德里克自己提出的。1239 年 4 月，他号召枢机主教团召开"高级教士和其他基督信徒"的公会议，准备在这些人面前证明他的清白和格列高利的罪行。[74] 这种在枢机主教团和教宗之间制造分裂的企图毫无结果。但是，1240 年 8 月，当格列高利自己准备来年的复活节在罗马召开一次公会议时，弗雷德里克提出反对，给他所有的臣民下令阻止大会的召开。[75] 由于从法兰西通往罗马的陆地通道因此变得危险起来，两名枢机主教和许多主教打算从海路前往，却落到弗雷德里克手中并遭到监禁。格列高利的公会议因此流产。重新召开会议的打算可能也不算早，因为格列高利死后（1241 年 8 月 22 日）教宗空位一直持续到英诺森四世当选（1243 年 6 月 25 日），因为西莱斯廷四世的任期很短，只是从1241 年 10 月 25 日到 11 月 10 日那些天。

第一次里昂公会议（1245 年）

　　英诺森四世（1243—1254 年在位）恰好是格列高利九世的人。他的整个工作生涯都在为格列高利九世的教廷服务，通过教宗法官的各个等级稳步上升，1227 年成为格列高利九世第一批提升的枢机主教之一，担任安科纳边境地区的教区长（1235—1240 年）。在这样的背景之下，不要指望他会愿意与一个被驱逐出教的皇帝相妥协，而且这个皇

[73]　Graefe (1909). 这场宣传战的语调可从它的两件主要产物中捕捉到：Frederick's *Levate*, *MGH Leg. IV Const.*, Ⅱ, no. 215 (20 Apr. 1239) and Gregory's *Triplex doloris aculeus*, *MGH Epp. S.* ⅩⅢ, no. 224 (16 Mar. 1240).

[74]　*MGH Leg. IV Const.*, Ⅱ, no. 214.

[75]　*MGH Leg. IV Const.*, Ⅱ, no. 233 (13 Sept. 1240).

帝实际上已经接管了教宗国，经常公开发表言论，蔑视格列高利九世本人及把他驱逐出教的判决，使用两个被俘的枢机主教试图影响教宗选举，并继续扣押教士作为人质。在教廷官员的眼中，他经常言而无信。[76]

　　然而，严肃的谈判确实在进行中，到 1244 年的濯足节（Maundy Thursday）在罗马最终结束。弗雷德里克的首席大臣皮耶罗·德拉·维尼亚和塔代奥·达·苏埃萨全权代表皇帝进行谈判，达成一致和约，并在教宗、枢机主教和一群在罗马参加圣周（Holy Week）仪式的罗马要人和尊贵访客的面前得到公开确认。[77] 该和约并未带来任何结果，教宗与皇帝二人后来都曾就其失败给出各自的解释。弗雷德里克声称：原因在于他在解决与伦巴第联盟的冲突中，教宗没有允许他行使合法的帝国司法权。英诺森则称弗雷德里克完全不遵守达成的协议，也从来没有遵守协议的任何意图。[78]

　　由于此次失败，教廷对弗雷德里克更加不信任。英诺森四世给出了戏剧性的证据：当他只在少数亲属、随从和保镖的陪同下，于深夜极为秘密地溜出罗马时，他对弗雷德里克的怀疑和害怕已经达到了恐慌的程度。经由曲折路线到达西海岸时，他乘船前往他的家乡热那亚，于 1244 年 7 月 7 日抵达目的地。在那里，他得了重病，他的生命一时陷入绝望之中。然而，到了秋天，他慢慢地艰难地翻过了阿尔卑斯山到里昂避难。从 1244 年 12 月初开始，由于他的教廷以完美的工作秩序重新召集起来，他准备留在那儿，直到弗雷德里克之死（1250 年 12 月 13 日）使他感到返回意大利已经安全为止（1251 年 4 月）。

　　教宗逃离罗马时为了安全而对周边封锁消息的做法，意味着缺乏有力的资料说明促成此事的确凿原因，尤其是关于此次出逃是长期以来的计划还是突然的决定，在那个时代和现代的历史学家中引起诸多

---

　　⑯　附有参考文献的精彩的简短叙述可参见：Wolter and Holstein（1966），pp. 51 – 128，295 – 299.

　　⑰　"... in die cene Domini in platea Lateranensi coram domino papa et fratribus suis, presentibus clarissimo Constantinopolitano imperatore, cetu non modico prelatorum, senatoribus etiam populoque romano et maxima multitudine aliorum, qui ea die propter instantem Pasche sollempnitatem de diversis mundi partibus convenerant ad apostolorum limina visitanda, ipsius domini pape ecclesieque mandates se plenius pariturum per predictors nuntios, ab ipso super hoc speciale mandatum habentes, in anima sua iuramento promisit". "Vita Innocentii Ⅳ", ed. Panotti, pp. 84 – 85.

　　⑱　MGH Leg. Ⅳ Const., Ⅱ, no. 252; MGH Epp. s. ⅩⅢ, Ⅱ, no. 63.

猜测。一个在英诺森离开罗马时确实陪同着他的人，是他的小教堂的神父兼忏悔神父方济各修士尼古拉·达·卡尔维，后来的阿西西主教和英诺森四世的传记作者。他关于英诺森匆忙离开罗马的叙述，是英诺森逃离路线、时间选择以及关于教宗个人的虚弱体质等许多细节的主要资料来源。至于此次逃离的原因，尼古拉简短地提到：那是必要的，因为弗雷德里克正密谋捉拿教宗和枢机主教们。[79] 因害怕被俘促使英诺森逃离的说法不能全信。英诺森的害怕是否有理，以及事实上是否存在皇帝密谋抓捕教廷成员，都不能断定。

　　1244 年 12 月 27 日在里昂大教堂宣读的一篇布道中，英诺森四世宣布他想在来年 6 月召开一次公会议。正式参会邀请在 1 月初发出。在召集信件和召开此次公会议的布道（1245 年 6 月 28 日）中，英诺森呈现了一幅处于危机中的教会的图景，指出威胁教会的各种危 ¹³⁹ 险：教士和世俗信徒的堕落、耶路撒冷拉丁王国和君士坦丁堡拉丁帝国的危险状态、蒙古人对东欧和中欧的入侵和弗雷德里克二世对教会的迫害。结果，这最后一条才是此次公会议的当务之急。其他议题虽然在会议上提出，但在这些方面却少有建树。事实上，圣地十字军的事业被赋予了新生，但那是路易九世的功劳。君士坦丁堡继续面临着被希腊人重新占领的危险。蒙古威胁的加剧，完全归因于蒙古人所做出的决定。此次公会议的改革立法用第四次拉特兰公会议的标准来衡量显得毫无抱负，大都局限在对教会司法机制做技术性的调整。这是此次公会议在处理这些议题时缺乏影响力的一个典型征兆，而英诺森的传记作家尼古拉·达·卡尔维在叙述此次会议时，根本就没有提到这一点。真正产生影响并轰动整个基督教世界的，是反对弗雷德里克二世的各项议程，这不仅仅出现在尼古拉的传记中。

　　这些议程在第一次里昂公会议的所有三次正式会议中占据重要位置。此次公会议的教宗大法官法庭的官方《报告》（*Relatio*，有些历史学家使用 *Brevis nota* 的称呼）提供了一份清晰却过于简单的论述，讲述了英诺森四世是如何对弗雷德里克二世进行谴责和处置的。[80] 在此次公会议第一次会议的开幕布道中，英诺森详细列明了使教会陷入

---

[79] "... tendens insidias, ipsosque capere machinans"．"Vita Innocentii Ⅳ", ed. Panotti, p. 86.

[80] *Relatio de concilio Lugdunensi*, *MGH Leg. Ⅳ Const.*, Ⅱ, no. 401.

危机的"我心中的种种悲伤"（参见 Ps. 93：19）[81] 并对五条中的每一条进行了评析。讲到皇帝对教会的"迫害"时，他提到了弗雷德里克给基督教世界的那些公开信中的主张，即他的敌意并不是普遍地针对教会而是针对格列高利九世本人的；英诺森指责说，当弗雷德里克在教宗空位期间加大迫害时，他的主张的虚假性已经很清楚。英诺森也提到，弗雷德里克在无数个场合承认他持有西西里"这块圣彼得的特殊遗产"是罗马教会的一块封地，他自己承诺要保证西西里教会的各种特权，特别是主教选举和教职人员的税收豁免。弗雷德里克也承认了教宗对教宗国的疆域和边界的解释并保证教宗国的自治。他曾做出其他承诺，同样破坏了这些承诺。英诺森看来列出了这些承诺，虽然大法官法庭的《报告》并未具体阐述。这位教宗能够更好地提供所讨论的文献的章节和段落，因为他已经督促在此次公会议上制定一部法律汇编（*Transsumpta*），收集欧洲各地的统治者授予罗马教会的各种特权和契约文书。[82] 这份库存盘点清单包括 91 份授予，其中大约 2/3 是由日耳曼国王和皇帝赠予的，这 2/3 的项目中一多半是由弗雷德里克二世赠予的。此次会议以弗雷德里克的律师塔代奥·达·苏埃萨挑战教宗刚刚提出的各种反对皇帝的观点而结束，教宗依据大法官法庭的《报告》回应了塔代奥提出的各项异议，但是对提出的严谨的反对意见并没有做出任何详细解释。

　　弗雷德里克二世事件在此次公会议的第二次正式会议（1245 年 7 月 5 日）上受到广泛关注。一位西西里来的主教获得允许，对弗雷德里克进行了一场谩骂，斥责他是一个从孩提时代开始就过着一种邪恶生活的人，并说他所宣布的意图就是要让教士回归原始教会时期全体教士所经受的贫困生活。塔代奥·达·苏埃萨对这位证人提出质疑，因为他的兄弟和侄子在西西里因叛国罪而被绞死。但是那个资深的西班牙主教站起来催促英诺森起诉弗雷德里克为教会的掠夺者，[83] 并保证众多在座的西班牙主教全部支持教宗。塔代奥要求推迟此次公会议的第三次会议，以便允许弗雷德里克亲自到场，特别是因为关于

[81]　"Primus erat de deformitate prelatorum et subditorum, secundus de insolentia Sarracenorum, tertius de scismate Graecorum, quartus de sevitia Tartarorum, quintus de persecutione Frederici imperatoris". *Relatio*, p. 513.

[82]　Wolter and Holstein (1966), pp. 71–72.

[83]　宣称弗雷德里克是"tota sua fuerat intention ut deprimeret ecclesiam iuxta posse". Relatio, p. 515.

异端的指控，无人能够代表他。该《报告》说，英诺森尽管面临着来自高级教士相当多的反对意见，还是同意推迟议期。不是目击证人的马修·帕里斯报告说，教宗接受这一请求时很灰心："我所担心的是圈套避无可避。如果他要来，我将马上离开。我不希望而且我也不准备去殉难，或遭受监禁。"[84] 据说英格兰和法兰西的世俗代表打消了他的种种恐惧，他同意推迟议期。

　　然而，弗雷德里克最终没有到场。经过协商和重新安排日期，此次公会议的正式会议在 1245 年 7 月 17 日重新召开。塔代奥突然插话，呼吁选举一位新的教宗和召开新的公会议。英诺森答复说，这样的一份诉请不可接受，因为现在进行的公会议是一次合法的公会议。如果说它在人数上没有达到要求，那是因为皇帝司法权内的所有那些主教被禁止参会。这位教宗接着抗议道：这样的做法是出于他对弗雷德里克的爱护，不管是在他成为教宗之前或之后，甚至在召开此次公会议之后也是这样；有些人会发现很难相信他本人竟会下决心通过针对他的惩罚。[85] 但是他确实通过了对他的惩罚；开始是口头的，然后正式宣读废黜教令。马修·帕里斯说，在宣读过程中，所有高级教士在驱逐出教的仪式中（ritual disapprobation）熄灭和颠倒蜡烛，废黜了弗雷德里克。

141

　　后来英诺森四世为自己辩护，以免被人指控他做事操之过急且不听从建议。他说他不可能撤销一起考虑得非常细致的诉讼，他先是在产生分歧的枢机主教中进行了一场大学风格的争论，英诺森宣称，真理从辩论中涌现出来。[86] 大法官法庭的《报告》说明，就在此次公会议上曾就以下问题如何解决，单独征求了每个高级教士的意见：教宗是否有权废黜皇帝；如果教宗有这样的权力，弗雷德里克是否应像被指控的那样被废黜；关于废黜的判决是不是权宜之计。那位后来成为奥斯蒂亚枢机主教的伟大教会法学家霍斯蒂恩西斯专门提供了一份证据，证明这一情况属实。[87] "所有人都同意废黜"（尼古拉·达·卡尔

84　"Absit hoc. Timeo laqueos, quos vix euasi. Si enim veniret, statim recederem. Non adhuc opto, sanguinis nec me sentio aptum art paratum martirio vel custodiae carcerali." *Chron. maior.* RS 57.4, p. 437.

85　"... et eum super verbis mirabiliter honorabit, ita quod vix credebatur ab aliquibus, quod aliquam deberet ferre sententiam contra eum." *Relatio*, p. 516.

86　Matthew Paris, *Chron. maior.* 4, p. 480.

87　Watt (1965b).

维附和此说），报告继续写道："并且每个人都在该判决的书面文件上盖了印章"，这样，待文件公布时，上面大约附有 150 枚印章。[88]

从严格的司法角度看，有人断言，废黜教令《关于使徒的尊严》（*Ad apostolice dignitatis*）[89] 从弗雷德里克犯下的长长的罪行目录（未具体说明）中选出被指控的四项罪名：发假誓、破坏和平、亵渎神明和涉嫌异端。由于他的这些罪状，上帝已经拒绝弗雷德里克继续出任皇帝或西西里国王。在此次公会议的建议下，由基督授权在人世和天堂行使捆绑和释放职权（《马太福音》18：19）的彼得的继承者兼基督的代理人，只是对这次神圣的遗弃做了正式公开的宣告。此后，在驱逐出教的惩罚下，无人再将弗雷德里克当作皇帝或国王，或像皇帝或国王那样服从他；又要求选帝侯们着手确定一位弗雷德里克的继任者出任神圣罗马帝国皇帝。作为西西里宗主的教宗，将亲自挑选一位继任者承袭西西里的王位。

这份教令是一份对这一最激烈的政治行动的辩解书，也是置于整个基督教世界面前的一份声明书。它以纲要的形式，按四大指控条目安排成文，涉及弗雷德里克对罗马教会权威的所有敌视或蔑视行为，从 1212 年在墨西拿和罗马违背他对英诺森三世的效忠誓言开始，直到他没有兑现于 1244 年濯足节在罗马作出的和平承诺。

142　　发假誓的指控，具体指的是他不遵守 1212 年许下的各项誓言和 1220 年在皇帝加冕礼上许下的誓言。他曾发誓要尽他最大的能力来保护罗马教会的荣誉、法律和财产。他诽谤格列高利九世、俘虏两位枢机主教、藐视教宗把他驱逐出教的判决、攻打教宗国以及强迫罗马教会的臣民背弃他们应有的忠诚，所有这一切都表明他显然没有兑现他的庄严职责，而对教宗来说这些职责是皇帝职责的根本。破坏和平的指控无非是违背誓言这一主题的延续，在这方面，1230 年弗雷德里克从圣地回来后达成了《圣日耳曼诺条约》。受到特别重视的是，与西西里教士的种种自由相关的各个条款受到侵害，这些条款包括自由地依照教规的主教选举权，教士免受世俗司法权审判、免受征税和教会财产免受掠夺等特权。亵渎神明的指控

[88]　*Relatio*, p. 516；"Vita Innocenti Ⅳ", ed. Panotti, p. 96.

[89]　*MGH Leg. Ⅳ Const.*, Ⅱ, no. 400. 删节本参见 *Corpus iuris canonici*, VIO 2. I4. 2.

与俘获和监禁前往参加格列高利九世召开的公会议的教士有关，该教令声称其中有些人因受到虐待而死去。对弗雷德里克是异端的怀疑，归因于据称证实他敌视罗马教会的各种各样的行动：藐视罗马教会把他驱逐出教的判决；在他的西西里宫廷与萨拉森人保持着过于亲密且过于放纵的关系，特别能证实这一点的是他在十字军东征期间与卡米勒签订了一份条约，允许在圣殿山举行伊斯兰教崇拜；将他的女儿嫁给了尼西亚的希腊皇帝，这位皇帝是支持分裂教会并被罗马教会驱逐出教的敌人；所谓密谋，指派人暗杀了以忠于教宗闻名的奥地利公爵。异端嫌疑的进一步理由，是他没有推动一个基督教君主借此证明自己信仰的慈善工作：保护穷人和为教堂、修道院、医院提供资助。最后，实际上增加了第五条指控，即他对西西里王国的统治是暴政。他已经使西西里陷入被奴役和贫困的境地，驱使最受尊崇的人们成为流亡者。

在通过上述判决后，英诺森提到了他作为基督的代理人的权力，以及他拥有的从《马太福音》16：19 中推断出来的普遍司法权（"捆绑与释放"）。关于废黜皇帝的权力基于什么理由的问题，他没有想着去做出任何更详细的解释。然而，与第一次里昂公会议的判决直接相关的史料提到了各种理由，通过更详细地审查这些理由，我们发现判罚的证据并不缺乏。特别有关的要数霍斯蒂恩西斯保存的这次大会的《答问录》（consultatio），还有英诺森四世像一个私人医生那样亲自为他自己的废黜教令写的评注。⑨

教宗废黜权的整个逻辑的根本原则，在于对捆绑与释放权力的解释，这种权力是基督授予彼得并且因此而被认为授予其继承者的。人们可以轻松地承认，并且弗雷德里克二世在其回应《关于使徒的尊严》时也同样认为，基督打算将精神事务方面的所有权力授予彼得，以便对有罪者在精神上施以忏悔惩罚。⑨ 但是弗雷德里克认为，主张这种能力赋予彼得将统治者临时从王位上废黜的权力，那完全是另一码事，毫无疑问弗雷德里克获得了他不断向其呼吁的欧洲统治者的全力支持。英诺森四世并不是第一个提出这种主张的教宗。格列高利七

143

---

⑨　Carlyle and Carlyle（1938），p. 314；Watt（1965b）．也可参见罗马教廷的小册子 *Aeger cui lenia*，Herde（1967）．

⑨　*MGH Leg.* Ⅳ *Const.*，ii，no. 262.

世在寻求为自己废黜亨利四世辩护时，曾口头地求助于圣彼得和圣保罗："如果你们能够在天堂行使捆绑和释放的权力，那么你们在人世间也能够在必要的时候拿走帝国、王国、公国、公爵领地、边界地区、伯爵领地和所有人的财产，并且将它们授予其他人。"英诺森三世的反异端立法，特别是第四次拉特兰公会议采取的剥夺图卢兹伯爵的封号并将其领地的领主权转让给西蒙·德·蒙福尔的行动，曾在巩固格列高利的观点方面至关重要。英诺森三世采用的帝国转化理论及其在实践中为人们所接受，还有在第四次拉特兰公会议上帝国权力从奥托四世转换到弗雷德里克二世，也都以另一种方式强化了这一观点。在转换理论的逻辑中，如果皇帝的职位在本质上是教宗创造出来的，那么人们怎么能够否认它应该被从明显未能履行分配给他的职责的人手中收回呢？但是决定性的争论集中在对授予彼得的司钥权的解释上。[22] 该权力认可教宗享有把人驱逐出教、免除其基督教共同体成员身份的权力。废黜权不可分割地与驱逐出教权联系在一起。驱逐出教本质上近乎废黜，正如格列高利九世于 1239 年第二次将弗雷德里克驱逐出教时充分表明的那样。这一判决已经明确地解除了弗雷德里克的臣民们对他的效忠誓言，并且只要他还处于驱逐出教的状态中就禁止他们向他效忠。那时，从基督教共同体中被驱逐，不仅仅指的是阻止该个人参加教会的各种圣事和宗教仪式的生活；它也意味着在共同体中失去了他的公共职能。或许根本的区别在于此：驱逐出教是废黜的一种临时形式；临时的含义是：驱逐出教和因此造成的暂停公职可以因悔改而解除。废黜的判决是永久的、不可改变的，即使有罪的一方已经开始悔改。因此，英诺森四世指示选帝侯们立即选出另一位候任皇帝。

144

　　为弗雷德里克的两个君主国寻找继承人的过程漫长而复杂。在挑选罗马人的皇帝时，教宗首先支持雄心勃勃的年幼王子的候选人资格：先是亨利·拉斯佩（死于 1247 年），然后是荷兰的威廉（死于 1256 年）。此后，欧洲各国开始介入：卡斯蒂尔国王阿方索十世和英格兰国王的兄弟、康沃尔的理查德，分别在 1256 年和 1257 年千方百

---

　　[22]　这也证明了因国王自身的不足而任命葡萄牙国王的兄弟为"王位的助理兼监督者"，参见"Vita Innocentii IV", ed. Panotti, p. 96；Peters（1970）。

计地使自己当选为罗马人的国王。当哈布斯堡的鲁道夫（1273—1291 年）在格列高利十世的大力支持下登上王位且毫无争议地获得承认时，空位期结束了。但是，在 13 世纪剩下的日子里，任何罗马人的国王都没有离开德意志前往罗马及举行皇帝加冕礼。

这在本质上并没有消除缠扰教宗权的危险，这种危险是教宗与弗雷德里克二世冲突的根源所在，最终使得任何暂时妥协（modus vivendi）都成为不可能。这就是帝国与西西里王国的联合；当意大利北部和南部置于同一个统治者的控制之下时，人们担心这会危及教宗的教会和领土自治权，被视为具有敌意和不能信任。弗雷德里克的每一个活下来的儿子，即康拉德四世（死于 1254 年）和曼弗雷德（死于 1266 年），甚至他年幼的孙子康拉丁（死于 1268 年），都延续着他们的王朝存续下去的希望。最具威胁性的是 1258 年 8 月在巴勒莫加冕的曼弗雷德。随着他在南部的势力不断增长，他将自己的抱负延伸到罗马城、托斯卡纳和伦巴第，并对帝国的土地提出要求。教宗将他驱逐出教，采取招募圣地十字军的诱惑和技巧来募集士兵和钱财，与他进行战争。曼弗雷德成为"政治的"或往意大利的十字军的特别目标，教宗持有将十字军视为任何以教宗身份授权的圣战的观点，这种十字军本身就是这种观点的逻辑的运用。[93]然而，真正急需的是要寻找一个可信赖的、能有效地反对曼弗雷德的人。

教宗在挑选西西里国王时将网张得很大。1255 年，他将这块领地授予亨利三世的第二个儿子埃德蒙。因为埃德蒙当时还是个孩子，这几乎不是立即解决这个问题的时候，这种安排对英格兰国王的财政和王国的政治稳定造成了灾难性影响，因而宣告失败。直到 1264 年，乌尔班四世才找到后来证明能够成功地对抗曼弗雷德的一个支持者，他就是安茹的查理、路易九世的弟弟。获得欧洲最强大的王朝的支持是相当出乎意料的事情。安茹的查理及其给意大利的十字军提供资金主要是由法兰西教会的税收，他很快就结束了霍亨斯陶芬家族的统治。但是任用一个像查理这样强壮且野心勃勃的人为西西里的委托人

---

[93]　Housley（1982）.

145 存在风险。教宗尽最大的努力使风险最小化，坚持在为查理举行西西里国王的授职仪式前要他接受严格的任期条件。[94] 经协商达成协约条款，首先涉及的是他将来在意大利开展的征服活动的时间安排、资金和后勤保障问题。还有更重要的事情需要处理。受到霍亨斯陶芬王朝严重危害的教宗在意大利的各种利益，必须重新加以阐明，对它们的尊重必须得到保障，这些就是拥有西西里王权所需要遵循的条款。

首先必须像教宗界定的那样承认教宗国的领土和边界。在那里，查理根本不能持有任何公职或拥有任何领土。然后还必须承认教宗为他的宗主，为了他的王权要对教宗臣服效忠。每年要进行人口普查，若两个月内不能为之付款，则将受到驱逐出教的惩罚。此外，西西里教会要享有所有属于它的自由，包括主教选举、教会法庭的运作和各种教士特权。弗雷德里克、康拉德和曼弗雷德制定的对教会自由似乎构成挑战的那些法律，要统统取消。最重要的是，帝国和王国必须分离。查理或他的后代永远都不可以成为神圣罗马帝国皇帝、日耳曼国王、托斯卡纳或伦巴第领主的候选人，否则将面临丧失西西里王位的惩罚。最后，西西里国王应该成为教宗的俗世助手，在需要的时候提供一支军队来为教宗效劳。他的效忠誓言将约束他的行为，使他成为教宗的特别保护者，维护和捍卫教宗的所有权利，如果教宗失去这些权利就要帮助教宗收回来。总的来说，所有这些义务都要应用于安茹王朝。违背合约的惩罚就是失去王位。

安茹的查理于 1266 年 1 月加冕为西西里国王，很快在同年 2 月除掉曼弗雷德，到 1268 年 8 月已经清除了来自康拉丁的任何危险。此后，也由于没有来自德意志的干扰，他的统治确保了在意大利的教宗获得一段相对和平的时期。这种局面一直持续到 1282 年 3 月发生反对安茹的查理的叛乱，这次叛乱使西西里岛遭受阿拉贡王国的入侵，教宗陷入意大利南部事务之中的一个新时期开始了。

---

　　[94] Text in Jordan（1909），pp. 20 – 26，Runciman（1958）做了适当的评论："查理本人甚至在面对教宗提出的各种过分的条款时没有丝毫不安。他知道他以后可以调整这些条款来方便自己。"参见该书第 77 页。

第二次里昂公会议（1274 年）及其后果[⑮]

　　克雷芒四世于 1268 年 11 月 29 日在维泰博（Viterbo）去世后，有一段长达两年九个月的空位期，当然这几乎是教宗史上最长的一段空位期。没有任何一位参与其中的枢机主教为这一长时间的延误做出任何解释。在提出的众多猜测中，我们或许会勉强接受这样的解释：造成此种情况的重要原因在于个人和家族之间的竞争，也许外部压力加剧了这些竞争，特别是来自安茹的查理的压力，而不是主要原则的冲突，不管是政治或教会方面。不管确切的原因是什么，没有理由可以让枢机主教们逃脱整体缺乏责任感的罪名。最后维泰博人只有以实质上的监禁来强迫他们做出决定。通过代表程序，他们于 1271 年 9 月 1 日从自己的行列之外选出了列日副主教皮亚琴察（Piacenza）的特达尔多·维斯孔蒂（Tedaldo Visconti），一个在元老院就职并证明了自己价值的中层人员。他在 1272 年 3 月 27 日被授予圣职并加冕为格列高利十世。从当选到授予圣职之间再次出现延误，原因在于当选时他还在圣地。他离开圣地，承诺将以教宗身份为那里被围攻的基督徒尽自己最大的努力。

　　格列高利十世试图使教廷恢复 13 世纪的传统政策。他个人热衷于收复圣地，这起源于他早期与卡佩和普兰塔杰奈特王廷的亲密关系，使十字军东征重新成为教宗的首要议程。在封授圣职的日子里，他对那些既震惊又缺乏热情的枢机主教们宣布要召开一次公会议，其首要目的就是要制订一个新计划，以此恢复拉丁王国的国运和重新占领耶路撒冷。拉丁教会与希腊教会的联合当然是这一公会议的目标，还期望在东征中能与拜占庭合作。教士与世俗信徒的道德改革也是这次公会议的议题。格列高利十世于 1274 年 5 月 7 日正式召开这一会议，选择英诺森三世在 1215 年第四次拉特兰公会议所用的同一篇经文来做就职布道，清楚地展现了他的灵感来源。格列高利选择里昂而

146

---

　　⑮　关于该时期（1271—1294）的整体观点可参见 Seppelt（1931 - 6），pp. 521 - 587. 关于格列高利十世可参见 Gatto（1959）。关于此次会议可参见 Vernet（1926），特别是 Wolter and Holstein（1966）。着重提及联合主题的是：Grumel（1926）；Geanakoplos（1959）；Nicol（1961），（1962）and（1971）；Roberg（1964）；Gill（1974）and（1979）；Hussey（1986），pp. 220 - 249。

不是罗马来召开此次公会议，不是因为他要像英诺森四世那样去躲避一个充满敌意的皇帝，而是因为在一个更靠近他希望获得主要支持的地方召开会议，这似乎会对十字军事业更有利。他尤其指望三位已经积极参与十字军的国王：安茹的查理、法兰西的菲利普三世、特别是他在拉丁王国曾共事的爱德华一世。

147 　　会议一开始，格列高利重新阐述了其三大目的：解救圣地、联合希腊人、改革教会。[96]《信仰的热情》（*Zelus fidei*）透露出他对十字军东征的深深关注，关于东征准备事宜的会议纲要在第二个议期（1274 年 5 月 18 日）才公布出来。教令中的具体指令大多基于第四次拉特兰公会议颁发的《关于解放》，但格列高利十世加入了自己所看到的基督徒遭受的各种苦难，以及基督教遭到的各种羞辱，使语调更为感人。他一边大声呼喊着要报仇，一边迫切地呼吁解放那块基督为了救赎人类而用自己的血使之神圣化的土地。教令的很多地方提及财政事务。和英诺森三世不一样，格列高利十世试图激起大量非战士朝圣者从欧洲前往耶路撒冷。整个基督教世界以祈祷和金钱形式参与进来：东征的方式与风格正在发生巨大的变化。钱财将会提供资金，一支专业特遣军队将借此进行真正的战斗。为此，有些财政安排已经谨慎地得到了保证。在此次会议的第一和第二议期之间，教宗和枢机主教们有计划地获得每一个教省的代表们的同意，连续六年每年征收全部教士收入的 1/10 用于东征。

　　劝说欧洲诸王和贵族再次参加反伊斯兰之战的任务尚未有结果。然而，有一位统治者迅速承诺要为十字军提供军队、钱财和供给。他就是东罗马帝国皇帝米哈伊尔八世·巴列奥略（Michael Ⅷ Palaiologos）。[97] 他的决定意义重大，因为希腊人从未接受过西欧关于圣战的观念，西欧十字军队伍的经历也不足以说服他们去参战。但米哈伊尔八世对十字军承诺的重大意义却比不上一个希腊官方代表团出席里昂公会议的意义，这个代表团同时被授权接受罗马教会提出的条件，修复拉丁教会与希腊教会的分立状态。因为希腊人正在从西方将近 60 年的占领中复原，此前东罗马帝国遭到拉丁入侵者分割，辉煌的首都

---

　　[96] 主要来源：*Brevis nota*, in G. D. Mansi, *Sacrorum conciliorum nova at amplissima collectio*, 31 vols, Paris（1900 – ），xxiv, cols. 61 – 8；Franchi（1965）；constitutions, COD, pp. 285 – 307.

　　[97] Geanakoplos（1959），p. 287.

遭受劫掠，直到最近在那里还出现了一个篡权的拉丁主教兼皇帝。教宗与这种痛苦难忘的羞辱密切关联。⑱ 1204 年第四次十字军东征转向君士坦丁堡不是出于教宗的命令，甚至也不是在教宗的默许纵容下发生的。但是教宗热心地接受了这一转向的结果，英诺森三世赞道："上帝的杰作，使我们的双眼充满愉悦。"因为英诺森相信且他的观点代表着元老院的典型立场，正是希腊人要为两个教会分立负责——他们背离了使徒主教区的统一，为自己创建了另一个教会。正是希腊人撕破了基督的无缝衣。现在，随着君士坦丁堡被占以及拉丁帝国和拉丁统治集团的出现，他们获得了恢复统一的机会，"就像女儿回到母亲身边一样"。

当然，结果并非如此。君士坦丁堡拉丁帝国和统治集团的存在，扩大了而不是弥合了东西教会之间的分歧。但是，由于缺乏西方的全力支持，拉丁帝国显得很脆弱。在希腊人于 1261 年 7 月能够组建起对抗它的统一战线之前，它肯定早就垮台了。教宗不愿意承认失去君士坦丁堡的定局。他最初的反应是要通过宣讲，组织一次十字军征战来收复它。一切皆是徒劳。但米哈伊尔八世时刻警惕着来自西方的潜在威胁。他承认教宗作为十字军征战的发起者的重要性，立即对此做出了第一次反应，这是他剩余的统治生涯中他对待教宗的政策：保持两个教会将会统一的前景，以此换取对重建的拜占庭帝国的承认和教宗对恢复拉丁皇帝统治的任何企图的否决。

随着安茹政权在意大利的巩固及由此产生的后果，即安茹的查理的野心日渐增长，要将拉丁统治再次强加于君士坦丁堡，来自西方的军事威胁突然变得更加真实起来。⑲ 在打败曼弗雷德 15 个月之后，他的意图表露无遗。他和被驱逐的拉丁皇帝鲍德温（Baldwin）及其儿子兼继承人考特尼的菲利普（Philip of Courtenay）、维尔阿杜安的威廉（William of Villehardouin）达成了一项协议。此时维尔阿杜安的威廉仍然坚守在阿凯亚公国，抵抗米哈伊尔八世将拉丁人完全逐出帝国的行动。⑳ 他们宣布准备"肩负起把被教会分裂者从我们共同的母亲——神圣罗马教会的身体上砍下的高贵肢体复原的神圣事

⑱　Gill（1973）and（1979），pp. 27 - 32.
⑲　对查理和米哈伊尔之间的竞争做了出色论述的是：Geanakoplos（1959），pp. 189 - 237.
⑳　Geanakoplos（1959），pp. 197 - 199.

业"。在教宗克雷芒四世的担保下由此必然产生的各项条约，于1267年5月在维泰博的教宗宫中真正签订，将会使安茹的查理成为复位的拉丁皇帝的有效控制者，使所有计划变成现实。

在支持安茹的查理的同时，克雷芒四世为米哈伊尔八世给了一条退路。[100] 早在1267年3月，他在回应米哈伊尔的友好表示时就提出了条件。他预见到了政治理解的前景，但前提是两个教会必须统一。只有当两个教会在信仰上变为一体时，统一才能够存在。因此，他发布了声明信仰的圣经经文，皇帝、拜占庭教会和民众必须坚信于此，才会构成政治协商的必要前提条件。这份声明的经文主体涉及共同的教义，没有引起争议。但是这份文献最为重要的是，肯定了长久以来被认为是罗马和君士坦丁堡之间分歧中的罗马立场：三位一体神学理论，尤其提到了圣灵排在圣父和圣子之后；关于炼狱的教义；圣餐仪式中无酵面包的使用；还有教宗的首要性。这份经文和克雷芒四世的附信清楚表明，没有两个平等教会共同寻找来达成一致的基础，没有一致赞同的教条。相反，正是"所有教会的母亲兼情人"为一个犯了错误的女儿清楚地表达了她的信仰，后者必须重新变得乖顺。声明书对教宗首要性的教义做了简短总结，因为13世纪的教宗、神学家和教会法学家已经将之正式确定下来。本质上，典型司法权的提法表现在"权力的充分性"（*plenitudo potestatis*）这一术语上，同时运用到教宗领导权的普遍观念里，运用到与其他主教管辖区有关的教宗司法权的表达中更受限制。在这种情况下，我们看到罗马教会是所有其他主教辖区（包括牧首辖区）的司法权和特权之源的说法得到了维护。随之而来的是裁决有争议的信仰经文的权力，在教会秩序上发挥普世上诉法庭的作用。在13世纪，没有比这更清楚地阐述这一时期教宗是如何理解其司法权的文本：

> 这个神圣的罗马教会对整个普世教会拥有最高且最充分的首要性和权威性，真心而谦卑地承认它通过使徒领袖圣彼得从主那里获得了充分权力，而罗马教宗是圣彼得的继承人。正如捍卫信仰的真理的职责更多地落到它而不是其他人的身上，所以，如果

---

[100] 关于克雷芒四世对希腊人的态度可参见 Gill (1979)，pp. 112 – 119.

信仰方面出现任何疑问，必须要依赖于它的裁决来解决。任何受压迫的人在属于教会法庭管辖的那些事情上都可以向它上诉，那些适合教会做出裁决的所有诉讼都可以求助于它来做出裁决。所有教会都归它管辖，教会中的高级教士都要顺从和尊敬它。在这方面，权力的充分性意味着它允许其他教会来分享灵牧职责；除了历次大会及其他方面授予它的特权，罗马教会给予其中的许多教会特别是牧首管辖教会各种不同权利。[102]

出于对安茹的查理及其无尽的野心的担心，米哈伊尔八世通过拒绝在有争议的教义上持坚定的拉丁立场和坚定地拒绝教宗首要性的说法，轻松地获得了臣民的支持。在 1267 年签订《维泰博条约》（the Viterbo treaties）后，查理不失时机地继续做好进攻拜占庭的准备：巩固亚德里亚海两边的领土、以给予重建拉丁帝国带来的部分利益来与西方诸势力结盟、与巴尔干诸势力达成包围拜占庭的协议，甚至和蒙古人联系。他在克雷芒四世死后的那段延长的空位期里获得了最好的机会。然而，格列高利十世的就任及其与希腊人联合，并与希腊人在新十字军征战中合作的决心，阻止了他的计划。米哈伊尔八世现在获得使暂时的阻止变成永久的阻止的机会。因此，他支持十字军。也因此，希腊代表团出席了里昂公会议，表达了皇帝接受克雷芒四世的信仰声明，且希腊教会接受罗马首要性的意愿。"显然，皇帝之所以寻求联合，只是因为害怕查理的进攻"，当时的著名希腊评论家帕奇米尔斯（Pachymeres）写道："否则他是不会考虑这样做的。"

米哈伊尔八世发现，说服教士和人民像他那样相信防御安茹人的威胁，值得付出罗马教会要求的代价，可不是件容易的事。他声称，联合只涉及三方面的让步，任何一个让步实际上都不是大事：原则上

150

[102]　"Ipsa sancta Romana ecclesia summum et plenum primatum et principatum super universam ecclesiam catholicam obtinet; quem se ab ipso Domino in beato Petro apostolorum principe sive vertice, cuius Romanus pontifex est successor, cum potestatis plenitudine recepisse veraciter et humiliter recognoscit. Et sicut prae ceteris tenetur fidei veritatem defendere; sic et si quae de fide subortae fuerint quaestiones, suo debent iudicio definiri. Ad quam potest gravatus quilibet super negotiis ad ecclesiasticum forum pertinentibus appellare; et in omnibus causis ad examen ecclesiasticum spectantibus ad ipsius potest iudicium recurri; et eidem omnes ecclesiae sunt subiectae, ipsarum praelati obedientiam et reverentiam sibi dant. Ad hanc autem sic potestatis plenitudo consistit, quod ecclesias ceteras ad sollicitudinem partem admittit; quarum multas et patriarchales praecipue diversis privilegiis eadem Romana ecclesia honoravit, sua tamen observata praerogativa tum in generalibus conciliis, tum in aliquibus aliis semper salva." Denzinger (1911), p. 204.

承认教宗的首要性（以很普通的术语来表达）；承认教宗享有上诉司法权（距离使之无效）；礼拜仪式中要有教宗纪念仪式（几乎算不上是对东正教的侮辱）。但是对大多数希腊教会人士来说，这种方式太务实。不管在政治上带来多大的便利，信仰上的妥协是不可接受的。即使同意米哈伊尔的最小让步依然等于容忍异端（"和子"问题）和亵渎（拉丁人将它加入信条中），而接受教宗首要性，不管对原则的阐述多么模糊，就会面临在东正教会极为珍惜的崇拜和规训习惯中引入拉丁化革新的重大风险。当然，拉丁征服和占领带来的羞辱记忆总是会影响人们的情感。反对力量强大，足以迫使米哈伊尔八世对其重要发言人采取监禁和公开羞辱的手段。到 1274 年 2 月，他推断已从主教中获得足够支持——144 人中最多大约有 40 人，向格列高利十世保证希腊代表团将会出席里昂公会议。

151 代表团于 6 月 24 日抵达里昂，受到会议全体人员仪式上的友好欢迎并得到了格列高利十世的和平之吻。[103] 在圣彼得和圣保罗节（6月 29 日），格列高利十世做了大弥撒（High Mass）。在弥撒中，尚存争议语句的《信经》（the creed）以拉丁语和希腊语唱出，附加的《源于圣父与圣子》（*qui ex patre filioque procedit*）被在场的所有人唱了三遍，包括两位领头的希腊高级教士，即前牧首杰尔马诺（Germanos）和尼西亚大主教狄奥法内斯（Theophanes, metropolitan of Nicaea）。[104] 7 月 6 日，格列高利召开里昂公会议第四次议期，并在开幕演讲中表达了对希腊人和即将完成的联合的欢迎。他一副自得意满的样子，因为他挫败了怀疑希腊人是否会出席会议的怀疑者（"大概每个人都是"）。然而，当他证实希腊人纯粹是为了精神上的理由而来，没有怀有不可告人的目的，他没能改变怀疑者的意见。[105]

希腊代表团带来了三封信。这三封信的拉丁翻译文本在公会议上

---

[103] "所有参加此次公会议的高级教士及其家人，管家和教宗的所有家人，带着所有公证文书的副大法官，枢机主教的所有家人，都到路上去迎接他们，并与有荣焉地护送他们到教宗的宫殿。他们受到教宗的和平之吻的尊荣接待，那时教宗正带着所有的枢机主教和许多高级教士站在宫殿中。他们递交了希腊人的皇帝的信件，信上以金玺诏书封缄，还有其他高级教士的信件。他们当着教宗面说，他们无论如何会服从神圣罗马教会，也将认可教会坚持的信仰及其首要性，等等。" *Brevis nota*, col. 64.

[104] "……当论及这一条款时，即'什么源于圣父与圣子'，他们庄严虔诚地唱了三遍。" *Brevis nota*, p. 65.

[105] "……在布道之后，教宗在大会上陈述了前面提到的召开此次会议的三个原因，而且说（几乎不顾每个人的意见）希腊人自愿遵从罗马教会，信奉其信仰，承认其首要性并不寻求任何世俗回报；许多人对此深表怀疑。" *Brevis nota*, col. 65.

宣读之后，格列高利十世对它们的接受被看作联合的形成。第一封是皇帝的亲笔信，提出他将无条件地接受先由克雷芒四世、后由格列高利十世送交给他的信仰声明书。接着他又提出一个请求，甚至那些倾向教会联合的少数主教也以此作为合作条件，即东正教教会应该被允许继续诵读它以前一直诵读的《信经》，应该允许保留所有其他长久以来形成的仪式和习俗，无一违背信仰。第二封信表达了米哈伊尔的儿子、未来的皇帝安德罗尼卡二世（Andronikos Ⅱ）对他父亲立场的赞同。第三封信出自那些赞同联合的希腊主教之手，甚至他们明显不能接受信仰声明书中的全部内容，但他们在信中对此置之不理，没有提及三位一体的神学理论，也没有提及两个教会之间的任何其他分歧点，而教宗要求必须遵循。然而，他们承认接受教宗首要性的观念，虽然是以最低限度且非常普遍的方式——只在"不管我们的教父在教会分立之前给统治使徒主教区的人展示了什么"上做出让步，在信仰声明书中阐明的权力充分性的教义上却没有丝毫妥协。但是这已经使格列高利十世感到满意了（虽然他的继任者并不满意）。该议期包括再次以拉丁语和希腊语颂唱《信经》，重复尚存争议的"和子"一词。联合进程的最后一步出现在第六也是最后议期中（1274 年 7月 17 日），三位一体教义的界定被当众宣布。这可能是在议期之间与希腊人非正式协商后形成的，但没有证据。这段经文却可以被看作减轻希腊人疑义的尝试，因为拉丁人在使用"源自圣父和圣子"的表达时主张圣灵的双重起源，而这会被视为异端。经文明确指出，和东正教会一样，罗马教会毫不含糊地坚信唯一圣神并由此达成三位一体。

152

　　在议期最后，格列高利结束此次公会议。他说，他本人对在组织十字军征战上取得的进展感到满意，并再次对教会分立的修复表示衷心欢迎。然而，他对教会改革方面取得的成果不太满意。他宣称将在以后重新恢复对这方面的关注。他严厉地指出了主教们的缺点（我们可以再次感受到对英诺森三世的回应）。

　　像英诺森三世一样，格列高利十世就需要注意的事项提前向公会议咨询建议。颁发的教令在某种程度上反映了这一普遍性的协商，即便最后的决定权掌握在元老院的手中。法律在会议的不同议期分批提出，随后由元老院整理和增补，于1274 年 11 月 1 日以最后形式正式颁发。⑩ 最重要的教会法如下：已经提到的三位一体的界定；对教宗选举法和选举程序的激进改革 [《那里有危险》（*Ubi periculum*），下面将会提到]；旨在将托钵修会数量限制在四个（法兰西斯修会、多明我修会、伽尔默罗派和奥古斯丁修会）来阻止组织不完善的小宗教团体增长的教令。教会法的主体反映了格列高利对灵牧职责的主要关注点之一（也曾是英诺森三世的），即通过完善管理主教选举的法律和提出主教公共行为标准来提高主教任期质量。此外，还有规范其他教职人员行为的法律，包括主教座堂全体教士成员、堂区神父和教会法学家。还有涉及道德事务的法律，特别提到放贷：总的来说，按照第四次拉特兰公会议模式颁发的法律虽然没达到改革公会议的幅度，但确实要比第一次里昂公会议更具影响力。

教宗在 13 世纪最后 25 年里并不好过。格列高利十世和第二次里昂公会议的高期望注定要失望。计划好的十字军征战从来没有发起过，伊斯兰领土上剩下的基督教前哨走到了尽头：的黎波里于 1289 年失陷，阿克于 1291 年失陷。罗马和君士坦丁堡的联合以失败告终，不幸的是二者的分歧更大。第二次里昂公会议结束后还不到 18 个月，格列高利十世去世，随后继任的几任教宗的任期都非常短，促使改革方案再次复兴。然而，在这种背景下，必须要提到卜尼法斯八世于 1298 年颁发的包含 359 条教令的教令集（*Liber Sextus*《第六卷》）。这是教会法典的增补卷，对改革进程做出了重大贡献。

里昂公会议提出的联合失败了，因为它没有得到希腊教会和人民的支持。在拜占庭，它在理智上被视为对东正教的背叛，在情感上则是向拉丁侵略者出卖自己。米哈伊尔八世越采取监禁、折磨和残害来强迫实行联合，希腊人就越坚定地拒绝。皇室自身出现反对联合的势力，获得大多数希腊主教与堂区教士以及全体修道士的支持，这是拒绝联合的最强有力的宣传者。在如此普遍的敌意面前，即使教宗尽力放飞想象力和敏锐性设想他的处境，也难以理解米哈伊尔八世的绥靖政策如何能够获得成功。但事实并非如此。格列高利十世在里昂公会议上取得显著成果，使那些在元老院中始终不信任米哈伊尔的怀疑者

⑩　Kuttner（1949）.

们暂时保持了沉默，在他死后制定了政策。[107] 教宗政策现在是要对米哈伊尔持续施加压力，通过要求所有希腊宗教人士遵守誓言来完成联合。为了加快进程，元老院比格列高利十世提出了更多的要求。他们要求将"和子"（*filioque*）概念加入希腊人使用的《信经》，这是所提要求中最令人憎恨、最受人抵制的。这个要求确实证实了希腊人早期所有的担心：他们在与异端和亵渎行为调解的过程中，将被拉丁化。

在教宗当中，或许正是马丁四世（1281—1285 年在位）在竭尽全力阻止第二次里昂公会议制定的联合和十字军的计划。在安茹的查理忙于四处游说的情况下，路易九世的前掌玺大臣（大法官）当选为教宗，他很快表现出对安茹人的支持。在马丁参选的那几个月里，安茹的查理、名义上的君士坦丁堡拉丁皇帝（他的女婿考特尼的菲利普）与威尼斯结盟，准备重新占领君士坦丁堡。他们的协定在教宗元老院里签订，那时是在奥尔维耶托（Orvieto，1281 年 7 月 3 日）。紧接着，马丁四世于 1281 年 10 月 18 日将被看作教会分立者和异端分子的支持者的米哈伊尔八世驱逐出教（此判罚在 1282 年 5 月 7 日和 11 月 18 日重申）。1282 年 3 月，马丁授权将十字军资金转用于安茹—威尼斯联盟对君士坦丁堡的进攻。1282 年 12 月 11 日，米哈伊尔八世去世，仍处于教宗的禁令之下。他的儿子兼继承人安德罗尼卡匆匆将他埋葬，没有按习俗举行皇帝葬礼仪式。他被两个教会当权者所拒，充分表明格列高利十世弥合教会分立的计划已经失败。

无疑，让马丁四世独自承担基督教世界无力对圣地发起东征的责任有点过分。然而，他的元老院做出的决定使常规远征的发生（*passagium generale*）成为极不可能的事。从事后来看，拒绝英格兰国王的兄弟埃德蒙代替爱德华一世出任领导者，似乎大大削减了英格兰人参与东征的可能性。[108] 卡佩王朝参与的可能性在很大程度上被马丁四世做出的决定抹杀，这些情况对后来教宗在意大利的政策产生了影响。

1282 年 3 月，甚至当马丁四世日渐支持在君士坦丁堡恢复拉丁统治时，西西里爆发了反对安茹王朝统治的叛乱，使马丁四世的意图不可能实现。巴勒莫的街头暴乱升级为全岛范围内对法兰西人的屠杀，然后发

---

[107]　关于米哈伊尔八世（1282）之前的后里昂时代可参见 Geanakoplos（1959），pp. 277 – 371；Gill（1979），pp. 160 – 181.

[108]　Lloyd（1988），p. 234.

154

展成全民暴乱。现在，教宗在意大利政治中面临全新的权力变化。

阿拉贡国王彼得三世娶了霍亨斯陶芬家族的康斯坦丝，曼弗雷德的女儿。联姻确保了彼得三世在西西里的长远利益，米哈伊尔八世谨慎地将这一利益当作反安茹王朝外交政策的一部分。西西里叛乱者曾希望得到他们教宗宗主的支持，但当马丁四世愤怒地拒绝他们时，他们转向了阿拉贡。这一举动并非徒劳。1282 年 8 月 30 日，彼得国王在特拉帕尼（Trapani）登陆。两个月后，马丁四世将他驱逐出教，并在 1283 年 1 月将从西西里把阿拉贡人赶出去的战争升级为一次十字军运动。他还有更绝的手段。1283 年 3 月 21 日，他宣布废黜彼得的阿拉贡王位。[109] 与此同时，在教宗的支持下，安茹的查理一直在四处协商，希望人们支持他的侄子菲利普三世收复这座岛屿。彼得废黜后，菲利普被说服为其幼子瓦卢瓦的查理（Charles of Valois）接受了阿拉贡王位。完成这一所有权的远征被马丁四世宣布为十字军运动，
155 并答应为此提供资助。阿拉贡十字军运动证明是法兰西—教宗事业的一次灾难。这一统治期自菲利普三世从一次十字军惨败中带回他的父亲路易九世的尸体开始，又以他自身死于另一次惨败为终结。两次十字军运动都发生在远离圣地的地中海的另一端。这样的冒险行动不是英诺森三世和格列高利十世的梦想和计划中的。

菲利普三世领导的十字军运动的失败也是教宗对其意大利政策受到挑战做出的应对的失败，挑战由阿拉贡人占领西西里岛引发。洪诺留四世（1285—1287 年在位）是面对这一新形势的第一位教宗。他应该承认实际情况（*de facto* position），认可曾被驱逐出教的阿方索三世作为阿拉贡国王和他的已经继承西西里王位的兄弟詹姆斯的统治的合法性？其时，阿方索三世已经继承了他父亲在彼得治下的西班牙的领地。洪诺留选择和安茹家族站在一边，拒绝取消对阿方索驱逐出教的惩罚，并在詹姆斯于 1286 年 2 月在巴勒莫自立为王时反过来将他驱逐出教。安茹的查理在 1285 年已经去世。他的继承人被囚禁在阿拉贡。为了获得自由，他承认詹姆斯对西西里的所有权，教宗拒绝了这一协定。[110]

[109]　Martin Ⅳ, *Reg.*
[110]　Runciman（1958），pp. 262–263.

　　尽管安茹家族本身并不愿意，元老院仍然坚持支持该家族重新征服该岛。元老院固执地拒绝去宽恕在它一直认为是圣彼得特别遗产上的夺权行为，在任何情况下都坚持反阿拉贡人政策。直到卜尼法斯八世才认识到这种不可避免的情况，通过 1302 年《卡尔塔贝洛塔条约》（Treaty of Caltabellotta）承认阿拉贡的弗雷德里克是西西里岛的统治者。16 年里，教宗不遗余力地恢复安茹家族查理二世在这片领土上的统治。这种固执带来的后果可以在教宗登记册上看到。这一政策引起了教宗的注意力，使他从教宗政府的其他事务中严重分心，甚至在与霍亨斯陶芬家族斗争最忙乱的日子里都不曾出现这种程度的分心。

　　第二次里昂公会议方案遭遇的另一个挫折需要注意，因为方案没有得到执行影响了 13 世纪晚期的教宗史。正如前面所见，格列高利十世的当选是在一段非常长的空位期之后，对此除了枢机主教团的缺陷没有其他解释。为了避免再次出现 1268—1271 年的教宗空缺期，必需对选举制度进行改革，这点开始得到人们的认可，尤其是对教宗最忠诚的支持者中的一些人：一个是高级枢机主教兼重要且博学的教会法学家霍斯提恩西斯（Hostiensis），另一个是前多明我修会总会长（master-general）罗马的亨伯特（Humbert of Romans）。

　　格列高利十世在里昂公会议上制定了章程，旨在使新教宗选举的延误最小化。[⑪]《那里有危险》只不过是《为避免》的一个补充。它修补了最近选举中呈现出来的某些程序上的缺陷，澄清了关于缺席投票者的模糊说法，即当选举进行时，在选举者专心于此之前可以有多长时间消耗。这些事情很重要，但比起这份新教令的主要内容来说还是次要的。其主要内容是制定规章，旨在打消枢机主教们在选择新教宗的事务上太过于从容的态度。

　　一般来说，选举要在教宗一直居住的宫殿里举行。在这座建筑物里，枢机主教们通常只有一名仆人跟随，必须聚在一个上了锁的房间（unum conclave）里，没有隔墙或帘幕相隔。这个房间要封闭起来，这样就没人能够进出。任何人都没法跟枢机主教联系，枢机主教也不允许接收任何信件。他们将完全与外界隔绝，任何试图违反的人将自动获得驱逐出教的惩罚。这个封闭的房间留有一个小窗口，用来传递

156

---

　　⑪　COD, pp. 240–4；Decretales VIO I. 6. 3.

食物；窗口不大，不足以让人通过此处进入房间。因此，枢机主教们都要在此过上一段不舒适的公共生活。

接下来是一个非常严厉的规定。如果三天后枢机主教们没有做出决定，他们的食物将实行配给供应，规定的两顿饭中每顿只有一道菜。实行这一限量饮食五天后，如果仍然没有选出新教宗，枢机主教们将不得不靠面包、水和葡萄酒度日，直到他们做出决定。《那里有危险》接受了这种观点：选举新教宗的方法可能取决于枢机主教们的胃。

或者取决于他们的口袋。该章程接着禁止枢机主教从元老院私室或任何其他来源接收任何收入。枢机主教也必须避免涉入除选举以外的任何其他事务，除非有危及教会的紧急情况发生，而且所有枢机主教都同意去处理。

《那里有危险》坦率地承认，所设想的隔离和限制饮食制度需要谨慎监督，而且只有当受委托去执行规定的世俗势力不会利用被授予的权势地位时，这一切才可能发生。选举即将举行的那个城市的统治者们要在全市教士和人民面前发誓：他们将忠实地执行章程，不会超157 越规定权限去强迫枢机主教。违反行为将受到严厉惩罚：违反者将会被驱逐出教，公布其道德败坏的行为，不准担任任何公职并剥夺其从教会持有的任何土地。这座城市将置于教会禁令之下，并剥夺其主教职位。

所有这些对枢机主教来说已经太过分。在里昂公会议上，当看到《那里有危险》的文本时（格列高利十世起草该文本时似乎不太信任他们），他们拒绝接受，并极力游说参会的主教们，想说服他们结成反对同盟。但格列高利十世与他们势均力敌。他按照国家等级轮流将主教们叫到他跟前，向他们解释他要做的事并获得他们的支持，他们盖在文本上的印章就是证明。[112]

---

⑫　"……教宗把他制定的关于罗马教宗选举的章程给枢机主教们看，涉及他和枢机主教们之间私下里的不和，后来这种不和公开了。因为教宗召集不是枢机主教的高级教士，按国别召集高级教士，却以宗教会议的形式召集枢机主教。他们每天避开教宗聚在一起，也以宗教会议的形式和其他高级教士讨论前面提到的章程。他们问道：如果教宗要求他们同意那份章程，那么他们不要给出明确的意见或同意，直到他们听完了各自的原因。同样地，许多枢机主教按国别将高级教士们叫到自己的家里，询问他们关于如何处理该事务的建议；必要时可以提供帮助，就以前面提到的方式。教宗也将高级教士叫到自己家里，解释他的意图，首先因其顺从而嘱咐他们，然后以驱逐出教的惩罚相威胁，让他们不要把所见所闻、和他一起做的事情泄露出去。他使他们同意了那份章程，下令他们每个人在上述章程上盖章，他们这样做了。然后给各王国和教省的计划已经准备好，所有高级教士都在上面盖了章。" *Brevis nota*, cols. 66–67.

　　《那里有危险》因此成了教会法律，即便枢机主教团从未妥协去接受它。格列高利十世一死，新的选举规定开始实行，英诺森五世在当天当选。但他因新章程过于严厉而宣布暂停使用，并表示想用一个更易于让人接受的改革教令来取代。这一意图还没来得及实现他就死了，继任者约翰二十一世再次颁发暂停令。

　　《那里有危险》被搁置了 18 年，其间共举行了 7 次教宗选举。这一时期大约有 4 年教宗空缺，包括一个长达 27 个月的空位期（1292 年 4 月 4 日至 1294 年 7 月 5 日）。在这一空位期，枢机主教们发生了内讧，表现得极为不负责任，以 13 世纪做出了最不合适的任命告终。西莱斯廷五世的当选证明，个人圣洁对一个教会领袖来说是不够的。它需要匹配与统治权相应的各种能力，大多数历史学家坚持认为西莱斯廷非常缺乏这些能力（尽管有些人说他有政治意识）。因年老和缺乏经验，他对各种事务无能为力，成为安茹家族手中的棋子。他被监禁在那不勒斯，度过他的任期。但在个人经受苦痛、教宗政府几近紊乱的 5 个月后，他鼓起勇气宣布退位，坚持必须遵照《那里有危险》来选举继任者。　　158

对教宗卜尼法斯八世的攻击（1297—1303 年）

　　那个继任者就是卜尼法斯八世。教宗选举会议在那不勒斯新堡（Castel Nuovo of Naples）举行，24 小时之内就选出了教宗。被任命为教宗前，他一直在元老院中担任各种职务——自 13 世纪 60 年代开始就成为枢机主教团的成员，并享有出色的教会法学家的美名。他在整个教宗政府范围内的任职经历、强势的个性和独立的思想正是教宗所需要的，而在近几十年里，短暂的教宗任期非同寻常地频繁出现，使教宗领导权的连续性和质量受到影响。从格列高利十世去世（1276 年 1 月 10 日）到卜尼法斯的当选（1294 年 12 月 24 日）的 18 年里，共有 8 任教宗。枢机主教们无力保证迅速继任的次数太多，西莱斯廷五世的任期灾难重重，使情况更加糟糕。然而，任何这样复兴英诺森式的教宗政府的希望都注定了要经受痛苦的失望。

　　正如所见，13 世纪教宗政府的典型特征是将公会议当作主要的政策工具。然而，在这个世纪里，对公会议的作用的不同看法已经出现。正如已经提到的，1239 年 4 月，弗雷德里克二世对他再次被驱逐出教的惩罚做出反应，号召枢机主教团召开一次公会议，宣称他将在会议上证明格列高利九世不能继续胜任教宗一职。将教宗是否适合继续统治的裁决权交给公会议的观点，不是一种新奇的原发性理论。⑬ 英诺森三世已经承认，信奉异端的教宗是没有资格担任教宗的。但是，他没说如何将这样的一位教宗解除职务，而在大学教授教会法的学者们表达了自己的意见。他们普遍认为，信奉异端或屡教不改的教宗应该被废黜，确认和公开宣布他不适合在公会议上行使权力，枢机主教团是发起召开大会的必要程序的必然选择机构。弗雷德里克二世的策略没有成功。但是衍生这一策略的原发性教义没有引起人们的怀疑。

　　卜尼法斯八世激起了反对他的敌意，敌对势力试图在公会议上指责他，教宗史上无此先例。这些攻击的力量使他在教宗任期内无法正常地做所有其他事务。鉴于所有外交上的失败，他的任期显得十分普通，但不包括他的法律著作的质量在内，以令人称赞的《第六卷》为代表。使攻击他作为教宗的公信力的那些非同寻常的攻击，更加引人注目的是这些攻击来自教宗在正常情况下能够寻求最强有力的支持的地方：来自选举他当教宗的枢机主教团内部，及罗马教会反对异端和发起十字军征战的最大倚赖——卡佩王朝。

　　第一次提出通过公会议将他轰下台的是枢机主教贾科莫（Giacomo）和彼耶罗·科隆纳（Pietro Colonna）。⑭ 罗马教会的结构一直存在潜在的危险，现在终于变成现实。只要枢机主教和教宗要从对罗马市政府和教宗国虎视眈眈的罗马各家族中选出，这些家族之间的家族世仇和领土竞争就可能在教宗元老院里争出结果来，教宗事务就有可能和个人恩怨掺和在一起。这样的敌意在 13 世纪下半叶对延长教宗空位期产生了影响，这点几乎无人质疑，而这种危险正是在卜尼法斯八世的任期内充分显现出来。

　　在成为教宗前，枢机主教贝内德托·卡埃塔尼（Benedetto Caetani）已经开始带头提升家族地位。他追求领土扩张，必要时甚至不

　　⑬　Von Schulte (1871)；Martin (1937)；Tierney (1955)；Sieben (1984).
　　⑭　关于科隆纳宣言书和相关文件的文本可参见 Denifle (1889)。对科隆纳和卡埃塔尼之间的冲突进行详细考察的是：Boase (1933), pp. 159 – 185, 252 – 253.

惜以牺牲更大的家族为代价，不可避免地激起他们的仇视。1297 年 5 月初，斯特凡诺·科隆纳（Stefano Colonna）没收了卡埃塔尼家族垫资的一批托运货物，金额足可以购买另一块领地，科隆纳家族长期积累的敌意一下子爆发出来。

卜尼法斯选择将本质上的一场家族利益冲突视为对他的攻击就是对教宗和教宗权的攻击。他抓住两位科隆纳家族的枢机主教为整个家族的行为负主要责任；如果斯特凡诺·科隆纳和科隆纳诸城市的首领不投降，他威胁要把两位枢机主教逐出枢机主教团。这一最后通牒被拒绝了。科隆纳家族的两位枢机主教做出反击，否认西莱斯廷五世退位的有效性，进而否认卜尼法斯八世当选的有效性。他们呼吁暂停卜尼法斯担任教宗一职，直到公会议召开和选举结果公布。召开公会议的呼吁在另一份宣言（1297 年 5 月 16 日）中再次提出，宣言增加了一项指控，即指控卜尼法斯虐待前任西莱斯廷五世并致其死亡。

枢机主教团共同支持卜尼法斯，证实西莱斯廷的退位是自愿的，卜尼法斯的当选符合教会法规定，而且科隆纳家族的枢机主教们已经同意这一选择，并与新教宗交换了和平之吻。他们被逐出枢机主教团，科隆纳家族的所有人被驱逐出教。1297 年结束之前，全意大利的教宗使节们四处宣讲，要对他们发起十字军征战。 160

科隆纳家族向法兰西表达了他们对卜尼法斯的指控和召开一次公会议的要求：对巴黎大学是以公开宣言的方式，对菲利普四世则以亲笔信的方式。宣言（1297 年 6 月 15 日）利用法兰西的政治敏感性，指控卜尼法斯自夸国王和王国，甚至在世俗事务上都应臣属于他，显然这是在争取世俗权力的支持。但就目前而言，卜尼法斯在与菲利普四世的纷争中被迫放弃对教士征税的权利之后，法兰西与教宗相安无事，1297 年 8 月 11 日隆重庆祝路易九世被追封为圣徒的仪式才使他们相安无事。

这种和平并未持续多久。1301 年 7 月，帕米耶（Pamiers）主教贝尔纳·赛塞（Bernard Saisset）被指控叛国遭到逮捕后，卜尼法斯试图将祭司权的全面强制力施加给菲利普四世，并将此视为严重违反教会自由的行为。《我儿要听》（*Ausculta fili*，1301 年 12 月 5 日）列举了违反教会自由的行为，开头就提到菲利普被指控逮捕和监禁了赛塞，坚持教宗作为教会领袖有权对统治者的行为进行评判，召唤法兰西主教们和著名教会人士到罗马参加公会议。此次公会议将对"什么似乎有利于我们荣耀上帝和使徒主教区，提升天主教信仰，维护教会自由，改革国王及其王国，纠正滥用职权行为和对王国的良好治理"进行讨论并提出建议。[115]

这是一个鲁莽的挑战。[116]卜尼法斯的证据远远不够充分。菲利普四世释放了赛塞，将他送回罗马。至于剩下的包括无数涉及君主对教职人员的司法权、法庭和财产等违反教会自由的指控，这位国王能够并且确实相当诚实地回答说：原则上，他只不过是有样学样，遵照他那个圣徒祖父理解为惯例的方式来行事罢了。如果发现王室官员超过了王室司法权的既定权限，他会纠正他们的。但卜尼法斯的立场，比他挑选的借以挑战法兰西国王的理由还要弱上几分。教宗是否能够成功迫使菲利普做出解释，取决于法兰西教会或至少是法兰西教会中的大部分人，能否将对教宗的顺从放在对国王的忠诚之前。

161　　　　教宗命令法兰西高级教士来罗马参加公会议。国王却禁止他们去参加。法兰西主教们力劝卜尼法斯放弃他的计划，这在世俗势力对教士的敌视如此强烈之时是不合时宜的。卜尼法斯斥责他们胆小，坚持自己的计划。他从未想过要妥协。在阿纳尼（Anagni）宗教法庭对法兰西大使们的一次演讲中（1302 年 6 月 24 日），他对皮埃尔·弗洛特（Pierre Flotte）展开了猛烈的人身攻击，此人被他看作使国王对自己产生恶感的邪恶天才。他坚持认为，教宗因为"罪的理由"（ratione peccati）对每一个基督徒都有至高无上的司法权，提出威胁性警告，使之与政治的关联性显露出来：正如他的前任们已经废黜了三位法兰西国王一样，于是一位国王犯下和他们一样或更多的罪行，可能会像"马倌"（sicut garcionem）那样被废黜。[117]

结果，1302 年 11 月初召开的罗马公会议虎头蛇尾。法兰西主教

---

　　⑪⑤　"……对我们来说，这对上帝与使徒主教区的荣耀就是权宜之计，可以提升天主教信仰，维护宗教自由，改革国王及其王国，纠正以往的过分行为，好好治理王国。" Reg. Bonif. VIII, no. 4226.

　　⑪⑥　关于菲利普四世和卜尼法斯八世之间的冲突，必看的文献汇编是：Dupuy (1655)，Riviere (1926) and Digard (1936)。还可参见 Favier (1978)，pp. 250 – 288，316 – 393；Strayer (1980)，pp. 237 – 239；Watt (1988)，pp. 399 – 410.

　　⑪⑦　Dupuy (1655)，pp. 77 – 79.

中大多数人的财产（*temporalia*）会被王室官员扣押，此外国王的利益会给他们带来压力，于是他们在众目睽睽之下缺席了。出席的仅限于远离王室控制的南部地区的主教们——总数 79 位中的 39 位（包括已经在罗马的 6 位）。如果此次公会议审查了菲利普的行为，或者有要将他驱逐出教的行动，但什么都没有公之于众。后来这个月（1302 年 11 月 18 日）公布了一份文件《唯至圣诏书》（*Unam sanctam*），卜尼法斯在其中精炼了他对教宗特权的整体理解，尤其与世俗权力相关。⑬

　　对其中的每一个观点，卜尼法斯都可以找到值得尊敬的学术根源：圣维克托的休（Hugh of St Victor）、克莱沃的贝尔纳（Bernard of Clairvaux）、托马斯·阿奎那（Thomas Aquinas）和许多先前的教会法学家传统都有助于形成他的观点。但就其整体而言，这是对教宗君主制绝对极端的描述，通过过分强调祭司权威来恐吓不顺从者。这一点尤其从其高潮部分的宣言可以看出："此外，我们要声明、阐明、决定并宣布，每个人服从罗马教宗对拯救来说是完全必需的。"换而言之，不服从教宗的人将会有永遭天谴的风险。这份教谕首先提到了教会学，认定教会完全统一，"教会之外既没有拯救，也没有赎罪"，而且这一组织的头就是"基督及其代理人彼得和彼得的继承人"。前提由此而来，结论由此得出。推理从更直接的政治论证中得出。"两把剑"的寓言被用来构建精神权力与世俗权力的关系的各项原则。教谕运用贝尔纳和阿奎那的方法，宣称两把剑

　　　　都在教会的掌控中，也就是精神权力和世俗权力。但是，其中一把应该被用来为教会谋利益，另一把由教会来使用；一把握在神父手中，另一把握在国王和士兵手中，但必须听从神父的命令，获得神父的允许方可使用。这把剑必需臣服于另一把剑、世俗权力顺从于精神权力。

这种高级别—低级别的关系有力地重申了卜尼法斯不停地、热切

---

⑬　文本：*Reg. Bonif.* Ⅷ, no. 5382; *Decretales, extravagantes comunes*, I. 8. I. 分析：Riviere（1926），pp. 79 – 91.

地对菲利普四世所说的话：精神权力有权裁决世俗权力。教谕无疑受到科隆纳家族宣传活动的影响，接着说世俗权力不具有逆转的权威来裁决精神权力。

《唯至圣诏书》没有令法兰西人顺从，还激怒了他们，使他们坚信卜尼法斯正试图给他们强加一种完全不可接受的教宗与法兰西君主的关系的新观点。他们的回应是一场猛烈的攻击，以前反对教宗对统治者行使司法权的任何攻击都无法与之相比。

1303 年 3 月，如暴风雨般的攻击在卢浮宫会议上扑向卜尼法斯。纪尧姆·德·诺加莱斥责他是一个罪犯——异教徒、买卖教职者和教宗职位的篡位者，要求立即停止他的任期，要求菲利普召开公会议来声讨他，并给教会提供一位合法牧者。在 6 月举行的另一次卢浮宫会议上，纪尧姆·德·普莱希安（Guillaume de Plaisians）重提召开公会议结束卜尼法斯任期的要求，捏造了 29 项罪名进一步诋毁卜尼法斯的名声，而卜尼法斯肯定犯有这些罪行。

法兰西人召开公会议的迫切心理很快显露出来。6 月底前，参加会议的巴黎主教们、巴黎大学、巴黎圣母院全体教士、巴黎的法兰西斯修会和多明我修会以及巴黎市，已经支持召开公会议的请求。然后王室代理人周游全国，有计划地为他们早已准备好的请愿书收集签章，呼吁国王起来反对卜尼法斯。[19] 几乎没有拒绝者。菲利普四世可以掌控法兰西教会，且整个国家坚定地站在他身后。欧洲历史上第一次一个国家教会真正一致同意与其君主一个鼻孔出气，共同反对普世教会的领袖。

现在，他们与科隆纳家族有了共同的事业。如果卜尼法斯将被逮捕和审判，他们必需帮助意大利。1303 年 9 月 7 日到 8 日的晚上，可能菲利普会被再次驱逐出教，科隆纳家族同盟者的混成队伍在诺加莱和枢机主教彼耶罗·科隆纳（Pietro Colonna）的兄弟夏拉·科隆纳（Sciarra Colonna）的带领下，闯入阿纳尼的教宗住所，俘虏了教宗。[20] 卜尼法斯奋力抵抗他们以死亡威胁他退位的要求。最后，他被释放并被安全地护送回罗马。他很快在 1303 年 10 月 12 日去世，惊

163

⑲　除了 Dupuy（1655），还可参见 Picot（1901），pp. 289－480；Dondaine（1952）.
⑳　Beck（1947）；Fawtier（1948）；Melville（1950）.

吓无疑加速了他的死亡。对比一下英诺森三世在第四次拉特兰公会议上获得的权威光辉和卜尼法斯八世遭受的痛苦羞辱，我们也许可以看到教宗权在 13 世纪的衰退程度，阿维尼翁的教宗们对这一衰退无能为力。

J. A. 瓦特（J. A. Watt）

莫玉梅 译

徐　浩 校

第 六 章

讨伐阿尔比派的十字军和异端

到 1200 年，卡塔尔派异端已经在西欧的许多地方牢牢地扎下根来，特别是在朗格多克、加泰罗尼亚、伦巴第和托斯卡纳。[①] 成熟的卡塔尔派组织已经有好几千个，意味着肯定已经有成千上万的人开始接受卡塔尔派。从人数统计上看，尽管他们甚至在获得最强支持的地区都是微不足道的，但是天主教权威不可忽视，因为他们有严格的组织和统一的信仰体系。不管在什么地方，一旦人数达到要求，他们就建立起区域性的主教辖区，细分成各执事区，并且将"完美者"[②] 组织在带有各种牧灵或冥想功能的单一性别的共同体里。他们宣称，天主教会是由邪恶的力量创建的，其圣事不能够起到拯救的作用；绝不可能妥协。

英诺森三世将他们视为一种国际性的威胁。在他的任期的第一年，卡塔尔派的支持者被指控暗杀了教宗国奥尔维耶托的城市行政长官（podestà），而且英诺森三世得知基督教波斯尼亚的统治者和他的许多臣民已经信奉了二元论信仰。[③] 1203 年，虽然波斯尼亚因来自匈牙利的压力重新归顺罗马，但是英诺森在 1204 年逐渐意识到巴尔干二元论真实的严重程度。那时保加利亚教会认可了教宗的首席权，第四次东征的十字军在君士坦丁堡建立了一个拉丁宗主教区。他可能在

[①] 关于卡塔尔派和韦尔多派的起源及其信条将在这套书的第四卷第一部分展开详细探讨：B. Hamilton, "Religion and the laity"。

[②] "完美者"（perfecti）指的是卡塔尔派教会中全面实行（教规）的成员。

[③] Fine（1975），pp. 123–135，不接受这些波斯尼亚的持异议者是二元论者。参见下面的第 28 条注释。

《鲍里尔皇帝的礼拜仪式书》（*Synodikon of Tsar Boril*，1211 年）中就鼓动对巴尔干二元论采取镇压措施。在西欧教会中，他将注意力主要放在对朗格多克的卡塔尔派的镇压上。

这是一个在政治上四分五裂的地区。罗讷河（the Rhone）以东的土地（普罗旺斯）是神圣罗马帝国的组成部分，阿基坦公国处于英格兰国王的统治之下，阿拉贡人统治着蒙彼利埃和普罗旺斯郡，也是富瓦、科曼日、贝恩和比戈尔等比利牛斯山贵族领地以及特伦卡维尔子爵领的宗主；法兰西王室的影响很弱，即使图卢兹的伯爵们是法兰西贵族。他们的土地从比利牛斯山脉的山麓延伸到多尔多涅河（the Dordogne），东至罗讷河谷和普罗旺斯侯爵领，而他们的主要对手特伦卡维尔人则统治着阿尔比、贝济耶、卡尔卡松和拉泽斯河等更紧凑的领土。

但是，大领主对这些领地的控制程度是不均衡的。许多小领主，包括世俗和教会的，是完全独立的，而各个城市正在争取自治权，其中最大的城市图卢兹有 2 万人，尽管伯爵在图卢兹仍然保留着相当大的司法权和财政权。小领主权被欧克希坦习俗削弱，该习俗是在不分性别的所有孩子中实行分割继承制：例如，1207 年在米尔普瓦（Mirepoix）一共有 35 位联合领主（co-lords）。④ 在这个社会里，地方性战争流行，大多数领主使用雇佣兵或长弓骑兵（*routiers*）。许多长弓骑兵都是外国人：他们在战争季节被雇佣，解雇后就成了强盗。

英诺森派往朗格多克的使节在 1203 年后以西铎会修道院院长阿纳尔德－阿马利为首，收效甚微，直到 1206 年主教奥斯马的迭戈和古斯曼的多明我加入他们。在这两个人的建议下，可能也得到了教宗的支持，他们开始采用一种"使徒"的生活方式。⑤ 通过衣着朴素地行走在道路上、睡在田野里、乞讨食物并传播福音的方式，他们证明卡塔尔派在模仿基督的生活的能力方面不是独一无二的。他们在同等条件下，与卡塔尔派和韦尔多派举行公开辩论，但是很少使卡塔尔派异端改变信仰。

1208 年 1 月 14 日，教宗使节之一的卡斯特尔诺的彼得被暗杀，图

---

④ Pierre des Vaux-de-Cernay, *Hystoria Albigensis*，Ⅰ, p. l20 n. 2.
⑤ Vicaire（1964），pp. 91 – 92，469 n. 79.

卢兹的雷蒙六世被怀疑谋杀了他。当然，两个人的关系不好，因为彼得曾经将伯爵驱逐出教，但是雷蒙一直声明他是无辜的，自身利益使他避免与教宗权对立。教宗早已相信异端正在朗格多克传播，因为大领主特别是雷蒙六世拒绝与教会合作，原因在于雷蒙的宫廷接受了卡塔尔派的"完美者"并允许他那个离了婚的第二任妻子成为卡塔尔派的"完美者"。当得知卡斯特尔诺的彼得被谋杀，英诺森发起了一场反对图卢兹的十字军征战，为参与者提供与那些前往圣地的人相同的豁免权。虽然这场战争成为著名的讨伐阿尔比派的十字军征战，因为阿尔比是卡塔尔派异端在法兰西南部的第一个中心，但是它并不是计划
166　用来直接对付异端的。英诺森打算以图卢兹来杀一儆百，引起其他同情异端的统治者的注意，用将会与教会合作的天主教领主来取代雷蒙六世和那些偏向卡塔尔派的人。这是一场反对那些直接或间接滋长了异端的支持者（*fautores*）的战争，首先是反对那些容忍异端传播的领主。

　　自教宗权在 11 世纪中期成为一股政治力量以来，它就卷入与基督教君主的战争中，这样的战争有时被赋予了十字军征战的身份。⑥因此，对图卢兹的十字军征战并不是新生事物，但它却是第一场获得了广泛支持的那种十字军远征。

> 上帝为证，这是一支庞大的军队；
> 其中有 2 万名全副武装的骑士，
> 超过 20 万的维兰和农民，
> 还不算教士和市民。⑦

　　图德拉的威廉描述了 1209 年 6 月由阿纳尔德 - 阿马利领导的抵达罗讷河谷的十字军，尽管在数据统计上并不可靠，但给人一种有大量的人都卷入其中的印象，其中朗格多克人就令人生畏。讨伐阿尔比派十字军引人注目的地方之一可能是速度。在传统的十字军征战中，参加者被要求的服役时间不确定，要么直到圣墓被解放要么他们被免

---

⑥　Housley（1985），pp. 17 - 36.
⑦　*La chanson de la croisade albigeoise*，Ⅰ，p. 36.

除立下的誓言，而那些参加讨伐阿尔比派的十字军只被要求在离法兰西岛不算过于遥远的地方服役 40 天。既然大多数十字军战士希望回到家乡，那么获取土地不是主要的欲望。⑧

与此同时，图卢兹的雷蒙试图与教宗和解，承诺执行英诺森的愿望并对教会进行补偿。他献出七座城堡和梅尔戈伊郡作为诚意的保证，于 1209 年 6 月 18 日被教宗使节米罗当众鞭打并恢复圣餐仪式。四天后，他参加了十字军，从而自动将他的土地置于教会的保护下，这使十字军领导者们陷入相当大的困境中。因为阿纳尔德－阿马利率领的十字军主力正好在三天后抵达奥朗治，而从加斯科涅出发的另一支十字军队伍已经进入凯尔西并焚毁了维勒米尔（Villemur）。他们的劫掠不得不停下来，但是要解散十字军主力很难办到，于是教宗使节决定转向去征服确实存在异端分子的特伦卡维尔子爵领，即使子爵并未被驱逐出教。

从一开始，军事上的考虑就是首要的。当贝济耶在 1209 年 7 月 22 日失陷时，包括卡塔尔派和基督教徒在内的所有人口都被屠杀，以此威吓该地区的剩余地方屈服。在 8 月 15 日落入十字军手中的卡尔卡松，为了尽快解围，所有市民被允许自由离去，不管是否进行了宗教忏悔。只有雷蒙－罗杰·特伦卡维尔子爵被关进了监狱。在由六位十字军战士组成的委员会的建议下，阿纳尔德－阿马利任命来自法兰西岛的贵族兼名义上的莱斯特伯爵西蒙·德·蒙福尔为被征服土地的统治者，并将已经完成 40 天服役的十字军战士解散。这场征战极为成功：占领了两座重要城市，伤亡较小，战利品相当丰富，遇到的反对几可忽略。这样看似奇迹般的胜利表明上帝赞同这场反对基督教徒的十字军征战，将来的兵员招募有了保证。

德·蒙福尔没有对他的特伦卡维尔封臣们的宗教从属进行任何调查：那些效忠于他的人被确认其持有的土地；那些逃跑的人被当作废黜者（faidits）或罪犯，土地被给予他自己的追随者。但是，在雷蒙－罗杰·特伦卡维尔于 1209 年 11 月在监狱中死亡后，他的许多封臣起来反叛，因为德·蒙福尔被怀疑杀害了他；阿拉贡的彼得二世拒

167

_____

⑧　1212 年的《帕米耶法令》表明，即使在朗格多克接受封地的少数十字军也不准备在那里长待下去，参见 Devic and Vaissète, *Histoire générale de Languedoc*, Ⅷ, no. l65, ⅪⅩ, p. 629.

绝接受西蒙的效忠；雷蒙－罗杰留下一个还是婴儿的儿子，这个孩子成了富瓦伯爵的被监护人。

雷蒙六世担心十字军接下来可能会反对他，求助于英诺森三世，英诺森三世指示教宗使节们只调查两项指控：伯爵是否犯有异端罪，或是否谋杀了卡斯特尔诺的彼得。如果雷蒙被查明无罪，他应该被无条件赦免；如果他被查明有罪，这个案件应该送交罗马。于1210年参加这场征战的十字军战士是从神圣罗马帝国、佛兰德、意大利、英格兰属地加斯科涅以及法兰西征集的，几乎征服了所有余下的特伦卡维尔的土地。为了对摩尔人发起一次重要的攻击，想远离朗格多克政治的阿拉贡的彼得二世接受这一既成事实（*fait accompli*），在1211年1月将特伦卡维尔子爵领授予德·蒙福尔。

图卢兹的独立损害了十字军征服事业，因为来自特伦卡维尔土地上的卡塔尔派"完美者"和废黜者骑士在那里寻到了避难所，等待着利时机返回家乡。因此，教宗使节们故意与雷蒙六世挑起争吵，拒绝进行教宗下令的调查，直到伯爵答应一系列极为苛刻的条件来证明他已在表明诚意为止。当伯爵拒绝时，他们就将他驱逐出教。在教宗认可这次责难之前，新的十字军在1211年抵达，但是进攻的却是拉沃尔，一座领主权尚处于特伦卡维尔人和雷蒙六世争议之中的城市⑨。当它失陷后，他们即刻焚烧了大约400名卡塔尔派"完美者"。当英诺森三世批准将雷蒙六世驱逐出教时，教会已经并吞了他在1209年作为保证的梅尔戈伊郡和那7座城堡，十字军开始入侵他的领土。6月中旬，他们向图卢兹推进，雷蒙六世及其比利牛斯山的同盟者们在此防御，并获得了该城市公社的全力支持。这座城市横跨在加伦河（the Garonne）上，又因为最近的浅滩在北边的好几英里处，所以围攻不尽人意，两周后十字军撤退。

1211年9月，德·蒙福尔打败了人数多于自己的法兰西南部军队，在圣－马丁－拉朗德（Saint-Martin-Lalande）获得一场胜利，之后朗格多克人开始避免正面接触。但是直到1212年秋天，德·蒙福尔都没有成功征服图卢兹的土地，那时雷蒙六世只保有图卢兹城和蒙

⑨　1181年，它曾是一块特伦卡维尔的封地，参见 Devic and Vaissète, *Histoire générale de Languedoc*, Ⅵ, pp. 91–96，但自1203年之后就归属于图卢兹的范围，参见 Pierre des Vaux-de-Cernay, *Hystoria Albigensis*, Ⅰ, p. 219 n. I.

托邦了。德·蒙福尔也并吞了科曼日和富瓦的许多地方，于 1212 年
11 月在帕米耶召开了一次议会（parlement），在会上为被征服的领地
颁发了一部法典。

西蒙对比利牛斯山地区的封臣的进攻，使阿拉贡的彼得二世担心
起来。7 月 16 日，彼得在托洛萨的纳瓦斯的一场对摩尔人的著名胜
利中发挥了重要作用，因此颇受教宗的青睐。因而当他向英诺森三世
抱怨德·蒙福尔利用十字军来为自己谋利益并由阿拉贡君主支付费用
时，教宗在 1212—1213 年的冬天停止了征募。彼得还提出建议，说
他的女婿、年轻的雷蒙七世没有任何异端的嫌疑，应该被推为图卢兹
伯爵，而且提出由他来担保在这个伯爵领实行正统信仰。在等待教宗
的回复时，他将图卢兹及其统治者置于保护之下。

但是阿纳尔德－阿马利和法兰西南部的教士向教宗申辩，说异端
在朗格多克远未消亡，并劝说他取消决定。十字军征战仍在继续，随
后英诺森在 1213 年拒绝了彼得二世提出的调解计划。德·蒙福尔宣
布放弃与彼得的联盟，于 1213 年 9 月 13 日在米雷对阿拉贡和图卢兹
联军开战。罗克贝尔估计，虽然西蒙的军队面对的人数比例高达
30∶1，但是他的骑兵面对的人数比例可能低于 4∶1。[⑩] 因为彼得在
战斗将要开始时被杀，所以他的军队士气低沉。西蒙赢得了一场著名
的胜利，但他统领的军队太少而不能乘胜追击。

1214 年春天，英诺森三世派枢机主教贝内文托的彼得在朗格多
克实现和解，直到第四次拉特兰公会议应在 1215 年 11 月召开为止。
他承认德·蒙福尔为被征服土地的暂时统治者，将未被征服的土地置
于教会的保护之下。德·蒙福尔在新的十字军战士的助威下违反协
议，残酷镇压了阿让奈地区的叛乱，夺取了雷蒙六世在罗讷河谷的领
主权。1215 年，英诺森三世允许他代表教会来管理"未被征服"的
土地。当法兰西的路易王子在复活节开始了一场不流血的十字军征战
时，他默许德·蒙福尔拆除图卢兹的防御工事。

1215 年 11 月，雷蒙六世和雷蒙七世与一大群法兰西南部贵族出
席了第四次拉特兰公会议，但是他们在教士中的支持者很少，因为在
朗格多克的主教当中，大多数人是由于十字军征战而被任命的，所以

169

---

⑩　Roquebert（1970 – 1989），Ⅰ，pp. 193 – 195.

都坚定地支持德·蒙福尔。在第三次会议上，此次公会议颁发教令：德·蒙福尔应该接收所有特伦卡维尔的土地和所有图卢兹的土地，只有普罗旺斯侯爵领地除外，这块土地要为雷蒙七世保留到他达到法定年龄。雷蒙六世只被授予 400 马克的年金。

1216 年 2 月，雷蒙六世和雷蒙七世回到普罗旺斯，在该侯爵领地受到广泛拥戴。在阿拉贡人的帮助下，他们领导了一次反对拉特兰公会议制定的协议的反叛。雷蒙六世前往阿拉贡征募一支军队，雷蒙七世从德·蒙福尔的守备部队手中夺取了博凯尔，这是这位十字军领导者遭遇的首次大败。当叛乱爆发时，西蒙正在巴黎进行土地授权仪式。他马上赶回南部，通过废除城市公社的方式试图掌控图卢兹。他也允许军队掠夺这座城市，可能是因为他已经一贫如洗以至于无力支付他们报酬，但这使整个共同体变得不友好起来。

1216 年 7 月，接任英诺森三世的洪诺留三世下令，要对阿尔比发起一场新的十字军征战。那年冬天，德·蒙福尔并吞了比戈尔[①]，在 1217 年夏天设法镇压雷蒙七世在罗讷河谷和普罗旺斯的叛乱。四周没有城墙的图卢兹只留有非常少量的守备部队，雷蒙六世于 9 月 13 日率领一支阿拉贡军队轻易地进入了这座城市。市民们准备了临时防御工事，废黜者（faidit）领主们蜂拥而来加入他的队伍。他恢复了城市执政府，该执政府同意为他的骑士们提供薪金。在 1217—1218 年的冬天，德·蒙福尔手下的军队太少，不足以发起一次有效的围攻战，甚至当大量的十字军战士在春天加入他的军队时，因为加伦河的缘故，完全封锁整座城市已不可能。当德·蒙福尔于 6 月 25 日在战斗中被杀后，十字军队伍解体了。

西蒙的继承人、长子阿莫里很快失去对图卢兹土地的控制。路易170 王子在 1219 年率领的十字军未能收复这些土地。这支队伍从 6 月 16 日到 8 月 1 日围困了图卢兹，当参加者们完成为期 40 天的服役后，围困结束了。路易的失败无疑使其他十字军丧失了信心。阿莫里·德·蒙福尔节节败退，直到 1224 年退到巴黎，最终整个朗格多克回到法兰西南部的统治之下。雷蒙七世在 1222 年继承他父亲成为图卢

①　他担保比戈尔的世袭女伯爵彼得罗妮拉和阿拉贡摄政之子努尼奥·尚哲解除婚姻并安排她嫁给自己的次子居伊。

兹伯爵，而四块特伦卡维尔子爵领地则处于1209年死在德·蒙福尔的监狱中的子爵之子雷蒙·特伦卡维尔的统治之下。

1223年菲利普·奥古斯都死后，路易王子成为路易八世。阿莫里·德·蒙福尔将他在朗格多克的权利让给他，可能受到了担心卡塔尔派异端复活的法兰西南部的主教们的影响，洪诺留三世几经犹豫后同意这样做。1226年1月，教宗使节枢机主教罗曼努斯将雷蒙七世驱逐出教，对朗格多克发起一场新的十字军征战，并征收1/10的教士税来为此提供资金。此次征战由路易八世率领，在阿维尼翁都城从6月7日耽搁到9月9日，该城执政官们拒绝让法兰西人使用他们的桥梁。在此期间，教宗使节以教宗的名义接管普罗旺斯侯爵领，而阿尔勒、马赛、塔拉斯孔（Tarascon）、奥朗日、圣吉勒、纳尔榜、博凯尔、泰尔姆（Termes）、阿尔比和卡尔卡松诸城则自愿归顺国王，可能是因为它们不愿意和自己的合法最高领主作战。9月进入朗格多克的十字军人数相对较少，有些参加者已经回家，而其他人则死于一场流行性疫病。路易任命他的表亲博热的安贝尔为卡尔卡松的总管，但是并无意对雷蒙七世及其盟友发动进攻。

国王在11月3日意外去世，留下遗孀卡斯蒂尔的布兰奇，成为他们九岁的儿子路易九世的摄政。此时朗格多克开始有了恢复独立的迹象，但是博热的安贝尔反对让步。在法兰西南部教会人士的帮助下，他在1228年对图卢兹宣战，导致雷蒙七世开始和摄政公开谈判。芒迪认为他的动机更多的是出于财政上的考虑，而不是军事上的。[12]重新燃起的战争将不得不以进一步与诸城市公社妥协为代价，尤其是图卢兹：到1228年，雷蒙七世到了继续战争在经济上已经无能为力的地步，因为根本就没有取得最后胜利的希望，也因为罗马教廷和法兰西君主还准备无限期地继续战争。

1228年12月在莫城与法兰西国王初步商讨后，雷蒙于1229年3月在巴黎与教宗和法兰西国王重归于好。他与教会和解，同意执行镇压异端的法律、解散长弓骑兵（routiers）、把教会在1209年前持有的所有土地归还、向教会支付赔偿、强制缴纳什一税、将普罗旺斯侯爵领置于教会的监护之下并在图卢兹创建一所大学作为基督主教的学术

171

---

⑫　Mundy（1954），p. 89.

中心。他获得的教规上的惩罚，就是作为一名十字军战士在圣地服役五年。雷蒙也与法兰西国王和解，但是法兰西国王要求他放弃所有领地，只有图卢兹、阿让、罗德兹和卡奥尔几个主教区与阿尔比北部地区（与几块小块的保留地在一起）除外。在这些地区，西蒙·德·蒙福尔或路易八世的所有授予都应该无效，自1209年以来被赶出去的所有南方人应该被允许重返，除非他们被宣判犯有异端罪。但是雷蒙被要求拆除一些重要的城镇和城堡的防御工事，包括图卢兹在内，还要将某些城堡，包括图卢兹城堡，交由王室监管十年。继承权被授予他唯一的合法孩子让娜，不管她以后会不会生下一位男性继承人。让娜必须嫁给法兰西国王的一位兄弟，如果她死后无嗣，图卢兹必须重归法兰西君主所有。这一决定没有第四次拉特兰公会议的决定或者1226年路易八世的设想那么严厉，路易八世的设想将会导致图卢兹伯爵失去罗讷河以西的所有土地。⑬ 所有的特伦卡维尔土地仍然由法兰西国王直接统治。

卡塔尔派异端几乎没有受到十字军的伤害。卡塔尔派"完美者"几次大批被焚烧和个人私刑处死在早些年里已经发生过，使卡塔尔派教会转入地下。⑭"完美者"已经穿上普通衣物，脱离他们的共同体，分散住在信徒家中；领导层已经制定了在充满敌意的环境中给信徒传教的方法。随着1218年后朗格多克重归法兰西南部的统治之下，卡塔尔派恢复公开宣传信仰的做法，并和以前一样强大。1225年，他们为拉兹河地区新建了一个主教区。

到1229年，全面的反异端立法已经准备就绪。第四次拉特兰公会议的第3条教规规定：那些被宣判犯有异端罪的人应该被驱逐出教并移交给世俗权威，世俗权威应当以他们认为适当的方式来没收这些异端分子的财产并惩罚他们。拒绝这样做的统治者应该要被驱逐出教，他们的土地将由基督教君主占领，这些君主将获得和前往圣地的十字军战士一样的豁免。那些以任何方式支持异端的人，不管他们是否和异端有相同的信仰，应该被驱逐出教，而且除非在一年内与教会

---

⑬　作为阿莫里·德·蒙福尔的指定继承人，路易八世打算执行第四次拉特兰公会议的决议。这必然会将罗讷河以西的所有图卢兹的土地转让给法兰西国王。

⑭　一名单身的卡塔尔派"完美者"于1209年在卡斯特尔被烧死，参见 Pierre des Vaux de Cernay, *Hystoria Albigensis*，Ⅰ, p. 117.

和解，否则将失去担任公职、继承财产或设立有效遗嘱的权利。每一 172
位主教要么亲自要么通过代理人要对异端定期审讯。发现在卡塔尔派
异端的领地上，世俗权威也制定了严厉的惩治异端的法律。弗雷德里
克二世于 1224 年在神圣罗马帝国、1231 年在西西里下令对被宣判为
异端分子的人实施死刑。阿拉贡的彼得二世在 1197 年宣判，将异端
分子活活烧死。自 1022 年起，卡佩王朝诸王通常对被宣判的异端分
子执行死刑，路易八世在 1226 年下令那些支持异端的人们应丧失土
地并被解除公职。但所有这些法律显然无效。

　　主教们缺乏时间和资源来开展审讯工作，而世俗权力试图实施镇
压异端的法律，获得的成功却十分有限，因为大多数官员没有接受过
审讯异端分子的训练。格列高利九世尝试将审讯工作交给多明我修会
和法兰西斯修会的修士。他们是专业的神学家，能胜任辨认异端的工
作：由于发誓安于贫困，因而他们不可能收受贿赂；他们可以将全部
时间奉献给审讯工作。但是他们是神父，不是律师。他们相信不悔改
的罪人将获得永远的诅咒，认为让异端分子改宗是神父职责的一部分，
他们的工作程序反映出这一点。宗教裁判享有的与 13 世纪有关的恶名
并不完全理所应当。假如他们愿意对嫌疑分子进行不加区分地屠杀，
那么异端审判者们遇到的阻碍就会很少，因为那是讨伐阿尔比派十字
军的领导者们留下的传统。但是，虽然他们有些时候要对大量的死刑
负责，而那也只是例外罢了。例如，图卢兹的异端审判者科城的贝尔
纳从 1246 年 5 月 12 日到 7 月 22 日之间宣判了 207 名罪犯，然而其中
没有一人被烧死，只有 23 人被监禁，剩下的被判处佩戴十字架。这些
审判意义重大，因为它们发生在宗教裁判所活动的高峰期。

　　第一位担任教宗异端审判者的托钵僧是于 1226 年在佛罗伦萨任
命的，从 1233 年起教宗宗教裁判所成为定期的教会法庭。在任何一
个时间，在任的异端审判者很少超过 24 人。每位异端审判者都直接
对教宗负责，没有中央团体来配合他们的活动。起初，他们没有程序
指南，他们当中有些人使用了粗暴的方法。正如科尔默所示，这一缺
陷很快得到弥补：异端审判者们已知的最早指南在 1244 年开始使用，
提供了异端审判者在整个 13 世纪都遵从的程序架构。⑮

---

⑮　Kolmer（1982），pp. 198-203.

当开始询问时，一位异端审判者会宣布一段恩典期；在此期间，
173 那些自愿忏悔的人只要详述自己及他人参与异端的情况，将受到较轻
的惩罚。在他们的帮助下，异端审判者汇编了嫌疑分子的名单，然后
将他们传唤到法庭。缺席被当作有罪的证据，可能被世俗权威逮捕。
法庭由异端审判者、公证人和两三位宣过誓的宗教裁判所的证人组
成。整套程序都不利于嫌疑分子：出于安全的原因，他的指控者将不
会被提及名字；为了削弱他的安全感，对他的指控罪名不会具体化；
没有律师为他辩护，以免与异端有关联。被指控者在审讯开始时可以
向教宗上诉，这个案件然后将会转交给罗马教宗，但是这样的花费是
很高昂的；或者他可以试图证明那些未知的指控者之一和他有不共戴
天之仇，而且如果属实，对他的指控将被取消。异端审判者有权监禁
不愿意和法庭全力合作的嫌疑分子。1252 年，英诺森四世在其教谕
《根绝》（*Ad extirpanda*）中批准，只要不造成流血、肢残或死亡，宗
教裁判所可以使用酷刑。酷刑由世俗信徒执行，用来获得更多信息，
从来不是为了使嫌犯改变宗教信仰，因为被迫改宗在精神上被认为毫
无价值。13 世纪很少留下酷刑实例的记录，因此很难断定法庭是否
很少使用酷刑，或者很少允许使用酷刑。⑯

异端审判者们没有进行过法律培训，因而要求咨询专业律师来做
出对罪犯的惩罚。有些疑犯无罪释放，但是大多数被给予传统的惩
罚，例如延长斋戒期或去朝圣。有些身体强壮的人被命令去参加十字
军，其他人被判处在衣服上佩戴两个大大的黄色十字架，这种惩罚很
可怕，因为它经常致使整个社会对被惩罚者的排斥。宗教裁判所也将
监禁当作对严重犯罪的一种忏悔方式。⑰ 罪行较轻的罪犯或那些等待
判刑的人都住在轻度监禁室（*murus largus*），由围绕着一个活动场地
的单个牢房构成；但是罪行严重的罪犯，如故态复萌的异端分子，被
关押在重度监禁室（*murus strictus*）中，即看守最严密的监狱，那里
的囚犯被用铁链锁在没有照明的牢房中。这些极为糟糕的条件部分地
得到缓解，因为世俗信徒看守有时收受贿赂，愿意放松规则。真心忏

---

⑯　Douais（1906），p. 176，声称只有三例酷刑实例记录在 13 世纪法兰西南部的宗教裁判所的档案
中。

⑰　异端审判者将监禁视为一种忏悔方式而不是一种惩罚。忏悔者不得不自愿地向监狱报告并请求
允许食用面包和水来进行忏悔。

悔后，异端审判者会酌情做出决定，未能完成宗教裁判所忏悔的将会由世俗权威来进行逮捕。放弃信仰的少数卡塔尔派"完美者"得到基督教权威的优待，有时被任命为异端审判者，因为他们对卡塔尔派异端的了解对宗教裁判所法庭来说是弥足珍贵的。没有放弃信仰的"完美者"被移交给世俗权威，在火刑柱上焚烧致死。异端审判者们也汇编了已死的嫌疑分子的名单，传召证人来确定被指控者是否死于异端：如果被判有罪，他们的尸体将被挖出，当众焚烧。

174

宗教裁判所的花费由世俗权威支出，刚开始时数量很大。宗教裁判所的总部和监狱需要建造；仆人、看守、有时武装护卫需要支付薪水，也需要支付差旅费用。⑱ 宗教裁判所的司法可以为世俗统治者带来利益，但是不多。卡塔尔派"完美者"没有财产；欠基督教债权人的债务不得不用从卡塔尔派信徒那儿没收的财产来偿还；1243 年后，异端分子的基督教妻子的嫁妆得到保护。为了获得世俗权威的合作，宗教裁判所不得不保证它不会出现亏损；因此它急于起诉死者，他们的领地可以被没收而不用顾虑基督教继承人的权利。

1233 年在朗格多克建立的宗教裁判所起先遇到相当大的反对。1234 年，纳尔榜出现反对宗教裁判所的暴乱；1235 年，图卢兹的宗教裁判所在执政官的压力下被逐出，虽然在 1236 年得以恢复，但是出于回应雷蒙七世的抱怨之故，教宗从 1238 年到 1241 年暂令其停止活动。英诺森四世于 1245 年在里昂公会议上做出决定后，宗教裁判所法庭递交给教宗的上诉大大增多。当教宗决定监禁可以改判为监禁者自愿参加 1248 年的圣路易十字军时，异端审判者的权威被进一步削弱。图卢兹和卡尔卡松的多明我修会异端审判者从 1249 年起停止活动，直到 1255 年亚历山大四世授予他们比以前更大的权力。

起初，卡塔尔派在面对迫害时能迅速恢复。在签订《巴黎和约》后，"完美者"恢复世俗信徒的着装，他们的社团已经分散。卡尔卡松和阿尔比的卡塔尔派主教变成了巡回者，他们的教会从好些庇护者提供的避难所中运转起来。然而，1232 年后，图卢兹、阿让和拉兹河地区的主教们都在蒙塞古（Montségur）城堡建立总部，其领主佩雷拉的雷蒙是一位卡塔尔派信徒，而"完美者"则居住在山坡上的小木屋里。主教们雇佣战斗人员来防守该城堡并护送外出传教的"完美者"，教会继续有效地运作。蒙塞古成为大量奇思妙想的题材，175 其中大部分出自对卡塔尔派异端几乎没有任何了解的作者之手，[19] 但是没有证据表明卡塔尔派领导层给予这个地点任何特殊的宗教意义：将物质创造的任何一部分视为神圣，是有悖于坚定信仰的。[20] 1242年，蒙塞古的指挥官米尔普瓦的罗杰在阿维尼纳特（Avignonet）谋杀了图卢兹的异端审判者及其同伴。之后，蒙塞古被卡尔卡松的总管率人团团包围，当它在1244年3月失陷时，守备部队获得允许，可自由离去，但是大约215位"完美者"被当场烧死，包括3位主教在内。

1249年，与失去蒙塞古相比，雷蒙七世的去世大概使卡塔尔派教会变得更加弱小。他从未同情过卡塔尔派异端，但是他容忍那些卡塔尔派封臣。新伯爵，即雷蒙的女婿普瓦蒂埃的阿方斯没有继续这一政策。他和他的兄弟圣路易试图在朗格多克强迫所有封臣信仰正统教义，与此同时限制城市的独立，这使富有的市民要保护卡塔尔派变得困难起来。但是，在受迫害期间，卡塔尔派需要庇护者，这些庇护者能够提供便利来使"完美者"按照规则生活，并且以严厉的戒律训练新信徒。

1253年前，由于朗格多克再也找不到这样的庇护者，图卢兹的维文特主教和阿尔比的艾默里·迪·科莱主教前往克雷莫纳居住。只有卡尔卡松主教佩雷·波利安留在法兰西南部，直到1258年去世。"完美者"逐渐跟随他们的领袖四处逃亡。这完全改变了朗格多克的卡塔尔派宗教的做法。少数完美者被借调去照顾信徒。他们引人注目，经常四处奔波，获得世俗信徒代理人网的帮助，后者引导他们从一座安全的房子转移到另一座安全的房子。希望被培训成"完美者"的信徒不得不前往意大利获得这样的培训，这使招募变得困难起来，导致在法兰西南部进行传教的"完美者"的数量逐渐减少。[21]

---

[19]　对各种奇思妙想做了有益的简短总结的是：Birks and Gilbert (1987), pp. 13 – 50.

[20]　然而，这里对信徒们来说可能有着一种宗教意义，在迫害期间，其中有些人被运送到那儿去死。

[21]　关于流亡中的法兰西南部的卡塔尔派的历史可参见 Roach (1990).

1291 年后，那里的卡塔尔派开始复兴；当时，为了回应各城市对异端审判者滥用职权的控诉，菲利普四世指示官员们不要按照常规来与他们合作，因而使他们的工作不可能开展起来。此次复兴由一位来自富瓦的公证人皮尔·奥蒂尔领导，他和他的兄弟吉列姆在伦巴第受训成为"完美者"。从 1298 年到 1309 年，他们在朗格多克西部的125 个地方给信徒传教。但是，当菲利普四世需要其帮助来镇压圣殿骑士团时，宗教裁判所在 1307 年重获权力。皮尔·奥蒂尔在 1311 年被处死，给在场的人这样说："如果我可以合法传教，你们全都将接受我的信仰。"[22] 法兰西南部的真正卡塔尔派异端随他而消亡。图卢兹的异端审判者贝尔纳·居伊（1307—1324 年）追捕幸存的卡塔尔派信徒；最后的已知"完美者"吉列姆·贝利巴斯特在 1321 年被烧死。此后，虽然法兰西南部可能还有卡塔尔派信徒，但是他们缺少传教者来传播信仰或给他们进行解放圣礼。

　　没有肯定的证据来表明 13 世纪在莱茵河谷和洛林出现过卡塔尔派。[23] 被主教辖区的异端审判者马尔堡（Marburg）的康拉德[24]宣判有罪的异端分子，据称是路西法追随者或魔鬼崇拜者。对那个地方和那个时期来说，这是一个除了康拉德的想象以外似乎没有任何证据证明的异教团体。但是在 13 世纪 20 年代，有组织的卡塔尔派异端在佛兰德、香槟和勃艮第相当活跃。它被多明我修会的首席异端审判者"博格勒"的（le bougre）或"保加尔人"罗伯特的活动所镇压，此人是一位改宗的卡塔尔派"完美者"。他煽动暴徒袭击卡塔尔派嫌疑分子，公开进行审判，对那些放弃以前的信仰的人施以严厉惩罚，并对 1239 年在香槟的蒙艾梅（Mont-Aimé）发生的 184 位被宣判有罪的卡塔尔派信徒当众被烧死的事件负责。虽然他后来被他所在的修会因其行为过激而终生软禁在家，但罗伯特已经有效地根除了法兰西北部的卡塔尔派异端。到 1250 年，法兰西北部的卡塔尔派主教和大约150 位"完美者"在维罗纳避难，他们的教会在此地幸存到大约

176

---

　　[22]　皮尔·奥蒂尔派异端……应当被烧毁。他说，如果人们被允许发言和宣讲，所有人都会相信。转引自 Vidal（1906），p. 73 n. 2.

　　[23]　1211 在斯特拉斯堡审判的异端分子可能是卡塔尔派信徒，但是证据是不确定的，可参见 *Annales Marbacenses*，*MGH Scriptores rerum germanicarum in usum scolarum*，Hanover（1907），p. 87.

　　[24]　康拉德不是教宗的异端审判者，但却是一位由教宗批准的主教辖区的异端审判者，参见 Kieckhefer（1979），p. 15.

1289 年。同样地,宗教裁判所于 1238 年在阿拉贡王国建立后,曾经一度出现在这里的卡塔尔派异端逐渐削弱,最终在 1270 年左右消亡。加泰罗尼亚的"完美者"可能与朗格多克的一起撤到了伦巴第。㉕

　　雷尼尔·萨科尼估计,意大利北部和中部在 1250 年左右大约有 2400 位"完美者",分属六个教会,有些拥有相互抵触的司法权。在他们当中,1500 人属于米兰附近的康科雷佐的温和的二元论教会,500 人属于布雷西亚附近的德森扎诺的阿尔巴嫩西斯地区(the Albanenses)的绝对二元论教会,而剩下的则分属巴尼奥洛(曼图亚附近)、维琴察、佛罗伦萨和斯波莱托山谷的各个教会。㉖ 如果纳尔榜的伊夫斯的信可信,那么意大利卡塔尔派教徒曾将一些信徒送去巴黎大学,意大利的卡塔尔派异端在 13 世纪上半叶当然培养出了有思想的神学家。㉗ 写了《两大原理之书》(*Book of the two principles*)的卢杰奥的约翰和他的学生们,试图为绝对二元主义做合理辩护,而约翰的同时代人德西迪里厄斯撰写了关于温和二元主义的专著。托马斯·阿奎那读过之后,对其进行了驳斥。

　　意大利卡塔尔派没有遭受系统性的迫害,直到格列高利九世于 1226 年在佛罗伦萨、1232 年在整个伦巴第地区试图引进宗教裁判所为止。即使在那时,虽然弗雷德里克二世憎恨异端,但他不会允许宗教裁判所在他控制的地区进行活动;而在亲教宗的城市里,因为它只是一个教会法庭,它几乎得不到支持。在格列高利九世统治时期,一些卡塔尔派完美者在米兰、皮亚琴察和托斯卡纳被烧死,但是信徒们很少受到攻击。弗雷德里克死后,他的政策被他的儿子康拉德四世、他的私生子西西里国王曼弗雷德以及他的代理官员埃泽利诺·达·罗马诺和乌贝托·帕拉维奇尼在伦巴第延续下去。有时候,宗教裁判所能够在新地区展开活动,在教宗的同盟者的控制下进行判决,但有时候会被从创建已久的城市里驱赶出去,正如 1252 年被从米兰赶出去一样。安茹的查理推翻了曼弗雷德,在 1266 年成为西西里国王。1268 年,在乌贝托·帕拉维奇尼死后,他成为意大利北部的主宰。

　　㉕ 最后一位在伦巴第流亡的图卢兹教会的著名长子是菲利普·加泰拉(加泰罗尼亚人),参见 Duvernoy (1979), pp. 160 – 161.

　　㉖ Raynerius Sacconi, *Summa de Catharis*, p. 50.

　　㉗ Matthew Paris, *Chronica majora*, ed. Luard, p. 271.

他与教会全力合作：宗教裁判所于 1269 年在西西里王国建立，不久以后在北部城市也得以建立，虽然威尼在 1289 年承认了它，但是有条件的。

当迫害开始时，德森扎诺和巴尼奥洛的卡塔尔派主教与图卢兹和法兰西北部流亡主教们一道，随着许多"完美者"退到加尔达湖畔的锡尔苗内（Sirmione）要塞。他们选择一处远离伦巴第主要城市区域却又可以到达那里的地方当避难所，此举与法兰西南部卡塔尔派教徒选择蒙塞古有点相似，也遭遇了同样的命运。1276 年，维罗纳的德拉·斯卡拉家族进攻锡尔苗内，逮捕了 174 位"完美者"，这些人和其他卡塔尔派教徒于 1278 年在维罗纳的圆形竞技场被烧死。康科雷佐的教会一直幸存到 1289 年左右，科西嘉直到 1370 年左右仍然有卡塔尔派。然而，迟至 1388 年，卡塔尔派才出现在都灵附近的基耶里，他们声称是从波斯尼亚接受信仰的，但是在意大利的大部分地区，卡塔尔派异端到大约 1325 年就已经消亡。

西欧的原始资料，尤其是教宗的原始资料，排除任何合理怀疑，表明二元论在波斯尼亚还很活跃。英诺森三世的干预证明从长远来看没什么效果，而格列高利九世发起一场由匈牙利人领导的反对波斯尼亚的十字军征战，被 1241 年蒙古人入侵匈牙利中断。当英诺森四世试图使波斯尼亚教会从属于匈牙利统治阶层时，它在 1252 年不再服从于教宗。这一发展的意义仍然是学者们争论的问题。J. V. A. 法恩持还原论者的观点，认为波斯尼亚教会虽然是分裂的，但仍保持基督教信仰，并且声称该公国内很少出现二元论者。另一种观点在桑吉克（Šanjek）那里得到最充分的发展，认为 1252 年后二元论成为波斯尼亚的主要宗教，而基督教则被边缘化。但是所有学者一致同意，中世纪晚期二元论在波斯尼亚是得到承认的。[28] 1325 年，教宗约翰二十二世报告说异端分子从欧洲的许多地方涌向波斯尼亚，如果情况属实，或许这就可以说清楚卡塔尔派异端恰好在那个时候突然从整个西欧消失的原因。[29]

178

---

[28] Fine（1975），especially pp. 148 – 55. F. 沙涅克（1976）的观点获得曼塞利敏锐的评论（1977）。法恩的观点没有被广泛地接受，但是兰贝特独立提出的波斯尼亚二元论的保留态度也应给予应有的重视，参见 Lambert（1977），pp. 142 – 150。

[29] "…… 大量异端从许多地方和不同团体涌入波斯。尼亚。"Bullarium Franciscanum，*Sbaralea*，V，pp. 287 – 288，no. 577. 目录参见 Millat（ed.），*Jean* XXII（1316 – 1324），no. 32126，V，p. 448。

没有其他异端像卡塔尔派那样被基督教权威视为如此严重的一种威胁，但是大量的其他异端运动确实存在。这些当中最兴盛的是瓦尔多派，他们到 1200 年已经从朗格多克遍及伦巴第和洛林。英诺森三世试图谨慎地处理他们，允许改宗者组成清贫修会共同体，保留瓦尔多派在精神上与基督教准则相容的那些特征。但是大多数瓦尔多派保持独立，尽管 1218 年法兰西的成员与伦巴第的成员之间因绝对贫困问题形成分立，该运动却一直如火如荼地进行着。瓦尔多派教徒和基督教徒在关于主要基督教信仰方面存在共同性，但是在崇拜形式上通过将圣事从属于公共祈祷和传教，以及通过任何基督教男女信徒在需要的时候都可以在教会中担任任何职务等方面有所不同。为了避免宗教裁判所的迫害，他们分散到皮埃蒙特、意大利南部、德意志东南部和奥地利的偏远乡村地区，虽然遭到零星的并且有时猛烈的迫害，但是他们一直幸存到今天，不过他们的观点历经几个世纪早已发生了变化。

其他异端更加短暂：再施洗者派是从瓦尔多派分裂出来的小派别，不像其母体，他们否认基督教洗礼的有效性并提出令人喜欢的信条，即一个基督徒一生只需要遵守四旬斋一次。皮亚琴察的斯佩罗内分子认为圣事对拯救来说是不必要的，拯救只依赖内心的净化。帕萨吉恩派认为基督徒受到旧律法和新律法中的戒律的约束。米兰的古列尔玛的信徒（1281 年）相信她将会以圣灵的化身回归并发起一次新的分配，其中将会有一部新福音和一位女教宗。所有这些团体极易受到迫害，但是宗教裁判所没有认真对待古列尔玛派，直到 1300 年的复活节，那位女教宗候任者在古列尔玛的坟墓旁主持了弥撒。信徒中有五人以异端罪被烧死，但是其余人只被判处轻微惩罚便遣散，于是该教派瓦解。

起源于各大学的"学院派"异端，如果吸引了一批大众跟随者，通常只会招来世俗的惩罚。因此，赞同巴黎大学的逻辑学老师阿马尔里克的观点的九位教士，在 1210 年因异端罪被烧死。这些观点认为：一个新的时代正在形成，基督教教会在这个时代将会被取而代之。然而，给予阿威罗伊主义者的待遇迥然不同。他们是以布拉班特的西格（大约 1240 年至大约 1284 年）为首的一群巴黎文学硕士。他们阅读了新近翻译的亚里士多德的作品以及穆斯林和犹太人对它们的评注，特别受到穆斯林哲学家阿威罗伊（死于 1184 年）的影响。此人认为，如果理性与天启之间有所冲突，那么理性不应该自动地从属于天启。由巴黎的阿威罗伊主义者提出的想法有：上帝不是无所不知的；天意不会指导人类的事务；物质不是创造出来的；世界既没有开始也没有结束；"神学家的言论建立在神话之上"。[30] 与阿马尔里克派不一样，阿威罗伊主义者没有大众跟随者，所以大学可以把他们当作内部问题。1277 年，他们的许多论点被大学斥责为异端思想，要求教学人员同意这个决定。不到十年，阿威罗伊主义消失了。除绝对二元论以外，比起 13 世纪任何其他异端来说，阿威罗伊主义可能是一种对基督教会更为激进的挑战，然而所造成的麻烦要小于所有异端。戈登·莱夫公正地认为，西部教会本能地撤销了阿威罗伊主义者的核心原则的含义，即在使用人类的理性来思索终极真理时应该没有任何限制。[31]

到 1300 年，异端虽然没有消除，但已经边缘化。新分立主义运动，如弗拉蒂切利派，仍然从基督教中涌现。像瓦尔多派等旧传统依然存在，比起一个世纪以前虽然人数可能没有减少，但是其公众形象已经明显变小。但现在是基督教会而不是这些异端团体，表现出大部分的宗教活力和社会关联的迹象。合乎逻辑的推断似乎是，14 世纪早期卡塔尔派的消除和其他异端运动日渐衰亡的命运，是宗教裁判所镇压的直接后果。但是成功的宗教迫害非常少见：通常，信徒情愿为其信仰而死的事实，为他们的事业赢得了改宗者。卡塔尔派当然准备为了他们的信仰奋勇献身，然而他们的教会逐渐衰亡。而瓦尔多派中也有些人勇敢地为信仰牺牲，他们的教派不仅幸存下来，而且可能在人数上甚至有所增加。

迫害只是一种更为复杂的进程中的一个组成部分，这一进程对决定卡塔尔派和其他异端的命运产生了影响：他们全都得对西欧社会的变化做出反应。在 13 世纪，城市化逐渐增加，随之而来的社会问题也会增多；12 世纪的文艺复兴需要按照古希腊和同时代穆斯林与犹太人的学识来反思传统价值；与此同时，蒙古帝国还使西方要和亚洲

180

---

[30] "神学言论基础在故事中。"转引自 Knowles（1962），p. 274.
[31] Leff（1958），pp. 258 – 260.

的迄今为止还不了解的民族和文明打交道。所有这些因素都对基督教社会有着宗教含义，基督教会通过托钵修会的活动积极主动地与他们接触。

多明我修会和法兰西斯修会都献身于一种苦修和公开传教的生活。它们吸引了一些那个时代在智力上最有天赋的人，到 1300 年，西欧任何略具规模的城镇大多至少出现一个托钵修会。这当然极大地增加了基督教在城市地区的力量：例如，到 1295 年，单朗格多克就几乎有 4000 个托钵僧，几乎所有这些人都是神父。㉜ 他们的影响很大。他们主持着城市堂区，被视为布道者、忏悔者，早期还是为城市穷人提供牧灵关怀的模范。两个修会中的有学识的成员处于欧洲智力生活的前沿。像法兰西斯修会的总会长波拿文都拉和多明我修会学者托马斯·阿奎那等人，按照新学识提出的智识问题帮助再次形成基督教的正统思想。托钵僧同样带头探索亚洲的土地，并且将这些新文明解释给他们的同时代人。㉝ 在拉蒙·德·佩尼亚福特的领导下，多明我修会修士对希伯来语和阿拉伯语展开详细研究，希望获得与犹太人和穆斯林辩论的基本工具。

181 托钵僧比卡塔尔派能够以一种更积极的方式来满足世俗信徒的需求。卡塔尔派将基督教完美的理想放在所有人理论上可达到的范围里，不管他们的社会地位或他们的婚姻状况如何，但前提是他们准备像僧侣那样生活并脱离尘世。否则他们不得不过着没有宗教慰藉的生活，寄希望于在卡塔尔派"完美者"的帮助下可能得以善终。托钵僧使世俗信徒既可以过着基督徒的生活又可以留在俗世成为可能：鼓励他们去了解他们的信仰、经常做圣事并按照圣召来理解日常生活。他们当中真正虔诚的人甚至被鼓励加入第三会（Third Orders），这样他们就可以尽可能多地实践那些与日常生活相容的多明我修会或法兰西斯修会的规章。

当然，迫害使异端分子不可能在平等条件下与托钵僧竞争。在设有宗教裁判所的地方，他们不能够布道或公开见证信仰，而且由于他

㉜ 1295 年，该教省有 2107 名多明我修会修士，虽然那个时候该地区的法兰西斯修会修士的人数缺乏精确数据，但是他们修会的数目表明奉有使命的人数相当，参见 Ribacourt and Vicaire（1973），pp. 25–77.

㉝ 这始于 1259 年前后，参见 Vincent of Beauvais, *Speculum maius*.

们被禁止上大学，所以他们不能够就托钵僧提出的知识方面的反对理由为自己进行充分的辩护。值得注意的是，我们已知的所有意大利卡塔尔派学者都是在宗教裁判所设立之前受教育的。然而，即使考虑到这些因素，卡塔尔派在面对迫害时缺乏持续的恢复力仍是事实。卡塔尔派屈从于他们更有活力的基督教对手，迫害似乎加剧了他们的运动所不可逆的衰退。卡塔尔派及其基督教神圣的理想属于修道院的世纪，但是托钵僧代表着一个新型社会的宗教志向。他们想时代之所想，吸引支持者，而卡塔尔派最多希望继续向那些具有传统观念的人传教。迫害使这也成为不可能的事。

伯纳德·汉密尔顿（Bernard Hamilton）

莫玉梅 译

徐　浩 校

第 七 章

教会与世俗信徒

　　到 12 世纪末，除少数像芬兰或立陶宛这样的边缘地区外，西欧和北欧的基督教化可被视为已经完成；人们对此可理解，除人数极少的犹太人外，所有居民已经受洗皈依基督教信仰。当然，有些地区还有穆斯林人口，但是这些地方几乎毫无例外地在较早时期便处于穆斯林的统治下。然而，就在基督教取得这片广阔土地之时，教士阶层正逐渐意识到这一皈依多有表面化的性质。直到那时，教会一直认为执政的社会各阶层一定会皈依基督教，然后是大批民众会紧跟着皈依。总的说来，这样利用精英阶级的方法自罗马帝国结束以来都是成功的。然而，形势在整个 12 世纪期间发生了变化：在叙任权斗争后，几个国家的世俗贵族卷入了与教会统治阶级的纠纷中，有时还任自己受到异端运动的影响，就如 12 世纪 70 年代在朗格多克和意大利所发生的异端运动。即使在世俗贵族仍然忠于正统信仰的那些地区，他们在涉及道德事务或那些教士享有既得利益的事务上，往往处于教士阶级的对立面；从教士方面来说，他们不能够再寄希望于无条件的奉献。此外，民众开始从生活的各方面的被动状态中清醒过来，渴望掌控自己的命运，特别是在城市里。城市见证了公社运动的快速拓展，而公社运动常常坚定不移地反对教会权威。然而，特别是从 1170 年左右开始，所有社会环境下异端分子的成功，将最警醒的教士的注意力吸引到缺乏深度基督教化上来。因为，如果整个地区的人口在几十年间一直坚持从教会信条中早已清除的信条，这意味着他们的信仰不够根深蒂固。因此，正当十字军在表明拉丁基督教向外部世界积极扩张的时刻，新的边疆正在形成，即内部重建的边疆。在那些被异端污染的地区，这种重建以实施镇压政策为标志。同样地，重新控制其他地区是十万火急的事情；否则反对当局的威胁可能会变得更强大。因此，从第三次拉特兰公会议（1179 年）开始到影响最大的第四次拉特兰公会议（1215 年），教会极力使信徒的宗教信仰和习惯更符合基督教的要求，就像基督教会对基督教的界定那样。

教牧的攻势

神父角色的演变和堂区的快速拓展

教会首先在努力加强普通神父的威信。这些人，特别是在乡村，几乎难以从普通信徒中辨别出来，要么因为他们的生活方式要么因为他们的宗教知识。这对教会是绝对必要的，因为某些异端分子认为，神父的工作可以由任何没有罪行且鼓励信徒拒绝从任何缺少德行的教士那里接受圣事的基督徒担任。在这个方面，第四次拉特兰公会议在基督教神职史上标志着一个重要阶段，它强调神父在举行圣餐礼中的作用。这只有在他已经被按照仪式授予圣职，且已经由一位相称的主教按照教规任命后才能够执行。

此外，本次拉特兰公会议的第 21 条教规要求：所有已经达到"能辨别是非的年龄（大约 7 岁）"的男女信徒必须至少每年在他们所属的堂区忏悔和领圣餐一次。这个决定加强了神父在共同体中的重要性。事实上，从那时起，信徒在理论上不再有任何选择：他们不得不依赖自己的教区牧师——不能依赖任何其他人——得到赦免，这是他们获得允许来领圣餐和履行复活节义务所必不可少的。[①] 此外，正是在 13 世纪用教区牧师或校长（*curates* 或 *rector*）的称呼来表示地方堂区神父变得更为普遍，他们的形象也发生了变化，这几乎无人感到惊讶。神父不再只是举行必要仪式和从圣书中引经据典的人：从这时起，全心全意拯救人们的灵魂（*cura animarum*）和管理圣事的执事及关注堂区居民的道德生活，是他义不容辞的职责。即使仍然没有将人驱逐出教的权力，他至少能够向主教权威表明他的堂区成员中哪些

① Avril (1980).

人被禁止执行宗教义务、哪些人被视为异端或犯下公共罪行（声名狼藉的通奸者、顽固不化的放债者，等等）。通常对他们进行判罚的也正是堂区神父。因此，随着堂区成为宗教生活的必要架构——比过去更为必需，神父的权力也成比例地增加。在 13 世纪，正是由神父来保障教堂的安全并加强秩序感；在结婚前发布结婚预告，尤其还负责教堂会众成员中那些在弥留之际和死前的任何可能有东西遗赠的人的遗嘱。即使所有神父都不能够担负起这些新的职责——看看那个时期《寓言诗》（*Fabliaux*）的作者们对神父的辛辣批评——但他们似乎仍然在信徒中获得越来越重的分量，这从教区牧师特别是在乡村成为村庄共同体的相对于外部权威的代表这一事实中得到证明，不管这些权威是主教还是君主的代表。②

因此，堂区从曾经的地方领主权的简单附属物逐渐变成主教辖区的灵牧行为中心和信徒在宗教领域里的架构，尤其是在乡村地区，它已然如此。从信徒方面来说，他们没有使自己在堂区中局限在被动角色上，反而积极参与堂区的管理，特别是通过堂区会议这一媒介，它在整个 13 世纪里几乎遍布各地。③ 这些堂区会议处于世俗堂区居民中的精英的管理下，这些精英可能是加洛林时代的"公会议的见证人"的继任者。在圣职人员四处巡视时，遇到婚姻问题和（或）发生在村庄或乡村地区的所谓巫术与异端案件时，他们被召集起来做证人。无论如何，负责堂区教堂和墓地的维护都是他们的职责：通常来说，堂区会议负责教堂中殿而教士则负责圣坛；更确切地说，该职责落在对教士生活提供资助的人的身上。④ 然而，这一分工只存在于理论中，人们在实践中可以看到出现了一种共管办法，它在堂区会议中把一个或更多神父及其属下与堂区教堂的维修任务联系起来，最后堂区教堂的装饰也包括进来。当然，这并不意味着双方之间的关系总是平和欢畅的。事实上，他们被迫进行合作，因为堂区会议的资金通常放在一个钱袋或更确切地说一个保险柜（*arca*）中，钥匙由三个人掌管：一个世俗信徒司库、代理神父和主教。此外，在某些地区，如诺曼底，堂区会议的真正存在对堂区的凝聚力产生积极作用，因为教堂

185

---

② Nykrog (1957), 1, pp. 575–599.

③ Clement (1895).

④ Addleshaw (1956); Godfrey (1969), pp. 70–82.

执事（church-wardens）不得不在堂区居民集会或乡村共同体选出的代表面前，就其管理事项一年述职三次。

日益重要的圣事

在加强堂区的同时，我们可以看到关于世俗信徒的宗教生活的新观念确定下来，这种观念建立在被视为一位典型的"好基督徒"行为定义的基础上。这不再仅仅是指已经受洗、被迫在周日参加弥撒并缴纳什一税的人。第四次拉特兰公会议后，所有男女都被要求表现出归属教会的明确外在表征，也就是说至少每年去忏悔和领圣餐一次。这实际上没有涉及任何新做法，但是从那时起，不遵守此义务的人将遭到被禁止进入教堂和实行基督教葬礼的惩罚。大量讨论涉及这一措施是否是为了帮助教士辨认异端分子和非遵奉者，即那些戒除这些做法的人。如果堂区神父已经按时要求他们参加而他们却未能遵从，堂区神父要根据这些事实挺身而出，必须向主教告发这些人。尽管根据1215 年的教令要实行秘密忏悔，人们却难以相信其动机没有出现在教宗和第四次拉特兰公会议代表的心里。[5] 但是，特别是第四次拉特兰公会议的第 21 条教规构成内部化进程的最高点，这一进程自 12 世纪以来就强调忏悔在基督徒生活中的重要作用。当然，忏悔只不过是七项圣事之一：完整的圣事清单最后在 1150 年前后被神学家确定下来。但是忏悔的重要性远远超过除圣餐外的其他几项，为了强迫世俗信徒认识到他们的罪并采取措施来完善他们自己，13 世纪教会的整个教牧工作的目的就是鼓励世俗信徒经常做忏悔。事实上，教士们对福音运动和某些异端分子针对教会的批评很敏感，这二者都强调有必要加强言行之间的结合并按传教内容来实践。信仰不能够维持正式或含蓄的忠诚：至少在广义上，它不得不暗含着一定数量的基本真理的知识，就像信条中所界定的那样，以及公开声称的信仰和在私下和当众表现出来的具体行为之间的最小一致性。为了获得拯救而皈依的必要性当然不是一种新观点。但是直到那时，在忏悔的传统领域里，重点更多地放在某人的赎罪上，这是一个获得其同胞的神圣宽恕和解的必不可少的条件。人们相信，只有当罪人完成神父判处的苦修行

186

---

⑤　Gy（1986）；相反的可参见 Little（1981）.

时，罪行才能真正去除。这种苦修行大多由自动申请的固定且彻底的惩罚构成。通常，这些惩罚安排数月或数年的斋戒，严厉和困难得难以与社会生活的艰苦相一致。此外，从 10 世纪开始一个完整的折算体系发展起来，它允许这些苦修行的禁令可以转换成朝圣或捐赠救济物。在整个 12 世纪期间，良知的觉醒和道德神学的进步使这些做法和观点受到人们的审视。⑥ 阿伯拉尔在著作中形成一种真正的道德意图，确认"我们的行为价值及其获得的评价在上帝和人们的面前不是由物品决定的，不管这些物品本身的好或坏，都会受到这些行为的影响——偷窃、谋杀、肉欲行为——而宁可说是由我们给予这些行为的内部赞同程度来决定的"⑦。从这个角度来看，罪行被看作可以内在化，但是决不会变小。相反，侧重点放在了个人责任上，如果从行为性质中找不到任何开脱之词，或者其行为无法掩藏在群体的一致性后面，个人责任甚至变得更为严重。即使这些不会被人们顺利接受的观点只是慢慢地渗入人们的心灵中，但是人们发现宗教和世俗文献中都肯定了忏悔的重要性。没有忏悔，即使最苛刻的仪式对罪人来说都是绝对无用的。⑧

在这种新氛围中，重点转移到了忏悔过程的中心上。13 世纪初，神学家和教会法学家一致承认，圣事的基本要素是通过口述或向人忏悔来公开承认，这意味着由相关的人进行忏悔和承诺，而不是通过完成某种惩罚来弥补。乞求上帝和圣人的恩典、前去朝圣和给穷人发放救济品的祈祷者当然是最适当的，但是也只不过起着辅助作用。事实上，忏悔本身就被视为是非常痛苦的，以至于罪人在忏悔时所经历的羞辱独立地构成了一种惩罚。⑨ 这种新做法在更加重视话语的更广泛的背景中确立下来，包括话语的肯定与否定两个方面：从此以后，每个人要为自己所说的关于上帝或同胞的坏话负责。在法兰西，圣路易之后的君主们严厉地谴责亵渎行为。⑩ 然而，在另一方面，神父说的每个字从那以后都足以去除罪行。神父必定会根据罪行的严重程度或上帝和教会的诫命对罪人进行讯问，同时不得不要求说出与犯罪环境

187

---

⑥　Vogel（1982），pp. 17 – 32.

⑦　Chenu（1969），p. 18.

⑧　Payen（1967）.

⑨　Maire-Vigueur（1986），pp. 2 – 6.

⑩　Casagrande and Vecchio（1991）.

相关的最准确的细节，就像在法庭诉讼中那样。但是我们必须切记，
忏悔也可以是心灵的解放，这个时期最杰出的法官，即国王，享有批
准赦免的主要特权。由于此类原因，提供给忏悔者的宗教小册子将他
们定义为"心灵的医生"，负责为忏悔提供便利条件，而他们有时被
召去参与接生，为病人的情况做出最适宜的治疗。与其是一位坚定的
原告，神父更多是作为一位仁慈的仲裁者兼通情达理的建议者受邀而
来。⑪ 此外，这个时期出现某些忏悔者在灵修指导的基础上，与世俗
信徒中的虔诚成员建立真正的关系，如匈牙利的圣伊丽莎白和可怕的
马尔堡的康拉德之间存在的关系，即暴风雨的关系。

　　1215 年召开的第四次拉特兰公会议是第一次制订信仰的详细声
明的中世纪会议［第一条教规:《关于基督教信仰》（On the Catholic
faith）］，其中可以找到对基督的最强有力的确认，大意是"他的身
体和他的鲜血在祭坛的圣事中被包含在面包和葡萄酒等圣物中，通过
神圣的力量，面包成为基督身体的变体而葡萄酒是基督的血的变
体"⑫。这种对圣体实在的明确坚持显然将异端分子排斥出去，特别
是卡塔尔派，他们否认圣体真实性，甚至否认圣体可能成为现实的可
能性。但是这一认定也可以从教牧角度来看待，在某种程度上，对圣
物逐渐增多的献祭企图取代对圣徒遗物的献祭，后一种献祭一直以来
颇为强大且易于转向迷信。事实上，1203 年后，巴黎宗教会议规定
圣饼在献祭仪式后应该被高举起来，这样它就可以被每个人看到并崇
拜;这种做法很快传到各个地方，人们在临终圣餐或游行中以跪姿进
行圣餐。最后，教宗格列高利十世（1271—1276 年在位）下令信徒
在做弥撒时要下跪，从圣事开始一直跪到圣餐仪式。圣饼被密封在圣
器中，宗教会议通过的各种法令中包含许多提议，确保在下个世纪的
第一批圣坛出现前圣饼要保存在安全的地方，用特殊的容器盛放或把
它们锁藏起来。⑬ 所有这些措施旨在加强人们对圣餐圣事的尊重，也
受到圣餐是超自然力的发展这一理论的同等支持，并且在海斯特巴赫
的凯撒里乌斯那里或说教故事集（exempla collections）中有所回应。
在整个 13 世纪里，关于献祭后的圣饼奇迹般地开始流血的故事汇成

188

⑪　Bériou（1983）.
⑫　*COD*, pp. 206 – 207.
⑬　Rubin（1991）.

涓涓细流［1260 年博尔塞纳（Bolsena）出现的各种奇迹——保存在奥尔维耶托大教堂的人体遗物可以为证——还有巴黎的毕耶德（Billettes）修道院也出现种种奇迹，据说那里的血从一个被犹太人戳过的圣饼中流出来，而这个犹太人是通过非法途径获得这个圣饼的］。这种对圣餐的虔诚到设立圣事的礼拜宴会时发展到极点，此种宴会在朱利安纳·德·蒙科尼隆的鼓动下首先在列日主堂区举行，然后在教宗乌尔班四世（前列日副主教）统治时期传遍整个教会。自 1264 年起，几乎在所有地方，随着宴会一起举行的是由基督圣体节兄弟会组织的游行。⑭

　　然而，这种迅速扩展的献祭并没有相应地使更多人接受圣餐。在修道院以外的世界里，经常领圣餐仍然是不寻常的事；除了圣诞节、复活节和圣灵降临节的三大宗教节日以外，教堂会众中最虔诚的成员几乎不接近圣桌。相反，假使他们不配领受圣餐仪式，重点慢慢放在了对圣餐仪式的尊重和信徒亵渎圣物的风险上。没有什么能更好地表明，教会统治阶层的目的与其说是发展经常领圣餐的习惯，不如说是为了进一步在信徒中增强神圣感，即便教育基础很不牢固。⑮

布道的复兴和教会中对言论权的限制

　　对书面语和书籍的使用权仍然是少数人的文明特权，教牧改革的
189 主要工具之一是口头语言，更确切地说是布道。布道在 12 世纪末之后经历了一次令人目眩的复兴。1160 年到 1196 年担任巴黎主教的莫里斯·德·苏利是一位伟大的传道者，编了一本后来流传很广的口头语言手册给教士们使用，其中提供了布道文的样本。⑯ 但是主要的转折点出现在 1180 年到 1200 年间，当时布道与大学教学之间发生了一次有益的结合，以神学家吟唱者彼得（死于 1197 年）为基础。这位一流的知识分子在学生当中算得上是该时期从罗贝尔·库尔松（Robert de Courçon）到洛塔里奥·德·塞尼（Lotario de' Segni，即未来的英诺森三世）等最有声望的基督教人士之一，人们能够将其视为教牧神学的创始人，却从未留下任何他自己的布道文。然而，他致

---

⑭ Browe (1932b) and (1938).
⑮ Browe (1932a).
⑯ Longère (1983)；Robson (1952).

力于通过研究实际情况（如借贷、卖淫、战争）来解释教义思想和
实际生活的关系，其行为极大地影响了他的学生们。这其中还包括一
些伟大的演说家，他们鼓励世俗信徒改变自己的行为来最紧密地与符
合福音要求。讷伊的富尔克是一个具体的例子。他是一个受欢迎的善
于鼓动人心的传道者，在 13 世纪初就毫不犹豫地谴责一个只是名义
上的基督教社会的缺点；这同样适用于某些其他注定要成为高级教会
权贵的知识分子，如斯蒂芬·兰顿（1170—1240 年）和雅克·德·
维特里（1180—1254 年）。维特里是阿克主教，后来成为枢机主
教。⑰ 还有巴黎教师，如托马斯·德·乔巴姆，在这一增强自我意识
的过程中起着积极作用。提醒教士负有布道和到任何可以找到听众的
地方去寻找听众的道德义务，当然，这就是说在教堂里，也在公共广
场和工作场所，这样一来他们就可以根据具体问题和心态来传播上帝
之道。在这种布道和教育之间建立友好关系毫无疑问地成为在法兰西
北部和英格兰城市复兴的原因；在那些地方，来自大学的教师毫不犹
豫地去给信徒们发表长篇大论的演讲。当罗贝尔·德·索邦在 1257
年打算为出身贫寒且不得不到巴黎各个教堂去布道的神学学生创建一
所学院时，这种做法甚至被制度化。这一运动没有局限在各个大学城
市，这得益于在其他城市身居高级教士之位的毕业生们，如 1235—
1253 年任林肯主教的罗伯特·德·格洛斯特（尽管他也是牛津大学
的校长），尤其得益于将"良言"传播到各地的托钵修会。⑱ 他们的
行为被神父负责撰写并规范成布道文集逐渐扩大：这些布道大文中的
大多数尤其关注星期日和必需的宗教节日，但是在整个 13 世纪，人 190
们可以看到关于圣徒日的布道也在同时发展，还有那些称为《关于
身份》（ad status）的布道文被运用到各种不同的生活环境（婚姻、
死亡、圣职授任等）和不同类型的听众中去。布道文和礼拜仪式的
关系因而开始松弛下来，即使直到这个时候它们之间的关系一度还非
常密切，因为布道成为属于教士的教牧活动特权的手段，到了几乎可
以视为第八项圣事的地步。因此，可以毫不夸张地说，13 世纪经历
了一场名副其实的布道的迸发，既用各民族语言向世俗信徒布道，又

---

⑰　Baldwin（1970）.
⑱　D'Avray（1985）.

用拉丁语向受过教育的教士布道，同时这一系列的努力将基督教信息
传播给最大数量的人们并使其达到与之相适应的理解水平。[19]

　　然而，教会非常了解如何来保持对上帝之道的控制，采用了所有
必要的措施来确保其在该领域的垄断权。重点就放在了神父作为上帝
之道的传道者的角色上，事实上，这与对布道权利的限制齐头并进。
此外，在 12 世纪，人们普遍接受世俗信徒甚至妇女在一定条件下可以
当众讲解与教会生活相关的宗教问题或事情。世俗信徒隐士圣雷内从
1153 年到 1161 年在比萨就是这么做的。从圣地返回后，圣雷内投身于
改革之战，号召城里的教士和虔诚的人们过一种更好的生活。1160 年
到 1167 年，修女宾根的希尔德加德以同样的方式好几次离开修道院去
传播上帝的良言，特别在科隆公开警告信徒谨防卡塔尔派的诱惑，当
时卡塔尔派正涌进莱茵河谷。自 12 世纪 70 年代之后，一种更为严厉
的态度在这一领域中变得越来越明显，这从彼得·韦尔多或沃德斯及
其第一批门徒于 1179 年在罗马教廷那里遭受的冷遇，以及从 1184 年
教宗就布道权利事宜谴责伦巴第的瓦尔多派和卑微者派可以看出。[20]
然而，在教士心中，一些知识分子，如巴黎的神学家吟唱者彼得和波
伦亚的教会法学家于格西奥，继续肯定世俗信徒布道的某些形式的合
法性，借用的名义是每个受洗的人都享有先知使命带来神启的自
由。[21] 几年后，他们以前的学生、教宗英诺森三世在这方面展示出一
定的开放性，毫不犹豫地将公开布道的权利赋予福音派，如阿西西的
法兰西斯的小兄弟会和清贫修会，其中大多数人都是世俗信徒；由于
庄严的布道和劝诫或纠正之间的差别，因而只有勉强有限地尝试去争
取改宗者和普遍改善生活习惯。教宗不反对让单纯的、以各种不同方
式参与宗教生活的信徒进行后一种类型的布道，只要它被限制在涉及
道德或行为（the aperta）的问题上，但是庄严的布道真的只有接触
过基督教教义（the profunda）的教士才能进行。事实上，这种二分
法很难达到并获得尊重。此外，出于两种原因这种做法很快变得毫无
意义：原因之一在于世俗教士的敌意，他们无意放弃其在这个领域里
的特权；原因之二在于内部教士化的进程很快将起源于世俗信徒的运

　　⑲　Zink（1974）；Owst（1961）.
　　⑳　ZerffaB（1974）.
　　㉑　Buc（1992）.

动转变成教会圣职运动，在其中心产生一个同时拥有圣职和教育权利的优势群体。1230 年后不再有允许教士以外的任何人在教堂布道的任何问题，教士从教阶制中地位高于他们的人那里接受布道使命。如果他们试图公开布道，贝居安会、巡回传道者和其他拥有神秘经历或特殊的启示的隐士或遁世者，将被视为不受信任者。㉒ 妇女们总是被怀疑沉迷于自己的声音或幻觉中，尤其成为这种禁令的目标，还有她们的谦卑话语在教士的眼中因其缺少教育而受到怀疑。这从法兰西斯修会修士萨林贝内关于伪使徒派的讽刺性评论中可以看出，这些评论令人想起一个世纪前瓦尔特·马普关于第一批瓦尔多派教徒的言论。㉓

世俗信徒如何从教士那里得到启示：效果对比

试图讲授教义问答书的局限性

　　教会在 13 世纪做出很大的努力来使信徒们受到宗教方面的教育，人们普遍认为，到 1270 年，通常来说，他们对基督教的基本信仰的了解要比 100 年前好得多。事实上，很难对此进行准确计算，教士在教牧工作中的功效毫无疑问有时可能没有我们想象的那么立竿见影。因此，到 1200 年形成如此大的威胁的异端在数量上的减少，不再仅以正统布道的成功来解释：尽管他富有激情和雄辩之才，但圣多明我几乎不比半个世纪前，试图使朗格多克地区的人们恢复基督教信仰的圣贝尔纳更成功，即使他在瓦尔多派和某些坚持卡塔尔派信仰的妇女那里获得一定的成功。在基督教占统治地位的大多数地区，失败并不是非常明显，但是 13—15 世纪间的宗教会议法令不停地重复着同样的建议，不管是关于修建墓地周边围墙的义务，还是对秘密结婚谴责的问题，都足以表明许多教会指令遭到世俗信徒的拒绝。甚至当世俗信徒足够温顺到遵从教士发布的所有指令，且教士花费比过去更多的心血来讲授上帝和教会的戒律时，他们获得的成功仍然有限。因此，到 13 世纪末，尽管许许多多的世俗信徒能够背诵《主祷文》（*Pater*

192

㉒　Landini（1968）.

㉓　Salimbene de Adam, *Cronica*, ed. Scaglia, 1, pp. 369 – 373.

noster)、《圣母马利亚》(*Ave Maria*),甚至使徒信经,但是他们在某些特定情况下对这些知识的使用并不完全是教会所希望的。例如,使徒信经中的每一条信仰经文据说是由 12 位门徒之一所撰写,经常吟诵来驱除魔鬼,而《约翰福音》的序言,被认为具有从风暴中净化天堂并使妇女从分娩后的习惯性不洁中获得净化的功能,这就解释了神父在分娩后的礼拜仪式中吟诵该经文的原因。[24] 甚至由宗教会议法令推荐的新献祭行为,经常因弥漫的巫术氛围而被赋予不同的意思。因此,正当举起圣饼的做法正在实行时,那里的人们很快就遵从了以下信念:在做弥撒期间和弥撒完成后,对圣饼的注视成为对抗猝死的保证,还有数不尽的故事讲述了圣餐或圣油被农民偷走,用来制作护身符或埋在地里,以期增加地力并获得大丰收。[25] 因此,最正统的做法开始与民间文化融合在一起,而有时候教士自己也在这一层面发挥作用,从而更好地传播基督教的启示,未能避开教理和礼拜仪式的预防或辟邪的功用。甚至一个像雅克·德·维特里那样有教养且致力于教牧活动的人,也会毫不犹豫地写一些给孩子们的祈祷文:"即使他们不能完全理解祈祷文中的含义,但它们还是有用的;就像蛇不理解念经和咒语的威力,其中的文字仍然会伤害它一样,(祈祷文中文字的)功效还是会影响那些不理解这些文字的人。"[26] 因此,我们不应 193 该对信仰内部化进程的深度抱有太多幻想。这只涉及神父和世俗信徒中非常有限的精英分子。

　　有些修会的成员,特别是西铎会和托钵修会,将选自口头传统或宗教和世俗文学中的有教育意义的逸事或有趣的故事放在布道中,以此尽力适应听众的能力并引起他们的注意。如同被称呼的那样,这些说教例子(*exempla*)在整个 13 世纪获得极大成功,许多传道者提及它们,同时许多创作者列出这些小故事的详细目录以供教士使用。[27] 但对教士来说,这是一个接触世俗大众的问题,归根结底建立在对流行文化的贬损观念中,而不是真正地尝试进行文化融合,甚至于毫不夸张地将这些对公众的"示好眼色"看作简单的"传道者的招

---

[24]　Schmitt (1981).

[25]　Schmitt (1988), pp. 510–513.

[26]　Jacques de Vitry, *Sermones ad viduas et continentes*, 转引自 Schmitt (1981), p. 353.

[27]　Delcorno (1989), pp. 7–22.

数"。㉘ 此外，即使教士使用民众的语言来布道并试图将自己放在听众的水平上，但他们传播的启示仍然使人无法接受。事实上，世俗信徒完全依赖自己的语言，因为除少数君主和达官贵人有能力获得翻译文字外，即使只是以选集的形式，只有神职人员可以读圣经和神圣文本，这就使信徒们无法对教士的说法产生质疑或争论。当然，他们当中有被强烈的教牧热情激励的人，如 12 世纪的洪诺留·奥古斯托都奈西斯，特别是 13 世纪初的雅克·德·维特里，真正设法使布道适应不同的生活状态（*status vitae*），即听众的社会—职业状况及其生存的不同阶段来克服这一障碍。这些创作者兼传道者通过认同他们的处境来打动信徒的努力，尽管可能很有趣，但更多的是策略上的，而不是对日常生活现实的具体且肯定的欣赏。因此，当建议比萨商人效仿阿西西的圣法兰西斯，并邀请他们为纪念圣法兰西斯创建兄弟会时，费德里科·维斯孔蒂大主教在 1261 年的一次布道中大声喊道："商人们要是知道了他们的同行，即圣法兰西斯是一位商人并在我们的时代里被神圣化了，那肯定是件非常令人愉悦的事！"我们不可能不欣赏这位高级教士使用这一方法的技巧性，一旦人们意识到圣法兰西斯最初对他皈依后立即放弃的这一职业只有鄙视，同时会看到大主教的言辞不一致。㉙ 事实上，当他们没有诚意地称赞工匠和其他体力劳动者的劳动时，教士文化在很长一段时间里继续把乡村文明的重要性放在第一位：到 1260 年，甚至一位像罗马的亨伯特这样伟大的多明我修会的布道者，仍然将农民和商人及中等阶层的城市居民相比较，前者因他们的环境远离暴力和金钱可以通过辛勤劳作来赎罪，后两者则易于产生罪行，因为他们的生活与自然劳作无关，而是在经常惹人怀疑的条件下将不劳而获的商品和财富进行交换。㉚

194

归根到底，13 世纪教牧的攻势对世俗信徒而言只获得了有限的成功，既因为教士经常对信徒采取不信任的态度，也因为无法想象，除去把宗教习惯和行为模式传播给信徒，来适应教会成员的教育和生活方式外的福音传播。此外，更开明的教牧者真诚地希望，将信徒从他们称为"迷信"的信仰中解救出来，但还希望信徒们不能变得太

㉘ Berlioz (1981).
㉙ Frederic Visconti, *Sermones* (1257), 转引自 Vauchez (1981b), p. 157.
㉚ Humbert de Romans, *Opera*, 11, ed. Berthier, pp. 360–361.

有见识，唯恐信徒们可能误入异端，不再要求"比应当聪明的更聪明"（plus sapere quam sapere oportet）。堂区神父的文化水平总体上相当低，实际上，"笨蛋约翰可能教给教区牧师一些东西"并不合适。也就是说，世俗信徒可能在没有合适的引导下开始探讨宗教问题。如果教会的核心是希望少数人对多数人表示尊敬和顺从，那么应该给他们教授信仰的基础知识，这是肯定的也是必需的，但是引导他们进入"细微之处"则是无用且危险的，因为"细微之处"可能会毁坏基础知识的简单性。此外，中世纪教会将信徒的宗教知识严格限制到一个最低点，而不是试图在他们中间发展奉献精神。对其他人来说，遵从神父之言，放弃遵从巫师、魔法师和其他古老的巫术形式，这些巫术形式只会引导他们侍奉魔鬼，这就足够了。[31]

对死亡的关心和来世的基督教化

　　即使似乎教会在反对"迷信"做法和信仰的战斗中仅仅取得有限的胜利，不能一直为世俗信徒提供行为模式来适应需要和各自不同的境况，但另一方面它的努力在宗教生活的一个重要领域获得了成功的回报：对死亡和来生的描述的关心。13世纪实际上在这个方面是一道分水岭，是始于加洛林时代的一个漫长过程的顶点，由此为死者195 祈祷已经成为世俗信徒和教士之间的关系的一个中心点，尤其是比其他人更懂得如何实现信徒的期望的修道士。事实上，在11—12世纪，由于封建贵族的统治和血统意识占据社会上层阶级的中心位置，所以活着的人们应该保留其祖先（也就是说，那些通过血肉之躯与他们相连的人）的记忆的世俗观念，正在与自古代以来居于基督教中心地位的那种由教会向上帝为所有去世的信徒进行祈祷的传统做法相融合。由于修道院和贵族世界之间已经产生密切联系，大修道院和简朴的大学小教堂很快成为王朝或祖先的"先贤祠"；在这些地方，信徒们同时遵守对其保护圣徒或保存有遗骨的圣徒的崇拜，以纪念这些地方的创建者和世俗信徒捐助人。[32] 教会容忍了对其教义的这一背离，因为那种密切关系使之与高级贵族联合在一起，并且这样的联合带来

---

[31]　Kieckhefer（1990），pp. 56–85.

[32]　Schmid and Wollasch（1967）and（1975）.

了明显的优势。事实上，贵族阶级及不久以后的单一骑士阶层，以"为了灵魂"（*pro anima*）遗赠的方式增加了对宗教机构的捐赠，在他们死前或死后以不可取回的土地、权利或减租的方式进行捐赠，条件是受益方的教士要一年做一次弥撒并为信徒的灵魂做永久的祈祷，这些信徒已经去世且名字从那时起已写在共同体的死者名册上。㉝

随着时间的流逝，这一体系获得日益增强的凝聚力和效力，使教会通过将对祖先的崇拜融进基督教观点中来将之变成精神上的崇拜，其中的祈祷、救济品和为圣餐提供的祭品成为为死者代祷的必要工具。通过这些逐渐传到所有社会阶层的做法，教会将控制权延伸到死亡层面上，逐步剥除其世俗特征，不管是守灵、葬礼仪式还是墓地，在很长时间里一直都是人们聚集或庆祝节日的地方。㉞

通过在信徒中传播来生的信仰构想出这样一个地方，每个人将会根据他此生的生活方式在此获得补偿，教士对于改变信徒的行为来符合基督教的虔诚感和道德感贡献良多。在 13 世纪，修道院生活和世俗社会之间已经建立的非常密切的联系开始松弛，修道士虽然没有真正地从信徒们的视野中消失，但再也未能获得前一个时代里改革过的修道院所产生的那种影响。然而，崇拜死者的重要性在世俗信徒的虔诚和奉献中不但没有减弱，反而不断增强，因为世俗化进程随之带来贵族各种类型的行为在新环境中的增加，特别是城市社会中。在这个时代里，对血统的约束逐渐放松，个人不用脱离家族集团也仍然拥有一定的自主权；随着情感和法律的精细化带来对遗嘱的重新解读，即一种不像捐赠或遗赠的私人的、可撤回的行为。此类法律行为的实行逐渐增多，这不仅仅是文化层面上的重要现象。它构成宗教态度演变过程中的一个重要阶段，因为它使拥有任何财产的任何成年人提前安排葬礼并准备对自己的救赎，这可以通过同时弥补对其亲属的错误行为，以及做出安排来将部分财物在其死后分发给穷人和教会机构等来实现。㉟ 教会要求并成功地将遗嘱纳入教会法庭的司法权范畴，而且慢慢地把基督徒在神父的面前立遗嘱变成一项义务，强加给所有基督徒，当然这并非偶然。通过这样做，教会不仅承担起在同辈压力或社

196

㉝ Lemaître (1986).
㉞ Schmitt (1988), pp. 524 – 533.
㉟ "拒绝死亡遗嘱"（1985）；Godding (1990).

会习俗面前保证个人自由的担保人角色，而且打算引导信徒在考虑到死亡时改变自己的行为，尽可能地做到无可指责，到他们站在上帝面前接受审判时能够期待最多的"赞成票"。与此同时，作为为死者代祷的手段，弥撒的价值不断增加，随之带来神职在葬礼中的作用得到肯定；从那时起，一些堂区神父和助祭者开始为死者提供圣餐的祭品，从而找到一种从葬礼服务和给予专职教士的收入中保证他们生活的手段。㊱

　　这种对待死亡的态度的变化，只能根据那时影响对来生之描述的转变来理解。事实上，从基督教古代继承下来的这一体系基于两种主要观念：只发生在最后的审判后的永远的惩罚和来生的分化，在那里品德高尚的人能够有望享受天堂的欢乐而被诅咒的人将下地狱遭受折磨。然而，来世论的观点得到延伸，最后的审判尽管依然吓人，但离此还有很长的路。此外，早已为大格列高利所解释的观点继续发展，

197 即死者的灵魂是他们死后立即接受唯一审判的目标。在 12 世纪，神学家对这一观点依然踌躇不决。圣维克托的理查德认为，如果所有人类在死后立即受到审判，如果恶人直接下地狱，那么好人将不得不在获得天堂荣光之前等待着最后的审判，而那些只犯有轻罪的人，在被允许进入天堂前将以适当的惩罚来为自己赎罪。无论如何，这一观点不仅假定地狱的存在（某些当时非常流行的启示想象将之放在地球的中心并越来越详细地对它进行了描述；见证了灵感来自它们的那个时代的肖像学描述），还假定存在另一个犯有轻罪的基督徒，能够净化其所有污点的地方。他们在这里要忍受恐怖的折磨，但还可以寄望生者将会通过祈祷来帮助他们。㊲ 从这个角度来看，从 12 世纪末逐渐发生的对炼狱的确定构成一个重要环节，融入一个完美有用的体系中，即使炼狱这个术语及神学家对它的使用要晚一些时间才出现。实际上，信徒们非常清楚他们都有污点；倘若忏悔、献祭和行慈善等行为以某种方式在另一个世界里产生反响，而且所获得的功德也可以对其死亡有所帮助，他们只能按照要求完成这些行为。因为如果有一个信徒们同时遵守的教义，那么这就是圣徒们的圣餐仪式教义，它最为

㊱　Wood-Legh (1965).
㊲　Dinzelbacher (1981).

准确地符合了他们最深的信念和希望。教会明白这点，通过忏悔和炼狱的新观念，在同一时间为他们提供关于来生的更为乐观的前景，以及每个人可以帮助救赎亲人和其他"世俗朋友"的可能性。[38]

自发的宗教

世俗信徒、十字军和隐士

直到 12 世纪最后几十年，为了从上帝的仆人在隐修院的庇护下积累的精神财富和美德中受益，除进入修道院或以某种方式与宗教共同体产生联系外，渴望过宗教生活的世俗信徒几乎想象不到任何其他的可能性。这种联系采取的形式极为不同：仍然生活在社会中的世俗信徒通常最乐意与修道院或大教堂签订兄弟（fraternitas）协议，这样他们就成为正常修士或教士的祈祷伙伴（consortes orationum）。有时候，一些家族集团或农民共同体自愿将自己置于修道院的保护下，不需要他们的成员停止参与世俗事务。

信徒中的一些人甚至走得更远，使自己成为宗教共同体的世俗修士来为其服务，也就是说，体力劳动者加入修道院或小修道院。在一定程度上，他们在那里过着修士生活，但是有自己独立的宿舍和餐厅，不能参加唱诗班。[39] 因此，在 13 世纪初，有一位虔诚的骑士让·德·蒙米拉伊（死于 1217 年），也是菲利普·奥古斯都的属下，40 岁时要求获准进入隆蓬（Longpont）的西铎会修道院成为一名世俗修士。这被视为极为谦逊的行为，因为世俗成员通常从农民阶级的最低阶层中招募。然而，他的例子并不是孤立的。不久后，领主戈伯特·德·阿斯普里蒙特在 1226 年参加讨伐阿尔比派的十字军后，加入了布拉班特地区维利耶（Villiers）的西铎会修道院的宗教团体（家政服务）中，并在那里获得了神圣的声誉。[40]

然而，从精神史的角度来说，13 世纪最具有独创性的现象之一，在于世俗信徒中出现了一个男女精英阶层，他们寻求过真正的且不和修道院生活产生任何正式关系的宗教生活。这种现象主要涉及贵族骑

198

---

[38]　Le Goff（1981）；然而，可参见 Southern（1982）的评论文章。
[39]　Töpfer（1981）.
[40]　Parisse（1981）.

士阶级，大约自 1130 年后出现以骑士修道会为框架的神圣化路径，遵从圣贝尔纳的准则来获取修道骑士身份：它们就是圣殿骑士团和医院骑士团，条顿骑士团紧随其后，无数相同类型的修道会在再征服运动的框架下在西班牙发展起来。但他们依然是战士—修道士，通常要宣誓过独身生活，其生活方式不适合大多数人。已婚的君主，如匈牙利的圣伊丽莎白的丈夫、图林根的路易四世，他于 1229 年死在前往圣地的路上，或者甚至圣路易国王，从来不属于任何这种类型的修道会。这没能阻止他们在十字军的精神框架中过着一种非常严谨的宗教生活。实际上，常常有一种倾向，将十字军征服仅仅视为一种在宗教热情引导下的军事探险。这种维度当然并不缺乏，但我们不应该忽略"拿起十字架"不仅仅是一个简单的仪式这一事实：对十字军战士来说，这意味着要采用一种禁欲的、虔诚的生活方式，有时会持续好几

199 年，甚至在出发前对十字军战士及其家庭有着沉重的道德和宗教要求；圣路易从 1248 年参加十字军，到 1270 年死于突尼斯，其间的个人及公共行为就是一个很好的例子。[41]

　　另一个可能的选择就是成为隐士。隐士或遁世者并不都来自世俗信徒：他们当中有一定数量的人来自世俗教士中的各个等级；但许多经常居住在城市和乡村的遁世者是世俗妇女，通常来自下层阶级。教会的统治阶级被迫将隐士重新分进各个共同体，强迫他们采用修道士或教士的生活方式。然而，特别是地中海各国或西北欧的山区或森林区，13 世纪仍然有真正的隐士和女性遁世者；他们在所居住的人群中享有极好的声誉，因为他们遵循着极端的禁欲主义，有时拥有行奇迹的能力。[42]

兄弟会

　　毫无疑问，在社会内部过宗教生活的方式最具创新性的是兄弟会，而且常常是自发的。[43] 为了实行互助和担负起他们中间的死者的葬礼兼维护其死后尊严，世俗信徒在神父兄弟会模式的基础上按地域（村庄或地区）或者社会—职业（按职业）重新组合。实际上，共同

[41] Delaruelle (1981)；Cole (1991).
[42] Vauchez (1997), pp. 329－336；Clay (1914).
[43] *Le mouvement confraternel* (1987)；Meersseman (1977)；Westlake (1919).

体的特色在这些团体里非常重要，可以普罗旺斯为例，那里的团体非常有趣地将自己置于圣灵的保护下。这些团体的成分及其目的因地区而迥异：某些兄弟会保持着与修道院或女修道院的联系；其他的甚至有更大的自主性，只是找神父或虔诚的人们做弥撒或偶尔布道。但是所有的兄弟会都有一个共同之处：它们都是自我管理，大体上由自愿追随兄弟会或姐妹会的男女世俗信徒组成，有时甚至是独一无二的。除了意大利，教会统治阶层在 13 世纪经常不太喜欢这些团体，因为他们对此几乎没有任何控制权，而且这些团体涉嫌成为反教权主义或破坏颠覆活动的温床，特别是在由主教或修道院长行使世俗权力的城市里。至于教士，他们有时候觉得和这些团体存在竞争，后者在堂区体系的边缘发展起来，并且通过担负起其成员的葬礼的职责而与教士产生竞争。因此，人们发现宗教会议颁发的教会法令，如 1255 年在波尔多出现的，严厉地谴责了如下事实：既定的从事虔诚事业的兄弟会的基础，已经"被世俗信徒中的某些成员的恶意所滥用，他们制定了非法的律例，企图以此削弱教会的自由和废除长老们的公序良俗"，这也就不足为怪了。㊹

此外，教会权威更青睐那些致力于为"基督的穷人"（Poor of Christ）提供服务的世俗信徒团体。它们努力减轻病患者的痛苦，给那些正被社会排斥的人带来抚慰，这些人从妓女到麻风病人不一而足。这样的结果在整个西欧出现一种洪流，具有非同寻常的积极性，致使许多医院和慈善机构得到创建。其中有一些在经历了长短不一的时期后促使各修会的出现；其他的还保留着兄弟会或世俗团体的结构，如那些出现在罗讷河谷或意大利北部的团体。为了方便旅行者和朝圣者的旅行，它们致力于在主要河流上修建和维修桥梁。㊺ 很难知道这些医护院（Maisons-Dieu）、济贫院或麻风病人隔离区的确切数量，它们大多经常由当地人或资产阶级团体创建，穷人和病人在这些地方受到欢迎，得到与少数教士或神父有联系的世俗信徒中的男女成员的看护。但是，毫无疑问，它们的数量和重要性在 13 世纪基督教世界的许多地方是相当大的。

㊹　Pontal (1983), pp. 474 –477.
㊺　Mollat (1974); Le Blevec (1978); *Città e servizi sociali nell'Italia dei secoli* XII – XV (1990).

忏悔者与鞭笞者

然而，在某些高度城市化的地区，如尼德兰和地中海国家，仍然存在着大量属于虔诚团体的信徒，他们最重要的目标就是互相帮助和精神进步。阻止世俗信徒获得真正的宗教生活方式的主要障碍就是婚姻：对教士来说，甚至合法配偶间的性行为都是污秽的，童贞被视为完美状态。然而，12世纪末以后，这个方面开始出现了新发展。教宗亚历山大三世在1175年颁发一份重要的教谕，用来让刚刚在卡斯蒂尔建立的圣地亚哥骑士修会的骑士们促进再征服运动。他在教谕中强调精神性与童贞没有任何联系，但与服从规则有关。因此，不管结婚与否，参加这个修会的骑士，都能够被公正地视为虔诚的人们，因为他们已经宣誓并将自己的生命置于捍卫基督教信仰的危险中。[46] 这一文本在1209年被英诺森三世确认，其重要性是相当大的，因为这是"逃离这个世界"的内在化思想的第一个例子。事实上，它使拒绝世俗生活不再成为必要条件，并且成为反对所有形式的邪恶的斗争，也使任何类别的基督徒不再因其生活方式而失去优先者（*a priori*）的资格。几十年后，教会法学家从该形势变化中得出某些结论，正如霍斯提恩西斯所确认的。他在《金质注释大全》（*Summa aurea*，1253）中写道："从广义上说，人们可以将那些过着神圣的、虔诚的生活的人称为虔诚的人，并不是因为他们一丝不苟地遵守规则，而是因为他们的生活方式比按照纯世俗风格过日子的其他世俗信徒成员更苛刻且更简单。"[47]

事实上，从12世纪初到13世纪中期，男女世俗信徒共有的一系列虔诚的生活习惯已经自发地初现端倪。意大利北部的乡村公社中的忏悔者就是如此。例如，他们在教堂或济贫院周边聚集以便耕种土地，在主教或修道院院长面前立下忏悔誓约后，开始集中财物并分担工作。甚至更有创新性的是伦巴第的卑微者派的第三修会（the Third Order），他们的规则在1201年得到英诺森三世的批准。该团体将世俗信徒聚集起来，不管结婚与否，按照可以使他们将工作和家庭生活与实现福音理想联系起来的目的（*propositum*），居住在各个城市中的

⑯　*PL* 200. 1024；Gallego Blanco (1971).
⑰　Hostiensis, *Summa aurea*, p. 193.

各自的房子里。在 1208—1210 年，同一位教宗将非常相似的章程授予韦斯卡的迪朗领导下的清贫修会和伯纳德·普里姆领导下的伦巴第穷人修会，清贫修会里都是些回归正统信仰的前瓦尔多派教徒。[48]

同一时期，在从佛兰德延伸到巴伐利亚、穿越列日和阿尔萨斯主教区的地区，被称为贝居安会的世俗信徒妇女的人数逐渐增加。这些妇女要么独自居住，要么居住在自己管理的共同体里；她们没有立下永远的誓言，却将体力劳动和帮助穷人以及过祈祷的生活结合起来。对这些妇女中的一些人来说，对基督的苦难的经常思考，导致她们产生自愿受苦的欲望和完全清贫的渴望，正如玛丽·杜瓦尼（死于 1213 年）的例子所证实的那样。她之所以出名是因为她的传记，由其精神导师、未来的阿克主教兼枢机主教雅克·德·维特里在 1215年完成。就贝居安会的生活方式方面，它获得了洪诺留三世的口头同意，此前这一团体从未被正式文献证实。[49]

在意大利，最重要的虔诚世俗信徒（*laici religiosi*）团体是以忏悔者修会组织起来的忏悔者兄弟会。[50] 这种兄弟会的存在首先为 1221年的一份教宗文献所证实，当时洪诺留三世将罗马涅的法恩扎忏悔者置于他的保护之下，但是这些人无疑在 1215 年前就已出现。忏悔者的目的在某些方面与卑微者派的第三修会相似，表现为公开承诺要将自己奉献给上帝。自愿的男女忏悔者承诺自己要穿着朴素的衣物：一件未染色的深色羊毛衣服，一件单色的服装。穿着这种特点的衣物的简单举动代表着一种宗教声明。那些穿着这种衣物的人不得不放弃参加宴会、剧院及舞会，不得不比其他世俗信徒更经常且更严格地遵守斋戒。在这些斋戒期里，已婚者必定不能发生性关系，这肯定可以看作间断性禁欲而不是完全禁止已婚者之间的性关系。忏悔者在每天的祷告时间里全部用来诵读经文，而那些不识字的人不得不用七遍"我们的父"和中午再说十二遍来代替每一次祷告，晨祷和晚祷时还要增加使徒信经和求主垂怜祷告。他们每年不得不至少忏悔和领圣餐三次（圣诞节、复活节和圣灵降临节），在"布道者"，即兄弟会的世俗信徒代表，指定的教堂里每月聚集一次，做弥撒并听从由接受过

202

48　Meersseman（1982），pp. 276 – 289.
49　McDonnell（1954）.
50　Meersseman（1982），pp. 1 – 38.

圣经教育的虔诚的人们提出的劝诫。但是，正是在其与整个社会的关系领域里，忏悔者的生活方式最为独特：如果进行了任何不法行为，兄弟姐妹们只有在归还了非法得到的物品并宣布放弃不诚实活动后才能被接受进入共同体；此外，他们拒绝在不忠于福音戒律的情况下携带武器并宣誓，这在意大利造成与地方权威之间的严重纠葛。这些事件引起了主教和教宗的经常性干预，对他们很有利，最后在一种"行政事务"的基础上达成妥协：忏悔者承担某些职能来无偿地为共同体服务，从走访监狱到监督市政财政不一而足。⑤

在其他情况下，推动世俗信徒形成团体来拯救灵魂的运动，在菲奥勒的约阿基姆的来世论思想的影响下出现不同的发展方向，并由小兄弟会修士在地中海地区接替和传播。首先于 1260 年出现在佩鲁贾的鞭笞派就是一个特别的例子。当时，一位当地的忏悔者拉涅里·法萨尼给该城的居民们读了一封来自圣母玛利亚的信，信里命令他当众忏悔，并且邀请其同胞们做同样的事情来平息上帝之怒。由于害怕神圣惩罚的来临，他们一同响应号召，开始在忏悔的游行行列中互相惩罚，鞭笞可以使那些受到鞭笞的人通过分享基督的苦难来使自己与基督产生认同。通过这样做，他们只不过是采用僧侣们的那种忏悔仪式并给它一个公众和公共的维度。与此同时，信徒们履行皈依仪式，与他们的敌人达成和解，归还非法获得的物品，特别是通过放贷和收取利息而获得的。像他们在意大利被称呼的那样，当"殴打者"（Battuti）或"鞭笞者"（Disciplinati）聚集起来，或者列队从一个城市行进到另一个城市时，他们高唱着纪念上帝、圣母玛利亚和圣徒的精神赞歌，同时一边前进一边鞭打自己。当这场运动被教会引导并制度化的时候，正是在兄弟会的中心，一场史无前例的使用各民族语言的宗教诗传统在意大利和加泰罗尼亚发展起来。⑤

安德雷·沃奇兹（André Vauchez）

莫玉梅 译

徐　浩 校

---

⑤　Vauchez（1987），pp. 105 – 112.

⑤　*Il movimento dei disciplinati*（1962）；Dickson（1989）.

第 八 章

教会与犹太人

一

到 13 世纪早期，欧洲犹太人的处境已经变得危险起来。犹太人不再被视为在法律和本质上享有明确权利的独立种族，而是直接依附于封建领主和任意统治的猎物。他们主要通过贷款取息（至少在北欧）的谋生模式受到普遍怀疑和蔑视。他们的核心家庭的理念和结构影响深远，因犹太宗教和政治领导而完整保持下来，通常似乎——并且就是——与其基督徒邻居不同，当然也与基督教教士保留下来的理念不同。最后，他们在基督徒眼中的形象普遍成为基督教政体天罚的形象。他们交替地被视为乖张、不人道、理性和推理的化身——并且是通过规划成为该化身的；作为可以表达和转移不合理的怀疑和可怕的信念的对象，最有名的莫过于相信基督在圣餐中的真实存在；作为激励的衬托，这与世人皆知的阴谋、对玛利亚的崇拜和其他对圣徒的地方性崇拜等理论相关，经常与对祭祀杀生的诽谤联系在一起。这些观点中的任何一点或全部，足以使犹太人的形象成为基督教社会的神秘威胁。犹太人首先被视为精神污染之源，然后是基督教国家的腐败之源。到 16 世纪，如果不是更早的话，成为感染外在的和单个的基督徒身体的污染之源，同时偶尔被指控行使法术；虽然没有被直截了当地指控行巫术，但人们相信犹太人能够颠覆基督教社会的合法目的和目标。① 自 1096 年以来，这样的结论在第一次十字军东征中越来越多地使犹太人受到诽谤和人身攻击。我们现在可以问：基督教会机构、教会领袖及其意识形态，在激化或缓和这一事态方面起到了什么样的作用？

205　　　　在整个中世纪，教会对犹太人的政策依据一整套一贯阐明的原则。这些原则指的是基督教的救赎、教会作为精神和世俗机构的提升以及犹太人最终在基督教救赎中的角色。② 在不同情况下，犹太人在基督教社会的继续存在被认为是必要的，只要他们代表着信仰的缺乏及其惩罚性的效果。为了达到这些目的而保留犹太人的愿望（正如保罗在《罗马书》第 9 章第 11 节中所说），不可否认地被"害怕玷污"的思想（正如保罗在《加拉太书》第 4 章第 5 节中所说）所抵销。然而，这两个关注点之间的紧张关系因倾向前者而被果断地解决了，同时后者也被一直关注着。这种解决方式的根本在于偶然性的思想：犹太人的行为——包括对犹太宗教仪式的严格遵循——至少间接有益于基督教；否则它们就会被禁止。正是这种思想主导着格列高利一世的政策，缓和了早期教会人士的愤怒（可能还有设计），如约翰·克里索斯托（在 4 世纪）和里昂的阿戈巴德（在 9 世纪）。最后，这种思想被亚历山大二世表达出来。他在 1063 年写给西班牙的信件中表明，只要他们不对基督教产生威胁（但暗含的意思是他们要帮助基督教达成目标），犹太人应该受到保护、被基督教社会接纳并保证他们的权利。整个中世纪及现代早期的教会人士着重并反复重申这一表述。③ 大约 1140 年，这种表述作为教规"即是不平等"（*Dipar nimirum est*）（c. 23，q. 8，c. 1）被吸收进格拉先的中世纪教会法的标准"教科书"中。

这些理论上和政治上的连续性往往被人们所忽视。与其说接受了"中世纪引人注目的不是关于犹太人的教义获得强调而是它几乎没有发生变化"，④ 不如说历史学家已经证明，教会在 11 世纪或 12 世纪

---

① 在这有限的篇幅中只能提及最近由安娜·阿布拉菲尔（Anna Abulafia）、安娜·福阿（Anna Foa）、大卫·伯杰（David Berger）、以色列·尤瓦尔（Yisrael Yuval）和加文·朗缪尔（Gavin Langmuir）出版的材料。

② Thomas Aquinas, *Summa theologica*, 11a, 11ae, Question 10.

③ Stow（1988），pp. 58, 61.

④ Langmuir（1963），p. 235.

根据奥古斯丁的宽容愿景来设定自己的目标，但却在消除异常行为（尤其以异端和犹太教为代表，那时候的人们据说认为二者在一些方面是一样的）的企图中架空了该愿景。特别是 13 世纪据说已经转向控制，这彻底改变了教会的犹太人政策。⑤ 事实上，13 世纪的革新尤其显示出长期存在的政策的含义并加强了它们的定义，导致犹太人面对诸多困难。这种延续性用来决定政策的尺度并与基督教法律、神学和做法的"传统"保持一致。1266 年，教宗克雷芒四世对《塔木德》的西班牙反对者提出警告，说他们的行动不得"违反罗马教廷授予犹太人的那些特权"，这并不是偶然的。⑥ 一种微妙但有时却难以捉摸的平衡要继续维系下去。 ²⁰⁶

的确，到大约 1012 年⑦，教规中犹太人法律的所有因素已经完全齐备，其中的大多数甚至被汇集成文，首先出现在沃尔姆斯的布尔夏德的有影响的《教令集》中，后来大约 1094 年出现在沙特尔的伊沃的著作中。12—13 世纪的教会法学家和教会法汇编的编者，还有精通布尔夏德和伊沃的著作的神学家，主要是通过编辑细化来进行这项工作。⑧ 这些细化有时出现纲领性的变化，却依然没有影响到总体目标和策略。13 世纪的教会法学家尤为强调犹太人在基督教社会的深层根源，例如，通过强调犹太父母对孩子的权利。⑨ 他们同样超出亚历山大二世的"即是不平等"的范畴，将"作为非犹太人"的教规吸收进教会法律中，该教规毫不含糊地确定犹太人可以和平安全地居住在基督徒中间的权利。此外，犹太人和犹太教从来没有被教会法学家或神学家视为异端。相反地，犹太人是独一无二的"犹太人"，这一特征在 1225 年被洪诺留三世明白无误地加以重申。⑩

甚至像拉蒙·马蒂等多明我修会的激进分子，也依然固守着传统的使徒圣保罗的构想，即要到末日来临才使犹太人皈依基督教。因此，马蒂默许犹太人存在于基督教社会，尽管他坚信同时代的塔木德

⑤ 例如 Parkes (1934)；Ben Sasson (1976)；Chazan (1980)；Cohen (1982)，(1983)，(1986) and (1989).
⑥ Grayzel (1989)，pp. 92 – 93.
⑦ 参见 Gilchrist (1988).
⑧ 参见 Gilchrist (1988)，pp. 12 – 13.
⑨ Pakter (1974)，p. 306.
⑩ Grayzel (1966)，p. 173.

犹太教乃是一项魔鬼式的发明，信奉这样的犹太教使犹太人不再追随他所说的真正的、依据《圣经》的、实际上有基督导向的信仰。他说："犹太人就像石榴树一样，长满了刺且散发着难闻的味道，但最后会结出甜蜜的果实。"⑪ 此外，真正跨越界限的神职人员，尤其是教宗的异端审判者，通常是由教宗自己草率地控制着的。当教会人士确实与暴力或武力联系在一起时，如果不是由君主发起，它几乎总是与一位君主合作者结成联盟。由改宗者基督徒保罗（保罗·克雷斯蒂阿）和13世纪60年代其他传道者所做的强迫性布道、1240年和1263年分别在巴黎和巴塞罗那举行的辩论，以及1290年前后几乎所有意大利南部的犹太人被迫改宗都是如此。

这些事实为理解永久奴役（Perpetua servitudo）的教义提供了必要基础，这一教义首次由愤怒的教宗英诺森三世于1205年在教谕《即使犹太人》（Etsi iudaeos）中确切阐明。犹太人在复活节强迫刚领受了圣餐的基督徒乳母挤奶，英诺森对此感到愤怒，宣称犹太人必须认识到他们的"罪行使其处于永久奴役"，⑫ 并且他们的行动必须相应地证明这种"奴役状态"。正如像霍斯提恩西斯等教会法学家所强调的，犹太人的"奴役状态"既不是真实的，⑬ 也不是避开皇帝要求权力的陪衬物。⑭ 它反而只是一种观念，一种记忆的手段，将亚历山大二世在1063年宣布的"服从"原则与基于保罗在《加拉太书》（4：23）中所做的评释性的共识结合在一起，即犹太人是女佣夏甲的后代。其目的在于标记正确的犹太人行为，提醒基督徒和犹太人限制犹太人行为的合理范围和保持其完整的必要性。事实上，《即使犹太人》的具体目的是要恢复被犹太人行动扰乱了的犹太"服从"行为的传统均衡，正如反对基督教占主导的行为一样。

正如"永久奴役"的观念综合了以前教会法对犹太人的要求一样，1215年第四次拉特兰公会议发布的著名教令也起着同样的作用。它们的意图和所有此次公会议颁发的教令一样，就是要加强基督教世界的纪律。诚然，对以普世教令格式颁发的迄今为止分散的或地方性

207

⑪ Raymundus Martinus, *Pugio fidei*, ed. Carpzov, pt 3, ch. 10, paras. 21－23.
⑫ Grayzel (1966), p. 114.
⑬ Pakter (1974), p. 306; De Susannis, *De iudaeis et aliis infidelibus*, pt 2, ch. 6.
⑭ Baron (1972), pp. 204－307.

的法令的总结和合并，能够产生革新，例如第四次拉特兰公会议的教令。然而，事实是除要求犹太人穿着特殊衣服的教令外，所有此次公会议颁发的关于犹太人的法令都可以在沃尔姆斯的布尔夏德和沙特尔的伊沃的文集中找到，而且沃尔姆斯的布尔夏德的文集中的犹太人教令至少可以在 34 部其他教会法汇编中找到。格拉先的《教令集》中包含有 50 多条涉及犹太人的教规，包括允许和禁止犹太人行为的方方面面，最有名的是关于服从、犹太会堂、改宗者、证言和社会隔离等内容。⑮ 12 世纪晚期和 13 世纪的真正革新涉及放贷、犹太人缴纳什一税和在只由基督徒构成的法庭上与教士进行诉讼等，对直到那时才出现的问题做出反应。因此，第四次拉特兰公会议以及第三次拉特兰公会议（1179 年）做出的具体规定，必须理解成加强人们遵守挑选出来的，尤其是棘手的规定所采取的举措，如给予普世法律地位，但这些规定经常被无视。第三次拉特兰公会议明确认为，基督徒做出的不利于犹太人的证词总是被视为有效的。第四次拉特兰公会议提及犹太人在复活节周出现在公共场合，谴责犹太人担任公职并规定犹太人可以从十字军战士那里收取的利息（它没有完全禁止收取利息）。这一立法进程到 1234 年的《教令集》时达到顶峰，将涉及犹太人的教规数量简化到大约 30 条，弥补了当时立法的漏洞。让人感到荒谬的是，这一进程同样有其优势所在。对许可行为的限制现在已经毫无争议地得到阐明，这一点不止一位犹太作家提到。事实上，新的文献资料证明，教宗至少一直坚持这些限制应该得到遵守。⑯

第四次拉特兰公会议颁发的指导犹太人穿着与众不同的衣物的法令如何适应上述模式呢？首先，特殊服饰的观念很像是从古代伊斯兰教偶尔强迫犹太人缠蜜黄色的头巾或腰带的做法借鉴而来。更重要的是，历史学家越来越相信，主持了第四次拉特兰公会议的英诺森三世肯定是说说而已。当他说没有特殊服饰"有时候基督徒碰巧出错和犹太人或萨拉森妇女发生性交、犹太人或萨拉森人出错和基督徒妇女发生性交的事……这是非常严重的罪过"的时候，他没有使之合理化。⑰ 事实上，格列高利九世和英诺森四世分别在 1233 年和 1250 年

⑮　Gilchrist（1988），pp. 10 – 11.
⑯　Simonsohn（1990），*passim*.
⑰　Grayzel（1966），p. 309；Boureau（1986），p. 29；Brundage（1988），p. 30；Kriegel（1979），p. 50.

一字不差地重复这一推论，引用作为第四次拉特兰公会议教令的权威。[18] 不管是犹太人还是穆斯林，基督徒和非基督徒之间的性接触都是事实，长久以来这都是教会方面众人皆知的一根刺。因此，要说第四次拉特兰公会议颁发指令的"最初的"目的，在于从视觉上例证犹太人的劣等地位，这是错误的。我们也注意到，英诺森三世笼统地提到一种"特别的衣服"。带有贬损意味的"黄色（或者其他颜色）布标识"在晚些时候流行起来——并且要求佩戴这些标识的发起人和执行者往往是各国国王，如英格兰的亨利三世（至少间接地通过教宗使节潘道夫）在 1218 年的行为。同样地，正是弗雷德里克二世首先将这种标识与妓女特殊的耻辱符号等标识联系起来。

　　然而，这种标识在世俗信徒和教士圈中的确意味着犹太人的劣势地位。它明明白白地将他们标记为"应该为年轻人服务的老人"（《创世纪》25：23，引自《罗马书》第 9 章），正如一位历史学家所说，证实了他们的社会边缘性。[19] 另一个通常被迫穿着特殊服饰的中世纪群体是麻风病人。[20] 然而，通过直观地表明犹太人的地位，这种标识有些自相矛盾，既减轻焦虑又构成一种生活方式。教士和世俗共同体如此快地采用这种标识的主要原因在于他们必定相信：对所看到的，他们可以有更好的理解；对所知道的，他们会减少害怕；对不那么害怕的，他们便可以更放心地与之住在一起并成功地控制。在 13 世纪，这样的控制被视为迫切的需要。心怀不满的世俗信徒通过虚构抬高"犹太人的不端行为"的维度，这种不端行为被视为是社会和政治安定的"障碍"。心神不安的教士，特别是托钵修会的法兰西斯修会修士和多明我修会修士，怀疑犹太人是否自愿服从基督徒的统治，教宗们也偶尔表示担心。教士中的激进分子重拾 9—10 世纪的先辈们的呼喊，宣称犹太人的行为玷污了社会的信仰（*societas fidei*）及其成员。为了保护和稳定这个社会，人们必须更多关注种族隔离主义者的警告，如《加拉太书》中的那些警告，提到"一点酵母会使整个面团发酵"。此外，这些警告应该转化成政治工具，其中之一就是"标识"。

---

[18]　Grayzel（1966），pp. 206 – 207，272，283.

[19]　Grayzel（1966），pp. 60 – 70；Genesis 25：23，转引自 Romans，ch. 9.

[20]　Ginzburg（1989），p. 11.

显然，这一通过隔离犹太人来加强社会稳定性的强烈欲望，部分是由 13 世纪教会所面临的更广泛的困境造成的。尽管教会显然获得巨大的权力和威望，非但未能将社会"改革"成一个全面服从的整体；教会却受到严重的异端浪潮的挑战；它逐渐被迫将对教士的所有控制权与世俗统治者分享，特别是在税收和司法方面；而且它不得不平息内部纷争，如法兰西斯修会修士和世俗教士在巴黎的争论。世俗教士的不懈坚持招致其领导者圣阿穆尔的威廉的谴责，甚至可以被解释成是对教宗本人的批评，因为教宗支持法兰西斯修会的主要人物。[21]

除这些问题外，因教会未能创造一个统一的基督教社会而产生的乌托邦式的渴望，却又增加了其他问题。但是这样的渴望自动将犹太人牵涉其中，从保罗时代开始，犹太人最终的大批皈依据说预示着基督再临。于是，卡拉布里亚的激进修道院院长菲奥勒的约阿基姆谈到犹太人的即将皈依，[22] 法兰西的枢机主教兼教宗使节罗伯特·库森说，放贷取息的终止——当然包括犹太人的——将预示着乌托邦时代的到来。[23] 因此，至少令犹太人服从是必需的，而且要清楚地看到这一成果。他们佩戴标识，尤其象征着基督教秩序获得真正成功的一个阶段。甚至教宗也同意这最后一点。犹太人滥用基督徒乳母或圣餐（然而是间接地）的可能性，表明基督教秩序存在缺陷：教宗会愤怒地谈到犹太人的"傲慢"和"蔑视"也就不足为怪了。这样的缺陷不得不弥补，甚至让犹太人付出明显的巨大代价也在所不惜。标识——其最初也是为了弥补缺口——象征着这一内部愈合过程的进行。从图像学上看，这代表着对犹太人的"永久奴役"已经形成。 210

二

取得秩序和平衡，象征着 13 世纪教会对待犹太人的正式立场，甚至在面对巨大挑衅时也是如此。这些挑衅就是指那些首先和《塔木德》的内容相关的，然后是和皈依基督教的改宗者回归犹太教相

---

[21]　Morrison（1969）；William of St Amour, 1632, *De periculis novissimorum temporum*, *Opera omnia*, Constance, 转引自 Cohen（1982），p. 258；可比较 Pakter（1974），pp. 28 – 30.

[22]　Frugoni，p. 3.

[23]　Mundy（1973），p. 175.

关的事情。

　　大约1236年，改宗者尼古拉·多宁撰写了一份小册子并呈送给教宗格列高利九世，上面列出了对《塔木德》的35项指控。多宁尤其使用《塔木德》中的阿嘎达（记叙）材料[24]指控《塔木德》亵渎和诅咒非犹太人，轻侮上帝并暗示人们有权修改神圣的戒律。小册子中同样提到《塔木德》把耶稣视为妓女之子。[25] 最糟糕的是，正如克雷芒四世最后指出的那样，可以说犹太人凭借《塔木德》"将从摩西那接受的旧律法搁到一边并用另一种律法取而代之"[26]。拉蒙·马蒂进一步指控，当时的犹太教是"魔鬼般的本塔拉米翁给予犹太人的错误做法"的集合。[27] 并不是所有这些言论都是新发现。在早先几个世纪，里昂的阿戈巴德、彼得勒斯·阿方斯和尊者彼得都已经提到过这些事情。《塔木德》毕竟是几百年以来形成的不同法律和米德拉什圣经注释的集合，其内部逻辑远远不同于13世纪基督教经院主义的逻辑。对其含义的负面解释是很容易获得的。

　　然而，在13世纪之前，基督徒不能直接阅读《塔木德》，除非像阿方斯这些改宗者。到了13世纪，为了更好地理解圣经，基督徒开始学习希伯来文，通常是在拉比们的教授下。从圣经文本向拉比文本的过渡并不难。这种学习的中心在西班牙。13世纪70年代，那里像拉蒙·马蒂这样的多明我修会修士号召要对《塔木德》进行审查。某种程度上，拉蒙·马蒂的《信仰之匕》（*Pugio fidei*）试图模糊地通过米德拉什圣经注解来证明基督教的真理。与渎神部分分离后，假定的塔木德思想中的原始和真正的核心（大粪堆上的珍珠）会留下来去说服犹太人皈依基督教。于是，多明我修会修士特意将拉比文本融入布道中，强迫犹太人听这些布道，并为此在1245年、13世纪60年代和1296年获得王室授权许可。《塔木德》中假定的基督导向文
211 本也被多明我修会的改宗者、基督徒保罗1263年在巴塞罗那举行的一场辩论中所利用。[28] 保罗的犹太人对手摩西·伊本·纳曼（纳玛尼德）被迫说犹太人不承认米德拉什文本具有约束力，虽然有证据表

㉔　Maccoby（1982），pp. 19–38.

㉕　Rosenthal,（1956）；Merchavia（1973），pp. 93–127.

㉖　Grayzel，1989，p. 98.

㉗　Bonfil（1971）；可比较 Cohen（1982），pp. 131–153；Chazan（1989）.

㉘　Cohen（1982），pp. 108–122.

明他确实相信它们具有约束力。㉙ 然而，多明我修会的传教热情既不一致也不长久。大约到了 1278 年，《信仰之匕》已经在传统观点背后找到避难所，这种传统观点就是犹太人只有到了世界末日才会大批量地皈依。㉚

此外，在这些事件发生的巅峰——1266 年，教宗克雷芒四世警告说，任何反对《塔木德》及其支持者（具体指摩西·伊本·纳曼）的行为，不准"侵犯那些由罗马教廷授予犹太人的特权"。㉛ 教宗对司法规范的关注，在一代人之前的巴黎更为至关重要。起初，格列高利九世对多宁的指控做出回应（虽然不早于 1239 年），并且下令没收和调查犹太书籍，就像 1242 年的一次（可能的）调查审讯那样，接着焚烧。同样的局面在 1244 年再次出现。㉜ 要不是一个犹太代表团的干预，这样的事在 1247 年可能会再次出现。这个代表团对本身就是教会法注释学家的英诺森四世答道：教宗"同样是明智和愚蠢的债务人；他不准不公正地伤害任何人，但是在司法公正中……一定会赋予他每项应得的权利"。英诺森对此保持沉默，随后巴黎的教宗使节沙托鲁的厄德在 1248 年开始谴责《塔木德》，这可以看作对这一立场的肯定。1247 年，英诺森说，必须允许犹太人保留这些书籍，"要不然他们不能够理解《圣经》和他们的其他法令与法律"。㉝ 教宗随后几次谈及《塔木德》时重复这一立场。1267 年下令删减《塔木德》的克雷芒四世说，清白的书籍必须要"归还给犹太人，因为它是'公正的'"㉞。晚至 1553 年，这样的说法依然存在，当时尤利乌斯三世在意大利下令焚烧《塔木德》。㉟

在 13 世纪，对《塔木德》采取进一步行动的真正推动力，主要来自法兰西国王路易九世。㊱ 14 世纪初，法兰西南部的异端审判者发挥主导作用，特别是贝尔纳·居伊。㊲ 13 世纪 40 年代后，教宗的干

㉙ Fox (1989).
㉚ Raymundus Martinus, *Pugio fidei*, ed. Carpzov.
㉛ Grayzel (1989), pp. 92–93.
㉜ Pakter (1974), pp. 30–31.
㉝ Grayzel (1966), p. 275; Baer (1961), 11, pp. 158–159.
㉞ Grayzel (1966), p. 343.
㉟ Stow (1972).
㊱ Grayzel (1989), pp. 64–65, and (1966), pp. 336–337.
㊲ Yerushalmi (1970), pp. 326–327, 351; Grayzel (1989), pp. 316–319.

预行为偶尔发生并且无法预料。事实上，人们同样可以怀疑教宗最初
的反应。虽然教宗关于没收《塔木德》的信件发往全欧洲，但这些
信件都是通过多宁这一中介从巴黎发送出去的，[38] 获得巴黎主教奥弗
212　涅的威廉和巴黎大学校长兼教宗使节沙托鲁的厄德的帮助。也就是
说，教宗从一开始最有可能是在回应巴黎的首创做法。然而，教宗同
样有理由犹豫不决。巴黎大学一直以来都在争取《圣经》的至高权
来成为教会学说的仲裁者。教宗认为他们自己才是至高无上的。到
12 世纪晚期，教宗已经战胜其对手，但没有获得一致赞同。起初像
在巴黎所做的那样，13 世纪攻击《塔木德》是犹太权威无效的、
《圣经》之外的圣洗池，因此这有可能就是对教宗的变相批评，也许
是对教宗的间接挑战。对教宗来说，最好还是小心行事。这种小心可
以解释教会法学家英诺森四世大约 1245 年在对《教令集》的注释
中，首次将 1244 年焚烧《塔木德》的原因，这种行为视为未经核查
的亵渎所应得的惩罚，但在 1247 年后，明智的教宗英诺森四世拒绝
再次焚烧《塔木德》。绝大多数巴黎大学的教师们，尤其是教会法学
家，认为对 1248 年厄德的谴责可能是英诺森迄今没有看见的动机：[39]
也就是说，今天对拉比的哈拉卡律法的攻击，可能预示着明天将会出
现对现在基于教宗的而不是基于《圣经》的教会法主体的相似攻击。

　　因此，具有讽刺意味的是，看《塔木德》的命运，也就是看 13
世纪的教宗权如何能够抵抗对其在法律和制度上的首席权的挑战。显
然，后来对《塔木德》的严格审查程序只是指控它犯有亵渎罪，而
不是将之视为“新法律”，这绝非偶然。[40] 这里，至少异端审判者是
听从教宗指挥的，尽管他们对迫害或审查抱有极大的热情。甚至多明
我修会的异端审判者贝尔纳·居伊也持这一立场。但是一些多明我修
会的修士，甚至法兰西斯修会的修士，是否普遍地表现出这种约束力
呢？其中之一的法兰西斯修会神学家黑尔斯的亚历山大，在 13 世纪
中期重申教宗亚历山大二世的教义。[41] 前多明我修会总会长罗马的亨
伯特紧随其后。1274 年应教宗格列高利十世的要求，罗马的亨伯特

[38]　Baron（1952），p. 67；Merchavia（1973），pp. 349 – 360，尤其 p. 356.

[39]　Merchavia（1973），pp. 452，356 – 360；可比较 Cohen（1982），pp. 73 – 74.

[40]　Grayzel（1966），p. 343；Yerushalmi（1970），pp. 351 – 352；可比较 Cohen（1982），pp. 92 – 93.

[41]　Alexander of Hales, *Summa theologica*, Ⅲ, p. 729；Chazan（1980），pp. 43 – 51（译文）；可比较
Cohen（1986），p. 608.

在第二次里昂主教特别会议的准备工作中写道：犹太人"既没有能力伤害基督徒，也不知道如何去伤害（*nec sciunt nec possunt contra Christianos*）"[42]。也就是说，和平地居住在基督教世界的犹太人如教宗常说的那样，将享有他们的良好习俗和传统。托马斯·阿奎那也强调这同样的主题。

　　托马斯在《神学大全》（*Summa theologica*）[43] 中对犹太人的讨论基于以下观点：犹太人是社会及其理想的无缝学术建筑结构中必需的材料。犹太人的作用就是逆镜反射。托马斯说，如果笃信宗教是自然的，那么怀疑则是反自然的。信仰存在于人的理智中；没有信仰是受到意愿（不适当地）转移的理智的产物。此类信徒与上帝分离开来。托马斯继续说，犹太人及其命运表明了这些神学真理；犹太人在基督教社会的生活必须相应地接受管理。因此，犹太人不是异教徒，也没有被当作异教徒，因为他们的罪行当然没有那么严重。然而，不信教确实引导犹太人去犯罪，特别是通过错误的文本注释。因此基督徒必须保持警惕，以免犹太人通过这些注释和他们的其他活动使信徒堕落。只有那些受过专门训练的人才应该与犹太人当面辩论。所有与犹太人的接触照样要受限制和监督。即使犹太人像犹太教那样在信徒身体之外，并且不可以通过像驱逐出教的精神惩罚来进行约束时也是如此。此外，犹太人不可以享有对信徒的统治权，不管是精神的还是世俗的；他们尤其不可以雇佣基督徒为仆人。犹太人最多可以雇佣基督徒为日工，在屋外做工。犹太人可以遵守他们的宗教仪式。为此，人类的政府仿效神的政府的做法，允许预示善的"某些恶"的存在。在此情况下，犹太宗教仪式为基督教真理提供证言，后者预示前者的证言。出于同样的原因，任何人不可以强迫犹太人皈依基督教；虽然他们应该受洗，但他们可以被强迫保持不变。犹太儿童也不可以违背他们父母的意愿强迫其皈依基督教。这样做将会招致背教的后果；更重要的是，这是藐视自然的公正，教会是不可以这样做的。

　　当然，托马斯的陈述与教令集中教会法的陈述完全一致。他那难懂的（对我们来说）关于犹太人司法的观点也是如此，那是提供给

㊷　Grayzel（1989），pp. 127 - 130.
㊸　Thomas Aquinas, *Summa theologica*, 11a, 11ae, Questions 10 - 12.

犹太人的司法。因为那种司法的根源不是法律面前人人平等的现代观点，但是对涉及犹太人的神学和教会法原则的保留，在一千多年里还是得到了发展。在这个计划中，焚烧渎神书籍或强迫犹太人佩戴标识，与谴责血祭谋杀指控一样合适，正如教宗英诺森四世和格列高利十世（在其他人当中）所取得的成功。同时代的人同样在尼古拉四世允许异端审判者对被指控帮助异端分子的犹太人进行审判，这和他痛斥罗马教士不法压迫城里的犹太人之间看不到任何矛盾之处；[44] 在1267 年的教谕《心腹之患》（Turbato corde，授权教宗的宗教裁判所来继续这些事情）的多处重复中，他们没有察觉到近来一位历史学家所说的对以前更为宽容的教宗态度的否定。[45] 这同样适用于我们现代的压迫感，它被包含在宗教裁判所手册中的材料唤醒，其中详述了对帮助异端分子的犹太人进行审判的程序以及处理被指控渎神的犹太书籍的方法。遗憾的是，现存的宗教裁判所对犹太人的审讯记录太少，尤其是比利牛斯山以北地区，不足以证实或否认这种印象。宗教裁判所在起诉谁的问题使事情更为复杂。[46]

214 《心腹之患》具体指出，宗教裁判所可以起诉已经改变其犹太教信仰，但现在又恢复犹太教信仰的基督徒，如那些被迫受洗的犹太人。[47] 他们会被视为基督教的叛教者，甚至他们一出生便受洗，并且在隐蔽的犹太环境中抚养长大的孩子会被视为叛教者吗？在证据面前，强迫受洗毕竟是不合法的。后来，正如早在 633 年第四次托莱多公会议所规定的那样，受害者可以被强迫接受基督教。这种规定被收入沃尔姆斯的布尔夏德的教会法汇编中，1298 年卜尼法斯八世的《第六册》（Liber Sextus）将之纳入教会法的正式主体中。由此，"绝对"强迫和"有条件的"强迫之间的细微区别被详细划分。[48] 在理论上，前者的受害者能够再次成为犹太教徒，但必须在受洗后的三个月内。在实际上，所有洗礼都被认为只是"有条件的"强迫。因此，1320 年，主教雅克·富尼耶，即帕米耶的异端审判者和未来的本尼狄克十二世，强迫所谓的牧人十字军的受害者、一个名叫巴鲁赫的人

[44] Grayzel (1977).
[45] Grayzel (1989), pp. 179–186.
[46] Pales-Gobilliard (1977), p. 101.
[47] Grayzel (1966), pp. 226, 262–267；另见 Jordan (1989), p. 150.
[48] Kriegel (1978).

继续保留基督徒的身份。这在教会法上是合理的。当富尼耶在审判中不断试探他时，巴鲁赫从来没有在口头上拒绝受洗。他在面对武力威胁中保持沉默的事与受洗一事无关。[49]

　　然而，巴鲁赫似乎被从轻发落。事情的真相是，那些受到宗教裁判所指控的人当中的一些被宣判无罪。[50] 此外，事情取决于异端审判者个人的一时兴致或其利用教会法漏洞的欲望。当改宗者的数量逐渐增多时，正如大约 1290 年以后意大利南部的情形，异端审判者能够轻易地指控与改宗者有联系的任何犹太人改变了宗教信仰。事实上，马丁四世在 1281 年[51]已经警告异端审判者，不得起诉可能在无意中经常接触改宗者（familiaritas）的犹太人。[52] 但是这一警告不足以阻止异端审判者在 1315 年使用这样的指控来起诉桑乔国王，国王本人因德意志的皈依者可能获得犹太人的支持而雷霆大怒，试图使改宗者回归犹太教信仰并没收马略尔卡犹太人的大部分财产。[53] 异端审判者还试图通过改换审判地点来制造混乱，这一行为使教宗做出有利于犹太受害者的抗议。[54] 在这种氛围下，人们很容易理解为什么 1354 年在巴塞罗那举行的犹太宗教会议，坚持要求教宗英诺森六世公开重申限制犹太人的审判司法权限。[55]

215

　　异端审判者已经扩大其行动范围。贝尔纳·居伊制订了详细的计划来删节犹太人的祈祷书，显然打算对整个犹太宗教仪式进行监督；其他异端审判者发表了皈依布道。[56] 诚然，异端审判者有时会遭到国王的反对。但是，正如法兰西的菲利普四世所说，反对主要针对没有首先获得君主同意便采取的行动。菲利普三世和菲利普四世都重新发行了《心腹之患》，就像他们和其他国王支持皈依布道一样。[57] 13 世纪 90 年代初，安茹的查理二世和异端审判者结盟，强迫大量阿普利

⑭　Grayzel（1966），pp. 100－103.

⑮　Grayzel（1958），p. 114；另见 Albert（1974），p. 330.

⑯　Pales-Gobilliard（1977），pp. 102－103；Shatzmiller（1973），p. 332.

⑰　Grayzel（1989），pp. 22，149.

⑱　Baer（1961），Ⅱ，pp. 10－14；Abulafia（1992）.

⑲　Grayzel（1989），pp. 182－183.

⑳　Finkelstein（1972），p. 331.

㉑　Grayzel（1989），pp. 149，141 注释 1，2；Yerushalmi（1970）各处。

㉒　Friedberg（1965）；Grayzel（1989），pp. 19－20；并参见 Baer（1961），Ⅰ，pp. 155－156，168；Cohen（1982），pp. 82－84；Stacey（1992）；Jordan（1989），p. 161；Browe（1942），pp. 17－21.

亚犹太人改宗。㊳ 现有的证据不能对这一事件给予满意的解释。但是这显然与其他同意进行强迫布道、下令任意没收和焚烧书籍并经常冒犯犹太人的"良好习俗"的统治者的行为是一致的，完全背离了教宗的意愿。教宗承诺保护犹太人的权利是肯定的，不管这些权利是如何的少。这一承诺甚至部分地导致了允许犹太放贷者收取英诺森三世称为"不太过度的高利贷"（*non immoderatasve usuras*）的决定。㊴ 马丁五世甚至以严厉的制裁来威胁那些在宗教裁判所面前错误地指控犹太人的人。㊵ 显然，这是对 1354 年阿拉贡犹太人的请愿书做出的回应，英诺森六世发出大量信件来禁止异端审判者改换审判地和隐瞒指控与证据的信息，虽然也是对审判程序进行授权。㊶ 教宗们同样拒绝批准强迫性布道，不管他们多么想要那么做。1245 年，英诺森四世赞成并在教谕中添加了敕令，即由阿拉贡的詹姆士一世发布宣布放弃王室正常享有的没收改宗者财产的权利；但他完全没有提及王室敕令中，下令犹太人参加传教士布道的最后一段。30 年后，尼古拉三世于 1278 年在《藤蔓》（*Vineam sorec*）中甚至更接近于认可这样的强制性布道，然而他同样是克制的。就像几乎每一位其他教宗一样，尼古拉对向犹太人布道的参与态度即便不是模棱两可，也是有限的。无节制地追求改宗的教宗政策，只有到了 16 世纪才开始实行；甚至在那时，这种政策的实行也没有超过 40 年。人们一直担心犹太人大量改宗后没有出现基督的第二次降临，将会使人们对基督教信仰产生怀疑。㊷ 强制改宗的问题仍然麻烦不断。尽管如此，尼古拉不可能完全拒绝托钵僧提出准许传教士布道的请求。与此同时，正如他在《藤蔓》中所示，参与这些布道不能勉强。他最多含糊地写道，万一犹太人被证明是顽固不化的且拒绝听从传教士的布道，并且有人告知教宗，"那么他才有可能考虑做些补救措施"㊸ 但仅此而已。某些底限（*limina*）是不能跨越的。教谕和最终的教规《作为非犹太人》（*Sicut iudaeis non*，x. 5，6，9）早在 1190 年就已首次发布，然后几乎被那

㊳　Roth (1946)；Milano (1963)，p. 103；Starr (1946)；Cohen (1982)，pp. 85–88；Abulafia (1996).
㊴　Stow (1981)，pp. 162–165.
㊵　Grayzel (1989)，pp. 141, 149.
㊶　Simonsohn (1990)，I，pp. 408–413.
㊷　Foa (1988)，pp. 155–160；Stow (1991).
㊸　Grayzel (1989)，p. 142.

之后的每一位教宗重复，这确切地表明这些节制的底限到底是什么。

《作为犹太人》事实上是一个契约性质的文本，这一事实可以很好地保证其效力。它以所谓的保护（*tuitio*）特许状的形式出现，也就是说，是最初由中世纪早期的世俗统治者授予来保证宣誓"效忠"的犹太人的权利的文本，这里的"效忠"意味着"服务"。在《作为非犹太人》中，这种效忠与"服从"于教宗掌控的基督教秩序和教会法的指示成为同义词，以此作为教宗保证犹太人可以信仰犹太教和其他自古以来被允许的"良好习俗"的回报。为了强调这种相互性，该文本首先提到大格列高利对《狄奥多西法典》（*Theodosian code*）的阐释（CT16，8，18）："正如犹太人不应该获得允许在会堂里做超过法律规定的事情一样，他们也应该在获得允许的事情上面不受任何限制。"[64]《作为犹太人》是如此的重要，以致从英诺森三世时期开始教宗自己称之为《犹太人的宪法》（*Constitutio pro iudaeis*）。15 世纪最重要的教会法学家帕诺米塔努斯说，《作为犹太人》中的建议规定了犹太人的永久奴役的界限。[65] 甚至在 1248 年强烈谴责《塔木德》的沙托鲁的厄德，也愿意将他的签名加在 1255 年和 1262 年重新发布的文本上。[66]

没有人比犹太人更懂得《作为非犹太人》的意义。一位 13 世纪的犹太编年史学家在一部深思熟虑的虚构作品（写得非常好，以致历来都受到充分信任）[67] 中写道：教宗使节仅仅当众朗读这一文本，就能够阻止一位君主的迫害。犹太人甚至可以伪造被认为是尼古拉三世和马丁四世颁发的《作为犹太人》的复制品。[68] 然而，这不是因为犹太人没有察觉出各种观点和细微差别。他们清楚地知道教宗不是心甘情愿的保护者。相反，他们也明白，在教规和基督教神学的框架里，教宗们致力于在犹太人的义务和权利之间建立一种平衡。当然，问题是像这样的一种平衡在理论上比在实际上更成功，这使现代历史

217

---

[64] Grayzel (1966)，p. 92；Stow (1984)，p. 16.

[65] Panormitanus, *Lectura super libro V decretalium*, on *Decretals*, bk 5, title 6, canon 9 (4：95－99)；noted in Stow (1977)，p. 346.

[66] Grayzel (1989)，pp. 56, 71.

[67] Chazan (1972).

[68] Grayzel (1989)，p. 141 n2.

学家对教宗的真正意图产生怀疑。[69] 克雷芒四世因此下令，将怀疑已受洗的七岁女儿还给她的犹太父亲，这位父亲"正在遭受慈父情感的折磨"。但是他也说，当这个孩子成年时，她应该还给教会。这位犹太人期盼将他的女儿被抚养成一个基督徒吗?[70] 正如托马斯可能为之辩解的那样，为什么他保留女儿的"自然"的父亲权利，应该最终从属于教会的"神圣"权利?

这种困境令人想起大格列高利在600年前的决定：因其社团的建筑被当地主教强制奉献为教堂，大格列高利在金钱上对巴勒莫的犹太人进行补偿而不是将这些建筑归还给他们。奉献和施洗一样不能够被撤销。只是现在，代价损失是情感上的，并不仅仅是物质上的。因此，原则和规定基本上保持不变。遵守这些原则和规定要求犹太人付出的代价增加了很多。此外，新的强制方式产生更多困难。为此，大约1245年，英诺森四世宣称教宗"可以直接审判犹太人"。[71] "如果他们的行为与他们的律法在道德上相反……而且如果他们在关乎自己的律法上落入异端"，那么正是教宗的特权使他可以这么做。换句话来说，他在要求界定犹太教的允许限度的权威。这一要求不仅本身极具威胁性，而且同样严重削弱了《作为犹太人》中不干涉犹太人宗教信仰的保证。其含义的危险性并不亚于《狄奥多西法典》的，该法典警告（CT16，8，18）犹太人的（宗教）权利将要被取消，如果他们的宗教仪式冒犯了基督教，或者如果他们忽略了查士丁尼的法令。该法令确定了犹太人可以守逾越节的日子，以及随着用希伯来文朗读《托拉》而来的翻译。

正如英诺森四世自己所指出的那样，这一新司法权要求的第一个牺牲品就是《塔木德》。但是真正的危险是指责犹太人为犹太异端的权利，这给予宗教裁判所等同于全权委托（carte blanche）的权利，来干涉完全内部的犹太事务。事实上，教宗从13世纪晚期起颁发的反对过度审判的限制令的数量表明，这是异端审判者试图利用的一张牌。然而，所有这一切当中存在悖论。通过找到比以前更为直接的方法以表明其对犹太人的权威性，通过比以前更严厉地划定犹太人

⑥⑨　Grayzel（1977），各处。
⑦⓪　Grayzel（1989），pp. 113–115；还可见 Toaff（1989），pp. 94–95。
⑦①　Kedar（1979）。

准许行为的界限并通过经常成功地运用教会法的方式，13 世纪的教 218
宗权潜在地使煽动性指控失效，可能也使暴力行为失效，包括它自己
发起的。通过重申传统的圣保罗神话，教宗正在做着和奥古斯丁与大
格列高利以前已经做过的一样的事。犹太教和犹太人都要保护，只是
因为他们提供了一个行为不当以及由此带来报应的例子。犹太人并不
被认为会威胁到基督教政体的健康，正如一些人将要提出的那样，尤
其是托钵修会的异端审判者。⑫

因此，也许除 14 世纪 20 年代初著名的约翰二十二世以外，教宗
皆效仿英诺森四世坚持保留司法权，然而并不是不加区分地使用。他
们的做法在 13 世纪下半叶举行的超过 25 次的地区和地方教会会议中
同样得到采用。这些教会会议中的任何一次颁发的法令，都没有提到
《塔木德》、宗教裁判所或强制性布道。正如《第六册》中的教规相
当清楚地表达的，教宗的犹太政策常常获得绝大多数人的赞成。⑬

犹太人自己对这一行为做了最好的总结。迈尔·本·西梅昂在
"他曾打算呈送给国王（路易九世）"的信中写道，教宗遵守了他们
制定的法律。和国王不一样，他们"不禁止我们放贷取息，因为那
将会禁止我们的宗教信仰"。⑭ 前面提到的那个佚名编年史家特别相
信《作为非犹太人》的影响力，辩解说教宗在行使合法权威（mem-
shelet reshut）。对比之下，世俗君主的政府是在进行不公正统治
（memshelet zadon）。然而，要想享有教宗的法律规则，犹太人同样必
须承认教宗有权评判他们的宗教仪式和典籍，恰如英诺森四世已经说
过的那样，并且像我们的编年史学家完全了解的那样。然而，那是一
个如此令人害怕的前景和如此顺服的行为，以至于甚至这位在政治上
最聪明的编年史学家也只能通过暗示和影射来描述。这意味着对教宗
经常说的犹太人是一个"不幸的民族"的那个修饰语的支持，也承
认四处流散的犹太人直到今天并不想明白而他们可能明白的：当被允
许在信徒中居住而又"没有遭受难以承受的耻辱"时，他们就已经
被给予了足够的慈悲。⑮ 令人丝毫也不感到奇怪的是，教宗行为的对

---

⑫ Cohen（1982），各处。

⑬ Grayzel（1989），p. 235.

⑭ Meir ben Simeon，"Milhemet Mizvah"，MS Parma，2749，fol. 71v，并可比较 Fols. 65r，68r，70v，
226v.

⑮ Grayzel（1989），pp. 97 – 102.

比使一些犹太人陷入进退两难的境地，如《巴黎的耶希勒拉比的辩论》的可能作者拿坦·奥菲西亚尔。[76]

　　拿坦可能同样怀疑教宗政策的效力。当所有的已经说了并已经做了，该政策的实施要看国王是否同意，但国王却不总是表示赞同。国王自己总是不能始终如一，一会儿暗中破坏教规，或者一会儿又超过教规的要求。他们免除犹太人在复活节周宵禁和佩戴标识，但同样颁发许可证来强迫犹太人参加传教布道。亨利三世和菲利普四世分别相信血祭谋杀诽谤和宿主亵渎诽谤。[77] 最后，正是国王们而不是教士或教宗下令，在 1290 年和 1306 年（在其他人当中）驱逐犹太人。教士中的激进分子可能继续对教宗和教会会议政策的边界进行挑刺，也就是说，对那些由教会的中央机构创建的政策。但是由于同时存在精神和政治原因，正是各个国王真正对犹太人造成了威胁。

　　教宗从没有以这样的极端行为相威胁。在阿维尼翁"流亡"、随后 50 年的教权大分裂、几乎独立的地区教会的最终兴起以及最后激进的法兰西斯修会修士在 15 世纪意大利的权力逐渐扩大的压力之下，需要转变可能是真的。随着教宗也不可预料地交替使用宽严相济的控制，这种转变有时产生了不稳定。教宗同样对随后在 13—14 世纪发生的不同驱犹行动保持沉默，可能是感觉到不应该去质疑明显的决定谁可以定居在特定范畴内的世俗特权。更严重的问题是，教宗有时似乎接受了犹太人有目的地谋杀基督徒青年的罪行，卜尼法斯八世在 1295 年授权修建一个小礼拜堂来纪念一次呈报上来的犹太宿主亵渎行为。然而卜尼法斯没让提及那个假定的犹太犯罪者。[78] 对卜尼法斯来说，这似乎是犹太人必须享有正当的法律程序。甚至 80 多岁的本尼迪克十三世也没有放弃这样做。因其（反）教宗权受到威胁，本尼迪克于 1415 年在教谕《关于医生》（*Etsi doctoris*）中对《塔木德》进行攻击，号召进行传教布道，提议设立强制性的犹太居住区，要求犹太人一直佩戴"标识"并谴责犹太人的社团自治——一切都是为了皈依。然而，正如他之前的英诺森四世和克雷芒四世那样，本尼迪克设立了严格的限制。他在对《作为犹太人》的明显解释中说道：

---

[76]　Greenbaum（1873），p. 12；Stow（1984），p. 42.

[77]　Stow（1984），p. 38；Roth（1964），pp. 77 – 78.

[78]　Grayzel（1989），pp. 196 – 199，and（1966），pp. 104 – 107.

"犹太人"——

> 　　从未在现有法律的限制之外被添加负担。（他们不会）受到
> 骚扰，不会受到人身攻击，也不会被夺取动产……（他们反而
> 会受到）人道和仁慈地对待……因为陷入困境的心灵相信要在
> 心中的祭坛上给上帝提供一份可以被他接受的祭品，这种祭品是
> 自愿地而不是强迫地被奉献。[79]

　　决定强迫从哪开始到哪结束的限制从未清楚地界定过，这导致永
远的焦虑和许多的困惑。

肯尼斯·R. 斯托（Kenneth R. Stow）

莫玉梅 译

徐　浩 校

---

[79]　Stow（1977），p. 288.

第 九 章

修道会

　　1230 年前后，宗教改革的最伟大人物之一阿克主教雅克·德·维特里对过去几十年里基督教发生的种种变化进行反思，做出如下评论："宗教生活的三种类型已经存在：隐修士、修道士和教士。主无疑是想要巩固这一基础的可靠性。因此，这一时期末增添了第四个机构，即一个新修道会的美好和一种新规则的神圣性。"① 在写下这最后一句话时，雅克·德·维特里显然想到了先前的两大托钵修会，它们在那时已在整个基督教世界获得极大成功：小兄弟会由阿西西的圣法兰西斯创办，传教士修会则由圣多明我创建。这位未来的枢机主教似乎已经将它们视为包含基督支持者的结构的补充，即一个完美正方形的最后一块（与现存的修道会一道），使教会的基础更稳固。然而，在一定程度上，现实与这一乐观观点相矛盾。因为，正如雅克·德·维特里所认为的那样，如果 13 世纪宗教生活领域的伟大革新是托钵修会的崛起这种观点是真的，那么我们也不得不承认，这种现象和已有的修道会的衰落及影响力下降同时出现。已有的修道会中有许多没有适应新形势，或者不能适应。因此，雅克·德·维特里构建的和谐景象在 1230 年前后意义重大，但很快就过时了，因为罗马天主教会的稳定性有意要依赖的一些基础很快就要崩溃。这些基础没能成为教会的支撑，反倒更多地成为教会的难题。

---

　　① Jacques de Vitry, *Historia orientalis*, ed. G. Golubovich, *Biblioteca bibliografica della Terra Santa*, *Quaracchi* (1906)，I，p. 8.

传统修道会

当研究 13 世纪的修道会和教士群体的历史时，人们不得不受到两个事实的打击：一方面，与有关 1000—1200 年的大量研究相反，有关这一时期的研究很少；另一方面，勇于探索这一领域的历史学家很少，他们在著作中经常提到修道士和教士的散漫、危机甚至堕落。实际上，这些草率的判断经不起事实的仔细考察。13 世纪的修道主义和教士运动极为不同的现象，例如，修女共同体和卡塔尔派或西铎会修道院几乎没有任何共同之处，前者的存在远没有大多数世俗妇女的生活那么严厉，后者的共同体继续严守修会守则。在没有做出总体归纳的情况下，先从各个国家间的差异讲起是比较合适的。因而，我们来到 1247 年的法兰西。法兰西斯修会修士萨林贝内·德·亚当在其《编年史》中指出，"在圣本尼狄克修会的黑衣修士中，本尼狄克修会守则在阿尔卑斯山以北要比在意大利得到更好地遵从"[2]。更多的研究涉及英格兰，尤其是北欧和中欧，那些地方的传统修道会的扩展要到 14 世纪初才停止，而这些修道会在 12 世纪最后几十年间却在地中海国家经历了严重的衰落。南方的大修道院，如苏比亚科修道院、法尔法修道院和蒙特卡西诺修道院，从 1200 年起就面临着严重的困难，这些问题在整个 13 世纪一直存在，教宗不停地进行必要的干涉。

为了全面了解这一衰退的范围，同样重要的是不能以同一视角看待所有的修道士和教士：危机首先袭击各自独立的修道院，它们在基督教世界的西部也是最多的，然而只是到了后来在克吕尼、拉谢斯迪约或圣维克托等修道会中才能感知这种危机，但它们无一幸免。历史学家一贯将 13 世纪的修道会和教士会的形势描绘得相当黯淡，如今这幅景象必须要以更为细致的眼光来看待，因为事实上它通常从道德角度被考察；很容易将某些修道院或修道会做出适应新社会和经济现实的努力看成是对它们自己最初理想的背叛。最后，我们必须承认的

---

② Salimbene de Adam, *Cronica*, ed. G. Scaglia, Bari (1966), 1, p. 306.

某些有趣的改革尝试，这些尝试中最为引人注目的是发生在传统的本
222 尼狄克修道主义正在经历最为严重困难的地区，即意大利。

有些历史学家对13世纪修道院的衰落做出简单或过于悲观的判
断，然而，我们不必那么信任他们，这不会否认有明显证据证明了的
事实。实际上，要说在13世纪的修道主义和教士运动内部面临着普
遍危机可能过于夸张；但同样不可否认的是，特别是1230年后，这
些运动正在失去推动力，在13世纪下半叶已不再在教会或西欧社会
起着往常那么重要的作用。这一衰落有着各种各样的原因：最常提起
的解释，就是这些运动和托钵修会之间的竞争。然而，在许多国家，
早已创建的修会甚至在托钵修会登上历史舞台前就已困难重重，它们
的成功似乎更多的是修道机构衰退的结果而不是别的原因，虽然托钵
修会后来通过从最好的资源中进行选择来吸引众多新成员的做法加速
了这种衰落。毫无疑问，更为重要的是，世俗教士在12世纪下半叶
开始大力复兴：主教们越来越严厉地禁止修道士进行任何形式的牧灵
（cura animarum），而在同一时间积极活动来尽可能地限制享有豁免
权的修道院的特权，还要额外行使其对这些修道院的访问权；这导致
了地方冲突和法律诉讼逐渐增加并日益激化。但是，许多宗教共同体
发现自己在这一时期面临着种种困难，如收入减少、债务增加和新成
员的水平在量和质上都在下降，这些困难的根源处存在着真正的社会
和经济问题。总的说来，绝大多数修道院所在的乡村世界因城市增长
越来越远地落在后头，城市在13世纪成为西欧文明的主要枢纽和决
策中心。修道士和普通教士现在和城市文明的关系变得紧张起来：白
衣修会逃离城市，返回"沙漠"；即使黑衣修会经常愉快地将修道院
附近创建的真正城镇当作是在圣高尔或克吕尼一样，当城镇居民开始
要求共同体的特许状或权利时，他们还是很快地与这些城镇居民发生
冲突。最后，修道主义的某些基本价值观，尤其是禁欲主义和对社会
的鄙视，因社会转型和观念演变而不复存在。所有这些形成了一种消
极的氛围，使传统修道会和共同体在拒绝进化和试图适应之间摇摆不
223 定，前者从长远看乃是致命的，后者则使人质疑其对惯例和圣本尼狄
克守则或圣奥古斯丁守则的忠诚。

独立的本尼狄克会修道院的危机

孤立的男女宗教共同体受到上述问题的影响最为严重，通常较难应对这些变化。在许多地区，来自贵族的财政资助在前几个世纪里相当丰富，使大量这种类型的宗教机构得以建立并维持下去，如今这些资助逐渐减少或甚至完全停止。此外，它们的收入大多是由租金或土地上的其他征费构成，其总额是固定的，而实际价值在物价和薪酬快速增长的时期里不断减少。结果，那些没有由世俗修士组成的自由劳动力可支配的修道院和女修道院，发现它们面临着无法摆脱的财政困难，特别是 1230/1240 年后。因此，它们比以前更多地落入其保护者和世俗捐助者的势力之下。现在这些捐助者对这些宗教机构的社会作用尤其感兴趣，他们将身体上有某种残缺或没有继承权的幼子送进这些宗教机构，还有不愿意给予婚姻的女儿，因为给修道院的嫁妆与一位世俗丈夫要求的相比少得多。③ 此外，这些家族期望女修道院担负起教育贵族阶层的年幼女儿的职责，在她们到结婚年龄被带出修道院前给予最低限度的教育。这些机构依城堡而建，在某种意义上成为城堡的附属建筑，因此它们不是很大的精神中心。然而，尽管如此，我们不能根据全都可以成为头条的少数丑闻来想象它们已经成为邪恶的窝点：贵族孩童大多在那里过着受庇护的生活，这允许他们在舒适轻松的虔诚中保有其社会地位，并在这些修道院的安全范围里历练与家庭管理相关的管理职责或活动。④ 与其将这些男女宗教共同体称为颓废，不如说它们忠诚平庸更合适。

13 世纪上半叶的教宗们做出大量努力来试图弥补这些本尼狄克会修道院的不足，认为这些不足是由孤立造成的。因此，英诺森三世和第四次拉特兰公会议［第 12 条教规，《在个体中》（*In singulis*）］每三年将参加一次省级代表会议的义务强加给它们的上层官员，即修道院院长或女修道院院长，并担负起核查不同宗教共同体的境况和组织对它们的巡视的职责。修道院的自主性从没受到质疑，但是它们被寄予能够通过互相帮助和常规控制来进行改革的希望。这些措施在像

224

---

③　Leclercq（1980），pp. 79 – 92.
④　L'Hermite-Leclercq（1989），pp. 199 – 236.

英格兰或阿拉贡—加泰罗尼亚等国家产生一定影响，英格兰从 1218/
1219 年起在牛津召开代表会议，1233 年后阿拉贡—加泰罗尼亚的塔
拉戈纳和萨拉戈萨两个省的本尼狄克修道会成为真正的改革修道会。
然而，在许多其他地区，这些措施没有任何效果，因为第四次拉特兰
公会议的教令只给予代表会议咨询权，把执行其决议的权力交给主
教，这种情况导致了无数的冲突。因此，从 1235 年到 1237 年，教宗
格列高利九世不得不颁发新的更严格的法令，要求每年召开代表会议
并设置"长老"（superiors）职位。在会议召开期间，这些人拥有很
大的权力，可以从具有名望的修道士中任命"巡视员"（visitors）。集
体生活的重要性得到着重强调，特别是在餐厅和宿舍层面上，修道士
和修女被禁止独自居住在小修道院或远离修道院的田庄里。最后，修
道院院长要求不要沉迷于任何不必要的奢侈中，并要求定期向修道士
递交财务账本，特别是那些涉及世俗开支的。但从总体来看，这些教
令没有得到执行：对修道院的巡视经常委托给西铎会修士或多明我修
会修士，这种做法不被常常强烈反对这些人的黑衣修会所接受，而不
能客观使用权力的修道院院长的权力没有受到真正的挑战。甚至更糟
糕的是，在某些情况下，长老对集中管理的资产的挪用如此普遍，以
致这些共有资产不得不分割并分派到单个的修道院机构。这种做法有
利于形成私人挪用的趋势，其本身完全与圣本尼狄克守则的文字和精
神相悖。最后，自从英诺森四世掌权以来，罗马天主教会结束了把豁
免权卖给修道院的做法，使这些资金通常供教会自己使用，这一举动
标志着放弃了任何进行改革的努力。但是世俗权威也导致了这次失
败；因为，在英格兰，自亨利三世起的君主们以税收压垮修道院，爱
德华一世在 1294 年甚至要求修道院将其收入的一半上交给君主。此
外，由于教宗财政政策的负担沉重地压在同一时期各修道院身上，一
些像巴特尔和伯里·圣埃德蒙兹等有威望的大修道院发现它们已处于
破产的边缘。德意志的形势并不比这更好。1250 年，富尔达的修道
士为了偿还债务不得不卖掉最漂亮的礼拜仪式装饰品。这并不意味着
225 存在已久的王室或帝国修道院已经失去了所有的声望，正如自 13 世
纪以来英格兰的史料编撰者想要证明的那样，此外，本尼狄克修道会
的编年史学家马修·帕里斯也证实了这点。但是，从长远来看，这些
修道院在那个时期遇到的物质困难及其在礼拜仪式和文化范畴中表现

出来的严格的保守主义，宣告了它们的衰落。

大修院修道会和教士修道会与骑士修道会的不同命运

　　教宗在 13 世纪进行的改革尝试没有涉及 "享有豁免权" 的修道院。总的说来，这些修道院属于各个修道会所有，其中一些以前曾在教会和基督教的生活中起着相当重要的作用。总之，克吕尼修会在1200 年后发挥首创精神召开了一次代表大会，将属于它们这个修道会的各个修道院院长和小修道院院长团结在克吕尼修道院院长周围。但是这些举措不足以恢复该修道会以前的声望：在 13 世纪，克吕尼修会的修道院院长大多来自属于勃艮第乡绅阶层的各个家族，他们中没有一个人获得奥迪罗的恶名或尊者彼得的影响。[5] 有几位甚至被迫辞职。从总体上来看，修道院院长的任期相当短暂，好像克吕尼修会（ordo cluniacensis）当局遇到的困难超出甚至最用心良苦的长老的权力范围。教会财产的地理分布，进而这所暗含的管理和经营问题，连同捐献的减少，从 12 世纪下半叶起已经开始产生影响。就世俗教士而言，除此之外务必加上对堂区的重新控制问题。在大多数情况下，唯一留给修道士的仅仅是一个圣职授予权，更多的只剩下地方和国家排他主义的加剧，进而质疑修道会的统一和克吕尼修会修道院院长的权力。在法兰西，许多克吕尼修会修道院要求自由选举小修道院院长的权利。在不同的国家，如英格兰、西班牙或伦巴第，主修道院和不同分支之间的关系到 1300 年前后，变成仅仅是象征性的或完全解除。但我们不可能说克吕尼修会修道院已经全面衰落或甚至面临着危机，因为当路易九世和英诺森四世于 1245 年在克吕尼会晤时，修道院里的修道士还有 200 名；到 13 世纪末，克吕尼修会只是其前身的一个影子，据计算，其名下的教士数量与前一个世纪相比大约减少了 25%。 226
黑衣修会的大多数大修道院也发生了很多变化，不管是法兰西的马赛的拉谢斯迪约修道院和圣维克托修道院，还是意大利的圣米凯莱德拉基乌萨修道院或蒙特卡西诺修道院，西西里王国的卡瓦德蒂雷尼修道院和翁布里亚的圣彼得罗迪古比奥修道院除外，它们都由神圣的斯佩兰代奥修道院院长（1264 年前去世）创建。在中东欧，本尼狄克修

---

　　⑤　Pacaut（1986），pp. 242 - 254；Melville（1990）.

会修道院因蒙古人入侵和世俗贵族对其财产的占用损失惨重，但
1260 年后，在波兰的蒂尼埃克修道院、波西米亚的布列夫诺夫修道
院和匈牙利的蓬农豪尔马修道院的推动下，本尼狄克修会修道院的复
兴已经悄然出现，它们在王室的支持下控制了这些国家的修道会。⑥

　　西铎会的情况甚至更为复杂，使客观地考察其在 13 世纪的情况
变得困难起来。白衣修会正如其他修道会一样饱受批评，单从其年度
代表大会上做出的决定就很容易看出。它们在很多地方都远离由罗贝
尔·德·莫莱姆和圣贝尔纳制定的规范，例如从教宗那里获取财
产豁免特权和获取被迫向它们缴纳什一税的土地和村庄的捐赠。此
外，某些历史学家强调——事实正是如此——它们是多么热情地、有
时强迫性地通过交换和购买在其修道院周围形成一块单一的地产，为
了达到修道院守则规定的让"荒原"环绕自己而毫不犹豫地驱逐土
地所有者，也不惜将村庄夷为平地。⑦ 当有人指出某些西铎会修道院
甚至在土地上放弃自营或者从城市里的房屋上获取收入时，一幅更为
凄凉的景象呈现出来。其他修道院不知道将畜养的羊只身上的羊毛带
来的数额相当大的钱财用来做些什么，将其投资在华丽的建筑上：一
直留存至今的约克郡方廷斯修道院或托斯卡纳的圣加尔加诺修道院的
宏伟遗迹便是明证。⑧ 除此之外，另一事实是，修道院院长莱克星顿
的斯蒂芬宣布放弃反理智主义这一自圣贝尔纳以来的法兰西斯修会传
统，1237—1250 年间在巴黎创建了一所大学，最有天分的西铎会修
士能够在此接受大学教育。在一阵激烈的反应后，这一创举最后为人
所接受并在 1287 年被全体大会推广到其他大学中心（牛津、图卢兹
和蒙彼利埃），然后很容易证明出现了各种偏差，有人称为背叛，而
白衣修会在整个 13 世纪都允许这些背离来侵蚀它们的理想。

　　但是，这种观点只考虑到了真实情况的一个方面。且不说西铎会
一直到 13 世纪最后几十年仍然在拓展的斯堪的纳维亚和中东欧，西
227 铎会在这一时期的基督教世界一直是最有声望的宗教机构之一：教宗
将许多重要且需小心处理的使命——从黑衣修会的改革开始——委托
给西铎会的某些成员，以及皇帝弗雷德里克二世在临死前让人给自己

---

⑥　*Naissance et fonctionnement* (1991)，pp. 156 – 245.
⑦　Donkin (1960).
⑧　Duby (1973)，pp. 391 – 392.

穿上西铎会的袍子的事实足以证明。西铎会在法兰西和尼德兰的影响似乎从来没有像在 13 世纪上半叶那样强大，特别是在西铎会的号召仍然被强烈感觉到的贵族圈里。正是白衣修会的著作深刻地影响着当时人的心态，如无名氏所著的对珀西瓦尔周期（Percival cycle）做出非常神秘的阐释的《寻找圣杯》（*Queste del Saint Graal*），或者海斯特巴赫的凯撒里乌斯的《奇迹的对话》（*Dialogus miraculorum*），该书和他在 1235 年左右写成的《圣伊丽莎白的一生》（*Life of St Elisabeth*）一起为圣徒传记这类体裁赋予了生机。[9] 比利时的维利尔斯修道院同样是一个非常活跃的中心，这里撰写了大量该修道会培养的教宗、修女和世俗教士的传记，还有那些被吸引到其影响范围中的虔诚妇女们的传记。[10] 最后，新近的著作强调西铎会在传播菲奥勒的约阿基姆（死于 1202 年）的著作及其观点时所发挥的重要作用，特别是在意大利（拉齐奥南部的福萨诺瓦修道院和卡萨马里修道院）。[11] 即使这位卡拉布里亚的修士在 1191/1192 年已经离开白衣修会，到菲奥勒的圣乔万尼创建了自己的修道院，然而人们依然能够公正地将他视为由西铎会启发的修道院神学的代表。他的大部分思想和作品涉及象征性的阐释和形象，同时激进地反对经院神学的精神。总体上说，尽管在朗格多克针对卡塔尔派的传教没有成功，但是西铎会修士比其他修道会的修士与当时社会的联系更多，至少在 13 世纪上半叶如此；他们似乎更渴望将他们认为的基督教启示的本质表达出来，由此在一些方面承担起基督教社会的教牧角色。

　　然而，圣贝尔纳的追随者们在 13 世纪正是在处理妇女事务上获得最大成功。在新建立的妇女共同体中创建与西铎会的联系的趋势不可阻挡，由于白衣修会只是容忍而不是鼓励这种发展，使这一切更令人印象深刻。事实上，在 1213—1224 年间接受几家女修道院合并到本修道会中后，西铎会的代表大会担心被对修女的牧灵（*cura anima-rum*）和对女修道院的巡视带来的负担压垮，对新的请求采取否定态度，正如普雷蒙特利修会近来所为。但是这没能阻止这场运动，据亲

228

---

⑨ Caesarius of Heisterbach, *Dialogus miraculorum*, ed. J. Strange, Cologne (1851); Hilka (1933 – 1937).

⑩ Roisin (1947), pp. 23 – 45.

⑪ Bloomfield and Reeves (1954).

眼看到这一现象的雅克·德·维特里所说，"信奉西铎会宗教的修女多如天上的繁星，大量增加——女修道院不断创立与建造，处女、寡妇和已经获得丈夫同意的已婚妇女急于去填满这些修道院"⑫。事实上，在大多数情况下，这些有时取代贝居安会或其他相当非正式的宗教妇女（mulieres religiosae）共同体的机构，乐于遵守西铎会的惯例；但是有些妇女设法获取与修道会的从属关系，这应归功于教宗或世俗君主施加的影响，或多亏了某些如维利尔斯修道院等男修道院的善意，它们拒绝执行代表大会批准的拒绝妇女入会的政策。在整个13世纪，坚持西铎会的宗教仪式而又不正式归属于该修道会的女修道院在西欧建立了好几百家，特别是在日耳曼各国、法兰西、英格兰和尼德兰地区。⑬ 西铎会兴盛的重要性不仅仅是数量意义上的。这些共同体通常很热情，也比男修道院更贫穷，同样是以强烈忠诚于圣餐和基督的人性的不同方面为特征的精神中心。这一忠诚通过许多圣徒传记文学表现出来，如《卢特格尔德·德·艾维雷斯的生平》（死于1246年，*Life of St Lutgarde d'Aywières*），还表现在详述幻觉和神启的故事中。13世纪西铎会女性神秘主义最引人注目的代表之一是拿撒勒的比阿特丽丝（死于1268年），她留下一部自传和一部重要的以佛来芒语写成的关于《爱的七种程度》（*De seven manieren van Minne*）的精神专著。⑭

　　对刚才谈到的西铎会的情况加以适当修改，正好适用于由那些按照圣奥古斯丁守则生活的普通教士组成的主要修道会。即使他们在13世纪初就不再在西欧建立修道院，但普雷蒙特利修会在德意志的东部边界，即易北河和奥德河之间，在波兰，特别是在奥地利和匈牙利继续扩张。在从多瑙河畔到波罗的海之间的日耳曼人定居地的未探索地区，他们经常积极从事着传教工作，建立乡村教堂并为新堂区布道。但在其他地方，他们似乎对正当维护自己的财产和资源尤为关心。在西铎会之前很久，普雷蒙特利修会拒绝将注意力转到最初是

⑫ Lawrence（1984），pp. 184 – 185，转引自 Jacques de Vitry, *Historia occidentalis*, e-d. J. F. Hinnebusch, Fribourg（1970），p. 117.

⑬ Fontette（1967），pp. 27 – 64；Lawrence（1984），pp. 184 – 186.

⑭ Vekeman（1985），pp. 78 – 98.

其修道会的一个部分的妇女共同体。在 13 世纪，这并未阻止诺伯丁 229
修女建立新的女修道院。有时这些修道院被称为"帕台农神庙"，与
男修道院没有正式联系，但通常置于其精神引导之下。这依然过于宽
宏大量：1270 年，代表大会禁止以后继续接纳修女，让那些已经在
女修道院的人在逐渐消亡或进入其他宗教机构之间进行选择。⑮

　　在 12 世纪，格朗蒙修会在法兰西和英格兰颇有声望，其守则在
性质上是修道士的，在精神上却是隐修士的。从 12 世纪 80 年代起，
由于将世俗修士置于修道士的对立面所产生的内部危机，该修道会被
严重削弱。13 世纪上半叶的教宗们强行采取一系列改革，用来处置
该修道会最不同寻常的特点：各个共同体的财产不再仅限于如其创始
人米雷的圣斯蒂芬所希望的严格必需品；在小修道院院长的支持下，
世俗修士被剥夺了权力，尤其是财政事务方面的，这使其作用大大减
小。从那时开始，这种宗教生活形式失去了它以前一度所拥有的吸引
力，居住在格朗蒙修会所有的 100 所修道院内的修道士们从此以后与
西铎会修道士几无差别。

　　类似的考虑可以应用于各主要骑士修道会：医院骑士团、圣殿骑
士团和伊比利亚半岛的卡拉特拉瓦修会与圣詹姆士修会。因在圣地与
伊斯兰作战中的突出表现而获得君主和教宗的青睐，医院骑士团和圣
殿骑士团以教省、小修道院和骑士团管理地构成一张非常稠密的网，
遍及基督教世界，也因此变得非常富有和强大。与骑士一道的是世俗
修士，他们来自社会圈子的更底层，负责财务活动和内部杂务。但
是，由争吵和无纪律等为人熟知的问题导致基督徒失去圣地，人们开
始质疑这些经营巨大财产并处于欧洲货币市场中心的大型组织的效
用。只有英诺森三世在 1199 年支持的条顿骑士团或日耳曼的圣玛丽
骑士团在 13 世纪真正兴盛起来。但是它们从 1230 年起试图使普鲁士
人和其他波罗的海沿岸的异教徒皈依基督教信仰，所使用的暴虐手段
及其排外的日耳曼成员资格，成了它们向外扩张的障碍。

　　然而，就整体而言，与单独的修道院相比，从对 13 世纪主要修
道院和教士修道会的研究所呈现出来的持久印象没有那么糟糕。不
管怎样，到大约 1250 年，没有任何一刀切的评价，白衣修会、黑衣

⑮　Fontette（1967），pp. 13－26.

230 修会和奥古斯丁修会所遇到的困难并不能使我们忘记它们的紧密机构网或深远影响，特别是在乡村地区。甚至可以说，那时的男修道院的停滞和轻微衰退在女修道院全面增长的情况下不仅仅只是获得补偿而已，后者开辟了一片新天地。然而，不可否认的是，在 1250/1260 年后，甚至最抗拒改变的各个修道会，如西铎会，发现它们面临越来越严重的自己无法解决的问题。至于其他修道会，包括各个骑士修道会，它们的行事越来越像纯粹的管理者或政治势力，专心致力于追求自己的利益。这只会引起对它们生活方式合理性的怀疑，并煽动世俗势力甚至教会势力来没收它们的财富和收入。

复兴的努力及其局限性

　　大的修道机构和教士机构面临的困难不应该阻碍新的、通常也是成功的宗教生活形式的出现，它们的抱负既更加明确也更加具体。这在一定数量的虔诚世俗团体里尤其如此，有时使它们转变成教士或修院修道会。因此，11 世纪末由来自多菲内的一位贵族创建的安东尼修会或圣安东尼医院骑士团专门照顾饱受圣安东尼热（Saint Anthony's fire）之苦的人们，这是因食用变质的谷物引起的。它们在 12 世纪和 13 世纪上半叶扩张得非常迅速，从莱茵河两岸到汉萨同盟诸城市的日耳曼人世界内尤其如此。⑯ 圣拉撒路医院骑士团和塞莱派或阿列克西安派，更多地参与照顾麻风病人，而由居伊·德·蒙彼利埃于 1108 年创建并于 1204 年引入罗马的圣灵医院骑士团建立的医院网遍及整个基督教世界。⑰ 此外，圣三一修会于 1198 年由让·德·马塔（死于 1213 年）创建，其目的在于将在穆斯林国家被当作囚犯或奴隶的基督徒买回。他们遵守圣奥古斯丁守则生活，以行乞度日。这个修道会包括大量的修道院，特别是在法兰西和西班牙。⑱ 还有由佩雷·诺拉斯克于 1203 年在巴塞罗那创建的梅塞德修会也有着相似的目的。⑲ 最后，几个其他的小教士修道会，如在前往圣地亚哥－德孔波斯特拉的路上的奥布拉克修道院和隆塞瓦克斯修道院，或

⑯ Mischlewski (1976).
⑰ Revel (1978), pp. 343 –356.
⑱ Deslandres (1903).
⑲ Dossat (1978), pp. 365 –388; Brodman (1986).

者在前往罗马的路上的大圣贝尔纳修道会，帮助朝圣者通过甚至最崎岖的山脉。[20] 这些机构几乎从未得到历史学家的赞誉，但是它们有效地展开行动，履行为自己设定的目标；其忠实的追随者们似乎紧紧地依附于它们，正如他们慷慨大方地对待这些修道士所示。这些修道士承担起效仿马大和马利亚的职责，将积极生活与冥想生活结合起来。

至于修道主义，其复兴更多的归因于小隐修会，这在意大利特别多。在意大利，大的修士修道院已经经历了一次早期的非常严重的危机。在这种情况下，"隐居者"（recluse）这个词语并不意味着隐士的孤独生活，这在西欧的修道士中是非常少见的，可以说是一种大打折扣的共同生活形式，看重禁欲主义和个人与集体清贫。这种类型的各个修道会在 11 世纪末之后出现：最著名的是加尔都西修会，它稳定地持续发展，在地中海国家尤其如此，一些妇女共同体与之联系在一起。在意大利中部和北部，首先在托斯卡纳创建的卡马尔多里修会和瓦洛姆布罗萨修会的黄金时代出现在 13 世纪上半叶，它们也建立女修道院，正如担任好几家女修道院院长的法恩扎的圣乌米尔塔的生平（1126—1316 年）所示。在那不勒斯王国和西西里，由古列尔莫·迪·韦切利创建的蒙特韦尔然修会于 1181 年得到教宗亚历山大三世的承认，在王室的保护下蓬勃发展。位于加尔加诺半岛的蒙特圣安杰洛附近的普尔萨诺修会也是如此，它由乔万尼·迪·马泰拉于 1129 年创建，大约在同一时间获得承认（1181）。苦行僧放弃拥有任何超过维持生计所需的土地，并且使自己成为四处游走的传教士。在 13 世纪初，该修道会拥有 30 多所修道院，其影响远至比萨，那里的圣米歇尔—德利—斯卡尔齐修道院是一个重要的精神中心。

各种各样的新机构在性质上都属于隐修院，继续丰富着 13 世纪意大利修道主义那张早已色彩斑斓的调色板：由与西铎会决裂后的约阿基姆创建的菲奥勒修道会在 1196 年得到教宗的承认，并获得亨利六世及王后康斯坦丝的支持。尤其在被引入卡拉布里亚和坎帕尼亚南部后，该修道会直到 13 世纪 60 年代前在某种程度上没有停止过发展。在边境地区，一位精通法律的神父西尔韦斯特罗·古佐里尼（死于 1267 年）想要声明放弃世俗生活，创建了一个由一群志趣相

---

[20]　Jugnot（1978），pp. 321 – 341.

投的禁欲者组成的团体；此外，在阿布鲁兹，一位富有自律意识的修道士皮耶罗·莫罗内通过传教和奇迹吸引了众多的追随者，在其共同体内建立了一种悔罪的生活方式，于1283年赢得教宗的认可。他在那不勒斯王国的北部建立众多的修道院。这位圣人在1294年当选为教宗（相当凑巧），把许多特权授予他创建的修道会，取名为教宗西莱斯廷的穷隐士会。当法兰西斯修会修士因奉守绝对清贫的原则而在自己的修道会中遭受迫害时，一定数量的法兰西斯修会修士被吸引进这个修道会。在其创建者死后，西莱斯廷派在教宗卜尼法斯八世时期历经磨难，但是他们在14世纪到法兰西安定下来时，很快就从法兰西诸王的支持中受益。基督教世界的其他地方，同样见证了具有隐修倾向的小修道会的诞生，如圣保罗隐士修道会或保罗派，该修道会于1250年前后在匈牙利创建并传遍整个中欧。

　　在13世纪，西欧修道主义的整体情况不能对所有的这些创新视而不见，这些创新很好地表明了这一传统制度所表现出来的复兴能力，同时削弱了对孤立的修道院或甚至一些较大的修道会的研究可能显现出来的衰落印象。然而，尽管这些新修道会在一些地区获得成功，但修道主义或教士运动显然都不能解决13世纪的主要宗教问题，即由城市和城市文明的大举扩张带给教会的挑战。

托钵修会及对城市社会的宗教再征服

　　德意志的普雷蒙特利修会修士乌尔斯贝格的布尔夏德（死于1230年），在编年史中回忆起他那个时代最重要的宗教影响时，写了下面的话："那时，世界正变得令人厌烦：教会中出现了两个修道会，以最灿烂的方式赋予教会新生命，罗马教廷支持它们：小兄弟会和传教士修会。"[21] 这种论述，不是孤立的言论，很好地表明传统修道会的成员很快认识到第一批托钵修会的创新性质和它们正在采取的并行方法。然而，这两个托钵修会的创始人是非常不同的人，即使他们彼此可能于1215年曾在罗马碰过面，但自身的成熟和经历发展都与对方无涉。

---

[21]　Burchard d'Ursperg, *Chronicon*, in Lemmens (1926), p. 17.

圣法兰西斯、圣多明我和托钵修会的创新性质

阿西西的法兰西斯和小兄弟会的起源

法兰西斯出生于 1181 年末或 1182 年初，是翁布里亚地区的小城市阿西西的一个富有布商的儿子，常跟随他父亲的脚步在家族生意中开始职业生涯。但从青少年时期开始，他似乎就对所在城市享有特权的青年人的快乐生活比对商业事务更感兴趣。他那富有的家庭背景使他在贵族家庭子弟的陪伴中成长；在他们的影响下，他接受了宫廷文化的理想，对其心态和生活方式产生深远影响。在骑士生活和骑士冒险的吸引下，他响应教宗英诺森三世的号召，1205 年参与一次军事远征到阿普利亚去作战。但是他在斯波莱托染病在身，鬼使神差地返回阿西西。从那时起，在神恩理念的驱使下，他用了好几年时间来寻找正确的道路，致力于独自思考和祈祷。在与他那责备其对穷人和不同教会的慷慨之举的父亲断绝联系后，法兰西斯放弃世俗财产，作为一名忏悔者将自己置于阿西西主教的保护下。1208 年 2 月，当听一位神父朗读圣马太福音（《马太福音》10：7-16）的一段讲述基督派遣使徒赤脚、身无分文地外出传教的经文时，他认识到自己的真正使命：按福音书上的清贫方式生活。[22] 从那时起，他换下正常服饰，仅身着朴素短袍，不系腰带，代之以绳，并且开始号召志同道合的市民皈依。很快，一些阿西西及其郊区的居民响应他的号召，其中教士和世俗信徒人数相当，他把这些人组成一个四处巡回的小传教共同体。1209 年，法兰西斯编写了一份全部由首尾相连的福音书经文构成的宣言书，并去罗马将之献给教宗英诺森三世。教宗口头认可了法兰西斯的生活方式，但在看到这次试验的结果前吝于做出进一步的承诺——这与韦尔多派的试验极为相似。

在这种相对有利的欢迎的安慰下，托钵僧们紧接着以"小兄弟会"来命名自己，意为"微小的"或"谦卑的"，并且在意大利中部发展传教运动，他们在那里吸引了许多着迷于法兰西斯的个人魅力的新成员。新成员中有很多妇女，第一个入会（1212）的妇女是来自

---

[22]　Hinnebusch（1959/1960）；Lambert（1961），pp. 35-62.

阿西西的青年贵族女子克莱尔。她将成为"圣达米安的穷隐修士"修会或达米安修道会的创建者，后来被称作圣嘉兰隐修会。1217年，一年一度将所有托钵僧召集起来的代表大会在波尔齐安库拉（the Porziuncula）的小教堂举行，该地是兄弟会的诞生地。大会决定把托钵僧派往阿尔卑斯山以北和国外。法兰西斯本人想前往法兰西，但是枢机主教乌戈利诺在佛罗伦萨拦住他，说服他留在意大利以便照看以他为首的共同体。该共同体正在快速发展，但依然处于相当脆弱的状

234 态。然而，法兰西斯于1219年前往圣地，在埃及的达米埃塔加入第五次十字军东征，正好在十字军占领该城之后。休战期间，他只带着一个同伴离开基督徒营地并被带到素丹面前，试图劝说素丹相信基督教信仰的优越性。但这是徒劳的；此举失败后，他前往各个圣地去朝圣，但不得不在1220年回到意大利。当他不在的时候，那些取代他的人已经进行了各种创新，将他的修道会精神置于危险中。法兰西斯恢复了秩序，但是倾向于放弃对这个团体的领导权；1221年小兄弟会已经超过1000人，随着人数的快速增长带来制度和纪律方面的问题，使他感到力不从心，尤其是早期的福音兄弟会转变成配有会规的名副其实的修道会，而现在的官方保护者枢机主教乌戈利诺一直以来不断地催促它们采用这些会规。在多次努力未果之后，以"第二守则"闻名的一个文本（更确切地说是《后来的规范》regular bullata）于1223年11月获得教宗洪诺留三世的认可。

法兰西斯越来越多地受到疾病的折磨（他从东方返回时，眼部感染非常严重，同时患有脾胃疾病），对他创建的修道会的发展方式及越来越脱离他的控制感到不满意，长时间过着隐居的生活，特别是在拉维纳。据说他在此地于1224年9月在一次幻觉后接受了作为受难标志的圣痕。1225年，尽管已经近乎全盲，他仍创作了《太阳圣歌》或《造物圣歌》（Canticle of the Sun or of Creation），这是已知的最早用意大利文写成的宗教文学文本之一。1226年，他感到大限将至，写下了"遗嘱"。他在遗嘱中热情地唤起对其早年宗教经历的回忆，试图将其福音生活的最初理想遗赠给志同道合的托钵僧们。是年9月，他被送回阿西西，于10月3日死于波尔齐安库拉，1227年当选为教宗格列高利九世的乌戈利诺在1228年封他为圣徒。不久之后，在教宗和伊莱亚斯兄弟的鼓励下，阿西西开始建造一座宏伟的大教

堂。1230 年，法兰西斯的遗骨被送往该教堂。

这样对法兰西斯一生主要事件的概述显然不能将其活着时的巨大成功完全表达出来。在其充满活力和超凡魅力的人格影响下，他同时代的人深深地为法兰西斯在传教及其生活方式、所传达的启示及其实际成就之间所表现出来的绝对和谐所打动。众所周知，该启示主要建立在清贫理念的基础上。在他眼中，清贫远远不止是一种社会条件或一种美德，而是福音生活的真正核心。长久以来存在的禁欲主义格言"赤裸地跟随赤裸的基督"在 12 世纪的西欧广为人知。对他来说，这在个人和集体层面上都已成为具体的生活方式。直到那时，为理想而生活这一承诺，只有持不同政见的团体或异教徒提出。至于修道主义，即使在西铎会或加尔都西派表现为禁欲主义形式，但除个人清贫外，它从未向其追随者提过其他要求。个人清贫绝不阻止共同体接受财产赠送或享有较好的收入，这些财产和收入使其成员实行修道院生活成为可能。然而，法兰西斯要求其追随者放弃自己的世俗财产的规定不断增加，因为他不仅要求他们摒弃所有财物并分发给穷人，而且要求他们拒绝任何共同财产，通过体力劳动和行乞把日常生存交于上帝之手。对他而言，按照福音生活意味着接受财政风险并把自己放在与最清贫的人同等地位，如被抛弃者、麻风病人和流浪汉；这些人以基督为榜样，既没有钱也没有固定的住所。正是出于相同原因他更为强调谦卑，也就是说，对任何类型的权力（包括领主们享有的权力和文化优越性带来的权力）先天拒绝，这些权力会使人压迫人并以拥有那些并不真正属于自己的东西而感到骄傲。

圣多明我和传教士修会

在这些相同的年份里，一位卡斯蒂尔教士古斯曼的多明我走上了一条在某些方面与法兰西斯相似，但在其他方面却不同的道路。1175 年前后，多明我出生于卡莱鲁埃加的一个贵族家庭，在他年幼时就已经注定了教士生涯。在 1196 年当选为奥斯马大教堂的教士前，他在帕伦西亚学习。1203 年，他的主教迭戈·德·阿泽博似乎点燃了伟大的使徒般的热忱，带着他代表卡斯蒂尔国王一起到德意志北部去完成一项外交使命。到达目的地时，他们目睹了库曼人在这些地区造成的劫掠；库曼人是中欧的异教徒部落，这个地方的君主把他们当作雇佣军。一旦返回西班牙，他们决定致力于向库曼人宣讲福音，并且前往罗马要求教宗英诺森三世支持他们的活动。然而，在返回途中，他们经过图卢兹伯爵领；在图卢兹城驻足了一段时间后，他们确切地认识到卡塔尔派异端在这个地区曾经是多么的成功，那种情形令他们感到悲伤万分。1206 年 8 月，他们两人在蒙彼利埃遇到了教宗派到该地区的西铎会教宗使节，该使节在此进行反异端分子的传教。当地人对这些使节非常冷淡，使之备受打击，正打算放弃使命。他们对这些使节们的华美服饰及其庞大的随从队伍感到震惊，这正好和卡塔尔派"完美者"的禁欲式的节俭及简单的生活方式形成对比。他们决定留在朗格多克，试图通过以使徒的方式传教和宣告上帝关于谦卑与清贫的言论，来使这个地区的居民重新皈依基督教信仰。放弃宣示权威在罗马教会已不再能够依靠贵族支持的地区是不明智的，他们同意在公开辩论中直面卡塔尔派和瓦尔多派。在某些场合，如 1207 年在蒙特利尔，他们通过对《圣经》和福音派证言的熟悉战胜对手。同年，多明我在普卢叶创建一个宗教共同体，打算接收他已经从卡塔尔派那里成功解救的妇女们。而迭戈在帕米耶设法使由韦斯卡的杜兰德领导的瓦尔多派的一个重要团体回归教会，韦斯卡的杜兰德随后建立一个修道会，于 1208 年以"清贫修会"为名获得英诺森三世的认可。

当这一切发生时，迭戈已经去世，多明我与一些已经加入其行列的同伴继续进行活动。1214 年，在西蒙·德·蒙福尔赢得胜利后，多明我在图卢兹定居下来，在那里创建了一个教士共同体，这些教士与当地主教合作致力于拯救灵魂，并力争弥补堂区教士的不足。在多明我参加的第四次拉特兰公会议结束后，这个谦恭的由主堂区传教士组成的修道会获得英诺森三世的认可，取名为"传教士修会"（ordo praedicatorum）。然而，由于这次公会议刚刚禁止成立新的修道会，教宗命令他们遵从圣奥古斯丁守则，这对普通教士来说是合适的。但这一新机构没有最后成形，要到 1217 年获得最后认可时才形成。特别是在 1220/1221 年，当时多明我给该机构制定章程，成功界定其特征，尤其强调传教士修会要保持清贫，并拒绝个人或共同体拥有任何绝对超出其基本住宿的世俗财物。

修道会由此创建。如果创建者没有主动把该修道会从发源地根除，这个修道会因朗格多克的风云变幻或许不会享有最终获得的成功。多明我最出彩的想法就是分散其同伴，即使人数仍然很少，将他们分散到一些大城市中心，同样也是大学城，如奥尔良、巴黎和波伦亚；在这些地方，他们能够以传教为目标投身于学习中。他们生活方式的朴素及其强烈的使徒热情给那些在这个智力环境中的人留下了印象，他们从中招收了不少重要成员。在教宗的支持下，这个修道会因此发展到较大规模，到1221年其创始人去世时，已经拥有好几百个托钵僧、25所修道院和5个教省。罗马和波伦亚的一些妇女共同体加入其中，多明我修会修士不久后在日耳曼世界也获得极大成功。受益于教宗给予的信任，传教士修会在1231—1233年间被委托掌管宗教裁判所，这将使之开始追寻和镇压异端，虽然不是专门的。

237

主要托钵修会的多样性和一体性

当小兄弟会将教士和世俗修士一视同仁并遵守一份全新的守则时，传教士修会第一眼看上去似乎没什么独创性，因为它把如普通教士这样的宗教成员聚拢到一起，按照圣奥古斯丁守则生活。然而，传教士修会通过章程和结构使自己与当时的社会建立起直接接触。和阿西西的法兰西斯一样，多明我实际上已经明白口头语言在信仰传播中的至关重要性。传教士修会中的绝大多数是神父，这一事实使他们超出那种纯粹的劝导传教，后者是教宗授予圣法兰西斯及其第一批门徒（主要是世俗成员）的。但是，因害怕教育可能再将新的不和带到兄弟会中间，法兰西斯仍然对学校和学习不太信任，而多明我修会却希望依靠教育来使其传教更有效。这场关于学识价值的冒险将会获得回报：此时理论知识享有极高声望，而且大学很快成为吸引基督教精英领袖们的温床，博士修道会（Order of Doctors）无疑要占有一席之地，他们的传教根植于对神学和哲学的学习之中。

尽管如此，多明我花了足够多的时间与卡塔尔派和瓦尔多派待在一起，了解到传教士的学识并不足以保证听众皈依基督教。他本人似乎更是一位祈祷者而不是一位受过教育的人，即使在他眼中，精神生活的这两个方面是难分难解地联系在一起的。最后，他结合法兰西斯的思想，做出了重要选择，这一选择包括拒绝土地控制权和土地所有权，而同时给予清贫以不同的地位。事实上，对他来说，清贫是反对异端的武器；它是使公众接受基督教传教士修道会的使徒证据的一个

必要条件，即使光有清贫还不够。他没有把清贫定为绝对的美德，而
法兰西斯却将它等同于福音生活。因此，多明我修会修士在这个特定
领域里行事将不如法兰西斯修会修士那么严格；他们接受给予他们的
教堂的所有权和他们的修道院所在地的财产所有权而不会有良心上的
238　顾虑。这些确实重要但又变得不那么重要，除观念上的不同外，两个
新修道会共同具有的特征是基本的，时人把它们看作同一现象的两个
方面是正确的。甚至它们更多的是因行乞来获得托钵僧的名称，但托
钵修会最重要的是以其使徒般的态度来定位自己，也就是说，它们致
力于拯救处于极大危险中的灵魂的愿望，不管他们仅仅是信徒、异端
分子或异教徒。因此，和以前的修道会不同，他们证明自己对打算使
人皈依的基督教世界（最后也包括犹太教世界和伊斯兰教世界）是
极为熟悉的。尽管住在封闭的共同体里，但他们没有留在修道院的庇
护下，而是每当必要时便外出去与人们保持关系。和修道士不一样，
圣法兰西斯和圣多明我的追随者们只在为了更好地转向生活，在其周
围的人和向他们宣扬上帝时才放弃世俗生活。托钵修会的主要使命不
是救赎自己的罪行或自己对守则的侵犯，而是引导信徒忏悔和使非信
徒皈依真正的信仰。

　　由于这个原因，托钵僧没有拘泥于对稳定性的关注，反而以流动
性极大的特点闻名。他们经常从一个修道院流动到另一个修道院，经
常外出行走，结伴同行。两个修道会追求教育的理念发展迅速，这使
得托钵僧们四处旅行，只要到达他们的领导者已经承诺他们去学习或
教课的学校（*studium*）。㉓ 教省会议和代表大会、代表罗马教廷展开
工作的使命或者他们经常被委托在基督教世界内或更远的地方去承担
的外交职责，都是增加接触和交换新思想的机会。与世俗信徒的关系
甚至更重要：因为行乞意味着募捐开始，托钵僧已经有机会与人们接
触，并依赖这些人获得物质生活资料。但是，显然正是他们的传教为
把上帝之道传给信徒提供了主要的机会。传教可以在堂区教堂中进
行，这里的助理神父要么邀请他们或者允许他们进入教堂，或者在户
外进行，如公共场所（当天气和环境允许时），或者甚至在他们已经
当选为专职教士或只是受它们吸引的修道兄弟会或其他虔诚团体的集

㉓　*Le scuole degli ordini mendicanti*（sec. XIII – XIV）（1978）.

会上进行。因而通过各种各样的方法，托钵僧依靠创建支持体系和支持者网，力图深刻地影响世俗信徒，确保他们的忏悔启示及其承载的精神主题被广泛传播。因此，由于教宗比任何其他人都清楚世俗教士的弱点和要把变化强加于这个已经僵化的机体有多难，人们就易于理解教宗为什么欣喜地把法兰西斯和多明我及其精神追随者的出现视为神助，以及为什么教宗忍不住去使用这支热情洋溢的生力军来满足人们认为的教会的紧急需要，甚至不惜冒着扭曲它们的创建者在某些方面的意图的危险。

239

托钵修会在 13 世纪的扩张和发展

仅仅几十年里，两个主要的托钵修会，小兄弟会和传教士修会，在整个基督教世界范围内经历了极为迅速的扩展，甚至超出基督教世界的范围，因为它们很快在东方和传教士旅行到的某些其他国家建立机构，如波斯或蒙古帝国的某些地方。将近 1300 年，仅法兰西斯修会修士已近 3 万人，四处建立的修道院超过 1100 个，占托钵僧机构总数的 40%。但是这样引人注目的成功也带来了影响这些新修道会的整体局面的后果，尤其是经历了极大改变的小兄弟会。

法兰西斯修会的标准化

小兄弟会的创建者去世时，会员人数持续增长，小兄弟会已发现他们面临着触及其使命的真正目的的严重问题：他们应该不惜任何代价继续忠实于起初设定的福音兄弟会模式，正如法兰西斯在 "遗嘱" 中如此感人地鼓励他们的那样？或者他们反而应该适应时代变化和其发展与教会机构，特别是与教阶制密切联系的使徒布道的需求？教宗格列高利九世很快结束了这些令人困惑的问题，他及其继任者不断努力按照多明我修会的发展路线对法兰西斯修会进行改造，即使那意味着去除他们最独特的特征——它们是法学家眼中最令人震惊的，那就是小兄弟会的生活方式和精神性。随着 1230 年颁发了教谕《长远之计》（*Quo elongati*），教宗免除托钵僧继续遵从圣法兰西斯的 "遗嘱"，并且宣布一个好托钵僧只要遵从会规就行。因而不得不从事体力劳动来获得日常生计的疑问不再存在：这只需通过行乞来获得，正好与法兰西斯表达的愿望相反。次年，小兄弟会通过教谕《论不公

正》（*Nimis iniqua*）获得豁免特权；这又一次违背了他们的创建者想
240 要他们"对每个人谦卑与顺从"的确切要求，除涉及传教和创建修
道院外，他们不再受到主教司法权管辖。因此，他们完全依赖于此后
积极干预的罗马教廷来护卫他们并把他们推荐给教宗使节和君主。这
些措施不是想要诋毁对圣法兰西斯的纪念的结果。相反，正是在这个
时候，那座令人印象深刻的造价昂贵的纪念圣法兰西斯的阿西西大教
堂正在建造中，其宗教启示正在基督教世界传播。但是，作为圣法兰
西斯的遗产，重要的神圣性和宗教热情应该以格列高利九世认为的最
好方式来为教会服务，教宗想确保这一点高于一切。[24]

　　这一标准化进程的最后阶段，到 13 世纪 30 年代末得以完成，此
时在小兄弟会的总会长科尔托纳的埃利亚斯（1231—1239 年）和一
些托钵僧之间爆发了一场争吵。在英诺森四世的支持下，这些托钵僧
成功地说服罗马教廷在 1239 年召开一次代表大会，罢免了埃利亚斯。
从几个方面来看，这个问题有些复杂：埃利亚斯以极为独裁的方式统
治着该修道会；为了加强影响，他仓促地增加教省的数量。此外，他
想尽快地完成建造阿西西大教堂的艰巨任务，该愿望令他卷入被误导
的财政政策，很难与清贫精神相符；而他对最后将会与之联盟的皇帝
弗雷德里克二世的同情为他招来罗马教廷的仇恨。但是问题的中心无
疑在于以下事实：埃利亚斯是一位世俗修士，而且做了能做的一切来
加强世俗修士在该修道会中的地位。当时该修道会正受到来自各学校
的人数逐渐增加的教士的严重威胁，并且他们已经获得影响力。事实
上，1239 年迫使埃利亚斯辞职的联盟是由属于大学神学家圈子里的
托钵僧领导的，他的继任者英格兰人法弗舍姆的艾蒙喜欢受过教育的
教士，在该修道会中开展学术研究。当这一教士化进程大约 1250 年
即将结束时，法兰西斯修会在这个方面几乎与传教士修会没有任何区
别，而且世俗修士从那时起只允许少量入会，甚至那时就被限制为次
要的角色。13 世纪 30 年代末之后，某些小兄弟会修士，如黑尔斯的
亚历山大或让·德·拉·罗谢勒，在巴黎大学占据神学教席，其地位
与多明我修会修士大阿尔贝图斯及后来的托马斯·阿奎那相当。[25] 除

[24]　Moorman（1968），pp. 83 – 95.
[25]　*Francescanesimo e vita universitaria*（1990）.

那些在翁布里亚和边境地区孤立的偏僻修道院生活的圣法兰西斯的最初追随者们外，对真正的法兰西斯的纪念，及其言论和真正思想，在他所创建的修道会里以惊人的速度变得模糊起来。 ²⁴¹

这一演变的终点在圣波拿文都拉任总会长（1257—1274 年）时到达，他试图平息小兄弟会内部早已发展的关于圣法兰西斯的争议。1260 年，代表大会在纳博讷召开；大会决定，从那时起，他撰写的《大传奇》（Legenda major）将会是该修道会中唯一接受的关于创建者的正式传记，并且以前撰写的传记的现存复本将会被销毁。此外，大会强调他假定的圣痕在末世学中的重要意义，这使他等同于《启示录》中描述的第六印天使，成为"另一位基督"（alter Christus）。通过这个非同寻常的奇迹，上帝自己难道没有使其启示生效并预先认可其精神之子的使命的神助作用吗？

最后，波拿文都拉在生命的最后阶段成为枢机主教，更多地强调该修道会在使徒使命和教牧活动中的主要作用。对他而言，小兄弟会的使命就是致力于传教和忏悔、参加反异端战斗和同意承担主教或异端审判者的职能，总之，要响应教会最紧迫的需要。其他一切不得不从属于这些根本要求。因此，在他的影响下，小兄弟会明确福音完善的观念也就没什么好奇怪的了。这种观念乃是法兰西斯启示的核心，即拒绝拥有任何东西，不管是个人还是共同体。但是在重新将清贫的概念定义为简单地放弃所有权的任何法律形式时——这个定义于1279 年被教宗在教谕《撒种的出去撒种》（Exiit qui seminat）中认可，托钵修会彻底地背弃了他们的传统。这种情形将会在他们中间引起新的紧张关系，从长远来看将引发严重危机。

托钵修会的发展

法兰西斯修会和多明我修会在这一时期经历了快速扩张，却没有阻止新修道会的出现。这些新修道会要么选择托钵僧的生活方式，要么此种生活方式被强加于他们头上。因此，教宗英诺森四世在1244年将托斯坎纳的所有隐修团体合并成一个单一的修道会，只有古列尔玛派除外，并且指示枢机主教里卡尔多·安尼巴尔迪把遵守圣奥古斯丁守则的教士统一起来。1255/1256 年，意大利其他团体和阿尔卑斯山那边的隐修士加入他们，从那时起，这个团体形成一个统一的整

242 体，以圣奥古斯丁隐修会之名为人所知。该修道会的第一次代表大会于 1256 年 3 月在罗马召开，选出总会长米兰的兰弗朗克。13 世纪 70 年代后，圣奥古斯丁隐修会已经拥有 300 座修道院，遍及整个基督教世界。当然，在某些情况下，特别是在意大利，这些修道院不是新成立的机构，而是以前的隐修机构变成修道院的。然而，在法兰西、英格兰和西班牙，许多新机构从无到有得以创建，该修道会的影响力在 13 世纪末之后逐渐增强，正如其成员之一、神学家罗马的吉勒斯于 1295 年当选为布尔日大主教的事实所证明的。[26]

　　另一个修道会，卡梅尔山的圣玛丽托钵修道会，多被称为卡梅尔派，将近 13 世纪中期也加入托钵修会的行列。它最初是一个隐修士共同体，12 世纪期间在圣地的卡梅尔山脚下发展起来，其目的是要效仿独居在一个河源之地附近的先知以利亚。从 1206 年到 1214 年，耶路撒冷的拉丁主教阿尔伯特认可了他们的章程，该章程在 1226 年得到洪诺留三世的确认。但是圣地的兴衰以及 1230 年后穆斯林对圣地的征服迫使他们往西迁移，在那里格列高利九世和随后的英诺森四世给他们制定了新会规，目的在于使他们成为托钵僧修士。要适应这种新生活方式对他们来说很难：那本名为《火热的箭头》（*Ignea sagitta*）的专著可资证明，该书由卡梅尔派的总会长法兰西的尼古拉在 1270/1271 年写成，他在书中表达了他对过去的禁欲和冥想生活的深切怀念。[27] 他们继续存在的权利在 1274 年第二次里昂公会议上再次受到质疑，多亏了教宗的支持他们得以幸存。13 世纪末，卡梅尔派拥有了遍及 12 个教省的 150 座修道院，使之区别于其他托钵修会的唯一主要特征，就是他们对圣母玛利亚的无比忠诚。

　　除了这四个"大修道会"，一些小修道会同样应该占有一席之地，它们与其他修道会的区别在于它们从未设法遍布整个基督教世界这一事实。然而，这并未阻止它们当中的一些修道会在某些国家或社会圈子里产生重要影响。例如，基督受难骑士团就是如此。其成员普遍称为麻袋或香袋托钵修道会，因为他们穿着寒酸粗糙的衣服。该修

[26] Gutierrez (1980), pp. 120 – 153.
[27] Staring (1989); Jotischky (1995).

道会于 1248 年在普罗旺斯由世俗信徒创建，这些人曾受到约阿基姆派法兰西斯修会修士迪涅的于格传教的影响。他们在法兰西和英格兰发展迅速，特别是在普通民众当中。因此，到 13 世纪末，他们在佛兰德创建的修道院不少于五座，只比多明我修会少一座；其布道在该地区大的织布城市的纺织工人中尤为成功。他们在 13 世纪也出现在马略尔卡岛。[28] 在意大利，我们必须把第一位让给圣玛丽的圣衣修会，这是将近 1240 年由七位为了把自己奉献给宗教生活而决定放弃职业活动的佛罗伦萨商人创建的修道会。开始时受多明我修会修士领导，后来这个小宗教共同体获得自治权，很快遍及意大利中部和北部，同样非常崇拜圣母玛利亚的圣衣修会在这些地方牢牢地扎下了根。他们在 1259 年被教宗认可为一个托钵修会，并于 1274 年在加诸其上的沉重镇压威胁中成功幸存下来。与此同时，帕尔马的使徒运动在 1260 年后也发展起来。这是由世俗信徒杰拉尔多·塞加雷利发起的，他责备大托钵修会背叛了清贫理想。在世俗教士的支持下，他们受到法兰西斯修会修士编年史家萨林贝内的严厉批判。萨林贝内认为他们"低级下流"，谴责这些卑鄙的人竟敢模仿大修道会并在行乞上与它们一较高低的做法。[29] 这指向一个令人担忧的问题：即托钵修会的扩散问题，这在 1250 后开始在教会和社会的中心引起相当大的焦虑。

托钵修会和世俗教士的冲突

在整个 13 世纪下半叶，托钵僧与世俗教士的关系事实上已经显著恶化，这不可避免地引起二者之间的暴力冲突，特别是某些像法兰西和德意志这样的国家里。然而，最初大多数主教热情地欢迎新来者，有些主教帮助他们在自己的主堂区的城市中定居下来，如佛兰德的图尔奈的瓦尔特或比萨的费代里科·维斯孔蒂。维斯孔蒂在他的《布道集》（*Sermons*）中不断称赞他们，并且认为他们应该被当作他的主堂区的教士们的榜样。[30] 但是，当他们开始为自己要求权利和特权而不是满足于与堂区的谦卑合作时，高级教士甚至低级教士对托钵僧的那种友好倾向消失了。

---

[28] Elm（1973）；Simon（1992）.

[29] Salimbene de Adam, *Cronica*, ed. Scaglia, II, pp. 373 – 379.

[30] Murray（1981），pp. 19 – 76.

　　冲突的第一阶段始于巴黎，巴黎大学参与其中。特别是在巴黎大学神学系执教的一些托钵僧遭遇了来自他们的世俗同事的大量敌视，244 这些同事责备他们没有表现出与这所大学团结一致，尤其是他们拒绝参与罢工，而且他们教授免费课程的行为表明对其他教师不忠诚。此外，托钵僧已经获得各种特权。例如，由于已经在各自的修道院接受教育，所以他们不需要参加学位证考试（Licence-ès-Arts degress），而是直接进入神学系。因此，巴黎大学在 1252 年宣布，此后修道会的任何成员不可以获得教席。第二年，即使巴黎大学暂停课程来抗议王室警卫对一位学生进行虐待，他们仍然继续授课，因此托钵僧被从巴黎大学中驱逐，甚至开除出教。教宗英诺森四世快速赶来支援，强迫巴黎大学给他们恢复如常。然而，由于这次危机已经暴露出很大一部分教士，对托钵僧在没有获得主管神父的授权就在堂区担负起教牧职责的特权感到不满，教宗在 1254 年颁发教谕《关于灵魂》（Etsi animarum）废除这一特权。但是他的继任者亚历山大四世在 1255 年撤销这一决定，冲突再次开始。

　　这一争吵的第二阶段根源于教义领域。约阿基姆派法兰西斯修会修士杰拉尔多·迪·博尔戈·圣多尼诺在他的《永恒福音书导言》（Introduction to the eternal Gospel）中宣称，托钵僧被召唤来取代与将来的精神教会不相配的世俗教士。巴黎大学的教师纪尧姆·德·圣阿穆尔以此为借口，在 1255 年写了《论最近以来的危险》（De periculis novissimorum temporum）一书，对新修道会进行攻击。他指责他们支持异教观点，称他们为伪君子，急于以清贫和篡夺教士的职责为幌子，聚集对他们有益的遗产。在教宗的坚持下，路易九世最终宣布对已被逐出该王国的纪尧姆实施制裁，但是纪尧姆的许多同事站在纪尧姆一边，表明对他的支持。1256 年，多明我修会修士托马斯·阿奎那和法兰西斯修会修士波拿文都拉通过为托钵僧生活方式写了一篇辩护文章进行反击，宣称这种生活方式要比教士的生活方式好得多。争议到 1268/1270 年甚至变得更激烈，当时杰拉德·德·阿贝维尔、尼古拉·德·利西厄和根特的亨利都支持这种观点：堂区神父的权威——托钵僧正是与这些人在堂区中发生冲突——的来源是神圣的，因为它源自基督的七十二门徒的权威；同样地，主教的权威则来自十二使徒。托马斯·阿奎那再次拿起笔来反驳这一论点，坚持认为：倘若他们坚守清贫并遵守贞洁和顺从的誓言，那么托钵僧就已经达到完美的高度，它超出可以来自教会内部的任何其他功能或官职所达到的程度。

1270 年后，这些在大学里发生的争论影响了更广泛的公众，至少在法兰西、德意志和英格兰，主教们支持教士反对托钵僧。事实上，从 1255 年起，为了使托钵僧可以在所有教堂里行动自如，他们仅需要获得主堂区的主教的授权。1281 年，马丁四世通过教谕《关于丰富的成果》（*Ad fructus uberes*）再次增加他们的特权，据此托钵僧被授予开展教牧活动（在堂区中传教和举行忏悔、在修道院中他们自己的教堂里埋葬死者，这是一个重要的收入来源）的权利，无须要求任何形式的授权。这一决定做出后，在兰斯大主教和亚眠主教领导下，法兰西教士内部萌生出真正的反叛。一场直达最高层的法律论战随后展开，在底层则出现托钵僧和堂区教士之间的痛苦争斗，这就导致许多偶发事件，通常是暴力性质的。

除这些不断的争论外，值得考虑的是在这场冲突中真正的利害关系是什么。冲突在 1250 年后爆发的原因在于那时世俗教士的地位比起 13 世纪之初已经显著提升，至少是在城市里。临近 1270 年，巴黎、科隆或伦敦的堂区神父不再认为他们不如托钵僧：他们当中的一些人甚至已经去大学学习，并痛苦地看到这样的事实，即人们更愿意时常出入于托钵僧的教堂而不是他们自己的堂区，从而使托钵僧从捐赠中获利良多。但是，除这些现实的、有时实用的考虑外，相应地还有很多其他根本的、教会的考虑。事实上，对世俗教士来说，那还存在一个有着神圣起源的教会等级，该等级建立在拥有两个等级的教阶制之上：主教和神父。教会构建在各个共同体的基础上，统辖的空间不断递增：堂区、主堂区、教省和普世教会。神父因神圣权利而主持着这些当中的每一个等级，拥有与其职责相应的一般司法权。任何人都不能剥夺他的这一司法权——除非他无法胜任此职，甚至拥有无争议的至高无上权威的教宗也不能剥夺。但是甚至这一无上权威也不能授权于教宗通过引入入侵者，不管他们有多好都不能修改教会的这一章程。托钵僧对这些争辩做出回应，指出他们已经从教宗手中接受使徒的使命，而教宗的权力是普世的。如果托马斯·阿奎那承认主教是自己的主堂区的主人，那么波拿文都拉和某些奥古斯丁修会的善辩者

则提出以下观点：教会在某些方面构成一个独特的主堂区，教宗是它
246 唯一的高级教士，而主教们只是教宗的"助理人员"或"代理人"。
这一教会学观点将罗马教会的特权置于其他地方教会的特权之上，只
是在 14 世纪初才开始系统应用，但是它的基础早在 13 世纪最后十年
里已经存在。[31]

　　这两个教士团体之间的痛苦而严重的冲突将彼此撕裂开来，而
不是共同合作对教会进行改革，这在 1274 年第二次里昂公会议上
已经很明显。主教们在大会上对托钵修会的扩张及其抢夺他们的一
些特权的方式表示强烈不满。他们因此试图压制托钵僧。他们的进
攻失败了，因为枢机主教兼小兄弟会的教长波拿文都拉和传教士修
会的总会长乔万尼·迪·韦切利强烈抵制，尤其是由教宗格列高利
十世的拒绝导致的，因为他充分意识到教会亏欠托钵僧的一切和他
们在教会中起到的根本作用。但是为了平息主教们的怒火，并且在
厌恶小修道会之间的竞争的大托钵修会的同意下，此次公会议在其
章程《宗教的多样性》（Religionum diversitatem）中宣布：由罗马教
廷从这些小修道会中选出的一些修道会将会被取消。不久后，罗马
教廷下令解散麻袋托钵修道会和虔诚派托钵修道会，两者皆遵从，
伪使徒派也被解散，他们成了持异议者。但是这一不公正的措施未
能解决任何最根本的冲突，致使世俗教士和托钵僧的冲突直到中世
纪末仍然多次发生。

托钵修会和城市

　　在 13 世纪，托钵修会的宗教影响尤其在城市被感觉到；甚至在
它们已经创建了很长一段时间的地方，如在托斯卡纳，它们在乡村地
区的影响在 14 世纪前几乎察觉不到。要解释它们在布道中赋予城
市优先性的原因很多。首先显然是至少一直到大约 13 世纪中期西欧
人口增长很快，并且城市在政治、经济和文化生活中的作用不断增
强；与过去相比，城市现在正在成为基督教的重要中心。教会一直对
早已在演变的形势适应得很慢，在整体上仍然附属于乡村社会的结构

[31] Tierney (1972), pp. 131–170.

和价值观念，在那里 11—12 世纪的大部分宗教运动曾经辉煌一时， 247
例如隐修运动和西铎会。相比之下，城市被视为罪恶的场所，犯罪机
会比比皆是。总的说来，正是在城市人们更快地发财致富，城市里流
通的钱币更多，这意味着存在通过信贷和贷款获得相当丰厚的金融收
益的可能性。教会中大量的严格主义者或道德水平高的人做出反应，
宣布一些新的经济生活形式和诅咒城市社会形态。彼得·达米安在 11
世纪意大利的曾经做过枢机主教、但更像一个隐士和 12 世纪的本尼狄
克特会修士，如法兰西的吉贝尔·德·诺让或德意志多伊茨的鲁佩特，
都找不到足够严厉的言辞来谴责城市生活中的不道德行为，因为这里
的抢劫和非法致富是每个社会成员的规则，不管身份或社会地位（有
些作者挑出犹太人作为在金融事务方面尤其活跃的代表）。城市不仅仅
使富人变得更加堕落；穷人通常是被钱财收入的吸引力和对自由的渴
望拉到城市里去的逃亡农民，复仇心切地与中等阶级非法合谋，有时
公开反抗主教的权力，或者整个城市或城市的某个部分的统治者。后
来，第二次拉特兰公会议（1123 年）和第三次拉特兰公会议（1179
年）颁发的教规，猛然斥责放贷者在经济生活中的作用及其罪行、因
受到这些大城市中心的吸引而涌来的妓女所引起的丑闻，以及米迪地
区的城市里的异端的发展，而圣贝尔纳则指责学生们喜欢对哲学主题
进行无意义的争辩，胜过对《圣经》的沉静并充满敬意的冥想，这些
学生的人数在各城市里迅速增长。相对于城市学校的一系列乏味的活
动，圣贝尔纳反对到"荒漠"中沉思的苦行乐趣，而西铎会的修道院
正是位于森林深处，与世隔绝，被自然所环绕。㉜

　　这是 13 世纪初的情形，那时第一批托钵修会已经出现。它们的
创建者们很快认识到不得不对城市进行宗教意义上的再征服。在翁布
里亚，将城市居民从对财富和权力的迷恋中扭转过来是必要的。城市
公社的机构批准他们行使或滥用权力，这些权力过于频繁地被用来镇
压穷人和农民。在朗格多克地区的城市里，主要的问题是异端；在卡
塔尔派"完美者"和瓦尔多派教徒的福音传教的影响下，该地区人
口中的很大部分人，据说因对教会和教士的仇恨而信奉异端。因此，
正是主要出于教牧和想要引导城市居民获得拯救的愿望的原因，法兰 248

㉜　Rubin（1992）.

西斯、多明我及其追随者优先考虑在城市中传教，他们认为城市里有无数的灵魂受到犯罪的威胁。

其他原因同样将新修道会吸引到城市去。事实上，人数增加以及托钵僧拒绝拥有任何土地，都迫使他们定居在城市社会：这里的钱财充裕，他们可以找到养活自己的方法——起初是捐赠，但很快就有来自遗嘱和虔诚基金的遗产，他们需要这些来保证其共同体可以延续下去。他们身处封建政权和封建关系网之外的事实使其享有很好的名望，特别是在中等阶级中。资产阶级成员通过被教会视为不正当的放贷、收取利息和其他类似的活动而发财致富，感到自己罪孽深重，想要将这些收入的一部分再分配给选择过清贫和谦卑生活的托钵僧。此外，传教士修会从一开始就是一个教士的修道会，选择在毗邻学校的地方定居，而学校往往位于大城市中心的核心位置；小兄弟会很快便步其后尘。[33]

因此，临近 1230 年，最先的两个托钵修会已经果断地将自己定位在城市，以后也没有改变，后来成立的新修道会往往效仿它们。然而，从创建伊始一直到大约 1250 年，它们主要定居在城市的边远地区，通常位于城墙外。有好几个方面的考虑使得这一选择不可避免：一方面，这些新来者最初还不大为人所知；另一方面，教宗把他们推荐给各个主教和座堂圣职团，但这些人通常只在边远地区或位于正在经历城市化进程的地方的土地上给予他们简朴的教堂。然而，这些地方正好与托钵僧的愿望一致，他们在这些郊区接触到刚刚从乡村来到城市且没有彻底融入堂区的传统结构的人们。1250 年之后，许多城市里的托钵僧决定迁移，在城墙内修建修道院和美丽的教堂，通常由城市公社负担或由某位富有的领主或中等阶级的某位成员支付费用。通过这样做，托钵僧自然是满足了很大一部分人的愿望，特别是统治阶级，包括新贵和城市贵族，这些人逐渐重视托钵僧的生活方式，通过给予补助金来支持他们。但是这种完全的、决定性的城市化并不为每个人所接受，特别是小兄弟会的成员，因为随之而来的是避免财政上的不稳定性和不安全性，而这些却构成其使命的主要方面。因此，249 他们中的某些成员，特别是仍然在世的圣法兰西斯的最初追随者，更

---

33 Rosenwein and Little (1974).

愿意回到隐居生活，也没有隐藏他们对正在发生的变化的仇视。这些
人被称作属灵派。

　　但是他们的要求在那时仍未实现，托钵修会内部的统治阶层和教
宗继续强调托钵僧的教牧使命及其不得不在对信徒的宗教教育中承担
的职责。统治阶层分配给他们的主要任务是传教，旨在引导世俗信徒
进行赎罪和神圣的忏悔。当时，哪里会有比大量的人们聚集在教堂或
公共场所的城市中心更适合提及上帝并邀请他们皈依的地方呢？此
外，尤其在意大利，异端主要是一种城市现象。1233 年之后，多明
我修会修士以及后来的法兰西斯修会修士被正式给予开展宗教裁判所
的职责。因此，在受到异端污染的那些地区，他们的修道院变成法
庭，他们在这里审讯嫌疑犯；有时这些修道院甚至被用作监狱。即使
他们的使命似乎将他们排除在承担权威角色外，但托钵僧发现自己成
为教会权力的工具，甚至是为罗马教廷服务的政治宣传的代理人，皇
帝弗雷德里克二世和教宗格列高利九世与英诺森四世在意大利发生严
重冲突时证明了这点。在 13 世纪中叶的欧洲，城市是重要的政治力
量，对教会来说控制城市至关重要。

　　托钵修会在城市里拥有的立足点是逐步获得的，而且在不同地区
采用了不同的方法。1233 年后，在意大利北部，某些托钵僧试图把
他们的法律强加给民间团体，这多亏了他们已经在民意中获得声望。
因而多明我修会修士维琴察的约翰被像波伦亚或维琴察这样的城市委
托完整的政治权力，这使他可以通过与异端斗争、阻止各个派系之间
的争吵等措施来恢复城市和平。但是这一成功没有产生任何结果：一
旦由传教引发的热情减弱，各个共同体毫不犹豫地再次开始内部争吵
和领土争端。[34] 向以往经验学习的托钵僧将来更倾向于关注在精神层
面上向他们靠拢的世俗信徒人口，组织他们开展各项运动。其中某些
修道会基本上有宗教目标，但是其他的，如由多明我修会修士圣彼
得·马特在佛罗伦萨和米兰创建的信徒联盟，或甚至在城市环境中创
建的骑士团——耶稣基督骑士团，目的在于为正统信仰在与异端分子
及其保护者的作战中取得武装支持。在意大利，托钵僧普遍利用与世
俗信徒在一起，及对众多的忏悔者兄弟会（*Laudesi*，赞颂）或鞭笞

250

㉞　Vauchez (1980)，pp. 71 – 118.

派教徒（*Disciplinati*，鞭笞）实施的影响；为了纪念圣母玛利亚和圣徒，忏悔者用民族语言唱圣歌，而鞭策派的人数自 1260 年后不断增加，这两种组织都属于从 1280 年起拥有明确组织结构的第三等级修道会；这些接触能够使他们把大约 1200 年将要从教会手中溜走的那个城市社会带回到教会。[35]

　　到 13 世纪最后几十年，这一进程快要结束时，可以说托钵修会已经在城市里深深扎根，对城市的影响极大。他们定居在城市区域的政策已经开花结果，与各城市当权者的关系业已建立起来，这些关系通常极为密切，而这些当权者对他们认为在政治层面上根本不用害怕的托钵僧非常信任。在马赛，如在布鲁日或罗马那样，小兄弟会的修道院教堂充当城市共同体的主要团体的会场，正是在那里，城市官员前来寻找一个体面的坟墓，以及为面对死亡后所需的祈祷和奉献。

　　在托钵修会与为托钵僧提供庇护的城市之间的这种团结一致，取决于一种平衡的服务交换：城市当局以礼物的形式把钱财和蜡烛授予它们作为常规补助金，也授予木材和衣物等常规奉献。作为交换，城市当局经常利用托钵僧充当信使、调解人或外交使臣的服务。在意大利的一些城市，这种合作是如此紧密，以至于多明我修会修士们在修道院里守护着城市公社的档案，而法兰西斯修会修士和其他托钵僧通过归还被贼偷走的公帑发挥着同样的作用，这些公帑是在忏悔的保护下由忏悔者返还给他们的。

　　托钵修会的成功最显著、最持久的证明可以在其教堂中找到。虽然它们的创建者们希望托钵僧能够满足于简朴的建筑物，但他们很快开始建造修道院和教堂；在这些建筑幸存下来的地方，由于建筑规模宏大仍然令人惊叹。这种发展在多明我修会修士中非常迅速，他们从一开始就喜欢在大城市定居，在那里建造大修道院，而小兄弟会正好
251 相反，比较喜欢更为朴素的环境。在重要的世俗信徒的影响下，如瓦朗谢讷的埃诺的让娜女伯爵或巴黎的路易九世，小兄弟会允许自己迫于压力建造奢华建筑。这些世俗信徒强迫托钵僧允许专业建筑师按照最好的当代风格为他们建造大建筑物，如巴黎的科尔德利耶派（这个名字是法兰西人给予小兄弟会的称呼）修道院；这座修道院里的教堂

　　㉟　Housley（1982），pp. 201–208.

中殿长 83 米，是整个城市里最宏大和最宽阔的。对修道会守则的精神的歪曲，在这里可以从关于有用性和效率性的争辩中再次被证明是合理的：事实上，这些大教堂的建造使该城居民的最大可能的人数聚集在一起来聆听有教化意义的布道，因而间接地提高了道德和宗教水平。

　　此外，最近几十年展开的对托钵僧修道院的数量和容纳这些修道院的城市的重要性的研究表明，托钵僧的各种机构不是随意建造的，而是借助了人口和经济的标准。[36] 临近 1300 年，一座拥有四五座托钵僧修道院的城市被当作一座重要城市，而一座仅有一座修道院的城市不会拥有很多居民。此外，值得注意的是，13 世纪的建筑潮流始于大城市（它们可能后来拥有四五座托钵僧修道院），小城镇紧随其后，它们可能仅以建造两三座修道院告终。最后，西欧最为城市化的地区，包括意大利中部和北部、巴黎盆地、佛兰德和莱茵河谷，显然是第一波受到托钵僧现象影响的地方；基督教世界的其他地方，城市化在那里起步晚且比较有限，如布列塔尼和波兰，只在 13 世纪末，特别是 14 世纪才受到影响。

　　如果单就这些观察而言，把托钵僧修道院的分布图看作中世纪西欧城市分布图及其等级的反映是符合逻辑的。然而，这种假定必须要进行更加细致的考察，因为我们刚才确定的规则存在一定数量的例外。在几个法兰西最重要的城市里，座堂圣职团中的修道士的坚决反对在很长时间里都是托钵僧就职的阻力，他们仅仅被允许建造修道院，而这样的城市逻辑上应该有几座。此外，不应该忘记的是托钵僧经常有很多游历。因此，在主要道路沿线每隔三四十公里设立有保障的歇脚点对他们来说是必要的，如从意大利到法兰西的弗朗奇格拉大道或从伦巴第经由布伦纳山口到德意志的道路。因此，有些修道会被 [252] 引导着在较小的地方修建修道院，旅行的困难被考虑进去，这些修道院的位置都非常好。最后，1300 年后，教宗禁止没有他的授权就修建新修道院，以便避免各个修道会之间在经济形势开始恶化，而且世俗教士越来越不愿意接受托钵僧激增时产生太大的竞争。

　　一个尤为有趣且资料详尽的例子，即佛兰德的例子，使我们可以对托钵修会在一个以高度城市化为特征的地区的创建，有一个相当准

㊱　Le Goff（1968）.

确的看法。[37] 13 世纪末，托钵僧拥有的修道院不少于 26 座，情况分别如下：小兄弟会 7 座，传教士修会 6 座，麻袋托钵修道会 5 座，奥古斯丁修会 4 座，伽尔默罗派 3 座，虔诚派托钵修道会 1 座。多明我修会修道院的数量之高令人吃惊，这部分原因在于佛兰德女伯爵让娜和玛格丽特所表明的对该修道会的特别青睐，另一个原因则是法兰西斯修会修道院的数量相对较少（与其他地区所见到的情形相比）；毫无疑问，这种情形肯定和该地区缺少中小城市的情形有着某些关联，这是一个修道士特别喜欢的地方。总的说来，这些修道院从很早的时候就开始修建；几乎所有的修道院到 1274 年都已经存在。如果我们现在按城市来考虑修道院的分布，那么我们就会发现这种分布或多或少与人口规模是成正比的。布鲁日是个例外，那里有 6 座托钵僧修道院，而人口更多的根特只有 5 座。这很好地表明城市的财富对托钵僧来说甚至比城市居民的数量更重要。接下来的伊普尔有 4 座，杜埃和图尔奈有 3 座，里尔 2 座，3 座小城市中心各有 1 座。遗憾的是，我们不知道这些修道院的数量总共代表的托钵僧的确切人数，但肯定很多，特别是在较大的城市里。在布鲁日，多明我修会修士临近 1300 年拥有的机构已不少于 90 个，而伽尔默罗派有 70 个，法兰西斯修会有 50 个。女修道院反而没有太大的增长：佛兰德只有 4 座克莱尔派的女修道院和 2 座多明我修会女修道院，其中包括里尔的 1 座，它的成员颇为贵族化。在法兰西，普瓦西的多明我修会和隆尚的圣嘉兰隐修会都是同样的情形。对托钵僧来说，他们至少在 13 世纪末似乎更为常见地来自中等阶级和佛来芒贵族阶级。像其他地方那样，他们主要是忏悔者和传教士。但他们也担负着贝居安会和某些医院那样的世俗管理者和精神导师的职责，与商人行会和工匠的联系似乎特别紧密。然而，要到 14 世纪这些共同体才开始建立兄弟会，这些兄弟会在托钵僧的教堂中建造小礼拜堂，意大利商人在这方面领先一步。

总之，可以毫不夸张地说，13 世纪末托钵修会在城市社会已经大量创建：他们成功的原因在于他们能够给信徒带来一些世俗教士长久以来不能提供的东西：整体上无可指责的道德生活方式的榜样，以及足够的教育通过传教提供介绍与传播基督教启示的更好方法。他们

[37] Simons (1987).

与世俗信徒之间有着非常密切的关系，使他们很好地了解世俗信徒面临的问题，特别是那些关于商人或银行家的经济生活的问题。因此，他们在这个领域被放置在神学和教会法思想的最重要位置并不仅仅是偶然的。事实上，这些选择了福音派的清贫的人首先是忏悔传教士，渴望为上帝把灵魂争取过来和为教会培养忠诚的追随者。此外，由于他们自己通常来自中等阶级和城市环境，所以他们分享了世俗信徒谈话者那种他们将会为其在俗世中的行为负责的想法。这从他们在宣传炼狱的信仰或购买赎罪券中所起的作用可以看出，这些赎罪券毫不夸张地说，可被看作此时此地以现金支付的方式在来生中用来偿还债务。[38]

他们在这一领域的具体贡献主要在于，通过考虑社会功用找到各种方法来证明经济活动的新形式是合理的，以及受到亚里士多德思想的启发提出时间价值的新观念。13 世纪 40 年代后，多明我修会修士拉蒙·德·佩尼亚福特在某些情况下同意承认收取利息的合法性，不是因为放贷者所冒的风险，而是为了补偿他所借出的钱如果用来投资可能获得的利润。其他人后来还为某些同时代的像阿佐这样的法学家的观点辩护，这些法学家强调对可能由借钱人不能偿还债务而对放贷者产生的不公正进行评估的必要性，以及如果借钱人在贷款期限结束时被宣布破产的情形下放贷者获取赔偿的权利。这意味着至少间接地在收取利息和高利贷之间做出区分，至少在某些情况下承认了收取利息的合法性。[39]

然而，毫无疑问，经济学说领域中最具革新性的学说是由朗格多克的法兰西斯修会修士皮埃尔·德·让·奥利乌，或彼得·奥利维（1248—1298 年）提出的，他是第一个提出资本概念的定义的人。[40] 254 他将资本定义为预定用于生产性经济活动（例如商业）的任何数量的金钱或商品，而且就这一点而言，资本具有获得利润的固有潜能和经济获益预期。在他看来，既然资本的价值要比涉及的金钱的实际数量更重要，那么在额外数量上增加"公正"的价格才能决定其真正价值。如果有人出于慈善或考虑借钱者的需要的动机而将这笔钱借

---

[38]　Le Goff（1986），pp. 69–89.

[39]　Little（1978），pp. 19–42 and 171–217.

[40]　Spicciana（1990），pp. 85–96 and 223–254.

出，那么他希望获取利息是合法的。当然，金钱本身并不意味着产生利润，正如托马斯·阿奎那仿效亚里士多德所指出的那样：金钱本身是不能生钱的，但是当这笔金钱的所有者决定用它投资时，这笔钱就变成了资本。由于这种意图，当金钱被用于具体的生产性项目时，金钱的性质在某些方面发生变化，任何损失这样一笔金钱的人将会成为受害者，因此他应该获得赔偿。在同样的逻辑下，奥利维认为正常不过的是，在固定期限前偿还债务的借钱者所支付的利息率应当要比最初同意的少，所以，根据与放贷者议定的协约，时间成为借钱者的个人财产。由于多明我修会修士吉勒斯·德·莱西恩在他的论著《关于高利贷》(*De usuris*, 1278) 以相似方式做出推理，所以我们可以说，到 13 世纪末，在托钵僧的影响下，以前持有的关于商人或放贷者因出售时间——上帝的唯一财产——而犯下重罪的传统观念正在变成陈腔滥调。

　　从本卷的其他章节可以看出，托钵僧在世界福音传教中的作用在基督教城市的城墙内无论如何都没有停止过。对犹太人（由拉蒙·德·佩尼亚福特及其继任者激发的）、穆斯林（同样是加泰罗尼亚多明我修会修士的重要贡献）和伊斯兰势力之外的蒙古疆域的布道获得历史学家的极大关注，甚至提出这样的观点：正是托钵僧带头找到对付犹太人的新方法，咄咄逼人地利用犹太人的经文特别是《塔木德》来攻击他们，推翻了犹太人作为基督教"真理的见证"而享有在基督教社会生存下去的权利的传统的奥古斯丁观点。拉蒙·马蒂及其同事对伊斯兰经文的研究，同样是为了使基督教辩论者能够在对穆斯林使用的经文的仔细阅读基础上来挑战伊斯兰教；皈依运动中的一个精力尤为充沛的人就是马略尔卡的拉蒙·柳利（1232—1316 年），不仅与两大托钵修会的接触都很密切，而且还多产博学。[41]

255　　在试图适应城市生活的现实的过程中，一些托钵僧做得太过火了，这种观点尚存争议。从 13 世纪中期起，首先歌颂法兰西斯修会修士的巴黎诗人吕特伯夫，严厉地批评了托钵僧在说起富人时过于自满，特别是对放贷者及其和权力阶层的极为密切的关系。其他人指责

---

　　[41]　Cohen (1982)；Chazan (1989) and (1992)；also Kedar (1984) and Hood (1995)．对此的详细讨论可参见前一章。

他们虚伪，对他们接近妇女和临死的人的行为表示不屑，或指责他们接受租金和来自遗嘱的收入而违反了守则与清贫誓言，这在 1250 年后变得很常见。[42] 然而，相对于他们的理想来说，这些弱点和缺陷肯定不能使我们忘记托钵修会整体上确实实现了教会给它们设置的目标，也就是说，发起福音传教和对西欧城市社会进行基督教再征服的新运动。

安德雷·沃奇兹 (André Vauchez)

莫玉梅 译

徐　浩 校

---

[42]　Szittya（1986），pp. 11 – 61.

第 十 章

大学与经院哲学

在 12 世纪期间，大多数西欧国家经历了一场真正的"学术革命"。传统类型的大教堂学校和新式学校正是在那个时候传播开来，吸引了越来越多的学生。这一增长显然回应了不断增长的对有教养有学问的人的社会需求，但也具体表明博学文化领域出现相当大的发展以及由这种文化激起的新的好奇心。即使全球视野仍然还是在教父时代就已形成的那些［即世俗知识从属于《圣经》（*sacra pagina*）的更适当的目标和对"工科"的拒绝］，那时易于接近的"权威"交易存量（从希腊文和阿拉伯文翻译过来的文本，罗马法）的极大增长为教授某些世俗学科提供了真正自主性，如法律或医学。语法的复兴，特别是方言的快速传播，已经形成一种新的教学形式，其中"句子"的编写和"理论问题"的阐述取代传统的释经学。从坎特伯雷的安瑟姆和阿贝拉尔起，甚至神学都已经无法避免意义深远的重新审查。

这一迅速而壮观的增长几乎不是以受到控制的方式发生的。特殊的历史环境或简单的机会意味着一些中心变得十分有影响力，如巴黎、波伦亚、萨勒诺、蒙彼利埃和牛津。在这些城市周边，第一波学生迁移开始形成。教会对教学的垄断是自中世纪早期以来的社会准则，再次看到自己受到挑战。在地中海国家，主要的世俗法学院（波伦亚）或医学院（萨勒诺和蒙彼利埃）在教会的控制之外发展起来。在其他地方，由于教宗亚历山大三世（1159—1181 年在位）统

治期间阐述的授课许可证（*licentia docendi*）制度，教会权威保留了
建立新学校的控制权。但是，受到传统主义者嫉恨贬斥的强烈自由 257
感，似乎已经占领了致力于这种自由的教学机构及其教学大纲。

正是在与 12 世纪教育领域所获得的关联中，我们才能对 13 世纪
出现的学术著作做出评判。在很多方面，连续性是基调：学校地理位
置的连续性、教授学科范畴的连续性以及一定程度上教学方法的连续
性；最后，很可能在学术态度上的连续性，这些学术态度的特点在于
逐渐更清晰、更准确地意识到智力工作的性质和致力于此的人们的社
会条件。但与此同时，在 13 世纪最初几十年，教学领域出现严重的
变异和决裂，我们必须要把这些考虑进去。其中，首先且最显目的是
一种全新制度结构的出现，这种制度结构没有任何真正的先例，却又
具有特别的历史命运：这就是大学。

第一批大学

正是在 1200 年前后，西欧诞生了第一批大学。不是所有 12 世纪
的重要学术中心都经历这一转变。其中一些已经变得默默无闻，如沙
特尔、兰斯、列日和北安普敦，无疑是因为它们没能将自己的教学现
代化并管理好数量日渐增多的学生。只有少数特别活跃的学校转变成
大学。不幸的是，幸存的文献使我们无法轻易地精准确定这一转变发
生的日期，也无法阐释这一转变。

两所最古老的大学位于波伦亚和巴黎：在整个中世纪，这两所大
学始终是最重要的，成为所有随后创建的大学的模范。众所周知，波
伦亚的法学院最初于 1100 年前后出现。这些法学院在整个 12 世纪继
续发展；有教会法学院，特别还有民法学院。按照伊里奈乌及其继任
者阐述的方法，这些学校详细讲解完整的《民法大全》（*Corpus iuris
civilis*）和《教令集》（*Decretum*）。1155 年或 1158 年，皇帝弗雷德里
克·巴巴罗萨通过给予波伦亚学生司法特权［通过法规《才能》
（*Habita*）］认可了这一增长。12 世纪末，受波伦亚教学的影响而被
吸引的人数继续增加，其中不仅有意大利学生，还有"阿尔卑斯山
这边的人"（Ultramontanes，德意志人、法兰西人和英格兰人）。在享

受这一人口流入的同时，波伦亚城市公社担心各学校可能藏匿的混乱以及以竞争性教学机构的形式出现的竞争，此类竞争已经在邻近城市
258 出现，如摩德纳。① 由于这个原因，波伦亚城市公社要求教授们发誓不谋求将学校迁移到别的地方去（1189 年）。同时，它试图对学生进行直接控制。但是学生们做出反应，按照各自的来源地聚集起来形成"民族"（初次出现可追溯到 1191 年）。经过不同的试验步骤后，这些"民族"最后在 13 世纪 30 年代联合起来，形成两个学生"大学"，即意大利人或阿尔卑斯山这边的人的大学和阿尔卑斯山那边的人的大学；每个大学的首脑是一位被选举出来的校长，校长享有对学生的司法权。② 教授们被排除在官方结构外，与大学签订合同，主要是为了组织考试的目的而集合起来形成"学院"（*collegia doctorum*）。

波伦亚城市公社竭力阻止学生大学的建立（从 1211 年和 1216—1217 年法令可以看出），但是教宗为他们提供的保护迫使城市公社做出让步。此外，1219 年，教宗利用这个时机在波伦亚设立由副主教授予的"许可证"制度。教宗由此清楚地表明其对学校的权威，这些学校直到那时还是私人性质的，而且大部分是世俗机构。在接下来的几十年里，城市公社政府在教宗与皇帝弗雷德里克二世之争中支持教宗，不再反对大学的自治。然而，只有在 1274 年后它才正式承认校长的司法权和学者（*scolares*）的各种特权（租金税款、财政豁免，等等）。波伦亚"法律大学"在那时已经颇具规模；它们最古老的幸存法令提及全部课程，可追溯到 1252 年。③ 除波伦亚的法学院外，从 13 世纪初开始也出现了文学院，以口述或书信艺术的实用形式教授语法和修辞；医学院在 1260 年后很快出现，到 14 世纪初形成"文学和医学"第三大学，按照法学院的相同体系进行组织，但保持独立。

巴黎大学的诞生大约依照相似的时间顺序，但呈现出完全不同的制度形式；与波伦亚的"学生大学"相比，它代表着"教师大学"

的典范。④ 像波伦亚的学校一样，巴黎的学校，如巴黎圣母院大教堂学校、特别是小桥（Petit Pont）和圣日芮维埃芙山的"私人学校"，历史悠久，数量众多，早已享誉整个西欧。然而，这些本质上一直都是教会学校；它们教授人文科学，尤其是辩证法、神学和教会法；学校的老师都是教士，仍处在大教堂枢密官的管辖下，至少通过授予"教学许可证"来进行间接管理。正好在 1200 年前或稍后，这些教师已然独立自主，都成为各自学校的校长，开始组成各种联合会。毫无疑问，这一运动始于文学教师，他们的人数最多、年纪最轻且最渴望自治；教会法学家和神学家稍后跟进，在 1210—1220 年之间。

　　这一组成联合会的运动的主要目的不是从枢密官的司法权中取消"许可证"授予权并把它转入教师评判委员会之手，像有时人们所说的那样。相反，更广泛地说，这是一场兄弟般团结一致的运动，其目的在于为教师及其学生争取自由和特权，以此来保护他们免受地方教会和市政权威的司法和财政要求。此外，这毫无疑问也是一种自我约束的尝试，其目标在于通过强加给每个人相同的教学大纲、相同的课程和相同的考试程序，使已经变得相当混乱的机构管理恢复某种秩序。

　　发展是迅速的。在 1205—1208 年间，巴黎似乎已经出现一个由教师和学生组成的最初的联合会，该联合会已经渴望通过法律和法令（无一幸存下来）来对成员行使某种内部司法权。⑤ 1200 年后，法兰西国王保证巴黎的学者们享有教士的特权，并不反对该联合会。至于教宗，可以英诺森三世为代表，他立即把他做出的对这一新共同体支持的决定公之于众。在遭遇某些抵制后，巴黎主教及其枢密官不得不放弃原先对学校的很大一部分权威。从那时起，这些学校在很大程度上直接对罗马教廷负责。1215 年，一位教宗使节郑重地把第一批法令颁发给巴黎的教师与学者联合会（*universitas magistrorum et scolarium Parisiensium*）。⑥ 还有更隆重的是，教宗格列高利九世在 1231 年颁发教谕《科学之父》（*Parens scientiarum*），重申和扩大这所年轻的大学所享有的特权，同时特别强调地表示相信：他将这所大学视为真

---

④ Verger (1986), repr. In Verger (1995).
⑤ *Chartularium universitatis Parisiensis*, 1, no. 8.
⑥ *Chartularium universitatis Parisiensis*, 1, no. 20.

理之家、普世教会之光。⑦ 然而，教宗早已趁机告知巴黎的教师：虽然教宗保护他们，但教宗仍然希望他们接受教宗的处置，即使这要牺牲他们的自治。从 1217 年起，教宗要求巴黎的教师要热情地欢迎新的托钵修会到他们当中去。1219 年，教宗禁止在巴黎讲授民法，无疑是担心这一"唯利是图的"学科可能会危害到对神学的学习［洪诺留三世的教谕《路标》（*Super speculam*）中提出这一观点］。⑧

260

　　虽然它们的人数较少且影响不太大，但一些其他的欧洲大学可以说建立日期几乎和波伦亚和巴黎的大学一样久远，却又独立于后者。下朗格多克（Bas-Languedoc）的蒙彼利埃医科大学就是如此。在 12 世纪，蒙彼利埃继萨勒诺之后成为西欧的主要医学教学中心。尽管萨勒诺不是以人们所认为的那么快的速度衰落，但是，当它在 13 世纪初还保留着起初的私人学校的结构且不授予学位的时候，蒙彼利埃却成为一所真正的大学。这一转变显然是教宗使节于 1220 年给它颁发了一些法令的结果。⑨ 这些法令表明，一个教师和学生的联合会已经成立，具有互相援助和自主组织教学的双重目标。与此同时，在受到教师评判委员会的考查后，这些法令在蒙彼利埃引入"许可证"（这里是由地方主教即马古隆讷主教授予）制度。一旦这样做了，学校的司法权就转移到教会手中，这种司法权实际上直到那时都一直掌握在世俗机构手中。

　　另一个例子更为重要，那就是牛津。⑩ 当然，这一英格兰最古老的大学从巴黎借用了许多机构组织的特点。但是它的起源无可置疑地是土生土长的。我们知道，12 世纪下半叶许多学校在牛津发展起来。这种集中的原因不是很清楚。或许这个地区经常举行政治或司法巡回审判，致使法学院出现。不管怎样，到 12 世纪末，这里也出现了文学院和神学院；学校里的老师们，如亚历山大·内卡姆，都是巴黎大学以前的学生。在 13 世纪早期，这些教师已经形成了第一个联合会，根据一个来源不确定的法令设立的学长（*magister scolarum*）被提及。1209 年，学者们（*scolares*）和该城居民产生冲突，导致这些学校分

---

⑦　*Chartularium universitatis Parisiensis*，1，no. 79.

⑧　*Chartularium universitatis Parisiensis*，1，no. 32.

⑨　Fournier（1890－1894），Ⅱ，no. 882.

⑩　Southern（1984）.

散开来，使剑桥出现一个竞争性的学术中心。在教宗使节代表学者们介入后，直到1214年学者们才返回牛津。牛津大学正是在这个日期和13世纪30年代之间真正建立起来。像巴黎大学一样，牛津大学也是一所"教师大学"，由评议员联合会（Congregation of Regents）行使主要权威。然而，它在一些方面具有首创性。牛津的教师们没费多大劲，就使自己从一位普通主教的权威中解放出来，该主教定居在离此200多公里远的林肯。从1214年起，这位主教同意把自己的大部分权力（学位授予及对学生的司法权）委托给一位校长，他不是大教堂的枢密官，而是大学里的神学或教会法学博士，在由教师提名后任命的。与此同时，牛津大学的主要特权（租金税收、财政和法律豁免）是由国王而不是教宗授予的。1231年后，亨利三世率先提出一项他所有的继任者将会在中世纪及以后继续执行的政策：对牛津和剑桥（我们将会回到剑桥这个主题）提供个人保护，保证二者免受城里的中等阶级和任何企图创建竞争性学校（1233—1234年在斯坦福德，1265年在北安普敦）带来的伤害。显然，王室对牛津的干预与全体学生本质上的封闭性相关。教宗尽管同样对此持赞赏态度，但只是到后来才认可［不像剑桥在1318年获得认可，牛津从未接到教宗正式授予的普适教学权（ius ubique docendi）］。尽管其中的神学院很快声名鹊起，但牛津大学没有成为罗马教权的拥有特权的附属机构的角色，而这在处于普世教会庇护并为之服务的巴黎大学已经具备。

大学：共同体、职业和权力

尽管大学存在不同之处，但我们刚刚相当详细地描述了四所大学，使我们对13世纪初大学现象的新颖性和创新性有所了解。

第一批大学最初是以共同体的形式出现的，如同从一开始用来区分它们的术语中清楚地表现的那样：用 universitas 表示大学（用 scolarium 表示"学生大学"，用 magistrorum et scolarium 表示"教师大学"；剑桥大学直到今天仍然是由"校长、教师和学者构成的剑桥大学"）。因此，大学是把人组织起来、在固定地点从事教学活动的共同体，也被称为研究点：研究的联合（universitas studii）。自然，特别是开始时大学的数量很少：在其他任何地方，学校主要是初级文法学校，但也有更高级的法律或医学学校——它们保留了以前的教会或纯粹私人的结构，即使教授有时也获得城市公社的补助，特别是在地中海国家。然而，在大学存在的那些地方，与教学相关的所有人员并不一定都是大学里的正式成员。在与波伦亚大学同类的大学里，教授们依然身处官方组织之外。在巴黎大学的体系中，只有教师才参与对
262 大学的管理，虽然法学、医学或神学的学生通常已是人文科学教师，这是事实。学习文学的普通学生，或其他类型的"心腹"（教堂管理人、书商、仆人）都从属于大学权威，享受大学权威带来的好处，但不允许参加大学议事会。

现存的文献几乎使我们对这些初始联合会形成的情况一无所知。我们确实知道，在很大程度上，教师或学生自己是创始人。我们对大学最初的组织也知之甚少。它们自治的明显标志（书面法令、官方印章、终身工作人员）在整个 13 世纪里只会逐渐出现。起初，大致可以明白的，首先是他们的联合誓言，然后出现由大学成员组成的审议会议，定期召开来做出必要的集体决议。还需要重点注意的是，大学就是由较小的共同体组成的。在波伦亚，甚至在学生们联合起来形成大学前，他们组成的不同"民族"就已经出现。在巴黎或牛津，大学诞生后，紧随而来的首先似乎是民族的形成（巴黎有四个：法兰西人、诺曼人、皮卡迪人和英格兰人；牛津有两个：北方人和南方人），然后是把教师的教学集中在同一学科中的学院的建构（文学、法学、医学、神学）。考虑到这些不同的内部演变，各个群体之间的关系很不热情友好。

从不断增加的学生人数及其独特的生存条件得知，大学为自己设置的目标最初是非常具体的。大学由年轻活跃的男性人口构成，都是来自附近或遥远地区的移民，被安排在"学校区"居住。这些教师和学生在为其提供食宿的城市里大多是外来者。他们的学术声望杜绝了偏见或失礼的行为。地方权威乐于分担资产阶级的敌意。因此，大学最初是兄弟般互助的联合会、兄弟会，保证相互接纳，有着宗教机制，在生病或死亡时提供帮助，也提供法律和物质保护。起初，创建的大学要从地方权威手中获得租金特权、财政豁免、司法保障，这些已经获得上级权威的批准；学者们或多或少完全处于地方法庭的司法

审判权之外，只向大学或教会的内部司法权负责。

　　大学也是合作机构，像那时创建的所有职业一样，目的在于为其成员管理职业活动和工作条件。从这个方面来看，大学的角色是模糊不清的。此外，大学希望清除主教及其枢密对学校的任意控制和传统主义，这样教师们可以自由地在教学中引入教材和新方法，这些都得益于源源不断地从西班牙和西西里流入的翻译文本。但事实上，没有任何东西可以使我们认为 12 世纪的学校是真正的反动分子或受到抑制。那时的作者更多的是抱怨无处不在的无政府状态，不受控制的革新，辩证家兼哲学家的胜利，以及"有利可图的科学"（医学和民法）那不可抵挡的成功。因此，有人可能会得出这样的结论：作为恢复秩序和重拾控制的手段，大学的创建既是为了各级权威与当地教师，也是为了传播知识。

　　重要的是，现存的最古老的法令给予教学和考试以重要的地位。从那时起，以私人方式教学或学习已不再可能。即使每个教授在其学校里依然具有权威性，但是正式的教学大纲、冗长必修的大学课程（*cursus*）和各种考试（组织得非常详尽）以及毕业证书的授予被强加到每个人头上，以此保证所进行的教学的严肃性和正统性。大学以同样的方式全权控制教师和学生的招收。（如果没有被从一个"民族"或某位从业教师那里录取进大学，没有人会被当作学生。）"许可证"当然继续由枢密官授予，也就是说要通过教会权威的代表进行，但是只能在经过教师评判委员会审核之后进行；无论如何，为了能够在大学里教学，获得学位的任何人必须在大学里被庄严地承认为教师或博士。新学校的增加可能会威胁到预期的教学标准化和现有教师的收入，但也不再使人感到畏惧。

　　大学现象的另一特征必须得到强调。与其他城市职业及前一个世纪的学校不同，大学不是纯粹的地方性机构。尽管大学可能坐落在一座指定的城市里，但它们同时是属于整个基督教世界的机构。它们的招收范畴并不受行政或教会界限的限制，而是延伸到其吸引力所能及的地方，这种吸引力在本质上只能由其教学影响力来决定。它们获取自由和特权的主要目的在于使其脱离地方权威的控制，这些自由和特权得到教宗这一最高的普世权力的批准。大学传播的知识本身就被当作普世知识，不属于任何特定的地方，而是整个基督教世界特有且有

效的（只使用拉丁语就表明这点）。因此，由大学授予的学位在每个
264 地方都有效（任教的资格，*licentia ubique docendi*），不像之前由主教
授予的只在主教区范围内承认的"许可证"。

　　这种普遍性的范围在综合研究中心（*studium generale*）的思想中
有很好地体现，这种思想来源于第一批大学的实际经验，到 13 世纪
中叶已被普遍接受，特别是在教宗颁发的文件中。[11] 作为一个综合研
究中心，大学从那时起就被定义为一个以教宗为根基的高级教学机构
（或以皇帝为根基，根据具体情况），其成员享有在整个基督教世界
都有效的特权和称号，这恰恰是因为有了教宗的支持。因此，按照教
宗权的式样，大学代表着基督教社会的核心权力和在本质上就带有优
越性的智力权威。自然，在巴黎和波伦亚之外，这种普世主义的权力
通常只停留在理论上。然而，这是中世纪高等文化的根本范畴的表
现；在教会的支持下，大学在 13 世纪接管了这一范畴。

13 世纪语境中的大学

　　为什么大学以我们努力界定的最初形式恰好出现在 13 世纪上半
叶，这仍然需要努力去解释。人们一般会提及两组因素。

　　首先是一组具有社会学意义的因素。显然，大学是在扩张的整体
背景下、特别是城市扩张的情况下出现的。经济增长的影响、货币交
换的增加以及社会的多样化，导致对能识文断字的人的需求不断增
加。各国君主和各个城市越来越需要秘书、法学家和博士来帮助行政
机构更好地运作，因为这些正在变得越来越复杂，越来越依赖于书面
文字。至于教会，它对教会法学家和受过教育的传教士的需求也在不
断增长，前者用来加强机构设置，后者用来对新的城市社会阶级进行
传教并对抗异端的威胁。在回应这些新需求时，传统的学术结构显示
出不足和不适应性。它们的设施有限，渗透在这些机构中的精神不能
恰当地满足城市中心的新抱负：同侪之间的团结、思想的交换、公开
讨论，以及由包括智力工作在内的工作所产生的价值观和个人奋斗。
265 简而言之，大学机构形式的创建，将会被视为学术结构适应变化中的

---

[11]　Weijers（1987），pp. 34–45.

社会要求和态度的一种方式。

这些考量都是无可争辩的，但是它们主要提供一种整体概观，没有把第一批大学的地理位置考虑进去：巴黎无疑是西欧最大的城市，但是为什么波伦亚、蒙彼利埃或牛津可以在如此多的更高一级的或同等重要的城市中脱颖而出呢？它们也没有把事件的确切年代顺序考虑进去：前面提到的经济扩张在 1200 年以前就已经开始，然而社会压力在 13 世纪初是否如此强烈还是个问题。例如，在法兰西，教师（*magistri*）在国王菲利普·奥古斯都的随从中只占少数，他们只代表 10%—20% 的高级教士（主教和教士）。在英格兰，这些比例的确比那个数据的翻番还多。⑫ 即使我们假定学术进步的首要动机是君主和教会的意愿，那么自治大学的机构形式最适合这一目的吗？那些早已由这些权威直接创建和控制的学校不会更加合适吗？

鉴于这种悖论，某些历史学家宁愿强调那些可以适当地看作智力方面的因素。⑬ 大学的诞生首先是和科学的进步以及学者们的智力热情联系在一起。对任何一个想要脱离教会权威的过分控制并自由地致力于追求真理的人来说，大学的自治都是不可或缺的。在所有可能在 12 世纪末 13 世纪初引起变化的智力革新中，最有影响的要数亚里士多德哲学著作（《物理学》《形而上学》《伦理学》）的译本及其阿拉伯注释者的文本（先是阿维森纳或伊本·西那，然后是阿威罗伊或伊本·拉希德）的流入。12 世纪的学校已经毫不费力地使用起亚里士多德的逻辑。但是对基督教文化来说，亚里士多德哲学的同化引发在其他方面是很可怕的问题。1210 年和 1215 年，巴黎出现对教授亚里士多德的自然哲学和敢于对此进行评论的像迪南的大卫这样的第一批西欧教师的各种责难，这反映出辩论的激烈。大学的建立使教师们可以逃脱地方权威施加的责难，同时通过集体纪律来防止出现不一致。

这种看法无疑过于理想，但是很有意思，因为它强调了教师和学生的意识。不管是否受到对知识的热爱或对职业生涯的渴望的推动，他们因自我意识、工作观和教学的具体要求而创建大学这一机构。⑭ 然而，只有学者的自发性，显然不足以导致大学的诞生。有利的政治

⑫　Baldwin（1976）.
⑬　尤其是格伦德曼（Grundmann）的论文代表了这种看法（1964）。
⑭　Ferruolo（1985）.

环境和外部权威的干预同样是必需的。⑮ 大学作为一种机构的诞生，是 13 世纪西欧出现的权力普遍重构的一个部分。一旦古老的封建约束和义务开始变少，形成联合（地方性的）的运动以及争取较大（如果不是普世的）权力的趋势的明显空间便会出现，不管是国家君主的权力还是教宗的权力（在基督教世界的框架内）。大学涉及两个领域。使用的这个术语表明，大学与西欧逐渐增多的所有其他类型的联合会（*universitates*，兄弟会、行会、贸易协会、城市公社）有共同之处。它们的共同之处在于它们都是追求公共目的的自愿联盟。但与此同时，大学只能出现，因为它们在形成的关键时刻接受了高一级权力的决定性支持，这使它们可以战胜完全不接受其独立的传统权威造成的地方阻力。这种支持在巴黎是由法兰西国王小心翼翼给予的，或者在蒙彼利埃由阿拉贡国王给予，由英格兰国王给予牛津的支持则更为公开，这里提到的所有实例都得到教宗的支持。可以说，第一批大学在很大程度上是由 13 世纪初占上风的教宗权创建的，包括教宗英诺森三世、洪诺留三世和格列高利九世。

自然，这种支持不是无私的。教宗通过给初期的大学授予法令和特权，使它们处于教会的控制下，阻止其出现任何世俗化的倾向；教师和学生都是教士，从属于教会司法权，而且枢密官正是通过教宗的委派来授予学位。通过保证正统教学和为教宗提供所需的法学家与神学家来实施进行改革和权力中央化的政策——同时保留格列高利的传统，教宗希望大学可以直接为其服务。然而，教宗们也充分认识到新的情况，这些新情况是由知识大爆炸及其影响的复兴造成的。尽管存在各种可预见的风险，教宗们坚定地支持文化的现代化。通过支持大学的出现，他们认可知识对社会和政治的促进作用，使那些选择学习和教学作为职业的人的行业合法化，而且承认这些职业是基督教社会的核心需求。

大学的巩固：成功和最初的危机

13 世纪初出现的大学在接下来的几十年里进一步巩固。即使我

⑮ Verger (1982).

们对这个时期不可能提出由实际数据支持的真正假说，但数量不断增加，这一点似乎可以肯定；14 世纪初，该数量达到一个新高，要到现代时期才能超过。这时，波伦亚、巴黎可能还有牛津，将会吸引好几千学生。起初非常简单的大学机构已变得更强大，具有更确定的特性，这样它们才能更好地对不断增加的学生和正在变得越来越宽泛的特权进行管理。这一连续发展表明了它们的新社会地位和政治地位，这些从那时起便获得承认。

当时，各个机构的增强是反复试验的结果，广泛建立于只在 14 世纪出现的各套普通成文法规上。在巴黎，将文学硕士（通常他们同时是高级学院的学生）联合起来的"各个民族"（1222 年第一次提及）逐渐形成，在 13 世纪的影响特别大。尽管存在地理上的不均匀性，特别是"法兰西"和"英格兰"等民族，[16] 各个民族通过全体会议选出官员和公共资金，很快能够围绕大学生活提供主要设施和智力社团。大学校长在 13 世纪 40 年代末出现，从这四个民族中选出。尽管任期很短（那时一个任期为三个月），校长很快成为领袖人物，不仅是在文学院而且在整个大学都享有特别的声望。在随后的岁月里，或许是对此的回应，高级学院（神学、教会法、医学）得以创建，拥有自己的评议员联合会、院长和公章。

牛津出现相似的演变，校长的权力在 13 世纪不断加强，特别是在司法权事务方面，处理日常管理事务的"学监"（proctors）的权力也在加强。然而，在这里，所有重要决定也是由评议员联合会（congregatio）做出，文学硕士在其中占据大多数。

巴黎大学和牛津大学的机构得到加强，这也是第一批学院（colleges）出现的结果，巴黎大学在 12 世纪末已出现学院（十八人学院、圣托马斯学院）。那时，这些只不过是收入微薄的修道院，依靠虔诚的创建人的捐赠来保证少数贫困学者的住宿和生活费用。要到 13 世纪中叶，这些学院才成为相对重要且自治的机构，才对大学生活产生一定的影响。这或许归因于托钵修会的修道院学校做出的榜样，我们将在后面进行讨论。学院还不是教学机构，要到中世纪末期

268

---

　　⑯　在巴黎，如果诺曼底和皮卡迪等"民族"有着严格的地理界定，那么"英格兰"的界定则包括北欧，"法兰西"的界定则包括整个法兰西王国（诺曼底和皮卡迪除外）和地中海国家。参见 Kibre（1948）.

它们才会如此，但是它们已经是真正的共同体。它们开创了集体生活方式，对小群同盟者（socii）的住处有着严格的规定，选择使用的标准不仅是经济方面的（如清贫），还把各自的出身、地域来源和智力考虑进去。学院为成员提供舒适的生活方式和使用图书馆的权利（这时的大学还没有图书馆）。此外，同盟者在外来上级或"访问者"的控制下自己管理学院。这意味着学院共同体倾向于成为远离学生群体却依然属于学生群体的少数精英。第一个真正的学院出现在巴黎大学：1257 年，索邦学院为大约 20 个学习神学的世俗学生而建。其创始人罗伯特·德·索邦既是研究神学的评议员教师，又是国王的专职教士。他掌管学院的物资捐赠、图书馆的组建和法令的公布；⑰ 1300年前，七个其他类似的机构紧随索邦学院之后在巴黎大学出现，即使它们没那么重要。不久之后，牛津大学开始创建学院；最古老的牛津大学的学院有默顿学院（1264 年）、大学学院（大约 1280 年，其前身可追溯到 1249 年）、巴利奥尔学院（1282 年），还有四个修道院学院，都被设想成研究员的自治共同体，由他们的集体生活方式联合在一起，有着共同的智力兴趣。在剑桥大学，彼得豪斯学院早在 1284 年已经创建。

此外，波伦亚没有像北方的大学那样出现学院。然而，正如我们所看到的那样，两所选出了校长的学生大学到 1220 年已经形成，其 269 校长拥有很大的司法权。临近 1280 年，被排除在大学之外且受到城市公社严格控制的博士成功地建立了自己的合作组织：两个"博士学会"（民法和教会法），由指派的人数固定的评议员构成，其主要职责是监督组织考试和头衔授予。⑱ 此外，正是在大约同一时间，为了完成由学生支付的捐赠（collecta，与早已在某些非大学的城市研究场所使用的体系一致），波伦亚城市公社给法学教授支付了第一笔薪水，一种新型关系在政治权力和大学之间涌现。

所有这些因素保证了大学机构在 13 世纪社会的成功。来自这一时期的文献使我们无法系统性地重构毕业生的职业生涯，但是一场多元世俗运动显然正在英格兰、意大利和法兰西出现，这场运动促进了

⑰　Glorieux（1965 – 1966）.

⑱　参见 Weimar（1982）.

大学头衔的持有者进入教会和政府机构以及法律和医学行业。在变得越来越复杂的社会里，书面语的使用在各处变得不可或缺，个人、城市、君主和教会对秘书、法学家和受过教育的传教士的需求在不断增加。例如，据计算，13世纪在巴黎受过教育的1/4的神学硕士成为主教或枢机主教。⑲

　　教会和政府权威不能继续对精英教育中学术研究的新作用淡然处之。我们已经看到，上层阶级在赞赏大学的诞生后是如何支持其后续发展的。君主和教宗继续确认和扩大大学享有的"自由和特权"，保护它们免受城市人口的敌意和地方权威滥用权力的伤害。他们很快开始创建新大学，把已经存在的大学当作模板。

　　事实上，创建大学的运动在13世纪依然受限。1300年确实只有12处综合研究中心真正活跃在西欧；另外8处已经很快瓦解。⑳然而，其中一些大学最初并不是由教宗或君主创建的，而是由一个更古老大学的"分群"过程导致的，通常发生在一场促使所有或部分教师和学生流散的冲突之后。这些迁移有时只会产生不能长存的机构（维琴察、阿雷佐和维切利），但其他迁移却产生永久存在的机构：剑桥大学是由1209年来自牛津大学的迁移产生，帕多瓦大学是由从波伦亚大学脱离的一个部分产生（1222年）。尽管招收范畴有限且最初的名声不如牛津大学的，但剑桥大学在整个13世纪期间稳步发展。近来发现了由12个部分组成的法令集，可以追溯到大约1250年。它们是中世纪大学留存下来的最古老且最完整的法令集（corpus），描述出一所已经很活跃且组织完好的大学的景象：剑桥大学的机构类似于牛津大学，其学生在一个具有凝聚力的共同体里生活；㉑1284年，第一个学院——彼得豪斯学院——的创建确保第二个英格兰大学越来越成功。帕多瓦大学的创建要困难得多，因为它开始创建时，正值皇帝弗雷德里克二世与意大利北部各个城市的战争期间。帕多瓦大学虽然仿效波伦亚大学，但建校伊始，文学院和医学院便拥有重要地位，

270

---

⑲　Avi-Yonah（1986 - 1987）.

⑳　1300年活跃着的综合研究中心：波伦亚、巴黎、牛津、剑桥、萨拉曼卡、蒙彼利埃、帕多瓦、那不勒斯、图卢兹、教宗法庭大学、里斯本和列伊达；被弃的综合研究中心有：维琴察、帕伦西亚、维切利、皮亚琴察、塞维利亚、阿尔卡和帕米耶。13世纪在阿雷佐、锡耶纳、奥尔良、昂热和巴利亚多利德存在的学校虽然也很重要，却算不上综合研究中心［来自 Ridder-Symoens（1992），pp. 62 - 63］.

㉑　Hackett（1970）.

这所大学在 1260 年后才真正开始发展。

　　至于法兰西的情形，即使奥尔良和昂热的法律学校只有到 14 世纪才成为综合研究中心，但它们最初的扩张却可以追溯到巴黎各个学校在 1229—1231 年的大危机期间的流散，这使学者们开始反抗王室政府和巴黎主教。在 13 世纪末，尽管它们仍然处于主教的直接控制下，而且教士掌管着大教堂学校，但是它们已经是法兰西北部法律教学的主要中心，特别是在奥尔良，13 世纪 80 年代一些才华出众的教师在那里执教，如雅克·德·雷维尼和皮埃尔·德·贝勒佩尔什。在通过这一"分群"过程而建立的机构外，不可否认的是，其他大学在 13 世纪被有意地创建出来。如果不考虑由皇帝弗雷德里克二世于 1224 年创建的那不勒斯大学这一特殊情况，因为它的自治权太少，以至于在某种意义上来说并不是一所大学[22]，那么 13 世纪君主创建大学最有利的地方是伊比利亚半岛。作为再征服运动的结果，国王、城市和教会在这些王国里的密切合作传统可以为此提供解释。即使帕伦西亚、塞维利亚和阿尔卡失败了，但萨拉曼卡（1218—1219 年）、里斯本（1290 年）和列伊达或列利达（1300 年）迅速成为真正的大学，获得教宗的认可。至于教宗，他率先创建了图卢兹大学（于 1229 年强加给被反阿尔比派十字军打败的图卢兹伯爵），在罗马当地

271　创建了教宗法庭大学（*studium curiae*）。[23] 这些"移植"大学被赋予授予学位的权利和其他特权，但它们的创建者并不总是把它们构想为自治机构。然而，所有那些幸存下来的大学相当快地且多少也是忠诚地采用诞生于巴黎和波伦亚的法人组织类型中的一种。大学不再是纯粹的政治产物，因此它们成功地在当地社会稳定下来。

　　即使普遍扩张似乎是 13 世纪大学史的基调（除了少数几个夭折的尝试），包括学生人数和文化与社会影响的增长，这不一定意味着它们没有经历过任何困难。这里我们将不会详述学生生活中频繁的暴力事件，这些事件以"城镇居民和大学里的师生"之间的传统对峙或民族（牛津大学中南方人和北方人的对抗）之间的冲突为标志；由于君主和教会的善意，授予大学的特权和豁免使它们以可能最少的

---

[22] Torraca et al.（1924）.

[23] Paravicini-Bagliani（1989）.

代价得到规范。

13 世纪的主要挑战是新托钵修会对大学的渗透，至少在巴黎是这样。从传教士修会创建伊始，圣多明我就已经将学习当作他们精神的一个主要方面：学习是为了更好地追求真理、驳斥异端和教导信徒。法兰西斯修会修士很快开始模仿他们，1250 年后不久，加尔默罗修会和奥古斯丁修会紧随其后。临近 13 世纪中叶，古老修道会的修士们，如克吕尼会和西铎会，也承认了大学教育的价值。所有这些宗教人士自然是在各自的修道会中学习，即在各修道院的学校中。然而与此同时，为了更有利于学生，他们想要将一些学校设置在大学城中，最终与已经存在的神学院合并，以便学生们能够获得大学的学士学位和硕士学位。实际上，其价值获得教宗保证的这样的学位就等同于优秀和现代性，这些目的对托钵僧修道士有着特别的吸引力。到 1230 年，多明我修会修士和法兰西斯修会修士已经在波伦亚、巴黎、牛津和剑桥建立了自己的女修道院和学校。

在波伦亚大学和后来在其他南部大学里，这些修道会的创建没有遇到困难。这些大学没有神学院；因此，严格地说，它们无须合并托钵修会的学校，但却愿意把神学教学和熟练传教的垄断权授予它们。此外，在巴黎，世俗教授起初在教宗的诚心邀请下对托钵僧持欢迎态度，但很快因这些新来者的行为而忧心忡忡。与大学的自治和特权不同，托钵僧修道士只服从于上级和教宗，似乎正在把侵入性的改变宗教信仰的信条强加给学生。然而，到一些来自纪尧姆·德·圣阿穆尔阵营的世俗神学家想要把他们逐出大学时，已经太晚了。[24] 这种对抗是激烈的（1250—1256 年），但是托钵僧修道士有托马斯·阿奎那和波拿文都拉的流利口才为之辩护，并得到教宗的坚定支持［教宗亚历山大四世在 1255 年 4 月 14 日颁发的教谕《因为它是生命之树》（*Quasi lignum vitae*）］，[25] 所以他们所有的人都保留住了席位。在不同的借口下，二者之间的冲突一直到中世纪末期都不断出现，在 14 世纪初延及牛津和剑桥。然而，托钵僧修道士在这些真正存在争议的大学的神学教学中，从未获得重要甚或主导地位。

272

---

[24]　Dufeil（1972）.

[25]　*Chartularium universitatis Parisiensis*, Ⅰ, no. 247.

　　我们相信，这些事件的严重性有时可能被夸大。相反，这些危机
是由扩张造成的。虽然新修道会保留了自己的个性，但没有真正威胁
到大学的自治。不管怎样，世俗教师没有办法抵制教宗权，因为正是
教宗授予他们基本自由和特权。此外，在 13 世纪 50 年代，以大阿尔
伯特、托马斯·阿奎那、波拿文都拉和罗杰·培根等人为代表的托钵
僧修道士的教学质量是如此之高，以致于把托钵僧修道士排除出去将
意味着教学水平的灾难性下降，对大学成员（托钵僧修道士当然将
其中很多人算作朋友，也有更为吵闹的对手）和致力于对大学进行
适当管理的世俗与教会权威来说，这是很难想象的。

经院哲学：风险与回报

　　13 世纪大学在社会和政治上的成功与其超常的智力成功是分不
开的。大学教学中的每件事物并不都是全新的。自 12 世纪以来，
所使用的主要文本都有了拉丁文版本，并且在 13 世纪被引入学校
［特别是亚里士多德的所有自然哲学著作，还有他的《伦理学》
（*Ethics*）和《政治学》（*Politics*）］。大约在同一时期，几个较晚的
译本结集成册，主要是阿威罗伊对亚里士多德的评注（1220 年
后）。教学方法仍然和大学出现之前的学校里使用的一样：授课
（*lectio*）与提问（*quaestio*），这两者在所有学科中都依赖于对辩证
法的系统运用。仅辩证法就能够通过严谨的逻辑推理来推导出隐藏
在文本中的真相，自信地展示所提问题的解决方法。大学显然使教
273 学方法和练习系统化和多样化。"提问"导致各种类型的辩论
（"争论的问题"和任意辩论）；文学院和法学院设置了私人课程和
检查程序，以便促进对基础文本的记忆。医学中的实习期和神学中
的大学布道被引入结构教学理论和医学与教牧活动中。

　　像在机构事务上那样，13 世纪的贡献首先是花费大量的努力来
建立秩序。所有院系都起草了精确的规划并制定了课程表和校历。严
格的劳动分工把"日常"授课（更难的授课）分给博士，这些博士
也主持辩论。在辩论中以正方或反方参与进来的普通文学学士担负起
"粗略的"或"临时的"授课。对许多授课课程和辩论的撰写、对抄
本的管理以及手稿的传播，都增加了容易获得的知识量（以最小的

代价传给每个人），并保证其内容的正统性。最后，一丝不苟的考试管理程序显然制定了博士需要的标准：他们被期望成为精通其学科的毕业生。㉖

经院哲学的创建显然并没对承自古代和中世纪盛期的科学知识的界限拓展起到什么作用。依赖书面权威的重要性通常阻止其发展成为"机械艺术"或依赖于观察或实验的学科。辩证法和亚里士多德哲学的成功使古典学学习降为第二位，迫使四艺（算术、几何、天文学和音乐）处于次要地位，或许牛津除外，因为罗伯特·格洛斯特在那里开创了科学教学的永久传统。㉗学院体系是知识分类学观念的具体反映，使世俗学科从属于神学的等级关系继续下去。此外，我们不可能忽略许多学生将无法到达高级水平并获得更高学位的事实；在那些获得高级学位的人当中，许多人主要关注社会成功，只从实用角度来看待学习。

尽管如此，13 世纪的主要大学是视域独特、智力活动尤为丰富的辩论中心，实际上自古代以来在西欧都是史无前例的。这里不可能 274 列举出那好几百部书面著作，这些只不过是口头教学的部分反映，是 13 世纪的教授遗留给我们的。他们当中的一些人丰富了知识的真正基础：想想由阿库索斯和约翰尼斯·泰乌托尼克斯在波伦亚撰写的民法和教会法的《标准注释书》（*glossa ordinaria*）。其他人涉及原始教义的表达：看看来自巴黎和牛津的伟大神学家们的概要和专著，如黑尔斯的亚历山大、大阿尔伯特、托马斯·阿奎那、波拿文都拉、格洛斯特、培根和其他许多人。

这一新兴活动引起许多辩论，辩论激起了当时学者的热情，有时其回响声超出经院哲学的世界。至少在文学和神学领域里，这些辩论的主要贡献在于把所有希腊—阿拉伯知识以拉丁文形式大量传播到西欧学校，如饥似渴地吸收着到 1255 年可以获得的一切。这种知识在哲学和科学主题方面同样异常丰富，据其定义异于基督教信仰及其传播的启示。在面对这一挑战时，人们可能有不同的态度。有人试图走灿烂却又脆弱的合成之路，希望构建真正的基督教哲学，其中神学显

㉖　Glorieux（1969）.
㉗　参见 Southern（1992）.

然是人类科学和基于古代资源的世界的无上光荣；这是巴黎多明我修会修士们的选择，大阿尔伯特和托马斯·阿奎那在其《神学大全》中尤其支持这种观点。其他人希望探索出甚至更加危险的哲学之路，这种哲学有点世俗化，对它的学习没有立即与神学目标联系在一起：这些学者并不是因为"双重真理"而受到指责，而是基于推理的自主思维过程和从这一过程中为哲学和哲学家正当性辩护的企图。这一努力与巴黎文学硕士们的名字联系在一起，如布拉邦特的西格和达西亚的波埃修，这些人被称为"拉丁阿威罗伊主义者"；[28] 由巴黎主教发起的反对这一运动的谴责阻扰了这一努力（在 1277 年）——分 219 条详述，这位主教受到法兰西斯修会修士和几位世俗神学教师的影响。[29]

处理这样的问题，拒绝和谴责是最便捷且自然获得世俗和教会权威的支持的方式。有可能会使用传统的奥古斯丁的思想来反对这样的敌人，这种思想强调贬低世俗知识、藐视世界、"智慧"的伦理和宗教维度，以及神的光照对散漫的推理思维过程的首要性；几位神学家，特别是在法兰西斯修会修士中，紧随波拿文都拉和约翰·佩切姆，拒绝亚里士多德主义在创造世界和灵魂不死方面可能引发的危险思想，同时抵制试图把哲学创建成一门独立的学科的举动。这位巴黎主教在 1277 年 3 月 7 日发出谴责，几个星期后在牛津再次发出，最终未能使哲学家们归于沉寂。冲突继续以不同形态和形式在不同地方继续出现，直到文艺复兴才偃旗息鼓。不管怎样，只有巴黎和牛津的文学院与神学院参与进来；法学和医学的扩张没有受到影响，尤其是在南部学校里。[30]

我们刚才描述的辩论最初都是内部辩论，发生在大学中心的持反对教义的支持者之间。这一确切事实表明一种前所未知的自由形式。换句话来说，多亏了大学，一种新的社会人物在西欧涌现：知识分子。[31] 中世纪的知识分子既不是真正的世俗人物，因为教会将学术机构置于它的权威之下，也不是单纯的教士；知识分子的概念在 12 世

[28] 根据冯·施滕贝格亨（van Steenberghen, 1997），更可取的提法是"完整的"或"异端亚里士多德学派的人"。
[29] Hissette (1977)；Bianchi (1990).
[30] Gouron (1984).
[31] Le Goff (1985).

纪期间出现，在 13 世纪进入繁荣期。这是一种新生事物，首先以其自我意识、使用特定的工作方法、相信自己研究的真正价值，以及对这些研究会极大地影响社会如何演变的坚定信仰为特征。

　　这种变化未能逃脱教会权威的注意，尤其是教宗，也没能逃脱那时的世俗权威的注意。对他们来说，对大学的控制不仅仅是一种社会目标，那意味着对管理精英的教育的控制，而且也是一种意识形态的冒险。正如德意志政治作家罗埃斯的亚历山大在 1280 年左右所说，正是有了大学，学校（*studium*）才成为与王国（*regnum*，政治权力）和圣职（*sacerdotium*，宗教权力）相竞争的基督教的"权力"之一。[32] 在涉及信仰和智慧的事务中，巴黎大学代表着"新的权威之源"。[33] 法兰西国王"美男子"菲利普（1285—1314 年）承认了这一事实。当与教宗发生冲突，与圣殿骑士团作战时，他曾向大学恳请支持。在南部诸国，来自波伦亚的博士很快发现，他们与来自图卢兹、蒙彼利埃或奥尔良的博士处于某种竞争当中，他们的观点被看作法律的活跃来源、所有政治和社会生活的规范因素。

　　因此，在 13 世纪，知识快速发展，有学识之人也迅速增加。各 276
大学是这场运动的主要中心。此外，次要的中心在这一时期也没有谢幕。正是要到 14、15 世纪，这些中心在社会中将会赢得重要的地位。

雅克·维杰（Jacques Verger）

莫玉梅 译

徐　浩 校

---

[32]　Cited in Rashdall (1936)，I，p. 23.

[33]　Menache (1982).

第三部分

西欧诸王国

第十一章

从菲利普二世之死到菲利普四世 时期的卡佩王朝

路易八世统治时期

1223 年，路易八世登上王位后，立即面临着稳固其父亲菲利普·奥古斯都需要从英格兰人手中夺回的西部领土的问题，并决定就阿尔比派十字军失败一事采取一系列行动。第一件事需要他和贵族们重申休战协定，这些贵族在西南部的法兰西人—英格兰人控制的领土之间的边境拥有采邑，包括拉马什伯爵于格·德·吕西尼昂及其妻子伊莎贝拉——安古莱姆女伯爵。伊莎贝拉也是英格兰国王约翰的孀妻和现任国王亨利三世的母亲。普瓦图最强大的贵族于格和亨利国王可能有望结成联盟，除非新任的法兰西国王用补偿那些有价值的土地的可能性来诱惑伯爵的妻子。这些土地曾经由约翰许诺给她作为结婚礼物，却被菲利普·奥古斯都占领。虽然路易八世以于格和伊莎贝拉的自身利益成功地打动了他们，但只是暂时获得他们的支持，于是，当两个王国之间的休战被打破、战争于 1224 年 5 月 5 日重新开始时，这使英格兰失去了所需的支持。

路易强势地继续战争。虽然与香槟的巴拉丁伯爵蒂博四世关于围城是否明智的争吵，危及削弱法兰西人的努力，但到 7 月 15 日，在他的指挥下，法兰西军队正在围攻拉罗谢尔（La Rochelle）。路易和蒂博的纷争是一系列纷争中最近的一次。早些时候，关于对犹太人政

280

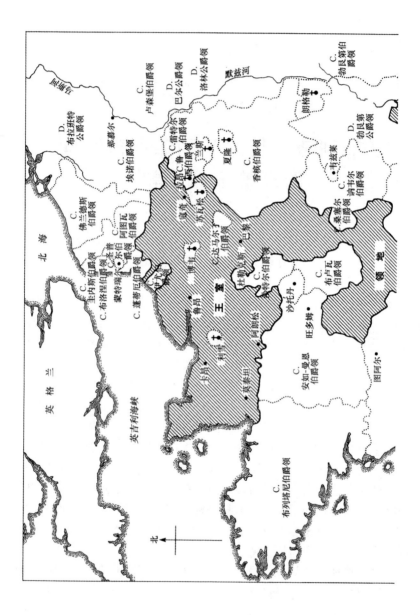

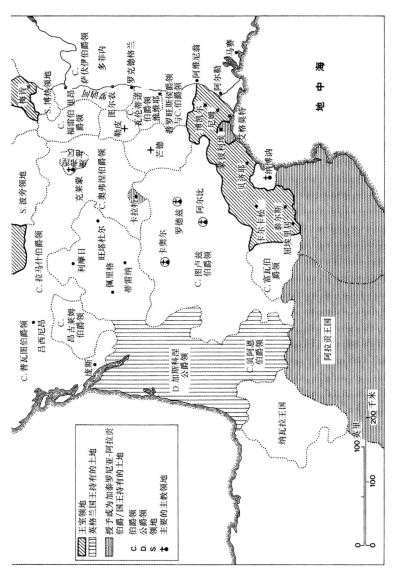

地图 3　大约 1260 年的法兰西

策的分歧已经使二者的关系恶化。1223 年 11 月 1 日，作为第一项主要治国举措，路易颁发了一份法令，禁止其官员记录欠犹太人的债务并禁止王室机构被用来处理潜在债务人（基督徒）和潜在债权人（犹太人）之间的明显交易。① 与此同时，他秋风扫落叶般强行没收了犹太人的大额借贷契约。通过废除犹太借贷业务的王室登记体系，路易八世拒绝其父亲这位旧体系设计者的遗产。1223 年 11 月 8 日，他要求贵族对他们土地上的犹太人实施同样的政策。②

282

　　26 位贵族默认此项做法，但蒂博拒绝了。1222 年 6 月，即这位伯爵成年后仅一个月，他就与香槟的犹太人达成一项协议。犹太人据此缴纳定期税收来换取他们的借贷交易得以执行的回报。③ 鉴于他土地上的犹太人口远远多于王室领地上的，蒂博的政策符合其长远的财政利益。拒绝改变这项政策，就是对国王的断然回绝。

　　个人因素加重了蒂博四世和路易八世在政策上的分歧。他们都正当人生的黄金时期（1223 年，蒂博 22 岁，路易 36 岁），都认为自己是天生的领导者。蒂博的态度在很大程度上归因于这样的事实：他的未成年时期（1201 年 5 月至 1222 年 5 月）是在菲利普·奥古斯都的控制下度过的，他和他母亲不得不奉承菲利普来获得路易的青睐，以免这位老国王支持对手来要求伯爵领的所有权。路易八世在菲利普·奥古斯都的强势下也变得急躁起来。当成为国王时，他使自己疏远了他父亲的某些政策，如对待犹太人的政策；但他统治时想获得顺从的期望从未低于菲利普·奥古斯都。

　　尽管香槟伯爵缺乏热情，而且两位统治者之间的敌意即将爆发，但是对拉罗谢尔的围攻获得了成功，路易八世的军队此后一直势如破竹。到 1224 年夏末征战结束时，整个普瓦图南部、佩里戈尔、凯尔西和利穆赞都被置于卡佩王朝的统治下。然而，在这个时候，更南边的朗格多克出现的问题开始扰乱国王和教宗的关系，一个决定使战争停了下来。大港口波尔多附近的顽强抵抗也有利于做出这个决定，虽然这一决定迎来了于格·德·吕西尼昂的怒火，因为波尔多已经被承诺给他来换取他的援助。战斗还在断断续续地进行着，英格兰人正在

---

① *Veterum scriptorum. . . Amplissima collectio*, 1, pp. 1182 – 1183.

② *Layettes*, Ⅱ, no. 1610.

③ *Church and the Jews*, Ⅰ, pp. 353 – 354 no. IX.

设法巩固其对从波尔多到比利牛斯山脚的土地的持有权。这个地区，加斯科涅，在接下来的一个多世纪里将一直留在英格兰人的手中。

返回北部后，路易八世或许预料到要参加新的征战，在假设他会死亡的前提下对家族的财政利益采取了预防措施。[④] 1225 年 6 月，他做出处置：指示其长子路易继承王位并掌控王室旧领地与诺曼底的收入。诸位幼子将获得遗产或王子封地：罗伯特获得阿图瓦伯爵领；让获得曼恩和安茹；阿方斯获得普瓦图和奥弗涅。任何剩下的或将来出生的儿子将会在教会中享有优先权。结果，只有另一个儿子查理顺利成年。由于其兄弟让的死，查理获得安茹和曼恩作为自己的王子封地。路易八世给予家族中的女子大量遗产，妻子和女儿各 3 万和 2 万巴黎里弗（*liveres parisis*）。

与此同时，朗格多克的形势导致国王中断了在普瓦图的战争，需要引起注意。虽然阿尔比派十字军劫掠了该地区的许多地方，由于南方人能团结抵抗，到 1223 年底有效地将大多数十字军驱赶出去。次年 2 月，这支军队名义上的统帅阿莫里·德·蒙福尔把从他父亲西蒙·德·蒙福尔那里继承的权利割让给国王，西蒙是这支十字军最初的统帅。这些权利包括对图卢兹伯爵领的要求权，该权利理论上给予国王对整个朗格多克和普罗旺斯的部分地区的权力。事实上，图卢兹土生土长的伯爵雷蒙七世是最强大的南方人，控制着整个南部。这样一来，显然需要动用军事力量来支持国王对这个地区的要求权。

在 1223 年和 1224 年，教宗洪诺留三世面临着十字军将士转向的现实和国王在普瓦图与之开战的当务之急，寻求和雷蒙七世展开谈判。教宗和图卢兹家族的修好（大多是表面上的，而不是真的）必然威胁到国王的要求权的合法性，破坏了洪诺留三世和路易八世的关系。然而，雷蒙七世对教宗提出的要求最终是太多了，包括承认其统治权、归还正统派教士在朗格多克夺取或由德·蒙福尔及其联盟授予他们的权利和土地，至少只要教宗对这位伯爵是否有决心或有能力根除异端尚存怀疑。因此，1225 年年末，教宗的代表恢复了与路易八世的认真对话。由于争吵不息，这位国王在 1226 年 1 月 30 日参加了十字军。

---

④　Petit-Dutaillis（1894），Appendix Ⅵ，no. 255.

到 1226 年 6 月，国王亲自率领的一支王室军队出现在朗格多克的原野上，其中包括香槟的蒂博四世带领的队伍。到本月 8 日，这支军队抵达阿维尼翁，这里的城市议事会已经同意允许路易，这支十字军的宗教领袖及其随行人员和 100 位骑士穿过这座城市并使用大桥渡过罗讷河。然而，到了协议付诸实施时，阿维尼翁人担心他们的城市可能会被劫掠而不断推诿。这一转变引发暴力，在此期间，为军队主力在河上和城市外边修建的临时木堤道被拆除，只有部分军队到达河对岸。盛怒之下的路易八世在 6 月 10 日包围了阿维尼翁。在这件事上，他遭到伯爵蒂博四世的反对；完成 40 天的最低服役期后，蒂博四世在背叛的指责声中回家去了。据说，路易打算在此次征战结束后剥夺他的采邑。这次艰难的包围持续到 9 月 9 日这座大城市投降为止。

通过阿维尼翁后几乎没有发生任何其他冲突。一座座城市停止了抵抗，这支王室军队的势力不断增长。但是，在 10 月末，当征战即将结束时，国王生病了。11 月 3 日，他在奥弗涅的蒙庞西耶的议事会上做出决议，任命其妻卡斯蒂尔的布兰奇为摄政，获得出席会议的贵族做出的承诺：万一他死了，他们将会负责举行加冕仪式，有序地将权力移交给其长子。他接着授权给那些没有出席的贵族送信，把他的指示和命令告诉他们。⑤ 他在 8 日去世。

卡斯蒂尔的布兰奇的摄政期

年幼的路易在苏瓦松被仓促地授封为骑士后，加冕典礼于 1226 年 11 月 29 日在兰斯举行。香槟的蒂博四世缺席典礼的意义重大。摄政起初邀请了他，但来自旧领地和诺曼底的许多王室贵族无法原谅伯爵在与国王的远征中的行为。许多人怀疑他给路易八世下了毒。在压力下，卡斯蒂尔的布兰奇撤回了邀请（反而把这份邀请送给他的母亲）。

另一位缺席典礼的贵族是拉马什伯爵于格·德·吕西尼昂，他显然是无意中缺席的；他正与布列塔尼名义上的伯爵皮埃尔·莫克莱尔

⑤　Petit-Dutaillis（1894），Appendix Ⅵ，nos. 435–437.

密谋，意图促使两个家族在西部称雄。香槟的蒂博四世是这些计划的早期合作者，但出于不明原因（或许他对卡斯蒂尔的布兰奇的爱是一个因素），他在计划启动时放弃了这场密谋。布兰奇对来自于格和皮埃尔的威胁做出反应，许诺通过她的孩子和他们的孩子的婚姻，把王室家族和他们的家族联合在一起，并对于格做出金钱上的让步，承认他在普瓦图的征战中为她的丈夫提供了良好的服务却没有得到较好的补偿。如果他们坚持反叛，她已经准备派出一支王室军队与之对垒。

失去蒂博的支持，皮埃尔和于格两人都无法有效地对抗王室的军事力量。英格兰人为了自己的利益可能有望介入，他们和图卢兹伯爵雷蒙七世实际上是不确定的联盟。在伊莎贝拉·德·安古莱姆的诱惑下，英格兰人再次对法兰西人的提议敷衍了事。图卢兹的雷蒙七世正深陷与枢机主教罗马诺·弗兰吉帕尼的谈判中，试图使自己体面地从阿尔比派十字军中脱身出来。在这些事实的制约下，于格和皮埃尔的联盟与布兰奇讲和了。

教宗使节认识到，除非南部的主要本土家族得到安抚，即图卢兹家族，否则任何永久性解决异端问题的可能性都很小。路易八世入侵部队的残余人马形成了一支王室军队，坚持要完成整个征服，但支持这次征服的代价正在对王权产生影响，更不用说在面对北方贵族挑战的同时来为这支军队提供补充了。结果是有一项协议于 1229 年在莫城达成（而且在巴黎获得认可，因此称为《巴黎条约》）。一方面，该协议承认国王地位的不确定性，由此为雷蒙保留了图卢兹伯爵的祖产中的很大一部分。另一方面，雷蒙的一大部分土地［如罗讷河东岸的孔塔—弗奈辛（Comtat-Venaissin）］和与雷蒙七世联合但拒绝和解的领主们的领地被割让给国王或教宗。最重要的是，雷蒙七世的女儿兼继承人让娜与布兰奇的儿子阿方斯订了婚，这是许诺卡佩王朝继承南部的行为。[6]

正当国王使西部贵族联盟偏转方向，且南部局势朝和解的方向发展时，一个新的敌对联盟开始形成。为克服新近兴起的挑战和面对这一新的敌对联盟，筹集收入是必要的，这是一件相当重要的事。甚至

285

---

[6] *Histoire generale du Languedoc*, Ⅷ, pp. 883 – 893.

在开始精明地与图卢兹的雷蒙七世谈判前，枢机主教—教宗使节罗马诺·弗兰吉帕尼就使自己深受布兰奇的喜爱（有些评论家暗示为一场风流韵事），因为他利用自己相当大的影响力，为国王从法兰西教会手中得到 10 万里弗款项。这笔款项用来替代征收教会圣俸收入 10% 的三年税金，这原本是为路易八世征战朗格多克而承诺给他的，但由于他的死亡，教士们不愿意支付了。这笔意外之财，加上国王的固定收入（即使是在这个困难时期），使国王在对手面前拥有物质上的优势。1227 年，国王通过对犹太人实行没收财产式的征税扩大了这一优势。

在几个贵族企图绑架年幼的国王未遂后，新联盟很快变得比早些时候更加危险，因为有谣言说，它的目的不仅是要推翻摄政，而且还要篡夺王位。联盟的范围极广，包括好几位北方重要贵族。他们宣称，1229 年在与东部贵族的激烈争吵中获得布兰奇支持的香槟的蒂博四世在宫廷中的影响过于强大。他们憎恨摄政和她的一些顾问，将这些顾问与菲利普·奥古斯都的强硬政策联系在一起。他们指责王后不让她年轻的儿子成婚，从而保有对其儿子的权威。

然而，皮埃尔·莫克莱尔的某些行动背离了联盟。恼怒于第一次反叛结果的优柔寡断，他越来越倾向英格兰人的阵营。这转而使第二次联盟的贵族们置于窘境之中。他们反对国王并不意味着对英格兰人友善。于是，他们顺从地响应摄政以主人的身份发出的召唤，这时皮埃尔的背叛变得明显起来。他们没有以最大的热情响应，更愿意以国王的名义与香槟的蒂博四世作战，而且确实这么做了。当叛乱在布列塔尼以燎原之势蔓延时，年轻的路易于 1230 年骑着马率军出征。那一年及下一年里发生了一系列的征战。最后的休战出现在 1231 年，以此遏制住了叛乱，虽然还未击败皮埃尔。于格·德·吕西尼昂及其妻子伊莎贝拉再次拒绝支持皮埃尔和英格兰人，再三思量可能性后，对叛乱的失败发挥了重大作用。

换句话说，到 1231 年，布兰奇和路易已经阻止了吕西尼昂家族和英格兰人修好（因而暂时稳固了西南地区），在枢机主教—教宗使节的帮助下稳定了朗格多克的局势，瓦解了意图改变摄政性质的两大主要贵族联盟，并镇压了英格兰人支持下的布列塔尼人的叛乱。这是了不起的政绩，但付出的代价极大。购买吕西尼昂的支持意味着失去了在普瓦图的潜在影响。接受《巴黎条约》意味着承认雷蒙七世在朗格多克的大部分地区继续拥有权威。做出不完全消灭皮埃尔·莫克莱尔军队的决定，这为以后发生叛乱留下了隐患。保留对蒂博四世的效忠使本可以对国王在某种程度上效忠的贵族站在了对立面。尽管如此，国王及其母亲在贵族的眼皮底下成长起来。他们坚韧不拔，并且不断展示着自己的毅力。1230 年颁发的《默伦法令》就是一个例子。这是路易当政以来的第一项严肃立法，涉及犹太人政策的专门问题并坚持要求贵族们要依从君主的方法解决这些问题。[⑦] 那些不愿意依从的被视为"反叛者"，将受到军队的制裁。国王恢复了一定的信心。

从 1231 年到 1241 年这十年里，国王遭到反复抵抗，但至少到这十年结束时，没有什么事情可以与统治初期所遇到的麻烦相比了。例如，教会人士经常与国王在司法权方面发生争执。从 13 世纪 30 年代开始，在面对国王争夺博韦司法权的决心时，博韦主教力争保留自己对博韦的司法权威（他已经无力保持该城的秩序）。世俗贵族也不友善。他们有时进行不受国王欢迎的联姻（意味着政治联盟）。有时，有些大领主以类似于国王统治早期遇到的挑战的方式直接对抗他。皮埃尔·莫克莱尔、于格·德·吕西尼昂及其妻子伊莎贝拉·德·安古莱姆和香槟的蒂博四世皆这么做了，但是摄政和她的儿子以巧妙的外交成功地阻止了有效的联盟，勇敢地挫败了对手，这样一来国王身边的不安全性——消除。最后，南部不时有骚乱发生，这些地方性暴动都是反对卡佩王朝对当地的统治，但是所有的这些骚乱被快速有效地镇压，就像 1237 年纳尔榜发生的一样。

在 1225 年路易八世分配王子封地给其幼子们的规定中，其管理体系可能隐含类似政治斗争的起因。分配王子封地在一定程度上割断了国王和主要省份（1237 年阿图瓦，1241 年普瓦图和奥弗涅，1246 年安茹和曼恩）之间的联系，原因在于封地的收入和统治权也都被给予幼子王子们。这些王子将会和可能不符合国王利益的地方贵族达成和解，这样的危险总是会存在的。但是，当地贵族憎恨这些卡佩王朝王子们的侵入，一般会促使王子们强调他们与国王休戚与共。

当国王的直接权威因王子封地的创建而收回时，以 1 万图尔里弗

---

⑦ *Layettes*，II，no. 2083.

（*Livrestournois*）现金和从诺曼底收回的 1000 图尔里弗租金购买梅肯伯爵领的行为使之得以扩大。⑧ 伯爵梅肯的让·德·布雷纳（布列塔尼的皮埃尔·莫克莱尔的兄弟）及其妻子一起把这笔现金中的大部分用于进行一场十字军远征。伯爵领变成巴伊（执政官，*bailli*）管理下的独立行政区。

通过逐渐合并在阿尔比派十字军征战中没收的领地，国王也扩大了自己的权力。这些地区分为博凯尔—尼姆和卡尔卡松—贝济耶两大司法总管辖区（*sénéchaussées*）来进行管理。这些辖区按照类似于北部巴伊管区（*bailliages*）的方式组织起来，但确实有显著的不同。首先，虽然难以确切地划分"界限"（考虑到不同领主的权利在这些地区有交叉重叠之处，这个概念似乎有点迫不得已），但每一个司法总管辖区至少有 1 万平方公里，地理面积大得多，或许是北部巴伊管区平均面积的四倍。其次，南部行政管理中的军事构成要素要比诺曼底和西部各省的更突出，远远比国王旧领地上的巴伊管区的更突出。换句话说，朗格多克一直是一个被占领的省份。正如在诺曼底和西部各省一样，最有权势的职位被授予那些出生地是法兰西岛的被任命者，但为了统治顺利，这些管理者任用许多懂得当地语言和地方习俗、愿意为新政权工作的当地人。最后，统治南部诸区的司法总管辖区总管是从比北部的巴伊更高阶层的贵族中选出。

国王在南部面临的中心问题，可以理解为对卡塔尔派异端的支持。处理这个问题的手段是一个新生事物，即宗教裁判所。宗教裁判所创建于 13 世纪 30 年代初，更像是一系列的调查委员会，而不像所称呼的宗教法庭。它确实查出异端分子及其保护者，使许多乡村回归基督教信仰，但也因其侵入、没收财产和判处少数顽固不化的异端分子火刑而使南部处于动乱之中。与此同时，虽然它完全依赖世俗权威去执行没收和刑罚，但还是因对卡塔尔派教徒的强迫性猎捕而践踏了其他人的司法权（包括国王的）。

在北部，异端分子并不被视为一个特别的问题，但犹太人则不然。国王一直以来利用犹太人获取财政收益，虽然他已经设法避免从犹太人向基督徒收取的利息中直接获利。这一政策仍在持续。国王也

⑧　*Layettes*，II，no. 2776.

设法规范和限制基督徒与犹太人的社会关系，并否认领主对从其他领主那里逃跑到其领土上的犹太人行使司法权的要求。1230 年颁发的《默伦法令》（the Ordinance of Melun）强势地处理了这些事情。但王室政策的新维度始于 1240 年，当时国王对教宗提出调查犹太人使用《塔木德》的内容和性质的要求做出回应，在巴黎举行了一场"审判"，拉比们在审判中被迫对《塔木德》包含有对基督教信仰的侮辱的指控进行了辩护。1242 年，24 车《塔木德》在巴黎被庄严地焚毁。

当贵族问题再次占据政治舞台时，对《塔木德》的审判还没有结束。尽管国王在遏制暴力上不断取得成功，但在 1240 年，被逐出的一个南方贵族雷蒙·特伦卡维尔通过武力收复贝济耶子爵领的企图未遂，这表明叛乱的幽灵仍在游荡。1241 年，根据路易八世的指令，国王的弟弟阿方斯获得普瓦图作为王子封地。授予仪式后不久，贵族的不满以更严重的形式表现出来。授予仪式要求包括于格·德·吕西尼昂在内的普瓦图贵族向阿方斯宣誓效忠。在妻子的怂恿下，于格公然反抗路易和阿方斯。起初，他的反抗获得成功。国王未料到敌意的产生，已经来到普瓦图，却没有带来一支能够吓住潜在对手的军队。当于格的反抗影响了其他贵族，如伯爵图卢兹的雷蒙七世，并促使英格兰人在 1242 年参与进来时，路易整合了一支"像蝗虫一般布满整个地面"的军队。为了保护继承的遗产，雷蒙退出了叛乱。于格及其残余联军在 1242 年 7 月受到严重打击。此后，英格兰人再也没有为消除约翰统治时期留下的灾难而做出任何认真的努力。于格及其家族与小贵族盟军被剥夺了大量领地。[9] 除少数小骚乱外，在 13 世纪剩下的时间里再也未出现反对国王的叛乱。

路易九世亲政时期

1244 年 12 月，生病且怕死的国王宣誓，如果病愈将参加十字军。这一决定对法兰西的政治和管理体系有着深远意义。他指定在朗

⑨　Guillaume de Nangis, "Vita sancti Ludovici", and "Vie de Saint Louis", in *Recueil des historiens des Gaules et de la France*, XX, pp. 334 – 335.

格多克新近修建的艾格莫特港口作为他领导的十字军战士的主要启程
地点，这一决定需要进一步的大兴土木；之后，他选择塞浦路斯作为
食物和其他军需资源的补给站。他似乎命人告知近来叛乱的贵族，跟
随他参加十字军将会使他们重获他的青睐；许多贵族参加了十字军。
与其他基督教君主——英格兰的亨利三世、挪威的哈康四世、神圣罗
马皇帝弗雷德里克二世、阿拉贡的詹姆斯一世和对佛兰德与埃诺伯爵
领提出要求的贵族竞争者——协商以获取支持的行动不大成功。例
如，亨利三世仍然觊觎他在欧洲大陆上的祖产，虽然在最近的大败后
已经无力去收复。他同意继续维持两个王国之间的休战，但并没有一
直致力于将自己的队伍带到圣地去。

　　最重要的是，弗雷德里克二世与教宗英诺森四世的斗争对路易的
冒险带来了影响。教宗已经开始依赖法兰西国王作为自己对抗弗雷德
里克的盟友。路易九世从这种依赖中获利，从 13 世纪居住在法兰西
王国边境上的里昂的教宗那里取得承诺：教宗将说服法兰西教会在三
年内把 10% 的收入作为税收，用于国王的东征（后来延长到五年）。
这个承诺在 1245 年第一次里昂公会议上变成政策；此次会议还废黜
290 了弗雷德里克二世，路易九世并不赞同这一决议。不管怎样，没有发
动对这位皇帝的侵略性战争，该决议不可能实行，而且法兰西国王不
会承担起该决议的义务。结果，英诺森四世在幕后和其他君主做出一
系列安排，这些安排与路易九世的计划并不一致。他指示在德意志的
代表，为反对弗雷德里克二世进行布道，这些人在那里显然是为路易
的东征布道。在弗雷德里克二世于 1250 年去世后，教宗也开始勉强
有信心来解释他在 1246 年东征前，给法兰西国王做出的让步，当时
一个法兰西贵族联盟暗示他们将抵制东征，除非各种教权滥用和司法
权侵占问题得以纠正。[10] 国王开始干预，以期获得教宗做出纠正的
承诺。

　　为了资助此次东征，国王开始对教会征税（粗略计算为 90 万里
弗）。他（后来是他母亲）从各领地城市商定了许多礼物，价值高达
27 万里弗，这也是粗略计算。他对犹太借贷者征收了一次没收财产
性质的税收。他，或者，也许更确切地说是各个巴伊管区和司法总管

---

　　⑩　该联盟的章程收录在：*Layettes*，Ⅱ，no. 3569.

辖区的财政官员们，尽可能地削减各项正常开支，包括支付给下级行政人员的工资。他或他们延长并利用主教和修道院院长的空缺期，国王有权（称为暂时王权，temporal regalia）在空缺期征收这些职位的收入。他的下属尽可能地在带来收入的农场上获得比平常更高的标价。后来，此次东征开支的官方估算表明，路易九世在此次战争上花费了 150 万里弗，相当于 6 年的年收入。用这笔钱召集起来的军队人数多达 15000—25000 人，其中有 1500—2000 人是全副武装的骑士。近乎半数的骑士和士兵——骑兵、步兵和不那么齐整的士兵——都直接由国王支付薪酬。其余部分由独立征集的小分队构成，但国王为许多这样的队伍的队长们提供了贷款并为其安排信贷。

即使为这样规模的军队筹集资金都不可避免地迎来批评，但国王通过一连串对地方官员滥用权力的调查，成功地加强了自己的声望。这些可能都始于一个特别的基础：把纠纷调解人派到暂缓征收东征税收或所征收的税额低得令人可疑的地区。1247 年，受到对王国进行道德净化的渴望的激励，路易使这种调查更系统化。该调查主要但不是全部由多明我修会修士和法兰西斯修会修士承担，他们勉强从各自修道会获得允许来为政府完成这一任务。此次调查暴露出普遍存在的地方性腐败（包括对犹太“高利贷”的容忍）和巴伊、司法总管辖 291区总管及其下属［法官（viguiers）、市长（prévôts）、城守（bayles）和警役长］对平民的胁迫。除激发对其改革热情的仰慕外（由于大量请愿者接受为其受到的伤害做出的补偿），从长远来看，国王通过解雇大批腐败官员并对他们处以罚金、辞退许多不胜任的官员以及调动大量其他官员等提高了行政管理水平。[11]

1248 年 8 月，国王离开法兰西；在塞浦路斯过冬并做额外准备后，于 1249 年 6 月 5 日对尼罗河口的达米埃塔发起攻击。6 日早晨攻占该港口使人们看到了希望。1250 年初，灾难在曼苏拉降临：国王的军队在这里被打败，国王及其兄弟查理和阿方斯被俘，要用赎金来赎取；另一个弟弟罗贝尔被杀，这使所有的希望灰飞烟灭。惨败和被俘的消息传到法兰西，但对统治所产生的后果没有预料的那么严

　　[11]　委任令状收录在：Layettes，V，no. 490；大量的调查记录收录在：Recueil des historiens des Gaules et de la France，XXIV.

重。除 1250 年年中在朗格多克出现的一连串骚乱和次年在佛兰德与法兰西北部出现的短暂的"牧羊人"起义（其表面是为了援助路易九世，这一事实解释了为什么摄政卡斯蒂尔的布兰奇最初支持这一运动的原因）外，叛乱被严厉镇压。与此同时，布兰奇为这支十字军征募了军事援助和资金，他们在赎身后在巴勒斯坦重新发动一场战争，但规模不大。

如果说布兰奇压制着不让叛乱发生，但这并不是说没有叛乱发生。1249 年，在伯爵图卢兹的雷蒙七世死后，一场这样的叛乱就已经发生。1229 年的《巴黎条约》的条款将继承权给予他的女儿让娜，即路易九世的弟弟普瓦图的阿方斯的妻子。雷蒙死时，阿方斯正和他哥哥远在海外参加东征，只能由布兰奇负责有序地把伯爵领转移到卡佩家族的代表手中。表现出抵抗的少数举动很快被抵制。另一事件涉及在巴黎大学发生的争论是存在引发恐慌的潜在原因，王室一直以来感到有责任担负起该大学的康宁。然而，她在这里再次干预成功，阻止了动乱蔓延出去。

1252 年 11 月，布兰奇的死是对王权力量及对其忠诚的一次严峻的考验。国王已经选出主教议事会，在他不在国内期间为他母亲提供建议。这群人继续以国王年仅 10 岁的儿子路易（死于 1260 年）之名治理国家，路易在 1252 年正式摄政。与此同时，国王的那两个幸存下来的弟弟阿方斯和查理在 1250 年赎身后回到法兰西，292 运用他们的影响来维持秩序。部分贵族想让西蒙·德·蒙福尔在国王回国前担任年幼的王子路易的摄政，他是路易八世的朋友阿莫里·德·蒙福尔的儿子。大概正是阿方斯和查理的力量与这些贵族的愿望相抗衡。

但是，即使不存在权力真空，多种不和谐的声音仍在不断地冒出来。查理和阿方斯在重要的政策事务上存在分歧。阿方斯意欲对十字军国家组织一次新征战，而查理渴望利用埃诺和佛兰德日益恶化的形势，因为在那里由路易九世和教宗使节于 1246 年仲裁、指定这两个伯爵领的继承权的协议已经被打破。刚从东征返回的佛兰德伯爵在一次骑士比武中被杀，埃诺伯爵的家族成员被指控策划了这场意外事件。查理支持佛来芒人进行私斗，以获得他们支持他争取埃诺伯爵爵位的承诺。在来自法兰西北部各城市公社的大量金钱的援助下，他于

1253 年入侵埃诺。[12] 当国王从东征中返回时，他说服他的弟弟撤军并把最初的仲裁重新加以裁决。

在教宗的催促下，从布兰奇死后到路易返回前的这段时间里，主教议事会形成了一股尤为尖锐的代表教会的声音（虽然总是以摄政王的名义表达出来）。在博韦、阿尔比和其他地方，那些涉及国王的既定利益的、与教会人士产生的争端得到解决，或显然正迈向有利于教士利益的解决之道。在王室统治达到巅峰时，世俗贵族和高级教士的争端再也不能找到一个中立场所来解决。反过来，这导致世俗贵族把法律控制在自己手中，正如他们所看到的那样；这促使许多巴伊公然反抗议事会或离开行政管理职位。在这些情况下，议事会发现很难雇佣到看起来不像教会跟班的接替者。只有国王于 1254 年 7 月返回后才结束这一局面。

在 1254—1266 年期间，通过了许多立法，颁发王室命令的意图是为了克服统治中的系统性弱点。[13] 从布兰奇去世到路易九世返回的那一年半里，国王的政策出现向教会倾斜的问题，因教宗英诺森四世的去世而得以解决，因为他在对主教议事会的影响中负主要责任。但国王不乐意将此事搁置一边。13 世纪 50、60 年代，他坚持教会与君主的权限有着严格的分工，不愿意通过国家权力机器来加强教会的惩戒权力（除异端这一特别罪行外）。[14] 13 世纪 60 年代，他拒绝由政府的约束力来执行驱逐出教的教会法令，就是这种观点的一个强有力的证明。在第二次东征前夕，他于 1269 年做出决定安排一个由世俗和教会成员组成的摄政议事会也反映了这一观念。[15]

国王在统治上进行了重大变革，其中一方面是货币政策。在 13 世纪 50 年代晚期 60 年代早期，他牢牢地建立了王室货币制度，规范货币兑换率并最终引入黄金。同样重要的是，他施压于贵族货币制度颁发者来使这些制度保持良好。无法做到这点的贵族将会导致铸币权被收回（或者，从另一种评判来说就是篡夺）。纳韦尔伯爵在 1262

293

---

[12]　援助的记录收录在好几份市政财政账簿上，如：Layettes，Ⅲ，nos. 4583，4592，4594，4595，ect.

[13]　Jean de Joinville, *Histoire de saint Louis*, ch. cxl；*Ordonnances*，Ⅰ，pp. 67，76，77 – 81.

[14]　Jean de Joinville, *Histoire de saint Louis*, chs. Cxxv, cxxxvi.

[15]　*Layettes*，Ⅳ，nos. 5662 – 4；*Ordonnances*，Ⅺ，p. 346；*Gallia Chrisiana*，Ⅶ，"Instrumenta"，cc. 115 – 16，no. cliv.

年也了解到了这点。⑯

　　然而，这样的冲突与惩罚是很少见的。总的说来，国王愿意做出让步。如果习俗支持那些特许状中所谓的权利或特权，他甚至尊重这些真实性受到怀疑的特许状。当这样做与他的关于国王尊严的观点相符时，他会不断干预法兰西高等法院（*parlement*）的高等法庭站在公正一边做出的决议，有时无视法官们的轻微抗议。更具体地说，他减少向主教辖区、修道院和王室城市公社（北部的自治城市）征收合法的招待费用，这些地方有证据表明这一负担对其财政利益打击太大。与此同时，就城市公社而言，1262 年颁发的条例使其极大地失去了财政管理上的独立性，因为它们的内部统治被认为是无能且腐败的。⑰

　　加强城市公社的立法是王国的道德远景。受到国王运用统治者的手腕来激励或委托，由博韦的文森特、吉尔伯托·德·图尔奈和其他人撰写的专著，想象统治者应该是每一个清醒思维都有关于其公国的基督教特征的人。在宗教裁判所的支持下，反对亵渎和放贷取利的王室立法提到这一形象：它们明确提出一个方案来激励犹太人改宗，也提到对穷人、病患者和那些发誓过宗教生活的人的请愿书和需求做出的普遍官方回应。例如，就犹太人而言，当关于基督徒和犹太人接触的立法越来越受到限制，使大量犹太人的社会生活变得困难起来，国294王以通过补助金来保证其财政福利的承诺和为其在有影响力的保护者（或许国王本人）中找寻教父的可能性来诱使犹太人改宗。再如，关于基督徒穷人和病患，医院得以创建，由博韦、贝勒梅、贡比涅、洛尔里（Lorris）、巴黎、蓬图瓦兹、圣克鲁（Saint-Cloud）、韦尔讷伊和维农（Vernon）的王室国库赐予或给予拨款。麻风病院得以建立，类似于修道院的安养院，由君主从博瓦尼（Boigny）、林畔丰特奈（Fontenay-sous-Bois）、巴黎和蓬特弗鲁（Pontfraud）赐予或给予拨款。慈善一般由多明我修会修士和修女、法兰西斯修会和圣嘉兰隐修会、麻袋托钵修道会、赤足托钵修道会、拐杖托钵修道会、伽尔默罗派和其他成功地通过各自使命在基督教世界获得土地和钱财的修道会

---

⑯　Lespinasse, ed. , "Chronique. . . de Nevers", p. 62.

⑰　*Documents sur les relations*, pp. 85 – 8；*Ordonnances*，Ⅰ, pp. 82 – 83.

来提供帮助。过着共同宗教生活的世俗妇女，即所谓的贝居安会，不断地收取似乎永不枯竭的由国王慷慨赠予的钱物，经过改造的妓女收到国王的祝福和巴黎的贝居安会修道院的捐赠。

从 1254 年到 1256 年，一系列法令为巴伊和司法总管辖区总管阐明一种道德规范，这些人安排了所有这些创新和大多数其他治理事务。这一规范通过定期调查来展开的方式得以实施，这在时间上与官员从一个地区调往另一个地区的正常调任（几乎每五年一次）正好一致。这种行政制度的一个特殊方面是为巴黎设定的，在那里商业精英阶层（本质上就是市政府）和王室行政部门的司法权冲突已经普遍存在了 100 年。在相当大的程度上，国王简化了管理体制，使所有指令单在巴黎市长这里达到高潮。[18] 这加强并重组了王室警卫部队和小商人警戒巡逻队（*guet*）。虽然行会法令记录在著名的《行业志》（*Livre des métiers*，大约 1260 年）中，但商业纷争的审判权留在商人和工匠自己手中，他们的头被正式以早已存在的头衔来称呼，即商人市长（*prévôt des marchands*）。

对政府政策的指责逐渐减轻，但没有消失。国王和托钵修会的明显联盟关系造成长期威胁，一些教会人士对此十分担忧。他们担心与菲奥勒的约阿基姆的预言性著作相关的托钵僧"神学"，及其对教会的传统结构和神学带来的挑战。巴黎大学博士纪尧姆·德·圣阿穆尔在羊皮纸上表达了许多这样的担忧，强调国王的托钵僧似的个人奉献是主要令人为难的地方；结果他丢掉了自己的职位，其著作在 1256 年遭到谴责，他本人开始四处逃亡。

这没有阻止对像王室外交政策这样的领域的原则性批评。总的来说，国王希望结束拖延不决的关于边境和早期征服的纷争。1258 年 5 月 11 日，他与阿拉贡国王缔结《科贝尔条约》（the Treaty of Corbeil），因此放弃了自查理曼时代以来对比利牛斯山脉西班牙那边的领土的要求权，阿拉贡的詹姆斯一世则放弃对法兰西那边的领土（特别是鲁西永和蒙彼利埃除外）的要求权。[19] 虽然这不能使每个人都合意称心，但正是 1258 年 5 月 28 日与英格兰签订的协议《巴黎条

⑱　Jean de Joinville, *Histoire de saint Louis*, ch. cxl.
⑲　*Layettes*, Ⅲ, nos. 4399–400, 4411–4412, 4433–4435; *Histoire generale du Languedoc*, Ⅷ, cc. 1429–1430.

约》，以及随后亨利于次年 12 月 4 日在巴黎向路易的宣誓效忠，才最受人争议。就亨利而言，这份条约意味着承认对其家族的忠诚在失去的领土上已经逐渐消失，而且任何以武力收回失地的努力将会成本太高。但是路易为这份承认许诺给亨利 10 万多里弗（livres），同时割让普瓦图和加斯科涅之间的边界领土给亨利来换取他的效忠，就像亨利因加斯科涅而向他效忠一样。[20] 他在《巴黎条约》中表现得慷慨大方，在此背景下，亨利三世及其贵族几年后向路易求助，让他对一次危及分裂英格兰王国的纷争进行仲裁，这也就不足为怪了。然而，仲裁失败了，当时路易做出支持亨利的普遍判决［1264 年 1 月 23 日签订的所谓的《亚眠协定》（Mise of Amiens）］遭到贵族的拒绝，因为超越了授予他的对具体专门问题做出仲裁的权利。[21]

在 13 世纪 50、60 年代，甚至比与英格兰的关系更占据国王心思的事情，是教宗与弗雷德里克二世（死于 1250 年）的继承者之间旷日持久的斗争。长期以来，教宗依靠其他基督教君主来抵制从霍亨斯陶芬家族那里感觉到的威胁。他的政策分为两个方面：寻找一位君主，或许一位本土的德意志君主，来继承神圣罗马帝国皇位；寻找另一位君主入侵并夺取同样握在霍亨斯陶芬家族手中的西西里王位。路易九世过去不愿意介入，晚至 13 世纪 50 年代中期也一直不愿意介入。当教宗与英格兰的亨利三世的协议也毫无结果时，教宗把西西里王位提供给路易九世的弟弟安茹的查理。查理接受了，路易同意他使用来自他作为法兰西王子获得的王子封地上的收入，连同他的其他资源来募集一支对那项任务必要的军队。对这一转变的解释通常放在国王的信念上：要对东方发起一次成功东征的主要前提条件是基督教世界保持和平，或至少是戴着西西里王冠与神圣罗马帝国皇冠的人和戴着教宗冠冕的人保持和平。到 1268 年，安茹的查理（西西里的查理一世）在意大利已经取代霍亨斯陶芬家族。

13 世纪 60 年代，查理取得成功；大约与此同时，来自圣地的关于十字军将士的地位越来越不稳定的报告传来。正是在这样的背景下，路易九世在 1267 年天使报喜节的宴会上再次宣布参加十字军。

296

　　[20] *Layettes*, Ⅲ, nos. 4554 – 4555.
　　[21] *Documents of the baronial movement*, pp. 280 – 291. See also *Layettes*, Ⅳ, nos. 4884 – 4886, 4888, 4898.

他商定对教会收入的 10% 征收三年税收来资助此次战争，并把为他的儿子、未来的菲利普三世授封骑士向各个城市征收的补助金转用到东征上，骑士授封仪式在 1267 年 6 月 5 日举行。削减普通开支也产生了部分结余，同样被用于东征。开始实行严厉的措施，没收高利贷、审理关于管理不力的申诉并惩罚亵渎行为，努力使整个王国在道德上与获胜相匹配。离开前夕，国王在北部领地取得最后一次进展。他任命了两位摄政，世俗贵族和教会人士各一位；万一有人去世，每一位都有来自同一领地的指定接替者。②

如果由路易支付薪酬的骑士人数可以视为关键部分，这支军队可能只有 1248—1249 年的军队规模的一半。许多其他王公贵族，如安茹的查理和英格兰的亨利三世的继承人爱德华，都参加了此次东征，即便他们的努力在后勤方面并不总是和路易的相协调。正如在 13 世纪 40、50 年代那样，路易经常承担了这些远征军的财政开支。比如，他借给爱德华 7.5 万里弗。㉓ 这支军队的各个分队的集结地是撒丁岛，因为由路易（把目的地的秘密保留到可能的最后时刻）设计的攻击是为突尼斯计划的。这支军队，或者处于路易直接指挥下的那部分，在 1270 年 7 月中旬抵达突尼斯，但是突尼斯的统治者似乎没有像期望的那样投降或做出皈依基督教的友好表示。与此同时，疾病在基督徒营地蔓延，夺走了国王的幼子之一让·特里斯坦和国王自己（8 月 25 日）的生命。长子菲利普王子虽然生了病，但掌握了指挥权。多亏了更有经验的安茹的查理，他很快带着援军抵达，为此次战斗谈出了一个有利的结果。当爱德华王子带领下的英格兰人随后出现时，除重新启程前往圣地外已无事可做。

菲利普三世

虽然菲利普的加冕典礼要到 1271 年 8 月 15 日才在兰斯举行，但他在东征途中已被正式确认为国王。在安茹的查理建议下，菲利普承担起指挥之职，作战勇敢；按照一位作家所说，其大胆的行为（*au-*

㉒ *Layettes*, Ⅳ, nos. 5662 – 5664; *Ordonnances*, Ⅺ, p. 346.

㉓ *Foedera, conventiones, literae*, Ⅰ, pt. 2, pp. 113 – 115.

daciter）可能可以解释由同时代人给予他的 *Hardi*（the Bold，"大胆者"）这个词的含义。㉔ 给菲利普出主意的也是一个雄心勃勃且聪明伶俐的人，皮埃尔·德·拉·布罗什，他将会逐渐主导菲利普的内部议事会。皮埃尔是来自图赖讷的中层管理家族的富家子弟，1264 年前的某个时间开始为路易九世服务。到路易统治后期，他成为管理王室和政府的收支的几位侍从之一。1270 年，他的兄弟纪尧姆在菲利普王子的随从人员中担任物资供应者一职（*panetier*）。国王回到法兰西后，皮埃尔的影响和财富都在增长，他本人也变得更加专横。但最后，他与国王的第二任妻子成为敌对方，以不正当手段质疑她的名声，这一企图在经过长时间的调查后被揭露。1278 年 6 月 30 日，在强大的贵族压力下，菲利普把皮埃尔送上了绞刑架。

除了这些宫廷丑闻和阴谋，许多政治和行政问题需要关注。在大多数情况下，尤其是国内事务方面，菲利普乐意遵循他父亲的政策，至少从 1273 年开始支持追封他父亲为圣徒。总的说来，国王依靠普通收入生活，但当需求紧迫时，他就靠征税。按照早期的模式，有来自封建领主和神职人员在像国王（1271 年）和新王后（1275 年）的加冕仪式等大型庆典上缴纳的补助金，当需要更多的钱时就向犹太人征收的塔利税（1281—1282 年），庆祝他的长子授封骑士时（1284 年）获得的支助金，以及教宗同意为十字军东征从教会征收的税款和来自教会的自愿捐赠（1284 年）。至于犹太人，路易九世的反高利贷和隔离政策同样在菲利普统治时期不断被重申。关于领主权利范畴或破坏秩序的大多数纷争，都在最高法院中依法解决。这一机构无疑要比他父亲统治时期更为正式，如某些程序在 1278 年法令中得到详细规范。㉕ 但最高法院的权限从无变化。

有些纷争需要采取特别行动。这些纷争中最急迫的就是图卢兹伯爵领的继承问题和对孔塔—弗奈辛的地位问题。1271 年 8 月 21 日，路易九世的弟弟普瓦蒂埃的阿方斯在从东征回国的路途中去世，几天后他的妻子也随之而去。无嗣的阿方斯原本打算，他作为普瓦图和图卢兹伯爵、奥弗涅领主和（有争议的）孔塔—弗奈辛领主所领有的

㉔　Cited in Langlois（1887），p. 2 n. 4.
㉕　Langlois（1887），pp. 429 – 432，no. XI.

领地全归国王。安茹的查理认为，普瓦图和奥弗涅的王子封地仍然在
王子封地体系内，因此应该传给阿方斯最近的亲属，也就是查理自
己，就如阿图瓦在罗伯特死后传给罗伯特最近的亲属、他的儿子即同
名的罗伯特二世那样。[26] 这一纷争迟迟未得到解决；最高法院要到
1284 年 3 月才对查理做出最后的判决。

国王千方百计地兼并阿方斯的领地，对此产生争议的另一原因在
于以下论断：由于阿方斯的妻子晚于阿方斯去世，所以她有权将以她
自己的名义获得的领地在她认为合适的情况下遗赠。在去世前，她对
这份财产做了不同的规定。我们不能说国王忽略了这些规定，但他对
领地的范畴有着狭隘的看法，最后宣称对绝大部分阿方斯和让娜的持
有地拥有控制权。国王自己对这些领地展开武装攻击，通过重申自由
和选举权来激起对其集团的支持，通过授权修建王室设防乡村和设防
城镇来保证军事意义上的兼并，并以此作为新秩序的象征。

随着王室对图卢兹的兼并，法兰西人开始控制该伯爵领的一些边
界土地，英格兰人则宣称这些边界土地是 1258 年《巴黎条约》割让
给他们的整块领土中的一部分。他们认为，这样的土地现在成了王室
的馈赠，应该转由他们统治。对此要求权的合法性和这些有争议的土
地的确切边界的协商拖了很多年。与此同时，在王位继承人爱德华王
子的带领下，为了自己的利益，英格兰人设法利用在这一边界地区的
利摩日发生的骚乱，由此引起法兰西人的憎恨，没能加速协商的进
程。要到 1278 年和所谓的《亚眠条约》的签订，才使有争议的土地
的分配以表面友好的方式完成。[27] 西南地区抵制卡佩王朝霸权的其他
表现，同样遇到来自国王的有力的、有时不必要的盛气凌人的回应，
例如富瓦伯爵。他侵犯了国王为他的敌人之一提供的庇护所，后者已
经请求国王对他与富瓦伯爵之间的纷争做出裁决。这些和王室权威在
西南地区的类似做法给当地贵族留下了痛苦的遗产。

阿方斯对孔塔—弗奈辛的有争议的要求权，是菲利普在早期统治
中面临的第二个主要的行政和外交难题，这使他与教宗发生冲突。
1229 年的《巴黎条约》结束了阿尔比派十字军征战，将该伯爵领授

---

[26]　Discussed in Langlois (1887), p. 176.
[27]　*Foedera, conventiones, literae*, I, pt 2, p. 179.

予教宗。路易九世（或许将责任放到卡斯蒂尔的布兰奇身上更公正）和其祖产与孔塔相关的伯爵图卢兹的雷蒙七世，都不喜欢这种解决方式，因为这为制裁废黜领主和教士的采邑继承权开创了危险的先例。肯定存在一个口头协议：当普瓦图的阿方斯和图卢兹的让娜实现《巴黎条约》中的条件且结为夫妇时，教宗将会放弃其要求权。直到那时，国王以教宗的名义统治着孔塔。1234 年，婚礼举行时，路易 299（或布兰奇）因此撤回了王室对此地的统治权，雷蒙七世重新获得控制权。[28] 教宗格列高利九世提出反对，但没有任何作用。1249 年，教宗英诺森四世再次提出反对，此时雷蒙刚死，该伯爵领顺利地落入阿方斯及其妻子手中。重启斗争的责任落到另一位教宗格列高利十世身上；从 1271 年 9 月开始，即格列高利十世升任教宗之际，他发现自己对法兰西国王有相当大的影响力，因为菲利普三世在叔叔安茹的查理的鼓动下，正在努力使自己成为神圣罗马帝国皇位的候选人，需要教宗的支持。

菲利普早已涉及"神圣罗马帝国的"利益：当从东征返回途中逗留于里昂时，他应有影响力的里昂人的请求，在 1271 年 5 月将这个神圣罗马帝国城市置于他的保护下，因为该城饱受贵族劫掠，而神圣罗马帝国军队却没有能力去制止。虽然有人就他们的行动提出异议，但国王的代理人从那时起的行事好像国王的姿态等同于兼并一样。他的人马继续利用与神圣罗马帝国领土的连接，在维维耶（1271 年）和阿尔贡地区的蒙福孔（Montfaucon-en-Argonne）如法炮制。这些"干预"没有为菲利普提供对神圣罗马帝国皇位的要求权，教宗对其候选人资格的支持也不足以使他参与选举，但对这两个方面都有利。最终，菲利普的候选人资格仅仅得到格列高利十世暂时性的支持，没能获得成功，但是孔塔—弗奈辛已经被许诺出去并在 1274 年转由教宗统治。

在另一严重事件占据政府注意力之前，孔塔的形势并没有真正得到解决。1274 年夏天，国王纳瓦拉的亨利一世同时是香槟伯爵和菲利普三世的侄女阿图瓦的布兰奇的丈夫，去世并留下其遗孀和一个未成年的女儿让娜。为了确保女儿对纳瓦拉的继承权，这位王后—母亲

---

[28] Faure（1909），pp. 27 – 28.

任命一位本地人做总督，但她自己却带着三岁的女儿避到法兰西以寻求更多的安全感。[29] 这位总督的工作从一开始就难以展开，英格兰、卡斯蒂尔和阿拉贡的王室家族的子孙，以不同的迫切程度要与这个年幼的孩子联姻。婚约缔结了好几次，然后又一一毁约。与其他家族也缔结过婚约，同样被毁约。不同势力对由此引起的仇视有着相互矛盾的解释。

阿拉贡和卡斯蒂尔都以武力形式干预进来。某些纳瓦拉的本地领主向法兰西国王求助。1275 年 5 月，布兰奇甚至将自己统治纳瓦拉的权利让给菲利普三世，并同意年幼的女儿让娜最后将嫁给菲利普的儿子兼假定继承人，未来的菲利普四世。厄斯塔什·德·博马歇是最有才华的司法总管辖区总管之一，被授权率领一支军队到纳瓦拉去恢复秩序。阿拉贡和卡斯蒂尔同时被告诫离开，但仍然威胁着边界。

然而，纳瓦拉未能维持多久的稳定，因为法兰西人的统治很快招致憎恨，整个国家在 1276 年陷入内战中，只有来自法兰西的大量援军才成功地控制了局面。卡斯蒂尔积极帮助叛军，部分原因在于 1275 年卡斯蒂尔王位继承人的死亡使其与法兰西的关系紧张起来。现任国王阿方索十世可能在压力之下指望他成年的次子做继承人，这一举动剥夺了他已死的长子的未成年孩子们的继承权。不幸的是，这些是菲利普三世的妹妹法兰西的布兰奇的孩子。终止他们的继承权是明显的挑衅。

卡斯蒂尔对纳瓦拉的干涉和菲利普的妹妹的孩子在卡斯蒂尔被剥夺继承权，共同导致战争发生。卡斯蒂尔寻找联盟失败，英格兰拒绝派出军队。在阿拉贡，国王刚刚退位（1276 年 7 月），他的儿子兼继承人彼得三世疑似与法兰西人是一伙的，放弃了对纳瓦拉的要求权。诚然，新国王的妻子在西西里拥有要求权，与得到法兰西国王支持的安茹的查理相争。到 1277 年，彼得与法兰西国王的封臣产生严重纷争，包括富瓦伯爵在内。富瓦伯爵在彼得的边界上拥有土地，而且菲利普没能有效地控制他。但这一切都将在未来发生。1276 年，阿拉贡人的立场意味着将不会有任何公国来援助卡斯蒂尔。[30]

---

[29]　Discussed in Langlois (1887), p. 98.

[30]　对这些和相关事务的详细探讨可参见 Langlois (1887), pp. 99–102.

此外，由于天公不作美，法兰西军队在翻过比利牛斯山脉前被拖住，补给用尽。这一形势非常尴尬，但准备的物资大多以次充好，因为 1276 年的行政部门负担过重。然而，这一指控的可信性很快得到证实：出于与法兰西人的情绪相适的个人目的，皮埃尔·德·拉·布罗什暗中或蓄意破坏了为此次入侵的物资准备。这项指控使国王不再因准备的劣质物资而受到指责。教宗和英格兰国王强行对法兰西与卡斯蒂尔的纷争进行仲裁，使菲利普获得机会在战斗打响前体面地放弃了战争。一方面，结束对峙的正式休战（1276 年 11 月）不能掩盖这一事实：两位国王继续互相鄙视，时不时地列阵对峙，随后的几年里不断怂恿在对方的领土上的反叛行为。另一方面，由于不用在卡斯蒂尔进行持续征战，法兰西人能够于 1277 年在纳瓦拉实现和平。[31] 布兰奇和她的第二任丈夫、英格兰国王的弟弟埃德蒙后来将会重申对未来的菲利普四世和她的女儿纳瓦拉的让娜的婚约安排。这两人于1284 年结为夫妇；从那时起，年轻的菲利普开始以纳瓦拉国王兼香槟的巴拉丁伯爵自居。

301

南部出现在菲利普三世的构想中，这也是因为他母亲普罗旺斯的玛格丽特意图从安茹的查理那里抢夺普罗旺斯（或者她在该伯爵领中的领地）。这一纷争的起源追溯到 13 世纪 40 年代和普罗旺斯伯爵的幼女比阿特丽斯的婚姻，他的四个孩子都是女儿。伯爵已经将其他三个女儿安排与尤为有名望的家族联姻：玛格丽特嫁给了路易九世，埃莉诺嫁给了亨利三世，桑奇娅嫁给了康沃尔的理查德（亨利三世的弟弟和后来的罗马人的国王）。根据老伯爵的遗嘱，比阿特丽斯（或事实上她结婚后的丈夫）将拥有普罗旺斯伯爵领，如果比阿特丽斯死后无嗣，则由桑奇娅继承，而如果桑奇娅也死后无嗣，则由阿拉贡的詹姆斯继承。这一安排是否使另两个女儿作为女性共同继承人的权利无效尚存争议，甚至詹姆斯到路易九世统治后期仍然没有放弃要求权。总之，1246 年，伯爵死后不久，卡斯蒂尔的布兰奇和路易九世安排了普罗旺斯的比阿特丽斯和安茹的查理联姻，目的在于阻止比阿特丽斯与任何敌视法兰西国王或对异端手软的领主结婚。

查理对老伯爵的继承指令的意思有着自己的看法：1267 年他妻

---

[31] Langlois（1887），p. 107.

子死后，他仍然继续统治着普罗旺斯。玛格丽特和埃莉诺（桑奇娅死于 1261 年）有着不同的心思。路易九世死后，玛格丽特开始为她对普罗旺斯的合理继承权进行游说。她的图谋好几次都差点引发战争，因为安茹的查理在无数场合中表现出来的专横使他树敌无数。如果玛格丽特能够协商一致，这些敌人将会加入她的阵营。然而，这里菲利普三世起决定性作用。决定他的直系亲属应以和平为贵后，菲利普成功地商定解决办法，即普罗旺斯留在查理之手，但把安茹伯爵领收入中相当大一部分划给他的母亲，有 2000 里弗。[②]

　　安茹的查理的事情以其他方式使菲利普三世时刻关注。在征服西西里王国后，查理已经推行专制政体。这可能不会明显地比他控制下的其他领土的统治（1261—1263 年他对马赛自治的残暴镇压是一个恰当的例子）更糟糕，但是由一些安茹家族的管理人员执行的沉重赋税和粗暴镇压招致当地人民的厌恶。1282 年，人民的憎恨引起叛乱，史称西西里晚祷起义（the Sicilian Vespers）。阿拉贡国王彼得三世因妻子对西西里拥有要求权，为了叛乱者的利益干涉进来。他的干涉反过来导致教宗对阿拉贡王室的谴责，并授权对它发起"十字军征战"。菲利普三世支持安茹的查理，到 1284 年年末积极准备入侵阿拉贡。胜利将不仅仅是在西西里重建安茹家族的统治，而且在教宗的同意下，它将赐予另一份奖品——阿拉贡——给菲利普的幼子瓦卢瓦的查理。

　　1285 年 5 月，这场入侵变成一场代价高昂的灾难。除短暂占领过赫罗纳（Girona）外，法兰西人发现自己处处碰壁。令人难堪的是，他们在海上被阿拉贡海军将领洛里亚的罗杰远远超过。考虑到继续作战了无胜算，军队供给不足，又逢疾病肆虐，菲利普下令撤退。阿拉贡人保持着礼貌的距离紧随其后，直到法兰西军队穿过边界。不久之后，菲利普在 1285 年 10 月 5 日死于佩皮尼昂。他把王国留给儿子菲利普四世，后者在入侵过程中始终伴其左右。

菲利普四世

作为一个年约 16 岁或 17 岁的小伙子，"美男子"菲利普继续撤

军。他可能从一开始就厌恶南下。在他父亲决定发起战争后，他与阿拉贡国王交往的行为违背了对他父亲的忠诚，这是一项非常有趣但未得到证实的指控。然而，事实上，他对继母布拉班特的玛丽没有多少敬意，因为玛丽大力推行反阿拉贡人的政策。从由仲裁者爱德华一世磋商达成的协议的主旨来看，菲利普明显对此项政策持拒绝态度。1290 年，瓦卢瓦的查理放弃自己的要求权，让给阿拉贡。只有阿兰谷的领主权（the Val d'Aran）尚存争议，这是 1283 年从阿拉贡夺取的比利牛斯山法兰西这边的一小片地区，但即使是这块土地在 1313 年也归还给了阿拉贡。㉝ 彼得三世（死于 1285 年）的次子詹姆斯被允许持有西西里岛。作为补偿，瓦卢瓦的查理与安茹的查理的孙女结婚，接受安茹和曼恩作为资助。安茹的查理的儿子查理二世（当人质到 1289 年）持有南意大利的大陆部分。这其中的某些安排显然与教宗的目标不一致，使法兰西王室和罗马教廷一时之间产生了不和，令人记忆深刻。

　　甚至当与阿拉贡的协商正在进行时，菲利普将注意力转向王室行政。大约在他统治的头两年里，行政管理人员发生变化。他利用每一次机会挑选出个性相宜、似乎与他的统治理念一致并渴望为他服务的人。后来变得有些突出且长期作为招募核心的一个来源是南部的法律共同体：它为国王提供了皮埃尔·弗洛特、纪尧姆·德·普莱西安和纪尧姆·德·诺加莱，所有这些人在不同时期显然为国王发挥着首席大臣或首席纷争解决者的作用。㉞

　　菲利普及其官员统治下的这个国家正在进入一个经济困难时期，过去两个世纪出现的人口稳步增长纵然不一定造成这些困难，却使之更加恶化。某些方面的经济萧条迹象早在 13 世纪 50 年代就已出现，经济衰退的征兆到 13 世纪 70 年代已变得明显起来。在某种程度上，正在发生的是法兰西贸易模式的一项重要转变。香槟集市正在被逐渐取代，有利于新贸易路线；传统的重要商业企业在逐渐衰退，像来自欧塞瓦地区（the Auxerrois）的葡萄酒的市场推广。与此同时，作为经济转型时期的典型，其他经济方面日益复杂且所占比重逐渐增加。

㉝ Discussed in Strayer (1980), pp. 26 – 30.
㉞ Pegues (1962).

仍然以葡萄酒为例，在波尔多（处于金雀花家族控制下）以外经营的商人，在这一时期逐渐发展出复杂的信贷工具，沿着欧洲大陆的整个大西洋沿岸和在英格兰推销产品。

然而，通过增加经济中的需求，人口压力几个世纪以来一直是积极推动力，到13世纪末却变成阻力。新的耕地继续被开发出来，但与12世纪和13世纪早期的数量相联系，新耕地数量变得毫无意义。在自然肥力差的土地（"边缘土地"）开始耕种，因为谷物和肉类的价格相当高，解释了在这些土地上种植谷物或放牧的行为。虽然价格水平证明这是对的，但对土地的压力和过度放牧后出现侵蚀的可能性，使长期生产力面临相当大的危险。

在自然肥力相对高的土地上过度放牧同样危及附近的城市，因为它们对肉和奶产品、羊毛和皮革的需求很高。巴黎的人口可能从菲利普·奥古斯都时期的6万人增加到"美男子"菲利普时期的15万—20万人，因此出现了这样的影响。在绝对人数上，没有任何其他法兰西城市出现过如此惊人的增长，但主要城市的人口翻番，这在同一时期经常发生。这一巨大增长及由此产生的中等阶级，因消费或出售的原因对非谷物产品的需求增加，有时减少了大城市的直接腹地上的谷物生产，进一步恶化了价格上涨，使整个经济处于危险境地。

当政府官员被迫为战争筹钱时，几乎不可避免地要打破这个世纪 ³⁰⁴ 期间已经在政治和经济之间出现的微妙平衡。1294年见证了这些战争中的第一场初期突袭，即加斯科涅或阿基坦战争。"美男子"菲利普利用比斯开湾的海上抢劫行为及与加斯科涅当地英格兰人权威的司法权纷争为借口，要求英格兰的爱德华一世作为阿基坦公爵做出屈辱的臣服姿态。[35] 爱德华接受了这一要求，包括同意菲利普以一支象征性军队占领阿基坦的部分地区。但是，即使在爱德华接受这一要求和其他条件后，菲利普仍然带着庞大的军队入侵阿基坦，否认爱德华在法兰西高等法院（parlement）中提出抗议的权利，这是他作为法兰西国王的封臣所享有的权利。爆发的这场战争需要大把花钱，即便真正的战斗断断续续且并不激烈。到1297年，菲利普和爱德华之间的战事形成僵持状态，公爵领的大部分地区，包括波尔多，仍然在法兰西

---

[35]　*Olim*, Ⅱ, pp. 3 - 4.

人的手中。直到 1303 年，双方才开始协商结束战争。

　　为这场战争筹措资金需要灵活的手段，就如整个 13 世纪已经发生的筹集收入的手段一样。法兰西的城市居民通过地方会议被哄骗，犹太人遭受没收性质的征税，高达 20 多万里弗（livres）。㊱ 一般说来，教会控制下的巨大财富更难染指。在他的前任们的统治下，教会人士，甚至那些被豁免十字军征税的人，通常被说服将补助金交予国王。这些补助金上交的次数如此频繁，以致每当法兰西国王表示出要参加十字军的意图时，它们成为加强收入的一种惯例。人们有可能也会说，教会应该帮着资助保证其繁荣昌盛的防御性战争。要依靠什么样的权威来判断战争是否是防御性的，教会要承担什么样的义务，这些直到做出决议前都是不清楚的。

　　当敌人已大军压界或早已越过边界时，将事情留给教宗来决定，将会出现令人难以忍受的长时间延误。将事情留给各国君主来决定，则会招致纠纷，因为没有任何君主愿意在冲突伊始就承认自己是入侵者，从而得不到他自称为其世俗保护者的教会的任何支持。结果，君主的手腕更强；当需要为之时，他们就会使用这样的手腕。爱德华和菲利普都宣布急需保护各自的祖产，直接与各自的教会协商，教会都305 同意在没有教宗卜尼法斯八世对这场战争事先许可的情况下交出税款。两位国王都在 1296 年的教谕《关于国家》（Clericis laicos）中受到强烈的谴责。㊲ 每一方（教宗和国王）做出的姿态，包括对法兰西到意大利的货物禁运，恶化了局势。君主的代言人和教宗的代言人之间爆发了一场激烈的口水战。教宗在意大利的命运发生变化，促使他做出让步。通过 1297 年的教谕《关于国家》（Etsi de statu），他默认了"紧急需求"的原则，只给自己留下确认权。㊳ 菲利普与教宗的和解以同年菲利普的祖父路易九世被封圣为标志。

　　如果说为加斯科涅战争筹措资金产生了重要影响，那么结束战争的漫长协商也带来了同样意义深远的结果。这里的难题就是其他外交政策和财政举措，使王室财力担起这样的重负，以至于君主在 1303

㊱　Strayer（1977），p. 275.
㊲　关于该教谕在这个时期错综复杂的财政史上的地位及其颁发和公之于众的日期的问题可参见 Denton（1991），p. 21.
㊳　*Registres de Boniface* Ⅷ，Ⅰ，cc. 941–2；31 July 1297.

年同意与英格兰签订和平条约，涉及法兰西从阿基坦公爵领撤军、组
建一整套委员会来解决司法权纷争和对海上抢劫的指控，有人已经提
及海上抢劫看起来为这场战争提供了正当理由。上面提到的外交政策
和财政举措涉及佛兰德。

　　佛兰德伯爵饱受顺从带来的类似压力，菲利普已经因阿基坦迫使
英格兰的爱德华顺从。菲利普设想的那种顺从引起伯爵和许多佛来芒
贵族的敌意。它同样引起佛兰德的各个群体之间的激烈争论，包括教
会人士、城市寡头、行会成员和劳工阶级。由此导致的各种混乱通常
都被法兰西人看作伯爵不能有效统治的标志，因而引起惩戒性的行
动，常常以传唤伯爵到巴黎的法兰西高等法院的形式，或者更糟糕的
是以武力来干预。

　　佛兰德的战争分两个阶段发生。第一阶段始于 13 世纪 90 年代，
1305 年达到巅峰。当法兰西国王命令上交 1/5 的收入资助其在阿基
坦的战争时，伯爵居伊·德·当皮埃尔已经在 13 世纪 90 年代中期与
荷兰和埃诺伯爵开战。协议被制订出来，可以使国王和伯爵分享战利
品——支助金。背后有王权支撑后，居伊开始征收支助金。然而，布
鲁日、杜埃、里尔和伊普尔通过给国王提供大笔资金来试图逃税。大
笔资金的数额可能低于支助金将带来的收益，但它们的优势在于可以
直接支付给国王。或许是出于皮埃尔·弗洛特的请求，但也许是出于
对居伊·德·当皮埃尔的极度失望，菲利普开始同情各个城市，包括
它们对伯爵过度热心地征收支助金的抗议。㊴

　　居伊立即转向英格兰国王寻求支持，正如他在早期危机中所威胁
的那样。但是在 1296 年，这样做是赤裸裸的叛国，因为英法正在交
战。法兰西人以入侵佛兰德作为回答。英格兰的爱德华一世最后确实
给予了支持，但太少，也太晚。然而，这足以说服法兰西人商定维夫
圣巴冯休战协定（Vyve-Saint-Bavon，1297 年 10 月 9 日）。协定结束
了战事，同时至少暂时认可法兰西国王的军队对大部分伯爵领的
占领。㊵

　　接下来是一系列令人遗憾的意在永远解决这些纷争的磋商。教宗

306

㊴　参见 Strayer（1980），pp. 321 – 322.
㊵　这里总结出来的事件的详细情况可参见 Strayer（1980），pp. 329 – 330.

卜尼法斯八世、爱德华一世、居伊和菲利普卷入了一场非常复杂的国际政治游戏。菲利普和爱德华之间没有失去友爱。因为爱德华正在支持佛来芒人反对菲利普的叛乱，所以菲利普正在支持苏格兰人抵抗爱德华。他们通过抛弃各自的盟友来互相贿赂。爱德华在英格兰北部获得放手干的机会，菲利普在法兰西北部也获得同样的机会。卜尼法斯八世赢得了不诚恳的装模作样的调停人的声誉。佛来芒人在整个过程中感到自己被出卖了。[41]

休战协定在 1300 年终止时，法兰西人占领了整个佛兰德（除属于神圣罗马帝国的那一小部分佛兰德外，那里由德意志国王持有）。佛来芒人激烈抵抗，但在随后的两年里没怎么成功，直到 1302 年 7 月 11 日在科特赖发生的那场孤注一掷的激战。由于人数太少，地形相当不利，他们的希望似乎就要破灭，这时法兰西人调拨骑兵部队发动了一次不明智的冲锋。皮埃尔·弗洛特和"美男子"菲利普许多在场的其他主要顾问在佛来芒人复仇的怒火中被劈成碎片。

尽管遭遇此次危机，法兰西国王制订了详细的反击计划。1304年，菲利普强征巨额的战争税来实施这一计划。一场海战（8 月 10—11 日发生在济里克泽）和另一场激烈的几乎使菲利普差点死去的陆战（8 月 18 日）解救了法兰西军队，这次陆战发生在蒙森佩莱夫，但对肃清整个伯爵领不足以起到决定性作用。此外，这些胜利使双方进一步协商变得让人可以忍受下去。《阿蒂瑟奥格条约》（The Treaty of Athis-sur-Orge，1305 年）可以说结束了这场战争的第一阶段，将苛刻的条件和赔款强加给佛来芒人。[42]

佛兰德的当务之急就是国王和教宗之间的争斗，这场争斗始于帕米耶主教贝尔纳·赛塞可能在酒醉中据说对国王造谣诽谤之时：菲利普就像一只猫头鹰，高贵英俊，但他总是盯着看。这位南方人说，法兰西人是一种麻烦，他们的政策——菲利普的政策——都是愚蠢的。当这些话被上报时，反应迅速。王室官员收集证据，准备了一个卷宗。主教本人决定去罗马，这被看作逃跑和承认罪行的举动。国王以叛国罪逮捕了这位主教。他被护送着北上，在即将在桑利召开的王室

---

[41] Strayer（1980），p. 331.

[42] Strayer（1980），pp. 336–337.

议事会的议期前等待审判时被监禁。

教宗震怒。菲利普确实承认犯了程序上的错误，最终（1302 年 2 月）允许赛塞未经审判就前往罗马。但是他的行动太晚，未能预先阻止教宗反对他的信件在 1301 年 12 月公布。卜尼法斯暂停国王的各种特权，包括没有事先得到教宗同意就从教会征税的权利，并召集法兰西的主教们举行会议来讨论国王的行为。《我儿要听》（*Ausculta fili*）是教宗写给国王的一封屈尊俯就的私人信件，盛气凌人地明确肯定教宗权威，对"美男子"菲利普的各项政策展开冗长而详细的批评。[43]

国王的首席大臣皮埃尔·弗洛特公布对该信的误导性解释，使这封信显露出教宗甚至要对法兰西的世俗事务索要主导权的意图。（当得知这一解释时，卜尼法斯八世斥之为伪造。）与此同时，弗洛特召集教士、贵族和资产阶级开会。1302 年 4 月 10 日，大会（以前认为这是全国等级会议的第一次会议）集结，国王的人在大会上长篇大论，攻击教宗夺权。令人信服的是，贵族和市民给枢机主教们（不是教宗，不管怎样他们提到他就很不尊敬）写了许多言辞激愤的信，坚持国王享有的权利，谴责召开主教会议的行为。教士则给教宗写信，提醒他注意形势，但没有改变对他们精神领主的忠诚。

卜尼法斯坚持召开主教会议，并祈祷他的敌人即国王的顾问们死去。仅仅数月，当皮埃尔·弗洛特和国王的其他顾问在科特赖死去时，他的祈祷似乎得到了回应。国王开始与各方协商，但依然禁止他的主教们去参加主教会议。33 位（共 79 位）主教公然反抗国王，但这些人当中的大多数来自王国的边缘地区。卜尼法斯于 1302 年 11 月 18 日颁发《唯至圣诏书》（*Unam sanctam*）作为回击。教谕以有力的语言确定只有唯一的圣，即基督教徒和使徒的教会，除此之外无救赎。教会只有一个身体和一个头。头就是基督的代理人、圣彼得的继承人卜尼法斯八世。拿他自己的话来说，"我们宣称、阐明、决定并宣布，完全有必要救赎每一个人类成为罗马教宗的从属"。该教谕显然向废黜国王走出了一步。菲利普在 3 月决定背水一战。

308

　　㊸　关于教宗卜尼法斯八世和菲利普四世之间的激烈对峙（随后几段中对此进行了总结）中的争吵及结束的材料，可参见 Dupuy（1655）.

　　菲利普的议事会委员之一纪尧姆·德·诺加莱想召开一次教士大会来罢黜教宗，毕竟他已经有很多的敌人。但这样做显然意味着从教宗那里夺权，因为教宗不可能召开大会来罢黜自己。6月，王室会议听取另一顾问纪尧姆·德·普莱西安的建议，对卜尼法斯当选的合法性进行指控。他同样被指控为异端且对性行为持有荒谬的观点。与会的贵族立即赞同召开一次大会。经过许多劝诱后，教士也同意这样做，但他们小心翼翼地解释，这样做是为了教宗可以摆脱这些指控。有些教士拒绝屈服。其中之一的西铎修道院院长被逮捕，该举措平息了进一步的反对。有教士、贵族和市政官员参加的法兰西地区会议"支持"召开大会的号召，通过在信件上盖章来表示对国王的支持。[44]

　　与此同时，诺加莱提出把卜尼法斯列为异端的计划，该计划在意大利获得教宗的敌人的支持。然而，有消息传到他耳中，教宗正在罗马附近的阿纳尼准备废除教谕。诺加莱与一小群意见不一致的人一起行动，来到阿纳尼。关于意大利同谋者（卜尼法斯的老敌人——科隆纳家族）或法兰西人是否在控制中，有人对此尚存疑问。不管怎么说，卜尼法斯被监禁和痛斥，但身体上没有遭受攻击。可是，没人十分肯定此后要做什么。将卜尼法斯从意大利的中心穿过1000公里带到巴黎是件愚蠢的事。法兰西人的傲慢在意大利半岛上可不大受欢迎。如教宗的一些私敌所想那般杀掉他，这将会致命地败坏"美男子"菲利普的形象，使教宗成为托马斯·贝克特的传统中的殉教者。诺加莱不可能想要这样的结果。

　　时间逐渐耗尽。两天后，阿纳尼的人们鼓起勇气起来反抗，将自称绑架者的人驱逐出去。卜尼法斯的朋友护送他到罗马去。当然，这只是推测，但教宗在接下来的三周内没有任何行动，随后就传出了他的死讯，这表明他在阿纳尼中风了。如果当时他在阿纳尼马上就死掉，事实上，这将会是一着妙棋。他的死将由诺加莱负责，最终就是法兰西国王的责任。事实上，他拖得久了点。教宗的继任者们（本尼狄克十一世任期短暂，在一次漫长的秘密会议之后克雷芒五世当选）渴望纷争迅速平息。最后，克雷芒情愿同意赞扬菲利普及其

---

　　[44]　从一系列国王会议中产生的文献广泛讨论了菲利普与卜尼法斯之间的争吵及由此产生的支持的事情，被收集且出版：*Documents relatifs aux Estats Generaux.*

顾问们的热忱，以此换取他们放弃挖出已故教宗并对他的尸体进行审
判的要求。

战胜卜尼法斯八世有着广泛含义。在菲利普余下的统治时期里
（当然是在 1305 年教宗克雷芒五世当选后），国王可以指望教宗在对
待法兰西的行为上尤为适宜。国王及其顾问对教宗提出的要求并不经
常被批准，但往往获得有利的发言机会。此外，对卜尼法斯的胜利至
少在法兰西有力地支持了国王在宗教生活里或面对宗教敌人时发挥着
特殊作用的观点。那种作用并不是全新的。法兰西国王历来都是十字
军东征的中流砥柱和教宗的主要军事支持者。王权的神圣性或半神圣
性——例如，国王具有通过抚摸治愈淋巴结核的能力——长久以来一
直为人所宣称，对在加冕礼后前来接受抚摸的朝圣者有着实际效
果。⑤ 菲利普指控教宗为异端并罢黜教宗（即使被卜尼法斯过早死亡
所挫败）的企图显示出对权威的维护，这突显了法兰西国王正在提
出的异乎寻常的宗教权要求。

这种宗教权威（*auctoritas*）有助于解释原本似乎出于纯粹财政目
的的各项政策，如驱逐犹太人（1306 年）、逮捕圣殿骑士（1307 年）
和没收伦巴第人的利润（从 13 世纪 90 年代断断续续开始，但此后执
行力度也很大）。从财政方面对这些行为进行解释几乎不需要多说。
阿基坦战争、佛兰德战争（将会很快再次开始）外加国王的常规开
支，迫使政策制定者去寻找新的筹钱方法。增加税率和税收次数总是
危险的，因为这会激起国内政治强权者的群体对抗。然而，正如我们
所看到的，为了解决佛兰德的危机，1304 年征收了一次非常重的赋
税；传统赋税（如 1308 年因国王的女儿出嫁缴纳的支助金）征收的
强度也很大。在 13 世纪 90 年代，政府已经开始降低货币价值并极大
地过高估计货币价值，因而获利甚丰。到 1305 年，在货币贬值和过
高估计（"大钱"，"good money"）前，每枚硬币（"小钱"，"weak
money"）名义上的价值是其真正价值的三倍。这些操作暂时增加了
国王的购买力，但最后的结果是失去控制的通货膨胀，使那些主要依
靠固定租金收入过活的人变得尤其贫困，像许多贵族就是如此。
（1306 年的重新估价使已经从通货膨胀中获利的各个群体灰心丧气。）

---

⑤　Bloch（1973）.

强迫借贷是国王经常使用的另一权宜之计。当这些借贷没有及时偿还时，同样会引起极大的贫困和愤怒。

310　　　即便菲利普及其顾问不能避免在穷困的特权阶级中激起敌意，他们仍然竭力策划避免与贵族和资产阶级发生严重冲突的筹钱办法。宗教感情在这里成为财政政策的侍女。在传统的言辞中，犹太人是基督的敌人、基督徒孩童的谋杀者、宿主亵渎者和十足的高利贷者。并不是每个当权的基督徒都赞同这些指控中的每一项，但那些积极反对将种种限制加之于犹太社团的人很少。因此，驱逐犹太人的决定是在情理之中，或者至少对整个政治民族来说不是不合情理的。在夏季的一天（1306 年 7 月 22 日），10 万犹太人在一次精心策划的运动后全部被捕。所有犹太人都被驱逐；他们的财产，包括要支付给他们的债务记录，都被没收。现金、珠宝、拍卖他们的房子和店铺的利润以及国王收回的他们的债务收益等财产可能达 100 万里弗（根据"大钱"来估算）。[46]

1307 年轮到圣殿骑士团。同样地，一些可察觉的敌意早已出现，这次是针对一个不再保卫圣地的修道会（最后的要塞阿克已于 1291 年沦陷）。战士修道士变成类似银行家的人，这可能招致了一些憎恨。或许还有那些流传开来的关于乱伦的故事。但是，从这些零碎（最后从酷刑下得来的证据）中整理出一份材料汇编，它构建出一幅圣殿骑士乃是鸡奸者和异端的极度荒谬的图景。菲利普开始像对待犹太人那样行动起来：经过十分细致的预先秘密谋划后，王国内的每一位圣殿骑士都在 1307 年 10 月 13 日这一天内被试图且几乎完全成功地逮捕。财政上的收益可能不如驱逐犹太人那么多，因为许多圣殿骑士团的财产后来被转给医院骑士团。虽然准确的收益数量不得而知，但数额无疑是巨大的。教宗对此几乎不闻不问；该修道会在 1312 年维埃纳公会议上被正式压制。不管良心安然与否，欧洲其他地方的君主也都掠夺了各自国内的圣殿骑士团。[47]

伦巴第人受到的待遇略有不同。实际上，伦巴第人是在法兰西经营业务的意大利银行家和商人的集合体，对外贸的控制额度非常

---

[46]　Jordan（1989）.
[47]　对这些事的全面且略有差别的探讨，可参见 Barber（1978）.

大。[48] 他们在 13 世纪 90 年代时常被征收塔利税。他们当中这个或那个金融家去世时，也经常为国王提供夺取资产的机会。伦巴第人也经常勉强地提供巨额贷款。但是紧跟在驱逐犹太人和打击圣殿骑士团后，国王确信法兰西人对外国人和"高利贷者"反感，于是开始实施两种互相补充的政策。他一方面继续压榨伦巴第人，正如 1309—1310 年征收的重税所示，但另一方面逐渐使自己远离他们。在利用恐外心理和道德来净化（意大利人和高利贷者）法兰西行政部门的做法中，伦巴第人慢慢失去了为国王服务的地位。

所有这些革新可能使菲利普及其政府在 1312 年达到权力和权威的巅峰。佛来芒战争的重新开始表明这种成就实际上是多么的脆弱！佛来芒战争的第一阶段以 1305 年的《阿蒂瑟奥格条约》告终，此后是一系列漫长的就条约所要求的巨额罚金支付日程展开的争论。当这些日程确定下来时，来自城市的抵制逐渐增加。国王给克雷芒五世施压，要将那些原先发誓要服从却继续反对他的发伪誓者驱逐出教。1310 年 6 月，克雷芒屈从于国王的请求。

菲利普通过财政事务专家昂盖朗·德·马里尼的手段继续施压。马里尼试图从伯爵贝蒂讷的罗伯尔的儿子兼继承人纳韦尔的路易那里购买各种权利给佛兰德，纳韦尔的路易会被允许保留雷瑟和纳韦尔（他在法兰西已经拥有的领主权），但从出售他在佛兰德的权利获得的钱将使他成为王国内最富有的人之一。他对此和类似提议的拒绝使马里尼开始谴责他的家族。国王支持马里尼，命令罗伯尔与路易及佛来芒各城市代表于 1311 年 10 月 14 日到图尔奈与他会面。当两位领主没有如期而至时，国王开始在佛兰德向那些到来的城市居民强势宣布其最高统治权。[49]

有人试图用武力说服纳韦尔的路易。他被逮捕了，却得以逃走。然而，1312 年 6 月 11 日，他的父亲同意将法属佛兰德（贝蒂讷、杜埃和里尔）割让给法兰西国王，以此换取中断《阿蒂瑟奥格条约》中的财政条款的实施。纳韦尔的路易公开指责这一割让行为，这种立场导致他在法兰西的封地（勒泰勒和纳韦尔）被剥夺。结果，战争

311

---

[48]　参见 Strayer（1980），p. 116.
[49]　Strayer（1980），p. 339.

看起来似乎要在 1313 年重新爆发。菲利普要在 8 月召集起一支军队并开始征税，但双方（可能通过马里尼的斡旋）都做出了让步；7 月，在军队集结前，鉴于税收应该随起因的终止（*cessante causa*）而终止的原则，国王甚至退还税款。然而，一支新的王室军队在 1314 年夏天集结起来，小冲突开始发生。马里尼试图在小冲突变成普遍战争前挽救形势，设法说服双方同意停火。

312 在马凯特市（the town of Marquette），停火的底限揭晓：应贝蒂讷的罗贝尔和纳韦尔的路易的要求，他们将获得国王的赦免；法属佛兰德将留在菲利普之手；雷瑟和纳韦尔归还给纳韦尔的路易；一笔非常适度的赔偿——实际可行的 2 万图尔奈里弗——将会支付给法兰西国王。像菲利普的弟弟瓦卢瓦的查理等贵族，还有许多想要发起一场决定性的战争来教训一下叛国者的法兰西骑士精英们，对在马凯特达成的协议非常讨厌。[50]

菲利普对法属佛兰德的兼并有时被看作扩张王国的努力中的一部分。1293 年，他在南部从马古隆讷（Maguelonne）主教手中购得蒙彼利埃的一个区，即蒙彼利埃特（Montpelliéret），也获得这位主教对马略尔卡国王在该市的持有地所享有的权利。至于东部，官员们在四条河理论的基础上提出要求权，该理论声称王国延伸至罗讷河、索恩河、默兹河和斯凯尔特河。但是四条河理论没有阻止向四条河流以外扩张的企图。例如，在勃艮第伯爵领（弗朗什孔泰），国王安排一位幼子与女继承人联姻。该伯爵领将仍然是神圣罗马帝国的一块封地，但女继承人同意寻找放弃宣誓效忠的机会，她的丈夫在正常情况下是不得不这样做的。此次联姻、这些达成的协议和更多的让步，以及在女继承人继承前保留在国王手中的伯爵领行政权（为伯爵换来终身租金 1 万图尔奈里弗和预先支付的大笔款项 10 万图尔奈里弗），在一系列条约中获得批准：1291 年的《埃尔韦尼斯条约》、1294 年的《埃夫勒条约》和 1295 年的《万塞讷条约》。结果，拿骚的阿道夫（未加冕的皇帝）宣布没收该伯爵领，反法兰西的当地贵族的憎恨引起了战争（1296—1301 年）。但菲利普的反对力量太弱，该伯爵领从

---

[50] Starayer (1980)，pp. 344 – 345（带有参考文献）.

1301 年到菲利普死后一直掌握在王室家族的一个幼子支脉手中。[51]

里昂也有点特别。该城的大部分都位于索恩河以东。起初，菲利普慢慢地巩固了追溯到他父亲时代所提出的要求权。例如，1292 年，他在一场市民与大主教的纷争中将整个城市置于他的特殊保护下，之后很快有一位王室官员在城里长期定居下来，以保护王室权利。尤其是为了回应里昂教士以自己的权威要求提出的抗议，法兰西法学家试图在古代传说和先例的基础上制造出条理清楚的有利于王权的事实，并经常向教士和其他重要群体游说来使他们接受这一事实。1307 年，里昂的贵族、农民和教士赞同一份承认法兰西领主权的草案条约，但为了获得赞同已经做出承诺，这必然会打破里昂人之间的微妙的权力平衡。虽然许多群体开始重新考虑，但最先赞同条约的大主教成为最固执的批评者。在巴黎因拖拉而于 1310 年 1 月受到纪尧姆·德·诺加莱的指责后，他返回里昂召集了一支军队，此举激怒了法兰西人，于 7 月占领该地区。不到两年，一份协议制订出来，允许大主教和大主教座堂全体教士出售其司法权，从而挽回了他们的面子。[52]

在"美男子"菲利普的漫长统治期里，他的最后行动在 1314 年以不幸作为开始。国王的三个儿媳妇被指控与家养骑士通奸。最后，其中一个儿媳妇被免罪，但所有人的名声都被这些指控败坏。骑士们在经受残酷折磨后被执行死刑。通奸使这些女人生的孩子的合法性受到怀疑，整个事件对菲利普造成可怕的打击，他是一个把家族尊严看得非常重要的人。叛乱使他更加困难重重。[53] 马里尼与佛兰德协商停火，有望中止战争税的征收，但国王拒绝起因终止原则的运用，因为军队已经集结，而不仅仅是召集。对许多人来说，这使菲利普看起来好像违反了公正的法律。

各省的贵族联盟开始出现，三十年专制统治压制下的怨气爆发出来。或许，最令人不安的是回想起对货币制度的操控（国王在 1311 年再次短暂地尝试这一权宜之计）。在没有发生战争的情况下，不管是新税还是操控货币都不能找到正当理由。值得一战的战争必须是受人尊敬的。对背信弃义的敌人妥协和在妥协后保留战争税，似乎尤其

313

51　Redoutey（1977），pp. 207 – 231.

52　Strayer（1980），pp. 356 – 364.

53　Artonne（1912）.

令人厌恶。"美男子"菲利普开始应对这一反对情绪，但并不是他能平息了这种情绪。如果有关他的最后日子的报告属实，也就是说，他在 1314 年 11 月 29 日去世时，仍在担心他没能达到他的榜样圣路易的高度。[54] 他的许多臣民会同意这一点，因为叛乱者的口号就是要求王室恢复圣徒国王时期的美好岁月。

威廉·切斯特·乔丹（William Chester Jordan）

莫玉梅 译

徐　浩 校

---

[54] Baudon de Mony (1897).

第 十 二 章

金雀花王朝诸王

一

1199 年 4 月 7 日，国王理查德一世在利穆赞地区的莎吕—萨布罗勒城堡外去世。有两位候选人可以继承王位：他的弟弟约翰和他的侄子布列塔尼的亚瑟。然而，亚瑟只有 12 岁，是法兰西卡佩王朝国王菲利普·奥古斯都的被保护人（protégé）。此外，约翰正好 30 岁出头，从 12 世纪 80 年代起就在金雀花王朝政治中扮演分裂者的角色，因而对英格兰人和诺曼贵族来说是一个熟悉而又有争议的人。4 月 25 日，他授封为诺曼底公爵；5 月 27 日，他加冕为英格兰国王。一年后，根据《勒古莱条约》（Treaty of Le Goulet），国王菲利普接受他对诺曼底、安茹和阿基坦的继承。这些领地都是金雀花王朝诸王从法兰西君主那里持有的封地。

约翰以他的权势为傲，四处炫耀。理查德一世已经自称"英格兰国王、诺曼底和阿基坦公爵兼安茹伯爵"。约翰在这些头衔后还增加了"爱尔兰领主"（dominus Hiberniae）的头衔，这是由他父亲亨利二世授予他的爱尔兰领主权。他因此宣告他比所有先辈都更有权势。确实，在统治的疆域从都柏林一直延伸到比利牛斯山脉的情况下，他可能似乎是世界上最有权势的统治者。然而，在未来几年内，卡佩王朝诸王将这整座大建筑物摧毁，从而改变了西欧的政治结构和英格兰政体的性质。

约翰失败的痕迹始于他同普瓦图伟大的贵族家族之一的吕西尼昂

315

北

邓巴

爱丁堡 洛锡安郡
格拉斯哥
苏 **格** **兰**
拉纳克郡
艾尔郡
埃布尔斯郡
褒水科克郡
罗克斯巴勒郡
贝里克
贝里克郡
诺森伯兰郡
威斯摩兰郡
里兹代尔郡
邓弗里斯郡
纽图区坎雷尔郡
达勒姆
卡莱尔
坎伯兰郡
达勒姆的巴拉丁
威格敦郡
威斯特摩兰郡
曼恩岛
(1266年归苏格兰)
约克郡
约克
兰加斯特郡
圭内斯
切斯特郡
切斯特
林肯郡
林肯
德比郡
英 **格** **兰**
诺丁汉郡
斯坦福德郡
波伊斯
利奇菲尔德
莱斯特郡
拉特兰郡
诺福克郡
诺里奇
蒙哥马利
考文垂
什罗普郡
伊利郡
亨廷顿郡
伊利
萨福克郡
沃里克郡
诺森普敦郡
剑桥
德赫巴斯
赫里福郡
五港郡
贝德福德郡
赫特福德郡
赫里福德
卡
埃塞克斯郡
德韦达
布雷切尼奥格
格洛斯特郡
伍德斯多克
白金汉郡
米德尔塞克斯郡
泰晤士河
伦敦
格温特
牛津
温莎
巴斯
威尔斯
威尔特郡
伯克郡
兰尼米德
坎特伯雷
索默塞特郡
索尔兹伯里
萨里郡
肯特郡
汉普郡
萨塞克斯郡
奇切斯特
刘易斯
黑斯廷斯
德文郡
多塞特郡
温切斯特
埃克塞特郡
康沃尔郡

| 0 | 50 | 100 英里 |
| 0 | 50 | 150 | 150 千米 |

地图4　英格兰

家族的争吵。他们向菲利普·奥古斯都诉求公正；1202 年 4 月，约翰被当作抗命的封臣，被判没收他所有的法兰西封地。起初，这一判决似乎纯粹是名义上的。约翰在米尔博（1202 年 7 月）俘获吕西尼昂家族成员和亚瑟。但是他接下来疏远了金雀花家族的支持者，到 1203 年 4 月，差不多已经完全失去整个安茹。关于亚瑟命运的可怕流言又使他成为布列塔尼的敌人。与此同时，菲利普国王已经入侵诺曼底。1203 年 12 月，约翰离开诺曼底公爵领，再也没有回来。1204 年 6 月，鲁昂的投降完成菲利普国王的征服。约翰那宽广的大陆帝国仅在普瓦图和加斯科涅留下岌岌可危的立足点，它们是阿基坦公爵领的组成部分。

　　约翰值得同情。诺曼底既是金雀花大陆帝国（它的总收入并不比英格兰少多少）最有价值的部分，也是最脆弱的部分；因此菲利普·奥古斯都绝对会最先征服此地。诺曼底的东部边界与法兰西王室领地的边界相邻；其都城鲁昂离巴黎只有 60 英里。此外，在理查德被囚禁期间，菲利普国王已经占领埃普特河（the Epte）沿岸的边界地区并夺取重要的护卫城堡日索尔。理查德修建了盖拉尔城堡（Château Gaillard）来堵住缺口，但诺曼底的防御仍然被极大地削弱了。在这种形势下，相当大的重要性取决于资源问题，现代历史学家对此进行了激烈争论：多亏了新近获得的领土和行政改革，卡佩王朝的资源到 1200 年远远超过金雀花王朝，或至少超过金雀花王朝可以承担的用来防御诺曼底的资源，因此金雀花王朝在本质上已经失去了该公爵领。然而，有人也提出相反的观点，即金雀花王朝一直比卡佩王朝更为富有，如果约翰未能发挥出他的优势，那是因为他自己无能。卡佩王朝和金雀花王朝幸存下来的财政记录的严谨比较，对解决这一争论将是必要的，但与此同时，卡佩王朝占有优势的实情似乎令人信服。[①] 卡佩王朝的总收入来自紧邻诺曼底边界的一块面积不大的领地而非幅员辽阔的帝国，显然在作战区域调动财力要容易一些。1200 年前后，这些总收入显然也要比金雀花王朝的多，或至少比金雀花王朝从英格兰和诺曼底得到的多，而且远在南部的领地上的产出是否足

316

---

　　① 关于此争论可参见 Holt（1984）；Gillingham（1984），pp. 71 - 74；Barratt（forthcoming），关于诺曼底的失去可参见 Power（forthcoming）.

以改变那种平衡尚存疑问。不能说约翰没有做出任何努力。1202—1203 年，他将大笔钱财运过英吉利海峡，但到这时，来自诺曼底自身的收入因战争而分崩离析。最后，约翰在 1203 年 12 月逃回英格兰，并不只是出于缺乏胆识。简单地说，他已经没钱了。

　　还有其他因素。菲利普国王以他们不能拒绝的提议，强行打破理查德曾经依赖的联盟。布洛涅伯爵现在站在他这边奋力作战，而不是约翰那边；佛兰德伯爵退出战斗前往参加十字军。与此同时，约翰最大的剩余潜在联盟、他的侄子布伦瑞克的奥托正全力以赴争夺德意志王位。没有一个因素使诺曼底的丢失成为不可避免的事。约翰确实拥有大量资源。他也拥有益格鲁—诺曼贵族的潜在支持。13 世纪初仍然有一百多位贵族在公爵领和英格兰王国都拥有大量土地，因而两者的分离将会使他们损失良多。但是在诺曼底，正如编年史家科吉舍尔的拉尔夫所说，约翰"始终害怕被自己的人背叛"。[2] 正是出于这一原因和资金短缺，他确实未能战斗下去。约翰在估量中没有错得太离谱。1203 年，阿朗松伯爵罗贝尔早晨还在招待约翰共进早餐，下午就跑到菲利普国王那边去了。在某种程度上，尤其当这样的贵族在诺曼底那易受攻击的边界沿线持有土地时（像埃普特河畔的休·德·古尔奈），背叛有了滋生的条件。但这也是由约翰自己的性格和错误引起的。约翰是一个令人恐惧的人。他极易因其敏感和武断而行事。在统治初期，他因平息与西铎会修道士的一次争吵和实际上与法兰西在勒古莱签订和约而广受赞扬。然而他还是一个恶魔，这也许是作为一个幼子因暗算父兄而饱受折磨的过去造成的。很快，残忍地对待那些在米尔博被俘的人，违背与安茹最大的贵族威廉·德斯·罗什许下的诺言，以及谋杀亚瑟的行为，使他成为一个既危险又不诚实的国王。当然，理查德也曾经为人苛刻且令人生畏，但他同样具有骑士的坦率、自信和激励人心的品质，同时还是一个军事天才，而约翰一点都不具备。最后一根稻草是约翰依赖出身低的行政人员和将雇佣军部署在诺曼底中部而不是边界地区，这些雇佣军在那里大肆抢劫勒索。有位敏锐的观察家总结道："由于这样的事情，他为这块土地上的贵族所憎恨。"③

1203—1204 年，约翰以惊人的速度从那个圈子里被彻底踢出去。在接下来的十年里，他千方百计地想爬回去。他用对英格兰的强权统治得来的财富，获得奥托的支持并恢复与佛兰德伯爵和布洛涅伯爵的联盟。1214 年，他最终发起那场伟大的征战，希望借此可以收复他失去的一切，却以灾难告终。当约翰本人在安茹被吓退时，他的北方联盟于 7 月 27 日在瓦朗谢讷附近的布汶被彻底击败。约翰别无选择，只好同意休战六年。他收复诺曼底和安茹的努力结束了。

诺曼底的失去并不意味着 13 世纪的英格兰不再是"欧洲共同体"的一部分。一位来自兰斯的石匠设计了亨利三世的威斯敏斯特修道院，另一位来自萨伏依的石匠为爱德华一世设计了多座城堡。亨利和爱德华从未产生哪怕一丁点的欧洲怀疑论。亨利三世将心脏留在丰特弗劳特修道院，亨利二世和理查德一世就葬在此处。他下定决心恢复金雀花跨海帝国，正如爱德华竭力保住剩下领地那样。英格兰贵族同样是世界性的。他们参加欧洲的骑士比武和朝圣巡游，并背负外交使命出访各个主要的宫廷。教会人士往返于罗马，学者们在巴黎大学和波伦亚大学成立人数众多的英格兰代表团。来自意大利、法兰西和低地国家的商人在伦敦定居下来，带着来自北方的布料与毛皮和来自南方的丝绸与香料，参加在波士顿、斯坦福和圣艾夫斯举行的盛大国际集市。加斯科涅的葡萄酒贸易依赖英格兰市场；佛来芒的布料工业依赖英格兰的羊毛；爱德华一世的财政多年以来依赖意大利银行家。此外，在整个 13 世纪，十字军东征一直牵动着英格兰人的心。编年史家详尽地记录下东方发生的事情。亨利三世的弟弟康沃尔伯爵理查德和他的儿子兼继承人爱德华都去过圣地，许多英格兰贵族也是如此；其中威廉·朗格斯比于 1250 年在圣地英勇战死，享有国际声誉。④

然而，尽管如此，失去诺曼底造成了许多变化，这些变化极其重要。该公爵领的收入现在流入卡佩王朝手中而不是金雀花王朝手中，因而使权力的天平果断地朝着有利于前者的方向倾斜。自从 1066 年

318

---

③ *Diplomatic documents*, ed. Chaplais, p. 140.
④ 关于此事可参见 Matthew（1997）；关于此次十字军东征可参见 Lloyd（1988）.

以来统治英格兰王国和公爵领的盎格鲁—诺曼精英阶层不再存在。约翰坚持认为他的臣民只能效忠一边。因此，那些因在诺曼底持有土地而向菲利普国王效忠的人被没收了在英格兰的财产，反之亦然。不管他们前往欧洲大陆有多么频繁，上层贵族现在失去了海外领地，基本居住在英格兰，成为英格兰人而不是盎格鲁—诺曼人。这种变化对王朝来说同样意义深远。国王经常不在英格兰的日子已经结束。直到1204年，金雀花王朝诸王和他们的诺曼王朝先辈一样，在海峡对岸至少要花上一半的时间。1224年后，只有加斯科涅仍然保留在他们的大陆帝国中。由于缺乏收入和王宫式的城堡，加斯科涅在1204年前从未吸引国王—公爵常来，后来也没有，即使当那些收入开始增加时。亨利三世在56年的统治期间只在海峡那边待了四年半，爱德华一世在35年的统治期间只在那边待了五年半。从实事求是的目的来看，金雀花王朝已经变成英格兰人的王朝。最终，这一事实对不列颠的整个政治面貌产生了影响。

二

　　约翰在欧洲大陆上屈服于一个拥有与他的领土面积一样大的君主时，在不列颠却战胜了比他弱小的王公贵族。1209年，他进军到特威德河（the Tweed），将条件苛刻的"和平"强加于苏格兰国王威廉头上，威廉已经在考虑与菲利普·奥古斯都联盟了。1210年，他率军到爱尔兰，接受当地贵族的效忠并驱逐藏匿了叛乱贵族威廉·德·布拉奥塞的莱西家族。1211年，他入侵格温内思，深入极西的班戈，迫使北威尔士亲王卢埃林割让康威河（the Conwy）和迪河（the Dee）之间的土地。班维尔年代纪作者评论说："因此，在爱尔兰、苏格兰和威尔士，没有人不在英格兰国王的点头之下鞠躬以示敬意，这是众所周知，也是其先辈中无人做到的事情。"[5] 实际上，如果约翰没有被在英格兰遇到的麻烦和在欧洲大陆的野心分心，他可能可以对1212年威尔士起义做出很好的应对，按照1211年的条约所规定的那样完全夺取格温内思。

---

⑤ *Memoriale fratris Walteri de Coventria*, ed. Stubbs, Ⅱ, p. 203.

　　麻烦之一就是约翰与教宗英诺森三世的激烈竞争。1206 年年末，坎特伯雷的修道士在英诺森的指示下已经选举著名学者斯蒂芬·兰顿为新的大主教。约翰理所当然地勃然大怒，拒绝接受他。和先辈们一样，他希望能有一个可信任的宠臣（curialis）担任坎特伯雷大主教，而不是某个有主见的教授。但约翰缺乏行动的自由。中世纪的教权正处于其权力高峰。与卡佩王朝的纷争正达到高潮。1208 年，英格兰被下了禁令；次年约翰被驱逐出教，最后教宗鼓励或至少允许拟定卡佩王朝入侵英格兰的计划。于是，约翰在 1213 年 5 月妥协了。他接受兰顿为大主教，使英格兰成为教宗的封地。这令修道士编年史家大吃一惊，但却是他一生中最明智的行动。如果兰顿一直不可信赖，约翰将从教宗那里得到慷慨的支持。如果不这样，他的王朝将不会存续。

　　然而，在大陆征战失败后，约翰于 1214 年 10 月返回英格兰，蒙受耻辱、身无分文且任由国内的敌人摆布时，教宗的支持对此却无能为力。早在 1212 年，有贵族阴谋夺取约翰的性命，这迫使他取消对威尔士的远征。现在，正如霍尔特所说，"从布汶到兰尼米德（Runnymede）的道路直接、短暂且不可避免"⑥。约翰直到死前仍然拥有一些重要贵族的忠诚（最有名的是彭布罗克、切斯特和德比诸伯爵），但绝大多数却站到他的对立面。敌对行动于 1215 年春爆发，伦敦向贵族投降之举使其达到最高点。此后，约翰在短期内看不到胜利的希望，于是他妥协了。1215 年 6 月 15 日，他在温莎附近的泰晤士 320 河里的岛屿兰尼米德签署了大宪章。

　　大宪章共有 61 条，其主要目标十分清晰：为了限制国王及其政府的"筹钱"活动；使王室司法更公正有效；纠正国王的地方代理人滥用职权的情况；大体上维护一条基本原则：国王不能按照自己的意愿（per voluntatem）以任意的方式对个人采取行动。他受制于法律。⑦ 这条原则被概括在将要成为大宪章中最著名的（第 39 条）条款中，唯一一条到 20 世纪末仍然留在《法令全书》（the Statute Book）中：约翰承诺，除了经过与他身份相同的人的合法审判或依据

---

⑥　Holt（1961），p. 100.
⑦　Holt（1961），（1985）and（1992）：对理解大宪章都是绝对基础的书籍。

王法，任何自由人将不得被剥夺财产、宣布为不法之徒、监禁、驱逐或以任何方式起诉。大宪章平息了贵族和社会其他阶层的不满。早期的条款首先有利于贵族，因为它们规定了国王的所谓的封建权利和收入，即来自国王与其总佃户之间的土地保有关系的那些：因此由贵族支付的继承税（relief，继承金）限制在 100 英镑，国王对监护权的利用受到限制，寡妇不得被迫再嫁，盾牌钱只有在获得同意的情况下才可以征收。然而，大宪章的第一条承诺给予教会自由，另一条保证伦敦的自由，而其他条款赋予骑士要在各地实施公正和改革地方行政中发挥重要作用。第 39 条的受益人显然是所有自由人，不仅仅是所有主教和贵族。社会的所有阶层，甚至不自由的农民，都受益于限制法庭罚金金额的各项条款。

　　本质上，大宪章是对王室统治体系的回应，该体系建立在牢固的盎格鲁—撒克逊基础上，在 12 世纪已经发展起来且在西北欧已经变得最为强大。国王的普通收入来自其封建权利（同样使他从教会职务空缺中获得大笔横财）、司法收益、王室森林和国王自己的土地，即"王室领地"。大量的收入也可能来自犹太人。英格兰的犹太人数很少。在 13 世纪初，包括妇女儿童在内不到 5000 人，被集中在大约 20 座城市里，其中约克和伦敦犹太社团最为重要。很高比例的犹太财富集中在少数富豪手中；财富大多来自借贷业。实际上，犹太人可能是各郡的骑士和自由人的主要信贷来源，也是大权贵和教会机构的主要信贷来源（这里涉及的金额大得多）。既然犹太人在法律上是国王的财产，那么他可以对他们任意征税，就像对王室领地上的农民一样。他也可以在犹太人去世时夺取其个人资产，或者如果他们无法缴纳税收时也可以这样做；这意味着许多基督徒最终从欠犹太人的钱变成欠国王的钱。[8]

　　负责征收国王收入和审计账簿的大机构是建在威斯敏斯特的财政署（另有一个独立的财政署处理犹太事务）。在各地，主要的行政分支是郡，每个郡分成好些百户区，主要行政官员是郡守。他执行各式各样的王令、征收国王的收入并主持郡法庭和百户区法庭的不太重要的诉讼。更重要的司法审判事务是普通巡回法官的事，法官被派到全

---

⑧　关于英格兰犹太人的最新调查，可参见 Stacey（1995）.

国各地巡回，审判重罪案子并与威斯敏斯特的"王座"法官共同参与由亨利二世引入的民事行为听证会。巡回法庭还要调查王室权利，并通过它们审理的诉讼，尤其是刑事诉讼，为君主带来大量收入。

当国王不在国内时，这一体系由大法官控制。当国王在国内时，中心就是王廷。在那里，国王的锦衣库的书记员接收来自财政署和地方收入的钱财，并花费在王室的食物、饮料、衣物以及各种各样的礼物、工资和薪酬上。除锦衣库外还有大法官法庭，其书记员撰写国王的信件、令状、特许状并加盖印章；从约翰统治时期开始，他们根据类型在一系列的大法官法庭卷档中记录下这些文件。正是通过发自大法官法庭和财政署（有自己的印章）的信件，指导着英格兰的治理工作。运作这一体系的是一群王室书记员，他们当中最成功的人经常被回报以主教职位。同样有着聘用世俗人员的悠久传统，"将他们自尘土中擢升"，或者至少从骑士阶级的各个等级提升他们。这些人拥有的一切皆来自国王，因而在为国王服务时将会更忠诚、更坚决。有一特殊人群具有特别的重要性，即王廷的骑士们。约翰在任何时候都有 50 多名骑士相随。他们可以肩负特殊使命去"排忧解难"，担任郡守和城堡主来加强地方统治，并带着自己的追随者组成王室军队的核心。⑨

金雀花诸王在加冕典礼上宣誓要厉行公正，并维护君主的权利。王权的两大要素是不可分割的；如果国王软弱无力，他们怎么能够厉行公正？但是，维护王室权利和权力招致深深的憎恨，而尤其通过由亨利二世引入的法律程序来实施公正可能会广受欢迎（在大宪章里得到扩大）。亨利二世已经极大地扩大了王室森林面积，冷酷无情地利用它来获取钱财。理查德一世要求贵族继承遗产时缴纳罚金而不是合理的继承金。事实是金雀花诸王像他们的诺曼先辈一样，百般压榨英格兰来维持他们在欧洲大陆的领地；随着诺曼征服获得的广大土地被用来回报仆人和支持者，所有国王面临着轻松的收入正逐渐流失的境况，开始逐渐依赖由财政署从个人那里榨取来的钱财，如果不是勒索的话。随着对诺曼底的威胁逐渐增大，压榨的步伐加快了。到

322

---

⑨　Church（1992）. 关于地方政府结构，可参见 Summerson（1979）；关于大法官法庭，可参见 Carpenter（1997）.

1199 年，编年史家科吉舍尔的拉尔夫修道院院长这样认为，压榨已经达到前所未有的程度。

　　同样为人憎恨的可能是国王给予朋友们庇护和惩罚敌人的方式。他们有很多可以给予：土地、钱财、监护权和婚姻。但是，如果把这些过于集中地授予一个群体并从社会底层擢升太多的人员，他们注定会激起古老家族的敌意。惩罚不是以判处死刑的方式进行，而是处以财物罚金（理查德统治时期比较过度）和没收土地。大宪章涉及那些"没有经由与他们身份相同的人的合法判决"就已经被亨利二世和理查德一世剥夺财产的人。约翰一登上王位就面对着许多要求归还"权利"的贵族也就不足为怪了。因此，根据科吉舍尔的拉尔夫的记载，1215 年的叛乱是为了废除"国王的父兄已经形成的损害教会和王国"的罪恶习俗和"［约翰王］已经增加的权力滥用"。⑩

　　正如科吉舍尔所承认的，大宪章那时也是对约翰王的政策的一次更具体的攻击，因为约翰拿起了他的先辈们的武器并赋予它们新的活力。他这样做有很好的理由。第一，他的真正收入在 13 世纪初的快速通货膨胀时期被损害，这次通货膨胀使许多物价是往日的两倍。⑪第二，他的生活必需品因失去诺曼底增加了很多倍。约翰被迫依赖英格兰资源，需要以前所未有的力度进行压榨。约翰以亨利和理查德时期间所未闻的做派亲临全英格兰各地，查封漏洞，并以极大的精力开始稳固地持续压榨英格兰王国。在其统治伊始，正如《圆筒卷档》上记录的那样，他的来自各郡的普通年度总收入大约为 22000 英镑。1204 年后，该收入稳步增加，直到 1208—1212 年，平均年度总收入在 39000 英镑左右。如果我们加上来自归还领土（落入国王手中的土地）的收入，上升额度在 23000—45000 英镑。如果我们看看《圆筒卷档》上的收入总额，来自教会职务空缺和禁令期间没收教会地产所得的收入使总金额大涨，增加额度在 23000—52500 英镑。当然，所有这一切的增益肯定是由约翰统治初期的快速通货膨胀造成的，甚至按实际收入来计算，约翰单从各郡获得的普通年度总收入在 1208—1212 年比统治初期增加了 1/3 还要多。他在《圆筒卷档》上

---

⑩　*Radulphi de Coggeshall chronicon anglicanum*, ed. Stevenson, p. 170.

⑪　拉蒂默（Latimer，即将出版）对通货膨胀的发生时间提出新看法，还可参见 Bolton（1992）。

的总收入超过了60%。然而,《圆筒卷档》远远没有记录下约翰的全部资产。如果我们加上1207年从一次大征税中征得的60000英镑和进一步从禁令中估计获得的45000英镑,再假定（可能就是事实）1210年从犹太人那里索取的40000英镑多半已经缴纳,那么约翰在1207—1212年的收入平均每年超过了70000英镑。可能这代表着自诺曼征服以来在英格兰看到的财政剥削的最高水平。[12]结果,到1214年,约翰已经积攒了130000英镑的财富。那年的远征并不是因为缺钱而失败的。所有这一切的受害者部分是像吉尔伯特·德·甘特和威廉·德·莫布雷这样的大贵族,他们被迫支付大量的由继承金、司法贡献和欠犹太人的债务所产生的个人债款。他们也包括各个郡的骑士、自由人和农民,这些"痛苦的乡巴佬"（正如班维尔编年史家对他们的描述）受到郡守（受命对各郡的古老农场征收额外收入）和1207—1208年与1212年的过度敲诈的森林巡回法庭的压迫。拿霍尔特的话来说,1215年事实上是"国王的债务人叛乱的一年"。[13]这次叛乱在北方尤其强烈,这使人们在约翰的统治下第一次感觉到王室统治的全部分量。

在上一代人时期,约翰可能更容易地从其压迫性政策中脱身,但标准正在发生变化。国王应当公正地统治的老观念正在受到越来越多的批评和限制。伟大的政治思想家索尔兹伯里的约翰在《论政府原理》（*Policraticus*,约写于1160年）宣扬了真正统治者和暴君的差别:前者尊重法律并为了人民的利益来治理国家;后者根据其意愿（*voluntas*）来治理国家,只顾及他的私利。[14]这样的观点开始普遍流传,在作者不明的律令集《忏悔者爱德华的法律》中得到有力的阐述,该律令集于13世纪在伦敦编写出来。金雀花王朝诸王在这些观点的传播中发挥了自己的作用。亨利二世的新法律程序转向这一原则:除非合乎法律并经由判决,否则任何自由人不得被剥夺财产。同一规则也应该适用于国王的想法很正常。约翰自己可能会认为这些观点大多不公平。他经常强调他服从王国的法律和习俗的愿望,而且不管如何,许多地方（如继承金的数额）不存在精确的法律和习俗去

[12] 这些财政数据可参见 Barratt (1996).
[13] Holt (1961), p. 34, 对约翰的迫害性财政政策的主要描述可看第143—174页。
[14] Wicks (1984).

让他违背。在那个意义上说，大宪章实际上强加了新法律，尽管假作是在恢复旧法律。然而，所有这一切中重要的不是专业争论而是普遍看法。不管怎么估算，约翰的一些行为是无法律依据的（尤其是他的谋杀行为），而且他的统治的总体性质远远超出了合乎习俗和可接受的范畴。

　　约翰面临的形势也比 12 世纪早些时候的国王所面对的更为复杂，因为他不得不去控制的政治共同体不仅比以前发出更大的声音，而且规模更大。⑮ 除主教和大修道院院长外，这一大堆人的顶端还有150—200 位大约有 115 英镑中等年度收入的世俗贵族。最富有的贵族（包括大约十几位伯爵）每年享有 500—1000 英镑。这笔收入的大部分来自地租和出售大量的剩余谷物，来源于在人口中占 85% 的自由农民和不自由农民的劳动。钱财与权威还来自司法审判权。大贵族拥有佃户，通过骑士服役从他这里持有土地，他对这些人享有权利或继承金和监护权。这种领主权（正如这种贵族与佃户的结构所称）有自己的法庭，佃户们必须参与，关于土地和劳役的民事纠纷可能在这里解决。领主也从分享王室在各地区的司法权中获得权力。13 世纪英格兰有一半百户区掌握在私人手中，这些百户区是由领主的官员而不是郡守掌管百户区法庭并拿走一些或所有来自百户区的收入。领主可能还享有庄园法庭、私人百户区法庭或领主法庭的其他自由权（而且这三种法庭之间的差别有时难以区分），例如"窃贼处罚权"（"infangthief"），即绞死偷窃他人财物且当场被抓的窃贼的权利。在整个世纪里，领主极力维护和扩大他们的地方法庭和司法权的权威，因而与他们的佃户、邻居和郡守产生冲突。这种领主权在 13 世纪初达到什么程度，依然聚焦在领主及其骑士佃户之间的忠诚上（与权利和收入之源相对），历史学家对此尚存争议。显然，那些佃户在政治中正在成为日益独立的力量，国王和权贵可能会争夺他们的支持。

　　13 世纪有 4000 多名郡骑士。有些和小贵族一样富有，但绝大多数只有 1 座或 2 座庄园，年收入在 15—30 英镑。还有比这些人穷得

---

　　⑮　关于下两个段落，可参见 Painter（1943）；Holt（1961），pp. 17 – 60；Coss（1975）；Waugh（1986）；Carpenter（1996b），pp. 349 – 380；Coss（1991）；Crouch, Carpenter and Coss（1991）；Thomas（1993）；Coss（1995）；Faulkner（1996）.

多的骑士，他们根本不是庄园的领主。（然而，即便他们也要比最富　325
有的不自由农民富裕得多，后者的年收入在缴纳地租后可能在 2 英镑
左右）。⑯ 在整个 13 世纪期间，骑士的数量急剧下降；到 1300 年或
许还有 1200 位骑士，该阶层仅限于那些拥有 2 座或 3 座及 3 座以上
庄园的人。根据一种假说，这种变化与社会和经济危机有关，这一危
机吞没了 13 世纪初的骑士及其后代，使他们在政治上变得激进，并
迫使许多负债累累（通常是欠犹太人的债务）的骑士家族变卖财产。
另一不同假说（似乎更令人信服）在承认许多个人困难的同时，将
会认为 13 世纪初骑士家族（如果他们是庄园领主）长期以来的物质
地位基本上是稳定的，并对骑士数量减少做出解释，除了最富有的骑
士家族通过拒绝承担花费日益增加的头衔来保护自己的地位之外。⑰
这些变化在每个郡产生了一个既有名望又有影响力的骑士精英阶层
（1270 年左右，一个中等大小的郡大约有 60 位骑士）。但这个精英阶
层仍然与拥有一两座庄园的领主紧密相连（由此产生大部分影响
力），这些领主已经明智地停止接受骑士头衔（日益沉重的头衔），
在下个世纪将会接受候补骑士的称呼。最终，人们可以理智地把这一
广大阶级称为乡绅阶级，他们的权力来自所持有的土地数量及其对地
方政府官职的逐渐把持。其成员也通过经常从不止一位领主那里持有
土地来获得独立，通过亨利二世的新法律程序来保护自己免于被任意
剥夺财产。贵族有极强的能力来适应这种形势。至少从 12 世纪中期
开始，他们因此保留与其没有土地保有关系的追随者。实际上，为了
竞争良好的服务，他们热衷于这样做。但在这个更具流动性的社会
里，他们不如以前那样有能力来担保和控制一个定义明确的骑士佃户
群体。因此乡绅阶级获得了自己的发言权，据此可以抱怨地方政府的
运作，并要求将控制权赋予他们。最后这一发言权即将由骑士在议会
中做代表。

　　当然，不仅仅是骑士即将在议会中出现代表，来自城市的市民也
一样。到这个世纪末，大约有 15 座城市自夸其人口超过了 1 万，其

---

　　⑯　这里给出的所有收入估计值都是近似值。试图重建农民收支的研究可参见 Dyer（1989），
pp. 109 – 118，第 29—30 页是关于 1300 年前后权贵和乡绅阶级（多得多）的收入。
　　⑰　在这场争论中，大多转向骑士家族拥有的领地大到可以通过为市场生产谷物来利用上涨的价格
的程度有多大。

中布里斯托尔和诺里奇进入最重要城市之列。有些城市在 13 世纪人
326 口的增长速度可能超过伦敦。然而，在规模和政治重要性方面，伦敦
仍然遥遥领先。1141 年，它的背叛在阻止女王玛蒂尔达获得王位上
是决定性的。1200 年前后，伦敦的居民可能已经达到 4 万，在 12 世
纪里人数翻番。到 1300 年，伦敦的人口可能接近 8 万。[18]

　　假如约翰在 1204 年后急需钱财，他将不可避免地侵犯这个日益
扩大的政治社会，但他采取的庇护和惩罚方式加剧了他与权贵们之间
的问题。他将权力和宠信集中在一小群大臣身上，包括像菲利普·奥
尔德科茨和布里安·德·莱尔这样的在北方担任残酷的地方代理人的
新贵，以及像臭名昭著的诺丁汉郡守菲利普·马克这样被大宪章解职
的外国人。对贵族之间的相互诉讼，约翰提供的"公正"既腐败又
武断，在本质上是为回报朋友和严惩敌人而设置的。当特罗布里奇被
剥夺赫里福德伯爵的头衔并将之给予威廉·朗格斯比时，至少有一件
著名讼案（"*cause célèbre*"）是"按照国王的意愿"，以剥夺财产的无
法律依据的行为结案（大约似乎如此）。然而，约翰后来因引诱其妻
子而迫使威廉（他的同母兄弟）起兵叛乱。约翰与另一位大贵族威
廉·德·布劳斯的世仇以谋杀告终：威廉的妻子玛蒂尔达（一个有
名的刚勇好战的妇女）和长子饿死在温莎城堡中。

　　正如科吉舍尔的拉尔夫指出的那样，约翰也未向骑士们伸出援助
之手，这样一来，甚至他的那些少数贵族支持者也和叛乱者站在一
起。约翰早已对此熟视无睹，因为他在亨利二世的法律程序中有办法
来安抚地方社会中的骑士和骑士之下的其他人。这些程序提出所有审
判（除了不自由农民）由陪审团在王室法官面前进行，以防贵族或
任何其他人出现无法律依据的剥夺财产行为。这些程序还从贵族的领
主法庭拿走了审判权。然而，约翰的多疑在这里也使他失信于人。他
不仅没有打出最好的牌，反而把它丢掉了。他没有让人们更容易获得
王室公正，反而是更难以获得。在 1209—1212 年，由于对权威的竞
争中心中产生怀疑，约翰关闭了威斯敏斯特的王座法庭（the bench of
justices），几乎暂停各郡的巡回法庭，坚持要求所有诉讼应该跟随他
在全英格兰繁忙巡回，可能方便了诉讼当事人。因此，大宪章把这一

---

⑱　Keene（1989）；Nightingale（1996）。

切都推翻了，坚持亨利二世的各项程序和其他普通诉讼将在固定地方审理，要么在威斯敏斯特的王座法庭，要么在郡法庭当着法官的面审理，这些法官身旁将陪伴着四位地方选举出来的骑士。[19]

因此，大贵族能够调动起广大同盟来反对国王，这一同盟反映在 327 大宪章中。在斯蒂芬统治时期，贵族各自为战，在个人的特许状中获得让步。在约翰治下，他们联合起来将一份全体的自由特许状加之于国王，即使这份特许状以他们的领主法庭为代价来扩大王室司法权。隐藏在贵族联合之下的是派系间的联系，这通常来自长期存在的家族联络和邻里关系。这些联系也来自面对共同问题的强烈感觉——这个问题是由君主的咄咄逼人的活动造成的。当贵族欠了国王的钱时，他的同伴经常聚集起来充当还款的担保人。因此，正如霍尔特所指出的，最密切地关系到君主对家族的财政压榨的证明，也正好就是最密切地关系到这些家族行为的初期共同体的证明。大贵族领导者将大宪章的范围拓宽，把不仅仅是他们自己的不满囊括进来，这里他们可能受到斯蒂芬·兰顿的理想主义的影响，兰顿密切地参与了 1215 年的磋商。但从根本上来说，他们正通过对英格兰社会的权力平衡做出回应来获得支持。要到爱德华一世统治时期国王才能扭转形势，做了同样的事。

从短期来看，大宪章完全失败了。或许约翰总是把它看作暂时的权宜之计来争取时间，直到他的境况好转。几乎在同一时刻，他请求教宗废除该文献，英诺森三世适时地在 8 月 25 日满足了他的请求。英格兰再次陷入内战状态。从根本上说，约翰的反对者们已经犯了错，没有赢得战争就开始妥协。大宪章是一份协商出来的文献，而不是约翰跪地求饶时下令颁发的文献。它要求约翰解散外国雇佣军和提到的某些城堡主，却允许他保留大部分军队和他的所有城堡。这使 25 位被授权去执行大宪章的贵族不可能完成任务。

开战后，约翰拿下罗切斯特城堡，然后在 1216 年年初率大军一路北上，大肆劫掠。叛乱者通过将王位提供给法兰西国王菲利普·奥古斯都的长子路易来抵制。路易在 1216 年 5 月登陆英格兰，很快控

---

⑲　对约翰和司法权的不同观点，可参见 Stenton（1965），pp. 88 – 114。最新评论可参见 Hudson（1996），pp. 220 – 239, and Turner（forthcoming）。

制了半个王国。约翰在 1216 年 10 月 17—18 日晚死于纽瓦克城堡（Newark castle），当时一场大暴风雨将周围房屋的屋顶掀落。统治初期，颇为自负的约翰将爱尔兰领主的头衔叠加到他的称号中去。现在，爱尔兰显然是他九岁的儿子亨利可能找到安全避难所的唯一地方了。

三

没有任何英格兰国王会在比亨利三世更绝望的形势下登上王位。
328 然而，不到一年，路易已经离开英格兰，和平已经到来，人们普遍承认亨利为国王。胡伯尔·德·伯格对多佛城堡的英勇守卫、年迈的彭布罗克伯爵威廉·马歇尔在林肯之战（1217 年 5 月 20 日）中获胜以及最后胡伯尔在桑威奇附近的海战中大获全胜，已经保障了亨利顺利继承王位。

一旦战争打赢后，威廉·马歇尔成为摄政。在他于 1219 年去世后，时任大法官的胡伯尔·德·伯格能够在两位著名的教宗使节瓜拉和潘德尔夫的帮助下，尽力解决极其严重的问题。王室政府既没钱又没权，他们不得不安抚前叛乱者，坚持对为所欲为的保皇主义者行使权威，慢慢地重建起王室机构，并以某种方式保住海峡对岸剩下的财产。结果，亨利的主管们没能守住普瓦图，于 1224 年被路易八世征服，但他们通过广泛的努力确实保住了加斯科涅。卡佩王朝的狂流已经将金雀花家族从法兰西的大部分地区横扫出去并动摇他们在英格兰的地位，最后被遏制住。加斯科涅直到 1453 年仍然留在英格兰人手中。幼王政府没有做出相似的努力来逆转卢埃林在 1212 年约翰放弃远征后取得的进展。1218 年，《伍斯特条约》（Treaty of Worcester）接受了卢埃林对南波伊斯以及卡迪根和卡马森的占领。1223 年对他的征战和 1228 年、1231 年的一样，基本上都是临时行动。1223 年，正是彭布罗克伯爵第二位威廉·马歇尔而不是国王，真正损害了卢埃林在南威尔士的霸权。然而，在英格兰境内，到 1227 年亨利三世亲政时，他控制的政府从很多方面来看都已恢复到战前的样子。但那也是一个全然不同的政府。大宪章在亨利三世未成年统治时期扎下了根。为了赢得战争、保障和平并在 1225 年征收高额税收去拯救加斯科涅，亨利的大臣们以他的名义行事，表现出惊人的大转变。他们接受约翰已经拒绝的，在1216年11月、1217年11月、最后在1225年2月颁发新版本的大宪章。此外，在1217年和1225年，他们把大宪章与一份全新的特许状结合在一起，该特许状规定了王室森林的大小和管理。1225年版大宪章成为定本。当亨利三世及其继任者重申大宪章时，他们一直重申的是1225年的大宪章。

大宪章不是灵丹妙药。它们甚至对相关事务也没有合乎法律的执行手段，因为1215年发起补救违反行为的25位贵族在后来的任何一个版本中都没有提及。大宪章事实上也没有提及国王的大臣们如何选择、任命权如何分配。因此，它们与亨利三世统治时期的关键事务无关，不得不由更激进的改革计划来进行补充。虽然人们对相互提出诉讼的大权贵在大宪章签署后第一次享受到亨利二世引进的既定法律程序存在争议，但在实践中（而司法权不再被出售），这样的高层案件正好和以前一样受到君主的干预。[20]

如果大宪章的缺陷在亨利三世未成年时期已经很明显，那么潜在的补救措施也是如此。大议事会在这个时期担负起较大的职责，它是王国内的主要教俗权贵的集会（后来称为议会）。这样的集会批准征税、解决法律诉讼和选出国王的大臣。1218—1219年，大议事会安排拉尔夫·德·内维尔（后来的奇切斯特主教）掌管国王的印玺，安排胡伯尔·德·伯格掌管政府的日常事务。在很长一段时期后，两人以公开公正的方式解除了自己的职务。通过大议事会选出大臣的优势清楚地展示出来。任命的需求以那种方式提出，这成为亨利三世的批评者在其亲政时期集中批评的程序。

然而，认为这几次颁发的大宪章都是失败的看法将会错得离谱。正相反，这些宪章构成英格兰政治上的一道分水岭。在幼王统治时期，它们不仅仅是由国王颁发的。它们同样深入臣民的心中。每一版本的手抄本被送往各郡，在郡法庭上宣读，保存在可以拿到的地方，被抄写到无数的私人财产登记册和笔记簿上。从1218年起，乡绅阶级努力利用上面的条款来处理郡法庭和百户区法庭以及亨利二世的非法造林活动。像那些将贵族的继承金限制到100英镑、保护遗孀和禁

---

[20]　Holt（1992），pp. 123–187；Carpenter（1996b），pp. 17–43.

止出售司法权的重要条款大多得到遵从，因而减少了国王的收入及其政治权力。大宪章的全面影响力在结束亨利统治时期的第一阶段的事件中得到充分的证实。虽然亨利在 1227 年获得全部权力，但他让胡伯尔·德·伯格担任大法官到 1232 年，然后在接下来的动荡不安的两年里，由胡伯尔的主要竞争对手，图尔奈主教温切斯特的彼得·德斯·罗切斯担任此职。主教彼得曾经处于约翰的残暴统治中心，现在渴望返回从前的日子。他鼓吹国王的"无限权力"，嘲讽大宪章中的第 39 条，怂恿亨利做出一系列剥夺财产的违法举动。结果是一场政治爆炸，迫使亨利谦逊地为其暴政道歉。㉑ 大宪章的主要原则——王在法下——大大地加强了。

330

<h1 style="text-align:center">四</h1>

只有当约翰王的两位前大法官胡伯尔·德·伯格和彼得·德斯·罗切斯在 1234 年退出政治舞台时，亨利的个人统治才真正开始。这一统治在 1258 年以一场伟大的政治变革而告终，紧随其后的是一场在全王国发生的激进改革和一场残酷的内战。但是这一骚乱的结局掩盖不了这样一个事实：亨利的统治，实际上完全延续到 1263 年，享有很长时期的国内和平，几乎没有对外作战和来自君主的有限财政压力（至少对世俗信徒来说）。所有这一切能够使经济和社会从约翰的横征暴敛和大宪章内战造成的毁灭中恢复过来。亨利的和平有着很多的原因，其中之一当然在于他自己的性格。他和他的父亲正好相反。他虔诚、纯洁、轻信且非常懒惰。与约翰忙碌的四处巡回不同，亨利长期逗留在他喜爱的宫殿和宫殿城堡中：温切斯特、克拉伦敦、马尔伯勒、温莎，尤其是威斯敏斯特，没有一处位于伍德斯托克以北。他喜欢日常的弥撒庆典和发出流水般的命令来使他所有的家更漂亮、更奢华。㉒ 亨利的"单纯"激怒了臣民们，这或许是他未成年时期的产物，当时的大臣们使他远离不愉快的现实。这种"单纯"在本质上就是天真，使他难以判断其行为带来的结果，从而估算什么是可能的、什么是不可

㉑　关于彼得主教的生涯和对 1232—1234 年的详细叙述，可参见 Vincent (1996)。关于对亨利的个人统治的不同看法，可参见 Clanchy (1968) and (1983)；Carpenter (1996b), pp. 75 – 106.
㉒　Colvin (1963), I, pp. 94 –95.

能的。他的能力强且忠心耿耿的议事会成员（特别是约翰·曼塞尔）使他免于犯下许多错误，但他们不可能使他不犯错误。

　　这部分原因在于亨利不是个没有雄心壮志的人，只不过说得多做得少罢了。实际上，他热情地想要恢复失去的跨海帝国。然而，这谈何容易！甚至当亨利的年收入已经攀升到 2 万英镑（到 1230 年确实如此），这笔收入仍然比卡佩王朝的少 3—4 倍。卡佩王朝对安茹和普瓦图的征服，意味着不能直接进攻诺曼底。除非亨利获得联盟，因为可以为军队所用的最近港口是远至南方的加斯科涅的波尔多。事实上，亨利除了开始重新征服普瓦图之外别无选择。但是，因为英格兰贵族在那里没有土地可收复，所以他们对此兴趣不大。在公爵领失去土地的英格兰贵族已获补偿，而且其他王室仆从已获回报，这些补偿和回报用的是"诺曼人的土地"之外的，还有从那些在 1204 年选择法兰西盟军的人手中没收的英格兰土地。这使重新征服诺曼底的热情被削弱，但并不意味着金雀花帝国不可恢复了。路易九世的未成年统治时期和法兰西王室与大封地领主之间的紧张关系，提供了大量可利用的余地。亨利将大笔的补助金花费在布瓦特文的主要权贵身上，其外交手腕不可谓不成功。他的第一次远征发生在 1230 年，取决于与布列塔尼公爵彼得的结盟，1242 年的第二次远征则取决于与吕西尼昂领主兼拉马什伯爵于格，他是返回安古莱姆的亨利自己的母亲在 1220 年所嫁的人。1230 年和 1242 年，单单一场大战——克雷西、普瓦蒂埃或阿金库尔战役——也许本来可以推翻布汶决定。然而，战斗是亨利竭尽所能去避免的一件事情。1242 年，当路易九世勇敢地率领军队穿过夏朗德河（the river Charente）与英格兰人在塔耶堡（Taillebourg）的原野对峙时，亨利掉头就跑，逃回桑特（Saintes）。事实是亨利是最不可能领导一场成功的军事远征的人。他的雄心壮志完全没有相应的军事兴趣与才能来匹配。他在这个方面和其他方面一样，确实是一个爱好和平的王（rex pacificus）。

　　1242 年远征的失败标志着亨利收复失地的努力结束。他在1253—1254 年发起的最后一次远征有着更有限的目标，迄今为止是他最成功的一次远征。加斯科涅被西蒙·德·蒙福尔的残酷统治所激怒，而且受到卡斯蒂尔国王阿方索的入侵的威胁；武力、调和和外交手腕三管齐下，使加斯科涅恢复秩序，亨利的长子爱德华也娶了卡斯蒂尔的埃莉诺，阿方索的妹妹。不久之后，亨利接受教宗提出的将西西里王位给予次子埃德蒙的建议。这是一个灾难性的计划，正如我们将看到的，但至少在清除障碍来实现这一计划方面，亨利和法兰西国王达成和解。

根据《巴黎条约》（1259 年 12 月），亨利放弃对诺曼底、安茹和普瓦图的要求权。作为回报，路易九世接受亨利对加斯科涅的保有权并承诺他永远拥有圣东日地区和阿让奈地区，第二个地区尤其是一块有价值的领土。后来亨利因接受以下条件而饱受诟病：据说是这样，加斯科涅迄今是拥有完全最高统治权的封建地产，现在变成从法兰西国王那里持有的封地。但是这一封建地产理论大半是 14 世纪的律师创造出来的。那时，亨利肯定关注于确保路易九世承认他对加斯科涅的所有权，从而清除法兰西入侵的威胁。亨利和路易都拥有共同的虔诚品性（虽然路易的虔诚更为一丝不苟），他们的宫廷都拥有一套普遍的行为准则，强调谦恭有礼、慷慨大方和温顺贤良（*débonereté*）。[23] 两位国王分别娶了两姐妹，希望两家能和睦相处。这种理论是美好的，在实践中足以维持 35 年的和平。

亨利与卡佩家族所取得的家族和平，已经在不列颠岛内由亨利与
332 苏格兰的关系中预示出来。1237 年，他与苏格兰国王亚历山大二世达成政客般的协议，清除所有导致两个王国之间产生摩擦的因素，亚历山大三世和亨利的女儿玛格丽特的婚姻巩固了两国的良好关系，他们的婚礼于 1251 年在约克办得无比豪华且欢欢喜喜。亨利在亚历山大未成年统治时期为苏格兰事务操心，这种情况一直持续到 1260 年，但他明显拒绝提出对该王国的封建君主权位的古老要求权。亨利对爱尔兰不那么关注，虽然那里的政治在发生危机时（尤其是 1224 年和 1233—1234 年）紧密地与英格兰联系在一起。他满足于每年从这一领主权中征得几千英镑而无须兑现承诺前往那里。[24] 正是威尔士最终感受到亨利的王权的压迫性那一面。亨利利用 1237 年最后一任伯爵死亡之机为王室获得切斯特，已经加强了他在格温内思边界上的地位。[25] 因此，在大卢埃林于 1240 年去世后，他能够放弃自 1218 年

---

[23]　Vale (1990), pp. 21 –47.
[24]　关于亨利和爱尔兰，可参见 Frame (1992).
[25]　Eales (1986).

《伍斯特条约》以来一贯实行的等待策略。1241 年和 1245 年两次对卢埃林的儿子大卫的征战，使格温内思回到 1211 年约翰王征战后的状态。亨利获得所有威尔士本土贵族的效忠（因而清楚地表明大卫没有享有如此普遍的领导权），通过在迪甘韦（Deganwy）和迪瑟斯（Diserth）建造城堡来保障对康威河和迪河之间的分封地（cantref）的征服。然而，甚至在这里，亨利政策中更温和的一面依然明显。1246 年大卫去世，没有留下继承人，社会动乱不安；亨利根据以前的协议，完全有权利为王室吞并格温内思（现在只剩下安格尔西岛和康威河以西的土地）。而事实上，根据 1247 年的《伍德斯托克条约》（Treaty of Woodstock），他允许大卫的侄子们欧文和卢埃林·阿普·格鲁福德来继承，后者是未来的威尔士亲王。

在英格兰，亨利的和平统治从 1234 年开始持续到 1258 年的变革，这一和平无可非议地为他赢得赞誉。后来，亨利的批评者们暗示他受到最著名又最臭名昭著的罗马法名言中的两句名言的影响：即君主"不受法律约束"（legibus solutus）和"君主之言具有法律效力"。在 1232—1234 年，或许这样的绝对主义观点由彼得·德斯·罗切斯在亨利的宫廷里随意传播。亨利有时也渴望将自己的权力与教宗的做比较，惦记着通过加冕典礼上涂膏油他可能会享有什么样的特殊权威。然而，英格兰伟大的法律集《布拉克顿》（Bracton）强调王在法下，而且亨利自己在 1237 年和 1253 年以无比认真的态度重申大宪章时也承认了；该法律集由围绕在法官威廉·罗利周围的法律界人士汇编而成，罗利在 13 世纪 30 年代曾是亨利的首席大臣。虽然他也宣称在选择大臣时享有绝对权利，但正如他所说，也就是符合而不是违背英格兰的法律和习俗。算计和性格意味着亨利不希望去恢复他父亲统治时代的政策。当这两者在 1232—1234 年反复时，难道它们没有差点就摧毁整个王朝并使亨利自己变得低三下四吗？因此，亨利的王权典范不是约翰王（很有可能在地狱），而是埋葬在威斯敏斯特修道院，现就坐于上帝右手边的国王圣徒：忏悔者爱德华。正如亨利从传说和使徒传记中所得知的，这位忏悔者正好与专制、精力充沛且好战的君主相反。事实上，他宁静聪慧，公正虔诚，慷慨平和。在 13 世纪 30 年代期间，亨利对这位忏悔者的热爱与日俱增。1245 年，他开

333

始重建修道院，为这位圣徒的新圣坛营造一个合适的家园。㉖

在一定程度上，亨利的做法与其理论相符。他非常理智地将他的和平建立在对大权贵的绥靖之上。他避免挑战他们的地方司法权，对他们的债务持宽大态度，试图把他们拽进宫廷里的家族圈子，且从未再出现过 1232—1234 年间对财产的任意没收行为。与 1215 年不同，1258 年不是一场"无权者"、债务人和被剥夺财产者的叛乱。对世俗信徒来说，亨利的统治在多数情况下也比约翰的缺少压迫性，部分原因在于大宪章限制了他的收入，另一部分原因在于他不那么严厉地驱使自己的政府。亨利在 1237 年后没有获得征收全国性税收的授权；在 1241—1245 年，当他的普通收入达到最高时，从各郡和没收产业权所得的平均年收入为 3.15 万英镑，比约翰在 1208—1212 年的收入每年少了将近 1.4 万英镑。他同一时期的全部已知收入平均每年 3.65 万英镑，很可能是每年 3.5 万英镑，比约翰在 1207—1212 年的收入少。㉗ 到 1253 年，经过很长一段时期的积累，亨利所积攒的财富（以黄金的方式为一场从未真正付诸行动的十字军东征所积累）可能达 2 万英镑。正是这笔财富为 1253—1254 年加斯科涅征战的成功提供了资金，但与约翰在 1212 年获得的 13.3 万英镑相比，这笔财富仍然显得微不足道。到 1258 年，亨利的总收入（一部分归因于分封给爱德华王子的封地及其他资助）已经下降到每年 3 万英镑以下。㉘ 假如亨利要安静地过日子且避免战争，他能够靠他的收入过下去，还能略有结余。因此，他个人统治的和平是由缺乏资源和军事精神造成的。同样，1258 年的变革之所以成为可能，是因为亨利没有留下用以抵制变革的财富。

334　　在这一背景下，有人可能会琢磨到底为什么会在 1258 年出现变革，但只要看看亨利统治的另一面就容易理解了。各地出现普遍不满情绪。㉙ 亨利三世已经明显没能像路易九世在法兰西那样对王国进行改革。当路易颁发各种条例并将考察者（enquêteurs）派往全法兰西时，亨利时不时地给贵族们点教训，独自在财政署发布命令来使郡守

㉖ 关于亨利、忏悔者和修道院，可参见 Binski (1995)；Carpenter (1996b)，pp. 428–459.

㉗ 亨利收入的数据来自 Stacey (1987)，pp. 208–210.

㉘ Collingwood (1996).

㉙ Maddicott (1984).

提高办事效率。从根本上说，亨利缺少路易所拥有的东西，即在面对大臣和权贵的强烈反对时推动改革的积极性和决心。1236—1237 年后几乎没有立法，也没有大范围地解雇郡守。相反，在面对议会征税被否决时，亨利在财政上采取他父亲统治时期非常不受欢迎的一些权宜之计。他命令郡守征收超过古代郡农场的钱财（要求的增额量在1241 年为 1500 英镑，1257 年则达到 2500 英镑），给巡回法庭的法官施加压力来获得收入，在 1244—1252 年设置森林巡回法庭来强制收取罚金达 18200 英镑。如果说事情在约翰王治下更加糟糕，那就是缺乏客观判断力。亨利在某个方面可能甚至比他的父亲更过分。在1241—1256 年，犹太人被征收约 73000 英镑的税款，大部分缴齐。这将拿走犹太人大约一半的财富，对犹太社团的影响是毁灭性的。对基督徒债务人来说也是一样，许多债务人属于乡绅阶级，犹太人不得不从他们那里收回借款。与此同时，亨利对最大贵族的宽大使他们得以正式真正地免于被起诉。一个臭名昭著的管家吹嘘道："如果我对你不公正，谁又会对你施以公正呢？"[30] 一个重要的变化加速了这一进程。1241 年后，郡守们逐渐成为次要的专职行政人员，而不是与国王亲近的治安官员（*curiales*）或为各郡觊觎的郡骑士。这样的行政人员被指望从人口总量（从任命时起）中有效地征收钱财，但他们缺少治安郡守（curial sheriff）能够对抗郡里的大人物的权力和名望。结果，领主的官员拥有更大的自由来迫使佃户出席其主人的私人法庭并使他们退出由郡守控制的百户区法庭。亨利似乎已经以对其他所有人不公正的代价来安抚大权贵。

权力中心也出现了体制上的变化。1234 年后，亨利三世免除了大法官的职位，从 1238 年起不再任命权贵来出任日常掌管印玺的大法官。他担心这样的职位会独立出来，认为既然国王已经被限制在英格兰，大法官的职位不管怎样都已是多余的。结果，亨利的政府变得日益遥远，上诉和请愿书得以从地方传向中心的通道变得日益昏暗。真正的受害者是那些在宫廷圈子外的人，最为引人注目的是希望对郡守或领主权力滥用提出起诉的各郡教会人士、小权贵、乡绅和自由人。

[30]　*Matthaei Parisiensis Chronica majora*, ed. Luard, V, p. 738.

　　因此，亨利已经触怒了地方社会。尽管他个人很虔诚，但他也完全疏远了教会。部分原因在于他的官员利用教职空缺期及践踏教会司法自由的方式。在 1257 年 8 月的一次大型教士大会（第一次大型正式会议？）后，一份包括 50 多起上诉的单子被列出；另一次由大主教卜尼法斯主持的大会在 1258 年 6 月颁发了一套改革条例。[31] 甚至更具煽动性的，是关于西西里的异于寻常的事务。1255 年，亨利代表次子埃德蒙接受教宗提出的西西里王位的建议。他因此能够挡住卡佩王朝任一候选人资格的竞争，想象着在一个地中海王国创建他的王朝：一个如此富有的王国将会为失去诺曼底提供充足的补偿，并为对圣地发起十字军征战提供理想的基地——就像理查德一世在开始东征前已经征服了塞浦路斯一样。事实上，在亨利的弟弟，康沃尔伯爵理查德于 1257 年成功当选为德意志国王后，金雀花王朝似乎即将成为欧洲的统治王朝。诚然，西西里实际上处于皇帝弗雷德里克二世的私生子曼弗雷德的统治下，亨利被指望着可以率领或派遣一支军队将他驱逐出去。但是，多亏了亨利的妻子的叔叔，皮德蒙特领主萨伏依的托马斯，亨利已经在意大利的门口有了立足之地；那位狡猾的操作者可能不会做出一些妥协的安排，或许通过埃德蒙与曼弗雷德的女儿的联姻？这些是亨利的希望，但完全是幻想。[32] 曼弗雷德拒绝接受任何妥协（当他稳稳地处于控制地位时，为什么会对此感兴趣呢？）；萨伏依的托马斯被他的敌人俘虏，在都灵的一所监狱里正变得日益憔悴，康沃尔的理查德正忙于巩固他在德意志的摇摇欲坠的地位。对所有这一切造成严重国内后果的是教宗提出的要求，因为教宗对亨利的钱比对任何入侵军队感兴趣得多。因此，他首先坚持要收到协议中承诺给他的 9 万英镑。当然，正是英格兰教会付出了这一代价，它从 1254 年到 1259 年为教宗征收了 4 万英镑的税收。主教和修道院院长在 1258 年危机期间置亨利于不顾，而且后来很多人公开支持他的敌人，这也就不足为怪了。

　　然而，西西里事件不只是伤害了亨利和教会的关系。1258 年，一位教宗代理人以全体禁令相威胁，要求世俗信徒也要缴纳重税来满

---

[31]　Storey (1991).
[32]　关于这些希望，可参见 Lloyd (1988)，pp. 221–232.

足教宗的需求。整个事件似乎只是过于充分地展现了亨利的"不足" 336
和贵族所谓的王国的"低能状态"。㉝ 1257 年亨利对威尔士的远征遭
遇惨败，也清楚地证明了这一点，此次远征意在压制卢埃林·阿普·
格鲁福德日渐扩张的权势。亨利已经完全失去对宫廷派系斗争的控
制，这一事实甚至使这一点更加明显。正是这些才真正地引起了变
革。这无疑将我们带到亨利统治后期最为重要的政治人物面前，即亨
利的王后普罗旺斯的埃莉诺。㉞

　　中世纪的王后生活正处在一个妨碍她们发挥任何重要政治作用的
环境中。如果她们通过在加冕仪式上被涂圣油和佩戴王冠来获得地位，
她们无须宣誓来确定职责。如果加冕仪式的祈祷者强调，像《圣经》
中的以斯帖王后一样，她们应该向丈夫说情并恳求他们行事公正仁
慈，正是作为调解人的角色表明她们绝不是王国的联合统治者。即使
对圣母玛利亚日渐增强的崇拜给世俗王后增添某些光环，历史学家也
认为她们在 12 世纪失去真正的权力，因为她们不再是王室和财富的
管理者，没有获得自己的任何独立收入来源。不管如何，当亨利在
1236 年与埃莉诺结婚时，离王后曾经在英格兰的政治和政府中发挥
作用确实已约有 70 年了。约翰的王后安古莱姆的伊莎贝拉虽然是一
个热情洋溢、意志坚强的女人，但直到约翰去世后都没有发挥什么明
显的政治作用；当政治抱负被立即压制时，她离开了她的孩子返回安
古莱姆。㉟ 普罗旺斯的埃莉诺（像所有 13 世纪的王后一样）同样是
一个外国人，与伊莎贝拉一样，结婚时还是一个小女孩。然而，她的
命运却非常不一样。一方面是亨利主要通过监护权给予她大量的收
入，还有独立的资助来源；另一方面是她在英格兰有自己的家族群
体，这非常独特。因为亨利在 1240—1241 年已经任命她的一位叔叔，
萨伏依的彼得为里奇蒙领主，另一位叔叔卜尼法斯为坎特伯雷大主
教。维护亲属的利益成为埃莉诺的主要关注点之一，而且许多萨伏依
家族成员与英格兰贵族家庭联姻。埃莉诺的另一个主要关注点（除
增加自己的收入外）就是保障和提升她的孩子们的利益，最重要的

　　㉝　*Matthaei Parisiensis Chronica majora*, ed. Luard, Ⅵ, p. 401. 编年史家威克斯提到，1258 年的权贵
认为亨利"不足以"统治王国。他也指出危机期间待在德意志的康沃尔的理查德没有伸出援助之手：
Annales monastici, ed. Luard, Ⅳ, pp. 118 – 119.
　　㉞　关于接下来发生的事，可参见 Howell (1998).
　　㉟　关于伊莎贝拉，可参见 Vincent (forthcoming).

337 是出生于 1239 年的长子、王位继承人爱德华的利益。她证明是一位
顽强的派系斗士，在英格兰王室经历最黑暗的时刻时是一位英勇的捍
卫者，大踏步跨过由她丈夫的"不足"及其对她的能力的真正敬重
造成的间隔。

　　萨伏依家族的创立引起了争议，但亨利在 1237 年未经磋商，就
安排守寡的妹妹埃莉诺嫁给一位年轻的法兰西贵族西蒙·德·蒙福尔
所引起的争议更大。作为一位赫赫有名的父亲的第三子（他经常提
起父亲的英勇之死成为阿尔比派十字军的榜样），西蒙能言善辩、魅
力非凡。他趁机提出对莱斯特伯爵领的诉求，在英格兰很快被接纳。
但事实证明，他是一位要求很高的人，对国王的用处不如对王后和萨
伏依家族的那么大。随着王后的长姐嫁给路易九世，并且正如我们所
看到的，萨伏依家族的另一位叔叔托马斯成为皮德蒙特领主并暂任佛
兰德伯爵，这为亨利获得了国际形象，在这方面他一直有所欠缺。真
正的问题并不是来自萨伏依人，而是亨利带到英格兰的另一群外国
人。这些人是他的同母异父兄弟，他母亲嫁给普瓦图的吕西尼昂领主
于格所生的孩子。吕西尼昂家族（威廉·德·瓦朗斯在 1247 年通过
联姻成为彭布罗克领主，三年后艾梅成为温切斯特的指定主教）有
助于捍卫英格兰人在加斯科涅的地位，但他们对王后的影响形成挑战
并在宫廷里导致派系斗争。这在 1258 年达到高潮，其时这兄弟俩和
王位继承人爱德华建立联盟，因而在王后的真正权力堡垒中造成威
胁。㊱与此同时，吕西尼昂家族也与西蒙·德·蒙福尔和出没于宫廷
的几个英格兰大权贵发生争执。部分原因在于争夺资助，因为吕西尼
昂家族的人数虽然没有萨伏依家族的多，但他们来时，亨利已经没有
什么东西可以给他们了。㊲还有一个原因是亨利在他们与其他权贵争
执中保护他们的方式，而且似乎把他们置于法律之上。大权贵兼廷臣
约翰·菲茨乔弗雷抗议温切斯特的指定主教艾梅的人袭击了他的人，
亨利却拒绝为他伸张正义，这便成为 1258 年变革背后的直接催化剂。

　　1258 年变革的背景是 1258 年 4 月在威斯敏斯特召开的议会。这
是英格兰历史上的第一场议会危机，这一事实反映出亨利统治时期的

㊱　危机中的这一重要因素首次出现在 Ridgeway（1986）。关于外国人，更多地是参见 idem（1988）.
㊲　Ridgeway（1989）.

主要宪政发展。议会这个名称首次出现正是在 13 世纪 30、40 年代，用来描述国王和王国内的大人物之间的会议。从某种意义上来说，这只是一个旧机构的新名称，这个机构可追溯到盎格鲁—撒克逊时期。338 但有两个方面不一样。其一，这种会议通过在 13 世纪 30 年代创立国王的宣誓内议事会形成更正式的机构核心；其二，这种会议获得全新的政治权力，不仅是从其在国王未成年统治时期的作用上来看，而且更重要的是因为国王在额外征税上对其依赖性越来越强。事实上，额外征税从来都需要获得王国的普遍同意，才可有效进行。这对 12 世纪的国王没有造成困扰，因为他们不需要这样的征税。与此相反，亨利一次次地来到议会请求征税，却被一次次地拒绝，除非议会有权选出他的主要大臣。大贵族对这些新要求的督促或许并不如教会人士、小贵族和乡绅，后三者深受地方官员的不法行为和首席政法官与大法官职位的取消之害。在议会中，小的总佃户（许多属于骑士阶层）毫无疑问是发言最多的。㊳ 在安抚了大廷臣贵族后，亨利得以抵制这样的要求。当他们再也忍受不了时，亨利的宫廷发生分裂时，一切都晚了。

五

在 1258 年 4 月议会召开时，威尔士的危机、教宗对西西里的威胁、爱德华和吕西尼昂家族重修旧好以及拒绝为约翰·菲茨乔弗雷伸张正义，都表明亨利的统治濒临破产。很可能是在王后的支持下，诺福克和格洛斯特伯爵们、西蒙·德·蒙福尔、萨伏依的彼得和菲茨乔弗雷结盟。4 月 30 日，他们全副武装地踏入国王的王宫，要求对王国进行改革。改革的第一部分在 6 月的牛津议会上提出。以大宪章从未尝试的方式，对政策、任命及庇护的控制权被交予一个 15 人议事会，这一议事会本身就负责召开三次年度议会。事实上，正如亨利后来所抱怨的，他成了一个不重要的人，议事会或议事会成员对国家进行统治。当吕西尼昂家族拒绝接受这一新集团时，他们从英格兰被驱逐出去。在掌控了中央之后，权贵们继续处理地方性的不满。1225

㊳　关于这些议会，尤其是大批被郡守召集起来的小总佃户的重要性，可参见 Maddicott（1998）.

年的宪章没有对郡守做出规定。现在规定郡守必须是重要的地方骑士，任期一年，有薪水，所有这一切服从于地方政府应该掌握在当地人手中的传统要求。与此同时，首席政法官的职位得以恢复，被派到
339 各地去听取针对王室和领主官员的上诉，每个郡由四名骑士负责收集这些上诉。次年，《威斯敏斯特条例》（Provisions of Westminster）在1259年10月对出席贵族私人法庭的义务和巡回法庭法官的勒索行为做出限制。

　　正如1215年一样，改革派权贵们因此平息了各郡的不满，还涉及那些特别承认他们自己的官员的不法行为。他们这样做的目的在于他们在压制国王及其儿子时需要支持；实际上，可能和以前不一样，他们真正地感受到来自下层的压力。正如1215年一样，他们也受到各种政治观点的影响。中世纪政治思想的陈腔滥调现在从英格兰特有的基地——牛津大学——表达出来，通过新的托钵修会的传教不断传播开来。牛津的法兰西斯修会修士讲师在13世纪50、60年代谴责"压迫穷苦乡下人的现代君主"；像索尔兹伯里的约翰一样，他们把王国描述成一个人体，其安康依赖各个部分的健康。这一形象被15人议事会精确地运用到他们写给教宗的解释书信中。㉟ 接下来，每个人应该都被卷入这场改革运动，事实的确如此。1258年，一个宣过誓的联合形成，被称为"英格兰共同体"或"王国共同体"，不只局限于贵族，王国中下至最低等的农民都包括在内。

　　从短期来看，1258年变革远远比1215年的成功得多，原因很简单。其领导者控制了王室城堡，因而剥夺了国王的实体权力。约翰几乎立即违背大宪章，而一直到1261年年末，亨利三世才在王后（对萨伏依家族的攻击日渐增加，令她感到担忧）的催促下推翻《牛津条例》，这时1258—1259年的改革陆陆续续地为人所知了。他能够推翻《牛津条例》的关键在于1258年的领导者们之间的分歧。西蒙·德·蒙福尔的自大和野心令1258年担任首席政法官的休·比戈德和杰出的格洛斯特伯爵理查德·德·克莱尔心生厌恶；大贵族，如理查德，也憎恨改革侵犯他们的法庭和官员的方式。最后，只有西蒙·

㉟ Swanson（1989），pp. 63 – 106；Maddicott（1994），pp. 253 – 254；*Matthaei Parisiensis Chronica majora*，ed. Luard，Ⅵ，pp. 402 – 403.

德·蒙福尔拒绝接受国王恢复权力。实际上，他退回法兰西，宣称宁可失去土地而死，也不愿意远离真理。[40]

如果亨利三世举措得当，他可能可以相对平静地度过剩余的统治时期。这是没有将王后考虑在内的想法。王后对1258年变革持欢迎态度，因为这将爱德华与吕西尼昂家族分隔开来，她现在转向清除她儿子（或许与他达成协议）的更不受欢迎的同伴。结果是那些被逐出爱德华服务群体的人在利伯恩的罗杰的领导下，形成持异议者的新派别中心，他们将西蒙·德·蒙福尔召回英格兰，在他的领导下再次使亨利三世服从于《牛津条例》和议会的控制（1263年7月）。然而，西蒙的成功是短暂的。到了秋天，爱德华已经重获利伯恩派的拥戴，亨利逃出西蒙的控制，国家处于内战的边缘。最后，双方将他们的分歧交由路易九世来仲裁。他在亚眠的米舍（1264年1月）做出裁决，谴责了《牛津条例》，恢复了国王的所有权力。这完全等于拒绝了他们所拥护的一切，蒙福尔派拒绝接受。他们公然反抗国王，在刘易斯之战（1264年5月14日）中大败国王。作为事实上的国家统治者，蒙福尔恢复议会控制。然而，他再一次不能将政权建立在稳固的基础上。新格洛斯特伯爵吉尔伯特·德·克莱尔的背叛以及爱德华从监禁中逃出，预示了结局。他们在伊夫舍姆之战（1265年8月4日）中打败并杀死蒙福尔，还政于国王。不幸的是，结束1215—1217年内战的那种明智的抚慰方式在那时却被忽略了。蒙福尔派被剥夺继承权，和平的措施直到1267年才降临英格兰。

西蒙·德·蒙福尔是英格兰历史上在政治运动中第一个夺权并以国王的名义治理国家的领导人。他那非同寻常的声望归因于两个使他独一无二的特征。一个是他毫不动摇地坚持《牛津条例》。另一个是他的统帅才能。他既拥有事业，又拥有将事业进行下去的利刃。蒙福尔宣告他已经起誓支持《牛津条例》，将不会违背誓言。但敌人怀疑他被下列事情驱使着往前走：来自国王（他将之比作加洛林王朝的"天真汉"查理）的蔑视、供给五个儿子的需求以及他的妻子作为彭布罗克伯爵的孀妻因嫁妆缺乏只有1066英镑的年收入而产生的痛苦。他的诉求的范畴和基础一直以来为人所争论。他非常依赖于私人追随

⑩　关于这点及随后发生的，可参见 Maddicott（1994），它取代了以前所有西蒙的传记。

者那微弱却全心全意的亲缘关系。他的权力在伦敦财力支持下得到巩固，那里发生的变革将把明显支持国王的统治寡头驱逐出去，并且任用中等和下等阶级掌权。他拥有许多主教和教会人士的狂热支持，这些人因亨利苛待教会而受到排斥，为西蒙那虚构的克己反思式的宗教虔诚所吸引。[许多蒙福尔派的教会人士曾是与西蒙一道围绕在当时最伟大的思想家和改革派主教罗伯特·格洛斯特（死于1255年）周边圈子里的成员。]

　　西蒙也拥有来自乡绅阶级的极大同情与支持。事实上，在1258—1265年，阶级在政治中发挥作用，这仅在约翰王治下和亨利三世未成年统治时期略显征兆。1259年10月，一个明显代表着各郡
341 乡绅阶级的团体，即"英格兰低等爵士共同体"，在威斯敏斯特议会上抗议贵族迄今为止只顾自己的利益，没有为"团体利益"做过任何事。这直接导致《威斯敏斯特条例》的颁发，其中包括他们对私人法庭的权威做出的限制。然后在1261年，正是在各个郡，最令人生畏的抵制国王恢复权力的运动发生了。作为地方社会的领导者，骑士同样在议会的舞台上加强了地位。1258年前被召唤去参加议会的许多小总佃户可能都属于骑士阶层，但要求出现更正式的代表的看法已经形成。因此，1254年，每个郡选出两名骑士去参加议会并说明各郡将承认的税种。（根本没有任何回应。）这一先例在1258年《牛津条例》设想的议会中没有得到复制，但蒙福尔紧紧抓住了这点。他命令每个郡选出两名骑士，在1264年6月的议会上"全权代表各郡"。次年，蒙福尔再次召集骑士，这次是和来自各个城市的市民一起——下议院雏形的第一次会议。

　　然而，蒙福尔的热情支持者将不会是从宪政角度而是从国家的角度来看待他的事业：最重要的是，他将英格兰从被外国人的毁灭中解救出来。这个时期对英格兰民族情感的发展是重要的。自从诺曼底在1204年失去后，所有大贵族都是土生土长的，只在英格兰持有土地。因此，他们和社会的其他阶层一样拥有英格兰意识。从某种程度上来说，这种意识很好。它缅怀盎格鲁—撒克逊的过去，鼓吹英格兰的外在美：她的河流、城堡和大教堂。但是它也存在更黑暗的一面，因为民族情感被日益增强的对外国人的恐惧和憎恨所激化。难道英格兰种族没有受到约翰王带来的异族人、路易和法兰西人的入侵，由教宗

赐予生计的意大利教士以及从事借贷业的意大利商人的威胁吗？在面对这一威胁时，亨利三世很好地平息或利用这样的恐惧心理。他出生在英格兰；事实上，他有时因出生地被称为"温切斯特的亨利"。他把英格兰当作祖国。他用盎格鲁—撒克逊圣徒的名字来给儿子们取名。然而，他给予外国亲戚的青睐，却使他远离了臣民们的英格兰特性。1258年，对外国人的敌意在随之一切即将开始的宫廷变革中的作用有限：虽然吕西尼昂家族被逐出英格兰，但萨伏依家族和西蒙·德·蒙福尔还在行驱逐他人之举。然而，宫廷外对外国人的反感已经泛滥开来，有人提出要求：把国王的礼物与重要城堡的保管权紧紧结合在一起，这种结合应该留给英格兰人。1258年后，仇外情绪快速增长。王后及其萨伏依派系被指责在1261年推翻了《牛津条例》，[342]使爱德华疏远了本国的追随者。亨利和爱德华都使用外国雇佣军，这表明他们不信任（蒙福尔是这么说的）自己的土地上的人们。考虑到英格兰在欧洲共同体中的成功地位和在外国土地上真正遭受苦难的本国人数很少，这样的感情是自相矛盾且令人恼怒的。然而，牛津学者（像托马斯·多金）和大贵族（像吉尔伯特·德·克莱尔），还有骑士和农民，都有着同样的感情。西蒙·德·蒙福尔自己是一个外国人，但从某种程度上说是名义上的英格兰人。1263年，他利用仇外浪潮，迫使亨利三世不仅仅重申《牛津条例》，而且同意颁发一项引人注目的新"法令"来完全禁止外国人担任官职并有所保留地将他们驱逐出英格兰。和其他任何原因相比，对外国人的敌意更加巩固了蒙福尔的运动并加大了它的吸引力。

　　西蒙·德·蒙福尔像一颗彗星，拖着钦慕和破碎的痕迹从历史的长河中倏然而过。他死后被有些人尊为圣徒，而仇恨他的人视为魔鬼的化身。在拥有私人随从人员的支持到最后时刻的同时，他在1262年和1263—1265年都失去了大权贵的支持。这就是他的政权不能持久的最终原因。1258—1265年期间表明不存在禁止国王持有权力的可能性，除非权贵们联合起来共同完成此任务，而这从来都不可能是长远之计。但这也在关于王国可能如何进行改革和如何选出议会代表方面，给了人们更有助益的教训。

　　因此，亨利从17世纪40年代之前英格兰所见的最激进的宪政改革中幸存下来。他在很大程度上应该感谢教宗、法兰西国王和爱德华。他也要感谢自己。那时没有出现罢黜亨利国王的企图，正如约翰王的遭遇那样。他或许是一个不称职的政治家，但他是一个正派而虔诚的人。1269 年 10 月 13 日，他实现了最伟大的理想。他将忏悔者爱德华的遗体迁进威斯敏斯特金碧辉煌的新教堂里的金色圣坛。

六

亨利三世死于 1272 年 11 月。爱德华正在十字军征战中，直到 1274 年 8 月才回到英格兰。[41] 他不得不去抚慰一个不满情绪仍然在蔓延的王国，还必须重建早已在内战中坍塌且在那之前早已入不敷出的王室资源。爱德华都一一做到了，借此奠定了中世纪晚期君主制的基础。爱德华因此而产生的权力能够使他改变不列颠的政治结构。战争的胜利与和睦的组织保障了对威尔士的征服和稳定，苏格兰也一样。1305 年年初，爱德华一世在威斯敏斯特召开大议会，审理来自威尔士和苏格兰的臣民的请愿书，还有来自英格兰、爱尔兰和加斯科涅的。大约与此同时，爱德华的财政署审查了来自卡那封、伯威克、都柏林和波尔多的下属财政署的账目。正如罗宾·弗雷姆所说："不列颠群岛似乎处于一种无法抵制的组织力量的控制之下。"[42] 爱德华已经塑造了一个新的金雀花帝国来取而代之。

亨利三世在成为国王前没有受到政治上的训练，爱德华却受到了极好的训练。他努力使自己挣脱 1258 年强加的各种限制，然后挣脱蒙福尔政权。他已经知晓社会中的利益群体，首先抓住骑士阶级的重要性。1259 年，"英格兰低等爵士共同体"正是对爱德华提出抗议，他承诺至死都和他们站在一起。爱德华同样看到了 1258 年的政权是如何通过全英格兰范围内的调查、立法并通过巡回法庭的法官审理上诉来对整个王国进行改革的。他自己将走上同样的道路。父子之间还存在另一个重大差别。亨利中等身材，乃是一和平之王；爱德华身高 6 英尺 2 英寸，是一个伟大的战士。他既有骑士的英勇，又有统帅的

[41]　Prestwich（1988）. 这是关于爱德华统治的各个方面的重要著作。
[42]　Frame（1990），p. 142.

决断：因而他在蒙福尔内战中获胜，在后来的征服战争中也获胜。

爱德华那无与伦比的能力尤其因一个人产生影响，即他的王后卡斯蒂尔的埃莉诺。[43] 普罗旺斯的埃莉诺插手所有事务，无人能比。普罗旺斯的埃莉诺对政治活动的反应，至少当她在 1264 年千方百计地集合一支军队去入侵英格兰并解救亨利和爱德华，这种才能甚至在男性编年史作家当中都是出众外化。然而，这对她儿子的性格来说不是个好的兆头（事实确实如此），但并不是说这为她的儿媳卡斯蒂尔的埃莉诺开辟了一条道路。第二位埃莉诺文雅而又贪婪，有时敏感而报复心强，不是第一位埃莉诺的苍白影子。她也有自己的资源，虽然不是以监护权的形式，而是以精心策划的土地财产的形式。她合并土地的行为招致极大憎恨，部分是通过非法买卖犹太人的债务所致。然而，和普罗旺斯的埃莉诺不一样，她在英格兰没有家族派系，去世较早（死于1290 年），没有通过她的儿子从事过政治活动。她甚至因没有担任起她丈夫的调解人而受到批评，因而未能完成指派给她的王后的职责。在她自己的王室记录中，埃莉诺显然是一个细心的母亲，一个好脾气的妻子。正是这位内向的妇女几乎等同于爱德华力求在她那宏伟的坟墓和埃莉诺十字形标记上表达出来的王后权威的任何想象；在前往威斯敏斯特的路上，埃莉诺十字形标记指示着她的遗体憩息之地。

1274 年，爱德华返回英格兰后，立即着手通过一系列改革来确保国内和平：正如编年史家托马斯·威克斯所说，改革"使许多人的心里对他充满真心实意的极为珍贵的爱"[44]。1274 年 10 月，一场大调查对地方官员的不法行为进行了审查，包括王室官员和领主官员。解决由此揭露出来的不满情绪和许多其他问题的努力在立法中体现出来，这项立法于 1275 年 4 月在威斯敏斯特颁发。这是爱德华那些了不起的法令中的第一项。接踵而至的是《格洛斯特法令》（1278年）、《永业田法》（1279 年）、《阿克顿伯内尔法令》（1283 年）以及《商人法令》、《威斯敏斯特法令（Ⅱ）》和《温切斯特法令》（都颁发于 1285 年）。从颁发的频率和涉及的范畴来看，此次立法堪称史无前例。这代表着努力"从需要修正的这样的事情着手去矫正王

---

[43]　关于接下来发生的，可参见 Parsons（1995）.

[44]　*Annales monastici*, ed. Luard, Ⅳ, p. 263. 关于爱德华对王国的普遍改革，可参见 Maddicott（1986）.

国的形势"的严肃性和决心，正如《威斯敏斯特法令（Ⅰ）》所提到的；这项法令按现代版式印刷长达 13 页。在法律和地方政府方面，这些法令没有产生新的程序，但拓展和完善了已经存在的。总目标清晰可见：要维护和平与秩序，保证快速合理的公正，根除王室官员和领主官员的权力滥用并"为公共利益和减轻那些被压迫的人的负担"（《威斯敏斯特法令（Ⅰ）》）而行事。⑮

其他改革也关注到了地方的不满情绪。1278 年的任命及此后任命许多地方骑士为郡守的行为，满足了各郡长期以来的要求；使用普通巡回法庭来审理传回来的口头或书面议案（plaint，诉状），这意味着下层阶层不需要付出获取令状的代价就可以公开表达不满。这样的不满经常涉及非法侵占，这是一种在违反国王的和平方面比重罪轻的不正当行为。爱德华治下的非法侵占行为的数量快速增长，通过诉状和令状的方式将大量的轻微犯罪送入国王的法庭，标志着王室司法权发展史上的一个新阶段。⑯ 与此同时，整个爱德华统治时期实际上和该世纪的大多数时期一样，进入国王法庭的民事行为（大多由来自下层的人提出诉讼）的数量继续增加。据统计，一年中交由王座法庭的法官审理的案件数量在 13 世纪 20 年代到 14 世纪 30 年代之间翻了三番。其间，民事行为的形式多样化。1236 年在国王的法庭中出现关于行为公诉的 19 份令状，到 1307 年爱德华统治末期已经超过 345 100 份。以一批法律辩护人（narratores）为中心的法律专业人员逐渐增多，通过这些程序来引导诉讼当事人并在法庭为他们的案件辩护。⑰ 到 14 世纪 20 年代，大法官法庭每年产生近 3 万份令状，大多数与立法相关。这样大的工作量，以及为了方便诉讼当事人，成为大法官法庭在爱德华统治末年慢慢地不再随国王出巡，并在一个固定地方稳定下来的主要原因。总的说来，13 世纪的国王，尤其是爱德华，以这些方式满足了地方社会寻求更多王室公正的需求，这种强烈的需求在大宪章中表现出来。

在任命骑士为郡守和开设巡回法庭来审理上诉方面，爱德华正在

---

⑮ *English historical documents*, ed. Rothwell, pp. 397, 409.

⑯ Harding (1973), pp. 76 – 77.

⑰ 关于法律职业的发展主要参见 Brand (1992b)。行动形式的数据在第 32—33 页。关于专业法官的增加，可参见 Turner (1985)。

模仿 1258—1259 年的改革；在扩大司法体系方面，他正在踏上一条为人所熟知的道路。在利用议会方面，他有更多的创新之处。从 1275 年起，他鼓励臣民将要求公正和青睐的请愿书递到他的面前，然后交由国王的议事会或特别任命的委员会来处理。由于议会在 1275—1286 年是在常规的两年一次的基础上召开，一种清楚确定下来的交流通道在地方和中央之间建立起来，使"人民"更易于提出关于权力滥用和不公正的上诉。这实际上就是 J. R. 马迪科特所说的"重大革新"，因为 1258 年的改革者意识到了同样的问题，只是通过恢复首席政法官职位来解决它。[48] 实际上，爱德华有他自己的首席政法官，那就是当了 18 年大法官的罗伯特·伯内尔。直到 1292 年去世，伯内尔都在认真处理大量的要求和上诉。但这项任务远远超出一个人的力量。在爱德华统治时期，对请愿书的审理工作在议会事务中越堆越多。对人民来说，这是议会最重要的功能。

正如《格洛斯特法令》所述，一种"君王之职"的责任感驱使爱德华为"改善他的王国"做好必要的安排。但同样存在一个深谋熟虑的因素。在加冕后，爱德华宣布：在收复他父亲失去的所有土地和权利之前，他将不会再次佩戴王冠。他挑战大权贵的篡夺行为及后来对整个王国征税的能力，主要依赖他通过改革王国所获得的声望。

1274 年 10 月进行的调查有关王室权利和地方压迫。亨利三世的松懈统治及随之产生的混乱，已经能够使教俗权贵侵犯郡守的权威，如通过设置私人绞刑架并使他们的佃户退出百户区法庭的审判。因此，在 1278 年，爱德华下令所有那些要求地方自由的人，到巡回法庭的法官面前证明他们的权利。这些责问性质（quo warranto）的调查持续到 1294 年，挽回了一些损失，遏制了进一步的侵犯行为，总体上强迫执行这样的教训：所有司法权均来自君主。

这样的调查并不是爱德华给大权贵施压的唯一领域。虽然他谨慎地避免不合乎法律的剥夺财产的直率行为，但通过结合劝说、购买和精明操作的方式，他在获得怀特岛和德比与诺福克两个伯爵领（第一个伯爵领是在亨利三世的有生之年实现的）的过程中，使几个大贵族家族逐渐被削弱。爱德华利用这样获得的土地来馈赠他最亲近的

346

---

[48]　Maddicott（1981），p. 62.

家族，但除此之外，除征服威尔士后给予的慷慨礼物，他给予资助的
方法显得十分吝啬。正如同时代的人所指出的，这使他难以成为具有
骑士风范的理想国王，尽管他在其他方面都够资格。K. B. 麦克法兰
将爱德华"善于控制形势"的能力与他的孙子爱德华三世的"政治
管理"相比，后者赢得权贵们的敬重，而不仅仅是勉勉强强的尊
敬。[49] 爱德华一世的观点是不同的。通过用不偏不倚的吝啬取代他父
亲的不公正的慷慨大方，他节俭地使用收入来源，避免出现宫廷派系
和"当权者"与"不当权者"之间的斗争。

　　在爱德华处理权利和资助的方式下面，包含着他改革王室财政的
决心。爱德华这样做的需要和能力都需要放到更广阔的背景下进行探
讨。[50] 虽然历史学家在范围和时间顺序上有分歧，但他们都同意12—
13 世纪的英格兰出现极大的经济增长，大部分增长发生在漫长的亨
利和爱德华和平统治年代。人口在 1086—1300 年或许从 200 万增加
到 500 万。到 1300 年，根据一种假说，人口可能超出土地的供养能
力，以致出现大量生活在温饱边缘且在歉收年份会挨饿的农民小土地
持有者。此外，历史学家也认为，土地的短缺在一定程度上被商业部
分的发展所抵消；这部分的增长比率超过人口的，因而在整个经济中
逐渐成为一个较大因素。这一"商业化经济"从市场的增加中反映
出来，市场的数量在 1200—1349 年增加了三倍（即使并不是所有市
场都幸存下来或很重要）。这也从城市的发展中反映出来，以致到
1300 年，英格兰的城市化程度已经和 1600 年一样；也从货币供应增
长中反映出来：据估计，1205 年的流通量大约是 25 万英镑，1300 年
347 已达 90 万英镑。因此，在去除通货膨胀的影响后，1300 年的国民生
产总值比 1086 年的高出很多，甚至在人均值（*per capita*）基础上也
明显多得多。

　　国王的问题是如何确保他对这一增长的财富的占有率：这不是件
容易的事。亨利三世和平时期的普通收入在 13 世纪 40 年代巅峰时期
的任一边可能平均每年为 2.5 万英镑左右。那是 1230 年《圆筒卷
档》上的数据，几乎和 100 年前亨利一世在 1130 年《圆筒卷档》上

---

[49]　McFarlane（1965）.
[50]　随后的事情可参见以下著作中的文章 Britnell and Campbell（1995）；Bolton（1992）.

的收入完全一样。亨利一世的财富曾享有盛名。正如我们看到的，亨利三世的情况就是如此。当然，考虑到 13 世纪初的快速通货膨胀后，事实是 1230 年收入的真正价值或许只有 1130 年的一半。还有，亨利三世当然没有来自诺曼底的收入可以动用，而到他的统治末期沉重的赋税几乎已经毁掉了来自犹太人的现金流。另一个更长期的问题是来自国王自己的领地的收入比例正在减少。在 1130 年以后的 100 年里，价值近 5000 英镑（事实上可能比这更值钱）的土地为了提供资助已经赠送出去。这使国王更难以像大领主那样利用通货膨胀，后者越来越专注于领地农耕，生产剩余产品到价格逐渐上涨的市场上去出售。这相应地迫使国王返回去利用封建和司法收入来源，这些来源的政治敏锐性要强得多。约翰以惊人的活力来应对这些财政问题，筹集到在实质上甚至超过亨利一世所享有的收入。结果就是大宪章的颁发。亨利三世认识到这些政治后果，从不与约翰的收入相比，随之造成的贫困和无能，给他的儿子留下深深的印记。

爱德华没有试图去扭转历史的车轮。例如，他对各郡的古老农场提出的要求低于他父亲统治时期。相反，爱德华开始革新。意大利银行家卢卡的里恰尔多家族已经为他的十字军东征活动提供贷款。现在他们接替为王室和许多其他活动提供资金的工作，最有名的就是威尔士战争。[51] 最后，该公司在 13 世纪 90 年代破产，但直到那时，爱德华的财政远远没有亨利三世的那般捉襟见肘。外国银行家在下个世纪里再次在王室财政中发挥主要作用。第二次革新支持第一次。1275 年 4 月，议会授权爱德华征收关税，每出口一袋羊毛征收 6 先令 8 便士，因而使王室收入每年大约增加 1 万英镑（等于 3 万袋羊毛）。里恰尔多家族正是首先从关税上收回他们的贷款。由于关税主要由购买羊毛的外国商人支付，他们不会产生不利的政治影响，或者至少每袋 6 先令 8 便士的比率不会造成不利影响。这是关税成为王室收入的常规且永久特征的时刻。

因此，爱德华享受到他父亲只能梦想的收入来源。但这些收入完全不足以满足 1294 年后与法兰西和苏格兰战争的巨大开支。为了资助这些，通过将出口羊毛税每袋从 6 先令 8 便士增加到 2 英镑，翻了六

348

---

[51] Kaeuper (1973).

倍，爱德华使关税收入翻了三番，使用奖赏权（他的强制购买权）来
供应军队，不仅限于王室，并且从议会授权的额外征税中筹集大笔钱
财。定期性征收额外税收是他统治时期的第三项财政革新。这样的税
收形式（主要按每个人的谷物和牛群来征收的比例）追溯到约翰在
1207 年的大征税，但亨利三世很少征收这样的税收，通常以此作为主
要让步的回报。出于世俗目的征收的最后一次税收是在 1237 年，它的
代价是重申大宪章。爱德华改变所有那一切。他在 1275 年、1283 年和
1290 年被授权对世俗信徒征税。然后在 1294—1307 年的战争期间，他
征了六次税，税额达 270000 英镑，1294—1297 年间达 191200 英镑。与
此同时，1294 年后对教士征税带来近 224600 英镑的收入。[52]

　　爱德华与他父亲在权力上存在巨大差别，记录下来的锦衣库收据
表明了这一点：粗略来看，这些收据在 1234—1258 年每年平均
12000 英镑；1274—1293 年达 38000 英镑；1293—1303 年高达 75000
英镑。[53] 这些逐渐增加的金额反映了爱德华那迅速增长的战争开支，
因为正是锦衣库是爱德华战争融资的控制中心，它更多地处于爱德华
的个人统治之下。人数少却具有巨大能力的锦衣库书记员团队为军队
提供薪酬，购买军需品，在后来的岁月里经常为此而四处筹钱。锦衣
库可以自行其是，因为它控制了国王的印玺，因而能够独立于大法官
法庭发出信件。随着锦衣库的职能逐渐增加且大法官法庭不再跟随王
廷四处巡回，这变得越来越有必要。爱德华时期的王室作为一个整体
显得既大又令人印象极为深刻，虽然他比他父亲更经常外出巡游，特
别是在他喜爱的狩猎场所周围。13 世纪 80 年代中期有近 80 名王室
骑士（许多来自具有长期服役传统的家族）、100 名乡绅和大约 35 名
全副武装的警卫。王室的总编制（大多由工资供养）大约为 600 人，
围绕着王室的王廷更大；当然，在爱德华到各地巡游时，到场的地方
名流人数更加庞大，而在议会召开期间伴随前后的是教俗大权贵。王
349 廷和王室形成王国的社会和政治中心。在 13 世纪 80 年代，每年将近
12000 英镑可能花费在食物、饮料和马厩上，或许要比 13 世纪 50 年
代亨利三世治下多出 4000—5000 英镑。

---

[52]　Ormrod（1991），pp. 18 - 19.

[53]　Tout（1920 - 33），pp. 73 - 82；Prestwich（1988），p. 570.

爱德华的收入来源要比约翰王的多，至于多多少尚存争议。1290年后，他的收入从现金方面来说当然比较多；但从实际来看，考虑到该世纪发生的通货膨胀，情景有所不同。一项开拓性的研究表明，当拿普通消费品（其价格大约已经翻番）来比较时，1291—1307 年的收入大约与 1199—1216 年的收入相当；而当拿工资来做比较，包括大体上保持不变的士兵工资在内，前者远远比后者多得多。然而，根据关于通货膨胀和约翰收入规模的新研究，这些结论可能需要修正。[54] 真正的重点是，爱德华的收入至少可以和约翰的相比，但它们有着截然不同的来源；特别是在 1291 年后，125%—200% 实际上更多的是来自税收。[55] 因此，政治和宪政影响非常不同。正如我们将看到的，爱德华的国家基础比他的祖父时的国家基础要牢固得多。

七

爱德华由此创造了一个拥有令人惊叹的收入来源的国家。他将使用这些收入越过边界是不可避免的吗？关于收复跨海峡帝国的任何计划，这个问题的答案是不容置疑的"不"。爱德华的战车被用来征服威尔士和苏格兰，不是收复他的父亲和祖父失去的海外领土。部分解释在于权力的事实。甚至在额外税收最丰厚的年份里，爱德华的来自所有领土的收入都比不上卡佩王朝的；根据现存账簿，后者的收入在1286—1292 年平均每年大约为 24 万英镑。因此，爱德华没有推翻《巴黎条约》，反而寻求将它的有利之处资本化并限制其不利之处，而且一直努力提高他在加斯科涅的地位。

直到 13 世纪 90 年代，爱德华获得相当大的成功。[56] 他逃避作为法兰西国王的封臣所欠下的军事服役，因而避免利益与忠诚的尴尬冲突；他确保 1279 年对阿让奈地区和 1286 年对圣东日地区的占领，因而最终实现《巴黎条约》中做出的领土承诺；他限制从加斯科涅递送到巴黎的法兰西高等法院的司法上诉的数量，使人可以更加容忍《巴黎条约》中最伤脑筋的结果。在 1273—1274 年和 1286—1289 年，

[54]　Ormrod（1995）；Barratt（1996）.

[55]　Ormrod（1995），p. 155.

[56]　关于英法关系和 1294 年战争，可参见 Vale（1990）.

350 爱德华两次前往加斯科涅。第一次，他展开对公爵权利的大调查；第
二次，他颁发各种条例来使公爵领政府系统化并完善起来。在他的整
个统治期间，他从创建的大量新城市中获利。

　　卡佩王廷突然改变处事方式，结束了这种困难重重却尚可前行的
关系。1294年，爱德华想象的将会是把公爵领的完全正式屈服看作
司法纠纷的一个阶段，却转变成卡佩王朝的全面入侵，1204年再次
出现。[57] 为了应对，爱德华对英格兰征收极限税收，与低地国家和德
意志结盟，于1297年8月前往佛兰德亲自指挥北方征战。在南方，
爱德华的军队收复巴约讷、布尔格（Bourg）和布拉伊（Blaye），却
让法兰西人控制了波尔多。1297年10月休战之后，接着就在1303
年5月签订和约，菲利普国王在和约约束下完全撤离加斯科涅。爱德
华已经赢了。他受惠于佛来芒人，后者于1302年在科特赖给予法兰
西人一次灾难性的打击。但他自己的军队在加斯科涅和卡佩王朝军队
打成平局，这表明获胜不是容易的事。他也表示可以插手佛兰德。由
于担心他在科特赖之战后将会再次这样做，菲利普因此更急于讲和。
爱德华花费了大量的钱财才获胜。加斯科涅人已经提供大量贷款
（巴约讷的贷款总额为45763英镑），迄今已经形成南方军队中最大
的因素。他们对联结英格兰的热情依赖于稳固的经济基础。自从法兰
西在1224年征服拉罗谢尔和普瓦图后，加斯科涅几乎为英格兰提供
了所有的葡萄酒。英格兰行政权力的恢复速度和斗争的有效性，都从
1306—1307年加斯科涅的收入中反映出来：将近17000英镑，其中
6000英镑来自阿让奈地区，6250英镑来自从波尔多出口葡萄酒的关
税。[58] 加斯科涅已然是金雀花王冠上一颗珍贵的宝石。

<h1 style="text-align:center">八</h1>

　　如果爱德华没有在法兰西发动侵略性战争，他在不列颠必然会
发动。在威尔士，亨利三世的权力在13世纪50、60年代崩溃，已
经为格温内思在大卢埃林的孙子卢埃林·阿普·格鲁福德统治下的

[57] Vale (1990), pp. 186–200.
[58] Trabut-Cussac (1950), pp. 134–5；Vale (1990), pp. 141–142.

复兴扫清了道路。1267 年，根据《蒙哥马利条约》，亨利承认他对康威河与迪河之间的分封地以及南部的比尔斯（Builth）与布雷肯的占领。他也承认卢埃林对所有威尔士的本土贵族享有领主权并授予他威尔士亲王的称号。刚过 15 年，爱德华已经完全摧毁这个新生的威尔士公国。在 1277 年第一次威尔士战争中，他再次将卢埃林赶到康威河以西的格温内思，摧毁了他对其他贵族的霸权。在 1282—1283 年的战争中，卢埃林被杀，格温内思和威尔士本土作为一个整体"被合并且与英格兰王室联合起来"。威尔士的独立结束了。苏格兰几乎有着同样的经历。1286 年亚历山大三世去世，唯一的直系后代，就是他的孙女，在四年后也去世了，这使爱德华能够列席裁决有竞争力的王位要求者。当胜出的候选人约翰·巴利奥尔不太听话时，爱德华在 1296 年入侵苏格兰，赢得邓巴尔之战，完全终结了苏格兰王国。从此以后，苏格兰像威尔士一样，将会是一块被英格兰王室兼并的"土地"。当苏格兰人叛乱时，爱德华发起更多的入侵，在福尔柯克（1298 年）赢得第二场胜利，最终于 1305 年为苏格兰政府颁发一项伟大的法令。这看起来像是全面获胜。假如继承王位的爱德华一世之子不是英格兰历史上最无能的统治者，那么苏格兰最好也不过如此了。

迫切需要对这些引起大变动的事件解释一下，有人雄辩地认为它们绝不是机遇和个人决定的结果，而是一个漫长且不可阻挡的进程带来的结果，不列颠在这一进程中逐渐地被英格兰国家日益增长的权力和要求所主宰。[59] 这一假说不能够无条件地接受（实际上也不能发展下去）。爱德华重塑的政体对外部战争没有什么需要。那是一个平衡性很好的统一体，能够完美地以稳定状态存在。此外，爱德华做不做决定征服决定的环境在很大程度上是可能发生的事件的产物关系不大，事实本就如此。拿苏格兰来说，这些是意外且不可预料的，是本土王朝灭绝的产物。在威尔士，冲突总是更有可能发生，但如果卢埃林没有经过一系列的错误估算"笨拙地走向灾难"，这有可能仍然可以避免。[60] 当然，13 世纪的苏格兰国王开始了建立国家的进程，卢埃

---

[59] Davis（1990）. 接下来的不是对戴维斯假说的确切解释或批评，而是由此引发的一些思考。

[60] Edwards（1940），p. lxi.

林在威尔士本土国家的建立过程中做法更新且更危险，但这些做法与
英格兰国家的性质存在多大的不相容性，尚存争议。毕竟，英格兰国
家的整体性几乎不存在了，它的权力在大宪章和蒙福尔内战中戏剧性
地坍塌了。甚至当它"开始上升并领先跑起来"时，就没有了主宰
352 整个不列颠的持续动力。大卢埃林在 1215 年后统治威尔士的 25 年，
很大程度上是对 13 世纪英格兰国家的反思，就像随后由英格兰人统
治（虽然明显不是征服）的 10 年那样。爱德华在统治初期没有征服
威尔士的计划，引起 1277 年决定性战争的争吵不是来自他对卢埃林
的新公国的基本原则的挑战。直到 1290 年，他与苏格兰的关系非常
和谐，王室之间的联姻、两个宫廷的共同文化，以及大量没有被任何
真正民族对立划分和既不完全是英格兰人也不完全是苏格兰人的跨边
界贵族，促进了这一关系。（在英格兰最北部的 27 个男爵领地中，13
世纪某些时候有 14 个是由在苏格兰持有土地的领主持有。）⑥ 13 世纪
英格兰民族情感的增长有时伴随着对来自海峡对岸的外国人的憎恨，
随之而来的将会是对威尔士人和苏格兰人的敌视和傲慢态度，这样想
或许是自然而然的。然而，在征服前的那些年里，这远非事实。实际
上，对凯尔特种族的帝国主义态度确实在 12 世纪中期的英格兰编年
史家那里找到，100 年后大多已经消失。苏格兰被人满怀敬意地提
起，威尔士人在 13 世纪 50 年代对英格兰王室发起叛乱时得到鼓励。
那不仅仅是因为有了反对不受欢迎的君主的共同事业，也因为导致英
格兰人、威尔士人和苏格兰人之间的差异的广泛社会和文化变化已经
减少。威尔士军队在 13 世纪 50、60 年代似乎装备良好，其领导者正
像英格兰军队中的领导者那样具有骑士风范（或不具骑士风范）。最
终的征服没有发生在英格兰人对苏格兰人和威尔士人产生根深蒂固且
日益增强的敌意之前。

　　然而，这种支配和征服范例仍然具有非常强烈的特征。如果苏
格兰王朝的终止和（有种观点认为）卢埃林的失误将爱德华扶上马
鞍，他接着开始采取严厉手段。此外，他这样做的方式当然大部分
归因于英格兰国家在前 100 年中的发展。在 1277 年后的威尔士和
1291 年后的苏格兰，无人质疑 100 年前亨利二世对威尔士和苏格

⑥　Stringer（1994），pp. 42–43.

兰实施的那种松散的霸权。实际上，1282 年的威尔士人叛乱和
1294 年的苏格兰人叛乱是由强度大得多且更具侵入性的领主权形
式引起的，这种形式极大地归因于英格兰法律和官僚体制在此期间
的快速增长。那些发展同样反映在征服后在威尔士和苏格兰建立的
政府形式上，这两个政府的残酷控制和事无巨细都那么严苛，绝对
使人透不过气来。

此外，所有这一切的背后是爱德华创建的国家权力。正是那种 353
国家权力支持且事实上激励着他做出史无前例的决定，完全结束了
威尔士和苏格兰的独立。这些无须再解释：卢埃林的公国和巴利奥
尔的王国因其统治者的叛国行为都被没收，与约翰被菲利普国王在
1204 年没收诺曼底几乎一样。不一样的是不列颠具有了把这样的
决定变成事实的权力，因而起初就如此设想。爱德华的权力观得到
很好的证实。他花费 8 万英镑来建造一大圈城堡，城堡的地点、规
模和复杂性前所未见，这保证了对威尔士的征服。在处理 1294 年
的威尔士人叛乱和 1298 年对苏格兰实行永久征服时，他调动的军
队人数多达 3 万人，或许是到那为止不列颠所见人数最多一次的调
动。⑥ 考虑到资源方面的巨大差别，在爱德华一世之前的很长时间
里，人们可能认为英格兰人对威尔士的征服以及在较小程度上对苏
格兰的征服完全可能实现。然而，爱德华的国家在重要事务上有不
同之处。产生差别的一个原因是 1204 年诺曼底的失去，这使将资
源集中在不列颠的可能性大得多。爱德华在苏格兰的征战因法兰西
人入侵加斯科涅受阻，但在威尔士的征战则没有类似的事情来分
心。1174 年，一位威尔士预言家正确地预言：亨利二世对威尔士
的入侵将会被法兰西人进攻鲁昂阻止。100 年后发生同样的事情是
不可能的。人们对爱德华在 1277 年或 1294 年的纯财政资源多过约
翰在 1204 年拥有的尚未有决议，但他能够以小得多的政治代价来
调动它们。爱德华对威尔士的征服不可能被贵族暗算其性命的阴谋
阻止在行进中，就像约翰在 1212 年那样。这不只是反映出两位君
主迥然不同的性格，也是迥然相异的统治类型的产物。

---

⑥ Prestwich（1996），pp. 116 - 119.

九

在 1294 年后爱德华统治的最后阶段，王国处于极大压力之下。国王正全力去征服苏格兰、挽救加斯科涅并镇压威尔士的叛乱。他筹集了大量钱财，单在 1294—1298 年就在战争上花费了 75 万英镑。[63] 爱德华创建的国家经受住了压力，然而在这一进程中得到极大调整。

爱德华的财政署账簿上一片混乱，并且他在锦衣库那里留下 20 万英镑的债务。然而，财政署继续以极高的效率征收俗人税，而锦衣库在使债务增长的同时基本上找到一种方式（后来正式化）来替代现已破产的里卡尔迪家族的活动。[64] 然而，王国面临的财政压力引起了广泛的不满。[65] 形势和 90 年前约翰对王国的大掠夺不无相似之处。但后果是不一样的。财产没收和放逐粉碎了大主教温切尔西领导的教士抗议，但爱德华也做出了让步。[66] 在 1297 年和 1300 年，他重申大宪章并接受处理其新压榨方式的增补条款：限制奖赏，取消增加的羊毛关税（the maltote），而且爱德华承诺要"获得整个王国的普遍同意"才征税，因而回应了他在 1297 年试图避开议会的适当赞同的理念。然而，爱德华与他父亲和祖父不一样，从未面临武装叛乱，他的让步与 1215 年和 1258 年的相比是微不足道的。大宪章在 1215 年是一份变革性的文献；到 1297 年，即使增加了条款，它几乎打击不到王室权力的中心。人们没有试着去复兴 1258 年的改革，那是将对中央政府的控制权从国王手中夺取过来的企图。

另一让步已经证明对中世纪晚期的君主制更有影响。1294 年，爱德华暂停司法巡回法庭和随之一起进行的责问调查。两者都没有适当恢复。在某种程度上，结束巡回法庭的重要性很有限。[67] 它们的大部分司法工作，包括刑事和民事，可以分给已经存在的管理监

63　Prestwich（1972），p. 175.

64　Ormrod（1991）对爱德华的晚期统治提出更为苛刻的观点，强调混乱和未奏效的权宜之计。他认为是该世纪末进行的改革真正地创建了中世纪晚期的英格兰。

65　最终受害者是农民，参见 Maddicott（1975）.

66　关于温切尔西和教士抗议，可参见 Denton（1980）.

67　对这一很有争议的话题，可参见 Harding（1973），pp. 86 – 92；Crook（1982）；Powell（1989），pp. 9 – 20；Waugh（1995）.

禁移交和巡回审判的法官，而财产没收员的调查在一定程度上代替了责问调查和巡回法庭对王室权利的更笼统的调查。1304 年引入的流民法官是对明显增加的地方混乱的有力回应。如果真的发生，这一增设可能是战时经济和人口过多的结果，然而到 14 世纪 20 年代，时人却将之归责为巡回法庭的终止。当然，类型更新的委员会虽然更加灵活且迅速有效，但似乎在对各地令人印象深刻地显示王室权力上，比不上原有的全权监督视察；由于那些职务经常由地方骑士和乡绅担任，所以更比不上原来的。地方政府职务转入乡绅阶级之手，这一进程随着 14 世纪治安法官的出现而完满。它始于 13 世纪初，伴随而来的是重要的多功能法庭郡守的消失和 1258 年后为郡骑士所替代，这一变化获得爱德华（正如我们看到的）的认可。爱德华接受骑士出身的郡守，以及暂停巡回法庭的举措，都是对各地做出的让步。这显然意味着对自约翰统治以来出现的地方自治要求的让步，这种自治由掌握地方职务的骑士和从骑士，以及保留有骑士和从骑士的大权贵以各种不同的模式来实施。然而，对国王来说，虽然他可能担心对治安和司法权产生威胁，但这些发展具有清晰的逻辑。随着大宪章限制了可以从权贵（例如通过继承金和司法贡献）那里征收的收入，重要的地方官员强迫他们偿还债务的需要没以前那么大，安抚地方来保证议会提出的全国性征税的需要，相应比以前更大。

　　这将我们带到 13 世纪 90 年代那些突发事件频出的年份里最重要的结果面前，这一结果完成了 13 世纪对英格兰国家的重塑，也就是在议会中创建下议院。爱德华统治晚期的议会将政府的不同机构和整个国家里的主要利益群体汇合在一个单一集会中。国王身边的各个机构（王室、王座法官和迄今仍在巡回的大法官法庭）与设置在威斯敏斯特的法官和财政署官员聚在一起。这些部门的领导者和选出的权贵形成国王的议事会，这是议会的根本核心。议事会周围聚集了其他的重要教俗大权贵，也有越来越多的下层教士代表（以后来随着教士会议的发展不再出现的方式）。召集下层教士代表的主要原因当然几乎都是获得他们的同意来征税。[68] 在同样的动机作用下，下议院经

---

[68]　关于教士代表，可参见 Denton (1981).

常参与议会得到了保障。就和 13 世纪的政治一样，意识形态因素出现了。罗马法格言"涉及所有人的应该获得所有人的同意"经常在关乎税收时被引用，特别是教会人士。然而，更主要的只是乡绅阶级的重要性和独立性都在逐渐增加，这是本章开头描述的社会变化的结果。1225 年、1232 年和 1237 年的议会中只有大贵族，骑士和各郡仅通过偶尔参加的小贵族总佃户代表，仍然感到能够代表整个王国承认征税。从 1254 年起，当骑士代表各郡第一次被召集起来时，情况发生了变化。然而，由此在骑士和税收之间建立的联系只保证他们间歇356 性地参加议会。在 1275—1293 年，他们参加了所有授权征税的议会和此外的另一次议会；但那仅仅是 25 次议会中的 4 次。驱使蒙福尔召集骑士参加议会的广泛政治考量不再发挥作用。当爱德华在 1294 年后需要经常征税时，变化的关键点出现。单单骑士或骑士和城市市民一起被召集参加了 1294—1298 年爱德华召开的 8 次议会中的 4 次，准确地说，就是那些承认征税的议会。此后，这种模式确定下来，即使没有授权征税，骑士和城市市民参加了 1300—1307 年召开的 9 次议会中的 7 次。下议院已经形成。

　　同样已经形成或被需要的是新的王权形式，因为议会不仅仅是为同意授权征税而召开。议会提出激进改革的需求来满足亨利三世的要求，当他不授权进行改革时，议会就拒绝满足他的要求。至少，在亨利面对的议会里，各郡只是由小贵族总佃户来作为非正式代表。爱德华不得不面对由各郡选出并正式授权的骑士群体，他们以更大的力量来推动他们的需求。然而，爱德华证明是管理这种新型集会的大师。[69] 1290 年，为了保证征收统治期内的最大税收（价值 11.5 万英镑），他压制住脾气和不快，设法将议会会期和王室婚礼与葬礼同期安排，对不受欢迎的法官进行审判，通过颁发《买地法》（Quia Emptores）来安抚权贵，最终通过将犹太人从英格兰驱逐出去赢得骑士们的同意。根据一种巧妙且生动的悖论，这一爱德华行动中最令人生畏的事实，是表现了他的最大灵活性和安抚手段。

　　迟至 1286 年，基督徒参加了赫里福德举行的一场犹太人婚礼

---

[69]　接下来可参见 Stacey (1997) and Langmuir (1972).

庆典，但这样的和谐并不是典型。犹太人因其宗教和高利贷行为受到广泛的憎恨。伦敦犹太人在 1264 年遭到蒙福尔派的屠杀。九年前，即 1255 年，19 位来自林肯的犹太人也被处死，这次是由国王实施的，因为他们受到绑架一基督徒男童并将其钉死在十字架上的荒谬指控：这是第一次对这一谬见的正式制裁，即犹太人通过实施这样的血祭谋杀来侮辱基督。1290 年的驱逐是应教俗权贵和议会中的骑士的要求进行的，但骑士们的要求尤其强烈。实际上，禁止犹太人借贷取息的法令（从未完全有效）是他们在 1275 年议会上同意征税所提出的价码。事实是犹太人的财富被亨利三世的罚金和税收所破坏，使小贵族阶层成为其主要客户。小贵族阶层还因权贵、廷臣、实际上还有王后购买犹太债务来获取那些债务赖以担保的财产的方式而受到损害。过去国王有着最强的动机去保护犹太人，因为他们是最有价值的资产。但随着他们的财富不断减少（到 13 世纪 80 年代，犹太人数可能已经降至 2000 人以下），事实不再如此。通过主动实施驱逐，爱德华使持宗教偏见的人得到满足，显然也使自己成为统治基督教臣民的基督教统治者，与查理二世在安茹和那不勒斯采用了同样的方式。（在南意大利实行迫害之前，查理二世于 1289 年将犹太人从安茹和曼恩驱逐出去。）但爱德华的主要直接目的只是获得议会的同意来征税。

357

因此，驱逐犹太人表明爱德华政权极具压迫性和一致性，或者换句话来说，这表明它的权力如何不得不建立在一致同意的基础上。大宪章变革已经表明国王的传统收入只能够以不可接受的政治代价来拓宽。爱德华和亨利三世一样清楚这一事实。他通过使用借贷、开创关税和求助议会征税来找到应对方法。他在 1290 年前后获得那种征税的本领，不仅仅依赖于他作为议会管理者的技能，而且更普遍地依赖于他满足了乡绅阶级的渴望。所有这一切创建了一种框架，在 13 世纪 90 年代的战争压力下，从该框架中出现了基于议会征税的中世纪晚期的国家。在 13 世纪的理想言辞中，这是一个自由农民和非自由农民当然应该在其中拥有有价值地位的国家。有些农民相信他们确实如此。1265 年，那些莱斯特郡皮特林马格纳村（village of Peatling Magna）的农民们攻击了一群保王派人士，因为他们正在违背"王国共同体和贵族"。他们显然把自己看作那个共同体的一部分，相信贵族正在增进他们的利益。然而还存在另一种情况。在整个 13 世纪，农民采取暴力和诉讼来抵制领主的要求。他们可能从爱德华一世的改革中所获甚少，不管那些改革说多少遍要帮助"人民"。一个来自肯特的威斯特翰（Westerham）的农民（尼古拉斯·弗伦奇）宣称国王的城守应该被绞死，因为当他们能够为恶时从不会为善，他无疑说出了许多人的心声。后来爱德华横征暴敛，大部分重担都落在农民身上；到 14 世纪初，人们开始担心会出现普遍性的叛乱。这个议会国家不仅将犹太人排除在外，也建立在对人口的绝大部分的剥削和压迫上。

D. A. 卡彭特（D. A. Carpenter）

莫玉梅 译

徐　浩 校

第 十 三 章

勃艮第王国、萨伏依家族的领地及邻近领土

由 843 年《凡尔登条约》为查理曼的长孙洛塔尔创建的"中部王国"在几个世纪里经历了许多变化,到 13 世纪出现许多名称,但没有一个能将它囊括的领土完全清楚地表示出来。从地理上来说,这个尚存疑问的地区西临罗讷河河谷和索恩河河谷,北部和东北部与洛林和瑞士接壤,东至伦巴第和滨海阿尔卑斯山脉,南滨地中海。中世纪神圣罗马帝国的这一部分一直以来被称为"勃艮第王国",但到 13 世纪,人们越来越普遍地仅仅将"勃艮第"这个名称指称北部地区,把维埃诺瓦以南的地区称为"阿尔勒王国""阿尔勒和维埃纳王国"甚至"普罗旺斯王国"。例如,1193 年,皇帝亨利六世试图缓和因强加给狮心王理查德的赎金造成的影响,提议在理查德从监狱中释放后加冕他为"普罗旺斯国王"。据豪登的罗杰所说,这个王国将由"普罗旺斯、维埃纳和维埃诺斯、马赛、纳尔榜、阿尔勒和里昂到阿尔卑斯山脉之间的土地,以及皇帝在勃艮第拥有的土地"构成……"〔王国包括〕五个大主教区和三十三个主教区"。除将纳尔榜包括在内外,这是对 13 世纪通常称为"阿尔勒王国"的相当精确的描述,虽然正如豪登的罗杰同样相当准确地指出的,"皇帝从来未能够建立起对上述领土和臣民的统治,他们也不会在皇帝的提名下接受任何上级领主"。

然而,弗雷德里克·巴巴罗萨已经对在帝国的这一部分将帝国权

威变为现实表现出相当大的兴趣，在 1156 年与勃艮第的比阿特丽斯联姻以及 1178 年在阿尔勒加冕后，他的意图清楚地显露出来。在他死后，霍亨斯陶芬家族继续这一策略。作为勃艮第的巴拉丁伯爵（或者"弗朗什—孔泰"，正如后来所称呼的），弗雷德里克的儿子奥托成为他的继承人，但立即受到奥克松（Auxonne）和沙隆伯爵斯蒂芬二世的挑战。斯蒂芬二世是奥托的母族的一位成员，从一开始就抵制日耳曼权力在弗朗什—孔泰的扩张。奥托在 12 世纪 90 年代不断从沙隆败退，但奥托的哥哥士瓦本的菲利普在 1198 年当选为德意志国王后，能够重新获得那些损失的一部分。在 1201 年奥托死后，菲利普亲自前往贝桑松，重申与弗朗什—孔泰权贵的联盟。为了维持霍亨斯陶芬家族对该地区的渗入，他将奥托的女儿兼继承人比阿特丽斯嫁给了梅兰（Meran）公爵奥托·冯·安德克斯。然而，随着勃艮第公爵奥多三世开始援助沙隆的斯蒂芬，控制权争夺战重新开始。在当地权贵逐渐加入沙隆一边来反对外来者成为巴拉丁伯爵后，这场斗争逐渐呈现出法兰西竞争者和德意志竞争者之间的战争的特征。士瓦本的菲利普在 1208 年去世，使伯爵奥托二世失去有力的支持。1211 年，他惨败于斯蒂芬之手。只有在勃艮第公爵奥多三世的干预下，奥托二世被彻底赶出去的命运才被阻止，但奥多三世对该伯爵领已经有了自己的计划。

　　然而，弗雷德里克二世站在神圣罗马帝国的角度展望意大利的前景，能够使他将勃艮第—阿尔勒地区视为他的南北领土之间的重要联系纽带，恢复了帝国对其事务的兴趣。1214 年，他在布汶战争中打败了奥托四世，其作为候选皇帝的地位得到巩固。此后不久，弗雷德里克抵达巴塞尔，召集中部王国的权贵宣誓效忠并承认他们的新宗主国。他们当中的许多人，从南部的维埃纳和阿尔勒的大主教到北部的扎林根（Zähringen）公爵、上勃艮第（瑞士西部）的帝国堂区长，都这样做了。但弗雷德里克从一开始就不是把勃艮第当成其德意志领土的一部分，而是当成一个独立的王国。1215 年，他指定他的儿子亨利、未来的罗马人国王为帝国堂区长来继任扎林根公爵，与此同时他将"被称为阿尔勒和维埃纳王国"（*regnum Viennense quod et Arelatense dicitur*）的王国，给予奥兰治王子威廉·德斯·博，这是第一次使用众人皆知的那个名称。这一给予似乎没带来什么不同之处，因为

弗雷德里克随后任命一系列的帝国代理人在那里代表其权威，而且在
1231 年的《梅尔菲宪法》（Constitutions of Melfi）中自称为"阿尔勒
国王"。然而，1247 年，当他正式被教宗英诺森四世废黜并驱逐出
教，并且他曾经希望嫁给他的儿子的普罗旺斯伯爵领的女继承人实际
上嫁给了安茹的查理时，弗雷德里克重新燃起一个念头，即用阿尔勒
王国作为连接联盟参与其事业的一种手段，尤其是萨伏依家族。如果
弗雷德里克对穿越塞尼峰向位于里昂的教廷进军是认真的，那么萨伏
依家族是必不可少的。于是，他现在提议萨伏依伯爵阿马德乌斯四世　360
的女儿应该嫁给他的儿子曼弗雷德，而且这对新婚夫妇应该被授予扩
大了的阿尔勒王国，包括罗讷河和阿尔卑斯山之间的所有领土，从萨
伏依到地中海，还有从阿尔卑斯山到帕维亚的西伦巴第。

　　代表萨伏依家族重新建构阿尔勒王国的计划，随着弗雷德里克二
世在 1250 年去世而烟消云散。在接下来的 30 年间，不同的帝位竞争
者将王权授予不同的地方权贵。勃艮第公爵休四世、沙隆的智者
（"l'Antique"）约翰和萨伏依的彼得相互竞争在勃艮第地区行使帝
国权威的权利，而维埃诺斯的重要权贵阿尔伯特三世·德·拉图尔迪
潘和普罗旺斯的新伯爵安茹的查理在阿尔勒王国获得副王的权力。然
而，到 13 世纪末之前，有人更加努力地去恢复作为政治实体的勃艮
第—阿尔勒王国。这一努力背后的倡导者是法兰西的王太后普罗旺斯
的玛格丽特，也是伯爵拉蒙—贝伦格尔五世的长女。她从未接受过她
被排除在其父亲的遗产的任何部分之外，而他已经把所有继承物都遗
赠给了最小的女儿比阿特丽斯，安茹的查理的妻子。玛格丽特决心实
现她的要求权；当遭到安茹的查理的拒绝时，她争取到她的妹妹埃莉
诺，英格兰的王太后的支持，后者也被她们的父亲取消了继承权。她
还接近哈布斯堡的鲁道夫，他自 1273 年成为罗马人的新国王。那个
时刻（1278 年）是精心选定的，因为鲁道夫那时正好和 1266 年成为
西西里国王的安茹的查理因各自在意大利的权利而产生冲突。玛格丽
特的计划是让鲁道夫的儿子哈特曼和英格兰的爱德华一世的女儿乔安
娜结婚，以此换取实施王太后对普罗旺斯伯爵领的要求权。然后，英
格兰国王和法兰西国王将会支持鲁道夫快速加冕为皇帝，加冕哈特曼
为罗马人的国王；或者，如果教宗不接受后者，哈特曼就加冕为
"阿尔勒国王"。

对玛格丽特来说，不幸的是教宗尼古拉三世有他自己的计划，要将弗雷德里克二世的前帝国划分成四个世袭王国：给哈布斯堡家族的德意志王国、给安茹家族的西西里王国、给安茹的查理的孙子查理·马特的阿尔勒王国，以及为教宗自己的家族奥尔西尼家族从教宗国和神圣罗马帝国位于意大利西北部和中部的领土上创建的新王国。有了这一计划做目标，尼古拉劝说鲁道夫撤回他对普罗旺斯的玛格丽特的支持，并以他的女儿克莱蒙蒂娅和未来的阿尔勒国王查理·马特的联姻作为回报。1281 年，两人在那不勒斯举行了婚礼。尼古拉三世死于 1280 年，但他的继任者马丁四世是恢复安茹王朝统治下的阿尔

361　勒—维埃纳王国的计划的热情支持者。1281 年，查理·马特的父亲萨勒诺的查理开始在塔拉斯孔（Tarascon）集结军队，意图武力建立新王国。至于玛格丽特王后，她正在梅肯集结同样强大的军事联盟，决心阻止安茹家族去实现他们的计划，但 1281 年勃艮第人和阿尔勒人之间的那场迫在眉睫的重大对峙没有发生。到那年年底之前，玛格丽特盟军中的不同队伍要么撤回了他们的承诺，要么卷入了他们自己的其他军事对峙当中；1282 年 3 月，西西里晚祷事件导致安茹家族被逐出西西里。安茹家族的资源现在不得不集中起来，极力重新征服这个岛屿王国，建立新阿尔勒—维埃纳安茹王国的所有计划不得不放弃。从那时起，勃艮第—阿尔勒王国的未来将会是组成这个王国的各主要公国的未来，就像很久以前的现实情况一样。

勃艮第—阿尔勒地区有四个主要的公国和几个重要的独立的贵族领地，但它们在范畴和特征上迥然不同；由于各自的内部特征及其各自遭受的外部影响的性质，它们在 13 世纪里经常沿着相当不同的路线演变。独立的贵族领地包括阿尔卑斯山地区的日内瓦伯爵领和福西尼（Faucigny）男爵领，多菲内的瓦朗蒂诺—蒂瓦（Valentinois-Diois）伯爵领、蒙托邦男爵领和梅沃隆（Mévouillon）男爵领，以及南部的孔塔—弗奈辛和奥兰治公国——不算由该地区的主教和大主教拥有的教会男爵领地——所有领地成功地抵制了更强大的近邻们在这个时期吞并它们。所说的更强大的近邻们指的是勃艮第伯爵、萨伏依家族的王公、维埃诺斯王储和普罗旺斯伯爵。真正的勃艮第—阿尔勒王国的政治史通过追溯这四大公国的历史完美地讲述出来。普罗旺斯最早形成了中央集权化的行政机构，而萨伏依伯爵在那个方向上也有引

人注目的进展。他们和王储主要面临的任务都是将分布得非常广泛且混杂的领土置于自己的统治之下。此外，在弗朗什—孔泰，行政集权化和政治统一都因对伯爵地位要求和相互竞争者之间的复发性战争而变得不可能，这些斗争因插手该地区的强大外部势力而变得更加复杂。

　　13 世纪的勃艮第伯爵领主要由这样一块领土构成：西邻索恩河，东至侏罗山脉，北接洛林，南到布雷斯地区。政治生活被伯爵领控制权的三个主要竞争者的活动主宰：德意志的巴拉丁伯爵们，他们是弗雷德里克·巴巴罗萨的孙女、霍亨斯陶芬的比阿特丽斯与梅兰的奥托（二世，1208—1234 年）联姻的后代；在伯爵领的大部分地区行使宗主权的勃艮第的法兰西公爵奥多三世（1193—1218 年）和休四世（1218—1272 年）；勃艮第伯爵的次子支系的沙隆家族，当弗雷德里克·巴巴罗萨在 1156 年与年长直系的女继承人联姻时，他们从未接受过自己被排除在支持霍亨斯陶芬家族的伯爵权威之外。霍亨斯陶芬—梅兰一支的伯爵多少都在努力地使自己比得上沙隆家族，至少在该伯爵领的东半部分是这样，但只是在和香槟伯爵联盟（1277 年）、与沙隆家族互相联姻（1231 年）并将财产置于勃艮第公爵的保护下（1242—1249 年）的情况下才如此。1216 年，公爵奥多三世与香槟伯爵形成联盟，目的是在他们之间瓜分该伯爵领。但其他势力干预进来，公爵很快去世，留下一个 6 岁的继承人。在休四世未成年时，他的母亲摄政，获得带着所有属地的重要男爵领萨兰（Salins），其中包括从沃州（the Pays de Vaud）穿过侏罗山的道路上的莱克雷（Les Clées）城堡。这个男爵领可以非常有效地起到权力基地的作用，从这里可以将公爵的权威延伸到伯爵领。然而，1237 年，经过与约翰·拉·安蒂克·德·沙隆（1233—1268 年）的漫长谈判后，休同意用萨兰男爵领交换索恩河畔的沙隆和奥克松伯爵领。这次交换巩固了公爵在公爵领东南边界上的持有地，使休对弗朗什—孔泰贵族拥有了重要的宗主权，但这非常显著地改变了伯爵领里的权力平衡，使之有利于沙隆家族。约翰·拉·安蒂克从其好运中获利时显得既聪慧又积极。他在法兰西和瑞士之间的主要道路上设置要塞，将特权授予各个城市以便它们拓展商业活动，尤其是来自萨兰的著名盐场的盐贸易，供应了侏罗山脉两边的勃艮第大部分地区。约翰及其继承者实施开明政策，开垦林地并建立新的教俗定居地。1288 年，当约翰·德·沙隆—阿莱从哈布斯堡的鲁道夫那里获得允许，在从意大利经由洛桑的主要贸易道路上的茹涅建立通行关卡时，沙隆家族得以控制经济扩张并从中获利。经济扩张是 13 世纪勃艮第地区的普遍特征。

因此，沙隆家族似乎到 13 世纪中期将在弗朗什—孔泰建立起自己的统治，但由于家族内部出现的严重分裂，很快失去了优势。约翰·拉·安蒂克和连续三任妻子至少生下 16 个婚生子女，安排第一次婚姻所生的长子休与奥托三世的妹妹兼其全部遗产继承人梅兰的艾丽丝结婚。奥托三世死于 1248 年，没有留下自己的继承人。这对伯爵的霍亨斯陶芬—梅兰家族支系与沙隆家族支系的融合有很大影响，由此结束了几乎一个世纪以来导致伯爵领里的战争发生的竞争。然而，当约翰·拉·安蒂克为供给第二任妻子伊莎贝拉·德·考特尼所生的孩子们而修改遗嘱时，他的长子休拿起武器阻止此事。为了在和儿子的斗争中确保勃艮第公爵的中立，约翰被迫承认公爵在弗朗什—孔泰的一系列封地上享有宗主权；1256 年，约翰也被迫接受法兰西的路易九世的调停。在接下来的和约中，分割原则战胜长子继承制原则，此后家族分成三个分支，在弗朗什—孔泰相互竞争：沙隆—阿莱家族和沙隆—罗什福尔家族，与由休·德·沙隆和梅兰的艾丽丝的后代代表的直系家族的竞争。

沙隆家族在 13 世纪 50 年代及以后的纠纷，为对该伯爵领有着自己的打算的邻近君主提供了新机会。他们当中最有名的当属公爵休四世。他在 1264 年从贝桑松的城市居民那里获得对该城的 15 年保护权，然后从奥托三世的长姐奥拉蒙德的比阿特丽斯那里买到对伯爵领的要求权。约翰·德·沙隆—罗什福尔通过与托奈勒伯爵领的女继承人的婚姻，和卡佩家族的利益连在一起，加入公爵休的势力中。而奥托最小的妹妹艾丽丝现已守寡，奥托已经将他所有的权利遗赠给她；为了努力保护孩子们的继承权，她在 1267 年嫁给萨伏依的菲利普。菲利普带着自己的军队迎接公爵的入侵军队；在接下来的谈判中，公爵同意放弃对伯爵领的要求权，以此换取补偿 11000 维埃诺斯英镑，承认罗什福尔、多勒（Dôle）和纳布朗（Neublans）为公爵封地，并从萨兰的盐场收入中获得年金。艾丽丝的长子奥托四世作为勃艮第的巴拉丁伯爵的权利被再次重申，公爵的军队从伯爵领撤离。

在 13 世纪 70、80 年代，萨伏依家族和沙隆—梅兰家族的联盟共同保卫弗朗什—孔泰以免受到勃艮第公爵势力的侵入，但来自德意志那边的新威胁在哈布斯堡的鲁道夫于 1273 年成为皇帝候选人后出现了。鲁道夫决不愿意接受法兰西继续干预神圣罗马帝国的勃艮第，但他既不和沙隆—梅兰家族，也不和萨伏依家族交好。哈布斯堡家族和萨伏依家族一贯以来都在竞争上勃艮第的权力。1282 年，奥托四世的弟弟雷诺成为蒙贝利亚尔（Montbéliard）伯爵，为波朗特吕（Porrentruy）的所有权和鲁道夫最忠诚的盟友巴塞尔主教开战。1287 年，蒙贝利亚尔的雷诺大败巴塞尔主教及其盟军，而萨伏依伯爵阿马德乌斯五世正在诱使伯尔尼（Berne）和弗里堡（Fribourg）宣布放弃它们与哈布斯堡家族的联盟。1288 年，奥托四世进而宣布勃艮第伯爵领根本不是神圣罗马帝国的封地，而是真正的“弗朗什—孔泰”。这个宣言令人回想起 12 世纪初勃艮第的雷诺三世伯爵在相似的情况下拒绝对皇帝苏普林堡的洛塔尔效忠的情形。这些事件需要做出有力的回击，鲁道夫准备在约翰·德·沙隆—阿莱和贝桑松大主教的帮助下进行。虽然他不能打败伯尔尼人，但轻易地击败了蒙贝利亚尔的雷诺；虽然皇帝对贝桑松的围攻同样失败了，但该城在 1290 年确实向他的盟友约翰·德·沙隆—阿莱投降，奥托四世被迫承认弗朗什—孔泰的所有家族持有地，实际上都是神圣罗马帝国的封地。

这些发展的结果是沙隆—阿莱现在成为神圣罗马帝国在勃艮第伯爵领的封君权位的捍卫者和反法兰西贵族阶层的领导者，而曾经在伯爵领里代表神圣罗马帝国利益的最后代表奥托四世，现在完全倒向法兰西那边，因为他的堂兄弟一系的沙隆—罗什福尔家族已经这样做了。1291 年 6 月，奥托秘密承诺将女儿让娜嫁给国王菲利普四世的一个儿子，也承诺将解除勃艮第伯爵领和神圣罗马帝国的所有封建束缚。多年以来，奥托四世实际上几乎是法兰西王公贵族的雇佣军头领，在意大利代表安茹的查理作战，在阿拉贡则代表菲利普三世，因此在 1284 年获得回报，娶了国王的堂妹阿图瓦伯爵之女玛蒂尔达。奥托和他的弟弟们现在开始反对弗朗什—孔泰的亲神圣罗马帝国的权贵，包括沙隆—阿莱家族的堂兄弟们。哈布斯堡的鲁道夫死于 1291 年，但他的继承人纳索的阿道夫却处处表现出抵制法兰西人渗入伯爵领的意图。1293 年，他率领大军抵达科尔马（Colmar），迫使奥托四世和他的弟弟休放弃在贝桑松和侏罗山地区削弱沙隆—阿莱家族的权力。1294 年初，约翰·德·沙隆—阿莱做出反击，联合 28 位形成联盟的弗朗什—孔泰贵族来反对奥托四世及其亲法兰西同盟。但阿道夫很快从勃艮第地区撤军，陷入其他地方的冲突中。菲利普四世当时也忙于与英格兰国王的战争，这导致两位国王都在勃艮第贵族中间招募支持者。为了确保奥托四世继续忠心耿耿，菲利普实际上买下了他在弗朗什—孔泰的所有领地和权利，购买的东西伪装成奥托的女儿让娜嫁给菲利普其中一个儿子的嫁妆。奥托接受 10 万图尔奈里弗的补偿金和 1 万图尔奈里弗的终生年金作为回报。

在伯爵领里，对这一发展（1295 年 3 月 2 日）的反应不一。大多数城市赞同，但许多贵族仍在反对。1295 年 3 月 29 日，伯爵领中最强大的贵族中有 16 人，包括奥托的弟弟约翰和雷诺，集合在一起庄严宣誓：他们将永远不会成为法兰西国王的封臣。菲利普四世做出回应，任命他的堂弟勃艮第公爵罗伯特二世在奥托四世割让的领土上担任行政官，将形成亲法兰西权贵同盟的任务委派给奥托的弟弟休。1297 年，与英格兰国王的休战使菲利普能够集中精力打败顽抗者；当约翰·德·沙隆—阿莱最终屈服，并接受代表法兰西国王的伯爵领保护者一职时，对法兰西统治该地区的所有反对有效地停止了。

前勃艮第王国中的另一个主要公国就是处于萨伏依家族统治下的那个公国；在 13 世纪，这个公国的命运与沙隆家族的迥然不同。虽然几乎和沙隆家族一样人口众多，但萨伏依家族在这个时期没有遭受那种给外来者干预其事务的内部纷争。相反，好运、家族团结和开拓精神使萨伏依家族能够经历一个世纪前所未有的繁荣，对他们的家乡阿尔卑斯山区及外面产生了影响。萨伏依伯爵领在地理位置和政治上都是微不足道的（它的统治者直到进入 13 世纪后都继续称呼自己为莫列讷伯爵），萨伏依家族的重要性不在于该伯爵领拥有的那个名称，而是在于他们拥有阿尔卑斯山以西的一整片领土，从西面的侏罗山和维埃诺斯延伸到意大利的皮德蒙特。这些领地能够使萨伏依伯爵在 13 世纪控制着法兰西和意大利北部之间的三条最重要的跨阿尔卑斯山的路线，即通过瑞士西部的大圣贝尔纳（Great Saint-Bernard）路线、进入上伊泽尔河谷的小圣贝尔纳（Little Saint-Bernard）路线和通往里昂的塞尼峰路线。在整个中世纪，萨伏依家族毫不停歇地去拓展和巩固对这些路线的控制，在那里显示出他们在政治和经济上的重要性。

　　这个时期，萨伏依家族的命运掌握在伯爵托马斯一世及其九个孩子手中，包括七个儿子和两个女儿，两个女儿的生涯首先为其家族在国际上声名鹊起提供了解释。小女儿玛格丽特嫁给基堡（Kyburg）伯爵，为萨伏依家族在瑞士西部的事业提供了新机会。但正是长女比阿特丽斯与普罗旺斯伯爵拉蒙—贝伦格尔五世的婚姻，首先在阿尔勒王国使萨伏依家族凸显出来；然后，当她的四个女儿都成为王后（玛格丽特嫁给法兰西的路易九世，埃莉诺嫁给英格兰的亨利三世，桑奇娅嫁给在 1257 年当选为德意志国王的康沃尔的理查德，比阿特丽斯嫁给在 1266 年后成为西西里国王的安茹的查理）时，这使萨伏依家族在西欧名声大振。这些联姻的结果就是这些年轻女子的舅舅们能够在王廷和教廷受到特别关注，这些关注使卜尼法斯成为坎特伯雷大主教，彼得成为里奇蒙伯爵，而威廉，简而言之，将在英格兰成为国王的枢密院的领袖；托马斯在 1237—1244 年将成为佛兰德伯爵，然后成为教宗英诺森四世的侄子；菲利普即将同时成为瓦朗斯的候任主教和里昂的候任大主教。这些广泛的国际联系，不仅有助于使萨伏依家族免受具有侵略性的近邻们的谋划，而且极有利于他们在领地内实现许多政治目标。

　　13 世纪伊始，托马斯伯爵定下基本政治目标，这些目标进入 13 世纪后都将主导其继承者的统治：要取代扎林根公爵、日内瓦伯爵和上勃艮第的福西尼男爵；要将维埃诺斯的古老家族持有地和萨伏依—莫列讷伯爵领连在一起；要为萨伏依家族收复曾经环绕意大利的整个皮埃德蒙地区的都灵边界地带。在 13 世纪，在实现这三个目标方面取得非常大的进展。在上勃艮第，萨伏依家族能够战胜所有的主要对手，获得沃州以及莫拉（Morat）和伯尔尼两城市，甚至远至进入意大利的辛普朗山口的瓦莱（Valais）地区的控制权。在与同样继承部分基堡领土的哈布斯堡的鲁道夫的斗争中，萨伏依家族暂时失利，特别是失去了沃州北部边界的主要城市。但在鲁道夫于 1291 年去世后，被称为沃州男爵的萨伏依家族的一个支系，成功收复除伯尔尼以外的所有城市。在将维埃诺斯更完整地纳入家族持有地的努力中，萨伏依家族遭遇来自王储的坚决反对，后者已经占领那个地区的南部。然而，托马斯伯爵已经大力加强了对比热（Bugey）的控制，其在地理位置上连接维埃诺斯和萨伏依，并且使他的儿子威廉成为维埃纳的主教长（dean）和瓦朗斯的候任主教。菲利普在瓦朗斯主教区取代了他的哥哥，并在1245年成为里昂的候任大主教。他大大地加强了家族在维埃诺斯的地位，在那里购买城市和领土并取得在西北与比热接界的布雷斯省，第一次将萨伏依家族领地扩张到梅肯对面的索恩河畔。所有这一切使维埃诺斯比以前更加成为萨伏依伯爵领的一个完整的组成部分，但多芬·吉格七世的妻子比阿特丽斯在1268年继承了阿尔卑斯山地区的福西尼男爵领。这种局势——一块萨伏依飞地嵌在多菲内北部，一块多菲内飞地嵌在萨伏依的重山之中——是一种不幸的阻碍，将会成为在接下来的近一个世纪里的战争起因。最后，在阿尔卑斯山意大利一边，托马斯伯爵在奥斯塔山谷（Valle d'Aosta）和苏萨边界外努力创建皮德蒙特公国，1245年到1259年期间开始逐渐成形。这多亏了他的儿子佛兰德前伯爵托马斯的努力。然而，这些努力导致托马斯与阿斯蒂城市公社产生尖锐对峙，之后很快又忙于从普罗旺斯扩张到皮德蒙特的安茹家族对峙起来。与如此可怕的对手们产生冲突导致好几次退步，但到了13世纪末，一个面积虽小却团结一致的公国已创建出来，同时萨伏依家族的另一支系萨伏依—阿凯亚家族的王公在那里建立统治。

萨伏依伯爵领的收入比弗朗什—孔泰或多菲内的多得多，来自对跨阿尔卑斯山贸易行使王权的收入：铸造钱币、征收通行费、授予经营权和通行证并维护关隘地区（districta passagia）的治安。早期，呈战略分布的各个城堡设置了可免职的城堡主，强盗—贵族们的权利被买下或被武力剥夺。位于主要关隘上或关隘附近的客栈通常置于伯爵的特别保护下，特权特许状越发频繁地颁发，尤其是给跨阿尔卑斯山通道上或附近的共同体，或萨伏依家族试图合并的领土上的共同体。在1195—1282年，单单萨伏依家族至少要为他们领地里颁发给城市的23份新特许状负责，为已经存在的超过半打的特许经营权的扩大授权负责；两座新城市分别在日内瓦湖畔的维勒讷沃（Villeneuve）和波河河畔的维拉弗兰卡得以创建，都以吸引商人为目的。萨伏依家族在13世纪70年代取得布雷斯，意味着其领土连绵不断地从波河平原延伸到索恩河畔的梅肯的法兰西伯爵领。伯爵阿马德乌斯五世至少早在1302年就在努力说服意大利商人穿过塞尼峰来避开里昂，经由尚贝里（Chambéry）和蓬德安（Pont-d'Ain）这一更直接的道路进入法兰西。

除在领土扩张上实施有力的政策外，13世纪萨伏依的统治者也开始组建行政机构，这些机构将从如此迥然相异的领地集合中，最终创建出一个集权化的国家来。这方面的主要革新者是彼得二世（1263—1268年在位）。在成为萨伏依伯爵前，他成为里奇蒙伯爵和沃州领主已有二十多年；他对英格兰王室政府知之甚深，这显然对他产生影响。正是彼得二世首先将萨伏依家族持有地组织成巴伊管区（bailliages），由有薪酬且可调动的巴伊（执政官）进行管理；巴伊们拥有广泛的军事、司法和财政职权，并对伯爵的城堡主拥有监督权。审计署（chambre des comptes）现在也建立，就像英格兰的财政署一样。在那里，伯爵的官员们审核城堡主每年必须上呈的收支账簿。最后，彼得同样颁发了各项法令，阐明这一原则：只有伯爵在其领地里享有最高司法权，他创立副司法总管（juges-mages）的巡回法官到位于各个司法区（judicatura）里的城堡主辖区去主持常规听证会。这些措施和重复颁发的相似类型的城市特许经营权一道，逐渐开始在伯爵的领土上创立普通法的主体，尽管大片地域范围依然还在逃避伯爵的司法权是事实。与维埃诺斯的王储不一样，萨伏依伯爵很少和领地里的主教分享共有领主权（pariages）。于是，直到14世纪初，莫列讷、塔朗泰斯和锡永（Sion）的许多主教区都在伯爵的权威之外，正如像欧勒普斯和阿邦当斯（Abondance）等拥有完全保有权持有地的修道院那样。然而，莫列讷和奥斯塔（事实上还有贝莱，如果不是理论上）主教们是伯爵的直接封臣，其他主教（日内瓦、洛桑、锡永、都灵和塔朗泰斯）中的大多数位于萨伏依领土的边缘地区。因此，与弗朗什—孔泰不一样，萨伏依公国从13世纪开始崛起，拥有完整的领主权，其领土不受法兰西、德意志或意大利诸邻邦的分割威胁，且各统治机构有着坚实的基础。

多菲内（这一术语首次出现在1293年，用来指由维埃诺斯和阿尔邦伯爵统治的领土）起源于11世纪初，当时维埃纳的伯爵—大主教将维埃诺斯的南半部（除维埃纳城外）割让给维翁（Vion）领主、阿尔邦伯爵，北半部给莫列讷伯爵，即萨伏依家族的创始人。1162年，吉格五世去世，多菲内的最初统治家族的父系传承终止；他的父亲吉格四世是第一个使用"多芬"做姓氏的人。他的女儿比阿特丽斯在第一任丈夫死后，于1184年嫁给勃艮第公爵休三世，此次婚姻（也是公爵的第二次婚姻）所生的后代建立了所谓的"勃艮第人"的王朝，在13世纪的大多数时间里统治着多菲内。13世纪伊始，多芬家族的持有地包括格雷西沃丹（Grésivaudan）〔从萨伏依领地边界到瓦伦蒂诺（Valentinois）的伊泽尔河谷和罗曼什（Romanche）河谷〕和布里昂松奈（Briançonnais）〔其东南与格雷西沃丹相邻，中心地带是迪朗斯河上河谷，带着通向皮德蒙特的蒙热内夫尔（Montgenèvre）关隘〕，还有维埃诺斯南部。1202年，这些领地明显地扩大了。那时，吉格六世（1192—1236年在位）与福卡尔基耶伯爵的孙女比阿特丽斯·德·克洛斯特拉尔结婚，她的嫁妆由加普和昂布兰两个伯爵领组成，这些山地地区南临格雷西沃丹和布里昂松奈，使多菲内延伸至与普罗旺斯相邻的迪朗斯河。当安贝尔·德·拉图尔迪潘在1282年成为王储时，他在维埃诺斯东北部的家族男爵领变成多菲内领地的一部分；14世纪初，南方的蒙托邦男爵领（1300年）和梅沃伊安（Mévouillon）男爵领（1317年），使王储领地延伸至孔塔—弗奈辛的边界。只有瓦伦蒂诺—迪瓦伯爵领阻止了王储获得从萨伏依到普罗旺斯的整个地区的宗主权。

确实，瓦伦蒂诺—迪瓦伯爵是多菲内的政治和领土一体化的非常严重的障碍，图卢兹伯爵也是如此。他持有所谓的"普罗旺斯侯爵领"，这个地区以伊泽尔河、罗讷河和迪朗斯河为边界，东边是山。因此，瓦伦蒂诺—迪瓦伯爵是图卢兹和神圣罗马帝国的封臣，不是多菲内的；到13世纪末，他们获得罗讷河畔的重要的圣瓦利耶男爵领，它位于维埃诺斯的西南部。萨伏依家族在维埃诺斯的侵略性势头是另一个障碍，拉图尔迪潘男爵们直到13世纪70年代仍如此。1245年，阿尔伯特·德·拉图尔迪潘接受神圣罗马帝国对他的权利的重申，即对穿过其领土的跨阿尔卑斯山道路征收通行费；1257年，他被候任皇帝卡斯蒂尔的阿方索提名为阿尔勒王国的总管，这一任命在1275年被哈布斯堡的鲁道夫因支持安贝尔·德·拉图尔迪潘而恢复。总管一职大概将拉图尔迪潘男爵们置于和王储相等的法律地位上，这一情形只有在安贝尔和多芬·约翰一世的妹妹结婚，且自己成为王储时才结束。

　　除了强大的世俗竞争者外，王储也不得不与教会男爵们竞争，他们不得不面对的对手要比萨伏依伯爵的更强大。所有的这些教会男爵（维埃纳、昂布兰、格勒诺布尔、加普、瓦朗斯和迪埃）都有神圣罗马帝国的特许状；根据这些特许状，他们在各自的主教区拥有君权，当中的许多人享有神圣罗马帝国的主权君主的地位。对维埃诺斯伯爵领来说，王储是维埃纳大主教的封臣，大主教一直以来拥有勃艮第王国的大司礼官这一荣誉头衔，正如昂布兰大主教拥有神圣罗马帝国总管的荣誉头衔一样。到 13 世纪，王储已经成功地将共有领主权（*pariages*）强加在维埃纳、昂布兰、格勒诺布尔和加普各主教的头上，主教区里的主教官员和王储官员据此联合行使司法权威（这是瓦伦蒂诺—迪瓦伯爵从未能够在维埃纳和迪埃主教区里取得的成就；1276 年，为了在保留独立的斗争中给主教提供更多资源，两个主教区合并）。

　　与弗朗什—孔泰一样，多菲内在 13 世纪同样臣服于经常性的外部干预。神圣罗马帝国与教宗之争和1250 年后神圣罗马帝国皇位竞争者的存在，为在该地区的权贵中进行政治操纵提供了无数的机会，而且阿尔比派十字军使法兰西君主变得更亲近。瓦伦蒂诺—迪瓦的艾马起初加入了十字军，但长久以来对图卢兹家族的忠诚使他很快背叛了他们。1213 年在米雷取得胜利后，西蒙·德·蒙福尔进军瓦伦斯诺，迫使艾马献降了好几座城堡。1217 年，西蒙再次战胜艾马，但1218 年在蒙福尔去世后，图卢兹的雷蒙开始收复他在该侯爵领里的领地，包括英诺森三世在 1215 年第四次拉特兰公会议上授予他的阿维尼翁城。然而，在战斗过程中，市民们反抗十字军并谋杀了代表教会掌管阿维尼翁的威廉·德斯·博。有人诱使路易八世去惩罚如此骇人的行为，他于 1226 年率军抵达并围困该城。这是对神圣罗马帝国主权的公然侵犯，路易派出一名大使到弗雷德里克二世那里为他的行动道歉，解释说无数异端的出现和市民的敌视行为使他没有选择。阿维尼翁在经过长时间的围困后投降，教宗使节在此期间控制了普罗旺斯侯爵领。在 1229 年的和约中，雷蒙伯爵被迫将罗讷河左岸的所有领地割让给教宗，然后教宗使节将这些领地委托给法兰西国王在博凯

370

尔的官员。然而，法兰西人不愿意永久地接受这一安排，雷蒙在接下来的 20 年里逐渐收复侯爵领。直到 1249 年他去世后，教宗才实际上获得侯爵领里的孔塔—弗奈辛部分，虽然其中不包括阿维尼翁城在内。与过去一样，该城仍然是图卢兹伯爵和普罗旺斯伯爵的共同财产。

从这时起，法兰西的影响只在多菲内、里昂、维瓦赖和瓦伦蒂诺继续加强。当普罗旺斯的新伯爵试图从王储手中收复加普伯爵领时，正是路易九世迫使他弟弟去持有加普伯爵领做封地。1269 年，路易九世为王储和萨伏依伯爵的纷争做调解，在市民和里昂教会主教座堂的全体教士的纷争中也是如此。1271 年，菲利普三世从十字军东征返回途中在里昂停留，接受了市民提出的把他们的城市置于其保护下371 的请求，他们为此同意支付年度赔偿金给梅肯的王室巴伊（执政官）。这是合并里昂的主要的第一步，该地区虽然位于罗讷河西，但一直是神圣罗马帝国的一部分；1292 年，里昂城被宣布为法兰西王国的一部分。即便经常获得教宗支持的维维耶主教不断提出抗议，由法兰西王室官员实施的类似蚕食的行为在同一时期也出现在同处罗讷河西的维瓦赖。1286 年，维维耶主教最终被迫承认法兰西国王为最高领主。

法兰西对多菲内事务的最后干预发生在 1282 年，当时约翰一世死后无嗣。比阿特丽斯·德·福西尼自吉格七世于 1270 年死后一直担任她儿子的摄政，立即承认长女安妮的丈夫安贝尔·德·拉图尔迪潘为新王储。但勃艮第公爵罗伯特二世和安妮一样是公爵休三世的曾孙，以神圣罗马帝国的封地不能传给一个女人为由，提出对多菲内的要求权。罗伯特有萨伏依家族和沙隆家族的大多数人的支持，而安贝尔拥有福西尼家族、日内瓦伯爵和瓦伦蒂诺—迪瓦伯爵的支持。1284 年，哈布斯堡的鲁道夫将这块有争议的领土授予罗伯特，战争因此而起。但在 1286 年 1 月，法兰西的菲利普四世诱使罗伯特放弃对多菲内的要求权，以 2 万图尔奈里弗和安贝尔在艾因河谷的所有持有地作为回报。这些持有地是位于维埃诺斯北部的城堡主辖区群，被称为"科洛尼的通道"（manche de Cologny）。到 1289 年，它们被割让给罗伯特的主要盟友萨伏依伯爵，以此交换萨伏依家族在布雷斯北部的领地。因此，正是法兰西国王而不是皇帝解决了多菲内的继承危机。

1294 年，菲利普四世以 500 英镑年金的方式获得王储安贝尔一世的效忠，由此预示着法兰西君主将在半个世纪后获得整个多菲内。

13 世纪，多菲内的行政组织与萨伏依的相似，除了没有集权化的机构，取而代之的是王储的巡回法庭。在领地建立王储权威的重要一步是弗雷德里克二世于 1249 年对吉格七世获得加普和昂布兰两伯爵领的重申，以及授予其对这两个伯爵领与维埃诺斯、阿尔邦和格勒诺布尔诸伯爵领里的完全保有权所有者享有宗主权。但弗雷德里克那时是一个被赶下皇位并被驱除出教的皇帝。王储从来不能利用这些授权获得对其最高权威要求权的承认，正如伯爵彼得二世和菲利普一世在萨伏依正在做的那样。正如在萨伏依和弗朗什—孔泰那样，13 世纪是城市自由（多菲内有 59 座）的伟大时代，有些城市，如格勒诺布尔，允许市民开始最初的自治，还有管理各种款项和赋税、提供刑事法典并免除城市居民的大多数庄园义务。但在制定使用自由权的政策来建立贸易路线或加强兼并新获得的领土方面，王储似乎落后萨伏依家族和沙隆家族近一个世纪。地方层面上的王储政府是掌握在城堡主手中；当获得加普和昂布兰两伯爵领时，王储发现那里的城堡主［和普罗旺斯一样，称为行政官（*bailes*）］处于直接向伯爵负责的总行政官（*baile-général*）的监管下。这可能启发了在多菲内的剩余地区引进巴伊管区（*bailliages*，到 1300 年已经有七个），到 13 世纪末，司法管理主要是副司法总管或副行政官（*vi-bailes*）的职责，他们在各城堡主辖区一年一次或两次主持巡回审判。

因此，多菲内在 13 世纪设法保持了独立，尽管法兰西君主越来越咄咄逼人，将边界推进到罗讷河右岸。王储在扩张和统一不同的领土方面也获得相当大的进展，尽管萨伏依家族在维埃诺斯的飞地和瓦伦蒂诺—迪瓦伯爵的领地严重破坏了他们在罗讷河谷地的连通线。一个主权国家的法律基础和集权化行政基础已经奠定，但要实现它们将会花上好几个世纪。

在组成 13 世纪勃艮第—阿尔勒王国的四个主要公国中，普罗旺斯伯爵领最早实现领土统一和统治机构集权化。领土统一是 12 世纪早期处于竞争中的要求权提出者之间达成和约的结果。该和约将普罗旺斯侯爵领（包括罗讷河右岸的博凯尔、瓦拉布雷格和拉尔让斯各城堡）给予图卢兹伯爵阿方斯—乔丹，而巴塞罗那伯爵拉蒙—贝伦格尔接受

372

以罗讷河、迪朗斯河、阿尔卑斯山和地中海为界的地区，两人共同持有阿维尼翁、蓬德索尔格（Pont-de-Sorgues）、科蒙和莱托（Le Thor）。13 世纪伊始，普罗旺斯伯爵是阿方斯二世（1193—1209 年在位），阿拉贡国王阿方索一世的次子。他与福卡尔基耶的威廉四世的唯一子嗣联姻，将位于弗奈辛和加蓬塞（Gapençais）边界上的那个重要伯爵领变成了家族持有地。拉蒙—贝伦格尔五世（1209—1245 年在位）确实不得不与像卡斯德兰（Castellane）和波城（Les Baux）男爵们这样强大的领主，像阿尔勒、尼斯和马赛等自治城市，以及图卢兹伯爵的敌对野心相竞争，但不用和伯爵爵位的对手竞争。当拉蒙—贝伦格尔五世死后无嗣，将伯爵领遗赠给幼女比阿特丽斯时，国际上出现与这位女继承人联姻的热潮。结果，她嫁给了路易九世的幼弟安茹的查理（死于 1285 年），查理成为安茹伯爵的长长世系中的第一位。由于查理373 的哥哥阿方斯几乎在同一时期（1249—1270 年）成为图卢兹伯爵，来自那里的对普罗旺斯的干预停止了，查理开始执行穿越海滨阿尔卑斯山进入意大利的强有力扩张政策。1258 年，他取得海岸边上的文蒂米尔（Vintimille, Ventimiglia：文蒂米利亚）；到 1260 年，他已经在皮德蒙特南部的绝大部分地区建立了统治，北至都灵，东至阿斯蒂和亚历山德里亚。这些持有地在 1275 年罗卡维奥内之战后失去，但查理在 1266 年已经成为那不勒斯—西西里国王，普罗旺斯比以前更强有力地被拉入意大利政治和地中海商业世界中。

在 13 世纪早期，普罗旺斯最显著的政治特征或许是它拥有的人口稠密的自治城市的数量。这些城市通常由一年选举一次的执政官来统治，在与主教的官员竞争中经常得到地方子爵们的支持。其中一些城市，如阿尔勒、阿维尼翁和马赛，已经拥有得到伯爵批准的执政府，几近享有完全的独立。在从先辈那里继承的一群才智超凡的加泰罗尼亚大臣的帮助下，拉蒙—贝伦格尔着手改变了这种趋势。最初的步骤就是要将整个伯爵领组织成巴伊管区（bailliages），由行政官（bailes）全权代表伯爵主权，而不仅仅是伯爵领地的监督者，再由征收伯爵收入的法官和征税员（clavaires）协助。财政管理组织尤其完善，享有政府专卖权的盐贸易要谨慎利用，很快成为伯爵金库最重要的单一收入来源。1235 年后，东部和北部的行政官被纳入直接对伯爵负责的大行政官下辖的大行政区；在伯爵的法庭上，由一位特别法官处理来自巴伊法庭的上诉。除少数大封臣的封地外，普罗旺斯伯爵在伯爵领里处处享有最高司法权，可以颁发法令来保障普遍和平与秩序、阐明伯爵特权并明确各地的详细义务。安茹的查理创建总管机构来为行政事务设置副主管一职，雇用安茹家族成员和法兰西人而不是普罗旺斯人来担任此职，而且几乎年年更换，正如他对待建立目的是监督总管机构的议事会成员的态度一样。查理保留前任们为伯爵领设置的上诉法官，增加一名总司库来集中和协调收入征收工作。

在朝向集权化的这一运动中，城市并没有幸免，拉蒙—贝伦格尔通过武力与妥协相结合的政策，说服大多数城市放弃领事馆来支持伯爵的法官（*viguier*）。然而，马赛拒绝了，于 1230 年把自己给予图卢兹的雷蒙德，以此作为保留独立的方式。虽然马赛人在 1243 年确实承认拉蒙—贝伦格尔的宗主权，但他一死，他们就和阿维尼翁与阿尔勒形成联防同盟，由巴拉尔·德斯·博领导。然而，安茹的查理逐渐强迫所有城市接受他所派遣的官员（一位法官由一位审判员和征税员协助）来替代它们的领事馆。虽然马赛在 1262 年反抗这一政权，但在 1263 年已经永远地被征服。可能使普罗旺斯各城市甘心于失去独立的主要因素，在于它们在这个时期里的普遍经济繁荣。在十字军的激励下，法兰西和地中海世界之间的商业活动扩张，使这个地区大大受益。此外，在 1266 年后，安茹家族在意大利的许多地方确立了统治，为普罗旺斯商人和货物承运人创造了许多新的机会。在征服那不勒斯—西西里后，查理为普罗旺斯任命了两位监督员，普罗旺斯逐渐从属于那不勒斯的王室政府。但当查理在 1285 年去世时，继承人是阿拉贡人的囚犯。结果，普罗旺斯召开了等级大会的第一次会议，一次贵族、教士和城市代表在锡斯特龙（Sisteron）召开来为这位继承人安排赎金的集会；1288 年，普罗旺斯的总管机构在埃克斯（Aix）建立常驻审计署。在 1289 年从囚禁中释放后，查理二世愿意让伯爵领保留这些自治的元素，并于 13 世纪 90 年代在马赛为普罗旺斯创建了海军部和海军兵工厂。这突出了马赛出现远离贸易、转向造船和海军服务的趋势。1291 年，他在塔拉斯孔（Tarascon）将女儿玛格丽特嫁给了菲利普四世的弟弟查理·德·瓦卢瓦，把曼恩和安茹两个伯爵领做嫁妆，接受菲利普交出的半个阿维尼翁城作为回报。

　　因此，一位法兰西王子在 13 世纪中期进入普罗旺斯伯爵领，这经常被描述为法兰西在与神圣罗马帝国竞争这个地区的主导权中获胜，但没有使普罗旺斯更亲近法兰西。相反，由于与意大利的联系日益紧密，它成为新普罗旺斯—西西里国家的一个部分。像萨伏依家族的领地一样，普罗旺斯与其说是法兰西君权在阿尔勒王国进一步扩张的一条通道，还不如说是一道障碍。

尤金·考克斯（Eugene Cox）

莫玉梅 译

徐　浩 校

第 十 四 章

(1) 德意志与佛兰德：
韦尔夫家族、霍亨斯陶芬家族
及哈布斯堡家族

政治史

本章主要讲述 13 世纪德意志的整体历史概要。德意志的历史和其他关注于单一王朝统治的政治史不同，必须谈谈霍亨斯陶芬王朝的终止、所谓的"过渡期"和接下来做出的种种重建的努力，还要弄清楚对德意志各领地公国王权产生的复杂影响。撰写区域史（*Landesgeschichte*），即不同的王子领地史（princely territories），当然是不可能的，读者必须参考专家的著作。[①] 这里要写的是帝国历史（*Reichsgeschichte*），在德意志国王史的框架里将王权、贵族权力和这个时期发展起来的新社会阶级的相互作用纳入考量。因此，社会史是一个重要部分，应该记住的是主要主题（贵族、城市现象、农民、贸易与交通以及德意志在斯拉夫人的东北地区的扩张）将在本卷的各自章节里进行讨论。

士瓦本的菲利普（1198—1208 年）和奥托四世（1198—1218 年）
皇帝亨利六世去世了（墨西拿，1197 年 9 月 28 日），这事发生

---

① 包括最新文献的概览可参见 Uhlhorn and Schlesinger（1974）. 关于最新的主要区域史的参考文献可参见 Moraw（1989），p. 427.

376

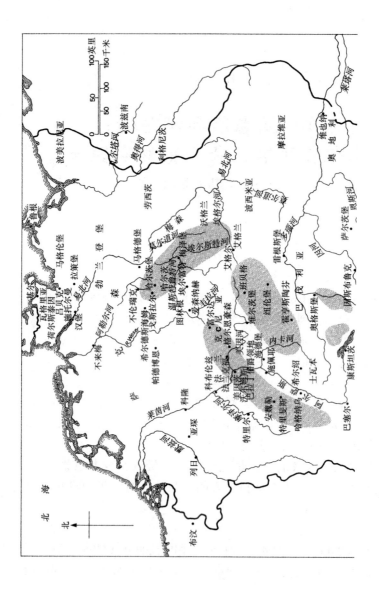

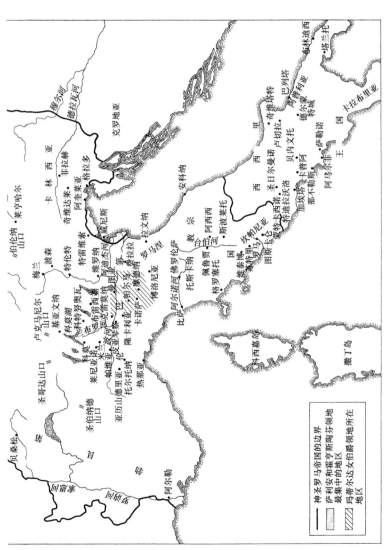

地图 5 德意志与西部帝国

神圣罗马帝国的边界

萨利安和霍亨斯陶芬领地最集中的地区

玛蒂尔达女伯爵领地所在地区

在一个几乎不可能更糟的时刻。他三岁的儿子弗雷德里克已经当选为德意志国王并在前往亚琛加冕的路上；事实上，他被带到西西里，结果在那里成为教宗英诺森三世在意大利斗争中的卒子。尽管起初有些政治势力愿意弗雷德里克继承皇位，但德意志的局势致使一场有争议的选举发生，霍亨斯陶芬家族（Hohenstaufen）和韦尔夫家族之间再次产生斗争。[②] 双方的竞争者或多或少在资源方面大致持平，这一基本事实导致了一场旷日持久的斗争。霍亨斯陶芬家族有士瓦本公爵领、散布四处的王室领地和帝国侍从官（ministeriales）阶层这一重要力量可以利用，还有大部分德意志诸侯和教宗使节的支持。韦尔夫家族得到西北地区和下莱茵区的支持，它们都是德意志在政治和经济上最发达的地方。这些地方由科隆大主教和科隆城统治；出于不同原因且尽管存在尖锐的内部纷争，二者面对科隆的贸易伙伴英格兰时都奉行一致的政策。或许爆发王位斗争的最重要的单一驱动力是科隆大主教阿特纳的阿道夫（Adolf of Altena），此人是亨利六世的老对手兼英格兰国王理查德一世的朋友。阿道夫领导着由来自威斯特伐利亚公爵领和下莱茵的诸侯组成的联盟，在皇帝死后很快就着手寻找新国王。在面对霍亨斯陶芬家族成员可能获得继承的情况下，他的主要忧虑之一就是要保障王室选举中的王子特权。这在 12 世纪初期都难以争取得到，到弗雷德里克·巴巴罗萨统治时期几乎完全失去。但阿道夫的候选人，先是萨克森公爵伯恩哈德四世，然后是扎林根公爵伯特霍尔德五世，因指望他们付出的款项过高而退出。尽管他自己的主教区及其家族的领土利益，已经从 1180 年"狮子"亨利的垮台中大赚一把，但阿道夫被迫与一位韦尔夫家族的被提名者达成协议，这是由英格兰国王和科隆商人的贸易与金融利益强加给他的，大主教在科隆商人那里负债累累。[③] 这位候选人就是奥托，"狮子"亨利公爵的第三子。[④] 他在英格兰接受教育，颇受他的舅舅国王理查德一世的喜爱。但在德意志，除拥有的面积大为减小的韦尔夫领地的第三部分外，他缺少一个权力基地。奥托四世被科隆的阿道夫和西北地区的教宗使节

---

②　该王朝的合适名称在德语用法中实际上是"Staufer"，但因怀旧的缘故，就使用了更古老的英语单词"Hohenstaufen"。

③　关于财政方面，可参见 Hucker（1990），pp. 25 – 35.

④　关于几个世纪以来遭遇最糟糕的可能压力的奥托的复原，现在可参见 Hucker（1990）.

推选出来，阿道夫也为美因茨和特里尔的同僚投了票的（科隆，
1198 年 6 月 9 日）。然后他占据了亚琛并由阿道夫在查理曼的教堂
（1198 年 7 月 12 日）为他加冕，但不是在他放弃对威斯特伐利亚公
爵领的所有要求权之前。对立的霍亨斯陶芬派形成于 1197 年圣诞节
期间，尤其受到萨克森公爵伯恩哈德的影响。这位公爵对一位韦尔夫
国王担忧甚多，因其无疑会试图收复祖产。1198 年 3 月当选的士瓦
本的菲利普没能进入亚琛，不得不等到 9 月才在美因茨加冕获得合法
王位，但为其加冕者勃艮第人塔朗泰斯大主教却非合适人选。这样的
事情在 13 世纪不止一次，宪政法律依然还太脆弱，无法决定这样的
事，那么解决的办法只能诉诸战争。双方都开始加强各自的地位，但
那年下半年采取的虚虚实实的军事行动没有产生什么影响。只有在
1199 年霍亨斯陶芬家族才取得一些进展，当时菲利普通过恢复卡佩
联盟来抵制韦尔夫—安茹同盟。因此，德意志王权危机与正好再次爆
发的英法战争融合在一起。但这些行动证明都不具有决定意义，这个
局面是为教宗干预而安排的。

　　起初，新教宗英诺森三世（1198—1216 年在位）已经避开这场
竞争。对立双方都将各自当选的消息告知教宗，也都有各自的盟友在
罗马教廷中进行疏通。奥托的支持者直接请求教宗认可他们的选择，
而菲利普的支持者则警告教宗不要侵犯神圣罗马帝国的特权。美因茨
大主教维特斯巴赫的康拉德试图使两位竞争者都退出，恢复霍亨斯陶
芬的弗雷德里克的候选人身份，但这一企图因康拉德的去世而落空。
在和罗马教廷进行秘密协商后，菲利普似乎拒绝了英诺森的过分要
求，但奥托屈从于教宗的指令，原因在于英格兰资助人不能继续资助
在德意志的战争而使他压力倍增。因此，英诺森在 1200—1201 年世
纪之交时将决定公之于众，使韦尔夫家族再次庄严地被宣布为国王
（科隆，1201 年 7 月 3 日）。奥托也就同意放弃他对德意志教会的权
利，承认教宗在意大利的要求权并在其政治事务中遵循教宗的指导
[纽瑟（Neuß），1201 年 6 月 8 日]。菲利普及其跟随者被下了禁令，
但没什么真正效用。他的派系出现一些背叛行为，最有名的要数波希
米亚的奥托卡尔一世和总是容易被贿赂的图林根的兰德格拉弗·赫尔
曼，前者因教宗承认原先由菲利普授予他的王权而被争取过去。在美
因茨，一位韦尔夫家族的支持者被提升为大主教。奥托还承认丹麦对

379

荷尔斯泰因的征服，包括重要城市吕贝克和汉堡在内。大多数教俗诸侯仍然支持菲利普，其中的 32 人给英诺森送去一封言辞尖锐的信，抗议教宗使节干预他们的选举特权（哈雷，1202 年 1 月）。这封信促使教宗颁发教谕《值得尊敬的》（Venerabilem），论述了他所倚赖的法律依据（1202 年 3 月 26 日）。

　　尽管取得的成果有限，但权力的天平再次向韦尔夫家族的对立面倾斜。英格兰人在法兰西遭遇败绩，菲利普施加军事反压力和地方竞争的模糊动态的共同作用下，许多重要的诸侯倒向霍亨斯陶芬阵营。奥托自己的弟弟，莱茵巴拉丁伯爵海因里希在 1204 年春天叛变，布拉班特公爵和来自下莱茵和威斯特伐利亚的大多数伯爵接着效仿。最引人注目的是科隆的阿道夫的倒向。他担心威斯特伐利亚公爵领和城市里的市民会在韦尔夫家族的保护下强大起来，但也和以前一样关心确保可能的赢家眼中的王子选举权。阿道夫于 1204 年 11 月反水，菲利普回报以丰厚的钱财和特权。霍亨斯陶芬家族重新当选并在同一天加冕（亚琛，1205 年 1 月 6 日）。图林根伯爵和波希米亚国王也屈从于菲利普。科隆是韦尔夫家族最后的主要支柱，它的投降值得尊敬，前提条件可能是与由铸币主组成的贵族团体（Münzerhau sgenossen）达成的一笔财政交易，但只是当菲利普在军事上战胜奥托（瓦森贝格，1206 年 7 月 27 日）后才得以实现。[5] 至此，英诺森三世准备谈判。禁令被取消，德意志休战一年。1208 年春达成的条款从未公布过，但显然包括教宗的侄子和国王的女儿的婚姻协议、菲利普的皇帝加冕仪式以及现在对王室在德意志教会享有的权利的强制性放弃。当菲利普因个人恩怨被巴伐利亚巴拉丁伯爵维特斯巴赫的奥托谋杀时（班贝格，1208 年 6 月 21 日），所有这一切都落空了。

　　至此，德意志诸侯厌倦了争斗，很快选定奥托。霍亨斯陶芬一派因菲利普的长女与奥托的订婚得到和解，奥托还宣布愿意为前对手的被害复仇。诸侯的特权通过进行了两次的重新选举表现出来，一次在哈尔伯施塔特由萨克森人举行，另一次在法兰克福由 55 位诸侯的非比寻常的大集会举行（1208 年 11 月 11 日）。他们在那里宣誓要在这片土地上（Landfriede）维护国王宣扬的普遍和平。暗杀菲利普的人

---

⑤　Hucker（1990），pp. 80 – 88.

被霍亨斯陶芬派侍从官的领导者卡尔登的海因里希处死。在走向下一
步即帝王加冕仪式时，奥托四世重新强调并扩大对教宗的承诺，但因
未能调动各诸侯而留下了极大的漏洞。尽管对国王的真实意图充满疑
虑，英诺森三世还是举行了皇帝加冕仪式（罗马，1209 年 10 月 4
日），奥托四世几乎立即做出大改变。他没有返回德意志，而是和他
的军队留在了意大利，插手伦巴第和托斯卡纳事务，并准备征服西西
里。到 1210 年 11 月，他在阿普利亚采取军事行动，1211 年年中控
制了南意大利的大部分地区。奥托不但不是教宗的奴役工具，反而沿
着传统的霍亨斯陶芬路线很快形成有力的意大利政策，达到利用亨利
六世死后滞留在意大利的德意志侍从官的程度。他似乎也制定了使德
意志诸侯大为不安的大量计划。英诺森对韦尔夫家族慢慢像对待诺曼
贵族那样，对他们的警告肯定是真的，特别是当征收全民赋税的图谋
和教会财产世俗化的计划公之于众时。⑥

弗雷德里克二世（1212—1220）

英诺森宣布的反对皇帝的禁令（1210 年 11 月 18 日）对奥托没
什么影响。法兰西国王菲利普二世·奥古斯都首先采取明确的措施，
着手使教宗相信有恢复弗雷德里克的候选人身份的必要。他还是第一
个唆使德意志诸侯反对奥托的人，即使他们当中的一些人根本无须挑
唆。最早的德意志反对势力形成于 1210 年 9 月，包括美因茨和马格
德堡大主教、波希米亚国王、图林根伯爵、梅兰公爵和来自同一安代
克斯家族的班贝格主教。在法兰西和德意志施加压力，以及同时期与
奥托谈判最终失败（1211 年 2 月 21 日）的情况下，英诺森消除对另
一位西西里—德意志国王的顾虑又花费了半年的时间。1211 年 3 月
21 日，他将皇帝的封臣从效忠誓约中解放出来。诸侯反对势力秘密
选举弗雷德里克为罗马人的国王，可能在瑙姆堡（1211 年 4 月或 6
月），并将他们的选择告知教宗。⑦ 更多的诸侯加入他们的队伍，于
是他们公开重新选举了弗雷德里克并邀请他来德意志（纽伦堡，
1211 年 9 月初）。奥托被迫中断在西西里的军事行动，匆匆回国，采

---

⑥　关于两个计划，可参见 Hucker（1990），pp. 538 – 540，544 – 555.
⑦　Hucker（1990），pp. 298 – 300.

取措施设法制止了叛乱。在和教宗一起做出安排后，弗雷德里克于1212年3月接受了邀请，让尚在襁褓中的儿子亨利加冕为西西里国王后北上。他在罗马与教宗英诺森三世会面（第一次也是最后一次），保证自己将遵守早已为菲利普和奥托所接受的条件。在热那亚稍作停留后，他穿过敌对的伦巴第，在小队随从的陪伴下悄悄翻过阿尔卑斯山。与此同时，奥托正忙于扫除西南的抵抗力量。但他来自霍亨斯陶芬家族的妻子突然死亡，他们只结婚了几个星期，使他被帝国的侍从官们抛弃了。弗雷德里克恰好设法在康斯坦茨的领地里找到了庇护（1212年9月）。他从那里重新得到了士瓦本和上莱茵的霍亨斯陶芬家族支持者的拥护，尤其得益于他的个人呼吁。他还恢复了卡佩联盟（沃库勒尔，1212年11月19日），从该联盟获得许多钱财来收买诸侯们的依附。奥托四世不得不撤退到科隆，弗雷德里克重新正式
382　当选，并在教宗使节和法兰西使臣面前加冕（法兰克福和美因茨，1212年12月5日和9日）。在大批诸侯的支持下，他通过正式承诺确定了教宗联盟，去遵守以前强迫奥托做出的让步［埃格尔黄金诏书（Golden Bull of Eger），1213年7月12日］。优柔寡断的军事调动在德意志持续了一段时间，但奥托谋求一次影响重大的军事决战，那就是与法兰西国王菲利普二世作战。在弗雷德里克甚至没有到场的布汶，奥托被彻底击败（1214年7月27日）。法兰西国王据说将丢弃在战场上的帝国之鹰送给了弗雷德里克。韦尔夫家族剩余的堡垒，即亚琛和科隆，在来年夏天沦陷。根据习俗，弗雷德里克再次在亚琛加冕（1215年7月23日），继而采取了两项意义重大的行动：重葬查理曼的尸体和参加十字军准备东征。很快，英诺森在第四次拉特兰公会议上认可了弗雷德里克的王权。

1212年9月，弗雷德里克抵达德意志。他的有效统治始于1215年夏天，然而韦尔夫家族的威胁持续到1218年奥托去世。虽然韦尔夫家族的威胁被遏制在弗雷德里克的布伦瑞克领地，但一直持续不断。弗雷德里克在1220年8月离开德意志，15年后才得以返回，度过了一段短暂的日子。显然，他的精力和努力大多花费在西西里王国、神圣罗马帝国的意大利部分和十字军东征上。即使（正如他一直以来被人们所料想的那样）他想要按照后来在西西里形成的路线来强有力地统治德意志，德意志的长期王位斗争局势和由此产生的权

力关系却阻止了这样的企图。无论如何，阿诺德、阿布拉菲尔和其他
人的现代研究对传统观点产生了怀疑。1213 年的《埃格尔黄金诏书》
不仅承认教宗在意大利中部兼并的土地，而且放弃了老"帝国教会
体系"的残余权利，主要是教职空缺期对教会收入的要求权和参与
教宗使节选举的权利。它还允许教士向教廷自由上诉。这首先使德意
志的教宗使节受益，如为弗雷德里克提供第一支战斗力量的斯特拉斯
堡主教。然而，将弗雷德里克在王位斗争期间做出的种种决定看作建
立国家的连贯政策时，我们应该要谨慎。1216 年的维尔茨堡议会条
款反对各公国脱离神圣罗马帝国，有时被认为其具有了帝国法律的权
力，它只不过是弗雷德里克对雷根斯堡的两位女修道院院长就一起地
产交换提出的申诉做出的有利回应。[8] 在授予特权给神圣罗马帝国城
市时，弗雷德里克也采取措施制止其他城市僭越主教领主的权利。因 383
此，一年后，康布雷主教加入弗雷德里克的事业中去时，一项有利于
康布雷市民的决议（1214 年 7 月）取消了。国王青睐拥护者，惩罚
持异议者，扮演着仲裁者和和平维护者的传统角色，有时在他人的请
求下对地方事务和冲突做出决定。到 1219/1220 年，弗雷德里克将这
份"仁慈的庇护"给了霍亨斯陶芬的传统范围外的城市，如戈斯拉
尔和多特蒙德。[9] 但这样的恩惠也应该放在巡回王权的框架内来考
虑，这种王权在这些年里从传统的霍亨斯陶芬权力基地（上莱茵区、
沃尔姆斯、施佩耶、哈格纳乌）向东扩展。像乌尔姆、奥格斯堡和
纽伦堡等地现在成为受到偏爱的暂住地。[10]

　　至于系统化的政策，我们这时应该从不同层面来看待。一个区域
史的新近流派强调霍亨斯陶芬家族在阿尔萨斯、艾格兰（Egerland）
和普莱瑟兰（Pleißenland）及其他地区重建与扩大权力基地，雇佣依
然忠诚的侍从官（ministeriales），恢复王室对修道院的支持，使农民
定居下来，修建城堡和享有王权的贵族领地，支持现存的王室城市并
将 20 座城堡和较小的地方提升到城市地位。[11] 1218 年 2 月获得扎林

---

　　⑧ 《德意志历史纪念碑》（Monumenta Germaniae historica）的编者认为将此归纳进宪法（Constitu-
tiones II. 57）是合适的；还可参见 Poole（1936b），pp. 80 – 81.
　　⑨ 这个恰当的词语由阿布拉菲尔提出：Abulafia（1988），p. 124.
　　⑩ Württembergisches Landesmuseum（1977），IV，map IX：Kaiser Friedrich II，Karte der Aufenthalt-
sorte 1212 – 1250.
　　⑪ Bosl（1950 – 1）and（1973），pp. 168 – 178.

根公爵的部分继承土地以及慕尼黑和伯尔尼两城是这次领土扩张的主要战利品。因此，指责弗雷德里克使王室土地减少的传统观点不再站得住脚。[12] 双王权时期失去大量土地后经历了一段恢复期，一直持续到1235/1236年，随后在弗雷德里克与教宗的最后斗争期间再次失去土地。[13] 在这两个阶段，这样的政策的真正控制权不再掌握在皇帝手中。这些政策由他的儿子们及其官员首先提出并执行，官员主要是属于侍从官阶级的那些人。和他的祖父在1180年一样，弗雷德里克在1218年有充分的理由不去利用韦尔夫家族的终止来占据失败者的土地。作为王室徽章的交换，弗雷德里克承认奥托的弟弟兼继承人，前巴拉丁伯爵亨利为韦尔夫家族领地的合法持有人，以及易北河与威悉河之间的神圣罗马帝国代理人。不这样做的话，将意味着在一个霍亨斯陶芬家族几乎完全缺乏战略要点的地区无视地方诸侯的利益。王室在领土重建和巩固方面的努力会因此受到地理上的限制，而诸侯在其他地区以同样的方式进行类似的努力，而且从长远来看更为成功。

384

　　弗雷德里克的两大政治关注点，即帝国事务和十字军东征，都以保证霍亨斯陶芬家族传承为转移，准备工作在英诺森三世死后立即展开。他派人叫回他的儿子亨利并使他成为士瓦本公爵，然后在扎林根家族灭绝后成为勃艮第堂区长。在和诸侯们进行冗长的谈判后，亨利被选举为德意志国王（法兰克福，1220年4月中旬）。几天后，弗雷德里克将著名的《神圣诸侯契约》（*Confoederatio cum principibus ecclesiasticis*）授予教宗使节，现在将其视为惯例的摘要重述，这些惯例在那时大多很普遍，谈不上是新政策的构想。[14] 在此托付给教会诸侯的君权，包括修建城堡、垄断市场、保留铸币权和征收通行费以及在其领土上维持正义等，在很长时间里都没有掌握在王室手中。与教宗洪诺留三世就恢复弗雷德里克手中的西西里王国和神圣罗马帝国的个人联合将产生分歧，恰如预料中那样适时出现了。但是，随着与《神圣诸侯契约》确定下来的德意志诸侯保持一致，以及在达米埃塔（Damietta）陷入困境的十字军东征在教宗心中的分量更重，国王开

---

⑫　传统观点参见 Frey（1881），强烈回应这一观点的是：Poole（1936b）and Barraclough（1946）. 至于弗赖之后的学术研究并提出不同观点的是：Schlunk（1988），pp. 3 – 6.

⑬　Schlunk（1988），pp. 204 – 205. 对其方法提出批评而又接受其中提到的研究结果的，可参见 Rubsamen（1989），pp. 712 – 714.

⑭　Beumann（1987），p. 374 and n. 7；Bosl（1973），p. 186.

始自行其是。8 月，弗雷德里克前往意大利举行皇帝加冕仪式（罗
马，1220 年 11 月 22 日）。到那时为止，他的德意志政府的保守特性
已经完全形成，首要意图是在地方和地区竞争的层面上使诸侯保持共
识，以此确保神圣罗马帝国的称号。这一特性在 1220 年后不得不加
强，那时弗雷德里克的王权已是徒有其名。

诸侯摄政期、亨利（七世）（1220—1235 年）、康拉德四世（1237—1254 年）和荷兰的威廉（1247—1256 年）

1220 年，亨利 9 岁，已经是候任国王，但尚未加冕。将国家事
务托付给每个地区的强大诸侯的安排很快变得令人不满起来。因此，
在前往西西里之前，弗雷德里克任命科隆大主教恩格尔贝特为他儿子
的主管和监护人，将贝尔格伯爵家族和四位前大主教的亲属也托付给
他。像他的叔叔兼前任阿道夫一样，恩格尔贝特极为关心威斯特伐利
亚公爵领的事务和在科隆城重建统治。在摄政期，他得到一些主教和
议事会的协助，该议事会主要由士瓦本贵族与皇帝选出的帝国侍从官
组成。这是一个主要负责日常事务的临时代理机构，而不是一个拥有
全权的独立政府。在亨利于 1222 年加冕前后，王廷间或有其他诸侯 385
（大多数是教会诸侯）到场，就该机构的成员们提出的问题采取行
动。它主要处理封建法、铸币垄断权和骑士与市民动乱的问题，这些
动乱正日益导致针对教会领主的各种宣誓联盟及叛乱形成。为了忍受
暴涨的世仇，各种和平协议（*Landfrieden*）得以制定：1221 年萨克
森制定了一项地区性和平协议，1223/1224 年可能在维尔茨堡颁发了
一项通用的和平协议。[15] 但这个时期的中心事件是恩格尔贝特试图按
照原有的韦尔夫路线执行独立政策。当战争再次危及英法之时，恩格
尔贝特公然反抗皇帝重建卡佩联盟，继续进行早期让年轻的国王与英
格兰人联姻的谈判。一群诸侯想方设法使波希米亚国王奥托卡尔一世
的女儿成为亨利的新娘，但没有成功。最终，弗雷德里克让他的儿子
娶了奥地利公爵利奥波德六世的女儿，预示着其帝国规划中后来给予
奥地利的那个角色。当丹麦国王被施维林王廷绑架时［吕岛（Lyö），
1223 年 5 月 6 日］，丹麦在努达尔宾吉亚（Nordalbingia）的扩张这一

---

[15] 它们的日期尚存争议：Gernhuber（1952），p. 88 n. 87。

引起争论的事件再次被提出。摄政想要释放瓦尔德马尔，与皇帝在释放的问题上产生分歧，这表明二者对丹麦事件有着不同的处理方式。当弗雷德里克派遣他信赖的朋友、条顿骑士团大团长赫尔曼·冯·萨尔扎（Cttermann von Salza）制定新协议时，恩格尔贝特手中的谈判权被拿走；新协议企图重获以前放弃的土地并将宗主权强加在丹麦头上。最后瓦尔德马尔通过向教宗上诉来拒绝做出让步，后来在博恩赫沃德之战（1227 年 7 月 22 日）中被德意志东北部各城市、伯爵和诸侯的联军打败。弗雷德里克在这些事件中完全处于被动。但是，通过1226 年春夏两季从意大利授予的特许状来看，他确实为条顿骑士团和吕贝克城制定了法律基础，授予骑士团在普鲁士行动自由的权利并保证吕贝克作为自由帝国城市的地位。

　　到那时为止，科隆的恩格尔贝特已去世，被一个心怀不满的亲戚谋杀致死（1225 年 11 月 7 日）。此人可能参与到一个极大的反对大主教在威斯特伐利亚积极巩固领土的阴谋当中。选择他的继任者为摄政和监护人，引发出一些令人恼火的事情，因为波希米亚国王和巴伐利亚公爵都憎恨奥地利公爵利奥波德六世的崛起，而后者现在通过联姻与霍亨斯陶芬家族结成联盟。此外，巴伐利亚的维特斯巴赫公爵路德维希一世最后填补了此职务的空缺，这个过程花了将近一年的时间。摄政期的第二个时期没有出现什么较大的政治事件。在主要由教会诸侯参加的维尔茨堡议会（1226 年 11 月）上，针对不受管束的城市的新措施出台了。其中一项措施的目的在于废除德意志的第一个城市同盟，该同盟由主教城市和帝国城市在较早时期创建，目的在于对抗美因茨大主教。路德维希公爵与新科隆大主教和更多诸侯合作，策划与英格兰人的另一次联姻，这次是将波希米亚的奥托卡尔或某位德意志诸侯的女儿嫁给国王亨利三世。还有韦尔夫家族领地的问题，无嗣的布伦瑞克的亨利的死亡已临近，位置很快就会腾出来。路德维希和国王合作去占领亨利的土地，但布伦瑞克市民迫使他们撤退了（1227 年 8 月）。在弥合两个涉及神圣罗马帝国政治的主要利益集团之间日益明显的裂痕时，摄政政府采取的折中办法并不成功。这两个集团就是下莱茵的诸侯兼伯爵们和东南地区的领主们。莱茵巴拉丁领地伯爵属于后一集团，这块领地在 1214 年已经被弗雷德里克二世授予巴伐利亚的维特斯巴赫公爵。当国王亨利和许多诸侯参加摄政的儿子奥托的骑士授予仪式（施特劳宾，1228 年 5 月）时，这是最后一次集体无异议的表现。此时，整个国际政治框架因皇帝被驱逐出教（1227 年 9 月 29 日）及其后来前去参加十字军东征（1228 年 6 月 28 日）而倾覆。在最后的纷争中，一直渴望独立的国王亨利指控其监护人与教宗合谋（哈格纳乌，1228 年圣诞节）。次年，双方爆发战争，亨利说服并强迫路德维希宣誓效忠。他获得维特斯巴赫家族的老对手安代克斯家族的支持，使后者恢复早期因被涉嫌参与谋杀菲利普国王而被没收的一些领地。安代克斯家族也因与奥地利公爵的联姻而得到加强。这一事件因而变成东南部德意志诸侯的权力之争，与如此众多的其他冲突一样并不长久。到 1230 年，亨利和路德维希再次和解。路德维希在凯尔海姆桥被谋杀（1231 年 9 月），很多人认为是国王或他的父亲唆使的，但可能并不是他们所为。[16]

除斯特拉斯堡主教外，没有一位德意志诸侯愿意支持教宗对弗雷德里克颁发禁令。1229 年，当教宗使节试图让奥托四世的侄子吕讷堡的奥托成为对立国王时，没能取得更大的成功。然而，亨利的王权似乎不能获得实权。他无法遏制在阿尔萨斯、威斯特伐利亚、洛泰林吉亚和奥地利爆发的种种世仇。他不得不对付教宗使节；和约在圣日耳曼诺（1230）达成后，教宗使节的活动再次变得合法起来。但最重要的是，他千方百计挑起教俗诸侯的仇恨。一个主要争执是国王与城市和帝国侍从官的密切关系。这两者有很多的共同点，当亨利授权帝国城市贵族和他的侍从官通婚时，他认可并利用了这一事实。有些历史学家赞扬亨利的政策始终如一，或者至少倾向于支持这些新兴力量。[17] 对于其他人，他只是遵循支持敌人的传统路线。[18] 他在 1230 年认可一个针对列日主教的城市同盟，这可以从两个方面来看：那个城市的市民已经将主教和教宗使节驱逐出去。但亨利的个人脾气中似乎有某些东西来促使他采取几乎可以使每个人都成为敌人的立场。因此，例如，他和他的奥地利妻子离婚的计划未成功，激怒了他的父亲和巴本贝格家族的内兄。总而言之，亨利几乎没有时间形成任何稳定的政策，因为在诸侯从意大利返回后，他很快受到阻挠。在意大利，

387

---

[16] Spindler（1977），p. 36.
[17] Beumann（1987），p. 376；Abulafia（1988），p. 230；Töpfer and Engel（1976），p. 198.
[18] Grundmann（1973），p. 50；Stoob（1978），pp. 384 n. 9, 396.

诸侯们在圣日耳曼诺谈判中再次证明了他们对皇帝的价值。在沃尔姆斯召开的议会中（1231 年 1 月），教会诸侯强迫亨利宣布城市同盟、宣誓联盟和城市市民颁发的独立立法为非法。他不得不承认他以前对这些同盟的认可是不合乎法律的。在沃尔姆斯召开的第二次议会上（1231 年 4/5 月），弗雷德里克于 1220 年颁发的《神圣诸侯契约》和后来的反城市立法被重申，并且著名的《世俗诸侯法案》（*Statutum in favorem principum*）扩大了所有诸侯的权益。在沃尔姆斯主教的要求下，同盟禁令一年后由弗雷德里克在拉文纳圣诞节议会上重申，亨利设法避开出席此次议会。皇帝现在对阻挠其伟大计划的这些事情非常不耐烦，让他的儿子出席了在奇维达莱（Cividale，1232 年 5 月）召开的另一次诸侯集会，重新颁发盖有帝国印玺的《世俗诸侯法案》。亨利被迫宣誓：他将遵从父亲的指令并偏向诸侯，如果他做不到则被驱逐出教并解除他们的忠诚。与《神圣诸侯契约》一样，作为其延续的《世俗诸侯法案》现在被看成是诸侯权力的早期发展的法典。⑲ 国王和皇帝放弃在诸侯领土上建立新城市、城堡和铸币厂的权利。然而，这两种行为也是其他与之相抵触的压力的最终证据：城市公社运动的力量和王室恢复失去的土地与权利的连续驱动力，诸侯要想反对这二者就不得不寻求皇帝的帮助。

388　　　亨利不可能或不会长期地遵守这些规定，正如在 1232 年年末支持梅斯市民反对其主教的叛乱所证明的。接下来就是在德意志南部对巴伐利亚公爵奥托二世采取的军事行动，公爵的幼子在 1233 年被亨利扣为人质。一年后，在法兰克福宣誓的《禁止复仇条例》（*Land-friede*）（1234 年 2 月 11 日）的掩盖下，他对霍恩洛厄伯爵和巴登边疆伯爵采取军事行动。当对手求告皇帝的援助时，皇帝下令亨利释放囚犯并修理毁损的城堡，亨利再次被拖住。最广为人知的事件是对异端分子的无情猎杀，此事由教宗的审判者马尔堡的康拉德组织了两年，直到他在 1233 年死于盛怒的贵族之手。当试图遏制这些剥夺人权的行为的过度热情时，亨利仅此一次获得贵族和主教的支持。他把最著名的针对塞恩伯爵的案子转到王室法庭，然后休庭并驳回，1234

---

⑲　Grundmann（1973），pp. 51 – 52 and n. 6；Beumann（1987），p. 376 and n. 7；Engels（1987），col. 831；较早的观点得到有力叙述：Cleve（1972），pp. 359，363 – 364.

年在《法兰克福和约》中插入坚持正当法律程序的条款。亨利的行
为激起了教宗和皇帝的怒火，因为二者在反对异端分子方面长期合
作，这已是公认的事实。因此，父子决裂先前在奇维达莱由于诸侯的
干预得以避免，现在显得突出而又不可避免了。在亨利这边，他还嫉
妒他的同父异母弟弟康拉德，康拉德是耶路撒冷王国的继承人兼神圣
罗马帝国的潜在继任者。正是康拉德被弗雷德里克带到列蒂与教宗见
面，在那里弗雷德里克说服格列高利九世颁发针对其长子的最后禁
令。在 1234 年 7 月的一封信中，皇帝向诸侯宣布将于来年夏天返回
德意志的打算。亨利在 9 月通过传播一份自卫宣言做出回应，但同月
在博帕德（Boppard）召开的支持者的会上公开表示了反抗之意。除
一群士瓦本的帝国侍从官和贵族外，会议上还有一些不太热心的高级
教士，当中包括亨利现在以武力支持其反对市民的沃尔姆斯主教、他
的内兄奥地利公爵弗雷德里克二世、莱茵兰和阿尔萨斯各城市，其中
一些是通过扣留人质强制而来。这些支持者中没有一个最终站在他这
边。亨利与他父亲的主要对手米兰和伦巴第同盟联盟，希望他们可以
封锁皇帝穿过阿尔卑斯山的道路。通过利用皇帝要娶英格兰的亨利三
世的妹妹的计划，他试图使法兰西国王从与弗雷德里克的联盟中分离
出来，却因教宗的干预而付之东流。

通过与诸侯展开外交攻势来为他进入德意志做准备后，弗雷德里
克在 1235 年春天到达德意志。陪同而来的是他的儿子康拉德，他的
朋友赫尔曼·冯·萨尔扎，以及不管到哪儿都引起惊奇的充满异域风
情的宫廷。然而，他没有带军队过去。事实上，德意志诸侯、贵族和
城市很快设法向皇帝保证其忠诚。亨利撤退到特里斐斯（Trifels）城
堡，以表明他的和解意图，但为时已晚。他被带到温普芬，在那里他
屈服了，拜倒在弗雷德里克的脚下，徒劳地等待再次被起用（1235
年 7 月 2 日）。在沃尔姆斯（1235 年 7 月中旬），皇帝出席对他那刚
愎自用的儿子的审判，剥夺了他的王权并将他关进监狱，先是关在德
意志，后来在阿普利亚；他将于 1242 年在意大利南部走到生命的尽
头。在沃尔姆斯，弗雷德里克也举行了他与英格兰的亨利三世的妹妹
伊莎贝拉的婚礼。在一个月后举行的美因茨议会上，弗雷德里克提升
最后一位韦尔夫族人吕讷堡的奥托，使他跻身帝国诸侯之列。通过这
两项举动，两个家族之间由来已久的斗争最终平息，同时承认德意志

西北部的传统英格兰取向的合法性。似乎可以说，第一位霍亨斯陶芬皇帝能够克服家族利益的区域限制，这将会是他的最后底线，也是最少涉及德意志事务的。弗雷德里克在美因茨第一次用德意志民族语言，宣布了一项不受时间限制的《美因茨帝国和平法令》（*Mainzer Reichslandfrieden*，1235 年 8 月 12 日）。除压制世仇的各种条款外，和约重申了一些诸侯特权。但它也详述了司法、铸币、关税和护卫等王室特权，设立帝国大法官这一新职位，连同公证员和大法官法庭一起处理除涉及诸侯以外的所有诉讼。这有时被认为是对西西里先例的模仿；但是，尽管后来多次重申，这项改革事实上几乎没有得到实现。然而，从政治上来说，这充分证实皇帝很久以前就已与诸侯结盟，以及皇帝作为最高仲裁者、司法领主和托付给诸侯的王权的最终源泉所代表的基本立场。在更实际的层面上，弗雷德里克使诸侯们对来年春天计划进行的伦巴第远征做出承诺。然而，由于奥地利的事务，承诺的帮助最终很少有兑现的。

　　奥地利计划是皇帝在 1236 年 7 月前往意大利前的最后一次德意志冒险行动，一些历史学家认为它具有新总体规划的意义。在这个计划中，奥地利和斯蒂里亚两公爵领将成为重组的士瓦本—阿尔卑斯—伦巴第王室领地中心轴的一部分，不能被授封但可以由负责任的代理人来管理。[20] 奥地利计划更多的是为了跟上弗雷德里克以前在德意志采取的步骤，也可以被看作是对太少而无法利用的机会的回应。奥地利和斯蒂里亚的公爵、巴本贝格人弗雷德里克二世（好战者）是皇帝的儿子亨利的内兄，也是巴伐利亚、波希米亚与匈牙利的统治者的敌人。1236 年 6 月，他因屡次拒绝出现在法庭上而被剥夺法律权益。然而，没收他从皇帝那里持有的封地的工作由诸侯对手来执行，这些人遭遇了军事上的失败。因此，弗雷德里克被迫于 1236 年年底中断在伦巴第的军事行动，率军北上去占领维也纳，使之跻身于帝国城市之列。在他离开后，被废黜的公爵设法重获其地位；弗雷德里克再次被驱逐出教，这一情况变化使他于 1239 年在其领地上再次获得承认。在反对教宗的最后斗争的巅峰时期，弗雷德里克甚至认为将世袭王权

390

　　⑳ Engels（1987），col. 832；Beumann（1987），pp. 380 – 381；Töpfer and Engel（1976），pp. 229 – 230.

承诺给他是明智的。只有在这位巴本贝格人于 1246 年去世后，奥地
利和斯蒂里亚才临时成为神圣罗马帝国的土地。即便如此，弗雷德里
克在维也纳让他九岁的儿子康拉德当选为国王和帝位继承人（1237
年 2 月）。

　　1237 年 8 月，第三次也是最后一次离开德意志时，弗雷德里克
再次留下一个年幼的儿子为国王，也任命了一位摄政，这次是美因茨
大主教爱普施泰因的西格弗里德三世。正如以前发生过的那样，弗雷
德里克二世被教宗格列高利九世驱逐出教（1239 年 3 月 20 日），教
宗使节阿尔贝特·贝海姆再次试图挑起诸侯们的不和。1238 年 3 月，
奥地利、巴伐利亚和波希米亚的统治者们联合起来，反对弗雷德里克
在德意志东南部的扩张主义计划。为了和教宗使节相呼应，他们后来
试图推出一位对立国王，但完全无用。尽管大量使用禁令（有时半
数德意志主教被驱逐出教），贝海姆发现甚至在德意志公布禁令都很
难。在蒙古人入侵的威胁下，奥地利的弗雷德里克和巴伐利亚的奥托
二世重返帝国阵营，奥托的女儿被许配给国土康拉德四世为妻。第一
位向教宗屈服的高级教士是科隆大主教霍赫施塔登的康拉德，或许是
因为他和下莱茵贵族的斗争。接着是美因茨大主教，在 1241 年转投
阵营前一直担任弗雷德里克在德意志的摄政。西格弗里德与巴伐利亚
的奥托有世仇，奥托现已是皇帝的忠实跟随者，二人结仇的原因是洛
尔施（Lorsch）帝国修道院的领地。各帝国城市仍旧谨守与霍亨斯陶
芬家族的联盟，正如现存的 1241/1242 年的一份税单所证实的。顺便
提一句，这里授予修建城墙的退还款涉及加强城市防卫的一贯做法，
这在给诸侯让步的早期特权特许状中已被宣布为非法。康拉德在
1241/1242 年取得军事上的胜利，事实上主要归因于科隆和沃尔姆斯
市民的努力，他们对其教会领主早已不满。

　　在教宗英诺森四世于 1243 年当选后，霍亨斯陶芬家族在德意志
的气数慢慢散尽。许多教士被争取到教宗的事业中去，所使用的方法
激起一些历史学家的怒气。[21] 弗雷德里克任命的新摄政，图林根伯爵
亨利·拉斯佩，也于 1244 年投敌；弗雷德里克在里昂公会议上被罢
黜后，他同意由莱茵大主教们和一些主教选自己为国王（1246 年 5

391

㉑　Poole（1936b），pp. 106–107；Grundmann（1973），p. 80.

月 22 日）。他以后的大多数行动都将由教廷提供资金。除在 1246 年
9 月将女儿嫁给康拉德四世的巴伐利亚公爵外，所有世俗诸侯仍然无
动于衷。因此，东南地区还是霍亨斯陶芬家族的堡垒，包括同年在公
爵弗雷德里克二世死后最终重归皇帝的奥地利公爵领。尽管皇帝和教
宗的宣传者动静极大，但他们在德意志的第二战场不会速战速决的。
亨利·拉斯佩在法兰克福附近成功击败康拉德四世（1246 年 8 月 5
日），并在一些士瓦本贵族的帮助下没收了康拉德的公爵领，但未能
围困乌尔姆，在 1247 年 2 月去世了。六个月后，为了和布拉班特公
爵亨利二世合作，莱茵大主教们选举他年轻的侄子荷兰的威廉为国
王，他在一连串伯爵中第一个登上德意志王位。这位对立国王没有自
己的权力基地，甚至比他的前任们更像是教士们的傀儡，至少起初是
这样。但他确实为了加冕仪式武力进入亚琛，经过艰苦战斗后，被下
莱茵区的大部分地方接受，包括不得不以巨大让步收买的科隆城。然
而，莱茵河中部的其他城市抵制的时间更长。例如，博帕德经过反复
围攻后于 1251 年最终投降。

　　正如人们常说的，在德意志，皇帝弗雷德里克二世的去世
（1250 年 12 月 13 日）显然不是霍亨斯陶芬家族的统治慢慢解体的决
定性事件。更重要的是霍亨斯陶芬派系中的诸侯和城市逐渐分离出
去，因为他们从与这个家族的联系中看不到更多的好处。康拉德四世
在 1251 年 10 月前往西西里，再也没有回来，当时任命了他的岳父巴
伐利亚的奥托二世为王国的代理人。奥托及其儿子路德维希二世甚至
不能捍卫霍亨斯陶芬家族在士瓦本的领地，很快落入地方贵族之手；
路德维希二世在 1253 年已继承巴伐利亚和对国王的儿子康拉丁的监
护权。至此，荷兰的威廉已在全力加强自己的地位。他娶了布伦瑞克
公爵奥托的女儿为妻，并得到以萨克森公爵和勃兰登堡边疆伯爵为首
的东北部诸侯的承认。他被诸侯们重新选出，这与东北部流行且近来
在法律书《萨克森明镜》（Sachsenspiegel）中阐述的观念相符合，使
威廉有可能为萨克森各城市所承认。在康拉德四世于 1254 年去世后，
原先拥护霍亨斯陶芬事业的其他神圣罗马帝国城市接踵而至。与此同
时，威廉与莱茵选帝侯的联盟破裂，国王与强大的莱茵城市同盟结
盟。为了适应保证运输路线的广泛需求和减少通行费收费站，这一联
盟不仅鼓动而且武力执行《禁止复仇条例》（Landfrieden）。该联盟在

392

美因茨的阿诺德·沃尔波特的领导下快速发展，他是第一位以独立政
治角色出现的德意志市民。自从脱离与沃尔姆斯的联盟后，这一联盟
发展迅速，包括主要位于莱茵河上下的70多座城市，也延伸至远在北
部的吕贝克、南部的慕尼黑和东部的雷根斯堡。联盟于1254年7月13
日成立，在10年间配备了一支拥有武装船只的内河舰队，发展势头十
分迅猛，使莱茵大主教和主教们、莱茵巴拉丁伯爵及其他贵族认为加
入它是明智之举。[22] 王室对该联盟的承认于1255年2月在沃尔姆斯议
会上公布出来。然而，这样的"来自下面、意在改革"的力量不应
该被夸大。[23] 这不是违反宪法的新现象。城市联盟虽然最终被宣布为非
法，但早就发展起来了，而且《禁止复仇条例》的观念是保证公共秩
序的常用工具，无论是国王的法令还是有关各方的倡议。[24] 这种和约的
效力不是非常令人印象深刻：当威廉和教宗使节堪堪从科隆大主教唆
使的刺杀行动中逃得性命时（纽瑟，1255年1月），罪犯依然逍遥法
外。和平常一样，这样的敌视行为属于更广泛的问题，这一次是因为
争夺佛兰德—埃诺的继承权。大主教在这次斗争中和安茹的查理站在
一边来反对荷兰的威廉，其他行动中还包括把波希米亚的奥托卡尔推
为对立国王的企图。1256年1月底，国王威廉被杀害，当时他正在迫
使弗里西亚人屈服。到这时，他昔日的霍亨斯陶芬对手康拉德四世已
经去世两年，这两人恰好年岁相当。康拉德的同父异母弟弟曼弗雷德
和康拉德的儿子康拉丁分别于1266年和1268年在意大利去世，除了浪
漫回忆之外没有给德意志留下任何印记。

康沃尔的理查德（1257—1272年）和卡斯蒂尔的阿方索 (1257—1275年)

　　霍亨斯陶芬王朝结束后，因为没有皇帝，随后的那个时期通常被
称为"空位期"，但这是错误的观点，因为有国王，这一事实没有使
之比其他时期更可怕。[25] 波希米亚国王再次成为皇位候选人，大主教

---

　　[22]　关于联盟成员的地图，可参见 Moraw（1989），p. 207.
　　[23]　Grundmann（1973），p. 83；Engels（1987），col. 834；谨慎点的看法可参见 Moraw（1989），
pp. 208–209.
　　[24]　Angermaier（1966）.
　　[25]　这一影响深远的观点首次出现在弗里德里希·席勒写于1803年的诗歌《哈布斯堡伯爵》中：
"没有皇帝的恐怖时代。"

科隆的康拉德曾资助过他一段时间，但北方诸侯正在考虑让他们当中的某一位成为候选人。莱茵城市同盟中没有诸侯成员，再次着手捍卫王室领地并只承认全体一致选举出来的国王。当德意志人还在考虑中，其他人开始付诸行动。英格兰的亨利三世提议他的弟弟康沃尔的理查德，这一提议在德意志为科隆大主教康拉德和莱茵巴拉丁伯爵巴伐利亚的路德维希所接受。这两人推选了理查德（1257 年 1 月 13日），大主教也投出了他那被监禁的同事美因茨大主教的选票，随后取得波希米亚国王的同意。为了反对英格兰人的谋划，教宗亚历山大四世和法兰西的路易九世支持卡斯蒂尔国王阿方索十世，他的候选人资格是由比萨提出的，并在德意志得到特里尔大主教阿诺德的支持。这位大主教是其同事科隆大主教的死敌。在延迟了 11 个星期后，阿诺德筹划了一次新选举，除他自己的选票外还增加了由代理人投出的萨克森和勃兰登堡的选票。波希米亚国王背弃原先的选择，提供了他的选票，因而形成将会持续到 1273 年的法律僵局。阿方索满足于外交行动，这和理查德采取的反击行动在教廷引起一场将永远不会得到判决的诉讼。尽管其他诸侯也被邀请来参加 1257 年的两次选举，但选择国王的权利遵循先例，此后仅限于七个人。由于在国王的选举、加冕与即位中的作用，美因茨、科隆和特里尔三位大主教，波希米亚国王，莱茵巴拉丁伯爵，萨克森公爵和勃兰登堡边疆伯爵甚至此前就已经拥有第一批投票特权。顺利的权力转移缺乏宪法的保护，这是13 世纪德意志政治的主要绊脚石之一，在此慢慢得到改善，但选举团（Kurfürsten）的正式发展还要再花上 100 年。

　　阿方索从未踏足德意志。与此相反，理查德带着大量的钱财迅速赶到亚琛，在那里由科隆大主教为其加冕。下莱茵各城市承认了他，它们总是偏好英格兰和西北地区的贸易并且在伦敦适当地获得贸易特权的回报。但中、上莱茵的那些城市更难以说服，有些提出条件：只要教宗同意理查德的君主身份，它们就承认他。两次选举中牺牲最大的是莱茵城市同盟，忠诚和利益的冲突所带来的压力使之分崩离析。理查德在 1258 年年末离开德意志前往英格兰，三次短期返回，准备从未实现的皇帝加冕仪式或避开对其王位产生的危险。这样的情形出现在 1262 年，当时美因茨大主教和巴伐利亚的路德维希考虑让最后一位霍亨斯陶芬家族成员、10 岁的康拉丁为王位的候选人。在最后

一次逗留期间（1268/1269 年），理查德在沃尔姆斯召开议会。他在
会上重申普遍和平，还是第一次有如此多的诸侯列席议会，尽管仅限
于莱茵诸侯。他还娶了法尔肯施泰因贵族家族的一个女儿为妻，此家
族成员早已开始为他服务。总的说来，除波希米亚国王外，理查德很
少和德意志诸侯打交道。对他来说，这位国王在 1262 年的危机中授
权确认他对奥地利和斯蒂里亚的占领，在 1266 年授予他莱茵河以东
的神圣罗马帝国土地的代理人头衔。理查德在这个国家待了近四年，
几乎从未冒险去过莱茵河以东的地方。他"显然被当作一个无害的、
摆设性的、高贵的人，可以被依赖来重申特许状、赦免债务、花费大
量时间来平息纷争以免争论者争得头破血流"[26]。然而，理查德和阿
方索都是在欧洲享有声望的成熟能干的政治家，两个人的家族都与霍
亨斯陶芬王朝有关联。不过，他们对德意志王位的兴趣被限制在神圣
罗马帝国—意大利的纽带上。事实上，他们的政策与弗雷德里克二世
的相似，然而他却幸免于现代历史学家针对英格兰人和卡斯蒂尔人的
一些谴责。[27]

　　此外，这个时期重要的不是公共政治——帝国史（*Reichsge-
schichte*），而是德意志不同领土上的发展——区域史（*Landesgeschich-
te*）。最显著的特征是数量惊人且高强度的世仇，通常被历史学家用
道德术语来判断或视其为法律和秩序的崩溃。[28] 然而，这是一种增长
的特征，只在王权的重量被从破碎的政治体系推向领土重新统一过程
中提升时才会出现。在西南地区，被委托以帝国资产的无主侍从官被
相互竞争的诸侯争相延揽，而其他人则在王室土地上形成自己的领主
权，如在图林根。在士瓦本的霍亨斯陶芬公爵领解体和贵族家族灭绝
的推动下，西南地区的政治极为破碎，但也出现了声名鹊起的家族，
如符腾堡伯爵，最有名的要数哈布斯堡伯爵。德意志中部和北部同样
受到政治重组进程的烦扰，展现出一幅非常混乱的世俗诸侯、高级教
士和贵族阶层相互倾轧的景象。莱茵河—美因河地区的更发达的教会

---

　　[26]　Denholm-Young（1947），p. 114.
　　[27]　参见 Kempf（1893），pp. 179 – 268，esp. 222，227 – 228，261，现在仍然是对这个时期唯一详细
的描述；Grundmann（1973），p. 90；Topfer and Engel（1976），pp. 244 – 245. 至于更宽容的提议，可参见
Moraw（1989），p. 209.
　　[28]　Poole（1936c），pp. 124 – 125；Barraclough（1946），pp. 244 – 246；Töpfer and Engel（1976），
pp. 246 – 251.

395 领土通过独立执行国王的《禁止复仇条例》来努力控制冲突。那里
和东南地区一样，到 13 世纪晚期，争夺最高权力的斗争已经不利于
贵族阶层，却有利于公爵和诸侯了。然而，只有在东南地区才出现由
波希米亚国王奥托卡尔二世进行的发展全面统治的前景。他利用巴本
贝格公爵一支的灭绝夺得奥地利和斯蒂里亚，在 1269 年获得卡林西
亚。政治凝聚进程处处可见，但这个时期值得考虑的重点将主要在西
部和东南地区。

哈布斯堡的鲁道夫一世（1273—1291）

　　理查德在 1272 年 4 月 2 日去世后，新国王的选举延迟了一年半，
主要是因为候选人太多：仍然有卡斯蒂尔的阿方索，他要求再次选
举；法兰西的菲利普三世，由他的叔叔、西西里国王安茹的查理推
举；波希米亚的奥托卡尔二世，正处于权势巅峰时期；还有一些伯
爵，其中正好是最后一个霍亨斯陶芬家族成员，年轻的皇帝弗雷德里
克二世的同名孙子。当然，教宗格列高利十世剥夺了最后一位的候选
人资格，但也不喜欢其他任何一个人。有名望的主教城市和神圣罗马
帝国城市组成同盟，再次表达只承认全体一致选择的国王的愿望，并
派遣代表参加在法兰克福举行的选帝侯会议。1273 年 10 月 1 日，除
缺席的波希米亚的奥托卡尔外，所有选帝侯都投票赞成哈布斯堡伯爵
鲁道夫。他的统治被大多数历史学家认为是一个充满希望的新开
始。㉙ 近来一个不那么热心的研究甚至没有将鲁道夫视为令人自豪的
哈布斯堡家族的开端，但反而是延续到亨利七世的"小"国王（re-
ges Allamanniae）一支的第一人。㉚ 根据这种观点，德意志在政治上
是由之前的教宗和教会选帝侯的斗争中获胜的人来统治。与教廷和法
兰西国王相比，德意志国王可以做主的只剩下几乎没有发展的行政部
门。他们不是神圣罗马帝国的诸侯，但来自早已位列霍亨斯陶芬政权
的支柱的伯爵阶级，延续着这个政权的政治理念。他们依赖几乎保留
不住或可以重新获得的王室土地，然而他们被迫将许多土地抵押出

　　㉙ 最详尽的叙述可参见 Redlich（1903）and Martin（1976）. Toper and Engel（1976）and Grundma-
nn（1973）留给鲁道夫的篇幅只比给弗雷德里克二世和亨利七世的统治加在一起的少一点。
　　㉚ Moraw（1987），pp. 838 – 840，and（1989），pp. 211 – 218. 类似研究的因素可参见 Schubert
（1979），pp. 53 – 79.

去。在这份王室财产（*Reichsgut*）中，各城市曾是一个主要因素，但
它们的政治、军事和财政作用正被其快速发展成"自由的帝国城市" 396
（*freie Reichsstädte*）所削弱。随着霍亨斯陶芬时代的较早时期的旧半
封建规则的逝去，这些国王太没能力，太短命，有时只是不够幸运没
能利用他们自己时期的那种尚未形成的环境。德意志王国（*Reich*）
的这种"公开体制"本身就是霍亨斯陶芬时代的后半时期的传统，
以最低制度化、极少数人参与政治的平等交换及政治精英们的投入水
平低为特征。[31]

尽管这些形势是普遍的，但 13 世纪晚期的三个国王存在显著差
别。鲁道夫的声望不仅仅是 19 世纪历史学家以自己时代的形象亲切
创造出来的"资产阶级国王"的虚构形象。他的首批法令中就有颁
发给城市的特许状，这些城市为他的选举摇旗呐喊过，他自始至终支
持城市的交通与贸易自由的需求。他与城市相处融洽，比以前的任何
一位国王都喜欢在城市居住，有时借住在富有市民家中，留下未偿还
的债务。[32] 城市出身的教士首次跻身于国王最亲近的顾问之列，最有
名的是伊斯尼的海因里希，一个也叫作克诺德尔或库古林（戴着一
根绳子或披着蒙头斗篷的人）的法兰西斯修会修士。他成为巴塞尔
主教，然后成为美因茨大主教。然而，鲁道夫从一开始也向城市征收
常规和特殊的赋税，在有些地方甚至直接征收财产税；和其他一大堆
要求不一样，这种财产税直接伤害城市精英阶层。早在 1275/1276 年
就已经出现反对这样的横征暴敛的抵抗，有军队驻守的王室城市也出
现过。1284 年，有人谈起要征收常规财产税；在韦特劳（Wetterau）
和莱茵河谷，这种挑战因出现大量的名为弗雷德里克二世或康拉德的
伪皇帝甚至变得更具威胁性。在面对这种由城市精英挑起的普遍不安
和抵抗的混合情绪时，鲁道夫改变了政策。直接征税将不再出现，由
城市自行分配税收比例，城市代表在 1290 年被召集起来，参与商议
神圣罗马帝国的财政事务。

与鲁道夫在城市采取的措施紧密相关的是，他努力去重获自
1245 年失去的王室土地，这点颇为现代历史学家所赞赏。为了与霍

---

[31] Moraw（1989），p. 21.
[32] Treichler（1971）；Grundmann（1973），p. 117 n. 7. 关于鲁道夫旅居地的地图，可参见 Moraw
（1989），p. 215.

亨斯陶芬传统保持一致，这样的资产以执行官治下的 Landvogteien（德意志皇家辖区内的地方总督）辖区的方式重组，以巴塞尔、美因茨、埃尔福特和纽伦堡各城市为依据。鲁道夫仍然不得不谨慎地和他试图通过联姻来建立更长久的和谐关系的人相交往，尤其在涉及诸侯时。1273 年，他把两个女儿嫁入莱茵帕哈尔兹·维特斯巴赫家族和萨克森·维滕贝格家族，在 1279 年把另两个女儿嫁入下巴伐利亚和勃兰登堡的维特斯巴赫家族。他的斗争主要针对波希米亚的奥托卡尔二世，在选举后很快开始，以武力和政治敏锐性来维持。这涉及奥地利、卡林西亚和斯蒂里亚三个公爵领，它们再次成为更庞大计划的关键。奥托卡尔已经拒绝因这些公爵领而向新国王效忠，被适时起诉（1274 年 11 月）并宣布为不合法（1275 年 6 月）。鲁道夫拥有在奥托卡尔高压统治下恼怒不已的奥地利邦君（Landesherren）、下巴伐利亚公爵、蒂罗尔伯爵和巴伐利亚高级教士的支持。在地方贵族的帮助下，鲁道夫拿下维也纳，蒂罗尔伯爵占领卡林西亚、克拉因（Krain）和斯蒂里亚的阿尔卑斯山区领土。奥托卡尔被迫在悲惨的投降场面中屈服，跪倒在高贵显赫的鲁道夫面前，而鲁道夫身上穿着一件简单的皮革短上衣。由新一轮订婚确定的协议很快分崩离析，国王失去一些现已忌惮于他日益扩大的权力的诸侯盟友。在敦克特之战（1278 年 8 月 26 日）中，鲁道夫在匈牙利人的帮助下，以不那么勇武的战术打败了波希米亚军队，来自勃兰登堡、西里西亚和萨克森的部队的加入使这支军队得到加强。奥托卡尔被一位奥地利骑士杀死。这实际上对鲁道夫来说是一个突破，他现在能够在东南地区为长命的哈布斯堡家族的支配地位奠定基础。波希米亚被给予奥托卡尔的儿子瓦茨拉夫，卡林西亚给予蒂罗尔伯爵迈因哈德，奥地利和斯蒂里亚给予国王的儿子们。尽管表现出疑虑，可能也考虑到一次莱茵地区反对国王的阴谋，选帝侯通过签署同意书（Willebriefe）在 1282 年同意这一安排。这将成为一次宪法上的先例，因为后来废除神圣罗马帝国封地都需要选帝侯的同意。尽管取得相当大的成就，鲁道夫并不能因此脱离政治体系的内在束缚。他也没能在帝位选举中获得成功，这一选举可能保证或至少能使哈布斯堡家族的传承安心一回。他对意大利远征的连续准备从未有任何结果，尽管与教宗达成谅解，教宗必须使神圣罗马帝国放弃对罗马涅地区的要求权。鲁道夫的去世（1291 年 7 月 15 日）

形象地表现出旧政治传统和新形势之间的二元性：感到大限将至，这位老人骑着马从法兰克福跑到施佩耶，在那里将被埋葬在早期的撒利安家族和霍亨斯陶芬家族的皇帝们当中。他坟墓上的雕像是德意志第一座以自然主义风格表现一位国王的肖像雕像。

纳索的阿道夫（1292—1298 年）

哈布斯堡的阿尔布雷希特是鲁道夫国王唯一活下来的继承人。他没有父亲的声望，却有残酷无情、缺乏自控的名声。他对王位继承的要求权只有莱茵巴拉丁伯爵兼上巴伐利亚公爵路德维希二世支持。波希米亚国王瓦茨拉夫二世为自己弄到萨克森和勃兰登堡的选票，他们是他父亲在反对哈布斯堡家族的斗争中的盟友。但科隆大主教韦斯特堡的西格弗里德决心从沃林根之战（1288 年 6 月 5 日为了林堡公爵领与科隆市民、贝尔格伯爵及布拉班特公爵作战）的失败中走出来，再次成功地完成一次莱茵区的选举。他提拔内兄兼前军事盟友阿道夫，阿道夫领有面积颇小的纳索伯爵领的一半，在 1292 年 5 月 6 日被全体一致地选举出来。他所拥有的不可能是王权，因为他受其资助人强求的种种承诺的束缚，此外还有支付 2.5 万银马克、割让多特蒙德和杜伊斯堡两座城市并承诺没有大主教的同意不会处置林堡和奥地利。他忠实于莱茵传统，在 1294 年与英格兰国王爱德华一世形成高报酬的联盟。人们自然可能会推测，这遭到了哈布斯堡的阿尔布雷希特与法兰西国王菲利普四世的联盟的反对，阿尔布雷希特现在是霍亨斯陶芬传统的支持者。阿道夫确实给法兰西送去一份战争宣言，但从未引起敌人的注意，正如谣传所说，他已被法兰西人贿赂了。[33] 不管事实如何，阿道夫利用英格兰人的报酬去获取图林根伯爵"堕落者"阿尔布雷希特的土地。他把这些土地和最近收回的梅本边疆伯爵领合并在一起，由此在德意志中部建立起一个领土面积相当大的基地，由一位帝国代理人进行管理，并通过在图林根收买人心，有计划地逐渐扩大势力。他还通过与美因茨选帝侯的传统对手、新莱茵巴拉丁伯爵鲁道夫联姻，并与科隆选帝侯的主要对手布拉班特公爵保持一致，获

---

[33] 关于这一未有决议的观点和较早的文献，可参见 Grundmann（1973），pp. 125 – 126 and n. 1. Moraw（1987），col. 840，不相信这一谣言，不像这两人：Töpfer and Engel（1976），p. 325. 另一相当详尽的著作根本没有提及：Patze（1980）.

得一些政治操作的空间。但所有这些聪明的举动都反弹到阿道夫身上。这引起美因茨大主教格哈德和波希米亚国王瓦茨拉夫的不满，格哈德担心其在图林根的领地，瓦茨拉夫将自己视为其北上的障碍。在瓦茨拉夫的布拉格加冕仪式（1297 年 6 月）和另一次维也纳会议（1298 年 2 月）上，以前的敌人美因茨、奥地利、波希米亚、勃兰登堡和萨克森形成反对阿道夫的联盟。1298 年 3 月，阿尔布雷希特率领军队进入莱茵河地区。1298 年 6 月 23 日，美因茨的格哈德和除莱茵巴拉丁伯爵外的选帝侯废黜阿道夫，推选阿尔布雷希特。老国王被新国王击败，死于戈尔海姆之战（1298 年 7 月 2 日）。

399　　哈布斯堡的阿尔布雷希特一世（1298—1308 年）

废黜和杀害国王对新统治来说不是一个吉兆，阿尔布雷希特很快使自己再次当选（法兰克福，1298 年 7 月 27 日）。[34] 他也被迫给予教会选帝侯相当大的让步，将莱茵河上的通行费、城市和城堡授予他们。波希米亚国王得到神圣罗马帝国城市梅本、奥斯特兰、普莱瑟兰和埃格尔的行政管理权，还有对其波兰要求权的承认。这一协议的公开表达出现在阿尔布雷希特在纽伦堡召开的第一次帝国议会（*Reichstag*）上（1298 年 11 月），所有选帝侯出席并重申弗雷德里克二世的帝国和约，包括一些针对城市的新条款。但这种初始合作很快破裂。与法兰西国王菲利普四世的联系自 1295 年以来得以创建，一份婚姻协议和在土伦附近的卡特勒沃克斯（Quatrevoux）的一次私人会晤（1299 年 12 月）使之加强。订立的条款未公开，但显然为法兰西人在一些边界地区提供了自由行动的权利。阿尔布雷希特在荷兰—泽兰采取的措施极为优柔寡断。在这里，经过最初的以战争相威胁的争论以及竭力为自己争取荷兰—泽兰伯爵领之后，他留下埃诺的约翰主政，这使得莱茵诸侯更为忧心忡忡。对他们来说，阿尔布雷希特似乎缺少对德意志西部的关心，据推测他已将这里的部分地区卖给法兰西人，以此获得他们对世袭的哈布斯堡君权的支持。教宗卜尼法斯八世对阿尔布雷希特不愿意放弃托斯卡纳的帝国权利感到不满，现在也转而反对他，拒绝给予承认，而这可能开脱了阿尔布雷希特的弑君之

34　对他的统治进行详细叙述的唯一著作：Hessel (1931).

责。在教宗的鼓励以及莱茵巴拉丁伯爵和纳索的阿道夫的继承人的推
波助澜下，选帝侯开始准备废黜国王。阿尔布雷希特反应强烈。他通
过要求废除自弗雷德里克二世统治时期设立的通行费，将莱茵各城市
拉到自己这边，然后通过军事和外交相结合的手段，在一年半内控制
了所有四位莱茵选帝侯。到那时，卜尼法斯八世受到法兰西的严重威
胁，被迫重新考虑对待阿尔布雷希特的立场。为了皇帝加冕仪式，阿
尔布雷希特现已准备签署几乎任何让步条约。因此，教宗公开认可阿
尔布雷希特的当选（1303 年 4 月 30 日）。卜尼法斯在五个月后去世，
这使阿尔布雷希特从他在意大利做出的帝国权利的让步中解脱出来。
接下来的几年里，德意志的中东部出现激烈的斗争，在那里阿尔布雷
希特和韦蒂讷家族争夺图林根、梅本和埃格尔的最高权力，却运气不
佳。他还插手匈牙利和波希米亚，那里的普热美斯王朝终止后，他让
儿子鲁道夫就任国王，但在鲁道夫于 1307 年 7 月死后失去这个国家。
正当招募军队对波希米亚发起新远征时，阿尔布雷希特被侄子约翰杀　400
害，可能是因为他拒绝为哈布斯堡领地给予补偿，而约翰的父亲已经
被排斥在领地外。正在形成的已经巩固了家族权力的原则，即世袭领
地（*Hausmacht*），引导着哈布斯堡诸王去努力使自己从选举监护和领
土限制的束缚中解放出来。在考察的这个时期快结束时，这一原则仍
将为最根本性的家族世仇所阻碍。

主要趋势和发展

13 世纪的德意志是一个政治和经济快速变化的时代，是一个真
正的转折时期。一些恰当的特征在阐述政治史时已经被归纳出来。对
时人和现代历史学家来说，它们当中最显著的是德意志王权性质的决
定性变化，有些变化只是到最近才被察觉出来，并不都是负面的：[35]
霍亨斯陶芬家族的削弱和灭绝；从世袭君主制到选举君主制的决定性
变化；伯爵等级中无能又过分辛劳的"小国王"；时不时有外国国王
插上一脚的奇特现象。这样的王权终止现象肯定部分归因于与神圣罗
马帝国的纠葛，几个世纪以来这已成为德意志政治体系的一部分，导

---

[35]　Gillingham（1991）.

致德意志几乎总是和教宗及其意大利联盟产生冲突。传统的霍亨斯陶芬统治体系将封建因素和强大的领土基地与意大利资源的使用结合起来，在家族斗争和王权空置期的条件下不再适用。更为重要的是，诸侯权力的增强趋势是另一特征，几乎和神圣罗马帝国—意大利核心一样古老；在我们考察的这个时期里，诸侯权势发展得很快，成为冲击王权的权力和可能性的第二推动力。诚然，从宪法权利和特权从王室转移到领地诸侯身上的意义上来说，成就斐然，正如弗雷德里克二世颁发的重要特许状、选举团的形成和制度的发展所证明的；设置制度的目的是保证对一次性当选的国王的长期影响，如同意书（*Willebriefe*）。然而，德意志各国的内部组成，检查、税收、司法和维持和平的机构，以及贵族阶层和城市凭此融入政治结构的安排，要花更长的时间去发展，大多数情况下要到中世纪晚期及以后。[36] 各公国用

401 来重建自己的领土权力基地的手段和霍亨斯陶芬家族及后来的国王使用的那些是一样的：支持教会机构、建立新城市、在现有城市和城堡建筑中设防、接受《禁止复仇条例》、将可替换官员管理下的 Landvogteien（德意志皇家辖区内的地方总督）辖区的土地财产重组。在 13 世纪的条件下，新政治资源显然只可以在地方和地区层面上创造出来，正如君主和诸侯所尝试的，但只有后者成功实现。因此，这个世纪的后半部分表现出由"小国王"正在经历的学习进程，这就导致了一种新的逾越，只是要到 14 世纪期间才会全面显露出来：也就是说，建立在很明确的领土区块基础上的世袭领地王权，有可能强大到打破权力平衡的地步，不是在整个德意志，而只是在其主要政治地区之一。与此同时，伴随这一进程的是政治权力在地理上的决定性变化。作为政治权力的中心，位于上莱茵平原的老霍亨斯陶芬领土基地［弗莱辛的奥托的王权中心地带（*vis maxima regni*）］让路给中莱茵和下莱茵，这两个地方的教会权力到大约 1270 年一直主导着德意志政治。13 世纪的最后 20 年里，东南部的前边界地区（巴伐利亚、奥地利和波希米亚）经历了新的转变。同一时期，东向移民运动（*Ostsiedlung*）（关于波罗的海地区的骑士修道会一章对此进行了更为广泛的讨论）为神圣罗马帝国的东部增加了相当多的领土。这个新

---

[36] Patze (1971); Brunner (1984).

殖民德意志对权力总体平衡的全面影响只有到 13 世纪结束时才能感
觉到，重要的先驱者是勃兰登堡。13 世纪中期后，勃兰登堡在神圣
罗马帝国事务中变得重要起来，其统治者获得选帝侯的等级。

　　在王权和神圣罗马帝国政治之后，要考量的第二个主要特征是社
会变化。与西欧和中欧的绝大部分地区一样，人口增长使德意志帝国
到 13 世纪末有了将近 150 万—200 万的居民。正如欧洲的其他地方
那样，易北河以西的老定居区里出现相当大的人类居住区的拓展，11
世纪末已经在一些地区开始，到 12 世纪中期几乎处处可见。在拥有
土地的教俗领主因自身利益所做的引导下，这一运动将在 13 世纪投
入大量精力来开垦额外的土地用于耕种，到达以前被认为不适合人类
生活的区域，如阿尔卑斯山谷中的高纬度斜坡。[37] 随着老定居前哨的
资源面临的人口压力越来越大，地理流动性增加，大多数是小规模
的，在乡村地区内移动和进入城市，然而也有长途跋涉涌向新垦殖的
东部的，即便人数比以前认为的要少得多。领主和农民之间的摩擦呈
曲线上升趋势，这导致合作和解决冲突的新形式出现，而且也导致日
益坚持自身权利的农民共同体的全面发展。[38] 老德意志的大部分地区
也出现庄园解体以及土地资源通过买卖的方式在乡村人口中分配的现
象——农民社会的出现越来越和地区贸易结构体的市场机制联系在一
起。至于德意志在斯拉夫人土地上的拓殖地，除存在一些地区差异
外，如西里西亚保留了原有的农奴制的压迫形式，其主要社会影响与
普遍趋势保持一致，都朝着提高农民的法律地位和减轻农民的经济负
担的方向发展。这些发展通过"条顿法律"（ius teutonicum）确定下
来，由征服领主或本土领主授予东部定居者。这一习俗的主体包括个
人流动自由、无阻碍的继承权、比西部的老定居地大很多的标准化持
有地、得到规划的乡村和进入城市市场的制度化途径。

　　社会主体的增多和分散的主要表现与影响，可以在城市层面上找
到。前面的章节中已有所探讨，但德意志的城市化进程的巨大作用需
要得到重视。[39] 中欧的城市数量在 1250 年估计已达 1500 座，是一百

402

---

[37]　Toch (1989).

[38]　Toch (1986a) and (1986b).

[39]　其余部分可参见 Moraw (1989)，pp. 100 – 101，他绘制的"中欧东部的城市里的德意志法律"
的地图在第 112 页。

年前的三倍。到 1300 年，城市的数量再次翻番。德意志的大城市，即那些有机地发展成贸易中心的城市，都创建于此前的各个时期。13世纪仍然有相当多的新城市（*Gründungsstadt*）得以创建，但这些城市一直很小，有时甚至不再保持城市的身份（*Minderstadt*）。其中有许多城市，主要在老西部，存在下来的原因不是为了追求贸易，而是领地统治者在这里需要一座要塞，市民们可以充当不付薪酬的守备部队。然而，在东部，1250 年后创建的城市中有许多是根据标准化划分计划建立的，仍然是中等规模大小。这些城市也遵守德意志法律，有时德意志法律也会被授予给原有的斯拉夫人定居地。至于周边建立的乡村，这些城市将明显地发挥着地方中心的作用。在东部，只有少数城市曾达到西部原来的贸易和工业城市在很早以前达到的规模，发挥着多样化功能。这样的城市通过与日益超地区性甚或国际性的商
403 业、交通和权力网相联系或与其相碰撞来获得这种地位。汉萨同盟起源于莱茵兰和威斯特伐利亚各城市的商人行会，以及在吕贝克为北海和波罗的海贸易创建的贸易中心，大约到 1230 年进入新发展阶段。直到 13 世纪末，这些城市的商人在国外获得最为重要的特权，尤其是在佛兰德和英格兰，而且形成拥有极大经济权势的单一行会。在13 世纪，建立汉萨同盟的巨大社会和经济增长尚未找到政治表现形式。这一体系进一步发展成城市的政治汉萨同盟，要到 14 世纪期间才发生。西部的较老城市的情形与此不同，特别是莱茵兰地区的大城市。我们经常看到它们自行其是或以联盟的形式行事，和平时期如此，战争期间更为典型，利用自身的战略位置，调动自己的财富和大量居民，主要用来反抗它们的领主，也参与共同事业。有时一座中等规模的城市可以强大到足以在相当长的时间里阻止国王的进展，如博帕德从 1249 年到 1251 年一直阻止着荷兰的威廉。13 世纪初期，为了自己的目的，许多国王已经试图利用城市的集中潜力。到 13 世纪中期，莱茵城市同盟是那时被宣布为非法的最大城市联合，强大到足以将诸侯和国王吸引为自身的成员。13 世纪末，对城市现象的接受在哈布斯堡的鲁道夫的统治时期似乎经历了一个关键性的开端。他顺应市民环境，开始在神圣罗马帝国新近发展起来的制度框架中整合城市。以前的大多数城市到那时已经解体，王室领地迅速向自由帝国城市的身份发展。

贵族阶层也经历了重要变化，可能也产生了社会增长的理念。在我们考察的这个时期之前的弗雷德里克·巴巴罗萨时代，德意志贵族等级的调整已经开始，已经出现通过在封建原则（*Heerschild*，*Reichsfürstenstand* and *Leihezwang*）的基础上建立法律等级来抑制社会流动的尝试。13 世纪出现了两个主要的发展：有些诸侯领主权出现领土（*Landsherrschaft*）上的增长和原本不自由的帝国侍从官转变成低等级贵族。前一进程成为前面描述过的政治史的一个不可分割的部分；帝国侍从官的命运在本卷的第一章第一部分得到广泛探讨。此外，还有伯爵和其他从原来的高等贵族阶层与《分封次序图》（*Heerschild*）中的第三、第四等级演变而来的家族的中间等级。一些伯爵家族，如哈布斯堡家族和后来的卢森堡家族，设法成功地跻身于第一等级，它们的历史是帝国史（*Reichsgeschichte*）的一部分。其他伯爵，如纳索的阿道夫，未能通过努力成功晋级。这个群体的大部分因不同原因未能在占有神圣罗马帝国封地和领土集中运动中分一杯羹，其社会史肯定不可避免地是一部地区史，至今少有人进行研究。例如，瑞士东部的高等贵族阶层的家族数量在 1260—1300 年出现急剧下降，自然减员和财富的失去都是原因。然而，其他地区出现邦君（*Landesherren*）的早期发展，如下奥地利，贵族拥有极大的自信和武装权力，形成一个预示中世纪晚期的等级秩序的有组织群体。

与 13 世纪早期那仍然古老的帝国相比，该世纪末出现的德意志是一个我们将会更容易承认的国家。它是一个比以前、也可能比后来都更开放易变的社会主体。它是一个以多种形式的地区主义和在无数的对比压力与力量的束缚中演变而来的统一体。从西欧的角度来看，德意志人正在从以前的专横权力位置上后退，而从东欧的角度来看，他们甚至更强烈地与殖民领主的角色等同起来。作为一种文化，德意志开始找到自己的声音，然而这种声音在很长时间里注定是双重的，既有统治领主的声音也有市民们的声音。

迈克尔·托克（Michael Toch）

莫玉梅 译

徐　浩 校

第 十 四 章

（2）德意志与佛兰德：佛兰德

王朝和领土

在阿尔萨斯的菲利普伯爵治下，佛兰德成为西欧最强大且最先进的公国之一。虽然是法兰西国王的封臣，但菲利普能够与他相抗衡，尤其是自他妻子韦尔芒杜瓦的伊丽莎白在1163年继承财产后，使得菲利普的领土从斯凯尔特河延伸至离巴黎北部仅25公里处。事实上，他持有的祖产要比法兰西王室领地更大，可能也更富有。只有英格兰的金雀花诸王和诺曼底公爵是法兰西君主甚至更为强大的封臣。然而，1185年，菲利普在妻子死后不得不放弃韦尔芒杜瓦；他还没有孩子，而且他的两个兄弟已在他之前去世。他在个人荣光中寻找自己的命运，参加了第三次十字军东征。1191年，他在到达阿克前去世。他已让他妹妹的丈夫埃诺伯爵鲍德温五世来保证自己的爵位传承。为了获得宗主的同意，菲利普在1180年安排菲利普·奥古斯都和外甥女埃诺的伊莎贝尔联姻，为此提供大量城市和城堡主辖区作为嫁妆，这些城市和城堡主辖区在1237年将成为阿图瓦伯爵领的一部分。

于是，佛兰德和法兰西的权力关系在1191年急剧颠倒：国王现在不断地削弱伯爵的权力。佛兰德失去南部地区可能也是其领土中最发达的部分，包括像阿拉斯和埃丹（Hesdin）这样富庶的大城市，而1212年的最后协议使佛兰德失去同等重要的城市和城堡主辖区圣奥梅尔和艾尔（Aire）。正好在一个世纪后，佛兰德将会再次把三个南部城市及其领土输给法兰西，即里尔、杜埃和奥尔希（Orchies）。这些大量的失地清楚地表明，法兰西君主在整个 13 世纪期间经常成功地给周边封地施加压力。此外，它们同样表明佛兰德不能完全并入王室领地，正如香槟所发生的，即使那里的领土曾两度被法兰西军队完全占领。里尔、杜埃和奥尔希后来在 14 世纪甚至被还给了佛兰德。⁴⁰⁶城市化水平高很有可能是王室这一局部失利的主要因素。另一因素可能是相邻的佛兰德和埃诺两伯爵领自 1191 年以来已经变成共主邦联，至少弥补了佛兰德伯爵失去的部分权力。这两块领土保留着各自的机构，到 1278 年再次分开。

因此，佛兰德最初仍然包括圣奥梅尔和艾尔两个城市在内，它们在 1212 年彻底输给了阿图瓦。除 1213 年的短暂占领外，这个领地在 1297 年再次遭受一支法兰西军队的入侵，当时该伯爵领的西半部分被占领；从 1300 年到 1302 年，剩余部分也被占领。1253 年，佛来芒人入侵泽兰完全失败。除这些短暂的时期外，佛兰德领土在整个 13 世纪没有减少。必须指出的是，该伯爵领东部和北部的一些地方是从神圣罗马帝国持有的封地；敌对的阿韦讷的埃诺家族对此展开争夺，但未成功。它还获得三份小小的外围领主权：1246 年作为嫁妆的贝蒂讷（Béthune）和登德尔蒙德（Dendermonde）以及通过交易获得的博尔内姆（Bornem）。此外，在那慕尔伯爵领享有的权利被伯爵居伊·德·当皮埃尔买断，他在 1265 年与该伯爵领的女继承人结婚；他们的幼子在 1298 年将继承该伯爵领。

1196 年，已经接替其父的伯爵鲍德温九世参加了第四次十字军东征，在 1202 年复活节离开。1204 年 5 月，他被选为君士坦丁堡的皇帝，这一命运使他在 1205 年年末去世时成为保加利亚人的俘虏。他留下两个非常小的女儿若昂和玛格丽特，她们的叔叔那慕尔的菲利普掌握了摄政权，但感到难以抵制菲利普·奥古斯都要将这两个女孩送到巴黎去的要求。他在 1212 年同意将若昂嫁给葡萄牙的费兰德，获得 5 万巴黎里弗的巨额补助金和早已提到的圣奥梅尔和艾尔城堡主辖区作为回报。

国王强加给此次联姻的条件，激起两位重要的佛来芒贵族和根特城的反叛，根特关上城门而不是向新领主效忠。于是，费兰德很快被赶到反法亲英及韦尔夫派一边，由佛来芒各城市提供资助，这使他在 1214 年布汶大战中站在失败者的那一边。国王菲利普·奥古斯都把这位年轻的伯爵一直囚禁到 1227 年，那时他的妻子若昂被允许以和 5 万巴黎里弗补助金相同的金额将他买回。与此同时，他通过王室封臣布鲁日和根特子爵们将控制强加到该伯爵领的事务上。这让我们看到佛兰德伯爵的地位在 13 世纪大多数时候都很弱小：1202—1205 年爵位空缺，1205—1212 年伯爵未成年，1214—1278 年女继承人掌权，407 1214—1227 年和 1300 年伯爵被俘。在女继承人当政的 66 年里，女伯爵总有男性行政官陪伴在身边。她们的丈夫自然而然地以这样的方式接管政府，甚至是当其丈夫不在时，女伯爵若昂都会明确地提及他的委托或保留他的赞同意见。布汶之战后，国王菲利普·奥古斯都强行设立女伯爵执行官（*ballivus comitissae*）一职，让布鲁日子爵内勒的约翰为代表，仅在两年前约翰才被女伯爵遣走。正好在国王于 1223 年去世后，若昂利用这个机会再次将他除掉。然而，她原封不动地留下女伯爵执行官这一机构；在剩下的她丈夫被俘期间以及她守寡期间（1224—1227 年和 1233—1237 年），她任命了一位忠诚于她的贵族担任此职。君士坦丁堡的若昂甚至在与萨伏依的托马斯的第二次婚姻（1237—1244 年）后仍然无嗣。因此，她的妹妹玛格丽特获得继承权。在那个时候，她是香槟贵族当皮埃尔的威廉的遗孀。她很快与儿子们分享了伯爵的头衔，先是威廉（1246—1251 年），他死后是居伊（1252—1278 年），居伊最终继承了爵位。玛格丽特与教士阿韦讷的布沙尔的第一次婚姻被宣布无效，这导致她与她的第一孩子长达一个世纪之久的世仇。国王路易九世在 1246 年做出仲裁，把埃诺的继承权划归阿尔讷家族，佛兰德的则给当皮埃尔家族。神圣罗马帝国对佛兰德的权利带来了长达十年的冲突，只是使那次划分再次得到重申。两个家族都成功地提高了各自的地位。阿韦讷家族与荷兰和泽兰两伯爵领联盟；1299 年，两个伯爵领因此与埃诺形成共主联邦。居伊·德·当皮埃尔设法把他的 16 个孩子放在几个战略位置上：列日主教，那慕尔伯爵，布拉班特公爵的妻子和盖尔德斯伯爵的妻子。国王菲利普四世圆滑地挑起阿韦讷家族与当皮埃尔家族的竞争，以此加强对佛兰德的控制。

　　总的说来，在整个 13 世纪，伯爵家族逐渐走向衰弱，尤其是在与君主的持续敌对过程中。家族操作导致阿图瓦的失去以及与埃诺的暂时联合，随之而来的是相关的领地争议。女伯爵当政带来不连续性和种种限制，极大地降低了伯爵对 13 世纪佛来芒历史的影响，尤其是与 12 世纪相比。

伯爵领里的各种机构

最高政府机构是伯爵的元老院（curia），表现出清晰的专业化倾向。大封臣的最初统治群体在封建司法领域仍在发挥作用，但不再参与日常管理。取代其位置的，特别是在 13 世纪下半叶，是各种官员、教士、执行官，在居伊伯爵治下还有受过大学培训的律师。最高官员是大法官，领导着伯爵的行政部门，也是伯爵元老院（curia comitis）的成员。自 1087 年到 13 世纪上半叶，这一职位一直与布鲁日圣多纳蒂安（St Donatian）圣职团的行政主管一职有关联。它由家族里的年轻成员担任；他们的主要抱负纯粹是封建性质的，经常与若昂女伯爵产生冲突。在伯爵萨伏依的托马斯的弟弟于 1240 年被任命为里昂大主教后，大法官一职出现空缺。其权限在好几年里都已转入印玺保管人、簿记员（prothonotarius）和伯爵的神父（clericus comitis）或公证神父（notarius clericus）之手，他们都是较为低级的官员，接受过官僚培训，靠薪酬生活，因而很好被伯爵控制。同样地，警役长、管家、总管和司宫等传统宫廷职位已成为高等贵族家族的世袭财产，失去其政治内容。

自 11 世纪前半期以来，佛兰德伯爵领被分成各个城堡主辖区（châtellenies），即由居住在中央城区或城堡的子爵控制的行政区。人们知道，阿尔萨斯的菲利普伯爵将公共官员——执行官——体系引入佛兰德。从 13 世纪起，执行官逐步取代世袭子爵，表现出现代官职理念而不是封建权力联系。从大约 1210 年起，封建法庭在各个城堡主辖区开始创建，由执行官主持。在伯爵领的东部乡村地带，即杜埃、奥德纳尔德（Oudenaarde）、根特和阿尔斯特（Aalst）城堡主辖区，这些封建法庭接管所有司法事务，包括非贵族居民的。然而，在中部地区，由市议员（schepenen）、助理法官（échevins）和市府参事（scabini）组成的乡村法庭是为完全保有权和低等司法权而创建，封建法庭则保留着高等司法权。最后，在那些最近才被利用起来因而无封建结构束缚的沿海地区，市议会获得完全司法权。

　　执行官是从低等贵族阶级中招募而来；如果是伯爵的封臣，他们当然不是以职位形式来持有封地，因为他们是否任职是其地位的关键因素。一般说来，执行官不是他担任职位的那个城市的市民，以此来保证独立性。随着职务的分担，职位数量不断增加，在 13 世纪中期达到 17 个城堡主辖区。执行官的职责主要是在犯罪事务中担任公诉人，能够保证起诉的权利。他们为征收的罚金向伯爵负责，被授权可以从中获得一份利益。职权较大的职位薪酬被确定下来，如根特和布鲁日每年为 200 英镑，伊普尔和卡塞尔是 140 英镑。[1] 这一体系显然有助于推行法律和秩序，尽管也增加了伯爵的收入。1286 年，执行官账簿的收入估计可能有 10800 英镑，几乎是那慕尔伯爵领在 1265 年的全部收入，而居伊·德·当皮埃尔的全部净收入超过 28000 英镑。[2] 由此可以得出结论：司法职位的巩固不仅削弱了封建贵族的影响，而且为伯爵增加了大量的收入。

　　自 12 世纪以来，伯爵的财政管理在地方层面上主要以服务机构（*officia*, *ministeria*）形式来组织，由来自构成伯爵领地地界的 40 多位接收员负责。对老领地收入的审计已经在年度核算 [*redeninghe*（佛兰德语），*renenghe*（法语）] 中制度化。普通账簿从 1187 年起保存下来，这些地区接收员在施洗者圣约翰节上交账簿，即 6 月 24 日，起初是交到行政主管—大法官主持的伯爵元老院。在 13 世纪期间，他失去这一职能，由一位书记员—公证员接手，而地区接收员的职位则封建化。大多数收入和支出的结构与数量非同寻常地没有中断过，直到下一份现存的 1255 年总概要（*grote brief*）。这份概要表明，收入来自固定农场，支出为由伯爵就某些收入授予的固定地租。零散收入在 13 世纪逐渐增加，尤其是来自像新近开发的领地、通行费、铸币厂和司法辖区等其他来源。[3] 新的记账方式正在形成，与领地收入和像司法罚金、城市与教会给予的支助金以及贷款等额外领地收入同期发展。这可以让我们对伯爵在 1280 年前后的普通收入进行估计（按巴黎里弗计算）：[4]

---

① Luykx (1961), p. 83.
② Luykx (1961), pp. 202, 298 – 299；13804 英镑等同于 11043 英镑票面价值。
③ Lyon and Verhulst (1967), pp. 19 – 40.
④ Luykx (1961), pp. 206 – 207.

	净收入	毛收入
老领地	7000	10000
新领地	8500	15000
农场和通行费	6500	9000
执行官	6000	9000
总计	28000	43000

这些金额可以和诺曼底公爵领的年收入作比较，诺曼底公爵领在1286—1296年的收入总共达到56000—60000英镑；可以和那慕尔伯爵领的收入相比，那慕尔伯爵领在1265年的收入为11000英镑。然而，在佛兰德，来自教会与城市的礼物和贷款的额外收入大大地扩大了普通收入。从1244年到1268年，单单杜埃城每年平均支出1200多英镑，这使人们估计来自城市和城堡主辖区的支助金总额要高于来自传统领地收入的7000英镑。[5] 财政管理日益复杂化，需要更精细的机构设置。中央集权化的水平仍然很低，甚至当有位小贵族作为伯爵的总接收员被提及时，至少是自1267年起，或许早在1262年。他是最初从其他职位中临时任命的一系列官员中的第一位，就像执行官的职位一样，至少到1291年从中慢慢出现佛兰德的接收员职位，领导中央金库。因此，总接收员在1296年审计年度核算（renenghe）的第一本综合完整的账簿，同时也审理所有其他官员的账簿。他的薪酬为50英镑，将从领地的收入中拿出，而他恰巧是这块领地的特定接收员。对总接收员的界定尚未出现抽象概念。朝向这一演变的重要步骤已经由意大利银行家杰拉德·卢皮基尼迈出，他与部分家人定居在佛兰德，从1289年到1292年担任总接收员一职。居伊伯爵欠了他9000英镑。他的财务知识在处理巨额贷款的偿付时非常急需，这些巨额贷款是伯爵与来自阿拉斯、佛来芒各城市和意大利商人—银行家联盟的银行家签订契约形成的。他将伯爵的王廷司库发展成总接收员控制下的中央金库。在13世纪最后十年里，账簿的数量和其他财政调查增加了很多，这表明官僚活动在逐年增加。[6]

410

---

[5]　Luxky（1961），p. 252.
[6]　Kittell（1991），pp. 73 – 97.

贵族阶级

　　佛来芒贵族阶级主要由出身决定；自由地位、封臣身份、自由地所有权和拥有领主权是附加的但不是主要的特征。虽然所有佛来芒贵族尊崇军事技能，但佛兰德的骑士却不一定属于贵族阶级。在13世纪期间，重要的变化是在缓慢地削弱贵族阶级的地位。自由地位的扩散使贵族的自由不再那么与众不同。经济货币化引起固定货币地租的通货膨胀，结果是使土地资产的收入减少。由于贵族不能使其生活方式适应政府的专业化，因此他们担任的官职数量下降。四个可继承的法庭职位仍然由贵族家族把持，但其重要性更多的是来自在职者而不是职位本身。最后，贵族的出身只能由两位贵族父母来传递的规定，不可避免地减少了贵族的数量。

411　　　　所有这些趋势促使贵族阶级开放其等级。在13世纪期间，一位贵族母亲和一位非贵族父亲能够生下贵族孩子的原则为人们所接受。在13世纪下半叶，贵族的地位只能通过贵族父亲来传递。显然，出售完全保有权和封建权利，以及最后与富有市民相互联姻，已经成为贵族阶级生存下去的不可避免的方式。在13世纪末，国王甚至将贵族阶级的特权授予那些认为他们的继承身份不足的人，以此获得高额钱财的回报。贵族阶级最高权力的最后残余，即军事优势，由1302年城市与乡村步兵在科特赖之战中取得的惊人胜利给予了沉重打击。新式武器、新社会关系和新价值观已经决定性地削弱了贵族的霸权。

经　济

　　持续的人口增长导致对农产品的高需求，从而加重了土地的压力。在沿海地区，伯爵使荒地收入权商业化，出于营利目的将沙丘进行耕种或出售。对用于放牧的自然沙丘的强化使用，不仅是放牧羊群甚至还有马匹和牛群，逐渐毁坏了自然植被，导致土地沙化。新的私人拥有者也不关心地貌。这样，沙丘抵御大海的自然保护作用，因伯爵、拥有土地的修道院、贵族和有财产的市民的短期利益被削弱。12—13世纪新港口逐渐建造，以相似的方式截断了沙丘沿着海岸线形成的堤坝，尤其是 1267 年奥斯坦德港的建造。在随后的几个世纪里，长期的影响以洪水的形式出现。然而，13 世纪那种欠考虑的利润追逐方式，已经揭露出限制经济扩张的最初征兆，就在经济扩张出现于佛来芒沿海地区之时。[⑦]

对土地的强化使用只是高度发达的佛来芒经济的一面。其人口的生存只能依赖于相邻地区的密集商业关系，特别是与阿图瓦的。那里的石灰土壤的优良品质能够产出比佛来芒的沙质土壤高得多的农产品。佛兰德南部和阿图瓦的农业将在畜舍中养牛和两种作物结合起来，即小麦和牲畜饲料，粪肥可以带来高产出。这种密集型畜牧业体系创造大量剩余，可以到下游的佛来芒大城市中去销售。那里可以发现对谷物、奶产品和肉类的购买力。在封闭环境中，市民们同样投资于农业的商业化，使生产转变为劳动密集型蔬菜和纺织工业需要的作物，如染色植物茜草和靛蓝。在大部分地区，泥煤被用来提炼燃料。

在大城市，14 世纪的数据表明，高达 60% 的工人靠纺织业过活。这在像杜埃、伊普尔和根特等典型工业城市确实如此。人们已经知道，佛来芒布料至少自 11 世纪以来就出口到整个欧洲。其早期发展就已经打开各地的市场，确保上乘质量的名声。多亏了这种遍及整个欧洲大陆的分销，我们手边拥有不同的来自伊比利亚、意大利、法兰西和德意志各中心的价格单，包括各个宫廷和商号。我们从这些文献中得知，最贵的布料总是那些染了色的，尤其是在杜埃、根特、康布雷、伊普尔和里尔用最好的羊毛纺织成的深红色毛料。这些中心的每一处也都生产并出口其他的较为便宜的布料种类。这些不同于像斯坦福布（*stanfort*）、比弗布（*biffe*）和雷斯布（*rays*）等大量特殊产品，也不同于像来自迪克斯迈德（*Diksmuide*）的白布这样的素色产品。最便宜的染色布料是最好的斯坦福布的价格的两倍。这种次等专业化产品成为其他重要城市的出口单上的主要物品：阿拉斯、圣奥梅尔、瓦朗谢讷、图尔奈和布鲁日。质量、种类和价格迥异，反映出纺织工业内部的广泛专业化和劳动分工。质量上的差别大多依赖于原材料和产品的多样化与细化。考虑到为英格兰羊毛所支付的价格上的重要差别，较便宜的产品用较便宜的羊毛纺织而成，可能恰好是来自英格兰

412

---

⑦ Augustijn（1992），pp. 260 – 318, 524 – 529.

的羊毛。来自杜埃的最高质量的布料总是用最好的羊毛来做经纬线织成。在伊普尔，本地或爱尔兰羊毛不准用来纺织最昂贵的布料。此外，越便宜的布料越粗糙，使用更多来自不同地方的羊毛，准备方式也不够精良。到 13 世纪末，有些中心通过使用纺轮和漂洗机开始机械化。那时，其他地区以具有竞争性的价格崛起，给佛来芒生产者带来严重问题。布拉班特、托斯卡纳和朗格多克形成自己的纺织生产，直接在英格兰购买羊毛。佛来芒人迄今一直享有的价格优势逐渐变小，部分原因在于与英格兰和法兰西的政治纠纷，以及佛兰德的内部社会冲突。[8]

413 这一番考察明显地揭示出，政治边界在纺织品的生产和销售中只起着次要作用。来自佛兰德、阿图瓦、诺曼底和香槟的城市被组成所谓的"十七城市商业同业公会"，它们都将贸易集中在香槟集市上。这些集市是来自欧洲各地的商人的最重要会面场所，尤其是地中海地区和西北欧。佛兰德伯爵在那里与来自阿拉斯、锡耶纳和佛罗伦萨的商人金融家签订贷款合同或偿还贷款。直到大约 1300 年，持续一整年的六大集市的周期与六个佛来芒集市的周期很好地连接在一起，在从里尔到布鲁日的路线上的五个地方举行，因而与英格兰及其集市体系联系起来。在两大周期之间，保值单据的常规兑换为国际支付提供了便利。[9] 从 1241 年到 1291 年在伊普尔集市上起草的大约 5500 份合同表明，13.5% 的合同涉及外方，其中 559 份（10%）中提及法兰西人，122 份（2%）中提及意大利人。纺织品经常被提到，但常用物品恰好也经常被提到。从这些合同来看，国际集市的作用似乎不仅仅是远程贸易的汇集地，甚至更多的是将这一股商业潮流与地方和地区商业联系起来。[10]

城　市

佛兰德是继意大利北部之后中世纪欧洲城市化最早且最密集的地

⑧　Chorley（1987）.

⑨　Van Houtte（1977），pp. 45－47.

⑩　Coppejans-Desmedt（1987），pp. 69－88；Wyffels（1991）.

区。城市增长始于 10 世纪，[11] 最早的城市特权肯定可以追溯到 11 世纪晚期，即使没能以书面形式保存下来。1170 年前后，阿尔萨斯的菲利普伯爵将被称为大特许状（the great keure）的类似特权授予伯爵领里的所有七个主要城市（仍然包括阿拉斯和圣奥梅尔），这表明伯爵权力的力量。此外，他通过限制对杀人和强奸行为实施死刑且将其他人体惩罚转变为罚金的方式引入现代立法。后来，这一法律被推广到较小城市，如阿尔登堡、登德尔蒙德、赫尔斯特和奥德纳尔德，但它们不得不因阐释困难而诉诸"死刑"。七个城市中的每一个可以请求另一个来仲裁与伯爵或其他六个城市中的一个产生的冲突。从这种协商性质的做法中衍生特权组织（hoofdvaart, recours au chef-de-sens），为这些主要城市享有对伯爵领其他地区的主导优势奠定了法律基础。作为佛兰德市议员团体（college of the scabini Flandriae），它们在 1208 年与英格兰国王签订协议，也同意和法兰西国王签订几项协议。至少在 13 世纪下半叶，它们控制了伯爵的货币政策，提出涉及技术要点的建议并检查流通货币的质量。对货币事务最感兴趣的商人们以这种方式保证了伯爵领货币制度的稳定性。[12]

　　在菲利普伯爵死后，这些城市获得新的特许状，通常允许它们在面对伯爵时享有更多自治权，特别是涉及城市政府的自由选择。1209年，摄政那慕尔的菲利普给伊普尔授予了这样一项特权，只要求市府参事一年改选一次，并在选举后宣誓效忠。相似的法令在 1212 年授予根特，1228 年授予杜埃，1235 年授予里尔，1241—1242 年授予布鲁日及其依附城市。在根特，市议员不允许是第一或第二等级的亲属；在其他地方，第三等级也被排除在外。实际上，年度选举没有使政府免于严重排外和财阀政治。根特引入轮流制度，即 13 位市议员在任职一年后集体转为名誉市议员，主要负责民事程序；在第三年，他们不再担任职务，只有到第四年再返回第一年的职位。于是，秉承着对年度变化规则的正式尊重，一个由 39 位市议员构成的关系密切的群体一生都霸占着政治权力，这进一步加速了各种类型的腐败。[13]在伊普尔，65 人从 1265 年到 1290 年的 26 年间占据着 338 个行政主

414

---

⑪ Verhulst（1989），p. 34.
⑫ Wyffels（1967），pp. 1133 – 1135.
⑬ Blockmans（1938），pp. 329 – 341.

管或市府参事的职位，平均每人 5.2 个职位。考虑到职业要求实际上
很长时期这个数据还不是或未完成，这些成就已是非常了不起。有些
人在 29 年里成功地占据了 18 个职位，26 年里 16 个，23 年里 16 个。
父子不仅相互轮换，而且当其中之一为行政主管时可以同时发号施
令，正如让和皮埃尔·德·洛那样。[14] 在 1241 年颁发给布鲁日的特
许状中，若昂女伯爵甚至容忍不遵守年度改换，将被选举资格限制为
伦敦佛来芒商业同业公会这一富有商人联盟的成员。

　　伯爵做出的所有这些让步加强了主要城市的自治及其统治阶级的
支配地位，他们通常被称为贵族阶级。佛来芒伯爵的地位从 1191 年
到 14 世纪初相对较弱，这有助于解释他们为什么授予如此影响深远
的特权给城市。他们在与仍然活跃的贵族阶级、法兰西国王和阿韦讷
家族的斗争中需要城市的支持，不只是最重要的财政支持。

　　总的说来，佛来芒城市肯定在 13 世纪增长得相当快。教区得以
建立，封建和完全保有权土地被并入城区（ban）或城市司法辖区。
这类例子可以根特、布鲁日、杜埃和许多其他实例为证。新修建的城
墙为评估这种扩张的尺度提供了标准。在伊普尔，主要由纺织工人定
居的一个郊区在 1214 年构筑了防御设施。在根特，逐渐扩张的领土
在 1213 年、1254 年、大约 1300 年等年份被城墙围了起来。杜埃到
1200 年在斯卡尔普河（the Scarpe）右岸大修城墙，从 1310 年起在左
岸修建新城墙。在 12 世纪，根特的城墙囊括的面积大约是 80 公顷，
14 世纪为 644 公顷；在布鲁日，领土从 70 公顷增加到 430 公顷。[15]

　　佛来芒城市人口肯定在 1300 年前后达到巅峰，因为饥荒、瘟疫、
经济和社会恶化导致此后的人口下跌。大约 14 世纪中期，正好在黑
死病和一系列的其他危机之后，对根特的最早估计表明 1356 年大约
有 6.4 万名居民。如果我们推测这一数据在 13 世纪末可能过高，那
么显然根特是那时北欧少有的大城市之一，仅次于巴黎。布鲁日的人
口在 1340 年估计有 4.6 万人，这是在黑死病之前又至少经历了
1315—1316 年的一次严重饥荒。里尔、杜埃和伊普尔在 1300 年前后
的居民人数肯定达到大约 3 万人，这使五个主要城市的人口高达 20

----

⑭　Wyffels（1967），pp. 1133 – 1135.

⑮　Ganshof（1941），pp. 44 – 45、53、58.

万人左右。考虑到它们之间的差距较小，以及许多较小但仍然略具规模的城市也在发展的事实，伯爵领里的城市的巨大影响到 13 世纪末已经变得非常明显。在城市里，经济和政治上占主导地位的城市显贵和被剥削的纺织工人大众的社会关系日益紧张，而纺织业是该地区的大工业。

第一个来自纺织工人的社会反抗征兆，始于 1245 年杜埃和 1252 年根特的罢工。正是英格兰从 1270 年开始的封锁，激起了 1274 年根特纺织工和漂洗工的集体外流。许多佛来芒和布拉班特城市的治安官员一致反对逐出不守规矩的工匠，这些工匠已经被他们所在的城市驱逐出去。1275 年，玛格丽特女伯爵解聘了 39 位根特市议员组成的整个寡头集团，推行一套措施来限制由城市显贵们实施的经济滥用。[⑯]情形没有任何好转，叛乱于 1279—1281 年在根特、伊普尔、布鲁日和达默爆发。"普通人"（the ghemeente）请求伯爵制止城市显贵们实施的各种权力滥用，要求工匠行业自治和在所有政治决定中拥有平等的话语权。[⑰] 主要的结果是国王和伯爵在 1279 年做出指示，所有佛来芒城市不得不每年上交账簿，他们对此极为不情愿遵从。手工行会被城市显贵们创建出来，置于他们的领导之下，最初的任务就是控制生产；后来这些行会肩负起慈善和军事职能。杜埃是工匠最早参与视察委员会的城市：1229 年是剪羊毛工，大约 1250 年还有其他工匠。准备规章制度的过程中也提到了某种磋商会议。[⑱] 然而，城市显贵们通常强烈地反对工匠的各种会议和政治诉求。当国王菲利普四世和居伊伯爵之间的对立以伯爵被囚于巴黎而达到顶点时，极化发展进程驱使城市显贵与国王联盟，而伯爵及其家族急需工匠的支持，但对其事业直到那时都一点不感兴趣。在这个过程中，反对城市显贵的专制自私统治的各种抱怨被列举出来。这样一来，甚至在完全占领伯爵领后，国王菲利普在 1301 年下令市议员的选举将由他委派的四个人和城市公社委派的四个人共同主持，这使部分地开放等级成为可能。这一体系持续了 240 年，其中有些调整。然而，法兰西人的占领唤醒了佛来芒人的强烈抵抗，也可以称之为全民性抵抗。占领者和城市显贵

416

⑯ Blockmans（1938），pp. 247 – 249.
⑰ De Smet（1950），pp. 5 – 7；Wyffels（1966）.
⑱ Wyffels（1951），pp. 59 – 142.

所使用的法语，有利于在说佛来芒语的工匠和农民中造成负面认同；然而这些易于引起对他们在杜埃和里尔说法语的同胞的同情。抵抗导致 1302 年 4 月 2 日在根特发生所有"机械"工人的罢工和 5 月 18 日在布鲁日发生的起义，其中至少有 120 位主要是贵族的法兰西占领者和许多城市显贵被佛来芒工匠屠杀。当王室军队前来惩罚反叛者时，于 7 月 11 日在科特赖附近大败于佛来芒人，虽然这些人主要是临时步兵，而法兰西人调动了 2500 名受过最好训练的骑士。沼泽地为军事史上的这一惊人事件孕育了许多故事传奇，但该事件也标志着由工匠和农民充当临时战士的大量军队的出现，显露出一个新的社会等级。

科特赖的胜利产生了两个持久的影响：第一，保证了佛兰德伯爵领作为君主统治下的很大程度上独立的封地得以延续下去。第二，彻底结束了曾与国王站在一边的城市显贵的主导地位；这为工匠提出自治组织和参与政治的要求带来影响深远的突破。几十年里累积的强烈阶级对抗的危机以及城市显贵、伯爵和国王之间的政治斗争，使革命性的社会和政治变化成为可能，这使佛兰德到 1302/1303 年可以说是出现了欧洲最开明、拥有最广泛基础的政治体系。

威姆·布洛克曼斯（Wim Blockmans）

莫玉梅 译

徐　浩 校

第四部分

意 大 利

第 十 五 章

（1） 北意大利：沿海共和国

在 12、13 世纪之交，三个主要意大利沿海共和国的经济正在蓬勃发展。沿海商业给它们带来财富，使那些从事贸易的人富裕起来。这些商业慢慢地渗入剩余人口当中，为城市的物质装饰提供了资助。热那亚和威尼斯也通过陆路与法兰西和德意志南部开展跨阿尔卑斯山贸易，这为两地的繁荣做出极大贡献。这种外贸由各个共和国通过与贸易伙伴签订政治和经济条约与协议获得保证。经过 1182 年君士坦丁堡的拉丁人大屠杀后，比萨和热那亚在 1192 年通过协商恢复特权并重建居住区。1198 年，威尼斯最终与拜占庭人就其提出补偿 1171 年造成的损失和重建居住区的要求达成协议。在圣地，为了回报它们参与第三次十字军东征，各沿海共和国获得重申其在十字军国家里的早期特权并被授予新特权：最重要的当属蒙费拉的康拉德于 1192 年授予威尼斯人在提尔的特权，以及吕西尼昂的居伊在阿克分别于 1189 年和 1190 年授予比萨人和热那亚人的特权。在埃及，第三次十字军东征的结果没能让沿海共和国与阿尤布素丹重新商定早期的商业条约。但是，当正式条约直到 1205 年（与威尼斯）才重新商议时，沿海共和国的船只却在 1191 年到 1217 年那相对和平的几十年里，蜂拥到亚历山大去了。

在东方，三个共和国在相对平衡的基础上竞争；然而，比萨在拜占庭的势力要比热那亚和威尼斯受到更多限制。相比之下，威尼斯人在马格里布的参与程度有限；即使其在 1175 年已经与阿尔莫哈德素丹阿布·雅库布·优素福（Abu-Yaʿqub Yusuf）签订一项条约，比萨

420

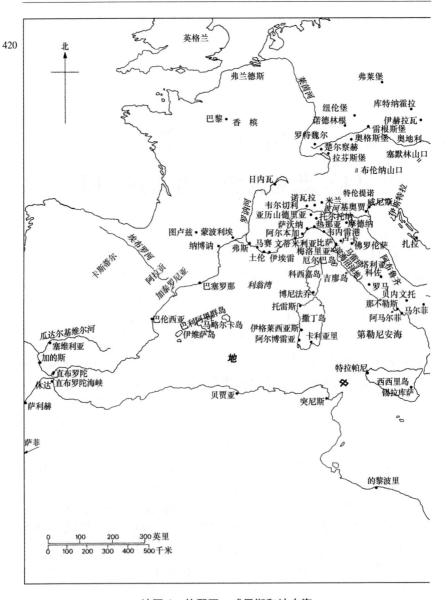

地图6 热那亚、威尼斯和地中海

421

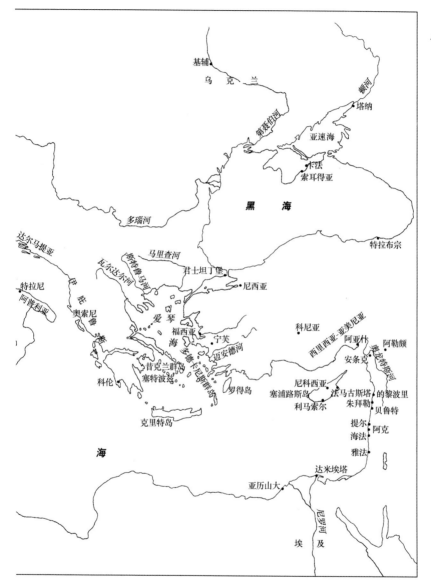

和热那亚却分别在 1186 年和 1191 年与他的继承人阿布·优素福·雅库布（Abu-Yusuf Ya'qub）商定条约。热那亚的公证契据登记簿表明，热那亚人在从的黎波里到休达和萨利赫的马格里布各城市有着广泛的贸易活动。虽然类似的档案在比萨没有保存下来，但它的商业条约与编年史记录的证据描述了比萨和热那亚船只在北非海域的冲突，表明它在那里的商业与热那亚的形成竞争。1201 年，由突尼斯的穆斯林商业伙伴写给比萨商人佩斯·迪·科尔索（Pace di Dorso）的信件保存下来；[①] 著名比萨数学家莱奥纳多·菲博纳奇（Leonardo Fibonacci）的父亲定居在突尼斯并持有那里的比萨海关的租赁权。

　　1189 年西西里的诺曼国王家系终止后，随即产生了混乱，这使沿海共和国在雷尼奥的贸易地位不再那么稳固。热那亚和比萨在皇帝亨利六世于 1194 年入侵西西里时与之结盟。威尼斯仍然保持中立，但并未因此遭受损失。[②] 1195 年，亨利重申威尼斯在巴勒莫享有的有限权利，但对热那亚和比萨要享有更广泛特权的要求推诿不决。来自三个共和国的商人继续在雷尼奥进行贸易活动，但热那亚和比萨卷入持续不断的海上冲突中，特别是为了他们在科西嘉、撒丁和西西里的权利与财产。正如下一章所揭示的，撒丁被分成处于本土世袭家族治下的司法区，有些这样的家族与比萨和热那亚的贵族家族相互联姻。1195 年，热那亚在科西嘉占了上风，那时它最终夺取了位于博尼法乔（Bonifacio）的大要塞。在撒丁，比萨占了上风；即便如此，热那亚仍猛烈地争夺岛上部分地区的影响力。

　　在西地中海，为了保证船只能够通过其控制的战略性岛屿，热那亚和比萨分别于 1181 年和 1184 年与巴利阿里群岛的埃米尔伊沙克·伊本·穆罕默德（Ishaq Ibn Muhammad）重续条约。在普罗旺斯、朗格多克和加泰罗尼亚，形势混乱且经常变化。这两个共和国采取手段，既从特定城市也从普罗旺斯和巴塞罗那伯爵以及图卢兹伯爵那里谋求利益。马赛和蒙彼利埃尤其是进入罗讷河谷的入口，也是北方布料进入地中海的主要通道，热那亚和比萨都在地中海周边买卖这些北方布料；在 13 世纪伊始，阿拉贡对蒙彼利埃的领主权更加稳固地确

①　Sayous (1929), pp. 143 – 147.
②　Abulafia (1977).

立下来。

在地中海上，这三个共和国竞争着海上商业可以提供的财富份额。在西方，对市场份额的竞争已经使比萨和热那亚陷入战争。在东方，形势迄今尚未恶化，虽然 12 世纪初它们已经相互攻击对方在君士坦丁堡的定居区，在机会来临时忙于在海上发起海盗战争，并且在圣地发生争执。正如成书于第三次十字军东征后不久的、关于圣地的一部佚名专著谈到比萨人、热那亚人和威尼斯人的那样："他们互相 423 嫉妒，互相敌视，这给予萨拉森人更大的安全。"③

在国内，三个共和国的宪政演变各不相同。威尼斯已经开始政治巩固进程，这将保留总督的权力并使政治权力落入城市显贵之手。虽然威尼斯统治阶级的团结没有经常认为的那么整齐划一，然而威尼斯在 13 世纪上半叶成功地建立了政治体系，总督和城市显贵之间的牵制与平衡在此创建相对稳定的政治秩序。从总督贾科莫·蒂耶波洛（Giacomo Tiepolo）于 1229 年就职开始，要求继任的总督在就职仪式上宣誓（promissioni）；总督的誓言着重提出前任任期中出现的问题，渐渐开始限制总督的行动自由。相比之下，比萨和热那亚都竭力寻找政治稳定的途径，最终都没有获得。两个城市中的贵族派系因城市公社控制权产生政治争斗；为了克服争斗带来的影响，两个城市都仿效意大利北部其他城市的例子，在 1191 年任命了第一位外籍城市行政长官（podestà）。然后在两个共和国里，城市行政长官周期性地与本地执政官轮换，直到外籍城市行政长官在热那亚从 1217 年、比萨从 1218 年开始常规化。然而，甚至这一措施都没有解决两个共和国里两败俱伤的政治斗争，两国未来的历史将不时地被市民骚乱、暴力和不同统治形式的试验所打断。

当热那亚和比萨在西地中海陷入斗争中时，法兰西十字军在 1201 年因运送问题向威尼斯求助。总督恩里克·丹多洛（Enrico

---

③ Thomas, "Ein Tractat", p. 147："耶路撒冷的三种意大利人，地球本身将之分为无用和有用：比萨人、热那亚人和威尼斯人。预示海军训练，所有战争从未在水中进行。贸易才能天生，享有免税特权，由法官行使司法权，这是他们的权利。其中有嫉妒与不和，这是他们向萨拉森人展示的安全性。"（"De Italia sunt in terra ierosolimitana tres populi. Ipsi terre efficacies et utiles. Pisani, Januenses et Venetici. Navali exercicio predocti, in aquis invicti et in omni bello exercitati. Mercimoniorum ingenio sagaces, a cunctis tributes liberi, excepti ab omnium iudicum iurisdicione. Sibimetipsis iura dictantes. Inter se tam invidi quam discords, quod maiorem securitatem exhibit Sarracenis."）

Dandolo）估计错误，过于相信法兰西人能够召集起他们期望的军队并支付运费。威尼斯不仅召集了一支200多艘船只的运输舰队，而且还自己出资配备了一支由50艘平底大船组成的战斗舰队。城里一半的成年男子都参与进来了；为了集结舰队，海上商业暂停；一种新货币，即银格罗索（grosso），被铸造出来用于支付此项行动。法兰西人欠运输舰队94000银马克，如不能偿付，将会使威尼斯破产。威尼斯投入了巨额资金，随后没有足够的十字军战士到达以及十字军未能支付一部分开支，这才能解释第四次十字军征战转向扎达尔［扎拉（Zara）］和君士坦丁堡的原因。

424　　作为参与十字军征战的结果，1204年4月12日对君士坦丁堡的征服给予威尼斯3/8罗马尼亚的领主权；但它很快放弃大块陆地领土的要求权，满足于岛屿基地和具有战略地位的沿途停靠港口。为了谋求自己的利益，马尔科·萨努多带着一群同伴，征服了基克拉泽斯群岛和多德卡尼斯群岛的大部分。这次征战的结果使威尼斯在东方大大地赢了对手。此后，在君士坦丁堡的拉丁帝国存在期间，罗马尼亚将会是威尼斯在经济上占主导地位的范围。虽然比萨和热那亚都通过与拉丁皇帝和威尼斯签订条约，获得进入罗马尼亚的权利，但事实上，直到1261年没有一个城市在爱琴海或黑海发展起积极的商业。她们的注意力转向南部、十字军国家、埃及和马格里布。威尼斯垄断了罗马尼亚与西方的贸易，开始建立一个殖民帝国。

　　热那亚和威尼斯的第一次主要敌对行动在1205年由热那亚海盗、马耳他伯爵恩里克·佩斯卡托雷启动。他派遣一个骑兵中队到利凡特，试图占领克里特。到1211年，他在争夺该岛的斗争中败给了威尼斯，但这场战争由其他热那亚海盗一直继续到1218年，尤其是叙拉古伯爵阿拉曼诺·达·科斯塔。④1194年，亨利六世已将叙拉古许诺给热那亚；然而，比萨伯爵拉涅里·马南特·迪·塞加拉里在1202年设法占领了该城，以此作为比萨支持西西里的帝国代理人马克沃德·冯·安维勒的意外结果。1204年8月，阿拉曼诺·达·科斯塔成功地把他从该城驱逐出去，然后比萨和热那亚在西地中海的敌对状态一直持续到1217年。在海上，海盗们继续反对运输的战争，

④　Abulafia（1975）.

而在陆地上，敌对状态在西西里和撒丁持续着。比萨在 1206 年和 1214 年试图通过与威尼斯结盟来获得帮助，以反对热那亚，但威尼斯在东方过于忙碌而不能分出资源来给第勒尼安海。

为了给第五次十字军征战做准备，教宗洪诺留三世分别在 1217 年和 1218 年进行谋划，想让比萨和热那亚以及热那亚和威尼斯签订和约。事实上，热那亚没有参加这次十字军征战，但比萨和威尼斯都参加了。在西格里奥·维斯孔蒂率领下，被派到达米埃塔的 40 艘比萨平底大船在围攻该城期间发挥了重要作用。威尼斯在征战期间与埃及实行贸易禁运，总督皮耶罗·齐亚尼在 1220 年 8 月派了 14 艘平底大船到达米埃塔。

这次十字军征战使三个共和国之间的敌对状态停歇了大约 20 年，使其有机会将注意力放在经济发展上。欧洲海上商业的早期扩张及其对拜占庭和穆斯林世界的经济渗入得到了巩固和加强。热那亚和威尼斯也都进一步发展与北欧的贸易。然而，至于比萨和威尼斯，要确定这种商业扩张的性质和范围是不可能的，确定热那亚的甚至是困难的。13 世纪的比萨或威尼斯都没有完整的公证契据登记簿保存下来；可以在其基础上分析经济活动的不完整文献的数量在威尼斯只剩下几百份，而比萨只剩下几十份。无数的契据登记簿得以从热那亚及其附庸城市留存下来，如文蒂米利亚（Ventimiglia）、韦内雷港（Portovenere）和萨沃纳；虽然其他契据登记簿的摘要在许多地方得以刊载，但只有七份才是完整刊印的。[5] 13 世纪晚期热那亚和威尼斯公证人在国外记录的契据登记簿也出版了。但重要的热那亚公证契据登记簿在国内由巴尔托洛梅奥·迪·福尔纳里（Bartolomeo di Fornari）进行编写，其他的仍然未经编辑。此外，没有学者敢于使用未出版的契据登记簿和其他来源，对 13 世纪热那亚商业的方方面面进行全面分析：或许这是一项过于庞大且令人生畏的工程。比萨和威尼斯同样缺少对这个时期的贸易的全面考察。

这些共和国的商业建立在双重基础之上。一方面，虽然它们当中没有一个可以被看作与佛来芒各城市、米兰或佛罗伦萨在同一个等级

425

---

⑤ Balletto（ed.），*Atti rogati*；Falco and Pistarino（eds.），*Il cartulario di Giovanni di Giona*；Ferretto（ed.），*Liber magistri Salmonis*；Krueger and Reynolds（eds.），*Lanfranco*；Puncuh（ed.），*Il cartulario di notaio Martino*；Hall-Cole et al.（eds.），*Giovanni di Guiberto*；Pistarino（ed.），*Le carte Portovenaresi*.

的主要工业权力，但其工业为外贸提供了有限的商品出口基础，比萨尤其如此。大量工艺和贸易在这三个共和国中小规模地发展着，正如在其他中世纪城市一样。然而，三个共和国中唯一具有足够大的规模来形成大宗商品出口基础的工业是：到 13 世纪已经集中在基奥贾的威尼斯食盐提炼工场，建立在其拥有的厄尔巴岛（Elba）及其铁矿基础上的比萨炼铁工业，集中在慕拉诺岛（Murano）的威尼斯玻璃工业以及到 13 世纪从马格里布和撒丁大规模进口毛皮的比萨皮革工业。比萨和热那亚也都拥有重要的毛料工业，特别在染色和布料整饰贸易中。另一方面，在远远大得多的程度上，三个共和国的经济繁荣建立在大规模的造船工业和商船队的基础上；它们的商船队运行在整个地中海地区，成为经营其他地区的商品和海上交通的承运人与企业家。威尼斯利用伊斯特里亚、达尔马提亚和特伦提诺地区的木材。热那亚可以使用利古里亚亚平宁山脉和沿海阿尔卑斯山的木材，而比萨则从托斯卡纳亚平宁山脉、马雷马（Maremma）、雷尼奥和撒丁获得木材。对 12 世纪热那亚资料的分析确定，热那亚在 1179—1200 年间共有 291 艘各种各样的船只停泊在港口，大多数为热那亚人或来自热那亚领土的人所有。⑥ 这肯定只是真正的热那亚商船队的一部分，我们可以肯定地推断：比萨和威尼斯至少拥有与此规模相当的商船队。到 13 世纪中期，这些共和国可以投放有几十艘平底大船的舰队到海上，并且可以立即替换它们。虽然不能确定船只的确切数量，但这些共和国的商船队肯定拥有达到成百上千艘不同类型的船只。

426

在莫罗佐·德拉·罗卡和隆巴尔多所收藏的记载日期在 1217—1261 年的 328 份威尼斯文献中，44 份涉及克里特、希腊、爱琴海诸岛、黑海和君士坦丁堡。⑦ 然而，从 1223 年起很少可以确定各次航行的特定目的地，另外在 130 份提到经由陆路和水路（per terram et per aquam ubicumque）的航行的合同中，更多的将是前往罗马尼亚的。威尼斯不仅连续不断地与君士坦丁堡的拉丁皇帝们签订商业协议，而且在 1210 年与伊庇鲁斯的米哈伊尔一世·安杰洛斯·科穆宁（Michael Ⅰ Angelos Komnenos），1211 年和 1220 年与科尼亚的塞尔柱

---

⑥　Krueger（1985），pp. 632 – 636，（1987）.
⑦　Morozzo della Rocca and Lombardo（eds.），*Documenti*，nos. 565 – 865；Lombardo and Morozza della Rocca（eds.），*Nuovi documenti*，nos. 77 – 104.

素丹，1225 年、1229 年和 1264 年与阿勒颇的阿尤布王朝，1246 年
与西利西亚—亚美尼亚王国，1219 年与尼西亚皇帝狄奥多勒一世·
拉斯卡里斯，1234 年与罗得岛的利奥·加巴拉斯都签订了商业协议。
爱琴海海域和黑海成为威尼斯及其殖民地富饶的商品之源，从奴隶到
谷物、陶瓷、玻璃器皿、药品和从更远的东方到达该地区的香料，以
及阿勒颇和福西亚的明矾。1255 年，威尼斯的博尼法乔·达·莫伦
迪诺与一位热那亚的合伙人垄断了来自塞尔柱素丹领地的明矾。出口
的威尼斯银格罗索（grossi）被用来支付购买的物品，使这种货币在
罗马尼亚自由流通。早在 1206 年，皮耶罗·达·费拉古多从君士坦
丁堡航行到克里米亚的索耳得亚港（Soldaia）。在他之后，乔万尼·
布兰科·达·坎纳雷吉奥于 1212 年、马尔科·罗马诺于 1232 年航行
到黑海。[8]

　　比萨在 1206 年被授予拉丁帝国的进入权，该权利在 1214 年与威
尼斯签订的条约中得到重申。虽然 1261 年前只有间接提及在罗马尼
亚的比萨人，1269 年前没有关于从比萨航行到该地区的具体合同幸
存下来，[9] 但比萨人将会出现在尼西亚帝国和塞尔柱素丹领地。到
1247 年，一位比萨商人和已经到达乌克兰的热那亚和威尼斯商人一
起出现在基辅。1261 年热那亚与尼西亚签订《尼菲昂条约》，宣布比
萨人是尼西亚人的"我们帝国的忠诚者"（fideles nostril imperii）并保
护比萨人进入黑海。热那亚也通过 1218 年与威尼斯签订的条约获得
进入罗马尼亚的权利，但在 1261 年前很少有热那亚人航行到那里去，
除在与威尼斯重续条约的 1251 年出现过一阵短暂的活动外。[10] 在罗
马尼亚反对威尼斯霸权的一次徒劳的努力中，热那亚试图与尼西亚的
约翰三世·杜卡斯·瓦塔泽斯协商条约未果，1231 年和伊庇鲁斯的
米哈伊尔二世·安杰洛斯·科穆宁也未商定条约。然而，它确实在
1240 年成功地与雅典公爵居伊一世·德·拉·罗什达成了商业协议。
同样，它试图在 1248 年从利奥·加巴拉斯那里夺取罗得岛，但在几
个月后被尼西亚人驱逐出去。

　　在圣地，这三个共和国在更平等的基础上共享利凡特的商业，在

427

⑧　Morozza della Rocca and Lombardo（eds.），*Documenti*, nos. 478, 541, 662.
⑨　Otten-Froux（1987），pp. 167 – 168.
⑩　Balard（1966）and（1987）.

十字军国家的各个港口都有各自的居住区。在阿克，它们的特权已经确立；然而，在其他地方，它们还在不断地重新协商。热那亚在1205年与的黎波里、1216年与安条克重续条约，在1221年和1223年与贝鲁特、1234年与海法签订新条约。威尼斯于1217年在朱拜勒、1221年在贝鲁特获得新特权。在弗雷德里克二世准备参加十字军东征的那些年里，比萨从对他的支持中获利极大，1229年获得重续其在阿克、提尔和雅法的特权。重申比萨在安条克和的黎波里的特权也分别在1216年和1233年得到授予。

大约到1230年，前往君士坦丁堡、塞浦路斯—亚美尼亚—叙利亚和亚历山大的威尼斯年度商队体系（mude）已经完好地建立起来。幸存的威尼斯合同包括阿克的威尼斯人遗嘱、在阿克签订的威尼斯人合同以及阿克与叙利亚的威尼斯航行记录。提尔执行官（bailli）马尔西利奥·佐尔齐（Marsiglio Zorzi）在1243—1244年对圣地的威尼斯人财产展开调查，调查表明威尼斯人在提尔和阿克持有大量财产。[11] 威尼斯拥有1/3提尔城及其乡村地区，包括整片的村庄、田野、果园、糖作物种植园和无花果园。

阿克的比萨人区占据靠近内港的首要位置。虽然1252年前没有记录了比萨与圣地贸易的文献幸存下来，而且1263年前也没有从比萨到圣地的具体航行记录，但比萨的商业在13世纪上半叶显然非常重要。[12] 在1248年前，该城市公社有三位领事来负责其在阿克的贸易区；1248年后，一位就足以满足需要。1222年，比萨人的势力足以使他们在阿克与热那亚人交锋并摧毁了热那亚人的一座楼。然而，尽管热那亚在圣萨巴斯战争中被打败后，比萨接管热那亚人在阿克的部分居住区是事实，但比萨在东方的地位在面对热那亚人和威尼斯人的竞争时不断下降，其贸易慢慢地将重心再次移回撒丁、雷尼奥和马格里布。到13世纪下半叶，它在利凡特的所有殖民地似乎消失了，只有阿克、亚美尼亚、塞浦路斯和埃及除外。

充足的公证人文献在热那亚幸存下来，可以对热那亚人与利凡特的贸易进行可靠的数据分析。从1222年到1262年，热那亚人在叙利

---

[11] Tafel and Thomas, *Urkunden*, II, pp. 351–398.
[12] Otten-Froux (1983), docs. II, III.

亚—巴勒斯坦沿海地区（*ultramare*）的海外投资价值列举如下：
1222—1226 年 2836 英镑（占全部有记录的贸易的 19%），1233 年
12074 英镑（71%），1239 年 6697 英镑（47%），1248 年 9668 英镑
（41%），1251 年 11351 英镑（41%），1252 年 17356 英镑（67%），
1253 年 50660 英镑（53%），1254 年 13378 英镑（51%），1255 年
9104 英镑（65%），1256 年 594 英镑（11%），1257 年 7228 英镑
（28%），1258 年 4333 英镑（54%），1259 年 4827 英镑（40%），
1261 年 55 英镑（1.6%），1262 年 39 英镑（0.3%）。[13] 由于风险增
加，商人们更费心地记录目的地最遥远的合同；对这些总数不必过于
重视。然而，1256 年后投资的减少反映出：在对抗威尼斯和比萨的
圣萨巴斯战争的最初失败后，热那亚人在圣地的商业环境开始恶化。
在此之前，虽然数据有所起伏，但表明热那亚在圣地的平均投资占总
数的 50.5%。这代表着投资大量集中在地中海地区的这一部分，这
种集中几乎必然要比比萨或威尼斯的大得多。这毫不令人惊讶，因为
阿克的热那亚人区直到 1256 年都是最大的，还在该城周围的乡村地
区拥有农业地产。

　　与埃及的商业关系因第五次十字军征战带来的政治动荡、1228—
1229 年弗雷德里克二世的十字军征战以及 1248—1254 年路易九世的
十字军征战变得令人担忧。尽管如此，除了战争时间，这三个共和国
在埃及自始至终保持着自己的势力。它们在亚历山大都有侨民居住区
（*fondachi*）或货栈。威尼斯在亚历山大有两个，比萨则在达米埃塔
还有一个。威尼斯在 1205—1229 年间与素丹商定六项条约，在 1244
年和 1254 年重续这些条约。比萨在 1207 年和 1215 年商定条约。令
人奇怪的是，虽然热那亚在 1200 年、1231—1233 年、1263 年和 1275
年派遣使团到埃及，但这些商谈的结果却不为人知，1290 年前没有
真正的条约保存下来。

　　教宗试图抑制与埃及的贸易，如英诺森三世和格列高利九世，总　429
督皮耶罗·齐亚尼在 1224—1228 年间也发出了贸易禁令，这足以证
明贸易事实上一直持续不断。在大约 1270 年在阿克编写的一份威尼

---

　　[13]　Baletto（1978），p. 98；Balard（1966），between pp. 488 and 489. 价值按热那亚英镑计算。括号中
给出的数字是其在总数中的百分比。

斯经商指南和 1278 年在比萨编写的另一份指南中，关于亚历山大和
埃及的内容占相当大的部分。[14] 正如其他经商指南的情形一样，这两
份指南不仅反映了编写之时的状况，而且也回顾了过去。然而却很少
有关于三个共和国在埃及贸易的文献记载。可能因为敏感，前往埃及
的航行，经常通过不指明航行目的地的方式隐藏在公证合同中。埃及
在 1209—1271 年的威尼斯文献中并未作为一个目的地被提及，那时
克里特的一位威尼斯妇女在一次前往亚历山大的航行中投资了 25 赫
柏尔（hyperpers）。[15] 比萨有一封 1245 年由海洋领事馆写给亚历山大
所有比萨人的信，信中宣布要选举一位新领事，接下来是一份 1252
年从亚历山大前往阿克的航行合同。[16] 热那亚的编年史和公证契据登
记簿提到 1205—1231 年、1258 年和 1259 年前往埃及的航行，以及直
到 13 世纪末的另 10 次航行。[17] 未出版的契据登记簿中也记录了一份
由一家康曼达（commenda）在 1224 年写给达米埃塔的 5 英镑收据，
一份由大使馆在 1231 年借给埃及的 5 英镑 12 先令的海运贷款，1253
年给亚历山大的三份代理契约（commende）收据，1256 年的三份总
计 86 英镑 15 先令的代理契约和一份委托代理书，1257 年的三份总
计 35 英镑 7 先令的代理契约，1258 年的 22 份代理契约和一份收据，
1259 年的八份代理契约和三份收据，以及 1262 年的一份委托代理
书。[18] 到 13 世纪末前有更多的记录。当然，1258 年后前往埃及的交
通量增加，这反映了热那亚商业在圣萨巴斯战争的最初失利后开始从
圣地偏离。但是，与比萨和威尼斯相比，大量提及热那亚与埃及的贸
易仅仅反映出从热那亚幸存下来的文件记载数量。任何一个共和国是
否于 13 世纪上半叶在埃及占有主导地位，尚不能给出判断。

　　威尼斯对马格里布的兴趣并不大，但她在 1231 年、1251 年和
1271 年与突尼斯的哈夫斯王朝商定了条约是事实。威尼斯的文献中
只有一笔威尼斯与突尼斯的商业交易，是 1245 年的。然而，比萨和
热那亚的情形相当不同。比萨与突尼斯在 12 世纪建立联系，分别在

⑭　Lopez and Airaldi（1983）；Jacoby（1986）.

⑮　Lombardo（1942），no. 209.

⑯　Otten-Froux（1983），docs. Ⅰ，Ⅱ，Ⅴ.

⑰　Balard（1987）.

⑱　我要感谢巴拉尔先生（Mr. Balard）给我提供了这一信息，这是对热那亚档案的广泛研究的成
果。

1229 年或 1234 年和 1264 年与哈夫斯王朝商定条约。热那亚在 1236 年、1250 年和 1272 年也做了同样的事。1240 年出现一份记录：三个比萨人对突尼斯的比萨商馆里或附近的一家商店提出要求权。一份 1261 年从比萨到布日伊的航行合同幸存下来。如果大约 1215—1220 年《海洋法庭令状》（*Breve curie maris*）上的比萨海洋法庭（*Curia maris*）中附录的代理商人数具有指导意义，那么比萨与马格里布的贸易达到其总数的 1/3；三个代理商——被指派到罗马尼亚和利凡特，雷尼奥外加科西嘉和撒丁，以及马格里布。1222—1262 年，热那亚在马格里布的投资价值如下：1222—1226 年 6872 英镑（占总数的 47%），1233 年 4530 英镑（26%），1239 年 6400 英镑（45%），1248 年 8375 英镑（35%），1251 年 9013 英镑（32%），1252 年 5474 英镑（21%），1253 年 27165 英镑（29%），1254 年 7764 英镑（29%），1255 年 3046 英镑（21%），1256 年 3805 英镑（68%），1257 年 8993 英镑（36%），1262 年 6628 英镑（59%）。1256 年后马格里布的重要性增加，反映出热那亚的贸易在圣萨巴斯战争爆发后从利凡特偏离；但即使在那之前，马格里布在记录下来的热那亚海外投资中平均占比 31.5%，令人印象深刻。

1229 年，穆斯林巴利阿里群岛落到阿拉贡的詹姆斯一世率领的阿拉贡—加泰罗尼亚舰队手中。由于伊比沙岛上的盐的重要性以及马略尔卡在前往巴伦西亚、格拉纳达和马格里布的路线上的中间站位置，比萨和热那亚很快采取行动来确保其商人在群岛上的地位。1225 年，一位热那亚商人带着价值 105 热那亚英镑的三份代理契约（com-mende）去伊比沙岛。1230 年，两个共和国都和詹姆斯一世缔结条约。到 1232 年，热那亚人在马略尔卡拥有一个商馆和一个领事馆，8 位热那亚人出现在加泰罗尼亚征服后接受土地授予的人员名单上。到 1245 年，有 14 位比萨商人在马略尔卡经商。与詹姆斯一世缔结的条约也重申热那亚人和比萨人进入加泰罗尼亚的权利。然后，这两个共和国通过 1251 年与斐迪南三世、1256 年与阿方索十世签订条约，将手伸到卡斯蒂尔。它们因而获准进入新近征服的安达卢西亚的日益重要的市场，特别是加的斯和塞维利亚，它们对塞维利亚在大约一个世纪前就已经很熟悉。然而，西班牙在 13 世纪上半叶仍然是比萨和热那亚的一个小小的利益领域。来自热那亚契据登记簿的数据表明，西班牙只是从 13 世纪 50 年代开始才成为投资的定期焦点；即使到那时，除偶尔几年外，西班牙只吸引了热那亚海外投资的少数几个百分比。取得进入西班牙港口的权利的主要优势，在于它们位于前往马格里布市场的路线上。

相比之下，因其本身及其提供的进入法兰西北部的通道，普罗旺斯和朗格多克对热那亚和比萨来说都极为重要。记录下来的热那亚在普罗旺斯的投资，从 1222—1226 年占总额的 3.3% 下跌到 1233 年和 1251 年只占总额的 1%，然后 1248 年升至 23%、1258 年升至 25%，1256 年前的平均占比大约为 8%，此后上升至 15%。该地区的重要性从这些共和国与地方权力签订的大量条约中反映出来。比萨和马赛在 1209 年结成针对热那亚的联盟。比萨在 1208 年与弗斯、1222 年与耶尔（Hyères）、1224 年与纳尔榜、1225 年与蒙彼利埃、1229 年和 1234 年与马赛达成协议。热那亚在 1211 年与马赛讲和，在 1229 年和 1251 年与马赛、1224 年与纳尔榜和蒙彼利埃、1229 年与耶尔和弗斯、1232 年与圣吉勒、1229 年和 1242 年与土伦签订商业条约。所有这一切活动背后是它们的商人获得自由进入香槟集市的权利，以及可以拿到南下到这些城市的北方布料的权利。从 1248 年马赛的吉罗·阿马尔里克的公证契据登记簿上，可以确定 3 位热那亚人和 7 位比萨人。在 1248 年 3 月到 7 月的这几个月期间，10 艘船只离开马赛前往比萨，6 艘前往热那亚。13 份康曼达（commenda）合同被送往热那亚，14 份被送到比萨。[19] 到 13 世纪中叶，普罗旺斯和朗格多克并入这些共和国的商业体系中。它们有着各自独立的利益和能力，却被比萨和热那亚掩盖了。

在国内，三个共和国都大兴土木，这不仅加强了物质外观，而且增加了公共基础设施。虽然公共财政困难在不同时期导致建设工程暂缓，但来自商业和工业的个人财富在个人和公共建设及新教会建筑中发挥着重要作用。比萨开展了一个浩大的排水工程、堤坝建设、道路修建的项目。建设始于 1262 年的另一座跨亚诺河大桥和斯皮纳大桥（Ponte della Spina），以及 1278 年的大纪念公墓（Campo Santo）。许多新教堂，包括法兰西斯修会和多明我修会的，在所有三座城市中修

---

⑲ Blancard（ed.），*Documents inédits*；Pryor（1981），pp. 70 – 78, and（1984a），p. 403.

建起来。来自经济扩张的利益转向上帝的荣光。威尼斯在圣马可大教堂的穹顶上增加外部圆顶，用许多新马赛克图案装饰内部。热那亚在1260 年和 1283 年延长港口的防波堤，沿着码头修建引水渠，1260 年在古列尔莫·博卡内格拉的鼓动下建造该城市公社的大海宫（Palazzo del Mare），1283—1285 年间修建一座湿船坞兼兵工厂。威尼斯着手规划，13 世纪 20 年代开始做那座位于卡斯特罗的新的大型兵工厂的准备工作，虽然直到 1325 年才完工。威尼斯人也把财富大量地花费在久负盛名的私人宫殿上，如莫斯托宫（Ca' da Mosto）、洛雷丹宫（Palazzo Loredan）和奎里尼宫（Casa dei Querini）。这个共和国也把钱花在公共工程上。里亚尔托桥在 1254 年和 1265 年重建，岛屿上的街道用砖来铺砌，泰代斯基商馆在 1228 年完全建好，但它的起始可以往前追溯。

432

立法成就和建筑一起成为这些共和国的经济与市民生活最引人注目的纪念碑。在恩里克·丹多洛任总督期间（1192—1205 年），威尼斯颁布了最古老的法典——《威尼斯惯例》（Usus Venetorum）。接下来是在恩里克参加第四次十字军征战期间，由他的儿子拉涅里·丹多洛于 1204 年或 1205 年颁发的一部修订法典。这些法典后来由总督皮耶罗·齐亚尼在 1213—1229 年再次修订，又由贾科莫·蒂耶波洛在1229—1233 年又一次修订。与海上交通有关的法令最后由总督拉涅里·泽诺在 1255 年修订为最终版。[20] 比萨显然拥有最大量的成文法。在 1156—1160 年颁发的重要的《习惯法》（Constitutum usus）和《立法法》（Constitutum legis）以及其他 12 世纪汇编集的基础上，比萨大约在 1215—1220 年制订《海洋法庭令状》（Breve curie maris）。[21] 1286年，一部《比萨普通令状》（Breve Pisani communis）和一部《比萨人民令状》（Breve Pisani populi）被加进比萨法律汇编中。[22] 热那亚立法的最早幸存残本是可以追溯到 1196—1216 年《领事公约令状》（Breve consulum placitorum）的一部分。接下来是由城市行政长官（podestà）雅各布·迪·巴尔杜伊诺在 1229 年颁发的热那亚法令完整

---

⑳　Besta and Predelli（eds.），"Gli statuti civili"；Sacerdoti and Predelli（eds.），"Gli statuti maritimi".

㉑　幸存下来的《海洋法庭令状》只是 1305 年的一份手稿，宣称它自 1298 年文本修订而来。除此之外，汇编的最初日期不得而知。然而，某些迹象表明它可以追溯到大约 1215—1220 年。

㉒　Bonaini（ed.），Statuti inediti.

修订本。这个文本没有保存下来，但被吸收进 1304—1306 年所谓的《佩拉成文法》，这实际上是热那亚母城成文法的修订本。㉓ 在罗马法和教会法的基础上，吸收各自的同样包含其他远至拜占庭和伊斯兰的法律体系元素的习俗和传统，这些共和国建立起各具特色的城市法体系，但放在一起则形成显著的同质法律实体。与其他像马赛、巴塞罗那、阿马尔菲和特拉尼等中世纪地中海城市的法令立法一道，这些共和国的法令法奠定了国际私法的大部分基础。

　　当经济在海外商业的基础上蓬勃发展时，比萨和热那亚在国内都经历了政治动乱。然而，热那亚在使意大利从 13 世纪 20 年代就卷入的弗雷德里克二世和教会的斗争中采取独立、近乎孤立主义的姿态，比萨却仍然坚持亲帝国的态度。结果，她在 1222 年被拖入与由佛罗伦萨领导的圭尔夫派托斯卡纳各城市的战争中，在博斯科堡被击败，被迫求和。这次失败引起贵族家族间的内部斗争，它们分别围绕维斯孔蒂家族和盖拉尔代斯卡家族结盟。这两派成为维斯孔蒂"圭尔夫派"和盖拉尔代斯卡"吉伯林派"；但这些只是外部标签，派系实际上是根据个人和群体利益形成的。维斯孔蒂家族在这场斗争中获胜，这导致以乌巴尔多·维斯孔蒂为代表的城市行政长官（podestà）在 1226 年复职。1226 年反对弗雷德里克二世的第二次伦巴第同盟形成，再次将这个城市拖入与佛罗伦萨和其他圭尔夫派城市在欧洲大陆上的冲突中。在撒丁，乌巴尔多·维斯孔蒂在 1230 年去世及其侄子乌巴尔多二世继位，导致维斯孔蒂家族和盖拉尔代斯卡家族在岛上产生冲突；乌巴尔多二世已经娶了托雷斯司法区的女继承人阿德莱西娅为妻。这场危机直到 1236 年才解决，当时阿德莱西娅将其土地捐给教会，然后教宗格列高利九世将它们转让给她的丈夫及其继承人。1237年，盖拉尔代斯卡家族被迫接受这种局面，处于战争状态的两个派系最后达成和约。

　　在热那亚，与比萨那些相似的派系出现了，再次与更广泛的圭尔夫派和吉伯林派的斗争相一致，但实际上是分别围绕被称为兰皮尼家族和马斯凯拉蒂家族的贵族家族进行组合。兰皮尼家族把持着政府，但与马斯凯拉蒂家族的内部斗争只是地方性的。这场斗争在 1227 年

㉓　Promis（ed.），"Statuti della colonia genovese".

引发由古列尔莫·德·马里领导的人民起义，给热那亚的一些附属城市一次机会来努力摆脱热那亚的束缚，如亚历山德里亚、托尔托纳、萨沃纳和阿尔本加。热那亚从危机中幸存下来，却在 1233 年陷入与弗雷德里克二世的冲突中。那年，热那亚拒绝他提出的要求：热那亚放弃中立，并且改变次年对城市行政长官的选择，因为他是圭尔夫派米兰人。弗雷德里克通过在所有领地内逮捕热那亚人并没收其财产来反击。然后，热那亚以派遣海军远征雷尼奥来回应。与此同时，弗雷德里克已经通过达成一项在西西里给予其特权的协议来使威尼斯保持中立。然而，威尼斯逐渐对与神圣罗马帝国结盟感到不满，在 1236 年加入第二次伦巴第同盟发起的反对弗雷德里克在伦巴第的代理官员埃泽利诺·达·罗马诺的征战中。弗雷德里克于 1237 年在科特努瓦打败伦巴第同盟后，他的使臣要求热那亚归顺并效忠，却遭到拒绝。当其附属城市抓住机会再次叛乱时，热那亚最终与伦巴第同盟结盟，于 1238 年 11 月 30 日在罗马与威尼斯签订条约，其中包含这一条款：在没有教宗的同意下，任何城市将不会与皇帝讲和或达成协议。有些同情神圣罗马帝国的贵族家族，如多里亚家族和斯皮诺拉家族，拒绝接受热那亚的新结盟，被逐后加入反对其母城的战争中。教宗和皇帝的冲突产生了影响，迫使这些共和国及其内部派系形成更加明确且更成一体的集团。

弗雷德里克趁乌尔巴多·维斯孔蒂二世于 1238 年在撒丁去世之际，让他的儿子恩佐娶了婚嫁多次的阿德莱西娅并分封他为撒丁国王，同时尊重比萨对该岛的保护权。他的举动被格列高利九世视为对教会权利的侵害，将他驱逐出教。1239 年，当弗雷德里克访问比萨并受到盖拉尔代斯卡派系的欢迎时，比萨被卷入纠纷。比萨颁布一项法令，禁止圭尔夫派在城市公社中担任职务，并让伯爵乌戈利诺·德拉·盖拉尔代斯卡的一个儿子和恩佐与阿德莱西娅的女儿订了婚。次年，格列高利九世在罗马召开代表大会，对此次冲突发表意见并废黜皇帝。由于通过意大利北部的陆路旅行困难重重，热那亚承诺通过海路将教宗使节从北欧送到奥斯蒂亚（Ostia）。作为回击，恩佐说服比萨武装一支 40 艘平底大船组成的舰队去拦截他们。在神圣罗马帝国派出的另外 27 艘平底大船加入舰队后，比萨人于 1241 年 5 月 3 日在吉利奥岛（Giglio）附近碰到了热那亚那支仅由 30 艘平底大船组成的舰队，并一举击败。只有 5 艘热那亚船只逃脱。教宗使节被带到比萨，然后移交给弗雷德里克，弗雷德里克将他们囚禁在阿普利亚。

　　和以往一样，当热那亚陷入困境时，它的附属城市乘机作乱。阿尔本加和萨沃纳反叛，热那亚遭到由卢尼贾纳（Lunigiana）和伦巴第的帝国代理人、蒙费拉侯爵和其他封建领主、一些吉伯林派城市以及热那亚流亡者安塞尔莫·德·马里的舰队组成的联盟的攻击。然而，在紧急关头，热那亚表现出一贯以来为人所知的顽强。它通过陆路将军队聚集起来，设法使蒙费拉侯爵和诺瓦拉与维切利两个城市从联盟中背叛出来，同时建立起一支由 83 艘平底大船组成的舰队，赶走了安塞尔莫·德·马里。这场战争后来集中在由热那亚人发起的对萨沃纳的围攻上。1243 年，萨沃纳人向比萨请求帮助，一支由 80 艘平底大船组成的比萨舰队在韦内雷港与另外 60 艘神圣罗马帝国的平底大船会合，迫使热那亚舰队撤away围困。从此，战争降级为陆地上的突袭与小规模战斗和海上的海盗战争；大体上，比萨和反叛者在战争中占了上风。萨沃纳和阿尔本加的叛乱一直持续到弗雷德里克在 1250 年去世为止，比萨和神圣罗马帝国的海军在第勒尼安占了上风，甚至使比萨在科西嘉多少恢复了一些原来的权势。

　　在这些情况下，热那亚海员在 1246—1248 年间找到资源，为路易九世的十字军征战配备了至少 16 艘、更可能是 30 艘双层甲板帆船，3 艘三层甲板帆船，20 艘塔里德船（*taride*）或运输平底大船和数量不确定的战船。即使热那亚四面受敌，由于其资源如此丰富，以致能够在第六次十字军征战中发挥了作用，这几乎与威尼斯在第四次十字军征战中发挥的作用不相上下，只是没有提供它自己的舰队。结果，热那亚商人和银行家在法兰西和圣地的金融交易中发挥了主要作用，无疑获利极多；这些交易在 1249—1254 年为路易的军队提供了他们在东方所需的资金。㉔

　　弗雷德里克的去世为热那亚重申权威提供了机会。阿尔本加和萨沃纳屈服了。派系之间相互讲和，马斯凯拉蒂派流亡者被允许返回。但当弗雷德里克的儿子康拉德四世在 1252 年到达意大利时，比萨看到可以借机重建吉伯林派事业的运势，参加了对反叛城市那不勒斯的

㉔　Belgrano（ed.）, *Documenti inediti*.

一次成功攻击。神圣罗马帝国再次带来威胁，导致托斯卡纳圭尔夫派城市再次组成同盟，到1254年比萨被孤立并被迫求和。然而，同盟提出的条款很苛刻。于是，比萨面临的境况是局势动荡不安，带来极大的混乱，一场起义成功地用人民都督（Captain of the People）和长老议事会取代了城市行政长官（podestà）政府。尽管如此，反对一方的军队到1256年已无法抵抗，比萨被迫屈服并接受了1254年提出的条款。威尼斯也卷入圭尔夫派的攻击中，允许在威尼斯宣讲发起针对埃泽利诺·达·罗马诺的十字军征战。威尼斯的马尔科·巴多尔被选为圭尔夫派军队的统帅。比萨做出屈服的决定，也是由她派驻卡利亚里的法官基安尼侯爵的行为促成，他已经反叛并请来了热那亚人。热那亚总是乐于利用对手的不幸，在1256年派遣远征军到撒丁，但在由此发生的战斗中，比萨人占了上风，热那亚在该岛上只剩下一个落脚点。在这一挫折以及布料贸易危机的推动下，热那亚的一场人民起义成功地将一个来自普通家族的富有商人古列尔莫·博卡内格拉推举为人民都督。

到1257年，热那亚有充分的理由去接受在撒丁遭遇的失败，同意在教宗亚历山大四世的安排下与比萨讲和。在比萨和热那亚在西方发生冲突的所有这些年里，威尼斯一直在东方建立自己的势力。它在第四次十字军征战后创建的前哨，已经成长为略具雏形的殖民帝国。它很少有消耗资源的需要，除支持其殖民地和君士坦丁堡的拉丁帝国、镇压扎拉在1242年发生的叛乱，以及经由陆路对伦巴第发动征战外。1256年，威尼斯和热那亚在阿克的紧张关系因圣萨巴斯修道院的所有权而爆发冲突，这座修道院位于威尼斯居住区和热那亚居住区的分界线上。在一次黎明发起的攻击中，热那亚人占领了修道院，促成一场耶路撒冷王国里的所有派系都分帮结派的冲突。1257年，威尼斯派遣一支由洛伦佐·蒂耶波洛率领的舰队到东方。洛伦佐·蒂耶波洛打破了阿克港的封锁，将热那亚人赶回他们的居住区，并重新占领了圣萨巴斯。同年，在摩德纳达成的秘密协议中，比萨加入威尼斯反对热那亚的联盟，违反了自己与热那亚签订的和约。然后，威尼斯通过与霍亨斯陶芬的曼弗雷德签订条约来完成对热那亚的孤立。热那亚做出回应，派遣一支由罗索·德拉·图尔卡率领的舰队到东方，利凡特的其他热那亚分舰队加强了这支舰队的力量。在威尼斯和热那亚将会打上 150 年的经典海战的第一场战斗中，洛伦佐·蒂耶波洛率领大约有 39 艘平底大船的威尼斯和比萨联合舰队，于 1258 年 6 月 25 日在阿克附近海域对阵德拉·图尔卡率领的由 50 艘平底大船组成的舰队，并取得决定性胜利。热那亚在阿克的居住区输给了比萨和威尼斯。一场野蛮的海盗战争在利凡特展开，持续到 1263 年。在此期间，所有三个共和国的商业和十字军国家的经济活力都损失惨重。

与此同时，热那亚在罗马尼亚成功地发动了一场引人注目的政变。不管出于先见还是好运，古列尔莫·博卡内格拉在 1261 年派公使去见尼西亚皇帝米哈伊尔八世·巴列奥略，达成反对威尼斯的条约。他的时机掌握得特别好。这一条约于 1261 年 3 月 13 日在尼菲昂签订，尼西亚军队在 7 月 25 日使用诡计进入君士坦丁堡。威尼斯做出回应，装备了两支远征军，试图在西方筹集起反对米哈伊尔八世的十字军队伍，但无济于事。拉丁帝国结束了，威尼斯在罗马尼亚的统治也结束了。一夜之间，在黑海和罗马尼亚的那些地区占有的优势不再直接由威尼斯控制，其殖民地转给了热那亚。博卡内格拉付出了惨重代价，因为教宗将热那亚驱逐出教，各贵族家族接着将其推翻。在本土，热那亚进入派系之间的内部斗争新时期，一边围绕在多里亚和斯皮诺拉家族周围，另一边围绕在菲耶斯基和格里马尔迪家族周围。但博卡内格拉的不幸是热那亚的幸运。他的行动为热那亚人在东方的商业奠定了新的扩张基础。他的努力在 1264 年几乎被毁掉，当时君士坦丁堡的热那亚城市行政长官非常愚蠢，与霍亨斯陶芬的曼弗雷德签订了协议以恢复拉丁帝国。虽然热那亚母城政府否认该协议，但米哈伊尔八世被激怒，驱逐了热那亚人。不管怎样，热那亚人对他来说似乎可能变得很麻烦，正如威尼斯人在过去那样。然而，他们在 1267 年被允许重新进入，并被授予加拉塔的佩拉作殖民地，与拜占庭首都隔着金角湾。

但在海上，战争仍在继续。在主要的海战中，威尼斯大获全胜。在伯罗奔尼撒半岛沿海的塞特波兹，38 艘热那亚平底大船于 1263 年被 32 艘威尼斯平底大船彻底打败。在接下来的两年里，热那亚舰队避免发生战斗，但在 1266 年，由兰弗兰科·巴尔杜伊诺率领的 27 艘热那亚平底大船在特拉帕尼与 24 艘威尼斯平底大船偶然相遇并被彻底击溃。威尼斯的正规海军已经证明他们明显优于热那亚的，威尼斯

已经将其范围延伸到西地中海。然而，热那亚通过在海盗战争中获得 437
的压倒性胜利平衡了损失。其海盗随意伺机截获威尼斯的船只。在这
场战争的最引人注目的功绩里，西莫内·格里洛在亚德里亚海阿尔巴
尼亚属的萨塞诺岛［萨赞岛（Sazan）］沿海偶然撞上一支无防备的
威尼斯商队，俘获除一艘大型帆船罗卡福尔蒂斯号（Roccafortis）外
的所有商队船只，其他威尼斯船只上的水手在这艘帆船上得到庇护。
1265 年，威尼斯发生暴动，这是由为了支付战争费用做出加倍征收
研磨谷物税的决定所促成的。同年，奥贝托·斯皮诺拉在热那亚领导
了一场人民起义，但却将权力交给圭多·斯皮诺拉和尼科洛·多里亚
两位城市行政长官的新政权。两个共和国都筋疲力尽，但它们继续斗
争到 1269 年，其时路易九世说服它们同意休战五年，以便为其提议
的对突尼斯的十字军征战提供必要的基础设施。

当热那亚和威尼斯在东方的战斗停下来时，比萨本土出现了问
题。康拉德四世在 1254 年去世，只留下尚在襁褓中的儿子康拉丁在
德意志要求继承神圣罗马帝国皇位。1256 年，比萨毅然重新使用古
老的权利来以意大利人的名义选举皇帝，将王位提供给卡斯蒂尔的阿
方索十世。康沃尔的理查德成为另一个要求者。然而，教宗亚历山大
四世对两人都不满意，由此无意中为弗雷德里克的私生子曼弗雷德于
1258 年在巴勒莫自己加冕为西西里国王大开方便之门。他的加冕在
比萨唤起对吉伯林派事业的极高希望，比萨许诺支持曼弗雷德。托斯
卡纳的圭尔夫派城市在佛罗伦萨的领导下做出回应，由此产生的对峙
以 1260 年 9 月 4 日的蒙塔佩尔蒂之战而告终，在那里比萨及其吉伯
林派同盟获胜。但战争仍在继续，以最后一个还在抵抗的圭尔夫派城
市卢卡为对象，直到某种和平在 1265 年匆匆达成，这使比萨和吉伯
林派获得主导地位。

当教宗乌尔班四世将西西里王位给予普罗旺斯伯爵，路易九世的
弟弟安茹的查理时，所有那一切都改变了。1266 年 2 月 26 日在贝内
文托、1268 年 8 月 23 日在塔利亚科佐，查理以两场严密策划的战斗
分别打败了曼弗雷德和康拉丁。比萨支持霍亨斯陶芬家族来反对查
理；查理一占领西西里后就将比萨市民从那里驱逐出去，此举加强了
比萨固有的对圭尔夫派安茹家族的敌意。圭尔夫派正福运昌盛。使比
萨感到幸运的是，查理在他哥哥的压力下结束冲突，以便为他哥哥的

十字军征战做准备。1270 年，他与比萨达成协议，承认比萨的独立，给予比萨人在雷尼奥自由行动和贸易的权利，并让比萨每年缴纳12000 盎司的黄金作为贡品。这导致托斯坎纳的圭尔夫派和吉伯林派
438 普遍休战，但在比萨，给查理的投降协定条款如此不受欢迎，以致一场起义将圭尔夫派贵族家族都驱逐出去。

在与威尼斯的战争考验中，热那亚同样试图在圭尔夫派和吉伯林派、安茹家族和霍亨斯陶芬家族之间左右逢源。热那亚却发现了另外的问题：它在利古里亚的土地与安茹家族在普罗旺斯的土地接界，特别是在文蒂米利亚；这意味着查理离得太近而无法抚慰。热那亚在1257 年与曼弗雷德结盟，但在 1269 年与安茹的查理达成协议，条件是只选圭尔夫派为城市行政长官。热那亚参与突尼斯十字军征战；根据热那亚编年史，1 万多热那亚人乘坐由 55 艘双层甲板帆船和其他舰船与平底大船组成的舰队出航。事实上还有一些非常大的三层甲板帆船，但参战的热那亚人的数量当然少于所说的。㉕ 当舰队离开后，一场起义导致圭尔夫派城市行政长官被推翻，选出奥贝托·多里亚和奥贝托·斯皮诺拉为人民都督。多里亚—斯皮诺拉两头政治将在未来的 15 年里给予热那亚在 13 世纪最强大、最稳定的政府，但也导致与安茹的查理的战争。1272 年，他因禁了热那亚在雷尼奥的商人，热那亚放任海盗骚扰它的沿海作为回应。1272—1276 年，安茹王朝的大法官法庭记录多次提到热那亚海盗（pirati）和为防御沿海抵抗海盗所采取的措施。一套烽火体系建立起来，用来警示热那亚平底大船的接近，烽火的数量代表着平底大船的数量。㉖ 热那亚被置于教宗的禁令中，战争通过教宗英诺森五世的调解最终结束。一项和约在1276 年签订，从热那亚被驱逐出去的圭尔夫派被允许返回家乡。

比萨和热那亚的紧张关系和竞争在 1282 年达到顶点。锡纳卡的科西嘉法官西努切罗反抗热那亚人的统治，向比萨请求帮助。两个共和国都调动了可供使用的所有军队；1284 年 8 月 6 日，98 艘热那亚平底大船在皮萨诺港沿海的梅洛里亚浅滩附近遭遇了 74 艘比萨平底大船，这场遭遇战证明是比萨的最后灾难。这场战斗因热那亚舰队司

㉕ Pryor (1984b), p. 208.
㉖ Filangieri, Mazzoleni, et al.（eds.），Ⅷ, p. 246, Ⅸ, pp. 236, 255, pp. 16, 46, 95, 150, Ⅺ, p. 5, ⅩⅣ, p. 7, ⅩⅦ, p. 79.

令奥贝托·多里亚和贝内代托·扎卡里亚的战术而取胜。不到 20 艘的比萨平底大船逃回皮萨诺港，总司令被杀，一位城市行政长官被俘。成百上千的比萨人被关入热那亚的地牢中，在那里身陷囹圄经年，很少有人能回到家乡。热那亚人没有选择让他们的囚犯支付赎金，因而剥夺了比萨最珍贵的资产——人力。1298 年在库佐拉被俘后，马可·波罗在热那亚坐牢时向比萨的鲁斯凯蒂洛口述了自己的游历。鲁斯凯蒂洛在梅洛里亚就已经被俘，当马可·波罗加入他时，他已经在监狱里度过了 14 年。这是比萨旧贵族家族的毁灭。在这紧急关头，比萨人选择乌戈利诺·德拉·盖拉尔代斯卡为城市行政长官，赋予其真正无限制的权力。他坚持与圭尔夫派联盟的斗争，后者极为成功地包围了比萨，却被迫在 1288 年与热那亚求和。强加的条款十分苛刻，以致于双方最后无法达成协议。比萨必定失去撒丁、科西嘉和 1257 年后已经夺回的热那亚在阿克的部分居住区，赔付强加的巨额赔偿金 2 万银马克，以厄尔巴岛铁矿作抵押，最终这些铁矿还是失去了。即使德拉·盖拉尔代斯卡别无选择只能投降，但他还是下台了。无法满足热那亚的要求导致热那亚舰队在 1290 年发起了第二次攻击，这次攻击摧毁了皮萨诺港的堡垒并破坏了它的防御。在新总司令圭多·达·蒙泰费尔特罗的指挥下，比萨勇敢地阻止了圭尔夫派发起的攻击，直到 1293 年和约最终在富切基奥（Fucecchio）达成。然而到那时，作为梅洛里亚之战的后果，它所遭受的损失已不可挽回。即使比萨人继续在地中海上贸易，且在亚美尼亚的阿亚斯和塞浦路斯的法马古斯塔的势力确实维持到 14 世纪，但这场战斗既是比萨作为一流权力在 13 世纪下半叶逐渐衰退的征兆，又是那种衰退变得确凿无疑的关键点。比萨人经常被迫使用他人的船只：加泰罗尼亚人、威尼斯人甚至热那亚人。作为西地中海的第二个主要拉丁贸易力量，加泰罗尼亚正是从此时开始崭露头角。

在 13 世纪下半叶，由这些共和国自 12 世纪起建立的传统商业模式发生了明显的变化，因为远离地中海的事件对它们产生了作用。亚洲的蒙古帝国打开了经由黑海和西利西亚—亚美尼亚到达远东的通道。更具侵略性的马穆鲁克王朝在埃及取代阿尤布素丹，使埃及的贸易境况更加困难。阿尔莫哈德哈里发帝国垮台，导致突尼斯和摩洛哥建立了多个更为弱小的继任者国家，这使欧洲人获得更大的权利参与马格里布和撒哈拉的贸易。香槟集市的重要性随着贸易集市的衰落（*perse*）而下降，德意志南部城市逐渐成长，以及来自波希米亚新矿产的白银大量流入，这一切改变了这些共和国与北欧的传统关系。

440　热那亚人从 1266 年起在克里米亚的卡法（Caffa）创建殖民地，离威尼斯在索耳得亚的主要转口港并不远。随着佩拉殖民地快速成长为一个享有自己权利的重要城市，热那亚围绕着爱琴海和黑海建立起广泛的商业网。威尼斯人从 13 世纪 60 年代起也在塔纳（Tana）定居下来，顿河在这里流入亚速海。随着在像特拉布宗等其他黑海港口的定居点的出现，威尼斯和热那亚都发展起各自的贸易，将谷物和其他农产品、毛皮、木材和奴隶从黑海贩卖到君士坦丁堡、埃及和西方。此外，罗马尼亚的比萨人在 13 世纪晚期收缩势力。原产自中欧东部新矿的白银为西方在黑海的贸易扩张提供了资助。这些白银熔铸成银条（*sommi*），在整个地区都通用。蒙古、土耳其和希腊奴隶大规模地被卖到埃及的马穆鲁克军队和闺房中，还有热那亚和威尼斯殖民地的种植园以及遍及罗马尼亚和意大利的家仆服务。商人们从塔纳找到从陆路通往萨莱（Sarai）的金帐汗国总部的道路，在那里伏尔加河流入里海。他们将从那里前往波斯、印度和远东。

到 1291 年，阿克一直都是重要的市场。但随着马穆鲁克王朝逐渐占领十字军国家，塞浦路斯和亚美尼亚对西方商业变得更为重要起来。在 13 世纪的最后 25 年里，阿亚斯成为通往亚美尼亚以及叙利亚与安纳托利亚的贸易的重要地点。从 1274 年到 1279 年，皮耶罗·迪·巴尔戈内和费代里科·迪皮亚扎伦加在阿亚斯编写的热那亚契据登记簿表明，热那亚人到那时已经在那里扎下根来，建有一座教堂、一道凉廊（*loggia*）和一个管理殖民地的领事馆。[27] 1288 年，热那亚与亚美尼亚重新商定 1215 年签订的早期条约。比萨从 1263 年起同样在阿亚斯拥有一个以一位子爵为首的殖民地，来自阿亚斯的热那亚契据登记簿表明那些年里这个港口出现 57 位比萨人。这表明 1278 年比萨商业指南中给予亚美尼亚的突出地位，确切地反映出亚美尼亚对比萨也很重要。然而，或许威尼斯人尚未被亚美尼亚大量吸引过去，尽管威尼斯与亚美尼亚在 1271 年重续早期条约是事实。只有 6 位威尼

㉗　Balletto（ed.）, *Notai Genovesi*.

斯人出现在来自阿亚斯的热那亚契据登记簿上，亚美尼亚在大约1270年编于阿克的威尼斯商人指南中根本没有记载。来自威尼斯的幸存文献或来自克里特的1271年和1278—1281年的威尼斯契据登记簿上，也没有提及亚美尼亚。[23]

　　然而，1271年，马可·波罗正是从阿亚斯开始前往中国旅行。他的父亲和叔叔已经在1260年从索耳得亚和萨莱开始了他们的第一次旅行。到这时，关于前往蒙古人那里的传教士和使节的描述表明，热那亚人、威尼斯人和其他西方商人出现在乌克兰、安纳托利亚和叙利亚。到马可·波罗时代，热那亚和威尼斯商人已经到达波斯，很有可能也到达印度和中国。1263年，一个叫皮耶罗·韦廖内（皮耶罗·维廖内）的威尼斯商人在大不里士当着包括两位比萨人在内的其他西方人面前立下遗嘱，一个叫佐洛·迪·阿纳斯塔西奥的比萨冒险家在1288—1301年间为波斯的伊尔汗服务。意大利商人皮耶罗·卢卡隆戈在1291年陪伴乔万尼·迪·蒙泰科尔维诺前往中国；同年，热那亚的维瓦尔迪兄弟试图穿过直布罗陀海峡沿着非洲海岸到达印度。到13世纪90年代，通往印度和中国的路线已经广为人知，足以说服维瓦尔迪兄弟试着去找到一条海上路线。

　　在塞浦路斯，热那亚在1218年和1233年已经签订条约，威尼斯已经在那里建立定居地并宣称已被授予特权，虽然没有条约幸存下来。比萨人在尼科西亚（Nicosia）和利马索尔（Limassol）停留，这个共和国似乎已经在那里建立某种定居地。随着来自欧洲大陆的避难者越来越多地在塞浦路斯定居下来，比萨在岛上的共同体规模不断增加，首先是利马索尔，然后是法马古斯塔都成为重要的沿途停靠港。然而，法马古斯塔的突出地位的真正崛起是从阿克在1291年陷落后开始，当时比萨将其殖民地迁移到塞浦路斯岛上。到13世纪末，热那亚、威尼斯和比萨的殖民地分别以一名城市行政长官和领事馆为首。所有这三个共和国在法马古斯塔的殖民地都繁荣起来。塞浦路斯不仅成为利凡特正在改变的路线上至关重要的转口港，而且凭借自身也成为为西方提供像葡萄酒和糖等商品的重要供应商。

　　在埃及，比萨继续保持势力，但商业规模缩减为二等权力的规

441

㉓　Lombardo（ed.），*Docummenti*；Chiaudano and Lombardo（eds.），*Leonardo Marcello*.

模。甚至从 13 世纪 80 年代进入利凡特的加泰罗尼亚人，到 13 世纪末所拥有的地位更为显著。威尼斯也保持其在埃及的地位，1289 年和素丹哈拉温达成新的商业条约。到那时，威尼斯每年前往埃及的商队已经呈现出高度管理的特征。由于 13 世纪的公证契据登记簿未能幸存下来，造成来自威尼斯的统计数据缺失，所以我们不可能确定近 13 世纪末威尼斯与埃及的商业范围。然而，正如在圣地和罗马尼亚一样，给人留下的印象是：在埃及，13 世纪下半叶是热那亚的而不是威尼斯的。热那亚在 1275 年和 1290 年与马穆鲁克王朝达成条约，自然主导了罗马尼亚、黑海和埃及之间的贸易。

在西方，加泰罗尼亚和阿拉贡的经济和政治声望不断增加，对比萨和热那亚产生了重要影响。从 13 世纪中叶起，在阿拉贡国王具有 442 侵略性的支持下，加泰罗尼亚商人大力侵入比萨和热那亚与马格里布的贸易。虽然热那亚经受住了竞争，在这个地区牢牢地确立下来，并且进入直布罗陀海峡沿着摩洛哥海岸到达萨非，到 13 世纪末比萨在很大程度上已经被竞争者逐出马格里布。它的贸易向西西里、撒丁和第勒尼安收缩。

西方商人被吸引到马格里布，用在利凡特得到的东方商品、欧洲的工业产品和白银，以及西西里的谷物来交换欧洲工业需要的皮革和羊毛，尤其是黄金。来自塞内加尔河和尼日尔河上游的塔卡鲁和旺加拉的西非黄金被运送到休达、萨非和突尼斯。作为贸易顺差的结果，以及出于欧洲和马格里布不同的黄金与白银比率，西方商人从这些地方要么以矿金（*paiola gold*）的形式要么以铸造好的穆斯林第纳尔将黄金带回欧洲。欧洲黄金储量增加，导致雷尼奥和西班牙从 12 世纪开始铸造金币。然而，到 1252 年，到达热那亚和佛罗伦萨的黄金数量足以允许铸造一种新型的 20 苏勒德斯（*solidi*）金币，即热那维诺（*genovino*）和弗罗林。威尼斯与马格里布的贸易较少，只有在 1284 年才效仿着铸造了杜卡特金币。

在雷尼奥，这些共和国在整个 13 世纪的命运，根据它们在教会和霍亨斯陶芬家族的斗争中的卷入程度而上下起伏。随着安茹家族的出现，佛罗伦萨也深深地牵涉进雷尼奥，成为沿海共和国的竞争者和合作者。但三个沿海共和国之间也保持着各自的联系。热那亚在 1284 年获得出口谷物的许可证，以此作为在西西里晚祷战争中出借平底大船的回报，像斯皮诺拉家族、多里亚家族、菲耶斯基家族和格里马尔迪家族等家族成员在雷尼奥定居下来并高升要职。比萨与安茹家族的关系受到其与吉伯林派的密切关系的困扰，但比萨人也在雷尼奥贸易并定居下来，尤其是从 1272 年的停战协定到 13 世纪末期间。他们在那不勒斯建有一道凉廊和管理定居地的领事馆。威尼斯牢牢地在东海岸扎下根来，特别是在阿普利亚，威尼斯需要那里的谷物。由于对米哈伊尔八世·巴列奥略的敌意（在其治下，热那亚在罗马尼亚已经偷偷抢在前头）及其在雷尼奥的利益，威尼斯被说服在 1281 年与查理一世签订条约；该条约设想威尼斯与安茹家族可以联合起来去征服拜占庭，并恢复拉丁帝国。因为 1282 年复活节西西里晚祷叛乱爆发，查理被迫将精力转向自己的王国，这个计划终成泡影。直到 13 世纪末及以后，威尼斯人仍然深陷在雷尼奥，包括阿普利亚和阿布鲁齐，还有那不勒斯。

在撒丁，比萨和热那亚为了控制经济进行了一场实质上的战争；比萨在战争中直到梅洛里亚之战前一直占上风，但此后却逐渐失利。在 13 世纪 50 年代，该岛西南部的伊格莱西亚斯（基耶萨镇）发现 443 了重要的新银矿，该地的领主是西格罗，却掌握在比萨的多诺拉蒂科家族手中。大量的白银从比萨征收的 1/12 生产税和采矿共同体的供应中流向比萨。这些矿藏甚至在 1284 年后仍然留在比萨人的手中，大量的比萨人定居此地。

巴伦西亚和巴利阿里群岛并入阿拉贡王室，西西里岛从 1282 年也并入阿拉贡王室；这两个地方与加泰罗尼亚的经济都快速增长，使得比萨和热那亚与阿拉贡的关系更为重要。到 1275 年，比萨出现加泰罗尼亚领事馆和堂区长，1288 年与阿方索三世签订条约。比萨人在巴利阿里群岛、巴伦西亚和加泰罗尼亚变得活跃起来，特别是在梅洛里亚之战后，当时新商号在比萨变得越来越重要并在加泰罗尼亚和普罗旺斯形成新的利益范围。到 13 世纪 80 年代，马略尔卡和加泰罗尼亚也成为热那亚商业网络中的重要因素。1282 年，一艘 1/3 由著名热那亚商人兼舰队司令贝内德托·扎卡里亚所有的商船在亚历山大、马略尔卡和欧洲大陆的西班牙之间做了一次往返航行，他的船只中的另一艘在 1286 年再次航向马略尔卡、阿尔梅里亚、休达和加的斯。

　　从长远看，或许 13 世纪下半叶地中海海上交通的最重要革新大约发生在 1277—1281 年，当时热那亚和马略尔卡的平底大船首次驶出直布罗陀海峡，穿过比斯开湾到达佛兰德和英格兰，因此开辟了通往北方的海上路线，迟早将会削弱翻越阿尔卑斯山经由罗讷河谷的陆路路线的主导地位。这些平底大船在沿线的港口进行交易，特别是在巴塞罗那、马略尔卡和阿尔梅里亚。随着卡斯蒂尔在 13 世纪最后 25 年里向热那亚商业打开大门，这些船还只在加的斯和塞维利亚交易。里斯本也成了转口港。到 13 世纪的最后几年里，威尼斯人也远航到佛兰德和英格兰。大西洋航行对载物能力和适航性的要求，逐渐导致更大型的三层浆座的、拥有更宽船梁更高干舷的商船的出现。

　　虽然香槟集市作为贸易集市在 13 世纪下半叶逐渐衰落，日益成为更加专门的金融票据交换中心，但它们仍然对热那亚和威尼斯很重要，二者都在这些集市上保留着领事馆。热那亚尤其在集市功能上发挥着重要作用。通过在热那亚筹集汇票的方式，来自其他意大利城市的商人筹集所需的贷款到集市上买卖。1253 年，热那亚商人西蒙·德·瓜尔特里奥居住在热那亚，在香槟由代理人代表，投资 4220 普
444 罗旺斯英镑和 770 热那亚英镑在集市和法兰西换取合同。他用船将香料运到香槟，将北方布料运到利凡特。由于在集市上的贸易顺差，热那亚和威尼斯开始使用从中欧流通到那里的白银储量。这些白银由意大利人以银锭或银块或其他的香槟银币形式带到南方。

　　显然，比萨很晚才来到这些集市上。1273 年前一直没有文献提及比萨人，在那里设有领事馆的意大利城市名单或其他记录集市上的意大利人的文献上都没有出现过这座城市。然而，在 1278 年的比萨商人指南上，有一整部分都奉献给香槟集市，这表明其他资料上没有提及集市上的比萨人可能是误导。当然，比萨人在这个时期正在以某种方式获得大量的北方布料。我们掌握了 1273 年前不久在科孚附近的奥索诺伊岛遇难的一艘比萨平底大船的全部货物清单。㉙ 货物由安茹王朝的官员打捞起来并为国王运送至梅尔菲。从几乎全都是西方布料的货物性质来判断，这艘平底大船航行在前往罗马尼亚或利凡特的路上，遇难时正在穿过奥特朗托海峡。最值钱的布料列在货单的前

㉙ Filangieri, Mazzoleni, et al. （eds.）, *I registri*, XXV, pp. 35 – 39.

面，描述详细，一开头就是 33 整匹伊普尔条纹布料，横条纹是绿色、褐色、深蓝色和蓝色（bleveto），竖条纹则颜色众多。其余的是 34 块伊普尔素色布料、31 块普罗旺斯布料、5 块萨拉布料（Sarlat）、3 块卡慕里布料（Cammuri）、4 块孔比蒂斯布料（Combitis）、15 块夏隆布料（Châlons）和 2 块康布雷布料。来自意大利的有 193 块佛罗伦萨素色布料、75 块米兰布料、7 块比萨布料、3 块伦巴第布料，还有 1 块佛罗伦萨条纹布料、1 块伦巴第条纹布料和一块长度不同寻常的米兰条纹布料。有一块条纹布料和两块素色布料没有标明出处。然后是 177 块贝加莫布料（burgumasci seu grisi）、1 块粗毛料、34 块讷萨伦（nesarum）布料和 26 块纱料。最后是 26 块佛罗伦萨驼绒斜纹呢、3 块夏隆布料和 2 块不知出处的布料。总计共 678 块不同品种的完整布料，外加各种各样的小幅布料。这是尤其珍贵的货物，完全值得付出打捞的开支，反映出比萨在香槟、佛兰德、法兰西北部和意大利的布料贸易范围。

在中欧，13 世纪下半叶的威尼斯贸易在穿越阿尔卑斯山的德意志南部和波希米亚这些不断增长的地方急剧扩张。像拉文斯堡、奥格斯堡、纽伦堡和雷根斯堡等城市的重要性不断增加，日内瓦、讷德林根（Nördlingen）和楚尔察赫（Zurzach）的集市发展，以及白银从波希米亚的弗里堡、伊赫拉瓦、库特纳霍拉（库滕贝格）和斯蒂里亚的新矿藏流通到德意志，对这个地区的经济发展起到极大的推动作用。威尼斯因他们带来的白银而欢迎德意志商人来到特德斯基商馆（Fondaco dei Tedeschi），自己的商人则翻越阿尔卑斯山到德意志各城市和集市去，特别是使用布伦纳关隘到奥格斯堡和雷根斯堡。1286 年，总督派出大使去见卡林西亚公爵，目的是保护经由塞默灵关隘越过阿尔卑斯山到奥地利的道路。至于德意志，威尼斯在沿海共和国中拥有独特的优势。威尼斯的国策确保威尼斯是东方贸易的终点，非威尼斯商人要穿过这里并非易事。作为利凡特和德意志的中间人，威尼斯享有与亚历山大在更东的地方所享有的同样有利地位，这在 1204 年前一直为君士坦丁堡所享有。

威尼斯和热那亚自 1270 年起保持着名义上的和平，那年在法兰西的路易九世的斡旋下，它们结束了第一场大战。然而，它们之间的相互敌对和竞争仍然和以前一样激烈，数不清的海盗行动给双方积累了众多不满。紧张关系在 1291 年后越发紧张，当时阿克已落入马穆鲁克王朝手中，黑海贸易对两个城市甚至变得更加重要。1293 年，从罗马尼亚返回的热那亚平底大船，与前往克里特岛的 4 艘威尼斯平底大船在伯罗奔尼撒半岛的科龙沿海发生冲突，导致公开战争的爆发。次年，在尼科洛·斯皮诺拉率领下的一支热那亚舰队在阿亚斯撞上由马尔科·巴塞焦率领的一支威尼斯舰队，后者已经护送塞浦路斯—亚美尼亚商队去东方并在塞浦路斯劫掠了热那亚的财产。即使他们在数量上占据优势，但威尼斯人的战术却不熟练，以致他们将胜利送到热那亚人手中。此后，战争转为凶残的海上海盗战争以及由大型中队对沿海和殖民地的袭击。1295 年，奥贝托·多里亚派遣 165 艘船只的大型舰队到海上，但威尼斯人拒绝战斗。在他们这边，鲁杰罗·莫罗西尼摧毁了佩拉并在同年焚烧了在金角湾的热那亚船只，而乔万尼·索兰佐航行到卡法并摧毁那里的热那亚船只和殖民地；他愚蠢至极，在冬季开始时被困在冰里，次年失去 7 艘船后艰难地返回。敌意在 1296 年因君士坦丁堡的威尼斯执行官马尔科·本博被谋杀，以及热那亚人对城中威尼斯人的屠杀而加重。1297 年，马泰奥·奎里尼和欧弗罗西奥·莫罗西尼率领下的中队，分别搜寻西西里和塞浦路斯—亚美尼亚海域。战争在 1298 年达到巅峰，那年兰巴·多里亚率领热那亚舰队进入亚德里亚海，通过劫掠达尔马提亚沿海来迫使威尼斯舰队决战。1298 年 9 月 8 日，98 艘威尼斯平底大船在安德里亚·丹多洛的率领下，在库佐拉岛（科库拉）沿海与多里亚率领的 75 艘平底大船决一死战。但是，正如在阿亚斯一样，即使他们在数量上占有优势，威尼斯人却打得太差劲。他们的船只被分开，丹多洛表现得缺乏决断力。虽然威尼斯人作战勇敢，重创了热那亚人，使他们不能长驱直入，但威尼斯人仍大败，只有 12 艘平底大船逃走。

446 　　库佐拉之战不同于梅洛里亚之战。它没有改变权力平衡，没有产生战略效果。威尼斯立即建立了拥有 100 艘平底大船的新舰队，次年威尼斯最勇猛的海盗多梅尼科·斯基亚沃突袭热那亚港，升起圣马可旗，并将一枚威尼斯杜卡特金币钉在热那亚港的防波堤上。热那亚在战争期间损失大量的人力、船只和殖民地，即使赢得两场主要的战斗，实际上热那亚比威尼斯更渴望讲和。由于骄傲被伤害，威尼斯证明比热那亚更拒绝进行最终促成和平的协商。教宗卜尼法斯八世最后强迫这两个共和国于 1299 年 5 月 25 日在米兰签订和约。虽然和约真正的意味不过是保持现状的休战罢了，双方在和约中都同意结束海盗战争，并在任一方和第三方特别是拜占庭和比萨的任何冲突中保持中立，但引人注目的结果是：即使《米兰和约》没有根除导致两个共和国产生紧张关系的根本原因，但确实保证了二者之间至少 50 年的真正和平。

约翰·H. 普赖尔（John H. Pryor）

莫玉梅 译

徐 浩 校

第 十 五 章

（2）北意大利：从 12 世纪中期到 14 世纪早期的撒丁岛和科西嘉岛

内部纷争和外部压力

大约 12 世纪中期，撒丁岛在政治上仍然分裂成四个小王国，也被称为法官领地（从其统治者拥有的头衔 *iudike* 得知）。这一体系可以追溯到 9、10 世纪和撒丁岛与东部帝国关系破裂之时。撒丁岛的东北部是加卢拉法官领地，南部是卡利亚里法官领地，西部是阿尔博里亚法官领地，中部偏北是托里斯或洛古多罗法官领地。所有这些小国家都有几个共同的特征：没有封建关系；长期人烟稀少；大多数人口处于被奴役状态（一种不和土地而是和劳动义务联系在一起的奴役）；残存的公共司法体系；秩序良好的行政部门，称为元老院（*cu-ratorie*），下设有市镇（*ville*），其领导人市镇议员（*curatori*）为法官的代表。从 11 世纪中期起，所有国家在结束孤立后都屈从于不同的强大外部压力，而孤立是中世纪早期撒丁岛的特征。

在宗教领域，正如从教宗格列高利七世的干预所显示的，教宗急于使撒丁岛与西方基督教的制度和风俗一致，挑战希腊东正教的牢固地方传统，创建了九个以上的新主教区，并赞成本尼狄克修会修道士从蒙特卡西诺、瓦隆布罗萨（Vallombrosa）、卡马尔多利和马赛的圣维克托涌入。他们对撒丁教会的拉丁化贡献极大，包括从欧洲大陆引入书写风格和传播罗马式建筑，并且他们也率先提倡农业改良计划。

随着所有人开始从政治、文化和经济上渗入撒丁岛，他们有时得到比萨和热那亚的支持，有时却受到她们的挑战。然而，最重要的是教宗依赖比萨教会来开展撒丁教会拉丁化的工作并将教会改革引进该岛。 448
比萨到 12 世纪 60 年代将成为坚定的帝国主义者，后来成为狂热的吉伯林派；在那之前它就与教宗紧密地联系在一起，教宗在被逼出罗马后需要一个临时政府所在地时，甚至向比萨求助。因此，比萨大主教在撒丁岛最先被承认享有教宗使节的权威，然后成为掌管撒丁各主教区的大主教。在 1113—1115 年比萨远征马略尔卡时，来自卡利亚里和托里斯的重要分遣队以比萨盟军而不是附属的身份参与进来。然而，比萨和热那亚能够利用撒丁各个小国的内部纷争及其相互冲突，于是它们依赖其大教堂收到的礼物，获得对法官领地的政治生活的影响。不是只有撒丁事务处于争议中：撒丁岛的纷争必须在更广泛且几乎无所顾忌地争夺西地中海最高权力的背景中去理解。由于这个原因，12 世纪达成的任何协议和休战，都不能确保结束撒丁岛或科西嘉岛的纷争。教宗的干预也几乎无济于事，因为其主要目的是要将两座岛屿置于教宗权威之下，依据的理论是教宗权威因君士坦丁奉献而延伸至各个岛屿。因此，热那亚在 1131 年与阿尔博里亚法官科米塔达成协议，这将该法官领地纳入热那亚的影响范围，公然与比萨作对。实际上，对洛古多罗发起征服战争正在酝酿中，那里的法官贡纳里奥在比萨长大并在比萨军队的帮助下重获统治权。与此同时，比萨证实其对卡利亚里和加卢拉两个法官领地有着明显的影响。1146 年，比萨大主教维拉诺以教宗使节的身份，在阿尔博里亚召开了四法官会议。

然而，从 12 世纪中期开始，撒丁岛的历史被阿尔博里亚的新法官巴里索内的野心勃勃的政策所扰乱。他试图建立起比萨—加泰罗尼亚联盟，希望取得巴利阿里群岛；他娶了一位加泰罗尼亚妻子，然后进入热那亚阵营，在弗雷德里克·巴巴罗萨的宫廷里获得热那亚的支持。弗雷德里克认识到自己获取撒丁岛的直接控制权的抱负是徒劳的，接受了热那亚领事们的提议，1164 年 8 月在帕维亚加冕巴里索内为整个撒丁岛的国王。事实上，为了取得这一结果，巴里索内不得不与最重要的热那亚家族签订相当大的债务契约，还许诺提供更多的资金来满足热那亚的军事开支。在成为撒丁国王后，他将通过几条牢固的联系与热那亚捆绑在一起，特别是每年缴纳 400 银马克的贡金。由于未能完成这些义务，他最后不得不

449 放弃精心制订的计划。实际上，不到一年的时间，弗雷德里克一世在 1165 年 4 月重新开始偏向比萨，将整个岛屿作为神圣罗马帝国的封地授予比萨。这些发展依然表明了阿尔博里亚国家的经济资源；此外，所指出的道路接近统一的撒丁王国的理念，这种理念在后来的几个世纪里仍然存在。

随后的几年里，热那亚开始利用取得的科西嘉岛南端的战略要点博尼法乔（1195 年）；这使热那亚能够获得从托里斯港到比萨的动向控制权，热那亚人能够加强对托里斯的影响，获得相当大的商业和军事特许权。

欧洲大陆王朝的时代

1187 年，马萨侯爵古列尔莫突然来到撒丁岛。他是奥贝腾吉家族的四个分支之一的家长，获得比萨城市公社的支持。通过联姻取得卡利亚里法官领地后，他开始进攻阿尔博里亚并占领该王国，然后继续进攻托里斯。虽然托里斯法官科斯坦蒂诺在与阿尔博里亚的斗争中曾是盟军，但他现在抓住科斯坦蒂诺的妻子做人质。比萨大主教将科斯坦蒂诺驱逐出教，使新法官科米塔宣誓效忠，而且从古列尔莫那里得到类似的誓言。教宗英诺森三世重申撒丁岛对罗马教廷的依附，但除了宣扬对权威的要求权之外，什么都不能做。

13 世纪伊始，岛上的主动权被比萨贵族世家维斯孔蒂家族抓在手中，该家族已经陷入与盖拉尔代斯卡家族争夺比萨城市公社控制权的长期斗争中。比萨城内的胜利将会为在撒丁岛调动一支比萨市民军队来为自己的目的服务提供机会。从撒丁岛得到的财政资源和从对撒丁岛土地的庇护中可以获取的影响，意味着比萨和撒丁岛的各种事件息息相关。这在比萨从一个地中海权力的地位衰退为一个第勒尼安海权力时甚至更为正确。撒丁岛自然对热那亚也很重要，但热那亚也依然关注着更广泛的地中海事务。撒丁岛对热那亚内部政治的影响没有对比萨的那么明显，尽管多里亚家族和斯皮诺拉家族在热那亚和撒丁岛都很重要。这两个家族和卢尼贾纳的马拉斯皮纳家族（奥贝滕吉

家族的一个分支）试图在撒丁岛北部建立领主权。

13 世纪初，在面对包括教宗的侄子在内的竞争中，兰贝托·维斯孔蒂成功地娶了加卢拉女继承人埃莱娜为妻（1207 年）。不久以后，古列尔莫在 1214 年一去世，兰贝托和弟弟乌巴尔多由古列尔莫的女儿贝内德塔授予了一座山，在那里他们打算修建一座大型设防城市卡斯特罗堡（拉丁语是 *Castrum Kalaris*），即未来的卡利亚里。由商人和比萨工匠居住的这座新城市四周环绕着修建起来的城墙，迅速成长起来。它享有一定程度的自治，即使仍然屈从于从比萨派来的两位城堡主的权威下。维斯孔蒂家族从由新城市里的重要市民给予他们的支持中获益。

在撒丁岛的北部，维斯孔蒂家族已经加强了家族与阿尔博里亚法官的联系，试图征服洛古多罗。对洛古多罗的战争在 1219 年结束，当时兰贝托的儿子乌巴尔多·维斯孔蒂娶了托里斯法官马里亚诺的女儿阿德莱西娅为妻。这被视为获取洛古多罗统治权前的必要的第一步。事实上，兰贝托已经娶了卡利亚里的贝内德塔为妻，但教宗亲切地宣布此次婚姻无效。即便如此，撒丁岛的政治形势仍然极为复杂，原因在于频繁的家族问题、不同国家间的冲突、重要的比萨家族间的纷争不断复发和比萨与热那亚之间永远存在的敌意。在卡利亚里法官领地，维斯孔蒂家族受到盖拉尔代斯卡家族分支多诺拉蒂科伯爵的竞争所带来的挑战，而在托里斯法官领地，萨萨里（Sassari）存在亲热那亚和亲比萨的派系。在 1233—1238 年，事态濒临紧急关头。在多里亚家族的支持下，一大群市民，包括流亡居住在热那亚的商人及其后来者，在该城坚持自己的主张，残忍地杀害了年轻的法官巴里索内，希望建立一个自治的城市公社。统治权现在传给了乌巴尔多·维斯孔蒂的妻子阿德莱西娅，她获得老土地贵族阶级的支持。但在热那亚人、还有那些反对维斯孔蒂家族的比萨人的支持下，那些控制了萨萨里的人阻止他们进城，正如从教宗格列高利九世的信件中得知的那样。乌巴尔多一死，阿德莱西娅在 1238 年嫁给了弗雷德里克二世的私生子恩佐。由于其祖父的活动以及皇帝享有广泛权利的名义，弗雷德里克二世使恩佐成为托里斯和加卢拉国王，然后当上了撒丁岛的国王。不管是因为加卢拉的继承人乔万尼尚年幼，还是因为皇帝和比萨之间存在协议，维斯孔蒂家族对此几乎无能为力。弗雷德里克存心要结束因撒丁岛的不和（*discordia sarda*）所产生的冲突，这已经将他的亲密盟友比萨弄得四分五裂。事实上，恩佐很少留在撒丁岛和他的妻子在一起，妻子比他年长一些；他很快前往欧洲大陆，在那里他作为波伦亚人的囚犯过完了一生。乌戈利诺伯爵提出对他的继承权的要求，当时的境况足以引发新的冲突。然而，当萨萨里在那之后被当作一个自由城市公社来治理时，托里斯法官领地也走到了尽头，因冲突被多里亚家族、马拉斯皮纳家族和萨萨里分割了，萨萨里获得对其相邻土地的控制权。

451

比萨和热那亚争斗下的中世纪科西嘉岛

　　与撒丁岛不一样，自伦巴第和加洛林时代以来，科西嘉岛一直与利古里亚和第勒尼安各城市保持着相当密切且频繁的联系。1077 年，格列高利七世希望科西嘉教会能够更大程度地依赖教廷，承认其前任们已经忽略这个岛屿太久，但他又说，即使只有托斯卡纳侯爵们明确提出他们对这个岛屿的合法权利，但他们只能以罗马教会的名义这样做。为了成功改革科西嘉教会，和在撒丁岛一样，教宗在这里依赖本尼狄克修会修士和比萨教会的行动。格列高利七世宣布将派出兰杜尔夫主教作为代表；乌尔班二世在提升比萨为大主教区的同时（1092年）承认比萨大主教区对科西嘉教会享有权力。这一权力的意义不只在宗教方面，热那亚对此展开争夺，在托斯卡纳侯爵领消失后试图挑战比萨对该岛的政治和经济控制权。12 世纪上半叶以教宗那不断变化的政策为特征：卡立斯特二世将祝圣科西嘉主教的权利给了比萨大主教（1123 年），然后英诺森二世做出让步，将三个主教区（阿西亚、内比奥和马里亚纳）置于热那亚大主教的管辖之下，将另三个（阿雅克肖、阿勒里亚和萨戈纳）置于比萨大主教的管辖之下（1133年）。

　　在 12 世纪下半叶，科西嘉岛是这两个意大利西部沿海城市相互竞争的主要争端之一，这在海上表现为几乎一连串的海盗突袭，在岛上则是试图利用已经陷入自身冲突中的地方势力的形式。比萨占上风的时期后来被以有点虚构的方式回忆成比萨和平（*pax pisana*）时代，在仍然幸存于科西嘉岛上的教会建筑上留下了重要痕迹，虽然后来热那亚人变得更有影响力。热那亚在科西嘉岛取得重要进展，1195 年夺得博尼法乔后在撒丁岛北部也进展迅速；这个防御工事完好的要塞全由利古里亚移民定居，控制了通过科西嘉岛和撒丁岛之间的一段狭窄水域过往的人口与物资流动。1217 年，教宗洪诺留三世通过授予热那亚大主教种种特权，重申热那亚人在那里享有的权利。热那亚授予博尼法乔有限的自治权，并给定居在那里的人授予特权。1278 年，热那亚在卡尔维采取相似的政策，这是十年前热那亚在科西嘉岛西海岸创建的基地。 452

在 13 世纪后半期，比萨试图通过支持锡纳尔卡领主的儿子西努切罗·德拉·罗卡来加强反对热那亚的手段；一旦占了上风，西努切罗就与热那亚达成了协议，结果却是再次拿起武器反叛。在比萨于 1284 年遭受梅洛里亚之败后，以及再次抛弃他的庇护人并获得对科西嘉岛大部分的控制权之前，他又一次偏向热那亚。热那亚派遣卢凯托·多里亚到岛上做副主教，然后派去尼科洛·博卡内格拉，尼科洛试图在其他地方领主中建立一处权力基地，他却在西努切罗手中落败。西努切罗抓住时机自称为"锡纳尔卡法官"。几年里，他成功地统治了该岛，重组司法和财政体系并挑战地方领主的权力。1299 年，他因一个私生子背叛，被移交给了热那亚人，作为囚犯在热那亚以近百岁高龄走完一生。

热那亚人的主导地位至此已经确定无疑；由于阿拉贡君主在14、15 世纪对科西嘉岛提出要求权失败，这是由卜尼法斯八世在 1297 年授予的，所以热那亚人的统治将持续近五个世纪。这些事件主要是通过外部文献特别是热那亚文献为我们所知，但在岛上发生的社会和经济发展极为模糊，因为 12、13 世纪真的没有留下地方文献，而且考古研究迄今没有带来什么新信息使之明朗起来。然而，有些历史学家近来试图利用 15 世纪乔万尼·德拉·格罗萨的编年史来填补这一缺口，人们有可能可以从中发现口头传统的残存，这对作者来说极具吸引力。这种方法的特征是着眼于长期发展和采取人类学与社会学的洞察视角，将重点放在科西嘉岛的社会组织的永久且实际上无时间限制的基础上：家族和家族世仇的作用。这些被视为中世纪科西嘉社会的真正基础，与之相关的是一种"生产的封建形式"，据说从 11 世纪开始出现。然而，其他历史学家持有的观点是：这种方法是危险的时代错误，因为它任意地将 14 世纪及后面几个世纪的现实延伸到较早的世纪里，相当于仿效乔万尼·德拉·格罗萨的编年史的式样，未能考虑到贵族精英阶层的记忆的形成方式。这样一种方法也没有考虑到能够改变科西嘉社会的动态因素，特别是由中世纪早期开始的修道运动，以及由热那亚人和比萨人的商业活动造成的外部促进因素。即便如此，在文献中要确定一些教会机构的不同特征和带有自身特点的地方公证体系（notariate）的发展是可能的。于是，允许在几乎总是在主要权力中心（比萨和热那亚）产生的文献里存在偏见，要确定在岛上的社会里发生的变化依然是可能的，如科西嘉岛与欧洲大陆的宗教、政治和经济联系在不断加强。教宗、大主教、比萨和热那亚的商人以及本尼狄克修道会的修士都在这里发挥了各自的作用。他们刺激了这个地区需要的许多产品的生产，尤其是食用油、葡萄酒、毛皮、奶酪、蜂蜜和木材；他们努力使科西嘉岛并入地中海贸易网。

随着这些外部影响落地生根，人们还可以看到不断上升的新家族取代科西嘉岛的老领主们。早在比萨享有宗主权时，新家族经常获得肥沃的领地，缴纳相当适度的地租；科斯角和巴郎（Balagne）尤其如此，在那里他们能够从这些土地上使收入最大化。因此，科西嘉社会经历了许多变化，新的地方领导权出现；热那亚在竞争权力之初要挑战地方领导者的企图进一步刺激了此类事情。与此同时，从科西嘉岛到撒丁岛、利古里亚和比萨的移民流持续不断，主要由贫苦的下层阶级构成。

看看定居方式，它表明老堂区组织没有消失，虽然乡村公社逐渐与堂区并存或取代堂区；但城市发展是非常适度的，只有卡尔维和博尼法乔除外。不管怎样，这些是科西嘉土地上的真正的热那亚中心。

撒丁岛上的社会与经济演变

鉴于资料缺乏，重建 12—13 世纪撒丁岛的社会与经济的演变很困难：我们有一些由法官和其他有名的撒丁人捐赠的物品、以撒丁文写成的修道院登记簿（condaghi）、热那亚和比萨的公证法令、少量教宗文献、一份来自洛古多罗的编年简史和法官请愿书（Libellus iu-

dicum turritanorum）。人们仍然可以明白基本发展，试着评估比萨和热那亚不断增长的权力对撒丁岛的社会与经济的影响。然而，记住比萨人和热那亚人的渗入方式不同，这一点很重要：渴望建立领主权或者甚至获得法官职权的大家族；与这些领导者捆绑在一起的较低等级的家族；在更广泛的地中海关联背景下看待撒丁岛的具有一定身份的商人；最后定居在撒丁岛的其他商人和工匠。

一方面撒丁岛显然以人口严重不足为特征，但另一方面那里却发生大量的乡村殖民运动，占据广大的真空区；这在11世纪已经可以看到，因而这似乎在某种程度上至少是撒丁岛内部人口发展的结果。随着对农产品的需求不断增加且，撒丁岛在西地中海贸易网中占有一席之地，法官们和其他主要土地持有者起到了极大的推动作用，欧洲大陆修士的到来使之进一步发展。乡村定居地在数量众多的城镇（*ville*）里拥有经济和行政基地，这些定居地以住处分散为特征，与14世纪危机后的定居地形成明显对照。除为葡萄园或果园留出的土地外，大部分土地被用于谷物种植。在内陆的山区和不那么肥沃的土地上，主要活动反而是畜牧业，最重要的是养羊。谷物、小麦和大麦在出口贸易中占有尤为重要的地位。直到14世纪中期，撒丁岛将会是地中海的一座重要粮仓，在出口数量上并不比西西里和阿普利亚少多少。盐也相当重要；卡利亚里的盐场是地中海地区最好的盐场之一，首先由马赛的圣维克托修士、然后由比萨人来开发。虽然盐本身不是太贵重的物品，只是作为其他食品的一种基本添加剂，却使这个地区的食品运输网更广阔。

除了农产品，撒丁岛最重要的出口物是畜牧产品。虽然撒丁岛的羊毛一直保持着中等质量，最适合纺织低质量的布料，但来自撒丁岛的毛皮是另一种重要物品；它们从12世纪中期开始在热那亚市场上备受珍视，在比萨的皮革工业中也起着重要作用，而皮革工业是该城最重要的工业。对该岛生产的奶酪的需求也相当大，它们通过热那亚和比萨甚至到达更遥远的市场。尽管撒丁岛在传统来源中以白银资源闻名，而且12世纪初出现对岛上的矿藏产生某些兴趣的迹象，但对撒丁岛西南部的那些最丰富的矿层进行开采的系统性政策大约到了13世纪中期才真正形成。随之而来的是在13世纪末建立伊格莱西亚斯（凯沙城，Villa di Chiesa）和乌戈利诺·盖拉尔代斯卡做出发展这些可能性的决定。

就从欧洲大陆出口到撒丁岛上的产品来说，种类极为繁多，大部
455 分由工业品构成，从毛料到饭锅，从武器到海上设备；这导致撒丁
岛产生支付逆差。历史学家因此使用"不平等的交换"或"殖民
政体"等术语来描述撒丁岛的经济，这些话语低估了比萨和热那亚
对该岛渗入的动态作用，也没有考虑到其对经济进一步发展的推动
作用。在设法采取大量措施进行控制前，这两个沿海城市的商人实
际上推动了农业生产。他们在有限层面上使货币经济得以产生并意
义深远地推动乡村农奴制的消失，这一变化导致人口产生更大的流
动性。但最重要的是，比萨的影响对城市演变是决定性的，对热那
亚的影响则稍微弱点，这是 13 世纪上半叶的典型特征。这要比西
欧其他地方发生得晚一点，但更加集中且快速。古撒丁岛的许多城
市没有从中世纪早期幸存下来，卡拉利斯、诺拉、苏尔西斯、塔罗
斯和奥尔比亚都在 8—10 世纪消失了。在穆斯林来袭时期得以存在
下去的司法中心包括卡利亚里塔诺的圣吉拉（Santa Gilla）、阿尔博
里亚的奥里斯塔诺（Oristano）和洛古多罗的托里斯港，后者是塔
里斯（Turris）的罗马中心的继承者。但只有奥里斯塔诺在 13 世纪
仍然保持着城市的特征，在 1200 年后很快便经历了重要的发展阶
段。圣吉拉在 1258 年被比萨人摧毁，托里斯港被萨萨里超过，后
者将前者变为自己的海上出口。萨萨里在 12 世纪早期只不过是依
赖圣彼得罗·西尔基修道院的小渔村（curtis），到 12 世纪末已经成
为一个小镇，在随后的几十年里发展成一个重要的城市中心，拥有
大量的商人和工匠，包括值得注意的撒丁人，虽然推动发展的主要
动力来自出生于欧洲大陆的定居者。正如已经看到的，卡斯特罗堡
或卡利亚里是由比萨人在 1217 年建立的，带有坚固的防御工事；
而且，即使撒丁人定居地被禁止，它却快速地增加到好几千人（13
世纪末为 7000 到 10000 人）；主要原因在于港口的发展，从其与西
西里、马格里布和马略尔卡接近中获益。卡利亚里成为西地中海海
上交通的主要中心之一，特别以其在集散货物中的作用而闻名。维
拉诺瓦和斯坦佩斯的市郊在城墙外，证明了城市的快速成长。在同
一法官领地，大约 1250 年，乌戈利诺伯爵在撒丁岛的西南部建立
了伊格莱西亚斯城，其人口在几代人的时间里已接近 1 万。这一发

展背后的秘密竟是伯爵鼓励开采这个地区的白银资源和建立从铅矿层中提炼白银所需的金属工业，白银就是从铅矿层中找到的。虽然大部分居民来自比萨，但也有许多撒丁和科西嘉定居者，他们是被授予居民的慷慨特权吸引过来的。另一个经历了增长的城市是在奥尔比亚再生的中心，位于撒丁岛的东北海岸；锡维塔或特拉诺瓦在一份比萨文献中被描述为伪城市（quasi civitas）。它的扩张是相对靠近托斯卡纳海岸的结果。撒丁岛东边的另一中心有着类似的发展经历，获得过短暂的成功，这就是奥罗塞港。托里斯法官领地处于热那亚人影响的地区里也发展出一些虽小却人口相当稠密的中心：热那亚堡（Castelgenovese）（现在称为多里亚堡，Casteldoria），或许由多里亚家族建立的阿尔盖罗（Alghero），由马拉斯皮纳家族建立的博萨和奥西洛。

即使现存资料不允许人们认真地计算出 13 世纪末撒丁岛的人口，但认为城市化水平事实上相当高是有可能的。这一城市化因来自欧洲大陆的移民增加了可能性，尤其是来自比萨及其周围乡村地区（contado）；然而，撒丁人的贡献也不应该被忽略，除卡利亚里的城堡外。因此，有人认为乡村地区发生了移民潮，但没有确凿的证据证实这一点，乡村定居地仍然牢固，农产品的生产不断增加。城市里的撒丁人肯定代表着乡村地区不需要的剩余劳动力。

从法官时代的撒丁岛到比萨人的撒丁岛

13 世纪中期后不久，撒丁岛发生了一些重要事件。卡利亚里法官基亚诺·迪·马萨抱着使自己脱离比萨控制的希望，与热那亚达成协议，将土地置于热那亚的势力范围。他将成为热那亚市民，双方同意：一旦卡利亚里被征服，它将落入热那亚人的直接控制下。这样的协议清楚地表明法官职权的行动自由是多么受限，而且卡利亚里在经济和战略上变得多么重要。面临着丢掉该城的危险，比萨人获得新活力；比萨人在同一时期与威尼斯结盟，在阿克与热那亚人对峙（1256—1258 年）。在撒丁岛，多诺拉蒂科·德拉·盖拉尔代斯卡家族、卡普莱亚伯爵（阿尔博里亚法官）和维斯孔蒂家族（加卢拉法官）都陷入争夺撒丁岛的激烈争斗中。基亚诺在战斗中被杀，但他的继承者古列尔莫·切波拉发现自己被热那亚人提出的甚至更苛刻的条款所束缚，包括将首都圣吉拉割让给热那亚，并将整个法官领地向热那亚表示封建性臣服。但比萨军队占了上风，圣吉拉被夷为平地，卡利亚里法官领地被瓜分。卡斯特罗堡及其郊区和周边的土地被比萨占领，比萨每年派出两名城堡主（castella-ni），但允许该城（不管怎样，城里的人口几乎全是比萨人）享有一定程度的行政自治。这一法官领地的剩余土地在三个参与此次冲突的主要家族之间划分：西部归多诺拉蒂科家族，中部归卡普莱亚家族，东部归维斯孔蒂家族。几年后，多诺拉蒂科家族的那三分之一土地在家族的两个分支之间分割，即乌戈利诺家族和盖拉尔多家族，前者偏向圭尔夫派，后者偏向吉伯林派。1259 年，托里斯女主人阿德莱西娅死后无嗣；她的法官领地不再存在，大部分落入岛上的热那亚领主的领主权管辖下，而萨萨里仍然保持独立，在比萨的轨道中运行，比萨每年给它派出一名城市行政长官（podestà）。来自比萨的资料将撒丁岛历史上的这个时期称为主的撒丁岛（Domini Sardinie）时代。然而，正是比萨发生的变化，真正决定了未来 30 年里的进一步的激进变化。比萨希望结束热那亚对海路的控制，向热那亚挑战进行决定性的斗争，但在皮萨诺港附近海域，它的舰队被热那亚舰队歼灭，遭受 3000 人死亡、9000 人被俘的损失（梅洛里亚之战，1284 年）。这导致比萨进入短暂的由乌戈利诺·迪·多诺拉蒂科和尼诺·维斯孔蒂统治下的圭尔夫派专制统治时期。在由大主教和城市贵族阶级领导的政变（coup d'état）后，该政权于 1284 年垮台。当维斯孔蒂家族在流亡中继续争斗时，乌戈利诺伯爵被关在一座塔中并判处饥饿致死的刑罚，但丁的《神曲》（Commedia）记载了这一插曲。比萨城市公社设法维持对该岛的控制，只是失去了萨萨里。维斯孔蒂家族和乌戈利诺的儿子在撒丁岛被打败，他们的土地直接落入比萨手中。洛古多罗仍然处于热那亚人的势力范围，但加卢拉和卡利亚里塔诺现在完全成为比萨周围乡村地区的一部分。只有阿尔博里亚保持了独立性，虽然它在那时忠诚于比萨。当所有这一切正在发生时，教宗卜尼法斯八世试图解决由西西里晚祷叛乱带来的困难，在 1297 年将撒丁和科西嘉王位（Regnum Sardinie et Corsice）授予阿拉贡国王詹姆斯二世，希望西西里岛能够返还给安茹家族。通过外交手段在撒丁岛获得承认的漫长尝试失败了，詹姆斯二世继而在1323—1324年对该岛发起武装入侵；但比萨在撒丁岛的统治从1297年就已经处于严重威胁中。

马可·坦格罗尼（Marco Tangheroni）

莫玉梅 译

徐 浩 校

第十五章

（3）北意大利：领主制的兴起

在 13 世纪，北意大利城市共和国的政治生活开始由一种新型的政治和军事领导者来主导，他们通常被称为僭主或专制者。在快速的发展中，当弗雷德里克二世重新加强神圣罗马帝国权威的努力失败时，君主权力在地方层面上再现，先后分别以弗雷德里克的前政治和军事代理官员与地方派系首领为代表（费拉拉的阿佐·德·埃斯特、米兰的马蒂诺·德拉·托雷、维罗纳的马斯蒂诺·德拉·斯卡拉）。虽然他们的权力通常是非正式的，但他们是统治者，不是各自城市的领主，便将那种权力传给继承人，这些继承人有时通过人民"选举"和专制权力的技术性转移来使其地位正式化（费拉拉，1264 年；曼图亚，1299 年，等等）。在此期间，这些领主权当中的一些，发展成文艺复兴时期意大利的公国和地区国家（维斯孔蒂家族、埃斯特家族、贡萨加家族和蒙泰菲尔特罗家族）。到 1300 年，北意大利的大多数城市都处于专制统治下；几乎所有那些不处于专制统治下的城市（帕多瓦、帕尔马、维琴察）很快都纷纷效仿。

这些重要变化应该如何描述和解释呢？就从"专制者"（despot）这个词语开始。这个词语是如何与中世纪晚期的意大利联系起来的呢？它的用法似乎具有英语的特征。其他语言使用不同的术语（signori, seigneurs, Tirannen）。这个词语以前的含义是：残暴与反复无常，恣意残杀，对奴隶的东方式统治，此处的意思确实是变了。领主（signori）作为暴君的概念，似乎在 19 世纪期间在英国历史学家中变得流行起来，当时历史学家哈勒姆在论及意大利领主时评价道："我

不知道哪个英语词语可以描述他们的特性，除了按其原始本意理解的
暴君一词。"① 在西蒙兹之前的 19 世纪史学中，这个词及其偶尔使用
的同源词"专制主义"，与不同来源的其他词语混在一起："君主权
力""绝对统治者""一些军事显贵家族的统治""世袭公国"。正是
西蒙兹对这个词的滥用（"专制者的时代"）似乎为后来的几代人定
下了主调。但"专制者"自称为"领主""总督""代理人""首
领"；正是他们的批评者（主要是后来）称他们为"暴君"。在一个
当欧洲大多数政府是君主制且君主制被认为是政府的最好形式的时代
里，为什么单单意大利语中的 *signori* 被挑选出来指称"专制制
度"呢？

　　当然，"专制制度"作为一种政治分析观念源远流长，这是"专
制者"所缺乏的。亚里士多德的颇具影响力的定义，集中在为了所
有人的利益来统治的公正统治者和只为了自己的利益来统治的不公正
统治者之间的区别上，时人对领主的谴责中表现出这一定义；在这一
区别的基础上，亚里士多德详细阐述了大量的专制政治行为和策略。
14 世纪著名法学家萨索费拉托的巴尔托鲁以相似的方式，在一部关
于专制制度（*De tyranno*）的专著中确定专制统治的十个关键特征；
然而他随后承认，这些特征中的大部分也可以是合法领主的合理行
为，而且他在专著的末尾几乎已经使公正统治者和暴君的分界线缓和
到看不见的程度："任何政府很少只关注公共利益，很少没有专制制
度的成分。因为，如果那些统治的人只关注公共利益、决不关心自己
的利益，那么这将比人类更神圣。"② 巴尔托鲁总结说，专制制度的
形式出现在政府的所有类型中，唯一的差别就是程度不同而已。巴尔
托鲁因此建设性地提醒道：意大利城市公社的政治变化不应该被视为
从理想、自由和民主的过去下降到黑暗与血腥压迫的时期。事实是北
意大利的大多数城市公社在 13 世纪上半叶是软弱分裂的，不能掌控
适当的政治统一。私人联盟（家族、派系、行会、邻里关系）的权
力，对公正的私有态度的持续，政治竞争以街头斗殴和暴力冲突为表
现形式，周围乡村地区（*contado*）的不均匀、不完整的顺从状态，

已经获得市民身份且现在居住在城市里的乡村贵族的军事力量：所有这些结合起来，使整个城市公社的政治和领土结构，用奇托利尼的话来说，"初级性、半私用性和暂时性"。

早期"暴君"中最臭名昭著的是埃泽利诺·达·罗马诺，后来的领主经常被指称效仿此人。达·罗马诺家族是马尔卡—特雷维吉亚纳（Marca Trevigiana）的四大杰出显贵家族之一：其乡村基地在特雷维索和维琴察之间的巴萨诺，12 世纪晚期和 13 世纪早期他们在两个城市中都颇具权势和影响。早在 13 世纪初，该地区的大家族之间的竞争已经把桑博尼法乔（Sambonifacio）、维罗纳伯爵（与埃斯特家族结盟）和费拉拉的托雷利家族（与达·罗马诺家族结盟）拖了进来。达·罗马诺家族对马尔卡—特雷维吉亚纳的统治规模，可以通过这些结盟的引人注目的持久性来判断：只有在埃泽利诺三世·达·罗马诺于 1259 年被推翻并在同年去世后，埃斯特和桑博尼法乔的结盟才告解散。据编年史家罗兰迪诺所说，马尔卡被从埃斯滕西家族和达·罗马诺家族之间产生的"非常严重的敌意"统治了 50 年，这种敌意起源于达·罗马诺家族和另一与埃斯滕西家族结盟的坎波·圣皮耶罗家族就与一女继承人联姻所产生的争议。持久的政治分歧的这一传奇性起源可以贬损为文学想象；更为确定的冲突来源在于这些贵族家族与其试图控制的城市的关系。因此，当阿佐·德·埃斯特在 1207 年成为维罗纳城市行政长官（*podestà*）时，埃泽利诺二世集结一支军队驱逐他；当阿尔德罗万迪诺·德·埃斯特抵制帕多瓦对其在帕多瓦诺南部的城堡和领地提出的要求权时，埃泽利诺加入对其土地进行劫掠的帕多瓦军队。然后，在 1228—1236 年，埃泽利诺三世建立对维罗纳、帕多瓦和维琴察的统治权：他在蒙蒂科利派系的要求下控制了维罗纳并驱逐其对手；在弗雷德里克二世及其神圣罗马帝国使节的帮助下，他分别在 1236 年和 1237 年占领了维琴察和帕多瓦。然后，埃泽利诺一直到 1259 年都控制着这些城市。据罗兰迪诺所说，逮捕、监禁和驱逐几乎立即在帕多瓦展开，剩下的人都称埃泽利诺为"领主"。在 13 世纪 40 年代，埃泽利诺的统治变成一连串令人厌倦的控制乡村地区的战斗，和对战俘与公开的阴谋者的处决。在弗雷德里克二世去世后，他攻击以前的支持者，如达勒斯马尼尼家族及其盟友，甚至在自己家中都发现阴谋。作为弗雷德里克二世的前支持者及其继承人曼弗雷德的继续支持者，埃泽利诺成为教宗征战北意大利的首要目标；1256 年，一场针对他的十字军征战宣布出来。然而，埃泽利诺的反击力仍然惊人：他在 1258 年俘房了教宗使节并占领了布雷西亚；其前盟友兼伦巴第与其地位相当的乌贝托·达·帕拉维奇诺的背叛，才使击败并俘房他成为可能。

现在已经难以在埃泽利诺的生涯中将历史与虚构分离开来。他遭受了教宗的十字军征战所引起的激烈诋毁和妖魔化的讨伐，这影响了历史编纂，而历史编纂却缺乏任何补救性质的关于其统治的公共记录。当时和后来的编年史几乎无一例外地对他充满了敌意。没有其他暴君被以同样的方式神化：传说讲述了他的出生和死亡；他的生平构成由阿尔贝蒂诺·墨萨多写成的一部早期拉丁诗剧的主题；从他的统治中解放出来的城市以年度庆典的方式纪念这一事实。不管关于他的可怕暴行的故事，是真实的还是他的敌人创造的谎言，要查明是不可能的。有些至少是相当明显的《圣经》恐怖事件的版本，如对无辜者的屠杀。据法兰西斯修会托钵僧萨林贝内所说，"要记下他的所有暴行将需要一大本书。他是恶魔的特别朋友，就像圣法兰西斯之于基督一样"③。萨林贝内的叙述强调恐怖和屠杀是埃泽利诺权力的两大基础。至于罗兰迪诺，在埃泽利诺垮台后立即写道：其统治的主要特征是无情地猎杀颠覆分子、背叛者和冷漠者，还有折磨、残肢和死刑的数量与残暴。在 14 世纪，埃泽利诺仍然代表着（对教会来说）世俗统治者的最坏类型中的最好典型：在教宗对马泰奥·维斯孔蒂的指控中就有将埃泽利诺的遗骨当作圣徒遗物来崇拜的指控。

然而，关于埃泽利诺的统治性质有一些更严肃的证据。部分文献表明，他尊重城市公社的法律的合法性。帕多瓦和维罗纳的议事会规模在 13 世纪 50 年代扩大，工匠代表逐渐增加，都表明他拥有人民的持续支持。甚至罗兰迪诺也给出证据证明他具有骑士风范且威严谦和的举止，并且记录他于 1237 年在蒙塞利切发表的反对马尔卡的无能政府的演讲，这场演讲深受当地人民的欢迎。敌对的编年史家承认，埃泽利诺适当严厉地对待谋杀者、强奸犯和偷窃犯。不是所有的目击者都被清除，傲慢的贵族采取的必要措施所震惊：编年史家莫里西奥

---

③ Salimbene de Adam, *Cronica fratris*, p. 195.

长篇累牍地解释埃泽利诺的名字的含义，把他看作"傲慢的修正者"，将会"把有权势者从他们的位置上拖下来并提拔低等阶层的人"。

正如对其盟友萨林圭拉斯·托雷利的支持那样，此人到 1240 年前一直统治着费拉拉，人民支持埃泽利诺的迹象引起历史编纂学上的重要争议：专制统治（*signori*）的兴起与人民（*popolo*）和贵族阶级之间的"阶级斗争"有关吗？从 13 世纪初起这种"阶级斗争"使城市公社开始分裂。人们认为，城市公社的建立是为了维持和扩大政治精英阶层（执政官贵族阶层）在乡村地区的特权利益，但人口和经济扩张却产生了新的更纯粹的城市社会群体。这些群体不仅要求参与城市政府，而且攻击旧统治阶级的土地利益、司法和财政特权。在这种压力下，贵族阶级求助于其在周围乡村地区（*contado*）的防御工事，同时加强血统和专属等级（从不断变长的家族姓氏和不断扩大的骑士团体可以看出）的意识。工匠和商人与人民联合起来，但从城市公社政府中被排斥出来；他们建立自己的"城市公社中的公社"，有自己的城市行政长官（*podestà*），有自己的集会和法令，有自己的建筑、教堂、旗帜和民兵组织。人民被认为代表着城市共和国的"真正"利益及其市场、食品供应、司法和赋税收入，反对贵族提出的占据官职、为自己及其佃户持有财政豁免权并从领地出口作物（以便在短缺地区高价出售）的要求。因此，在米兰，人民在 1240 年抱怨贵族因暴力反对人民（*popolani*）的行为受到的惩罚太轻，抱怨居住在城堡中的贵族不服从城市公社，抱怨贵族强加的许多负担，"如此之多，以致人民要承担起开支的全部负担"。④ 人民也被认为包含着更"现代"的组织原则：邻里联盟和行会的集体性，以此针对贵族阶级的家族和派系。人民代表着与分裂相对的团结，与贵族的暴乱相对的市民和谐。人民法令试图解除地方和地区派系的武器，将人员解散，停止派系斗争，削弱权贵和封地的权势并阻止人民卷入贵族的混乱事务中去。人们也认为，人民的出现推动了领主的出现，领主要么从人民内部作为反对贵族阶级的斗争（因此，马蒂诺·德拉·托雷、马斯蒂诺·德拉·斯卡拉和阿尔贝托·斯科蒂，所有这些人都

462

---

④ Flammae, *Manipulus*, coll. 710 – 711.

将掌权的基础建立在人民组织之上）的工具而产生，要么在贵族反过来压倒人民的行动中充当先锋（因此，在摩德纳，人民机构在1291年因埃斯特家族领主的到来而被镇压）。

当然，阶级关系紧张是事实。带着贵族式的同情和友谊的萨林贝内宣称，"民众（populares）和农民是那些世界被其毁掉的人；世界因骑士和贵族而得以保存下来"⑤。他还以来自帕尔马的一位贵族为例；城市或乡村的任何"普通"人都可以法律行动的名义将他召唤到城市公社大厅，这位贵族对此心生厌恶，于是离开了帕尔马。一些贵族诗人（预示但丁对"快速盈利"的不悦）极力抱怨"商人强盗"毁灭了他们的城市。相反，摩德纳的一位佛罗伦萨作家在回忆起摩德纳和米兰的毁灭时声称：相比之下，"……除了人民的伟大力量和不屈不挠外，没有任何东西能保卫波伦亚或卢卡，因为不管骚乱在什么时候发生，人民都来得如此及时，通过积极起诉犯罪分子使所有混乱都被消除"⑥。然而，人民不是一支统一的进步力量，也没有以暗示的那种方式促成专制统治的兴起。事实上，人民几乎在任何地方都是分裂的，几乎在任何地方都由贵族来领导。实际上，正如丹尼尔·韦利在锡耶纳的例子中所看到的，人们可以认为"人民"这个术语通常被理解为要求参与城市政府的权利的所有人，包括贵族和非贵族。依附于人民的贵族早在1218年就已在皮亚琴察出现；之后很快也提到依附于贵族的人民。在维罗纳，人们注意到，在1227年，不仅仅是骑士（士兵，milites），而且民众和商人（populares et merca-tores）都分成两个派系。在米兰，选择马尔蒂诺·德拉·托雷做领导者将人民一分为二，许多民众后来依附了贵族领导者、大主教奥托内·维斯孔蒂。法恩扎的曼弗雷迪派系由民众和士兵（milites）共同组成。当人民首先于1200年在布雷西亚出现时，选择了一位地方伯爵纳里西奥·迪·蒙蒂基亚罗做城市行政长官。1278年，里奇奥人民的第一位首领是乌戈利诺·罗西，其祖父给萨林贝内留下理想君主的印象，萨林贝内将他比作查理曼。在曼图亚，人民的第一批首领是地区派系领导者，阿佐·德·埃斯特和洛多维科·达·桑博尼法乔；

---

⑤ Salimbene de Adam, *Cronica fratris*, pp. 643 – 644.
⑥ Frati, " 'Flore di parlare' o 'Somma d'arengare' ", p. 240.

人民的钟安在洛多维科居住的那个有城垛的房子上面。皮亚琴察人民的早期代理人是地方贵族阶级的成员（古列尔莫·兰迪，乌贝托·伊尼奎塔特），这些人都很快将这一选举职位转变成世袭职位。在特雷维索，一位时人注意到，"当民众或其他人依附并依靠这个或那个权贵时，派系就出现了"⑦。

　　贵族持有的领导权不会非常努力地去控制挑战贵族利益的组织，不会调动人民来反对一个或另一个派系所付出的努力。贵族派系将依靠各人民阶级的支持，凭此从对手那里提出控制城市公社的权利，将自己放在政府的领导地位上。从这个意义上来说，由行会和邻里关系形成的人民组织不是反对家族和派系的集体反应，而是对应贵族对其定居地区的统治和行会的权贵成员身份与领导身份。两者都只是获得贵族权力的工具。权贵是人民的成员，也是人民的领导者（正如1270年帕多瓦和1306年摩德纳的法令与条例所示）。反权贵立法听起来严厉且激进，通常是坚定的权贵支持者的产物，是针对其对手的。有些领主来自人民的领导者，只是出于地方权力结构的缘故。费拉拉没有有组织的人民，也没有尤为活跃的商人阶级，甚至贵族阶级也显得很软弱。结果，埃斯特家族单以派系之力就接管了此地。在皮亚琴察，大贵族家族将成长建立在欧洲范围内的商业成功上：不管乡村贵族阶层如何强大，这确保单单土地权力不足以控制整个城市，正是商人贵族中最伟大的、来自一个传统的"人民"家族的阿尔贝尔托·斯科蒂掌握了权力。在米兰这个大工业生产中心，贵族插手贸易不是那么突出，马尔蒂诺·德拉·托雷正是通过疏远贵族才领导了人民。在维罗纳，埃泽利诺通过驱逐和死刑大量杀害地方贵族，加上乡村贵族家族缺乏，使权力为德拉·斯卡拉家族所有。这是一个二等家族，没有城堡、司法权或重要的封建关系：马斯蒂诺·德拉·斯卡拉在1259年是人民的城市行政长官，然后在13世纪60年代则成为商人的城市行政长官。

　　人们通常认为埃泽利诺和后来的领主之间存在明显的区别。埃泽利诺的地位是个人的，没有并入帝国或城市公社的法律框架内：他很少担任城市行政长官的职务，没有从城市公社议事会那里接受特别权

---

⑦　Picotti（1905），p. 76.

力的授权，以皇帝的盟友身份行事，而不是皇帝的代理官员或代表。但是，其他领主的早期统治也以类似的个人权力为标志；我们不应该忽略将埃泽利诺和接下来的几代领主联系在一起的共同特征。当然，埃泽利诺的最高权力和他同时代的帕拉维西诺侯爵乌贝托的截然不同。与达·罗马诺家族一样，帕拉维西诺家族是一个典型的贵族家族，立身于帕尔马和皮亚琴察之间的地区，在那里他们持有广阔的领土。与达·罗马诺家族一样，他们受到城市公社日益增长的财富和权力的吸引，到城市里去有效地利用那种权力。与埃泽利诺不一样，乌贝托使自己嵌入城市和帝国的权威结构中去：他接受了神圣罗马帝国代理人的职权，在城市里的职位经常是城市行政长官或首领。他的权力支点是克雷莫纳领主权（1250—1267 年），他在不同时期又为之增加了对皮亚琴察、克雷马、布雷西亚、亚历山德里亚、帕维亚和米兰的控制权。与埃泽利诺不一样的另一点是，乌贝托极为依赖地方代理官员，这些人用自己的权利来寻求权力（如米兰的马尔蒂诺·德拉·托雷、皮亚琴察的乌贝蒂诺·兰迪和克雷莫纳的博索·达·多瓦拉）。本质上，他的权力显然在军事方面多过政治方面。萨林贝内指出其统治的一个特征：他可以从他想要的任何地方抽出军事小分队（虽然"更多的是因为恐惧而不是爱戴"），而且他正是作为军事拯救者在米兰被授予临时最高权力的。因此，乌贝托来自他所统治的城市公社之外，行使着城市和帝国相结合的职能；后来的领主来自城市公社社会内部并为他们自己及其继承人创建了新职能。然而，在他的一些个人法令（很少幸存下来）中，乌贝托确实像后来的领主那样行使权威：作为米兰的首领—统帅，他在 1262 年发布一项典型的领主授权；这项授权宣称要回报美德，从城市公社的法令开始执行，并对465任何不尊重该项授权的人以领主的暴怒相威胁；作为克雷莫纳的"永久领主"，他在 1264 年发布从法令开始执行并限制教宗司法权的命令。

　　不管是否是僭主，大多数领主显然都是贵族。在现代历史学家对这个时期的描述中，"贵族"（baron）这个词语很少使用，然而它在13 世纪的编年史家、诗人和作家当中是普遍使用的，既指贵族阶层又指更强大的统治者的贵族同伴。这个术语既可以泛指（弗雷德里克二世的贵族，马尔卡—特雷维吉亚纳的贵族），又可以特指（例如，正如用来指阿尔贝里科·达·罗马诺、阿佐·德·埃斯特或桑博尼法乔家族）。把这些领主视为贵族而不是僭主，将会恢复其权力的几分贵族的、世袭的性质，这并不是由代表或法律转让而是由财产和长期使用来使之合法化的。贵族权力基于辉煌的过去和现在的权力的结合，正如米兰贵族提供的答案所表明的；当时教宗英诺森四世在米兰参加完晚宴后问贵族们：那里最尊贵的家族是哪一个，他们回答说是达·索雷西纳家族，因为他们已经产生了两位皇帝和一位圣徒（beato），但克里维利家族在"人员和财富"方面最强大。许多领主家族的起源以同样的方式，结合了古老的谱系、世袭的等级、杰出的事迹和对人员与财产的掌控。特雷维索的领主达·卡米诺家族（1283—1312 年）可能是从特雷维索伯爵传下来的；他们的第一位有名的祖先出现在 12 世纪早期，已经拥有一座城堡；该家族通过与一位女继承人联姻成为塞内达伯爵。米兰领主德拉·托雷家族（1259—1277 年，14 世纪初再次短时间成为领主）自夸为一位法兰西王子的被驱逐的儿子的后代；他们是前瓦拉西纳伯爵；马尔蒂诺·德拉·托雷死于十字军征战；弗兰切斯科被安茹的查理封为骑士和贝纳西伯爵。据编年史家加尔瓦诺·弗拉马所说，维斯孔蒂家族"在米兰的其他贵族中……总是极为古老尊贵的"，在一个伯爵领里拥有权力并在米兰军队里因其旗帜而享有特权。埃斯滕西家族在意大利北部和中部持有广阔的土地和公职已经好几个世纪，"因其贵族阶层和古老头衔成为最卓越（par excellence）的侯爵"；[8] 他们与国王的女儿结婚，在其分布宽广的亲属中有德意志公爵。这些家族的竞争者也同样尊贵。"应该拥有维罗纳领主权"（萨林贝内语）的洛多维科·达·桑博尼法乔来自一个自 11 世纪以来就已经是维罗纳伯爵的家族，这个家族在阿迪杰河沿岸拥有重要的城堡。乌贝蒂诺·兰迪拥有的土地和城堡，占据了皮亚琴察周围乡村地区（contado）的不少部分，被弗雷德里克二世封为韦纳夫罗伯爵。

466　　　那些在 13 世纪确定不是贵族的领主，尤其是皮亚琴察领主阿尔贝托·斯科蒂和维罗纳的德拉·斯卡拉家族领主们，慢慢适应了贵族的习惯：取得他们下令继承人永远不得转让的城堡和司法权；从地方

---

⑧　Lacaita（ed.），*Benvenuti de Rambaldis de Imola comentum super Comoediam*，Ⅱ，p. 12.

主教和修道院获得大封建授职权；分享由宫廷、骑士身份和慷慨大方组成的骑士文化。因此，阿尔贝托·斯科蒂在瓦尔蒂多内（Val Tidone）的扎瓦塔雷洛、卡斯特弗德、鲁伊诺获得"城堡、财产、土地、地租、司法权、什一税和封臣"，在遗嘱中宣称"那些将会给我的儿子兼继承人及其朋友带来极大荣誉和利益"；他下令，"所以我的记忆将永远保存下去"，它们将永远不能出售或分开。⑨ 这里特别提及，获取城堡和贵族家族历史意识之间存在重要关联。阿尔贝托·德拉·斯卡拉在遗嘱中表现出类似的关切，规定所说的弥撒和祈祷不仅仅是为了他自己的灵魂，而且还为了他的祖先和继任者的灵魂，同时也禁止他的儿子出售或转让他的"城堡和司法权"（提到伊拉西、奥斯蒂利亚、维利姆蓬塔和佩斯基耶拉）。1277 年，阿尔贝托已经由维罗纳主教封授佩斯基耶拉及其所有封臣和在那里征收的通行费。1294 年，阿尔贝托也在重要骑士圣徒圣马丁的节日宴会上通过举行"大受觐礼"来分享更广阔的贵族世界；他在这次宴会上封自己的儿子和侄子，以及维罗纳统治精英阶层的其他成员为骑士，明显是在模仿埃斯滕西家族在那年的早些时候举行的更壮观、更有影响力的受觐礼。在另一代人里，当时的维罗纳领主坎格兰德·德拉·斯卡拉会被描述成"出身极为高贵的杰出贵族"。

　　这一群人由共同的骑士文化联系在一起，这种文化以宫廷、骑士比武、慷慨大方、勇猛作战和富丽堂皇为特征。在为了获得一位女士的爱而参加马上比武时，奥比佐·德·埃斯特在意外中失去了一只眼睛。13 世纪初，埃斯滕西家族经常在宫廷里接待游吟诗人；在游吟诗人的诗歌中，赞扬美德，哀悼死亡。博纳科尔西家族制造了许多法兰西骑士传奇。保罗·马拉泰斯塔因读了特里斯坦和伊索尔德的故事而与人通奸。杰拉尔多·达·卡米诺是但丁的"好杰拉尔多"（buon Gherardo），被挑选出来作为真正贵族的典范，"一个善良、仁慈、谦和和宽容的人，好人的朋友"。⑩ 萨林贝内指出，大笔的元老院开支是乌贝托·达·帕拉韦切诺领主权的特征；里科巴尔多记录了阿佐·德·埃斯特的话："我的收入总额不能满足支出的负担，如果我待在

---

⑨　Nasalli Rocca（1950），p. 276.
⑩　Lacaita（ed.），*Benvenuti de Rambaldis de Imola comentum super Comoediam*，Ⅱ，p. 448.

费拉拉，我就不能拒绝这些开支。"⑪ 战争中的骑士行为，特别是对
待被俘的贵族，虽然被罗兰迪诺悲叹为过去的行为（"战争是出于好
467 意"），但毫无疑问仍在继续盛行。即使埃泽利诺的暴行也没有使他
在1259年落入俘获者手中时被排除在"谦和"的对待之外：十字军
里的贵族不会允许"这样的一个人"被挤进来看着他的人争来夺去，
但会为他提供最好的医疗护理，当他死时能死得"体面"点。

　　这样的骑士行为的对立面当然是家族世仇。据社会科学家们所
说，家族世仇在学术上是血仇的一种特别类型（科西嘉的特点），但
在这里，正如意大利历史学家通常认为的，这个术语是血仇的同义
词。寻求复仇在贵族世仇中扮演着重要的角色，许多领主就是从贵族
世仇中涌现的。在1277年为维斯孔蒂家族赢得米兰的代西奥之战
（battle of Desio）中，米兰大主教不得不制止洛梅洛伯爵里卡尔多向
被俘的纳波·德拉·托雷复仇，因为托雷用羞辱的方式处死了他的兄
弟。里卡尔多的兄弟在一场战斗中被俘，本应该给予骑士般的尊重。
元老院制因此遏制家族世仇；但家族世仇通常愈演愈烈。在阿佐·
德·埃斯特于1222年因反对萨林圭拉·托雷利而入侵费拉拉期间，
蒂索利诺·迪·坎波·圣皮耶罗死于战斗中，因为没有一个具有
"骑士血统"的人来接受他的投降。两年后，他的儿子雅各布在对弗
拉塔（Fratta）的屠杀中"欣喜"地复了仇，那里的居民是萨林圭拉
的"特别且最值得信任的人"。这种类型的过度复仇往往会使事态升
级。萨林圭拉向埃泽利诺控诉这一弥天大罪，埃泽利诺则称人在一生
当中应该秉持两件事，即对朋友忠诚和与荣誉为伍，并且要为屠杀复
仇。罗兰迪诺提出，埃泽利诺承担起其盟友的家族世仇是1227年他
在维罗纳夺权的主要动机。来自米兰的另一插曲进一步表明，追求家
族世仇对政治有着破坏稳定的影响。1266年，纳波·德拉·托雷任
命弟弟帕加尼诺为维切利的城市行政长官，但他被米兰流放者攻击并
杀害。为了复仇，德拉·托雷家族的其他成员"亲自"公开杀害了
这些流放者的50多位亲属。纳波为之震惊，预料"他们的血将落到
我儿子们的头上"；纳波的敌人在罗马将这一暴行广为宣扬，这使教
宗变得强硬起来，开始不屈不挠地反对德拉·托雷家族（他宣布，

⑪ *Chronica parva ferrariensis*, col. 485.

只有"当海中不再有鱼，空气中不再有风，火焰中不再有热度时"，他将会撤销对德拉·托雷家族的谴责）。更明智的是，纳波的父亲马尔蒂诺·德拉·托雷已经拒绝去杀害敌人；马泰奥·维斯孔蒂同样从不让任何人的血溅出（据弗拉马所说）。其他领主避免犯下杀戮。但是，领主看起来高于家族世仇会更好：当奥比佐·德·埃斯特在1288年遭受兰贝托·巴扎勒里袭击并受伤时，正是"人民"要求复仇；当奥比佐坚持应有的司法程序时，正是"人民"在广场上杀死了兰贝托的仆人。

成为领主的贵族的地位和态度可以从他们的遗嘱来推断，其中有 468 几份遗嘱幸存下来。乌贝蒂诺·兰迪在1277—1297年的两份遗嘱提供了很好的例子。这两份遗嘱揭示出了他巨大的、分布较广的土地财产；他与一个享有特权的乡村修道院（基亚拉瓦勒·德拉·克伦巴）存在依附关系，他希望能葬在那里；对为大量修道院、女修道院、男修道院和医院遗赠，为穷人散发救济物以及为其灵魂做弥撒唱颂的规定的虔诚；为非法所得（*male ablata*）和偿还长期债务的规定感到懊悔；从反对出售或转让重要家族财产的禁令中表现出来的世系观；对亲戚和受庇护人给予现金、土地、封地或衣食作为奖赏时的慷慨大方，包括仆人和代理人（一位马夫、一位法官、一位顾问、一位公证人、未提及名字的官员，*donzelli*）、他自己的私生子们、一个在帕维亚女修道院的女儿、分散各地的兰迪家族亲属（却严令不得将任何东西给阿尔贝里科·兰迪，"因为他是我的死敌"）和他的封臣；他命令继承人尊重这些封臣的封地，并且命令他们要援助、保护和维护这些封臣，"就像我活着时一直做的那样"。[12] 乌贝蒂诺的遗嘱的几个特征显然更具普遍性：对纠正错误的关心；要葬在安放家族祖先的坟墓的乡村修道院里；永远不忘死敌的愿望；阻止财产瓦解或与受庇护人的封君—封臣关系削弱的焦虑。

乌贝蒂诺·兰迪的封臣们的身份逐渐集中于封建主义在领主制兴起中的作用，因为他们是他的同伴兼代理官员，在瓦尔塔罗和瓦尔切诺是他的派系的支持者，在13世纪70年代为了他的利益发起一场反对皮亚琴察的长期乡村地区（*contado*）战争。其他地方也一样，封

臣被领主们调动起来，试图征服或保持在城市里的权力，而且封地被用来回报坚定支持者的服务。在费拉拉，其中最明显的是，埃斯滕西家族在支持者中分配流放者的土地和封地上的其他财产，在城市里保留封建"法庭"以威慑反对者，要求封臣在秩序混乱时提供军事支持，并颁发法律来禁止其他贵族将封地授予埃斯特家族的封臣。其他领主没有留下为费拉拉进行封建授权的大量记录；其他任何城市的领主权和封建制度的关系如此密切是不可能的。在一些城市里，最有名的是维罗纳，封地和封臣在领主制的建立中起着很小的作用或没有发挥作用。其他地方的证据是残缺不全的：曼图亚和维罗纳的城堡封地证明封君封臣关系在派系斗争中的作用；1292 年，帕塞里诺·博纳科尔西将盔甲和武器给予一群向他宣誓效忠成为封臣的兄弟；斯科蒂家族获得一座带封臣的城堡，通过封建关系将他们自己与其同盟者联系在一起；当伊夫雷亚在 1266 年屈从于古列尔莫·迪·蒙费拉托时，所有市民把财产都交给了他，以封地形式将之收回；弗拉马记录了作为维斯孔蒂贵族阶层的一个特征的事实："他们拥有封臣和授予的封地。"

　　封建制度在向领主制（*signoria*）转型中发挥了作用，但许多其他因素涉及其中。这一进程最好用一个自称为领主却没能完成那一转型的人为例来阐述，他就是帕尔马的吉贝托·达·真特。当帕尔马处于来自乌贝托·达·帕拉韦切诺的压力下时，吉贝托在 1253 年当选为该城的领主。他担任这个职位到 1259 年；据萨林贝内所说，他在此期间做了两件好事（还市民以和平和用墙围住一些城门），却做了更多的坏事；为此，该城最终起来反对他、废黜他、摧毁他的房子并将他驱逐到安科纳，1270 年他在那里去世。接着，萨林贝内列出了吉贝托的缺点（"mala et stultitia"），这些缺点导致了他的垮台，但我们可以把这些看作他为了将一个临时职位变为永久职位所做的努力。首先，他从不全心全意地支持两大有组织的地区权力（帕拉韦切诺和教会）；然后，他贪婪却不慷慨；当他开始修建"又大又高的宫殿"时，他的穷苦骑士背景在同城市民中引起了嫉妒；在帕尔马和坎佩吉内的周围乡村地区（*contado*）都有类似情况；他不公正地判处一些人死刑或缴纳货币罚金，却又饶恕其他人来获取金钱作为报答；他的薪酬很高，比帕尔马惯常给予城市行政长官的要高得多；他在广场上举行的人民大会中使自己被推选为世袭领主；他使地方货币贬值，导致人民遭受极大损失，但给他自己带来巨大的利益；出于炫耀和野心，他建立起 500 名武装人员的永久护卫队，为兄弟取得主教辖区并竭力将曼图亚和雷吉奥增加到他的领主权中来，试图借此扩大"权势和领土"。

　　这是对诸多问题的典型分析，这些问题在领主处理要求、机会和权力的诱惑时伴随而来。吉贝托的每一项缺点都可以在其他地方找到。地区联盟在建立和摧毁领主制中具有生死攸关的重要性，这在圭尔夫派联盟对费拉拉的奥比佐·德·埃斯特的任命和支持中、通过博纳科尔西和德拉·斯卡拉在增加他们的权力中的相互支持以及通过 1302 年马泰奥·维斯孔蒂在米兰的垮台表现出来。对慷慨的需要通常得到领主的完全认可，这与吉贝托·达·真特形成对比；为了回击廷臣们的要求，他会打发他们带着侮辱人的一先令去买无花果。阿佐·德·埃斯特在人们的回忆中是"一个慷慨的人，为不能提供所要求的任何东西而感到极为羞愧"，而杰拉尔多·达·卡米诺的慷慨也是传奇性的。[13] 吉贝托渴望在城市及其周围乡村地区修建新宫殿，这反映出大多数领主们的渴望：纳波·德拉·托雷新近被选为洛迪的"城市行政长官兼领主"，在那里拥有一座用城市公社的钱修建的城堡（1270 年）；1308 年，圭多·博纳科尔西向曼图亚的大议事会承认，他已经用公共基金修建了私人宫殿；阿尔贝尔托·斯科蒂在皮亚琴蒂诺（Piacentino）的奥鲁布拉修建了一座城堡。对领主滥用司法权的抱怨也是屡见不鲜，虽然总是重弹宣判无辜者有罪而宽恕有罪者的老调。阿尔贝托·斯科蒂被一位编年史家指控为了一场只有一个人犯罪的谋杀处死了三兄弟；指控其将来自洛迪的两位俘虏交给他们的敌人，后者出于个人复仇将他们绞死；指控其以背叛城堡的罪名绞死一位托钵僧；指控其为了一个不可能犯下的罪行而处死另一人。然而，与这种类型的坚定支持者的抱怨相比，我们应该注意到确保司法权成为领主统治的一项基本主张：在 1291 年从父亲那里夺权时，巴尔代隆·博纳科尔西让人制作了印有圣彼得像的白色"正义之旗"，全民大会将此旗授予他，"以便他可以稳固地使每位市民都可享有公

470

---

⑬　Riccobaldus, *Historia imperatorum*, col. 135.

正"；一篇中篇小说（novella）保留了圭多·博纳科尔西宽大地对待两个罪犯的形象。像吉贝托·达·真特一样，其他领主作为城市行政长官或首领也拿着丰厚的薪酬：根据《帕尔马编年史》（Chronicon parmense），吉贝托的薪酬是通常的 500 英镑的四倍；马尔蒂诺·德拉·托雷在 1269 年担任科莫的城市行政长官时拿 4600 英镑的薪酬，取代前任的 1000 英镑；古列尔莫·迪·蒙费拉托在 1278—1283 年任米兰"领主"的薪酬是每年 1 万英镑；圭多·博纳科尔西作为曼图亚的首领领取 4000 英镑的薪酬。有时薪酬甚至在所担任的职位已经到期后仍在继续领取：阿佐和奥比佐二世·德·埃斯特都领取 3000 英镑的薪酬，这是阿佐原先担任城市行政长官时的薪酬。然而，很少有领主仿效吉贝托·达·真特，如此之快就被选为世袭领主。更常见的是，在接下来的儿子或兄弟在掌权方面与领主联系在一起的时期里，取得遗传的可能性既低又缓慢。地方精英可以通过领主制来抵制权力的世袭罔替：当马泰奥·维斯孔蒂在 1298 年任命他的儿子为人民的首领时，他被所有的朋友抛弃，四年后被迫离职。甚至在费拉拉，埃斯特家族领主只是在 1292 年才获得指定继任者的权利。吉贝托对货币制度的操纵似乎也是其他地方不可比拟的；然而，其他领主也被指控实行毁灭性的经济政策，特别是阿佐·德·埃斯特，他允许威尼斯遏制费拉拉的两个年度集市，以此在 1240 年获得威尼斯的军事和政治援助为回报；但这是一个难以获得有力证据的领域，我们应该注意到领主也采取了措施去缓解贫穷和苦难：在食物短缺时确保谷物供应，增加公共建设，如水的供应，给予修道院各种特权，具体指承认他们的救济活动。相反，吉贝托以其全副武装的卫队、为其亲属

471 获取重要圣职及其对其他城市的谋划成为其他领主的代表。在曼图亚，皮纳蒙泰·博纳科尔西在 1274 年建立夜之卫队（signori di notte）来保障城市的安全，而巴尔德隆在 1291 年夺权后，一支由 2000 人组成的特别部队立即在圣彼得的官职标志下成立；阿尔贝托·德拉·斯卡拉的早期行动之一就是创建一支全副武装的卫队（虽然有原因，因为他的兄弟刚刚被暗杀）；在费拉拉，一支由 100 名骑士和 800 名步兵组成的特殊部队被创建，所有人都佩戴埃斯特家族的白鹰徽章。这样的部队的专门职能是去镇压任何危及新政权的混乱。最后，涉及领土野心时，吉贝托不是唯一一个在缺乏地方支持基础时，就迅速地

扩张其领土的领主。阿佐八世·德·埃斯特对统治伦巴第的好战冲动只是使所有伦巴第人联合起来反对他，消耗了早期扩张的收益；阿尔贝托·斯科蒂在 1302 年成功地插手米兰，激起一股将他赶离皮亚琴察领主权位的反推动力。

在吉贝托·达·真特的短暂当权期里，只有一个特征仍然需要讨论。这点没有为萨林贝内所提及，他提到吉贝托激发出来的只有嫉妒或仇恨，却被佚名的《帕尔马编年史》注意到了。这一特征就是恐惧："教会（*pars ecclesiae*）对他怕得要死，只有两三个人敢在同时说话。"[14] 激起恐惧的必要能力与从埃泽利诺开始的所有领主联系在一起。据说皮纳蒙泰·博纳科尔西被人"像恶魔那般害怕"；蒙泰菲尔特罗家族中的塔德奥·迪·彼得拉鲁比亚一出现就使所有人沉默。尽管公共演讲艺术是城市公社的城市行政长官最珍贵的素质，但领主的出现却是以沉默为标志。恐惧是由以任何必要手段压制敌人和不满者激发的。马尔蒂诺·德拉·托雷的对手作为米兰人民的领主在一场骚乱中被刺死；轻视奥比佐·德·埃斯特的出身的雅各布·达·法诺在前往帕多瓦的路上被一场暗杀悄悄地除掉；古列尔莫·达·蒙费拉托的代理人在托尔托纳主教拒绝献出城堡时将他杀害。这样的例子的效力通过禁止公共或私人集会、与政治流放者的任何形式的接触、对政权的批评，甚至提及派系名称的措施得到加强。

但是，除了恐惧外，领主需要坚定支持者的"爱戴"、慷慨公正的名声、武装卫队的保障和官职或征服带来的收入。其中的许多因素可以在德拉·托雷家族在米兰及其邻近城市的领主权中找到。当马尔蒂诺·德拉·托雷在 1259 年被任命为五年任期的科莫城市行政长官时，坚定支持者对前城市行政长官的评价发生了逆转，而马尔蒂诺自己的镇压权力得到了加强：他将拥有的警察数量是其前任的两倍；他将拥有仲裁（*arbitrium*）以人为质的权力并使自己的任期不服从于通常的审查。当然，这就埋下了未来提出不公正要求的种子。在米兰，德拉·托雷家族领主（1259—1277 年）的短期政权垮台了，像吉贝托·达·真特的一样，由内部政策激发的市民紧张关系与不满削弱了他们抵抗由流放者和敌对权力组成的联盟的能力。他们用雇佣兵的偏

472

---

⑭ *Chronicon parmense*, p. 20.

好增加了赋税负担（一场赋税暴动被血腥镇压）；德拉·托雷家族及其朋友为自己获取土地，为来自米兰教会的人获取圣职；领土丢失了（布雷西亚、洛迪、科莫），正如失去了重要的贵族支持者那样（达·卡斯蒂廖内家族：他们同样从马泰奥·维斯孔蒂那里背叛出来，预示了他在 1302 年的垮台）。与此同时，被驱逐的大主教翁托内·维斯孔蒂拥有教宗的支持，他带来的军事和政治压力迫使德拉·托雷家族加入亲皇帝阵营，并使他们失去意大利北部的圭尔夫派联盟的领导权。德拉·托雷家族被敌人团团围住，被迫驱逐人员时，就已失去支持。被代西奥居民背叛后，他们在战斗中失利，发现城门已经在身后关闭。

取代德拉·托雷家族的维斯孔蒂家族，先是大主教翁托内，然后是马泰奥，直到世纪之交都成功地避免了可以使德拉·托雷家族下台的联合。加尔瓦诺·弗拉马对马泰奥的统治的描述值得考察：

> 他为人非常善良，因为他是如此的贞洁和诚实，以至于整个宫廷似乎都由宗教人士构成。他一心一意地听弥撒，亲手为神父着装，让家人（domicelli）和大家庭（familia）中的其他成员在每个大斋期忏悔；否则他将会重重地惩罚他们。他高兴地倾听米兰贵族的谈话，从不反驳他们的建议。他保留城市公社财产，什么都不为自己留下。他从未使任何人血溅五步。他将城市和乡村的领主权在贵族中分配，每年轮换。最后，他使得所有贵族都爱戴他。[15]

当然，这一描述是赞颂说教性质的，充满了值得效仿的好例子，正如对埃泽利诺的描述充满了要避免的坏例子一样。它在许多方面与萨林贝内对吉贝托·达·真特的描述相反。重点在于爱戴而不是恐惧或仇恨，在于尊敬和对其他人的精神福祉与世俗利益的关心，而不是对自身利益的促进。正如这样，它提醒我们，恐惧不足以控制延长的权威，就像马基雅维里后来强调的那样。

弗拉马也有效地集中在其他三个方面：教会、贵族和宫廷。大大

---

⑮　Flammae, *Manipulus*, coll. 710 – 711.

小小的领主利用教会在土地、司法权、职位和权威方面的资源。当
然，他们在此只是在仿效已经存在的贵族模式。圣职团通常由来自地
方统治阶级的教士主导；什一税由贵族把持；修道院在修道院院长选
举时屈从于世俗威胁和暴力。当来自摩德纳的重要家族之一的教士菲
利波·博斯凯蒂被选为那里的主教时，萨林贝内评论说，许多托钵僧
成为主教，"更多的是因为通过血缘和联姻产生的亲属而不是他们的
修道会"[16]。教士不会被动地接受这样的帮助，因为他们加入亲属的
派系斗争：13 世纪 80 年代，里奇奥的派系之一包括三位贵族教士在
内，其中一位于 1286 年在修道院里受到世俗敌人的攻击；主教乌戈
利诺·迪·蒙泰菲尔特罗，在 13 世纪 40 年代坚定地与其亲属站在一
起，反对教宗的攻击。也正是萨林贝内给我们留下一幅令人难忘的画
像，这是来自里奇奥最有权势的家族之一的古列尔莫·福利亚尼，一
位世俗的贵族主教：

> 他是一个贪婪的人，目不识丁，完全就是一个俗人……他想
> 每天都要住豪宅、吃美食……他经常为富人和亲属举行大型宴
> 会，但对穷人却吝于给予虔诚……他身材肥胖，为人呆板，举止
> 粗鲁；几乎没有人说他好。但凡可以掠夺的地方，他都会实施掠
> 夺。他聚敛了大量的金银财宝，快死时才将这些财物散发给侄子
> 们。如果他是一个猪倌或麻风病人将会好得多。[17]

领主在很大程度上以同样的方式继续行事；唯一的区别在于从教
会那里拿到的利益的规模和持续性，这多少带点强迫性质。阿尔贝
托·德拉·斯卡拉任命他的私生子朱塞佩（据但丁所说，此人整个
身体畸形，心智更畸形）为圣泽诺（San Zeno）的修道院院长。这件
事发生在阿尔贝托威胁前修道院院长为其盟友皮纳蒙泰·博纳科尔西
获得一份土地赠予之后。德拉·斯卡拉家族也从维罗纳教会那里为自
己获取了大量的土地：例如，1290 年，阿尔贝托被授予圣泽诺修道
院在奥斯蒂利亚的所有财产。在拉文纳，兰贝托·达·波伦塔以每年

仅 1 便士的租金，持有一座修道院的财产的租约。彭波萨（Pomposa）和万加迪扎（Vangadizza）的大修道院将大部分领地转到埃斯滕西家族的保护下，这个家族也从教宗在其要求下进行的一连串圣职任命中受益。根据奥托内·维斯孔蒂在米兰大主教辖区的代理人所说，德拉·托雷家族正在尽力将他们的人安排到每个圣职上，而且他们的调停者在圣职团工作；一旦在米兰掌权，维斯孔蒂家族继续推行同样的政策，在整个领土上获取教士团成员身份、主教职位和教会行政职位。

然而，教会虽然在个别部分显得很脆弱，但作为敌人也很强大。埃泽利诺担心托钵僧比其他人更甚，据罗兰迪诺所说，"因为他们由于贫困而为了事业自由来去"；他们的流动性及其组织的非地方性表现出不可克服的控制问题。乌贝托·帕拉韦切诺同样敌视这样的圭尔夫派颠覆工具：为了反对 1260 年在意大利北部兴起的鞭笞者游行浪潮，他在波河沿岸发出恐吓作为警告；作为米兰领主，他驱逐了审判者；作为皮亚琴察领主，他很快与地方教会产生冲突，当主教放弃这座城市时，乌贝托在主教宅邸里安排了自己的代理人。像他这样的吉伯林派政权遭到致命性的削弱，原因在于 1266 年安茹的查理对曼弗雷德的决定性胜利和针对他们发起的激进传教运动。1267 年，教宗使节在协商"和约"的掩饰下强迫他交出领主权：据萨林贝内所说，乌贝托"对一个教士可以用温和的言语将他驱逐感到惊奇"[18]。其他领主将荣誉和尊敬给予教会时更为小心，对待其言语的力量时更谨慎；即便这一态度也可以有助于加强领主权力。领主们注意到新的崇拜和信仰中心：正式崇拜正是始于杰拉尔多·达·卡米诺治下的"人民"的圣徒、修道士帕里西奥的特雷维索；博纳科尔西家族将 1309 年对敌人的胜利归功于基督的血（Blood of Christ），它早在十年前就在圣安德里亚教堂显现奇迹。领主们也参与新托僧道会（同样效仿 13 世纪初贵族们的好榜样）。领主家族的成员在社会等级中上升到显要位置，例如修士菲利波·博纳科尔西，他成为伦巴第的审判者并当选为特伦特主教。领主们将墓葬地从乡村修道院转移到城市里的男修道院。他们将会资助地方性的圣职团（奥比佐·德·埃斯特，

---

⑱　Salimbene, *Cronica fratris*, p. 474.

1287 年），为新托钵僧教堂赠予中心地点（乌贝蒂诺·兰迪，1278 年），临终时让托钵僧陪伴左右（阿尔贝托·德拉·斯卡拉，1301 年），以及在遗嘱中为新修道院的修建提供资金。当然，如此关注的动机显然是要庇护当地的托钵僧，这些托钵僧已通过积累的财产、作为"穷人的受托人和监护人"的作用以及传教、忏悔和宗教裁判所获得引人瞩目的资源。权力重新集中在领主手中，也给教会在反异端的斗争中一种更可靠的工具，特别是在过去已无力支持镇压的城市里：维罗纳编年史认为，正是德拉·斯卡拉家族在 1277—1278 年逮捕和处决了来自锡尔苗内（Sirmione）的 166 名异端分子；在费拉拉，正是阿佐八世·德·埃斯特在 1301 年驱散了一场人民骚动，这发生在宗教裁判所掘出并焚烧阿尔马诺·蓬吉卢皮的尸体之后，许多市民把他当作圣徒而不是异端分子。

　　弗拉马对马泰奥·维斯孔蒂在米兰的统治的描述，也使人注意到贵族阶级和宫廷。大多数领主权由贵族派系创建，其早期历史具有明显的偏袒性。在领主成为仲裁者的地方，竞争者有可能被允许继续存在：当马尔蒂诺·德拉·托雷在 1259 年被任命为科莫的城市行政长官时，维塔尼家族的权力得到加强，他们的竞争者的权力则被削弱。但一个派系的成功通常意味着其竞争者的消亡，要么被监禁（萨林圭拉·托雷利，1240 年），要么满怀敌意地待在附近乡村地区（*contado*）的城堡中（皮亚琴察蒂诺的乌贝蒂诺·兰迪，曼托瓦诺的康蒂·迪·加萨洛尔多家族），或者流亡依附于大领主（曼图亚的加法里家族与埃斯滕西家族站在一起，博索·达·多瓦拉与德拉·斯卡拉家族站在一起）。失败者通常永远不能返回他们出生的城市：洛多维科·达·桑博尼法乔于 1283 年在里奇奥的一间借来的房子里去世，加尔瓦诺·加法里在 1309 年死于为埃斯腾西家族的战斗中，吉贝托·达·真特于 1270 年死在遥远的安科纳。来自失败一边的许多家族不过是从历史记录中消失。领主颁发一长串的命令来禁止与流放者有任何形式的接触，缓慢地撤除对他们的惩罚。伴随一个派系的消亡而来的是与另一个派系结盟。在摩德纳，兰戈尼家族在接下来的几个世纪里一直是该城的第一家族，将领主权交给奥比佐·德·埃斯特，以此为托比亚·兰戈尼换取一位埃斯特家族的新娘和对所有驱逐行为的重申。当此次婚姻出现阻碍时，教宗同意这样的建议：如果婚姻被

475

解除，严重的混乱将会产生，因为兰戈尼家族在摩德纳是如此有权势且有如此多的朋友和支持者。与兰戈尼家族一样强大的同盟者当然易于遭到背弃，正如奥比佐·德·埃斯特很早就驱逐了他在费拉拉的原来的资助者和庇护人达·丰塔纳家族那样。

　　但是，领主权的出现改变了统治阶级的结构，不仅仅是通过驱逐和剥夺财产，也不仅仅是通过将被没收财产重新分配给支持者和同盟者，而且还通过从该地区的贵族阶级中更广泛地吸收人员来逐步建立宫廷，并慢慢组建由专业人员（律师、法官、军事首领和金融家）构成的行政人员或工薪阶层。这一发展大多都在我们考察的时期之外发生，但演变的路线早已能够看到，例如从侍候在领主身边的律师数量和越来越频繁地庆祝联姻、和约或外国显要人物的来访的特别"觐见"（即庆典）。当时的编年史家的眼睛被这些场合的规模和色彩所吸引：奢侈浪费的招待会，珍贵物品和衣物的展示，格斗和马上比武，赠礼和舞蹈以及骑士的授封。虽然从13世纪上半叶就有神圣罗马帝国和城市公社的例子出现，但这些最早的领主觐见礼之一是由弗朗切斯科·德拉·托雷在1266年为庆祝从阿普利亚返回而举行，在那里他被安茹的查理封为骑士；他在觐见仪式上依次"将骑士带系在许多伦巴第骑士身上"。1282年圣母升天节，帕尔马举行了一次觐见，持续将近两个月，见证罗西家族的成员被授封为骑士。1294年万圣节举行的觐见上，阿佐八世·德·埃斯特授封来自整个意大利北部的52名骑士，每人给了两件衣服。当马泰奥·维斯孔蒂和阿佐的姊妹结婚时，另一场觐见在摩德纳城外举行，沿河搭建了帐篷并修建了一座木制舞厅。将重要宗教节日或场合与骑士团体的革新联系在一起具有重大意义，通常由一个新近被授封为骑士的领主进行，这表明骑士理想在领主贵族阶层中的活力。

　　此外，领主有许多权力与权威之源可以动用和利用：他们是调解人；他们组织城市防御；他们担任城市公社公职；他们拥有更为广泛的地区派系的支持；他们大规模修建城堡和宫殿；他们有展示其徽章的武装护卫；他们和有权势且广受欢迎的宗教修道会与潮流为伍；他们使用收入和没收流放者的领地，来回报支持者和展现慷慨大方的形象；他们试图等同于公正，假装好像高于家族世仇；他们使自己的双手远离血腥的污点；他们是骑士或伯爵，拥有充分的骑士身份来授封骑士。但他们采用的头衔——"首领""领主""总督""代理人"，只表达了控制权威的普遍观点。他们和城市公社法令中出现的官员权力与职责的确切定义形成对比。这样一来，"首领"或"领主"这一术语可以理解成什么？14 世纪早期特雷维索的一次法律行为的记录提供了深刻见解。这个案子涉及阿沃加里家族在城门之一征收通行费的权利；在审判过程中，目光瞄准从 1283 年到 1306 年担任特雷维索"首领"的杰拉尔多·达·卡米诺的权力性质；据称，阿沃加里家族通过他的授予获得通行费征收权。当被问及首领的职位如何理解时，证人回答说："就是一个根据意愿行事并统治城市的领主"；"据说他是具有命令其臣民的［权力］的首领"；"就城市及其地区而言，成为首领就是根据意愿的快乐来行事"。[19] 当问及这样的权力的具体内容时，证人提到根据领主的意愿来阐释法令；驱逐竞争派系（数量为 50 或 100 不等）；使用仲裁权赦免那些被判犯有重罪的人和宣判无辜者违反法律；征收直接税（collectas）；拿走臣民的物品，不管公正或不公正；给他喜欢的人颁发命令。"他像一个为所欲为的人那样进行统治。"我们必须谨慎对待这样的证据：这些说法是单方面的（ex parte），打算在法律争论中证明一点，而且我们应该注意到被告反对这些证人。然而，他们的证词确实为人们如何看待"首领职位"的内容提供了证据：本质上就是任意运用成文法、实施公正和颁发命令。城市领主权的本质是给领主想要的人发布命令的权力，这在维罗纳得到很好的阐释。马斯蒂诺·德拉·斯卡拉在那里唯一幸存下来的信件是颁发给一位地方官员的命令。同样当奥比佐·德·埃斯特被任命为费拉拉领主，由民众大会授予仲裁权时，编年史家里科巴尔多评论说，比上帝拥有的永恒还要大的权力被给予这位新领主，因为上帝不会犯错。这样的仲裁权力的出现当然破坏了城市公社的制度，但这不仅仅是在领主制中才会发生：共和国也利用各种特别权力，建立紧急委员会来处理政权或公共秩序面临的威胁。区别在于这样的权力在共和国里是暂时的、独裁的，在领主权里则是永久的、家族性的。

　　记录圭多·博纳科尔西成为"曼图亚城及其城市公社的大首领"的文献，以及随后在 1303 年颁发的博纳科尔西法令，为领主仲裁权

⑲　Picotti（1905），pp. 307－312.

的范畴提供了进一步的证据。

　　绝对权、司法权、统治权、权力、主权和自由仲裁权……如
此一来，他可以实施禁令，赦免和判处罪行……宣战，休战，睦
邻和讲和，交友，订立同盟，接受流放者及为其平反，任命、安
置、撤除、赦免和判罚城市行政长官、代理人、法官、评估员和
所有其他官员与行政人员，授予或取消他们的薪酬，召开议事会
和全民大会（以至于没有他的特别许可就不可以召开议事会、
全民大会或会议），颁发法令并对其进行解释和说明，做所有其
他关于曼图亚城市公社与人民的公共事业的事情。⑳

　　各种法令为这样的权力增加了大量的细节：领主拥有决定具体罪
行（特别是政治犯罪，如与流放者接触、用言语或行为诽谤博纳科
尔西家族、在其房子附近争吵等）的处罚的仲裁权；博纳科尔西家
族及其大家庭、顾问和官员被允许携带武器，而所有其他人没有许可
证则不能携带；夜之卫队（signori di notte）的职责是为了"维护和
保护"博纳科尔西家族，可以逮捕所有被他们在晚上发现在外逗留
的人，似乎对他们来说，这些人应该可以使用仲裁权来扣留；所有政
治流放者的财产被移交给博纳科尔西家族；虽然所有常设公职将通过
抽签选举来填满，但博纳科尔西家族将会任命由"朋友"组成的委
478 员会来审查那些为嫌疑犯和敌人选出的人，这个委员会有清除他们的
权力。将司法处罚权、政治犯罪和持有公职的关键事务特地保留给他
们自行决定，同时他们自己的资源也随着流放者财产的流入而增加，
博纳科尔西家族像所有其他领主一样抓住了回报与惩罚的双联杠杆。

　　但是，行使这样的权力很大程度上依赖于领主的良心。对起获赃
物、没收财产和敲诈勒索的临终回忆需要补偿，领主通常在遗嘱中预
先做出慷慨的安排，将非法所得（male ablata）（被勒索的财物）归
还原主。有时领主通过给托钵僧赠礼来为这样的罪行乞求总体宽恕，
以此作为贫困的标志和救济人：因此，吉贝托·达·真特将来自他的
一些土地的收入指派给帕尔马的托钵僧；阿尔贝托·德拉·斯卡拉将

---

⑳　D'Arco (1871–4)，Ⅰ, pp. 184–185.

1 万英镑分配给不同的修道院；奥比佐二世·德·埃斯特下令在罗维戈城外为 50 位法兰西斯修会托钵修建修道院，使之位于"另一边就是我们的葡萄园领地"的道路上。领主也可以说得非常清楚：1278 年，马斯蒂诺·德拉·斯卡拉的孀妻把 100 英镑给了维罗纳的圣欧费米亚（S. Eufemia）的托钵僧，让他们分发给被马斯蒂诺伤害的费拉雷西；1281 年，皮纳蒙泰·博纳科尔西的儿子科拉多详细地列出他所犯下的偷窃和暴力行为——从田野偷公牛、阉牛、葡萄和黍，烧毁一座牛棚，拿走由曼图亚城市公社给予一个村庄的人的钱，从城市公社那里接受钱财去守卫城墙却没有做到，利用自己的地位给城市公社官员施加过分的压力来勒索钱财。有些财物归还原主的规模证明自责的程度之深：1301 年，奥比佐·德·埃斯特的遗嘱执行人偿还作为勒索之物欠图尔希家族的 10 万英镑巨款中的一部分。

这些领主对死后又有什么期盼呢？萨林贝内提出，有些领主很骄傲，直到最后都抵制托钵僧劝他们忏悔的说辞。但丁把最著名的领主放在地狱里：埃泽利诺·达·罗马诺和奥比佐·达·埃斯特并列为现代僭主的例子，博索·达·多瓦拉身处国家的背叛者之列，圭多·达·蒙泰菲尔特罗处于邪恶的顾问之列，古列尔莫·迪·蒙费拉特名列粗心大意的君主当中。尽管领主自身做出了最好的努力，但他们不是因其卓越成就而是因其残忍行为为人所知。在由他们的批评者占主导地位的历史编纂传统中，他们集体被诽谤为"专制君主"。但考虑到意大利城市公社在 13 世纪大多数时期都处于混乱状态，人们鉴于除害虫需要利器，可能会同意后来的意大利谚语："戴着手套的猫几乎抓不到老鼠（*Gatta inguantata mal piglia sorci*）。"[21]

特雷弗·迪安（Trevor Dean）

莫玉梅 译

徐　浩 校

---

[21]　Novati（1891），p. 116.

第 十 五 章

（4）北意大利：佛罗伦萨

在 13 世纪，佛罗伦萨作为西欧主要的商业和金融中心出现。与此同时，在派系冲突和为抑制从中释放出来的暴力所做努力的影响下，一种截然不同的政治体系在佛罗伦萨逐渐演变，它能够使占主导地位的商人贵族阶级在工匠、店主和不太重要的商人家族的协作下行使权力。在这个时期快结束的几十年里，从该城的经济与政治生活的活力和强度中形成一种文化，这种文化要到下个世纪初才完全表现出来，但不管怎样，这都反映出到 1300 年在佛罗伦萨逐渐兴起的社会与意识形态思潮。

佛罗伦萨在金融、贸易和制造业上建立的支配地位与推行的政策密切相关，这些政策为其商人打开教宗银行业、在那不勒斯和英格兰君主国征税和借贷以及在法兰西和佛兰德贸易等有利可图的领域，其政府的政治定位使条件更为有利。因此，经济发展、内部派系冲突、教宗与皇帝在意大利的更广泛对峙，以及与邻近城市公社更为直接的关系之间存在关联。国内和国外政策的问题交织在一起，对财富的追求带来权力，政治上的成功反过来获得财政利益。

到 13 世纪初，佛罗伦萨将要取代比萨成为托斯卡纳的最重要城市。在 1172—1175 年，一圈新城墙得到修建，[1] 很快在这些城墙外出现新城区（*borghi*），为快速增长的人口提供住处。[2] 然而，政治权

---

[1] Davidsohn (1956 – 1968)，I，pp. 788 – 793, and (1896 – 1908)，I，pp. 113 – 121.

[2] Sznura (1975), pp. 45 – 48, 64 – 65, 71, 109.

威仍然在有限的城市贵族阶级手中，其成员在城市行政部门中担任
"执政官"③并形成"塔式社会"④，通过宣誓联盟使各个家族联合在
一起，为建立普遍拥有的、主导着该城的空中轮廓线的防御性堡垒做
准备。1177 年，那时当权的家族群在城市骚乱中受到乌贝蒂家族及
其同盟的挑战，这预示了下个世纪的世仇。⑤ 大约从 1200 年起，合
并佛罗伦萨周围乡村地区（contado）的努力，不仅使它与像阿尔贝
蒂家族等乡村贵族产生冲突，而且还与锡耶纳和皮斯托亚产生冲突。
当它的影响区域随着占领并拆毁塞米丰特（Semifonte，1202 年）扩
展到埃尔萨谷地时，佛罗伦萨人和锡耶纳人因各自提出的对这个谷地
的统治地位的要求权产生摩擦。佛罗伦萨获得阿尔诺河上的卡普莱亚
（1204 年）及其同盟圭多·圭拉伯爵占领蒙特穆洛（Montemurlo，
1207 年），也引起皮斯托亚的敌意。

　　然而，佛罗伦萨的权力侵入其他城市看作是它们的保护区的区
域，由此引发的边界纷争在这个阶段并没有在对立联盟之间引起更广
泛的对峙。神圣罗马帝国皇位现在由韦尔夫家族的布伦瑞克的奥托
（或者，正如意大利人后来讹误的那样，一个圭尔夫派）占据，现任
教宗则是英诺森三世，他正在支持已故的霍亨斯陶芬家族或魏布连派
（就是吉伯林派）的亨利六世的未成年儿子弗雷德里克。英诺森的继
任者和他以前的被保护者之间的冲突正是要到他死后，才将意大利北
部和中部的城市公社及其派系大体上划分为亲教宗的圭尔夫集团和亲
皇帝的吉伯林集团；这位被保护者已经成年且取得弗雷德里克二世的
称号。然而，在此之前，1177 年在乌贝蒂家族及其敌人之间出现的
纷争再次在佛罗伦萨爆发，卷入这场冲突的两派贵族家族的分歧越来
越严重，为意大利半岛上两个主要派别扩展到斗争中的佛罗伦萨铺平
了道路。编年史家将这种世仇的反复发生归因于很快具有传奇意义的
一个插曲：一场争吵发生在佛罗伦萨附近的坎皮举行的一次贵族宴会
上，为博德尔蒙蒂家族和阿米代家族所提议的联姻解决。⑥ 未来的新
郎博德尔蒙泰·代·博德尔蒙蒂随后决定违背迎娶兰贝图奇奥·阿米

③ Davidsohn (1956 – 1968)，Ⅰ，pp. 822 – 824, 996 – 998.
④ Santini (1887)；Niccolai (1940).
⑤ Vallani, *Cronica*, ed. Dragomanni, Book Ⅴ, ch. 9.
⑥ 伪布鲁内托·拉蒂尼编年史［Villari (1893)，pp. 549 – 551］是此处的来源，但被后来的作家
详尽阐述，特别是维拉尼：Villani, *Cronica*, ed. Dragomanni, Book Ⅴ, chs. 38 – 39.

代的女儿的诺言，反而从多纳蒂家族选了一位更有魅力的女人做妻
子，这（据说）导致他在1216年复活节星期天被这位被拒绝的姑娘
的愤怒亲属及其支持者谋杀。这场谋杀在两个派别之间引发一轮暴力
行为，这两个派别后来以圭尔夫派和吉伯林派而闻名。由于他们早年
忠于霍亨斯陶芬家族，乌贝蒂家族及其同盟——兰贝蒂家族、费凡蒂
家族、阿米代家族和甘加兰蒂家族，都依附于吉伯林派，而博德尔蒙
蒂家族、多纳蒂家族及其亲密联盟则与圭尔夫派有关联。[⑦]

　　虽然引起1216年市民骚乱的事件，这次事件后来被看作这场两
败俱伤的冲突的第一次行动，这场冲突在接下来的半个世纪里使佛罗
伦萨不胜烦扰，但事实上只不过是两个紧密结合的家族联合之间原先
存在的竞争的表现。这些联合之间的敌意是一种社会思潮的自然结
果；在这种社会思潮中，互相保护的需要导致塔形社会等级（*consorterie*）（或者"堡垒社团"）之间的结盟，家族世仇原则的适用使斗
争在这样的贵族家族联盟中的任何成员被冒犯或伤害时爆发出来。
（使用家族世仇这个术语作为血仇的同义词的原因可参见前一章原文
第467页内容）。由作为结果的世仇造成的暴力风气，因与邻近城市
公社的持续战争得到进一步加强；在这些城市公社里，从市民中征募
的人员被当成军队来使用，那些来自重要家族的人通常组成该城的骑
兵。佛罗伦萨在1222年与比萨、1228年与皮斯托亚、1229—1235年
与锡耶纳处于敌对状态。[⑧] 在对比萨的征战中与卢卡和热那亚的合
作，以及也将有助于佛罗伦萨在托斯卡纳的敌人互相反对共同敌人的
趋势，在两个权力团体之间产生一种结盟方式；后来这两个权力团体
与内部派系结盟，正如那些在国内世仇中失败的人在各个城市公社中
寻求避难和支持，以此来反对各自城市里的统治政权一样。

　　然而，城市纷争发展为两个派系的普遍对峙，影响了意大利的各
个地区。可以说，只有当教宗和皇帝的对立为城市纷争提供焦点和环
境时，才会发生这种情况。起初，在英诺森三世和洪诺留三世任教宗
期间，弗雷德里克二世与教会保持着相当好的关系。只有在格列高利
九世接管罗马教廷后，霍亨斯陶芬王朝和教宗之间的对立再次主导了

---

　　⑦　Davidsohn（1956 – 1968），Ⅰ，pp. 822, 888 – 889.
　　⑧　Davidsohn（1956 – 1968），Ⅱ，pp. 122 – 131, 213 – 218, 234 – 252, 261 – 277, 287 – 293, 300 –
305.

意大利半岛的政治。佛罗伦萨短时间内保持相对不介入状态，但在弗雷德里克二世于 1237 年在科特努瓦战胜米兰人后，神圣罗马帝国行政部门越来越多地插手托斯卡纳事务，将佛罗伦萨拖入神圣罗马帝国与教会的坚定支持者的冲突中。1238 年，佛罗伦萨的圭尔夫派城市行政长官米兰的鲁巴孔泰·迪·曼德洛被迫交出职位，这是该城市公社接受更为倾向吉伯林派立场的结果，此后市民骚乱爆发，反对现行政权的詹多纳蒂家族和多纳蒂家族在骚乱中攻击敌人的房屋和堡垒。1242 年，圭尔夫派的阿迪马里家族与吉伯林派的邦凡蒂家族发生冲突。[9] 1243 年英诺森四世的当选及其在 1245 年里昂公会议上对弗雷德里克二世的谴责，促使与教宗结盟的派系去挑战佛罗伦萨市政府的亲皇帝政策。皇帝对此的反应是任命他的私生子安条克的弗雷德里克为托斯卡纳总代理和佛罗伦萨城市行政长官。从安条克的弗雷德里克就职的 1246 年开始，佛罗伦萨实实在在地进入了吉伯林派圈子，乌贝蒂家族在其领袖法里纳塔的带领下，在这个圈子中获得统治地位。1247 年年末，圭尔夫派针对当权派的叛乱未获成功，大多数亲教宗贵族在次年年初开始逃亡。在他们离开后，敌人将报复发泄在他们的财产上，拆毁他们的房子和堡垒，没收那些被宣布为反叛者的人的财产。[10] 这种做法形成一种惯例，将成为城市世仇在接下来的一段时间内的一个特征，而且形成一种局势：获胜派系千方百计地摧毁对手恢复地位的能力，被打败的派系从外部寻求援助来重获以前的影响和权威。

　　佛罗伦萨贵族阶级在教宗或皇帝的支持下分化成两个团体，相互竞争最高权力，这已成为该城政治在 13 世纪上半叶最后时段的显著特征；其他发展记录不详，却正在改变佛罗伦萨社会的经济基础。在商业和工业扩张的推动下，人口随着来自周围乡村地区（contado）的移民的进入而快速增长。[11] 正如普莱斯纳所示，那些从乡村迁移到城市的人不是最穷的农民，而是通常还比较富裕的业主，他们可以继

482

---

⑨　Davidsohn（1956 – 1968），Ⅱ，pp. 329 – 338，385 – 386；Villari（1893），pp. 174 – 176；Santini（1903），pp. 107 – 121.

⑩　Davidsohn（1956 – 1968），Ⅱ，pp. 391 – 403，424 – 445，451 – 466.

⑪　Pardi（1916），pp. 24 – 40，and Fiumi（1977），p. 87，都表明人口从 1172 年 3 万人左右增长到 1280 年 8 万人左右。但 Davidsohn（1956 – 1968），Ⅲ，p. 230 估计 1280 年的人口只有 45000 人。关于 1228 年比萨的人口，可参见 Cristiani（1962），p. 168.

续从在原先村庄拥有的土地上获得一笔收入，同时在新城市共同体里又以工匠或商人自居。[12] 因此，他们大量涌入佛罗伦萨造成影响，使来自乡村的以地租形式出现的剩余财富可以用来做商业企业资本，后来成功商人购买乡村财产的行为加强了这一影响。需要更多谷物供应来为日益增多的人口[13]提供食物，也加强了城市公社政府和企业家阶级利用与发展周围乡村地区（contado）的兴趣，那里的资源构成了城市财富的基准部分。然而，正是贸易的扩张，尤其是毛料贸易，促进了这个时期的经济显著增长。在 13 世纪初，佛罗伦萨显然只有一个商人行会，即毛料整饰工和商人行会（Arte della Calimala），由涉及这种商品的那些人组成，即便佛罗伦萨也出现一些行业联合。[14] 但至少到 1212 年，一个单独的羊毛行会（羊毛商人行会，Arte della Lana）和一个由法官和公证人组成的行会已经形成，将丝绸商人、绸布商人和金匠包括在内的丝绸商、绸布商和金匠行会（Arte di Por Santa Maria）在 1218 年后不久出现。[15] 大约与此同时，在这之前已经活跃于由佛罗伦萨人进行的外币交易中的货币兑换商也聚集在一起，将组成外币兑换商人行会（Arte del Cambio）。[16] 这些行会的建立反映出佛罗伦萨的贸易和制造业的增长与多样性。同时出现的人口增长从城区的扩张和阿尔诺河上新修建的三座桥得到证实，即除原先已经存在的韦基奥桥外，在 1220 年修建的卡拉伊亚桥、1237 年修建的鲁巴孔泰桥和 1252 年修建的圣特里尼塔桥；人口增长促成城市共同体的特征改变，其中商业和制造业的扩张已经蓄势待发。佛罗伦萨从一座由一群排外的、自成一帮的、好斗的贵族统治下的小镇成长为一座城市，其居民中有相当多的人以工匠和商人联合为代表，他们正在获取财富并渴望分享政治权力。

这些团体获得政治影响的机制就是人民（popolo）的机制，这个

---

⑫　Plesner (1934). 关于这点，还可参见 Conti (1965)，Ⅰ，pp. 216 - 217；遭到菲乌米的批评：Fiumi (1977)，pp. 51 - 61。关于这一发展在更广大的意大利范围内的分支情况，可参见 Chittolini (1967)，pp. 121 - 128，and Cherubini (1981)，pp. 349 - 355。

⑬　在 13 世纪期间，佛罗伦萨对谷物的需求超过周围乡村地区所能提供的，至少从 1274 年起，该城市公社任命官员来安排从西西里、普罗旺斯、那不勒斯、罗马纳和托斯卡纳其他地方进口谷物（de la Roncière (1982)，pp. 556，571 - 572）。

⑭　Santini (1903)，pp. 57 - 58.

⑮　Santini (1903)，pp. 64 - 67，Davidsohn (1956 - 1968)，Ⅵ，p. 295.

⑯　Davidsohn (1956 - 1968)，Ⅵ，pp. 280 - 281，and (1896 - 1908)，Ⅲ，p. 230.

词语包括工匠师傅、店主和不属于以前的显要家族的商人阶级的那些成员在内。人民在这个时候成为一支重要力量，部分原因在于人民在城市经济中的重要性不断增加，另一部分原因在于它通过在城市军队中加入步兵所获得的军事组织，这些城市军队被雇佣参加这个时期的战争。与波伦亚的不一样，佛罗伦萨的资料遗憾地未能为它发展成一个政治实体的形成阶段提供线索。然而，在由后来的这个城市和像卢卡等其他地方的历史所提供的迹象的基础上，行会（*arti*）的增长和武装连队的增长之间存在密切联系，这在佛罗伦萨显然是可能的，正如在类似的城市公社那样；当被号召来履行军事服役时，人民的成员被召集到这些武装连队中去。波伦亚或许为其他地方采用的人民组织的形式提供了模板，它的武器协会（*societa delle armi*）的创建至少可以追溯到 1228 年。[17] 然而，在佛罗伦萨，成员构成清晰的人民要到 1244 年才出现，虽然行会和城市军队招纳非贵族步兵较早出现，使人民的基础在这之前就已存在成为可能。[18]

使以前在城市政治生活中的静止因素开始发挥关键作用的是吉伯林派的权势减弱，这是发生在 1248 年弗雷德里克二世在帕尔马落败之后的事。机会出现在一个联盟眼前，这是由新近被流放的圭尔夫派和以前被贵族给吓住的，且被神圣罗马帝国官员所约束的那部分人结成；这些官员不信任任何发展成更多人参与政府的运动。到 1250 年，现行政权的反对派从不同地区逐渐增强。教宗正努力使教士阶层处于它的对立面；教士阶层在形成民意方面已经成为一支重要力量，尤其是自多明我修会和法兰西斯修会在佛罗伦萨获得影响地位以来。[19] 受到皇帝在意大利北部失败的激励，圭尔夫派在阿尔诺河谷和阿雷佐的周围乡村地区反叛。当安条克的弗雷德里克的军队试图行动起来反对他们时，圭尔夫派在菲利内（Figline）发动奇袭，击败了他们。这一失败的消息促使一场起义在那年的 9 月在佛罗伦萨爆发，由人民的武装编队领导；在摧毁吉伯林派贵族的权力中，人民发现克制恐吓其他市民并结束高额赋税的方法，高额赋税是由神圣罗马帝国行政部门为

---

⑰ Fasoli (1933), pp. 3–26, and (1936), pp. 6–7; De Vergottini (1943), pp. 16–63, 78–95.

⑱ Santini (1903), p. 127; Davidsohn (1956–1968), Ⅱ, pp. 410–413.

⑲ Davidsohn (1956–1968), Ⅱ, pp. 165–205, 471–473, 484–486.

给弗雷德里克二世的军事远征提供资金而强加的。⑳

　　作为这次起义成功的结果，圭尔夫派被重新接纳，一部普遍称为第一人民宪法（primo popolo）的新宪法接着在 10 月颁发。这为长者制（anziani）做了准备，一个将要行使行政权威的 12 人委员会，而300 人议事会和 90 人议事会被建立来批准立法。人民将在各自首领领导下单独组织成 20 个连队，称为康法罗内（gonfaloni）（后来数量减少到 19 个，1343 年减少到 16 个），每一个来自该城的一个不同城区；这些连队担当起监察人的职责，使该政权和那些非贵族身份的人免受世代结仇的贵族暴力之害。㉑ 正是从这时起，这个现已合法形成的机构将"骑士"（或者正如他们后来获得的称呼"权贵"）排除在其成员之外，作为佛罗伦萨国家机构获得逐渐增加的重要性，代表着商人和工匠共同体。然而，到现在为止，它没有像随后那样统治城市公社政府，而且在从 1250 年到 1260 年的十年中，返回的圭尔夫派派系在国内政策中至少和普通平民一样，都是重要的决定因素。弗雷德里克二世在 1250 年年末去世，佛罗伦萨、卢卡和热那亚的同盟在1252 年恢复，以及锡耶纳、皮斯托亚和比萨随后结成联盟，都为托斯卡纳的圭尔夫派和吉伯林派重启斗争提供了背景；现在的斗争与其说是教宗和皇帝的冲突，不如说是每个城市里的两个对立联盟的竞争。㉒ 内部紧张关系的恢复导致吉伯林派的一些人在 1251 年从佛罗伦萨撤出，更多的人在 1258 年被驱逐。在弗雷德里克二世的私生子曼弗雷德的统治下，意大利南部在 1254 年恢复了强大的君权；从此，这些流亡者及其避难的城市公社，如锡耶纳，逐渐将他视为保护人。他们的期望有几分道理，因为在某种程度上，正是曼弗雷德以派出焦尔达诺伯爵率领的 800 骑兵的形式进行干预，将于 1260 年锡耶纳人在蒙塔佩尔蒂战胜佛罗伦萨人的战争中发挥关键作用。这场溃败后，圭尔夫派从佛罗伦萨出逃，吉伯林派胜利回归佛罗伦萨。㉓

　　在圭蒂家族的伯爵家族一支的圭多·诺韦洛和法里纳塔·德利·乌贝蒂（据说后者劝止其坚定支持者不要如曼弗雷德所说的那样去

485

---

⑳　Davidsohn（1956 – 1968），Ⅱ，pp. 499 – 500, 503 – 509；Villari（1893），pp. 181 – 184.
㉑　Villari（1893），pp. 184 – 189；Davidsohn（1896 – 1908），Ⅳ，pp. 100 – 106.
㉒　Davidsohn（1956 – 1968），Ⅱ，pp. 542 – 567, 582 – 600.
㉓　Davidsohn（1956 – 1968），Ⅱ，pp. 647 – 652, and（1896 – 1908），Ⅳ，pp. 143 – 172.

摧毁他们的城市）的统治下，那些在 1250 年失去权力的人现在重获权力。财产充公、房屋毁掉驱逐敌人，他们重建老牌亲皇帝派贵族的权威，实行有利于锡耶纳、比萨和西西里王国的政策。[24] 1264 年，驱逐圭尔夫派并把他们从卢卡的最后一个托斯卡纳落脚点赶出，[25] 只能向教宗求助。次年当选为教宗的克雷芒四世欢迎一个依附于其事业的派系；佛罗伦萨经济在 13 世纪 50 年代继续扩张期间，这个派系已经包含许多从事银行业的家族，这些家族现在被给予教宗税收征收员的特权地位，被要求将资源为那些在克雷芒的催促下可以挑战曼弗雷德和霍亨斯陶芬王朝在意大利南部的地位的人服务。教宗、安茹家族、佛罗伦萨的圭尔夫派及其商人公司的密切关系，正是以这种方式得以加强，将会在 1267 年后的佛罗伦萨持续下去，成为现行秩序的基础。

当 1265—1267 年的政治形势推动这一利益共同体的建立时，它所依赖的基础是早期发展的自然结果。佛罗伦萨商业企业的资本积累，以及通过在 1236 年铸造格罗索（*grosso*）银币和 1252 年铸造弗罗林金币（gold florin）来为国际贸易建立一种切实可行的货币，已经为放贷获利创造了新机会。[26] 在 13 世纪 50 年代，当教宗亚历山大四世鼓励英格兰的亨利三世的弟弟康沃尔的理查德竞争神圣罗马帝国皇位候选人资格时，佛罗伦萨银行家已经放款来帮助他竞选并试图使亨利的儿子埃德蒙获得西西里王位，由此获得进入英格兰和法兰西的英格兰人领地上的金融市场的权利。[27] 后来，在吉伯林派于 1260 年返回佛罗伦萨后，乌尔班四世给佛罗伦萨的商人公司施压，如较早参与这些交易的斯皮尼家族、斯卡拉家族和莫齐家族的分支斯皮利亚蒂家族的那些商人公司，要它们否认与曼弗雷德的结盟，反过来要在 1263 年 8 月和 11 月以正式的归顺行动向教会宣誓效忠。[28] 1265 年，作为教宗的捍卫者，法兰西路易九世的弟弟安茹的查理被诱使率军进入意大利，要把霍亨斯陶芬家族从意大利半岛的南半部分驱逐出去。

[24] 关于圭尔夫派在 1260—1267 年被摧毁的房屋，可参见 Ildefonso di San Luigi (1770 – 1789)，Ⅶ, pp. 203 – 286；关于这个时候当权的吉伯林派和流放的圭尔夫派，可参见 Raveggi *et al.* (1978), pp. 3 – 72.

[25] Davidsohn (1956 – 1968)，Ⅱ, pp. 757 – 762.
[26] Bernocchi (1979), pp. 9 – 11.
[27] Davidsohn (1956 – 1968)，Ⅱ, pp. 606 – 611.
[28] Davidsohn (1956 – 1968)，Ⅱ, pp. 764 – 768；Arias (1902), pp. 113 – 116.

这些前例为安茹的查理、从佛罗伦萨流放出来的圭尔夫派和城市商人银行家中，为此次远征预支款项的那些人之间的密切合作铺平了道路，这些商人银行家的贷款偿付能力从教宗收入中获得保障力度。

次年，查理在贝内文托战胜曼弗雷德，这不仅使西西里王国归他所有，也使得佛罗伦萨银行家们在他新近取得的领地上获得垄断和征税特权待遇，这些银行家曾赞助过他的征服所需的费用。[29] 在这次战斗中为他作战的托斯卡纳圭尔夫派骑士同样得到保证：他支持他们努力在其被驱逐的城市公社重获权力。佛罗伦萨的吉伯林派政权试图通过寻求与教宗和解，以使曼弗雷德的失败和死亡带来的影响最小化，而且迫于人民的压力，建立了36人的新地方长官制度，其中包括一些没有被驱逐的前圭尔夫派人员。然后，这个议事会和那些到那时已经控制政府的人产生摩擦，引起一场叛乱，使圭多·诺韦洛及其坚定支持者轻率地撤出该城。在圭尔夫派返回该城后，他们试图使各个派系和解；但当克雷芒四世任命安茹的查理为托斯卡纳总调解人（*paciarius generalis*），以及这位统治者派出法兰西骑兵部队的一个分队到佛罗伦萨时，和解遭受挫折。随着这个分队的接近，剩余的吉伯林派闻风而逃。

安茹家族的部队在1267年复活节进入佛罗伦萨后，圭尔夫派重建他们在1260年前享有的主导地位。实际上，安茹的查理成为佛罗伦萨的最高领主，名义上持有城市行政长官的职位，将权力托付给各个代理人。[30] 在由这个第二人民（*secondo popolo*）创建的政府形式中，1250年建立的机构得到恢复，又增加了一个由100位圭尔夫派平民（*popolani*）组成的特别议事会。到这时，除13世纪初已经出现的五个行会外，主要行会还包括医生和药剂师行会（*medici e speziali*）与皮货商和皮革商行会（*pellicciai*）。这些主要行会的官员也被承认在立法过程中占有一席之地。[31] 由于安茹的查理的影响，人民统治的趋势被制止，否则这些法律条款有可能会促成这一趋势；由前流放者当中的上层人士（*grandi*）和底层人士（*popolani grassi*）构成的圭尔

---

[29]　Jordan（1909），Ⅱ，pp. 536–557；Abulafia（1981），pp. 377–388.
[30]　Davidsohn（1956–1968），Ⅱ，pp. 806–884.
[31]　Villani, *Cronica*, ed. Dragomanni, Book Ⅶ, chs. 13, 16.

夫派（*parte guelfa*）成为佛罗伦萨政治中的重要力量。㉜那些在 1268 年被宣判并遭驱逐的吉伯林派人员被没收 1/3 的财产，这些财产被分配给这个群体，它很快就使自己成为圭尔夫派贵族与安茹家族的利益监护人。㉝"圭尔夫派大众"的首领暂且接替早期的人民首领的职责，人民首领的职位被暂停。对这个时期最杰出的政治家族的分析表明，那些在这个时期当权的人部分从原来的亲教宗贵族、部分从新近富裕起来的商人阶级成员中汲取。㉞

教会、安茹的查理和佛罗伦萨圭尔夫派的统一目标没有持续多久，即便其根本在于建立新政权。从格列高利十世在 1271 年当选开始，它就成为教宗政策的十年目标，通过鼓励各个城市公社里的对立派系和解，将安茹家族的影响控制在意大利。1273 年，在教宗访问佛罗伦萨期间，城里的圭尔夫派和吉伯林派依照这一和解计划，隆重地讲和了。但暗藏的安茹的查理及其支持者反对这一和解，加上所做让步的局限性扩展到那些此时仍在流放中的人身上（他们将只有在那位国王的同意下才可以重新接纳），使得这种和解大半无效。㉟尽管如此，1277 年登上教宗宝座的奥西尼家族成员尼古拉三世，甚至更渴望结束查理在托斯卡纳获得的支配地位，继续努力去愈合佛罗伦萨两个竞争派系之间的裂痕。1278 年，他促使德意志国王哈布斯堡的鲁道夫终止安茹君主在托斯卡纳担任神圣罗马帝国代理人的任期（这是他以前在那里担任"调解人"的职务的延伸）。次年，他派枢机主教拉蒂诺前往佛罗伦萨，试图影响吉伯林派重新整合进这个城市的政治生活中去。因不久前已经在像多纳蒂家族和阿迪马里家族这样较为极端的圭尔夫派，与包括德拉·托萨家族和帕兹家族这样较为温和的圭尔夫派之间出现紧张关系，前者仍然忠于安茹的查理，后者在愈合早期家族世仇中看到了使城市公社减少对那位统治者的依赖的方式，使出使任务变得容易起来。㊱1279 年 11 月，为了制定出每一派都应该要求去遵守的条款，他成功地说服市民公共会议（*parlamento*）

488

㉜ 关于圭尔夫派，可参见 Dorini（1902）；Caggese（1903）；Bonaini（1858 – 1860）；Rageggi *et al.*（1978），pp. 91 – 96.

㉝ 至于这些的单子，可参见 Ildefonso di San Luigi（1770 – 1789），Ⅷ，pp. 221 – 281.

㉞ Raveggi *et al.*（1978），pp. 97 – 164.

㉟ Davidsohn（1956 – 1968），Ⅲ，pp. 114 – 117，120 – 143.

㊱ Davidsohn（1956 – 1968），Ⅲ，pp. 189 – 191.

原则上同意两个派系之间达成协议，并允许他在它们之间充当仲裁者。博德尔蒙蒂家族与乌贝蒂家族起初要为两个党派的冲突负责，它们在 1280 年 1 月 18 日达成正式和解后，枢机主教拉蒂诺为在那个城市恢复和平约定了条件。这些条件包括以下条款：除他们这 55 位更为杰出的领导者外，如圭多·诺韦洛和乌贝蒂家族、兰贝蒂家族、博戈勒西家族、甘加兰蒂家族、阿米代家族、费凡蒂家族、斯科拉里家族、卡蓬萨奇家族的一些成员，吉伯林派将被允许返回佛罗伦萨；应该成立一个由 14 人组成的新执行委员会代表两个派系，与 12 好人（Twelve Good Men，以前的长者在现在的称呼）一起行使权威；过去的政权针对敌人制定的措施应该要免除。2 月 18 日，以前对立的两派中的每一派派出 50 名成员，代表这些人采取行动，宣誓接受枢机主教拉蒂诺提议的条款，象征性地以和平之吻弥合他们之间的裂缝。[37]

对佛罗伦萨政治问题的这一解决方法，是由教宗及其使节为了自己的动机强加给这个城市的，并没有提供一个永久的答案。从长远来看，将圭尔夫派和吉伯林派放在平等地位上的努力，在这个城市公社里是不可接受的，圭尔夫派在这里曾经享有并且想要继续持有主要权力。在 1280 年和解的直接后果中，老圭尔夫派贵族成员显然在 14 人执行委员会中得到很好的体现。[38] 然而后来，平民开始显示出更大的影响力，而且成文条款的执行（据鲁宾斯坦所说，可能可以从 1280 年算起）需要“权贵”交付 2000 英镑保证金作为良好举止的担保，执政（consulte）或议事会会议对此进行了讨论。[39] 随后一道法令也颁发出来：城市行政长官被授权组建 1000 人的民兵组织以维持公共秩序。[40]

1281 年，这些发展预示着次年的主要改革，即行政长官职位（priorate）的创立。它将成为佛罗伦萨共和国的主要执行委员会，将持续到 1494 年。其基本特征是它代表各个行会，随着这一职位的创

489

[37] Davidsohn (1956 – 1968), pp. 216 – 229, and (1896 – 1908), Ⅳ, pp. 226 – 258; Salvemini (1899/1966), Ⅰ, pp. 64 – 69; Ottokar (1962), pp. 3 – 9; Ildefonso di San Luigi (1770 – 1789), Ⅸ, pp. 68 – 1096; Sanfilippo (1980).

[38] Raveggi et al. (1978), pp. 169 – 173.

[39] Rubinstein (1935), pp. 162 – 165.

[40] Davidsohn (1956 – 1968), Ⅲ, pp. 253 – 255.

建，这些行会在政府中获得中心角色。它的创建可以反映出商业和工业对这个城市的经济与社会的重要性不断增加，那些属于这些联合的人参与其中。但从需要而言，要为 14 人地方城市行政长官机构找到替代也是可解释的，它将能够使圭尔夫派的主导地位得以保留，而且 1280 年为恢复吉伯林派的小部分权力所做的基本上属于表面功夫的努力得以避免。1281 年，前一年鼓励妥协的尼古拉三世已经为亲安茹家族的法兰西人马丁四世所取代，成为新教宗。1282 年，西西里晚祷事件剥夺了安茹的查理的王国的一部分，借此在其追随者中敲响警钟，再次为他们引发吉伯林派有可能复苏的威胁。1280 年出现的对一个被打败的派系的无害让步，似乎再次成为现行政权的潜在危险。依赖于从各个行会召集市民议事会的手段，可以使那些已经处于政治主导地位的人更少地阻碍行使权威，同时通过授予建立行会的商人和工匠享有入选市民议事会的权利，使重要家族的成员获得职位，而且这些协会中不太显赫的成员可以影响他们的选择成为可能。[41]

行政长官职位（priorate）最初是为了满足特殊偶发事件的短期权宜之计，却很快地取得了永久机构的地位，这从其设立之初就已显现。这样的从暂时到永久的转换，在意大利城市公社史上不是非同寻常的。最初，它只是由来自毛料整饰工和商人行会、货币兑换商人行会和羊毛商人行会的三个成员构成，与 14 人执行委员会同时执政。它取代后面的这个委员会（最后一次选举发生在 1283 年）的过程是渐进的。在最初的两个月任期后，它的人数增加到六个，以便能够使之代表佛罗伦萨城的六个区（sesti）。它通常由来自七个主要行会的成员组成，在这个阶段由来自这些行会和五个工匠联合会的官员进行选择，还有其以前的任职者、人民首领的特别议事会和选举出来的市民代表也有选择权。[42] 行政长官职位（priorate）在其存在的头十年里的构成表明，它由 13 世纪初已经出现的五个主要行会（arti maggiori）主导；在这个时期，它们彼此之间估计在 381 个席位中占 316

490

[41]　Davidsohn (1956 – 1968)，Ⅲ，pp. 237 – 238, 279 – 284; Compagni, *Cronica*, ed. Del Lungo, Book Ⅰ，ch. 4; Salvemini (1899/1966)，pp. 78 – 79; Ottokar (1926)，pp. 12 – 16.

[42]　Ottokar (1926)，pp. 16 – 32; Salvemini (1899/1966)，pp. 79 – 99; Davidsohn (1956 – 1968)，Ⅲ，pp. 284 – 296.

个。大多数情况下，在其中占据位置的家族是像巴尔迪家族这样的社会上层，以及像吉罗拉米家族、阿尔托维蒂家族与阿恰约利家族这样的社会底层。㊸

当教宗和那不勒斯的安茹君主国再次携手合作时，所建立的秩序逐一证实了该城市公社的圭尔夫派取向。由于这一秩序具有行会基础，同样能够使经济财富更稳定地转化为政治权力。13 世纪最后几十年见证了它们的主要对手，佛罗伦萨商人公司在国际银行业领域取而代之的过程。锡耶纳的布翁西格诺里家族和卢卡的里恰尔迪家族在 13 世纪 90 年代初垮台，使莫兹家族和斯皮尼家族成为教宗的主要放贷者。与此同时，其他佛罗伦萨家族，如斯卡拉家族、弗雷斯科巴尔迪家族、佩鲁齐家族、巴尔迪家族、切尔基家族和弗兰泽西家族，在英格兰、法兰西和那不勒斯诸王国的贸易与公共财政中变得重要起来。㊹该城的商业经济继续增长，扩大了那些最积极参与推动商业经济的人的名望和政治影响；他们借此在社会中获得了显赫地位，与教宗和安茹君主国的密切联系经常使这种情形得以加强，后二者仍然是其政府的主要支持者。

这一扩张带来了权力和人口增长，也鼓励了目标在于巩固佛罗伦萨在托斯卡纳的霸权的政策。在安茹家族征服意大利南部后，锡耶纳人在 1269 年战败于埃尔萨河谷后，被迫放弃了以前的反圭尔夫派立场，在尼内家族政权的统治下变成佛罗伦萨的坚定同盟。㊺因此，只491 有阿雷佐和比萨挡在佛罗伦萨人统治该地区的路上；1288—1293 年，佛罗伦萨人与这两个城市公社在战场上兵戎相见。1289 年在坎帕迪诺打败阿雷佐人后，他们激起对比萨人的敌意。然而，多亏了圭多·达·蒙泰菲尔特罗的将才，比萨人成功地捍卫了自己，能够在 1293 年没有做出多少让步就讲和了。㊻

正如以前在佛罗伦萨史上所发生的那样，外部武装冲突是导致内

㊸ Ottokar (1926), pp. 33 – 89; Raveggi *et al.* (1978), pp. 223 – 251.

㊹ Berti (1857); Arias (1902), pp. 15 – 18, 99 – 112, 125 – 129; Stahl (1965), pp. 144 – 158; Davidsohn (1896 – 1908), Ⅲ, pp. 34 – 75, and (1956 – 1968), Ⅵ, pp. 535 – 547, 549 – 560, 567 – 579, 583 – 588, 620 – 641, 654 – 661, 690 – 710, 781 – 792; Holmes (1986), pp. 12 – 14; Abulafia (1981), pp. 377 – 388; Hunt (1994).

㊺ Bowsky (1981), pp. 160 – 168; Davidsohn (1956 – 1968), Ⅲ, pp. 63 – 66, 81 – 86.

㊻ Davidsohn (1956 – 1968), Ⅲ, pp. 452 – 535; Villani, Cronica, ed. Dragomanni, Book Ⅶ, chs. 124, 127 – 128, 131 – 132, 138, 140, 148, 154, Book Ⅷ, ch. 2; Oerter (1968).

部不和的刺激物，即便现在这些不和不是以派系世仇的形式，而是以旧贵族阶级难以控制的因素和行会共同体的大众之间的冲突形式出现。早在 1286 年，一些大家族表现出不受法律约束的趋势，已经导致再次主张法令约束的要求，于是"权贵们"不得不交付担保金并重新努力去执行。[47] 然而，这些阻止他们诉诸于暴力的努力显然没有早期的那么奏效。实际上，参与城市军队作战的"骑士"在历次胜仗中发挥关键性作用，如坎帕迪诺之战，这些胜仗给"骑士"带来的刺激，促使他们当中的一些人试图使用武力来恐吓其余人。但是，当他们的专横态度多半是此时"人民"运动兴起的原因之一时，1292—1293 年显现的那场骚乱的性质和范围表明，它也受到佛罗伦萨社会的前从属部分感到要取得更大政治影响的需要的刺激，尤其是那些以所谓的"低等阶级"或工匠和店主行会为代表的人。历史学家之间对这些发展的意义争议相当多，它们以 1293 年的《司法法令》为顶点。萨尔韦米尼把它们视作不断上升的中等与中等下层阶级和老的主要拥有大量土地的贵族阶级上层等级之间的冲突的自然结果。[48] 此外，奥托卡尔把它们解释为人民情感的临时爆发，从长远来看，这种情感并未搅乱同类的统治群体（ceto dirigente）的突出地位。[49] 帕特里齐亚·帕伦蒂近来认为，作为 1293 年的变化的结果，政府的参与度宽了点，并对以前的寡头趋势做出回应，虽然老精英阶级的因素在变化之后保留了某些权力。[50] 这些阐释存在共同基础，即从 13 世纪 80 年代晚期起，五个"中等"和九个"低等"行会中的那些人变得越来越有声望和好战，部分原因在于他们不满比萨战争的代价和缺乏战果；但他们需要城市行政长官吉亚诺·德拉·贝拉的领导能力，和一些下层民众的合作来保障《司法法令》的接受有着充分的支持。

492

这些法令在 1293 年 1 月颁布，其中包含的条款到次年 4 月由更多法令进一步扩展。在最初的形式里，这些法令对攻击或伤害平民的

---

[47] Pampaloni（1971），pp. 410 – 412；Ottokar（1926），pp. 104 – 106；Salvemini（1899/1966），pp. 111 – 117；Lansing（1991），pp. 196 – 201.

[48] Salvemini（1899/1966），particularly pp. 160 – 171.

[49] Ottokar（1926），particularly pp. 90 – 128, 199 – 215.

[50] In Raveggi et al.（1978），pp. 241 – 275；还可参见 Lansing（1991）.

"权贵"制定了严厉的处罚，规定：如果死亡在这样的情况下出现，违法者应该被处死，财产被没收，房屋被摧毁。1000 人的民兵（后来增加到 2000 人）在新近被任命为行政长官团主席的贡法洛涅雷法官的领导下，将能够使这样的处罚得以立即执行。通过 1293 年 4 月的《法令》修正案，上层等级将被排除在行政长官职位（priorate）和其他重要市政职位外。那些自 1287 年被要求交付"权贵"所需的担保金的人的所有亲属将服从这种资格剥夺，还要服从针对上层等级的其他条款。城市行政长官、贡法洛涅雷法官和人民的其他议事会将从行会成员中选出，这些行会的数量增加到 21 个，其中包括那九个"下等"行会，而且只有那些积极从事行会涉及的职业或行业的人才被授予行使这些政治权利的被选举资格。[51]

《司法法令》明显是 1293 年 1—4 月间通过的各种条款的集合，其形式地有力反映出这个时期利益联盟的主导地位。这个联盟决心把以前具有影响力的上层等级从权力中清除，而上层等级通过使用暴力推行其意愿的能力也将受到限制。在允许和将要颁发的这些同样激进的措施的政治平衡中，引起变化的是吉亚诺·德拉·贝拉的决心和小行会（arte minori）与人民武装力量的相结合，共同施加压力来推行这一原则：行会成员身份应该是担任职务的首要条件。1282 年行政长官职位（priorate）创建时，该原则已经开始运用。1293—1294 年的残余政权促成了这些变化，导致政府参与度有所拓宽，这样，甚至九个"下等"行会中的一些行会也在最高执政官中拥有了代表。尽管如此，这个最高执政官团中的大多数人通常继续从以前在政治上活跃的大行会和家族中汲取。[52] 在人民骚乱的反复发生给吉亚诺·德拉·贝拉的佛罗伦萨带来羞辱和背离后，颁发493 《司法法令》的长期效果，因 1295 年增加的修正案得到进一步修改。由于那年 7 月通过的条款，"权贵"的委任被限制在那些在城市行政长官（podestà）的法令中被特别列为上层等级的人，行使完整的政治权利所需的行会成员资格扩大到所有那些被同意加入行会

---

[51] Ildefonso di San Luigi（1770 – 89），IX, pp. 305 – 330；Bonaini（1854）；Salvemini（1899/1966），pp. 138 – 171；Davidsohn（1956 – 1968），III，pp. 611 – 660.

[52] Raveggi et al.（1978），pp. 245 – 258；Ottokar（1926），pp. 206 – 211.

的人，包括那些不从事行会所涉职业的人。[53]《司法法令》中的这些变化反映出该城权力平衡中的另一变化，随之而来的是平民大众中的许多人离开他们以前与小行会成员组成的联盟；小行会成员在统治阶级中的主要支持者是吉亚诺·德拉·贝拉，当他因无力处理一场由抗议一项不受欢迎的法律决议引起的骚乱而受到怀疑时，这些小行会成员失去许多政治影响力。这个决议免除攻击其亲属西莫内的"权贵"中最强横的科尔索·多纳蒂的罪行，而且对《司法法令》精神如此明显的违背应该不受惩罚，这本身就表明那些自1293 年暂时占支配地位的人的地位正在削弱，正如他们试图推翻这个案件的裁决只是导致其领导人垮台的事实一样。[54]

此后，《司法法令》得以保留，但以这样的方式在实践中运用，以致它们并没有妨碍到富有商人家族的主导地位，妥协在这种情况下开始占优势。将"权贵"排除在行政长官职位（priorate）外，为刚富裕起来的人进入政治阶级创造了机会；但小行会成员在其中所占比例不断增长的趋势在 1295 年后受阻。[55] 然而，1293—1294 年事件所引起的紧张关系仍然存在，将在 13 世纪佛罗伦萨的所谓的"黑党"和"白党"之间的最后世仇中重新浮出水面。

由于诗人但丁涉及其中，吸引了学者们相当多的关注。因为这导致他被流放，人们倾向于从但丁和对其事业抱以同情的编年史家的视角来理解，如迪诺·孔帕尼。然而，从历史角度来考虑，在可能会试图打乱由《司法法令》创建的政治秩序的人中，通过使许多这样的人当权，引发的主要后果是要允许那种秩序以改进的形式幸存下去，因而在下个世纪最初几十年里稳定了佛罗伦萨的政治。起因于一群较为温和的上层等级和平民大众（在切尔基家族的"权贵"银行业家族的领导下，13 世纪 90 年代末成为该城的统治党派）与多纳蒂家族领导下的更顽固派系之间的冲突，世仇起初产生于统治精英中的那些分歧之一，由个人对立所导致；这些个人对立是造成佛罗伦萨社会中

---

[53]　Salvemini（1892）and（1899/1966），pp. 186 – 193；Ottokar（1933）；Davidsohn（1956 – 1968），Ⅲ，pp. 736 – 741.

[54]　Davidsohn（1956 – 1968），Ⅲ，p. 709 – 736.

[55]　Raveggi et al.（1978），pp. 282 – 298.

494 的早期不和的原因。[56] 使这一世仇变得复杂的是教宗卜尼法斯八世对多纳蒂派的支持。在两个派系的年轻人于 1300 年 5 月 1 日打架的后果中，当两边的主要参与者被流放时，切尔基家族主导的政权很快允许其党羽返回佛罗伦萨，却不许对手返回。与此同时，这个政权干预了皮斯托亚事务，那里的坎切列里家族分裂成"白党"和"黑党"两个分支，残忍地相互敌视；它支持前者，在 1301 年将后者及其同盟驱逐。因为加入这些反对切尔基派系（也通过联盟被称为"白党"）的皮斯托亚流放者当中，多纳蒂家族中的被流放成员开始被称为圭尔夫派"黑党"，试图通过教宗的干预恢复元气。在科尔索·多纳蒂、帕奇诺·代·帕齐、罗索·德拉·托萨以及卜尼法斯八世的银行家杰里·斯皮尼的领导下，他们首先劝说教宗提议找到解决该城分歧的办法，然后在佛罗伦萨城市公社对他的请求没有回应时，安排他们返回该城。要恢复以前在佛罗伦萨的地位，他们寄望于法兰西王室家族的成员瓦卢瓦的查理。他带着一支分遣军队来到意大利，打算加强查理二世（已经在 1285 年继承安茹的查理成为那不勒斯国王）计划攻打西西里的军队。在罗马拜访教宗并向佛罗伦萨市政府做了不干预其内部事务的庄严保证后，这位王子以名义上的调停者身份，在 1301 年 11 月 1 日进入佛罗伦萨。然而，一旦该城处于军事控制之下，他默许科尔索·多纳蒂及其党羽闯入该城、打开监狱并以武装力量夺权。一个新政权很快建立；从那时直到次年年初，新政权将"白党"派系的成员判处死刑或驱逐，包括但丁·阿利盖利。[57]

尽管"权贵"的圭尔夫派"黑党"在反对《司法法令》中起着主要作用，但他们的大部分支持者对这些条款的接受确保它们不会被取消。党派的中心人物科尔索·多纳蒂在 1308 年成为其持续不断的阴谋的牺牲品，他和最密切的同盟最终失去曾在党派中持有的统治地位。[58] 随着 1301 年事件，出现了政治和解，反映出平民大众占据主

---

[56] Raveggi *et al.* (1978), pp. 307 – 309; Masi (1927) and (1930); Arias (1902), pp. 123 – 137; Davidsohn (1956 – 1968), Ⅳ, pp. 31 – 144.

[57] Davidsohn (1956 – 1968), Ⅳ, pp. 144 – 160, 172 – 296, and (1896 – 1908), Ⅳ, pp. 259 – 268; Levi (1882); del Lungo (1921), pp. 110 – 281; Holmes (1986), pp. 168 – 182; Villani, *Cronica*, ed. Dragomanni, Book Ⅷ, chs. 38 – 45, 49 – 50; Compagni, *Cronica*, ed. Del Lungo, Book Ⅰ, chs. 21 – 27, Book Ⅱ, chs. 1 – 26.

[58] Compagni, Cronica, ed. Del Lungo, Book Ⅷ, chs. 19 – 21, 38 – 41; Davidsohn (1956 – 1968), Ⅳ, pp. 361 – 376.

导地位，而不是上层等级。随着寡头政治趋势不断发展和行会在选举中的影响减小，[59] 重要家族的精英分子发现能够依靠现存体制保留他们的位置，就没有试图改变它。由于吉伯林派、流放者、"权贵"和那些因政治罪或其他罪行受到判处的人被排除在外，政权实际上仍然是一个派系的政权，但其本身没有为那种分歧所分裂，这在 1216—1301 年的佛罗伦萨反复出现。

在佛罗伦萨，正如在 14 世纪初意大利的其他地方一样，城市公社开始发展对较小的自我保护的派系联盟或人民武装连队联盟的权威；基于城墙内的特定街区，这些联盟在早些时候是安全之源和忠诚的对象。正如在给予其集体身份的机构所体现的那样，该城的统一感从 13 世纪 50 年代起逐渐在公共建筑洪流中反映出来。一些以安置国家新部门的宫殿形式出现，如人民宫、后来的行政长宫殿和现在的始建于 1255 年的巴杰洛宫，以及 1285 年规划、1299 年开始修建的最高执政官宫殿，即现在的维基奥宫。1284 年，建造新围墙的决议进一步证明，市民对该城未来的伟大感到骄傲并充满信心；新围墙将大大增加的区域围起来，以此适应佛罗伦萨预期的增长。同年在奥尔—圣迈克尔（Or San Michele）的谷物市场建造的凉廊（loggia）和众多监狱，如斯廷切监狱，是城市公社资助建造的建筑物的其他例子，它们揭露出政府接受了为行使其职能或其他公共目的来提供便利的需要，正如新街道和广场显示出来的宽广与开放那样。宗教和世俗机构从赋予城市以与其尊严相适应的建筑物的政策中获利。洗礼堂的外墙在 13 世纪 90 年代被贴上大理石，内部从 13 世纪 70 年代开始用马赛克来装饰，而邻近的圣雷帕拉塔（Santa Reparata）教堂在 1296 年被一座新建的大教堂替代。多明我修会重建新圣母玛利亚教堂（从 1279 年开始），法兰西斯修会建造更大的圣克罗切教堂（从 1295 年开始），在财政上获得城市公社的支持，正如奥古斯丁修会建造圣斯皮里托教堂（始于 1267 年）那样。[60]

---

59 Najemy (1982), pp. 68 – 79.
60 关于这一建造活动，可参见：Davidsohn (1896 – 1908)，Ⅳ，pp. 447 – 488, 491 – 492, 497 – 502, 510 – 511, 517 – 530; Pampaloni (1973), pp. 5 – 63, 69 – 111; Sznura (1975), pp. 51 – 91, 122 – 130; Villani, *Cronica*, ed. Dragomanni, Book Ⅶ, ch. 99, Book Ⅷ, chs. 7, 9, 26, 31.

在佛罗伦萨，以前所未知的规模为这些纪念性建筑提供资金，一方面代表着该城迅速发展的文化。另一方面是知识传统的出现，它将会塑造丰富的文学，以后将会对极具活力的艺术产生影响。公
496 证人布鲁内托·拉蒂尼创作的《宝库》（*Trésor*）（13世纪60年代他被流放法兰西期间以那个国家的语言写成）为此定下基调，将中世纪学术和修辞学上的思想吸收进城市环境中去。像多明我修会修士雷米吉奥·代·吉罗拉米和稍晚一点的焦尔达诺·达·里瓦尔托这样的传教士，随后也试着将神学与道德哲学的真理和政治与商业经验联系起来。但以最有个性的方式，将现实的理想观念运用到生活中去的是在甜蜜的新风格（*dolce stil nuovo*）激励下的佛罗伦萨诗人，尤其是圭多·卡瓦尔坎蒂和但丁·阿利盖利。[61] 他们相信天生的高贵与美德，将爱情视为精神净化和自我实现的方式；通过使一切都依赖于个人灵魂的品质却又拒绝追求唯利是图的价值观，两位诗人显然都反映了这个使他们出现的商业世界，却又反对它。直到13世纪90年代创作的作品，尤其是在但丁的《新生》（*Vita nuova*）中，尚未出现近来佛罗伦萨史上的冲突和悲剧，而在其后来的《神曲》中体现出来。只有在14世纪最初几十年里，对公正与秩序的渴望和自我毁灭的暴力之间普遍存在紧张关系，在《神曲》中，正如在迪诺·坎帕尼和乔万尼·维拉尼的编年史，以及在乔托的构思极富戏剧性的壁画群中那样，获得了艺术表达。然而，对所有那一切来说，13世纪90年代的尝试性文学文化确实通过从真实的人的经历中获取对事物的更高目的的理解，为1300年后繁荣的文化设定了条件。

1300年前后，佛罗伦萨可以说已经达到发展的一个重要阶段的终点。通过利用领土资源和由企业与有时精选出来的同盟创造的机会，佛罗伦萨市民作为商人和金融家在西欧取得杰出地位。在机构的演变中，经济和政治权力的集中，能够使以前造成不和的趋势在短时间内将会受到抑制。此外，有种力量已为佛罗伦萨的成功做出了贡献；作为将它的一部分运用到对该城的辩护与教导，以及由身

---

　　⑥　关于13世纪晚期佛罗伦萨智力与文学文化的文献太广泛，这里不想全面提及；但以下的可以被引为近来这个领域的出色研究：Holmes（1986），pp. 73-87，103-127，and Davis（1984）。关于布鲁内托·拉蒂尼，可参见 Ceva（1965）and Sundby（1884）.

在其中的那些人支持的伟大事业的结果，这种力量正在为一种文化奠定基础。这种文化既理性又实际，实在庞大得令人印象深刻，但在思想的范畴与影响力上也是敏感、挑剔和大胆的，尽管带有说教性质。

路易斯·格林（Louis Green）

莫玉梅 译

徐　浩 校

第十六章

霍亨斯陶芬家族和安茹家族
治下的西西里王国

一

西西里王国包括意大利的南部，土地类型各异，还具有不同的经济、民族、宗教和政治特征。它的城市化程度不如波河河谷或北托斯卡纳的部分地区那么高，即便它拥有欧洲最大城市中的两个，巴勒莫和那不勒斯；巴勒莫在诺曼诸王治下（1130—1194 年）成为首都，而那不勒斯在 13 世纪期间逐渐获得首都的地位，与曾经充满生机的阿马尔菲沿海各商业中心联系密切。阿普利亚正对着巴尔干半岛，包含一连串的城市在内。诺曼人不允许这些城市取得真正的自治，但他们可以用阿普利亚平原的葡萄酒、谷物和橄榄油交换东方的产品。像卢切拉这样更内陆的城市履行着作为行政中心的重要作用，拉奎拉（L'Aquila）作为主要的边界城市出现在阿布鲁兹，将雷尼奥（通常称为王国）最北部分的经济和宗教生活，与翁布里亚的法兰西斯精神生活世界联系起来。西西里有着广阔的谷物生产区，这些生产区在 12 世纪晚期、13 世纪早期变得越来越重要，因为传统的穆斯林农业技术丢失，而且以前被用来种植像靛蓝和指甲花等专业化作物的土地被转为麦地。畜牧活动也有明显的记载：弗雷德里克二世在 1231 年制定法律，以确保阿普利亚的有规律的季节性羊群迁移不会引起冲突。重点在于初级产品的生产，如生羊毛、硬质小麦和橄榄油；因此，有些历史学家将这视为雷尼奥

插图 1　坎特伯雷大教堂里的三一小教堂的东端，展现了圣托马斯圣坛所在
（RCHM，英格兰，王室版权所有）

插图 2　1194 年之后的沙特尔大教堂正厅

插图 3 1220 年之后的亚眠大教堂正厅（A. F. 克斯丁）

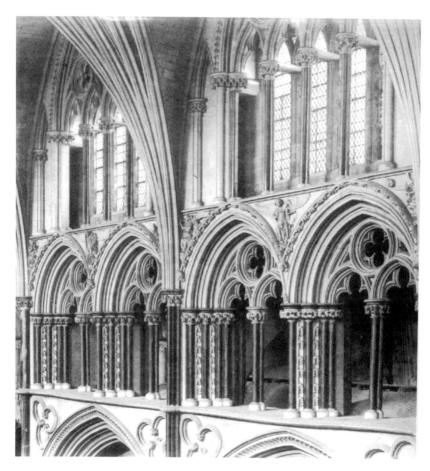

插图 4　1246 年之后的林肯大教堂的安吉尔唱诗楼
（康威图书馆，考陶尔德艺术学院）

插图5　13世纪初沙特尔大教堂中门入口处的南十字型翼部基督像
（E. 德·莫德）

插图 6　一本 13 世纪中期英格兰圣诗集上的耶稣圣容
（英国皇家图书馆 MS 2 A. XXII，fol. 221V）（康威图书馆，考陶尔德艺术学院）

插图 7　约 1250 年的纽伦堡大教堂内的圣坛屏风

插图 8　一本圣徒传记中的插图（约 1255 年）：忏悔者爱德华
看见了圣体中的圣婴（剑桥大学图书馆 MSEe. III. 59，fol. 21）
（经剑桥大学图书馆理事会同意）

插图 9　威斯敏斯特修道院中的亨利三世（死于 1272 年）墓
（中间偏右）和爱德华一世（死于 1307 年）墓（左边）
（RCHM，英格兰，王室版权所有）

插图 10　1248 年巴黎专用的圣礼拜堂（吉罗东）

插图 11　1245—1269 年威斯敏斯特修道院里的上层唱诗班
（康威图书馆，考陶尔德艺术学院）

插图 12　卡那封城堡（A. F. 克斯丁）

插图 13　来自巴黎或法兰西东北部、约 1250 年完成的摩根圣经图画书上的约押和阿布纳的故事（纽约皮尔蓬·摩根图书馆 MS M638，fol. 37v）

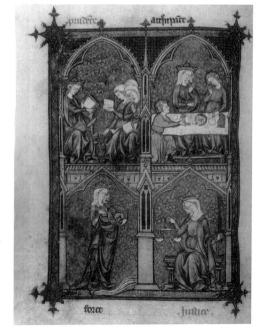

插图 14　约 1290—1300 年在巴黎完成的插图《王者大全》（英国图书馆 Add. MS54180）（康威图书馆，考陶尔德艺术学院）

插图 15　约 1225 年的兰斯大教堂西边中门入口处的天降祸福图

插图 16 安茹的查理（13 世纪 70 年代晚期?），罗马的穆塞奥·卡皮托里奥的
作品（尤里安·加德尔）

插图 17　教宗克雷芒四世（死于 1268 年）墓，
现在维泰博的圣弗兰西斯科（GFN）

插图 18 "确认圣法兰西斯法规",为阿西西的圣弗兰西斯科教堂正厅里的约 1295 年所作的壁画（卡萨·埃迪特拉斯·弗兰西斯卡纳）

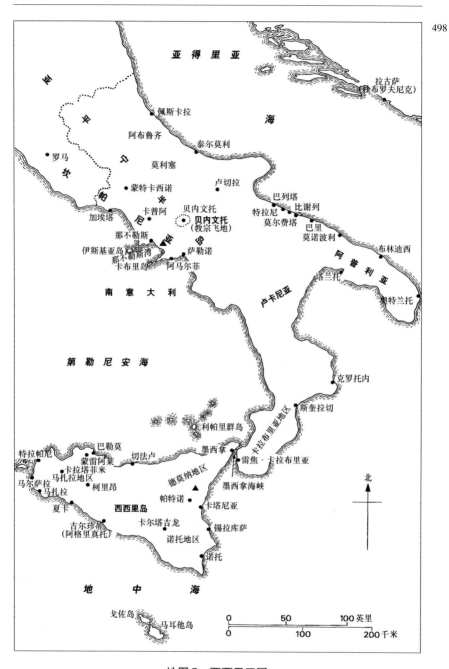

地图7 西西里王国

在某种意义上经济不甚发达的标志。① 在 13 世纪，日常用品随处可
得，这实际上被视为任何一个想要获得该王国控制权的征服者的财富
之源。贸易税和对王室土地的直接控制，使雷尼奥成为诱人的奖品；
此外，王国拥有巨大财富的名声可能被扩大到超出现实的范围，在整
个 13—15 世纪期间吸引着渴望得到其王冠的冒险者。

　　有一个难题始终存在，即难以知道谁拥有授予王国王冠的权利。
1191 年拥戴坦克雷德或 1282 年拥戴阿拉贡的彼得的贵族和重要市民
集会，没来由地把权利归属于他们自己，而教宗却认为是他的；对教
宗来说，重要的是他们应该能够有效地调整与其南边邻居的关系。第
一个因素是雷尼奥存在教宗的飞地贝内文托；当西西里国王与教宗发
生争执时，贝内文托容易被西西里国王占领，正如罗杰二世在 12 世
纪、弗雷德里克二世在 13 世纪的经历所显示的那样。第二个因素是
教宗权威在拉齐奥、翁布里亚和部分边界地区得到巩固，这是一个渐
进且不稳定的过程；当西西里国王试图把手伸出他们商定的最北边界
时，这一过程立即变得危机四伏。第三个关键因素是诺曼诸王承认教
宗为最高领主，偶尔缴纳的贡品证实了这一关系，这种关系在 13 世
纪晚期安茹的查理一世和查理二世统治时期重新出现。然而，当西西
里国王也是德意志皇帝时，这将其本身置于危险之中，正如霍亨斯陶
芬的亨利六世和弗雷德里克二世统治时期发生的那样。西西里落入亨
利六世之手，直接威胁到教宗在意大利中部的权威，使教宗对西西里
国王的宗主权诉求受到质疑。因此，教宗西莱斯廷支持亨利的对手，
罗杰二世的私生孙子坦克雷德，这也就不足为怪了；此人在拜占庭战
争期间作为西西里舰队司令展现了自己的勇气。② 王国的防御没有王
国政府的传统那么坚固。在亨利被赶走后，坦克雷德仍在合作中就于
1194 年去世，年幼的威廉三世继位，但不久之后，亨利再次返回。
在热那亚和比萨舰队的帮助下，这一次所有人都臣服于他。

　　亨利成为国王，但不仅仅是因为征服的权利。他的妻子康斯坦丝
是罗杰二世的遗腹女，显然不怎么爱他；她是否会使他的继承人获得
继承权也不是很清楚：她的一个孩子，即弗雷德里克二世，在亨利在

---

① 关于布雷斯克、爱泼斯坦和其他人对此的观点的讨论，可参见 Abulafia (1993)，ch. 1.
② Palumbo (1955).

巴勒莫（1194 年圣诞节）被加冕为西西里国王的次日才出生。尽管
与西西里贵族的关系紧张，亨利和康斯坦丝（Constance）仍然保留
了他们创建的复杂行政结构中的大部分，虽然货币制度管理在亨利六
世统治时期发生变化，这揭示出他更为熟悉的德意志和意大利北部的
各种政策所带来的影响。③ 亨利将雷尼奥视为西罗马帝国的分支，这
一点特别难以理解；一切都表明他想把它留作私人领地，成为他以后
可以用于更宏伟的计划的财富之源，如征服拜占庭帝国的所有或部分
地区和收复耶路撒冷的重要的十字军东征。这些计划大多因亨利在
1197 年英年早逝而受挫，留下他的妻子来掌管王国的事务。然而，
在对西西里的短暂统治期间，他仍然成功地威逼拜占庭人缴纳贡金，
此乃基于返还领土的要求之上，这些领土被威廉二世的军队在 1185
年对希腊的失败远征中短暂占领。

二

　　亨利的遗孀在他死后把控着局势，这并不令人意外。亨利残忍地
对待反对其权威的西西里反叛者，证明他是一个凭借暴力执掌权力的
外来者。康斯坦丝至少可以被看作罗杰二世的合法女继承人，她愿意
将君主国再次与教宗捆绑在一起，表明她决心迎合年幼的儿子弗雷德
里克在西西里的利益，而且她对任何关于她的儿子可能会继承神圣罗
马帝国皇位的主张不感兴趣。她甚至对保持对教会职位的严格控制也
不感兴趣，这一控制权起源于教宗乌尔班二世在 1098 年授予伯爵西
西里的罗杰一世的教宗使节权威。因此，在 1198 年康斯坦丝去世后，
教宗英诺森三世担负起这位少年国王的监护人的职责。这是教宗作为
西西里国王的最高领主的正当职责，然而要从教宗在罗马和翁布里亚
的权力基地来履行，却是一个几乎不可能完成的任务。结果是中央权
力萎缩，虽然还没有完全失效。这值得处于竞争中的军事领袖去获得
对年少国王本人和御玺的控制。显然，一些军事领袖甚至没有事先问
过国王就提出各自的土地诉求，热那亚海盗首领阿拉曼诺·达·科斯
塔和马耳他伯爵"渔人"亨利的强大联盟，使热那亚共和国在中地

---

③　Clementi（1955）.

中海产生巨大影响。更严重的是来自马克沃德·冯·安韦勒的威胁，他是一群德意志战争首领中的一个，这些人在亨利六世的鼓动下抵达此地。马克沃德甚至宣称他拥有唯一有效的亨利的遗嘱。但从某种意义上说，亨利的遗嘱并不重要：如果王国是教宗的封地，那么不是亨利而是英诺森拥有废黜政府的权利。英诺森试图驯服马克沃德，甚至501 在 1198—1199 年以发起对马克沃德的十字军征战相威胁。假如十字军征战真的发生了，那么这将会是针对教会的基督徒敌人发起的第一场"政治十字军征战"（事实上，虽然英诺森把他描绘得很可怕，是一个比萨拉丁更坏的萨拉森人，其阻碍行为正在阻止急需的十字军离开前往援助圣地）。在雷尼奥恢复权威的早期努力引发激烈反应，正如弗雷德里克在 1209 年所发现的；那时，在弗雷德里克召集起军队并率领他们向反叛者进军后，已经获得部分王室领地的西西里贵族才被镇压。然而，这些年的特征是他不愿意去惩罚反对者们；只赢回失去的已经足够，因为重要的是要重建财政基础，一个强大的君主国没有这个基础就不能繁荣昌盛。君主做出反应的能力也没有因日渐分心于德意志和意大利北部事务而变得更加容易，因为霍亨斯陶芬家族的对手韦尔夫家族在 1209 年获得神圣罗马帝国皇位，只是为了在皇帝奥托四世于 1211—1212 年发起对意大利南部的入侵时，毁掉他们与英诺森三世和解的机会；此次入侵使弗雷德里克局限于巴勒莫及其郊区，增加了弗雷德里克将不得不逃往对岸的突尼斯的可能性。然而，奥托远离意大利南部的事实，为霍亨斯陶芬家族的支持者提供了机会，使他们可以维护在德意志、伦巴第和托斯卡纳的权利，为奥托制造足够多的混乱以使之狼狈地从雷尼奥撤军，以及为弗雷德里克接受并肯定地回应来自德意志的拥护者的援助请求。

　　教宗最为坚定地去抵制的，恰是雷尼奥和德意志帝国的个人联合，他舍奥托取弗雷德里克二世，这一点似乎令人感到惊讶，因为表面上他似乎一无所获。然而，这使霍亨斯陶芬家族的不同分支将来有可能统治不同的霍亨斯陶芬王国的可能性揭示出来；这也极大地延迟了王室权力在西西里的重建，而弗雷德里克沉迷在德意志征战中取得的胜利。弗雷德里克在 1212 年占领康斯坦斯，随后于 12 月 9 日在美因茨成功加冕，这意味着他八年来都在忙于镇压韦尔夫家族，将秩序带回德意志，对地方贵族和教宗使节的利益表现出极大的敏感性，对维护强大的君主权没有特别的兴趣。这反映出德意志政治精英的情绪良好。在加冕典礼上参加十字军后，弗雷德里克对十字军东征的承诺也表明西西里的事务不再享有高度优先权。他直到 1220 年才感到能够南下，并果断地重新主张诺曼诸王在雷尼奥的传统权威，这些都发生在他于 11 月 22 日加冕为神圣罗马帝国皇帝之后。

这种理想当然是教宗和皇帝之间的一种和谐，教宗洪诺留三世对弗雷德里克的慷慨展望预计将会引领一个皇帝与教宗相互合作的时代，这种合作程度自亨利三世时代以来还没有取得过。④ 如果弗雷德里克可以被说服去把东征誓言变为实际行动，那么，他将干涉意大利事务并阻碍在意大利中部扩大教宗权威的努力所带来的危险将会被清除。此外，弗雷德里克将能够调动西西里王国的资源，如马匹、船用硬饼干、水手和许多其他的东西，以致由西罗马皇帝发起的第一次完整的十字军东征也将得到适当的资助并能够实现其神圣的目标。

因此，弗雷德里克二世统治初期反映出包括许多外国因素在内的贵族阶级与君主制之间存在常见的紧张关系，前者正在积极挑战传统的高度集权化王国政府，后者正日渐渴望收复在它最弱小时被偷走的权利。弗雷德里克逐渐坚持严格控制地方贵族的需要，这将不仅仅是倚仗武力炫耀，而且还要通过着重宣扬君主制的性质与权力才能实现。他在 1220 年颁发《卡普亚法令》（Capua assizes），接着于 1221 年在墨西拿通过立法，将君主对封地继承的控制权讲得清清楚楚，就像诺曼人曾努力去做的那样；道德改革的一个主题也进入立法当中，即要求犹太人和妓女穿戴不同的服饰。弗雷德里克将要成为基督教社会的基督徒国王。⑤ 西西里的穆斯林被弗雷德里克的军队击溃；他们的叛乱实际上从 12 世纪末就已开始，位于亚托（Iato）的穆斯林"首都"显然甚至铸造出了自己的货币。西西里的穆斯林发现自己面临着被放逐到遥远的意大利南部的卢切拉的命运，在那里弗雷德里克起初希望他们将会隔绝与穆斯林世界的联系，这样他们会慢慢地皈依基督教。虽然卢切拉成为弗雷德里克最喜欢的一处宫殿，但他在那里建立了萨拉森殖民地，似乎还算不上是一个"受洗的素丹"（bap-

---

④ Pressutti, *Regesta Honorii papae Ⅲ*.
⑤ Abulafia (1994a).

tised sultan）的行为；这是一种镇压行为，是地中海世界漫长的人口转移传统的一部分。

　　财政问题吸引了他的注意力，将热那亚人从他们在叙拉古和马耳他的要塞中清除出去，是他想要获得雷尼奥商业生活的完整控制权的标志，正如建立承诺提供有价值的税收收入的国家货栈网那样。从教会收复已经转让的王室领地是长期以来使教宗圈子怨恨不已的特别问题；这样的一项政策很容易被视为对教会的掠夺，与弗雷德里克想要恢复与诺曼诸王治下一样的王室权威的更大企图相一致。弗雷德里克也费心去保护教会的那些在法律上明显合理的利益，虽然与许多同时代的人一样，他乐于享受主教职位空缺带来的收入；他不但不是一个宗教怀疑论者，还是地方西铎会修士的资助人，与法兰西斯修会修士科尔托纳的埃利亚斯有着密切的联系。此外，正如诺曼时代一样，像莫利塞这样的地区和其他相对遥远地区的贵族显然经常可以自己做主，几乎感觉不到王室权威的控制。权威不得不以罗马法典的真正精神来进行正式宣告：1231 年，《梅尔菲宪法》（*Constitutions of Melfi*）提出国王作为上帝任命的人类罪行的惩罚者形象，强调（重新使用早期的诺曼立法）可怕的惩罚在等着叛国者、异端分子、假币铸造者和其他削弱王国的不可侵犯性的人。[6] 令人感到有趣的是，正如在弗雷德里克针对犹太人的早期立法那样，罗马教廷的思想对包含在同一本法律书里的反对基督徒从事高利贷的教令产生了影响。尽管后来与教宗发生争吵，弗雷德里克的宫廷严重地暴露在罗马流行的法律思想中，它与由罗马法的主要文本提出的议题有着共同之处。皮耶罗·德拉·维尼亚和塔德奥·达·苏萨是受过良好培训的律师兼修辞学家，在起草法律与维护运行良好的宣传机器方面起着重要作用。

　　弗雷德里克将臣民的所有经济活动都视为潜在的收入来源，扩大其诺曼前辈们对几样产品行使的权利，尤其是食盐生产和精美布料的生产与染色，特别是丝绸。改善雷尼奥的港口设施享有较高的优先权，君主利用"谷物武器"，通过禁止私人出售小麦到突尼斯来利用1239—1240 年非洲的谷物短缺，在那里君主以令人震惊的利润将西

---

　　⑥　*Die Konstitutionen Friedrichs* II., ed. Conrad, von der Lieck-Buyken and Wagner.

西里的谷物售出。⑦ 现在令人怀疑的是白银铸币是否得到改进；然而，君主试图收集所有进入王国的金币，这一政策令人想起诺曼政策的某些方面。积累在弗雷德里克国库中的黄金，因来自突尼斯的大量贡金而增多，1231 年作为货币发行出来，1231 年发行重量为 20½ 克拉的奥古斯塔利斯（augustalis），上面印有作为罗马皇帝的弗雷德里克的引人注目的新古典肖像，即使这些金币只在他的西西里王国内发行。还有两条信息，一条关于王国的财富，另一条关于其国王的自由自在的权威。⑧

然而，弗雷德里克于 1220—1221 年在王国内建立秩序的第一次尝试和 1231 年第二次尝试之间的生涯表明，他的许多承诺变得难以相互协调一致。通过娶布里恩的约翰的女儿兼耶路撒冷王位的女继承人伊莎贝拉为妻，他圆满地完成了十字军东征誓言，虽然他很快被指责虐待她，更喜欢萨拉森奴隶们的陪伴；这个指控无论真假，似乎扩大了他背信弃义的名声。不管怎样，她确实为耶路撒冷产下一位继承人，未来的霍亨斯陶芬的康拉德四世。继续十字军东征的诺言使他于 1226 年在克雷莫纳召集议会，这或许无可辩解地在以米兰为首的各城市中引发惊恐，米兰一贯以来都在抵制神圣罗马帝国在伦巴第的权力。⑨ 这次议会完全没有促进十字军东征，而是产生了一个新的伦巴第同盟，虽然许多伦巴第城市，包括克雷莫纳本身，还有帕尔马和摩德纳，都远远地避开了叛乱。因此，当弗雷德里克坚持米兰必须屈服并接受皇帝的惩罚时，十字军东征被进一步耽搁；不断有迹象表明德意志的形势正在变得不稳定，因为弗雷德里克的儿子，罗马人的国王亨利（七世）通过竭力扩大王室权威使自己变得不受欢迎，这是他父亲有意避开的政策。教宗的斡旋在一年后促成伦巴第协议；但弗雷德里克已经被吸进伦巴第的旋涡中，而且也是他命好：教宗洪诺留坚持和解路线，力劝伦巴第人放下武器，这样弗雷德里克便可以追求十字军东征的更伟大的事业。到洪诺留的继任者格列高利九世时，情况发生了变化：格列高利九世因弗雷德里克经常不去参加十字军东征而将他驱逐出教，在弗雷德里克和几位同伴即将离港时生病、从而造成

504

---

⑦ Maschke（1966）；Abulafia（1994d）.

⑧ Abulafia（1983a）；Grierson and Travaini（1998）.

⑨ Abulafia（1988），pp. 154 – 161.

假出发时达到极点。这次十字军东征使耶路撒冷在1229年以可能不太令人满意的条件回到拉丁人的手中。但是，当弗雷德里克在东方之时，教宗亲自发起捍卫信仰之战，派出在弗雷德里克的好争吵的岳父、布里恩的约翰率领的基督教军队，去征服教宗仍然视为从属的西西里王国。返回的十字军将士十分轻易地打败了"钥匙战士"，弗雷德里克迫使格列高利于1230—1231年在圣日耳曼诺接受和约。教宗和皇帝共进晚餐，但怀疑的氛围仍然存在。

1237年，当弗雷德里克联合他的伦巴第同盟在科特努瓦打败米兰、获得压倒性的军事胜利时，传闻中的伦巴第问题似乎暂时得到了解决。但这只是在教宗圈里突出这一信念：他对教宗的利益来说太过于强大，格列高利九世的真正感觉变得越来越清晰。调解不再是合适的政策，惟有对峙。弗雷德里克的敌人可以利用他与地方军事领袖的联盟，如可怕的埃泽利诺·达·罗马诺，埃泽利诺控制了维罗纳并对异端分子友好，即使弗雷德里克对自己土地上的异端仍然十分敌视。事实上，弗雷德里克被卷入毁灭性的伦巴第内战当中，对立的军队在 505 将这场内战斗争到底，纷纷向教宗、皇帝或（非常危险地）在德意志的亨利（七世）寻求支持和解救。

格列高利九世无法忍受弗雷德里克在科特努瓦取得的胜利，于1239年宣布保护罗马免受霍亨斯陶芬家族入侵的斗争就是保卫圣彼得和圣保罗的十字军征战，他演戏一般地向集会的人群展示了他们的头盖骨。此后，冲突仍在继续，弗雷德里克对一群教会人士的抓捕行为使冲突更为恶化；这群人经由海路前往参加将要讨论他的案子的大会。1243年，英诺森四世登上教宗宝座，这位热那亚人早就不喜欢这位皇帝；通过逃往里昂、将皇帝驱逐出教并宣布将皇帝从皇位上废黜，他使冲突提升到更加尖锐的程度。弗雷德里克被指控掠夺西西里教会、结交萨拉森人并抛弃基督教信仰；看到伦巴第问题没有被推到前面令人感到有趣，虽然要逃脱伦巴第问题处于这场冲突的正中心的结论是不可能的。⑩ 伦巴第之外是甚至更为棘手的将神圣罗马帝国与西西里王国分开的问题。这是弗雷德里克愿意支持的事情，虽然不是

⑩　这种关于教宗攻击弗雷德里克二世的预示性口吻可能被过于信赖伪造文本的历史学家夸大：Herde（1994）。

在他的有生之年里发生的，正如教宗希望的那样。1235 年亨利（七世）在德意志叛乱，剥夺了弗雷德里克把部分祖产给亨利、另一部分给耶路撒冷的康拉德的机会。结果，康拉德将继承两个部分，因为他的其他的异母兄弟要么是私生子（如撒丁的恩佐和曼弗雷德），要么太小（如皇后伊莎贝拉二世的儿子亨利）。

　　弗雷德里克在德意志和意大利南部拥有一定程度的支持，足以抵抗那些挑战其权威的人：不仅仅是德意志的反对者国王亨利·拉斯佩和荷兰的威廉，还有 1246 年雷尼奥的一场严重的阴谋；包括非常铁腕的财政政策在内的强硬政府必然激起了一些反对，甚至连弗雷德里克的长期盟友皮耶罗·德拉·维尼亚也加入了反对行列，但并没有出现大规模叛乱，而且反对严厉的王室独裁统治的暴力反应要一直到 1282 年才出现。甚至意大利南部的阴谋也部分地由教宗激起，这显然是毫无异议地考虑去对弗雷德里克实施暗杀。教宗也希望恢复长久以来失去的自由的记忆，用可以比得上意大利其他部分得到的城市自由的承诺，在坎帕尼亚各城市面前进行诱惑，只要它们起来反抗控制它们的暴君。当弗雷德里克在 1250 年去世时，他的权力远非破碎不堪；必须强调的是，霍亨斯陶芬家族的垮台不是他在那年意外死亡的结果，而是其继任者康拉德和曼弗雷德的统治时期出现的危机造成。尽管 1247—1248 年对帕尔马的围困遭遇了不光彩的失败，但弗雷德里克在 1250 年似乎顽强地抵抗了许多敌人。

506

　　在那个时候，弗雷德里克的营地被偷袭，被抢走的战利品构成一部狩猎书的宏伟书稿。弗雷德里克二世长期以来因其文化活动保留着言过其实的声誉。他给他那个时代的重要犹太人和穆斯林学者写过信，包括卡斯蒂尔的犹大·哈—科恩（Judah ha-Cohen）和休达的伊本·萨宾（Ibn Sab'in），但他的宫廷不是穆斯林或犹太学者的家；事实上，它逐渐变成一个四处流动的宫廷，从一个营地迁移到另一个营地，他与非基督徒权威的联系依靠信件来保持。他在宫廷里为占星家兼物理学家迈克尔·司各特提供了一个职位，此人早期曾是他的敌人格列高利九世的随行人员。表明其文化兴趣的最重要的不朽作品是他的书《带鸟打猎的艺术》（*The art of hunting with birds*），这说明他熟知亚里士多德和伊斯兰作家；他显然粗通希腊语和阿拉伯语。[11] 然而，幸存下来的各种版本的狩猎书是否应该多谢他的儿子曼弗雷德的修订还不是很确定。衍生出来的宫廷爱情抒情诗作品类似于法兰西南部的游吟诗人的那些作品，却是用意大利语写成；这是弗雷德里克的文化庇护的另一产品，特别是首先出现在其宫廷中的十四行诗。然而，在艺术上的花费有着强力宣传的一面，正如在幸存的卡普亚城门口的新古典雕像中所看到的，它向那些到雷尼奥旅行的人宣示王室公正无处不在。[12] 但正是修复像拉戈佩索尔（Lagopesole）这样的诺曼城堡或在卢切拉、蒙特堡与其他地方修建宫殿和猎舍最为耗钱；国王很少为教会出资修建，这点或许不公正地加强了皇帝作为教会的反对者的形象。

三

教宗意识到弗雷德里克的死并不意味着"毒蛇之种"（brood of vipers）的结束。然而，康拉德四世（1250—1254 年在位）不得不面对那不勒斯起义和来自教宗军队的持续压力，这样一来，他在很大程度上依靠同父异母弟弟曼弗雷德富有活力的能力来分散敌人。1252 年，他亲自来到雷尼奥，但那里仍然没有平静下来；然而，他在不断取得的胜利的推动下要求英诺森四世妥协，承认他为西西里国王。难以想象英诺森如何会同意德意志和西西里的个人联合永远存在下去，当意大利北部也成为康拉德的行动舞台时，就更难以想象了。因此，西西里王位的候选人必须被找到的想法，在罗马教廷似乎清晰起来，他将会是明确的教宗利益的支持者，会毫无疑问地接受罗马教廷的宗主权。但问题是到哪里去找这样一个人，特别是一个能够在必需的征服战争中负担起开支的人。英格兰的亨利三世提议他的儿子埃德蒙为候选人，这个提议反映出亨利的极大野心，恰好可以从他对意大利艺术家的庇护中看出来；但英格兰贵族看不到好处，"西西里问题"继续令人头疼了好几年。事实上，康

507

---

[11] Frederick II of Hohenstaufen, *De arte venandi cum avibus*; Frederick II of Hohenstaufen *The art of falconry*.

[12] Shearer (1955); Willemsen (1953).

拉德的早逝似乎表明实施更激进措施的时代已经到来，曼弗雷德能够短暂地获得作为意大利南部教宗"代理人"的任命，因为他对阿尔卑斯山以北没有造成什么明显的危险，眼下对意大利中部也没有。或许通过他可以实现分开霍亨斯陶芬家族在德意志与西西里的继承的目的；但英诺森也没有把他看作未来的西西里国王。当各个城市被授予自治权且王国的普遍重组开始时，谁应该成为国王的问题或许被拖延下去。英诺森和曼弗雷德证明不能够在一起合作，结果曼弗雷德在 1254 年年末到穆斯林的卢切拉避难，并开始追求按权利应该移交给康拉德的年幼的儿子康拉丁（"小康拉德"）的王冠。英诺森不久之后去世，西西里贵族按照已有的传统行事，选举曼弗雷德替代英格兰的埃德蒙或德意志的康拉丁；此时，他的地位得到加强。新教宗亚历山大四世继续寻找教宗捍卫者的计划，但曼弗雷德始终享受着巩固自己的权力的自由。[13]

他运作的基础是诺曼—霍亨斯陶芬的政府体系，于是城市自由被取消，新倡议已经提出，以此刺激经济和王室财政收益。比如曼弗雷多尼亚港的建立，它一直都是一个重要的谷物贸易中心。亚得里亚海是一个主要的利益区域，正好与塔兰托亲王相称；他的女儿海伦娜与伊庇鲁斯的僭主米哈伊尔二世联姻，将作为嫁妆的科孚岛和阿尔巴尼亚沿海的都拉斯、阿弗洛纳（Avlona）与布特林特（Butrint）带给了霍亨斯陶芬家族。但他也看向西方；当阿拉贡—加泰罗尼亚的继承人彼得在 1260 年娶了曼弗雷德的女儿康斯坦丝时，他重续与西西里和加泰罗尼亚的传统关系。因此，尽管教宗保留强势态度，还是有地中海邻国认为曼弗雷德有权获得西西里王位。

面向北方，曼弗雷德成为吉伯林派的希望核心，这使教宗非常担心。到 1260 年，他已经能够帮助锡耶纳的吉伯林派，那里的吉伯林派在蒙塔佩尔蒂之战中打败了圭尔夫派联盟。曼弗雷德开始在意大利北部，甚至遥远的西北部的皮德蒙特，发展起更大的权力野心。当推断出他对教会及其圭尔夫派同盟的利益来说几乎等同于弗雷德里克和康拉德时，教宗在这个意义上来说并没有自欺欺人。

508

---

⑬　Pispisa（1991）.

四

法兰西国王路易九世的弟弟，安茹伯爵查理早在 1252 年就作为入侵意大利南部的可能领导人出现在教宗的候选名单上。他作为普罗旺斯铁腕伯爵的声誉和高效审计署（*chambre des comptes*）的财政支持使他显得非常适合，而且他对王位也满怀抱负。他以虔诚而出名，但以比他的哥哥更务实的方式来表达虔诚，路易九世固执的献身表现经常令同时代人感到震惊。他在诗人和士兵等级中获得很多仰慕者，在罗马市民中也有很多；通过树立起他的现在仍然保存在朱庇特神庙里的巨大雕像，罗马市民对他作为该城的元老院议员进行的宪法改革表达谢意。他在 1268 年处死了他的霍亨斯陶芬竞争对手，这一残忍行为揭示出他不那么令人钦佩的一面。[14] 但教宗方面的基本观点是，他热心于发起西西里战争，短时间内似乎能够支付起这样一场战争；英格兰的埃德蒙不一定能够办到同样的事。此外，他的哥哥法兰西国王长期以来表现出不愿意卷入这场冲突中去，他显然认为教宗在这场冲突中已经弄巧成拙。还有，稳固地在普罗旺斯建立起他的权威花了一些年头，尤其是在有着独立思想的马赛，在那里查理绞死了 1263 年叛乱的头目。然而，他的影响从普罗旺斯向东传播到皮德蒙特；正如所看到的，曼弗雷德在此已经成为教宗的担忧之源。

教宗寻求的不仅仅是一个胜利者，还需有一处固定的收入来源：查理承诺每年缴纳 1 万西西里盎司黄金的贡金，这表明罗马教廷是多么乐于允许自己受到财政和政治诱惑的影响。他也同意不在意大利对任何皇帝或教宗的土地提出要求权，因为他的任务就是征服雷尼奥，而且教宗仍在坚持将意大利南北部分开。反过来，由于此次征战确实超出他的财力，教宗同意宣布它为十字军征战，以便可以从十字军什一税的款项中获利，并且可以吸引参加十字军与卢切拉的萨拉森异教徒和实质上的异教徒曼弗雷德作战的自愿者。[15] 因此，到 1265 年，查理已经全身心地致力于这一事业，正与意大利北部城市和领主协

---

[14] Amari（1850）；持赞许意见的是以下著作 Cadier（1891）.

[15] Housley（1982），pp. 18－19，33－34，68－69，98－99，166；Maier（1995），with a text edition.

商，其十字军战士将不得不通过这些人的领土；显然，甚至在承诺置身于意大利北部事务之外后，他没有在北方获得同盟，就不能在南方实现目标。由于宣讲运动未能带来查理所需的财政支持，困难越发严重，这样一来，教宗不得不帮助他跳出困境；对意大利南部的征服活动几乎耗尽教宗的金库。此外，更容易提供的是他所需的军队，因为法兰西人、普罗旺斯人、意大利人和其他自愿者蜂拥至他的旗下，显然是希望当雷尼奥被征服后可以获得物质上的回报。

1266 年 2 月 26 日，曼弗雷德的军队在贝内文托被打败，国王曼弗雷德战死，这使查理在进入西西里王国后的几周之内获得了他的奖品。这个阶段的反对很有限；查理认识到，通过不惩罚那些在过去支持曼弗雷德的人可以平息憎恨。这点对贵族和政府官员都一视同仁，他很快受益于像乔斯利努斯·德·马拉这样的官僚对其事业的遗弃。没有他们的帮助，他不可能期望将军事胜利转换为对雷尼奥的财政资源的有效控制。治理方式上的激进变化几乎没有，重点仍然在重建原有的诺曼—霍亨斯陶芬行政政权上，虽然法兰西和普罗旺斯顾问找到了容身之处。法语在治理中使用，但主要是为了保持与安茹的联系，并为了便于讲法语的国王能充分了解情况。查理的征服没有带来一场行政革命。他的治理方式中存在地方传统的明显证据，由国王在 1267 年的决定提供：他召集最高司法官和财政官员的会议来核实他们的责任，这种做法起源于弗雷德里克二世在 30 多年前颁发的司法条例。

教宗不能自欺欺人地认为，在意大利南方取得的胜利将不会触及意大利北方。他的代表出席了 1266 年在米兰召开的一次重要的圭尔夫派大会，普罗旺斯和皮德蒙特的安茹司法总管也被授予任务来提出伦巴第事务。严格尊重教宗意愿和避免北方牵连其中都是不可能的，这在意大利北部吉伯林派开始期待德意志和 14 岁的康拉丁来寻找动机时已经很清楚。这样的呼吁轻易地使他转向，教宗克雷芒四世认识到，他将不得不把查理当作他在意大利北部的代理人来使用，使圭尔夫派旗帜继续飘扬。因此，克雷芒允许他在托斯卡纳担任公职达三年之久，查理收到来自普拉托和皮斯托亚为他提供城市行政长官或总督职位的建议。然而，从另一方面来看，这播下了新的困难的种子，因为查理在北方的利益使他从南方分心，那里的贵族叛乱、西西里和卢切拉的起义以及穆斯林从突尼斯入侵西西里，产生了使王国四分五裂的威胁。他的老盟友卡斯蒂尔王子亨利对从查理那里收到的报酬感到不满，加入了意大利南部的叛军队伍，暂时在罗马夺取权力，甚至成为意大利中部吉伯林派的总首领。查理有理由来反思那些曾经宣誓支持他的人的反复无常。当康拉丁进入意大利时，他从比萨和其他同盟那里获得重大支持，似乎准备行动去为霍亨斯陶芬家族收复雷尼奥。这个计划不是没有希望，康拉丁于 1268 年在塔利亚科佐战败，这是一件被威灵顿公爵可能会描述为"该死的终结点"的事。这不仅仅是对霍亨斯陶芬家族的一次胜利；整个意大利南部的反对力量分崩离析，而圭尔夫派在意大利北部开始占据优势，这种情况在许多地区一直持续到 1282 年。伦巴第和皮德蒙特的主要城市接受了他的领主权。在对卡斯蒂尔的亨利和康拉丁曾如此友好的罗马，查理被选为元老院议员；吉伯林派的锡耶纳处于圭尔夫派的佛罗伦萨的阴影之下，查理因此从锡耶纳人呈送给他的四个候选人名单中，选出了锡耶纳的城市行政长官的名字。他显然已经看到直接插手自治城市公社政府的极端危险，而且与霍亨斯陶芬家族的那些相比，他对意大利北部各城市的财政要求相对适度。当然，所有这一切使教宗处于两难境地，1268—1271 年的教宗职位空缺期被查理巧妙地延长，以便他保持行动的自由；德意志长达五年的政权空白期也意味着，吉伯林派缺乏一位能够挑战其权威的重要捍卫者。查理在意大利取得的主导地位，正是人们不希望西西里国王所获得的。他的野心也没有停留于此。1267 年，他为次子菲利普提出对撒丁岛的要求权，但面对着来自阿拉贡国王和卡斯蒂尔的亨利提出的类似要求，教宗提出了异议。即便如此，菲利普被萨萨里的圭尔夫派忠诚者宣布为国王（1269 年）。查理似乎已势不可挡。

五

511　　　查理对巴尔干事务的兴趣有几分应该被视为西西里的诺曼和霍亨斯陶芬诸王的传统关注的重要部分，他要从几个方面来解决"东方问题"的愿望会被指引着走多远，这都是未有决议的重要问题。曼弗雷德与伊庇鲁斯统治者结盟，使查理对阿尔巴尼亚南部的土地提出模糊的诉求；1271 年，他抢占沿海对着阿普利亚的都拉斯；一年后，他显然拥有了"阿尔巴尼亚国王"的头衔，这反映出他与爱尔巴桑（Elbasan）附近的阿尔巴尼亚内陆人已结盟。在某些方面，他似乎一直在实行一种古典政策，试图在意大利南部和西西里周围建立一条防疫封锁线（cordon sanitaire），包括阿尔巴尼亚、突尼斯和撒丁的一圈土地在内。⑯ 查理很重视阿尔巴尼亚政策，试图在都拉斯驻防和提供供给，将其权威扩展到远至贝拉特和克鲁亚（Kruja）的腹地，但一场大地震粉碎了他对该地区的掌控计划。阿尔巴尼亚不仅仅为他在亚得里亚海地区的利益服务：查理把它视为进入拜占庭帝国剩余土地的方便之门，近来却被米哈伊尔八世·巴列奥略为希腊人收复了。因为查理很早就表明要在意大利以东建立影响的愿望，这些计划比插手意大利本身更让罗马教廷感到满意。在取得雷尼奥后不久，查理开始与被废黜的君士坦丁堡的拉丁皇帝鲍德温二世·德·考特尼协商，希望获得阿凯亚和爱琴海的土地，还让他的女儿和鲍德温的继承人菲利普缔结婚姻关系。如果菲利普没有他自己的继承人，查理的家族将继承拉丁帝位。通过母系为他的后代获得一个帝国皇位的想法，这一想法显然让查理感到兴奋。

在 13 世纪 70 年代，巴尔干半岛发生一系列针对米哈伊尔八世的军队的小规模征战；1274 年，安茹王朝不得不经受住对都拉斯的围攻，但在 1281 年却不能避免贝拉特之战的羞耻。查理到 1281 年已经看见君士坦丁堡是显而易见的，未能更靠近它的城墙不仅仅是西巴尔干半岛进行制止的结果。教宗坚持实现协商和解的需要，米哈伊尔·巴列奥略向前推动了这一需要。米哈伊尔开始为东西教会的重新统一进行认真协商，并认识到这里的成功将会在西方竞争者面前有利于巩固他的皇位。此外，他也需要使希腊人甘心去获得教宗权威的某种承认，关于这些议题的协议为已存在的神学分歧所妨碍。1274 年，教宗格列高利十世在里昂公会议上获得明显的胜利，公会议接受了米哈伊尔八世和希腊教会的信仰声明。当查理将希腊人向武装军队投降视为十字军征战圣地的最终成功的最好保证时，格列高利的目标在于确保希腊人和拉丁人将在十字军征战中并肩作战。

查理想要扩展到更东方去，要到耶路撒冷，这一兴趣也变得清晰 512

---

⑯ Xhufi (1987) (with French summary)；Nicol (1972)；Ducellier (1981)，pp. 230 – 320.

起来。他作为十字军战士的记录包括参与1248年的灾难性十字军征战，促使1270年十字军征战的方向由突尼斯改为北非，但他有多大的决定性作用尚存争议；路易九世就死于此次十字军征战，可能受到马格里布准备皈依基督教的报告的欺骗。查理那时是得利者，因为他能够强迫突尼斯恢复向西西里国王缴纳贡金，这是君主的一个主要黄金来源，而且报了1267年柏柏尔人入侵西西里的仇。突尼斯十字军征战冒着激起加泰罗尼亚人的敌意的危险，加泰罗尼亚人正积极地在突尼斯建立起商业利益；这必须被视为安茹家族和阿拉贡人在地中海的野心之间产生的系列冲突中的另一冲突。⑰

当1274年从安条克的玛丽亚手中买得耶路撒冷王冠时，查理对圣地的兴趣昭然若揭，即使塞浦路斯的休在1269年已经被更广泛地承认为国王。查理似乎认为，通过表现出对该王国的利益采取决定性行动的能力可以使自己合法化；通过从意大利南部派遣圣塞维利诺的罗杰率领的安茹舰队到阿克并为该城提供来自雷尼奥的谷物，他能够使阿克成为安茹家族的据点。但在本质上，查理是耶路撒冷的缺席国王长长行列中的一位，他们能够司其职的时间比邻近的塞浦路斯国王更少。查理真正得到的是名望，那不勒斯王室文献在其继承人治下可以继续使用耶路撒冷与西西里国王（*Rex Hierusalem et Sicilie*）的称号，耶路撒冷的十字架出现在王室的盾徽上。

<h2 style="text-align:center">六</h2>

查理表现出参与巴尔干政治的意愿，这一意愿被吉伯林派在意大利北部的持续存在所掩饰（如1270年后在热那亚）；同时在如此多的阵线上玩政治，查理就有了冒着失去对事务控制的危险。实际上，他似乎越成功，吉伯林派中的顽固分子就越反对他的权力。甚至在皮德蒙特，他的权威陷入质疑中，阿斯蒂秘密加入反对圭尔夫派的地区联盟；教宗也关注查理在意大利北部的活动，想将罗马人的新国王哈布斯堡的鲁道夫视为充数的人，鲁道夫将在意大利北部实施影响，而查理被局限在意大利南部：这是恢复公认的职责分离原则。格列高利

---

⑰　对这一利益冲突的进一步分析可参见本卷第20章。

做出的和解努力包括给鲁道夫提建议：他将皮德蒙特伯爵领作为封地正式授予安茹的查理。这一封授将真正给予安茹家族在意大利北部的稳固权利，尽管查理在1263年对教宗的承诺条款仍然存在。不管怎样，教宗给鲁道夫送去一则秘密消息，在其中悄声暗示：正是在查理的敦促下，他提出授予皮德蒙特的建议。此外，查理在皮德蒙特的地位变得越来越无关紧要，即便鲁道夫愿意授予，到底这一封授是否会对他有所帮助尚存疑问。

即便如此，安茹的查理不是在意大利北部面临着对其权力的最大威胁。经过严厉的镇压后，西西里保持平静，但火山在爆发时是最强大的。法兰西人教宗马丁四世（1281—1285年在位）是查理的老盟友，曾帮查理对曼弗雷德的十字军征战做过宣讲，证明比他的前任更热衷于接受安茹联盟。尼古拉三世（1277—1280年在位）坚持认为查理应该辞去罗马元老院议员的职务，但马丁支持他重新当选。尼古拉在托斯卡纳实行妥协的路线，而马丁则鼓励圭尔夫派。马丁没有表现出格列高利十世在对西西里国王的拜占庭战争中显现的任何保留态度：到1281年7月，教宗、查理和威尼斯已经达成武装征服君士坦丁堡的协议，宣称希腊人不忠诚，没有使其教会与罗马的要求相一致。因此，协商和解证明是不切实际的，是时候转向胁迫了。

原定于1282年4月起航的舰队没能按计划行事。小事件能够释放被压抑者那被抑制的愤怒；1282年3月30日晚，当一位法兰西骑兵被认为在巴勒莫近郊的桑托斯皮里托教堂调戏了一位年轻的西西里已婚妇女时，一场骚乱爆发了。巴勒莫郊区发生骚乱的消息像野火一样扩散，以致在巴勒莫的法兰西驻军被屠杀，几天之内西西里的许多地方起事反抗安茹家族；一个月之内，甚至这支将被派出去与希腊人作战的舰队的驻地墨西拿也落入叛乱者的手中。然而，这些暴动的动机和意图仍然是个谜。和在任何暴力革命中一样，事态发展得如此之快，以致叛乱领导者发现几乎不可能控制住这些叛乱；这在很多方面自相矛盾地证明其优势，因为安茹家族不能够抑制整个岛上发生的骚乱，不管城市还是乡村，甚至一两个法兰西地产主也活跃在骚乱中。在骚乱的巅峰时期，西西里的城市和贵族代表向教宗求助，希望马丁四世接受安茹政权的失败，承认西西里人在教宗的最高领主权下按照意大利中部城市的典范享有自治权利；但马丁当然是查理的亲密盟

友，直接了当地谴责叛乱者。吝啬的政府将王室收入的最大部分奉献
514 给国外战争，不管是弗雷德里克二世在意大利北部的战争，还是安茹
的查理在意大利和巴尔干半岛的战争，这一长期传统显然在西西里精
英阶层中激起强烈的敌意；自弗雷德里克时代以来，这一传统因对非
西西里人官僚的倚重显得更加突出。这些官僚不仅仅来自普罗旺斯和
意大利北部，但最著名的要数一群"阿马尔菲人"，包括乔斯利努
斯·德·马拉和鲁福洛家族，他们好几次都平和地接受了安茹家族的
到来，并继续在西西里海关（secrezia）中发挥着极大的影响。⑱ 海关
（secrezia）中的亲安茹派比其他人多，各个敌对派系之间的紧张关系
到1282年导致危险的政治竞争产生，这几乎使那不勒斯中央政府无
法控制。西西里贵族和官僚明显地感觉到，到1282年他们已经被推
到边缘。相比之下，当1267—1268年的叛乱被镇压时，有些叛乱者
较早就失去了土地和权力；那些逃到外国宫廷的人，特别是乔万尼·
达·普罗奇达，明显渴望看到查理的政府被推翻，即使乔万尼几乎不
具备成为后来被称为西西里晚祷事件的秘密缔造者的资格。作为阿拉
贡国王彼得的官员，他推出彼得的妻子霍亨斯陶芬的康斯坦丝，她是
曼弗雷德国王的女儿，也是真正的弗雷德里克二世家族的最后幸存
者。但西西里的事件表明，正如所看到的那样，西西里叛乱者所喜欢
的是一个自由城市公社联邦，而不是臣服于任何国王。⑲

　　在为西西里晚祷事件做解释时，与政府的高压手段一样重要的是
13世纪期间西西里社会内部所发生的结构性变化。原有的穆斯林和
希腊人口衰落得非常厉害，因为拉丁移民的新浪潮在13世纪填补了
他们的空缺。一个讲阿拉伯语和希腊语的岛屿现在主要讲意大利语
了，由来自意大利大陆（包括北部和南部）和普罗旺斯或更远地方
的移民定居下来。这个岛屿仍然人口稀少，结果它继续享受着从将丰
盛收获出售给地中海的基督教与穆斯林港口里的外国购买者所带来的
利润；然而，有人认为，定居下来的拉丁农场主的期望是边疆社会里
的传统期望：低税收、享有包括在国王的船只上服役在内（如在兰
达佐）的封建义务的豁免权，等等。⑳ 建立在远处的那不勒斯政府越

⑱ 关于这群人，可参见 Kamp (1974)。
⑲ Bresc (1983–1984)；Percy (1981).
⑳ Abulafia (1990) and (1993b), pp. 11–13；Bresc (1985).

是不断地依赖从西西里征收的收入，查理本人不在岛上的时间越长，除1270年十字军征战期间的短暂入侵外，这个政府拥有在岛上具有影响力的那些人的忠诚就变得越加脆弱，包括巴勒莫、墨西拿和其他主要城市的更富有的商人和律师，以及内陆的地产主。^㉑查理显然没有从1267—1268年的叛乱中吸取教训。

515

与阿拉贡国王就突尼斯、撒丁、东方的十字军征战、最重要的是普罗旺斯和西西里这样的争端产生一长串冲突，已经使阿拉贡人充满怨恨地看着他的权力得以建立，他从中吸取的教训仍然很少。阿拉贡的彼得三世或许没有参与到一开始就导致叛乱产生的重大阴谋中，但拥有一支可立即投入使用的舰队，显然想着对西西里发起入侵，正好与查理的十字军东征相吻合。他对北非的科洛（Collo）或艾尔科（Alcoll）发起十字军征战，遭到教宗的怀疑和异议；这使他在西西里发生叛乱时正好就在附近，他准备接受来自在巴勒莫召开的西西里议会的继承王位的邀请，并同意其使节的建议：阿拉贡国王凭他的霍亨斯陶芬妻子的权力应该被召唤到西西里去继承王位。9月，他进入西西里；为了接受王冠和捍卫新王国，不只是西西里岛而且还有欧洲大陆领土，他在人们的热烈欢迎中从特拉帕尼来到巴勒莫。他热切地希望在意大利中部的各吉伯林派系的支持下从安茹家族那里夺权，这些派系通过驱逐安茹家族总督（甚至教廷的佩鲁贾也背叛了马丁四世）来对入侵西西里的行动做出回应。一旦安茹家族在海上被打败，他的军队开始横扫卡拉布里亚。加泰罗尼亚舰队的规模虽小却效率很高，其掌控西西里附近海域的能力长期以来证明是至关重要的。对彼得来说，最严重的问题是他意识到：当他忙于西西里时，加泰罗尼亚和阿拉贡暴露在法兰西人的攻击下，一些西班牙臣属将在国内使他蒙羞。彼得因此提出一个巧妙的办法来避免进一步的流血并结束安茹家族和阿拉贡的竞争：他将在一场战斗中与查理一决胜负；1283年，在波尔多安排了一次会面，但双方巧妙地设法避开对方，双方都指责对方失信。甚至法兰西人对阿拉贡王国发起获得教宗赐福的十字军征战，也没有成功地把彼得三世赶跑。阿拉贡过去已经承认教宗的最高领主权，虽然这一地位不如在西西里那么明确；不管怎样，教宗毫无

㉑　关于这个时候的西西里社会结构，可参见 Catalioto（1995）。

顾虑地在 1284 年将阿拉贡授予菲利普三世的儿子瓦卢瓦的查理；但在西班牙和意大利，彼得都凭借运气和决心成功获取并加强了地位。他的胜利通过加泰罗尼亚海军俘获查理的儿子萨勒诺王子查理达到顶点，导致那不勒斯发生叛乱，这充分证明安茹家族在大陆上的权力也远非稳固。西西里叛乱是一场财政、政治和军事上的灾难，因为这个岛屿对君主来说是如此重要的收入来源；占领君士坦丁堡的所有计划不得不被冻结，他于 1285 年 1 月在他的一个大据点阿普利亚平原去世，其继承人尚在被俘中；这对安茹家族的未来显得极为不利。

七

　　不是查理二世，而是教宗，真正开始收复现在可称呼为那不勒斯王国的地方，即安茹王朝的大陆。马丁四世及其继任者洪诺留四世（1285—1288 年在位）和尼古拉四世（1288—1292 年在位）行使作为王国宗主的权利，派出自己的代表去和君主任命的摄政阿图瓦的罗贝尔一起合作。洪诺留四世试图改正西西里王国过去的恶习，承认安茹王朝的过度统治在 1282 年的叛乱之后已成为往事；他希望在北部城市的圭尔夫派和吉伯林派之间寻求妥协，此举为他赢得安茹家族利益的冷漠捍卫者的声誉，但把他看作现实主义者可能更准确，因为他知道那种可能性存在种种限制。他的《关于西西里王国政府的宪法》（ *Constitutio super ordinatione regni Scilie*, 1285) 试图清除属于弗雷德里克二世和查理一世的"恶习"，恢复诺曼人威廉二世的美好时代，并相当确切地列出那些曾经存在的恶习。因此，这是一部宝贵的文献，有助于揭示出时人对西西里晚祷事件的根本原因的评价，禁止君主提出过多的财政要求：由弗雷德里克二世开征的谢礼（ *collecta* ）将被减少和控制；对封地继承的限制在一些情况下被解除；城市的赋税负担和对军事服役的要求也被修改。王室领地的转让被禁止，虽然西西里的失陷已经使王室领地失去了最宝贵的部分。当沉重的赋税要求明显削弱贵族和城市的忠诚时，令人左右为难的是如何找到资金来将一场胜利战争进行到底。应该强调的是，一个类似问题也存在于西西里，在那里，阿拉贡的彼得的征税首先从那些急于使他们逃脱安茹王朝统治的人那里遇到相对热情的回应；但从更长远来看，人们担心彼得将不能维持他承诺的低赋税政权，结果他的好几个主要的西西里支持者甚至再次成为亲安茹的忠诚分子。

1282 年事件的主要参与者都在 1285 年去世了，包括查理一世、马丁四世和彼得三世。彼得的土地在他死后被分割：阿拉贡、加泰罗尼亚和巴伦西亚等古老祖产归长子阿方索三世（1285—1291 年在位）；新近在西西里得到的王国归次子詹姆斯（死于 1327 年）。这种划分是经过深思熟虑的，反映了彼得发起西西里战争的目的；他的目的在于维护其妻子的继承权，他没有通过使其西班牙封臣定居该岛，或授予巴塞罗那商人大量特别经营权来入侵西西里，使之"加泰罗尼亚化"。只有在他去世后，这些商人才在西西里贸易中被给予特别免税权；甚至那时，他们得到与更为根深蒂固的热那亚人一样的权利。他的目的是要确保一位霍亨斯陶芬人再次登上西西里的王位；当 1283 年返回加泰罗尼亚去捍卫自己的祖产免受法兰西十字军入侵时，他留下妻子做摄政，这清楚地表明西西里现在回到了其合法所有者的手中。

西西里在 1285 年从阿拉贡分离出来，这有助于教宗在阿方索、西西里的詹姆斯及其安茹家族俘虏查理二世之间协商休战；查理二世对自己的囚禁状况极为绝望，甚至愿意放弃对西西里岛的要求权，这是教宗不会赞同的让步。英格兰的爱德华一世担当起公正无私的仲裁者，起草了一份计划；根据该计划，查理将由他的三个儿子来换取，并同意在三年内达成最终的和平协议。1288 年，尽管罗马教廷愤怒反对，这一方法最终被采用，但这没有使和平离得更近，特别由于法兰西国王菲利普四世的好战态度。迄今为止，菲利普四世不得不认识到西西里问题已经成为一个陷阱，仍抱有他的弟弟瓦卢瓦的查理可能会获得阿拉贡王位的期望。

查理二世在释放后取道安茹和法兰西宫廷前往意大利，于 1289 年 5 月恰好在其王国之外的列蒂加冕。道德改革的主题立即列入他的政府：在因支持瓦卢瓦的查理而宣布放弃两个伯爵领前不久，他将所有被指控从事放贷的犹太人、伦巴第人和卡霍森人从安茹和曼恩驱逐出去；瓦卢瓦的查理被认为应该得到一份安慰奖。针对犹太人的严厉措施也被引入意大利南部，这次是被指控杀死儿童来嘲讽基督被钉死在十字架上，这是弗雷德里克二世和英诺森四世早已公开指责过的谣传（canard）。大量皈依基督教的行为发生，特别是在特拉尼，多明我修会的审判者被引入意大利南部。查理及其重要顾问，如巴尔托洛梅奥·达·卡普阿，利用法兰西人的观念，明显将在意大利南部建立一个基督教王国作为他们的职责；除一场争夺控制权的政治斗争外，一场甚至可能决定政治斗争的道德斗争也需要进行。这从卢切拉的穆斯林居民突然被捕中可以看到进一步的反映，他们的财物和人在1300 年被没收；除为国王带来十分需要的资金外，将卢切拉人卖为奴隶实现了老安茹王朝所做的净化异教徒居民王国的承诺。㉒

518　　　查理返回那不勒斯，正好和圭尔夫派在意大利中部恢复统治同时发生，之后很快发生阿拉贡王位更替，这就提供了新的机会。1291年，詹姆斯继承无嗣的哥哥阿方索成为阿拉贡国王，但没有保持阿拉贡王国与西西里王国的分离；他的弟弟弗雷德里克被任命为西西里的王室代理官员，但被拒绝给予王冠。詹姆斯逐渐将阿拉贡—加泰罗尼亚当作基地；因而到了 1295 年，阿拉贡的詹姆斯愿意放弃对西西里的控制，以换取与安茹家族形成家族联盟以及压制法兰西人对其西班牙王冠的要求权。他看重这次恢复对教会的顺从的机会。他也被以撒丁和科西嘉代替西西里的反建议所吸引；这是一个比西西里的麻烦少得多的前景，因为撒丁的权力四分五裂，且没有唯一的竞争国王。过错在于要在詹姆斯、菲利普、查理和教宗卜尼法斯八世（1294—1303 年在位）之间达成一份将受到西西里人重视的协议。

詹姆斯的弟弟弗雷德里克成为西西里反对势力的发言人。1296年，他反抗他的哥哥阿拉贡的詹姆斯二世，被西西里的贵族和市民议会拥戴为西西里的独立国王和与他同名的霍亨斯陶芬的弗雷德里克的真正继承人。他的宫廷很快成为意大利反安茹家族的煽动中心，也吸引了意大利北部的吉伯林派流放者。㉓ 整个西西里被教宗置于严格禁令下，弗雷德里克虽然是虔诚的基督徒，但不得不忍受好几年被驱逐出教的惩罚。西班牙的阿拉贡人开始为安茹家族提供军事支持来反对岛上的居民，詹姆斯最近还保卫过他们。因此，安茹家族和西西里人的冲突在接下来的五年里反复发生，包括海上和陆地上；由于反抗他

㉒　Abulafia（1996），pp. 237–239.

㉓　实际上，弗雷德里克成为天启运动的核心，这一运动将他视为将会解救世界的"最后一位皇帝"——与他同名的霍亨斯陶芬的弗雷德里克未能做到这点；Backman（1995）。

的斗争不能取得任何进展,《卡尔塔贝洛塔条约》(the Treaty of Calta-bellotta,1302 年)使这些筋疲力尽的斗士们获得最后的和平。弗雷德里克同意从意大利大陆撤军。他将继续为西西里岛的国王,该岛后来被称为"特里纳克里亚",这是该岛的古文物研究名称,被发掘出来使两个西西里王国得以区分;于是安茹家族的"耶路撒冷与西西里国王"在弗雷德里克死后应该是可以继承西西里岛的。因此,弗雷德里克个人被接受为西西里国王,他的继承人将会在适当的时候被授予塞浦路斯、撒丁或另一块合适的土地。

当基督教海军在查理二世的另一个王国急需时,西西里战争同时发生;那就是耶路撒冷王国,这个王国毕竟在其正式君主称号中占 519先。查理意识到他在东方的义务,即使 1291 年阿克的陷落使他不能在那里行使任何权威,而塞浦路斯国王继续对耶路撒冷王位提出要求权,进一步突出安茹家族未能在圣地实现他们的抱负。作为发起者,他们制作了好几个在骑士修道会的帮助下重新征服巴勒斯坦的计划,查理二世并不是不积极;但计划不能替代行动。当叛乱者仍然存在于意大利南部的大陆上时,他几乎不可能发起十字军征战。实际上,当西西里人在反抗安茹家族时,他与弗雷德里克的斗争似乎只是拥有更多的正义,因为他们的顽强可以说阻止了他从马穆鲁克人手中救出阿克。将卢切拉的穆斯林卖做奴隶的行为或许应该被视为他对各处穆斯林发起攻击的决心的表现,但在某种意义上来说,这是在承认自己的无能;臣服的穆斯林和埃及与叙利亚的强大马穆鲁克帝国(这个时候,阿拉贡国王设法与之保持更多的和平联系)之间存在一个不同的世界。甚至在 1302 年后,查理二世也无法挪动;他慢慢地被卷入意大利北部的政治当中,而且巴尔干半岛的发展也威胁到他的利益。拜占庭统治者安德罗尼卡二世和塞尔维亚国王斯蒂芬六世·乌罗什(Stephen VI Uroš)对他的阿尔巴尼亚"王国"不断蚕食,都拉斯在塞尔维亚、希腊和安茹征服者之间来回易手。查理任命儿子塔兰托的菲利普为阿尔巴尼亚、科孚和阿凯亚领主,菲利普随后与瓦卢瓦的查理和凯瑟琳·德·考特尼的女儿瓦卢瓦的凯瑟琳联姻,使他在 1313年获得君士坦丁堡的拉丁帝国的皇位,但这是比查理一世在 1282 年凭借武装力量一直在计划的要适度得多的结果。

在另一条巴尔干前线上,安茹家族与近邻匈牙利统治者建立了联系。一方面是查理二世及其妹妹与另一方面是国王匈牙利的库曼人拉迪斯拉斯及其妹妹之间存在联姻，导致安茹家族对一个强大的东部王国的王位拥有要求权，这个王国的领地延伸至亚得里亚海滨。1290年，没有男性继承人的拉迪斯拉斯去世，时值意大利南部深陷危机之中，他的妹妹那不勒斯王后只能宣布她的儿子、查理二世的次子查理·马特为匈牙利国王。但另一个要求者威尼斯人安德鲁是阿尔帕德的马扎尔王室家族和威尼斯的莫罗西尼总督家族的后裔，利用查理二世的当务之急来巩固自己对匈牙利王位的要求权。查理·马特从未控制过他提出要求权的那个王国；他死于1296年，匈牙利王位传给他的儿子查理·罗贝尔，通常被称为卡罗贝尔，此人到1310年能够在匈牙利的大部分地区真正行使权力。大约与此同时，查理二世的长子路易放弃了对那不勒斯王位的要求权，加入法兰西斯修会，这一举动在后来的几十年里将在安茹和阿拉贡诸王子中流行起来。路易最大限度地宣布放弃继承权，使查理二世的第三个儿子罗贝尔成为意大利南部和普罗旺斯的继承人。

阿凯亚的模糊领土权也与在其他地区的扩展相似。查理二世乐于利用皮德蒙特的城市提出的诉求，在那里查理一世的权威早已分崩离析；他将安茹家族的行政人员强加给皮德蒙特，他们努力去赢得大地方贵族的归顺，如萨卢佐侯爵。在1303—1309年，"皮德蒙特伯爵领"成为政治和行政实体，虽然以前从未有过。正如埃米尔·莱昂纳尔所说："查理一世乐于让自己被承认为这个城市或那个城市的领主；查理二世正好相反，想要将他渴望重新征服的土地合并成有机的统一体，使它们成为真正的公国"。他的目的在于保护普罗旺斯的各个边界，也要加强他在意大利北部的地位。但是，在《卡尔塔贝洛塔条约》签订后，安茹家族也千方百计地巩固他们的联盟。查理二世的第三子罗贝尔忙于在托斯卡纳对抗像皮斯托亚这样的吉伯林派据点。他开始与圭尔夫派的佛罗伦萨建立起密切关系，这将成为他的统治时期的特征。吉伯林派被非常严厉地压制，甚至他们的在过去与热那亚的战争中被削弱的最大据点比萨也使佛罗伦萨人垂涎三尺。

查理二世死于1309年，正当卡罗贝尔在匈牙利建立牢固控制之时。匈牙利是查理最大的成果。他想要找到切实可行的和平方法，而不是与阿拉贡人在西西里进行无情的战争，这是政治家才干的标志。查理二世在政治上不如他父亲那样雄心勃勃；但他对犹太人和穆斯林的极端严厉手段背叛了狂热的虔诚和对道德改革的激情，这是他和他的舅舅路易九世共有的品性。他的使命是要成为一个统治基督教臣民的基督教国王。

<h2 style="text-align:center">八</h2>

人们已经看到，13世纪西西里王国的文化和宗教特性正在经历意义重大的变化，特别是在西西里岛上。拉丁定居者也出现在意大利大陆上；安茹家族显然将来自法兰西东南部的定居者带到卢切拉以外的村庄里，或许是希望以真正的基督徒取代卢切拉的穆斯林。拉丁人渗入的另一种形式是意大利和加泰罗尼亚商人的出现，他们在从雷尼奥的各个港口出口如谷物和原毛等初级商品上发挥了很大的作用。对货币的需求使安茹家族逐渐依赖于佛罗伦萨商人，这些商人准备提供无息贷款以换取更多的出口特权，一般涉及免除对出口小麦的基本贸易税。甚至在弗雷德里克二世治下，君主发现自己被迫向银行家获取短期贷款，弗雷德里克与来自皮亚琴察、罗马甚至维也纳的商人交易，这些交易是安茹家族签订的金额更大的合同的前身；对安茹家族来说，与意大利中部的圭尔夫派的商业联系实际上也有着重大的政治含义。由此创建出来的不仅仅是商业网，而且还是紧密地将佛罗伦萨及其托斯卡纳朋友与那不勒斯王国连接起来的圭尔夫派同盟。对西西里岛来说，13世纪末的战争有可能产生一个不同秩序的严重后果：由西西里与其近邻们交战造成的贸易路线堵塞，以及四处抢劫的军队对田野的劫掠，破坏了地方经济；1302年之后，弗雷德里克三世主要优先考虑的必须是恢复其岛屿王国上的经济。因此，晚祷战争对从中涌现的两个西西里王国产生了重大的结构性影响。

大卫·阿布拉菲亚（David Abulafia）

莫玉梅 译

徐 浩 校

第五部分

地中海的边界

第 十 七 章

（1） 第四次十字军东征后的拜占庭：
君士坦丁堡的拉丁帝国与
希腊的法兰克诸国

　　1204 年 4 月 13 日，西欧或拉丁人对君士坦丁堡的征服在拜占庭土地的历史上预示着一个新时代的到来，这片土地在西欧被称为罗马尼亚。这是对拜占庭帝国的军事力量、政治组织和威望的沉重打击。此外，这进一步加速了拜占庭帝国大约 25 年前就已开始的瓦解，使它走向解体。1204 年 3 月，大约君士坦丁堡失陷前一个月，"法兰西"十字军的领导者和威尼斯军队及舰队的指挥官道奇·恩里科·丹多洛总督达成一项解决五个主要议题的协议：拉丁皇帝的选举，帝国的政体，帝国的军事组织，对罗马尼亚土地的划分，最后是君士坦丁堡拉丁牧首的选举和其他教会事务。1204 年 5 月 9 日，佛兰德伯爵鲍德温九世，也即埃诺伯爵鲍德温六世，被选举为皇帝，得到君士坦丁堡的两座皇宫和四分之一拜占庭帝国。皇帝鲍德温一世（1204—1205 年在位）从其领地中授予许多封地给"法兰西"军队的骑士和骑马的下级武士，将威尼斯应得的份额分配给它，其中八分之三是土地和收入。罗马尼亚剩下的四分之三在"法兰西"或法兰克十字军战士和威尼斯之间平分。到那时，只有君士坦丁堡在拉丁人的手中。对罗马尼亚的征服从未完成；在征服过程中遇到的困难，由拉丁骑士或平民以及威尼斯共和国各自进行的远征，都对系统性地完成划分计

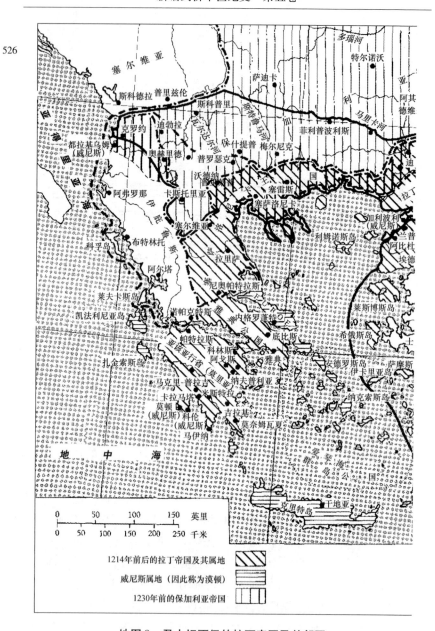

地图8　君士坦丁堡的拉丁帝国及其邻国

527

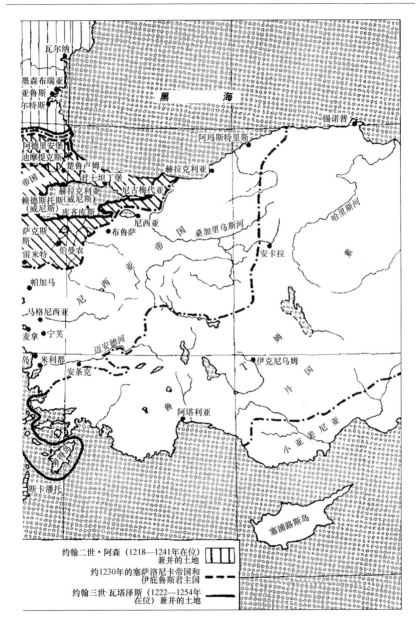

约翰二世·阿森（1218—1241年在位）
　　兼并的土地

约1230年的塞萨洛尼卡帝国和
　　伊庇鲁斯君主国

约翰三世·瓦塔泽斯（1222—1254年
　　在位）兼并的土地

划产生了妨碍。相反，由拉丁人占领的广大领土成为各个政治实体的马赛克，它们当中有许多都很小，其统治者在复杂多变的封臣关系网中相互联系在一起。

蒙费拉侯爵卜尼法斯原本期望被选为皇帝，从威尼斯那里获得塞萨洛尼卡来交换克里特；虽然他是鲍德温一世的封臣，但实际上他在1204年建立了一个从色雷斯延伸到希腊中部的科林斯地区的独立王国。1205年征服埃维厄岛或内格罗蓬特后，他把该岛首先授予一位法兰西骑士，在此人死后的同年授予三位维罗纳领主。自那之后，除1208—1216年外，这个岛屿被分成三个主要的封建单位。卜尼法斯将阿提卡和奥提亚（Boiotia）的几个处于其宗主权治下的小领主权授予法兰西和意大利的骑士。这两个地方很快与奥顿·德·拉罗谢治下的雅典公国统一起来，他从1210/1211年起也从莫里亚的法兰克公国的统治者杰弗里一世·德·维拉杜安那里持有伯罗奔尼撒半岛上的阿戈斯（Argos）和诺普里昂（Nauplion）。早在几年前的1205年，尚普利特的威廉和杰弗里已经联合起来，开始征服伯罗奔尼撒半岛，为这个公国奠定了基础。1204年或1205年，威尼斯总督的侄子马尔科一世·萨努多在纳克索斯建立公爵领的中心，从1207年起直接从皇帝那里持有该地。在与威尼斯人和外国人联合且在威尼斯的支持下，他同年征服其他的基克拉泽斯岛屿，以封地形式把它们封授出去。小领主权也在爱琴海的其他地方得以创建。1207年，科孚岛被威尼斯占领，授予10个威尼斯人，然而大约1215年落入伊庇鲁斯的希腊统治者米哈伊尔一世·杜卡斯（1204—约1215年在位）手中。最后，威尼斯在1207年将统治扩大到伯罗奔尼撒半岛西南端的美塞尼亚（Messenia）南部的莫顿和科伦两个港口，在1207—1211年间（面临热那亚人的竞争）扩大到克里特岛，这些是一个海外帝国的第一批殖民地，其中有些持续到拿破仑·波拿巴征战意大利时期。罗马尼亚的极度分裂与拜占庭的早期统一形成了鲜明对比，很大程度上归因于在拉丁罗马尼亚建立的政治和社会政体的多样性，以及这个地区的人口移动趋势和经济活动的性质与定位。当拉丁人和压倒性的希腊本土社会的相遇使政治层面上的断裂产生时，这导致在其他层面发生调整和延续。①

　　在其存在的 57 年里，拉丁帝国直到 1261 年垮台时一直动荡不
安。邻近的弗拉霍—保加利亚王国和接替拜占庭的两个国家的统治者
们提出对帝位和领土的诉求，使拉丁帝国几乎遭受连年战火；这两个
接替国家在君士坦丁堡失陷之后建立，一个在伊庇鲁斯建国，另一个
在西安纳托利亚，即所谓的尼西亚帝国。战争在拉丁帝国建立后不久 ⁵²⁹
爆发。在与色雷斯的希腊领导者结盟后，弗拉霍—保加利亚王国的统
治者卡洛扬深入拉丁领土上，在 1205 年 5 月俘获皇帝鲍德温。鲍德
温的弟弟兼继任者亨利（1206—1216 年在位）击退卡洛扬的进攻。
在卡洛扬于次年去世后，他占领北部的广大领土，成功地在之后好些
年里稳固了拉丁—保加利亚边界和政治关系。在安纳托利亚，亨利面
对着尼西亚统治者狄奥多勒一世·拉斯卡里斯（1204—1222 年在
位）。通过在 1211 年 10 月取得对狄奥多勒的一场决定性胜利，亨利
成功地克服了自己的变化多端的命运；这场胜利恢复了安纳托利亚的
拉丁统治，沿着整个海岸线从尼古梅代亚（Nikomedeia）一直延伸到
阿德拉米蒂安（Adramyttion）。据推测次年两个统治者签订的条约直
到 1224 年都保证了各自国家之间的和平。亨利在 1216 年去世，留下
一个帝国，其军事和外交才能、对希腊臣民的安抚态度，以及使用希
腊军队来对抗敌人等暂时使这个帝国得到加强。

　　拉丁帝国的命运与塞萨洛尼卡王国的命运紧密地联系在一起。
1207 年，蒙费拉的卜尼法斯突然在与保加尔人的战斗中去世后，亨
利被迫在两年里干预反对 "伦巴第" 的叛乱者，包括内格罗蓬特的
三个主要领主，他们支持威廉八世加冕为蒙费拉侯爵。1209 年，亨
利促成卜尼法斯的儿子、尚在襁褓中的迪米特里厄斯有序地继承了爵
位。此外，他在底比斯确保内格罗蓬特的领主直接从属于自己，在拉
文尼卡（Ravennika）确保法兰克人的莫里亚领主杰弗里一世·维拉

　　① 政治史、总体背景和关于拉丁帝国的一手资料与研究的参考书目：Queller（1977）；Longnon
（1949）；Wolff（1962）；Nicol（1966）；Carile（1978）；Setton（1976），pp. 1 – 105；Nicol（1988），pp. 124 –
187；Hendrickx，"Régestes des empereurs latins"，有实用却不总是可信的总结。关于其他法兰克人国家：
Longnon（1949）and（1962）；Bon（1969）；Jocoby（1971），pp. 19 – 27，185 – 195，253 – 254，271 – 280；
Setton（1976），pp. 1 – 105；Lock（1995），pp. 68 – 103，142 – 155，and Ilieva（1991），应该慎重使用。
关于法兰克人国家中的威尼斯：Thiriet（1959），pp. 74 – 104；Borsari（1966）；Lock（1995），pp. 1 –
67，161 – 192；Jacoby（1971），pp. 185 – 195，271 – 180，295 – 300，and（1993）。完全处于威尼斯统
治下的领土在这章中没有进行探讨。关于拜占庭继任者国家，可参见本卷的第 17 章（2）。

杜安也直接从属于他。然而，彼得·德·科特尼于 1217 年被教宗洪诺留三世在罗马加冕为拉丁皇帝，被迫将在塞萨洛尼卡王国的有效权威转给威廉八世。伊庇鲁斯的狄奥多勒（大约 1215—1225 年，1225—1230 年为皇帝）在彼得·德·科特尼从罗马前往君士坦丁堡的路上俘获了彼得，利用王国的内部世仇渗入马其顿和塞萨利并包围塞萨洛尼卡，在 1224 年占领了这块土地。两年后，他来到君士坦丁堡的城墙下，然而瓦拉几人和保加尔人的国王约翰·阿森（1218—1241 年在位）阻止他对该城发起致命的一击，因为他自己也觊觎该城。1230 年，约翰·阿森打败狄奥多勒，征服后者远至阿尔巴尼亚的大片领土。与此同时，到 1225 年，约翰三世·杜卡斯·瓦塔泽斯（1222—1254 年在位）的尼西亚军队已经将拉丁人在安纳托利亚的持有地减少为尼古梅代亚和君士坦丁堡对面的一长条土地。1233 年，拉丁皇帝布里恩的约翰（1229—1237 年在位）在安纳托利亚发起短期征战，未能产生任何持久利益。两年后，他面临危及拉丁帝国存在的约翰三世与约翰·阿森的联军，到那时拉丁帝国只剩下君士坦丁堡城了。1246 年，约翰三世在伊庇鲁斯的希腊统治者的眼皮底下控制了塞萨洛尼卡。他的继任者狄奥多勒二世·拉斯卡里斯（1254—1258 年在位）也忙于针对巴尔干半岛各邻国的战争，而不能行动起来反对君士坦丁堡，使它有了暂时的喘息时间。

因此，拉丁帝国的存在因与其邻国的暂时协议和变化性联盟，特别是后者之间的竞争，得以延长。然而，从长远来看，该帝国的生存能力因长期缺乏充足的财政和军事资源以及缺乏西欧对它的稳定的、永久的和普遍的承诺而严重受损。教宗为了自己的利益进行干预，只产生有限的、暂时的结果。教会与该帝国的各邻国不断协商，却未能使这些邻国归顺于罗马教会并减少其压力。教宗对西欧统治者的援助请求，以及援助拉丁帝国的十字军军事远征的宣告，都没有产生有意义的持续支持。处于困境中的鲍德温二世（1237—1261 年在位）在西欧四处游走，首先是在 1237—1239 年，然后是在 1243/1244—1248 年，无可奈何地谋求帮助。在他的第一次远游期间，拉丁帝国的贵族抵押了一件珍贵的遗物荆棘王冠给威尼斯借贷者，作为偿还 13134 赫柏尔（hyperpers）的担保。1238 年，这件遗物被法兰西国王路易九世赎回，他把它放置在巴黎专门修建的圣夏佩尔教堂。1248 年，鲍德温二世在君士坦丁堡欠了一些威尼斯商人24000赫伯尔；后来，作为另一次贷款的报答，他抵押了唯一的儿子科特尼的菲利普；在借贷者的监护下，科特尼的菲利普在威尼斯过了几年。1260年，鲍德温二世被迫从君士坦丁堡各个宫殿的屋顶上剥下铅片，以便筹钱保卫帝国。西欧的世俗权力都在追求各自的利益。尽管威尼斯的经济是帝国生存的支柱，甚至威尼斯都只是断断续续地派出海军进行援助。当威尼斯在1260年意识到帝国的存在面临极大危险时，已经太晚了。[2] 因其希腊臣民越来越愿意求助于外国统治者，这个帝国内部也被极大地削弱；尤其那些伊庇鲁斯和尼西亚的臣民们诉之于希腊人身份，甚至帮助入侵的军队。最后，米哈伊尔八世·巴列奥略1258年夺取尼西亚王位，三年后正是他在帝国都城恢复拜占庭的统治并结束拉丁帝国。鲍德温二世逃去西欧，在那里努力获取支持以收复国土，但收效甚微。

拉丁帝国的内部结构和发展相当复杂。在1204年5月16日举行的皇帝鲍德温一世的加冕典礼上，各种不同的装饰令人想起相似的拜占庭庆典。拜占庭的痕迹也从皇帝的封号及其官员和显要，以及帝国文献和货币制度中反映出来。这些特征的采用部分是由皇帝想要强调拜占庭帝国传统的连续性而促成，由此加强统治的合法性。在帝国宫廷服务的希腊官员，也使征服者们认识到拜占庭财政体系的复杂性并确保其延续性。[3] 然而，1204年3月的条约确定的政权运作原则，大多依据西欧封建模式和应对紧迫的军事需要来塑造。随后的封地的征服和分配导致封臣等级网的领土化和地理扩张，这一等级在十字军东征期间已经在"法兰西"军队内部存在。然而，每个封地持有者也宣誓为最高领主皇帝提供军事服役。这个帝国的一个固有特征是威尼斯在其框架内的制度与政治地位，这种地位结合了从属和平等的因素。从属以两种方式表现出来：第一，威尼斯作为一个集体政治实体嵌入以皇帝为首的政府的封建体系中；第二，个人封地持有者在帝国内有自己分担的责任，承担着去履行与"法兰西"地位相当的人一样的军事义务。然而，威尼斯事实上在皇帝及其封地持有者之间起着中间人的作用。威尼斯的官员在威尼斯人和外国人中分派封地，这些

[2] 参见注释1；Setton (1976)，pp. 1-153；Barber (1988)；Angold (1989)；Wolff (1954b).
[3] Jacoby (1993)，p. 143.

人向总督承担军事和财政义务并宣誓效忠于他；威尼斯在帝国的主要代表，即在君士坦丁堡服务的城市行政长官（podestà），负责集体免除封地持有者所欠的军事服役；最后，威尼斯人仍然是在威尼斯自己指挥下的一个独立的军事分遣队。此外，威尼斯维持对其在帝国内应有部分的其他成分的独有控制权，对那些在此范围内持有财产的人行使权威。威尼斯对此次十字军东征和征服君士坦丁堡有着决定性贡献，还有独立的军事分遣队，但到 13 世纪 20 年代后是否仍然存在没能证实；这些确保了威尼斯相对于皇帝来说有一个强大的政治地位，在帝国的政治形成阶段与"法兰西"贵族形成真正的势均力敌之势。威尼斯的代表此后参与各种不同的统治机构，这些机构的决定对政治、领土、法律和制度发展产生长远影响。

　　威尼斯的地位是从属与平等相结合，由城市行政长官在象征层面上得以扩大和增强。为了在帝国内外突出准皇帝身份，他们使用从拜占庭模仿来的称号和王权要素以及由皇帝自己使用的那些。来自威尼斯和政治权宜之计的长距离，解释了直到 13 世纪 30 年代几位城市行政长官所展示的外交主动权。然而，他们的政策显然与威尼斯宗主城市的利益相符合，而且与之密切合作。因此，推测他们采取自治政治路线或试图支持自己的地位是没有根据的。威尼斯在拉丁帝国的地位也因其把持君士坦丁堡教会而得到加强。在鲍德温一世称帝后不久，威尼斯依照 1204 年 3 月的条约，实现选举威尼斯人托马索·莫罗西尼为牧首的目的，其继任者们直到 1261 年也都是威尼斯人。牧首们影响着拉丁帝国的政治生活，而且控制资产在君士坦丁堡产出大量收入。威尼斯也利用自身作为一个沿海和商业权力的重要身份。威尼斯的船只好几次都帮助皇帝保卫君士坦丁堡；威尼斯的臣民在该城的贸易中起着主导作用；威尼斯在该城的居住区于 1204 年得到扩大，吸引了威尼斯人和外国定居者。同样的情况出现在赖德斯托斯（Rhaidestos）和加利波利（Gallipoli），两个都是达达尼尔海峡属于威尼斯的沿途停靠港口，直到 1235 年都由威尼斯的代理人进行管理，同年为约翰三世·杜卡斯·瓦塔泽斯占领。为了进一步加强在帝国中的地位，威尼斯通过给其封地持有者中的拉丁外国人、拉丁城市居民、希腊人和被称为加斯默罗伊人（gasmouloi）的威尼斯人与希腊人的混血后代授予威尼斯国籍。④

莫里亚公国是拉丁罗马尼亚的第三个主要的法兰克人国家，存在时间比拉丁帝国大约长了 170 年。杰弗里一世（1209—1229 年在位）及其两个儿子杰弗里二世（1229—1246 年在位）和威廉二世（1246—1278 年在位）直到 1248 年才征服整个伯罗奔尼撒半岛，美塞尼亚南部的威尼斯飞地除外。在塞萨洛尼卡王国于 1224 年沦陷之后，其他法兰克人领主聚集在杰弗里一世身边。凯法洛尼亚伯爵从 1236 年起承认莫里亚亲王的宗主权。1248 年，为了回报援助的承诺，鲍德温二世将除了四座以外的所有爱琴海岛屿的宗主权转让给威廉二世。这一约定本来仅限于这位亲王的有生之年，却持续到了 14 世纪。威廉二世在几年后继续维持他的新地位。从 1209 年起，内格罗蓬特的主要领主也承认威尼斯的宗主权，威尼斯好几次插手该岛的封建事务，特别是从 1256 年到 1262 年支持这些领主中的两位，这两人拒绝承认对威廉二世的封臣从属身份。然而，拜占庭重新征服的危险最终于 1262 年促使他们同意了。雅典公爵居伊一世·德·拉罗谢是反叛领主的盟友，已经在 1258 年被威廉二世打败后承认其最高领主权。⑤ 533
莫里亚公国的军事力量从几个时期显现出来，如 1236 年和 1238 年，当时杰弗里二世带着军队前来解救君士坦丁堡，以及从 1249 年 5 月到 1250 年 5 月，当时威廉二世一整年都在参加法兰西的路易九世对埃及的十字军征战。然而，米哈伊尔八世（1258—1282 年在位）那时依然统治着尼西亚，他的军队于 1259 年在马其顿的佩拉戈尼亚（Pelagonia）给予这位亲王及其封臣和同盟以沉重的打击。在大约两年的时间里，莫里亚公国都是由妇女代替被俘的丈夫进行统治。在拜占庭于 1261 年收复君士坦丁堡后，威廉二世同意割让伯罗奔尼撒半岛东南部的三个重要要塞给米哈伊尔八世作为释放他的代价，当中包括只在法兰克人手中保留了大约 14 年的莫奈姆瓦夏。

在这个半岛获得立足点后，次年拜占庭人开始了扩张。为了反击拜占庭人逐渐增加的压力和回报承诺的援助，威廉二世在 1267 年签

---

④ Jacoby (1993), pp. 142 - 164, 194 - 197；Wolff (1954b)；Jacoby (1998). 威尼斯的外国人归化不应该被误认为是授予威尼斯市民身份，市民身份在这个时期只授予那些定居于威尼斯市区的人：参见 Jacoby (1993), pp. 163 - 164, and (1981), pp. 217 - 221.

⑤ Jacoby (1971), pp. 21 - 25, 52, 185 - 194.

订的《维泰博条约》（the Treaty of Viterbo）中同意：在他死后，莫里亚公国及其属地应该转让给西西里的新国王安茹的查理一世（1266—1285 年在位）。这一改变是在威廉的领主皇帝鲍德温二世的默许下进行的，鲍德温二世还将爱琴海诸岛、科孚岛和伊庇鲁斯的所有拉丁占领地的宗主权都授予查理。威廉二世在 1278 年去世后，查理掌控了莫里亚公国并派出地方长官去统治。1289 年，他的儿子查理二世（1285—1309 年在位）把该公国授予威廉二世的女儿伊莎贝尔·德·维拉杜安，因为她在第二次婚姻中嫁给了埃诺的佛罗伦特，这对夫妇在该公国定居下来。佛罗伦特开始与拜占庭休战，然而战争在 1295 年再次爆发。那时，拜占庭的领土从 1262 年被拜占庭收复的东南地区扩大到北部的卡拉夫里塔（Kalavryta），因而覆盖了伯罗奔尼撒半岛的很大部分。佛罗伦特最严重的问题是年幼的雅典公爵居伊二世·德·拉罗谢的母亲兼摄政海伦娜拒绝承认他的宗主权。然而，这位公爵在 1296 年成年后，向伊莎贝尔和佛罗伦特宣誓效忠。当伊莎贝尔在 1299 年让小女儿埃诺的玛奥与居伊二世订婚时，双方建立起更为强大的联盟。1294 年，查理二世把所有的东方属地都转让给儿子塔兰托的菲利普，菲利普因此成为法兰克希腊的直接领主。1301 年，守寡的伊莎贝尔·德·维拉杜安嫁给了皮德蒙特伯爵萨伏依的菲利普（1301—1307 年在位）；在来到莫里亚公国后不久，菲利普因违反莫里亚封建习惯而激起不同贵族和骑士的反对。次年，菲利普镇压了由新税收引发的斯科塔山区居民的叛乱。1303 年，他在查理二世534的支持下征战伊庇鲁斯，但后来查理二世拒绝提供进一步的帮助。由于他迟迟未能对直接领主塔兰托的菲利普宣誓效忠，查理二世在 1307 年宣布伊莎贝尔被没收封地。1311 年，她仍然坚持声称她和她的女儿玛奥享有的权利，但却完全无用。塔兰托的菲利普已经实实在在地成为莫里亚亲王（1307—1313 年在位）。

　　拉丁统治在广大的罗马尼亚地区建立起来，为西欧人移民和定居于这些领土上打开了通道，规模比 1204 年前要大得多。第一批拉丁定居者来自征服者的各个等级，许多人是骑士，威尼斯分遣队除外。拉丁人口在数量上不断增多，变得更加多样化，大部分新来的人来自意大利各个城市。然而，由于缺乏定量数据，要评估拉丁移民的范围是不可能的。1225 年前后，大约 450 位骑马的武士被分散到整个莫里亚公国，但他们当中有多少人和妻子儿女生活在那里则不清楚。
1210 年，雅典公爵奥顿·德·拉罗谢提到只有 12 名拉丁人居住的地
区，指的是定居在孤立的山间城堡，或设防的乡间宅邸里的封建领主
及其随从人员。可是，甚至这些领主偶尔也会到他们在城市里拥有的
房子里过上一段日子。不管以前的生活方式或职业，也不管是骑士还
是平民，大多数拉丁人趋向于长久地居住在城市中心，最好有城墙保
护或在卫城里面。例如，加利波利半岛的"法兰西"骑士和威尼斯
封地持有者就是如此。诚然，拉丁人在罗马尼亚明显偏好城市定居
地，在一定程度上来自经济上的考虑，商人和工匠尤其如此。然而，
这也是来自少数人群体出于安全上的心理推动，他们意识到在过多的
希腊人口中的孤立感。在 1204—1261 年期间，威尼斯殖民帝国外的
被征服领土上的最大拉丁人聚集发生在君士坦丁堡。该城的主要经济
作用，以及威尼斯的得到加强的地位和扩大了的住宅区，首先吸引了
威尼斯移民。在法兰克人的莫里亚，王廷在安德拉维达（安德雷维
尔）建立，进一步推动了在这个地区的定居活动，促进了城市的发
展。意大利银行家和商人在克拉伦斯（基亚绗扎，克拉伦扎）暂时
或长期定居下来，这是 13 世纪上半叶在离安德拉维达不远的地方建
立起来的港口；这些人使之成为经济中心，将莫里亚公国与西西里王
国和威尼斯连接起来。然而，拉丁人的运动不限于移民。定居在拉丁
罗马尼亚的那些人中的一些人，在一段时间后离开前往其他目的地。
自从拉丁帝国建立以来，报酬被拖延或对居住条件不满的骑士要么回
到西欧，要么不再为皇帝提供服务，到相邻国家的军队中去作战。此   535
外，在君士坦丁堡待了很多年后，一些与亲属保持密切联系且在威尼
斯保留有房产的威尼斯人回到该城。拜占庭在 1261 年收复帝国都城，
使大约 3000 名拉丁人离去，大多数毫无疑问是威尼斯定居者。⑥

　　正如前面所说，前来征服的骑士们从西欧迁移到本章考察的罗马
尼亚领土上，不包括拉丁帝国里的威尼斯占领部分及其政治组织和社
会政体。然而，他们与本土人口的相遇需要做意义重大的调整。正如

---

　　⑥　Jacoby (1989a)，pp. 194 - 197，218，and (1989b)，pp. 159 - 163，182 - 189，192 - 194；Jacoby
(1997)；Borsari (1966)，pp. 107 - 112；Lock (1995)，pp. 240 - 265；Jacoby (1998)；Geanakoplos (1959)，
pp. 112 - 114，131 - 134，不怎么令人信服地宣称 1261 年在君士坦丁堡没有出现人口大量外逃现象，然
而威尼斯人不管怎么说都会害怕拜占庭对该城的重新征服。

在西欧一样，他们定居的领土上的社会变得高度分层化，上层的骑士阶级和其他社会阶层存在明显的区别。这一区别得到骑士强烈的阶级意识的支持，从骑士授封仪式及其特别的价值观、生活方式、心态和文化中表现出来。然而，即使在这一法兰克精英阶层内部也存在明显的社会分化。封臣身份和由军事服役产生的封地持有为社会和政治等级制提供了支柱，但只有高等和中等等级的贵族才能行使司法与立法权威以及征税权。封建等级制的分层特性从莫里亚公国最好地体现出来。贵族在那里享有强大的地位，参与王廷的决议。在亲王的其他总佃户中，我们发现拉丁主教们和一些意大利银行家与商人被亲王授予骑士身份和封地以回报他们的财政支持，对银行家和商人的封授始于13世纪下半叶。亲王的直接封臣之下有几个封臣等级。最低的社会阶层包括不是骑士阶级成员的个人，即欠着马上军事服役的下层武士，还有执政官（archontes），他们是本土社会精英阶层成员，其状况将在下面提到。[⑦]

　　我们对13世纪法兰克莫里亚的封建习惯的认识主要来自一本个人法律专著，被称为《罗马尼亚法令》（Assizes of Romania）。这本汇编集在1333—1346年间以法语写成，法语是法兰克骑士的语言，却以威尼斯语译本的形式幸存下来，大概于14世纪晚期在内格罗蓬特536 完成。[⑧] 莫里亚的封建习惯从具有输入因素和本土因素的混合物逐渐演变。征服者及其继任者从出身地的封建习惯中借用各种原则、惯例和规划，其中包括香槟，还从耶路撒冷的拉丁王国借用，那里的法兰克国王和贵族面临的许多问题与他们的相似。来自西西里王国的封建习惯的有限痕迹在1278年后出现，当时莫里亚公国处于查理一世的统治下。不过，法律体系发展中的决定性因素是由莫里亚王廷创建的立法法案和司法先例，这反映出法兰克人遇到真正问题时所采取的动态的解决办法。在这一框架中，莫里亚公国的封建习惯表现出独创性特征，因为它吸收了与希腊人持有的祖传土地与依附农民的地位有关的拜占庭法律要素。《罗马尼亚法令》确认亲王拥有强大的法律与政治地位，反映出有时在他和贵族之间产生的紧张关系以及贵族在其王

---

⑦　Jacoby (1989a), pp. 189–194, (1971), pp. 271, 291, (1973), pp. 901–902, and (1986).

⑧　Recoura (ed.), *Les assises Romanie*，带有法语译文；由托平翻译成英语：Topping (1949)，然而，可参见对这两份译文的大量修改：Jacoby (1971), *passim* (index of Assizes on pp. 353–356)。

廷里的合作，这从其他来源也可以获知。这些法令广泛涉及封臣关
系、封地、相应的军事服役和领主对农民享有的权利，只是稍微提及
非封建宅地、商业诉讼和遗嘱的起草。莫里亚在 1248 年扩大了对爱
琴海诸岛的宗主权，导致爱琴海各领主与雅典和波多尼萨（Bodonit-
sa）的领主一起更多地参与公国的政治、军事，尤其是封建生活。
1261 年拉丁帝国的垮台加强了这一趋势，在 1278 年后查理一世任命
的执行官和直接统治公国的亲王治下仍在持续。这使莫里亚封建习惯
在所有隶属于它的宗主权之下的领土上散播。[9] 威尼斯的代表自 1211
年起就在内格罗蓬特担任执行官（bailo），负责处理岛上涉及威尼斯
人及其资产的司法诉讼，在莫里亚习惯的基础上扩大其对封建事务的
司法权。他们对这个区域的干预在 1262 年被该岛的最高领主莫里亚
的威廉二世压制了大约半个世纪。此外，爱琴海地区的一些威尼斯领
主继续将封建诉讼提交给威尼斯执行官（baili）。执行官行使司法权
力，促使威尼斯产生使用和保留莫里亚封建习惯的兴趣，并最终促使
威尼斯在 1452 年正式批准威尼斯版的《罗马尼亚法令》，这一处理
使该法令在威尼斯殖民帝国取得法律效力，克里特岛除外。对莫里亚
封建习惯的依赖决定性地促进威尼斯对法兰克人的内格罗蓬特和一些
邻近岛屿的领主权不断扩大，到 1390 年得以完成。[10]

　　拉丁人定居下来的结果是，所提及的罗马尼亚领土上的社会被分
成两个截然不同的群体。当宗教隶属关系不是日常生活中的重要方面
时，它构成基本社会分层和个人身份的标准。属于罗马教会的拉丁人
享有较高的自由人身份，法兰克与拉丁人和自由人同义，而仍然忠诚
于希腊教会的本土社会被全体降低了地位。这个社会经历了重要变
化，由两个因素造成。第一，前来征服的骑士们将自己的社会观念投
射在它上面，使之成为一个严格分层的主体，并且将拜占庭社会现实
转变为法律条款。第二，由于拜占庭坚持的抽象国家身份观念与他们
不相容，因此帝国政府的所有特权和职能已经在帝国中保留了公共性
质，被转移到封建领主的手中。这同样与西欧社会盛行的法律体系相
一致。这种国家在司法和财政事务上的权威的整体私有化与去中心化

537

　⑨　Jacoby（1971），pp. 24–26, 29–174, 185–187.
　⑩　Jacoby（1971），pp. 188–211, 237–308.

是拉丁罗马尼亚封建化的两个特征，威尼斯持有的领土除外；它们阻止了希腊社会的社会趋势，对其成员的地位产生了直接影响。在1204 年以前，拜占庭社会内部的基本社会与法律差别在于自由个人与奴隶之间。自由人中间的社会与经济差别在法律条款中没有表现出来，所有人都要接受同样的帝国法律和法庭的管制。由执政官组成的拜占庭精英阶层、大土地领主、中高等级的帝国官员和大多居住在城市里的帝国显要因而缺乏法律界定。然而，法兰克骑士认为他们是已经确定了的社会—法律阶级的成员，与他们自己的等级相似但不相等，他们自己的地位是世袭的，而且他们受法律体系的管制，这个法律体系与管制大部分本土人口的体系并不相同。

　　随着帝国政府在君士坦丁堡失陷前的几年里，尤其在失陷后的那些年里崩溃，罗马尼亚许多地区的执政官对当地人口实施有效统治。总的说来，那些协商使城市和领土置于其控制下的人被允许保留所有或部分祖传领地和生活在其中的依附农民。在纳克索斯公爵领，拉丁定居者的数量较少，促使征服者马尔科一世·萨努多对希腊人采取安抚态度，使执政官合并到他的封臣中去。在法兰克人的莫里亚，法兰克骑士阶级和比其他地方多得多的执政官的利益不断融合，使执政官和其他希腊人被逐步吸收进单纯效忠的封臣等级中，他们是封建等级的最底层。这种合法的融合并不影响他们的祖传领地的地位，祖传领地仍然保持世袭并像征服以前那样处于拜占庭法律的统治下。从13世纪中期开始，特别是在拜占庭于 1262 年回归伯罗奔尼撒半岛后，法兰克领导者强烈要求确保执政官的忠诚、合作和服务，促使他们通过将服从于封建习惯的封地授予执政官，甚至将骑士身份授封给执政官当中的一些人来进一步提高其社会地位，这种骑士身份变成世袭的。然而，在大多数情况下，这一社会进程没有促使希腊人采用罗马信仰，也没有使拉丁骑士愿意与希腊人通婚。执政官取得的法律与社会同化的限制也从两个群体之间持续存在的文化差距中表现出来。执政官的社会地位提升，加强了他们在自己的共同体里的传统地位，却剥夺了这个共同体中的精英阶层反对拉丁统治的意愿。⑪

　　⑪　Jacoby (1989a), pp. 180 – 185, 197 – 200, (1989b), pp. 2 – 8, and (1973), pp. 889 – 903; Lock (1995), pp. 266 – 305. 1204 年前包括在执政官中的斯拉夫领导者也受益。

　　如前所述，作为征服的结果，全体本土人口经历了社会地位降低
的过程。除执政官外，因为原则上被同化为依附个体（paroukoi），
所有希腊人沦落到依附状态中，不管 1204 年以前的个人地位或居住
地如何。《罗马尼亚法令》只区分两种希腊人，即执政官和依附者，
后者也被拉丁人称为维兰（villani）。然而，实际形势更加复杂，在
拉丁征服后的早期，一些地区的城市人口和乡村人口之间，在任何情
况下都存在着明显差别。政治权术为希腊人在哈德良堡的自治做出了
解释，该城自 1206 年起由处于威尼斯领主权之下的希腊执政官狄奥
多·布拉纳持有。我们可以确定地推断，1213 年希腊法庭在拉丁人
许可下在塞萨洛尼卡运作起来，维护拜占庭法律中有关依附者及其资
产的法规，不同于非依附性的城市居民所遵循的那些法规。[⑫] 使用拜
占庭术语依附者的连续性掩盖了希腊人在法律地位与社会境况上的主
要变化，这个术语就用在他们身上。在拜占庭法规中，依附者指的是
在法律上被认为自由且可以使用帝国法庭的农民，虽然受到帝国国
库、教会机构或个体领主的束缚，并且屈服于一些重要的个人限制。
随着政府权威在拉丁统治下的私有化，他们在法律上被认为是不自由
的，像西欧的依附农奴或维兰，因而成为一个他们只可以通过正式的
解放法案才能够逃离的法律阶级的成员。对依附关系的推断是如此有
力，以致自由地位不得不由享有它的希腊人来充分证明，如果有疑问
的话，最好借助文献解疑。依附者或维兰对领主的隶属远远比拜占庭
时期更严格。依附者只被认为是一份财产，被捆绑在领主的领地上；　539
领主几乎对他行使无限制的权力，除了关于只有拥有决定权的法庭才
能行使的犯罪裁决。依附者在处理土地财产和物品方面的法律能力也
远远比拜占庭时期更受限。解放的例子显然几乎没有。令人感到矛盾
的是，在缺乏拜占庭帝国权威的情况下，整个演变也使隶属执政官和
希腊教会机构的依附农民的境况更加恶化。在社会地位上甚至比维兰
更低的是奴隶，他们的数量因罗马尼亚频繁发生的战事与海盗行为逐
渐增加。他们当中的许多人被输出到西欧或穆斯林国家。至于希腊社
会分层和农民阶级所欠税收的私有化，威尼斯在拉丁帝国的占领地上
采用由法兰克骑士所使用的原则和政策，然而保留了国家对其授予的

---

⑫ Jacoby（1993），pp. 151, 157；Wolff（1962），p. 211.

财产和权利的控制权。相比之下，在处于其直接统治下的罗马尼亚领土上，威尼斯严格地维持拜占庭司法与财政权威的公共性质作为这个国家的独有特权。[⑬]

拉丁征服及随后偏向拉丁人的地产重新分配，没有改变罗马尼亚经济的性质。土地仍然是收入、财富和税收的主要来源，乡村的农耕基础结构几乎没有受到影响，农业利用的基本模式还在持续。希腊官员被纳入拉丁行政体系促进这一连续性，这从幸存下来的拜占庭行政、财政和法律机构与习惯，记录在 14 世纪的调查中的法兰克莫里亚的大领地结构以及各种不同的农业契约上表现出来。[⑭] 然而，拉丁征服结束了拜占庭执政官在资助经济活动方面的主导作用，决定性地废除了拜占庭国家对制造业和贸易的具体分支的限制性控制。希腊中西部和爱琴海诸岛处于法兰克统治下的时间要长于 13 世纪拜占庭收复领土的时间，因此经历了比以往任何时候都更活跃的乡村部分、城市和远距离海洋贸易之间的经济互动发展。资金在这些经济区域之间自由流动，受到不同因素的推动：拉丁人主要在沿海城市里暂时或长期居住，导致这些城市的人口增长；为在途中的商人和船只提供商品和服务；西欧对农业和工业商品的需求不断扩大；最后，来自西欧的流动资本输入。这最后一个进程最晚自 13 世纪 70 年代起，受到来自锡耶纳（皮科洛米尼、托洛梅）的商业和银行业公司的活动的推动，后来一些来自佛罗伦萨（切齐、巴尔迪、佩鲁兹）的公司加入进来。它们的大规模业务范畴从拉丁人的东方延伸到香槟集市和英格兰。在拉丁希腊，克拉伦斯成为它们的主要信贷中心，但它们也在科林斯、底比斯和内格罗蓬特经营。意大利商人和银行家引入利润共享的风险项目、信贷、商业、资产管理和市场营销的新形式，并投资于加工和对乡村土地的利用。因此，热那亚商人在底比斯自 1240 年以前就在丝绸工业中起着企业家的作用。总体来说，意大利银行家、商人和行政人员在 13 世纪下半叶的出现及其活动促进了农业、畜牧业和工业生产力，输出与利润的增长，推动了拉丁人占领下的拜占庭前西部省

⑬　Jacoby (1989a), pp. 185–189, 207–216, (1989b), pp. 16–18, 20–23, and (1993), pp. 169–181.

⑭　Wolff (1962), pp. 210–211, 224; Jacoby (1993), pp. 164–182, (1989a), pp. 216–218, and (1989b), pp. 10–19.

份的经济发展。然而，工业演变有着不同的模式。底比斯和其他丝绸
中心生产的丝织品继续被运送到西欧。不过，意大利的珍贵丝绸和威
尼斯的改良玻璃的部分产品打算出口到罗马尼亚，它们的扩大生产之
举遏制了这些相同工业在希腊中西部及邻近岛屿上的扩大。这些地区
逐渐为西欧提供工业原材料，这一发展预示了它们开始吸收西欧的成
品。简而言之，这些地区经济演变的一个重要方面是它们对西欧的远
距离出口的重新定向，1204 年以前大多是面向君士坦丁堡出口的。
诚然，这些相同地区的希腊人继续参与短途和地区贸易、陆路和海路
运输以及季节性集市。然而，拉丁人在这些活动中的总体份额以一定
的代价不断增长，希腊人从 13 世纪 70 年代显然逐渐依赖于拉丁人的
船只。希腊中西部的海上商业逐渐从属于长途海上贸易的需要、路线
和季节变化；这一贸易由威尼斯商人和承运人主导，他们利用威尼斯
的海军和外交保护及其殖民地和商业前哨提供的基础设施。这一演变
导致这些领土不断融入连接罗马尼亚和意大利与利凡特的三角贸易模
式。在 13 世纪下半叶，这一贸易网的主要海上通道沿线的海盗活动
日益猖獗，这表明东地中海海上贸易在这个时期的总体增长。[⑮]

　　拉丁人征服君士坦丁堡产生的最重要经济影响之一，是使黑海向 541
无限制的西欧商业的开放。这一发展不可能被拜占庭皇帝在 1261 年
收复君士坦丁堡后逆转，处于特定情况下的小麦除外。1204—1261
年君士坦丁堡和黑海的贸易几乎没有留下任何记录，而贸易的发展仍
然能够重新建构起来。威尼斯在拉丁帝国的征服与政治生活中的关键
作用确保了它的流动或定居商人在这一贸易中占据主导地位，比萨、
安科纳、阿马尔菲和普罗旺斯商人也都参与其中，而热那亚人在 1261
年以前只是间断性地出现。有些威尼斯人在君士坦丁堡使用相
当大的金额，可以深入了解其商业活动范畴。由君士坦丁堡的威尼斯
城市行政长官贾科莫·蒂耶波洛在 1219 年与狄奥多勒一世·拉斯卡
里斯，次年与科尼亚的塞尔柱素丹签订的条约，证明了威尼斯与安纳
托利亚的贸易，狄奥多勒一世和拉丁人在 1228 年签订的休战协定则

　　⑮　总体趋势：Jacoby（1989b），pp. 26 – 32。莫里亚和西西里的安茹王国的贸易：Jacoby（1997），
pp. 102 – 108。海上劫掠和海盗活动：Ahrweiler（1966），pp. 322 – 323, 369 – 370, 377 – 378, 381；Balard
（1978），pp. 39 – 40；Geanakoplos（1959），pp. 152 – 153, 210 – 215, 302 – 304, 328, 336 – 337, 362；Mor-
gan（1976）。

证明了威尼斯与希腊人持有的色雷斯的商业交往。然而，在黑海，拉丁人起初显然是依靠君士坦丁堡的惯常物质供应，主要是由本土的黑海商人买卖的小麦、盐、鱼、兽皮和毛皮，只涉及这个地区的少数冒险事业。想要进入地中海市场，他们带来的商品便在君士坦丁堡转运。只有在蒙古人的统治于1239—1240年在罗斯南部巩固下来后，拉丁人才显著地扩大了在黑海和黑海周边的商业的地理和财政范围。他们当中的一些人在克里米亚半岛南海岸的索尔代亚定居下来，这里成为渗入远至基辅及更远地方的罗斯南部和将奴隶从蒙古领土出口到地中海的基地。值得注意的是，两个在1260年经过君士坦丁堡的威尼斯人尼科洛和马泰奥，即著名的马可·波罗的父亲和叔叔，从那里航行到索尔代亚，踏上前往中国的旅途。次年出现在君士坦丁堡和黑海的威尼斯船只证实，拉丁人在这个地区的活动逐渐增多。拉丁君士坦丁堡因而成为一个重要的中转站，在黑海地区并入地中海贸易体系的过程中起着关键性的作用。[16]

　　我们已经注意到法兰克社会精英阶层与希腊社会精英阶层的有限友好关系。拉丁人和希腊人对制造业、贸易和船运业的追求，在城市中心促进其在日常实用的层面上有着某种程度的经济合作与社会交 542 往，间或也联合起来。然而，所有这些接触没有影响拉丁罗马尼亚的大多数希腊人对拉丁人的根深蒂固的态度，这种态度大多是由宗教从属关系和教会发展塑造而成。在13世纪，几乎没有希腊人加入罗马教会，但大多数希腊人留在自己的宗教共同体中。君士坦丁堡的拉丁征服者首先通过亵渎其圣所并夺取其圣人遗骨来羞辱希腊人。拉丁罗马尼亚的希腊教会很快服从于教宗的权威，其结构按照在意大利南部和西西里实行的模式进行改组，这为在希腊人构成大多数人口的任何地方保留希腊教会做了准备。然而，为了突出拉丁教会，这个教会实际上慢慢失去了主教和许多修道机构。此外，征服者没收了这个教会的广大土地财产中的很大一部分。法兰西斯修会和多明我修会的活动从13世纪20年代起不断增多，进一步为拉丁罗马尼亚的希腊教会施

⑯　Heyd (1885 – 1886), Ⅰ, pp. 294 – 310, and Ⅱ, p. 94; Borsari (1966), pp. 130 – 131; Tafel and Thomas (eds.), *Urkunden*, Ⅱ, pp. 205 – 207, 221 – 225, and Cessi (ed.), *Deliberazioni*, Ⅰ, p. 209, no. 140 (treaties); Tafel and Thomas (eds.), *Urkunden*, Ⅲ, pp. 73 – 74, 85 (wheat trade); Borsari (1955), pp. 477 – 488; Balard (1978), pp. 38 – 45, 116; Jacoby (1998); on 1261; Geanakoplos (1959), pp. 79 – 81, 113 – 114.

加压力。然而，希腊教会展现出相当大的活力，从其继续在希腊人中
存在并进行活动可以表现出来，特别是在拉丁教会几乎不存在的乡村
地区。早在征服后的最初几年里，希腊教士转向尼西亚的牧首教区以
及伊庇鲁斯教士寻求支持和鼓励。对被征服领土上的希腊人来说，希
腊教会在大众层面上表达拜占庭教会在神学上对教宗的坚定反对，促
进其对拉丁世俗统治与教会的至高无上的反对。结果，它成为希腊民
族意识和集体身份的核心和提倡者。它在这个方面的作用在像莫里亚
公国这样的地区尤为重要，这里的执政官拒绝反对法兰克人。正如上
面提到的，希腊人对征服者及其继任者的敌意促进了拉丁帝国的垮
台，然而这种敌意在其他地方的实际作用很有限。[17] 大约 1330 年，
希腊人感觉到的永久疏离感和对拜占庭的亲近感被威尼斯人马里诺·
萨努多描述出来，这时离拉丁征服已经有一个多世纪的时间："虽然
这些地方服从于法兰克人的统治并顺从于罗马教会，但几乎所有的人
口都是希腊人，并偏向于这一教派（即希腊教会），而且他们的心思
全放在希腊事务上；当他们能够自由地表现这种心思时，他们就会表
现出来。"[18]

大卫·雅各比（David Jacoby）

莫玉梅 译

徐　浩 校

---

⑰　Richard (1989)；Wolff (1948)，and (1954b)；Angold (1989)；Setton (1976)，pp. 1 - 153，405 -
440；Jacoby (1989a)，pp. 218，220；Lock (1995)，pp. 193 - 239，266 - 299.
⑱　Hopf (1873)，p. 143. "虽然这些地方处于法兰克人的统治之下，并服从于罗马教会，但几乎
所有人都是希腊人，倾向于希腊教会。当他们可以自由地表现出来时，他们的心会转向希腊。"

第 十 七 章

（2）第四次十字军东征后的拜占庭：
流亡中的拜占庭

一

众城之王会陷落，几乎令人难以相信。拿当时拜占庭人的话来说，这简直是"宇宙大灾难"。拜占庭的统治阶级迷失了方向，无家可归。君士坦丁堡的精英阶层四处寻找庇护。平民百姓起初对他们的崩溃有一种欣喜若狂的感觉：高高在上的人变得谦卑起来。在社会各个阶层，屈从于得胜的十字军似乎是一种自然的解决办法，这是道德败坏的表现。许多重要的拜占庭人将自己的命运与拉丁人的联系在一起。尚在运作中的政府（the drome）的重臣（logothete）季米特里奥斯·托奈科斯继续在这个职位上为他们服务。他是大官僚家族之一的领头人，这些家族在 1204 年以前主宰着君士坦丁堡。在各个省份，重要家族与征服者达成协议。狄奥多勒·布拉纳代表威尼斯人统治哈德良堡城，该城是色雷斯的关键所在。米哈伊尔·杜卡斯是拜占庭皇室家族的成员，为塞萨洛尼卡的现任统治者蒙费拉的卜尼法斯服务。地方执政官的合作使杰弗里·德·维拉杜安顺利地征服了伯罗奔尼撒半岛。

十字军选出拉丁皇帝并创建君士坦丁堡的拉丁牧首职位。拜占庭似乎很有可能将会以拉丁形象来进行重塑。拉丁人正好在一年之内将一切置于他们的面前。然后，在 1205 年 4 月，他们的成功突然终止。他们疏远并低估了保加利亚人，保加利亚人在哈德良堡之战中彻底击败了他们。许多十字军领导者被杀。拉丁皇帝佛兰德的鲍德温被带走监禁起来，再也没有活着出现在人们面前。

　　这场失败表明拉丁人在新近征服的土地上是多么不安全。它给在流亡中出现的三个拜占庭的继承国带来了信心。最远的那个国家以特拉布宗城为中心，在那里暴君安德罗尼卡一世·科穆宁的孙子阿列克修斯和大卫·科穆宁于 1204 年年初建国。然后大卫向西推进，获得对帕夫拉戈尼亚的控制权，他的祖父曾持有这一控制权。这使他与狄奥多勒·拉斯卡里斯产生了冲突，此人正在从尼西亚组织对拉丁人的抵抗。拉斯卡里斯是阿列克修斯三世·安杰洛斯（1195—1203 年在位）的女婿兼假定继承人。在他的岳父将首都丢弃给年轻的阿列克修斯·安杰洛斯和第四次十字军东征的战士后，他很快于 1203 年 9月逃离君士坦丁堡。狄奥多勒·拉斯卡里斯以其岳父的名义获得比提尼亚诸城市的控制权。到 1205 年夏天，阿列克修斯三世·安杰洛斯成为拉丁人的俘虏已是定局。狄奥多勒因此自己称帝，以便更好地对付不同的竞争对手，其中大卫·科穆宁是最危险的。与此同时，第三个拜占庭继承国的基础由米哈伊尔·杜卡斯在品都斯山脉之后的伊庇鲁斯奠定起来，他曾经迅速放弃了对拉丁的忠诚。

　　拉丁人在哈德良堡的失败使希腊人开始思考拉丁征服的真正意义。对君士坦丁堡被劫掠的恐惧开始渗入人们心中。圣所被亵渎，修女被强奸，贵族家族的少年被卖到萨拉森人当中做奴隶。现在开始流传的暴行故事只有一个单一的主题：十字军劫掠君士坦丁堡是对东正教的有意侮辱。在圣桑普森医院，拉丁人将描绘有神圣历史事件的大理石圣坛屏风当作公共厕所的覆盖物；在阿纳普洛斯的阿尚盖尔·米哈伊尔圣陵中，一位枢机主教用白垩粉涂抹圣徒偶像，然后将偶像和遗骨扔进大海。[①] 但君士坦丁堡遭受的苦难如何报复呢？东正教会实际上失去了领导。牧首约翰·卡马特罗斯是一个没有魄力的人。他从君士坦丁堡逃到相对安全的色雷斯城市迪迪莫泰克斯（Didymoteichos）。他拒绝前往尼西亚的邀请，那里对拉丁人的抵抗是最激烈的。他在 1206年 6 月去世，选出新东正教牧首势在必行。否则，君士坦丁堡的牧首职位将会因失误而传给拉丁人。君士坦丁堡的人们和教士希望教宗英诺森三世将会同意新东正教牧首的选举。他们援引十字军国家的例子，

_____

　　① Cotelerius, *Ecclesiae graecae monumenta*, pp. 511 – 513.

那里的安条克和耶路撒冷牧首教区在一位东正教信徒和一位拉丁堂区神父中分配。这一倡议显然被君士坦丁堡的拉丁权威阻止了。②

545 　因此，君士坦丁堡的东正教教士向尼西亚的狄奥多勒·拉斯卡里斯求助。他支持选出君士坦丁堡的新东正教牧首。1208 年 3 月 20 日，米哈伊尔·奥托雷亚诺斯在尼西亚被适时地授予牧首之职。他的第一次正式行动就是在复活节加冕狄奥多勒·拉斯卡里斯为皇帝并为他施了涂油礼。因而流亡中的拜占庭帝国在尼西亚获得重建。③

二

原来的精英阶层的成员被吸引到新首都。历史学家尼基塔斯·侯尼亚迪斯是他们当中的一员。他发现旧相识的线索。他同情曾经落入海盗手中，但现已安全抵达伊庇鲁斯的塞萨洛尼卡大主教君士坦丁·美索不达米特斯。④ 他希望他的兄弟雅典大主教米哈伊尔来到尼西亚。狄奥多勒·拉斯卡里斯准备好了一艘船将他迅速从其寻求庇护的"动荡不安的科奥斯"送走。这位大主教拒绝了邀请。他愿意留在可以容易接触到雅典信徒的地方。⑤ 在尼西亚，尼基塔斯·侯尼亚迪斯找到时间来完成伟大的历史著作，在其中试图解释 1204 年的灾难压倒君士坦丁堡的原因。他也展望未来。他完成了《正统信仰的宝库》(*Treasury of Orthodoxy*)，该书被用来反对异端。捍卫正统信仰成为流亡意识形态的中心思想，他作为皇宫演说家详细地向狄奥多勒·拉斯卡里斯阐述这种思想。流亡是对过去的罪行的惩罚。尼基塔斯花了很多心思来比较拜占庭人与以色列人。他将尼西亚的阿斯卡尼亚湖水和巴比伦的做了比较。在流亡中，拜占庭人和以色列人一样，将救赎罪行并重获上帝的喜爱。新耶路撒冷将会再次成为他们的。他们目前的任务是在面对拉丁威胁时保持正统信仰的纯洁性。⑥

---

② Gill (1973).

③ Heisenberg, "Neue Quellen zur Geschichte des lateinischen Kaisertums und der Kirchenunion. Ⅱ", pp. 5 – 12. Gounaridis (1985)：倾向于 1207 年，而不是一直认为的 1208 年。可能性的天平仍然倾向于 1208 年为新东正教牧首在尼西亚被推选出来及狄奥多勒一世·拉斯卡里斯被加冕的时间。

④ *Nicetae Choniatae orationes et epistulae*, ed. Van Dieten, pp. 204 – 206.

⑤ Michael Choniates, *Tà σωζόμενα*, ed. Lampros, Ⅱ, pp. 149 – 155, 157 – 160.

⑥ *Nicetae Choniatae orationes et epistulae*, ed. Van Dieten, pp. 170 – 200.

与 1204 年以前流行的更为克制的态度相比，流亡的思想意识起初将是恶毒的反拉丁的。由君士坦丁堡劫掠产生的印象，被拉丁教会随后在两个教会的代表组织的讨论中所表现出来的不妥协强化。这些讨论只是突出了拉丁人对希腊人的蔑视。教宗使节贝拉基为拉丁人对东正教会的傲慢提供了进一步的证实。1214 年，他关闭了君士坦丁堡的东正教堂，迫害拒绝承认教宗首席权的希腊修士。作为对其活动的强硬抗议，库奇库斯主教君士坦丁·斯蒂尔贝斯创作了《反对拉丁人的悲伤》⁵⁴⁶（*Griefs against the Latins*）。这是反拉丁论战的主要文献之一，标志着从推理辩论到合理偏见的决定性变化。斯蒂尔贝斯对神学分歧几乎没有提及，反而专注于这两个方面：教宗首席权和圣战。这些是相互关联的。它们误导了拉丁基督教，造成 1204 年的悲剧。先来看教宗首席权，斯蒂尔贝斯指责拉丁人不仅仅是把教宗视为圣彼得的继任者。他们把二者看成一样也不是不变的。比这更糟糕的是：他们将教宗神化，坚持认为所有基督徒应该服从他的权威。对教宗权威的曲解在纵容方面显而易见。斯蒂尔贝斯是第一个注意到这一拉丁习惯的拜占庭神学家。令他感到害怕的不是过去的罪行得到如此宽恕，而是那些仍然将要犯下的罪行。誓言方面也是同样的情况：教宗能够令拉丁人不仅从早已立下的誓言中解脱出来，而且也可以从尚未立下的誓言中解脱出来。因此，教宗权威突出基督教应该要维护的道德秩序，也被用来推动战争。⑦

拜占庭人已经考虑过圣战的观念，但一直在拒绝。他们遵从凯撒里亚的圣巴西尔的教义：在任何情况下，夺取生命都是错误的。十字军东征的观念使拜占庭人感到烦恼。这最为清晰地表现在安娜·科姆尼娜的关于好战神父的故事中。她总结道："因此这个种族对宗教的奉献并不比对战争的少。"⑧ 正是斯蒂尔贝斯将这种忧虑融合为对拉丁教会献身于战争的谴责。他指控拉丁教会秉承的教义：死在战斗中的人上天堂。这可能不是官方教义，但这类信仰在十字军战士中流传。据说拉丁主教将圣水洒在裸体的青年身上，以这种方式使他们变成不可战胜的勇士。斯蒂尔贝斯似乎在歪曲拉丁教会在授封骑士中的作用，他也没有错得太离谱。

⑦　Darrouzes, "Le mémoire de Constantin Stilbès contre les Latins".
⑧　Anna Komnena, *Alexiadis libri XV*, X, viii, p. 6; ed. Leib II, p. 218. 27–28.

　　君士坦丁堡被劫掠，证实了斯蒂尔贝斯对拉丁信仰的描述，它成为被教宗首席权及其支持作为扩张工具的战争所曲解的信仰。十字军战士亵渎君士坦丁堡的教会，玷污圣索菲亚大教堂。拉丁神父和主教在攻击城市中起着积极的作用。有位主教率先高高举起一个十字架。拉丁教士没有做任何事情来阻止十字军战士的放肆行为。如果说做了什么，那就是他们曾鼓励过战士。他们玷污神像。斯蒂尔贝斯以一个论证结束他的小册子：由于沉迷于战争，拉丁教会已经沦为异端。斯蒂尔贝斯使永不会被磨灭的拉丁人形象在拜占庭人的心目中固定下来。好些年后，在1231年，当与塞浦路斯岛上的拉丁权威商谈妥协时，东正教教士和君士坦丁堡的人们向尼西亚派出代表团。他们抗议这将会忽视他们在拉丁人手中遭受的苦难：他们被监禁过；他们被剃掉了胡子。与拉丁人的任何协议将意味着"对从祖先那里传下来的信仰的背叛"。这个代表团的成员坚持认为，对战争的痴迷已经使拉丁人"发了疯"，教士和世俗信徒都一样。他们会把代表希腊人做出的任何让步都视为软弱和投降的标志。⑨ 1204年事件使拉丁人受到更为敏锐的关注。拜占庭的身份部分地在流亡期间的反拉丁情绪中重建起来。新牧首米哈伊尔·奥托雷亚诺斯甚至为那些在反对拉丁人的战斗中牺牲的拜占庭人提供精神上的奖励。⑩

　　在为流亡中的拜占庭帝国奠定基础后，狄奥多勒一世·拉斯卡里斯发现自己处于来自没有预料到的地方的威胁下。1211年，他对帝位的要求权受到他的岳父阿列克修斯三世·安杰洛斯的挑战，此人拥有塞尔柱土耳其人的支持。狄奥多勒·拉斯卡里斯在米安德河畔的边境城市安条克与塞尔柱军队交战。战斗开始对他不利，于是他找出塞尔柱素丹并在格斗中杀死了他。塞尔柱军队悄悄离开。阿列克修斯三世·安杰洛斯被关在尼西亚的一座修道院里度过余生。狄奥多勒·拉斯卡里斯获胜的方式使他名望大增，但这是以重大牺牲换取的胜利。他失去了最好的军队——竟然是拉丁雇佣军。拉丁皇帝埃诺的亨利从北方入侵，所向披靡。拉斯卡里斯不得不将小亚细亚的西北角割让给拉丁人。这在他的尼西亚周边的北部领土和士麦那周边的南部领土之

⑨　Sathas (1873), pp. 11. 2 – 11.
⑩　Oikonomidès, "Cinq actes inédits du patriarche Michel Autôreianos", pp. 117 – 119.

间嵌入了一个楔子，造成交往上的困难。大卫·科穆宁在1212年去世，为狄奥多勒·拉斯卡里斯提供了某种补偿。这使他吞并了帕夫拉戈尼亚，使特拉布宗帝国从拜占庭历史的主流中切割出来。特拉布宗帝国实际上变成了"希腊酋长国"，其历史归属是安纳托利亚和黑海的而不是后拜占庭帝国的。

<h2 style="text-align:center">三</h2>

狄奥多勒·拉斯卡里斯死于1221年。他死后发生内乱，他的女婿约翰·瓦塔泽斯（1221—1254年在位）从中胜出。后来人都感激地缅怀狄奥多勒。他在流亡中重建拜占庭，但他的成功是有限的。这与狄奥多勒·安杰洛斯的命运形成了对比，他在伊庇鲁斯已经接管了抵抗拉丁人的领导权。狄奥多勒是皇帝阿列克修斯三世·安杰洛斯的弟弟。1217年，他能够伏击一支从亚得里亚海岸沿埃格纳蒂亚大道（Via Egnatia）行军的拉丁军队。这支军队由新拉丁皇帝彼得·德·考特尼指挥。拉丁人战败，彼得·德·考特尼永远消失。这场拉丁人的败仗可与在哈德良堡败于保加利亚人的那场相提并论。它为狄奥多勒·安杰洛斯于1224年秋天占领塞萨洛尼卡铺平了道路，为他的军事成就添上光辉的一笔。他成为巴尔干半岛南部最强大的统治者。他一直向东推进，到1228年，离君士坦丁堡已经不远。为了加强对帝位的要求权，他称帝并举行加冕礼。虽然皇帝竞争者的存在已不是什么新鲜的事，但现在已经有两位流亡中的拜占庭皇帝对君士坦丁堡提出要求权。后面还有保加利亚沙皇约翰·阿森二世（1218—1241年在位）的可怕力量。虽然名义上是天主教徒，但他也想染指拉丁君士坦丁堡。1228年，当拉丁人蔑视地拒绝他担任年幼的拉丁皇帝鲍德温二世的摄政的请求时，矛盾变得尖锐起来。

这些竞争野心有助于确保君士坦丁堡的拉丁帝国再存在30年或更长，这个帝国已经减小到比君士坦丁堡城及其直接腹地大不了多少的地步。最终，正是所谓的尼西亚帝国将会胜出。这一结果在1228年丝毫没有显现出来，当时狄奥多勒·安杰洛斯的军队将尼西亚皇帝约翰·瓦塔泽斯的军队赶出色雷斯的主要城市哈德良堡。两年后，狄奥多勒·安杰洛斯入侵保加利亚成为可能的事。在克洛克特尼查之战

548

中，他被约翰·阿森打败并被俘。他被弄瞎了眼睛，在保加利亚的一座监狱被囚禁了七年。他在巴尔干半岛的领土西至亚得里亚海，都落入他的俘虏者手中。在狄奥多勒的领土中，只有塞萨洛尼卡、塞萨利和伊庇鲁斯避开了保加利亚的征服。这些领土被安杰洛斯家族成员瓜分。

　　一旦约翰·阿森巩固了新领土，就与潜在的竞争对手尼西亚皇帝约翰·瓦塔泽斯结成联盟来对抗君士坦丁堡的拉丁人。这个倡议来自尼西亚皇帝。他迄今为止是较弱小的一方，但有效地利用了诱人的交易筹码。他可以为保加利亚教会提供牧首的地位。这个联盟由明显的尼西亚帝位继承人与保加利亚沙皇的女儿的联姻确定下来。1235 年对君士坦丁堡的围攻未见成效。然后联盟因激烈的争吵而破裂。唯一549 积极的结果是尼西亚人在色雷斯获得永久的立足点，这为皇帝约翰·瓦塔泽斯提供了干预巴尔干半岛的基地。在约翰·阿森去世后，他利用随后出现的不确定性吞并了巴尔干南部的许多土地。1246 年 12 月，他的征战以其成功地进入塞萨洛尼卡城而达到巅峰。收复君士坦丁堡现在似乎有着明显的可能性。

　　时人承认约翰·瓦塔泽斯最大的美德是有耐心。这倒反映出尼西亚帝国潜在的实力，瓦塔泽斯知道如何加强并利用这一点。他可以有耐心，也可以提供作战的军队并保持一支强大的舰队，这对 1204 年以前的拜占庭皇帝来说开支太大。这表明他的财政管理很稳固。令人感到矛盾的是，君士坦丁堡的失陷有助于形成更有效率的政府。在1204 年以前的那些岁月里，政府变得臃肿且低效。在流亡中，不得不精简行政人员，原有的国家机构（logothesia）已经无处可置。中央政府减小到仅仅是家庭管理的程度。财政方面集中在皇帝的国库上。在瓦塔泽斯的大部分统治时期，整个行政工作都由大臣季米特里奥斯·托奈科斯负责。在他于 1247 年去世后，他的职责被分割给四个秘书，他们很有可能是他的下属。中央政府的简化极大地削减了开支。行政工作的负担被转移给各省的权威。这可能是因为小亚细亚西部的主要组织在君士坦丁堡失陷后完整地保存下来的缘故。它意味着收税机制仍在工作。然而，主要赋税改换了新名称。土地税（*synone*）和灶台税（*kapnikon*）被补充税（*sitarkia*）和聚餐税（*agape*）所取代。这种名称变化的意义尚不明确，可能只是采用地方术语的缘故吧，似乎没有包含税收体系的任何激进改革。税收缴纳者继续根据财富分成和以前一样的财政类别：有两头牛的农民（zeugaratoi），有一头牛的农民（boidatoi），有很少的土地或没有土地和耕畜的农民（aktemones）和赤贫农民（aporoi）。在流亡期间，仅有的主要财政革新是称为现金纳税（epiteleia）的权宜之计，它将财政价值与财产联系在一起。这主要有三个目的：首先，这是一种将财政义务从一个纳税人转移到另一个纳税人的方法；其次，可以用来保障财政特权；最后，现金纳税（epiteleia）的支付可以被引为财产权的证据。现金纳税在特权财产大大增长时成为财政体系的润滑剂，其重要性从它一直保留到拜占庭帝国消亡之时体现出来。⑪

　　拜占庭财政体系的效力依赖于对土地清册登记簿的维护。在统治初期，约翰·瓦塔泽斯开始修订安纳托利亚各省的土地清册登记簿。 550
这与他对财政管理的仔细监督是一致的。有一次，他得知两个接收员渎职。他将其中一个殴打致死，另一个闻风逃到特拉布宗。⑫ 另一次，一位地方官员错误评估了赋税。为了给他一个教训，这位皇帝强迫他缴纳被错误评估的税额。

　　政府的简化不可避免地意味着某种权威的转移。这种转移采取的最明显的形式就是创建新豁免权和优先权（pronoiai），它们授予持有者一些或所有来自特定地区的国家收入。特权财产在流亡时期出现决定性的增长。在这些情况下，对财政管理的严格控制对保护剩下的皇帝权利和收入是必要的。收入出现某种衰退将会是不可避免的，但尼西亚的皇帝能够通过建立皇室领地来对此进行补偿。⑬ 他们能够利用君士坦丁堡失陷后的混乱局势来侵吞所有权不清楚的财产。例如，他们在西安纳托利亚接管了许多属于君士坦丁堡的修道院的地产。约翰·瓦塔泽斯坚持对皇室领地的精细化管理，这无疑是丰厚收入的来源。所有迹象表明，流亡时期正好是小亚细亚西部农耕繁荣的时期，能够将谷物和其他粮食出口给科尼亚的塞尔柱人。后来对尼西亚帝国财富的描述表现出怀旧的感觉，但似乎这本来就是正确的。

---

⑪　Angold（1975），pp. 202 – 236.

⑫　George Pachymeres, *De Michaele Palaeologo*；*De Andronico Palaeologo*, ed. Bekker, II, pp. 296. 5 – 13.

⑬　Nicephorus Gregoras, *Byzantina historia*, ed. Schopen, I, pp. 42 – 43.

　　约翰·瓦塔泽斯是少有的被时人赞誉其经济政策的中世纪统治者之一。据推测，他采用了自给自足的政策。这以节约法的形式表现出来，即他的臣民应该穿着用家纺布料做成的衣服。[14] 这是对遏制进口西欧和穆斯林材质的浪潮所做的努力。这一措施似乎是对从 12 世纪晚期开始突然出现的销售大量西欧布料的东地中海市场做出的回应。从长远来看，约翰·瓦塔泽斯的节约法不可能造成太大的影响，但在短期内，他似乎能够使他的领土免受意大利的商业渗透。尽管有数量可观的意大利尤其是威尼斯的商业文献从那个时期留存下来，但表明意大利与尼西亚帝国各个港口进行贸易的则少之又少。瓦塔泽斯的自给自足政策是想要维护拜占庭的独立。这在一段时间内是实用的，因为小亚细亚西部相对远离地中海的主要贸易路线。自给自足有着一定的政治价值：它使瓦塔泽斯以将臣民的福祉放在心上的皇帝的姿态出现。这是他作为皇帝的长处之一。

551

　　另一个长处是君士坦丁堡的东正教牧首出现在尼西亚。约翰·瓦塔泽斯幸运地遇到牧首杰尔马诺二世（1223—1240 年在位），后者在其统治初期所遇到的困难中忠诚地支持他。[15] 一系列反对他的阴谋出现，涉及主要的皇室家族。最严重的是已故皇帝狄奥多勒·拉斯卡里斯的兄弟们的行为。他们策划了一场拉丁人对尼西亚帝国的入侵，但未能成事。1244 年，约翰·瓦塔泽斯在波伊马讷农（Poimanenon）之战彻底战胜了拉丁人，接着将拉丁人赶出小亚细亚。约翰·瓦塔泽斯通过同意牧首的请求并颁发在空位期保护主教财产的金印法令，来回报牧首在这个关键时期对他的忠诚。[16]

　　牧首杰尔马诺二世的主要成就是恢复东正教牧首的道德声誉，这在 1204 年以前的那些年里为其可耻的角色所损害。他将君士坦丁堡失陷前的道德败坏与其种族混乱的人口联系起来。他把君士坦丁堡的人口描述为"妓女和通奸者的肮脏粪便、用钱买来的女仆的后代，来自罗斯（the Rhos）地区或夏甲的后代和种族混杂的剩余部分"[17]。流亡为"净化部族方言"和建立一个更健康的社会提供了机会。这

⑭　Nicephorus Gregoras, *Byzantina historia*, ed. Schopen, Ⅰ, pp. 43 – 44. 参见 Xanalatos (1939).

⑮　Lagopates, Τερμανόζόβ, λατΡιάΤχιζ Κωνοταντωονλόλεωζ – ΝιΚαίαζ.

⑯　NIcole, "Bref inédit de Germain Ⅱ", pp. 74 – 80.

⑰　Lagopates, Τερμανόζόβ, λατΡιάΤχιζ Κωνοταντωονλόλεωζ-ΝιΚαίαζ, p. 282. 23 – 6.

位牧首在某种程度上揭示出拜占庭原始民族主义成长背后的动力，否则这种民族主义易于被看作对希腊的过去的怀念。其最伟大的力量来自对正统信仰的认同。捍卫正统信仰是杰尔马诺二世的主要关注点。他重新开始对鲍格米尔派异端的攻击，这一异端在君士坦丁堡失陷后的混乱中重获一些人的支持。但对牧首更为重要的是正在拉丁统治下遭受苦难的君士坦丁堡和塞浦路斯的东正教共同体的境况。杰尔马诺试图以信仰来勉励他们。通过帮助尼西亚帝国的政治边界以外的东正教，杰尔马诺二世能够强调君士坦丁堡可能已落入拉丁人之手的事实，但正统信仰仍然存在，即便中心现在在尼西亚。对有些人来说，这可能似乎是无根据的吹嘘。伯罗奔尼撒半岛的希腊人默认法兰克君主的统治，后者理性地保证东正教堂区神父的权利。保加利亚名义上仍然信奉天主教。1217 年，塞尔维亚国王"第一次加冕的"斯蒂芬从教宗那里获得了王冠。为了改变塞尔维亚将会流入天主教势力范围的可能性，尼西亚牧首承认塞尔维亚大主教有自行任命主教的资格。[18] 杰尔马诺二世不得不面对东正教会将会沿着政治边界分裂的危险，使之更易于成为拉丁教会的猎物。

这样的考虑困扰着杰尔马诺二世与伊庇鲁斯的东正教主教的关系，他们首先忠诚于统治者狄奥多勒·安杰洛斯。狄奥多勒·安杰洛斯在 1227/1228 年对皇室荣誉的设想，导致尼西亚的东正教牧首与其领土上的教会分立。杰尔马诺二世拒绝接受狄奥多勒·安杰洛斯的帝位加冕仪式有效。这是由奥赫里德大主教迪米特里·乔玛特诺举行的。他的教会享有自行任命主教的资格。他慢慢承担起牧首的职责。他的特别法庭成为狄奥多勒·安杰洛斯所有领土上的诉讼的上诉法庭。1230 年，狄奥多勒·安杰洛斯的"帝国"在这位大主教于克洛克特尼查之战中被保加利亚人俘虏后分崩离析，他的立场变得不那么容易解释。两年后，分立因西部主教承认尼西亚的牧首权威而结束，证明杰尔马诺是正确的。1238 年，他在伊庇鲁斯教会周围取得进展，这使他的权威远至阿塔。

他在对付"西欧"教会的主教时表现出来的不妥协与他接管保加利亚教会时走的路线形成对比。1235 年，他授予保加利亚教会牧

552

---

⑱ Obolensky (1988), pp. 146 – 152.

首的地位，但总是保障荣誉的首要性归于东正教牧首。这一让步成为保加利亚沙皇约翰二世·阿森与尼西亚皇帝约翰·瓦塔泽斯达成的联盟的一部分。它主要是一种政治举措。牧首对皇帝唯命是从。牧首有可能从另一选择更糟糕的想法中找到些许安慰：保加利亚教会很有可能会重新忠于罗马。这将是对杰尔马诺在前三年里将保加利亚教会再次带回东正教教会所做努力的否定。

四

杰尔马诺二世屈从于拜占庭政治生活的事实之一是：皇帝总是可能在外交政策中将正统信仰用作武器或讨价还价的筹码。尼西亚皇帝们继续这一做法。1207 年，狄奥多勒一世·拉斯卡里斯向教宗英诺森三世求助，承认他为东正教共同体的领导者。这与教宗应该授权选举一位君士坦丁堡的新东正教牧首的要求联系在一起。英诺森对这两个要求都没有理睬。于是，狄奥多勒开始在尼西亚创建新牧首的计划。1214 年，英诺森派遣教宗使节枢机主教贝拉基过去。他的主要任务是去训诫希腊教会，但他也开始与尼西亚皇帝谈判。一系列关于两个教会重新联合的无结果的争论首先在君士坦丁堡发生，然后在狄奥多勒·拉斯卡里斯扎营的蓬蒂克赫拉克利（Pontic Heraclea）发生。尼西亚皇帝用这些来遮掩他与拉丁皇帝埃诺的亨利达成和约的举动。教训并不鲜见：从教会联合的谈判中可以获得政治优势。狄奥多勒·拉斯卡里斯在 1219 年再次尝试。这时，他已经娶了一位拉丁公主并计划将一个女儿嫁给君士坦丁堡的拉丁皇帝的继承人。拉丁牧首职位空缺。狄奥多勒·拉斯卡里斯提议召开一次大会来考虑两个教会重新联合的可能性，以此作为和平收复君士坦丁堡的第一步。皇帝的精心策划为来自东正教教会内部的反对所阻。

无论如何，考虑到由对君士坦丁堡的征服引发的仇恨，而且随后拉丁人对其治下的东正教的歧视更加强了这种仇恨，期望从协商两个教会的重新联合中得出任何具体结果是不现实的。然而，一股新的力量即将隆重登场。到 1220 年，法兰西斯修会修士在君士坦丁堡已经建立了一座修道院，到 1228 年多明我修会修士也建了一座。[19] 他们引入推理对话的精神，希腊人对此做出回应。1232 年，牧首杰尔马诺二世开始接触到托钵僧。那年，一群法兰西斯修会修士正通过陆路在土耳其游历，被塞尔柱人当局抓获。在皇帝的帮助下，牧首能够将他们赎出并带到尼西亚。他为他们的贫穷与谦卑所震惊，这和其他拉丁教会人士是如此的迥然相异。他们渴望和平和拉丁人与希腊人的和解，给他留下了深刻的印象。

海外拉丁教会里似乎出现了一种新精神，这种精神将使通过各种方法和按照可以为东正教会接受的条件来重新联合两个教会成为可能。杰尔马诺二世说服这些法兰西斯修会修士充当他与罗马教廷的中间人。他们将会探询初步讨论的可能性，这可能会为教会召开全体大会铺平道路，全体大会是两个教会重新联合的适宜舞台。大约 18 个月后，由两位法兰西斯修会修士和两位多明我修会修士组成的代表团从罗马出发前往尼西亚，1234 年 1 月在那里受到尼西亚皇帝和牧首的欢迎。这些托钵僧的职责仅仅是与牧首交换意见。他们在争论中占了上风。他们对希腊教父学的知识使他们成为强大的对手。其中一人用希腊语大声地读出亚历山大的圣西里尔宣布的革除教籍令：反对那些否认基督借以行奇迹的圣灵就是他自己的圣灵的人。托钵僧们认为这支持拉丁人在圣灵行列中的位置：它从圣父和圣子中产生（filioque）。杰尔马诺以在安条克、耶路撒冷和亚历山大的东正教牧首抵达并参与大会之前讨论不出什么有用的为由，结束了这些议程。托钵僧们离开了；他们没有接到教宗的授权来与东正教会的代表一道参加大会，但对教会的重新联合将会导致东正教牧首职位回归君士坦丁堡寄予希望。他们要求被告知将来的进展。

于是，杰尔马诺二世邀请这些托钵僧参加正在士麦那附近的尼菲昂皇室居住地集合的大会。他们在拉丁君士坦丁堡探询意见。接受邀请将意味着超出他们得到的指示，但君士坦丁堡的形势是如此令人绝望，以致与尼西亚皇宫的任何接触都将会受到欢迎。于是，他们旅行到尼菲昂，但只是为了争取时间而拖延。他们没有得到授权去协商，可他们的进入确实带来了破坏。他们坚持认为拉丁人对君士坦丁堡的

554

---

[19] Wolff（1944）.

征服从未获得教宗的同意。那是"不正当地利用其权威的世俗信徒、罪人和被驱逐出教者"的作为。其含义是教宗可能有一天会放弃对君士坦丁堡的拉丁帝国的支持。但托钵僧们拒绝接受劫掠君士坦丁堡的责任将独自落到拉丁人身上。希腊人不得不因他们对待拉丁人的方式而分担此责任。托钵僧们提起以前的指控：希腊人在拉丁人使用完圣坛后将它们进行冲洗；希腊人强迫拉丁人放弃圣事来作为参加东正教礼拜仪式的代价。此次大会因气氛很糟而早早结束。托钵僧们纷纷逃命。尼西亚人再次封锁了君士坦丁堡。[20]

　　虽然这个插曲没有产生具体结果，而且似乎只是证实隔开希腊人和拉丁人的分歧，但它却很重要。拜占庭皇帝和牧首仍然易受托钵僧
555 的呼吁的影响。他们的理想似乎与教会好斗分子的如此不同，这是罗马教会正式呈现给外部世界的脸面。那些在君士坦丁堡之外传教的托钵僧往往通晓希腊语，而且非常精通希腊教父学。他们乐于以自己的方式与东正教会的代表进行辩论。他们对东正教神学的了解，甚至对拜占庭艺术的欣赏，使他们似乎比原本可能的更加满怀同情之心。实际上，阿西西的法兰西斯将成为在希腊世界获得大众效仿的几个中世纪西欧圣徒之一。他们在君士坦丁堡出现，意味着与拉丁教会进行协商的诱惑一直存在。

　　托钵僧并不仅仅为教宗服务。法兰西斯修会的教长科尔托纳的埃利亚斯与皇帝弗雷德里克二世关系密切。他被派到君士坦丁堡，肩负使命来促成拉丁帝国和约翰·瓦塔泽斯之间的和平，瓦塔泽斯给他送了很多的礼物和圣物。这些协商为弗雷德里克二世和约翰·瓦塔泽斯的正式结盟奠定了基础。这一结盟由约翰·瓦塔泽斯在1243年与弗雷德里克二世的私生女科斯坦萨·兰西亚的联姻决定下来。约翰·瓦塔泽斯从这次结盟中获得的主要有利之处就是声望。他正是在这一结盟的掩盖下完成了对南巴尔干半岛的主要征服，1246年占领塞萨洛尼卡使之达到巅峰。此后，这一结盟在具体回报方面似乎没有提供什么益处。收复君士坦丁堡似乎和以前一样遥不可及。瓦塔泽斯开始考虑其他可能性。他的小姨子嫁给了匈牙利国王。她试图引起他对和教

⑳　Golubovich, "Disputatio Latinorum et Graecorum seu relatio apocrisariorum Gregorii IX de gestis Nicaeae in Bithynia et Nymphaeae in Lydia 1234"; Canart, "Nicéphore Blemmyde et le mémoire adressé aux envoyés de Grégoire IX", Roncaglia (1954), pp. 43 – 84; Gill (1979), pp. 64 – 72.

宗英诺森四世达成谅解的兴趣。她的努力只是在约翰·瓦塔泽斯得知帕尔马的约翰于 1247 年 7 月被任命为法兰西斯修会教长时才奏效。这一任命会对约翰·瓦塔泽斯产生这样的影响的原因并不十分明了。这可能和瓦塔泽斯从君士坦丁堡选了两位法兰西斯修会修士来充当他与罗马教廷的中间人有关。他们可能能够使这位尼西亚皇帝相信：他们的新教长赞同与东正教会达成谅解。

　　1249 年 5 月 28 日，帕尔马的约翰从教宗英诺森四世那里接受任命。他的任务是去协商希腊人"顺从且虔诚地回归罗马教会……他们已经使自己离开得太久了"。他被给予非常确切的指示。关于圣灵现行的东正教教义必须遵照罗马教会的教义。最后，帕尔马的约翰被授权以教宗的名义召开教会大会来与东正教会进行讨论。他至多在 1249 年秋天抵达尼西亚皇宫。最初的讨论肯定必不可少地集中于一个难题上：大会将在谁的支持下召开？在给帕尔马的约翰的指示中，英诺森四世说了下面的话："诚然，有些希腊神学家声称，一旦大会召开，唯独有权召开大会的罗马教宗，能够基于他与大会的权威，影响我们的宗教信仰与希腊人的宗教信仰之间达成的一致。"支撑这种论断的，肯定是尼西亚的使者们已经做出的某些让步，大意是东正教会的大会达成关于信条的任何协议必须获得教宗的同意。宣称唯独教宗有权召开大会的主张，可能只是教宗对东正教的地位做出的辩解。这将不会为东正教会的代表所接受。

　　1250 年春天，大会在尼西亚皇帝的主导下在尼菲昂召开。圣灵现行的问题被充分地展开辩论。帕尔马的约翰认为，圣父上帝通过圣子行事，圣子通过圣灵行事。然后，他提出以下的提议来作为结论：正如圣子来自圣父，那么圣灵就来自圣子。这使得希腊代表目瞪口呆。他们向最有学识的神学家尼基弗鲁斯·布拉米德求助，布拉米德虽然出席了会议，却对议程漠不关心。布拉米德提出抗议，没有《圣经》权威证明圣子通过圣灵行事。圣子化身圣灵行事是另一回事。布拉米德的干预似乎没有破坏占据优势的和平氛围，这从大会快结束时东正教牧首曼努埃尔二世给英诺森四世的那封信可以断定。牧首声称，他们对重要事项进行了自由公开的讨论。此次大会的官方拉丁文记录表明，希腊人显然愿意就罗马对首席权的诉求做出史无前例的让步，在某些保障之下接受教宗对全体大会的权威。反过来，希腊人有些天真地要求将君士坦丁堡还回来并将拉丁皇帝和牧首免职。一个尼西亚代表团被派遣到罗马教廷，全权负责继续关于这些事项的辩论。

英诺森四世在 1252 年年初给予答复。他认可希腊人对教宗首席权及其对此次大会的权威做出的让步。在使徒信经中增加和子说（*filioque*）仍然是个难题。希腊代表团拒绝支持它，除非它能够得到圣经权威或某一神谕（*divinum oraculum*）的支持。英诺森四世认为这不合理，但本着和解的精神允许东正教会忽略和子说，使全体大会的最终决议悬而未决。英诺森四世未能就将君士坦丁堡返还给希腊人做出任何具体决定。协商仍在继续，但教宗通过任命曾经空缺的君士坦丁堡的拉丁牧首而将自己的意图表露无遗。罗马教廷也含糊不清地谈到要组织一次十字军东征来援助拉丁帝国。1254 年，教宗、尼西亚皇帝和牧首几乎同时去世，结束了这一轮的关于教会联合的协商，但这些协商自弗雷德里克二世于 1250 年 12 月去世后注定陷入僵局。[21]

约翰·瓦塔泽斯明白，在神圣罗马帝国和教宗之间挑拨离间符合自己的利益。为了达到这一目的，瓦塔泽斯力求保持与弗雷德里克二世的联盟，同时与教宗就两个教会的重新联合进行协商。他继续为他岳父提供军队，直至他岳父去世为止。弗雷德里克向女婿提出抗议。难道他没有认识到教宗正努力在他们之间钉入楔子？当分裂的真正责任在罗马时，难道不是这位教宗曾将希腊人当作支持教会分裂的人驱逐出教吗？然而，弗雷德里克起初是愿意将船只提供给正在前往罗马教廷的路上的尼西亚代表团使用的。他们正在玩一个复杂的外交游戏。瓦塔泽斯发现，继续与弗雷德里克二世保持联盟是牵制教宗的有效方式。弗雷德里克在 1250 年 12 月去世，意味着教宗不再处于这样的压力下去为尼西亚皇帝提供帮助。[22]

近些年来，强调这一尼西亚外交插曲的重要性已经变得寻常。它在当两个教会依照双方都接受的条款重新联合成为最有可能发生的事

---

[21]　Franchi (1981)；Gill (1979)，pp. 88 – 95.

[22]　Borsari (1951)；Merendino (1974)．布雷泽亚努（Brezeanu，1974）将约翰·瓦塔泽斯与科斯萨·兰西亚的结婚日期提早到 1241 年或 1242 年。他依赖的文献的日期将被定为 1243 年，不是他认为的 1242 年。这意味着此次联姻现在可以确定为 1242 年或 1243 年，不是一直以来所认为的 1244 年。

时呈现出来。那就是米哈伊尔八世·巴列奥略后来如何看待它，他将它当作证明其联合主义政策有理的先例。与米哈伊尔·巴列奥略不一样，尽管约翰·瓦塔泽斯愿意就教宗首席权做出让步，但似乎在与教宗和解方面没有遇到反对。这对经常就拉丁人表现出来的痛苦情感来说更加出人意料。君士坦丁堡的失去，应该对任何与西欧的交易提出警告。理想是流亡中的拜占庭人将重聚力量，但现实是老拜占庭帝国的土地上遍布西欧人的利益。这是被 1204 年对君士坦丁堡的征服所证实了的事实。当尼西亚帝国偏安于小亚细亚西部时，它有可能保持孤立主义的立场。然而，当感到有足够的信心去以征服君士坦丁堡为目标时，约翰·瓦塔泽斯不得不与西欧霸权妥协。由于神圣罗马帝国与教宗产生了瓦塔泽斯试图利用的冲突，情况似乎变得有利起来。原则上，这与曼努埃尔一世·科穆宁实行的政策路线没什么区别，但相比之下，约翰·瓦塔泽斯是以弱势来运作。 558

这在他与弗雷德里克二世的交易中表现得最清楚。在可以追溯到 13 世纪 30 年代的早期来往信件中，弗雷德里克二世没有给予瓦塔泽斯皇帝的称号。在将女儿嫁给瓦塔泽斯后，他称瓦塔泽斯为希腊人的皇帝，曼努埃尔·科穆宁将会发现这是一个冒犯性的称号。这是一个不平等的联盟。瓦泽塔斯是地位较低的合作者。弗雷德里克二世在拜占庭世界的利益难以阐明。他继承父亲亨利六世的雄心壮志，包括对拜占庭的霸权在内；这不可能是他的主要关注点之一。但西西里的任何统治者都对科孚岛和爱奥尼亚群岛感兴趣。科孚的东正教主教乔治·巴登斯（George Bardanes）担负着改变这一兴趣的任务。在大约 1236 年写给弗雷德里克的一封信中，他对这样一个不起眼的占有地会对统治者产生如此大的价值提出怀疑。他指明他的领主塞萨洛尼卡的统治者曼努埃尔·安杰洛斯愿意承认弗雷德里克的宗主权。[23]

大约正是在这个时候，流言在西欧传播，大意是曼努埃尔·安杰洛斯、约翰·瓦塔泽斯和保加利亚沙皇约翰二世·阿森向弗雷德里克效忠，以此结盟作为对抗君士坦丁堡的拉丁帝国的回报。效忠不可能严格准确，只不过是西欧对不平等合作关系的注解。约翰·瓦塔泽斯

㉓ Hoeck and Loenertz（1965），pp. 216 – 218.

在这个时候计划出访弗雷德里克的皇宫。[24] 到 1238 年，瓦塔泽斯派
出军队到意大利去帮助弗雷德里克，一直持续到弗雷德里克去世为
止。弗雷德里克的统治权扩大到希腊东部的其他小统治者身上。在统
治时期即将结束时，他给伊庇鲁斯的统治者写信，坚持要求他应该允
许尼西亚军队在前往意大利的路上穿过他的领土。这一插曲表明流亡
中的各拜占庭国家的困境。这些国家的外交关系迫使它们向教宗和霍
亨斯陶芬家族求助；流亡的思想意识形态谴责与拉丁人的任何接触。
约翰·瓦塔泽斯设法避免这一矛盾的后果，但这些后果将会回来困扰
米哈伊尔八世·巴列奥略。

　　在弗雷德里克二世去世后，雷尼奥最终传给了他的私生子曼弗雷
德。他力图保留弗雷德里克对不同希腊统治者的统治权。相反，他发
现自己被拖入尼西亚和伊庇鲁斯的斗争。伊庇鲁斯的统治者米哈伊尔
二世·安杰洛斯明白，只有在拉丁人的帮助下，他才能够利用紧随约
翰·瓦塔泽斯于 1254 年 11 月去世后在尼西亚皇宫出现的内部分歧。
新的尼西亚皇帝是瓦塔泽斯的儿子狄奥多勒二世·拉斯卡里斯；或许
是效仿弗雷德里克二世，他对贵族采取更为专制的态度。他的主要对
手是未来的皇帝米哈伊尔·巴列奥略。他控制了大统帅的位置，使他
可以指挥拉丁雇佣军为尼西亚服务。与其面对叛国的指控，巴列奥略
更愿意到塞尔柱土耳其人当中去寻求庇护。他在狄奥多勒二世·拉斯
卡里斯于 1258 年 8 月去世后不久返回尼西亚皇宫。随后巴列奥略在
他指挥的拉丁雇佣军的帮助下组织了一场政变。就他宣布以狄奥多勒
的儿子尼西亚帝位的合法继承人约翰·拉斯卡里斯的名义进行统治的
意义而言，他非常尊重法律上的细节。但这只是篡位的掩饰，将会不
可阻挡地使他从摄政变为共治皇帝，最后成为唯一的皇帝。

　　这段王朝内部的插曲给了米哈伊尔二世·安杰洛斯机会。他能够
将伯罗奔尼撒半岛的法兰克君主和曼弗雷德拉入反尼西亚联盟。联军
于 1259 年夏在伊格纳蒂亚大道上的佩拉戈尼亚与尼西亚军队遭遇，
被彻底打败。法兰克君主和法兰克伯罗奔尼撒的骑士精英一道落入尼
西亚人之手。此次胜利使米哈伊尔·巴列奥略成为巴尔干半岛的主导

---

[24] Wellas (1983)，pp. 130–141，但是洛戈斯（Logos, 1985–1986）认为讨论中的约翰·瓦塔泽斯不是皇帝而是科孚岛的总督。

力量。他的军队收复君士坦丁堡只是时间问题。这适时地发生于1261 年 7 月，当时一小股尼西亚军队趁拉丁驻防部队暂时空虚，悄悄进入了君士坦丁堡。1261 年 8 月 15 日，米哈伊尔·巴列奥略成功地进入该城。这是返回应许之地的举动。[25]

五

那么，这一流亡时期在历史上的重要性是什么呢?[26] 后来人将之视为英雄时代。回想起来，那似乎是一个充满希望的时代；那时，这个国家清除了 1204 年以前拜占庭所具有的腐败特征，皇帝的独裁统治受到约束，一个更公平的社会逐渐形成。皇帝不再高于社会，而是要为社会负责。历史学家乔治·帕齐米尔斯用一件趣闻阐明了这一点。皇帝约翰·瓦塔泽斯逮着他的儿子狄奥多勒·拉斯卡里斯穿着黄金衣出去打猎。他训斥这位年轻的王子："因为这些黄金与丝绸制成的衣物是他们的财产，难道他没有认识到它们是'罗马人的血'，应该用来为他们谋利吗?"这些衣物将不会被浪费在无意义的追求上。[27]公共效用才是皇帝权威的正当理由。

从君士坦丁堡被逐出，迫使人们重新评估皇帝权威的局限性。在 560 都城的有效性缺失的情况下，皇帝比以前更需要东正教会的道德支持。这以流亡期间通过引入牧首用没药来举行涂油礼作为加冕仪式的固定特征为标志。其含义已经由牧首约瑟夫一世（1266—1275 年在位）清楚地阐述出来。在遗嘱中，他拒绝给予米哈伊尔八世·巴列奥略"神圣"的称谓，使巴列奥略非常愤怒。由于已用没药举行涂油礼，这位皇帝坚持那是他的。牧首以他不配做皇帝为由将他驳回。换句话说，涂油礼仪式将道德权威授予皇帝，但也使皇帝易于受到教会的指责[28]，这种情况让人想起几个世纪以来西欧的经历。

在流亡期间，东正教牧首继续将对皇帝的教导停留在口头上。杰尔马诺二世为牧首教区的权利高于伊庇鲁斯的教会而辩护，这便有了

[25] Geanakoplos（1953）.

[26] Ahrweiler（1975）.

[27] George Pachymeres, *Relations historiques*, Ⅰ, pp. 61 – 63.

[28] George Pachymeres, *Relations historiques*, Ⅰ, pp. 639. 9 – 26；Nicol（1976a）.

一个教会、一个帝国的传统术语。但伊庇鲁斯人的代言人乔治·巴登斯更为现实。他明确表示伊庇鲁斯的教会将会高兴地承认牧首在尼西亚的权威，但不是皇帝的权威。他不明白为什么皇帝的权威对一个基于对东正教信仰普遍忠诚的整体来说是必要的。为什么共存是不可能的？"让每一方就这些方面达成谅解并'让每一方享受分配过来的斯巴达土地'，不要愚蠢地盯着世界末日，而要满足于各自的领土，敬畏上帝并以兄弟友爱的精神来尊敬合适的统治者。"㉙ 这似乎是一个合理的请求：拜占庭世界在 1204 年以后的联合主要是宗教和文化方面的，不再依靠皇帝的权威。政治联合无关紧要，或者将不得不等到君士坦丁堡被收复之时。

有一种观点也在尼西亚皇宫中拥有支持者。尼西亚的重要知识分子兼神学家尼基弗鲁斯·布拉米德为罗得岛的希腊统治者的政治独立辩护。对布拉米德的观点产生重要影响的唯一联合是由东正教提供的。当狄奥多勒二世·拉斯卡里斯在 1256 年强迫当时的牧首将伊庇鲁斯统治者米哈伊尔二世·安杰洛斯的领土置于教会禁令下时，这位牧首感到十分愤怒。㉚ 这是公然利用教会权力来达到政治目的。狄奥多勒二世·拉斯卡里斯以相当不同的方式也承认拜占庭世界的分割，尽管流亡已经对分割进行了修补。他将自己在欧洲所取得的胜利归于"我们的圣母安纳托利亚"㉛。

561　　　君士坦丁堡的失陷使对拜占庭的身份重估成为必要。这种身份几乎不可能是不同的，因为它是如此紧密地与君士坦丁堡的帝国和普遍主义的抱负联系在一起。在流亡中，拜占庭身份的核心仍然是东正教，但被赋予了更为明显的民族主义转向。拜占庭人过去将自己定位为与希腊人（或异教徒）和犹太人不同的人，有时也与亚美尼亚人不同。拉丁人从第一次十字军东征开始变得越来越突出，但只有在 1204 年以后才成为相对于拜占庭人衡量自己的"他者"。这是一种不利的变化。更有利的是评价希腊人的意义。它失去异教徒的含义，开始与古典希腊的文化遗产等同起来。这在 1204 年以前就已经开始，

㉙ Loenertz, "Lettre de Georges Bardanès, métropolite de Corcyre, au patriarche oecuménique Germain II 1226 – 1227 c. ", p. 117. 413 – 417.
㉚ Nikephoros Blemmydes, A partial account, tr. Munitiz, pp. 89 – 91.
㉛ *Theodori Ducae Lascaris epistolae*, ed. Festa, p. 281. 73 – 4.

但只有在君士坦丁堡失陷后才被赋予连续的表达。皇帝约翰·瓦塔泽斯写给教宗格列高利九世的一封信最为清楚地表明了这一点。他宣称他的皇帝权威有着双重有效性。一方面，它可以追溯到大君士坦丁身上；另一方面，它建立在希腊智慧之上。东正教和皇帝权威与文化传统融合在一起，使拜占庭的身份发生了变化。[32]

这种变化对拜占庭学者在流亡期间取得的成就产生了激励作用。他们能够恢复拜占庭的知识遗产，君士坦丁堡失陷于拉丁人之手使之面临威胁。皇帝约翰·瓦塔泽斯组织了一所皇宫学校，保存了高等教育的传统。[33] 但希腊智慧具有激励力量的最雄辩的证明，以未来牧首塞浦路斯的乔治的自传的形式出现。他写到，他是多么痛苦地憎恨他出生的岛屿上的拉丁征服者。他们使他不可能接受到合适的教育。在听说了尼西亚作为希腊教育中心的声名后，他从家逃跑出来前往尼西亚。无论他失望的是什么，他将对希腊之光的追寻当作一种皈依形式。[34]

希腊智慧的培养使拜占庭精英分子在文化上不同于拉丁人。1254年，尼西亚学者们和一个霍亨斯陶芬使团的成员之间发生了一场争论。狄奥多勒二世·拉斯卡里斯主持了这场争论。他将胜利判给尼西亚人，认为它反映出希腊人的崇高荣誉。对希腊的过去的意识成为拜占庭身份的不可或缺的一部分，但其表达形式是保留知识精英分子。尽管二者明显不相容，但希腊文化和东正教之间几乎没有出现摩擦，令人惊讶。牧首杰尔马诺二世将约翰·瓦塔泽斯对拉丁人取得的胜利，可与马拉松和萨拉米斯相比。这表明了希腊文化在流亡期间将更为明显的希腊特性给予东正教的方式。东正教牧首教区毫不犹豫地放弃了在塞尔维亚和保加利亚的东正教会的权利，在罗斯也与此差不多。这和它固执地并最终成功地捍卫其对伊庇鲁斯教会的权威形成对比。无论牧首杰尔马诺二世可以继续对普遍权威提出什么诉求，他对伊庇鲁斯教会的态度表明对东正教的更为明显的民族主义阐释。这是希腊人的信仰。

从令人憎恨的拉丁人手中收复君士坦丁堡一直是目标，但君士坦

562

---

[32]　Grumel (1930), pp. 452 – 4; Angold (1975b).

[33]　Constantinides (1982), pp. 5 – 27.

[34]　Lameere, *La tradition manucrite de la correspondance de Grégoire de Chypre*.

丁堡自身与流亡期间演变的身份感越来越不相干。政治忠诚变得更加
地方化。共同目标感由东正教会提供，文化联合感则由希腊传统提
供。与此同时，一种相当不同的政府与社会的结构逐渐成形。这一结
构的许多特征可以追溯到 1204 年以前，但它们为君士坦丁堡的权力
和传统所阻。君士坦丁堡的失陷使政府机构的简化成为必要。甚至罗
马法的传统也削弱了，使神判法被引入。㉟ 权威逐渐下放，这以豁免
权和优先权的显著增长的形式表现出来，但也可以从城市特权的广泛
授予中看出来，权力已日益地方化。

　　米哈伊尔·巴列奥略忽视了这些变化，不得不自食其果。他因被
称颂为"新君士坦丁"而沾沾自喜，但其政府的专制风格产生了许
多困难。㊱ 他试图恢复拜占庭帝国原有的意识形态和机构基础，与流
亡期间发生的那些变化相反。重建的拜占庭帝国不能逃脱流亡时期的
遗赠，仍然是独立或半独立的政治联合体的混合物。除非常短暂的时
期外，伊庇鲁斯从未被说服回到君士坦丁堡的直接权威下，而小亚细
亚从未接受过巴列奥略的统治。更为严重的是，米哈伊尔·巴列奥略
努力将与拉丁教会的联合强加给东正教，使社会的所有阶层变得不友
好。这反映出流亡时期在态度上发生的变化。皇帝不再能够使用东正
教信仰作为与拉丁西欧讨价还价的外交筹码而不引起激烈的反对。教
会现在可以依靠大众的支持。这在 1204 年之前是不可能的事。米哈
伊尔·巴列奥略试图将皇帝权威恢复到以往的显著地位，只会使拜占
563 庭社会无望地分裂。对收复君士坦丁堡的悲叹，正如一位尼西亚官员
在 1261 年夏天所做的那样，将表现出一种可怕的预知。㊲

六

　　从长远来看，这些变化将会阻扰米哈伊尔八世·巴列奥略重建拜
占庭帝国的努力，但当皇帝在 1261 年 8 月 15 日正式占领君士坦丁堡
时，失败似乎是不可能的。最初的成功表明，拜占庭帝国将很快恢复
了 1204 年以前的边界。米哈伊尔·巴列奥略很快在伯罗奔尼撒半岛

㉟ Angold (1980).
㊱ Macrides (1980) and (1994).
㊲ George Pachymeres, *Rlations historiques*, Ⅰ, p. 205. 1 – 12；Talbot (1993).

取得立足点。阿凯亚公爵纪尧姆·德·维拉杜安和他的许多贵族在
1259 年的佩拉戈尼亚之战中已经落入拜占庭手中。他现在同意让步。
他将伯罗奔尼撒半岛东南角的莫奈姆瓦夏、米斯特拉（Mistra）和马
伊纳（Maina）要塞割让给米哈伊尔·巴列奥略。收复希腊土地的念
头开始萌动。1264 年，伊庇鲁斯统治者米哈伊尔二世·安杰洛斯接
受了君士坦丁堡新皇帝的统治权。大量的收益以保加利亚人为代价在
前一年已经取得。进入巴尔干半岛的通道普罗夫迪夫（Plovdiv）与
黑海沿岸的各个港口一道被收复。然后，米哈伊尔·巴列奥略获得对
多瑙河口的多布罗加地区的控制权，在此安置土耳其殖民者。他们和
卢姆的最后一位塞尔柱素丹伊兹丁一起来到拜占庭，伊兹丁已在
1261 年 4 月逃到米哈伊尔·巴列奥略那里去了。即使这意味着接受
洗礼，素丹觉得这也比处于蒙古人的统治下要好些。这样惊动一时的
反叛使米哈伊尔·巴列奥略有理由期望在小亚细亚将收获得更多。君
士坦丁堡的收复也使威尼斯人进入防御状态。他们从君士坦丁堡被赶
走，拜占庭的盟友热那亚人取而代之。1264 年，轮到热那亚人被暂
时禁止进入君士坦丁堡。米哈伊尔·巴列奥略无意让意大利人在君士
坦丁堡占据主导地位。他建立拜占庭舰队，这支舰队将最后一次成为
爱琴海海域中的主要力量。[38]

　　米哈伊尔·巴列奥略统治时期的悲剧在于从未能够利用这些早期
成功的优势。他未能将威尼斯人从他们在克里特岛和埃维厄岛的基地
赶走。伯罗奔尼撒半岛上的法兰克人顽固地拒绝割让任何更多的领土
给他的军队。伊庇鲁斯和塞萨利的希腊统治者抛弃了对拜占庭的忠
诚。一位新人物的出现使反对拜占庭统治的力量得以加强。这就是法
兰西国王路易九世的幼弟安茹的查理。他于 1266 年在贝内文托战胜
了霍亨斯陶芬的曼弗雷德，使他成为教宗认可的雷尼奥统治者兼在东
方的雄心壮志的继承人。1267 年，他分别与纪尧姆·德·维拉杜安
和被赶走的君士坦丁堡的拉丁皇帝鲍德温二世签订条约。他将维拉杜
安置于保护之下，并且通过王朝联姻确保儿子菲利普对阿凯亚公国的
继承权。他向拉丁皇帝承诺，将在七年内代表拉丁皇帝发起收复君士
坦丁堡的征战。不管信奉东正教还是天主教，巴尔干半岛和希腊土地

564

　　㊳　Geanakoplos（1959），pp. 119 – 185.

上的小统治者们纷纷向他求助，获取支持来反对米哈伊尔·巴列奥略的自负。阿尔巴尼亚人占领了位于伊格纳蒂亚大道一端的拜占庭基地都拉斯，于1272年2月承认安茹的查理为国王。他因此获得阿尔巴尼亚沿海的战略要地。这对米哈伊尔·巴列奥略来说是一个沉重的挫折。

这位拜占庭皇帝力图以不同的方式来抵抗安茹家族的威胁，他加强君士坦丁堡的防波堤。第四次十字军东征的教训是易受到来自海上的攻击。因此，米哈伊尔·巴列奥略争取威尼斯的支持，阻止它加入安茹家族阵营。他最后在1268年诱使威尼斯人与拜占庭而不是与安茹的查理签订条约。威尼斯人恢复了对君士坦丁堡的老城区的控制。拜占庭的主要外交攻势指向教宗。米哈伊尔·巴列奥略采取早已存在的策略，提出两个教会重新联合。教宗起初无法相信这一提议的诚意或效用。当格列高利十世在1271年登上圣彼得的王位时，这发生了改变。他对支持安茹的查理对君士坦丁堡的计划不感兴趣。他的目的反而是将十字军国家从马穆鲁克的威胁中解救出来。与拜占庭的联盟可能有用，但教宗坚持这一联盟不得不由两个教会按照罗马的条款重新联合来进行巩固。在本质上，这意味着拜占庭承认教宗首席权。这是米哈伊尔·巴列奥略认为在这种情况下值得付出的代价。1274年，他派出一个拜占庭代表团去里昂，罗马教会的一次全体大会正在那里召集（这在关于教宗的那一章已经讨论过了）。没有对这些议题进行任何严肃的争辩，米哈伊尔·巴列奥略就接受了按照教宗的条件来重新联合教会。他将约翰三世·瓦塔泽斯首倡的与教宗的谈判引为自己行动的先例。[39] 这些行动没有引起任何抗议，即使真的有，那也很少，或许是因为它们从未带来任何结果。但米哈伊尔·巴列奥略的联合主义政策，将为他招来拜占庭社会的各个阶层的仇恨。为什么人们不愿意接受他的再三保证，他几乎没有做出任何有价值的让步？为什么东正教会拒绝以通融（*oikonomia*）的精神看待联合问题？[40]

这些问题的答案表明，不仅仅是安茹的查理的野心阻挠米哈伊尔·巴列奥略重建拜占庭帝国的计划。米哈伊尔的联合主义政策证实

[39] George Pachymeres, *Relations historiques*, Ⅴ, xii：Ⅱ, p. 479. 20 – 24.
[40] Nicol (1993), pp. 41 – 57；Hussey (1986), pp. 220 – 235.

其统治的暴政性质。他篡夺帝位的行为不是那么容易被忘记的。1261
年圣诞节，他下令弄瞎帝位的合法继承人约翰·拉斯卡里斯的双眼，
并将他流放到马莫拉海的亚洲海滨的一个要塞。牧首阿西尼奥斯公开
反对。他要为保护约翰·拉斯卡里斯的权利负责，篡位者已经庄严地
在上帝面前宣誓维护这些权利。牧首因此将米哈伊尔·巴列奥略驱逐
出教。皇帝用了三年的时间才使自己摆脱阿西尼奥斯，但他的免职只
是在东正教会内部产生分立，这削弱了随后几位牧首的权威。阿西尼
奥斯支持尼西亚各地有利于约翰·拉斯卡里斯的起义。米哈伊尔·巴
列奥略可能轻易地镇压了这场起义，但此后发现安纳托利亚诸省逐渐
脱离君士坦丁堡的统治。历史学家乔治·帕齐米尔斯把这单独挑出
来，作为它们随后陷入重新兴起的土耳其压力下的潜在原因。[41]

　　米哈伊尔·巴列奥略的联合主义政策加强了日益增长的对其统治
的不信任。他拒绝听取牧首约瑟夫一世（1266—1273 年在位）的合
理反对意见。皇帝打算听从教宗吩咐的意图已变得清晰起来，牧首就
退隐到一座修道院中，而不是成为教会重新联合的同伙。当米哈伊
尔·巴列奥略一意孤行时，造成东正教会内部的另一次分裂。为教会
联合赢得支持所做的努力既粗糙又大多达不到预期的目标。事情发展
成这样：当前往里昂的拜占庭代表团成员返回君士坦丁堡时，"你们
变成了法兰克人！"的叫喊声不绝于耳。[42] 这反映出整个拜占庭社会
弥漫着背叛感。

　　这为米哈伊尔·巴列奥略及其新牧首约翰·贝库斯（1275—
1282 年在位）在实现教会联合时采取的严厉方式所证实。1276 年，
牧首召开大会，大会不仅证实教会联合，而且将所有那些反对的人置
于驱逐出教的禁令下。次年，皇帝及其儿子公开宣誓承认教宗首席
权，并宣读包括罗马增补的和子教义在内的信仰声明。

　　米哈伊尔·巴列奥略的反对者抓住他的联合主义政策来为他们的
行动辩护。伊庇鲁斯和塞萨利的希腊统治者用这一政策作为拒绝顺从
其权威的借口。塞萨利的约翰在 1275/1276 年举行反联合主义大会，
吸引了东正教会中许多米哈伊尔·巴列奥略的反对者。这是为政治目

566

---

[41]　George Pachymeres, *Relations historiques*，Ⅰ, iii－ vi：Ⅰ, pp. 26－35.
[42]　Geanakoplos（1959），p. 271. 参见 Geanakoplos（1976），pp. 156－170.

的来公然利用联合主义一事。更难解释的是，有些米哈伊尔·巴列奥略最亲密的亲属和政治盟友反对两个教会联合。甚至他最喜欢的妹妹修女尤罗吉娅都与他反目，逃到保加利亚去了。皇室家族内部对教会联合是如此敌视，以致米哈伊尔·巴列奥略被迫监禁了许多亲属。教宗特使到大宫殿的地牢里探望他们，个个神情憔悴。米哈伊尔·巴列奥略希望他们的痛苦将令教宗相信皇帝对教会联合的诚意。[43]

　　这种来自皇室家族内部的反对，首先是由对东正教的担心导致的，皇帝对此做出了不必要的妥协；但反对的原因比这更深。米哈伊尔·巴列奥略被视为使用联合主义一事作为将专制权力强加给拜占庭教会和社会的方式。与所有拜占庭皇帝一样，米哈伊尔·巴列奥略面临着皇帝权威的难题。理论上，他行使绝对权力；事实上，这种绝对权力受到对教会和统治阶级以及整个社会的种种义务的限制。米哈伊尔·巴列奥略作为贵族派系的领导者而掌权。他确保国家的重要官职落入亲友手中。他也通过一系列精明的联姻，将其家族与其他大家族联系起来，拓宽了支持的基础。[44] 起初，他的统治风格是调和性的。除给军队和修道院的捐助外，他对各省总督和军事指挥官的不忠与压迫进行压制。他通过建立上诉法庭（sekreton）提高司法质量，废除使用以红烙铁为凭借的神判法，神判法已成为专制政府的工具。他对教会和牧首表现出言过其实的敬意。[45] 一旦米哈伊尔·巴列奥略成为君士坦丁堡的主人，这一切都改变了。他运用西欧的"征服法律"理念来证明更为专制的统治方式的合理性。他宣称，既然他已经征服君士坦丁堡，那么它就完全属于他。他用此作为借口，以没收财产来威胁教会联合的反对者，如果他们不遵从其意愿。他毕竟是"新的君士坦丁"[46]。他变得越来越疏远他的天然支持者。他起用西欧冒险者，如在士麦那附近的福西亚接受明矾特惠权的贝内德托·扎卡里亚。[47] 他也极大地倚赖可信的官僚，如前往里昂的拜占庭代表团的领导者兼重臣乔治·阿克罗波莱特。

---

[43]　Loenertz（1965）.

[44]　Dolger（1961）.

[45]　George Pachymeres, *Relations historiques*, II, i: 1, p. 130. 10 – 26; Burgmann and Magdalino（1984）.

[46]　Macrides（1980）and（1994）.

[47]　Genakoplos（1959）, pp. 209 – 213.

米哈伊尔·巴列奥略对教宗做出羞辱性让步，没有带来什么具体 ⁵⁶⁷
的好处，只是增加了对皇帝的不信任。教宗继续怀疑米哈伊尔·巴列
奥略的诚意，这种怀疑到了如此的程度，以致教宗马丁四世在1281
年将他驱逐出教。这是应安茹的查理的请求，为他提供发起对拜占庭
的新攻击所需的正当理由。这次安茹的查理能够将威尼斯争取到他的
事业中来。联合主义外交已经明显地使拜占庭陷入困境。1281 年，
拜占庭军队能够以贝拉特之战的胜利，遏制了安茹军队沿着伊格纳蒂
亚大道进军。但解救来自一个出乎意料的地方。1282 年 3 月 30 日，
巴勒莫居民起来反抗他们恨之入骨的安茹统治者。这就是著名的西西
里晚祷起义。⁴⁸ 由于西西里爆发起义，查理不得不放弃远征君士坦丁
堡的计划。

米哈伊尔·巴列奥略将自己视为人民的救世主。在晚年写成的自
传中，他独占击退阿尔巴尼亚的安茹人和组织西西里晚祷起义的功
劳。⁴⁹ 他无法理解他为什么不受欢迎：难道他没有将东正教会和帝国
的中心恢复到君士坦丁堡吗？这是无法否认的，但很少有人会接受他
的另一断言：根据家族和帝位的最好传统来统治。这似乎更多地像是
一种背叛。当米哈伊尔·巴列奥略于 1282 年 12 月 11 日在色雷斯的
一个小村庄去世后，东正教会拒绝为他举行合乎规矩的葬礼，这也就
不足为怪了。⁵⁰

在米哈伊尔·巴列奥略治下，拜占庭正好是最后一次成为世界舞
台上的主要力量。他的外交联系从西欧的阿拉贡和法兰西延伸到东方
的波斯的伊尔汗国，从里海边上的金帐汗国延伸到埃及的马穆鲁克王
朝。⁵¹ 但他的努力使拜占庭筋疲力尽，财政枯竭。他的遗产是分立、
贫困和快速衰退。他是在流亡期间发生的深刻变化的受害者。维护反
对拉丁人的东正教使拜占庭的身份具有反拉丁的转向。任何与拉丁人
达成的关于教义的让步都被视为背叛行为。由于拉斯卡利德家族的宣
传向人们灌输皇帝作为教会和人民的仆人的理念的方式，米哈伊尔·

⑱ Runciman (1958); Geanakoplos (1959), pp. 335 – 367.

⑲ Grégoire, "Imperatoris Michaelis Palaeologi de vita sua", pp. 448 – 68; Dmitrievskij, *Opisanie liturgicheskikh rukopisej*.

⑳ Nicephorus Gregoras, *Romaike historia*, Ⅰ, p. 153. 2 – 14. 参见 George Pachymeres, *Relations historiques*, Ⅵ, xxxvi：Ⅱ, pp. 665 – 667.

㉑ Amitai-Preiss (1995), pp. 82 – 97.

巴列奥略甚至更易于受到这类指控。政治权力变得更加分散。老拜占庭帝国的不同地区形成各自的身份和利益。君士坦丁堡的皇帝至多可以期望行使某种程度上的间接权威。这些问题在 1204 年以前就存在，但君士坦丁堡拥有将帝国合在一起的威望和资源，诚然这样做也是越发地困难起来。米哈伊尔·巴列奥略收复的这个城市只不过是一个空壳，已经在拉丁统治的那些年里荒芜了。他尽了很大的努力来重建新首都，但花费太多又耗时。[52] 君士坦丁堡不再处于支配地位。1204 年已经无懈可击地摧毁了拜占庭的神话。

迈克尔·安古尔德（Michael Angold）

莫玉梅 译

徐 浩 校

---

[52] Talbot（1993）.

第 十 八 章

（1）十字军东征：
地中海地区的 13 世纪十字军东征

　　进入 13 世纪后，东方的十字军征战受到三个主要因素的影响。第一，是由第三次十字军东征和 1197—1198 年德意志十字军东征留给它的非常混杂的遗产。对取得的所有军事胜利和领土来说，这些远征未能为耶路撒冷王国收复都城或恢复完好的防御框架，这一框架为该王国在哈丁之战（1187 年）前所拥有。在整个 13 世纪里，圣地的拉丁人易于受到来自叙利亚和埃及的攻击，并且一直不断地将这告知在欧洲的亲属和教友。显然，尽管各骑士修道会对拉丁叙利亚的防御做出的贡献逐渐重要起来，但叙利亚没有来自西欧的援助将会失陷。第二，对十字军东征的热情处于最高潮，当然是在天主教西欧的统治者及贵族当中，可能整个社会也如此；教宗呼吁人们参加十字军，不仅是在东方服务，而且也为伊比利亚、普鲁士、朗格多克和其他地方的十字军征战服务，这一呼吁在 13 世纪上半叶获得迅速反应。第三，教宗英诺森三世（1198—1216 年在位）全力献身于十字军征战，投入过人的智慧，为了圣地的利益，最大可能地利用这种热情。自乌尔班二世之后，再也没有教宗拥有英诺森那种程度的能力和奉献。

　　第四次十字军东征（1198—1204 年）起源于英诺森在 1198 年 8 月颁发的一份教宗通谕，正好在他当选七个月之后。当世俗领导权过于强势时，理查德一世和菲利普·奥古斯都就第三次十字军东征产生的争吵，对所发生的事情留下了不好的印象；新教宗决定，教会，特别是罗马教廷，将在组织和引导十字军中发挥比它在较早的几次远征中更大的作用。为这种作用确实付出了代价，因为英诺森接受了：更系统地解决十字军资金问题的需求应该由教会来满足，并且在 1199 年对教士收入征收 1/40 的税。人们对布道的反应良好。在 1199 年的一次骑士比武过程中，香槟伯爵蒂博三世和布卢瓦的路易参加了十字军，佛兰德伯爵鲍德温在 1200 年圣灰星期三（Ash Wednesday）效仿他们。已经加冕的国王将不会做出东征承诺，于是这三个富有影响力的法兰西权贵取得了十字军的指挥权。他们周围聚集了一大群十字军战士，其中有许多人已经响应讷伊的福尔克的布道，他是一个富有感召力的传教士和道德改革家，早些时候被雅克·德·维特里授予"另一个保罗"的称号。香槟的蒂博在 1201 年 5 月去世后，十字军战士处于蒙费拉侯爵卜尼法斯的全面指挥下，主要出于他在欧洲和东方的军事声望和广泛的家族联系。

　　1200—1201 年的冬天，十字军的领导者们派出六位代表去意大利，包括此次远征的未来历史学家杰弗里·德·维拉杜安；他们将与意大利沿海城市协商把军队运送到东方去的条件。代表们与威尼斯总督恩里科·丹多洛在 1201 年 2 月签订的条约明确规定，威尼斯人将获 85000 科隆马克（marks）的军费，用于运送军队。与代表们乐观估算的需要运送的人员与马匹的数量相比，这是一个公平的数额。但这些估算至少增加了三倍之多，这个错误奇怪地与此次远征的组织工作的其他特征所表现出来的认真谨慎不一致，改变了整个十字军东征的路线。当十字军战士于 1202 年初秋在威尼斯集结时，34000 马克的赤字被揭露出来。根据威尼斯人和法兰西人达成的秘密协议，此次十字军东征的目的在于攻击埃及的阿尤布权力中心，即"毒蛇的头部"，将不会离开这些区域，这似乎是可能的。然而，丹多洛提议暂停付款，以换取十字军帮忙重新夺回达尔马提亚港口扎拉（扎达尔），此港在 1186 年已经落入匈牙利国王之手。尽管军队内部有人反对攻击一座基督教城市，但这个提议最终还是被接受，军队 10 月从威尼斯启程。扎拉在 1202 年 11 月失陷。愤怒的英诺森三世将整支军队驱逐出教，虽然这一惩罚后来被撤销，但扎拉事件证明此次十字军东征已经不在教宗的控制之中。

　　更糟糕的事很快来临。十字军在扎拉过冬，他们的领导者接受被流放的拜占庭帝位要求者亚列克修斯（四世）·安杰洛斯的建议：他们应该帮助他从亚列克修斯的篡夺帝位的叔叔亚列克修斯三世那里收复君士坦丁堡，并且解救他被弄瞎了双眼且被囚禁的父亲伊萨克二世。亚列克修斯的事业是正义的，无疑吸引了十字军战士的骑士天性。此外，亚列克修斯愿意做出十分重要且吸引人的承诺来回报这次援助：与罗马的教会联合，将多于偿清十字军欠威尼斯人的债务的财政补助金，丰厚的物资供应和一支参与十字军剩余征程的庞大拜占庭军事分遣队。整个提议由德意志国王菲利普派出的代表呈送上去，获得菲利普的热情支持。军队内部的意见不一，由来自法兰西岛的重要领主西蒙·德·蒙福尔和西铎会修道院院长居伊·德斯·沃—德—塞尔奈领导的一群人对这一新改向表示强烈反对。鉴于十字军仍然面临的财政问题，严峻的选择似乎在于采用亚列克修斯的事业和让此次十字军东征瓦解于此之间。许多人返回家乡，而不是继续参与开始看上去像掠夺之战的东征，但舰队和大部分十字军从 1203 年 4 月到 6 月航行到了君士坦丁堡。

1203 年 7 月 17 日，对君士坦丁堡的全面攻击失败，但亚列克修斯三世感到非常恐慌，在第二天夜晚出逃。伊萨克二世被解救出来，十字军进入君士坦丁堡，亚列克修斯四世在 8 月 1 日被加冕为伊萨克的共治皇帝。此次改向显然完成了目标，十字军打算在 1204 年春天向南航行。然而，并不令人惊讶的是，亚列克修斯四世此刻发现他不能兑现那些过分慷慨的承诺。反拉丁情绪在君士坦丁堡内部非常强烈，亚列克修斯与其西欧盟友的关系逐渐恶化。到 1203 年 12 月，他们开战了。1204 年 1 月，亚列克修斯四世和伊萨克二世在一场政变（*coup d'état*）中被推翻。新皇帝亚列克修斯五世在 1204 年春组织了一场激烈的反抗十字军和威尼斯人的君士坦丁堡保卫战。联盟就分配问题起草了一份详尽的条约，不仅是可移动的战利品，还有整个帝国的分配；联盟在 1204 年 4 月迅速攻占君士坦丁堡。这是中世纪最具灾难性的劫掠行为之一，这座城市被无情地劫掠了三天。正如目击者佩里的贡特尔所描述的，拜占庭的遗物收藏，即"教会的神圣战利品"，证明这些物质财富具有不可抵挡的吸引力。佛兰德的鲍德温被加冕为君士坦丁堡的新拉丁帝国皇帝（这个帝国的命运在前面几章里已经提到），十字军要么在新近赢得的领土上定居下来，要么返回西欧。

　　为什么英诺森三世的伟大远征偏离了方向，这个问题一直令历史学家着迷。这也不足为怪。十字军东征的进程产生了不幸的后果，包括失去一支精良的军队，永远地疏远希腊世界和创建随后吸干西欧资源的新十字军东征"前线"。此外，此次东征的命运有两个可能的解释，它们构成互为因果的两个极点，即阴谋和意外。过去，有几个人被指责导致了此次十字军东征的改向，特别是恩里科·丹多洛，蒙费拉的卜尼法斯和亚列克修斯四世的主要西欧支持者，即他的连襟德意志国王菲利普，菲利普也是卜尼法斯的领主和朋友。当然，威尼斯人与拜占庭帝国的关系已经降至最低点，无可辩驳地可以从拜占庭帝国的摧毁中比对埃及的攻击中获利更多（已经得到）。从对拜占庭帝国境况的了解中，他们肯定已经认识到亚列克修斯四世不可能兑现承诺。他们可能可以预见事情自扎拉起始的走向，但这并不等于说他们制造了那些事件。没有直接的证据来证明阴谋的存在，这确实是成功的阴谋的真正本性，却又没有间接的证据（例如 1204 年 3 月的分割条约的彻底性）充分到足以给任何人"定罪"，更不用说威尼斯的现实政治（*Realpolitik*）或法兰克人的贪心等成见了。

　　我们无须任何阴谋来对此次十字军东征改向做出解释。使十字军出现在扎拉和君士坦丁堡的形势，形成一连串棘手的问题；采取的解决办法令人惋惜，但如果此次十字军东征可以被挽救，那么这些解决办法是必不可少的。十字军领导者与亚列克修斯四世的关系起初是盟友然后是敌人，他们的关系是自第一次十字军东征以来可预见的希腊—拉丁关系的顶点。但或许赞同"意外理论"的最强论据在于这一事实，即第四次十字军东征只是大量改向了的十字军征战中的一次；我们后面将会遇到的 1270 年突尼斯十字军征战与此非常相似，而且几乎每一次前往东方的十字军征战都表现出失去目标的趋势。特别是在这一点上，由于君主领导权悬而未决且教宗控制权缺乏可信性，十字军队伍易于"放任自流"。拿第四次十字军东征来说，放任自流远非欠考虑的，因为在改向的每个阶段上，军队内部都有激烈的争论。但在这样的情况下，人们貌似有理地认为，阴谋理论建立在一种错误观点之上，而这种观点错误到相信坚强的领导可以由蒙费拉的卜尼法斯和恩里科·丹多洛来担负的地步。

1213 年，离上次十字军东征失败还不到 10 年，英诺森三世颁发教谕《因为大于一切》（Quia maior），呼吁对东方进行新的远征。正如在第四次十字军东征的情况下那样，理由是耶路撒冷王国长期积弱，而不是 13 世纪后来促成十字军东征号召的那类具体危机。英诺森的新十字军东征的根源在于西欧。在前一年里，成千上万的德意志和法兰西少年试图通过行进到地中海各个港口来援助圣地，他们希望在这些港口可以提供船运服务。这一运动根本没有机会实现目标，参与者羞愧地返回家乡；根据描述，许多人被骗上前往北非的船只，在那里他们被卖为奴隶。尽管遭到惨败，这次所谓的"儿童十字军东征"已经揭露出普遍存在的东征热情的深度。也是在 1212 年，西班牙反抗阿尔莫哈德哈里发的托洛萨的纳瓦斯战役是十字军征战取得的最伟大的胜利之一，已经使狂热者相信上帝仍然偏爱天主教事业。教宗对新十字军东征的引导必须坚决而全面。教谕《因为大于一切》和 1213 年颁发的其他教谕为十字军东征传教建立了精练的结构，规定比以前更为开明的招募方法。那些参加了十字军却不适合战斗的人可以用金钱"赎回"或买回他们的誓言；人们希望这些收入将有助于预先阻止困扰第四次十字军东征的那种财政危机。教谕也为教宗的"十字军东征政策"的形成提供了清晰的证据，后面将对此予以探讨。

　　然而，英诺森三世对十字军东征的所有雄心壮志，正是在第四次拉特兰公会议上变得明朗起来。在像库尔松的罗贝尔和帕德伯恩的奥利弗等才能出众的传教士手中，十字军招募工作尤为成功；教宗着手确保，此次公会议为这次远征所通过的立法将会充分利用这些资源。由此产生的教令《关于解放》（Ad liberandam）是权威而全面的，以致于该教令的措施，甚至措辞在剩余部分的十字军征战史上被重复和模仿。尤为重要的是教令的三个特征：对纵容行为的确切意思，对教会人士征收三年的 1/20 税收，以及禁止与穆斯林进行战争物资贸易，并实施长达四年的与穆斯林的任何商业往来的禁运令。在其影响深远的干预十字军东征事业所需的世俗活动的主张中，《关于解放》充分证明了"教宗君主权"思想的出现。王室权威被忽视，甚至十字军即将登船的港口布林迪西和墨西拿，都位于处在教宗宗主权之下的（西西里）王国里。

573

英诺森三世在 1216 年 7 月去世，但其推动力已经产生，足以实行一系列的军事远征，这些远征从 1217 年持续到 1229 年，现在普遍地把它们归为第五次十字军东征。第一批十字军是由匈牙利国王安德鲁和奥地利的利奥波德六世率领的奥地利人和匈牙利人，在 1217 年夏天向巴勒斯坦启航。在 11 月和 12 月，他们参加了许多价值有限的小规模征战；这些表明实施攻击埃及的更大胆的战略意图的重要性。这原本是第四次十字军东征的计划，当然几乎也是英诺森三世心中为第五次十字军东征定下的计划；这一战略的起源几乎存在于十字军东征起始之时。国王安德鲁和许多匈牙利人的离去是一个打击，他们在 1218 年 1 月开始踏上漫长的归途；但来自意大利、弗里西亚和下莱茵的第一波十字军在 4、5 月份到达，人数比离去的还要多。当有了这样的军队和大帆船后，始于攻打东方港口达米埃塔的"埃及战略"可以满怀信心地启动了；自从安纳托利亚的塞尔柱素丹凯哈斯同意同时发起对叙利亚北部的阿尤布领土的攻击后，这一信心变得更强大。1218 年 5 月底，十字军驶往达米埃塔，开始围攻该港口。

帕德伯恩的奥利弗积极参与十字军东征，对这些事件做了生动的描述。据他所述，达米埃塔建有三层围墙，外面两层被可供船只航行的护城河分开。对这一伟大城市的围攻持续了 18 个月，是十字军东征史上的史诗事件。虽然塞尔柱人联盟失败了，凯阿斯在夏天对阿勒颇征战未遂后撤走军队，但十字军对达米埃塔展开了顽强且足智多谋的军事行动。这尤其表现在他们对令人生畏的主堡垒的初期攻击上；这一防御工事建立在尼罗河上的一座岛上，阻止十字军将船只航行到达米埃塔的南边来实施合围。在帕德伯恩的奥利弗发明的攻城机械装置的帮助下，这座堡垒于 8 月遭到猛攻。这一装置置于两艘被捆绑在一起的柯克船上的甲板上，放在堡垒旁边。占领主堡垒是一个引人注目的成功，据说素丹阿迪尔听到消息后悲痛而死，但穆斯林用沉船堵塞了尼罗河，十字军还是不能渡河。

到了 1218 年 9 月，十字军队伍显然将不得不在野外待上一段时间。主要来自英格兰、法兰西和意大利的新队伍在"秋天渡海"而来，但其他人返回了家乡，因为他们的服役期已满。这就形成了春秋两季同时增强和减弱兵力的模式，这一模式一直持续到十字军东征结束。由此带来的不确定性因素导致出现推迟决定的趋势。在西欧君主不在的情况下，这样的决定由杰出人士组成的议政会来做出。起初，这个议政会受到耶路撒冷国王约翰的强烈影响，但教宗使节阿尔巴诺的贝拉基在 1218 年 9 月到达，以其职务和果断的性格主导行动。1219 年 2 月，十字军取得的成功与国内政治困难一道，说服了素丹卡米勒提出诱人的建议来换取十字军的撤退，把包括 12 世纪耶路撒冷王国的大部分土地归还给基督徒。这个提议被拒绝，因为一个更大方的建议在夏末被提出；贝拉基和骑士修道会在这两个场合成为"鹰派"的领导。他们的不妥协证明是合理的，因为达米埃塔最终在 11 月失陷，给中东的所有穆斯林国家造成了巨大的冲击。

　　然而，十字军东征已经过了最高峰时期。因被否认了对被占领港口的统治权又担心素丹穆阿扎姆在巴勒斯坦的活动，国王约翰在 1220 年年初离开军队。这是灾难性的，因为基督徒在 1220 年没有采取有效的军事行动，使卡米勒在离达米埃塔几英里远的尼罗河上游的曼苏拉逐步建立有利形势。只有到了 1221 年初夏，在 500 人的德意志军队到来后，十字军才向南推进。在关于来自东西欧的支持将会出现的预言的鼓励下，十字军情绪高涨，而这些预言受到蒙古人入侵的谣言的推动。7 月 24 日，他们在曼苏拉包围了卡米勒的营地，但已为时过晚。素丹已经获得来自他弟弟阿什拉夫的增援，穆斯林利用对地形更为熟悉的优势智胜十字军，切断了他们与达米埃塔基地的联系。十字军除同意和平条款以外别无选择，在 8 月底签订了八年休战协议。该协议允许十字军不受反对地从埃及撤退，别无他物。几天后，达米埃塔已在卡米勒手中。

　　这般规模的失败在如此大的希望之后到来，便导致相互指责和自我反省，这预示着随后的情绪发作。此时势头已经形成。圣日耳曼诺的理查德责备贝拉基、国王约翰和弗雷德里克二世的代表巴伐利亚公爵路易造成了这场灾难，却通过向基督祈祷证明其事业的正确来结束悲叹。弗雷德里克二世被许多人视为基督的最高世俗代理人，于 1215 年在亚琛加冕为罗马人的国王后参加十字军。在 1220 年 11 月的皇帝加冕仪式上，他承诺在 1221 年夏天到东方去。这位皇帝推迟许久的远征构成了第五次十字军东征的最后一幕。这一推迟是由弗雷德里克在德意志和意大利南部的巨大政治困难所致。1225 年 6 月的最后期限在 1223 年确定下来，但过此期限后仍无行动；根据《圣日

575

耳曼诺条约》（1225 年 7 月）的条款，确定 1227 年 8 月为新的最后期限。假使，弗雷德里克是一位诚挚的十字军战士。假使这对一个将自己描绘为第二个查理曼的人来说是应当表现的有用姿态，弗雷德里克感到自己应该对上帝表示感谢，因为上帝支持把德意志重新置于霍亨斯陶芬家族的控制下。皇帝在 1225 年 11 月娶了布里恩的伊莎贝拉—约朗德为妻，使他获得耶路撒冷的王冠，这表明他在东方已存在利益，而不是去创造利益。在德意志、英格兰和意大利进行的招募聚集了一支人数众多的军队，这支军队在 1227 年夏末从布林迪西启航。然而，十字军饱受疾病之苦，离港三天后，皇帝自己也身染重病，以致他的大帆船驶入奥特朗托，然后他到波佐利的温泉浴场去康复和静养。

576　　弗雷德里克的决定进一步推迟了十字军东征之旅，而不是重演其祖父弗雷德里克一世对十字军东征所展现出来的决心与适应力，这对他的远征来说是一场灾难。首先，他的精良军队在巴勒斯坦的第一阶段行动中没有领导者，仍在生效的达米埃塔休战协议只有在一位加冕国王到来后才可以中断。十字军仍在取得一些成功，包括修建新城堡蒙福尔（斯塔肯伯格）；这一事实表明，如果弗雷德里克在那里领导他们，那将可能会获得更大的胜利。同样重要的是，新的推迟行为使自弗雷德里克加冕以来教宗和神圣罗马帝国之间的政治紧张关系濒临紧急关头。罗马教廷，特别是在教宗格列高利九世（1227—1241 年在位）领导下，已经关注到皇帝即将迅速取得的成功。无疑，因为要与限制霍亨斯陶芬权势的政治议程相一致，还因为对他再次错过最后期限感到极度失望，教宗将弗雷德里克驱逐出教，这事实上是取消了他的十字军东征。在两份措辞激烈的教宗通谕中，格列高利指责弗雷德里克口是心非，将他的十字军东征生涯列入他对教会造成的许多伤害之中。弗雷德里克面临着不可能的选择：继续十字军东征将是对教宗的反抗，但继续留在西欧将会证明他缺乏真诚。他选择了继续十字军东征，在 1228 年 6 月从布林迪西启航。

　　弗雷德里克对被驱逐出教做出的反应是胆大无畏的，他甚至怀疑教宗有可能敢于趁他不在之机入侵西西里王国，但这不能免去十字军东征之行。当他在 1228 年 9 月最终抵达阿克时，他的许多十字军战士已经离开军队回家了；虽然有人认为他自己的军队人数少且装备粗劣，但这种看法是错误的，正如后来的批评者所说的那样。然而，他被驱逐出教使巴勒斯坦的拉丁统治阶层产生极大的不和；条顿骑士团、热那亚人和比萨人支持他，但由耶路撒冷牧首领导的大多数其他权威人士受困于敌意之中。这对弗雷德里克的影响不如想象得那么大，因为阿尤布王朝政治有利于采取外交行动方针（démarche）：穆阿扎姆最近刚刚去世，素丹卡米勒需要和基督徒和睦相处，便于他合并死去的弟弟在巴勒斯坦的土地。在这些情况下，皇帝无须经过大战役就可以实现给自己既定的两个目标：至少给耶路撒冷王国收复某些领土和使基督徒控制耶路撒冷的主要圣坛，尤其是圣墓，即便不是圣殿山。这是《雅法条约》（the Treaty of Jaffa，1229 年 2 月）的本质，弗雷德里克在条约签订后很快就离开前往意大利。

　　虽然所有十字军东征都受到基督教世界内的政治环境影响，但弗雷德里克二世的远征是个例外：事实上，很难将巴勒斯坦发生的事件视为始于西欧的重大权力斗争延续之外的事。甚至弗雷德里克二世的辩护者都难以将《雅法条约》仅仅描述为公共关系的一次实践，圣城的回归经过特意安排，被皇帝用来将末世论观点与最后一位皇帝的规划性作用联系在一起。弗雷德里克的东征高潮是他于 1229 年 3 月 18 日在圣墓教堂中庄严地佩戴皇冠之时；次日，凯撒里亚大主教来到耶路撒冷，强制实行由耶路撒冷牧首颁布的禁令。这一连串事件是如此的怪异，以至于我们需要提醒自己，这表现出教宗和皇帝在观念上的分歧，这一分歧对捍卫拉丁东方将会产生极为有害的后果。直接损失已经够糟糕的了。就其资源基础而言，具有某种实质的远征应该是所有最为伟大的十字军东征中的一次，却证明令人极为失望。远征在外交上取得的成功都是无意义的，因为与沿海城市和要塞隔断又没有城墙（这些城墙早在 1219 年就被穆阿扎姆拆除）的耶路撒冷是无法防御的。

　　从广义上来说，弗雷德里克的失败可追溯到《因为大于一切》的整个连续军事活动的失败；一旦休战协议并在 1239 年夏天到期失效的《雅法条约》，这使罗马教廷必须关注拉丁东方面临的各种需要。1234 年，教宗格列高利九世提前做好计划，下达为新的十字军远征进行布道的命令。法兰西的反应良好，一支相当大的军队于 1239 年 7 月在里昂集结，包括一大群伯爵和其他大领主。领导者是王国内的两位贵族，即香槟伯爵蒂博（他也是伊比利亚小王国纳瓦拉的统治者）和勃艮第公爵休。虽然进攻埃及再次纳入考虑当中，但十字军领导者决定在巴勒斯坦采取军事行动。1239 年 8 月，十字军从马赛驶往阿克。但拉丁王国关于军事活动应该集中在大马士革或埃及有着不同意见，这将使他们成为牺牲品。11 月在加沙附近的一场战争中失利后，蒂博与大马士革结盟；虽然此次结盟在军事上没有获得成功，但为基督徒在巴勒斯坦北部获得了宝贵的领土。1240 年 9 月，蒂博返回西欧。勃艮第的休、纳韦尔伯爵和其他人留下来重建阿什凯隆的防御工事。

蒂博的十字军东征相当乏善可陈，紧接着的是一场由相似地位的权贵、康沃尔伯爵兼国王亨利三世的弟弟理查德领导的远征。理查德回应格列高利九世在 1234 年发出的呼吁，于 1236 年参加了十字军。面临来自其王兄和教宗（正如我们将看到的，教宗对其十字军东征呼吁的成果抱有其他计划）的反对，理查德在 1240 年 6 月开始穿越法兰西。他从马赛驶往阿克，10 月抵达。包括西蒙·德·蒙福尔率领的单独行军的第二批十字军在内，英格兰军队大约有 800 名骑士。理查德倾向于实行他的姐夫弗雷德里克二世的政策并想使他的兴趣更大，却被人说服：耶路撒冷王国的最好选择在于与埃及达成和平。1241 年 2 月，他同意与素丹萨利赫签订条约，这为基督徒取得延伸至南部的阿什凯隆且抵达加利利的约旦河的领土。理查德也取得其他的功绩。阿什凯隆的重新设防已经完成，该要塞被交付给弗雷德里克二世的支持者；在加沙被俘的法兰西战俘通过交换得以返回。1241 年 5 月，英格兰的十字军战士踏上归途。

康沃尔的理查德技巧性地宣传他在东方取得的成就，贬低蒂博所做的准备工作。假如将蒂博应有的荣誉归于他，那么 1239—1241 年的两次远征获得比这个时期对东方的任何其他十字军东征更积极的结果；除南部的希伯伦和中部的撒马利亚外，两次远征将耶路撒冷王国恢复到 1187 年的边界。但此次收复是短暂的。王国的防御框架很脆弱，其内部政府因弗雷德里克二世的支持者和耶路撒冷贵族之间不断激烈的冲突而瘫痪。此外，自 1193 年萨拉丁去世后，十字军国家已经成为他的后代在埃及、叙利亚和伊拉克西部的王朝权力斗争的受益者。这使 1229 年和 1240—1241 年的外交成功成为可能。更为重要的是，因为没有任何一位阿尤布素丹拥有除掉拉丁国家的能力或野心，这就意味着第四次十字军东征的改向和第五次十字军东征的管理不善带来的危害性，远远不及它们可能对巴勒斯坦的基督徒带来的危害。然而，这种有利的情况现在因蒙古人西征即将结束。他们在 1220 年摧毁了花剌子模突厥帝国，使大量经验丰富的突厥军队进入雇佣军市场。大马士革素丹和开罗素丹之间的权力平衡不可挽回地朝有利于后者的方向扭转，开罗素丹拥有雇佣花剌子模人所需的较多的财政资源。1244 年，花剌子模人在素丹萨利赫的雇佣下作战，首先毫不费力地从基督徒那里拿下了耶路撒冷，然后在 10 月与埃及军队形成联军，在加沙之战中给予法兰西—大马士革军队以压倒性的打击。

　　这些事件需要对第三次十字军东征的规模有所反应。这不可能期望于亨利三世或弗雷德里克二世，唯有法兰西的路易九世才可担负起这样特别的义务：在 13 世纪中期的几十年里，他主导着东方的十字军征战运动。这位国王在 1244 年 12 月参加十字军。他的行动或许是宣布自己已经脱离母亲卡斯蒂尔的布兰奇的长久监护的方式，也可能是巴勒斯坦传来的灾难性消息的结果；当然，这表明人们在十字军东征理想已经获得充分的精神现实之时对它的深远持续的忠诚。路易热衷于十字军东征的意义在于这样一个事实：他引人注目的纯粹动机使一个君主的军事能力可以任人摆布，这一能力因他最近在诺曼底和法兰西南部的收获和着手清除行政与司法改革极大地得到了充实。显然，这些与国王计划的十字军东征联系起来。1247 年，他派出调查者（enquêteurs）去调查常驻王室官员滥用职权的情况，典型地表现出路易作为一个基督教君主进行公正统治的决心，以及他对十字军东征不应该被国内的不满败坏的担心。这个机会现在出现在这位西欧的重要君主面前，使他能够尝试去得到帝国思想和力量所不能取得的机会。

　　君主的努力和控制在路易领导的十字军东征计划中具有最高权力，但并不意味着教宗被有意地排除在外，也不意味着此项事业自然而然地属于法兰西。此次远征接受了许多来自教宗和教会人士在 1245 年第一次里昂公会议上提出的考量；在与此次十字军东征相关的其他措施中，这次公会议通过向法兰西教会征税来为它提供资金。英诺森四世任命沙托鲁的厄德为使节来为十字军东征布道，英格兰、

579

德意志和斯堪的纳维亚出现大规模的布道。但在里昂，弗雷德里克二世也被教宗正式废黜；在路易计划和进行十字军东征的那些年里，一系列针对皇帝及其儿子康拉德四世的十字军征战在德意志和意大利发生。德意志和意大利因教宗与皇帝的斗争而剧烈震荡，东欧则面临着蒙古人的攻击。因此，政治环境和王室计划一道使此次十字军东征成为法兰西人占主导地位的一次尝试。为了维持他的十字军东征应该是迄今最大的意图，路易的准备工作既全面又慎重。他把钱借给其他十字军战士，雇佣船只并进一步完善他选择的登船地点艾格莫特港的设施。代理人甚至被预先派到塞浦路斯去储备谷物和葡萄酒，为十字军东征的到来做准备。

　　国王的全部注意力集中于此次远征的资金上。多亏了当时的记述和来自 14 世纪早期的政府估算，路易面临的开支及其为满足它们所利用的收入来源，要比任何以前的十字军东征更为详细地为人所知。据估计，他花掉了 150 万图尔里弗（*livres tournois*），或是法兰西君主年收入的六倍。他几乎不能动用他的年收入，这是法兰西正常开支所580需，于是他主要依靠特别的资金来源。2/3 的开支来自对法兰西教会征收五年的赋税总额，以教士收入的 1/10 的形式来征收。虽然这些赋税难以征收又十分令人憎恨，但已经成为十字军东征资金的关键，这种情况下的征税使法兰西教士习惯了将来的定期支出。或许剩下资金中的一半来自由王室领地里的城市"自愿"给予的补助金。余下部分有着不同的来源，包括政府的节约措施、出售宣判有罪的异端分子财产的收益和对法兰西犹太人的惩罚性征税。即使有资金来自王国之外，那也很少。路易领导的十字军东征资金充足，也许是因为他的官员过高估计开支，而不是因为他们预算精确，只是到了 1253 年他才不得不开始借钱，这时远征已经进行了五年。

　　在 1248 年最初的几个月里，路易为远征做好了政治、行政和精神上的最后准备。这些包括巡视王室领地，为放置国王在 1238 年从君士坦丁堡的拉丁皇帝那里购得的耶稣受难遗物，在新建的圣夏佩尔教堂举行奉献典礼，以及路易（在圣母大教堂）接收朝圣者的凭证与权杖和（在圣德尼）旗帜（*oriflamme*）。8 月，他在艾格莫特登船，大部分士兵则在马赛登船。军队的数量可能大约有 1.5 万人，几乎都是法兰西人，包括 2500 名骑士。军队在塞浦路斯过冬，来自拉丁巴勒斯坦和希腊的分遣队在那里与之会合。过了加沙之后，目的已明确：只有对萨利赫在埃及的势力给予一击，才能缓解圣地面临的日益增加的压力。这意味着首先要占领达米埃塔，该地曾给第五次十字军东征带来诸多困难。相比之下，路易在初期获得了一次重大胜利。法兰西军队在 1249 年 6 月 4 日抵达该港口，次日从水陆两个方向发起攻击。十字军在激烈抵抗中登陆，达米埃塔守备部队中产生的恐慌使他们放弃该城。路易成功占领达米埃塔，认为它会永远并入法兰西王权之中；他甚至授予此地一个大主教区和主教座堂全体教士。

　　胜利没有继续下去，十字军在达米埃塔待了五个多月而无所作为。这通常被认为是路易想等待他的弟弟普瓦蒂埃的阿方斯率领的援军，而且不愿意在被证明对第五次十字军东征造成灾难的季节里沿尼罗河向上游推进。但快速占领达米埃塔所获得的优势及其导致阿尤布阵营士气低沉的状况丧失。这次延误使穆斯林能够整修曼苏拉的令人生畏的防御工事。当南下行军最终在 1249 年 11 月 20 日开始时，法兰西人因两天后萨利赫的去世而交上了另一次好运。权力顺利地传给萨利赫的继承人图兰沙阿，当十字军最终于 12 月中旬到达曼苏拉时，581
他们面临攻占该城的问题。直到 1250 年 2 月，当一个本地人泄露了关键的渡河通道时，包围并从背面拿下曼苏拉的计划才得以形成。攻击任务交给路易的弟弟阿图瓦的罗贝尔，罗贝尔草率地率军冲进城中狭窄的街道里，在那里他和他的同伙都被砍倒在地。随后，在曼苏拉城外发生的战斗中，路易英勇地挽救了战斗，但法兰西人损失惨重，曼苏拉仍然完好无损。

　　由于止步不前，东征开始瓦解。路易没有在重大战斗中吃过败仗，但他的军队饱受疾病之苦。3 月初，穆斯林绕过法兰西人驻地用骆驼将船只运到，在十字军军队的背后把船只放入尼罗河中，切断了他们与达米埃塔最便捷的联系并危及他们的供给。此次远征的主要编年史家让·德·茹安维尔用令人悲痛的语言，描述了十字军所面临的可怕境况。然而，国王不到 4 月初不会退却，大大减员的军队到那时已经衰弱不堪且为病患所拖累，行军顺尼罗河而下，却搁浅在前往达米埃塔的半路上。国王别无选择，只能投降。失败所造成的震惊是巨大的，最显著的征兆是 1251 年在法兰西自行动员起来的"牧羊人十字军东征"（牧人运动）；这些人自称为十字军战士，多达几千人，还是没能成功地向东方进发去支援国王。路易及其残余军队的赎金使法兰西付出割让达米埃塔和 40 万图尔里弗（*livres tournois*）的代价，其中一半当即付现。条约在 1250 年 5 月 6 日签订，两天后路易驶往阿克。他只带了少量部队随行（剩下的要么仍然是俘虏要么已经返回法兰西），他在大多数十字军领导者逃回欧洲的情况下依然决定留在东方，这一行为需要非凡的决心。

路易九世在圣地待了将近四年。他身边仅有 1400 人，不可能攻城略地，但他重建阿克、凯撒里亚、雅法和西顿的防御工事，实质上统治了耶路撒冷王国，并在安条克和西里西亚—亚美尼亚的各种事务中起着重要的政治作用。与此同时，周边的穆斯林国家中的情况以比导致加沙之战的前奏甚至更有重大意义的方式发生变化。首先，1250 年 5 月在埃及发生马穆鲁克革命，使一个敌视阿尤布王朝的政权掌握了权力，阿尤布王朝仍然统治着巴勒斯坦北部和叙利亚。起初，法兰克人似乎可以继续实行以前从穆斯林分裂中获益的政策：1252 年，通过与马穆鲁克王朝联盟来对抗大马士革，路易获得减免他的另一半赎金和释放剩余被俘者的好处。与马穆鲁克王朝出现在政治舞台上一样重要的是蒙古人的出现。1253 年，路易派法兰西斯修会修士鲁布鲁克的威廉去使蒙古人皈依基督教，威廉与大汗蒙哥谈起十字军与蒙古人结盟共同对抗穆斯林的话题。虽然这种想法不切实际，但很有诱惑力，是十字军东征理论家们谈论了好几十年的热门话题。在路易于 1254 年 5 月返回法兰西后不久，蒙哥的弟弟旭烈兀入侵中东。他洗劫了巴格达并建立了伊朗的蒙古伊尔汗国，还占领了大马士革（1259 年）和阿勒颇（1260 年）。然而，次年，旭烈兀手下的将军怯的不花，却被马穆鲁克在艾因贾鲁打败，未能征服巴勒斯坦。

在这两个事件之间，马穆鲁克和蒙古人改变了十字军东征的目的。埃及的新政权对圣地造成的威胁程度，甚至比加沙之战后的萨利赫更大。首先，由于艾因贾鲁之战将自阿勒颇以南的整个叙利亚送到马穆鲁克手中，所以法兰克人面临着比自萨拉丁去世后的任何时候更强大的统一的敌对势力。其次，马穆鲁克素丹难以和解地敌视法兰克人。这部分是因为最近皈依伊斯兰教的马穆鲁克在信仰上比其阿尤布前辈更为狂热，因而更加重视圣战的进行。但这也是因为他们害怕蒙古人和法兰克人有可能结盟，特别是与来自西欧的重要十字军东征联合在一起，将会使他们腹背受敌。再次，伯拜尔斯在 1260 年夺取素丹之位后，这种权力和进攻都落入法兰克人在东方曾经面对的最伟大的伊斯兰指挥官手中。经过一段时期的精心准备后，这位新素丹开始一系列系统的征战，这些征战在 1263—1271 年间劫掠了十字军国家里的大部分幸存的城堡和城市。最糟糕的是，防御极强的安条克在 1268 年失陷。只有素丹的谨慎及其整个舰队于 1271 年在塞浦路斯附近失利才拯救了剩余的领土。自哈丁之战后，没有一次十字军东征是如此势在必行。

正是路易九世对此做出回应，这丝毫不让人感到惊讶。在 1254 年从巴勒斯坦返回后，这位国王在拉丁东方平均每年花费 4000 图尔里弗（*livres tournois*），主要用于维持阿克的法兰西驻军。1267 年，路易再次参加十字军。他重复为其第一次十字军东征所做的辛勤准备工作，从早期错误中吸取教训。随着国王制订完备的计划，教会以征收三年收入的 1/10 的形式给予慷慨的支持，以及国王的兄弟普瓦蒂埃的阿方斯和安茹的查理参与进来，一次大型的法兰西十字军征战在 1270 年夏成行。此外，此次十字军征战比路易的第一次远征更为国际化。安茹的查理现已是西西里国王，因此雷尼奥的资源和他的法兰西土地上的资源放置在一起。阿拉贡国王詹姆士一世通过召集一支独立的军队来响应教宗的呼吁，这支军队在 1269 年 9 月从巴塞罗那启航，但他却因未能严密策划而受到教宗的批评。从 1266 年起，十字军东征在英格兰布道获得成功。王子爱德华在 1268 年 6 月参加十字军，次年如约到巴黎去为路易服务。这是一次声势浩大的十字军征战，大部分人至少在一定程度上处于路易的控制下：假如到达埃及或巴勒斯坦，它将会取得很大的成就。

然而，所发生的一切是如同第四次十字军东征那样的惨败，即便此次征战从未使历史学家产生同样的兴趣。阿拉贡人启程较早，而且有自己的日程，在此次十字军征战独占风头。实际上，这没有造成重大影响，因为詹姆士的舰队在一场暴风雨中损伤惨重，国王很快就带着大部分军队返程。他让自己的两个私生子继续东进，造成加泰罗尼亚—阿拉贡人出现在阿克的象征效果。更为重要的是，路易决定以在突尼斯登陆作为攻击伯拜尔斯的土地的开端。突尼斯的哈夫斯埃米尔穆罕默德一世早已派遣使节到法兰西宫廷，请求十字军应该率先在他的土地上登陆；这样一来，在他不顾民众愤怒反对受洗时，十字军就可以为他提供保护了。一直以来，改向突尼斯被认为是受到安茹的查理的影响，他乐见有这样的机会对这位埃米尔施加压力，因为他是一位难以控制的被保护者。然而，历史学家近来逐渐对路易被他弟弟愚弄的看法提出异议。更有可能的是路易只是不能拒绝此次机会，在继续前往东方之前为突尼斯皈依基督教奠定基础来开启其十字军东征。如果登陆，可以通过为查理和穆罕默德相互妥协提供机会来使他的弟弟更彻底地允诺进行十字军东征，这样会更好。

可预见的是，此次改向证明是毁灭性的。法兰西十字军在 1270 年 7 月乘坐法兰西和热那亚的混合船只从法兰西南部启航，与安茹的查理的船只在卡利亚里附近集结。7 月 18 日，在突尼斯附近登陆没有遇到任何阻碍，但穆罕默德一世抵制这次入侵。在等待安茹的查理的援军到来时，法兰西军队毫无进展。在人生地不熟的马格里布，7 月骄阳似火，疾病不可避免。路易的幼子让·特里斯坦于 1250 年在达米埃塔出生，在此去世；其父紧随其后，在 8 月 25 日去世。虽然安茹的查理在同一天抵达，但此次十字军征战不可能挺过路易的去世所造成的打击。查理与穆罕默德一世签订有利的条约，率军撤退至西西里。他的船只在特拉帕尼附近被暴风雨严重损坏，法兰西的新国王菲利普三世放弃此次十字军征战并经由陆路返回法兰西。跟随他一道的有他的父亲、兄弟、妻子、流产儿与连襟的遗体。只有王子爱德华决心继续东进，带着大约 1000 人在 1271 年 5 月抵达阿克。在这里，他无力阻止伯拜尔斯取得的最后几场大胜。在法兰克人和素丹签订长达 11 年的休战协议后，英格兰十字军在 1272 年 5 月开始回国。

584　　虽然此举证明对圣地的拉丁势力没有太大用处，但王子爱德华的远征在西欧给同时代人留下了深刻印象。加上他自己时常阐明的对十字军东征事业的热情，爱德华一世的十字军东征确保圣路易的责任落到他的肩上。正是教宗格列高利十世（1271—1276 年在位）在路易死后首先提出这一点。新教宗将筹划和活动过程准备妥当，这一过程虽然没有在军事上产生什么结果，但表明西欧的天主教教徒在拉丁东方的衰退期里对它的深切关怀。尤其重要的是，格列高利召集了第二次里昂公会议（1274 年）。这一全体大会在权威性地处理十字军东征事务方面，可与英诺森三世的第四次拉特兰公会议相提并论。所采取的十字军东征措施，即《给热情信者的谕令》（*Constitutiones pro zelo fidei*），新旧相杂的特有混合谕令。传统特征包括尝试向马穆鲁克埃及强制实行贸易禁运以及此次公会议强调西欧的天主教统治者之间的和平。然而，此次公会议在处理不断增长的十字军东征资金问题的方式、通过建立 26 个征收区来赋予教会税收制度形式和大胆尝试为十字军东征引入世俗信徒税收方面有所革新。

　　由教宗及其公会议造成的推动力，比一些历史学家乐于接受的影响大很多。意识到圣路易的第二次十字军征战是最后一次真正启航到东方去的大征战（*passagium*）的事实，并且对当时里昂出现的各色阴暗交易的报告印象过于深刻，他们急于驳回格列高利的计划来结束十字军东征运动。事实上，三个欧洲最重要的统治者，即法兰西国王、西西里国王和德意志国王，都参加了十字军；长达六年的 1/10 税被征收，这是迄今为十字军东征征收的最大教士赋税；格列高利的十字军东征计划在拉丁和希腊两教会有重新统一的极大希望的背景下形成，在 1274 年里昂公会议上完成。教宗在 1276 年 1 月去世，结束了这次大航程将于 1277 年春启程前往东方的希望，但格列高利的计划没有随之逝去。随着素丹哈拉温在 1285 年后恢复伯拜尔斯的征服策略，从东方源源不断传来的坏消息使这一计划的实施获得保证。此外，为格列高利的计划所进行的宣誓和征收的税金，意味着十字军东征计划成为基督教世界的统治者在政治规划中定期举行的活动。

　　的黎波里在 1289 失陷，阿克与其余拉丁持有地在两年后失陷，这些消息使所有人惊慌失措，许多人悲痛万分。十字军东征运动进入最为奇妙的阶段，这个阶段一直持续到 1337 年百年战争爆发。收复圣地的渴望是普遍的。例如，1300 年，蒙古伊尔汗合赞在胡姆斯战胜马穆鲁克后，群情激动，那时基督徒似乎拥有了快速重新占领巴勒斯坦的绝佳机会。这种持续不断的热情产生了一大堆"收复论述"，许多人争论不休，有些人认真计划。十字军东征被广泛布道，教士被征收重税。尽管如此，没有以收复为目的的大型十字军启航的事实可以归因于许多因素。首先，基督教世界因内部战争陷入瘫痪，特别是安茹王族和阿拉贡王族（1282—1302 年在位）以及英法（1294—1303 年在位）之间的大冲突。其次，十字军东征运动缺乏坚定的领导。十字军东征运动在财政和组织上的需求意味着君主指挥是至关重要的；虽然圣地对英格兰的爱德华一世和西西里的查理一世来说，以不同方式意味深远，但他们对十字军东征的看法不同于圣路易的。在格列高利十世去世后，教宗领导权也大大减弱。像马丁四世和洪诺留四世等教宗都全力支持那不勒斯的安茹王朝，这意味着针对拜占庭人或西西里反叛者的十字军征战在对巴勒斯坦的十字军东征面前享有优先权；而那些像尼古拉三世和卜尼法斯八世等实行更为独立政策的教宗发现，意大利事务的复杂性阻止他们集中精力于圣地。

然而，也许比这两个因素更加重要的是，东方的十字军征战面临着战略上的僵局。不管是通过败仗还是改向所造成的总体失败并不比四次大征战（passagia）少，小规模征战和路易九世留在阿克的驻防部队取得的成功是相对的，这使许多人在 13 世纪的最后几十年重视起"小规模"十字军征战的价值来。大多数理论学家坚持认为，执行教宗禁止基督徒与马穆鲁克贸易的命令需要海军来进行封锁，有限征战或特别征战（passagium particulare）应该为大征战（passagium gerenale）铺平道路。到了 1300 年，人们认识到这两种力量需要筹划、组织和资金，就其本身来说这些已经足够麻烦。然而，在没有最后的大征战的情况下，人们认为这二者是无用的，单单大征战就可以在战场上打败马穆鲁克并重建有抵御能力的耶路撒冷王国。问题不仅仅出现在大征战的集结上，而且还出现在为支持赋税和东方的初步军事与外交行动制定切实可行的时间表上；这些问题都非常重要。人们对它们的认识要比圣路易、弗雷德里克二世或蒙费拉的卜尼法斯时代更加全面得多，收复计划存在的事实证明十字军东征理想经久不衰。天主教西欧既不能持有巴勒斯坦，也不能在几代人的时间里坦然地面对它的失去。

在东方的反复失败，至少在这个时期没有毁掉十字军东征运动。
586 一个原因是十字军东征已经在欧洲社会中占据稳固且中心的位置。依据教会法和民法，十字军（crucesignatus）是在 13 世纪给出的很好定位。誓言占据着每个十字军东征参与者的内心，获得来自如拉蒙·德·佩尼亚福特、教宗英诺森四世和霍斯蒂恩西斯这样重要的教会法学家的明确关注。教会法学家也在思考十字军的职责特性，以及他们有资格提出的精神或世俗的特权诉求。这些特权十分广泛，极为珍贵，包括保护家庭和财产的权利、豁免支付债务利息的权利、享有不缴纳税收的身份以及处理通常为不可转让的财产的权利，特别是封地。这些特权的效力在实践中难以判定：世俗权威多番努力来阻止十字军的权利滥用，这表明这些权利的有用性；针对这些努力的措施肯定为十字军宣称他们的权利已经被否决留下无数的例子。正如对 13 世纪英格兰的最新研究所清楚表明的那样，可以确定的是，十字军的法律地位仅次于由其财政需求所催生的无序经济活动，确保他们参加十字军的决定对周围所有人的生活都产生了影响。

十字军是基督的骑士和教宗基督的世俗代理人。在教会法学家的论点的支持下，教宗们有权颁发教令：不管是个人还是群体，十字军东征誓言应该可以被赎回（买回）或交换（通过在不同前线作战来实现）。这和教宗现在享有发起十字军东征的权威、为十字军东征开征教士税，以及罗马教廷逐渐演变为政府代理人一起，能够迫使 13 世纪所有教宗规划全面的十字军东征政策。许多十字军征战前线的相对需求尤其不得不以比 12 世纪更为复杂得多的方式来进行估量并优先考虑。因此，英诺森三世在 1213 年取消了对阿尔比派十字军征战和西班牙十字军征战的布道，因为他想将天主教的精力集中在计划好了的第五次十字军东征上。1236 年，格列高利九世将几百位法兰西十字军骑士在圣地与穆斯林作战的誓言，换成在君士坦丁堡抵御希腊人。1264—1265 年，罗马教廷将法兰西十字军与素丹伯拜尔斯作战的誓言，换成在意大利为安茹的查理抵抗霍亨斯陶芬的曼弗雷德的作战；在查理获胜后，人力流发生逆转。以救济物、遗赠、赎回十字军东征誓言的收入，以及最重要的教士税的形式为十字军东征筹集的资金，也出现同样的情况。

这种折算（*dirigiste*）政策反映出当时一些人充满雄心壮志的理论，即教宗应该行使君权；实际上，这一政策至多成功了一部分。大多数十字军战士把这种交换的做法视为对个人的自我奉献过程的侮辱。具有代表性的是，那些被格列高利九世在 1236 年试图说服伴随皇帝鲍德温二世去君士坦丁堡的人中，有许多人坚持到圣地作战，以此来履行誓言。组织大规模赎回誓言的做法易于被滥用：实际上，出于这个原因，这种做法在第二次里昂公会议后的那个时期被逐步废除。几乎更令人难以接受的是，出于某个目的而抽取的资金却用于另一个不同的目的。对许多人来说，这是一种欺骗性的行为，即便出现

587

了关于教宗对基督教世界的利益负总责的论调。教会—国家关系的含义也不可接受。世俗权威的作用被降低到执行教宗政策的地步，即使教宗政策被证明对政治不利。例如，十字军征战先是被用来在意大利南部和西西里引入安茹王朝，后来被用来维持安茹王朝，使法兰西和圭尔夫派权力获得大量的支持。除去这些考虑，罗马教廷发现，不管它在推进、招募和资助十字军征战中的作用如何重大，其对远征的作战方式也产生不了什么影响：第四次十字军东征在这个时期之初给出了最清楚的证明。

　　所有这一切意味着要谈及罗马教廷对东方十字军征战的控制程度或结果都尤为困难。将教谕、公会议颁发的教令和教会法学家对十字军东征的组织机制的日益关注，与集中于行动细节的更广泛趋势联系起来要更容易得多。有许多原因可以解释这一点。首先，所有在此考察的十字军东征都是经由海路到东方，这意味着必须事先大致确定参与车马人数，船只的适当类型需要预先雇佣，航行所需的粮草要提前储备。甚至十字军东征的词汇也反映出这一变化，征战（*passagium*）这个词来自地中海航海年份的春秋"航道"（passages）。同样地，十字军东征筹资的问题越来越多，寻求这些问题的解决方式使教会税收得以发展，以及由此导致罗马教廷和十字军东征指挥官之间的协商复杂化，这些意味着指挥官需要比在 12 世纪更加详细地了解将由谁来承担财政责任且可以支持多久。此外，所有这一切是在失败或部分成功的背景下发生，它们逐渐使评论者考察过去的错误，试图为将来的成功打下更坚实的基础。至于军事征战，十字军东征自然分享了欧洲战争所具有的较好计划、组织和控制的普遍趋势。契约因素尤其增
588 多，于是到 1270 年圣路易率领的十字军东征之时，主要由各种个人服役契约整合到一起的军队的轮廓变得清晰起来。

　　圣路易的远征清楚地表明，自第三次十字军东征以来存在个人承诺和公共组织之间的平衡，到 13 世纪下半叶这一平衡朝着有利于公共组织的方向倾斜。由西欧的官僚君主制代表其早熟阶段的国家，已经开始将越来越多的十字军征战活动聚集到自己的手中。这在法兰西表现得最为突出，但在很大程度上还包括西西里、英格兰和阿拉贡。然而，这一概括具有潜在的欺骗性，正如十字军东征只不过是教宗权威的工具所表明的那样。因为没有公众情绪的迅速高涨，公共权威不

可能起作用：在这个时期，早期的大规模十字军东征在没有重现被一个编年史家在第一次十字军东征时所说的有效动作（*valida motio*）的情况下不可能发生。这种迅速高涨的情形到圣路易的第一次十字军东征时可能已经削弱，当然在国王死后变成日益令人沮丧的表达。但它显然在某种程度上贯穿于整个 13 世纪。十字军东征似乎使一切都有利于它的进行。这毫无疑问是传统的，然而也是公认的。13 世纪活跃的新宗教修道会，即以极大精力来为十字军东征布道的托钵僧，及其新生的世俗官员都为之服务。正如 1212 年的儿童十字军东征和 1251 年的法兰西牧羊人十字军东征所示，它跨越了社会阶级，但对骑士贵族阶层有着独特的强大吸引力。它也跨越了地区和国家的界限，却仍将最初的核心地区保留在法兰西北部、低地国家和德意志的西部省份这一长条地带。它可以依靠强有力的家族十字军东征传统的有说服力的效果，但也对某些个人产生强烈的职业吸引，如法兰西贵族若弗鲁瓦·德·塞尔吉纳，他将一生中的二十多年献给了保卫圣地的事业。

最重要的是，东方的 13 世纪十字军东征以近乎和谐的方式，展现出圣战的奉献和军事因素。当考虑到成功的可能性时，它的失败毕竟几乎不可能令人感到意外，但也不应该掩盖这一事实。可以从许多例子中挑出两个来说明这一点。第一个例子是帕德博恩的奥利弗所描写的耶路撒冷牧首那令人印象深刻的形象，他悔悟地俯伏在真正十字架的遗物面前，而十字军则在 1218 年 8 月对达米埃塔的主堡垒发起攻击。第二个例子是让·德·茹安维尔对支撑其十字军东征的实际与精神的全面准备工作的描述，正如它们对他的国王的支撑。茹安维尔接着说，当 1248 年离开前去东征时，他不敢让自己回头，他对其城堡和孩子们的感情是如此强烈。这不是第一次有十字军战士描述尘世与天堂祖国（*patria*）之间的固有紧张关系，但最辛酸的表达应该来自 13 世纪的资源却是特有的。军事权力与宗教信念形成了这样的协作集中，却不可能持久；实际上，它持续的时间如此之长，仍然令人感到惊讶。

589

诺曼·豪斯利（Norman Housley）

莫玉梅 译

徐 浩 校

第十八章

（2）十字军东征：
十字军建立的国家

　　1192 年 10 月，理查德·克尔·德·利翁及其军队从阿克离去，标志着第三次十字军东征的结束。西欧的联合力量未能完成为基督教世界夺回耶路撒冷和其他圣地的最初目标，但此次十字军东征却成绩昭著。上个月与萨拉丁签订的休战协议，使法兰克人持有的耶路撒冷王国的剩余领土仅限于沿海地区，但至少基督徒从 1187 年的灾难中抢救出一些东西，而且耶路撒冷王国将会继续存在 100 年，即使统治疆域大为缩减。直到 1291 年，穆斯林才最终结束拉丁人在叙利亚的势力。在北方，安条克和的黎波里两城继续抵抗萨拉丁，它们前面也有着长远的未来，基督徒在安条克的统治维持至 1268 年，在的黎波里的则要到 1289 年。但这里同样有着严重的领土损失。再往更远的北方看，在阿马努斯山脉以北以及现在占据着包括奇里乞亚平原和托罗斯山脉在内的辽阔地域，是亚美尼亚公国所在。这个地区的拜占庭权力在 12 世纪 80 年代早期垮台，给了亚美尼亚人扩张的机会；其大公莱昂在 1198 年从教宗和皇帝那里接受王权，于是开创了该公国存在期间要么依靠西欧，要么依靠亚美尼亚传统主义来获得鼓舞和支持的君主政体。在 13 世纪的大多数时候，亚美尼亚的奇里乞亚王国是一股相当强的势力，最终到 14 世纪 70 年代才屈服于穆斯林的侵占。基督徒在东方的另一块领地是塞浦路斯。理查德在 1191 年占领该岛并建立以前耶路撒冷国王吕西尼昂的居伊为首的拉丁政权，这证明是

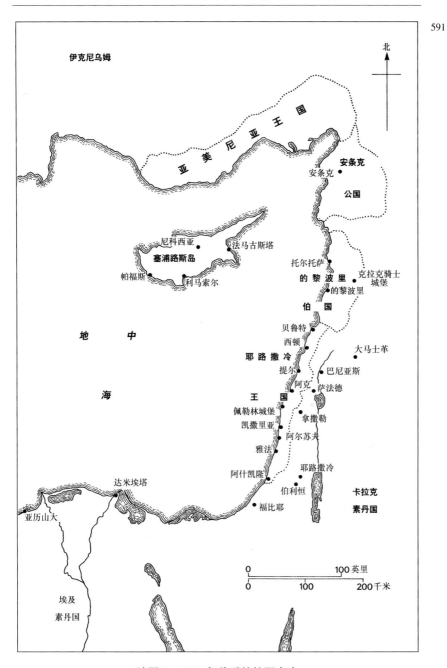

591

地图9　1220 年前后的拉丁东方

第三次十字军东征中最为持久的成就。居伊死于 1194 年。两年后，他的弟弟艾默里说服西欧的皇帝亨利六世，将塞浦路斯设立为以他自己为首位国王的王国。艾默里及其后代统治该岛国直到 15 世纪 70 年代，那时王位继承世系断裂，该岛逐渐为威尼斯所控制。

592　　　　初看起来，面积大为缩减且饱受战争蹂躏的十字军国家本该延续下去，这似乎令人惊讶。事实上，在第三次十字军东征后，穆斯林方面直到 13 世纪 60 年代都没有认真尝试对基督徒持有的领土发起系统性征服，拉丁人获得喘息时间的原因主要在于困扰着各阿尤布邻国的政治竞争。萨拉丁曾经统治一个庞大的帝国，但从未有任何迹象来将他的土地紧密结合为一个单一的政体。在 1193 年去世之前，他将占有的土地在家族成员中进行划分，最富裕的省份，即埃及和以大马士革与阿勒颇为中心的那些部分，分给了他的儿子们。然而，萨拉丁的兄弟之一赛义夫丁·阿迪勒在 1196 年占领了大马士革，四年后也成功地取代其在埃及的亲属。阿迪勒对其他阿尤布王公的最高权力将持续到 1218 年他去世时为止。然后接下来是他的儿子们用各种手段谋取控制权的漫长时期。起初，斗争集中在埃及统治者卡米尔和他的兄弟、大马士革统治者穆阿扎姆之间的竞争上。穆阿扎姆在 1227 年去世后，接下来的一段波动期以统治着埃及和巴勒斯坦的卡米尔与在大马士革的另一个兄弟阿什拉夫·穆萨结成不稳定的联盟而告终。这种状况从 1229 年持续到 1237 年穆萨去世。卡米尔于次年去世，标志着另一轮延长了的冲突的开始，其子萨利赫·阿尤布最终从中胜出。他在 1240 年从其兄弟那里夺取了埃及，然后在 1245 年从他的叔叔、阿迪勒的另一个称为萨利赫·伊斯马伊勒的儿子那里夺取了大马士革。萨利赫·阿尤布在 1249 年去世，紧接着埃及发生了一场军事政变（*coup d'état*），这标志着阿尤布王朝在埃及的终结，以及后世所知的马穆鲁克素丹国的建立。这个政权也以政治不稳定为特征，特别是在最初的十年里。与此同时，萨拉丁的曾孙纳赛尔·优素福继承其父和祖父，一直统治着阿勒颇，在 1250 年能够利用纷繁复杂的事态占领大马士革。

　　穆斯林阵营中持续不断的竞争对拉丁叙利亚的基督徒产生了重要影响。有时，这意味着某个竞争者有可能依靠他们的军事支援来抵抗其族人。因此，大马士革的萨利赫·伊斯马伊勒在 1244 年与拉丁人结盟，联手对抗埃及的萨利赫·阿尤布；该联盟以基督徒在加沙附近的福比耶［La Forbie，也称为哈比雅（Harbiyya）］激战中的惨败而告终。阿尤布王朝的内讧也意味着他们尤其担心来自西欧的十字军东征可能产生的影响。尽管事实上第三次十字军东征（1189—1192 年）和第五次十字军东征（1217—1222 年）都没有以基督徒的胜利而结束，第五次十字军东征在 1219 年占领了埃及港口达米埃塔，但这两 ⁵⁹³ 次东征使穆斯林暂停下来进行思考。即使东征的十字军只取得有限的胜利，但它出现在东方，可能会轻易地打乱阿尤布各王公之间的权力平衡。同时，卡米尔正是担心十字军东征可能已经取得的胜利以及十字军的出现可能给他在大马士革的对手提供偷袭他的机会，使他在 1226 年试图通过割让圣地领土给皇帝弗雷德里克二世，以此阻止那时正在由弗雷德里克二世做准备的十字军东征。然而，到弗雷德里克于 1228 年抵达东方时，政治形势决定性地朝着有利于卡米尔的方向摆动；虽然皇帝仍然能够就在耶路撒冷恢复基督徒的统治进行协商，但不得不以比原先所期望的少得多的利益结束协商。十年后，纳瓦拉的蒂博和康沃尔的理查德率领的十字军东征，正好碰上阿尤布王朝政治的尤为困难重重的时期。大马士革的萨利赫·伊斯马伊勒和埃及的萨利赫·阿尤布分别在 1240 年与 1241 年愿意交付领土作为获得支持来反对其对手的代价，虽然就萨利赫·阿尤布来说，他提供的领土并不是他真正拥有的。[①] 即使如此，到 1241 年，基督徒大体上控制了比 1192 年更多的圣地领土。

阿尤布各公国的政治状况不稳定，带来的另一个后果是穆斯林方面愿意与耶路撒冷王国的统治者签订休战协定。伊斯兰法律阻止穆斯林与基督徒邻国定下永久的和约，但萨拉丁在 1192 年与十字军签订的休战协定是一系列短期协议中的第一个，代表着随后二者的关系。1192 年的休战协定将持续三年零八个月。1197 年发生大量的敌对行动，穆斯林占领雅法，基督徒则占领贝鲁特；然后休战协定在 1198 年重新签订。接下来签订更多的休战协定，分别在 1204 年、1211 年、第五次十字军东征结束时的 1221 年、弗雷德里克与卡米尔谈判的 1229 年、1241 年、与大马士革签约的 1254 年，以及与埃及签约

---

① Jackson（1987），pp. 41 – 48.

的 1255 年。显然，继续大范围战争既不适合于穆斯林，也不适合于
基督徒，这曾是 12 世纪的一个特征。双方似乎普遍遵守休战协定，
结果是拉丁人大多与其邻居和平相处。实际上，当把休战时间叠加起
来时，涉及阿克的休战在从 1192 年到 1291 年的 100 年里占了将近 80
年。

594 　　　虽然拉丁人从未寄望于在人力方面能够和穆斯林竞争，但主导东
地中海的西欧船只及其对海洋的控制，无疑在保留地中海沿岸的十字
军占领地上起着重要作用。从收复雅法的 1204 年到 13 世纪 60 年代，
基督教统治者持有从巴勒斯坦南部到奇里乞亚的亚美尼亚最西端的整
个沿海地区，只有叙利亚北部的拉塔基亚除外。实际上，这意味着基
地设在埃及的敌对船只，在阿什凯隆以北的任何地方补充淡水和给养
是不可能的，于是阿尤布或马穆鲁克的任何海军活动的范围必然受到
压缩。因此，埃及人难以对基督徒目标发起海陆联合作战，同样难以
干预基督徒的运输航线。固定往来于阿克和西欧之间的欧洲商船喜欢
经由塞浦路斯到达的黎波里伯爵领附近的某个海域，然后在南下去各
个主要港口的路上一直保持着可易于抵达海岸的距离内航行。一旦在
可以看得见陆地的距离内，他们将可能是相当安全的，而且塞浦路斯
和叙利亚之间的公海距离较短，在从埃及各港口出发的船只的正常抵
达距离之外。[2] 关于穆斯林海军潜力的各种限制的某种观点可以从以
下事实得出：在整个 13 世纪，只有两起以埃及为基地发起对塞浦路
斯的袭击被记录下来，一次是在第五次十字军东征期间，另一次发生
在 1271 年，以惨败告终。

　　　第三次十字军东征后不久，除提尔和阿克外，拉丁王国少有地方
能够抗得住全面攻击。但其他地方的防御工事似乎只是缓慢地开始建
起来。阿特利特（Atlit）城堡始建于 1218 年，正如修建凯撒里亚的
各种防御工事那样；在 13 世纪 20 年代，雅法和西顿开始重新构筑防
御工事，阿克东北的群山上也开始修建蒙福尔城堡；加利利的萨费德
（Safed）城堡在 13 世纪 40 年代以高昂的代价完全重建。在 13 世纪
50 年代初，法兰西国王路易九世资助了一个重要方案来提高阿克、
西顿、凯撒里亚和雅法的城墙和防御工事。即便如此，在 1260 年，

---

　　② Pryor（1988），pp. 130ff.

当人们认为蒙古人入侵即将到来时，圣殿骑士团团长托马斯·贝拉纳说，除了提尔和阿克，耶路撒冷王国内只有两座圣殿骑士团的城堡（可能是萨费德和阿特利特）与属于条顿骑士团的一座要塞（蒙福尔）处于防御状态。他也提到安条克公国内的三座城堡、位于的黎波里伯爵领且属于其修道会的两座城堡和位于的黎波里属于医院骑士团的两座城堡。③ 这些医院骑士团城堡中的一座肯定是著名的克拉克骑士城堡（Crac des Chevaliers），这座城堡是哈丁之战后从萨拉丁征服中幸存下来的一个要塞，在 13 世纪期间得到极大的改善和扩大。不管从哪个方面来说，它都令人为之赞叹；根本没有其他城堡甚至可以在规模或重要性方面与之比肩。基督徒是拥有很多小要塞，这些小要塞可以保护人们免遭土匪或抢劫团伙，但没有很多可以对抗顽强的大部队的要塞。

对 13 世纪耶路撒冷王国的统治者可以调遣的军事资源难以做出估算。1244 年的福比耶之战似乎是 13 世纪期间驻守在东方的拉丁人的唯一战斗，他们在此战中部署了全部军事力量；从流传在西欧的关于那场遭遇战的描述来看，基督徒的损失在规模上显然可以与半个多世纪前哈丁之战的相提并论。如果真是如此，那么我们有可能认为那个时期可利用的人力与 1187 年前的来自同一修道会。主要的区别在于各个骑士修道会提供了更大比例的军队，很有可能授封世俗骑士的数量缩减了。诚然，在 13 世纪，世俗领主权的持有者正发现越来越难以保持偿还能力并同时为保卫土地提供足够的供应。甚至在和平时间里，维持足够军队的开支会超过大多数领主的资源，于是在 1260 年后的那些年里，以前炙手可热的阿苏夫和西顿的领主权分别转让给医院骑士团和圣殿骑士团。④ 从 13 世纪 50 年代初开始，一支长期的由法兰西君主支付薪酬并驻守在阿克的重骑兵军队，证明基督徒的军队得到了重要的增补。

骑士修道会有能力修建和驻守大量要塞、分担各个城市的防御并为拉丁东方提供相当大的作战力量，这表明他们从西欧的领地和商业利益中获得大量财富。他们的资产及其军事作用确保其在拉丁东方的

595

---

③　Cited by Jackson（1980），p. 492.
④　Tibble（1989），pp. 169ff.

政治生活中有着重要的发言权，即使他们是从西欧招募到几乎所有的成员。此外，世俗统治者在相当大的程度上依赖其能力来汲取各自城市的商业财富，以此为军事需要提供开支。来自乡村的收入显然不足以支撑各修道会或国王和领主的军事需要，许多封臣不是从土地出产而是从封地租金中获取生计，从商业税收来给领主的收入让利。城市财富也促使市民互助会出现，这些互助会将地方防御与宗教和慈善活动结合在一起，在其内部为市民把自己组织成民兵提供体制。随着时间的推移，它们的普及和军事作用意味着这些团体在城市的社会和政治生活中取得主要地位，特别是在阿克。

596　　人们难以得知土地财富对拉丁东方在 13 世纪的繁荣做出了多大贡献，或者基督徒控制下的乡村地区是否能够养活城市人口。此外，大量的证据表明，阿克、提尔和的黎波里等主要港口因处于国际商业节奏中的位置而繁荣起来，贝鲁特和雅法受此影响的程度要小一些，它们的商业财富极大地弥补了 1187 年丧失的领土。阿克和提尔为地中海经由大马士革的贸易提供了出口，似乎直到大约 1260 年一直是商品从更远的东方运往欧洲途中的重要补给站。遵循着在 12 世纪早已创建的贸易模式，意大利人和其他西欧人来到阿克和提尔，在此购买叙利亚和其他的亚洲货物。拉丁东方的港口因而成为转口港，这明显是有着最大利润的商业。当船队抵达时，城市里挤满决心要满足西欧日益增加的对香料、染料、丝绸、宝石和其他东方货物需求的商人。当地人口因提供他们的需要而变得富裕起来；他们的领主以通行费的方式从他们产生的财富中分得一杯羹。在 13 世纪 40 年代，据称单单阿克对其统治者来说每年价值 5 万英镑。[5] 这些商品并不只是奢侈品：粮食、葡萄酒、棉花、金属和木材也在买卖。这也不仅仅是商品在叙利亚和欧洲之间的流动，显然从奇里乞亚到埃及的沿海都存在活跃的贸易。

贸易及其产生的财富对拉丁叙利亚的统治者来说尤为重要。西欧商船在东方海域的出现给予基督徒在海军上的优势。商人自身肯定充分地认识到他们在拉丁东方的经济生活中的作用；像骑士修道会和市民互助会一样，他们的代表开始要求参与政治决策进程。经由阿克和

---

　　⑤　Riley-Smith（1977），p. 17.

提尔的贸易，对大马士革的阿尤布统治者们也很有益处。不管如何希望拉丁人不曾在东方建立起势力，他们承认，允许商业活动继续存在符合他们的利益，战争也无法使之中断。除对军事力量和阿尤布王朝政治的考量外，人们有理由相信叙利亚的基督徒和穆斯林都想和平共处。

因此，拉丁国家在东方幸存下来，实际上是成功地保留下来，可以部分地从穆斯林方面的不统一来理解，另一部分则是基督徒自己的军事和海军实力，这些实力反过来依赖于商业财富和西欧资源的有效性。来自西欧的帮助以多种不同的形式到来：十字军东征、由教会组织的财政支持、个人的慷慨、骑士修道会的援助以及商人对保卫事业的合作意愿，即对东方基督徒领地的保卫和对商人自己的商业基地与路线的保卫实则是同一个事业。但与此同时，拉丁叙利亚经常因不和而分裂，且常常缺乏强有力的领导权，这是显而易见的。随着 13 世纪不断向前推移，政治破裂变得越来越明显。

在第三次十字军东征之后的几十年里，东方发生冲突的主要舞台在安条克。问题的根源来自奇里乞亚亚美尼亚的统治者莱昂的野心，他想从塔兰托的博希蒙德的后人那里夺取安条克及其附属领土，后者自 1098 年起一直统治着那里。1194 年，已经通过诡计俘虏大公博希蒙德三世的莱昂试图占领安条克；但他为当地的希腊和拉丁人口的联合力量所阻挠，这些人为此目的组织起了城市公社。多亏了香槟的亨利的调解，然后双方和解了。作为和解的一部分，博希蒙德的年长的儿子雷蒙娶了莱昂的侄女为妻。然而，博希蒙德在 1201 年去世，使敌意再次抬头。此时雷蒙也去世了，战争的借口现在变成由莱昂支持的雷蒙尚在襁褓中的儿子雷蒙·鲁彭与雷蒙的弟弟博希蒙德（四世）争夺继承权；哈丁之战后不久，伯爵雷蒙三世去世，没有留下继承人，博希蒙德从那时起一直统治着的黎波里。尽管反复遭到攻击，但博希蒙德四世直到 1216 年都成功地守住了安条克。他获得当地希腊共同体和阿勒颇的阿尤布统治者的支持，阿尤布统治者更喜欢安条克出现一个实力相对较弱的君主，而不是一个领土面积扩大许多的亚美尼亚王国的国土。圣殿骑士团、医院骑士团和拉丁教会发现自己被卷入冲突中，教宗和塞浦路斯与阿克的统治者要么作为调停人，要么作为这个或那个参战者的支持者，牵涉到各种外交活动中去。1216 年，雷蒙·鲁彭占领安条克，但三年后在一次叛乱中被罢黜，博希蒙德恢复了统治。在莱昂去世的同一年（1219 年），亚美尼亚内部出现王朝问题。博希蒙德乘机巩固地位，此后他对安条克和的黎波里的统治持续到他于 1233 年去世为止。

王朝问题也是长期困扰着耶路撒冷王国的问题，尤其是男性世系中断需要重新建立之时。1192 年，统治王朝以国王阿莫里（1163—1174 年）的幼女伊莎贝拉为代表，她在那年嫁给了她的第三任丈夫香槟伯爵亨利。1197 年，亨利意外身亡，伊莎贝拉被匆匆地嫁给塞浦路斯的新国王吕西尼昂的艾默里，因而暂时地统一了两个王国的君权。但没有持续多久。伊莎贝拉和艾默里都在 1205 年去世。在塞浦路斯，王位随后传给艾默里前一次婚姻所生的一个儿子，而在耶路撒冷，伊莎贝拉唯一的儿子在她之前已经去世，就由她和第二任丈夫蒙费拉的康拉德所生的孩子玛丽亚继承王位。直到 1210 年玛丽亚嫁给法兰西贵族布里恩的约翰时，她的亲戚贝鲁特领主伊贝林的约翰担任着摄政。玛丽亚在 1212 年去世，但布里恩的约翰作为耶路撒冷已加冕并涂了圣油的国王继续行使着王室权力。然而，他在 1222 年返回欧洲，然后他的女儿兼继承人伊莎贝拉在 1225 年嫁给了西欧的皇帝弗雷德里克二世。弗雷德里克立即表明他的观点：约翰在这个拉丁王国内不再享有法律权利，并开始任命他自己的人到那里担任代理官员。1228 年，伊莎贝拉在生下一个叫康拉德的儿子后去世。这样一来，从 1192 年到 1228 年，耶路撒冷的王位继承在几个女继承人之间传递，而王室权力要么由她们的丈夫来行使，要么如在 1205—1210 年和 1222—1228 年，王室特权被下放给官员并由他们来行使。香槟的亨利、吕西尼昂的艾默里和布里恩的约翰都是才干出色、精力充沛的统治者，但就其自身权利来说，他们是配偶而非国王的事实肯定减弱了他们的有效性。

年幼的伊莎贝拉与弗雷德里克的联姻未能给拉丁东方带来更多的西欧援助，或者未能为耶路撒冷王国提供良好的统治。弗雷德里克于 1228—1229 年在东方进行十字军征战，但康拉德和他的儿子康拉丁都不曾踏足东方，康拉德从 1228 年活到 1254 年，康拉丁则在 1268 年去世。换句话说，霍亨斯陶芬家族的君主并没有亲临统治该王国，虽然他们试图通过从西欧派出或从地方贵族中选择代理人来进行统治，但这种制度很快失败，阿克的统治权落入一群重要的拉丁叙利亚贵族手中。具有讽刺意味的是，正是弗雷德里克自己出现在东方的那个短暂时期促进了君主权威的崩溃。他在那时被驱逐出教的事实，他与卡米勒签订的条约所具有的争议性，再加上他一贯以来专横的行为，所有这些都促使不利于他的舆论产生。他与卡米勒签订的条约提出按照一定的条件把耶路撒冷归还给基督徒，这些条件意味着耶路撒冷将比穆斯林领土里的一块无法防御的飞地好不了多少。

　　弗雷德里克尤其招致伊贝林家族及其姻亲的仇视。除与耶路撒冷和塞浦路斯的王室家族关系密切外，贝鲁特领主约翰是一个相当富有且权势不小的人。他在 1205—1210 年担任阿克的摄政，然后似乎与新国王布里恩的约翰不和，此后来回于贝鲁特和塞浦路斯之间。他显然千方百计地要将贝鲁特建成商业中心，与提尔和阿克这两个王室港口竞争，而在塞浦路斯，他和他的兄弟伊贝林的菲利普成为国王休一世（1205—1218 年在位）的重要顾问。休去世后，菲利普为未成年的亨利一世摄理政务，在菲利普于 1227 年或 1228 年去世后，约翰本人取得控制权。面临着来自王太后及其第二任丈夫（未来的安条克的博希蒙德五世）和一群塞浦路斯贵族的反对，伊贝林家族在塞浦路斯的摄政权艰难地维系着。他们的统治的合法性尚存疑问，但这兄弟俩能够在其广泛的亲属、封臣和代理人的关系网的帮助下维护自身权势。1228 年，弗雷德里克到达东方，决心恢复神圣罗马帝国对该岛的宗主权，这种权利可追溯到他的父亲在 1196 年开创塞浦路斯王权之时；他结束了伊贝林家族的权势。只要他在东方，伊贝林的约翰一直被其慑服。但是，当弗雷德里克在 1229 年返回西欧时，约翰能够对被弗雷德里克委托以该岛的统治权的塞浦路斯贵族发起反击，重建自己的权力。

　　在 1231 年危急时刻来临，当时弗雷德里克派遣代理官员里卡尔多·菲兰杰里带着大量军队和指令到东方来彻底摧毁伊贝林家族。菲兰杰里以围困贝鲁特为始，但他对地方情绪不敏感，使伊贝林家族有机会聚集力量，散播了不利于他的舆论。约翰从塞浦路斯渡海带来他的追随者，试图解围未果，1232 年 5 月他们在阿克北部的卡萨尔因贝特（Casal Imbert）吃了败仗。但是，尽管遭遇这些挫折，围城随后被解除。阿克和王国里的大部分其他地方拒绝承认菲兰杰里的权威，例外的主要是提尔，霍亨斯陶芬家族的军队在到达后很快占领该城。在阿克，对菲兰杰里的抵抗集中在圣安德鲁互助会身上，这个互助会现已发展成特以反对神圣罗马帝国统治为目的的公社运动的核心。为世人所知的"阿克城市公社"由伊贝林家族的封臣及其他代理人主导，将有着共同事业的骑士和市民聚在一起。1232 年夏，约翰的注意力为推翻在塞浦路斯已经夺权的亲霍亨斯陶芬政权的需要所分散，而他本人此前忙于保卫贝鲁特。菲兰杰里试图通过向该岛派遣一些军队来支持该政权。但在尼科西亚以北的阿格里迪之战中取得的胜利以及皇帝拥护者剩余要塞的减少，意味着约翰到 1233 年年初再次在塞浦路斯重建权威。伊贝林家族及其联盟现在几乎是除提尔外的整个拉丁王国的主人，虽然菲兰杰里仍然可以指望条顿骑士团、医院骑士团和安条克大公的支持。在塞浦路斯，年幼的国王亨利一世现已成年，愿意紧密且和谐地和伊贝林家族并肩作战，至少我们现在这么认为。然而，在耶路撒冷王国，霍亨斯陶芬家族仍然是合法的统治者，因此可以说该王国的大部分都处于反叛中。

　　这些发展的意义不可低估。早自 1185 年起，虽然王位已经没有男性继承人承继，但王国直到 1231 年保持着某种统一的表象，君权相当有效。在 1231 年之后，没有统治者再次对两个主要王室城市阿克和提尔拥有直接控制权；一个贵族派系取代了国王或国王配偶，掌握了事务管理权，其行动能力因要考虑各骑士修道会、西欧商人共同体和教士与市民的观点和利益而受限。在统治的正常问题和与其穆斯林邻国的微妙关系之上，统治者现在不得不担心霍亨斯陶芬家族有凭借武力返回的可能性；他们也不得不说服自己及其臣民，他们已被合法地授权来行使公正并要求服从。1242 年，在近十年的政治僵局之后，伊贝林家族及其联盟强行将神圣罗马帝国的管理人员逐出提尔。⑥ 到那时，德意志和意大利的风云变幻已经排除任何霍亨斯陶芬家族立即进一步干预东方的可能性，对提尔的占领以伊贝林家族的胜利告终。证明自己的统治的合法性是另一码事，他们的辩护者转而证明他们对菲兰杰里的抵抗是完全正当的，而且他们有权任命具体个人

---

⑥　关于日期和局势，可参看 Jackson (1986)；Jacoby (1986a).

来主持高等法院并监督日常管理也是合理的；为证明伊贝林家族地位的合法有效性则大费周章。

贝鲁特的约翰在 1236 年去世。他在耶路撒冷王国里的主导地位移交给了他的儿子们，即贝鲁特的新领主巴里安和阿苏夫领主约翰，以及他们的堂兄弟们，即伊贝林的菲利普的儿子约翰和菲利普·德·蒙福尔，所领导的一群贵族身上。菲利普·德·蒙福尔的母亲是贝鲁特的约翰的姐妹，父亲是阿尔比派十字军的那位著名领导人的兄弟。这些人将各项事务控制在他们之间，直至 13 世纪 50 年代晚期。各种不同程度的似是而非的论据被提出来，以证明其地位的合理性。他们拒绝承认菲兰杰里的委任书。当康拉德在 1242 年成年时，他们宣称他的摄政不再是其父亲兼监护人的任命，而应该是他现在在东方的最亲的亲属，而且他们发现塞浦路斯的王太后香槟的艾丽丝是那个位置的合适人选。艾丽丝只是挂名统治者。当她在 1246 年去世时，她的职位传给了她的儿子国王亨利一世。那时具体发生了什么尚不清楚，但看上去亨利好像与那些贵族达成交易，凭此他成为摄政来回报重要的领土授予：菲利普·德·蒙福尔被授予提尔，伊贝林的菲利普的儿子约翰成为雅法伯爵，贝鲁特的巴里安、可能还有阿苏夫的约翰获得部分王室领地。此外，亨利允许这些人以他的名义在阿克行使权力。

由一个贵族小集团进行统治无疑满足了那些相关的人的利益，但人们可能会想，这会给作为一个整体的王国带来多大的好处？例如，有证据表明，司法程序在争论摄政的司法权威范围及其法庭判决的持久性方面陷入困境。此外，法律事务和贵族特权的保留，显然是统治者小集团心中所担忧的事情，于是他们写出一系列引人注目的关于法庭程序和封建习俗的专著，最著名的要数雅法伯爵伊贝林的约翰的著作。至于军事或外交事务，由于没有一个人拥有高于一切的权威，因此，如果要采取有效行动，王国内的所有主要利益团体之间达成某种一致意见是必要的。然而，全体意见一致的情况十分少见。荒谬的是，正是在这些贵族统治的 13 世纪 40 年代初，耶路撒冷王国取得这个世纪最大的领土范围，但这些年里也遭遇一些包括最终失去耶路撒冷在内的严重挫折。

1244 年，突厥部落成员组成的一支军队迅速占领耶路撒冷，随

即成为福比耶之战中击败基督徒的中坚力量。他们是花剌子模人，这
是一个尤为强横的民族；迫于蒙古人的压力，他们从位于里海以北的
大草原的故乡迁移到叙利亚，使该地区陷入混乱之中。他们无视边界
的存在，虽然他们可能劫掠的耶路撒冷王国的土地没有其他一些地区
的那么多，但他们的劫掠显然对安条克公国及其邻近的穆斯林土地造
成严重的影响。1242/1243 年冬，蒙古人出现在近东，在取得科斯达
格之战（1243 年）的胜利后，他们能够对卢姆的塞尔柱素丹国建立
起宗主权。奇里乞亚—亚美尼亚国王随即寻求蒙古人的保护，安条克
大公博希蒙德六世在 13 世纪 50 年代效仿其举动。唯一可以期盼的
是，蒙古人近期对罗斯和欧洲、现在对安纳托利亚发起突袭之后会将
注意力转向叙利亚和埃及。

602 　　　在失去耶路撒冷和遭遇福比耶之败后，穆斯林在 1247 年占领阿
什凯隆和太巴列湖。然后，乡村地区被毁和蒙古先遣队的谣传都是军
事上的败笔，而居于其上的是路易九世领导的十字军征战惨败。这位
法兰西国王在东方待到 1254 年，但未能重复 13 世纪早期十字军的成
功并协商割让领土给基督徒。不过，他确实采取了一些措施，通过提
高沿海防御工事并由他出资在阿克建立永久性驻军，使拉丁王国拥有
了更好的防御。但他对缺乏强有力的统治无能为力。国王亨利一世死
于 1253 年，在塞浦路斯留下一个未成年的继承人。在阿克，使用合
法却无法亲临的霍亨斯陶芬君主的亲戚做摄政的借口暂时停止，自
13 世纪 30 年代以来，实际上一直治理耶路撒冷王国的那些贵族根本
就是在行使他们自己的权力。

　　　1256 年，热那亚人和威尼斯人之间的战斗在阿克爆发。起因是
他们就出售属于圣萨巴斯的巴西勒会修道院的某些财产所产生的纷
争，这意味着热那亚人前往阿克港口的通道面临着被其主要竞争者阻
塞的危险。以前曾出现过涉及欧洲商人和海员的暴力争吵，但这次纷
争发展成一场大战。比萨人和其他西欧人被拉入这边或那边。贵族也
是如此，虽然难以弄清地方统治者是受其自身的野心和彼此之间的竞
争所驱使，还是只是受支持他们认为会取胜的那边的欲望所驱使。起
初，主动权掌握在热那亚人手中，阿克的大多数重要人物似乎支持他
们。菲利普·德·蒙福尔利用时局将威尼斯人从提尔驱逐出去，威尼
斯人在基督徒最初于 1124 年征服这里时已经获得该城的三分之一及

其周边乡村地区（contado）。但在 1258 年，阿克出现有利于威尼斯的传言：威尼斯海军现已使热那亚人遭受惨败。结果是：当威尼斯人未能重获在提尔的城区时，热那亚人从他们在阿克的城区中被赶了出来。意大利人之间的小冲突持续到 1270 年，那时热那亚人被允许返回阿克。威尼斯人直到 1277 年才返回提尔。

　　在意大利人之间的战争后，接踵而至的是蒙古人入侵叙利亚。1258 年，蒙古人的军队劫掠了美索不达米亚，摧毁了阿拔斯哈里发王国；然后在 1260 年年初，他们征服了阿勒颇和大马士革。人们以为，他们现在将会向沿海的基督徒城市推进，然后进入埃及。但这一打击并未来临。事实上，在得知大汗蒙哥去世后，他的弟弟、在叙利亚的指挥官旭烈兀带着部分军队撤退到中亚，以便在肯定会到来的继承权斗争中提出诉求。马穆鲁克在素丹库图兹的率领下从埃及出发，于 1260 年 9 月在加利利的艾因贾鲁之战中遭遇余下的蒙古军队。迄今不可战胜的蒙古人被打败，被迫放弃叙利亚。马穆鲁克政权只不过是在十年前才在埃及掌权，而且其历史到这时为止仍然只有派系斗争和政变，这一战使其声名不可估量地得到加强。

　　事后看来，圣萨巴斯战争和蒙古人征战叙利亚之间的这段时期显然成为拉丁国家历史上的分水岭。马穆鲁克能够迅速填补阿尤布王朝垮台后在阿勒颇和大马士革留下的空隙，于是，从大约 1262 年起，一个单一的以埃及为基地的穆斯林政权包围了基督徒的领土。军事威胁现在要比自萨拉丁时代以来的任何时候都大。叙利亚以东有波斯的蒙古伊尔汗国；马穆鲁克和伊尔汗国人之间的敌视在持续，阻塞了从波斯到大马士革的商队路线，因而恶化了由蒙古征服给穆斯林叙利亚的城市生活带来的混乱。我们难以评估这些发展对提尔和阿克的繁荣带来的确切影响，但欧洲对亚洲奢侈品的需求，此后在很大程度上由自黑海、奇里乞亚—亚美尼亚，或埃及的各个港口运送过来的商品来满足，这一点几乎毫无疑问。随着贸易路线的改变而来的贸易损失，加重了商业权力之间的冲突正在给拉丁叙利亚商业带来的伤害。圣萨巴斯战争已经对阿克造成相当大的损害，阻碍了与叙利亚的贸易；正是在大约 1260 年，阿克的货币铸造停止，这无疑会产生深远影响。⑦

⑦　Metcalf (1983), pp. 10, 13 – 14, 30.

据推测，没有足够的金条输送到铸币厂来使之维持下去，这本身就是经济严重恶化的征兆。

伊贝林家族在阿克的统治权也正是在这个时候垮掉的。老一辈的守护者相继死去：贝鲁特的巴里安在 1247 年去世，阿苏夫的约翰在 1258 年去世，这一事实可以做出部分解释，另一部分则在于圣萨巴斯战争在菲利普·德·蒙福尔和其他人之间造成隔阂的事实。以贝鲁特的约翰二世和阿苏夫的巴里安为代表的年青一代似乎从未取得他们的父辈曾经取得的杰出地位，这两人在 13 世纪 60 年代发现自己陷入严重的财政困难中。贝鲁特的约翰遭遇被土库曼部落俘获的厄运，后被用重金赎出；阿苏夫的巴里安不得不让医院骑士团接管他的领主权。伊贝林家族统治的终结，或许是以 1259 年阿克的法兰西驻军指挥官若弗鲁瓦·德·塞尔吉纳被任命为代理官员为标志。他任命的情况迷雾重重，但我们可以发现安条克大公及其亲属在其中的推动作用。博希蒙德六世（1251—1275 年在位）在 1258 年已经插手阿克；在霍亨斯陶芬家族没有亲临的情况下，他的妹妹普莱桑斯被认为可以代表她的儿子塞浦路斯国王休二世在耶路撒冷行使摄政权，于是严格地说来可以负责做出该项任命；他们的依仗是其叔父安条克的亨利，此人是博希蒙德五世的弟弟兼已故塞浦路斯国王亨利一世的妹妹的丈夫。对他们来说，伊贝林家族可能没有风度翩翩地放手：1264 年，教宗写信号召安条克的亨利、塞尔吉纳的若弗鲁瓦和伊贝林家族，即雅法伯爵约翰和贝鲁特的约翰二世，结束他们之间不和，这种不和正在危及耶路撒冷王国安全。[⑧]

1260 年，阿克当局支持马穆鲁克对蒙古人的征战，但亚美尼亚国王赫索姆和安条克大公博希蒙德六世都是蒙古人的盟军，甚至在蒙古人向叙利亚推进期间以穆斯林为代价取得领土收益。与波斯的伊尔汗合作来对抗马穆鲁克符合东方基督徒的最大利益的想法，在接下来的那些年里得到普遍接受。实际上，直到 14 世纪初，十字军东征理论家认为，收复耶路撒冷和圣地的其余地方的最好方法就是与蒙古人结盟；他们的乐观主义从蒙古人可能会接受基督教的希望中获得支

---

⑧ *Les registres d'Urbain* IV, 1261–1264, ed. L. Dorez and J. Guiraud, 4 vols., Paris (1892–1958), no. 867.

撑。事实并非如此。1271 年，预期的联合行动毫无结果；1281 年，当蒙古人再次武力入侵叙利亚时，拉丁人倾向于遵守与马穆鲁克签订的停战协定。

没有人能够预料到，至少所有马穆鲁克没有，蒙古伊尔汗国要花费 20 多年才能够认真地出手为艾因贾鲁之败复仇。1260 年的胜利者库图兹在此战后立即被一群敌对的埃米尔谋害，一个叫伯拜尔斯的高级军官成为新素丹。伯拜尔斯统治到 1277 年，这个素丹国正是在他的引导下才能够利用取得的胜利和军事潜能。从他的立场来看，行动的自然目的是要去防护侧翼，以此预防蒙古人的再次进攻，因此他将很大部分注意力放在使基督教国家变得无能为力上。1266 年和 1275 年，马穆鲁克军队深入奇里乞亚发动突袭。1262 年，对安条克的突袭失败；但在 1268 年，伯拜尔斯亲自率军洗劫该城。他们不仅大肆劫掠，而且也大肆屠杀。在更南边，他集中于内陆的要塞上，1263 年占领塔波尔山，1266 年占领萨费德、托伦和新堡，1268 年占领博福尔，1271 年占领蒙福尔、吉比拉卡（Gibelacar）和克拉克骑士城堡。事实上，这意味着的黎波里伯爵领和耶路撒冷王国已经失去对腹地的控制，现已限制在海岸沿线的狭长地带，而马穆鲁克不仅获得领土，而且使交通线路畅通无阻。伯拜尔斯也占领了王国的南部各城，1265 年占领凯撒里亚和阿苏夫，1268 年占领雅法。他所取得的成功并不是完全没有中断过：1266 年，他选择不对蒙福尔的围困施压；1271 年，马穆鲁克海军对塞浦路斯发起的袭击在莱梅索斯附近被破坏，但他已经暴露了拉丁人的根本弱点并极大地削弱了他们的力量。605

基督徒的反应表明，耶路撒冷王国自 13 世纪初以来已经分崩离析到什么程度。它没有中央导向，反而是个体领主和各骑士修道会与马穆鲁克签订各自的停战协定，以保护各自的领主权。于是，例如，雅法伯爵和贝鲁特领主在 1261 年分别商定协议；医院骑士团和提尔领主在 1267 年、贝鲁特女领主在 1269 年、阿克当局在 1272 年皆有样学样。这些停战协定正式确定各自的基督教领主将保留哪些村庄，为分享来自特定区域的收入预作安排。这些条款使拉丁人明确地认识到，他们在东方可以继续存在下去，主要依赖于马穆鲁克对他们的容忍。

伯拜尔斯的征服正好与安条克的亨利的儿子休在拉丁各国中脱颖

而出同时发生，此人通常被称为安条克—吕西尼昂的休。从 1261 年起，他成为塞浦路斯的摄政，可能正是在 1264 年，他也被接受为阿克的摄政。1267 年，他的堂兄休二世一死，他就登上了塞浦路斯的王座，以国王休三世的身份统治该王国至 1284 年去世为止。[⑨] 1268年，弗雷德里克二世和皇后伊莎贝拉的最后合法后代康拉丁在那不勒斯被处死；次年，休宣称 12 世纪的国王中有他的祖先，在提尔被加冕为耶路撒冷国王。此后，塞浦路斯和耶路撒冷的王权合二为一，耶路撒冷王国自 13 世纪 20 年代初以来第一次有了一位常驻君主。当然，休看上去好像能够将基督徒如此迫切需要的领导权给予他们。作为塞浦路斯和耶路撒冷的摄政和以后的国王，他表明愿意调集塞浦路斯军队去捍卫大陆。但事情没有得到解决。伯拜尔斯不可能因军事手段而受阻，到 1271 年，塞浦路斯人极力抗议被调到叙利亚去服役。休发现他无力扭转局势，重申君主对王国的控制权，而这个王国基本上已经分裂为各种领主权和城堡主辖区：正如穆斯林所称呼的，他仅仅是"阿克国王"。此外，他在耶路撒冷王国的称号受到亲戚安条克的玛丽亚的挑战；在教宗的默许下，玛丽亚将自己的权利转让给西西里国王安茹的查理（1266—1285 年在位）。1276 年，休未能将王国的剩余部分紧密整合为一个统一的政体，又面临着反对，从而心灰意冷，退回塞浦路斯。

606
　　　在圣路易的第二次十字军征战于 1270 年转向到突尼斯后，教宗对欧洲十字军战事的关注，以及组织和资助到东方的大型远征的各种内在困难，使来自西欧的有效军事援助不再可能发生。从 1277 年直到 1286 年，阿克由安茹的查理任命的官员进行统治，但实际上，西西里的安茹人给予的东西甚至比塞浦路斯国王的还要少。虽然查理的代表在 1283 年与马穆鲁克重新签订停战协定，但在提尔和贝鲁特，休三世仍然被承认为合法的国王。被称为西西里晚祷事件的反叛始于1282 年，这个事件标志着查理能够为拉丁东方的存在做出决定性贡献的任何可能性的终结，塞浦路斯新国王亨利二世（1285—1324 年在位）在 1286 年为吕西尼昂家族重获阿克的统治权。但到那时，阿克的日子已经屈指可数。1287 年，医院骑士团在东方的最后一个要

---

　　⑨　关于休夺权的过程，可参见 Edbury（1979）。

塞迈尔加布（Marqab）失陷。1289 年轮到的黎波里，在历代伯爵的领导下，它的遭遇或许比东方的许多地方好得多：和阿克的统治者不一样，例如，他们能够维持银币铸造到最后时刻。然后在 1291 年，马穆鲁克新素丹阿什拉夫·哈利勒急于证明自己是军事领袖，开始围困阿克。阿克顽强抵抗，穆斯林的胜利绝非不可避免的结果，但该城在 5 月 18 日被强力攻占。幸存者逃往塞浦路斯；剩下的城市和要塞，包括 1187—1188 年反抗过萨拉丁的提尔，没有做进一步的抵抗就投降了。

彼得·埃德伯里（Peter Edbury）

莫玉梅 译

徐　浩 校

第 十 九 章

（1）伊斯兰教和地中海：
马穆鲁克王朝的兴起

在埃及，13 世纪的基督教时代以不幸开始。这个国家的农业繁荣依靠尼罗河及其一年一度的洪水泛滥，它通常在 9 月或 10 月到达高峰。然而，1200 年的秋天没有出现这样的洪水。在尼罗河洪水未至的几周里，所有食品的价格急剧攀升。如果编年史家可信，在接下来的几个月里，整村人口剧减，食人肉变得很普遍，事态发展到这样的程度：医生不敢上门应诊，唯恐会被病人的家人吃掉。这一年在政治上也动荡不安，因为萨拉丁的兄弟赛义夫丁·阿迪勒在一个以前为萨拉丁服役的马穆鲁克（或奴隶战士）军团的支持下，在 1200 年 1 月将萨拉丁的孙子曼苏尔·穆罕默德从埃及王座上拉了下来，阿迪勒宣布自己取代这个男孩成为素丹。那时，埃及和叙利亚的阿尤布帝国的创造者萨拉丁已经去世七年。甚至在萨拉丁还活着的时候，其帝国以家族企业的形式进行管理，其亲属控制着半独立的各大公国，只是松散地对素丹的权威负责。萨拉丁去世后，那些以开罗、大马士革和阿勒颇为基地的亲属为了争夺埃及和叙利亚的最高领导权发生内斗。在斗争中，他们获得由自由的库尔德人、突厥人和突厥—马穆鲁克人构成的小股军队的支持。事实上，同族人和马穆鲁克人有时支配着阿尤布幼年王子们的行动，这些王子是他们名义上的主人。

当取得素丹国时，阿迪勒已经年老。他过度沉迷于食物和性，与

生性朴素且易动感情的萨拉丁截然不同。然而，阿迪勒的权威和那些
在他之后进行统治的阿尤布人的权威，利用了萨拉丁的威望以及军事
与宗教成就的遗产。来自库尔德士兵冒险者的阿尤布王朝统治着以阿
拉伯人为主的广大土地。在一定程度上，因持续领导对抗叙利亚和巴
勒斯坦的十字军公国残余的伊斯兰圣战（jihad），他们能够证明其统
治的合理性。除在叙利亚与法兰克人作战外，萨拉丁还是逊尼派伊斯
兰反对什叶派的发起人和资助人。1171 年，他使埃及恢复与巴格达
的逊尼派阿拔斯哈里发的传统联盟。结果，他在叙利亚发现自己与什
叶派阿萨辛教派和大城市里的什叶派少数派别产生冲突。他创建了许
多逊尼派伊斯兰学校（mandrasas）或教学学院，抱有两个目的：创
造受过教育的宗教和教士精英阶层与挑战什叶派以前的智力威望；更
多的伊斯兰学校将在 13 世纪由他的阿尤布和马穆鲁克继承者们创建。

当阿尤布王朝占领埃及时，他们带来一个相当简单的王廷和军事
管理体制，这一体制在构成和礼仪方面模仿塞尔柱王朝和赞吉王朝的
先例。大多数军官和高级宫廷官员都是突厥人或库尔德人。然而，这
一军事精英阶层使用复杂的文官体制，这是他们从以前的法蒂玛王朝
继承下来的。受科普特人和穆斯林阿拉伯人的雇佣，这个庞大复杂的
官僚体制需要管理埃及农业和工业收入的征收与分配。许多被征收的
以伊克塔（Iqta'，意为食邑）的形式分配给士兵和官员。在阿尤布王
朝及后来的马穆鲁克王朝治下，穆塔（mutqa'，或伊克塔收入的接受
者）自己以税收形式征收薪酬，通常以指定村庄或农业领地的类别
来征收。虽然大多数伊克塔收入来自农业，但也分配工业伊克塔。在
13 世纪初，像亚历山大、达米埃塔、罗塞塔和提尼斯（Tinnis）等尼
罗河三角洲的城市，仍然是重要的工业生产中心。不过，欧洲海盗行
为与十字军突袭（特别是在 1204 年和 1212 年）当然破坏了它们的工
业企业，提尼斯在 1227 年被素丹下令摧毁，以防止落入将来的十字
军手中。

亚历山大和达米埃塔是与欧洲贸易的主要埃及港口。在萨拉丁的
一生中，热那亚人、威尼斯人和比萨人都在埃及建立了小型商业殖民
地。在阿迪勒及其继承人统治时期，欧洲商人的权利得到更精确的界
定，他们的惯常特权有时得到扩大。在 1205—1217 年，威尼斯与阿
迪勒签订了不少于六份这样的协议。虽然阿尤布王朝的素丹喜欢从欧

608

洲人那里购买如木材、铜和铁等战略物资，但穆斯林怀疑意大利各商业共和国与十字军东征行动串通一气，经常导致冲突的发生。1212年，当听说一次针对埃及的十字军征战即将到来的谣言时，素丹下令在亚历山大逮捕了大约 3000 名欧洲商人。此外，第五次十字军东征的直接后果是意大利商人在埃及不受欢迎，威尼斯与埃及之间的直接贸易似乎要到 13 世纪 30 年代才恢复。然而，13 世纪的埃及不像随后的几个世纪那样，依赖将胡椒、香料、丝绸和棉布出口到欧洲的那种贸易。埃及与穆斯林邻国叙利亚、伊拉克和马格里布的贸易更加重要得多，与印度和远东地区的红海贸易也有可能更为重要。这一红海贸易在一伙松散地组合在一起的香料商人的支持下进行，他们被称为卡里米人（Karimis，原因未知）。

　　到 1200 年，阿迪勒控制了开罗和大马士革，即便两座城市都不是他真正的都城，因为阿迪勒通常处于移动中。虽然他是叙利亚最大的城市的主人，但他没有统治整个叙利亚。萨拉丁的一个儿子阿兹—查希尔·加齐继续统治着阿勒颇，其他阿尤布王公统治着哈马、胡姆斯、巴勒贝克、班亚斯、波士拉和卡拉克。此外还有独立权威治下的其他小飞地，如叙利亚西北群山间阿萨辛派的什叶修道会的城堡，而十字军各公国的基督徒继续持有从南部的拉姆拉延伸到北部的安条克的沿海狭长地带的大部分。然而，北方的叙利亚港口拉塔基亚（劳迪西亚）和贾巴拉（Jabala）为穆斯林持有，成为来自阿勒颇的丝绸和棉布的出口港。（在整个 13 世纪早期，阿勒颇的统治者与威尼斯人有着良好的商业关系，威尼斯人在该城还保有一家工厂。）

　　阿尤布家族的统治延伸至叙利亚之外。萨拉丁家族的一支从 1174 年到 1229 年将统治也门；在上伊拉克，阿尤布家族一直在作战，以阿尔图格诸王公的土库曼王朝为代价扩大领土，这些王公们控制着马拉蒂亚和迪亚巴克尔。阿尤布家族在上伊拉克的野心与卢姆的塞尔柱突厥素丹产生争夺。塞尔柱人从位于科尼亚的都城统治着安纳托利亚的中部和东部。虽然塞尔柱人是突厥人，但他们的宫廷的文化和称号主要是波斯的。科尼亚是 13 世纪早期穆斯林世界的文化都城之一。由于素丹国的繁荣主要依赖于来自波斯和黑海的货物的转口贸易，因此塞尔柱人资助建起商队旅馆网，在商人及其货物穿越安纳托利亚时为其提供保护。

上伊拉克的摩苏尔是赞吉王朝唯一没有被阿尤布家族占领的重要领地。然而，从 1210 年起，他们的大臣巴特拉丁·鲁鲁成为该城的实际统治者。摩苏尔是一个重要的工业和商业中心，马可·波罗描述道："被称为摩苏林（mosulin，平纹细布）的所有丝线与金线纺成的布料都在这儿出产。这个王国出现同样被称为摩苏林（Mosulin）的大商人，他们出口大量的香料和其他珍贵物品。"摩苏尔受到西方的阿尤布王朝和下伊拉克的阿拔斯王朝的野心的威胁。从 10 世纪起，巴格达的阿拔斯哈里发先是成为白益人，然后成为塞尔柱人等一系列军阀控制下的傀儡，哈里发仅行使适当的精神权威。然而，伊朗的大塞尔柱素丹的分裂使阿拔斯王朝重申其独立权威。在哈里发纳赛尔（1180—1225 年在位）及其继承者统治时期，他们试图依次重建阿拔斯家族对下伊拉克和上伊拉克的控制。

当然，花剌子模沙人（或者花剌子模人）的帝国在 13 世纪最初的几十年里是穆斯林世界最强大的权力。由于花剌子模沙素丹统治着波斯的中部和西部以及外阿姆河地区，所以他们统治了东方的前塞尔柱素丹国的大部分领土，花剌子模沙人的宫廷模仿其先辈的宫廷。他们辽阔的帝国由一支庞大的主要由钦察突厥人组成的骑兵部队来保卫。然而，从 1219 年起，花剌子模沙帝国在北方和东方受到蒙古人的攻击，那个帝国分裂的后果在未来的几十年里将对更西方，甚至西至叙利亚的事件产生决定性影响。

阿尤布王朝念念不忘叙利亚北部和东部的事务，更具体地说是他们对伊拉克的加泽拉区抱有野心，这意味着他们对第五次十字军东征的袭击准备不足。1218 年 5 月，当由布里恩的约翰率领的一支十字军队伍在达米埃塔城外登陆并开始围困该城时，阿迪勒还在叙利亚。虽然他委托埃及总督（na'ib）、他的儿子卡米勒指挥埃及的防御行动，但阿迪勒本人在叙利亚滞留了几个月，无疑是被卢姆的塞尔柱素丹凯哈斯对阿勒颇的进攻拖住。只有到了 8 月份他才开始返回埃及，但那时，正如帕德伯恩的奥利弗所说，"萨夫丁因罪恶的日子和疾病已经衰老，这位剥夺其堂兄弟的继承权的人和亚洲诸王国的篡权者死了，被埋在地狱里"。阿迪勒的穆斯林臣民自然对此事有着不同的看法，当听到他的死讯时就在街上痛哭流涕。

阿迪勒的儿子卡米勒继承他成为埃及素丹和阿尤布家族的首领。卡米勒因十字军对达米埃塔的压力不断增加而丧失信心，提出要让耶路撒冷和位于约旦河以西的所有耶路撒冷王国以前拥有的领土投降。达米埃塔在 1219 年 11 月落入十字军之手；1221 年，十字军开始沿着尼罗河向下推进。由于供给被切断且后路尽失，十字军被迫协商从埃及撤退，没有取得任何意义重大的让步。在这次危机中，阿尤布家族团结一致的纽带仍然存在，但仅限于当时。卡米勒的兄弟之一兼大马士革的统治者穆阿扎姆曾两次率领叙利亚军队来援助重压之下的埃及人。虽然另一兄弟兼上伊拉克大部分地区的控制者阿什拉夫不愿意卷入其中，但在 1221 年夏天，他最终率领更多的穆斯林援军至埃及，这些军队在十字军最后的溃败中起到关键性的作用。然而，一旦危机结束，兄弟之间的竞争高于家族的团结，卡米勒和阿什拉夫结盟，目的在于夺取穆阿扎姆在叙利亚的领土。虽然这一斗争因穆阿扎姆在 1227 年意外死亡而突然结束，但穆阿扎姆已经招来花剌子模人，卡米勒也已经向皇帝弗雷德里克二世寻求援助。

13 世纪 20 年代初，在蒙古人占领外阿姆河地区和伊朗东部的花剌子模帝国后，最后的花剌子模统治者、素丹亚拉丁·明布尔努之子西逃，集结了一支海盗军队，试图在伊朗西部和伊拉克重建一个花剌子模帝国。在穆阿扎姆的鼓动下，亚拉丁于 1226 年进攻卡米勒在上伊拉克的要塞阿克拉（Akhlat）。他也危及卢姆的塞尔柱素丹国的东部边界，塞尔柱素丹凯伊·库阿德和阿什拉夫一时联合起来抵抗亚拉丁，1230 年在埃尔津詹之战中击败了他。次年，蒙古将士在近东出现，将亚拉丁赶入迪亚巴哈尔地区，他在此遭到当地库尔德人的背叛并被杀死。虽然他花费大量时间掠夺穆斯林邻国来抵抗蒙古人的西进，但一旦死后，亚拉丁慢慢被当作反抗异教徒蒙古人的斗争中的英雄和殉教者。要将近 30 年后才会有另一位素丹赢得相似的声誉。自其政权在伊朗西部垮台后，他的许多花剌子模与钦察土匪士兵向西逃窜，在叙利亚的小规模战争中找到雇佣机会。现在没有任何人但挡在蒙古人向伊拉克和叙利亚进军的道路上了。

正如已经指出的，卡米勒反对穆阿扎姆向亚拉丁求助，亲自与弗雷德里克二世展开外交来往。他催促弗雷德里克前来圣地，从穆阿扎姆手中夺取耶路撒冷和大马士革。然而，到弗雷德里克于 1228 年 9

月在阿克登陆时，穆阿扎姆已经去世。埃及统治者卡米勒轻易地割让
了大马士革所诉求的领土。穆阿扎姆的继承人安一纳赛尔·达乌德严
厉斥责耶路撒冷的投降为对圣战理想的背叛，但安一纳赛尔·达乌德
却不能保住大马士革（后来，当能够与法兰克人做交易时，他证明
自己和他的叔叔们一样实际）。然而，在大马士革落入阿什拉夫之手
后，卡米勒发现他在叙利亚要求承认其最高权威和以前一样不易，因 612
为阿什拉夫拒绝承认任何这样的要求。

　　阿什拉夫死于 1237 年 8 月，卡米勒死于 1238 年 3 月。长达两年
的家族权力斗争继而在埃及和叙利亚发生。斗争结束时，卡米勒的儿
子阿迪勒二世被法赫尔·阿丁·伊本·沙伊克（土库曼一伊朗家族
的主要代表和伟大的政治掮客）和以前为卡米勒服务的马穆鲁克人
从埃及王座上除掉。被废黜君主的兄长萨利赫·阿尤布受邀接管。大
马士革在阿什拉夫死后曾由卡米勒暂时掌管，最终被阿什拉夫的兄弟
萨利赫·伊斯马伊勒占领，他此前一直统治着波士拉和巴勒贝克。因
为大量十字军分遣队在这些年里抵达巴勒斯坦，萨利赫·阿尤布和萨
利赫·伊斯马伊勒的竞争（其他阿尤布王公在其中纷纷站队）进一
步复杂化。这些远征军的领导者们只不过是骑马巡逻（chevauchées），
却成功地利用阿尤布王朝的等级分化。1239 年 9 月，香槟的蒂博带
着大量的法兰西十字军来到巴勒斯坦。尽管在加沙附近被一支埃及军
队打败，蒂博后来却能够与埃及和大马士革协商有利的条约。1241
年，康沃尔的理查德率领一支英格兰十字军分遣队前来圣地。即使他
和他的人没有发起征战，理查德能够按照有利于法兰克人的条款与埃
及签订了另一份条约。这样一来，法兰克人在巴勒斯坦暂时控制了比
1187 年以来任何时候都更多的领土。

　　然而，法兰克人继续卷入阿尤布家族之间的战争，在埃及转而与
大马士革结盟来对抗萨利赫·阿尤布，这很快使他们走向灾难。1244
年，萨利赫·阿尤布从上伊拉克召集花剌子模人来援助他。花剌子模
人横扫叙利亚和巴勒斯坦，一路烧杀劫掠，在 8 月毫不费力地从法兰
克人手中夺取了耶路撒冷。然后萨利赫·阿尤布和花剌子模人汇合一
处，结成联军，于 10 月 17 日在福比耶之战中打败了萨利赫·伊斯马
伊勒和法兰克人。

　　花剌子模同盟把大马士革给了萨利赫·阿尤布，但从长远来看，

他们的服务给埃及素丹带来了威胁，正如萨利赫·伊斯马伊勒的敌意曾经带来的。在发现他们从素丹处得到的报酬不足后，他们开始叛乱，但由叙利亚北部的阿尤布王公率领的军队在 1246 年打败并驱散了他们。花剌子模人在叙利亚的破坏性存在是更普遍现象中的一个著名例子。土库曼人和库尔德人以部落群体或雇佣军的形式也向西移动，因蒙古军队的推进而四处逃窜。许多这样的群体进入叙利亚，但塞尔柱安纳托利亚似乎和叙利亚一样，因土库曼人的涌入而遭受了许多苦难。蒙古人在波斯东部建立政权，继续向西推进。阿塞拜疆和安纳托利亚的牧场似乎对游牧民族蒙古人特别有吸引力。1243 年，拜柱在科斯达格打败塞尔柱素丹凯哈斯劳（凯库斯劳），塞尔柱公国的大部成为蒙古人的保护国。

在罗斯大草原的南部，异教徒钦察突厥人中间发生了部落之间的冲突和饥荒，也因蒙古人侵入该地区而加重。这些混乱反过来导致大量年轻男性突厥奴隶的产生，这些男孩要么在战争中被俘获，要么被绝望的父母售卖。热那亚商人以黑海港口卡法（Caffa）为基地，在这种白人奴隶贸易中占有重要地位。虽然这些奴隶中的一些在西欧出卖，但在 13 世纪 40 年代，这些奴隶的主要买主是埃及和大马士革的素丹。当招募并训练马穆鲁克奴隶士兵时，萨利赫·阿尤布正是遵循了阿尤布的普遍做法。然而，他购买的数量超乎寻常的多（到去世时，他大约拥有 1000 个）；他全面地训练他们。他的马穆鲁克军团驻守在尼罗河上的一个岛屿要塞中（巴赫尔—尼尔），由于这个原因，他们以巴赫里—萨利希马穆鲁克而闻名。该军团的大多数人是钦察突厥人，这使他们具有民族凝聚力，他们对严厉且不苟言笑的素丹的狂热顺从与模仿进一步加强了这种凝聚力。

巴赫里马穆鲁克将在 1249—1250 年打败法兰西的路易九世领导的十字军东征中起着决定性作用。1249 年 6 月 5 日，法兰西十字军在达米埃塔外围登陆。萨利赫·阿尤布曾经在曼苏拉的卡米勒的老军营指挥过穆斯林防御战，在同一个月去世。消息迅速传递给萨利赫的被放逐到伊拉克的儿子图兰沙阿，要求他回到埃及继承素丹之位。与此同时，包括萨利赫·阿尤布的遗孀沙贾·杜尔，他的高级军队指挥官法赫尔·阿丁·伊本·沙伊赫和许多马穆鲁克军官与宫廷宦官在内的高级人士联盟接管政事。

　　法兰西人发现他们向开罗的进军在曼苏拉受阻。1250 年 2 月 9 日，阿尤布指挥官兼国家的实际领袖法赫尔·阿丁·伊本·沙伊赫在法兰克人的第一波猛攻中失利；但在入侵该城失败后，法兰西十字军没能取得进展，许多人倒在巴赫里马穆鲁克的箭下。不久，路易率领下的法兰西军队残部开始慢慢向达米埃塔撤退。图兰沙阿在几周后抵达埃及，发现政务的指挥权掌握在由军官和廷臣非正式组成的小集团手中。这些人中没有一个乐意将权力移交给图兰沙阿及其随从。同时，法兰西人没能杀出血路回到达米埃塔，被迫在 4 月投降。路易同意让出达米埃塔，并以 80 万贝赞特（besants）来赎取自己及其军队。

　　图兰沙阿酗酒，患有神经性痉挛，从伊拉克带来了自己的马穆鲁克随从。他在埃及少有支持者。1250 年 5 月，他被一伙巴赫里马穆鲁克杀害，这些人害怕他们将会被图兰沙阿的随从从实权的位置上给挤下来。他的死使埃及和叙利亚在随后的十年里引发联盟转换、阴谋、清洗与小规模战争。在埃及，尽管巴赫里马穆鲁克反对图兰沙阿的行动取得了成功，但是他们似乎没有夺权的计划，王位传给一连串的反巴赫里统治者。首先，沙贾·杜尔统治了一段时间；然后马穆鲁克军官穆伊兹·艾伯克也统治了一段时间。之后阿尤布的幼年王子，卡米勒的玄孙阿什拉夫·穆扎法尔被推上王位。年幼的素丹无法独立行使权威，因为他的傀儡统治只不过为了掩盖相互敌视的穆伊兹·艾伯克和巴赫里军团的支持者们之间的权力分立。在巴赫里指挥官阿克塔伊被谋杀，而且他的大多数支持者 1254 年逃往叙利亚，穆伊兹·艾伯克重登素丹之位。然而，艾伯克于 1257 年在沙贾·杜尔的授意下被杀害。反过来，她被艾伯克的忠实仆人猎杀，这些人确保名义上的统治权传给艾伯克的小儿子努尔丁·阿里。不过，真正的权力仍然留在好竞争的军官联盟手中。1259 年 11 月，艾伯克的高级埃米尔之一萨义夫—丁·库图兹感到已经强大到足以废黜其主人的儿子的地步，于是自己登上了素丹之位。他声称，由蒙古人入侵叙利亚带来的危机，使这一夺位行为成为必需之举。

　　在叙利亚，图兰沙阿在 1250 年被谋杀的消息传来，统治阿勒颇的阿尤布王公纳赛尔·优素福迅速行动起来，占领大马士革。作为库尔德军官联盟（尤其是奎马里库尔德人）、马穆鲁克和来自动荡不安的埃及的重要避难者的领袖，纳赛尔·优素福统治着叙利亚，或者是试图统治叙利亚。即使在名义上，也不是整个叙利亚都处于纳赛尔·优素福的统治下。卡米勒的孙子穆吉斯从卡拉克控制着约旦河以东的大部分土地。土库曼部族穿过叙利亚北部进入巴勒斯坦，与稳定政府的剩余人员开战。巴勒斯坦沿海狭长地带的基督徒趁穆斯林无力顾及之际，扩大了在加利利的权力。叙利亚的阿尤布王朝几乎没有以继续萨拉丁的反基督徒圣战做任何借口；他们更愿意梦想着征服埃及。纳赛尔·优素福在1250—1251年冬天做出尝试。后来，在避难的巴赫里军官的怂恿下，穆吉斯于1257年和1258年两次入侵埃及未果。世仇、阴谋和内斗是13世纪50年代叙利亚和埃及政治生活的主要特征，这些在某种意义上来说是一种奢侈——这种奢侈因蒙古人的到来而结束。

1256年6月1日，旭烈兀将军代其兄长蒙古大汗蒙哥行动，率领着人数可能达到10万的大军渡过了奥克苏斯河（阿姆河）。旭烈兀的首要目标是占领阿拉木图要塞，占领该要塞后再清除伊朗北部阿萨辛派的权力。成功占领阿拉木图，拉开了征服伊朗的其他地方和伊拉克的序幕。1258年2月，巴格达被彻底洗劫，巴格达的最后一位阿拔斯王朝哈里发穆斯塔绥姆在蒙古骑兵的铁蹄下被践踏致死。巴格达再次成为一个小小的省级城市，成为许多正在衰败并在商业和文化上与叙利亚隔离开来的伊拉克城市中的一员。在占领巴格达后，蒙古军队主力进入阿塞拜疆，准备入侵叙利亚。

1259年12月，蒙古军队穿过幼发拉底河，进入叙利亚北部。蒙古人入侵叙利亚的目的并不完全明确，但他们似乎打算将叙利亚变成隶属，甚至设想继续前进去征服埃及。虽然纳赛尔·优素福早在1250年就与蒙古人开始外交上的接触，但现在还不愿意臣服于旭烈兀。纳赛尔·优素福的许多军官赞同反抗蒙古人。纳赛尔·优素福在截然相反的建议面前左思右想，犹豫不决，没有参与阿勒颇的保卫战。1月，阿勒颇被占领，但几周后旭烈兀从叙利亚撤退，带走了大部分军队。旭烈兀撤退至阿塞拜疆的原因尚未确定，但情形可能是这样的：在听到蒙哥的死讯（死于1259年8月）后，没有正式获得对伊朗和高加索地区的统治授权的旭烈兀预料到会与他的侄子金帐汗巴图发生冲突，留下怯的不花将军带着大约1.5万人在叙利亚。虽然蒙古军队现在兵力大减，但纳赛尔·优素福不打算去保卫大马士革，而是向南逃进沙漠。因此，大马士革没有做任何抵御，怯的不花在 3 月占领该城。占领叙利亚的主要城市后，怯的不花派出蒙古的侦察分队，向南深入加沙。怯的不花在占领叙利亚的行动中获得由国王赫索姆带领下的亚美尼亚新征兵员的援助。在北方，安条克大公兼的黎波里伯爵博希蒙德六世已经臣服于怯的不花，安条克市民缴纳了蒙古贡金。[①] 然而，南方的基督徒在蒙古人和马穆鲁克之间即将来临的冲突中宣布保持中立。

在埃及，库图兹已经利用这一紧急情况废黜其主人的儿子，此时做出惊人决定，要在巴勒斯坦与蒙古人正面对决。他也许是在巴赫里马穆鲁克和其他士兵的鼓动下如此做的，这些人在对纳赛尔·优素福的领导感到失望后逃来埃及。库图兹带着一支人员混杂的军队进入叙利亚，或许规模上与怯的不花的军队相同。在收拢遍及整个叙利亚的各支蒙古分遣队后，怯的不花进入巴勒斯坦，或许是为了解救在此地区的侦察分队。1260 年 9 月 3 日，两支军队在加利利东北部的艾因贾鲁遭遇。怯的不花被杀，蒙古人被一支主要由突厥人构成的军队打败，这支军队在很大程度上采用了和蒙古人一样的战术。蒙古军队残部被追逐着退出了叙利亚。库图兹在艾因贾鲁取得对异教徒的胜利，这不仅赋予他在埃及篡夺统治权的行为某种可追溯的合法性，而且使他在叙利亚获得主要权力。大马士革和阿勒颇的无所事事的前任统治者纳赛尔·优素福已经成为蒙古人的阶下囚，将很快死于他们手中。纳赛尔·优素福的一些阿尤布族人因与蒙古入侵者勾结而名声败坏；但阿什拉夫·穆萨在艾因贾鲁与蒙古人作战，然后在战场上归顺库图兹，获准保留胡姆斯公国，而站在穆斯林一边作战的曼苏尔保存了哈马公国。然而，库图兹在叙利亚分配领土和官职，这在他以前的一些支持者中激起不满；10 月 24 日，库图兹被一群马穆鲁克埃米尔暗杀，其中有在巴赫里马穆鲁克最杰出的伯拜尔斯。伯拜尔斯立即被重要的埃米尔拥戴为下一任素丹，这些人中的大多数来自萨利希巴赫里军团。这些埃米尔无疑寄希望于他们的军官同伴来增进利益。事实证明，伯拜尔斯一方面不敢直接攻击那些利益，一方面也几乎没有扩大那些利益。

616

---

① Ibn'Abd al-Zahir, *Al-Rawd al-Zahir fi'l Sirat al-Malik al-Zahir*, ed. Khowaiter, p. 204.

十字军国家的基督徒认为他们对另一个篡位者的登基无所畏惧，这是不可能的。过去十年里发生的政变和谋杀未能较好地预示出新素丹的前景。实际上，十字军占领的沿海狭长地带在好些年里一直处于和平之中，而伯拜尔斯忙于稳定地控制叙利亚的穆斯林腹地。在库图兹被谋杀后，一位敌对的埃米尔桑贾尔·哈拉比宣布自己为大马士革素丹，但在1261年被伯拜尔斯从埃及派出的一支军队罢黜。阿勒颇同样被一位马穆鲁克埃米尔占据，伯拜尔斯只是在1262年才获得对该城的直接控制。胡姆斯的统治者在同年去世，他的领地被这位素丹吞并（1272年，萨尤恩公国遭遇同样的命运）。外约旦的卡拉克的阿尤布统治者穆吉斯受到诱骗，在1263年交出城堡，因与蒙古人勾结而被处死。哈马继续处于阿尤布王公一系的统治下，但这些王公顺从于埃及素丹，哈马实际上被当作马穆鲁克素丹国的一个省。（哈马只是到了1341年才被正式合并）。在伯拜尔斯及其继任者的统治下，叙利亚的大部分控制在从埃及派出的马穆鲁克军官之手，由他们来治理城市并在城市驻守。

617　　在埃及，13世纪上半叶已经出现的各种发展，得到进一步的推动。这样一来，马穆鲁克在政府中的主体优势变得更为明显。士兵把持宫廷中的大多数高级职位，而民政管理，特别是大法官法庭和税务部门，逐渐受到军事监督的管制。民事大臣被剥夺大部分权力。在军队中，马穆鲁克出身的军官近乎垄断了高级指挥阶层。然而，自由出身的军队（拜勒哈，balqa）继续提供部分军官和大部分骑兵。生来自由军队的各个等级因来自伊拉克和安纳托利亚的军事避难者，最重要的是相当多的蒙古人的加入而逐渐强大起来。这些蒙古人拒绝接受旭烈兀在伊朗和伊拉克建立伊尔汗国政权，投诚到马穆鲁克一边。在接下来的几十年里，马穆鲁克的儿子们（集体称为 awlad an-nas）不再享有对奴隶出身的那些人开放的特权和快速提升的前途，也加入自由出身的军队。在叙利亚，自由出身的军队也包括自由出身的埃米尔和酋长以及部落附属。随着为素丹服役的马穆鲁克和生来自由的骑兵人数越来越多，越来越多的土地被以军事伊克塔的形式持有。虽然没有可靠的数据，但13世纪晚期的马穆鲁克素丹显然能够派出比阿尤布前任们更多的军队；尤尼尼估计，军队的规模在伯拜尔斯治下扩大了三倍或四倍。②

长期供养一支军队是很费钱的，但逐渐增长的农业生产力支付了大部分费用。监督由农业产生的以实物偿付税收的部门（或称为 *diwans*）似乎雇佣了更多的人员。士兵们监管着尼罗河水面上的船只和灌溉沟渠的季节性开放。他们也受雇于负责开挖灌溉工程的强迫性劳役（*corvées*）。对上埃及四处作乱的阿拉伯人进行军事征战，或许也有助于提高农业生产力。老资格的马穆鲁克埃米尔成为重要商人的人数也增加了一倍，处理各自伊克塔的剩余产品并出售谷物、棉花和糖。有些人甚至拥有在地中海上进行贸易的商船。除差不多被富有的卡里米商人垄断的与印度人的香料贸易外，平民在贸易中根本不能与军人相竞争。商人似乎对宫廷没有什么影响，直到素丹阿什拉夫·卡里在 13 世纪 90 年代使一个叫伊本·萨卢斯的人成为他的大臣。蒙古伊尔汗国的建立，使叙利亚和伊拉克之间的陆路贸易几乎完全停止下来；这肯定会对穆斯林产生不利后果，对叙利亚沿海地区的基督徒也是一样的。

在马穆鲁克治下，阿拔斯哈里发王权在开罗复兴。1261 年，巴格达最后一位哈里发的一位亲属被伯拜尔斯立为穆斯坦绥尔。这位哈里发转而宣布伯拜尔斯为素丹，不仅是埃及和叙利亚的素丹，还是伊拉克、汉志和也门的素丹，这或许表明伯拜尔斯的雄心壮志。可能伯拜尔斯没有认识到蒙古人已经在伊拉克站稳了脚跟，因为不久后他派遣穆斯坦绥尔和一小支军队前去收复巴格达。蒙古人毫不费力地屠杀了这支远征军。继承开罗的穆斯坦绥尔之位的哈里发们是受历任素丹操控的傀儡，很少有证据表明他们对宗教主导地位的要求在素丹国边界以外会受到重视。然而，开罗和大马士革确实成为从蒙古土地上逃出的学者和廷臣的天堂。虽然伯拜尔斯未能征服伊拉克或也门，但 1269 年在汉志的一次武力展示确保其拥有保护圣城麦加和麦地那的特权，这一特权赋予他及其继任者相当大的声望。

要不是旭烈兀及其继任者阿八哈因与金帐汗国的蒙古人在高加索地区的战争所分心，伯拜尔斯是否能够巩固在埃及和叙利亚的统治尚存疑问。然而，由于蒙古人当时忙于其他事情，伯拜尔斯最终能够将

618

---

② Al-Yunini, *Dhayl Mirʾat al-Zaman*, Ⅲ, pp. 261 – 263.

注意力转向对抗基督徒，恢复了阿尤布王朝对抗基督徒的圣战传统。伯拜尔斯首先要做的事情之一，是确保从埃及经由巴勒斯坦到大马士革的道路安全。为了达到这一目的，伯拜尔斯在 1265 年围攻并占领凯撒里亚、阿苏夫和海法，1266 年占领萨费德，1268 年占领雅法。在北方，博希蒙德因与蒙古人结盟而受到惩罚，在 1268 年被夺走安条克。1265—1271 年，马穆鲁克军队在叙利亚北部采取行动，逐渐占领伊斯梅利阿萨辛派的各个城堡。阿萨辛派曾是医院骑士团的同盟和附属。1271 年对医院骑士团的大要塞克拉克骑士城堡的围攻和占领，发生在阿萨辛派城堡被占领之后。除这些大围攻征战外，马穆鲁克军队和土库曼附属部落也通过偷牲口、烧毁庄稼和葡萄园来对基督徒施加压力。此外，伯拜尔斯利用离间外交策略来蚕食法兰克人的领土。休战协定在 1261 年与雅法和贝鲁特，1267 年与医院骑士团和提尔，1269 年与贝鲁特，1271 年与医院骑士团、圣殿骑士团和的黎波里分别签订。这样的休战协定似乎为基督徒提供了安全；但实际上，这些休战协定的文本通常为马穆鲁克重新发起战争提供了借口。

在统治的最后几年里，伯拜尔斯试图对蒙古人及其附属发动进攻。从 1275 年起，伯拜尔斯一直在与蒙古控制下的安纳托利亚塞尔柱人傀儡宫廷里的首席大臣佩万尼哈密谋。伯拜尔斯也从安纳托利亚东南的哈拉曼部落那里获得援助的承诺。1277 年，伯拜尔斯的入侵军队在埃尔比斯坦之战中打败了蒙古人。伯拜尔斯暂时占领塞尔柱人的首都开塞利（Kayseri），扶持其拥护者登上塞尔柱人的王位。不过，佩万尼哈和哈拉曼人都没有提供他们所承诺的援助；伯拜尔斯被迫在另一支蒙古军队到来前撤退。

619

伯拜尔斯在 1277 年 6 月 30 日去世。他的政权证明比许多同时代观察者所预料的更持久；但是，伊朗和伊拉克的蒙古人政权也是如此，伯拜尔斯想要从蒙古人那里先取巴格达后取安纳托利亚的企图未能实现。此外，虽然这位素丹指挥着庞大的军队，但要考虑对十字军国家发起最后的进攻仍然是不可能的；1271 年从海上对塞浦路斯发起攻击的尝试已经惨败，大部分船只沉没，船员要么被淹死要么被俘。

萨义德·伯克汗（1277—1279 年在位）在父亲伯拜尔斯统治时期已经被立为继任者。虽然他装出继续对蒙古人保持进攻并派出一支大军对抗蒙古人的盟友奇里乞亚—亚美尼亚的样子，但他的将军们怀疑他被派出去征战是为了使他们远离政治决策中心。被伯拜尔斯收买的老资格埃米尔，甚至更老一辈的萨利希巴赫里埃米尔核心人员，很快形成联盟。萨义德·伯克汗被废黜。在萨义德七岁的弟弟苏拉米什补缺性质的短暂统治之后，哈拉温在 1279 年 11 月取代这个王位上的傀儡。哈拉温（他取的尊号是曼苏尔）是一个老练的将军，以老萨利希巴赫里集团领导人的身份夺权。然而，他在统治初期采取步骤，不仅要将伯拜尔斯的马穆鲁克埃米尔从实权职位上清除掉，而且也要使自己脱离最初的支持者们的监管。哈拉温顺理成章地提升了自己的曼苏尔马穆鲁克。

正如伯拜尔斯统治之初在大马士革面临抵抗一样，当哈拉温成为素丹时，他也不得不立即处理大马士革发生的一起叛乱。这起叛乱由另一位巴赫里马穆鲁克埃米尔松库尔·阿什卡尔领导。一支来自开罗的军队轻轻松松地打败了松库尔，将他从大马士革驱逐出去，但松库尔逃到萨尤恩，使这里成为一个叙利亚北部小公国的首都。松库尔也开始与蒙古人通信，请求他们帮助对抗哈拉温。在马穆鲁克等级中的这一不和迹象的鼓动下，蒙古人在 1280 年秋派军队袭击叙利亚北部并洗劫了阿勒颇。哈拉温准确地预料到，这仅仅是蒙古人发动更大规模入侵的序曲，于是他被迫与其他潜在敌人达成协议。1281 年春，他与的黎波里的博希蒙德、阿克政府和南部的医院骑士团签订休战协定。[不过，有证据表明，来自叙利亚北部马加特（Margat）的医院骑士团在胡姆斯站在蒙古人一边作战。]③ 通过承认萨尤恩自治公国，哈拉温也成功地使松库尔与蒙古人分离开来。

1281 年秋，蒙古人武力入侵。入侵人数可能多达 8 万人，他们名义上由伊尔汗阿八哈的弟弟蒙哥·帖木儿率领，但实际上由两位身经百战的将军指挥。胡姆斯之战发生在 10 月 29 日，是一场比艾因贾鲁之战更为血腥的战役。虽然哈拉温派出的军队人数可能多达 10 万人，但这支大军的大部分士兵由阿拉伯和土库曼非正规军、平民志愿者和马夫组成。最后，哈拉温以极高的代价赢得了胜利，当然，其中

620

---

③ *Cartulaire general de l'ordre des Hospitaliers de St-Jean de Jerusalem*（1100 – 1310），ed. Delaville Le Roulx，nos. 3653 bis，3702，3766，3781。

马穆鲁克的伤亡率非常高。战后，在胡姆斯与哈拉温共同作战的松库尔退至萨尤恩。松库尔直到 1287 年才被赶下台；他的政权继续存在，将阻碍哈拉温对叙利亚北部残存的法兰克领地采取军事行动。

胡姆斯之战后，哈拉温在好多年里没有对任何人发起重要的进攻。当马穆鲁克军队真的发起进攻时，那是针对蒙古人的软弱同盟奇里乞亚—亚美尼亚的行动。作为 1283 年和 1284 年征战成功的结果，哈拉温能够迫使亚美尼亚国王缴纳贡金 50 万迪拉姆十年。只有到了 1285 年，哈拉温才能够通过围攻和占领马加特来向医院骑士团复仇，该骑士团在胡姆斯之战中支持蒙古人。附近的马拉克利（Maraclea）也由一位亲蒙古领主持有，同时被占领。1286 年，一场地震使马穆鲁克毫不费力地占领了拉塔基亚。1289 年，在担心的黎波里会被热那亚冒险家贝内德托·扎卡里亚接管的推动下，哈拉温率领军队攻打的黎波里，迅速攻占。在的黎波里失陷后，哈拉温立即开始准备对南方的阿克展开更大规模的围攻行动，但他却在 1290 年 11 月去世了。

哈拉温的继任者阿什拉夫·卡里（1290—1293 年在位）收获他父亲的准备工作带来的利益，阿克在 1291 年 6 月落入他的手中。阿克失陷后，提尔、贝鲁特和西顿随即毫无抵抗地被占领。虽然哈拉温不喜欢他的儿子，但卡里作战勇敢，精力充沛，雄心勃勃。和伯拜尔斯一样，他梦想着对塞浦路斯和巴格达发起远征。结果，他统治时期621的军事行动仅限于进攻奇里乞亚—亚美尼亚和试图将黎巴嫩高地置于更有效的控制下。然而，阿什拉夫·卡里试图从一个狭小的权力基地来进行统治。他父亲的一群曼苏尔埃米尔，感觉到正在被排除在权力和影响之外，在 1293 年组织了对素丹的暗杀行动。那次谋杀行动在埃及和叙利亚引发一个新的不稳定时期，这种状况一直持续到 1310 年。

阿什拉夫八岁的弟弟纳赛尔·穆罕默德被一个老资格的曼苏尔埃米尔联盟推上王位，这些人利用这个年幼的素丹充当门面，掩盖派系活动。最后，怯的不花·曼苏里在 1294 年为自己夺得王位，采用阿迪勒为尊号。1296 年，怯的不花被他以前的盟友莱因·曼苏里废黜。莱因在 1299 年被谋杀，纳赛尔·穆罕默德因和以前一样的目的被重新推上王位，而两位有权势的埃米尔伯拜尔斯·贾什尼吉尔和萨拉尔争夺着最高权力。和以前一样，马穆鲁克素丹国里的派系之争鼓舞着蒙古人去试图征服叙利亚。一个不忠诚的马穆鲁克埃米尔赛义夫丁·钦普察克在 1298 年逃到蒙古人那里。在他的怂恿下，蒙古人于 1299 年冬天攻入叙利亚。主要的马穆鲁克军队匆匆离开埃及，到叙利亚去迎战。牧草缺乏；当军队穿过巴勒斯坦时，由蒙古人出身的埃米尔筹划的密谋使之陷入混乱中。蒙古人在 1299 年 12 月的瓦迪·哈津达尔之战中取胜，随即在几个月里占领叙利亚的大部分地区。然而，合赞留下的军队不足以保卫该省，叙利亚被马穆鲁克重新占领，赛义夫丁·钦普察克叛逃回国。1301 年合赞试图在叙利亚重建势力，这已证明是不适当的。虽然蒙古人此后没有进一步对叙利亚发起大规模入侵，但埃及和叙利亚的内部骚乱远远没有结束，一直持续到 1310 年纳赛尔·穆罕默德第三次登上王位为止。那时，他已长大成人，而且在政治上十分老练。

在 13 世纪下半叶，尽管马穆鲁克政治的特征是激烈的内讧，但一个军事集权政府的马穆鲁克体系，已经在埃及和叙利亚建立起来。马穆鲁克也成功地清除了叙利亚的十字军，而且在大多数时候也能够将蒙古人阻止在幼发拉底河前线。在同一时期里，蒙古人在伊朗和伊拉克建立起一个领土国家，他们的许多领导者都皈依了伊斯兰教。13 世纪早期穆斯林世界的拼接图特征已经极大地简化。只有在安纳托利亚，蒙古人的塞尔柱傀儡政权正在开始崩溃，新贝伊属国慢慢摆脱蒙古的统治权。安纳托利亚西北部的拜占庭领土边界上的小奥斯曼利或奥斯曼贝伊属国是这些新公国中的一个，但在 14 世纪初，西欧十字军的注意力仍然集中在其他敌人身上。

罗伯特·欧文（Robert Irwin）

莫玉梅 译

徐　浩 校

第十九章

（2）伊斯兰教和地中海：
马格里布

　　1199 年，阿尔莫哈德帝国盛极一时，从利比亚的叙尔提海湾（Gulf of Syrtis）延伸到西班牙的塔谷斯河和摩洛哥的苏斯河。尽管占据了安达卢西亚或穆斯林西班牙这一依然是穆斯林西方最富裕且最有教养的省份，但它本质上还是一个北非帝国，其伟大功绩是完成伊斯兰教对北非的统一。罗马人以一道边界在撒哈拉沙漠北部将阿特拉斯联盟分隔开来，这一边界把文明与野蛮分离，但阿尔莫哈德王朝却将两半合并构成一个整体。此外，他们从位于远在西南部的马拉喀什的基地完成这样的壮举，那里与远在东北部的迦太基—突尼斯的旧文明中心处于对立的极端。换句话说，他们的基地在罗马范围之外的土地上。那是因为他们不是从罗马人的老北非文明民族中招收军队，而是从罗马人曾努力排除的野蛮部族那里。也就是说，他们在罗马人失败的地方获得成功，利用整个地区的土著社会的共同特性，即柏柏尔部落制度，并且是出于主导文明的目的来利用。

　　他们的成功可以追溯到 7 世纪末 8 世纪初阿拉伯人征服四方之时，特别是 9 世纪那个形成期。当时作为一种宗教、一种生活方式和一种文明的伊斯兰教，最终在穆斯林东方的马什里克和穆斯林西方的马格里布成形。这样的成功起源于狂热的穆斯林传教士对部落人口的呼吁，这些人口围绕着由伊斯兰教城市形成的文明岛屿；它基于这一悖论之上：这样的"无国家"部落民族的意愿因神的要求顺从于这样的先知的独裁。这些民族的"无国家状态"或政府是由习俗而不是国王造成，当然必须要加以限制；家族世仇是法律和秩序的基本约束力，因长老会（阿拉伯语为 jama'a）的反对而被推翻。长老会由家族联盟（laff 或 suff）控制，各个家族拢在一起形成传统盟友和反对者；它最后被强势酋长们的突出地位所遮盖。马斯克雷在 19 世纪描述了可能性的范畴，在这个部落社会中看到早期罗马的现代范例；[1]但 10 世纪的大伊玛目努尔曼和 14 世纪的提贾尼为中世纪证实了这一点。[2] 从 9 世纪起，普遍的共同特性是这种部落制度在伊斯兰教新城市文明外围的边缘性特征，柏柏尔人既被此吸引，又被此排斥。他们接受伊斯兰教价值观，却没有接受其生活方式。他们抵制使他们顺从于分裂阿拉伯帝国各王公的企图，却对注定要统治世界的圣书、先知和共同体的实例做出回应。结果是三次伟大的革命，分别是法蒂玛、阿尔莫拉维德和阿尔莫哈德三个王朝，它们在 900—1200 年影响着伊斯兰教统一北非。[3]

法蒂玛王朝、阿尔莫拉维德王朝和阿尔莫哈德王朝的先知们的具体教义，不仅在伊斯兰教信仰的发展范畴内极为不同，而且相互之间极为对立。此外，他们的传教结果都是一样的。正如万斯伯勒在谈到890—910 年的法蒂玛王朝革命时所说的："这个特别例子的宣传应该属于伊斯玛仪教义，它具有历史关联性，而在现象上不存在关联性。"[4] 但是，当时这种现象是典型的，然而它却具有历史性，是从大西洋到中亚的部落人口不断并入这种新文明的一个方面。系列革命始于东阿尔及利亚的库塔马部落（Kutama），西撒哈拉的桑哈亚部落（Sanhaja）紧随其后，由利用阿特拉斯高地的马斯穆达部落的力量的阿尔莫哈德王朝来完成；他们的帝国使北非的伊斯兰化进入一个新时期，其模式在 13 世纪期间变得清晰起来。

阿布·优素福·雅库布以征服者曼苏尔为尊号，在 1199 年统治该帝国，我们不能期望他会从这个观点来看待事情。作为马赫迪·伊本·图马特家族的哈里发，他以最高真理的监护人的身份进行统治。

---

① Masqueray (1886).
② Al-Qadi al-Nu'man, *Iftitah al-da'wa wa ibtida' al-dawla*, ed. Dachraoui; *Rihlat al-Tijani*. 参见 Brett (1981).
③ Brett (1992) and (1988).
④ Wansbrough (1969), p. 168.

伊斯兰教在马格里布的成功是先知的纯正信仰战胜对异教徒、基督徒和犹太人的教规的敌意（*adawa*），所有穆斯林被传统法学体系的分支蒙蔽。⑤ 这些人中最重要的是马立克派，他们的学派在北非和西班牙占主导地位，尤其因为它受到阿尔莫拉维德王朝的推崇，而该王朝却为阿尔莫哈德王朝所推翻。这种新信仰的定义是 11 世纪末伟大神学家加扎里提出来的，正如马赫迪·伊本·图马特家族于 12 世纪初在马格里布所宣传的那样。它宣告神的统一，正如《可兰经》所表明的，从这个方面来看，神圣教规的统一是显而易见的。由于这个原因，马赫迪的追随者被称为唯一神论者（al-Muwahhidun），以区别于将教规分成不同仪式的学院派成员。他的弥赛亚使命就是通过将教规加之于唯一的不证自明的经书基础上来消除这些分歧。⑥ 到雅库布于 1184 年登上王位时，伊斯兰教的重新统一已经以由选出的少数人统治大多数穆斯林的方式呈现出来；但教义争论仍然非常活跃。

624 在这个基础上创建的政权有两大缺陷。由宗教划分臣民只是他们的城里人和乡下人、部落和其他部落、地中海人和撒哈拉人、阿拉伯人和柏柏尔人的划分中的一个方面，原则上在政治上统一起来反对异教徒，事实上只是由他们对哈里发的顺从来划分。哈里发国的结构很复杂。一方面是阿特拉斯高地的土著柏柏尔人部落，它们继续以马拉克什为基地提供民兵，它们的酋长们是移动的贵族。另一方面是从伊本·图马特的继任者阿卜杜勒·穆明那里留传下来的王朝，穆明把世袭原则引入领导权中。在王朝的支持下，信徒中的精英分子接受教育，形成管理人员集团，被派出去监督城市的治理并监视各个部落的行为。⑦ 除阿尔莫哈德王朝外，军队是职业军人和征募兵员的混合体。然而，帝国仍然是互不相干的各个省份和民族的集合，它们的忠诚依赖于其在埃米尔穆米宁或信徒的指挥官就职时所做的，在圣战中接受他为领导者的服从誓言，以此换取以下承诺：不延长军事服役，恰当地支付薪酬，公正地分配战利品。⑧ 这种初级宣誓的效果取决于他的个人领导权的有效性。那是一点都得不到保证的。曼苏尔的父亲

---

⑤　关于敌意（ʿadawa）的概念及其政治含义，可参见 Brett（1983）and（1991b）。

⑥　Cornell（1987）。

⑦　Hopkins（1958）。

⑧　ʿAbd al-Wahid al-Marrakushi, *History of the Almohades*, ed. Dozy, p. 239, 描述了 1213 年穆斯坦绥尔的就职情况。

和祖父创建的帝国具有绝对规模，将使任何中世纪管理机构的能力不堪重负。到 12 世纪末，这种初级宣誓使王朝遭受失败。为了捍卫祖产，哈里发国陷入危险的超负荷运转中。

哈里发国的问题始于帝国都城马拉克什。阿尔莫哈德贵族在 13 世纪中叶反对创建王朝，这种反对发展成酋长和君主之间的教义分歧，前者维护伊本·图马特的著作具有的经文权威，后者偏好《可兰经》和与马赫迪启示相一致的先知传统。⑨ 处于争议中的是哈里发及其支持者（*talaba'*）或酋长们的追随者的优越性，即便公共受害者是犹太人和马立克派，犹太人被迫依照教规来穿着，马立克派的书籍被焚毁。⑩ 马立克学派幸存下来，但穆斯林西方的哲学的伟大时代随着阿威罗伊失去宠爱、迈蒙尼德移居开罗和伊本·阿拉比离开前往东方而结束。 625

乌云没有遮盖多久；1199 年，哈里发晒着阿拉科斯的暖阳，此战是 1195 年对卡斯蒂尔取得的伟大胜利，使他赢得曼苏尔的称号，最终在伊比利亚半岛恢复了 1184 年雅库布的父亲在圣塔伦被杀后的局势，但穆斯林西班牙的阿尔莫哈德巨大要塞见证了重新征服运动带来的持久威胁。从长远来看，不那么倒霉却更为严重的是东马格里布或伊弗里基亚的局势，阿尔莫哈德王朝在这里面临着由阿尔莫拉维德人、阿拉伯人和突厥人组成的反复无常的敌人。这个不可能的联盟受到阿尔莫拉维德帝国的最后幸存者阿里和叶海亚·伊本·加尼亚兄弟的推动，他们在雅库布上台时从巴利阿里群岛逃到伊弗里基亚。他们从英勇的阿拉伯部落巴努希拉尔和苏拉伊姆征募士兵，与自己从埃及逃出的萨拉丁的马穆鲁克卡拉库什合作，到 1187 年最终征服了该省。然后，被雅库布在 1187—1188 年发起的大规模远征赶进撒哈拉后，叶海亚依然等待着另一次机会。

机会在 1199 年曼苏尔去世时来临。他在拉巴特修建的大清真寺未能完工；他的儿子兼继任者穆罕默德·纳赛尔勤奋好学，性格内向，面临顺利统率其治下各地军队的艰巨任务。阿尔莫哈德陆军和海军是巨大的军事机器，但并不是轻易建成的。在叶海亚·伊本·

---

⑨ 'Abd al-Wahid al-Marrakushi, *History of the Almohades*, ed. Dozy, pp. 203, 212–213. 见 Julien (1970), pp. 118–119.

⑩ 'Abd al-Wahid al-Marrakushi, *History of the Almohades*, ed. Dozy, pp. 201–203.

加尼亚于1203年占领突尼斯前，这台机器没有前去镇压东马格里布的这些叛乱者。同年，新哈里发最终征服巴利阿里群岛。直到1205—1206年，纳赛尔才再次亲自前去对付叶海亚本人。伊弗里基亚的问题在1207年得到解决，阿尔莫哈德大酋长阿布·穆罕默德·阿卜杜勒·瓦希德·伊本·阿比·哈夫斯·欧麦尔被任命为总督。最初行动中的一个主要人物的儿子阿卜杜勒·瓦希德是阿尔莫哈德王朝信赖并给予了报酬的盟友，或许也是该王朝疏远了的过于强大的臣属。一方面，他有效地将叶海亚及其盟友限制在沙漠；另一方面，他在长达150年后重新设立伊弗里基亚为一个国家，伊弗里基亚是前拜占庭北非行省，曾是阿格拉比德王朝、法蒂玛王朝和齐里德王朝的领土。阿尔莫哈德帝国的重新建构始于一场积极的改革。

然而，失败是不可避免的。阿尔莫哈德的军事机器被基督教西班牙的联合军队于1212年在托洛萨的纳瓦斯打碎；纳赛尔勉强从战斗中逃生，于1213年在耻辱中死去。基督教诸国王未能乘胜追击，阿尔莫哈德帝国在纳赛尔的儿子优素福·穆斯坦西尔的统治下幸存下来。但这个年轻人喜欢斗牛胜过治理国家，到1224年他去世时，这个政权在来自该王朝的竞争候选人之间的竞争中分裂；这些候选人要么由马拉克什的阿尔莫哈德贵族推出或谋杀，要么来自西班牙以重申君权对各酋长的权威。[11] 阿尔莫哈德各部族的叛乱、从伊弗里基亚带到摩洛哥的阿拉伯部落战士的反抗和马格里布中部的柏柏尔游牧民族的入侵构成三重绳结，只有在1229年来自西班牙的另一王位要求者马蒙到达时才暂时打开，他带来了一支包括大约500名基督徒雇佣兵在内的军队。[12] 将被他赶进大山中的竞争对手叶海亚下属的酋长和党羽屠杀后，马蒙正式否认伊本·图马特的教义。

作为在摩洛哥冲突中的武器，这一对马赫迪派的否认在1232年马蒙去世后被抛弃，那时阿尔莫哈德王朝在其继任者拉希德（1232—1242年在位）和赛义德（1242—1248年在位）身后团结一

---

⑪　因此，阿布·穆罕默德·阿卜杜勒·瓦希德·马赫鲁［"被废黜者"（1224）：不能跟伊弗里基亚的总督混淆起来］被勒死；阿布·穆罕默德·阿卜杜拉·阿拉·阿迪勒（1224—1227）被淹死；叶海亚·穆阿台绥姆（1227—1229）被驱逐。关于阿尔莫哈德王朝和其他王朝的全称，可参见 Bosworth (1996)。

⑫　不是充满敌意的穆斯林传统的12000卡斯蒂尔骑士；O'Callaghan（1975），p.339.

致。⑬ 然而，对帝国而言，这是致命的一击。安达卢西亚落入穆尔西亚的王位觊觎者伊本·赫德之手，而伊弗里基亚在前总督阿卜杜勒·瓦希德的儿子阿布·扎卡里亚·叶海亚的统治下独立，此人拒绝承认新哈里发。⑭ 动荡的局面在 1236 年随着科尔多瓦落入卡斯蒂尔之手而告终，这一令人震惊的事件加速了穆斯林西班牙的瓦解。在 12 年里，安达卢西亚的大部分已经被占领，穆尔西亚（成为卡斯蒂尔的附庸国已经好些年）在 1265—1266 年被吞并，使安达卢西亚只剩下新的格拉纳达的奈斯尔王国。在突尼斯，阿布·扎卡里亚的反应是将其名字增添到星期五祈祷文里的马赫迪派的名字中去，这是为他的祖父、伟大的阿布·哈夫斯·欧麦尔的哈夫斯王朝要求阿尔莫哈德王朝的领导权的决定性行动。为了加强这一要求权，他从穆斯林西方获得 627 承认，成为信仰的新捍卫者。他未能在 1238 年为巴伦西亚解围，也未能在 1248 年为塞维利亚解围，于是在 1242 年以一次大规模的远征在特莱姆森建立了宗主权，这反过来引发摩洛哥的哈里发国的最后危机。

　　然而，在特莱姆森，另一王朝在柏柏尔人酋长亚格穆拉桑·伊本·齐延的统治下形成。1230 年，齐延部落的一个成员被任命为特莱姆森的总督，1236 年，齐延开始掌权；这就是阿卜杜勒·瓦希德王朝或齐亚尼德王朝。自从在 11 世纪被阿尔莫拉维德人征服后，特莱姆森成为摩洛哥帝国不可或缺的一个部分；亚格穆拉桑被迫屈服于突尼斯是马拉克什关注的一个原因，尤其是因为在同一年哈里发拉希德去世，希吉马萨、休达和丹吉尔却倒向了哈夫斯王朝。然而，哈夫斯王朝对他在领土的北部和东部的权威提出挑战；在这一挑战的逼迫下，新哈里发赛义德面临着由王位争夺推动的 30 年部族政见不一的后果。王位争夺在马蒙和拉希德统治时期尤为激烈，他们被迫长期对前任叶海亚·穆阿台绥姆的叛乱发动征战。于是，在托洛萨的纳瓦斯之战的余波中，分布在从大草原到阿特拉斯东部之间的柏柏尔人游牧部落巴努马林翻越丛山，从非斯周围的土地上找到牧场和贡品，对该地区及其城市建立起非正式控制权。到 1245 年，他们不仅控制了梅

---

⑬　De Gogorza Fletcher (1979)，Ⅰ，pp. 193 – 199.

⑭　阿卜杜勒·瓦希德死于 1221 年，直到 1226 年前都为王室家族成员所取代，当时他的两个儿子先后被任命为继任者：Brunschvig (1940 – 1947)，Ⅰ，pp. 18 – 20.

肯斯（Meknes），而且自称效忠于阿布·扎卡里亚。1248 年，当哈里发赛义德继续向特莱姆森推进时，他对亚格穆拉桑的伟大远征迫使他们的领袖阿布·叶海亚归顺。但赛义德被齐亚尼德人伏击并杀害，撤退的军队被马林人屠杀殆尽。阿布·叶海亚在非斯就任北摩洛哥的新统治者，扩大名义上的突尼斯帝国，将大部分阿尔莫哈德王朝的北非纳入统治疆域。在哈夫斯王朝的支持下，老帝国一方面被重组成一个典范，另一方面成为各个竞争王朝（包括格拉纳达的统治者）的政治共同体，其扩张主义直到 15 世纪都在支配着北非的政治史。

　　这段历史的框架是由伊本·哈勒敦提供并在很大程度上由他确定。作为参与者和旁观者，他集王朝历史学家和种族历史学家的身份于一身，在 14 世纪下半叶开始撰写，依照阿拉伯人和柏柏尔人将关于北非的材料归类，按照这些民族建立并赋予其名望的王朝又细分为桑哈扎部落和扎纳塔部落。因此，柏柏尔人的历史变成哈夫斯王朝、齐亚尼德王朝和马林王朝的历史，将历史分解成王朝区划史。11 世纪出现在北非的阿拉伯人，即贝都因人，他们的历史更不易确定，因为他们没有建立帝国。我们必须感谢伊本·哈勒敦，他对他们的迷恋使他们及其事件免于被遗忘。此外，伊斯兰教在这个范围里仅仅是个相关的事务，因为它激励着政治演员们；这样一来，在这个后阿尔莫哈德时期里，我们难以明白这种由宗教导致的社会变化和由社会导致的宗教变化。众所周知，政府、社会和经济的类型已经在《历史绪论》（*Muqaddima*）中进行了讨论，它是《世界通史》（*Kitab al-'ibar*）的导言，北非的柏柏尔人和阿拉伯人的历史是其中的最后部分。但是，这一讨论虽然具有提示性，却不具有历史性。把叙述串起来构成这个时期的历史需要努力校勘，查阅其他作者的完全不同但通常是关于朝代更迭的作品。要评估宗教社会史需要梳理圣人纪传性文献来获得有关传闻的证据，纪传性文献偶尔会论及由同样庞大的司法文献提供记录的社会经济史。那就是说，伊本·哈勒敦的作品是不可或缺的，不仅仅是信息之源，而且是符合政治人物的观点的阐释。[⑮]

628

---

　　⑮　出于这一目的，对伊本·哈勒敦的作品做出最好介绍的是：Cheddadi（1986）。至于大量的参考文献，可参见 al-Azmeh（1981）。

　　伊本·哈勒敦从为马林王朝服务开始其职业生涯，通过赞美柏柏尔人自己的扎纳塔王朝胜过桑哈扎的阿尔莫哈德王朝而成为历史学家。[⑯] 正如阿拉伯文献所述，柏柏尔人及其各个种族是一个政治神话，在意识形态上与阿拉伯国家和伊斯兰教纠缠在一起。[⑰] 马林王朝很好地体现了这一点。与阿尔莫哈德王朝相反，马林王朝采用埃米尔穆斯利明或穆斯林指挥官的称号，而不是埃米尔穆米宁的哈里发称号，因而令人想起阿尔莫拉维德王朝及其对马立克派伊斯兰教的支持。此外，从种族上来说，阿尔莫拉维德人被归为桑哈扎部落，除了他们自称为拥有也门人血统的阿拉伯人。理智地说，伊本·哈勒敦的种族体系是可以追溯到阿拉伯人征服时期的观念合理化，这一贯以来有助于在伊斯兰教的先知传统中确定北非的本土统治者。就马林王朝而言，这样的观念将他们稳固在先辈的先知传统中，即阿尔莫拉维德人和阿尔莫哈德人；然而，在缺乏另一种革命性教义的情况下，他们试图以这种方式来占有这一传统。他们的成功是对他们着手摧毁的哈里发国所取得成就的悼念。

　　他们以粗鲁的战士的面貌出现，1250 年在新都非斯对叛乱的镇压使他们招致市民们永远的敌视。从 1248 年击败阿尔莫哈德人到 1258 年去世，他们的第一位统治者阿布·叶海亚持续不断地与马拉克什和特莱姆森同时交战，因为阿尔莫哈德人和齐亚尼德人结盟来阻止他巩固领地。一个争夺的要点是塔非列特的撒哈拉"港口"希吉马萨，此地对非斯和特莱姆森与西非的贸易至关重要，几乎等同于马拉克什。[⑱] 希吉马萨在 1255 年被阿布·叶海亚征服，但只有在其继任者阿布·优素福·雅库布从 1258 年到 1286 年清除阿尔莫哈德人后，该"港口"才在 1274 年最终从亚格穆拉桑手中重新夺回。[⑲] 从哈里发穆尔塔达（1248—1266 年在位）和（阿布·达布斯）瓦提克（1266—1269 年在位）手中征服马拉克什的尝试直到 1262 年才开始，一直拖延到 1269 年。最后一位阿尔莫哈德王子伊沙克在提摩尔

---

　　⑯　Shatzmiller（1982）; reviewed by M. Brett, in*Bull. School of Oriental and African Studies* 48（1985）, pp. 355 – 356.

　　⑰　Norris（1982）.

　　⑱　Brett（1992）.

　　⑲　不要与阿尔莫哈德王朝哈里发曼苏尔混淆起来。马林王朝初期的阿尔莫哈德风格是其忠诚形象的另一证据。参见 Bosworth（1996）。

（Tinmal）幸存至 1275 年，提摩尔是征服运动在山区的发源地。

　　摩洛哥的主人阿布·优素福丢掉所有哈夫斯王朝效忠者的伪装，目的在于在西班牙通过圣战来获得王位继承权。在重新征服希吉马萨后，紧接着是与亚格穆拉桑签订休战协定，使马林王朝的君主腾出手来，接受格拉纳达的奈斯尔王国素丹入侵伊比利亚半岛的邀请，以此换取割让阿尔赫西拉斯和塔里法为桥头堡的回报。1275 年，他在埃西哈取得大捷，却未能掩盖这一事实：此次战争是袭击而不是重新占领伊斯兰教失去的土地，或者 1277 年、1282—1283 年和 1285—1286 年的另外三次远征更多的是专注于改变格拉纳达与卡斯蒂尔的联盟而不是发起圣战。[20] 他获得的是称号埃米尔穆斯利明的声望，以王城法斯杰迪德（Fas Jadid）或新非斯为象征，他在旧城之上将新城修建起来作为政府所在地。[21] 与奈斯尔王朝的阿兰布拉宫一样，新非斯是政府的父权制与祖传制风格的典范，是由他的大臣与总督组成的小内廷扩展成的由各位总管组成的王廷，所有建筑都在要塞的城墙之内。总管拥有宦官、奴隶和自由人的不同身份，完全依赖于主人。大臣属于巴努马林部落的战士贵族阶层，其后代被抚养长大后要到各个王子的宫廷里承担候补军官的职责。在职业生涯中的某个阶段，他们获得维齐尔（*wazir*，伊斯兰教国家元老或高官）的称号，有的担任大臣，有的没有。他们下面是从穆斯林宗教权威（'*ulama*'）、宗教学者和文人（*udaba*'）构成的文化精英中抽选的秘书；为了这些人的教育，阿布·优素福创建了第一批伊斯兰学校（*madrasas*）或学院，这些学校是非斯的荣耀；伊本·哈勒敦本人就是这样的人，安达卢西亚移居者的代表，这些人是这一阶级的中坚力量。来自安达卢西亚或非斯犹太社团的犹太人可能在宫廷或金融方面发挥了作用。然而，管理体系不发达。虽然设有由一位被称为"财政事务主管"（*sahib ashghali-him*）[22] 的秘书监管的国库，但几乎没有集中的总账。像地租这样的特定收入被划拨给特定支出，如卫队。特定人员将这些特定收入征收起来，用于特定目的。新非斯的大清真寺是由梅肯斯总督用来自该城

630

---

[20]　Brett (1980a), pp. 109 – 111.

[21]　Brett (1980a), pp. 39 – 42.

[22]　关于这一官职，参见 Hopkins (1958), pp. 50 – 51；Brunschvig (1940 – 1947)，Ⅱ, pp. 53, 56 – 59。

的榨油收入建成的；然而，在正常情况下，总督显然将各自的省份当作封地，对各自的收入仅做出大体上的解释。㉓ 伊本·哈勒敦间接提到的著名公正之环似乎更多的是被破坏而闻名，而不是他所说的得到严格的遵守：没有军队就没有公正；没有税收就没有军队；没有财富就没有税收；没有公正就没有财富。㉔

虽然如此，源自阿尔莫哈德模式的这个体系运作起来，因为马林王朝的精英阶层逐渐变得更文明，一方面维护着对部落人口的最高领主权，另一方面则维护着对城市资产阶级的最高领主权。王朝的问题来自其依赖于战士游牧部族来将警卫和雇佣军变成军队，往往是安达卢西亚人和卡斯蒂尔人。被阿尔莫哈德人从伊弗里基亚迁移过来的阿拉伯人的混合体（Akhlat or Khlot）仍然是不够忠诚的外来人；但该王朝不能够阻止麦给勒（Maʿqil，阿拉伯部落男子）从马格里布中部往西南部迁移过程中在南至阿特拉斯高地的撒哈拉逐渐取得主导地位。战士游牧部族的反复无常是由王朝的家族纷争引起的。因此，阿布·雅库布·优素福（1286—1307 年在位）将统治期的第一个阶段放在对反叛亲属的征战上，包括他已经任命为马拉克什总督的儿子。他的政策没有过多地涉及西班牙和圣战；他在 1291 年使塔里法落入卡斯蒂尔人之手，到 1293 年也未能重新夺回。更为重要得多的是特莱姆森，在那里亚格穆拉桑的儿子阿布·赛义德·奥斯曼（1283—1304 年在位）已经把统治疆域延伸到哈夫斯王朝的西部首都布日伊（贝贾亚）的门口。

特莱姆森在 11 世纪末被阿尔莫拉维德人并入摩洛哥帝国，早在 8 世纪初就被阿拉伯人的征服从自给自足的波梅里亚罗马小镇变成一座战略要塞和商业中心，位于从伊弗里基亚到摩洛哥、从撒哈拉到西班牙的两条路线的交叉口。此城在齐亚尼德王朝时期再次独立，在这些优势之上增设王廷，成为吸引长途商人的重要"购买力之岛"。㉕ 对王朝和商人来说，它差不多真的成了一座金矿，因为经由奥兰港口与阿拉贡—加泰罗尼亚建立的"特别关系"，使它成为地中海地区西

631

㉓ Brett (1984), pp. 338 –339, 还可参见 14 世纪中期的作家伊本·马尔祖克的作品：Ibn Marzuq, *Al-Masnad al-sahib al-hasan fi maʾathir Mawlana Abiʾl-Hasam*, ed. Viguera; idem, El Musnad; Julien (1970), pp. 197 –199.

㉔ Ibn Khaldun, *Muqaddimah*, Ⅰ, pp. 80 –81, Ⅱ, pp. 104 –107.

㉕ Hopkins (1973), p. 58; 见 Ibn Khaldun, *Muqaddimah*, Ⅱ, pp. 337 –338.

非黄金的主要供应地。和马林王朝一样，虽然齐亚尼德王朝依赖于柏柏尔人和阿拉伯部落的地方政府（makhzan）㉖，但它们因此与该城的一致性远超非斯和马林王朝。然而，在马格里布中部创建一个新帝国是一项新事业，会对伊弗里基亚和摩洛哥的君主国产生威胁。阿布·雅库布·优素福出于自身目的开始侵吞它们的王国。

13 世纪 90 年代的主要征战到 1299 年以封锁特莱姆森而达到巅峰，这个大型要塞需要旷日持久的围困。事实上，摩洛哥素丹把都城搬到营地，将这个营地建好来替代他围困的城市。曼苏拉或新特莱姆森靠着老特莱姆森的商业繁荣起来，包括与加泰罗尼亚各地的商业来往在内，以至于优素福并不急着结束围困。当他最后于 1307 年在一场宫廷阴谋中被谋杀时，特莱姆森仍然没有投降；摩洛哥人放弃了围攻，也放弃了他们的新城，齐亚尼德人重新踏入领地。王朝的雄心壮志在王朝遭遇的意外事件面前无能为力。

在突尼斯，王朝的雄心壮志屈从于政治现实。哈夫斯王朝的创建者阿布·扎卡里亚·叶海亚死于 1249 年，其子阿布·阿卜杜勒·阿拉（1249—1277 年在位）毫不费力地继承了素丹之位，于 1253 年采用穆斯坦绥尔·比拉哈的哈里发称号，成为忠诚者的领袖。他在非斯和特莱姆森都得到了承认；1258 年，蒙古人杀害巴格达的阿拔斯哈里发后，他暂时收到来自麦加和开罗的敬意。在这个称号下，他重建阿尔莫哈德哈里发国。阿尔莫哈德人在其部落伙伴中保留了民兵组织，由阿尔莫哈德人的酋长来指挥，而强调《可兰经》和各种传统的马赫迪派教义从阿布·扎卡里亚时期起就在突尼斯建立的伊斯兰学校中传授。该政权的象征是卡斯巴（Qasba）或突尼斯城堡，像建在山上的新非斯一样坐落在马迪纳（madina）之上，城堡中的阿尔莫哈德清真寺和宣礼塔，与城市中心的扎伊图那大清真寺遥遥相望。然而，尽管它们在政治和仪式上都很重要，但阿尔莫哈德王朝使自己适应与马林王朝相似的治理模式，包括使用基督徒警卫，而穆斯坦绥尔在经过一个世纪的贫困后没有反对马立克学派的复兴。正如在特莱姆森那样，该政权的壮大从一开始就依赖于与西西里、意大利城市共和

632

㉖　makhzan 字面上的意思是"仓库、国库"，参见英语单词"magazin"（库房），成为指称马格里布政府的普通术语，恰好表达与国家及其军队相关的公平圈子之意。

国和巴塞罗那的贸易，这种贸易处于从 1231 年（或实际上是 1180 年）起制定和重申的一整系列条约的控制下。在内陆，阿拉伯战士部落巴努希拉尔和巴努苏莱姆的统治给该王朝带来了危险。在阿卜杜勒·穆明从陆地和海上将诺曼人从伊弗里基亚驱逐一个世纪之后，两个因素汇集在一起，暴露出新哈里发的借口是多么的空洞。在圣路易率领的十字军于 1270 年攻击突尼斯期间，伊弗里基亚人对圣战的热情为入侵者在军事上的优势所抵消，因贝都因人即将返回南方的冬季牧场而削弱。国王去世后，十字军被以巨额赔偿金和恢复向西西里王国缴纳贡金收买。

从突尼斯方面来看，这次十字军征战是西西里人，然后是阿拉贡人插手哈夫斯王朝政务的开始，穆斯坦绥尔在 1277 年去世后的王位继承纷争为此提供了便利。最重要的代表人物是阿拉贡的彼得（1276—1285 年在位）及其儿子们，即阿拉贡的阿方索和西西里的詹姆斯。他们的舰队于 1284 年占领杰尔巴，1287 年占领凯尔克那群岛；他们的阴谋延续到 1291 年阿方索去世之时，促使哈夫斯王朝及其领地一分为二。到 13 世纪末，一个分支在布日伊建立政权，另一个分支在突尼斯建立政权，而南部的撒哈拉沙漠重新处于阿尔莫哈德人的统治下，成为王位觊觎者的滋生地。像比斯克拉等处于巴努穆兹尼部落治下的绿洲城市落到当地的各个小王朝手中，[27] 而阿拉伯人作为权力仲裁者进入全盛时期。

这里提到的阿拉伯人指的是在布日伊统治下的东阿尔及利亚的达瓦威达人，突尼斯中部的库乌布人和杰里德地区与的黎波里塔尼亚地区的达巴布人。他们及其所有宗族都属于巴努希拉尔和巴努苏莱姆两部落。巴努希拉尔部落显然在 11 世纪离开了利比亚沙漠，巴努苏莱姆部落是在阿尔莫哈德统治时期离开；他们都属于伊本·哈勒敦所说的第四种族的阿拉伯人，即自第三种族的阿拉伯人建立伟大的阿拉伯帝国以来在阿拉伯沙漠和北非出现的贝都因人，而后不知去向。正如对哈勒敦一样，这些人对我们来说也是迷雾重重。正如他所说的，他们直到 1051 年才从埃及被派遣出来，就像吞食土地的蝗虫群一样。[28]

㉗ Brett（1991a），with ref. To *idem*（1986）.
㉘ 关于这个传说的起源，可参见 Brett（1993）。

此外，他们是北非阿拉伯化进程的一个部分，这一进程逐渐使柏柏尔人在人口中成为少数。他们是起因还是结果？作为起因，他们迅速获得战士部落的地位，以双刃剑的形式为马格里布提供争吵不已的各式君主，成为时刻为战争做好准备的骑手的来源地，还属于不利于乡村管理的游牧人口。到 13 世纪末，他们在伊弗里基亚利用王朝中无休止的纷争，成为王国中代表政府统治广阔地区的一个等级。他们因而有足够的力量来将他们的世系及其阿拉伯方言引入他们控制之下的平原和沙漠中的柏柏尔人口中去。在伊弗里基亚以西，马格里布中部的游牧部落扎纳塔和西撒哈拉的桑哈扎部落以同样的方式最终转变成阿拉伯人，这是施加政治、文化和语言压力的长期进程的结果。[29]

　　然而，在这一进程中，大量的贝都因人成为牺牲品，被挤出战士精英阶层，穷困潦倒地居住在定居地的边缘地带，与由移民和农民组成的新下层阶级一起重新入住乡村地区。这来自提贾尼的描述，他于 1307 年在突尼斯南部花了几个月的时间来等着加入从摩洛哥到埃及的一支国家商队，这支商队因马林王朝素丹在曼苏拉被谋杀而耽搁了两年。[30] 他是该地区的阿拉伯酋长们的客人，但他仍然描写了这一分裂与融合的进程，失败者因此退出宗族，在新部落中与其他人混合起来。这样的失败的不足之处由伊本·哈勒敦撰写的比斯克拉史显现出来，在那里，贝都因人在 14 世纪初起来反抗达瓦威达人领主和这片绿洲的主人。[31] 重要的是，这次叛乱在动机和领导权方面都与宗教相关，正如同一时期突尼斯中部发生的另一起叛乱那样。因此，整个问题是从阿拉伯化进程回归到伊斯兰化进程，这一章节就从这里开始。

　　突尼斯中部的卡西姆·伊本·马拉和比斯克拉的萨阿达都是像阿尔莫拉维德人的先知伊本·亚辛那样的宗教革新者，亚辛曾聚集一支由部落成员组成的宣誓大军来"行善除恶"。不过，差别很快显现出来。两场运动都是地方性的小起义，不具有普遍意义；宗教革命的时代已经过去了。阿尔莫哈德人强加的政治结构牢牢地掌握在他们的继任者手中；阿拉伯部落制度加强而不是削弱了这种结构，其在伊弗里基亚呈现的趋势，是要创建一个等级森严的领主与从属的社会，优先

[29]　关于这一阿拉伯化的模式，可参见 Brett（1979）；Norris（1986）。
[30]　Brett（1981）and（1975 – 1976）.
[31]　Brett（1991a）.

于部落划分。㉜此外，巴努希拉尔部落和巴努苏莱姆部落的名望为北
非的部落社会提供了一个颇具吸引力的新范式，取代从 9 世纪持续到
12 世纪的为柏柏尔人接受的军事穆斯林共同体的模式。这与诗歌和
传说中歌颂的先知宗族密切相关；其诱惑力至少可以追溯到阿尔莫拉
维德人及其具有也门血统的声明，随后形成圣族后裔（*shurafa' or
sharifs*）的现象，即宣称其血统源自先知穆罕默德本人的"贵族阶
层"。㉝更多北非社会与伊斯兰教相融合的征兆，在于从武装伊斯兰
教信徒（*murabit*）到北非伊斯兰教隐士（*marabout*）、从改革狂热者
到牧灵圣徒的转变。㉞

　　两种类型明显有着重叠之处，正如萨阿达的例子那样，他的扎维
耶（*zawiya*）或在托尔加的住处一方面适合苏菲主义的新模式，一方
面适合修院主义。作为一种教义形式，苏菲主义或伊斯兰神秘主义于
12 世纪从西班牙进入北非；作为与扎维耶（*zawiya*）或"壁龛"相
关的一种群体生活方式，它在 13 世纪从东方传入。在 1150—1225 年
从马拉克什到突尼斯的众多创始人中，最杰出的要数阿布·马迪安及
其学生达赫马尼（死于 1224 年）。阿布·马迪安一直在布日伊传教，
直到 1197 年死在前往马拉克什接受清教徒式的哈里发曼苏尔的审判
的路上；达赫马尼是高贵的阿拉伯贝都因战士转变为圣人的典型。㉟
正如提贾尼所解释的，到 13 世纪末，苏菲派的宗教生活已经成为被
迫离开战士精英阶层的贝都因人这一整个阶级的避难所。他们在主要
道路沿线的扎维耶（*zawiya*）使自己成为神圣家族，不是严格的修道
士，因为他们不一定是独身者或严格遵守规则，但在其他方面与同时
代的基督徒相当。他们殷勤好客的准则为旅人提供寄宿，而他们的神
圣性则使自己的亲戚朋友远离盗窃。这维护了市场的和平，吸引人们
到邻近地区定居。不管第一位圣徒是否亲自担任园艺匠，扎维耶
（*zawiya*）实际上是一块聚居地，"使死寂的土地恢复生机"。这似乎
自相矛盾，但这个遭人痛斥的游牧民族主要以这种方式担负起促使一
种制度不断成长的职责，到提贾尼时代，这种制度以牺牲农业为代

　　㉜　在摩洛哥南部以及随后在西撒哈拉，这些地区显然不在中央政府的控制范围。结果是出现由麦
给勒的战士阿拉伯部落及其旁系子孙，即哈撒尼亚人，主导的高度分层化社会。可参见 Norris（1986）。
　　㉝　13 世纪在非斯已经很明显。参见 Shatzmiller（1982）。
　　㉞　*Marabout* 是 murabit 的方言表达形式，但二者有着重要的区别。可参见 Brett（1980b）。
　　㉟　Mackeen（1971）。

价，在某些方面抵消了畜牧业的传播；提贾尼和伊本·哈勒敦看到这点并对此进行了探索。㊱

作为伊斯兰教的一种形式，苏菲主义肯定从阿尔莫哈德人统治时期马立克派的后退中获利。当马立克派法学体系在由新王朝创建的新伊斯兰学校中或与它们一道恢复时，伊弗里基亚的苏菲主义与法学学术交织在一起，产生了一个日益单一的宗教精英阶层。作为人民良知的伊斯兰教隐士的名望于 1270 年在突尼斯展现出来，当时卡达迪和西迪·阿马尔正率领涌动的人群武装反抗十字军征战。㊲ 然而，无论从教义上还是从政治上来说，伊斯兰教隐士都不是先知。从 13 世纪起，他在北非的历史作用就是为国家与战士游牧民族的非神圣联盟的乡村社会的社会与经济后果负责。㊳ 随着人口逐渐归顺、经常流离失所且多迷失方向，于是圣人变成他所说的人，即一种新社会、政治与宗教秩序的库特卜（*qutb*）或重要支柱。㊴

迈克尔·布雷特（Michael Brett）

莫玉梅 译

徐 浩 校

㊱ Brett (1981); Ibn Khaldun *Muqaddimah*，Ⅰ, pp. 302 – 305.

㊲ Brunschvig (1940 – 1947)，Ⅰ, p. 60, Ⅱ, p. 332.

㊳ Brett (1991a), pp. 178 – 179.

㊴ Brett (1977); Brunschvig (1940 – 1947), Ⅱ, pp. 330 – 351.

第 十 九 章

（3） 伊斯兰和地中海：
格拉纳达的奈斯尔王朝

　　不管是叙述西方的伊斯兰教还是论及真正的 13 世纪欧洲史，没有将西班牙的一个伊斯兰教国家的诸多起源考虑进去都不算完整；这就是格拉纳达的奈斯尔王国，幸存于 14 世纪和几乎整个 15 世纪。在 13 世纪晚期 14 世纪早期土耳其人到来前，奈斯尔王国实际上是欧洲惟一的伊斯兰教政治实体，不管大小如何。在 13 世纪初，一度令人敬畏的阿尔莫哈德帝国的缺点日益明显，导致在西班牙最初几个世纪的伊斯兰教史上为人所熟知的分裂进程开始；但是，比起 11 世纪到 12 世纪中期出现的早期泰法（taifa）时期的各王国来说，出现于 13 世纪初的新一代泰法或派系王国，甚至更易于被早已变得更自信的基督教国王干涉。1212 年托洛萨的纳瓦斯之战确保结束了阿尔莫哈德人继续在西班牙扩张的梦想；不仅如此，它还暴露出由不怎么细心的哈里发纳赛尔率领的阿尔莫哈德军队在管理上以及日益依赖雇佣士兵的根本弱点。在失败之后，纳赛尔退回到马拉克什居住，（虽然说法不尽相同）据说他被一条疯狗咬了之后死去，或者被黑人奴隶乱刀砍死；无论如何，阿拉伯作家们都认为他是罪有应得。这不是曾经在 12 世纪横扫北非和安达卢西亚的征服大军的精神。

　　阿尔莫哈德统治者不愿意以全力来坚持阿尔莫哈德教义，这在大约 1230 年显现出来。实际上，他们坚定地拒绝任何有拟人论嫌疑的事物，在西班牙赢得的支持者并没有该运动的创始人可能预想的那么

多。安达卢西亚穆斯林都将阿尔莫哈德人视为外来者，西班牙对新近
到达的柏柏尔人的普遍敌视加深了这种印象。阿尔莫哈德哈里发对该
637 运动的理想所持的热心程度不同；虽然对穆扎拉布基督徒和犹太人的
迫害时隐时现，但在迫害高峰期甚至影响到已经接受了伊斯兰教的犹
太人。[1] 1227 年，塞维利亚的阿尔莫哈德新哈里发在布道信中禁止一
贯以来将伊本·图马特（该运动的创始人）视为马赫迪的提法，这
种信件一直由新哈里发发出；几年后，人们发现他坚持伊萨（拿撒
勒的耶稣）的本体而不是伊本·图马特为唯一真正的马赫迪。伊
本·图马特的名字被从该政权的货币上消除掉，有些祈祷一直使用柏
柏尔人的语言，这种语言是阿尔莫哈德运动起源于摩洛哥的高地柏柏
尔共同体的重要提示，现也被放弃。[2] 正如所看到的，安达卢西亚穆
斯林对坚持阿尔莫哈德教义一直不怎么热忱。以哈里发不支持极端态
度来迎合安达卢西亚穆斯林的做法，在伊斯兰世界的其他地方造成负
面影响，北非变成各个派系的战场，阿尔莫哈德－哈夫斯人紧握突尼
斯不放，而摩洛哥则落入柏柏尔－马林牧民之手。或许使阿尔莫哈德
政权在西班牙存在下去的是 13 世纪早期基督教敌人较为软弱，尤其
是詹姆斯一世未成年时期的阿拉贡王国。阿尔莫哈德人在 13 世纪初
取得一场小小的胜利，当时他们成功地控制了以前属于阿尔莫拉维德
人的巴利阿里群岛，该群岛一直以来都是他们的敌人巴努甘尼亚部落
的最后主要据点。即便如此，加泰罗尼亚人在 1229 年不怎么费力就
征服了马略尔卡。加泰罗尼亚人开始征服地中海西班牙的阿尔莫哈德
人的土地，与此同时卡斯蒂尔人逐渐蚕食阿尔莫哈德人的领地，这些
地方将成为基督教的安达卢西亚。

这就是一个小国先在阿尔霍纳附近，然后在格拉纳达出现的背
景。它是愿意与基督徒"经商"的几个小国之一，起初只能做为卡
斯蒂尔－莱昂的附庸国存在下去。在这点上，它与近邻穆尔西亚相
似，穆尔西亚于 1243 年成为卡斯蒂尔的附庸国，这种状况持续了 22
年，直到一场起义引发基督徒的全面入侵以及卡斯蒂尔君主统治下的
加泰罗尼亚殖民地化与合并。直到那时，穆尔西亚能够铸造自己的货

---

① Corcos (1967), renprinted in (1976) (in Hebrew).

② Lomax (1989).

币，拥有自己的军队，于是历史学家倾向于将穆尔西亚视为拉丁控制下的穆斯林居住的穆德哈尔（mudéjar）政治实体，这似乎有点言过其实。③ 对格拉纳达及其邻国的演变至关紧要的是缺乏外部支持的真正来源。偶尔谈及的来自突尼斯的阿布·扎卡里亚的援助根本无济于事，尤其因为突尼斯军队无法渗入加泰罗尼亚 – 阿拉贡人的有效封锁（1238 年）。在西班牙的其他地方，涅布拉、克雷维连特和梅诺卡岛作为拥有一定程度自治的穆斯林政治实体在苟延残喘；但是，经过由其统治者成功地使邻国的阿拉贡人与卡斯蒂尔人斗争的一个时期后，克雷维连特飞地到 14 世纪初最终被阿拉贡君主合并；④ 然而，涅布拉早在 1262 年就被征服，而梅诺卡岛的穆斯林在 1287 年遭遇全体被逐并被卖为奴隶的极端命运。⑤ 加泰罗尼亚控制下的巴伦西亚王国里的自治飞地同样被逐渐合并，在詹姆斯一世治下通常享有极度慷慨的地方自由，到阿拉贡的彼得三世在巴伦西亚的穆斯林地区重申王权时已经大为缩减；被征服的穆斯林现在被要求对君主提供服役不再只停留在口头上，发现自己下滑到穆德哈尔人的屈辱境地，即基督徒统治下的穆斯林，面临着由自由信仰伊斯兰教带来的所有困难。

穆斯林领土遭受基督教的干预，因为这些领土要么紧挨着基督教领土，要么甚至实际上已被基督教领土包围。虽然涅布拉的面积相当大，但处于葡萄牙和西班牙的南部边境，根本逃不过卡斯蒂尔军队对这个小国的征服。幸存的代价就是与基督徒合作；如果这是幸存下去的关键之一，那么格拉纳达的统治者将会更快付诸行动，帮助卡斯蒂尔人征战塞维利亚（1248 年）和赫雷斯（1261 年）。但另一个关键当然就是格拉纳达自身的天然屏障；在 11 世纪，齐里德柏柏尔人在他们认为具有天然屏障的地方创建了泰法王国的首都，此地高耸的齿状山脊使领土上的一些地方难以进入。地理因素当然在穆斯林格拉纳达的长期存在中起着重要作用。格拉纳达拥有天然边界，这在某种程度上是西班牙的其他穆斯林国家少有的。

格拉纳达的奈斯尔王国源于自 1228 年起西班牙南部的内部斗争，斗争发生在阿拔斯哈里发中擎黑旗的派系与以塞维利亚和格拉纳达为

---

③ Harvey（1991），p. 45；"穆尔西亚本身建立了一个穆德哈尔国家"。
④ Guichard（1973）.
⑤ Abulafia（1994），pp. 65 – 72.

基地的阿尔莫哈德哈里发马蒙之间；前者是胡迪特王朝的后裔，该王朝在阿尔莫拉维德人兴起前曾称霸于萨拉戈萨。到1229年年末，科尔多瓦效忠于伊本·赫德，似乎开始成为西班牙穆斯林命运复兴的基地，直到基督徒发起一场可怕的反攻，卡斯蒂尔的费迪南三世于1230年在赫雷斯、莱昂的阿方索九世于1231年在梅里达各取得一场胜利，导致胡迪特派的权力被削弱；所有这一切以1236年科尔多瓦落入基督徒手中而告终。随着伊本·赫德的权力消失，直到那时仍然

639 忠于他的穆斯林小领主们的权力也消失了。其中一人是穆罕默德·伊本·优素福·伊本·纳斯尔或伊本·艾哈迈尔，他是巴努纳斯尔或巴努尔－艾哈迈尔家族的一个成员，该家族宣称是穆罕默德的同伴萨德的显赫后代。1232年，他掌管阿尔霍纳，从那里卷入科尔多瓦内部的派系斗争。胡迪特派不愿意失去他的支持，试图通过提供像哈恩这样的奖赏来诱使他留在阵营中。随着穆罕默德在该地区的权力不断增长，他逐渐意识到他不仅可以从与穆斯林派系的交易中获利，而且也可以从与基督徒派系的交易中获利。他玩了一场精妙绝伦的游戏，为他在格拉纳达（1237年）、阿尔梅里亚（1238年）、或许1239年还有马拉加获得了权力。没有经由这些港口通往地中海的格拉纳达，可不是什么重要的奖赏。随着基督教敌人攻占安达卢西亚的西部后，他对当地人来说似乎是一个救世主，但如果这是巩固其地方影响（后来，他失去阿尔霍纳，但到那时格拉纳达已经成为他的权力基地）的最好方法，他乐意承认卡斯蒂尔的费迪南为最高领主。伊本·哈勒敦描述了他的各种目的，读起来好像是在重复11世纪齐里德人到达格拉纳达的描写，反映出从进攻寻找安全感的重要性："希望从侵略的威胁中保全下来，他率领穆斯林进入海岸沿线的恶劣山区，选择格拉纳达做暂居地，并在那里建立了阿尔罕布拉宫。"⑥

　　拉谢尔·阿里耶指出，这座城市的一整片区域都敞开来接收成群进入格拉纳达的穆斯林避难者；卡斯蒂尔的伊斯兰教从13世纪中期起经历了极大的衰退，一个原因无疑是人口都流进了西班牙的最后一个伊斯兰教据点。即便如此，考虑到卡斯蒂尔诸王与穆罕默德一世的

---

⑥　Ibn Khaldun, *Historie des Berberes*, transl. De Slane, ed. Casenove (from the kitab al-' Ibar), Ⅳ, p. 74; cited by Harvey (1991), p. 25.

关系，格拉纳达不是毫无束缚之地；归顺卡斯蒂尔并不意味着不愿意
与伊斯兰世界建立联系：穆罕默德一世是一个狡猾的机会主义者，首
先正式承认东方的阿拔斯哈里发为最高主人（虽然他们不能做任何
事情来帮助他，这是接受其权威的部分原因）。从更实际的层面上来
说，他与突尼斯和马拉克什的统治者建立联系，在 1242 年和 1264 年
归顺突尼斯的伊本·扎卡里亚。他的实用主义还包括愿意帮助卡斯蒂
尔人占领塞维利亚（1248 年），并在接受卡斯蒂尔的最高领主权后于
1246 年献出哈恩；献出哈恩被拉德罗·克萨达视为奈斯尔国家的
"出生证明"，确保卡斯蒂尔人将不会继续征服西班牙南部，却会暂
时将注意力转向西北非：⑦ "再见了，再见了，哈恩！我流下的眼泪
如散落的珍珠。我不愿意离开你，但这是时光的裁决。"⑧

　　一直以来，历史学家强调奈斯尔王朝早期对卡斯蒂尔的归顺，强 640
调随后缴纳贡金（*parias*）给基督教主人。然而，哈维公正地坚持认
为，在很长的时期里，格拉纳达人忘掉了封臣身份，而且没有给卡斯
蒂尔国王缴纳贡金。⑨ 早在 1264 年，格拉纳达人冒险参与西班牙南
部的穆斯林叛乱，这些叛乱导致对穆尔西亚的穆斯林小国的彻底镇
压；他们正是只有通过迅速巧妙的外交，才成功地使自己从一场反对
基督徒的叛乱中脱身出来，这场叛乱因野心太大而失败。因此，他们
几乎算不上是最忠诚或始终如一的封臣。哈维指出，西欧词汇中的封
臣在阿拉伯语中没有真正对等的词，格拉纳达人更多地意识到对东方
阿拔斯王朝的归顺，而不是给卡斯蒂尔人缴纳保护费的意义。这没有
阻止卡斯蒂尔编年史家将格拉纳达统治者们描写成相当无足轻重的封
臣，尤其是穆罕默德一世；穆罕默德一世只不过被视为一个阿拉伯农
夫，只因卡斯蒂尔他才拥有了地位。

　　这或许更多的是卡斯蒂尔人对穆斯林的固有印象，而不是由穆罕
默德自己巧妙构想的意图造成的。诚然，有证据表明，穆罕默德一世
在统治初期把自己弄成一个谦逊的苏菲派信徒，第一次进入格拉纳达
时穿着粗糙的衣服，甚至据说他承认自己是文盲。不管圣人形象多么
具有吸引力，穆罕默德也认识到他能够最有效地在传统的主流伊斯兰

---

⑦ Ladero Quesada (1969)，p. 75.

⑧ Kennedy (1996)，p. 276.

⑨ Harvey (1991)，pp. 26 – 28.

教框架中团结臣民。那位穆斯林圣人在马格里布和北非的激进宗教运动中起着重要作用，然而穆罕默德并不是以此模式来进行统治。在开始某种调子后，他接着做出重要且自相矛盾的跳跃，完全进入另一种调子中。正如安达卢西亚在早几个世纪里那样，格拉纳达成为严谨率直的马立克派教义的大本营。在 13 世纪，当一位宫廷官员后来在祈祷中被人看见双手举得过高时，他被指控坚持扎希里异端信仰。在被告知如果不遵从规定将会被砍掉冒犯的双手，他逃往埃及。[⑩] 安达卢西亚剩余部分容不下宗教异常行为的教训是显而易见的。因此，正如阿尔莫哈德人统治下的安达卢西亚和马格里布曾经的那样，格拉纳达不再是怪异且富有争议教义的中心。尤其是奈斯尔王朝时期的格拉纳达与齐里德王朝时期的不同，少了许多非穆斯林人口；有犹太人，但人数比 11 世纪少得多，11 世纪时他们对宫廷的影响非常大；除雇佣军和奴隶外几乎没有基督徒。正如哈维坚持认为的那样，格拉纳达不是西班牙共存（concivencia）中的另一个显著例子，而是一个存在理由为伊斯兰教身份的社会。格拉纳达不是再现哈里发阿卜杜勒·拉赫曼三世的老安达卢西亚的一次尝试，而是一个由虔诚的幸存者组成的社会。"由于西班牙伊斯兰教的事业有时得到天主教极端主义的开明反对者的支持，因此有趋势表明天主教的敌人是开明宽容的。我们认为这离真相已经不远了。"[⑪]

641

哈维提出，穆罕默德确实想让其他穆斯林小国消失，这样他可以作为西班牙惟一的穆斯林统治者来持有权力，这时哈维可能有所夸大；穆罕默德的国家的伊斯兰特征及其作为西班牙的最后一个伊斯兰堡垒的身份，赋予奈斯尔格拉纳达一种强大的凝聚力。事实上，伊本·哈勒敦将在 14 世纪坚持认为，在格拉纳达，原有的团结纽带以家族的成员身份为代表，已经被以伊斯兰教为基础的强有力的新纽带所取代。他指出，穆罕默德二世"没有任何部落或家族领导者可依赖"，尤其是在巴努阿什基鲁拉部落与之分道扬镳之后：

　　拥有权力和影响的人与较低等级的人，应该由对基督教国王

---

⑩　Harvey（1991），pp. 36 – 37.
⑪　Harvey（1991），p. 37.

的共同仇恨而团结起来，作为其宗教敌人的国王令他们感到害怕，这是可以理解的。所有人感觉到同样的害怕心理，因此所有人拥有同样的欲望去战斗。在某种程度上，这一纽带逐渐取代已经失去的部落纽带。[12]

正如已经提到的，格拉纳达居民不仅仅是该地区原有的人口，还包括大量的避难者；这些避难者认识到穆斯林教义约束与在异教徒统治下的生活不一致，纷纷从巴伦西亚、马略尔卡和其他地方向南迁移。如果安达卢西亚的老宗教精英阶层没有完全从西班牙疏散到马格里布，那么他们就会汇集到这里。

奈斯尔格拉纳达幸存的一个因素是穆罕默德一世本人幸存下来。他活到 1273 年，虽然他不得不在统治末年面对来自竞争对手巴努阿什基鲁拉部落的麻烦，该部落似乎开始在马拉加和瓜迪克斯（这两个地方早已通过共同目标和婚姻关系紧密地联系在一起）建立了自己的小国家。[13] 据阿里耶所说，巴努阿什基鲁拉部落似乎真地寄望奈斯尔王朝和他们共享权力，在穆罕默德的儿子们被任命为王位继承人时倍感羞辱。[14] 他的儿子穆罕默德二世毫不费力就获得了王位，将统治到 1302 年，但仍然需要卡斯蒂尔国王阿方索十世的外部支持。穆罕默德二世做出加强与卡斯蒂尔关系的决定，阿方索十世对此感到满意，然后放弃了利用巴努阿什基鲁拉部落反对格拉纳达并与摩洛哥马林王朝结盟的计划，而与马林王朝结盟有可能会导致格拉纳达的独立结束。然而，肯尼迪认为，这个时候的卡斯蒂尔人没有征服格拉纳达的强烈欲望，因为所缴纳的贡金恰好满足了基督教国王的需要，这种观点可能是正确的。[15] 穆罕默德二世认识到这一点，被迫主动对马林王朝示好。因此，这一局面开启了一长段平衡行动的历史；其间，为了保卫那一小块领土，奈斯尔素丹周旋在卡斯蒂尔人、马林人、有时还有阿拉贡人之间。1275 年，一支马林王朝军队到来并援助穆罕默德二世，其中包括捍卫伊斯兰教信仰的自愿者在内，他们在奈斯尔王国的出现将会意

642

⑫ Ibn Khaldun, "Histoire des Benou'l-Ahmar", transl. Gaudefroy-Demombynes, p. 409; translated by Harvey (1991), p. 164.

⑬ Harvey (1991), p. 31.

⑭ Arie (1973), p. 66.

⑮ Kennedy (1996), p. 280.

义深远。这些扎纳塔柏柏尔人献身于伊斯兰教勇士（*ghazi*）的理想；他们多次获胜，包括占领阿尔赫西拉斯和阿什基鲁拉部落的马拉加，更长远的影响是巴努阿什基鲁拉决定西班牙不是前景广阔之地，越过直布罗陀海峡迁移到北非（1288 年）。或许正是这一点和失去获得王位或部分奈斯尔王国的希望，一起导致巴努阿什基鲁拉部落到别的地方去寻找运气。但是，所有这些联盟不得不予以处理，其中的微妙可以从奈斯尔王朝一度愿意鼓励卡斯蒂尔获得阿尔赫西拉斯的控制权上看出，即使这意味着马林王朝将会被剥夺西班牙土地上的一个永久立足点。

事实上，格拉纳达的历史不能在没有注意到紧挨着阿尔赫西拉斯的直布罗陀海峡问题的情况下来理解。13 世纪晚期见证了加泰罗尼亚和热那亚船队创建连接意大利和巴利阿里群岛与佛兰德和英格兰的贸易路线的第一次尝试，热那亚人在 1277 年首次驶往佛兰德，马略尔卡人和热那亚人在 1281 年首次驶往伦敦。这条贸易路线的安全依赖于直布罗陀海峡水域的平定，热那亚人和格拉纳达人在 1278/1279 年签订条约也就不足为怪了。然而，在争夺海峡的斗争中，尽管阿拉贡在 13 世纪 90 年代帮助卡斯蒂尔获得塔里法，但没有更多地帮助格拉纳达来对抗卡斯蒂尔。1296 年后，格拉纳达和阿拉贡达成协定；据此，如果奈斯尔王朝可以随意地蚕食现已臣服于卡斯蒂尔的年幼国王费尔南多四世的安达卢西亚，那么阿拉贡人将获得穆尔西亚。虽然这些计划没有结果，但它们表明格拉纳达可以利用靠近直布罗陀海峡的位置来担任地区政治的仲裁者，确保自己幸存下去。马略尔卡国王到 14 世纪初也与格拉纳达签订了条约，阿尔梅里亚和马拉加都有加泰罗尼亚和意大利的商站。格拉纳达的领土对西欧商人来说也相当重要，尤其是作为干果和丝绸来源地，为热那亚和格拉纳达之间的一直持续到 15 世纪晚期的繁荣关系奠定了基础，对该素丹国的财政同样至关重要。这一繁荣的最伟大纪念碑是阿尔罕布拉宫，虽然它主要于 14 世纪晚期建成，而奈斯尔王国的存在证明由其足智多谋的创建者穆罕默德一世和穆罕默德二世建立的稳健政策。

大卫·阿布拉菲亚（David Abulafia）

莫玉梅 译

徐 浩 校

第 二 十 章

阿拉贡—加泰罗尼亚的兴起

一

"阿拉贡的兴起"是一个有着诸多意蕴的术语：在13世纪，阿拉贡多少还不是使其获取王室称号的阿拉贡高地王国，而是巴塞罗那海滨伯爵领；该伯爵领是一系列引人注目的军事、商业和政治成功的出发点，迅速地促使阿拉贡国王从次等西班牙统治者的卑微地位提升为西地中海的最高权力人。这些成功也没有局限在巴塞罗那附近的加泰罗尼亚土地上，因为马略尔卡落入阿拉贡国王之手且它本身成为加泰罗尼亚海军对非洲进行商业渗透的前锋，而且巴伦西亚成为刚刚获取的王国的都城，该王国富有各种潜在资源。从1282年起，西西里也落入加泰罗尼亚—阿拉贡统治者的政治范畴中，开始在为巴塞罗那和马略尔卡提供物质供应方面发挥作用，这不应该被低估。然而，贸易与旗帜的关系并不简单。有些地方已经被加泰罗尼亚商人广泛渗入，却从未被阿拉贡国王征服过；有些政治上的成功并没有出现与之相匹配的对加泰罗尼亚商人的慷慨优惠，至少不是立即。阿拉贡君主的王朝利益不一定是巴塞罗那商人共同体的商业利益；同样地，那些王朝利益在没有加泰罗尼亚海军的帮助下鲜有实现的，因而需要采取依赖商人共同体的措施。

到13世纪初，加泰罗尼亚—阿拉贡出现某些普遍特征。领土以个人联盟的形式共存，这只有在近来出现有效君权的情况下才得以实

现：阿拉贡的阿方索二世（加泰罗尼亚的阿方索一世）① 实行强有力
645 的南进政策，逐步侵占摩尔人的领土；在《卡索拉条约》（the Treaty
of Cazorla，1179 年）中同意让卡斯蒂尔在适当的时候吞并穆尔西亚，
却将阿拉贡—加泰罗尼亚人的眼光放在更容易得到的巴伦西亚的泰法
（taifa）国家上。此外，阿方索在法兰西南部面临着更迫在眉睫的挑
战，在那里阿拉贡人在神圣罗马帝国的普罗旺斯伯爵领坚持自己的权
威，只发现其权威在名义上属于法兰西的朗格多克受到挑战。人们需
要记住的是，甚至作为巴塞罗那伯爵，阿拉贡统治者在严格意义上仍
然是法兰西国王的封臣，更何况作为朗格多克的重要领地的领主！国
王彼得二世（1196—1213 年在位）正是在朗格多克面临着最大的挑
战。他的妻子玛丽亚是蒙彼利埃的女继承人，得到蒙彼利埃显著地加
强了彼得在朗格多克的影响力；与图卢兹伯爵的联姻也是如此，像阿
拉贡国王一样，图卢兹伯爵不得不应付法兰西南部贵族们的坏脾气。
西蒙·德·蒙福尔率领着北方的十字军来到，负责镇压异端分子及其
支持者（fautores），给彼得留下一个职责：正如他所理解的，就是要
保护那些已经丧失了财产的封臣；在此期间，他的目的不是去支持他
所痛恨的卡塔尔派异端，更不用说去挑战教宗英诺森三世，因为英诺
森三世在 1204 年亲自加冕他为阿拉贡国王。1213 年，国王彼得死于
与德·蒙福尔的军队交战的米雷之战，这对加泰罗尼亚人在法兰西南
部的雄心壮志是一个沉重的打击；但它没有使他们全盘放弃，因为新
国王詹姆斯在漫长的未成年统治时期的大多数日子里，仍然保持着阿
拉贡人对蒙彼利埃及其周边的占有，阿拉贡伯爵的一支旁系直到 13
世纪 40 年代依然统治着普罗旺斯。换句话来说，朗格多克在整个 13
世纪早期一直是阿拉贡利益的重要焦点。

　　彼得遗留的问题不仅仅是在法兰西南部的一次失败；在西班牙，
他的名望依旧很高，他在托洛萨的纳瓦斯之战（1212 年）中与卡斯
蒂尔人联合对抗阿尔莫哈德原教旨主义者，使他在米雷之战前一年获
得教宗的青睐。随着阿尔莫哈德王朝的权力在西班牙逐步瓦解，伊斯
兰教运动从未在此深深扎根，自治的穆斯林战争领袖纷纷建立起自己

---

　　① 阿拉贡国王和巴塞罗那或加泰罗尼亚伯爵在编号上的差异造成相当大的混淆。本章通篇采用阿
拉贡人的编号。

的小国家，形成新一代泰法王国，处于阿尔莫哈德领主权的松散统治下，但对基督教西班牙的挑战远远弱于以摩洛哥为基地的统一帝国曾经带来的挑战。彼得制订了自己的计划来入侵马略尔卡的海盗巢穴，阿尔莫哈德人只是到了 13 世纪初才获得此地；这些计划最终由他的儿子着手实现，获得极大成功。然而，这一统治时期的弊端明显地从 T. N. 比森对这个时期的财政文献研究中揭露出来。研究表明：在彼得二世统治时期的内部冲突压力下，如与贵族就伯爵法律（《巴塞罗那惯例法》，*Usatges de Barcelona*）的实行以及统治者的征税权展开的无休止斗争，伯爵—国王的财政开始出现赤字。到 1205 年，贵族们能够迫使彼得保持货币稳定，停止征收众人憎恨的牛税（*bovatge*），⁶⁴⁶并在任命伯爵领代理人时咨询他们，这些代理人通常是对巴塞罗那伯爵负有义务的低等骑士。伯爵自己的诉求在 1194 年的《主要的自由封建权利》（*Liber feudorum maior*）中表达出来。然而，区分伯爵—国王诉求的权利和他实际可以行使的权利很重要；作为巴塞罗那伯爵，他是几个持有伯爵封号的大领主之一，加泰罗尼亚作为一个统一"公国"的概念，只是到了 14 世纪才真正出现。因此，伯爵—国王仅仅获得主要地区的控制权，包括横跨比利牛斯山脉的鲁西荣和处于间断性控制下的位于安多拉和阿拉贡本身的边界之间的乌赫尔；加泰罗尼亚的北部边缘地带渐渐融入朗格多克，由像富瓦伯爵这样的封臣所表现出来的摇摆不定的忠诚使这些边缘地带更加模糊不清。即便如此，他获得几个不太重要的伯爵的帮助，他们愿意就任地方法官的职务；他还试图建立起能够使他支撑宏伟事业的财政框架。在财政压力下，彼得逐渐求助于圣殿骑士来做财政事务的管理者，也使用犹太顾问，指望他们作为有效率的税款包收人的经验；他的很大比例的财政文献中出现犹太官员的名字，是以希伯来文字书写的。^②在这个方面，他和西班牙与朗格多克的近邻们没有太大区别（实际上，对犹太大臣的镇压是阿尔比派十字军和教会公会议的持久目标之一）。直到 13 世纪晚期，犹太人都将在阿拉贡国王的财政上发挥积极作用。因此，加泰罗尼亚是松散的联盟，阿拉贡在许多方面也是如此，二者

---

② 区分借贷和税款包收是很关键的。加泰罗尼亚犹太人不再大量地参与借贷活动，起码不会比加泰罗尼亚的基督徒商人更多。在后一项活动中，和西班牙的其他地方一样，他们起着显著的作用。参见 Bisson, *Fiscal accounts of Catalonia*, especially Ⅰ, pp. 118 – 119.

成为一个超级联盟中的两大要素，这一超级联盟的唯一真正纽带就是伯爵—国王本人；这就反映出加泰罗尼亚作为城堡主的土地的起源，这片领土拥有地方化权力结构的悠久历史。

二

在詹姆斯一世（1213—1276 年在位）统治时期，君权发生改变，君主的特征在许多方面也发生改变。詹姆斯一世的出生被普遍地视为奇迹，尤其是因为彼得二世对蒙彼利埃的玛丽亚极为厌恶；但真正的奇迹是彼得的血统得以幸存。其他人，特别是詹姆斯的堂兄普罗旺斯的桑克，将会高兴地维护詹姆斯的君主权利。然而，统一的假象得以维持，1214 年夏，在列伊达（列利达）召开的全民科尔茨（议会，*cort*）最为引人注目地表现出来；在议会上，国王主要的阿拉贡和加泰罗尼亚臣民被迫向君主宣誓效忠，他们当中的许多人正在积极地想方设法夺取他的土地、收入和权利。没几年，王室收入开始慢慢恢复，在很大程度上多亏了国王的圣殿骑士金融家们的辛勤工作，但也要感谢重新鼓起的对要求征税的可能性的信心，正如韦斯卡大会（1221 年）和达罗卡大会（1223 年）所示。国王詹姆斯巧妙地操作加泰罗尼亚的货币，通过替换旧货币给君主带来了 25% 的收益，T. N. 比森对此已有分析。③ 与加泰罗尼亚显贵们达成的协议也非常意义深远，尤其是吉列姆·德·蒙特卡达、鲁西荣的努恩约·桑克和乌赫尔的吉列姆·卡布雷拉，这使加泰罗尼亚稳定下来，并允许慢慢地重新宣称对土地的控制权，这些土地在未成年时期或作为彼得二世抵押的结果转让出去；加泰罗尼亚冒着再次成为各个自治伯爵领的松散组合的危险，又再次被铸造在一起，形成一个处于巴塞罗那伯爵的领主权之下的统一公国。这并不是说詹姆斯自觉地铸造加泰罗尼亚的国家身份。对年轻的国王来说，一个特别重要的胜利是他在乌赫尔伯爵领赢得影响力，该伯爵领长期以来阻拦在国王作为巴塞罗那伯爵所持有的土地和作为阿拉贡国王所持有的土地中间。1228 年，他将目光放在乌赫尔的女继承人奥朗比艾克斯身上，承诺要保护她的权利；

647

---

③　Bisson，"Coinage of Barcelona" and other studies gathered in Bisson（1989）.

他以一场短暂且成功的征战赢回了乌赫尔，此次征战以詹姆斯和奥朗比艾克斯之间签订的秘密纳妾协议告终。这份协议提到他不久后要出发去征服马略尔卡的意图。加泰罗尼亚的平定和他的扩张主义计划实际上是交织在一起的；因为，正如在自传中所指出的，通过占领马略尔卡，他将能够以勇士技能给加泰罗尼亚贵族留下印象，于是使他们听从吩咐。④ 这样的方法比任何数量的科尔茨（议会，corts）更有广阔前景，可以为贵族提供令其感到不安的机会来减少他们的诉求。在1225—1226 年最初获取对西班牙滨海要塞佩尼斯科拉（Peñíscola）的控制权失败后，对一场威风赫赫的胜利的需要变得更为重要起来。然而，对巴利阿里群岛的征服同样具有商业含义，巴塞罗那市民对此有着明确的认识；穆斯林海盗盘踞在那里，以前曾妨碍过基督徒的海运，虽然有证据表明像塔拉戈纳和马略尔卡这样的加泰罗尼亚港口之间的定期通航，在 13 世纪初已是可能。以前征服巴利阿里群岛的尝试依赖于比萨或热那亚的支持；只有在意大利船只的帮助下，占领这些岛屿才有可能；意大利人通过贸易条约与马尤卡的穆斯林统治者绑在一起，他们不希望放弃这些条约。然而，到了 13 世纪 20 年代，形势有利于詹姆斯：除加泰罗尼亚的船只外，其中有些船只通过巴塞罗那富商佩雷·马特尔提供，詹姆斯有机会利用现存的与普罗旺斯伯爵的家族关系，而且在蒙彼利埃的帮助下，极为倚重普罗旺斯的海军分遣队来补充在加泰罗尼亚组织的资源。马略尔卡城，即现代的帕尔马，到 1229 年年末被包围并占领。该岛的其余部分没有立即停止抵抗。詹姆斯采用了穆斯林前任"马略尔卡国王"的称号，为了制服马略尔卡北部山区的穆斯林的反抗，他有必要再次到访该岛。米诺卡岛被加泰罗尼亚入侵的谣言吓坏了，1231 年不做任何抵抗便屈服，获得的有利条件是允许自治和自由信仰伊斯兰教。最后，伊维萨岛在1235 年落入一群西班牙征服者的手中，他们在王室的许可下行动，并有塔拉戈纳大主教区的支持。

入侵巴利阿里群岛，为詹姆斯对西班牙穆斯林的态度提供了第一条线索，更多的西班牙穆斯林将会在入侵巴伦西亚后被归入他的统治

648

---

④ *Chronicle of James I King of Aragon*, trans. Forster，Ⅰ，pp. 98 – 104. 这是一个过时的译本，加泰罗尼亚原文版本已经广为流传，最有用的是以下这一部分：Soldevila, *Les quatre grans cròniques*.

下。当米诺卡岛的例子表明迅速接受新秩序可能带来什么好处时，顽固抵抗只会导致不同程度的驱逐、征用、奴役或屠杀。马略尔卡岛开始了缓慢的人口缩减进程，这当然是引人注目的；君主对允许伊斯兰教在西地中海的核心地区仍然坚固地占据战略性的微妙位置不是特别感兴趣。马略尔卡逐渐失去伊斯兰教的特征，加泰罗尼亚、普罗旺斯和意大利的定居者使这里的人口兴旺起来，包括来自西班牙、朗格多克和北非的犹太人，他们当中最有名的是来自伟大的黄金中心希吉马萨的富人所罗门·本·阿马尔。与犹太人不一样，13 世纪的马略尔卡穆斯林显然缺乏自己的社团组织（*aljama*）；在被征服的马略尔卡，甚至表明清真寺存在的证据也是不确定的。该岛在语言、宗教和人口方面已经极大地加泰罗尼亚化。少数本土的基督徒，即穆扎勒布人，从征服前的岁月中幸存下来，包括著名的阿本纳赛尔家族；该家族从事贸易，持有土地，在新秩序下兴旺发达起来。但各个老穆斯林社团却分崩离析，通常被搬迁到新近瓜分的领地上，臣属于像贝恩子爵和鲁西荣伯爵这样的缺席领主。圣殿骑士团获得大量土地，发挥着作为边界领土的管理者的传统职责；但是，为了弥补人手短缺的需要，圣殿骑士将穆斯林俘虏从西班牙本土带过来，使他们在马略尔卡的土地上劳作。这引起了教宗的抗议；但在其他方面，教宗意识到情况特殊，同意了马略尔卡与北非的贸易，因为不如此，基督教居民将会失去生计。岛上的人口显然至少有一半是由城市居民构成，正是贸易使穆斯林的马尤卡变得重要起来，将会使接替它的马洛卡堡再次成为重要的地中海城市。

　　当加泰罗尼亚—阿拉贡君主国的前景果断地从法兰西南部转移到与伊斯兰教相接的地中海边界时，征服巴利阿里群岛经常被当作这一时刻的标志。然而，从另一角度来看，入侵马略尔卡的主要结果是真正地加强了与法兰西南部和普罗旺斯诸城的联系；这些城市在征服中发挥了重要作用后，为它们在马略尔卡带来大量的商业和土地回报。鲁西荣伯爵努恩约·桑克也在马略尔卡城及乡村地区获得了大量的财产。[5] 事实上，在 1276 年之后，巴利阿里群岛与现为法兰西南部、蒙彼利埃和鲁西荣的科罗纳阿拉贡的领土形成政治联盟。此外，詹姆

---

⑤　Mut Calafell and Roselló（eds.），*La remembranca de Nunyo Sanç*.

斯几乎不去试图维持对新王国的直接控制。他将日常治理工作交给了葡萄牙的佩德罗，此人是一个冒险家，有记录表明他并不可靠，易被其他计划分心。正是佩德罗最终被赐婚于詹姆斯的被遗弃的情人奥朗比艾克斯，此举使他获得对乌赫尔的要求权，即使佩德罗愿意放弃此地来换取在马略尔卡的权利。因此，征服马略尔卡间接地给詹姆斯带来了乌赫尔，在某种意义上，正如他在与奥朗比艾克斯的最初协议中提及马略尔卡时所预言的那样。至于对马略尔卡资源的利用，呈现出来的图景是贸易和农业生产税相当轻；至少，君主对从巴利阿里群岛获得大量利润不是特别感兴趣，甚至米诺卡岛的贡金显然都相当适度。只是到了后来，当詹姆斯考虑如何遗赠王国时，他才决定使马略尔卡成为一个独立王国的所在地，从那时开始才形成一套更注重财政收入的政策。

三

为了赢得加泰罗尼亚臣民的赞许，这些人在马略尔卡获得了土地和贸易站，詹姆斯只有冒着疏远阿拉贡贵族的危险；这些贵族不为穆斯林的海盗行为所烦扰，却发现自己暴露在来自不稳定的巴伦西亚泰法王国的边界劫掠面前。詹姆斯较早就试图获得佩尼斯科拉的控制权，这证明他听得进关于巴伦西亚和巴利阿里群岛的建议。到 13 世纪 30 年代，巴伦西亚的内部分裂显然可以被有效地利用起来，至少在穆斯林王国的北部创建某种阿拉贡的统治权。其统治者阿布·扎伊德不再要求被普遍接受，甚至巴伦西亚城也在他的对手之一扎扬的手中。阿布·扎伊德毫不令人意外地回归到西班牙穆斯林边界领主的传统策略，向阿拉贡国王求助来抵抗南部的敌人。其目的纯粹是更稳固地建立他的权威，虽然这样做，阿布·扎伊德已经远离了阿尔莫哈德人拒绝与基督徒做交易的传统做法。事实上，他将会离得更远，后来皈依了基督教。

1233 年，詹姆斯再次在巴利阿里群岛取得胜利，能够挽回早期在佩尼斯科拉遭遇的失败并夺取布里亚纳，从这里穆斯林人口被清除；在征服巴伦西亚的早期阶段，迁移基督徒定居于此的想法似乎很吸引人，但詹姆斯开始考虑签订投降协议。这和米诺卡人早已签订的

650

相似，保证地方享有自治和信仰伊斯兰教的权利。他如何在巴伦西亚王国获得统治权也难以看出；此外，他与穆斯林臣民的这样的一种关系本身就很脆弱，因为大量地区没有真正地为阿拉贡人所控制。当阿布·扎伊德确定北方的主要要塞归于詹姆斯的统治之下时，巴伦西亚中部和南部的形势更为困难，战争的延续使之损失惨重。詹姆斯指望蒙松召开的科尔茨（议会，cortes）来获得财政援助；他受益于十字军东征什一税，教宗认可其工作的神圣性质后授予他；他也试图说服加泰罗尼亚航运商佩雷·马特尔帮助他对抗巴伦西亚，此人在征服马略尔卡时曾热切地支持他，但对巴伦西亚却不太上心。事实证明巴伦西亚城是一块尤为难啃的骨头，詹姆斯在该城于 1238 年 9 月投降后驱逐了穆斯林人口，这与其早期政策相一致；此后，穆斯林被限制在郊区的莫瑞里亚（morería），但劫掠行为尚处于控制之下，巴伦西亚成为加泰罗尼亚的重要定居中心。不管阿拉贡贵族曾经期望的是什么，巴伦西亚日益指望的却是加泰罗尼亚，使用加泰罗尼亚语的一种形式作为新民族语言，使其法典基于加泰罗尼亚惯例。1239 年，詹姆斯背离盛行的阿拉贡惯例，为巴伦西亚颁发了一部密切反映加泰罗尼亚习俗的领土法典（Furs）。

显然，使巴伦西亚比马略尔卡更不易于管理的主要困难在于：马略尔卡是一座岛屿，而巴伦西亚却拥有宽广开放的边界，可与其他穆斯林国家连接在一起。从严格意义上来说，虽然穆尔西亚从 1243 年起处于卡斯蒂尔的宗主权之下，但直到 1265 年从未被有效地征服和殖民化；即使到了那个时候，主要动机之一将会是限制穆斯林从南部入侵巴伦西亚领土。巴伦西亚动荡不定的特性在詹姆斯统治末年进一步显现出来，当时持续不断的起义迫使他派出继承人彼得；正如詹姆斯统治时期的编年史所提到的，彼得再次征服巴伦西亚。詹姆斯在自称为"巴伦西亚国王"上用去的时间长于他采用"马略尔卡国王"的称号，起初以为阿布·扎伊德将行使其作为巴伦西亚代理人的职责；1236 年，詹姆斯开始使用巴伦西亚的称号。

和马略尔卡一样，巴伦西亚不是另一个新加泰罗尼亚。在北方，基督教定居地得以创建，如莫雷拉附近的布拉斯科·达拉戈或布里亚纳城；正如在马略尔卡那样，圣殿骑士受邀来帮助镇守边疆。然而，穆斯林人口通常没有被根除，对投降条约的使用可以从奇弗特（Chivert）看出，那里的当地穆斯林显然被授予和不久前授予给米诺卡人的相似的权利。作为一贯以来对阿拉贡友好的中立飞地，处于卡斯蒂尔影响圈边缘的克雷维连特的小穆斯林领主权顽抗到 14 世纪初期。乌克斯山谷的穆斯林在 1259 年被授予一份十分典型的特许状，确认他们可以保留婚姻习俗、以《可兰经》来教导孩子、自由旅行、任命自己的法官甚至阻止基督徒在他们当中定居；这一优惠特权的代价是征收 1/8 的税。毫不令人惊讶的是，重新定居正是在巴伦西亚城里和周边组织得最为精心，巴伦西亚拥有肥沃的农业腹地，文献中详细地记录了被征服领土在像哈卡、萨拉戈萨和蒙彼利埃这样的几个北方城市市民中分配的情况；而巴塞罗那拥有在巴伦西亚城要求 1/5 城市财产和 1/6 周边土地（horta）的权利。因此，授予远远超过现有的交易筹码；一个牢固的基督教共同体在巴伦西亚城中心形成，正如在马略尔卡那样，犹太人也为自己得到了一片重要区域。巴伦西亚的地图成为加泰罗尼亚、阿拉贡和法兰西西南部的一幅小型的地图，因为韦斯卡、鲁西荣甚至詹姆斯的边界之外的比利牛斯山地区的人都被给予了建立自己的城区和郊区的权利。在南方，一旦扎扬被迫臣服，分散的基督教领主权马上出现，但在征服过程中很少发生驱逐，屠杀甚至更少。这里的基督教领主是穆斯林人口的主人，局势仍然动荡不安。最引人注目的叛乱就是阿兹拉克叛乱（1247—1248 年），但正如所看到的，到了 13 世纪 70 年代初麻烦仍然不断。

　　巴伦西亚的财政价值在罗伯特·I. 彭斯对詹姆斯一世的税收制度的研究中已经充分证实。然而，巴伦西亚也在具有相当不同特征的 652 王室管理中占有重要位置：1244 年被征服的哈提瓦（Játiva）是多产的造纸工业中心，为詹姆斯及其继任者提供了机会来把政府业务记录在纸质登记簿上，这些登记簿仍然大量地保存在巴塞罗那的阿拉贡王室档案馆中。一场真正的"纸革命"发生了，令现代历史学家和渴望关注其领土的政治与财政状况的国王都受益无穷。[6] 巴伦西亚城为君主提供了来自穆斯林澡堂、面包房、屠宰场和妓院的收入，还有对穆斯林和犹太人征收的人头税、对市场交易和通过该港口的贸易征收

---

⑥　Burns（1985），pp. 151 – 81. Abulafia（1994），pp. 9 – 10, 44 – 45；见 James's Book of Deeds, cap. 563, in Soldevila, *Quatre grans cròniques*.

的税收，城市本身逐渐成为贸易中心，将新近征服的马略尔卡与西班牙连接起来。在很大程度上，君主继续运作在穆斯林统治下建立起来的传统管理体系中，巴伦西亚政府的这一特征使其与马略尔卡区分开来，马略尔卡的断裂似乎更为清晰。詹姆斯已经成为一个穆斯林社会的基督教国王，这个社会直到 1610 年都将保留着相当多的摩尔人人口。但它也是一个以征服者与被征服者、讲阿拉伯语的穆斯林和讲加泰罗尼亚语的基督徒之间的鲜明对比为标志的社会，这种对比还存在在哥特式教堂塔楼和伊斯兰清真寺的宣礼塔之间，存在胡子刮得干干净净、吃猪肉的基督徒和留着胡子、遵从古老的饮食法的穆斯林，且尽可能由截然不同的法庭进行管理的犹太人或穆斯林之间，犹太人和穆斯林的法庭遵循诉讼当事人的法律或宗教。这不是一个所有穆斯林都可以接受的社会；传统的巴伦西亚领导权，包括宗教和政治方面，为北非或奈斯尔格拉纳达所吸引，由此强调仍然保留在西班牙土地上的唯一重要穆斯林国家的伊斯兰特征，但也削弱了依然留在后面抵抗新秩序的那些人的能力。有些人皈依新主人的信仰，如 1275 年巴伦西亚的一大群人。即便如此，巴伦西亚的几乎无人领导的穆斯林共同体证明其拥有相当长的寿命，只是到了 14 世纪晚期基督徒才明显地占据人口中的大多数。

詹姆斯一世可以根据 12 世纪与卡斯蒂尔诸王签订的条约中的条款，对巴伦西亚提出要求权，在卡斯蒂尔人和阿拉贡人之间瓜分半岛的很大一部分土地。双方都觊觎的领土是穆尔西亚，其地位在不同的条约中各不相同。即使如此，到 13 世纪 40 年代，卡斯蒂尔显然在穆斯林的穆尔西亚产生更大的影响。当阿拉坎特（阿利坎特）表现出接受阿拉贡人领主权的意愿时（1240 年），詹姆斯明确表态，在公平对待卡斯蒂尔的情况下，他不能接管该城。詹姆斯在这里通常都很小心翼翼，当穆尔西亚的穆斯林拒绝恢复给卡斯蒂尔缴纳贡金时，紧随在西班牙南部的穆斯林起义之后，富有骑士精神的詹姆斯抓住机会，代表卡斯蒂尔的阿方索十世镇压穆尔西亚，而阿方索在其他边界上已经麻烦不断。显然，穆尔西亚的麻烦将会蔓延到巴伦西亚，詹姆斯担心这一点，成为他插手的主要动机。但他的行动值得尊敬，意思是他没有为自己对穆尔西亚提出要求权。实际上，原来的统治者巴鲁赫德家族，因能够继续产生影响被任命为"穆尔西亚的摩尔人的国王"。

然而，阿拉贡人的入侵在不同秩序上确实产生了永久结果：加泰罗尼亚定居者开始南下到穆尔西亚，这时近乎一半的已知定居者来自詹姆斯的王国，两倍以上的人来自卡斯蒂尔。事实是卡斯蒂尔的人力已经过度伸长，这是 13 世纪 30 年代和 40 年代征服安达卢西亚的结果。另一个事实是詹姆斯已经表明，自己在与穆斯林的斗争中是西班牙国王中最为成功的，这使他享有广泛的声誉，与此相提并论的只有他乱交的名声。事实上，考虑到他在与穆斯林交战中遭受的失败，正是这一声誉，使参加十字军征战的同时代人法兰西的圣路易可能有理由嫉妒他。

<h1 style="text-align:center">四</h1>

路易九世是詹姆斯一世的另一位近邻，现在是时候回到阿拉贡与法兰西君主和比利牛斯山统治者的关系上了。这里的成功是不均衡的。努恩约·桑克在 1235 年去世，鲁西荣回到他的侄子伯爵—国王手中；在政治和文化上，鲁西荣仍然坚定地留在加泰罗尼亚的势力范围里。然而长期以来，实际上被阿拉贡统治者渴求的纳瓦拉王国在 1243 年被转交给香槟伯爵，在卡佩王朝合并香槟后，法兰西王位继承人在 1247 年获得纳瓦拉的封号。因此，一块由法兰西人统治的领土形成楔子，戳进西班牙，虽然新统治者对纳瓦拉政务的直接干预很有限。尝试去确定法兰西与加泰罗尼亚领土的界限所取得结果更为积极，这片界限地域就是现在的法兰西西南部；这一争议也超出法兰西的边界，延伸到神圣罗马帝国的普罗旺斯伯爵领，在那里伯爵的阿拉贡一系于 1243 年灭绝。1246 年，女继承人（她的要求权受到姐妹们的激烈挑战）嫁给了安茹与曼恩伯爵查理，使他开始了在地中海政治中的莽撞历程，也开启了有时似乎是巴塞罗那与安茹两大家族之间的世仇。到 1282 年，他们已经就地中海地区的大多数最大竞争目标争了个遍，包括西西里、撒丁和突尼斯。在更靠近本土的地方，当普瓦蒂埃的阿方斯从圣吉勒家族手中获得图卢兹伯爵领时，阿拉贡人收复朗格多克的希望成为泡影。法兰西人因而似乎正在收紧朗格多克周围的套索，将 12 世纪在该地区参与权力游戏的英格兰人和阿拉贡人从中排除。阿尔比派十字军意外地使卡佩人在米迪（the Midi，法兰

西南部）走了运。经济利益也发挥了作用：由于缺乏出海口，法兰西人将普萨尔摩迪修道院一潭死水般的海域发展成地中海的第一个法兰西王室港口，意图不仅仅在于为陪同路易九世参与1248年十字军东征的十字军提供一个登船点，而且还可以为贸易提供一个可供选择的入口点，与阿拉贡城市蒙彼利埃竞争。新港口被贴切地称为艾格莫特，未能成功压制蒙彼利埃；实际上，到13世纪末，蒙彼利埃和这个法兰西港口形成共生关系，因为艾格莫特远远未能发展成一个具有蒙彼利埃规模的大城市，蒙彼利埃在处于阿拉贡领主权下的周围领土上缺乏足够的港口。

　　考虑到该地区存在冲突再度发生的高度可能性，路易九世在外交上寻找解决办法；这个办法既可以保证法兰西在西南部的优势地位，又不会令对手感到羞辱。因此，在1258—1259年，他与加斯科涅的英格兰统治者（1259年的《巴黎条约》）和阿拉贡的詹姆斯一世达成协议，即1258年5月11日的《科尔贝条约》。[7] 代价是要慷慨地承认：法兰西过去对巴塞罗那、乌赫尔、贝萨鲁、鲁西荣、安普利亚、塞尔达尼、孔弗朗（Conflent）、赫罗纳和其他边界地区的宗主权提出诉求，必须使之失效，而阿拉贡人回报以放弃干涉卡尔卡松、罗德兹、米约、贝济耶、阿格德、阿尔比、纳尔榜、米纳瓦、尼姆、图卢兹、高度自治的富瓦伯爵领及其依附领土的任何要求权。这份完整的地方名单令人想起阿拉贡过去的干涉力度有多么强大。然而，这一条约也有着奇怪的遗漏。蒙彼利埃城没有出现，或者王室代理官员反而成了詹姆斯一世的使者，关于阿拉贡人在那里的权利没有做出任何妥协，蒙彼利埃的问题在13世纪晚期和14世纪早期长久地继续着。蒙彼利埃或奥默拉乡村男爵领仍然处在阿拉贡的宗主权之下。卡尔拉德斯（Carladès）是位于奥弗涅地区和鲁埃格地区之间的边界地带上的狭小偏远飞地，依然在阿拉贡人之手，原因不明。为了使联盟确定下来，路易和詹姆斯同意进行联姻，法兰西继承人菲利普将会迎娶詹655姆斯的女儿，阿拉贡的伊莎贝拉为妻。此举的效果有限，因为伊莎贝拉在1271年去世。詹姆斯也趁机放弃了对普罗旺斯提出进一步的要

---

⑦ *Layettes du tresor des chartes*, Ⅲ, ed. De Laborde, docs. 4399, 4400, 4411 – 4412, 4434 – 4435；*Chronicle of San Juan de la Peña*, trans. Nelson, p. 71；Richard（1992），pp. 204 – 205；Abulafia（1994），pp. 38 – 39.

求权。阿拉贡—加泰罗尼亚的一个派系显然不愿意接受阿拉贡的利益被永久地从法兰西西南部取消，甚至詹姆斯一世都继续资助蒙彼利埃之外的瓦尔马涅修道院。《圣胡安·德·拉·培尼亚编年史》(*Chronicle of San Juan de la Peña*) 表明，大彼得在 1280 年试图恢复阿拉贡对卡尔卡松和朗格多克的其他土地的要求权。⑧ 然而，从加泰罗尼亚的角度来说，这一条约有很大的好处，在佩皮尼昂以北划了一条边界。这只有路易十一提到过，最后由路易十四提出，虽然正如所看到的，法兰西人在 1274 年获得纳瓦拉，造成了新的威胁。巴塞罗那和较小的加泰罗尼亚伯爵领的地位暂且变得不确定起来：它们实际上不是阿拉贡王国的一部分，或者甚至不是任何王国的一部分，虽然"加泰罗尼亚公国"的通用称号在 14 世纪流行起来，以此作为解决这一问题的方式。然而，鲁西荣和塞尔达尼在 1262 年詹姆斯一世的遗嘱中被划给了新马略尔卡王国。因此，这个条约是创建拥有明确边界的阿拉贡—加泰罗尼亚王国和法兰西王国的里程碑。

与其说卡佩家族的直系不如说安茹的查理这一支系，此后成为阿拉贡在实现雄心壮志的道路上的主要障碍。查理卷入意大利政治，以 1266 年征服意大利南部而告终。这显然阻止了詹姆斯一世的继承人彼得可能兑现其妻子弗雷德里克二世的孙女康斯坦丝的要求权的任何希望，他于 1262 年在教宗的惊愕中与她结婚。詹姆斯抗议此次联姻没有任何政治意义，却无人相信。1267 年，詹姆斯一世开始进行为次子詹姆斯赢取撒丁岛的计划，以此扩大他已经打算授予他的巴利阿里群岛、鲁西荣和蒙彼利埃的版图。在这里，正是查理的儿子安茹的菲利普再次成为障碍，教宗拒绝将该岛判决给任何一位要求者。1267—1269 年，詹姆斯向教宗恳求一次十字军征战的特权，要远征东方。教宗对此强烈反对，部分原因在于詹姆斯坚持不道德的生活；不管怎样，加泰罗尼亚舰队被地中海的暴风雨迅速驱散。当安茹的查理和法兰西的路易在 1270 年对突尼斯发动十字军征战时，再次阻挠了加泰罗尼亚的现有利益，因为突尼斯作为巴塞罗那的主要贸易伙伴之一正在迅速崛起。当然，有几个由安茹家族造成的挑战并不是真正的挑战：詹姆斯没有获取撒丁岛的机会，在忙于不停镇压巴伦西亚叛

---

⑧　*Chronicle of San Juan de la Peña*，trans. Nelson.

656 乱时，他无法征服西西里。然而，争议集中在权利中的这一项上：阿
拉贡在普罗旺斯、西西里和其他地方的权利遭到践踏，这更多地招致
詹姆斯的长子彼得的怨恨，而不是国王本人。

　　把什么样的土地遗赠给每个儿子，这个问题对阿拉贡君权的未来
发展意义深远。到 1262 年，一系列交易中的最后一项提供给了詹姆
斯的两个活着的儿子；在这些交易中，詹姆斯的许多领土以多种方式
划分。1262 年的安排确保他在西班牙大陆上持有的几乎所有土地将
会作为核心祖产传给彼得，而他的次子詹姆斯将接受扩张到包括鲁西
荣、塞尔达尼、卡尔拉和蒙彼利埃在内的马略尔卡王国；跨比利牛斯
山脉的各伯爵领将不再依附于巴塞罗那伯爵，也不依附于马略尔卡国
王。在某种意义上，他利用《科尔贝条约》提供的安全感在比利牛
斯山法兰西一边制造出一片楔形地，将由马略尔卡的詹姆斯来统治；
他天真地以为，马略尔卡的詹姆斯可以和谐地与阿拉贡的彼得共处。
但彼得坚决反对这样的划分。显然，詹姆斯觉得会事与愿违，因为他
在临死前一直力劝儿子们要以兄弟友爱的精神一起合作。[9] 彼得与詹
姆斯之间的纠葛，因其他家族的竞争变得严重起来，尤其是与其异母
兄弟费尔南·桑克的纷争，像乌赫尔的控制权这样的争议使他们抬起
了丑陋的头颅。将巴伦西亚的麻烦也考虑进来，詹姆斯一世的统治是
以相当恶化的局势而告终。

　　詹姆斯是一个有趣且自相矛盾的人。在一个极端上，当穆斯林反
对他时，他以清除巴伦西亚所有的穆斯林相威胁；在另一个极端上，
他颁发的投降协议可以被接受者理解成与阿拉贡国王合作的协议相
同，至少阿拉伯文版本如此。为了与摩尔人的生活方式一致，他接待
过一些来自穆尔西亚的穆斯林使者，在帐篷中为他们提供了一场哈拉
（halal）宴会，告诉他们他及其祖先一直试图在所有穆斯林王国内促
进穆斯林共同体，"就像它们在一块萨拉森人的土地上一样"。他说，
除非穆斯林不屈服，占领他们的土地并使基督徒移民于此才是他的习
惯。从他自己设想的自传来看，这是对其共处（convivencia）哲学的
合理阐述。他明白需要与北非统治者保持良好外交关系，因为他的加
泰罗尼亚臣民要在他们的土地上进行贸易，但他又极度渴望被基督教

---

⑨　James I, autobiography, in Soldevila, *Quatre grans cròniques*, cap. 563.

世界看成伟大的十字军东征英雄和异教徒的重锤。在他与犹太人的关系中可以看出相似的矛盾心理。詹姆斯选择为人刻薄的托钵僧拉蒙·德·佩尼亚福特为伴，佩尼亚福特主导过反对犹太人、穆斯林和高利贷者的运动，这些人在詹姆斯的领土内处处可见。这位国王在 1263 [657] 年主持了赫罗纳拉比纳玛尼德和狂热的托钵僧波·克里斯蒂亚产生不良影响的对峙，就弥赛亚是否已经到来展开辩论。他也将犹太臣民纳入保护，很快提出他们应该听传教士布道的要求，而且鼓励犹太人到马略尔卡定居。他的私人生活连续涉及好几位女主人，他对教会人士的侮辱行为致使后者讨厌（尤其是因暴露所听到的而失去舌头的忏悔神父）；这些只会使他更加意识到，他需要通过在战争中为上帝服务来抚慰他，也只会使教宗更加意识到他的不道德行为。他两次被驱逐出教，但比同时代的弗雷德里克二世更容易将失去教会的欢心之事摆平。正如加泰罗尼亚编年史家所强调的，事实是：在詹姆斯治下，大量弥撒现在正在一度只回响着伊斯兰教宣礼吏的声音的土地上吟诵。

五

　　巴塞罗那在 13 世纪崛起既明显又令人费解，即使斯蒂芬·本施近来已经做了很多研究，人们比以前有了更多的了解。[10] 对 12 世纪末的西地中海仔细观察的人，将会得出这样的结论：热那亚和比萨根本就限制了另一商业权力在那些海域出现的可能性。正如本施所表明的，巴塞罗那的崛起在性质上与意大利沿海诸城不同；意大利诸城的优势在于它们具有可以使自身从像皇帝这样的高一级领主的权威中解放出来的能力，未能摆脱这样一位领主可能会抑制其执行独立外交政策的自由，正如从阿马尔菲的例子中可以看出的那样。相比之下，巴塞罗那的优势，确切地说，来自相反方向：与阿拉贡国王的密切合作在外国港口中带来外交上的优势、可接受的税收体系和宫廷，宫廷本身就是一个销售从安达卢西亚、北非或利凡特进口的物品的上好市场。巴塞罗那的位置离穆斯林边界很近，但又不会带来危险，这为该

---

[10] Bensch (1995).

城在 11 世纪巴塞罗那伯爵统治时期带来了可观的贡金收入，虽然 12
世纪经济出现衰退，这正好与好战的柏柏尔帝国的出现相吻合，该帝
国包围了西班牙中部和南部的大部分地方。随着城市的发展，它作为
主要食品消费中心，将利润汇集在磨坊主和谷物运输者的手中，而它
658 位于将来自法兰西北部和南部的布料输送进地中海地区的贸易路线的
终端，使其成为 13 世纪早期再分配的主要中心。这些活动之外还要
加上加工作坊的存在，这些作坊使用像西班牙南部的露天集市上的染
料；巴塞罗那因而能够将成品毛料出口工业所需的主要原材料集合在
一起。甚至在 1230 年前后，詹姆斯一世王国里的其他城市似乎可能
引领着西地中海的商业渗入；蒙彼利埃与巴塞罗那的关系日渐密切，
从 13 世纪中期的商业文献中可以看出，这些商业文献揭露出像胡
安·胡姆·德·迪乌这样的人的活动；他频繁地往返于家乡蒙彼利埃
和加泰罗尼亚的首都之间。蒙彼利埃已经被贴切地称为巴塞罗那的
"老师"，这一关系为蒙彼利埃也是阿拉贡国王领地的事实大为加强。
从 12 世纪晚期起，跨比利牛斯山的加泰罗尼亚城市佩皮尼昂也成为
法兰西北部和西班牙之间的纺织品运输的重要中间地带，凭自身成为
布料和皮革生产中心，这一功能仍然被老城的街道名称记录下来。它
与圣安东宁（Saint-Antonin）在 13 世纪的联系确保布料沿着法兰西
西侧定期流通。在加泰罗尼亚，最明显的对手是塔拉戈纳，该城在其
他地方与穆斯林马尤卡直接贸易。当巴塞罗那商人兼船主佩雷·马特
尔为国王及其宫廷举办一场制订入侵马略尔卡的计划的宴会时，他以
此地为基地，这就不是巧合了。1229 年落入加泰罗尼亚人之手后，
马洛卡堡以惊人的速度成为加泰罗尼亚商业的另一重要中心。这是对
巴塞罗那的某种克隆，也是从此可能渗透北非市场的前进基地。除了
这些沿海城市，加泰罗尼亚内陆的纺织中心，尤其是列伊达，以及来
自赫罗纳与其他地方的银行家，都有助于促进加泰罗尼亚经济的扩
张。到詹姆斯统治末期，百人会议（consell de cent）已经被授予对巴
塞罗那事务的日常控制权，而像佩皮尼昂和蒙彼利埃这样的其他城市
同样拥有保证内部自治的特权。国王在巴塞罗那有自己的执行官，从
像格罗尼家族（提供执行官的家族）和德·班耶雷斯家族等主要显
贵家族的支持中获利。
　　在更远的地方，巴塞罗那在对东地中海的商业征服中发挥了更为

适度的作用；和法兰西南部与普罗旺斯的几个港口一起，巴塞罗那于
1190 年在圣地获得第一次特权，但只有到了 13 世纪晚期，加泰罗尼
亚人才在利凡特贸易中获得显著地位，例如君士坦丁堡和西欧之间的
毛皮贸易。意大利商人挡在他们的路上，与热那亚人和比萨人达成谅
解对巴塞罗那来说很重要，这些人过去对马尤卡的穆斯林统治的支
持，和他们在北非的利益都具有很大的潜力。詹姆斯没有将意大利人
从马略尔卡驱逐出去，反而允许他们重续并扩大穆斯林埃米尔授予他
们的商业特权，这是极具政治家风范的行为。但是，意大利商人没有
被给予自由进入巴塞罗那城的权利，那里的加泰罗尼亚运输业毫不意
外地被给予绝对优先权；意大利银行家被反复宣告从巴塞罗那驱逐出
去，这项被不断重复的政策足以表明该政策没有认真执行过。此外，
主要廷臣对高利贷的敌视，尤其是拉蒙·德·佩尼亚福特，有时令意
大利银行家成为明显的攻击目标（特别是自从犹太人不像他们在法
兰西北部或英格兰那样大量地卷入借贷活动后）。加泰罗尼亚人和意
大利人之间的富有成效的合作依然运作着，将谷物运出西西里并确保
其他的供应。14 世纪的一些编年史家描绘出加泰罗尼亚人和意大利
人真正地相互制约的思想，这需要与在马格里布贸易中的长期合作传
统对照着看。

　　巴塞罗那崛起的一个关键因素是其在运输技能方面获得的名望；
征服马略尔卡成为重要的促进因素，因为与巴利阿里群岛的密切联系
只能由完善全年航海技艺来维持。到 14 世纪早期，马略尔卡本身成
为绘制地图的主要中心，进一步反映出这些事实。自 1284 年起，有
证据表明，船队甚至经常在隆冬离开马略尔卡前往北非；商人船队的
主桅支索是比较小的木头（leny），但日益增长的对像西西里谷物这
样的大宗货物的需求，促使人们也使用航速慢的大圆头船。加泰罗尼
亚航海技艺的另一标志到 1281 年显现出来，那年马略尔卡船队与热
那亚船队一起穿过直布罗陀海峡抵达英格兰。加泰罗尼亚港口颁发的
海洋法典也在地中海地区产生影响；15 世纪巴伦西亚的《海洋领事
馆法典》（Consulate of the sea code）版本含有 13 世纪的材料，包括
王室法令。正如所看到的，君主的作用非常重要；一个可以清楚地感
受到君权的领域就是货币供应：国王从 1222 年起积极鼓励铸造多布
兰奇（doblench）货币，1258 年铸造特恩（tern）货币，后者有 1/4

的纯银；可靠并广泛使用的货币所具有的有效性，进一步推动了加泰罗尼亚贸易的扩张。

君主对巴塞罗那命运的影响最能明确地体现在海外领事馆的发展中，特别是在北非；设立领事馆的目的在于代表加泰罗尼亚商人的商业利益和阿拉贡国王的政治利益。在 13 世纪中期，巴塞罗那城和君主都坚持任命领事的权利，但这没有引发严重的竞争。从长期来看，国王获得更大的影响，甚至将马略尔卡和其他地方的加泰罗尼亚人置于自己的领事的羽翼之下。到 13 世纪 50 年代，突尼斯出现一座加泰罗尼亚客栈或货栈；许多客栈也包含领事办公处所、过路商人的住所、附属教堂和面包房。詹姆斯一世大力鼓励建立新领事馆，1262年派遣蒙彼利埃的雷蒙·德·孔什到亚历山大去协商在那里建立基地。后来，吉扬·德·蒙特卡达成为驻埃及领事，他也是与突尼斯王廷有着私人联系的一个主要家族的成员。然而，与穆斯林统治者的关系总是很微妙，雷蒙·德·孔什在 1264 年返回亚历山大，控诉没收加泰罗尼亚货物的行为。他接到命令，对素丹提出警告：唯一的结果将会是针对埃及船只的获得许可的海盗行为。因此，为了保护加泰罗尼亚的海外利益，不弱于外交手腕的武力是必需的。君主的动机不完全是无私的：君主从这些领事馆获得相当可观的收入。1259 年，詹姆斯一世发现突尼斯的领事缴纳给他的租金估计达到那座客栈真正能够产出的 1/3 收入，这使他吓了一跳；这份租金很快增加了两倍。1274 年，詹姆斯派出一位代表去突尼斯，查看为什么有两年的租金没有送达王室金库。君主将领事馆看作一个主要的收入来源，这一来源有可能使国王将自己从对阿拉贡和加泰罗尼亚的国内税收的依赖中解放出来。鉴于这些海外客栈的价值，从 1302 年起，具有竞争性的马略尔卡领事馆的建立被视为一种极为严重的事态发展，这些领事馆服从于马略尔卡国王。

然而，伯爵—国王别无选择，只有请求加泰罗尼亚科尔茨（corts，议会）和阿拉贡国会就牛税（bovatge）和货币贬损税（monedatge）投票表决，前一种税收逐渐转变为一种定期全民赋税。科尔茨（议会）没有它们将在后来的国王手中获得的那种影响力，詹姆斯显然对此不满，在统治末年更少召开。14 世纪晚期出现的"公约主义者"君权，不是简单的直线发展而成。实际上，随着詹姆斯自己的财政变得稍微坚实一点，他就更少地依赖于科尔茨（议会）了。统治初期，加泰罗尼亚宣布的伯爵之和平为詹姆斯的代理人将权威延伸至各个地区提供了机制。这样一来，正如在同时代的法兰西与英格兰那样，统治者的公正日益为所有臣民所经历。财政管理受益于像艾伦·伊本·叶海亚或阿比纳菲尔这样的犹太顾问的专门知识，此人在巴伦西亚代表詹姆斯担任收税员；甚至在加泰罗尼亚和阿拉贡的城市里，犹太执行官照看着王室土地和权利，虽然在大彼得治下，科尔茨（议会）坚持认为犹太人应该排除在公职之外。

六

具有骑士风范的詹姆斯在阿拉贡—加泰罗尼亚为一个意志坚定、雄心勃勃的统治者所接替，这位统治者的规划在于捍卫巴塞罗那家族的权利，因为不管是在弟弟被任命为独立国王的马略尔卡，还是在妻子康斯坦丝拥有尚未实现的王位要求权的西西里，他都对这些权利进行了设想。比森说，他为"世所罕见：一个伟大的父亲生出的一个更伟大的儿子"[11]。为了与卡斯蒂尔均衡地保持关系，他将被剥夺了继承权的卡斯蒂尔王族成员塞尔达王子置于监护之下。然而，彼得不愿接受他的弟弟要求独立的诉求，尽管他知道这是他父亲的意图；他成功地让马略尔卡的詹姆斯二世做出让步，迫使詹姆斯在 1279 年承认兄长为宗主。他也想惩罚詹姆斯，因为詹姆斯在重新开始的争夺乌赫尔控制权的斗争中支持他的敌人。他强硬地对待詹姆斯，这是一个严重的错估；彼得的目的在于使詹姆斯远离法兰西宫廷，因为法兰西宫廷明显是马略尔卡王国的支持来源。该王国统治着鲁西荣和蒙彼利埃，处于阿拉贡—加泰罗尼亚的重压之下。但是，当法兰西和阿拉贡的冲突最终爆发时，詹姆斯对兄长的憎恨只会将自己迅速地推进法兰西阵营。至少严格地来说，詹姆斯发现自己被迫参加加泰罗尼亚科尔茨（议会）；由于加泰罗尼亚甚至不是一个王国，这是一种奇怪的羞辱。他被拒绝给予在鲁西荣铸造自己货币的权利，彼得不把鲁西荣看成马略尔卡王国的伯爵领，而是碰巧被马略尔卡领主从他那里持有

661

---

[11] Bisson（1986），p. 86.

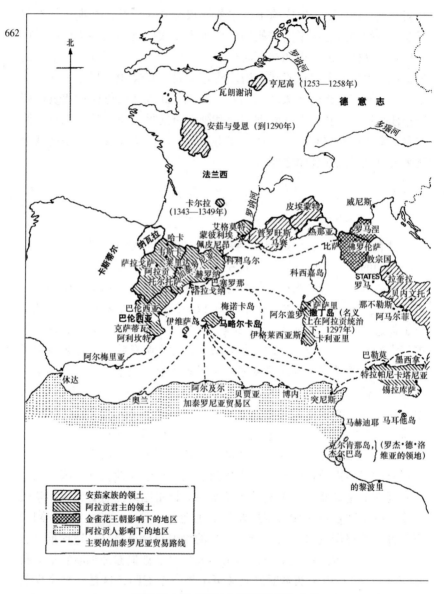

662

地图10　地中海地区的阿拉贡和安茹

663

波　兰

布达 佩斯
匈牙利－克罗地亚
贝尔格莱德

斯普利特
（斯帕拉托）
杜布罗夫尼克
（拉古萨）
阿尔巴尼亚
特拉尼都拉佐
巴里
卢切拉
塔兰托
科孚岛
雅典公国
爱奥尼亚尼斯
（奥西尼伯爵们）
雅典

黑　海

君士坦丁堡

罗得岛

法玛古斯塔
塞浦路斯岛

地　中　海

阿克
耶路撒冷王国
（1277—1291年）
耶路撒冷
达米埃塔

亚历山大

尼罗河

的加泰罗尼亚伯爵领。实际上，詹姆斯变成彼得的司法权之下的一位强大的贵族，因其特别高贵的称号而与其他人区别开来；他及其继任者毫不意外地努力重建与阿拉贡的平等地位，詹姆斯一世在遗嘱中对此有所设想。

与詹姆斯一世相比，彼得对政治的处理方式并非那么不切实际，这也可以从他在 1282 年处理北非十字军征战中看出来。他努力使教宗相信他值得托付一次十字军征战任务，结果未被理睬（教宗马丁四世是安茹的查理的亲密盟友）；教宗和那不勒斯的安茹王朝肯定对彼得在十字军征战中的动机产生怀疑，如此接近其妻子对西西里提出继承权的时间。尽管彼得坚持说他在马格里布拥有有用的盟友，他们可以很快变成基督徒，但彼得抱着影响西西里的事件的希望前往科洛（阿尔科尔）是毫无疑问的。不管如何，他在突尼斯附近出现，对安茹的查理形成挑战；自 1270 年圣路易的突尼斯十字军征战以来，安如的查理一直在积极地与加泰罗尼亚人竞争对哈夫斯王国的影响。

664　　　　彼得不是西西里晚祷起义的筹划者，这次起义于 1282 年 3 月在巴勒莫明显是自发地爆发的。但他的宫廷显然成了那些南意大利人的避难所，如拒绝了安茹的查理一世或被安茹的查理一世拒绝了的普罗奇达的约翰。一旦受邀到西西里凭借其妻子的权利接受王位，彼得就不再是一位阿拉贡征服者，而是霍亨斯陶芬家族的权利的维护者。他充分地认识到这一点，才下令西西里不应该传给他的长子，却应该在他死后与阿拉贡王冠下的其他土地分离开来，由一个拥有半加泰罗尼亚半西西里血统的支系家族统治，但事件的过程更为复杂。就马略尔卡来说，不可接受的是将征服的岛屿领土与加泰罗尼亚—阿拉贡分隔开来，而对西西里来说，这在管理上和政治上都是绝对必需的。

西西里战争蔓延到西班牙，危及巴塞罗那本身。卡佩王朝对那不勒斯的安茹王朝的支持，以及马略尔卡对卡佩王朝的同情，几乎导致加泰罗尼亚的彼得政权终结。到 1283 年年初，西西里成了他的，他的军队开始向卡拉布里亚进军，有人热切希望安茹王朝将会从意大利南部和西西里被赶出去；在波尔多以一场决斗来解决安茹和阿拉贡的争吵这种滑稽的做法没有产生任何结果。但波尔多决斗将彼得从西西里带了回来，留下他的妻子管理这个无论如何都是"她"的岛屿。阿拉贡科尔茨（议会）利用国王的受挫来确保重申古老的特权。

加泰罗尼亚科尔茨（议会）要求做出重大让步：不仅仅是不要定期征收牛税（*bovatge*）的一般性诺言，还要解雇国王的犹太官员，如金融家穆恰·德·波尔泰拉、艾伦·阿比纳菲尔和摩西·奥尔康斯坦蒂尼。同一科尔茨（议会）还制定立法《在土地和地方上》（*en les terres o llocs*），坚持认为不自由农民必须为他们的身份赎回支付费用，由此为加泰罗尼亚向农民奴役状态的长期趋势奠定了更为坚实的基础。当机会出现时，科尔茨（议会）显然急于挤压君主。

彼得被迫率军进入鲁西荣，寻找他那背信弃义的弟弟詹姆斯，力图封锁詹姆斯的领土，不让法兰西军队进入。马略尔卡的詹姆斯躲藏在鲁西荣的马略尔卡国王的王宫中，首先想方设法装病，然后逃入一处下水道，虽然他肯定知道代价将会是他的大片领土被彼得的军队占领。与此同时，教宗宣布阿拉贡国王从王位上被废黜，理由为阿拉贡是罗马教廷的附属王国（自从彼得二世在 1204 年被英诺森三世加冕后，这一关系基本上被忽视）；新国王将是法兰西的菲利普三世的次子瓦卢瓦的查理，这个名字是对他自己的叔祖瓦卢瓦的查理的拙劣模仿。1285 年，法兰西再次大规模地入侵加泰罗尼亚，发起全面的十字军征战，与此同时巴塞罗那发生内乱；彼得绞死骚乱头目，残酷地镇压了这场内乱，尽管已经向该头目保证拥有安全通行权。通过发起对鲁西荣以前的首都埃尔恩的攻击，加入法兰西一边作战，希望从彼得的人的手中夺取该城，马略尔卡的詹姆斯由此证明他是多么不可靠。比利牛斯山上的关隘似乎守备充分，足以阻挡法兰西人，直到跨越该山脉的一条道路显然被马略尔卡的詹姆斯的人出卖。拯救彼得的不是他的军事才能，因为他多半避免了与法军主力的正面对敌，而是法兰西军队中暴发的疾病；甚至国王菲利普三世也是受害者，这样一来，当法兰西军队已经控制了赫罗纳时就撤退了，垂死的菲利普被送到佩皮尼昂并在此去世，随他而去的还有此次十字军征战。

其他因素也确保巴塞罗那家族幸存下来。安茹的查理一世死于 1285 年年初，当时他的继承人萨勒诺王子查理是阿拉贡手中的俘虏，被舰队司令罗杰·德·洛里亚在海上俘获。彼得看到获取西地中海控制权的需要，留下才华横溢的舰队司令来掌管一支规模小却致命的舰队；该舰队从马耳他到法兰西南部和加泰罗尼亚的海滨对他的敌人提出挑战，在抵抗法兰西对加泰罗尼亚的入侵中发挥了主要的作用，而原本是无力抵抗的。彼得的继承人阿方索带着一支军队被派到马略尔卡，这支军队迅速占领该岛，这个岛屿尚未有时间来习惯从加泰罗尼亚—阿拉贡独立出来的想法；岛上的商人，如果有，在战争中遭受失去自由进入加泰罗尼亚市场的权利。同年，即 1285 年，大彼得去世；但是，尽管他将统治时期的大部分时间花费在热切地维护王权上，他的血统却将会在阿拉贡王位和西西里岛的王位上（进一步获取南意大利本土的希望开始减弱）延续，现已昭然若揭。

七

新国王"开明者"阿方索（1285—1291 年在位）高调地开始当政，压制马略尔卡的詹姆斯在马略尔卡岛上的权利，之后很快对米诺卡岛发动入侵（1287 年）；当米诺卡岛的穆斯林向北非传递消息，告知他们的教友大彼得即将征战科洛时，该岛的投降条约被视为遭到违反。[12]　直接控制地中海的最大天然港口马奥（马翁）也具有战略上的优势。将米诺卡岛的穆斯林集中奴隶化不仅仅是一个挣钱的机会：阿方索的行动是维护西地中海诸王国的基督教特征的大趋势的一部分，正是这位统治者首先提倡将马略尔卡城的犹太人圈禁在隔都（call on ghetto）中。甚至在萨勒诺的查理于 1289 年从被囚禁中释放后，在面对教宗那难以抚平的敌意的情况下，这样的行动或许对一位统治者来说更重要。阿方索处于来自由阿拉贡贵族和城市组成的联盟的压力下，巴伦西亚的阿拉贡叛乱贵族也使其分心，毫不意外地开始低头，暗示将放弃对他的弟弟西西里的詹姆斯的支持。1291 年 6 月，他意外去世，暂时结束了这样的首创提议；他没有孩子，他的继承人西西里的詹姆斯（阿拉贡的詹姆斯二世）起初并不愿意放弃为之如此辛苦战斗的西西里岛。

八

詹姆斯二世或许是 13 世纪阿拉贡统治者中最足智多谋的一位。

---

⑫　Ramon Muntaner, *Crònica*, caps. 170–172, in Soldevila, *Quatre grans cròniques*.

他能够将安茹王朝和教宗诱骗进以西西里换取地中海的某处领土的计划；塞浦路斯是一个甚至在阿方索三世面前都充满诱惑的美梦，但科西嘉岛和撒丁岛距离近、面积更大且被剥夺了单一君主制。当詹姆斯放弃西西里的企图与西西里人坚持认为弗雷德里克二世的后代可以独自登上王位的看法相一致时，问题得到缓解。在詹姆斯自己的弟弟、西西里的王室代理人的默许下，安茹家族返回的期望遭到坚决驳斥。于是，弗雷德里克当选为国王，发现自己随后与詹姆斯开战，詹姆斯派出军队和船只来半心半意地援助安茹家族，却与他的弟弟保持着亲热的私人通信。1297 年，卜尼法斯八世将撒丁和科西嘉国王（*Regnum Sardinie et Corsice*）的称号授予詹姆斯二世，但如果他认为詹姆斯现在坚定地站在他的阵营中，那他就是在欺骗自己。1298 年，抵制未果，阿拉贡的詹姆斯不得不承认他的叔叔马略尔卡的詹姆斯二世在巴利阿里群岛和鲁西荣恢复权力，虽然马略尔卡国王被迫再次承认阿拉贡—加泰罗尼亚统治者的封臣权。这没有阻止马略尔卡的詹姆斯制订野心勃勃的计划，在王国周围设置关税壁垒：科利乌尔港的新关税站要求向巴塞罗那商人征税的权利，类似的措施在马略尔卡得到实施，马略尔卡国王从 1302 年起开始沿着北非海岸线建立自己的领事馆，与阿拉贡的詹姆斯二世公开竞争；巴塞罗那商人做出回应，以马略尔卡为目标进行贸易抵制。[13] 在经历了马略尔卡国王桑乔（1311—1324 年在位）的更为开放的统治时期后，这种不稳定的关系以马略尔卡的詹姆斯三世反抗阿拉贡国王，以及他的王国在 1343—1344 年被入侵和合并而告终。

　　1302 年的《卡尔塔贝洛塔条约》（the treaty of Caltabellotta）没有结束西西里的阿拉贡人和那不勒斯的安茹家族对西西里控制权的争夺；但通过联姻及后来的贸易条约的方式，西西里将巴塞罗那王室、那不勒斯王室、实际上还有马略尔卡王室更加紧密地联系在一起。阿拉贡君主国因而自由地争取西班牙南部的新机会，那里的阿拉坎特（阿利坎特）被卡斯蒂尔国王（1304 年）割让给詹姆斯，最终对撒丁岛发动入侵（1323—1324 年）。在近东获取荣光的希望，随着阿拉贡人坚持保护基督教圣地的权利而复活，詹姆斯进一步推动想要成为

耶路撒冷和塞浦路斯国王的雄心壮志，虽然最后没有成功。因此，在14世纪初，巴塞罗那王室不仅仅从西西里晚祷事件的战争中幸存下来，而且已经从具有更宏伟目标的战争中崛起。但不应该夸大加泰罗尼亚—阿拉贡联盟的统一。从阿拉贡人中兴起的三个王朝支配着西班牙本土、马略尔卡和西西里，有时互有争执。从13世纪20年代的有利时机往回看，加泰罗尼亚的士兵兼编年史家拉蒙·蒙塔内尔津津乐道地讲述着这个利益共同体，它将所有拥有加泰罗尼亚血统的国王、实际上将所有讲加泰罗尼亚语的人黏合在一起。这是一种虔诚的理想，而不是准确的观察。

大卫·阿布拉菲亚（David Abulafia）

莫玉梅 译

徐　浩 校

第二十一章

卡斯蒂尔、葡萄牙和纳瓦拉

一

卡斯蒂尔的阿方索八世在 1212 年取得的胜利，反转了半个世纪以来半岛历史上的军事攻势。自从阿方索七世在 1157 年去世后，莱昂和卡斯蒂尔两王国主要处于防御状态，基督教西班牙于 1195 年在阿拉科斯经历了一个多世纪以来最严重的军事灾难，据报告伤亡人数高达 14 万，穆斯林"大军"却仅仅伤亡 500 人。① 17 年后，托洛萨的纳瓦斯之战将形势逆转，几乎不可能更具决定意义了：据大主教罗德里戈·希门尼斯·德·拉达说，双方的死亡人数分别为 25 人和 2 万人——大主教肯定知道这些，因为他在现场；因为他是历史学家，所以他肯定说的是实话。②

胜利的代价和结果一样壮观。在此战之前的几个月里，阿方索八世在国内外招募士兵，一直为参与基督教世界事业的所有志愿者应付开支。虽然并不是说许多开支一起到来，至少不会来自国外，但纳瓦斯的开支，拿阿方索自己的话来说，"几乎不可承受的繁重"。二十年来，编年史家奥斯马的胡安主教证实了这一点。国王在这项事业中像"流水"一样花费黄金，慷慨赠予钱财的速度和他的铸币者可以提供货币的速度一样快。③ 在本章将要考察的三个王国中，卡斯蒂尔

---

① 可参看该章作者收录在《新编剑桥中世纪史》前一卷中的文章。William of Newburgh, *Historia rerum Anglicarum*, ed. Howlett, p. 445；Lomax（1978），p. 120.

② *DRH*, Ⅷ, 10.

③ "Chronique latine inédite"（hereafter "CLI"），c. 21；González（1960），Ⅲ, p. 567.

669

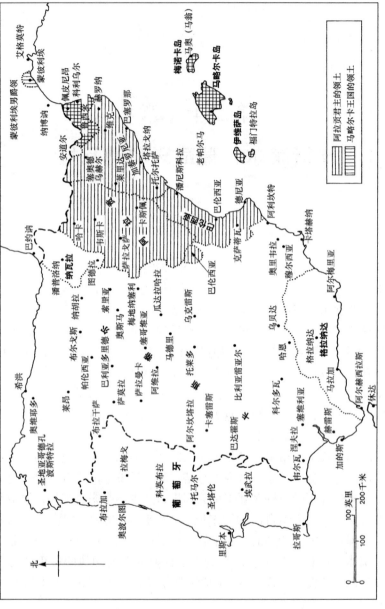

地图 11　1300 年前后的伊比利亚半岛

到目前为止需要防御的边疆最宽广，这样做的代价以及推进基督教对半岛的重新征服的代价，将会严重削弱 13 世纪及以后的国王的实力，将负担强加于他们的王国上，纳瓦拉与葡萄牙两个邻国大体上不存在这种负担。例如，在 1210 年 10 月写下的遗嘱中，桑乔一世有 100 多万莫拉比蒂诺（*morabitini*）和要处理数量惊人的珠宝、盘子和值钱物品。从那份遗嘱来看，王国中的所有教堂都受益，他在统治期间（1185—1211 年）曾不断烦扰它们——甚至科英布拉，它的主教唐·佩德罗·索埃罗在国王死前一个月"几乎赤身裸体"地抵达罗马教廷，告诉教宗桑乔习惯在其主教区的教堂里安置弓箭手、狗、鸟和马，并且养着一个他每天都向其请教的私人巫师。甚至教宗英诺森三世本人，国王遗赠给他 100 马克黄金。④ 正如孔波斯特拉副主教阿丹·费尔南德斯在 13 世纪 30 年代所看到的，

> 依然期待的
> 是必需的资金。⑤

甚至比钱更有价值的是人力，因为在 1212—1248 年，卡斯蒂尔王国的边界长度增加了 50% 之多。⑥ 在一代人期间，基督教西班牙的前线推进了很远的距离，比得上前 500 年的距离，所有这一切都没有外国人的帮助，外国人在纳瓦斯的耻辱表现结束了他们对半岛重新征服运动的可疑贡献。在整个 13 世纪，西班牙大体上独自行事，被迫依靠自己的资源、人力和财力。北欧在西班牙事务中的利益为 1195 年的灾难所加强，却随着失败后的大捷而逐渐减弱。⑦ 然而，"重新征服"是一个具有欺骗性的术语，从中可以演变出各具差别的意思。现代历史学家尤其构想出这两个意思：军事征服（*reconquista militar*）和缓慢征服（*reconquista lenta*），分别近似于军事占领和殖民进程：有一种区别在修士吉列尔莫·佩雷斯·德·拉·卡尔萨达用诗歌描述的重新征服塞维利亚的后果中被预料到。他警告说，占领塞维利亚是

---

④ Serrão (1979), pp. 107 – 108, 129; Almeida (1967), pp. 168 – 170; Mansilla (1955), pp. 477 – 479; Herculano (1846 – 1853), Ⅲ, pp. 286 – 291; Brandão, *Cronicas de Sancho I*, pp. 261 – 264.

⑤ "In terra summus/ Rex est hoc tempore nummus": Ríos (1862), pp. 355 – 356.

⑥ Vicens Vives (1967), p. 223.

⑦ Lomax (1988).

一回事，保有塞维利亚是另一回事。今天得到了，明天可能会失去。他警告道："记住达米埃塔！"⑧ 1250 年的塞维利亚当然没有面临在 1219 年使达米埃塔陷入困境的那种封锁的景象。即便如此，在纳瓦斯之战发生的 1212 年，卡斯蒂尔饱受饥荒和农作物与牲畜"歉收"之苦；1254 年，位于王国中心的塞哥维亚报告了人口减少的联合影响：大概由前 30 年间去南方的机会所造成的人口稀少（*raritas habitancium*）和土地耗竭（*sterilitas possessionum*：肥力减弱）。⑨

671　　　移民和土地是塞哥维亚主教的坐标，提供了一个便利的体系，从中可以查看卡斯蒂尔的斐迪南的统治（1217—1252 年）。然而，为了充分领会斐迪南成就的重要性，首先对其前任的成就中的事件做一简单概括是必要的。那部拉丁编年史的作者说，亨利一世（1214—1217 年在位）是好样的，当他的父亲阿方索八世在 1214 年 9 月去世时，他年仅 10 岁就被推上了卡斯蒂尔王位，而且不到一个月，他的母亲埃莉诺·普兰他日奈也去世了；于是，摄政权先是移交给这位少年国王的姐姐贝伦格拉，由于"王国的境况日益恶化"，摄政权落到伯爵阿尔瓦罗·努涅斯·德·拉腊身上。亨利将其监管权保留到 1217 年 6 月，那时他因被玩伴（或保育员）掉下（或扔出）的瓦片（或石头）砸中头部而身亡。⑩

贝伦格拉借此机会努力造成更大的影响，以此对抗卡斯蒂尔贵族和她的前夫莱昂的阿方索九世，莱昂的阿方索在这个时刻的"帝国"设想受到社会地位高的同代人的评论。⑪ 作为阿方索八世活下来的年长女儿，贝伦格拉是王国的女继承人，但考虑到她谦卑的性别或这个性别具有的不胜任特征（两位主教编年史家对此产生分歧），她放弃了继承权，支持斐迪南；他是她在 1201 年为阿方索九世所生的儿子，（正如另一时人所谈到的）一直"像个小男孩似的"顺从于她的统治。⑫ 到 1217 年 11 月，阿尔瓦罗·努涅斯·德·拉腊被俘，被迫献

---

⑧　Vicens Vives (1967), p. 144；Catalán and Gil (1968), verses 90 – 91.

⑨　*DRH*, Ⅷ, 13；LInehan (1981), pp. 488 – 489.

⑩　"CLI" cc. 31 – 32；*DRH*, IX, 1 – 4；González (1980 – 1986), Ⅰ, pp. 69 – 72, 232 – 235.

⑪　"CLI", c. 36 （'elatus uento inanis glorie quam conceperat sicut dicebatur de imperio habendo'）；*DRH*, IX, 5 （'eo quod imperio inhiabat'）．几乎可以确定的是，《未公布的拉丁编年史》的匿名作者就是 D. 胡安，斐迪南三世的大法官兼奥斯马和布尔戈斯主教（死于 1246 年）。

⑫　"CLI", c. 35 （'cum ipsa femina esset labores regiminis regni tolerare non posset'）；*DRH*, IX, 5 （'Ipsa autem intra fines pudicicie et modestie supra omnes mundi dominas se coartans, regnum sibi noluit retinere'）；Lucas of Tuy, *Chronicon mundi*, ed. Schottus, p. 112 （'ac si esset puer humillimus sub ferula magistrali'）．

出所有的城堡来换取自由，莱昂国王承认斐迪南为卡斯蒂尔国王。[13]
编年史家图伊的卢卡斯正是在我们论及的这个阶段添加了对西班牙新
黄金时代的凯旋论描写，而不是在对纳瓦斯之战的描述之后。这一黄
金时代引起塞维利亚的伊西多尔对这片土地的赞美，其中天主教信仰
盛行，异端被镇压，萨拉森人的要塞投降，而人们富足和平地在这片
土地上劳作，教堂和修道院突然在四处涌现。[14] 自 1157 年分裂的两
个王国重新统一的道路敞开了；1218 年 7 月，当洪诺留三世推翻英
诺森三世早期的判决，宣布斐迪南为莱昂王位的合法继承人时，这一
前景变得更为美好。[15] 1230 年，在纳瓦斯之战和对塞维利亚的重新征
服之前，莱昂和卡斯蒂尔两王国最终统一。

672

然而，同时还需要注意安达卢西亚。

1214 年，饥饿出现在正围攻巴埃萨的胜利者当中，此时双方都
已筋疲力尽，迫使阿方索八世和马拉克什的阿尔莫哈德哈里发同意休
战。事实上，那年半岛上的贫困如此极端，以至于大主教罗德里戈甚
至解除了卡拉特拉瓦驻军大斋期禁食的规定。虽然考虑到在他的描述
中，这样提供的肉"对人类来说是不常见的"，但斋戒似乎更可取。[16]
此外，为了给她的儿子争取王位，贝伦格拉耗尽了从阿方索八世那里
得到的所有遗产。[17] 然而这时，王室的财政随着十字军东征情感从第
四次拉特兰公会议上流露出来而得到缓解。洪诺留三世想推动再征服
运动的期望，促使他将斐迪南三世的地位合法化；1218—1219 年，
教宗任命大主教罗德里戈为卡斯蒂尔、阿拉贡和莱昂的教宗使节，将
公会议决定的十字军的 1/20 收入和其他教会收入委托给他。然而，
结果不太尽人意；1220 年 7 月，关于大主教在财政方面耿直无私的
问题导致他的任命被取消。[18] 然而，斐迪南自己的地位到那时在物质
上已经得到巩固。1219 年，他娶了士瓦本的菲利普的女儿比阿特丽

---

[13] González（1980 – 1986），pp. 232 – 247.

[14] "哦，那些人是多么快乐！"（'O quam beata tempora ista'）；Lucas of Tuy, *Chronicon mundi*, ed. Schottus, p. 113.

[15] González（1980 – 1986），Ⅰ，pp. 247 – 248；Mansilla（1965），no. 179.

[16] González（1980 – 1986），Ⅰ，pp. 278 – 279；*DRH*，Ⅷ，14. Lomax（1978）p. 130，就此提到吃人肉的事。

[17] "CLI"，c. 37.

[18] Linehan（1971），pp. 6 – 9.

斯为妻，1224 年 6 月在布尔戈斯宣布了继续再征服运动的计划。[19]

编年史家说，所有的贵族都高兴起来了——这是可以理解的，因为南部有丰厚的外快可得。但他提到，他们也感到迷惑不解，这是不可理解的。毕竟，正如斐迪南所说的，通向南方的大门已经打开，道路已经清除干净。1212 年，乌贝达的穆斯林保卫者给基督徒提供了 100 万金币，只要求他们离开；以西欧人的眼光来看，基督教领导者拒绝了——尽管从大主教罗德里戈对此事的叙述来判断，他们是不情愿的。[20] 正如在 1085 年前的半个世纪里那样，在纳瓦斯之战后，个人利益，即同时代的编年史家通常所指的军事薪酬的慷慨程度[21]，和基督教世界的利益之间的平衡将会被打破。但是，鉴于基督徒在 1085 年前已经接受进贡的黄金（parias），延缓了清除基督教敌人的行动，另一方针在 1224 年后被采用。

673　　通向南方的大门已经打开，道路已经清除干净，因为卡斯蒂尔在 1224 年获得了永久的和平，但安达卢西亚仍如往常一样动荡不安。[22] 哈里发优素福二世（穆斯坦绥尔）在那年年初被牛角刺穿而去世后，阿尔莫哈德政权的宗教与社会分歧立即浮现。三个哈里发职位的要求者出现了，即马拉克什酋长们的提名者阿布·穆罕默德·瓦希德、塞维利亚的阿布·穆罕默德·伊本·曼苏尔·阿迪勒和科尔多瓦的阿布·穆罕默德·阿布·阿卜杜拉（贝伊亚斯）；阿迪勒很快迫使最后一位要求者只剩下自己的出生地巴埃萨，因此贝伊亚斯在 1226 年 4 月与斐迪南三世联合起来。[23] 与此同时，卡里翁召开的元老院会议（1224 年 2 月）发出命令：次年 9 月在托莱多集合军队。阴暗的 1212！然而，这一次安达卢西亚余下的地方不适合进行任何类型的激战了。实际上，一系列成功的围攻连续发生，那年 10 月始于奎萨达。[24]

至于从那时到 1248 年发生的一连串事件，我们现在可能和当时

---

⑲　"CLI"，cc. 40，43.

⑳　DHR，Ⅷ，12：'…quod et aliqui acceptarunt, dolentibus admodum regibus, dissimulantibus tamen propter instanciam magnatorum'.

㉑　"CLI"，cc. 46，49，70.

㉒　"CLI"，c. 43：'Porta siquidem aperta est, et uia manifesta, paxnobis reddita est in regno nostro. Discordia et capitals inimicicie inter mauros, secte et rixe de nouo exhorte'；Dufourcq（1968），pp. 39–44.

㉓　他们的盟约象征性地在托洛萨的纳瓦斯签订。

㉔　"CLI"，c. 44；Lomax（1978），p. 137；González, Reinado, Ⅰ, pp. 287–293.

涉事的那些人一样知之甚少。对一个世纪后进行记述的伊本·哈勒敦来说，基督徒似乎在安达卢西亚周围建起一道人墙。[25] 然而，卡斯蒂尔的编年史家们忍着没有对此进行详述，详述的尝试在这里将会是不合适的。[26] 不过，对这 24 年所发生的所有令人头昏眼花的不合理之处来说，某些不变的事物是可辨别的。其一，在一个签订休战协定比不上违反休战协定快以及派系斗争、政变与反政变在安达卢西亚现存的王国中普遍发生的时期，马拉克什的阿尔莫哈德哈里发未能为半岛上的穆斯林提供援助。因此，哈里发将自己置于一连串本土领导者之下。这些领导者中最早的是伊本·赫德·雅达米；通过谴责阿尔莫哈德人为支持分裂者，他首先于 1228 年在穆尔西亚成名。在自称埃米尔后，伊本·赫德承认巴格达的阿拔斯哈里发。但正是他的军事能力使他赢得名望，令基督教卡斯蒂尔人称他为大首领（*almogàver*）。[27] 然而，他的优势并不持久。1230 年，伊本·赫德在阿兰赫被莱昂的阿方索九世打败，随后，阿方索九世一鼓作气占领了梅里达和巴达霍斯，两年后赫德的权威被进一步削弱，那时先是穆罕默德·伊本·优素福·伊本·奈斯尔（伊本·艾哈迈尔：红色）夺取了阿尔霍斯的控制权（由此为奈斯尔王朝的建立打下基础，该王朝将从 1237 年直到 1492 年统治格拉纳达），[28] 然后赫德的总督被驱逐出塞维利亚。在 1232—1233 年冬天失去特鲁希略和乌贝达后，伊本·赫德同意与斐迪南三世签订停战协定。

一群穆斯林新贵愿意与基督徒和平共处，愿意按照 11 世纪 30 年代的做法缴纳大量的贡金，每天高达 1000 第纳尔（dinars），也不愿意在甚至更新的穆斯林新贵手中受辱。这是经常重复的模式，对基督徒有着不变的好处，1230 年后意味着对卡斯蒂尔人有好处。有位卡斯蒂尔目击者将阿方索九世和桑乔二世分别在攻占巴达霍斯和艾瓦斯时遭遇的败绩，与斐迪南三世的军队在 1225—1226 年取得不可抵抗的进展做了对比；据他所说，甚至在那个日期之前，莱昂和葡萄牙都

674

㉕　"Histoire des Benou l'Ahmar", trans. Gaudefroy-Demombynes, p. 49.

㉖　Primera crónica general, c. 1069: 'Et la manera en como se los fechos todos y acaescieron non diremos, ca se alongarie mucho la estoria'. 参见 González (1980 – 1986), Ⅰ, pp. 287 – 394.

㉗　In the sense of "plebeyus strenuus": "CLI", c. 53.

㉘　Arié (1973), pp. 55 – 60; Harvey (1990), pp. 20 – 26.

不可能相竞逐。㉙

　　实际上，甚至对卡斯蒂尔人来说，南下进程都不是轻轻松松或连续不断的。例如，奎萨达在1224年被收复，然后再次丢失，一直持续到1231年。只有在三次围攻后，才在哈恩的防御工事上找到一个缺口（1246年）。推进的利益也不是始终如一或甚至显而易见的。尽管阿方索九世的教会在12世纪20年代正是从梅里达获得信任状是事实，当他在1230年收复该地时，孔波斯特拉大主教拒绝在他收到的报告中被描述为"西班牙最不健康的城市"的领主权，倾向于与圣地亚哥骑士团分享它。在1224—1248年，或许一半的时间里都处于休战状态，至少是正式休战状态。当然，更多的收复地是通过投降而不是通过武力得来。㉚穆斯林南方仍然是基督教叛教者的避难所，数个世纪以来一直如此：在纳瓦斯之战后的数年里，佩德罗·费尔南德斯·德·卡斯特罗、费尔南多和贡萨洛·努涅斯·德·拉腊都死于为哈里发的服务中。在一群基督徒在科尔多瓦的郊区成功地获得一个立足点，而且斐迪南三世"像一只鹰一样"迅速南下后，科尔多瓦在1236年被占领。此时，伊本·赫德几乎有200名基督徒为他服务，基督教国王拥有的还不到半数。㉛正如这些年的其他时候一样，卡斯蒂尔编年史家强调的正是人力的缺乏和斐迪南为了到达那儿而不得不经历的可怕天气。㉜

　　奥斯马的胡安的叙述止于科尔多瓦。图伊的卢卡斯和托莱多的罗德里戈的也是如此，虽然三位作者都至少在10年之后去世。他们的675　共识几乎不可能是偶然的。然而，历史学家似乎还不明白他们为什么把线划在1236年。随着老哈里发都城的收复，斐迪南三世然后与伊本·赫德及其奈尔斯对手都签订了六年的休战协定，这似乎对他们来说他们这代人的贡献已经完成，新局面已经创建出来，事实如此吗？在奥斯马主教的编年史和由同一位主教主管的从卡斯蒂尔大法官法庭传出的文献中，"边疆"这个词正是在这些年里首次在卡斯蒂尔的资

㉙ "CLI", c. 50.

㉚ 正如冈萨雷斯的著作中的地图所示：González（1980 – 1986），Ⅰ，p. 400.

㉛ "CLI", cc. 70 – 71；*DRH*, Ⅸ, 46；González（1980 – 1986），Ⅰ，pp. 287, 323 – 331；Lomax（1978），pp. 144 – 147.

㉜ "CLI", c. 48：'temporis yemalis asperity［as］et aquarum inundanciam... paucity［as］militum et aliorum hominum'.

料中出现，难道这只是巧合？[33]

还有另一种考虑，它超出在斐迪南一生中出现的半岛统治权的议题，而且将在他死后主导着卡斯蒂尔的历史。因为，在 1234 年，国王当时为莱昂和卡斯蒂尔的统治者，他的王后是两个皇帝的孙女，据说他要求教宗格列高利九世授予他皇帝的称号和"祝福"，"就像他的前辈所享有的"。随着阿方索七世加冕为皇帝的一百周年纪念日的临近，斐迪南三世可能已经回顾过去并左顾右盼。但他也可能已经向前看，朝向塞维利亚；据阿方索十世所说，西班牙皇帝曾经在那里加冕，重新征服塞维利亚使他不将他的"领地"看作王国而是帝国，并且为自己寻求皇帝加冕礼。[34]

结果，不管斐迪南三世的秘密议程的性质如何，再征服在继续，一个方向朝着穆尔西亚，另一个方向朝着塞维利亚。在贫瘠荒凉的托莱多南部历经多年后，或许仅仅是灌溉便利的南方的温暖水域就提供了充分的动机。然而，拿穆尔西亚来说，甚至更有影响的是阿拉贡人在詹姆斯一世于 1238 年占领巴伦西亚后慢慢接近。因为，虽然穆尔西亚王国在 1179 年被分配给卡斯蒂尔，但在 1225 年，当贝伊亚斯的弟弟巴伦西亚总督（wali）赛义德·阿布·扎伊德效仿贝伊亚斯成为斐迪南三世的封臣时，划分穆斯林西班牙的基础出现了问题。扎伊德是一个冒险家，有些现代历史学家倾向于把他当作一个重要的边疆人物。虽然他很快摆脱束缚，但阿布·扎伊德的主动性提醒阿拉贡要预防卡斯蒂尔的野心。卡斯蒂尔的野心在 1243 年得到证实，当时穆尔西亚统治者（伊本·赫德的儿子瓦提克）作为斐迪南三世的封臣，根据《阿尔卡拉斯条约》（the treaty of Alcaraz）将自己的王国交给卡斯蒂尔，斐迪南的儿子阿方索王子试图把哈蒂瓦划为他未来的妻子詹姆斯一世的女儿比奥兰特的部分嫁妆。然而，尽管阿方索诡计多端，（在此期间，詹姆斯将王子的代理人主教昆卡的贡萨洛的兄弟绞死）但卡斯蒂尔的野心在 1244 年 3 月［《阿尔米兹拉条约》（the treaty of Almizra）］被挫败；大约与此同时，哈蒂瓦的伊斯兰教法官叶海亚正

676

---

[33]　Linehan（1993），p. 263.

[34]　Alfonso X, *Setenario*, ed. Vanderford, p. 22；Schramm（1950），p. 134；Linehan（1993），pp. 434, 439.

式向阿拉贡人献出了他的城市。㉟

　　与此同时，阿方索王子在 1245 年占领卡塔赫纳，将卡斯蒂尔的权威扩展到地中海；次年，其父在哈恩取得的成功以及伊本·奈斯尔的有条件投降，使西部与阿方索王子取得的进展相媲美。在不可能有来自非洲的援助的前景下，塞维利亚的命运现已注定。在 17 个月里，这座被封锁和围困的城市经历了可怕的贫困，保卫者开始以树根和人的排泄物为食（"而且甚至这都难以为继"）。因为他的军队"并不庞大"，而且斐迪南意在全面投降和人口的全部撤离，所以直到 1248 年 11 月 23 日，他才带着包括封臣伊本·奈斯尔在内的随从进入该城，占领了阿尔卡萨城堡（*alcázar*）。㊱

　　1252 年 5 月，他在那里去世。七个世纪以来，这位雕像般的勇士圣徒，西班牙的被封为圣徒的孤独国王（这是单单授予他的荣誉）仍然在期待着一位可信的略传作者。图伊的卢卡斯那时称他为母亲的男孩，这是比许多对卡斯蒂尔的布兰奇的侄子的评论都更为中肯的评论。据同一权威所说，更引人注目的是，他是这一家系中第一个没有被发现有通奸行为的国王。㊲ 根据他那代人的每件大事来看，随后撰写赞词的人都详细叙述了圣费尔南多的英雄美德，其中一直突出他对神圣教会和教会事务的奉献。㊳ 因此，在这一点上，加上对卡拉奥拉和塞哥维亚两位主教的无情迫害及其拒绝执行第四次拉特兰公会议的反犹法令的行为，他在 1238 年允许瓜达拉哈拉教士们将财产遗赠给他们的孩子们，这份仁慈需要再三思量。㊴ 10 年前，当教宗使节枢机主教阿布维尔的约翰被匆忙地召唤到卡斯蒂尔来监督阿布·扎伊德的投机性改宗时，他已经下令卡斯蒂尔教士停止这种不正当的做法。神圣的国王（*El Rey Santo's*）鼓励他们继续此种做法并愿意允许他们享受他自己拒绝享受的禁果，这令我们想起那位 17 世纪的罗马圣徒也是一位 13 世纪的西班牙国王。㊵

㉟　Torres Fontes *et al.*（1990），pp. xxiii – xxx；Chabás y Lloréns（1890 – 1892）；Burns（1973），pp. 32 – 36，337 – 343；James of Aragon，*Libre dels feyts*，ed. Soldevila，cc. 318 – 41；González（1980 – 1986），Ⅰ，pp. 271 – 272，340 – 354，Ⅲ，no. 721；Harvey（1990），pp. 44 – 45.

㊱　González（1980 – 1986），Ⅰ，pp. 363 – 391.

㊲　Lucas of Tuy，*Chronicon mundi*，ed. Schottus，p. 112.

㊳　Thus Retaña（1941），pp. 415，430.

㊴　Mansilla（1945），pp. 141 – 143，160 – 163；González（1980 – 1986），Ⅲ，no. 623.

㊵　"CLI"，c. 54；Linehan（1971），pp. 29 – 30，and（1993），pp. 417，510.

在一代人的大跃进时代（Great leap Forward）结束时，卡斯蒂尔 677
有 8 万平方公里无人定居的土地去开拓殖民地，[41] 神职人员的儿子们
和其他任何人一样装备精良，应对挑战。随着 1248 年后占领从阿尔
科斯到大西洋沿岸的加的斯的塞维利亚腹地，这表明到 1252 年"从
某种意义上说再征服已经结束"[42]。然而，从最重要的意义上来说，
再征服几乎没有开始过。正如编年史家所记录的，虽然占领科尔多瓦
仅仅由几个勇士来完成，但它一旦落入基督徒手中，基督徒移民从西
班牙各地蜂拥而至：托莱多的罗德里戈说，"就像去参加王室婚礼"，
直到该城几乎不能容纳人流为止。[43] 然而，科尔多瓦不是典型的。

　　人群涌入的进程考验了卡斯蒂尔资源的极限。因为不仅仅是斐迪
南三世承担为基督徒提供机会，来取代被从塞维利亚和其他地方驱
逐出去的穆斯林的责任。据阿方索十世所说，他也给自己设置了使人
口定居于以前空置的南方地区的任务。[44] 然而，他的成功是如此的不
稳定，我们对此的认识如此不完善，以致只能斗胆提出最粗略的叙
述。由于某些原因，最空的地方是谢拉莫雷纳地区以北的广大空旷之
地。这里被委托给骑士修道会，所以它们仍然保持空旷的原样，而在
这片地区的另一端，甚至吸引人的科尔多瓦都不得不制定限制离开的
规定，包括这里的特权（fuero）都是如此。[45] 在这两个地区之间，产
生的广大机会创造出一片空白之地，显然无穷无尽的一连串"王室
婚礼"吸引着更多来自北方的客人。有些历史学家设想了一个与巴
甫洛夫学说和马尔萨斯学说相当的反应。其他人坚持认为，甚至在
1248 年后，北方仍然是相对人口过剩。[46]

　　在土地调查清册幸存下来的地方，这些内容详尽的地区清册
（repartimientos：分配清册）提供了估计人员剧变的方法。不得不强
调的是，许多或绝大多数前穆斯林城市没有被征服（或再征服）而
是有条件投降：允许那些被从居住地逐出的人至少可以待在城市附
近。随着时间的流逝，这些悲伤的遗留人员中的许多人向非洲移居。

[41]　数据来自 González（1980–1986），Ⅰ，398。
[42]　Lomax（1978），p. 159.
[43]　"CLI"，c. 74；DRH，Ⅸ，17.
[44]　Alfonso Ⅹ，Setenario，ed. Vanderford，p. 16.
[45]　González（1980–1986），Ⅲ，no. 677（1241 年 4 月）.
[46]　Ruiz（1979）；García de Cortázar（1988），p. 198.

但并不是立刻前往。对来自卡斯蒂尔和莱昂两王国的新来者来说，1252 年的安达卢西亚肯定呈现出完全陌生的景象。

如果拉弗龙特拉的赫雷斯这样的殖民者的名字为他们的来源提供了导向，那么他们主要来自半岛的那些地方。根据 1264 年的分配清册，在地名可辨认的 1014 名殖民者（一共从 1828 名殖民者中进行辨认）中，分别有 55% 和 31% 的殖民者是卡斯蒂尔和莱昂两王国的土著居民。[47] 然而，像这样的数据涉及小地方，而且在有限人数中几乎半数可能来自任何别的地方；这些数据几乎无法对未知地构成统计导向。更多的间接证据由塞维利亚的分配清册提供；据报告说，在该城投降后，已经离去的 40 万穆斯林被不足 2 万的来自加泰罗尼亚、阿拉贡、加莱西亚和新老卡斯蒂尔的殖民者所取代。（冈萨雷斯·希门尼斯表明，早期统计数据过高。）[48] 位于这一移民共同体顶端的是下级贵族（caballeros hidalgos）或具有贵族血统（de linaje）的精英阶层，他们是自古以来轮番为卡斯蒂尔和莱昂国王服役且背叛他们的古老家族的后代。在这些年里，他们出现在塞维利亚和其他地方的人数，引发对北方贵族阶级的生存状况的各种推测，这一贵族阶级发现他们有多余的儿子要推到南方去。[49] 然而，这个镀金的年青群体一直存在。不同之处在于，在早几代人的时候，这个群体反而在马拉克什的哈里发那里寻找利益丰厚的雇佣机会——确实如此，在 1248 年后仍将继续。我们也应该注意到，这里欢迎来自卡斯蒂尔的犹太移民，其中有些人显然回到他们在阿尔莫拉维德人和阿尔莫哈德人的压力下离开的那些地区。

斐迪南三世取得军事征服的速度决定了缓慢征服的性质。鉴于要逐渐与如此大量的心怀怨恨的穆斯林接触，新来者需要极为小心地留意已经议定的城市投降条件。此外，按照已达成的领土分割条款来分配土地，需要只能由那些自己的继承权处于危险中的人提供信息。[50]就此而言，卡斯蒂尔征服者面临的形势，与加泰罗尼亚和阿拉贡教友在东方面临的十分相似；自 1238 年后，加泰罗尼亚和阿拉贡对其事

---

[47]　González Jiménez（1988），pp. 59 – 67.

[48]　Primera crónica general, c. 1123；González, Repartimiento, Ⅰ, pp. 312 – 324；González Jiménez（1988），pp. 55 – 56；González（1990），p. 78（地图）.

[49]　González Jiménez（1985），p. 171.

[50]　González（1980 – 1986），Ⅰ, pp. 398 – 405.

务的殖民管理由 R. I. 彭斯做了详细描述。区别在于我们缺乏那样的具体信息，这些信息可以使征服后的巴伦西亚王国历史能够得以阐明。

二

虽然阿拉贡的詹姆斯的报告大意是说，出于对他的过度肥胖感到难堪，强壮的（*el Fuerte*）纳瓦拉的桑乔八世（1194—1234 年在位）在生命的最后 25 年里从未离开图德拉城，当然这样的评判对在托洛 679 萨的纳瓦斯之战中发起首次攻击的国王来说并不公正；然而，对纳瓦拉王国来说，事实是桑乔的统治后期是一个十分不活跃的时期。因此，在卡斯蒂尔的亨利的混乱统治期间，桑乔没有做出任何努力去收复阿拉瓦和基普斯科瓦两个地区。阿方索八世侵吞了它们，由此剥夺了纳瓦拉通往大海的出口并迫使纳瓦拉与英格兰结盟（1201 年）。在参加 1219 年的卡斯蒂尔征战后，这位土地被封锁且无子嗣的君主越来越关注如何解决继承问题，通过他相当大的购买力来拓展领土。1231 年 2 月，他和阿拉贡的詹姆斯在图德拉同意互相定为各自的继承人：因为桑乔现已 70 多岁，所以这一安排相当于将纳瓦拉转让给这位时年 23 岁的阿拉贡人。[51] 然而，在纳瓦拉国王于 1234 年 4 月去世后，纳瓦拉政治机构反而选择了桑乔的侄子，香槟伯爵蒂博四世，倾向于一个他们知之甚少的外国人的统治而不是顺从于一个他们已经了解得太多的邻居。作为特奥巴尔多一世（1234—1253 年在位），他是一位受过法兰西教育的新来者同时还带来了北方的神权统治者在社会中的地位的观念，这些观念完全异于习惯了以古代日耳曼人的方式设立国王的王国传统。作为一位才华横溢的诗人，他继承了他叔叔发胖的趋势，却没有继承他的政治管理才能。在潘普洛纳留下一个法兰西人作为王室总管后，这位兼职国王致力于他在比利牛斯山以北的利益，通过参加十字军来消除反对，因此获得教宗格列高利九世为盟友。1238 年，即使日益增加的地方不满情绪以将习俗写成法典而告终，特奥巴尔多在即位时曾宣誓捍卫这些习俗（所谓的古老的司法

[51] James of Aragon, *Libre dels feyts*, ed. Soldevila, c. 138; Lacarra (1972a), pp. 109 – 116, 121 – 127.

管辖权，*Fuero Antiguo*）；1239 年，在前往圣地（而不是安达卢西亚）之前，他毫不犹豫地将王国留给了女儿让娜，布列塔尼公爵让的妻子。然而，在从那不光彩却也"不完全无价值的"冒险行动中返回后的五年里，他撞上了一个全然比穆斯林更足智多谋的对手。在整个前任统治期间，潘普洛纳（王国里唯一的主教区）主教在城内外相继受到对其司法权的持续攻击，城市的世俗领主权为他们所有，城外的也一样。1242 年当选的主教佩德罗·西梅内斯·德·加佐拉兹反对这样的破坏行为，证明他自己"在某些方面就是潘普洛纳的格列高利七世"；在对西班牙君主具有重大影响的 1245 年，加佐拉兹使国王被召唤到里昂去对英诺森四世解释他的行动。接着发生的斗争持续到特奥巴尔多一世的统治末期，当这位前十字军战士于 1253 年 7 月在被驱逐出教的情况下去世时，毫不妥协的教宗使节拥有了道德和法律上的优势。[52]

在他的儿子特奥巴尔多二世（1253—1270 年在位）的一生中，法兰西的优势地位得到加强。对这位 14 岁的新来者来说，纳瓦拉是另一个世界，在那里国王通过宣誓捍卫司法管辖权（*fueros*）并被护罩着抬上来就职。在亚历山大四世拒绝认可与潘普洛纳主教在埃斯特拉达成的协定（1255 年 12 月），而且当地贵族挫败他使自己"像其他天主教国王"那样举行涂油礼并加冕的企图后，他选择将王国政府委托给法兰西总管，2/3 的统治时间留在香槟或陪伴他的岳父路易九世。他在 1270 年陪着路易九世，踏上了前往突尼斯的不幸的十字军东征之旅，在返回的路上死于特拉帕尼。继任者是他的弟弟亨利一世，这位国王主要以极度肥胖而闻名：这一状况在 1274 年结束了他年仅 25 岁的生命。[53]

亨利的早死引起了一场危机，只是这场危机当时没人注意。1272 年，王位的未成年继承人特奥巴尔多被许诺与卡斯蒂尔的阿方索十世的女儿联姻。然而，不久后，这个孩子伸手去抚摸埃斯特拉城堡城墙

㊽　Lacarra（1972a），pp. 131 - 161；Lacarra（1972b），pp. 9 - 30；Goñi Gaztambide（1979），pp. 589 - 604.

㊾　Lacarra（1972a），pp. 163 - 205；Goñi Gaztambide（1979），pp. 605 - 612；Linehan（1993），p. 392；Runciman（1954），pp. 291 - 292.

上的一只松鼠，从保姆的怀抱中坠落而亡,[54] 留下他的妹妹胡安娜继承王位，留下他的母亲阿图瓦的布兰奇来收拾残局。阿拉贡和卡斯蒂尔的统治者像鲨鱼一样逼近，国王詹姆斯恢复他在 43 年前与桑乔八世达成的协议，阿方索十世提出他的儿子兼继承人费尔南多·德·拉·塞尔达的要求权。然而，因为纳瓦拉的这两位近邻都分心于国内发展，结果不可避免地由法兰西人获得这只毫无自保能力的猎物。摄政布兰奇还是路易九世的另一个侄女，而且根据《奥尔良条约》（1275 年 5 月），她的女儿，即女继承人胡安娜，与法兰西的菲利普三世的儿子未来的公正者菲利普之间被安排了联姻。可以预见吞并造成分歧并长期存在，其分歧所产生的鸿沟和障碍形成最深、最古老的隔离体系。这种体系将潘普洛纳城里的纳瓦拉人和法兰西共同体分开。在一位卡斯蒂尔人被任命为主教后，事态进一步复杂化。1276年 9 月，纳瓦拉城（Navarreria）起来反抗，一支多达 3 万人的法兰西军队入城。在一场无与伦比的大肆故意破坏行动中，纳瓦拉城被夷为平地，大教堂被毁坏，到 1324 年前一直是一片废墟。法兰西人将 681 潘普洛纳用作一处后来在更远的地方获取功绩的训练场，最终彻底地占据了纳瓦拉。尽管王国的主要城市代表在 1297 年表明抵抗的存在，但胡安娜一世（1274—1305 年在位）的当政期将被视为法兰西殖民主义的一次试验，或许应该放在其他地方来考察。[55]

三

在吞并莱昂后，卡斯蒂尔向南方突击；在北方，纳瓦拉被进一步拉进法兰西的势力范围。这时，年轻的葡萄牙王国正在经历几乎连续不断的政治危机。阿方索二世的当政期（1211—1223 年）很短，在葡萄牙历史上却很关键。关于伊斯兰教，这个时期仍然不太光彩，唯一记录下来的胜利（1217 年在萨尔堡）由圣殿骑士团、医院骑士团和圣地亚哥骑士团等骑士修道会取得，获得一支驶往巴勒斯坦的德意

---

[54] 根据一种说法，他是自己跳下来的：Lacarra（1972a），p. 197。至于那只松鼠的命运，历史上没有留下记录。

[55] Ballesteros（1963），pp. 793 – 806；Lacarra（1972a），pp. 116 – 120，195 – 250；Goñi Gaztambide（1979），pp. 650 – 651，660 – 665.

志和佛来芒舰队的帮助。由主教里斯本的索埃罗提供给这支舰队的诱惑，令人想起70年前里斯本被占领时的情形。差别在于国王本人此时不在场。然而，拿埃尔库拉诺的话来说，“虽然没有国王更不好战，但没人更好战”。当主教在萨尔堡时，他一如既往地联合里斯本教长维森特大师掠夺他的教堂——主教大约告知了洪诺留三世。阿方索二世是一个只关注自身的统治者。将阿方索二世的遗嘱与其父的进行比较，二者的差别显现出来。除给他一生中曾迫害的所有教堂留下遗赠外，桑乔一世给婚内外所生的无数子女中的每一个人都有遗赠，而阿方索——如埃尔库拉诺所描绘的，“执着于自己的仇恨”，只记得瓜达主教区（那时维森特大师是这里的主教），用少量的钱财打发了他的私生子女。(56)

他提升王室权威的观点不是全新的，启发该观点的原则早就体现在世俗信徒茹利昂·派斯的大法官法庭规划中，此人从1183年到1215年担任王室大法官。新的地方在于阿方索将之付诸实践，通过他的“过早发展的中央集权制”与独特的世俗思想为主导的行政管理、他建立的公证人办公室和记账的做法来实现从记忆到书面记录的
682 转变。(57) 正如“葡萄牙人的国王”的称号为“葡萄牙国王”的称号取代所反映的，正是他对国家统一事业的承诺，决定了他对桑乔一世将领土遗赠给女儿特蕾莎、桑查和玛法尔达三位公主的行为的态度。桑乔一世的遗赠为他的儿子的当政期制定了议程，阿方索对这些遗赠的拒绝则为这个世纪余下的岁月制定了议程。阿方索二世反对他父亲的遗嘱安排，认为王室祖产的任何缩减在本质上是无效的。在将其驱逐出教并下达禁令四年后，英诺森三世于1216年认可了他的反对，把处于争议中的城堡和修道院的用益权分配给姐妹三人，却没有将她们的司法管辖权分配给她们，而且把尚有纷争的财产置于圣殿骑士团的控制之下。在桑乔一世的一生中，教宗的统治在其他情况下有利于国王；教宗早些年认为，桑乔一世鄙视罗马教会的行为明显带有异端

(56) Herculano (1846 – 1853), Ⅳ, pp. 137, 152; Costa (1963), pp. 76 – 78; Brandão, *Crónicas de D. Sancho I*, ed. Basto, pp. 238 – 240, 261 – 264, 283 – 285; Peres (1949), pp. 1 – 8; Serrão (1979), pp. 116 – 122; Mattoso (1993), pp. 108 – 113.

(57) Costa (1975), pp. 150 – 155; Mattoso (1988), Ⅰ, p. 75, Ⅱ, pp. 57 – 58, 84 – 90, 107 – 108, 202; Azevedo (1967).

的嫌疑。⑱ 因此，最终结果（在达成最终结果的过程中，以坚持法律规定著称的教宗不是一次而是两次改变立场的事实形成绝妙的讽刺）倍加讽刺，因为阿方索二世现在正是在教宗许可的情况下着手巩固继承权，所以这样做导致与葡萄牙教会产生冲突。

严格地从葡萄牙人方面来说，这也具有讽刺意味。然而，另一个胖国王（o Rei Gordo）也是一个卓越的"立法之王"（o Rei legislador），正如在其当政期的第一年颁布的最早葡萄牙法律全集所示。1211 年的法律为教士阶级提供了前所未闻的特权，尤其是世俗特别法庭豁免权。1218 年，阿方索也向他们保证支付应向王室土地（reguengos）收取的教会什一税，"他们在我们先祖时期不习惯收取这些赋税"⑲。然而，这些规定中隐藏的是世俗范围与教会范围之间的激进"分离原则"，以及找出作为土地领主的教会人士的神经痛点之意。阿方索二世新政的协调性，打断了葡萄牙过去的不均匀对角线，产生的影响立即可以感觉到；1220 年，为了查明由王室土地缴纳什一税造成的损失程度，特别是在桑乔一世（所谓的"市政国王"）当政期，以及由什么依据决定不仅各个县（concelhos）而且所有土地所有者享有所拥有的财产，为建立和确认头衔（inquirições gerais；confirmações）的各种调查开始了。虽然世俗贵族（在公主事件上已经分化）被冒犯甚深，但所有被调查的人中的大多数是处于好争论的首领大主教布拉加的埃斯特旺·苏亚雷斯领导下的王国主教们。到 1222 年 6 月，纷争导致强制驱逐出教和禁令的惩罚，使洪诺留三世到了发出威胁支配权的召见令的程度。虽然阿方索在遗嘱中声称要向教宗屈服，但他在 1223 年 3 月因麻风病去世时，仍被拒绝举行基督教葬礼。⑳

他的儿子桑乔二世即位时（或许）只有 14 岁，国家事务的指导权仍然在前政权的幸存者手中，即那些近来被教宗斥责过的"潜藏在王室内部的青蛙佬"，尤其是王廷的男管家（mordomo）贡萨洛·

⑱　Brandão, *Crónicas de D. Sancho I*, ed. Basto, pp. 165 – 176；Costa and Marques, *Bulário português*, pp. 296 – 297, 301 – 304, 331 – 333, 356, 376 – 378；Herculano (1846 – 1853), Ⅲ, pp. 291 – 294；Almeida (1967), p. 171.

⑲　Mattoso (1988), Ⅱ, pp. 154 – 157；Costa (1963), pp. 67 – 74.

⑳　Brandão, *Crónicas de D. Sancho* Ⅰ, ed. Basto, pp. 283 – 285；Almeida (1967), pp. 172 – 176；Costa (1963), pp. 105 – 107；Mattoso (1993), pp. 115 – 116, 205 – 241.

门德斯和前面提到的里斯本教长，即从 1224 年起担任王室大法官的
维森特大师（别名为著名的教会法学家文森提乌斯·西斯潘努斯）。[61]
虽然这个任期以向布拉加大主教支付大量的赔偿款项为始，但与教会
的关系很快再次恶化。在 1224 年和 1231 年，里斯本主教向罗马报告
说，依靠国王阿方索一世的某种"体制"，王室官员和犹太人与摩尔
人一起负责，习惯于在夜晚闯进教士家中，为了查看他们是否与他人
同床。[62] 然而，桑乔二世在这些年里能够放纵自己专注于教士道德
上，和斐迪南三世被默许纵容这样的行为一样不受惩罚，因为除在杜
罗河和米尼奥地区之间实行其父亲的审判活动外，他在反伊斯兰教的
作战中也紧随卡斯蒂尔国王之后。实际上，格列高利九世在 1234 年
10 月准许葡萄牙再征服运动的参与者享有十字军豁免权。四年后，
占领梅尔图拉使基督徒距离南部海岸不到 50 公里了。1242 年，特别
是在有圣地亚哥骑士团和医院骑士团参与的情况下，塔维拉被占领。
在阿连特茹和阿尔加维处于桑乔二世的控制之下后，葡萄牙再征服的
军事阶段差不多已经结束。[63]

那种控制等于什么都没有，这很快变得明显起来。诚然，葡萄牙
再征服运动的最后阶段取得的成就没有外来援助，这表明一种人口恢
复的程度，1226 年后给王国中心地带的新定居地授予的市民法（*fo-ros*）暗示了这种恢复程度。例如，到 1220 年，吉马朗伊斯的北部地
区显然已经从 1190—1210 年的瘟疫、饥荒和阿尔莫哈德人的影响中
崛起，从那时到 1258 年，人口的可能增长率高达 45%。不过，人口
恢复或再分配没有治愈王国普遍的政治不稳定。实际上，正如在卡斯
蒂尔那样，向阿尔加维移民的影响将反而加剧南北的紧张关系，国王
在政治上的无能证明对此是无能为力的。[64] 此外，在抵达阿尔加维
后，桑乔二世在再征服的辩证关系中达到了他的目的。对葡萄牙贵族

684

---

　　[61] Brandão, *Crónicas de D. Sancho II*, ed. Basto, pp. 15 – 16; Costa (1963), pp. 104, 165, 250, 563.

　　[62] Almeida (1967), p. 177; Costa (1963), pp. 115, 183 – 184. 另：里斯本教省会议颁布的法令
（大约 1240 年）禁止神职人员在担任神职时生育后代并禁止他们玩骰子：García y García (1982)，
p. 293.

　　[63] Brandão, *Crónicas de D. Sancho II*, ed. Basto, pp. 51 – 61, 65 – 77; Serrão (1979), pp. 127 – 129;
Almeida (1967), p. 181.

　　[64] Serrão (1979), p. 127; Mattoso (1988), II, pp. 15 – 28, and (1993), pp. 165 – 172, 243 – 249;
Coello (1981), pp. 519 – 520. 据愤愤不平的教宗使节在 1268 年所说，"埃斯特雷马图拉"是王国人口最
稠密的地区：Marques (1993), p. 520.

或教宗来说，国王不再是不可或缺的人。

虽然这个统治时期晚期发生的一连串事件通常不为人所知，尤其有两个因素或参与者，显然在以 1245 年危机而告终的政治集权化过程中起着重要作用。一个是马蒂·基尔，据说他在大法官维森特于1235/1236 年离开前去就任瓜达大主教后开始对国王产生显著影响；另一个当然就是葡萄牙主教，他自 1223 年起从未减少其控告行为，而且提供了马蒂·基尔是桑乔一世的同居女巫的孙子的报告和详情。连续几任教宗恰当地至少对他们的一些更骇人听闻的指控表示怀疑。但随着桑乔的军队慢慢靠近阿尔加维，他们以国王的名义犯下了前所未有的滔天大罪；当时由桑乔的兄弟费尔南多·德·塞尔帕指挥的穆斯林部队侵犯了一座里斯本教堂的圣殿，穆斯林士兵闯入其中，然后侮辱耶稣受难像并亵渎圣油和保留的圣餐。尽管这位王子接受与其冒犯行为同样引人注目的忏悔，但禁令还是被强制实行。冒犯行为达到了高潮。这时，独身的桑乔因娶了门西亚·洛佩斯·德·阿罗而招致英诺森四世的怒火。正是从国王的另一个兄弟伯爵布洛涅的阿方索那里受到这对夫妇的血缘关系未出四服的指控，此人继承王位的前景受到最为直接的影响。虽然其他教宗曾宽恕比这更为公然违反教会法的行为，但英诺森在 1245 年 2 月命令这对夫妇离婚。[65]

在接下来的六个月里，随着里昂公会议准备工作的进行，事件迅速地了结了。1 月，自 1233 年定居在巴黎的伯爵阿方索参加了十字军。3 月，教宗因其道德堕落和未能治理其王国为由斥责桑乔，并威胁要进一步采取措施，除非他即刻改过自新。4 月，这位伯爵获得授权，将率领东征队伍前往伊比利亚半岛而不是中东。1245 年 7 月 24日，由于桑乔对教会和教会人士的一贯迫害及其政权的制度化道德败坏，而且"尤其因为葡萄牙服从于（censuale）罗马教会"，英诺森四世根据教谕《极大的不相配》（Grandi non immerito）将王国的管理权移交给布洛涅伯爵。9 月 6 日，葡萄牙主教区的代表在巴黎见证了伯爵做出贤明统治的庄严承诺。[66]

英诺森坚持认为他的判决不是废黜国王的判决：国王没有被剥夺

　　⑥⑤　Almeida（1967），pp. 180 – 182；Costa（1963），pp. 259 – 266.

　　⑥⑥　Herculano（1846 – 1853），V，pp. 7 – 53；Almeida（1967），pp. 184 – 187；Peters（1970），p. 135 –169；Brandão，*Crónicas de D. Sancho II*，ed. Basto，pp. 363 – 365.

王国，被剥夺的只是王国的管理权。但随着公会议的开始，就在英诺森废黜皇帝弗雷德里克二世一星期之后，欧洲舆论做出了另外的判断。据称，里斯本主教艾雷斯·瓦斯克斯在里昂提出抗议，说《极大的不相配》的结果将会引起阴谋和叛乱，这一抗议将会得到不少人的支持。[67] 在伯爵阿方索于 1246 年到达葡萄牙后发生的内战中，桑乔二世为骑士修道会所放弃，这些修道会在桑乔大获成功的年岁里获益巨大。但他获得卡斯蒂尔王子未来的阿方索十世的积极支持，阿方索自己的当政期将以相似的状况而结束；1248 年 1 月，正是在托莱多，这位实际上被废黜的国王去世了。[68]

如果在巴黎接受其保证的主教们认为，他们从布洛涅伯爵那里获得了一位傀儡国王，那么阿方索三世（1248—1279 年在位）的当政期使他们从这种想法中醒悟过来。这位新来者长期旅居法兰西，并没有削弱他的葡萄牙人的决心。教会人士在 1245 年见证的贤明统治承诺也就仅此而已。然而，当政期伊始没有暗示即将到来的是什么。为了与他作为幌子返回葡萄牙的十字军身份保持一致，他的第一次行动对准葡萄牙的伊斯兰教残余。考虑到斐迪南三世最近在塞维利亚的表现，他于 1249—1250 年清除了阿尔加维的法鲁和其他地方残余的零星抵抗。这些成功带来的直接影响是使他与卡斯蒂尔的关系复杂化了，因为阿方索已经顺利地替代了梅利里亚统治者伊本·马赫福，此人是阿方索王子的封臣。此外，虽然卡斯蒂尔与阿拉贡的边界线早已确定（至少在理论上），但与葡萄牙的边界线并没有确定。卡斯蒂尔人毫不愧疚地跨过瓜的亚纳河这道地理上设置的天然界线，前卡斯蒂尔王子、现在的国王阿方索十世在 1252 年提出对锡尔维什的要求权，战争却因教宗的干预而被阻止；英诺森四世做出安排（1253 年 1 月）：卡斯蒂尔人保留对此地的使用权，这不影响葡萄牙人对主权的诉求。[69] 这种解决方法通过阿方索和阿方索的私生女比阿特丽斯之间的联姻协议确定下来，锡尔维什的最终命运在这对夫妇的长子年满七岁前一直悬而未决：这是一个不太完美的解决方法，因为八岁的比阿

686

---

[67] Saraiva (1872), pp. 65–87; 参见 Herculano (1846–1853), V, p. 47n.

[68] Herculano (1846–1853), V, pp. 54–81; Serrão (1979), pp. 135–7; González (1980–1986), I, pp. 272–275; Mattoso (1993), pp. 126–133.

[69] Almeida (1922), pp. 215–219; Quintana Prieto, *Documentación*, no. 841; Mattoso (1993), pp. 133–139.

特丽斯是阿方索的近亲，而且阿方索已经有了一位14岁的妻子女伯爵玛蒂尔德，她仍然健在并在法兰西居住。甚至对葡萄牙统治者来说，重婚是一种新的背叛，亚历山大四世在1255年谴责了这一联姻。然而，玛蒂尔德在1258年去世，比阿特丽斯（现已14岁）在1259年生下第一个孩子，1261年生下第三个，即未来的国王迪尼斯（因此解决了阿尔加维的问题）；这促使乌尔班四世做出让步，在1263年解除该王国因虐待儿童的外交行为而被判决的禁令惩罚。正如1218年的斐迪南三世一例来说，1263年关于“迫切需要和明显效用”的考虑证明是起决定性作用的。1245年，桑乔二世与妻子的关系不比他与兄弟的更亲密，再者他要不然是单身；在更为审慎正直的教宗那里，他就没这么幸运了。(70)

另一差别在于桑乔二世在1245年几乎没有主教支持者，而阿方索在1263年仍然有他们的支持。正是他的主教们与他所有的王室亲戚都赞同他上交给教宗的请愿书。在当政期过半时，阿方索三世仍然保有统治地位。大多数重大事件和成就都记在他名下，因为15世纪的那位不知名的编年史家认为他是“一个非常好且公正的国王”。在吉马朗伊斯科尔茨（*corts*，议会，1250年）和里斯本—莱里亚—科英布拉科尔茨（*corts*，议会，1254年）上，各县的代表首次出席。在1253—1261年，他的臣民熟悉了这时在半岛其他地方随处可见的金融惯例。1258年，他父亲在13世纪20年代建立的调查机构（*inquirições*）得以恢复。(71)

这最后一项倡议对那些不希望自己的事情被刨根问底的人提出了正式警告：最近的历史即将重演。为了与习惯规则保持一致，大主教布拉加的马蒂纽·吉拉尔德斯在1268年春将王国置于禁令之下，并同其他四位主教一道给克雷芒四世呈送了一份关于阿方索冒犯葡萄牙 687
教会的详细指控。所有常见的指控都包含其中，如没收什一税和其他教会收入，削减耳目和其他教士机构，暴力压制和监禁以及亵渎模仿，有些指控无疑不是夸张的。如果确实如此，那么，主教里斯本的阿里亚斯在被软禁的八个月里无人陪同就不允许去厕所，当然是丢人

(70) Almeida (1922), pp. 224 - 226; Guiraud and Clémencet, *Registres*, no. 375.

(71) Soares (1983), pp. 146 - 147, 152; Casto (1964), pp. 187 - 193; Serrao (1979), pp. 195 - 198; Almeida (1922), pp. 221 - 224; Mattoso (1988), Ⅱ, pp. 72 - 78, 125 - 127, 167 - 168.

的事。不过，所有这些不满的根源显然是恢复了调查机构。[72]

　　然而，阿方索三世被赋予可谓天才般的生存能力，这与其前任形成鲜明对比。他参加了十字军；禁令被暂停（1268年9月）。他留下一份以对教会人士极为慷慨而闻名的遗嘱，没把教宗落下（1271年11月）。他将责备转移到官员们身上［1273年的圣塔伦科尔茨（corts，议会）］。但在1275年9月，时间和任何借口都已用尽。因为他丝毫没有改过自新，所以格列高利十世命令他进行补偿或接受将以废黜而告终的后果。对刚刚在外交上战胜卡斯蒂尔国王的格列高利十世来说，他接手的葡萄牙问题是一个自13世纪20年代就一直存在的问题："专制迫害的精神"在以"一种尤为特别的"方式与罗马联系在一起的土地上猖獗，这一情况令人费解。[73]

　　即便如此，在16个月内有四位教宗去世的有利情况下，加上他自己的耽搁与搪塞，阿方索继续阻止惩罚的迫近。直到1279年1月，在他临死时，他才做出可以解释为充分表明补偿这一坚定目的的行为。1277年10月，他与教宗大使法兰西斯修会托钵僧尼古拉·伊斯帕努斯会见；从那份引人注目的记录来看，他显然依旧没有被吓倒。阿方索三世确定了自己的立场。甚至到了现阶段，终其整个当政期只有一位大法官（埃斯特旺·阿内斯），而且像他父亲一样，大部分时间待在北方的国王仍然冷静自信，甚至不屑于此。[74] 据他自己对讨论的记述来看，教宗大使也没有过多恐吓。这是一个与13世纪40年代的德意志非常不同的世界。教宗大使声称抓住了阿方索的顾问以对其心态负责：这种言论不仅重申了前半个世纪以来历任教宗的信念，而且预见了具有不同信仰的现代历史学家所用的措辞。这些历史学家们把这些年的冲突解释为两种思想的对立，即旧秩序和类似阿方索二世的大法官茹利昂·派斯这样的人所代表的积极进取的世俗主义新精神，以及派斯从波伦亚带回来的罗马法学思想。[75]

688

---

[72] Almeida（1967），pp. 189 – 193；Reuter（1928），pp. 61 – 82；Marques（1990），pp. 499 – 521；Krus, Bettencourt and Mattoso（1982）；Mattoso（1993），pp. 165 – 172，243 – 249.

[73] 'Specialiori jure'：Marques（1990），p. 530（De regno Portugallie，4 Sept. 1275）.

[74] Herculano（1846 – 1853），V，pp. 249 – 257；Brandão, Crónicas de D. Sancho II, ed. Basto, pp. 373 – 375；Almeida（1967），pp. 194 – 198；Marques（1990），pp. 373 – 420，524，537 – 538；Mattoso（1988），II，pp. 108，187.

[75] Marques（1990），pp. 571 – 572. 另分别参见19世纪两位开明学者的评论 Herculano and Almeida（1967），pp. 171 n. 2，202 – 203.

四

与此同时，在卡斯蒂尔，恰逢塞维利亚被占领 30 年后，阿方索三世的岳父的王国的主教们正在试图说服教宗：同样广泛的斗争正努力占领国王的灵魂，其当政期迅速地走向一个相似的可耻结局。

有一派观点认为，只要他在家与书为伴，清理经历了斐迪南三世动荡不定的统治期之后的卡斯蒂尔，阿方索十世对知识的全然热爱将为他赢得"人间奇才"（*Stupor mundi*）的赞誉，这是一位研究 13 世纪阿拉贡的现代历史学家给予他的评价。[76] 阿方索十世对自然与实测科学，即占星学与天文学，以及法学与诗歌都十分宽松。然而，他与家族和臣民都不和，在四面楚歌中黯然离世。正如他们惊讶于塞维利亚西班牙的伊西多尔在 711 年垮台的景象，从 16 世纪至今的历史学家都惊讶于这一结果，没有提出比胡安·德·马里亚纳在 400 年前曾提出的更好结论：当关注着头顶的天堂时，阿方索十世却对脚下的土地失去控制；[77]"雷伊·萨比奥"比他的睿智更聪明。

随着他父亲的眼睛最终闭上，阿方索十世大张着眼睛开始了当政期。当他在 1252 年 5 月奄奄一息时，斐迪南三世提醒他：他正在将711 年失去的对半岛的全面控制权留给他。历史的判断，以及后代子孙对父与子的功过评价，将由他自己的表现来决定。他不久将会把同样的遗产遗赠给继任者吗？或者更多？或者更少？那是记录在《西班牙历史》上的问题——用民族语言写成的《西班牙历史》（*Estoria de España*）是阿方索十世的另一项成就。[78]

阿方索十世的当政期分成三个阶段：1252—1256 年，国王忙于国内政务；1256—1275 年，国王的冒险时期；1275—1284 年，这个时期为继承、政治斗争和最终的内战等问题所主导。

不管是死了还是活着，对阿方索十世的评价都不好。在 16 世纪 689
90 年代，格外不宽容的历史学家胡安·德·马里亚纳不但不在其民

---

[76]　Burns（1985），p. 386.

[77]　Mariana（1592），XIII，20.

[78]　*Primera crónica general*，c. 1132.（《西班牙历史》的这一部分文本当然几乎都是阿方索当政期之后的。）

族史中对其赞颂，反而将西班牙不懂拉丁文归咎在他头上。[79] 然而，在巩固他父亲的成就方面，阿方索当政期的头十年显然很顺利。国王在好些边界上都积极主动。在暂时控制从瓜的亚纳河到西南地区，以及东南地区的封臣格拉纳达的奈斯尔统治者穆罕默德一世后，[80] 阿方索最先在北方采取行动，在纳瓦拉和加斯科涅都联合了当地贵族中的不忠因素，以此恢复卡斯蒂尔在这些地区的宗主权诉求。诚然，在纳瓦拉，他的干预证明事与愿违，迫使年轻的特奥巴尔多二世投进阿拉贡的詹姆斯一世的怀抱（1253 年 8 月签订《图德拉条约》，1254 年 4 月签订《蒙特阿古多条约》）。不过，在加斯科涅，他的要求权是凭借他的曾祖母阿方索八世的安茹王后的关系提出，获得了极大的成功；英格兰的亨利三世在 1254 年 4 月同意未来的爱德华一世与阿方索的同父异母妹妹的联姻，将那些尚存争议的领土给她做嫁妆。这场婚礼及其新连襟的骑士授封仪式（1254 年 10 月，布尔戈斯）——阿方索是一位伟大的骑士称号授予者——的庆祝活动，认可这位处于外围的卡斯蒂尔的统治者要在欧洲事务中心谋求位置的要求，这使阿方索的岳父阿拉贡的詹姆斯大大受挫。随后是 1255 年 5 月举行的卡斯蒂尔和法兰西的王位继承人贝伦加利亚公主和路易九世的儿子路易的订婚仪式；1259 年，公主有了一位刚出生的弟弟，而且年轻的路易去世了，这一联盟遭到挫败。[81]

　　然而，到了 1259 年，卡斯蒂尔国王凭借自己的能力被抛入一项国际进程中。1256 年 3 月，比萨的吉伯林派城市公社的代表在索里亚向他提议，他没有拒绝，这令卡斯蒂尔人从那时到现在都惊愕不已。从表面上看，人们经常断定阿方索十世接受当选为罗马皇帝的景象，在性质上是一场易识破的伪装：接受者不能像比萨访客授权所说的那样去执行这一任命。然而，对后者及其联盟马赛城来说，优势是明显且重大的——大多数人都喜欢在卡斯蒂尔保护下的北非贸易状况。因为被描述为阿方索的"去咖啡因吉伯林主义"的可能影响，将会分裂曼弗雷德的意大利支持者，所以卡斯蒂尔的干预可能不会得

　　79　Mariana（1592），XIV，7.

　　80　Arié（1973），pp. 62–63.

　　81　Jofré de Loaisa, *Crónica*, ed. García Martínez, c. 8；Powicke（1947），I，pp. 230–233；Ballesteros（1963），pp. 92–102；Lacarra（1972a），pp. 162–171；Ayala Martínez（1986），pp. 45–125；Daumet（1913），pp. 1–9.

不到教宗亚历山大四世的欢迎。[82] 至少，教宗的默许与其前任们对卡斯蒂尔在士瓦本继承权上的要求所给予的支持是一致的；1239 年，斐迪南三世提醒格列高利九世：他的已故妻子提名他们的次子弗雷德里克（费德里克）为她所有财产的继承人——其恰当的名字表达了他对德意志的期望，而不是对卡斯蒂尔的；从那时起情况就一直如此。五年前，斐迪南自己对帝位的渴望已经为人所谈论。[83] 此外，阿方索对祖母的继承权的兴趣在 1256 年已广为人知。他在十年前就占用了这一继承权，为此招致他弟弟的憎恨，后来他使弟弟窒息而死。[84] 英诺森四世对此表示支持，正如亚历山大最近所为。[85]

　　虽然阿方索十世可能耳根子软，但他不是没头脑。他当然比比萨访客更加消息灵通，这些比萨人曾说他是曼努埃尔·科穆宁的后裔（因为阿拉贡的詹姆斯真的是）。[86] 正好在 1256 年之前，他调查了家谱的承载分支。此外，除了强烈地意识到其祖先的权利外，正如《七法全书》手稿中提到他的双重皇帝血统所证实的，[87] 他最近对加斯科涅的突袭中已经表现出相当大的精力来实现这些权利。即便如此，问题仍然存在。为什么阿方索十世要接受比萨人的诱饵？为什么神圣罗马帝国的冒险事业会指导一个在理性和根本上都和蔼可亲的君主的政策？随着那时卡斯蒂尔政务全部陷入混乱中，他在 1273 年写给费尔南多·德·拉·塞尔达的密信中可以称之为"议题"的心境并没有从斐迪南三世那里继承下来。当他仍然对神圣罗马帝国抱有期望时，1272 年为他起草的送给新当选的格列高利十世的信满是卑躬屈膝的奉承话，这不是阿方索的口吻。与他的风格相去甚远，且与他的葡萄牙女婿定下的语调相比更为粗俗的是在诗篇中提及教宗；这些诗篇是他在那些期望逐渐消失后亲自写成。[88]

　　那是为什么？一种解释是阿方索十世有精神分裂症。另一种解释

690

---

[82]　Scheffer-Boichorst (1888)；Ballesteros (1963)，pp. 154 – 165；Ayala Martínez (1986)，pp. 138 – 141，168 – 179.

[83]　González (1980 – 1986)，Ⅲ，no. 660；above，p. 675.

[84]　Mondéjar (1777)，p. 343；below，p. 695.

[85]　Quintana Prieto，*Documentación*，no. 273；Rodríguez de Lama，*Documentación*，no. 23（Feb. 1255）.

[86]　他得到传承的那两个世界上最伟大的皇帝当然是伊萨克二世·安杰洛斯和弗雷德里克·巴巴罗萨，据记载在 1219 年与斐迪南三世是姻亲："CLI"，c. 40，above，p. 672.

[87]　Craddock (1981)，pp. 391 – 392.

[88]　*Crónica de Alfonso X*，ed. Rosell，c. 52；Linehan (1993)，p. 509，and (1971)，p. 203；Ballesteros (1963)，pp. 717 – 732；Ayala Martínez (1987).

是他是幻想狂,不能发觉"velle 和 posse 之间固有的巨大差别"。[89] 然而,还有一种解释是这多半是他渴望皇帝称号的炫耀,他不是把获得皇帝称号当作终点,而是当作提供获取霸权的一种方式;这种以半岛为基地的霸权将会拓展其莱昂祖父的完全半岛视野。[90] 50 年后,阿拉贡的詹姆斯一世和编年史家拉蒙·蒙塔内尔都怀疑他是想获得皇帝称号。阿方索自己记述了 1262 年与格拉纳达统治者的谈话,这场谈话暗示了获得霸权的意图。如果他对德意志的野心收获了失望,那么穆罕默德一世已经向他展示了一幅"仍然更大且更好的帝国"的前景,[91] 这只能意味着与他父亲的指令相一致的非洲,在那里阿方索已经很积极了。到 1262—1263 年,涅布拉的泰法王国国王伊本·马赫福兹求和,阿方索宣布了到一定时候使自己面朝南方葬在新近征服的加的斯的意愿。[92] 到 1253 年占领赫雷斯时,卡斯蒂尔已经获得更多通往大西洋的通道,卡斯蒂尔国王不失时机地利用由此出现的新机会。在授予自己"全安达卢西亚国王"的称号不到两个月,他的军队已经攻击并短暂占领拉巴特以北的摩洛哥港口萨利赫(1260 年 9 月)。1264 年,他将目光紧紧地盯住休达。[93] 但那年 6 月,安达卢西亚爆发叛乱。

1264 年的穆德哈尔叛乱突然发生,使阿方索十世感到非常吃惊。叛乱的广泛程度也使他意外。来自突尼斯的哈夫斯军队、来自摩洛哥的马林人以及他的封臣兼最近结交的密友格拉纳达国王,都卷入一场暴动中,反叛者计划在塞维利亚暗杀阿方索来发起暴动。此外,西部的来自赫雷斯的穆德哈尔人即时响应东部的穆尔西亚,证明前 20 年强加的殖民上层建筑极为脆弱。在穆尔西亚王国——阿方索收复它要感激岳父阿拉贡的詹姆斯(1266 年 2 月),唯有现在才是有组织地开始完成领土殖民任务的时候。然而,编年史对这个当政期的评价是:"其领域极为宽广,国王缺乏充足的人力"。选择是严峻的:要么他将穆德哈尔人驱逐出去,以此在卡斯蒂尔和非洲之间创建一个警戒区(zone sanitaire),代价是将肥沃的东南部变为一片经济沙漠;要么冒

---

[89] Socarras (1975), p. 111; Bayley (1949), p. 70.

[90] Estepa (1984), p. 53; Ayala Martinez (1986), p. 155.

[91] Socarras (1975), pp. 126 – 129; Muntaner, *Crónica*, ed. Soldevila, c. 24; Ballesteros (1963), pp. 362 –363.

[92] Ballesteros (1963), pp. 297 – 332; Harvey (1990), pp. 48 – 51.

[93] Huici Miranda (1952); Ballesteros (1963), pp. 254 – 284, 363.

着留下一个不忠的第五纵队的危险，为了给满心想着利润的北方人提供向南迁移的充足诱惑而保留它们。阿方索不得不偏向第二种选择，默许非卡斯蒂尔移民尤其是纳瓦拉移民，以及大量的阿拉贡人与加泰罗尼亚人（达到总数的40%）的现存体制，这些阿拉贡人和加泰罗尼亚人为最近的再征服运动提供了帮助。[94]

由于这两种选择是在他稳定国内基地之前设想出来的，所以阿方 692 索的未实现的非洲冒险行动是完全特有的事业。由于这两种选择被他的两个弟弟恩里克王子和费德里克王子的突尼斯联盟弄得复杂起来，所以它们有着深深的不祥之兆。但对教宗来说——如果不是对参与那些地区的贸易的其他基督教权力来说，它们是非常受欢迎的。[95] 此外，大西洋和非洲没有耗尽阿方索的超半岛雄心。在君士坦丁堡的拉丁帝国于 1261 年垮台后，他也关心东地中海事务。1264 年夏，他的希腊血统再次提供了公开的正当理由，他计划将弟弟费利普王子派到那些地方去对抗"分裂的希腊人"，从而挫败曼弗雷德的野心（和阿拉贡的），进一步使自己获得教宗乌尔班四世的欢心。[96] 然而，如果阿方索寻求土瓦本继承权的最终目标是扩大半岛，那么他在那项事业中毁灭王国的意愿显然肯定不是淡化了，而是更为显著了。历史学家发现国王行动的理性基础是难以捉摸的，或许根本就没有理性基础。当然，那就是努尼奥·冈萨雷斯·德·拉腊如何解释阿方索于 1266 年声明放弃卡斯蒂尔对阿尔加维的诉求。[97] 可能实际情况是，在 1269 年被一匹马踢了之后，他似乎日益饱受面部癌症之苦；这最终影响他的著名头脑的某些功能。[98]

当然，到了 13 世纪 60 年代晚期，对除了阿方索十世自己以外的所有目击者来说，卡斯蒂尔国王成为神圣罗马帝国皇帝的期望，肯定已经明显无望。因为到那时，他的代理人在罗马教廷所做的所有努力、英法两国在 1259 年重归于好，以及连续几任教宗对安茹的查理

　　[94] Arié（1973），pp. 63 – 65；Ballesteros（1963），pp. 362 – 403；*Crónica de Alfonso X*, ed. Rosell, c. 15；Moxó（1979），pp. 375 – 382；Torres Fontes et al.（1990），pp. 454 – 465.

　　[95] Dufourcq（1966a）and（1966b），pp. 24 – 25, 162；Ayala Martínez（1986），pp. 79 – 84.

　　[96] Woolf（1954）；Linehan（1971），pp. 181 – 182；Toledo, Archivo de la Catedral, E. 7. C. 2. 2（'tu progenitorum tuorum digne inherendo vestigiis… de mandato regis'，乌尔班四世在 1264 年 8 月对费利普王子所说）；Ayala Martínez（1986），pp. 294 – 297.

　　[97] *Crónica de Alfonso X*, ed. Rosell, c. 19.

　　[98] Presilla（1987），pp. 433 – 440；Kinkade（1992）.

做出的承诺，都决定格列高利十世最终对他于 1275 年在博凯尔提出的要求权不予理会。然而，鉴于英格兰的亨利三世面临的孤注一掷的困境，帝位竞争对手康沃尔的理查德依赖于此人，他的期望在 1257—1258 年也不是完全实现不了；因此，他在此时提出费利普王子与挪威的克里斯蒂娜的联姻。[99]

正是卡斯蒂尔本身的状况从一开始就注定了阿方索十世的皇帝计划的失败。卡斯蒂尔在 1257—1258 年的形势和英格兰的一样严重，那些在前 40 年里出过力的北部与中部的政治机构成员中，有太多的人感到他们被统治者忽视了，该统治者偏好的定居地是托莱多和塞维利亚。总之，这片土地已不堪重负，贫困交加。使他们无法承担"几乎不能承受的相关开支"。[100] 此外，阿方索鼓励向南方移民，在卡斯蒂尔的腹地建立新定居点，并且与老自治市的地位不尊贵的贵族阶层结盟，这些都危及原有贵族阶级、教会和骑士修道会的利益。王室王子提供了招来不满的焦点，这些焦点一直都存在。货币陷入混乱中。在 13 世纪 50 年代晚期，不仅仅是卡斯蒂尔的局势，还有卡斯蒂尔主教区，都在阴谋反对阿方索十世。[101]

影响所有这一切的是，他的臣民认为国王损害了被铭记在其法令（*feuros*）中的基本权利，但这些权利对卡斯蒂尔国王（和葡萄牙国王）而言是对王权（*regalengo*）的侵犯。阿方索十世在法学和立法领域做出了各种创新，虽然这些创新之间的相互关系，继续让人毋庸置疑地着迷。但即使现在，研究此课题的一些学者仍然不能确定它们的颁发日期，尤其是关于阿方索著作的写作日期，这是一件不同的事。[102] 不过，至少有两个结论显然是确定的。一个结论是更广泛的法律蓝图视野与阿方索的日益扩大的政治雄心联系在一起。另一个结论是——不管争论的是《王家法令》[*Fuero real*，阿方索为（卡斯蒂尔）王国编写的统一法典]还是运用到他的所有统治疆域的《西班

[99]　Fanta (1885)；Ayala Martínez (1986)，pp. 179 – 186；Gelsinger (1981).

[100]　Jofré de Loaisa, *Crónica*, ed. García Martínez, c. 7.

[101]　Ayala Martínez (1991)；Ruiz (1977)；*Crónica de Alfonso X*, ed. Rosell, cc. 23, 40；Ruiz de la Peña (1976)；Franco Silva (1990)；Hernández (1993)，pp. Clx – clxxxv；Aguade Nieto (1988)；Linehan (1971)，pp. 152 – 171, and (1993)，pp. 413 – 419, 513 – 514.

[102]　García Gallo (1976)；Craddock (1981)；Macdonald (1985)，pp. 173 – 188；Iglesia Ferreirós (1986)；Maravall (1973).

牙法》（*Espéculo*），这是著名的《七法全书》的前身——不满情绪在 1262 年已经表现出来，[103] 而且当 1269 年召集不满的贵族来参加继承人唐·费尔南多与法兰西的路易九世的女儿布兰奇的婚礼时（由此为他们提供机会来讨论他们的不满），国王对他们的法令的藐视是主要的话题。[104]

在那个场合计划的贵族叛乱是由国王的弟弟，精力旺盛的费利普王子［曾经在巴黎依靠教士奖学金做过学生，塞维利亚大主教区的前事务主管（*ex-chargé d'affaires*），娶过三个妻子而且是君士坦丁堡的未成功（*manqué*）的解放者］领导的，他的首要侍从努尼奥·冈萨雷斯·德·拉腊和洛佩·迪亚斯·德·阿罗（需要一个和阿方索同等地位的国王来诱使那些积习不改的对手进入同一阵营），以及纳瓦拉国王（亨利一世，1270—1274 年在位）与格拉纳达国王（再次）也深深地卷入其中。这场叛乱公开地从 1270 年持续到阿方索离开卡斯蒂尔去与格列高利十世会面的前夕。14 世纪关于该当政期的编年史格外详细地记录了叛乱的进展。[105] 据说该编年史对这个当政期的描写不利于国王。[106] 然而，随着叛乱者不断地使局势严峻起来，国王对此失去了耐心；因为他渴望得到神圣罗马帝国，所以愿意妥协。[107]

1272 年 9 月，不满的贵族（*fijosdalgos*）在布尔戈斯提出要求，最重要的是，出现在 13 世纪西欧的任何其他地方的抱怨，即国王一直在侵犯他们的自由——在这个例子中，指的是国王授予某些邻近"城镇"（*villas*）的特权（*fueros*）侵犯了他们及其法令。[108] 当然，正如其他地方那样，这种对自由的呼吁就是一种借口或策略。贵族（*fijosdalgos*）在提及他们的自由（特权，*fueros*）时的意思是指他们及其祖先长久以来以牺牲其他人而为自己获得自由。在 1272 年后的协商中的一个阶段，努尼奥·冈萨雷斯·德·拉腊也承认了这一点。[109] 阿方索十世

694

---

[103]　Ballesteros and Ballesteros（1919）；Macdonald（1985），p. 185 n. 99.

[104]　*Crónica de Alfonso X*, ed. Rosell, c. 18.

[105]　*Crónica de Alfonso X*, ed. Rosell, cc. 20 – 58，几乎占了整部著作的一半。另参见巴列斯特罗斯最近编辑的关于该当政期的长达 1057 页的编年史：（1963），pp. 477 – 535, 556 – 673.

[106]　参见 Iglesia Ferreirós（1982），pp. 41 – 53；Procter（1980），pp. 119 – 120.

[107]　*Crónica de Alfonso X*, ed. Rosell, c. 59.

[108]　Procter（1980），pp. 133 – 134；*Crónica de Alfonso X*, ed. Rosell, c. 23（ed. 20b）.

[109]　' E, don Nuño, vos sabedes quell Rey vos preguntó por los pedidos que fecistes en su tierra si era fuero, é vos dejistes que non, mas que los ficieron ante otros que vos, é que por esto lo ficiérades vos, é dijovos el Rey que pues non era fuero, que era fuerza e robo'：*Crónica de Alfonso X*, ed. Rosell, c. 30.

看到了被说成古老特权（*fuero*）的最新势力（*fuerza*）。反叛者（*rico-somes*）感兴趣的唯一特权是他们享有的使国王受限制（"*apremia-dos*"）的自由，他在 1273 年告知了儿子兼继承人唐·费尔南多。[110] 然而，他在 1274 年 7 月屈服于压力之下，不再试图统一卡斯蒂尔的司法权（《萨莫拉条例》，*Ordenamiento of Zamora*）。[111] 1274 年 7 月，最重要的事是对帝位的考虑。

　　从 12 个月后与格列高利十世的博凯尔会面起，国王提出，只有授予教会收入才能抚平对其所有政治计划的基石造成的破坏。随后一切都迅速澄清。当他不在国内时，摩洛哥的马林埃米尔阿布·优素福在格拉纳达的穆罕默德二世的怂恿下入侵安达卢西亚，令卡斯蒂尔人在埃希哈和马尔托斯遭受毁灭性的失败（1275 年 9 月和 11 月）。伤亡人员中有努尼奥·冈萨雷斯·德·拉腊，其被腌制的头颅在等着阿方索的归来，还有大主教托莱多的桑乔，即阿拉贡的詹姆斯的儿子。更糟糕的是，他的继承人费尔南多·德·拉·塞尔达已死（1275 年 7 月）。[112] 在随后发生的费尔南多的儿子阿方索·德·拉·塞尔达与国王的弟弟桑乔王子争夺继承权的斗争中，阿方索十世可以理解地摇摆不定起来。然而，在 1276 年，与他自己的规定直系血统而不是旁系血统的法典条款相反的是，他以桑乔为受益人来进行统治，因此点燃了法兰西的菲利普三世和阿拉贡的彼得三世的怒火，菲利普三世是已故王子的遗孀布兰奇的兄弟。布兰奇及其德·拉·塞尔达家族的儿子们与阿方索的王后（彼得的妹妹比奥兰特）一起逃往阿拉贡。彼得控制了这两个男孩，从而剥夺了阿方索长久以来在半岛事务中所占的优势。[113]

　　到 13 世纪 70 年代晚期，这位前帝位候选人的多处伤患一起溃烂，半睁着眼睛，出现令人心酸的样子。然而，这些年是智力活动发展高峰期，尤其是天文学与占星学著作的写作，还有优美且高度个人化的《圣母玛丽亚歌曲集》（*Cantigas de santa Maria*），及其历史兴趣从国家事务向世界历史的更大场面的拓展。不过，即便此时，在与他

---

[110] 'Esto es el fuero é el pro de la tierra que ellos siempre quisieron': *Crónica de Alfonso X*, ed. Rosell, c. 52.

[111] Iglesia Ferreirós (1971).

[112] Ayala Martínez (1991); *Crónica de Alfonso X*, ed. Rosell, cc. 61–64; Kinkade (1992), pp. 302–304; Ballesteros (1963), pp. 740–765; Harvey (1990), pp. 152–157.

[113] Macdonald (1965) and (1985), pp. 192–195; Daumet (1913), pp. 27–63.

巨大求知欲相当的境况下，有充分的迹象表明国王那备受折磨的心态和徘徊不去的阴谋诡计，这一诡计似乎促成了1277年草率处决其弟弟费德里克及其女婿西蒙·鲁伊斯·德·洛斯·卡梅洛斯的残暴行径。[114] 此外，他不再提出帝位诉求，而且受到的约束放松，使得他以前享有的免受教宗公诉的豁免权失去，这一公诉是因其挪用教会收入并骚扰教会人士而产生的；1279年，由尼古拉三世下令进行的调查引起令人恐惧的制裁；自再征服完成后，葡萄牙诸王已对此类制裁熟悉得令人压抑。[115]

1281年，作为国王提议任命年轻的阿方索·德·拉·塞尔达为哈恩的诸侯王的结果，父子关系明显恶化。桑乔王子（自1278年以来王国的共同统治者）极力反对这个计划，1282年4—5月通过在巴利亚多利德召开科尔茨（议会）的一次会议来篡夺阿方索的权威，在那里反阿方索的憎恨被引导着形成全国性的城市总同盟（*Hermandad general*）。内战随后开始。1282年11月，阿方索咒骂着取消了反叛者桑乔的继承权，恢复德·拉·塞尔达家族为继承人，在他们弃权后提名法兰西国王来作为继承人，这清楚地表明他对现实掌控的软弱性。[116] 但塞维利亚、巴达霍斯和穆尔西亚仍然忠诚于他。虽然马丁四世最终谴责了桑乔王子，但从那时到1284年4月阿方索去世期间，他从国外得到的、仅仅由少数支持者组成的唯一军事支援，来自他的老对手摩洛哥的马林埃米尔阿布·优素福（格拉纳达国王和桑乔王子站在一边）。[117]

桑乔四世（1284—1295年在位）的当政期从一开始就蒙上了阴影。与卡斯蒂尔的传统相反，他通过加冕礼登上王位，这表明新国王的脆弱性。因为，除他父亲的诅咒外，桑乔带着妻子玛丽亚·德·莫利纳即位；他无视血缘关系和重婚的法律与之结婚，而且所有递交给教宗的要求使他们的结合合法化的请求都没人理睬。随着阿方索十世恢复德·拉·塞尔达家族对王位的要求权，继承问题在接下来的十一

⁶⁹⁶

---

⑭　Kinkade (1992), pp. 311 – 318; Procter (1945) and (1951), pp. 7 – 46; Rico (1972), pp. 36 – 44, 97 – 120; Fernández – Ordóñez (1992); Linehan (1993), pp. 488 – 494.

⑮　Linehan (1980); López Ferreiro (1902), pp. 236 – 247; Hernandez (1993), pp. Cx – cxvii.

⑯　Solalinde (ed.), Antología, pp. 224 – 233 [错把日期当作1283年11月8日：这个古老的错误因巴列斯特罗斯著作中的异乎寻常的错误印刷而获得新生；Ballesteros (1963), p. 1000].

⑰　*Crónica de Alfonso X*, ed. Rosell, cc. 74 – 75; Ballesteros (1963), pp. 963 – 1057.

年里成为主导。[⑪⑧]

桑乔四世继承了他父亲对知识的许多兴趣。他贡献的《美好生活文档》（ *Castigos e documentos para bien vivir* ）是一部归功于他且写给他的儿子未来的费尔南多四世的道德和实践指南，其个人化似乎不比那些归功于阿方索十世的少。他的随从中也有诗人。他的第一任舰队司令帕伊·戈麦斯·沙里诺那充满活力的船歌，和他在 1285 年对直布罗陀海峡的保卫之功一样令人记忆深刻。然而，对那些兴趣的倾向或许是刻意的，也比较传统。[⑪⑨] 与他父亲的那些活动相比，桑乔四世的活动同样以视野的狭窄性为主要特征。此外，这些活动与布尔戈斯和巴利亚多利德而不是与塞维利亚联系在一起——虽然他向北的本能似乎没有支撑他到阿方索三世曾被支撑的程度。当更广阔的世界将卡斯蒂尔吸引到其范围中去时——如果不是更早，热那亚船队在 1277 年重新开启了地中海和北海的直接航线，这条航线在塞维利亚被重新征服时已经关闭了 600 年——卡斯蒂尔采取了孤立主义。[⑫⑩]

卡斯蒂尔新国王的第一项任务是要控制他自己制造的怪物——城市总同盟，创建于 1282 年的城市总同盟已经释放出 50 年都将不能驯服的力量。正如他在 1291 年访问加莱西亚时所发现的，各省正处于一触即发的状态。一点叛乱的火星能够导致燎原之火。[⑫①] 桑乔的影响带有纵火功效，他的称号"勇敢的国王"（ *El rey bravo* ）是因其暴躁脾气而得。他的当政期充满了宫廷阴谋、伪造文件和挑拨离间。至少在两个场合中，胡安·努涅斯·德·拉腊因匿名诽谤信和造谣面临反叛的边缘。[⑫②] 连续不断的亲信产生的影响是主要的。这些人中最早的是巴利亚多利德修道院院长戈麦斯·加西亚，在 1286 年因隐瞒某些与法兰西的菲利普四世的谈话而被驱逐；这些谈话的大意是：为了换取法兰西否认德·拉·塞尔达家族（和修道院院长提升为孔波斯特拉大主教），桑乔可能愿意以玛丽亚·德·莫利纳换取一位卡佩家族的妻子。[⑫③] 紧随这

697

---

⑪⑧　Marcos Pous (1956)；Linehan (1993), pp. 446–448, 472–474.

⑪⑨　Rey, ed. , *Castigos*；Kinkade (1972)；Gaibrois de Ballesteros (1922–8), Ⅰ, pp. 36, 61；Linehan (1993), pp. 436–437.

⑫⑩　Gaibrois de Ballesteros (1922–1928), Ⅰ, p. 46；Lopez (1975), p. 244.

⑫①　Gaibrois de Ballesteros (1922–1928), Ⅰ, pp. 19–20, Ⅱ, pp. 105–115.

⑫②　Gaibrois de Ballesteros (1922–1928), Ⅱ, pp. 65–66, 81, 116.

⑫③　*Crónica de Sancho* Ⅳ, ed. Rosell, c. 2 (p. 72b)；Gaibrois de Ballesteros (1922–1928), Ⅰ, pp. 88–114.

位修道院院长之后的是他的大敌伯爵洛佩·迪亚斯·德·哈罗，此人到 1287 年 1 月成为高级管家（mayordomo mayor）。因为他的家族宿敌拉腊家族是德·拉·塞尔达家族的党羽并居住在法兰西，所以伯爵迫切需要与阿拉贡结盟。然而，他的真正目的似乎是使国王与吉列尔玛·德·蒙卡达再婚，桑乔做王子时曾与她订婚，她虽然不漂亮却是伯爵的表亲。在这个计划中，他得到女婿的支持，此人是国王的性格狂暴的弟弟胡安王子。对一些人来说，伯爵对国王的控制程度显然不正常。然而，他因在 1287 年 5 月将王室收入承包给唐·阿布拉希姆·巴尔奇隆而弄巧成拙。这个政治共同体愤怒了，卡斯蒂尔的基督教国王的封口信件应该需要由一位加泰罗尼亚犹太人来联署。在和侄子葡萄牙的迪尼斯讨论之后，最终桑乔警觉起来。在 1288 年 6 月发生的冲突中，即"阿尔法罗悲剧"，伯爵在拔出刀对着国王后被砍倒。只有身怀六甲的玛丽亚·德·莫利纳斡旋于她的丈夫与胡安王子之间，才阻止桑乔将杀害兄弟罪增添到他的反抗家族的罪行记录中去。[124] 将这些事件都算在一起，用来证明这位受诅咒的国王患有发病率平稳的先天性忧郁症，他在 36 岁时去世。

　　伯爵在事发地点被解职，这有利于接近法兰西的菲利普四世。这是由两位教会人士处理的，即主教阿斯托加的马丁和大主教托莱多的贡萨洛·佩雷斯·古迪尔，桑乔四世尤其日益依赖于后者。这位心志坚不可摧的大主教在 13 世纪 60 年代担任过帕多瓦大学校长，到 13 世纪 70 年代成为阿方索十世的大法官兼心腹，曾在他的穿着教士服的膝上爱抚年幼的王子；由于阿方索已是国王，这位大主教似乎对他施加着斯文加利般的影响。[125] 这种外交上的新背离行为导致《里昂条约》的签订（the Treaty of lyons，1288 年 7 月），条约规定：为了回报菲利普否认德·拉·塞尔达家族对王位的要求权，桑乔将证实各位王子在穆尔西亚王国享有主权——当阿方索十世提出此建议时，他曾强烈抵制——以及在他们的父亲去世的雷阿尔城也享有主权。影响是即刻的。在比斯开，哈罗家族将德·拉·塞尔达家族的旗帜插在他们的城堡上。诸王子的法兰西母亲，菲利普四世的姑母布兰奇不愿意赞 698

　　[124]　*Crónica de Sancho* IV, ed. Rosell, c. 5; Gaibrois de Ballesteros（1922 – 1928），I，pp. 132 – 204, 说（第 196 页）那年晚些时候出生的恩里克王子的耳聋就是由这些动乱造成的。
　　[125]　Linehan（1993），pp. 475 – 476，483 – 485.

同任何削弱他们的王位要求权的举动，向葡萄牙的迪尼斯和阿拉贡的阿方索三世提出申诉。阿方索三世正式反抗桑乔四世，宣布阿方索·德·拉·塞尔达为卡斯蒂尔国王，入侵卡斯蒂尔并被毫不客气地打败了。结果是：当与法兰西签订的条约于 1290 年 4 月在巴约讷得到批准时，桑乔早期为德·拉·塞尔达家族制定的规定可以被取消。正在这个时刻，他们的母亲选择了隐居。[126]

在开始统治的第六个年头，桑乔四世稳固了地位。然而，在当政期结束的前五年里，情形并非如此。他的创新行动很出色，与之相伴的是不稳定的家庭关系。他的婚姻仍然不合法，他与阿拉贡的詹姆斯二世的新联盟由詹姆斯二世和伊莎贝尔公主的另一次仍然不符合教规的结合（《蒙特阿古多和约》，《索里亚条约》，1291 年 11/12 月）确定下来；这个联盟实际上毫无价值，因为倘若法兰西与阿拉贡相互敌视，卡斯蒂尔将同时忠于双方。他参与的外交协商都以不守信用和对所有参与方装糊涂为特征。例如，在 1291 年 9 月同意（公然违背教规）他的继承人唐·费尔南多与葡萄牙的迪尼斯的女儿的联姻后，然后他又让他与一位法兰西公主联姻。他在詹姆斯二世和那不勒斯的查理二世之间调停西西里争议，自然是徒劳无益的（1293 年 7 月的《洛格罗尼奥意见》，*vistas de Logroño*）。[127] 与他父亲曾留在欧洲舞台上的形象形成了对比，这是一点都不错的。除了表象，卡斯蒂尔王国退回到事务边缘，统治者永远为家族背叛的传统所困扰，国王本身就是集中体现。因此，当他在洛格罗尼奥时，已故伯爵的同盟者胡安王子最近才从监禁中释放出来，再次继续叛乱行为，与摩洛哥的马林王朝有了共同的事业。[128]

统治初期，桑乔不得不将他父亲带进卡斯蒂尔的马林人驱逐出去。为了继续在 1282—1284 年与格拉纳达的穆斯林统治者达成的反联盟，卡斯蒂尔的基督教国王于 1292 年包围泰法王国里的马林人前哨——拿萨尔瓦多·德·莫克索的话来说，这是该当政期"对再征服运动最为

---

⑫⑥　*Crónica de Sancho* Ⅳ, ed. Rosell, cc. 5 – 6; Daumet (1913), pp. 91 – 114; Gaibrois de Ballesteros (1922 – 1928), Ⅰ, pp. 205 – 240, Ⅱ, pp. 38 – 50.

⑫⑦　Daumet (1913), pp. 115 – 123; Gaibrois de Ballesteros (1922 – 1928), Ⅱ, pp. 126 – 128, 135 – 196, 227 – 300, Ⅲ, no. 384.

⑫⑧　Jofré de Loaisa, *Crónica*, ed. García Martínez, c. 56; Gaibrois de Ballesteros (1922 – 1928), Ⅱ, pp. 205 – 215, 305 – 306.

成功的贡献"——他打算将此地交给穆罕默德二世以换取六个边界要塞。然而，在阿拉贡舰队的帮助下占领该地后，桑乔四世选择将此地和那些要塞留给自己。穆罕默德为此投向马林人，马林人围困了泰法王国。1294 年，当詹姆斯二世为了维持加泰罗尼亚在北非的贸易利益而精明地成为两面派时，卡斯蒂尔指挥官阿方索·佩雷斯·德·古斯曼在面临要么牺牲儿子要么献出城堡的可怕困境时选择了前者，因此为自己赢得"好古斯曼"（*Guzmán el Bueno*）的绰号。[129]

据他的当政期的编年史记载，桑乔四世因患致命的疾病在 1295年 4 月 25 日去世。该编年史却没有说明是什么疾病使一个未满 37 岁的男子失去生命，也没有对他的当政期做出评价。霍夫雷·德·洛艾萨将此疾病告诉了我们。那就是肺结核。桑乔四世的当政史需要全面考察。盖布鲁瓦·德·巴列斯特罗斯是 70 年前的最后一个考察者。盖布鲁瓦或许过于谨记作为大事年表的编年史的可信性，从而忘了问自己甚至作为"叙述"的大事年表是否就是一切。[130] 至于 14 世纪对13 世纪事件的"叙述"，自 20 世纪 20 年代以来已经有了更多的理解。尤其关于桑乔四世的当政期，埃尔南德斯对其财政安排的出色发现现在不得不吸收进来。[131] 因为

> 依然可依赖的
> 是所需的资金。

与此同时，我们必须赞成一位时人深思熟虑的看法，此人对好政府没有敌意。他的看法与其他人的不同：对卡斯蒂尔纳税人来说，桑乔四世甚至是比他臭名昭著的父亲更大的灾难。[132]

彼得·莱恩汉（Peter Linehan）

莫玉梅 译

徐　浩 校

---

[129]　*Crónica de Sancho Ⅳ*, ed. Rosell, cc. 8 – 9；Gaibrois de Ballesteros（1922 – 1928），Ⅱ，pp. 273 – 342；Moxo（1990），p. 231；Harvey（1990），pp. 160 – 162；Dufourcq（1966b），pp. 218 – 237.

[130]　'La narración de la *Crónica* es bastante exacta y su cronología casi siempre justa, como he podido comprobar documentalmente'：Gaibrois de Ballesteros（1922 – 1928），Ⅰ，p. v.

[131]　Hernández（1993）；参见 Ladero Quesada（1993）.

[132]　Jofré de Loaisa, *Crónica*, ed. García Martínez, c. 57.

第六部分

北部和东部的边界

第二十二章
蒙古人和欧洲

蒙古帝国的兴起及特征

蒙古帝国的建立者是一个叫作铁木真的酋长，他在 12 世纪晚期已成为许多向中国北方的金国（1123—1234 年）进贡的游牧民族之一的领导者。但没几年，蒙古人征服他们邻近的游牧部落，尤其是鞑靼人、克烈人和乃蛮人；1206 年，铁木真在代表着东欧亚大草原各部落的集会（quriltai）上宣布为成吉思汗；从 1211 年起，他与前最高统治者金国皇帝开战。到他在 1227 年去世时，他的领土从西伯利亚森林延伸到兴都库什山脉，从黄海拓展到里海。

蒙古帝国很快发展成不只是游牧部落的联盟，因为它合并了半定居甚至定居的人口：居住在中国和欧亚大草原之间的汪古部落；居住在满洲邻近地区的半游牧民族契丹人；塔里木盆地的城市定居者维吾尔人。契丹人是一个早期帝国政权的残部，他们的辽王朝曾统治蒙古和中国北方的部分地区，直到 1125 年被金国推翻；以"Cathay"（经由阿拉伯语—波斯语对契丹 Khita 的读音）的形式，他们的名字后来将会作为整个中国的称呼在西欧流行。在反抗金国的战争中，蒙古人从试图为其祖先的失败而复仇的契丹官员和军队的帮助中受益。维吾尔人在三个世纪前也曾经是一片广阔的草原领土的主人，但近来臣服于哈喇（黑）契丹帝国，这个帝国由一个逃亡的辽国王子创建，他以古尔汗（gür-khan，众汗之汗，意为"世界统治者"）的称号统治着中亚的大部分地区。哈喇契丹帝国曾被成吉思汗的敌人之一，乃蛮部落王子屈出律占领；1218 年，该帝国转而被合并进蒙古帝国版图。
这些民族对成吉思汗的帝国产生的影响是深远的，它们成为蒙古人和
定居世界的中间人，同时有着各自的帝国传统。成吉思汗从契丹人
（或许也从哈喇契丹人）那里借用了管理惯例和专门用语；蒙古人采
用维吾尔人的字母并在他们的大法庭上使用。大约 1235 年后，维吾
尔人旧都附近的哈喇和林成为这位四处流动的大汗（qaghan）的主
要定居地。

　　与其他草原游牧民族一样，蒙古人相信天神腾格里（Tenggeri），
他们的传统宗教习俗属于通常归为萨满教的类别，来自对祖先的崇拜
并与死者的灵魂、预言和占卜相关联。然而，他们受到其他宗教的影
响，其中最早的是基督教。几个世纪里，聂斯脱利派基督教（常常
称为景教）在东部大草原拥有了强大的地位，尤其在克烈人、乃蛮
人和汪古人当中。蒙古皇朝的一些成员将迟早接受基督教，但有三点
需要强调一下。第一，依照成吉思汗的法令（yasa），蒙古政府允许
所有信仰习俗（除了它们与大草原的习惯法有冲突的地方）和每个
"宗教阶级"的成员（基督教神父和修道士、佛教和尚、穆斯林学者
和法学家）免征税和强迫劳动。第二，蒙古统治者接受了任何特定
的信仰，不一定会使他们放弃萨满教仪式。第三，不管任何单个的王
子或将领有什么样的个人宗教归属，他最重要的承诺是要维护和拓展
蒙古帝国，正如天上只有一个神，那么地上也只应有一个蒙古君主。

　　蒙古人在什么时刻形成征服世界的思想意识很难说。这种观念在
草原民族中有着很长的历史：它包含在哈喇契丹君主国的行为方式中，
可能也包含在成吉思汗自己的称号里，它可能意味着像"大海［（即
天）一样伟大的统治者"]。[①] 蒙古人或许也受到传统上由中国皇帝提
出的统治天下的主张的影响，草原部落在他们的阴影下生活了很长时
间。不管是哪种情况，蒙古人的帝国渴望表现在他们的统治者传达给
尚未屈服的统治者们的根本原理中。这些文献凭借腾格里的授权提出
统治整个世界的权威，并且警告接受者继续"反叛"的种种后果。

　　屈服于蒙古人的统治者被迫提供自己的军队为征服者所用，当蒙
古人到达欧洲时，他们的军队由数不清的成分构成，包括草原游牧骑

---

　　① Pelliot（1923），p. 25；也可参见 de Rachewiltz（1989），pp. 283 – 288.

兵和马匹或来自定居地区的步兵辅助队伍。因此，这些军队的"蒙古"属性如何尚存疑问，何况甚至游牧民族中的大部分人可能拥有突厥血统。蒙古人为什么在伊斯兰世界和欧洲以鞑靼人之名而广为人知尚不清楚：②关于成吉思汗的早期生涯，只知道他是现在的蒙古征服的许多部落中保留下的一个名字。但可能成吉思汗自己的部族是鞑靼人的一支，他们试图占用一个早期帝国政权的种族名称蒙古（*Mangol*），这个政权曾在 12 世纪中叶短暂地繁盛过。穆斯林作者们似乎普遍地采用该术语来指东部大草原的非突厥民族，这可能有助于解释其在欧洲的采用，在那里这个术语演变为"塔塔尔人"（*Tartars*）［塔耳塔罗斯（*Tartarus*）含有双关，这是古典神话中的地狱］。

在哈喇契丹帝国垮台后，成吉思汗与穆斯林近邻花剌子模人产生冲突。在由成吉思汗亲自做统帅的七年征战（1219—1225 年）中，占据外阿姆河地区和大部分波斯的花剌子模国被摧毁。两位蒙古将军哲别和速不台被派出去追捕花剌子模人，穿过波斯北部和高加索山脉。在掉头东返加入成吉思汗的回程大军之前，他们毁灭了格鲁吉亚王国，彻底击败了游牧部落库曼人（波罗维茨人，钦察部族）及其在加尔加河畔的罗斯王公中的联盟（1223 年）。正如我们所看到的，正是这些军事行动首次使蒙古人获得拉丁世界的关注。

除这仅有的七年远征外，可汗们（*qaghans*）的个人军事精力都献给了在中国的征战。征服金帝国由成吉思汗的儿子兼继承人窝阔台（1229—1241 年在位）完成。中国南方由宋朝统治，使之削弱花费了更长的时间：始于窝阔台，直到成吉思汗的孙子忽必烈（1260—1294 年在位）统治时期才得以完成。在蒙古人眼中，任何战区要优先于中国是不可能的；当然，欧洲在蒙古帝国内写成的文献中几乎没有得到关注。然而，蒙古人的出现无疑对拉丁世界是相当重要的，他们在两条边界线上对它造成威胁，即东欧和叙利亚。

西　征

成吉思汗再也没有返回西方，但蒙古人在这个方向上的征战在窝

---

② Morgan（1986），p. 57；也参见 Ratchnevsky（1991），pp. 7 – 8.

阔台的命令下重新开始。派遣军队继续征服西部大草原和森林地区始于1235年，可汗的侄子拔都率领的一大支军队增强了西征的力量。拔都击败伏尔加—保加尔人、所谓的"大匈牙利"的巴什基尔人、莫尔多瓦人和库曼人。1237年，他的军队进攻罗斯，占领弗拉基米尔并在希特河畔的交战中残杀皇子尤里（1238年）。在基辅于1240年12月失陷后，两支蒙古分遣队使波兰人保持中立，洗劫了克拉科夫和桑多梅日，并于1241年4月9日在莱格尼察（利格尼茨）附近击败了重要的波兰王子下西里西亚的亨利二世。他们然后穿过摩拉维亚，在前去与匈牙利的拔都率领下的主力部队汇合的路上，也稍微尝试着突袭奥地利。匈牙利王国已经垮台，部分原因在于国王贝拉四世与贵族的关系相当不好，另一部分原因在于收留了大约3万—4万库曼人难民带来的压力；各种资料来源也暗示贝拉及其封臣在经历了早期无数的惊恐后，被蒙古人不会出现的消息所骗。③ 4月11日，拔都的军队在莫希平原击溃匈牙利人，贝拉逃往克罗地亚。一支被派出去追捕的骑兵中队未能抓获国王，他躲到亚德里亚海的一座岛屿上，然后这一群人继续前进，穿过波斯尼亚进入巴尔干半岛。与此同时，直到拔都的军队在1242年春移师东进回到东欧大草原时，匈牙利被彻底地毁灭了。

如果蒙古人在1242年坚决推进欧洲，他们将会遭遇联合抵抗是不可能的。教宗与皇帝弗雷德里克二世的纷争正处于高潮时期。弗雷德里克送信给其他君主，催促他们武装起来反抗入侵者。但他的敌人指控他为了自己的目的把蒙古人引了进来，这是毫无根据的指控；不过，一旦人们想起异教徒库曼人在近几十年来被西欧统治者雇佣为后备军，这个指控似乎不那么令人意外了。当然，皇帝显然间接地从这次危机中受益，因为作为神圣罗马帝国的援助承诺的回报，贝拉成为他的封臣，英诺森四世在1245年以弗雷德里克没有给予援助为由将他从这一义务中解脱出来。事实上，贝拉没有从任何近邻那里得到过帮助。实际上，奥地利公爵利用匈牙利的劣势，强逼贝拉做出了领土上的让步。在1241年8月去世前，教宗格列高利九世授权进行一次针对蒙古人的十字军东征，而且由德意志主教们召集，皇帝的儿子康

③ Thomas Spalatensis, in Gombos, ed., *Catalogus*, Ⅲ, pp. 2232 – 2233.

拉德（四世）率领的一支十字军确实出发了，只是当蒙古人在 1241 年夏末未能通过奥地利时被解散。为此次十字军东征积累的资源，实际上被用于康拉德和反霍亨斯陶芬派系之间的内战上。④ 拉丁世界内部的深深分歧，使它受蒙古人的一次主要进攻支配，这得到教宗使节乔万尼·迪·皮安·卡尔皮尼的认可；他在 1247 年拒绝将蒙古使者带回来，担心他们会将西欧的不和报告给主人。

　　蒙古人在 1242 年突然撤出欧洲，原因仍然不完全清楚。一种看法是，匈牙利平原在经过一支军队所有的牲畜放牧几个月后被耗尽，这支军队人数肯定超过 10 万。⑤ 这似乎极为合理，尤其因为匈牙利的各处牧场已经被迫维持大量库曼人难民的生计；将会看到的是，类似后勤上的考虑，可能决定了蒙古人在 1260 年从叙利亚撤退。但更传统的观点是，欧洲因可汗窝阔台于 1241 年 12 月 11 日在蒙古去世而获救，这不是不可能的事。拔都也在他自己的指挥中面临种种问题，因为他的军队被可汗的儿子贵由抛弃而遭到削弱，拔都与他曾争吵过。他担心贵由会继承他父亲的汗位，无疑想看看东方发生的事情。最后，西征的目标可能比通常认为的更少。在由匈牙利的多明我修会修士尤利安在 1237 年从罗斯带回的一封信中——第一份写给欧洲统治者的蒙古人的最后通牒，流传至今——贝拉被指责包藏库曼人难民并杀害蒙古使节。如果蒙古人的意图仅仅是严厉训斥这位国王，那么他们的撤退就不需要解释了。⑥

　　蒙古人为什么好几年都没有返回，以及他们为什么没有向匈牙利与波兰之外挺进，这是两个不同的问题。这里的答案似乎确实要从他们自己的内部斗争中寻找。教宗英诺森四世向蒙古人派出三批使节，从他们带回的报告中得不到什么抚慰，只剩下他们毫不怀疑的是新当选的可汗贵由（1246—1248 年在位）的敌对意图。这些使节中最著名的是法兰西斯修会修士卡尔皮尼；他访问贵由自己的总部，传递一个要求教宗带着西方的"小国君主"（reguli）亲自来到可汗宫廷的最终提案。⑦ 卡尔皮尼进而得知，蒙古人计划对拉丁西方进行一次新

---

④　Jackson (1991), pp. 5 – 16.

⑤　Sinor (1972a), pp. 178, 181 – 182; Morgan (1986), pp. 140 – 141.

⑥　Richard (1977a), pp. 86 – 87.

⑦　关于贵由的信的拉丁文翻译，可参见 Benedictus Polonus, "Relatio", pp. 142 – 143；原文（以波斯文写成）由佩利奥编辑并翻译：Pelliot (1923), pp. 17 – 23.

的远征。但贵由的短暂任期里没有发生重要征战。卡尔皮尼甚至在返途中听说，可汗实际上正在采取行动对抗拔都，但贵由的死避免了蒙古帝国内部的一次主要内战。经过某些操作，拔都在君主选举中稳固了他的选择，即成吉思汗第四子托雷的儿子蒙哥，尽管窝阔台家族的大多数人反对，却遭到残酷镇压（1251 年）。

这次整肃恢复了蒙古帝国政府的某种稳定性，蒙哥即位后对帝国的不服从的近邻们发起了新的征战，于 1254 年导致波兰惊恐不已。拔都大约死于 1256 年，但他的弟弟别儿哥已经成为金帐汗国的统治者；随着东欧大草原的蒙古人已广为人知，他在 1259 年要求国王贝拉投降，派出军队进入普鲁士并对波兰发起进攻；根据一处资料来源，这次进攻的残暴性超过了 1241 年的入侵。[8] 但是，出于将来会大白于天下的种种原因，这些征战代表着蒙古人在东欧扩张的全盛时期。在东南欧，蒙古最高领主权的范围仅仅延伸至保加利亚王国，人们已知该王国到 1253 年成了拔都的附庸国。[9] 不管金帐汗国对罗斯王公的控制是多么直接，它对拉丁世界来说成为隐藏在幕后的威胁。不过，从大约 1280 年直到 13 世纪末期间，当金帐汗国的西半部由汗王的亲戚那海统治时，对波兰和匈牙利的劫掠加强了。

大约在对东欧的大入侵时期，蒙古人也出现在拉丁基督教世界的另一边界线上。窝阔台在 1229 年派遣军队到西南亚，相继由将军博尔忽和拜住指挥，首先进攻花剌子模军队的残余，使格鲁吉亚沦为附庸国地位。然后在 1242 年，拜住对安纳托利亚（卢姆）的塞尔柱素丹发起突然进攻。1243 年 6 月，塞尔柱军队在科斯达格遭到大批屠杀，作为该地区迄今为止的大势力的素丹国成为附庸国。当大量的花剌子模盗贼被蒙古人从伊拉克驱逐出来时，他们向南迁移，在 1244 年 8 月劫掠了耶路撒冷，结束了法兰克人对该城的占领，因此蒙古人的进军对拉丁人产生了间接影响。那年夏天，蒙古人短暂地渗入叙利亚北部，要求当地统治者归顺，包括高傲地拒绝了的安条克王公博希蒙德五世。科斯达格之战的后果之一是小（奇里乞亚）亚美尼亚国王赫索姆（赫图姆）的归顺；他在 1247 年把兄弟斯姆巴特（森帕

708

---

⑧ "Annales Wratislavenses", in *MGH SS*, XIX, 601.

⑨ Rubruck, "Itinerarium", I, 5, ed. Van den Wyngaert, pp. 167 – 168; trans. Jackson and Morgan, *The mission of Friar William of Rubruck*, pp. 65 – 66.

德）送到贵由的宫廷，他在 1254 年亲自侍候蒙哥。

　　拜住没有立即乘胜进军，而是忙于针对伊拉克北部的小股势力的零星军事行动；他因贵由的命令暂时为燕只台吉所替代。但是，当蒙哥在 1253 年将西南亚的全权军事指挥权委托给弟弟旭烈兀时，蒙古军队获得新的进军动力。当拜住向西推移进入安纳托利亚时，旭烈兀攻克了波斯北部的大多数阿萨辛要塞（1256 年）并洗劫了巴格达，处死了最后一位阿拔斯哈里发（1258 年）。1259—1260 年冬天，他入侵叙利亚。阿尤布各公国垮台，蒙古人迅速占领全境。然而，1260年 3 月，旭烈兀带着军队主力东撤，在叙利亚留下由手下将领怯的不花率领的一支小分队。法兰克人的沿海飞地躲过了一次主要的攻击。安条克—的黎波里的博希蒙德六世归顺，可能是因其岳父赫索姆国王的主张，阿克的法兰克人政府也收到蒙古人的最后通牒；但对耶路撒冷王国造成的唯一伤害是那年夏天西顿遭到洗劫。当埃及的马穆鲁克素丹库图兹行动起来对付怯的不花时，蒙古人造成的威胁很快消失；1260 年 9 月 3 日，怯的不花在加利利的艾因贾鲁被打败并被杀。12月，另一支蒙古军队在胡姆斯被歼灭。叙利亚的权力真空为新素丹伯拜尔斯治下的取得胜利的马穆鲁克人所填补；伯拜尔斯在艾因贾鲁之战后的几个星期内杀害了库图兹。

　　正如在 1242 年那样，蒙古大军在关键时刻撤退，明显与可汗的死相关，因为 1259 年 8 月蒙哥在围攻中国的一个要塞时去世：这被视为拯救了伊斯兰世界的事件，正如窝阔台的死亡可能给拉丁西方带来了缓解一样。但在他于 1262 年写给路易九世的信里，旭烈兀亲自给出的撤退理由是牧场缺乏。⑩ 旭烈兀心中的目的可能是要观看远东发生的事情。他的兄弟忽必烈和阿里不哥，在 1260 年晚春成为帝位的竞争对手并发起了一场内战。支持忽必烈的旭烈兀和阿里不哥的拥护者别儿哥，在 1261 年因高加索地区的领土也发生冲突，这是一个对金帐汗国要比对东欧有着更多利益的地区。⑪ 这一间接引发的争论一直持续到 14 世纪。

　　这些斗争标志着蒙古帝国分解成四个地区汗国：一直享有大量自

⑩　Meyvaert（ed.），"An unknown letter of Hulagu"，p. 258.
⑪　Halperin（1983），pp. 250 – 251.

治权的位于西方的金帐汗国；由成吉思汗的次子的后裔统治的位于中亚的钦察汗国；由旭烈兀在波斯建立并由其后代统治的所谓的伊尔汗国；忽必烈治下的位于中国和蒙古的可汗领地，1264 年他在与阿里不哥的斗争中胜出。但甚至在取得胜利后，放弃哈喇和林定居中国的忽必烈只被旭烈兀及其继任者承认，旭烈兀与忽必烈因血缘关系被更密切地绑在一起。此外，从 1269 年起，他在中亚面对着另一个敌对可汗，即窝阔台的孙子海都（死于 1303 年）。直到 1304 年，蒙古世界再次出现不承认唯一皇帝的情况。

710

　　因此，1259—1260 年蒙古人在东欧和叙利亚的征战是这个统一帝国的最后军事行动：值得注意的是，法兰西的路易九世在 1261 年收到的最后通牒（很有可能来自别儿哥）是西欧史料中的最后记录。[⑫] 高加索地区出现敌对形势，意味着伊尔汗和金帐汗都不能专注于各自的外部边界。此外，现在蒙古王公第一次准备与外部势力联盟来对抗蒙古同胞。从 1261—1262 年起，穆斯林别儿哥忙着与教友马穆鲁克达成谅解，马穆鲁克是旭烈兀的主要外部敌人，其钦察血统使他们与别儿哥自己的大多数游牧臣民有着共同的种族背景。

　　这一形势引发的复杂外交由尼西亚帝国史给予了较好的阐释。虽然约翰三世·杜卡斯·瓦塔泽斯（1222—1254 年）及其儿子狄奥多勒二世（1254—1258 年）都保留了自治权，但不得不提防着来自东方的进攻。狄奥多勒的继任者米哈伊尔八世·巴列奥略，通过玩弄娴熟的外交技巧从蒙古人的分裂中获益。[⑬] 从拉丁人手中夺回君士坦丁堡（1261 年）后，米哈伊尔重开海峡为埃及与东欧大草原之间的重要奴隶交通要道。当金帐汗国的军队入侵拜占庭领土时，他能够利用马穆鲁克素丹伯拜尔斯的斡旋来确保和平。他将自己的侄女玛丽亚送给旭烈兀做妻子来安抚他；虽然结果是她在 1265 年旭烈兀死后到达，嫁给了旭烈兀的儿子兼继任者阿八哈。后来，当保加利亚人加入由安茹的查理形成的反对拜占庭联盟时，米哈伊尔请求金帐汗国王子那海通过劫掠他们的领土来使之分心，那海娶了米哈伊尔的私生女。

　　埃及和金帐汗国的友谊将会一直持续到马穆鲁克和伊尔汗在

---

⑫　Jackson（1978），p. 236；理查德有不同观点：Richard（1979b）and in（1989），p. 519 n. 43.

⑬　对随后发生的事情，可参见 Canard（1935 – 1945）；Saunders（1977）.

1320 年达成和平协议为止，对旭烈兀造成了重要威胁。为了报艾因贾鲁战役之仇，伊尔汗需要自己的外部盟友；他早已将目光投向西欧。

与波斯的蒙古人的预期联盟

当花剌子模沙受到攻击的最初的消息在 1220 年传到达米埃塔的第五次十字军队伍中时，人们料想获胜者是基督徒。1146 年，对哈喇契丹战胜伟大的塞尔柱素丹桑贾尔（1141 年）的歪曲描写出现在弗赖辛的奥托的编年史中。这一事件被视为基督徒的胜利，极大地促进了祭司王约翰（*Presbyter Johannes*）的传说萌芽；约翰是一位基督教神父—国王，率军前去援助圣地的法兰克人抵抗共同的穆斯林敌人。1220 年前后，蒙古人在东伊斯兰世界取得的胜利，同样归因于祭司王约翰的儿子"大卫王"；据说，大卫王正在向巴格达推进，在其中的一个故事版本中，他曾自称祭司王约翰。我们现在看到，对大卫王的描述是基于几年里广为流传的事件之上，不仅涉及蒙古人的征服，而且涉及成吉思汗的两个敌人的一生：一度是聂斯托利派基督徒的屈出律和穆斯林花剌子模沙，前者在篡夺哈喇契丹王位后迫害过穆斯林臣民，后者在波斯西部的扩张主义计划使他与哈里发产生冲突。关于一位重要的穆斯林君主的垮台出现混乱且歪曲事实的谣言，似乎源自聂斯托利派基督徒圈子中（当然 1146 年的那些谣言也是如此），叙利亚的拉丁人无疑经由前往耶路撒冷朝圣与这些人接触过。[14]

1241—1242 年的蒙古人征战，以及 1247—1248 年由英诺森四世的使节带回的最后通牒，消除了新势力要么友好要么信奉基督教的想法。然而，西欧注意到了由这些新来者提供的机会。1238 年，当阿萨辛使者寻求法兰克人的帮助时，温切斯特主教彼得·德斯·罗什对这样的狗咬狗的前景感到高兴，并且期待着普世教会获胜。[15] 当蒙古人蹂躏罗斯时，诺夫哥罗德正遭受来自瑞典人的攻击（1240 年）。拉丁西方没理由来哀悼其穆斯林敌人遭受的苦难，也不会为支持教会分

---

⑭ Richard (1955), pp. 233 – 235.

⑮ Matthew Paris, *Chronica Majora*, ed. Luard, Ⅲ, pp. 488 – 489.

裂的基督徒而感到悲伤。这样的态度甚至持续到蒙古人已经形成明显的巨大威胁之后。人们普遍觉得，由于塞尔柱人的羸弱状况，要是路易九世在 1249 年率领十字军进攻的是安纳托利亚而不是埃及，那么他已经有了成功的保证。1260 年 4 月，当旭烈兀已经撤军，怯的不花在叙利亚仅仅统率着一支残余军队时，阿克政府给安茹的查理写信，催促西方输送军队来接管整个国家：穆斯林的权力已经被消灭，一旦法兰克人军队出现，蒙古人定然将逃之夭夭。[16]

　　人们大致以同样的方式认为，蒙古人造成的威胁将诱使其他异教徒和支持教会分裂的基督徒到拉丁人的保护伞下寻求庇护，并接受教宗首席权的观念。这清楚地呈现在罗马教廷与东欧的关系中。1245 年，卡尔皮尼代表团在罗斯王公加利西亚和沃伦的丹尼尔的宫廷待过一段时间，设法通过协商使其归顺罗马教会，被授权也以同样的方式说服弗拉迪米尔大王公。虽然大公亚历山大·涅夫斯基反而选择了"鞑靼人的奴役"，这提供了保证来对抗拉丁敌人的贪婪，即瑞典人和条顿骑士团，但英诺森四世成功地在东欧为新拉丁诸国建立起缓冲区。丹尼尔接受王冠，以此作为归顺罗马教会的回报，正如异教徒立陶宛王公明道加斯所为。但丹尼尔最终背教，1263 年明道加斯在一场异教徒叛乱中被杀。[17] 相似的政策出现在利凡特。在 1245 年派往近东的两位大使中，安德烈·德·隆朱莫至少花费了几个月时间外出游走，与阿尤布统治者和分离教会的高级神职人员打交道，这已为人所知。可以想到的是，这些教宗大使在 1245—1247 年与蒙古人展开的外交接触和他们带回的珍贵报告，可能掩盖了当时更加重要的目的。

　　然而，到了 13 世纪中期，有两件事开始使蒙古—拉丁关系的问题复杂化。其一，蒙古人在西南亚的主导地位已经明显地为东方的基督徒带来新的希望和保障。我们已经看到，在解除塞尔柱人的压力后，小亚美尼亚的赫索姆把接受蒙古最高领主权看成是为他的小王国提供了最好的前景。在他写给英诺森四世的信中，这封信由安德烈·德·隆朱莫传递，雅各派牧首伊格纳修斯寻求在拉丁叙利亚为东

---

⑯　Delaborde（ed.），"Lettre des Chretiens de Terre-Sainte a Charles d'Anjou"，p. 214.

⑰　参见 Halecki（1966）；Szczesniak（1956）；Zatko（1957）.

方基督徒获取更为公正的对待。1248 年，蒙古将领燕只台吉在派往法兰西的路易九世的外交使团中提出类似的请求，这在下文中将会详细谈及；路易九世那时在塞浦路斯为针对埃及的十字军征战做准备。在以前处于穆斯林统治下的领土上，蒙古人的宗教宽容政策改善了基督徒和犹太人的命运境况，况且征服者自然地将他们视为有用的工具。拉丁人中的支持教会分裂的基督徒臣民将从蒙古人的到来中受益，这明显地从安条克的例子中体现出来；安条克是拉丁叙利亚向蒙古人屈服的那部分领土，那里的希腊东正教牧首被反复地驱逐出教并从该城驱逐出去，1260 年因旭烈兀的专门命令而重新回到安条克。

其二，到大约 1250 年，关于蒙古统治者个人信奉基督教的报告也送到拉丁人的手中。燕只台吉的使节做出的令人鼓舞的肯定之一，是贵由已经受洗。正是拔都的儿子萨尔塔克也成为基督徒的谣言，促使法兰西斯修会修士纪尧姆·德·鲁布鲁克旅行到金帐汗国的土地上。在 1254 年，据说，萨尔塔克派出的使团的唯一幸存者告知英诺森四世：萨尔塔克皈依了基督教。这种性质的报告由亚美尼亚和聂斯托利派基督徒大力促成（而且据鲁布鲁克所说，有时是这些人杜撰出来的），这些人将蒙古人视为使他们脱离穆斯林压迫者的救星。14 世纪初，渴望促成蒙古与法兰克人的军事合作的亚美尼亚修士海顿将会传播相似的故事。有时候，这些报告可能证明是合理的：萨尔塔克和贵由的基督教信仰为穆斯林及亚美尼亚的史料所证实；旭烈兀的嫡妻脱忽思哈敦及其将军怯的不花都是聂斯托利派。

然而，重要的是，在判定这些细节具有多么重大的意义时，不能对整体情况视而不见。蒙古人对以前处于劣势的臣属群体的政策前后一致，没必要偏袒基督徒：拔都任用穆斯林代理人征收税收和来自罗斯的贡金。为东方基督徒的旭烈兀和脱忽思哈敦是第二个君士坦丁和海伦娜的观点所迷惑，就是忘记了这样一个事实：1218 年，蒙古人在中亚为屈出律的穆斯林臣民称颂为解放者。对基督徒的同情心不能决定对外政策。贵由的基督教信仰及其为聂斯托利派顾问包围的事实，都不能阻止他在 1247 年筹划针对欧洲的新征战。

这些考量在 1260 年叙利亚发生的事件中尤其需要重视，那时阿克政府正因西顿受到攻击而感到伤心，对埃及人采取了仁慈的中立态度。要不是随后的种种发展，如马穆鲁克在 1291 年征服拉丁诸国，

713

旭烈兀及其继任者反复提议与西欧展开针对埃及的军事合作等，给予库图兹军队的支持以及 1260 年未能与蒙古人结盟已被视为最愚蠢的行为。蒙古人在其他地方获得基督教附属国的援助：格鲁吉亚军队热情地参与蒙古人占领巴格达的战役，赫索姆和博希蒙德六世在 1260 年因援助之功，获得蒙古人从阿尤布王朝占领的以前属于基督徒的领土来作为回报。然而，我们不应该忽视蒙古统治或蒙古接受宗教的性质。在这一阶段，蒙古人没有盟友，只有臣属；即使自愿归顺的统治者也肩负着沉重的束缚。阿克的法兰克人几乎不能因偏好穆斯林近邻的胜利而受到责备。[18]

　　这不是否认蒙古人征服世界的坚定决心可以暂时并在某些情况下被改变。燕只台吉在 1248 年派到路易九世那里的使团就是佐证。虽然燕只台吉的表面目的是为拉丁人的东方基督徒臣属获取更公正的对待（由此至少落实了成吉思汗的法令之一），但这个使团似乎也是将十字军军队的注意力从蒙古人目前的行动范畴所在领土转移开来的一种手段，如叙利亚和安纳托利亚等。[19] 路易已经被这条信息的语气说服，它与平常的最后通牒如此截然不同，并派出回访使团到蒙古帝国宫廷所在地；在那里，令这位法兰西国王十分懊恼的是，此举被贵由的孀妻斡兀立海迷失视为归顺的表示。不久，燕只台吉在肃清窝阔台家族及其支持者的行动中猝死，他的行为将被蒙哥在亲自发给路易的最后通牒中受到谴责，这一通牒由鲁布鲁克在 1255 年带回。

　　蒙古帝国在 1260—1261 年瓦解，再次导致蒙古统治者收敛征服世界的传统主张。以别儿哥与马穆鲁克素丹拜尔斯建立起关系的同样方法，旭烈兀准备与拉丁世界开始更为友好的关系。他在 1262 年写信给路易九世，要求他在蒙古人从陆路进攻埃及时从海上封锁埃及，也在 1263 年将使团派到教宗乌尔班四世处。这是波斯的伊尔汗给这位教宗的诸多提议的开始，通常也给法兰西和英格兰国王，有时给阿拉贡和西西里国王，寻求军事合作来对抗马穆鲁克。旭烈兀死于 1265 年，但他的儿子兼继任者阿八哈（1265—1282 年在位）从 1267 年恢复联系，阿八哈的使节参加了 1274 年召开的第二次里昂公会议。

---

⑱　Jackson（1980），pp. 493–496.
⑲　Richard（1973），pp. 217–218.

阿八哈的弟弟艾哈迈德（1282—1284 年在位）是一个穆斯林改宗者，试图与埃及达成和平协议未果，为他的侄子阿鲁浑（1284—1291 年在位）所取代；在阿鲁浑的统治下，与西欧的协商达到高潮：使团分别在 1285 年、1287 年、1289 年和 1290 年派往欧洲。阿鲁浑死于 1291 年，教宗尼古拉四世死于 1292 年，使这些联络中断好些年；但是，阿鲁浑的儿子合赞（1295—1304 年在位）虽然是一个穆斯林，却在 1300 年恢复与西欧的关系。他的弟弟完者都（1304—1316 年在位）也是一个穆斯林，一度是个基督徒；为了纪念教宗，受洗名字为尼古拉。他是在共同对敌马穆鲁克的基础上与欧洲诸势力保持外交联系的最后一位伊尔汗；1320 年，波斯的蒙古人与埃及讲和。

伊尔汗仔细地挑选将会引出西方的信任的人员。阿鲁浑在 1287 年派出的使团由聂斯托利派教士拉班·索马率领，他代表其教会承认教宗尼古拉四世的首席权。侨居国外的拉丁人经常受雇于蒙古使团。阿八哈在 1274 年派出的使节就由多明我修会修士阿什比的大卫陪同，大卫自 1260 年以来一直在波斯居住，当时阿克政府将他列入使团派往旭烈兀处。从 1289 年到 1302 年，我们发现热那亚人布斯卡雷洛·迪·吉索尔菲成为伊尔汗派往西欧的大使；1305 年，完者都的使节之一是他的捧剑者锡耶纳人托马索·乌吉。指定的任务有时极为具体。1289 年，阿鲁浑向公正者菲利普承诺给法兰克人 2 万或 3 万匹马，虽然在完者都 1305 年写给同一位君主的信中提到的 2 万匹马和大量粮食的数字显然引起稍微疑意。

这些交流中最重要的主题是伊尔汗愿意将一度被征服的圣地归还拉丁人之手。但来自蒙古波斯的大使们也强调其主人善待领地内的基督徒，还有他们对基督徒的普遍善意。早期通信中大量提及释放在与穆斯林的战斗后落入蒙古人手中的基督徒囚犯的事宜。在 1262 年写给路易九世的信中，旭烈兀否认他的军队在两年前进攻法兰克人领地的行动。当然，使节暗示他们的主人乐意亲自信奉基督教。乌尔班四世在 1263 年听说旭烈兀渴望接受基督教，阿八哈的使节在 1274 年里昂公会议上再次强调旭烈兀对基督教的同情。1287 年，有人暗示，只要拉丁人帮助阿鲁浑重新夺回耶路撒冷，他将在那里受洗。拉丁势力貌似绝对不可以被告知合赞和完者都皈依了伊斯兰教。这确实是突发事件，马略尔卡传教士拉蒙·柳利在 13 世纪 90 年代对此表示担

715

忧。但在短期内，这也许不太重要：当然，皈依对伊尔汗国的对外政策没有产生影响。

这些延长了的蒙古与法兰克人之间的协商几乎没有任何结果。1271年，爱德华王子在圣地参加十字军东征，努力与阿八哈联系，但只有一小支蒙古军队进入叙利亚，甚至到他离开时依然如故。阿八哈在1280—1281年对叙利亚发起的主要远征，以及合赞在1299—1300年、1301年和1303年发起的三次征战，没有得到任何值得注意的来自西方的帮助。一些来自迈尔盖卜的医院骑士团成员加入1281年入侵的蒙古人军队并参加了合赞在1299—1300年展开的军事行动，这在西欧引起巨大的轰动，结果只不过是圣殿骑士团短暂地占领叙利亚北部海岸附近的鲁阿德岛（Ruad）。[20] 1291年，800名热那亚人在底格里斯河上被阿鲁浑雇佣，旨在建立一支舰队来骚扰红海里的马穆鲁克，这一计划预示下个世纪的一些十字军东征方案；但当热那亚人争吵起来并相互屠杀时，这个计划便胎死腹中了。[21]

导致伊尔汗寻求拉丁援助的特定境况，即蒙古世界内部的不和，也使他们难以对马穆鲁克在军事上采取主动。蒙古波斯被群雄环伺。伊尔汗不仅面临着来自金帐汗国的敌视，而且还有来自中亚的蒙古人的敌视。阿八哈在1274年派出的使节极力强调，他未能开始与马穆鲁克作战是因为在其他边界上被绊住了手脚。[22] 不管后勤问题如何，合赞在1299年从叙利亚撤军的一个原因是得知海都的军队已经入侵他的东部边界的消息。[23] 1305年，完者都告诉公正者菲利普，蒙古诸国已经讲和，再一次接受唯一可汗的权威，即以中国为基地的忽必烈的孙子帖木儿。但没几年，蒙古人再次卷入自相残杀的战争中。

为了试图理解西欧为什么就自身而言没有更全心全意地回应伊尔汗的提议，我们必须强调蒙古人在过去所激发出的不信任感：不仅因为他们对拉丁领土的进攻，特别是在1241—1242年和1260年，而且还因为路易九世与燕只台吉的交易，产生了令人失望的结果。教宗亚

716

---

[20] Schein (1979).

[21] Richard (1968), p. 49.

[22] Roberg (1973), pp. 300–301.

[23] Hayton of Gorighos, "La Flor des Estoires de la Terre d'Orient", Ⅲ, xli and xlii：法语文本第196页和第200页错拼成"Baido"，另参见拉丁文本第319页和第321页（不同读本）。至于后勤问题，可参见 Morgan (1985)。

历山大四世在 1260 年 12 月发布针对叙利亚的蒙古人的十字军东征号召，提及他们假装对（拉丁）基督徒友好的手段。[24] 几年后，乌尔班四世小心翼翼地回应旭烈兀所谓的对基督教的兴趣，承诺只有旭烈兀皈依后才能得到西方的军事援助。1289 年，尼古拉四世仍然非常谨慎地坚持阿鲁浑不应该等到耶路撒冷收复后再受洗，虽然他在得知阿克失陷（1291 年）的消息后随即改变了这一立场。西方君主不缺乏行动的欲望也是有可能的，但他们被离家更近的事情所分心，像爱德华一世从 1290 年就陷在了苏格兰，或西西里晚祷事件的战争。换句话来说，这个问题与西方在 1248—1250 年的灾难性的第七次十字军东征后，疏于向圣地派遣大量的军队是不可分的。

　　像未能在 1260 年对入侵叙利亚的旭烈兀军队提供援助一样，给予其继任者的冷淡反应被视为浪费机会。潜藏在两种决定之中的当然是这样的信念：如果蒙古—西欧联盟得以建立且马穆鲁克帝国被推翻，那么伊尔汗国将迟早信奉基督教，由此改变波斯和近东的整个历史——这真是一种可疑的观点。值得注意的是，1305 年在蒙古各汗国普遍和解后写给公正者菲利普的信中，完者都谈到蒙古世界从 "远至海边" 的中国延伸过来，也就是已知人类居住世界（*oikoumene*）的边缘。[25] 这个词语明显是对征服世界的传统蒙古主题的再主张，译者在解释时需当心。因此，我们应该考虑这种极有可能的事：蒙古与拉丁在摧毁马穆鲁克国家中的成功合作后，将使蒙古人与其前盟友重新恢复敌对。成吉思汗正是通过这样的方式第一个在东部大草原崛起。

贸易与传教

　　蒙古帝国的建立将亚洲的很大部分土地统一在一个政府之下，大大地促进了东西方商业发展，使欧洲商人独立于穆斯林中间人之外，直接与东方进行贸易成为可能。人们能否称其蒙古之和平尚存有很大争议，因为自 1260 年后的很多时间里，蒙古诸国相互征战，商人们

㉔　Luard（ed.），"Annales monasterii de Burton"，p. 497.

㉕　Sinor（1972b）；关于整个文本，可参见 Mostaert and Cleaves（eds.），*Lettres*.

经常被卷入争端中。那些涉及与中国贸易的人更倾向始于霍尔木兹海峡的长途海上路线，而不是始于克里米亚地区的塔纳，并经由花剌子模的乌尔根奇和察合台汗国的阿尔马利赫的陆路旅行，这具有重大意义。但在每个蒙古汗国里，情形各异。伊尔汗尤其能够在领地里为外国商人提供相对安全的环境。1264 年，大不里士有一块威尼斯人聚居区，是他们的主要定居地之一。不久，在金帐汗国的领土上，热那亚人在克里米亚的卡法和亚述海沿岸的塔纳定居下来。他们从这里不仅将钦察或"鞑靼人"奴隶出口到马穆鲁克帝国，也出口到热那亚本土，这一商业行为常常令罗马教廷蹙眉。

　　我们已经看到，伊尔汗是如何雇佣意大利人担任管理职务和肩负与西欧的外交往来使命的。西方人也受雇于可汗，可汗青睐于他们和其他外国人胜过本土的中国人。最著名的例子当然是马可·波罗，他宣称从大约 1275 年到 1291 年服务于忽必烈，在回程中护送过一位即将下嫁给伊尔汗阿鲁浑的蒙古帝国公主。正如他所说，即使波罗没有被任命为一整个中国省份的总督，但他可能在某地区掌管政府的食盐专卖或其他，虽然也有史料表明波罗从没有到过中国，只是从蒙古的报告者那里听说了这个国家。[26]

718　　马可·波罗尚是一个青年；他没有表明自己从事了任何商业交易。令人失望的是，他的描述不是由他而是由专业传奇小说家比萨的鲁斯蒂凯洛在大约 1298 年完成，丝毫没有提及可汗领土上的欧洲商业活动。这样的活动发生的伟大时代实际上是 14 世纪；那时，在蒙古统治于 1368 年垮台且外国人为当地的明朝驱逐之前，热那亚人在西方与中国的贸易中起着主导作用。但我们知道，至少有一个意大利人在波罗时代到过中国，即彼得罗·迪·卢卡隆戈；他可能是威尼斯人，在 1291 年与法兰西斯修会修士蒙泰科尔维诺一道出游。

　　拉丁传教士从早期开始沿着贸易路线进入蒙古帝国。虽然蒙古征战最初证明不利于当前的传教活动，例如在 1239 年摧毁了新近创建的"库曼尼亚"主教区，但他们的到来很快可以被视为是有利的。新近成立的托钵修会从蒙古替代穆斯林统治大部分西亚中受益，这使公开传教和基督教信仰的更全面的外部表达成为可能。即使在汗王们

---

[26]　Haeger（1978）；Wood（1995）.

成为穆斯林后的金帐汗国，以及随后合赞在 1295 年皈依伊斯兰教的波斯，这种情况仍然继续，只有波斯基督徒受迫害的一个短暂时期除外。事实上，传教工作的主要障碍是托钵僧自己缺乏语言专长。对于这个问题，鲁布鲁克早在 1255 年就已经注意到；在西班牙建立东方语言学校或维也纳公会议颁发关于在主要大学创建阿拉伯语和希伯来语的大学教授职位的法令（1312 年）等努力只提供了部分弥补。大约于 1303 年在克里米亚地区编写的《库曼法典》（*Codex Cumanicus*）是一部拉丁文—波斯文—土耳其文词语汇编，表明这个领域存在对传教士的语言所需要的清晰认识。

大部分 13 世纪的传教士只是因其修道会的权威而外出旅行，正如鲁布鲁克在 1253—1254 年拜访萨尔塔克、拔都和蒙哥时所为，也如 13 世纪末在蒙古波斯和伊拉克居住多年的多明我修会修士里克尔多·达·蒙泰克罗克所为。有时，传教任务由教宗派出，意在诱使蒙古统治者接受洗礼。大量派往伊尔汗的教宗使节手持详述基督教信仰的信件，尼古拉三世在 1278 年向忽必烈派出五名带有相同目的的法兰西斯修会修士。在波斯待了一些年头后，法兰西斯修会修士乔万尼·德·蒙泰科尔维诺在 1291 年离开大不里士前往远东，开始定居在可汗领地北部的汪古人中，然后在可汗的首都汗八里（北京）。蒙泰科尔维诺的信表明，他在信奉佛教和道教的中国人中没有取得进展，他的主要成果在于使聂斯托利派的汪古王子可汗帖木儿的女婿阔里吉思（乔治）开始遵守拉丁礼拜仪式。他显然遭到当地聂斯托利派教会人员的反对。但在 1307 年，教宗克雷芒五世回报了他的付出，任命他为管辖五名副主教的汗八里大主教，并且将蒙古亚洲的全部传教工作从属于广阔的新大主教辖区。这一安排持续到 1318 年，直到蒙古波斯创建了一个独立的大主教区；该大主教区以取代了大不里士成为伊尔汗的主要居住地的苏尔坦（Sultaniyya）为中心。

在短时期内，西方与蒙古亚洲的联系可能明显走进了死胡同。伊尔汗频繁派出的外交使团没有产生针对共同敌人马穆鲁克的军事合作的结果。蒙古统治者没有接受罗马教会，拉丁传教士也没有成功地为他们的信仰赢得蒙古统治者的大量臣民。甚至欧洲与远东的贸易，尽管在可汗的支持下繁荣了几十年，还是在 14 世纪最后几十年里逐渐枯竭。然而，蒙古人的到来极大地开阔了西方的视野。拉丁人行程一

719

度达几千里之遥，比以前可能的行程要远得多；他们被引入一个他们迄今为止都没有认识到其存在的世界。随着罗马帝国的垮台，从视野中消失的中国现在被称为"Cathay"（中国），这一固定观念将无视14世纪70年代东西方联系断裂而幸存下来。通过在13世纪为欧洲人提供进入东方财富的直接通道，蒙古纪元为15世纪的航海大发现奠定了基础。

彼得·杰克逊（Peter Jackson）

莫玉梅 译

徐　浩 校

第二十三章

（1） 斯堪的纳维亚和波罗的海边界：
斯堪的纳维亚诸王国

内外部斗争（约 1200—1319 年）

"斯堪的纳维亚诸王国"被理解为丹麦王国、挪威王国和瑞典王国。在现代英语中，斯堪的纳维亚通常还包括芬兰和冰岛，这五个国家被外国人及这五个国家的人民认为形成了一个一体化的地区，虽然在斯堪的纳维亚各语言中，"北欧诸国"这个术语通常被用来指这片扩大了的区域。在中世纪，芬兰的大部分地区和现在一样，在民族和语言上不同于这片区域的其他地方。然而，这个国家没有形成一个独立的政治统一体，但慢慢成为瑞典王国的一部分。对比之下，冰岛在文化和语言上与挪威紧密相连，但直到 13 世纪中期一直保持着政治上的独立。此外，人们对芬兰最古老的历史几乎一无所知，但冰岛却留下了大量的书面史料和质量上乘的文学。因此，在接下来的叙述中，关注冰岛、略微忽视芬兰是合理的，但主要关注点将在于那三个王国，它们在政治上最为重要。①

---

① 关于该时期内的这三个王国的标准叙述，可参见丹麦：Skovgaard Peterson（1977），Christensen（1977）and Paludan（1977）；挪威：Helle（1974）；瑞典：Rosen（1962）。接下来的叙述中给出的大多数精确信息皆来自于此。关于冰岛，可参见 Jóhannesson（1974），Byock（1988），Miller（1990）and Sigur ðsson（1993）。还可参见以下著作中关于这几个国家的文章：*Lexikon des Mittlalters*（1977 – 1998）and *Medieval Scandinacia： an Encuclopedia*（1993），以及对这个时期的诸王国的研究概述：瑞典：Lindkvist（1979b），丹麦：Paludan（1979），芬兰：Suuvanto（1979），挪威：Helle（1981）。

721

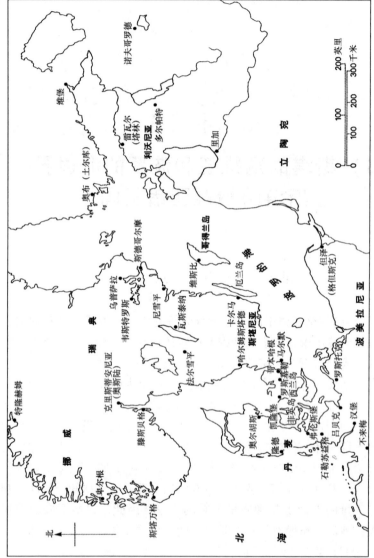

地图 12 斯塔的纳维亚与波罗的海

这三个斯堪的纳维亚王国在 1200 年前就已历史悠久，正如它们之间将保留到 17 世纪大变动前的边界也是早已形成的那样，一些例外情况除外。当我们对 13 世纪的状况进行研究时，把这个时期延伸到 1319 年比较便利，这时挪威和瑞典的第一次联合已经形成，而且埃里克·曼维德在丹麦去世引发这个国家在中世纪的最严重倒退。13 世纪初，这时没有发生任何具有决定意义的事件，丹麦显然是这三个王国中最强大的国家，由一个强大统一的君主国统治，挪威和瑞典却因内讧而四分五裂。丹麦实际上在中世纪的大部分时间和随后的时期里都是斯堪的纳维亚居于首位的国家，拥有最多的人口和最多的耕地，另一个优势是其土地和人口都集中在一片相对较小的区域，这使控制与榨取资源变得更容易。其他国家只能在丹麦国王忙于其他地方或丹麦王国因内讧而分裂时挑战丹麦的首要位置。

在我们研究的这个时期的初始，丹麦国王显然正准备对外发动征服战争。然而，这些征服战争的目标是北德意志和波罗的海，这个地区要比瑞典和挪威更富有。这种财富是特别诱人的，即金钱和宝石，它们易于运输和转换为其他资源、武装人员和薪酬。1200 年前后的形势对丹麦在北德意志和波罗的海进行扩张尤为有利。在 12、13 世纪期间，德意志皇帝日益卷入意大利和地中海的纷争中，不再形成对丹麦的威胁，正如他在前一个时期偶尔为之那样。在这个时期，德意志皇帝在北部进行的最重要活动就是弗雷德里克·巴巴罗萨于 1180 年对狮子亨利发起的征战，此战阻止了亨利公爵在北部建立起一个强大公国的企图，因而间接地打开了丹麦扩张的道路。大约与此同时，波罗的海地区出现十字军东征和经济扩张的新浪潮，给予丹麦国王在这个地区的新的机会。

这些机会为国王瓦尔德马尔一世（1157—1182 年在位）及其继任者们所利用，尤其是绰号为胜利王的瓦尔德马尔二世；他在 1219 年征服现在的爱沙尼亚北部，有一段时间还成功地征服了大量德意志公国与城市，或对他们建立起最高领主权，包括汉堡和吕贝克。然而，1223 年，瓦尔德马尔因某些德意志王公的背叛行为成为俘虏。在缴纳巨额赎金而被释放后，他再次入侵德意志，但在 1227 年博恩赫沃德之战中败北。他随即放弃重获在德意志的征服地的企图，将剩余的当政期奉献给内部事务，尤其是立法。

722

　　与此同时，其他国家的形势也正在发生变化。挪威的两大对战派系逐渐开始握手言和，国王哈康·哈康逊（1217—1263 年在位）成为唯一的国王。在 1239—1240 年镇压了最后一次叛乱后，他开始了一帆风顺的统治。在瑞典，伯爵比尔格代表他的儿子瓦尔德马尔成为该国的真正统治者，瓦尔德马尔在 1250 年当选为国王。比尔格最终在 1251 年打败反对者，一直毫无反对地统治到 1266 年去世。瓦尔德马尔接着统治至 1275 年，是年被弟弟马格努斯废黜。尽管存在瓦尔德马尔重登王位的威胁，但马格努斯在 1290 年去世前成功地保有了该王国。

　　内部和平带来国外扩张。挪威国王的一个明显目标是北方和西方的岛屿。从大约 1220 年开始，挪威统治者力图使冰岛臣服于挪威。这可能主要通过外交手段来实现，因为冰岛既距离太远，人口也过于贫困且稀少，不足以长期支撑一支军队展开征服。在 12 世纪期间，权力集中化的进程在冰岛缓慢地进行着，直到该国被五个分别控制了不同部分的家族瓜分。从 13 世纪 20 年代起，这些家族之间爆发激烈的斗争。国王哈康插手这些斗争，设法不时更换权贵为盟友，力图利用他们来达到自己的目的。他也利用由特隆赫姆大教堂全体教士选出的主教们。从 1238 年到这个自由国家终结的 1262 年之间选出的所有主教都是挪威人。最后，他可以利用冰岛人依赖于挪威船只来进行贸易的事实；因为缺乏木材，冰岛人这时不可能建造自己的船只。这些努力的结果，就是冰岛人在 1262—1264 年间归顺挪威国王，以获得某些让步作为回报。与挪威的联合带来了相当大的变化，但冰岛仍然是一个独立的实体，以不同于挪威大陆的方式进行统治。格陵兰岛在 1261 年归顺挪威国王，但距离实在过于遥远，"挪威帝国"的这一拓展实际上并不太重要。

　　在大不列颠群岛，挪威国王拥有对设得兰群岛、奥克尼群岛、赫布里底群岛和马恩岛的要求权；这一要求权可以追溯到维京时代，根据不同的形势多少成功地维护下来。挪威在内部斗争结束后出现了有利形势，苏格兰王国的复兴同时发生，而苏格兰王国在这一地区同样拥有要求权。1263 年，挪威对苏格兰发起大规模远征，证明没有起到决定性的作用；1266 年，挪威国王将赫布里底群岛和马恩岛割让给苏格兰，以此取代每年缴纳贡金，而苏格兰国王承认挪威对其他岛屿的控制权，即设得兰群岛和奥克尼群岛。在接下来的岁月里，挪威人没有试图在西方进一步扩张领土，但努力地通过外交手段确保其经济利益。

　　瑞典在波罗的海的扩张，如同于挪威在北方和西方的扩张行为，尤其是北部地区的芬兰。这一扩张在某种程度上是维京远征的继续，但也可以视为瑞典的各芬兰民族对劫掠性远征做出的反应。在 12、13 世纪，有史料提到瑞典对芬兰发起的几次十字军征战，但没有提供确切的信息；那时的芬兰还是一个异教国家。芬兰主教区创建于 13 世纪初，位于卡累利阿半岛的维堡城创建于 13 世纪 90 年代的一次十字军征战期间。在 13 世纪，瑞典人沿着芬兰海岸同样继续着他们的定居进程。瑞典在芬兰的扩张导致与罗斯的冲突，1323 年签订的和平条约暂时结束了二者的冲突，瓜分了卡累利阿半岛和两国之间的北部地区。

　　对丹麦而言，国外扩张最吸引人的目标在斯堪的纳维亚地区之外，而挪威和瑞典的扩张更直接地针对斯堪的纳维亚地区内部的一个国家，即丹麦；丹麦比西方诸岛更富有，可能也比瑞典在波罗的海扩张的地区更富有。瑞典有着更多的动机来沿着南部和西部边界进行扩张，因为它在这个地区几乎为陆地所包围，只在约塔河口有着通向大海的狭窄通道，现在的哥德堡就位于此。相邻两个国家的机会出现在 13 世纪下半叶，那时丹麦因内讧而四分五裂，最初是国王瓦尔德马尔二世的儿子们及其后代之间的内讧，最终变成国王与教会和贵族反对派之间的纷争。1286 年，国王埃里克·克里平被谋杀，在他的儿子埃里克·曼维德未成年时建立的政府指控 9 位丹麦权贵犯下这一罪行，将他们放逐并没收其财产，由此导致一场延长了的斗争。此外，丹麦君主国在 1252—1321 年间与教会有三次主要冲突。在很大程度上，这些冲突相互交织在一起。

　　从 13 世纪 50 年代起，这两个相邻国家的国王或王公就设法利用这些冲突。然而，这两个国家之间基于领土利益的划分并不明显，家族与个人联盟以及内部分歧也发挥着各自的作用。挪威相当坚定且强烈的执行反丹麦政策。此项政策的直接原因是因丹麦公主英格堡的继承权所产生的冲突，她在 1261 年嫁给国王哈康的儿子兼最终的继任者马格努斯（1263—1280 年在位）。1286 年后，挪威国王支持丹麦的不法分子并在两国的边界地区给了他们一个据点，这些不法分子从这里展开了与丹麦国王和政府的斗争。在接下来的几年里，挪威发动进攻，而且相当成功。成功的一个重要原因在于内部和平与稳定。不可否认的是，13世纪80年代出现与教会的冲突，所有主教在此期间曾短暂地四处流亡，但这一冲突远远没有相邻两个国家里的斗争那么严重。

725　　　在这些冲突的第一阶段，瑞典基本上保持中立或对丹麦采取友好态度。一个可能的原因是国王马格努斯在废黜他哥哥时接受了来自丹麦的帮助，而且担心他哥哥可能试图重获王位。马格努斯去世后，两个国家在1296—1298年达成联姻。然而，瑞典在1302年与挪威结盟，其时瑞典国王比尔格的弟弟埃里克公爵与挪威国王哈康五世的时年仅一岁的女儿英格堡订了婚。不久之后，国王比尔格和他的兄弟们之间爆发了激烈的冲突，即埃里克公爵与瓦尔德马尔公爵，这一冲突成为以后的斗争的主要模式，虽然联盟出现短期的变化：丹麦与瑞典的当政国王们联合起来对抗与两国国内的反对派联盟的挪威。瑞典的这两位公爵试图在三个王国之间的富饶边界地区建立一个内斯堪的纳维亚公国，阴谋针对所有这三位国王。丹麦在埃里克·曼维德（1286—1319年在位）治下经历了一次复兴，他对瑞典和挪威实施防御性的政策，而他的主要目标是北德意志。他在这里取得相当大的成功，通常在内部斗争中也是最强大的。不过，到了统治晚期，他大量使用城堡和德意志雇佣军导致财政问题日益加重，不得不抵押在丹麦的大量封地来获得现金。这些问题在埃里克于1319年11月去世时给予贵族反对派一次新的机会。在1320年当选时，新国王克里斯托弗二世不得不颁发一项法令《丹麦法令》（*håndfæsting*），承诺在许多具体方面根据选举者的意愿来治理国家。在瑞典，埃里克和瓦尔德马尔两人都被谋杀后，国王比尔格及其兄弟之间的长期斗争以被谋杀者的胜利而告终。新政权在1319年的大会上接管，正式宣布瑞典王国实行选举制而不是世袭制，建立贵族议事会来代表埃里克公爵年仅三岁的儿子马格努斯进行统治，马格努斯同时继承挪威王位。

从瑞典王公能够以其他两个国家为代价，为自己创建一个公国的意义上来说，瑞典在14世纪早期的斗争中是赢家，因此瑞典在1319年与挪威的联合中肯定处于主导地位。尽管内部稳定，但挪威在世纪之交后没有成功地在北欧内部政治中维持其显著地位，这时另两个王国开始全面参与竞争。在南方，丹麦开始逐渐衰退，瑞典王国合并斯堪尼亚的富饶边界地区的机会似乎已经出现。在内部斗争中，丹麦和瑞典的贵族阶级都是赢家。甚至在国王与贵族历来关系和睦的挪威，1319 年的王位继承开启了一个贵族阶级力量更为强大的时期。

国家的建立、精英阶级的形成和社会变化

726

从长远来看，瑞典在 14 世纪初取得的成功证明是短暂的，丹麦在 14 世纪下半叶再次成为首要国家。然而，上文描述的短暂变化时期不应该使我们忽视这个时期里出现的长期发展，这一发展经常被置于"国家的增长"这个标题下进行概述。这可能过多地基于现代类比之上，更好的描述将会是集权化和由教会、君主与世俗贵族组成的公共权力的增长；简而言之，这就是指与前一个时期相比更明显地与其他人口区分开来的主要精英阶级的出现。

至少在这个新兴国家方面，对这一发展的描述与解释在斯堪的纳维亚的历史编纂学中起着主要作用。答案可以分成三种主要类型。有些历史学家关注国家的"服务方面"，尤其是司法领域，把国家的演变视为各种机构的"自然"发展，这些机构是满足新环境下的人口需要所必需的。这一阐释在 19 世纪特别具有说服力，尤其是在挪威，但在当代历史编纂学中继续发挥一定的作用。第二种阐释主要和强大的农业史学流派联系在一起，多少带有马克思主义信仰的特征，两次大战之间在挪威出现。这一流派关注人口学和土地所有权的变化，将国家的发展视为马尔萨斯式形势带来的结果。最后，另一些历史学家从军事专业化中寻求答案，这一军事专业化过程允许精英阶级强迫农民人口缴纳税收和租金。在一定程度上，这种阐释也受到马克思主义思想的启发，尤其反映在以由阿尔都塞和 20 世纪 60 年代起的新左派（虽然新左派中也有开明派或保守派）阐述的形式中。相比之下，近来向"心态史"发展的趋势或对政治现象的文化与象征阐释，迄今对斯堪的纳维亚历史编纂学没有产生什么影响，但这可能构成第四种阐释，可能会进一步促进研究。

这些阐释不是相互排斥的，允许大量的结合和中间形式，现在将利用这些阐释来讨论这个时期发生的社会变化的主要方面。

经济变化和社会结构

根据现代估计，中世纪晚期的农民在丹麦拥有 15% 的土地，在727 挪威拥有 33%，这些百分比基于土地价值之上。至于瑞典，大约一半的农场在 16 世纪初由自由土地持有者持有。这一百分比不能直接和其他斯堪的纳维亚国家的进行比较，因为它是基于农场的数量而不是土地价值。大多数历史学家推测，这种形势与 10 世纪或 11 世纪出现的不同，因此农民所有权在中世纪盛期逐渐衰退，社会相应转变为一个更贵族式的社会。至于冰岛，有证据表明 13 世纪出现更贵族式的社会结构，但即使在那时大多数农场主都是自由土地持有者。

关于所有权是何时、又为何在这三个王国发生以及这一进程的影响有多么深远，可谓众说纷纭，分歧较大。据挪威的"马克思主义—马尔萨斯流派"所说，那里的巨大转变发生于 11、12 世纪，是人口增长的直接结果：人口一直在增长，直到达到所有可耕地以现有技术能够支撑的极限。这使农民依附于大领主，大领主接管他们的农场，其生产剩余能够用来建起有组织的教会和国家。[②] 瑞典，尤其是丹麦历史编纂学中类似地存在着一种传统，它设想了一个在中世纪早期主要由农民所有者组成的社会，然后这一社会在接下来的时期里开始向贵族社会转变。在丹麦，据说这种变化特别是在 1242—1340 年间的"动荡时代"发生，当时大多数农民为了逃脱日益沉重的赋税成为大土地所有者的佃户。[③]

然而，最新研究对这一推测提出了疑问，尤其在丹麦，将瓦尔德马尔时代和更早的"农民"描述成极大农场的所有者或佃户，无数的奴隶和穷苦工人在这些农场上劳作。这种土地所有权模式属于劳力高度密集型，肯定反映出极大的人口密度，而后来的更小型农场体系可能是由人口下降造成，人口下降要么由黑死病，要么由 13 世纪末14 世纪初的人口过剩和饥饿造成，或者两个原因都有。因此，丹麦社会可能从非常早的时期就已高度分层。我们不知道"瓦尔德马尔式"的土地持有模式流传的范围有多广；不过，农民土地所有权在

---

② Holmsen (1977).

③ Erslev (1898)；Arup (1925–1932)；见 Paludan (1977)，pp. 403–405，416–424. 关于瑞典，可参见 Lindkvist (1979a) and (1979b).

1241 年后的一个世纪期间发生相当大的衰退仍然是可能的，尽管前一时期的社会几乎不会以一种理想化的方式主张平等，这种理想化的方式由 19 世纪和 20 世纪初的学者设想出来。④ 至于挪威，流传最广的推测，仍然是从自由土地持有者向佃户的转化确实发生过，但这一进程要比"马克思主义—马尔萨斯流派"所设想的更缓慢一些，所以早期的平等主义特征被再次夸大。⑤

　　至于对这一转化的解释，地名的证据和考古学在某种程度上表明，该时期所有国家的耕地增加了相当大的面积并集约化，尤其是在挪威和丹麦，这再次意味着人口增长。瑞典的主要农业区，即东哥得兰平原、西哥得兰平原和梅拉尔谷地，到 13 世纪末人口密度也变得相当大。到 14 世纪中期，丹麦人口估计有 100 万，而对挪威人口的推测大约为 30 万—50 万。瑞典人口数量肯定在丹麦和挪威的人口数量之间。冰岛的人口几乎不会超过 5 万。然而，当人口增长几乎不可置疑时，这一事实不一定意味着 13、14 世纪的土地所有权模式或总体社会结构是马尔萨斯式危机的结果。首先，我们不能确定斯堪的纳维亚国家到 14 世纪中期是否已经人口过剩，更不能确定它们在 100 年前就已如此。其次，其他因素同样或更加促进中世纪盛期的社会变化。至于丹麦，学者们指出，12 世纪的赋税已经非常高，而地租很低。⑥ 这种观点赞成是军事原因而非人口原因造就了中世纪盛期的社会结构，实际上这似乎是大多数丹麦和瑞典学者赞同的解释。

　　斯堪的纳维亚的城市化主要由国王和教会的行政中心出现以及拥有土地的贵族阶级的增长所致。⑦ 人口的增长意味着食物生产的增长。斯堪的纳维亚的大部分地区很适合放牧牲畜，像黄油和毛皮等产品都是重要的出口商品。当拥有土地的贵族阶级占用更多的农业剩余时，这些产品有更大比例被带入市场来换取奢侈品，如衣物、葡萄酒和啤酒。然而，在大约 140 个早于 14 世纪初期建立的城市中，15 个在挪威，25 个在瑞典，剩下的在丹麦；其中只有 3 个是真正重要的

---

　　④　关于这种讨论以及丹麦农史的最新研究，可参见 Christensen (1964)；Ulsig (1968)，(1981) and (1983)；Dahlerup (1973)；Paludan (1977)，pp. 411 – 423, 433 – 442；Hørby (1980)，pp. 117ff.

　　⑤　Helle (1974)，pp. 158 – 162.

　　⑥　Ulsig (1981)，p. 159.

　　⑦　Blom (1977)，多次提及。

长途贸易中心，即卑尔根、斯德哥尔摩和维斯比，各自可能大约有5000 到 1 万人口。

729　　　在中世纪盛期，来自斯堪的纳维亚的最重要出口商品是鱼，西欧正在扩张的城市都极为需要它。每年的前几个月，大量的鳕鱼在挪威北部的罗弗敦群岛被捕捞、晒干，然后作为鳕鱼干运送到卑尔根，最后出口到英格兰和西欧的其他国家。丹麦的斯堪尼亚地区（现在的瑞典南部）有着尤为丰富的鲱鱼资源；在 13 世纪期间，这里的大集市通常成为斯堪的纳维亚、德意志和西欧的贸易聚合地。到 14 世纪末，吕贝克经由斯堪尼亚地区的贸易的价值六倍于该城市经由卑尔根的贸易。瑞典的铁矿和铜矿工业可追溯到 1300 年前，但直到后来才具有真正重要的商业性。

　　渔业贸易的增长没有直接与土地所有权的变化相关联。虽然部分鱼类由大土地所有者出售，他们接受鱼类来作地租，但渔民自己也积极地参与这一贸易。鱼类贸易在经济上很重要，足以维持一个富有的商人阶级。然而，这些商人并不出生于斯堪的纳维亚。到 13 世纪，北德意志城市已经成长为重要的商业中心，已经接管了波罗的海和北海的大贸易路线的主要部分，而且正在它们之间建立联盟，这一联盟后来成为汉萨同盟。[⑧] 德意志人也主导着斯堪尼亚地区市场上的鱼类贸易。他们与斯堪的纳维亚诸王国的关系有点模糊不清。一方面，他们显然可以满足大土地所有者出售产品、换取其他东西并获得金钱和信贷的需要。另一方面，他们的交易状况，及其在斯堪的纳维亚各城市的定居状况常常是冲突之源，商人和城市的财富是一种诱惑，尤其对丹麦国王而言。埃里克·曼维德统治期的最后几年和他在 1319 年去世后所发生的事件表明，他们强大到不可征服的程度，成为接下来几十年里进一步扩张的指针。

　　这里讨论的两种现象，一方面是人口扩张和土地所有权变化，另一方面是城市化和贸易的增长，都促进政治集中化和精英阶级的形成。然而，这些因素是否形成了完整的阐释，或者政治和军事发展是否是一种独立的可变因素，仍然需要考虑。

---

⑧　Nedkvitne（1983）.

军事变化及其后果

斯堪的纳维亚诸国原有的军事体系是全民征兵制（挪威语中为 leidang，丹麦语中为 leding，瑞典语中为 ledung），主要针对海战而设。其起源在丹麦和挪威可能可以追溯到维京时代。在瑞典，这种征兵制只出现在该国的东部地区。人们对它在那里的情况知之甚少，可能是一种比其他两个国家晚出现的现象。正如地区法律中所描述的，征兵制（leidang）是指将沿海地区划分为每年必须建造和保持一艘船只并在一定时期内配备武装人员与物资的各个区域。没有赋税。正如在许多早期社会那样，尤其在日耳曼诸民族中，缴纳赋税被认为是丢人的事。然而，国王及其侍从在巡回全国时有权受到热情款待。这两种贡献可能、也确实发展成永久性赋税。丹麦国王享有接受来自人民的以款待形式奉上的大量贡献。最有可能的是，这样的贡献追溯到维京时代，正如这个时期国王的城堡建筑活动及其对英格兰的远征所表明的。因此，丹麦国王可能从很早就开始拥有相当多的财政资源。到 12 世纪中期，有史料表明出现定期税收，这可能是款待的折算。款待在挪威可能也一样重要。此外，有证据表明王室没收了大量的土地，这使国王在这一较早时期成为比中世纪盛期重要得多的土地所有者，大多数王室的土地到中世纪盛期时已经捐献给了教会。

至于军事服役，国王可能颁发动员令，然后接受各种物资，同时允许战士们回家。或者他可能减少人员数量，但要求更好的装备和更长的服役期。这两种程序的例子将从 12 世纪起可以找到。在挪威的内部斗争（1130—1240 年）中，来自人民的贡献正清楚地发展成定期赋税，而国王却组建起由侍从组成的军队。军事改革大约在 1170 年引入丹麦，减少了船只的数量，但要求仍然留在军队的人服役更长时间。此外，陆战变得相对更为重要，骑兵从 12 世纪上半叶开始在丹麦使用，稍后瑞典也开始使用。这一进程在接下来的时期里仍在继续。在丹麦，农民征兵制消失，取而代之的是全职战士，这些人被免除赋税作为服役的回报，而剩余人口的赋税负担却增加。在瑞典，这条新命令的正式表达以《奥斯诺法令》（Alsnö stadga）形式出现，可能颁发于 1280 年，通常被视为瑞典贵族阶级的一种"宪法"，确认以专业化军事服役换取特权的原则。在挪威，与《奥斯诺法令》最为相近的是 1273 年国王和他的人之间举行的两次会议所做出的决定；不久之后，这些决定进入《国王侍从法》（*Hirdskrâ*）中。这里王室执行官同意以来自其行政区的收入供养固定数量的人员，这些人员在战争中为国王服务。这一支军队实际上是否真的存在，学者们议论纷纷。[⑨] 不管如何，这种做法的目的显然不是成为农民征兵制的替代，反而是其补充。

731

这一转变的最后一步是城堡的引入。第一批城堡建于 12 世纪。在 13 世纪 40 年代，丹麦国王拥有 20 座城堡，而其他 10 座属于南日德兰公爵。作为从 1286 年起更剧烈的内部斗争的结果，大扩张在随后时期及 14 世纪早期的埃里克·曼维德战争中出现。1313 年日德兰发生的一次叛乱被镇压后，国王在这个地区修建了大量城堡，直到那时，大多数城堡都位于边界地区和通往海洋的战略性通道上。在瑞典，小而简单的城堡在 12 世纪得到修建，而真正大而精致的城堡建筑始于 13 世纪，尤其从 13 世纪下半叶开始。这些新城堡可以用作国王及其代表的居所，也可以用作要塞。挪威最古老的城堡可以追溯到 12 世纪晚期的内部斗争时期。在 13 世纪和 14 世纪初，城堡修建在国王的主要居住城市和一些边界地区。

城堡不仅提高了国王的军事能力，而且也导致影响深远的行政与社会变化。城堡的建造与维护都需要大量的金钱，但能够使国王更有效地利用人员，城堡里的少量武装人员能够镇压一大片地区。因此，除减少国王所需的武装人员数量和增加维持它们的成本外，城堡进一步促进了从全民征兵制向有限数量的王室侍从转变，这些王室侍从由来自大多数人口的赋税提供资金。出于战略原因以及建造和维持城堡所必需的成本与劳动力，城堡也转变为行政中心。较古老的王室管理部门以国王的资产总管与地方权贵间的联盟相结合为基础，总管代表主人发挥不同功能。从根本上说，这一体系在丹麦和瑞典留存下来，但通过城堡发展发生了改变，其指挥官成为周边地区的总督。

然而，这种军事专业化并没有在整个斯堪的纳维亚发生。瑞典的中心农业区经历了和丹麦大多相同的转变，而自由土地持有者在不太

---

⑨　参见最新研究 Bagge（1986），pp. 174–176, and Opsahl（1992），pp. 198–206.

肥沃的地区占据主导地位，继续亲自承担军事服役。冰岛和挪威与丹麦形成最大的对比。冰岛没有受到外部敌人的威胁，没有集体的军事组织。敌对权贵在相互斗争中依靠农民中的"朋友"和盟友。13世纪的权力集中导致某种程度上的专业化，但没有促进军事贵族阶级的发展。在挪威，国王成功地使农民缴纳一种年度赋税，这种赋税在13世纪70年代固定为真正动员会所预定的物质总额的一半。这远远少于其他两个国家的赋税。到13世纪中期，丹麦国王的年度总收入大约为4万银马克（重7500公斤）。大部分由来自土地资产的租金构成，但赋税收入也远远高于挪威人的。挪威国王的年度总收入包括税收、罚金、地租等，估计大约为8000银马克（重1500公斤）。瑞典国王的收入更难以估计，但赋税水平更接近于丹麦的而不是挪威的。但那时，挪威农民仍然亲自服役，主要原因在于舰队的重要性。

　　挪威有着极为漫长的海岸线，大多数人口和现在一样沿着海岸居住。因此，一支强大的舰队对于控制国家是必不可少的。随着盛行到14世纪初的海军技术的发展，与陆地相比，高超技能和训练不能真正地弥补海战中人员数量上的劣势，因为海战需要大量的划手，而且难以通过突然袭击或战术调动来打败数量上占优势的敌人。结果是农民征兵制不能被少量的王室侍从军队代替，挪威要比大多数国家更依赖于人民的配合。军事专业化的缺乏和挪威国王的低赋税收入也解释了该国的城堡建筑数量为什么少于丹麦和瑞典的。因此，地方行政以不同于相邻国家的方式发展。从12世纪下半叶开始，一种类似于同时期的英格兰和欧洲大陆官员的新型官员被引入，即执行官（syslu-madr）；挪威从13世纪上半叶起被分成固定的行政区，总数大约40个，每个行政区由执行官主管，他们通常与所服务的行政区没有关联。他也有可能被替代，从一个区调动到另一个区。挪威以这种方式发展起一种更直接地处于国王控制下的地方行政，与此同时，挪威的贵族阶级成为行政而不是军事阶级。

　　与其他国家的战争，无疑在解释这些变化中起着重要的作用。但内部斗争至少同等重要。在瑞典，年鉴上的一个简洁条目提到，乌普兰人民在1274年与比尔格伯爵的战争中兵败斯帕尔赛特（Sparrsäter），结果他们失去自由并不得不纳税。大量的农民叛乱或

733 精英阶级成员与农民阶级的冲突，可能也在其他国家导致相似的结果。⑩ 但是，也有例子表明，全民征兵制的贡献在缓慢且更平和地转变成定期赋税。此外，正如有些历史学家所坚持的，所有斯堪的纳维亚国家里的延长了的内战几乎不能全部看作精英阶级与普通人民的对峙。这些内战也是精英阶级内部、国王与其他权力持有者或者不同家族之间的斗争。但它们都有着相似的影响，即催生了军事精英阶级；这个阶级经过多年持续不断的战争的训练，能够而且习惯了逼迫普通农民缴纳税收和做出其他贡献。

这里陈述的这种"军事解释"的说法受到诺贝特·埃利亚斯对现代早期的分析的启发：最强大者胜出的权力中心之间的斗争导致集权化。⑪ 这适用于内部及外部斗争。在做了某些调整后，军事专业化提供了具有竞争力的优势。一旦一个国家或地区军事专业化了，其他国家或地区不得不紧随其后。因此，在北欧地区内部，始于德意志的各种变化随即传播到丹麦，从那里传播到瑞典，在一定程度上也传播到挪威。然而，这一进程的最后结果不同于绝对主义时代的。相较现代早期的形势而言，中世纪的军事专业化不利于强大的君主。当时的"军事专家"不属于拥有昂贵装备的庞大且高度有组织的军队；他们以小群体或个人的方式作战。一座城堡需要花费很长时间来建造；但是，一旦建成，它可以由一小群人来进行防御。因此，没有什么可以阻止这些军事专家使自己成为与国王对立的地方权力持有者。诚然，国王直到1319年都保持着对大多数军事力量的控制权，尤其是对大多数城堡的控制权。此外，他能够使用外国雇佣军来对抗他在贵族阶级内的对手。然而，这给国王造成财政危机，使他依赖于德意志债权人或大权贵，他们通过接管城堡的指挥权来增加权力。⑫ 在13世纪，斯堪的纳维亚的城市与贸易的扩张不能为国王提供足够的现金收入，因为这一扩张的大多数剩余都归于德意志商人，而不是斯堪的纳维亚

---

⑩ 关于中世纪盛期社会变化的"军事解释"的不同说法，可参见 Lönnroth（1940），pp. 130ff, and（1964）；Lunden（1978）；Skovgaard-Petersen（1977），pp. 243ff, 262 – 263（with further references）；Paludan（1977），pp. 443ff, 466ff；Bøgh, Würtz-Sorensen and Tvede-Jensen（1988）；Lindkvist（1988）；and Bagge（1989）.

⑪ Elias（1977），Ⅱ，pp. 123 – 311. 还可参见 Finer（1975）.

⑫ 参见 Lönnroth（1940），pp. 137 – 171，该著作主要建立在始于14世纪后半期的证据之上。然而，丹麦在13世纪前半期的形势表明同样的情况。

诸国王。

如果不试图决定军事专业化是否能够被视为这一章里所描述的各种变化的"最终"原因，或者它反过来是否依赖于人口或生态因素，[734]这种专业化显然能够解释集权化和精英阶级形成的许多重要特征，以及解释这个时期的斯堪的纳维亚诸国的某些优缺点。不过，我们也不得不考虑到这一进程中和平的一面，最明显的体现在司法领域。

司法与立法

早几代的学者们通常将斯堪的纳维亚诸国在我们考察的这个时期里所发生的变化描述为从"亲属社会"向"国家社会"的转变。近些年来，这种看法被批评为过于简单。但某种变化确实是沿着这些方面发展，公共司法随即出现，由教会和国王来维持。早期体系最为清晰地从冰岛自由国家（1262 年前）所保留下来的大量史料中呈现出来。[13] 冰岛有着完善的法律体系，却没有公共权力来执行。包括人命案在内的所有案件的主动权在各派系手上，这样的案件的结果通常由各派系及其能够激起的支持来决定。家族和私人友谊显然在这样的事情中具有决定性，虽然从个人属于明确要求忠诚的大宗族的意义上说，冰岛社会不是一个"亲属社会"。斯堪的纳维亚诸国的家族结构仍然需要做更多的研究。[14] 人们普遍赞同这主要是双向的，造成甚至关系密切的亲属之间都经常存在分裂的忠诚，因而阻止了大家族的形成，虽然大家族的出现不是不可能。亲属关系的纽带在丹麦和瑞典通常似乎要比在挪威更加广泛，至少在贵族阶级内部，挪威更与冰岛相似。

至于法律体系，我们不能用 12—13 世纪的冰岛作为其他斯堪的纳维亚国家早期发展的直接模板。但我们可以探查到一个决定人民之间的冲突的集权化公共权威的出现，这在一定程度上甚至代表自身来起诉，凭借其最高权利颁发法典来治理区县。从相当早的时期开始，国王肯定因某些罪行要求罚金，并且拿走因定居而支付的属于他的那

---

⑬　Byock（1982）and（1988）；Miller（1990）；Sigur Ŏsson（1993）.

⑭　关于接下来的，可参见 Philpotts（1913），pp. 245ff；Sørensen（1977），pp. 30ff；Sawyer（1982），pp. 43ff, and（1987）；Gaunt（1983），pp. 186ff；Vestergaard（1988）；Bagge（1991），pp. 112ff.

部分补偿。教会在 12 世纪通过引入大量"新"罪行向前跨出了重要
735 的一步，教会官员负责对这些罪行做出惩罚，如违反关于婚姻和性或
者斋戒日和节假日的规定。这些不是针对某个特定个人的罪行，这样
的人随即会出面保护自己的利益。它们影响到涉及整个共同体的抽象
原则。这意味着新规定重视罪行是否真正发生的证据。此外，起诉和
判决的差别在传统的斯堪的纳维亚法律中不是非常明显，因为关于证
据的规定很正式。随着新公共权威的引入来负责起诉，它离作为新法
庭法这一权威的出现只有一小步，这可能是 12—13 世纪正在缓慢发
生的事情。

　　教会给大量的规定带来无数的改变。亲属或家族对已逝成员的财
产的权利因引入根据个人遗嘱可以留下一定量的个人财产的权利而受
到限制，当然这些个人遗嘱符合教会的利益。离婚权在前基督教时代
相当自由，现在被废除，而配偶的自由意愿是婚姻是否有效所必需的
条件。早些时候，妇女的意愿不是必需的，虽然她可能实际上会产生
某些影响。有证据表明婚姻因没有获得许可而被宣布无效，虽然实际
上婚姻大多继续由家族来安排。⑮ 但是，这个领域发生的变化证明，
婚姻关系比家族关系更坚实、更重要，在一定程度上也证明个人在与
亲属的关系中占据更显要的位置。

　　教会也鼓励国王主动成为王国的最高法官，出面惩罚暴行和人命
案并压制家族世仇和私人报复行为。正如在其他欧洲国家那样，国王
首先通过颁发关于这种事务的法令来成为王国的最高立法者。现存最
古老的斯堪的纳维亚法令是丹麦的克努兹六世在 1200 年颁发的关于
人命案的法令，此举表明君主拥有颁发法律的权利，与此同时，表明
他在此事上只不过恢复了一项古老的却被遗忘的法律。⑯ 1260 年，挪
威国王哈康在相似的情况下表达了同样的观点；《国王的镜子》（*The
King's Mirror*）是哈康的法庭所表现出来的政治思想的伟大纪念碑，
其主要信息是：国王是代表上帝的法官，他应该模仿上帝在《旧约》
中做出的公正判决，惩治罪行并确保所有人应该接受他们应得的。⑰
在瑞典，君主和平立法可追溯到 13 世纪中期。

---

⑮ Jochens（1986）.
⑯ DD I. rk. Ⅳ, no. 24, 参见 Fenger（1971）, pp. 362 – 369.
⑰ Bagge（1987）, pp. 52 – 85, 156 – 161, 210 – 218.

在第二阶段，这种新态度出现在由国王颁发并宣传的法典中。成文法从 12 世纪起在丹麦、挪威和冰岛保留下来，瑞典则从 13 世纪起开始保留下来。基于古老习俗的最古老法律一直以来被视为"流行的"。这或许有所夸大，国王和教会可能和成文法的产生有关联。然而，成文法不同于后来的法律，直接由国王颁发，最古老的例子就是由丹麦国王瓦尔德马尔二世在 1241 年颁发的《日德兰法》（*The Law of Jutland*）。不过，丹麦国王在 1683 年前没有为整个国家颁发过法律。相比之下，挪威国王在 1274—1277 年颁发了这样的法律，特别是针对乡村地区，正好和当时为城市颁发的法律相对。新法律是对四部更早的地区法律的修正与协调。瑞典王室的法律编撰始于 1296 年的《乌普兰法》，到国王马格努斯·埃里克松于 1350 年和 1352 年分别为整个王国（换句话说，整个乡村地区）和城市颁发法律时臻至巅峰。

实际结果出现：挪威国王在 13 世纪期间成功地禁止了私人复仇行为。实际上，如果一个人杀了另一个人，那么他不得不寻求国王的饶恕，通过向国王和死者的亲属或继承人交罚金来解决他的案子。通过这样做，他受到来自国王的额外保护来阻止报仇的企图。我们可以根据史料得出结论：这一体系真正地在随后的几个世纪里实行，我们几乎没有听说复仇的想法。从法律和某种程度上从传说来判断，家族成员之间的团结在 13 世纪里似乎已经缩小到很小的圈子里，直接与家庭相关，这一发展在中世纪晚期仍在继续。

挪威是王室司法扩张，以及伴随这一进程所发生的社会变化最明显的例子。丹麦国王试图开展类似的改革，但不得不放弃，因为遭到来自贵族阶级的强烈反对，其成员想要保留家族世仇和家族内部团结的权利。[18] 然而，关于这种问题的斗争成为王室司法权在 13 世纪下半叶和 14 世纪头几十年里扩张的证据。在 1282 年偏向贵族阶级颁发的《尼堡饮食法令》（statute of the *Diet of Byborg*）里，国王承诺将他的案件送交普通的地方法庭，而内容同样涉及贵族阶级的由国王克里斯托弗二世在 1320 年登基时颁发的法令，却认为特别王室法庭是应

---

[18] Fenger（1971），pp. 428–465；Bøgh（1987）. 舍霍尔姆（Sjöholm，1988）对这一发展给出完全不同的阐释，主要基于瑞典法律，将君主视为家族的司法团结的提倡者。不过，她的结论没有被广泛接受。关于对与斯堪的纳维亚法律相关的无数问题的普遍调查，可参见 Norseng（1987）。

当的。王室法庭连同和平立法也在瑞典发展起来。至于冰岛，主要的
变化随着归顺挪威国王而来，这导致新立法的产生，新立法建立在那
些与挪威相似的原则（1271—1173 年和 1281 年）和由王室官员执行
的公共司法之上。但是，在由大权贵于 13 世纪上半叶形成的各个公
国里，出现了向这个方向发展的各种趋势。

　　由教会和君主组织的公共司法出现，这是政治集权化与精英阶级
发展的一个重要因素，通过创建新官员并将经济资源和政治权力从农
民手中转移到精英阶级手中。简而言之，它以相似的方式促进了军事
专业化。那么，公共司法应该主要被视为更彻底地利用人口的另一种
方式，或者是一种"服务功能"？两种观点曾经并仍然拥有支持者。[19]
公共司法明显服务于君主和精英阶级的利益。从人民的角度来看，其
主要缺陷在于会腐败王室官员并延误司法。至于它的优势，注意到世
仇不是主要由禁令和惩罚而是通过解决冲突的其他方式来压制是很重
要的。公共司法的存在使解决法律问题更加容易起来，与此同时，也
使在不失体面的情况下抑制复仇成为可能。[20] 在这个方面，要区分利
用和共同利益是很难的。不管如何，公共司法的演变是否与人民的
"客观"利益相符，与军事专业化方面相比，其向前发展的原因肯定
更多的要在意识形态中去寻找，而不是在来自上面的直接压力中。这
从王室司法权和教会司法权都在 13 世纪得到扩张，以及公共司法的
扩张，主要发生在内部和平与稳定时期里的事实中表现出来。

文化与意识形态

　　精英阶级的形成可以追溯到文化领域，还有社会、经济与政治领
域。基于修道院和大主教座堂的教会贵族阶级出现在 12 世纪，与国
际教会的联系变得更为密切。独身主义显然是朝这个方向发展的一
步。独身主义引入斯堪的纳维亚相对较晚，13 世纪前在挪威和瑞典
都不是必需的，冰岛甚至更晚，影响也较小。就教士没有停止与妇女
同居的意义上来说，虽然独身主义难以实行，但有效地阻止了教会职

---

　　[19]　前一种观点的例子：Lunden（1978），Bøgh（1987）and Sjöholm（1988），而代表后者的有：Helle
（1974），pp. 179 – 89 and Bagge（1987），pp. 77 – 78, 180 – 181, and（1989）。
　　[20]　关于对这个问题的细致入微的讨论，可参见 Miller（1990），pp. 297 – 299。

位成为世袭制，也有助于将教会精英阶级与世俗精英阶级区分开来。

教育是另一个明显的标志。正如来自相当大量的教会法令、信件、神学与献祭文献等的证据所示，斯堪的纳维亚高级教士阶层的成员精通拉丁语，将自己归为国际教育精英阶级。我们看到 12 世纪的像巴黎这样的著名学术中心出现大量丹麦和挪威学生，他们的人数在 13 世纪期间仍在增长。修道士和高级教士阶层的其他成员在国外大学学习一段时间似乎是相当普遍的。大约 1300 年，丹麦和瑞典的接受了大学教育的人数显然要比挪威的高很多。[21]

世俗精英文化以宫廷为中心逐渐形成。至于挪威，《国王的镜子》生动地描述了积极引入宫廷礼仪和欧洲习俗的努力，涉及服饰、言语、庆典、骑马和餐桌就座方式，特别是试图提高对国王的尊敬的各项规则。[22] 其他国家的文献中也提到类似的情况。这个时期的世俗文学大多可以视为是对保皇主义—贵族文化的颂扬。冰岛和挪威国王的萨迦（sagas，尤指古代挪威或冰岛讲述冒险经历和英雄业绩的长篇故事）在某种程度上就是这方面的例子。虽然冰岛的家族萨迦，甚至部分国王的萨迦反映出一个贵族社会，它的排外性要比其他国家的文学所反映的要弱一些。国王萨迦中的伟大代表作《挪威王列传》（Heimskringla）是由冰岛权贵斯诺里·斯蒂德吕松写成，最有可能是在 1230 年左右，清楚地描绘了 13 世纪上半叶权力分散、竞争激烈的冰岛社会，其意识形态与 13 世纪中期挪威文献中显现的专制独裁、等级森严的社会形成鲜明的对比。[23] 稍早一些的丹麦作品《丹麦人的业绩》（Gesta Danorum）由萨克索·格拉马蒂库斯以学术性的复杂拉丁文写成，将欧洲学术知识与基督教的历史阐释和对丹麦贵族的美德颂扬结合在一起。[24] 斯堪的纳维亚新宫廷文化的最明显例子是 13 世纪中后期的骑士传奇和民谣，直接或间接地受到了法兰西的影响。[25]

我们不太清楚平民大众如何应对这些革新。人们曾就斯堪的纳维亚人在中世纪是否真的皈依基督教有过一些讨论，特别是在挪威。从外部现象来判断，如教会的财富和组织，神职人员的数量，以及教堂

[21]　Bagge（1984），pp. 2 – 13.

[22]　Bagge（1987），pp. 106 – 108.

[23]　Bagge（1991），pp. 137 – 145，237 – 251 and passim.

[24]　Friis-Jensen（1981）；Skovgaard-Petersen（1987）and（1991）.

[25]　Jonsson（1991）.

的规模、数量、财富和美观，没有什么表明这些国家异于欧洲其他地方。因此，近来对欧洲基督教的一般趋势的讨论，也适用于斯堪的纳维亚。⑳

739　　　中世纪高等文化的最重要方面之一是其以某种方式使精英阶级与其他人口区分开来，突出该阶级在社会中的主导地位。大教堂通常也是朝圣中心，成为上帝及其教会荣光的纪念碑，而宗教艺术也有助于将基督教启示的中心要点带给不识字的人。国王与宫廷文化离普通人太遥远，虽然城堡肯定令人印象深刻。然而，这一精英文化通常强调的是对权力和权威的态度上的重要变化。从萨迦来判断，在挪威和冰岛的早期社会中，一个人获得尊重和服从的能力非常依赖于他的个人表现。㉗像机智、勇气、身体的力量与美等严格的个人能力或特别受到神或超自然力（"幸运"）的眷顾天生属于某些人，或许属于某些族群。基督教的引入尤其要求服从并结合圣事思想的公职观念，这给予公职持有者一些特别的才能。因此，这在精英阶级和普通人之间画了一条更清晰的分割线。神父和主教的圣事功能是这方面的明显例证。然后这些官员负责以其他圣事的形式，将神的恩泽传递给其他人，如忏悔和圣餐。

　　王室公职通过引入君主涂油礼和加冕礼，以同样的方式发生变化，挪威在1163年首次出现这两项仪式。丹麦的第一次加冕礼发生在1170年，瑞典的可能在1210年。在13世纪期间，这种仪式成为三个国家已确定的习俗。从13世纪中期开始，不仅国王而且王后也要行加冕礼，整个王室家族获得一种新的重要性，国王和贵族的区别更为强烈地突显出来。因此，国王只与其他王室家族的成员联姻，甚至王室家族的其他成员也停止与非王室配偶联姻。对王族圣徒的崇拜，如挪威的圣奥拉夫、丹麦的圣克努兹和瑞典的圣埃里克，可以以同样的方式来看待。这些圣徒和对他们的崇拜始于11—13世纪，但他们在随后的几个世纪中对君权与人民的关系起着重要作用。国王的权威和作为一种公职的君权由上帝建立，在王室公文和法令中得到颂扬，更明显地表现在政治著作中，如挪威的始于13世纪中期的《国

⑳　Van Engen (1986).
㉗　Bagge (1991), pp. 140 – 145, 218 – 223.

王的镜子》，瑞典的始于 14 世纪初的《国王与王公的统治》（*On the government of kings and princes*）［主要是由埃吉迪乌斯·罗马努斯对 《论君主的统治》（*De regimine principum*）的改编］。[28]

740

权力的分割

　　伴随着精英阶级的出现而来的是这个群体内部的关系相当紧张。自从两次战争的间隔期以来，斯堪的纳维亚历史编纂学中盛行这样一种看法：将 13 世纪中期起的丹麦与瑞典的内部冲突视为"符合宪法的"，将中世纪晚期该地区的政治史视为两种政治方案对立的表现，即王室统治（*dominium regale*）与政治体制（*regimen politicum*）。这种对立表现在《丹麦法令》（*håndfæstning*）的引入上，即一种由国王颁发的正式法令，给予在丹麦如何统治国家的具体承诺（1282 年和 1320 年）；进而表现在关于世袭君主制或选举君主制问题的冲突上，选举制于 1320 年在丹麦和瑞典获胜。中央政治机构在所有这三个国家中的成长指向同一方向。[29] 全民政治大会与地方的不一样，在 12 世纪出现，从 13 世纪初起在挪威、从大约 1250 年起在丹麦、从 13 世纪下半叶起在瑞典出现得更加频繁，在政治上变得更加重要。全面政治大会在所有这三个国家里都为贵族阶级所把持，但把持的力度在挪威要轻一些，那里的农民到 1273 年前都相当频繁地参与大会。起初，这些大会似乎是国王首倡的结果，随后却发展成丹麦和瑞典的贵族对立派的工具。在 13 世纪最后的几十年里，更为制度化的君主议事会在三个国家出现。这种议事会最初也是国王的工具，在某种程度上被用来对抗贵族所把持的全民政治大会。挪威的议事会从 13 世纪晚期开始在很多方面都取代了全民政治大会。在中世纪晚期，丹麦的全民政治大会也为议事会所取代，在某种程度上瑞典的也是如此，那时的议事会已经为贵族阶级所把持。虽然挪威议事会渐渐形成更为贵族化的特点，但挪威与其北欧邻国形成鲜明对比。在挪威，1319

---

　　[28]　Lönnroth（1934），pp. 17 – 29；Christensen（1968），pp. 40 – 67，83 – 101；Damsholt（1970）；Bagge（1987），pp. 22 – 38，155 – 166 and *passim*.

　　[29]　接下来的可参见 Helle（1972），pp. 274 – 310，536 – 558. 也可参见 Riis（1977）and Schuck（1985），pp. 7 – 15.

年前没有出现试图限制国王权力的举动，世袭君主制在 1260 年和
1273 年的继承法中得到公开宣布；这些法律中详细地规定了继承规
则，这样一来选举的可能性变得非常遥远。

741　　　　然而，13 世纪晚期、14 世纪初丹麦与瑞典的政治斗争能否解释
为两种政治方案的冲突尚存疑问。经常改变的个人联盟、庇护／委托
模式和王朝利益可能同样或更加重要。㉚ 一个强大的集中代表并影响
政府的贵族阶级的出现，是这个时期军事专业化和政治冲突的结果，
但不一定是争取政治体制的贵族派系的审慎策略。

　　　　和军事专业化一样，公共司法的发展推动了精英阶级内部的分化
和竞争。正如已经提到的，来自丹麦贵族阶级的强烈反对，限制了丹
麦的公共司法的扩大。至于教会，显然和国王在这个领域有着共同利
益。然而，随着两大权力的司法权的增长，二者之间的分割线越来越
难以划出。在 13 世纪下半叶，司法权在挪威成为这两个权力之间的
具有争议的问题。虽然当时的丹麦斗争并不完全专注于这个问题上，
但也表明从精英阶级的扩张中出现的普遍宪法问题。

结论：这个时期的社会变化中的主要因素

　　　　上面简述的四种理论中没有一种可以全面解释这个时期发生的各
种发展。然而，最具阐释功效的似乎是从军事角度的那个理论。从维
京时代到 13 世纪，不同权力中心之间的斗争逐渐导致政治权力的集
中化，以及在精英阶级和其他人口之间形成更明显的差别。这种理论
以埃利亚斯提出的形式出现，其缺点是只能够解释这种结构的出现，
却无法解释其继续存在的原因。世界范围内的集权化大国中出现了通
过埃利亚斯所描述的进程而崛起的几个例子，但到那时已经瓦解了。
对埃利亚斯理论的拓展将会指向这样的事实：在欧洲，也意味着在斯
堪的纳维亚，我们不得不面对包括大量崛起国家的整个地区。因此，
一个已建立的国家不可能轻易地就瓦解了，它肯定继续存在下去或臣
服于一个更强大的邻国。

　　　　然而，我们不得不考虑其他解释。人口增长肯定产生了影响，尤

㉚　关于对斗争的这种阐释，可参见 Rosén（1939）and Hørby（1977）.

其是在改变土地所有权结构方面。不管马尔萨斯式的情形是否出现过，一个特定国家中的某种人口密度水平，肯定被视为国家得以建立且精英阶级得以形成的一个必要条件，即便这不是一个充分的解释。文化和职能上的解释或许从一开始就更难以用作解释政治集权化和精英阶级形成的独立可变因素。但它们的重要性在于可以解释这一进程是如何演变的，从长远来看，国家或教会的成功在很大程度上依赖于它们能够为人口行使"服务职能"并使他们相信忠诚和顺从是正当的必需的。宗教的官僚化和公职中的圣事理念是这个方面的重要因素。

但是，在考虑这些因素时，区分不同国家间的差别也是必要的。军事专业化在丹麦最能说明原因，挪威最小，瑞典居中。从某种观点来看，丹麦是三个国家中最"先进"的，也是与中世纪盛期的欧洲国家最相似的：精英阶级与其他人口之间有着更加鲜明的差别；从其精英阶级要比其他国家的占用更大部分资源的意义上来说，丹麦是最强大的国家。不过，丹麦与挪威的区别，不仅仅是国家一体化程度更大或更小，或者精英阶级的形成程度更重或更轻的问题。相反，其差别在于演变"激烈"或"和缓"上。挪威在扩展公共司法和王室立法上更为成功，能够利用农民形成相当成功的军事力量，并且形成更直接为国王服务的行政机构和贵族阶级。因此，职能方面在挪威要比在丹麦起着更重要的作用。不可否认的是，如果我们以地租而不是税收的形式比较农民对精英阶级的贡献，那么挪威与丹麦的差别则大大减少。这可能表明，至少到我们探讨的这个时期末，人口压力在这个耕地非常少的国家，要比邻国有相对更为重要的作用。

如果我们把三个国家在 1319 年的情形做一比较，那么挪威的例子表明贫困带来的优势，因为贫困使国王和贵族阶级合作，而且国王从农民人口那里寻求支持。然而，从长远来看，未来落在丹麦的肩上；丹麦在接下来的几十年里牢牢地确立了自己作为斯堪的纳维亚的首要国家的地位。

斯维尔·巴奇（Sverre Bagge）

莫玉梅 译

徐 浩 校

第二十三章

（2）斯堪的纳维亚和波罗的海边界：
波罗的海的骑士修道会

对波罗的海的骑士宗教修道会的任何叙述，不可避免地要从利凡特开始，而且必须将基督教世界其他地方的情况考虑进来。从古代基督教机构方面来说，虽然巴勒斯坦不是一块白板（*tabula rasa*），但新近征服的"拉丁东方"需要建立自己的结构：大主教、主教、教堂和修道院。大量的短期游客、十字军、商人和朝圣者使医院和兄弟会网成为必需，从中衍生出骑士宗教修道会。十字军东征初期，三个主要的骑士修道会在巴勒斯坦出现：圣殿骑士团、圣约翰骑士团和日耳曼或条顿骑士团。当各个修道会的理念尚源于教会谨慎提供的武士等级制度时，这些修道会具有从主教司法权中获得赦免的能力，其权力就源自于此；实际上，就条顿骑士团来说，它从圣约翰骑士团的司法权中获得赦免。条顿骑士团也从洪诺留三世赐予的接受捐赠的权利中获利，这些捐赠是十字军东征誓言的折算，导致北欧的权力基地逐渐增加了大量的土地。

条顿骑士团在利凡特拥有庞大的财产，据说为东方的反异教徒战斗提供了所需资金。经过多年的积累，私人财产慢慢地聚集并置于执行官辖区指挥官的保护下；反过来，执行官辖区指挥官从属于省级指挥官，省级指挥官自己又从属于日耳曼骑士团团长（German Master），团长是迄今仍然以巴勒斯坦为基地的更深层等级制度的临时军事行动代理人。

人们不可能概括出条顿骑士团是如何获得土地权力基地的。作为资本市场中的强大势力，条顿骑士团在财产方面从人们无法偿还的债务中获益；作为医院，它接收老年人，这些老年人通过签字将财产转让给它，以此保证自己以后得到照顾。有时，虔诚与卑鄙的动机是密切相关的。图林根—黑森（Thüringen-Hessen）伯爵路德维希四世的孀妻伊丽莎白在马堡城外建立了一家医院，这家医院从财政上威胁着要榨干她的亲属们，却终究没有任何切实可行之处。该家族的对手美因茨大主教有可能会将这家医院赐给圣约翰骑士团，将是大主教权力的一次不受欢迎的扩张；这一设想使他们极力促成大肆挥霍的伊丽莎白被宣布为圣徒，骑士团总团长赫尔曼·冯·萨尔扎在罗马快速完成了这一过程，他的骑士团很快就永久地接受了伊丽莎白在马堡的医院。伯爵康拉德·冯·图林根加入该骑士团，1239 年继承曾经是帝国侍从（ministerialis）的赫尔曼·冯·萨尔扎成为骑士团总团长。他死于 1240 年，弗雷德里克二世死于 1250 年，二者的死亡突然终止了他们使条顿骑士团的控制权，在图林根人和霍亨斯陶芬家族的手中地方化的企图。如果这些捐赠的动机被混合在一起，那么加入该骑士团的人的社会出身也会被混合。在研究得以展开的执行官辖区里，如图林根，帝国侍从或小贵族阶层的成员明显占据优势，还掺和着来自本身曾经是帝国侍从的城市贵族阶级成员。

正如我们在赫尔曼·冯·萨尔扎一例中所看到的，既然社会出身在决定骑士团内部的等级上几乎没什么作用，那么人们有可能宣称，骑士团的成员身份对那些处于相对劣势的人来说是一种组合主义的社会流动形式。这种看法可以通过思考有名望的赖谢瑙修道院和美伊瑙的德意志修道会各自的命运具体地表现出来，后者由赖谢瑙修道院的前帝国侍从们很晚才建立起来。最终，往昔的仆人们一点一点地买下前主人们的产权，好像要从物质上消除他们以前地位低下的所有痕迹。会员的社会出身也提供了关于该骑士团在何处最有权势的线索。骑士团的许多会员来自德意志中部和西南部或莱茵兰，那里的帝国侍从人数众多，领土所属国还没有发展到能够限制强大的教会飞地不断增长的地步，正如奥地利或巴伐利亚已经出现的情况那样。

帝国和巴勒斯坦之外的扩张始于 13 世纪初。1211 年，为了与异教徒库曼人战斗，匈牙利国王安德鲁二世，即圣伊丽莎白的父亲，名义上邀请条顿骑士团进入特兰西瓦尼亚。该骑士团欣然接受邀请，因为该地区比巴勒斯坦提供了更广阔的扩张空间，那里还有两个久负盛名的竞争者。他们建起大量的要塞。条顿骑士团企图将正在捍卫的领土置于教宗的保护下，这导致他们在 1225 年被国王驱逐出去。他们的私自扩张活动，可能反映在这样的描述中："对国王来说，他们就像胸膛里的一把火，钱包里的一只老鼠，怀抱里的一条毒蛇，卑鄙地回报着他们的主人。"

大约与此同时，条顿骑士团接到来自马索维亚公爵康拉德的邀请。他是波兰北部的皮亚斯特统治者之一，邀请该骑士团来保护（即扩大）他与异教徒普鲁士人的边界；普鲁士人是一个分成很多部落的波罗的海民族。除成为间歇性传教活动的对象外，普鲁士人从 1216 年起发现自己跻身于十字军征战的合法目标之列。因为由对手皮亚斯特王公领导的十字军征战最多就是一种暂时征服的方式，所以骑士宗教修道会被引入，以此来确保已经征服的土地永远不失。因此，圣殿骑士团、圣约翰骑士团，甚至卡拉特拉瓦的伊比利亚骑士团都开始在世界的这一偏远角落里建立起自己的机构。从条顿骑士团的角度来说，关键问题在于如何防止他们所征服的领土落入他们的皮亚斯特主人或前西铎修道院院长克里斯蒂安的手中，克里斯蒂安似乎一心想沿着里加的阿达尔贝特已经尝试过的界线创建一个强大的主教公国。

为了确保针对康拉德公爵的诉求的任何潜在征服活动，条顿骑士团从弗雷德里克二世那里获得一项一般特权，即所谓的《里米尼黄金诏书》（Golden Bull of Rimini）。该诏书将一块领土上的预期权利授予条顿骑士团，这块领土被轻率地视为弗雷德里克的君主制帝国（*monarchia imperii*）的一个部分。然而，该骑士团未能从教宗那里为其野心勃勃的征服计划取得相应的认可，于是对普鲁士的征服被耽搁。由此导致的空缺由康拉德公爵和克里斯蒂安主教建立的存在时间不长的多布任（多布林）骑士团暂时且不足胜任地填补了；该骑士团由来自梅克伦堡的十字军战士组成，他们决定留在普鲁士。1230年，条顿骑士团从康拉德公爵那里获得充满争议的《克鲁斯威辛条约》（Treaty of Kruschwitz），康拉德公爵据此将库尔姆及将来在普鲁士征服的任何领土划归骑士团。另一项特权由教宗于 1234 年在列蒂颁发，宣称教宗对条顿骑士团征服的领土拥有统治权，同时拒绝康拉德公爵的实际权利和弗雷德里克二世的要求。就自身而言，条顿骑士团同意为普鲁士将来的主教做好准备，因而平静地过渡了现任主教克里斯蒂安的权利，那时克里斯蒂安正在遭受被异教徒囚禁之苦。没人做出努力来使他早点获释。通过要花招，他们在普鲁士第三次征服的领土再次由该主教区瓜分。1235 年，条顿骑士团暗中吞并了克里斯蒂安主教的多布林骑士团。带着这一堆相互矛盾又相互竞争的特权，条顿骑士团开始征服普鲁士。

　　从 1231 年起，条顿骑士们开始从最初位于托伦的基地大量涌出，沿着维斯图拉河用木头建起一道防御工事，如库尔姆或马林维尔德，直到六年后抵达埃尔宾海滨。这个地区的战斗经常在冬天发生，那时地面冻结，海洋和河流都已结冰。目标是使敌人皈依基督教或摧毁敌人，这里的敌人被认为在物质和精神文明上要比十字军或利凡特的伊斯兰敌人都处于更低水平。条顿骑士团同时着手平定内部，通过合并竞争对手立窝尼亚之剑兄弟会，将活动扩展到立窝尼亚。想要趁骑士团在普鲁士和立窝尼亚发展活动范围的间隙，征服它们的领土，这证明是不可能的，因为本土的萨迈腾（萨莫吉希亚人）诸部落得到强大的立陶宛人的支持。运气不好的主教克里斯蒂安最终在被囚禁五年后获释，证明不能在与条顿骑士团的对抗中维护自己的权利，在拒绝献出大大缩小了的主教管区后真正地从历史记录中消失了。

　　一个敌人的消失意味着其他敌人的出现，尤其鉴于权力平衡伴随着条顿骑士团在普鲁士的征服活动不可避免地发生变化的事实。第一批主要问题出现在骑士团与相邻的波美雷利亚公爵之间，这位公爵是但泽（格但斯克）市周边领土的统治者。统治波兰的王公联盟已经处于半独立状态，波美雷利亚公爵发现他们的扩张野心，已为维斯图拉河以东迅速发展的军事宗教国所抑制，而且他们自己的等级被继承斗争所分裂。这个分裂的家族寻求外部盟友：斯万托波尔克公爵与普鲁士人结盟，利用这一增长的力量，在 1242 年的一场大叛乱中摆脱了条顿骑士团的领主权。教宗对该骑士团的传教热情有着潜在的怀疑，这从《克里斯特堡条约》（Treaty of Christburg）中反映出来，该条约是由教宗使节在严格意义上的叛教者兼叛乱者普鲁士人和条顿骑士团之间协商所致。该条约保证普鲁士人的各种习俗与自由，包括被授予骑士称号或参加神圣修道会的权利。这些权利以继续接受基督教并承认条顿骑士团的领主权为条件，如果叛乱继续发生，那么它们可以被废止，正如 1260 年的情形那样。该骑士团从此被合法地给予区

746

分和辨别自由与非自由普鲁士人的权利，唯一的标准就是皈依基督教并承认其领主权。普鲁士人同意采用基督教的葬礼习俗，放弃一夫多妻制和据此父子共妻且儿子之后可以从父亲那里"继承"妻子的做法。镇压叛乱以及征服更多领土的活动持续到13世纪80年代，条顿骑士团的哥尼斯堡编年史家彼得·冯·杜伊斯伯格，将其描述为一个关于伏击、突袭、焚毁村庄的可怕故事，与对这些勇士们的过着更加固定生活的继承人的教化相关。

在那些生活在腹地的人继续信奉异教的情况下，这种可怕的活动是否带来使生活在条顿骑士团各中心附近的异教徒普鲁士人正式皈依基督教更多的后果，实在令人生疑。因为骑士团经常颁发禁止异教信仰活动的条例，而且有证据表明基督教化是宗教改革的产物，也就是说，条顿骑士团的领主权瓦解后的那个时期。该骑士团的神父兄弟会和世俗神职人员似乎都没有利用准异教徒臣服者来锻炼自己。除多明我修会外，自条顿骑士团不是很想看到潜在竞争者出现后，普鲁士就几乎没有什么宗教人士。因此，虽然普鲁士处于宗教团体的统治之下，但所拥有的修道院要比德意志的任何其他地方都少。在很多情况下，少数几个确实获得了立足之地，将会极力批判条顿骑士团对待其普鲁士臣服者的方式。

条顿骑士团对普鲁士的征服是更为复杂的日耳曼人定居"东方"进程的一个不可或缺的部分，直至最近，这个主题遭到歪曲，原因在于书写德意志和波兰历史，导致相互竞争的两种现代民族主义所带来的影响。各种杜撰纷纷出现，其中包含这样一种观点：那里在"日耳曼人"到来之前没有城市，或者移民们因缺少"生存空间"（Lebensraum）而被"驱逐"。

整个欧洲出现的快速人口增长，以及劳动力的不断分化，导致定居地在已有的国家中和更远的地方逐渐扩张。迁移到普鲁士的大部分移民来自相对新近定居的区域，如来自吕贝克、勃兰登堡的马克地区和西里西亚。在普鲁士，农民定居者得到2胡符（Hufen）或大约33公顷土地，可以过一段时间后才开始缴纳租金并享有最少的服役条件。他们当中有许多人被获得4—6胡符（Hufen）土地的承租人（Lokatoren）雇用，这种承租人通常成为斡旋于农民和领主之间的市长（Schulzen）。这些诱惑和专业雇用代理人的存在表明，"拉动"因素和那些"推动"将来的定居者们的因素一样重要。农民财产都是可转让且可继承的。所使用的面积测量单位与适用于普鲁士本土农民阶级的测量单位哈肯（Haken）不同，哈肯基于可以用这种原始工具进行耕作的土地之上。1 哈肯（Haken）近乎于 20 公顷，拥有者被迫履行相当多的劳役，继承权限于长子，没有任何出售给第三方的可能性。然而，不是所有普鲁士人都处于这种有利的地位。那些自愿选择承认条顿骑士团领主权的人进入大小自由民等级，拥有相对较大的持有地，其劳役是军事方面的，因而很有体面。

大自由民履行骑兵役，相应地拥有较多的地产，使用依附农民的劳力来耕作土地。大自由民中既有皈依基督教且因此被同化的普鲁士人，也有移民来的德意志贵族，有时他们拥有超过 1000 胡符（Hufen）的地产。这些人是例外。绝大多数人大约拥有 15 胡符（Hufen），他们整体上被称为"杰出人士"。虽然他们当中有许多人来自像条顿骑士团兄弟会这样相同的社会阶级，但他们将慢慢地形成了一种集体特权和地区身份感，这将导致他们与领主产生严重冲突，这些领主等级已为外来者占据。普鲁士社会的重要成分是城市居民。条顿骑士团建立或者在某些情况下重建城市，授予市民特许状，其中库尔姆人的《有形》（Handfeste）最为典型。市民们可以选举自己的法官、市长和议事会成员，司法的果实为条顿骑士团和市民共同瓜分。该骑士团保留对城市教堂的庇护权，宣布放弃获取城市财产的权利，然而也在虔诚遗赠和捐赠的形式上留下漏洞。虽然这些城市不都是日耳曼人，但仅仅数量上的压力确保波兰人和普鲁士人迅速被同化。

这个混杂的社会由一个军事宗教团体统治，该团体表面上献身于贫困、贞洁和顺从的誓言。这些誓言因规则、法律和习俗而充实起来，其目的是要消灭个人欲望，使个人意愿服从于集体目的：消除信教者的敌人，接待客人和朝圣者并照顾病患。起初，条顿骑士团的统治体系是集体性的，即做决定的集会场所是全体教士大会，代表该组织的所有成员和每一块偏远领土。然而，各种法令几乎从一开始就承认以"聪明人决议会"（wisen brudere rat）为形式的实际做法。既然不可能频繁地召开全体教士大会，权力因弃权而落到骑士团总团长周围的高级官员，或骑士团管辖下的各省高级官员手中。骑士团中最有权势的官员，包括骑士团总团长，在 1309 年前一直居住在威尼斯，当时骑士团总团长西格弗里德·冯·福伊希特万根（Siegfried von Feuchtwangen）决定将总部迁到维斯图拉河畔的要塞城市马林堡。两个最重要的官员是大统领（great commander）和军事统领（marshal）。大统领在和平时期负责世俗信徒和教士成员、仆人、工匠、奴隶、役畜、生活物资等。军事统领在战时承担这些事物中的大多数任务和其他军事职责。其他主要官员是医院总管（Hospitaller）和军需官（Trapier），前者负责骑士团为病弱者整体供应物资，后者负责所有与衣物相关事宜。

　　13 世纪中期，这四位主要官员因财政官（Treβler）的设立而在人数上有所增加，财政官为条顿骑士团负责中央金库、审计和记账。在巴勒斯坦，蒙福尔城堡主加入这些主要官员的行列，蒙福尔是条顿骑士团的拉丁总部。在普鲁士，他们将组成议事会（Großgebietiger），也就是骑士团的实际统治者。圣职志愿者从帝国的各执行官辖区中招募，从那里被派送到普鲁士或立窝尼亚服务。他们必须年满 14 周岁，没有像债务、农奴身份或婚约这样的责任，既不是其他修道会成员，也没有得过传染病。国籍没有提及。一旦被派往东方，招募的新成员被分配到不同骑士管理所和较小的机构中去，如森林（Wald-）或偏远地方（Pflegeamter），条件极为不同，从相对舒适的但泽、埃尔宾或哥尼斯堡到更原始的偏远之地英斯特堡或拉格尼特。委派到偏远之地逐渐带有惩罚性的特征。个人意愿总是不得不屈从于集体目的，不管是在骑士们明显被剥夺所有骑士荣光的战场上，还是在为骑士团的庞大收入记账的乏味业务中。从大量的幸存记录来看，会员的多数时间似乎花费在记明细账和库存盘点上。虽然骑士团的偏远领土逐渐导致领土特性和利益具体化，但每一个主要地区通过尤为有效的邮政体系团结在一起，这一邮政体系利用急件骑士和收发记录。

　　外来者经常成群到来，使老弱病残者染上瘟疫并夺走生命。当然，表面上非常先进的官僚体系形式实际上被社会竞争，更为重要的是地区内部竞争，弄得支离破碎，这些内部竞争是基于不同地区的派系在联合中争夺重要职位的控制权。

　　到目前为止，我们一直在思考这个日耳曼骑士团对波罗的海地区的南部海滨的征服一事。更北地区的形势因丹麦人、日耳曼人、瑞典人和罗斯人在征服当地部落时产生的相互冲突的利益而复杂化。对这些土地的严重侵占始于西莱斯廷三世和英诺森三世做出支持在德维纳河下游的里加建立一个传教主教区的决定之后。到 1230 年，里加的艾尔伯特主教在剑之兄弟会的帮助下已经征服立窝尼亚，或者大致相当于现代拉脱维亚国的领土。剑之兄弟会由艾尔伯特主教大约于 1202 年创建，从临时的十字军中挑出更热忱的人组成，作为主教区驻军的形式来保护主教对异教徒立夫人的传教活动。与享有自治和高度特权的条顿骑士团相比，这些小修道会有不足之处。他们显然处于主教的控制下，实际上没有任何办法拥有独立的领土基地，无法从基督教世界的主要权势中获得重要庇护。

剑之兄弟会大约有 120 人，似乎来自不来梅和吕贝克周边区域。换句话来说，他们来自艾尔伯特主教大肆扩张家族网的同一地区。他们的主要作用是形成一个永久存在的军事精英阶层，在出发去征服更多的土地前保卫那时被授予艾尔伯特主教的这个或那个贵族亲戚和联盟的领土。与本土统治者结盟来对抗强大得多的立陶宛人，通常是本土统治者被拉入这位狡诈的里加主教的势力范围的第一步。剑之兄弟会中的无足轻重的人员朝着波拉茨克方向逆流而上，将战争物资（matériel）运送到里加。在补充这些物资后，剑之兄弟会从阴冷的碉堡中钻出来展开军事行动，利用弩和"机械"破坏对手的土木防御工事，对手的装备比不上他们的。主教及其兄弟会也采用"分而治之"（divide et impera）的战略，例如，通过与立夫人结盟来对抗爱沙尼亚人，或者通过日耳曼人对刚开始的贸易的有效垄断来回报顺从者。不顺从和不皈依意味着没有银子或武器来换取部落成员的林木产品。剑之兄弟会想要开拓被日耳曼骑士在普鲁士汇聚的那些领土的欲望是他们的衰落之源。他们未能从立窝尼亚的从属者中榨取更多收入，且这种榨取行为在不经意间激起 1222 年的一场叛乱；此后，他们将注意力转移到从丹麦国王手中夺取的爱沙尼亚上。他们在最高等级中的名声不是靠囚禁一位教宗使节获得的，该使节被派往北方去将雷瓦尔从该兄弟会的非法控制下夺取过来。

1236 年，在罗斯统治者普斯科夫的援助下，福尔克温团长轻率地决定入侵立陶宛。他的军队在沼泽中受阻，被立陶宛人彻底击败，立陶宛人是整个地区最难以捉摸、最可怕的勇士。50 名幸存者轻而易举地成了日耳曼骑士团的猎物，尤其因为他们残暴且无外交策略的行为使其疏远了教宗和丹麦国王。赫尔曼·巴尔克团长被派到北方去挽回该日耳曼修道会在立窝尼亚的颓势。将丹麦国王所应有的归还给他后，巴尔克着手抚慰立窝尼亚。与立陶宛国王明道加斯结盟且在该联盟的帮助下，巴尔克镇压了克罗尼亚人、塞米加利亚人和萨莫吉希亚人，授予他们自治形式来作为皈依基督教的回报。这一权宜之计（*modus vivendi*）维持到 1259 年，那年萨莫吉希亚人打破了休战协定，在克罗尼亚的斯霍滕打败了条顿骑士团。骑士团的部分盟友改变立场，包括立陶宛人，在德班之战中摧毁条顿骑士团撤回的军队。骑士团在这场交战中损失了大约 150 名骑士，导致立陶宛人和之后的普鲁士人试图推翻条顿骑士团明显衰弱了的领主权。经过大约 30 年的恶战，才部分地恢复了条顿骑士团失去的权威，但他们从未成功地恢复对更难到达地区的一些部落的控制。

751　　在 13、14 世纪的大部分时间里，条顿骑士团最可怕的对手是立陶宛。立陶宛人与普鲁士人和列托人属于同一民族，由后来被称为"波雅尔"的土地所有者为主导的农民阶级组成。到 13 世纪中期，立陶宛人发现自己受到一大长串敌人的威胁：波兰人、条顿骑士团、亚历山大·涅夫斯基的诺夫哥罗德和金帐汗国的蒙古人。灾难因一个统治家族的权势得以避免，该家族的重要成员明道加斯，依次将来自亲属中的任何可能竞争者彻底除去。明道加斯模仿敌人们的策略和装备，同时通过皈依基督教和一系列联盟来减少他们的数量。在 1253 年受洗后，他与条顿骑士团结盟，到 13 世纪 60 年代又结束了这一结盟。伴随其加冕而来的是条顿骑士团的一位教士兄弟被任命为立陶宛主教，很快条顿骑士团为自身利益分割立陶宛领土的企图也随着这次任命而来。明道加斯皈依基督教的行为只停留在表面。正如那位加利西亚编年史家所指出的：

> 这一洗礼仪式只是装样子。他私下里向众神献祭：不幸之神、死神、野兔神和森林之神。当明道加斯在野外长途骑行时，一只野兔从他前面的路上跑过，然后他将不会进入树林，也不敢折断树枝。他向他的神献祭，焚烧尸体，当众举行异教仪式。

　　除了卡梅兰和波美拉尼亚，普鲁士的叛乱几乎影响了这个国家的
每个地方。条顿骑士团在内陆的要塞很快失守，如布劳恩斯贝格、海
尔斯贝格或巴滕施泰因。凭借海路，他们只成功地保住了埃尔宾、巴
尔加和科宁斯贝格。实际上，随着马林韦尔德大教堂被焚毁后，整个
世俗教士阶层都离开了。这一灾难性的局势只是通过大量的外部干预
才得以缓解。来自莱茵兰和德意志中部的十字军参与了巴尔加和科宁
斯贝格保卫战。勃兰登堡的伯爵虔诚者奥托和他的几位亲属夺回进入
弗里希哈夫地区的通道，建起此后名为勃兰登堡的要塞。虽然恶劣气
候意味着波希米亚国王奥托卡尔不能发起一场大规模远征，但他带着
一支数量庞大的军队出现在普鲁士，至少抵消了波美雷利亚公爵梅斯
特温对条顿骑士团的领土进一步发起攻击的可能性。像梅本伯爵迪特
里希在 1272 年发起的远征逐渐地减少叛乱的普鲁士人，现在他们已
部分地为德意志农民定居者所取代。1249 年在克里斯特堡提出的慷
慨条款没有得到重申。

　　波美雷利亚公爵梅斯特温是其家族中最危险的人物，该家族统治
着条顿骑士团在普鲁士拥有的土地以西的领土。通过《安斯瓦尔德
条约》（Treaty of Arnswalde，1269 年 4 月 1 日），梅斯特温决定将土
地授予勃兰登堡伯爵为封地来确立自己的地位。勃兰登堡伯爵将获得
但泽城，因为梅斯特温已经驱逐了该城统治者，即他的弟弟弗拉蒂斯
拉夫。勃兰登堡伯爵的死使梅斯特温修正其对事物的看法。他与大波
兰的波列斯拉夫家族结盟，该家族企图阻止康拉德伯爵占领但泽。这
不影响梅斯特温对康拉德伯爵的义务：如果梅斯特温死后无男嗣，那
么康拉德将继承他在波美雷利亚拥有的领土。与此同时，梅斯特温的
叔叔桑博，即迪绍的统治者，因与奥利瓦修道院发生领土纷争被驱逐
出教，决定将条顿骑士团定为遗嘱继承人。由此导致梅斯特温与条顿
骑士团之间产生纷争，教宗使节在 1282 年予以解决：骑士团以米维
城的形式在维斯图拉河左岸获得立足之地。1308 年，勃兰登堡伯爵
试图占领但泽，导致波兰人请求条顿骑士团保卫该城。勃兰登堡军队
突破包围圈；但条顿骑士团随即将城里的波兰人和波美雷利亚贵族阶
级成员逐出。当波兰人拒绝金钱上的补偿时，条顿骑士团通过征服更
多的城市来解决随之发生的冲突，如施韦茨。条顿骑士团将波兰人的

752

诉求置之不理，开始与勃兰登堡伯爵瓦尔德马尔就波美雷利亚的未来进行协商。

根据 1309 年 9 月 13 日签订的《索尔达乌条约》（Treaty of Soldau），瓦尔德马尔将但泽、迪绍、施韦茨及其腹地授予条顿骑士团来获得 1 万银马克。条顿骑士团获得波美雷利亚，部分地控制了维斯图拉河下游和通过但泽进入波罗的海的直接通道。占有波美雷利亚也使他们获得通往帝国的畅通道路。同年，大团长将条顿骑士团的总部从威尼斯迁往马林堡。虽然该骑士团现已成功地磨掉波罗的海周边领土的棱角，但这是以牺牲波兰统治者的代价完成的，波兰统治者从现在起将成为难以和解的敌人而不是临时盟友。

当条顿骑士团巩固并扩张对波美雷利亚和普鲁士的控制权时，其在更北方的权力与世俗教士阶层和市民的不断增长的权力展开竞争。立窝尼亚的权力为里加大主教，库尔兰、多帕特和奥塞尔的三位主教，条顿骑士团和里加城的贵族寡头所分享。这些贵族寡头实际上独立于大主教和立窝尼亚诸城联盟的主要因素之外。当条顿骑士团在大主教空缺之际对大主教区进行管理时，市民们开始侵占大主教的财产，这导致骑士团和城市显贵之间发生一系列冲突。为了增加理论上成为市民的领主兼主人的要求权的份量，大主教站在市民一边。市民从异教徒立陶宛人中也发现更多的盟友，立陶宛人不断地破坏条顿骑士团在该地区的财产。

除了立陶宛人，这一纷争中的各方都向罗马上诉。在大主教的支持下，市民指控条顿骑士团未能使异教徒皈依基督教且压制基督徒，尤其是里加市民。他们囚禁里加大主教长达八个月之久，只给他提供面包和水，并且掠夺奥塞尔和库尔兰主教的领土与财物。接下来指控他们火化尸体、杀害伤员和追求巫术，这些指控在法兰西国王捏造巫术的借口来根除圣殿骑士团之时显得尤其危险。1291 年，阿克的失陷已经使各骑士宗教修道会几乎成为临时雇工、贪婪与掠夺成性的君主们的潜在牺牲品。条顿骑士团对这些指控的回应是他们将大量的心血和钱财花费在与异教徒的战斗中，他们接管大主教的财产只是为了更好地守护它们。在 100 年间，他们在立窝尼亚赢得 10 万名皈依者，而在骑士修道会毫无权力的爱沙尼亚、罗斯和奥塞尔，"只有背教、分裂和异教"。条顿骑士团在 1309 年将总部从威尼斯迁往马林堡，这与其说是一个"国家形成"的问题，还不如说是在提醒整个世界：至少在欧洲北部，它还拥有值得存在的理由（*raison d'être*）。这是一种极为可疑的说法，因为从更长远来看，该骑士团的敌人们将会是确实成为基督徒的波兰人和早已是基督徒的立陶宛统治者。

迈克尔·伯利（Michael Burleigh）

莫玉梅 译

徐　浩 校

第二十四章

（1）东欧：中欧诸王国

　　因此，在潘诺尼亚人中，有三兄弟是由潘诺尼亚人的王子潘所生。老大叫希莱，老二叫罗斯，老三叫捷克。这三兄弟持有莱希人［波兰人］、罗斯人和捷克人（或波希米亚人）的三个王国……"日尔摩"（Germo）是一种由两头牛绑在一起用来拉犁或拉车的工具，于是日耳曼人和斯拉夫人因共同的边界而连在一起；世界上再也没有任何民族像斯拉夫人和日耳曼人那样彼此熟悉友好……我们不应该忘记也是斯拉夫人的匈牙利人，他们以弗拉克河的名字来命名。①

　　1295 年前后编写的《大波兰编年史》在这里详述了各斯拉夫民族国家的创建者在神话中拥有共同的血统，反映出一种中欧诸王国共同体的理念，波兰、波希米亚、（西南）罗斯和（非斯拉夫人的）匈牙利各国在中世纪中后期的不同关系预示了这一点。当波希米亚的瓦茨拉夫三世（1305 年）也是匈牙利（1301 年）和波兰（1306 年）国王时，传说中的统一变成简单的事实。在 15、16 世纪，立陶宛——

---

① "Ex his Pannoniis tres fraters filii Pan principis Pannoniorum nati fuere quorum primogenitus Lech, alter Rus, tercius Czech nominee habuerunt. Et hii tres hec tria regna Lechitarum, Ruthenorum et Czechorum qui et Bohemi… Gerno est quoddam instrumentum in quo duo boves simul iuncti trahendo aratrum seu plaustrum incedunt, sic et Theutunici cum slavis regna contigua habentes simul conversacione incedunt, nec aliqua gens in mundo est sibi tam communis et familiaris veltui slavi et theutonici… Item de Hungaris qui et ipsi sunt slavi, non est obmittendum. Ungari enim dicuntur a quodam fluvio qui Uukra nominator." *Chronica Poloniae maioris*, ed. Kürbis, pp. 4, 6, 7.

波兰的约盖拉（雅盖洛）家族将会取得相似且略微脆弱的王朝统治权。日耳曼和斯拉夫公牛犁出共同垄沟的形象尤其适合于一个世界，那里的来自基督教世界西北部和神圣罗马帝国的农民、工匠和教士以相当大的规模定居在整个中欧。

整个中欧在 13 世纪出现了重要发展。波希米亚的普热美斯公爵（905—1306 年在位）从 1198 年起被承认为国王，统治了一段经济、政治和文化都增长的时期。作为拜占庭和天主教两个世界的中间人，阿尔帕德匈牙利经历了意义重大的政治再定位：12 世纪的重点在拜占庭的野心上，逐渐让步给巩固王国作为天主教中欧的一个部分，在那里与普热美斯家族和南部的皮亚斯特家族接触，这使匈牙利人与波希米亚和波兰的内部事务纠缠在一起。波兰经历了政治上的瓦解和重建，与邻国争夺边界线上的领土控制权，补偿勃兰登堡和波希米亚在卢布茨（Lupusz）与西里西亚的损失，并逐渐加强在西南罗斯的影响。考虑到欧洲的政治地理在 13 世纪已发生了变化，我们应该好好地阐明这三个中欧王国。

阿尔帕德诸王（约 900—1301 年）控制的面积稍微比现代匈牙利大一点。贝拉四世（1235—1270 年在位）及其继任者不仅统治着中部平原的马扎尔人，还有特兰西瓦尼亚的瓦拉几人、波斯尼亚人和克罗地亚人。斯洛伐克也组成该王国的一个部分。保加利亚和塞尔维亚的北部省份断断续续地置于阿尔帕德家族的统治之下，将信奉东正教的斯拉夫人带进信奉天主教的匈牙利，在那里他们也遇到了来自亚欧大草原的异教徒库曼（波洛维茨人）移民。

波希米亚王国的西北部为厄尔士山脉，西南部是波希米亚森林，而在东南部，白喀尔巴阡山脉将摩拉维亚的从属标志从斯洛伐克分离出来。连接亚得里亚海和波罗的海的贸易路线穿过"摩拉维亚大门"。主教奥洛摩茨的布鲁诺·冯·绍姆堡（1245—1281 年在位）认为该王国与"匈牙利、罗斯、立陶宛和普鲁士交界"，因为波希米亚统治者是皮亚斯特公爵的亲戚，将波兰视为他们普热美斯家族遗产中的一个不可缺少的部分。

1138 年后，一度由皮亚斯特家族的一个成员从格涅兹诺进行统治的波兰分成好几块领土，其中大部分领土从 1290 年起经过两个多世纪逐渐重新统一起来。在 13 世纪期间，波兰日益关注东部近邻，即

755

(a) 匈牙利及其邻国

(c) 波兰及其邻国

地图 13 中欧诸王国

（b）奥托卡尔二世治下的波希米亚的扩张

信奉异教的普鲁士人和立陶宛人，以及信奉东正教的西南罗斯诸公爵领。像比德将分裂的英格兰人的教会统一起来一样，由格涅兹诺大主教区保持的行政基础设施扮演着影子王国的角色，使波兰部族王国有可能被重建和扩张的可能性持续下去。然而，该王国在 1320 年将在克拉科夫复国，却和 12 世纪被瓜分的王国不是同一个。

在皈依拉丁基督教大约两百年后，与在 1100 年的情况相比，中欧诸王国在政治、经济和教会方面，远远不及同时代的西欧诸国。13世纪使中欧进入再次"西方化"并逐渐巩固下来的循环中。君主与贵族阶级以及国王与教会领主的竞争遍及整个天主教世界。在这个地区，我们发现人们共同应对提高乡村与城市经济和有效防御鞑靼人的需要。地方知识分子，如佩斯的西蒙·凯佐伊、克拉科夫的文岑蒂·卡德卢贝克和布拉格的达利米尔，显然赞赏其政治共同体在整个传统的、天主教的、未开化环境中的地位。如果但丁的《神曲》中的故事表明已经来到陆地场景，那么作为帝位觊觎者的波希米亚国王到 13 世纪末已经"成功"。奥托卡尔二世和（"无能的"）瓦茨拉夫二世被特别提到"已经统治这块土地，在那里伏尔塔瓦河流过橡树林进入易北河，易北河流进大海"（《炼狱》第七卷，第 97—98 页）。

在匈牙利，马扎尔各部族和阿尔帕德君主国的古老权力基地逐渐拓宽，将新政治群体包括进来。正如在约翰和亨利三世治下的英格兰那样，贵族家族试图从君主手中夺取司法和军事权力的举动，主导着阿尔帕德君主国的最后一个世纪。像安德鲁二世（1205—1235 年在位）这样的国王发现有必要在与世袭权贵的斗争中依靠小贵族阶级。伯爵（ispán）、必须为君主服军役的王室官员（servientes regis）和骑士（iobagiones）逐渐持有更多的管理职务和城堡，安德鲁二世将这些分为各个永久世袭的小块领地（perpetuas hereditates）。王室伯爵领以这种方式慢慢变成贵族伯爵领。当时，领有军役的王室官员脱离王室的控制，形成贵族阶级的一个部分，到 13 世纪末和伯爵一起参与法庭开庭。鞑靼人入侵，像安德鲁二世在动荡不安中即位［在与兄弟和侄子即埃里克（亨利）和拉兹洛（拉迪斯拉斯三世）两国王发生九年内战后］这样的内部危机，以及因像第五次十字军东征（1217—1218 年）和罗斯征战这样削弱王室权力与声望的国外冒险所造成的财政困难，都进一步推动贵族权力的增长。安德鲁的日耳曼妻子，即王后基尔特鲁德，在 1213 年为埃里克的贵族支持者所杀，这些人指责她使国王的立场有利于日耳曼人的迁徙。在 13 世纪下半叶，权贵家族，如亨里克菲亚克家族、领主内梅特瓦里的亨利的儿子们（多瑙河地区）、恰克家族（斯洛伐克）、奥鲍和博尔斯卡家族（东部和东北部），在各自的随从人员支持下独立于君权之外，各行其是。

1222 年，《黄金诏书》(the Golden Bull) 迫于集结在安德鲁的儿子贝拉周围的贵族压力而颁发；诏书保证：没有任何小贵族因君主的利益而被捕或降级，除非通过适当程序进行传讯并宣判有罪；贵族将享有自由处置土地的权利并不会被强迫到王国之外去服役，除了君主承担开支的情况。包括重要高级教士在内的高等贵族阶级获得询问和抵制王权的权力（第 31 条）。国王宣誓，除遵循贵族的商议外，外国人将不能担任官职。这样的让步尤其与鼓励大规模专业技术移民的共同体相关。渎职的伯爵（实际上是王室代理人）可以被罢免并被强迫支付补偿金给受害者。铸币将在贝拉三世发行的货币（1173—1196 年）基础上标准化，这一进程随着布拉格格罗特（groat）的引入于 1300 年出现在波希米亚，13 世纪末开始出现在波兰。犹太人在匈牙利的定居得到君主的鼓励，却不得担任财政职务。该诏书中有七卷是针对罢黜教宗、医院骑士团和圣殿骑士团、国王、享有王权的伯爵以及埃斯泰尔戈姆和考洛乔特许状而制订的。诏书中的条款反映出其他地方的各种发展，如英格兰的大宪章，耶路撒冷的拉丁王国的法律或瓦迪斯瓦夫·拉什科诺吉作为波兰大公颁发的《锡恩尼亚就职条约》（1228 年），波兰大公承诺听从主教和贵族的建议。由监护权文书委托的人和机构揭示出新的欧洲常规等级：军事修道士，重组了的主教座堂和强势的高等贵族阶级。这些特权由 1231 年颁发的《黄金诏书》重申，该诏书在国王及其贵族之间形成一年一度于"圣国王"节（8 月 20 日）在圣斯蒂芬的塞科斯费赫瓦尔城（阿尔巴王城）召开的会议。在国王出席的情况下，贵族阶级获得讨论并纠正过失的机会，因此这种机会与君主崇拜联系起来。13 世纪见证了对圣斯蒂芬的公开奉献不断增加以及对包含在"他"的王权中的象征意义日益尊重，这是马扎尔王室加冕礼唯一有效的王冠。1267 年，协商制君主政体因贝拉四世的要求得到进一步加强：两位或三位贵族应该在年度大会上代表每个郡县。在被瓜分了的波兰王国，贵族阶级甚至享有更大的影响力，王权与新"国家"英雄圣斯坦尼斯瓦夫联系在一起，他是被国王杀死的克拉科夫主教。

或许，匈牙利和整个中欧受到的最大影响是由鞑靼人入侵造成的。1240/1241 年冬，鞑靼人穿过罗斯，在那里拔都汗的部族将基辅的古老政治中心彻底摧毁。不久，他将目光落在将西斯拉夫诸王国和匈牙利与东方市场连接在一起的贸易轴线的西端。皇帝弗雷德里克二世注意到：

> 他们那难以捉摸的主人是如何前进的，这些人据其糟糕透顶的战术分成三个分队……一个分队被派往普鲁士，在进入波兰后，那片土地上的王公被杀，后来整个地区遭受他们的劫掠。另一个分队穿过波希米亚前线，当遭遇来自国王及其骑士的英勇反抗时停留下来。第三个分队飞速穿过匈牙利。

760　　　在 1241 年 3 月 10 日圣灰星期三，鞑靼人劫掠了桑多梅日，穿过维斯图拉河进入克拉科夫。桑多梅日公爵和奥波莱公爵在强大的军队面前掉头逃窜之前曾短暂地参加战斗。在莱格尼察（利格尼茨），西里西亚公爵亨利二世（虔诚者）拦截入侵者，只不过与其骑士一同赴死罢了。波希米亚的瓦茨拉夫一世在克沃兹卡低地附近遭遇鞑靼人。5 月 9 日，鞑靼人向前推进，劫掠摩拉维亚。拔都汗与速不台汗在 3 月初进攻匈牙利，4 月 10—11 日在沙由河畔大规模参战。国王贝拉逃往克罗地亚，佩斯被摧毁。在 1241/1242 年冬，鞑靼人进攻埃斯泰尔戈姆，3 月抵达斯普利特、科托尔和杜布罗夫尼克（拉克萨）。然而，在得到窝阔台大汗去世的消息（1241 年 11 月）后，拔都汗的部族从中欧撤退去争夺亚欧大草原上的最高权力。鞑靼人在 1259 年和 1287 年再次返回来掠夺波兰南部，他们带来的威胁在接下来的大约 200 年主导着中欧和东欧的政治与宗教生活。

鞑靼人的入侵给中欧留下了政治和文化上的烙印：在匈牙利，正如在罗斯南部那样，编年史家提及拔都部族袭击"前""后"发生的事件；像罗斯的《梁赞毁灭纪事》（*Tale of the destruction of Riazan*）一样，由贝拉随从人员中的一位修道士在 1242 年前后写成的《悼匈牙利王国为鞑靼人所摧毁》（*Lament for the destruction of the kingdom of*

Hungary by the Tatars）有说服力地证明了该地区的境况：

> 爵位、等级与荣誉纷纷倒塌……
> 一度是无尽财宝的聚集地，
> 欢欣与快乐的光荣之地，
> 幸福的匈牙利，你的权力
> 像塔一样屹立不动！……
> 这片有着英勇军队捍卫的土地，
> 这片和平曾经至高无上地统治着的土地，
> ……现在可怕灾难的洪流
> 使你以越来越快地速度衰亡。

在地方传说中，鞑靼人取代了怪物的位置，正如克拉科夫圣体节那颜色鲜艳的"莱科尼克"游行队伍所提醒的。波兰前首都的中心每天都很安静，每小时的开始以来自圣玛丽教堂塔楼的号角警报为标志。鞑靼人的入侵所带来的经济影响将促进（重新）殖民开拓、新城市的建立和新特许状被授予老城市。

贝拉四世在鞑靼人撤退后返回都城，开始建筑城堡的计划，以此来平衡一小部分胜任的要塞，这些要塞在 1241 年前明显只存在于匈牙利西部边界上。这一城堡防御警戒体系证明极为不足。1242—1270年，修建了 55 座新城堡（其中有 34 座不属于王室所有），13 座用石头重建。到 1300 年，王国的城堡中只有四分之一掌握在国王手中，这就给君主留下了隐患；这种隐患不仅是本土阿尔帕德家族的，而且在继任者安茹王朝的动荡不安的统治初期，甚至更为明显。

斯蒂芬（伊斯特万）五世（1270—1272 年在位）及其儿子拉兹洛四世（库曼人）（1272—1290 年在位）统治着一个易引起移民派系争吵的王国，包括异教徒库曼人、野心勃勃的日耳曼人和马扎尔贵族。正如安德鲁二世统治时期的情形那样，新移民的到来进一步加剧了本土领主与国王的纷争。然而，拉兹洛倚重的不是日耳曼新移民，而是他的库曼人妻子的亲属，采用其习俗并给人以推崇其宗教的印象。他娶了一位安茹家族的公主，这对后来的匈牙利历史产生了重要影响。他的妹妹玛丽亚嫁给了安茹的查理二世。当贝拉的侄子安德鲁三世（1290—1301 年在位）在 1301 年 1 月 14 日猝死时，整个王朝随之灭亡，由匈牙利人（和波希米亚人）建立的与天主教欧洲的联系具有更大的意义，因为马扎尔贵族阶级为阿尔帕德家族选出了继任者。在由贝拉四世的外族后裔统治了七年后，其中包括波希米亚的瓦茨拉夫（1301—1305 年）和两个空位期，贵族们在 1310 年选出贝拉的玄孙安茹的查理·罗贝尔（卡罗贝尔）为国王，在塞克希费黑瓦尔为其加冕。在安茹王朝的统治下，匈牙利达到其在中世纪时期的权力与荣耀的巅峰。

当匈牙利王国正在巩固在天主教世界的地位时，波希米亚在普热美斯家族的引领下发展成一个稳定的中欧君主国，这个家族自 10 世纪以来就统治着这片作为神圣罗马帝国封地的王国。在 13 世纪期间，和其他人口稀少的地区一样，波希米亚中部和摩拉维亚东北部虽然被奥托卡尔一世收归王室控制之下，但其继承人经常与布拉格的统治者竞争统治权；作为日耳曼人和佛来芒人拓殖的结果，这里经历了巨大的经济与人口变化。在瓦茨拉夫一世（1230—1253 年在位）统治时期，科特纳霍拉、斯特日布纳和普日布拉姆发现银矿，使波希米亚国势日盛。西方式的封地在奥托卡尔二世（1253—1278 年在位）及其儿子瓦茨拉夫二世（1283—1305 年在位）统治时期被引入该王国。瓦茨拉夫的统治期尤为繁荣；他的儿子瓦茨拉夫三世是普热美斯一系的最后一位男性继承人，因家族联姻体系也曾短暂地成为波兰和匈牙利的君主。

正如在匈牙利那样，势力强大的权贵成为王室官职持有者，开始在模仿王室建筑的石头城堡中建立自己的权力基地。小贵族居住在筑有防御工事的庄园宅邸中。在 14 世纪，城堡主构成贵族阶级中的最高等级，或称 *pani*，这个术语也在波兰和匈牙利使用。他们与高级教士一起成为王室顾问。新土地贵族受到王室青睐，而原有的等级则从国王的对手那里寻求支持，正如在由摩拉维亚的奥托卡尔伯爵于 1248—1249 年领导的反对父亲瓦茨拉夫一世的叛乱中那样。

普热美斯·奥托卡尔一世（1197—1230 年在位）利用波希米亚作为神圣罗马帝国最大部分的优势，该帝国自亨利六世去世后开始衰弱。他是"斟酒人"（*kurfürst*），参与了神圣罗马帝国的选举。1212 年，弗雷德里克二世重申他有选举人的权利。神圣罗马帝国批准他的提出主教候选人的权利在 1222 年交给了布拉格主教。1290 年，鲁道夫在纽伦堡向瓦茨拉夫二世承认，波希米亚国王应该以斟酒人而不是国王的身份为罗马人的国王兼皇帝提出建议。在获得奥地利南部（卡兰塔尼亚）和斯蒂里亚的控制权后，奥托卡尔二世甚至几乎就要登上皇帝的宝座。在 1273 年鲁道夫·冯·哈布斯堡当选为皇帝后，奥托卡尔公开与他竞争帝国内的最高统治权。1278 年，奥托卡尔在敦克特被打败并被杀。在日耳曼诗歌中，《波希米亚王之歌》（*Cantilena de rege Bohemiae*）的作者悲叹道：

> 波希米亚王坠落了，
> 眼中的泪水随着悲伤流下……
> 国王像骑士那样死去，
> 他曾光荣地战斗过。

波希米亚暂时失去了摩拉维亚，却永久地失去了斯蒂里亚和卡林西亚。

奥托卡尔二世的帝国梦稍微不同于霍亨斯陶芬家族的。它包括统一西斯拉夫的想法在内，这一想法回响在捷克的《王室编年史》（*Chronica aulae regiae*）关于波希米亚的瓦茨拉夫二世在 1300 年加冕为波兰国王的描述中："他们将会为一位君主感到欣喜……那些操同一种语言的人因更亲密的友爱相互拥抱。"这是一种重提 9 世纪西斯拉夫的大摩拉维亚帝国的荣光的意识。在 1255 年谈及普鲁士十字军征战时，如维吉尔般博学的主教克拉科夫的普兰多塔指出，"那些边界离我们很近，当那座房子烧毁时，我们现在看到我们的利益无疑处于紧要关头"。当波兰各公爵力图在帝国边界外保持一个王国（尤其涉及西里西亚的地方）时，捷克统治者努力利用其在帝国边界内的地位。奥托卡尔试图通过民族论据和共同的宗教英雄圣斯坦尼斯瓦夫来吸引波兰人支持"条约与友谊的不可分解的联系"，刚刚被推上圣坛的圣斯坦尼斯瓦夫成为奥托卡尔的十字军征战的守护神。

1254 年，奥托卡尔加冕为王并参加十字军，许诺主教普兰多塔要去援助波兰与异教徒的斗争。1255 年，他和主教奥洛摩茨的布鲁诺率领波希米亚和摩拉维亚的战士们进入普鲁士，与条顿骑士团并肩作战。奥托卡尔给两位被征服的普鲁士领导者施洗，创建了哥尼斯堡城。他计划于 1267 年再次征战，打算将所有被征服的土地变成波希米亚王室的封地，使土地上的教堂归属奥洛摩茨主教区，目的在于使那个主教区成为 13 世纪中东欧的北方传教大区，等同于奥托一世的马格德堡。这将会与格涅兹诺的波兰大主教直接竞争。虽然他没有成功地实现这一野心勃勃的计划，但他的例子给 14 世纪波希米亚的卢森堡国王兼皇帝查理四世的波兰与立陶宛政策带来启示。

763　　　对所有三个中欧王国来说，普鲁士传教与条顿骑士团的关系代表着一个展示政治—宗教力量并表现宗教现代性与忠于流行的天主教价值观的机会，条顿骑士团是由波兰公爵马佐维亚的康拉德邀请到南波罗的海沿岸地区的。直到安德鲁二世在 1226 年出于害怕其政治野心而驱逐他们前，条顿骑士团一直参与在匈牙利开拓的边地（布尔根兰）的防御工作。他们几乎立即被马佐维亚公爵康拉德邀请到波兰西北部，寄望他们将保卫他的土地免遭普鲁士的进攻。然而，条顿骑士团在波希米亚找到更为持久的支持；在那里，奥托卡尔已经在 1222 年将他们在波希米亚和摩拉维亚的分部收归到自己的翼下，由此统一了两个基督教地区。因此，他对条顿骑士团的奉献与他将摩拉维亚更紧密地和布拉格绑在一起的更广泛的政策相适合。

条顿骑士团从 1230 年起主导了普鲁士的传教工作，大波兰的西铎会曾领导过初期的传教工作。在西铎会的影响下，一个波兰骑士修道会在 1228 年创建，即多布任（多布林）修道会，目的在于帮助地方王公，但在 1235 年并入了条顿骑士团。

奥托卡尔成功地与波兰诸公爵建立起更密切的联系，虽然有些波兰公爵更为期盼得到匈牙利的帮助。奥托卡尔二世插手 1259—1260 年斯蒂里亚贵族针对贝拉四世的叛乱，这可以被视为典型的地区冲突。1260 年，匈牙利的斯蒂芬及其库曼人进攻波希米亚；奥托卡尔写信给教宗亚历山大四世，试图在与匈牙利的斯蒂芬和贝拉、罗斯的丹尼尔及其儿子们、鞑靼人、克拉科夫的波列斯拉夫、文奇察的莱谢克和南部斯拉夫各民族的战争中获得支持。奥波莱公爵和西里西亚公爵站在奥托卡尔一边。然而，奥托卡尔在 1255 年表示支持条顿骑士团，进一步在波兰中部激起对波希米亚及其西里西亚盟友的不满。1260 年，波希米亚军队在克雷森布伦打败匈牙利人，奥托卡尔吞并了斯蒂里亚。九年后，他成为卡兰塔尼亚公爵。然后，他的通称变成"波希米亚第五位国王，奥地利、斯蒂里亚和卡兰塔尼亚公爵，摩拉维亚边疆伯爵，卡林西亚领主，海布和波代诺内侯爵"。作为穿在马扎尔人脚上的靴子的例子，我们可能想起奥托卡尔和鲁道夫·冯·哈布斯堡对皇位的争夺，当时内梅蒂瓦里的亨里克菲亚克家族站在捷克国王一边，恰克家族站在鲁道夫一边。

奥托卡尔去世（1278 年）后，波希米亚由已故国王的连襟、边疆伯爵勃兰登堡的奥托（大约 1244—1298 年在位）进行统治，他是瓦茨拉夫二世的摄政。1284 年，这位勃兰登堡的摄政被驱逐，以奥托卡尔孀妻的第二任丈夫法尔肯施泰因的扎维希和主教布拉格的托比亚斯·贝琼为首的当地贵族取而代之。

1289 年，奥波莱的卡齐米尔将土地让与瓦茨拉夫二世；1290 年，皇帝鲁道夫确认：在亨利四世死后，西里西亚应该归还给波希米亚的瓦茨拉夫。亨利死了，瓦茨拉夫继承西里西亚。1291 年，当克拉科夫公爵遗孀格里菲娜，即瓦茨拉夫的嫂子，将克拉科夫和桑多梅日遗赠给他并即刻逝去时，更多的波兰领土落入瓦茨拉夫之手。764

1300 年，波兰使者提出由瓦茨拉夫二世即位，瓦茨拉夫二世随后在格涅兹诺加冕。当匈牙利的安德鲁三世于次年去世但死讯未公布时，匈牙利人唤来瓦茨拉夫二世的儿子瓦茨拉夫，加冕其为匈牙利国王；瓦茨拉夫的曾祖母是安德鲁的姐妹。1305 年，他继承他的父亲成为波兰的统治者。当瓦茨拉夫三世和瓦茨拉夫二世在 1306 年去世时，波希米亚人面临着好几位外国王位觊觎者的选择。四年后，在连续不断的内部纷争中，他们选举已故统治者的连襟卢森堡的约翰为国王。

1138 年，波兰国王歪嘴波列斯拉夫三世去世，将王国留给他的四个儿子来分享。长子瓦迪斯瓦夫以大公的身份占有克拉科夫和波莫瑞并持有谢拉兹、文奇察和西里西亚（见地图 13）作为祖产。其他三个儿子中的每个人得到王国中各自的部分：马佐维亚—库亚维—海乌姆诺；格涅兹诺—波兹南—卡利什；桑多梅日—卢布林。在 12—13 世纪，独立公国的数量在波兰日益增加：1202 年 5 个，1250 年 9 个；到 1288 年，皮亚斯特家族的不同分支做出内部调整，形成 17 个各自独立却又因家族而密切相连的公国。卡德鲁贝克在其编年史中指出，"否认波兰人选举王公的权利"是如何的不可能，"因为不管他选了无用之人或一个都没选没什么区别"。这一文本出现在 14 世纪一份手稿中，该手稿空白处的一个佚名注释写道："波兰人从古代就开始如同玩彩蛋一样，玩弄他们的领主。"

设想出来的元首制度体系是为了避免鸡蛋综合症，显然从 12 世纪晚期开始瓦解。1180 年，王朝议事会在文奇察召开，会议一致同意：正直者卡齐米尔应该由他的儿子"白"莱谢克继承。但是，当卡齐米尔在 1194 年去世时，权力（即克拉科夫）为皮亚斯特家族的年长者梅什科所夺。1206 年，莱谢克倾尽全力取得克拉科夫的最高权力，将马佐维亚和库亚维授予他的弟弟康拉德。他遭到包括大波兰的"长腿"瓦迪斯拉夫在内的其他公爵的反对，瓦迪斯拉夫在去年曾击退来自西波莫瑞的丹麦人入侵（暂时的）；强大的西里西亚统治者胡子亨利（1201—1238 年在位）的立场尚不清楚。1207 年，英诺森三世承认莱谢克，莱谢克将推荐权让给各主教区。在莱谢克于 1227 年去世后，"长腿"开始谋求克拉科夫的王位，但当地贵族倾向于莱谢克的孀妻以其子"贞洁者"波列斯拉夫的名义来统治。实际上，这一角色落到马佐维亚的康拉德身上。如果"长腿"使波列斯拉夫成为大波兰的继承人，贵族们同意让他来统治克拉科夫。当康拉德和一支罗斯军队进攻大波兰时，"长腿"逃往奥波莱，亨利成为波列斯拉夫的监护人，"长腿"将大波兰传给亨利。这一模式具有典型性：关于克拉科夫的王朝冲突与各地及克拉科夫本身的内部竞争交织在一起，并且向波兰的官方最高领主罗马教廷申诉来获得认可。1232 年，亨利借助地方贵族反对瓦迪斯瓦夫·奥多尼克（1233 年）的一场叛乱，在控制大波兰之前将康拉德逐出克拉科夫。因此，亨利在 1232—1234 年控制了波兰的大部分土地，或许想要王冠，但这一点并不清楚。然而，他的儿子兼继承人"虔诚者"亨利二世确实得到了王冠。1241 年，鞑靼人劫掠波兰，尤其是亨利的西里西亚土地。在鞑靼人入侵后，独立的各个公国进一步分裂：1247 年，大波兰分裂成两个较小的公国；西里西亚分裂为弗罗茨瓦夫、莱格尼察和格沃古夫。在马佐维亚的康拉德于 1247 年去世后，他的土地分裂成库亚维—文奇察—谢拉兹和马佐维亚。维持着统一王国理念的是不同地区的骑士家族之间的联系、贸易路线跨越整个波兰领土的商人之间的联络和教会组织结构，教会组织结构的边界经常不同于那些常常发生改变的政治单位。

　　重新统一王国的动力来自西里西亚公爵弗罗茨瓦夫的"正直者"亨利四世，"贞洁者"波列斯拉夫将他指派到克拉科夫，波列斯拉夫的儿子"黑"莱谢克在 1288 年证实了这一点。这个最西边的公国利用新技术的优势，成为经济繁荣的基地并形成了意识形态机制；它引领着重新统一的普遍理想，这毫不令人惊讶。1289 年，亨利占领克拉科夫，请求教宗允许他"拿上君王的节杖、戴上王冠并获得国王的称号"，但他一年后去世。大波兰的普热美斯二世（1273—1296 年在位）将他的土地与格但斯克波莫瑞统一起来，1295 年由大主教雅各布·斯温克在格涅兹诺加冕为波兰国王。与此同时，捷克国王瓦茨拉夫二世已经控制了小波兰。1296 年，普热美斯被与勃兰登堡结盟的贵族杀害。1300 年，瓦茨拉夫占领波兰北部和西部，加冕为王。然而，王位觊觎者仍然存在，包括"黑"莱谢克的弟弟瓦迪斯瓦夫·洛基特克，此人在 1306 年至他行加冕礼的 1320 年间控制了波兰大部分地区。

　　波兰王国中的各个分立公国以不同速度发展各自的政治与经济潜力，该王国的逐渐重新统一从波兰纹章的发展中反映出来。在 13 世纪期间，这一发展越来越接近于西欧的传统，其时各地公爵采用个人图案，13 世纪 20 年代始于西里西亚的皮亚斯特家族。大波兰采用狮子图案，而库亚维公爵的纹章图案则是狮子和鹰各占半边。在 13 世纪下半叶、14 世纪初，克拉科夫城、波希米亚和波兰的瓦茨拉夫一世与瓦茨拉夫二世、西里西亚的亨利四世都采用鹰为纹章图案。在 1295 年的加冕印章上，普热美斯二世用他的狮子替换了王冠上的鹰，增添了《他给了波兰一个强大的胜利迹象》（*Reddidit ipse potens victricia signa Polonis*）的传说："全能的上帝将胜利的装饰还给了波兰人。"这个形象本身不仅是强大的，而且反映出波兰（在某种程度上，和波希米亚）"君主"意识的其他方面。1228 年，鹰的图案已经被摩拉维亚的索别斯拉夫在波希米亚使用；它也令人想起卡德鲁贝克的鹰守护着圣斯坦尼斯瓦夫的遗体的传说，人们坚信他的被分解并复原的尸体象征着分裂的波兰王国将会因这位被封为圣徒的主教的斡旋复国。

　　波兰的做法是经由波希米亚从德意志借用的，成为西欧现象顺应中欧现实的范例。像野兽、花朵和天体等纹章图案被采用，但和西欧的做法不一样，除图记外，波兰的纹章使用改编自名字（帕卢基）、绰号（斯温卡：贪心的）或图案（真理：城堡和狮子）的口号或公告（*proclamatio*）。盾徽由家族而不是个人持有。纹章的发展伴随着骑士阶级或贵族（*szlachta*）的兴起，这个名字也取自捷克词语*slechta*，这个词语相应地借自德语词语 *Geschlecht*。卡德鲁贝克在编年史中通过一个匈牙利—拉丁术语（*jobaggy, jobagiones*）提到它们，将该术语假希腊化为 *eubagiones*。在 13 世纪期间，某些古老的权贵家族开始衰落，如瓦本季耶家族和奥丹西家族，而其他家族的影响开始增长，以大波兰的扎伦比家族和南部的莱利蒂家族为例。西里西亚甚至由一些最近移民的人占支配地位，像凯特利兹家族、普雷特兹家族、韦曾博格家族和科尔奇博克家族之流。一个相似的社会流动时期成为波希米亚的特征，编年史家达利米尔对此哀叹道："贵族从草莽中崛起，原来的贵族的儿子反被叫作农民；硬银和贸易商品造就贵族，贫困通常伴随着将成为农民的人。"

　　家谱描述包含在不同的地方编年史中，如《波兰—西里西亚编年史》（*Polish Silesian chronicle*，大约 1285 年或 1287 年）和杰尔兹瓦的著作（大约 1305 年写于克拉科夫）；《大波兰编年史》（*Chronicle of Greater Poland*）显然不仅记述了当地的皮亚斯特家族的血统，而且强调来自克拉科夫的同名创建者克拉克的共同血统的重要性，促进以那个大都市为中心的统一王国的理念。多明我修会历史编纂学家凯采尔的文岑蒂在《圣斯坦尼斯瓦夫的生平》（*Life of St Stanislaw*）扩展版中强调 11 世纪波兰的荣耀，指出"即便现在，王室徽章，即王冠，宝球和节杖都保存在克拉科夫教会的宝库中，这是王国的重要标志"。

767　　克拉科夫，而不是格涅兹诺，成为那些标榜要成为王室领地的地方的主要目标。它的鹰图记为波兰的未来国王所采用，这个城市将自己扩展为波兰的中心。在这里，圣斯坦尼斯瓦夫［圣阿达尔贝特（沃伊切赫）的民族继任者，他的遗体是前首都兼克拉科夫的对手格涅兹诺的崇拜中心］的遗骨吸引着朝圣者，正如使波兰教会在普鲁士和立陶宛得以扩张的新传教英雄圣威特及其同伴多明我修会修士圣亚采克的神龛那样。1269—1270 年，匈牙利的皮亚斯特王后圣萨洛梅亚的坟墓吸引着来自匈牙利的朝圣者，包括国王斯蒂芬五世。

当波兰西部和南部的诸位公爵将注意力主要集中在与波希米亚和匈牙利的关系上时，马佐维亚的皮亚斯特家族进一步疏远了西部联盟。那里的殖民化规模较小，而北部和东部的异教徒邻居们才是当务之急，这显然更实际、更具变化、更强烈。正是马佐维亚公爵康拉德邀请条顿骑士团进入波兰领土，马佐维亚的皮亚斯特家族对西南罗斯和立陶宛产生最为浓厚的家族兴趣。这两大当务之急，即罗斯贸易和波罗的海的传教，实际上首次将新生的立陶宛大公国带入中欧的势力范围。

在由德维纳和涅穆纳斯贸易路线划定的美索不达米亚中心地带，立陶宛的形成基本上是 13 世纪的现象，正如其 14 世纪的政治巩固恰好与其他"新"中欧君主国的形成相媲美。立陶宛代表着波罗的海（非斯拉夫的）各战争领袖的联盟，他们在军事与商业需要的融合中巩固新生政体，这些需要主导着西部罗斯的贸易路线与城市中心（波拉茨克、诺夫哥罗多克、哥罗德诺）以及立窝尼亚（和后来的普鲁士）的新商业、军事与宗教殖民地。立陶宛的公爵们开始更加稳定地介入西南罗斯的政治，由此使自己与有着相似介入意愿的波兰人和匈牙利人的联系更密切。他们信仰异教，引起在为波兰公爵服务的传教士和在波罗的海南部与东部沿海地区定居的商人兼移民的关注。波兰与波希米亚曾经对在 10 世纪新入教的萨克森的皇帝们意味着什么，立陶宛（普鲁士和立窝尼亚）对 13 世纪的西斯拉夫人也就意味着什么。

13 世纪初，小波兰的"白"莱谢克支持大公弗拉迪米尔（位于罗斯南部）的罗曼·姆斯季斯拉维奇将土地从东北罗斯诸公国分离出来。反过来，罗曼支持莱谢克在克拉科夫争取成为大公的行为。在罗曼于 1205 年去世后，匈牙利的安德鲁二世和莱谢克都试图从罗曼的儿子们手中侵吞加利西亚和沃林；当地贵族从罗斯各地邀请诸位王公到此。《齐普斯条约》（1214 年）安排莱谢克的女儿萨洛梅亚与安德鲁的儿子科洛曼联姻，科洛曼被承认为罗斯大公。两位亲家在 1219 年重申这一协议，但丹尼尔·罗曼诺维奇反对这一主意，是年与立陶宛人结盟并于 1220 年唆使他们去掠夺波兰东部。这个联盟标志着立陶宛政治发展上的一道分水岭，提供了家族权力在五个高等家

768

族手中得到巩固的第一份证据；这一权力经过在 13 世纪的发展，大约从 1290 年起开始置于普库韦家族和格季米纳斯家族统治之下。这同样表明立陶宛第一次正式地纳入中欧的政治之中。1251 年，丹尼尔娶了新近（结果是暂时的）皈依并加冕的天主教立陶宛国王明道加斯的侄女。

明道加斯将土地向西欧（日耳曼）商人和教士开放，试图利用他们维持他与内部对手和在立窝尼亚、罗斯与波兰的外部竞争的关系平衡。在这位国王（1261—1263 年在位）叛教并被杀害后，近十年的家族战争比由波兰和西南罗斯的干预造成的内战更使形势恶化，大公特拉伊德尼斯（约 1270—1282 年在位）千方百计地稳固大公国。1279 年，他将女儿高德蒙达嫁给马佐维亚统治者波列斯拉夫二世，由此奠定了针对条顿骑士团和部分针对波兰君主的家族联盟传统的基础；这一联盟存在于整个 14 世纪，并延伸到亚盖洛君主国时期。

宗教发展

随着中欧政治发展而来的是宗教与经济上的变化，这些变化使中欧诸王国从只是异国文化的中转点或从被动接受者，转变为拉丁基督教世界的主动成员及其价值观的宣传员。1204 年，国王埃里克被第四次十字军东征的士兵夺取了扎达尔（扎拉），但国王本人在 1196 年已经参加十字军。1217 年 8 月，安德鲁二世、来自神圣罗马帝国与匈牙利的骑士和主教在施普利特聚集，准备参加第五次十字军东征，1218 年初从此次东征返回。对比之下，波希米亚的奥托卡尔使自己的十字军东征的热情，顺应于更迫在眉睫的地方需求。《亚历山德里亚》（*Alexandreiad*，1290—1300 年）的无名作者向上帝祈祷说："听吧，给主的基督徒臣民说说一位像他这样的捷克国王；我希望要不了多久，立陶宛人、鞑靼人、土耳其人、普鲁士人和支持教会分裂的罗斯人将会经历这样的恐惧，以至于他们会皈依基督教并放弃他们的偶像。"至于国内宗教发展，西铎会修道院来了，或作为传教站和移民联系纽带巩固下来（尤其在乡村地区），但其声望逐渐让步于当地成立的各种修道会的活动，如保罗隐修会和来自西班牙与圣地的各骑士修道会（作为抵御异教徒攻击的方式或国家领土扩张方面特别有用），其中对城市发展和文化含义影响最大的是托钵修会。

匈牙利教会反映出中世纪匈牙利的多民族结构。1204 年，教宗提醒国王说："不同民族的修道院，在同一领主和同一种统治下共存，既不新奇也不荒谬。"西铎会的分院由法兰西和奥地利的总修院创建：例如，克莱沃修院在皮利什（1184 年）、圣哥达（1184 年）和托布兹科（1205 年）建立姊妹分会；奥地利的海利根克罗伊茨修道院将博尔斯莫诺斯托拉（1224 年）开拓成殖民地。

圣保罗隐修会成立于 1262 年，既不是修道院，也不是托钵修会。1225 年，法兰西克吕尼修会的佩克斯主教巴塞洛缪在迈切克山建立了第一批隐修屋；埃斯泰尔戈姆的尤西比乌斯在皮利什附近聚集了一群隐修士（1246 年）。圣保罗修道院大多由贵族和王公在北部山区建立，他们将这些修道院作为自己的墓地。虽然这些修道院通常建在城市边缘（正如布达附近的圣劳伦斯），但没有在城市传教的使命。这一职责留给了新"国际"修道会。

托钵修会，包括多明我修会和法兰西斯修会，在新城市中更活跃。多明我修士保卢斯·亨加努斯在波伦亚完成学习后返回匈牙利，大约 1221 年在从埃斯泰尔戈姆到维也纳的多瑙河通道的西端创建了杰尔城。托钵僧们得到未来的贝拉四世和大主教埃斯泰尔戈姆的罗贝尔的支持，罗贝尔将他们派往匈牙利去给库曼人传教（1227 年）。1254 年，贝拉在布达的多明我修会教堂娶了一位库曼人公主。传教士非常受欢迎。然而，当贝拉的女儿玛格丽特听从多明我修会告解神父的劝告拒绝出嫁时，传教士数量的增长受到严厉的限制。勃然大怒的国王将庇护转向法兰西斯修会。1277 年，传教士修道会拥有 32 座修道院（其中 2 座是女修道院），1303 年 35 座，1350 年 38 座；一个世纪后，该修道会在匈牙利有 39 座修道院，大都位于城市中心。

在 1228—1232 年的某段时间里，法兰西斯修会在匈牙利确立下来。1228 年，法兰西斯修会在条顿省的负责人乔万尼·迪·皮亚诺·卡尔皮尼将成员派往波兰、波希米亚、匈牙利、丹麦和挪威。到鞑靼人入侵时，他们已经在像埃格、杰尔、瑙吉松博特（特尔纳瓦）、塞克希费黑尔瓦、沙罗什保陶克和萨格勒布这样的移民中心拥有了修道院。1265 年，法兰西斯修会修士保罗兄弟是王室告解神父。小兄弟托钵修道会在布达、佩斯、佩克斯、肖普朗、布拉迪拉发、尼特拉、利普斯克、拜斯泰采、韦罗斯和波泽加建立。正如已定习俗那样，贝拉四世不是由埃斯泰尔戈姆大主教，而是由法兰西斯修会进行安葬。小兄弟托钵修道会也从多明我修会那里接手了库曼人的传教任务，该修道会的增长势头和多明我修会的停滞一样明显。1300—1500年，小兄弟托钵修道会的修道院数量从 41 座上升至 115 座。

法兰西斯修会修士大约 1228 年首先来到波希米亚，两年内奥洛摩茨出现一位教堂执事。1232 年前后，布拉格的第一座修道院由瓦茨拉夫一世在圣詹姆斯教堂附近修建。不久后，另一座法兰西斯修会修道院（*Na Františku*）由瓦茨拉夫的妹妹（圣）阿格尼丝创建，紧挨着一座圣嘉兰隐修会的修道院。在 13 世纪，波希米亚有 14 座小兄弟托钵修道会的修道院，摩拉维亚有 4 座。正如在匈牙利与波兰一样，世俗教会也加强其在波希米亚社会的地位。1222 年，在解除一项教宗禁令后，主教布拉格的安德鲁（1215—1224 年在位）成功地让奥托卡尔承认了教士的收益、什一税的征收和主教权威的扩大。1257 年，奥托卡尔二世允许审判者在其王国出现。

1215 年，一个由大主教格涅兹诺的亨里克·凯特利茨（1199—1219 年在位）、主教克拉科夫的文岑蒂·卡德鲁贝克及随行的弗罗茨瓦夫、弗沃茨瓦韦克和卢布茨各主教组成的波兰代表团，参加了由英诺森三世在罗马大教堂召开的基督教各教派联合会议。第四次拉特兰公会议是波兰高级教士全面参与的首次联合会议。

波兰教会在 13 世纪下半叶重组内部结构，增加了执事长辖区和堂区数量。到 1300 年，堂区大约达到 3000 个。随着新堂区组织而来的是学校（用波兰语教授基本知识）和医院。凯特利茨引入保证（理论上）主教座堂全体教士自由选举主教的法令（弗罗茨瓦夫，1201 年；克拉科夫，1207 年）。和其他高级教士一样，他谴责已婚教士，鼓励世俗信徒到教堂举行婚礼，在教会与诸公爵之间建立新关系并提倡学术。他派出传教士到普鲁士人和雅特温人当中去，在1210 年为普鲁士争取到一份教宗特使令。主教区会议变得日益频繁。1267 年，以教宗使节为首的在弗罗茨瓦夫召开的宗教会议宣布，涉及教会人士的案子应该留给主教法庭。1279 年，教宗使节在布达召开的宗教会议颁发各项指令，这些指令不仅在匈牙利具有约束力，在波兰也有。13 世纪中期，弗罗茨瓦夫和波兹南的西部各主教区引入助理主教一职。主教选举改革加强了教会的政治独立性，堂区数量的增加导致统治集团与草根基督徒之间的联系更紧密。主教们承担地方利益代表的职责，与世俗领主一道参加地方会议或议会。重要高级教士的支持能够使公爵对王室领地提出要求或阻止这种要求，正如大主教格涅兹诺的雅各布·斯温卡在 1295 年给予普热美斯二世而不是洛克特克的支持那样。

1248 年，教宗使节贾科莫·潘塔莱奥内（后来的教宗乌尔班四世）敦促西里西亚教会在弗罗茨瓦夫召开大会，改革实践方法，通过模仿某些托钵僧的方法来更成功地为信徒服务，命令信徒"在听完福音书后公开地用民族语言念主祷文和使徒信经，或者至少用拉丁文念主祷文、用民族语言念使徒信经"，因为他已经注意到"成百上千的人根本不知道如何表达他们的信仰"。

第一首用匈牙利民族语言写成的诗歌是献给圣母玛利亚的（O-magyar Maria-siralom，《古匈牙利语玛利亚哀歌》）。它和捷克语的《圣母玛利亚的生平》（Life of St Mary）于 13 世纪晚期在波兰出现对应作品，即著名且极为庄严的玛利亚圣歌《神圣的母亲》（Bogurodzica），该作品于 1410 年在格伦瓦尔德之战前夕被唱响："神圣的母亲，处女，上帝给予荣耀的玛利亚！圣母玛利亚，被选中的母亲，请在您的儿子面前帮帮我们，救救我们！恳求主怜悯我们。"

从 13 世纪起，为人所崇敬的波兰圣徒数量日益增加；这不仅反映出当地教会的蓬勃发展状态、当地教会与教宗的联系以及世俗教士与常驻宗教机构的教士对基督教信仰的更为有效的宣传，而且反映出共同体的普遍生活。我们发现来自各个公国的新圣徒，如法兰西斯修会修士洛布多瓦的扬，多明我修会修士亚采克（约 1200—1257 年在位）和威特（死于 1268 年），主教圣文岑蒂·卡德鲁贝克、圣扬·普兰多塔和圣斯坦尼斯瓦夫。处于统治地位的各公爵家族的女性成员被推上圣坛：在西里西亚，胡子亨利的遗孀雅德维加是一位西铎会修女，于 1267 年在切布尼察被宣布为圣徒；还有些圣嘉兰隐修会的成员，如：匈牙利王后圣萨洛梅亚（约 1211—1268 年在位）在克拉科夫附近的斯卡洛、圣金卡（1234—1292 年在位）在新松奇、卡利兹的圣约兰塔（约 1244—1298 年在位）在格涅兹诺被宣布为圣徒。对大公夫人雅德维加的崇拜在当地兴盛起来，传遍整个波兰；对她的崇拜也在波希米亚确定下来，部分原因是奥托卡尔二世希望借此获得对其波兰王位诉求的支持。然而，在波兰立足最稳的崇拜是对圣斯坦尼斯瓦夫的崇拜，他在 1079 年为波列斯拉夫二世所杀。他的尸体被分割后又被复原，从而成为波兰的象征，在其斋日唱颂的圣歌《波兰母亲，高兴起来》（Gaude, mater Polonia）广为流传。重要的是，尽管该王朝的圣徒很多，但正是一位主教取代了民族守护神的位置：如果不经商议而行事，那么这位主教就是一个守护所有领地的神，一个对君主大肆挑剔的批评者。

在波兰，多明我修会修士定居在新近获得特许的城市里。他们在克拉科夫获得当地主教伊沃·奥德罗翁日的支持，主教本人毕业于新巴黎大学。除波兰各公国外，波兰教省包括邻近的波希米亚、摩拉维亚、西波莫瑞和普鲁士诸地。多明我修会修士大多集中在西里西亚和小波兰。根据 1303 年的数字，波兰教省的 32 座修道院中有 15 座位于那些南部地区（法兰西斯修会修士表现出相似趋势，40 座修道院有 23 座建于南部地区）。西里西亚的这种集中现象不仅仅是该地区的日耳曼定居地造成的。多明我修会修道院通常建立在波兰城堡主控制下的老城市中，招募的人员大多为波兰人。

法兰西斯修会修士最初来自法兰西斯修会的日耳曼教省，但形成了自己的波兰—波希米亚教省，1239 年前后与多明我修会的教省（不算西波莫瑞）一致。在波兰，首批修道院创建于弗罗茨瓦夫和克拉科夫——靠近波希米亚，以及由颇受青睐的王公们所控制的新商业中心。小兄弟托钵修道会在皮亚斯特家族的女性成员中尤其受欢迎（正如它们和阿尔帕德家族和普热梅斯家族的妇女那样）。至少，像金卡和约兰塔等 30 位大公夫人成为圣嘉兰隐修会的成员，60 多位皮亚斯特家族成员埋在法兰西斯修会的教堂里。到 14 世纪初，波兰、波希米亚和匈牙利出现 200 多座托钵僧修道院，这些修道院发展势头良好。在中欧，托钵僧引领着给异教徒（库曼人、普鲁士人、立陶宛人，他们的第二任名义主教是一位多明我修会修士，即圣威特）福音传教与实施教会改革的工作；当其他意愿允许的情况下，他们支持地方教会及其利益。

1273 年 12 月 16 日，作为王室顾问的主教奥洛摩茨的布伦诺给教宗写了一份关于中欧教会现状的秘密报告。他的报告反映出整个西基督教世界的世俗高级教士，在托钵僧的名望日盛之时所感到的焦虑。他谴责托钵僧在宗教节日和星期天将人们从堂区教堂中吸引出去，为他们提供更为简单的弥撒，而不是大教堂和老修道院里复杂的庆典；还谴责他们给人们特别赦免，这对地方教堂，还有罗马（作为朝圣中心）造成威胁。他宣称，他们削弱了主教为自己保留的赦免权。这种在摩拉维亚盛行的对立在波兰尚未达到同样的规模——或许因为地方公爵和主教的支持，以及托钵僧修道院在那块土地上分布得并不密集。然而，这两个群体之间的纷争在 14 世纪日益增强。

　　13 世纪的教会改革适应于欧洲大陆各个腹地的不同情况。新科学、艺术和建筑在该地区出现，如由胡子亨利及其被封为圣徒的妻子赞助的位于切布尼察的罗马式西铎会修道院，匈牙利多努比亚（多南图尔）或布赫洛夫城堡的雅克和莱贝尼两教堂混合了捷克的罗马式与哥特式风格。来自波兰、波希米亚和匈牙利的学生在意大利和法兰西的大学中学习，地方高级教士收集基本的哲学、历史和神学文献，这些书籍成为主教座堂图书馆的核心。波兰科学家威特洛（约1230—约1314）是一位图林根移民和一位西里西亚母亲的儿子，写成一部关于透视法的著作，即《论光学》（*Περί ὀπτικῆς*，1270—1273年），这部著作获得广泛的认可。凭借强大的教省组织和集权化的机构，托钵僧为中欧教会建立起各种结构，然后这一中欧教会将注意力转向南部（匈牙利的巴尔干地区）、北部（波罗的海地区）和东部（罗斯）的异教徒和东正教地区。1200 年，波兰、波希米亚和匈牙利大约有 150 座修道院，到 1300 年多达 700 座。

经济发展

　　尽管鞑靼人进攻是促进匈牙利、波兰、波希米亚和罗斯的城市定居地复兴并扩张的另一诱因，但空白地区的殖民化进程却早于1241/1242 年。这是一种泛大陆现象，回应了北部与西部地区人口过多的需求，恰如重新征服的西班牙领土那样。

　　地方大公开始邀请定居者。在贝拉四世的组织下，匈牙利在建造城堡、城市和村庄方面经历了一次增长。我们发现遍及中东欧的 12 世纪城堡（*castrum*）和郊区（*suburbium*，商业/手工业区）类型的王室与主教城市为贸易和商业城区的聚结定居地所代替，这些聚结区主要被授予日耳曼法。比起大城市密集区，小城市网在该地区更具代表性。日耳曼人（"内梅蒂"）与法兰西人和瓦龙人定居者（"欧洛西"："拉蒂尼"）将饲养业、葡萄栽培与手艺技能带到新定居地，这些定居地大半位于该国的围绕着齐帕斯（塞佩赛格）的西北部地区以及特兰西瓦尼亚的南部，其地名与表象不相符合。匈牙利最好的葡萄酒是佛朗卡维拉的塞雷米恩西亚酒（*vina seremiensia*），来自新来者的葡萄园。1224 年，安德鲁二世颁发特许状（*privilegium Andreanum*），在斯本堡区创建了一个撒克逊人社团（延续到 1945 年），免除新定居者通过匈牙利应缴纳的费用，以此获得 500 银马克的款项和 500 名武装士兵的供应。

　　在西里西亚，"高者"（维索基）波列斯拉夫将矿工从米斯尼亚/戈斯拉尔带到兹沃托雷亚。他的儿子胡子亨利继续这一政策，弗罗茨瓦夫和克拉科夫主教先后效仿。有人试图限制将日耳曼法授予外国新来者，但亨利在 1229 年也将日耳曼法授予波兰定居者。这一安置过程涉及某些技术要求，如在规划好的村庄里有组织且经过测量的田地布局；这在城市里导致棋盘格局上的新街道网的建立，带有公开且通常为长方形的新市场、墓地、堂区教堂、专业人员区、城市边界和防御工事（沟渠和城墙）。这样的新城市被授予特许状。第一批定居者（*locatores*）往往来自其他国家（尤其是开始时），出身于城市，熟知国内的日耳曼法，能够从与日耳曼的联系和一定数量的资本中获利。作为发现殖民者的回报，定居者头目获得地方法官的地位，代替领主审理案件，被称为村长（*scultetus/so*ł*tys/schultheiβ*），或代言人（*wójt/advocatus*）。后一种称呼在波希米亚更为普遍，前者在波兰和摩拉维亚更常见。现在仍在使用。贵族和骑士也在新法律之下建立新村庄，自己担任村长（*so*ł*tys*）并动用应缴款，或者同样任命一位值得信赖的农民担任此职。根据村庄的大小，村长将获得 2—10 栏（*lan*②）土地。这块土地被免除应缴款，而且村长享有渔猎权和开酒馆的权利，某些情况下还享有开办磨坊权。他有权获得定居者上交领主的应缴款的 1/6 和法庭罚金的 1/3。村长应为君主服兵役。

---

② 佛来芒栏有 16 哈（*ha*）土地，弗兰哥尼亚栏有 24 哈。

至于城市定居地，这些新创建地与新村庄在同一时期出现。弗罗茨瓦夫（布雷斯劳）在 1214 年前获得日耳曼法，克拉科夫在 1228 年前获得，一处新创建地随后在 1257 年获得。1243 年，大公巴尼姆一世将马格德堡法授予什切青（斯德丁）。1223 年，希罗达获得特许状，这是马格德堡法的修正版，后来被其他波兰城市用作法庭法（*ius fori sredense*）的典范；格涅兹诺在 1239 年前重新安排，普沃茨克在 1237 年进行。新城市通常建在旧城外或附近，因为创建城市的土地拥有者，难以从当地乡绅和教会手中购买旧中心的所有土地。例如，松奇是杜纳耶茨河（维斯图拉河的南支流）上的老城堡中心，监管着与匈牙利的贸易。大公夫人金卡在 1273 年前将该城转移到新土地上，1292 年建成新松奇。布拉格在 1232—1234 年获得日耳曼法，新城马拉斯特纳于 1257 年在老城对面的伏尔塔瓦河左岸修建。

新城市复兴了原有的贸易路线，这些路线经由西里西亚横穿波罗的海—喀尔巴阡山脉地区，或沿着奥德河经由摩拉维亚和大波兰横穿波希米亚与波莫瑞。来自下维斯图拉城市的商人经由大波兰进入波罗的海各港口；一条主要的汉萨同盟路线由通往加利西亚的维斯图拉河—布格河水路构成，这条水路连着弗罗茨瓦夫；我们还应该注意到诺夫哥罗德—吕贝克路线。代替货币使用的大部分纯银在也建有铸币厂的大城市里流通，如克拉科夫、桑多梅日、弗罗茨瓦夫。这主要用在大笔资产交易中，即便在西里西亚，当地的布拉克蒂（bracteat）被用在这样的交易中。布拉格格罗特（groat）首先是在库特纳霍拉用瓦茨拉夫二世治下的新银矿铸成，成为中欧的主要货币。

在 13 世纪末的西里西亚，96 座根据特许状建立的城市中有 35 座的居民已经超过 1000 人；小波兰的数据是 37 座中有 10 座超过 1000 人，大波兰是 39 座中有 8 座已超过 1000 人；摩拉维亚是 4 座中有 2 座超过 1000 人；库亚维是 14 座有 4 座超过 1000 人；谢拉兹—文奇察是 19 座中有 2 座超过 1000 人；西波莫瑞是 7 座中有 5 座超过 1000 人。克拉科夫市民与匈牙利、西里西亚和波希米亚的关系要比其与波兰北部的关系更密切，因此他们支持"黑"莱谢克来反对康拉德二世，或者支持亨利四世和瓦拉科夫反对洛基特克或普热美斯二世。克拉科夫的代言人（wójt）阿尔贝特在 1311—1312 年领导了反对洛基特克的叛乱，此人与西里西亚和卢森堡人有关联。波兹南的市民对发展与西里西亚的关系的兴趣更甚于与克拉科夫的。这些数据反映出波兰领土上的不同经济增长比率和主导各个公国的不同政治趋势。

日耳曼、佛来芒和意大利定居者进入欧洲空白腹地的普遍移民运动的一个重要方面是鼓励犹太人定居该地区，这一举措在20世纪中期的残暴行径发生之前给马扎尔和斯拉夫社会带来影响。拉比布拉格的埃利泽就波兰和匈牙利犹太人的贫困向雷根斯堡的耶胡达·哈西德（死于1217年）抱怨。犹太人在奥地利（1244年）、匈牙利（1251年）和波希米亚（1254年）获得特许状。1264年，"虔诚者"波列斯拉夫给予大波兰的犹太人选举权，使他们与其他等级的成员相等同，指明他们作为大公的人来为商业服务（servi camerae），保证他们的个人自由、宗教自由和以成员的身份自行组织依附于犹太会堂的卡哈尔（Kahal），这种组织以领唱者（cantor）为头。卡哈尔同样担任着法庭的职责，审理涉及犹太人的案件。西里西亚的亨利四世、斯维德尼卡—亚沃尔的波列斯拉夫一世（1295年）和格沃古夫的亨利三世（1299年）颁发了类似的特许状。在新近颁发了特许状的城市里，犹太人创建自己的组织基础设施，享有城市特权。他们对日耳曼语的使用将他们与其他的基督徒新来者联系在一起。大公的保护有助于限制地方市政权威插手犹太事务。

波希米亚和波兰内外的波兰人、捷克人与日耳曼人的关系要比"条顿人"和"斯拉夫人"等现代辞藻的隐含意义复杂得多。波希米亚和波兰对日耳曼人的回应反映出邻里之间的关系：有时，在波希米亚的文献中，他们被愤怒或嫉妒地比作犹大（《犹大的故事》）或本丢·彼拉多，而他们的流行文化却在王室和贵族的大厅中被贪婪地照单全收。对"民族"关系的有趣偏向来自奥地利讽刺作家赛弗里德·黑尔布林，他嘲笑他的同胞模仿捷克人的言谈举止。在波兰，编年史家强调波兰人和日耳曼人如何彬彬有礼地和睦相处，但当暂时的地方需要出现时，所有被（长久）记住的是捏造的"斯拉夫人"对"条顿人"的"天然仇恨"。中世纪波兰的城市里没有波兰人、只有日耳曼人，这句历史编纂学上的格言从中世纪流行至20世纪70年代，却没有证据来支持。像康拉德或赫尔曼这样的"日耳曼"名字过去支持这样的伪学术论点，这些名字在大批移民之前的波兰是常见的；第二代移民通常取波兰名字，如从亨利科夫衍生出来的同姓的阿尔贝图斯和利卡（Comes Albertus Cognominatus Lyka）③。新来者的同化通过不同民族之间的通婚和地方移民发生得相当快，但也不完全。卢比亚兹修道院的一位西铎会修士以此自傲：

> 这片林地尚未开垦。波兰的穷人们几乎没什么效率，使用没有铁的木犁犁出沙质犁沟。他们不知道如何用两头母牛或公牛来犁地。那种人没有盐，没有铁、货币或金属，没有好衣服或鞋子。他们只养公牛。修道士是第一批发现这片美好土地的人，整片土地都由他们展现在世人面前。

这不是简单的事实描述，但包含着地方骄傲所引发的夸张。在15世纪，波兰人（和其他人）将会对立陶宛人使用类似的描述。摩拉维亚的康拉德在1237年颁发特许状给普沃茨克，该特许状将日耳曼法的要素（村长管理下的自治司法权）与曾经被授予早期商人的波兰骑士法的要素结合起来，这时文化混合在制度层面上发生。

新来者的文化影响通过语言反映出来：日耳曼术语被用来表达物体、概念、职业、工具。然而，这并不意味着波兰人在条顿之光照在他们身上之前对这些事物不熟悉。事实是波兰的术语在某些领域得到移植，因而 *szwagier*（*schwager*）代替 *dziewerz*（内兄弟，大伯子，小叔子，连襟），*malzenstwo* 代替 *swadbe*（婚姻），*tańczyc*（*tanzen*）代替 *plasac*（舞蹈，跳舞）。仍然流行的在复活节的次日用水冲洗妇女的习俗，在日耳曼人的影响下为波兰人采用，即使这一习俗本身起源于更西边的地区。宫廷文化在克拉科夫、波兹南和弗罗茨瓦夫兴盛起来。《大波兰编年史》包含一个基于《尼布龙根之歌》母题的不忠于婚姻的传说：这是关于某位瓦尔特鲁斯·罗布斯图斯与黑尔贡达的地方传奇。西里西亚的亨利四世因在宫廷举办的马上比武而获得名望。

书面史料

由拉兹洛四世宫廷里的教士西蒙·凯佐伊在1282—1285年间编

---

③ 伯爵阿尔贝特姓"巴斯特"。

写的《匈牙利编年史》利用了早期的创作，即《匈奴人编年史》和
《匈牙利人纪事》（*Gesta Ungarorum*）。匈牙利人是出生于匈牙利王国
的人，臣服于圣徒国王斯蒂芬，斯蒂芬令马扎尔人皈依了基督教，这
777　为传说中的匈奴人和基督教世界提供了历史概念上的联系；这一旧观
念被凯佐伊用共同血统和共同语言的观点补充完整。阿蒂拉的匈奴人
代表着马扎尔人的祖先，为阿尔帕德家族统治匈牙利平原的"历史"
权利提供了正当理由。指出匈奴人与"匈牙利人"一点关系都没有，
这是冒犯之举。据凯佐伊所说，匈牙利民族（*natio hungarica*）主要
由贵族阶级构成，他们的权利建立在为君主服兵役的表现上。

　　波兰主教、编年史家兼宣传者卡德鲁贝克也试图把王国共同体的
历史和史前时期纳入传统环境中，伪造亚历山大大帝写给亚里士多德
的信件，这些信中讨论了波兰事务。据这位主教所说，一位叫莱谢克
的大公打败了尤利乌斯·凯撒，然后娶了这位罗马独裁者的妹妹为
妻。这也是马蒂努斯·波洛努斯的时代，此人是西里西亚的一位多明
我修会修士，素有世界历史学家之名；他曾在布拉格学习过，在罗马
教廷服务过，去世时是格涅兹诺的候选大主教。在 13 世纪中期，匈
牙利—波兰编年史利用两国早期著作中的数据，描述自 11 世纪末以
来的重要事件，强调波兰和匈牙利之间的联系。根据这一文献，匈奴
人阿蒂拉征服立陶宛，预示 13 世纪的马扎尔人和波兰的政治理想。

　　在波希米亚，贵族阶级支持教士学者（*litterati*）用拉丁文和民
族语言来书写。日耳曼诗人也被邀请到波希米亚，意在将布拉格变成
神圣罗马帝国的文化中心。瓦茨拉夫一世邀请吟游诗人赖因马尔·
冯·茨韦滕来为他的宫廷服务。奥托卡尔二世和瓦茨拉夫二世的宫廷
中著述最丰的作家乌尔里克·冯·埃申巴赫热情地赞美他的新国家、
他的"神圣国家"为快乐的家："Beheim, be daz diutet *beatus*, heim,
domus oder *mansio*."

　　达利米尔的编年史由当地小贵族阶级的一个成员在 1282—1314
年间用捷克语诗行写成，强调王国共同体，重新诠释历史和各种捷克
传说来为政治使命服务，并谴责骑士的冒险行为（格斗）和新发明
（进口）的贵族娱乐方式，如玩牌。用拉丁文写成的《王室编年史》
（*Chronica Aulae Regiae*）和达利米尔的文献，估计是关于 13 世纪波希
米亚史的最好史料。前者由济塔玛的彼得编写而成，此人是来自由瓦

茨拉夫一世在兹布拉斯拉夫（1232 年）创建的修道院的西铎会修士，具有日耳曼人的血统。

简而言之，中欧诸王国在 13 世纪期间面临着一系列依赖于各自的国际地位和未来的选择：主要通过日耳曼人和其他移民的调解来全面接受罗曼文化，正如波希米亚和波兰的西部诸公国那样；引入罗曼模式并使之适应国内条件，正如我们在匈牙利、大部分波兰，以及 13 世纪中期的十年期间的立陶宛所看到的；或者试图在封闭的共同体的陈腐空气中生存下来——劳济茨地区的索布人和喀尔巴阡山地区的鲁塞尼亚人的不幸命运。我们可以第一次为中欧的政治、文化和经济代言；在这里，教会的"现代"改革、国家和艺术被从北欧和西欧全部接收过来，或适应于各地不同情况。

我们始于对一个过去使用的普通拉丁术语的语源学和其他语言学方面的阐释，这个术语被用来阐明地方现实（realia）和地方用词。传统的潘诺尼亚与斯拉夫语中的单词 pan 相关，意为"领主"；"日尔摩"（germo）被用来解释斯拉夫人—条顿人的关系。我们可以感觉得到波兰人、波希米亚人和匈牙利人对共同的基督教和古典传统的归属感和在"欧洲"有自在之感。匈牙利、波兰和波希米亚之间的家族联系网，以及由阿尔帕德家族、皮亚斯特家族和普热美斯家族建立的与法兰西、拜占庭和罗斯各王室的联系，在那些家族灭亡后，将由 13 世纪立陶宛的约盖拉家族在 15 世纪的中欧再次建立起来。

S.C. 罗厄尔（S. C. Rowell）

莫玉梅 译

徐 浩 校

第二十四章

（2）东欧：阿尔巴尼亚、塞尔维亚和保加利亚

众所周知，1204 年君士坦丁堡的失陷使一个已经走向瓦解的帝国开始折服，尤其是在巴尔干半岛周边。三大民族展现出新的活力：保加利亚人、塞尔维亚人和阿尔巴尼亚人，它们的土地边界仍然在不断发生改变，特别是保加利亚和塞尔维亚之间的边界。这些民族中的每一个可以在各自向政治和文化自治演变的不同阶段观察到。阿森王朝治下的保加利亚在 1185—1187 年与拜占庭人决裂，在 1202 年获得拜占庭承认其从贝尔格莱德到索非亚的大片土地的控制权。它代表着一个更古老国家的复兴，虽然领土界线不大一致；即便在归顺拜占庭两个世纪后，它仍然是不同政治和文化传统的发源地，这确保其作为巴尔干地区的主要权力的地位，因此意味着保加利亚的权利甚至在君士坦丁堡之上。[①]

在塞尔维亚，斯特凡·内马尼娅（1170—1196 年在位）最近已经将拉斯卡和迪奥克莱亚（相当于芝塔和现在的门特内哥罗）这两处老权力中心合二为一。诚然，芝塔保留了强烈的排他主义趋势，内马尼德家族的内斗仅仅使这一趋势更恶化。[②] 在海滨地区，意大利经由达尔马提亚所产生的影响导致城市公社短暂地出现，其中最好的例子就是科托尔（卡塔罗）公社，这些城市公社几乎无法顶住塞尔维

---

① Zlatarski（1970 – 1972），Ⅱ，pp. 410 – 411；Dujčev（1956），pp. 327 – 328. 关于第三次、第四次十字军东征对保加利亚的影响，可参见 Primov（1975a）；Asdracha（1976），p. 235。

② 久罗维奇对此做了非常好的综合分析：Djuović（1970），pp. 5 – 14，46 – 61。

亚诸王公将它们吞并进各自势力范围的企图。③ 不管怎样，内马尼娅从 1183 年起向南展开大规模攻势，这使他能够在马其顿的尼什之外施加压力；与此同时，他稳固其对杜勃罗文克（拉古萨）以北的达尔马提亚沿海地区和南至北阿尔巴尼亚的马蒂河口沿海地区的影响，前一地区在拜占庭和诺曼西西里的最高领主权之间摇摆不定。因此，他包围了门特内哥罗的沿海地区；在那里，罗马教会想将影响扩大至从安提瓦里（巴尔）大主教座地到阿尔巴尼亚这一地区，该企图成为更大的挑战。④ 虽然塞尔维亚似乎已经产生种族认同意识，但要将塞尔维亚视作一个适当建构的"国家"仍然有点太过了。塞尔维亚虽然还留在拜占庭的势力范围中，但已经完全能够与君士坦丁堡保持距离且不会屈从于罗马的各种诱惑。1200 年，年轻的国王斯特凡二世与妻子欧多基娅即皇帝阿列克修斯三世的女儿断绝关系，她离开这里去了迪拉基乌姆。⑤

至于阿尔巴尼亚，其独立身份是真真正正的，即使它从不曾真正与君士坦丁堡决裂。尽管如此，1190 年前后的阿尔巴农的统治者们，即普罗贡及其儿子们迪米特和吉恩，以克鲁亚为基地，获得相当大的自治权，即使普罗贡拥有的头衔不曾大过执政官（archon）；迪米特在 13 世纪初拥有的头衔至高荣誉者（panhypersebastos）仅可以视为其依附于拜占庭人的标志。⑥ 即便如此，来自莱什（Lezhë）腹地的格济克（Gëziq）最早提及普罗贡和迪米特的铭文是用拉丁文写的，称他们为法官（judices），表明他们对芝塔王公弗拉丁和乔治的依附。这进一步形象地表明阿尔巴农正在发生的政治与文化融合。⑦ 这个阿尔巴农就是《斯特凡·内马尼娅的生平》（Life of Stefan Nemanja）中提到的拉班，是一片没有直接入海口的土地，即使由塞尔维亚人和希腊人控制的伊庇鲁斯海滨最初由阿尔巴尼亚人居住，正如高耸在什库台湖（斯库塔里湖）东岸的山区那样，它位于拉丁人的柏拉图姆地

③　Djuović (1970), pp. 83 – 84.
④　Djuović (1970), pp. 15 – 27, 地图在第 16 页。
⑤　关于塞尔维亚统一的宗教因素，可参见 Kalić (1979)；关于塞尔维亚的威胁和 1200 年的破裂，可参见 Choniates, Historia, p. 705; Ostrogorsky (1956), p. 432; Ducellier (1981b), pp. 123 and n. 17, 152。
⑥　Solovjev (1934), p. 304; Ducellier (1981b), p. 63.
⑦　Shuteriqi (1967), pp. 133 – 142; Ducellier (1981b), p. 28.

区，即斯拉夫人的皮洛特地区。⑧这些土地在 12 世纪被罗马教会获得，但下游逐渐为阿尔巴尼亚人所定居，正如古时的达达尼亚（现在的科索瓦）那样；它们通过德林河体系向阿尔巴尼亚开放，而且离塞尔维亚的权力中心拉斯卡和芝塔有些距离。如果人们不接受他们早期从山的另一边向雅科瓦和普里兹伦扩张，那么将难以理解阿尔巴尼亚人是在什么样的情况下从山里向湖滨扩散。⑨当然，这个地区有 781 一条宗教边界，但夸大其不渗透性将是错误的，尤其是当保加利亚和塞尔维亚国王愿意使他们由教宗来为其加冕的意愿广为人知时。⑩ 1348 年，斯特凡·杜尚要求来自皮洛特的拉丁教士（*latinski popovi*）向普里兹伦的东正教主教、奥赫里德的副主教缴税，这不是任何类型的惩罚，而是对人口不断增长的承认。⑪从伊万二世·阿森在 1230 年授予杜勃罗文克的一份特许状中可以明显看出，阿尔巴尼亚人占据现为阿尔巴尼亚共和国的中心地区，这些地区通过代沃利特河排水。⑫那么，这不是拥有政治或领土统一的一个阿尔巴尼亚的问题；此外，拜占庭帝国政府专注于该地区的民族特征，当时迪拉基翁（*Δυρράχιον*）的前一主题是要求获得迪拉基和阿尔巴尼省（*provintia Dirrachii et Arbani*）的名称，如果罗马尼亚的分裂（*partitio Romanie*）即将成真（或许，这确实反映出 1204 年前的现实）。这样的名称将反映出阿尔巴尼亚定居地存在两个主要中心，即阿尔巴农（*Ἄρβανον*）—拉班和伊万·阿森的德沃尔。⑬

无须赘言，这些不同实体在 1204 年以不同方式做出反应。对保加利亚来说，罗马尼亚的分裂是一个直接的挑战，因为普罗夫迪夫（菲利波波利）和哈德良堡周围的边界地区已经被授予给拉丁人，尽

---

⑧ Corović（ed.），*Spisi sv. Save, Zitije Stefana Nemanje*；Cirković（1988），这是一部特别有胆量的著作。

⑨ 伊利里亚的连续性问题已为人所研究：Jireček（1916），pp. 69 – 70，而且同一作品集的第 127—128 页承认，在斯拉夫人扩张之前，阿尔巴尼亚人占据的领土从斯库塔里拓展到发罗拉，从普里兹伦拓展到奥赫里德；这一描述尤其利用迪米特里·乔玛特诺的信件；Cirković（1988），p. 347；参见 Mirdita（1981）。

⑩ 参见契尔科维奇的结论：Cirković（1988），pp. 346 – 349；此人一边坚持杜卡津高地沿线存在宗教边界，一边承认阿尔巴尼亚人下移到斯库台湖周围的较低海拔地区，没有提及他们在山脉东边的扩张，也没有提及他们对直接通往普里兹伦的德林河谷的明显利用（这更令人感到惊讶）。

⑪ Novakovic（1912），pp. 691 – 692；Maksimovic（1981），pp. 175 – 179；Cirković（1988），p. 348。

⑫ Stojanovic（1934），no. 790，p. 205；Cirković（1988），p. 349。

⑬ Ducellier（1981b），pp. 97 – 98。

管保加利亚人不断提及 1202 年的条约中规定的所有权。雷尼尔·德·特里特从 1204 年秋到 1205 年 6 月持有普罗夫迪夫，当时卡洛扬在从远征塞萨洛尼卡回来的路上收复该城。[⑭] 1206 年，威尼斯将哈德良堡授予"通敌卖国者"希腊执政官狄奥多勒·布拉纳。[⑮] 这阻碍了保加利亚人占据马里查河谷并获得长久以来渴望的爱琴海入海口的志向。[⑯] 保加利亚人也必定不安于这样的事实：除阿尔巴尼亚海岸线外，罗马尼亚的分裂将卡斯托里亚和科尔察（科里察）之间的科洛涅亚省给了威尼斯，因为朝亚得里亚海的扩张是另一长期愿望。[⑰]

沙皇卡洛扬（1197—1207 年在位）成功地结束了保加利亚内部的分裂主义趋势，不仅得到相当多的植根于多瑙河谷的农民阶层中的军事资源，而且他也充分地意识到其国际背景，于是通过拒绝分裂条款以寄望于可以利用拜占庭的出人意料的垮台。[⑱] 他很快因与十字军的初步接触而灰心，这些接触显然甚至发生在君士坦丁堡失陷之前；他将英诺森三世（本人对第四次十字军的东征路线不热心）视作反对十字军的侵略野心的保证人。[⑲] 对罗马来说，这是一个出乎意料的机会，为将保加利亚拉进罗马的信仰声明提供了契机。保加利亚人和塞尔维亚与波斯尼亚的居民都没有援助过扎达尔（扎拉），扎达尔在十字军东征中被迫顺从匈牙利，这确保其将仍然是一座天主教城市。实际上，与匈牙利人结盟后，波斯尼亚人利用这一机会在 1203 年与罗马和解，庄严承诺他们将与鲍格米尔派异教徒作战，[⑳] 因为波斯尼亚被视为这些异教徒的主要堡垒。[㉑] 当然，卡洛扬拥有"沙皇"帝号的要求得到认可，请求罗马任命一位牧首为保加利亚教会的领袖。这样的要求导致协商拖延下去，最终卡洛扬不得不现实一点，接受更为

782

---

⑭ Asdracha (1976), pp. 236 – 237; Vlachos (1970), pp. 277 – 278, with further references.

⑮ Tafel and Thomas, *Urkunden*, Ⅱ, pp. 17 – 19; Villehardouin (1961), Ⅱ, p. 403; Thiriet (1959), p. 80; Asdracha (1976), p. 239.

⑯ Asdracha (1982).

⑰ Archivio di Stato, Venezia, Liber Albus, fol. 34; Carile (1965), p. 220; Ducellier (1981b), p. 98 and n. 53.

⑱ 令人遗憾的是，要确定卡洛扬向十字军派出使节的日期是不可能的；可参见 *Innocentii Ⅲ papae gesta*, PL 214, ch. 108, p. Cxlvii，但克拉里和维拉杜安将之放在君士坦丁堡于 1203 年 7 月 18 日第一次失陷后，而且显然在保加利亚和拉丁人于 1204 年 8 月友好关系决裂前发生。另参见 Hendrickx (1970), doc. 17 (XXXVⅡ), pp. 135 – 136; Wolff (1952), pp. 281 – 322.

⑲ Dujčev (1942), nos. Ⅱ, Ⅸ, ⅩⅤ, ⅩⅧ; C. Asdracha (1976), p. 237.

⑳ Cirković (1964), pp. 48 – 49.

㉑ Dusa (1991), p. 51.

适当的统治者和高级主教的称号，他们将得到相对适当的"国王"和"大主教"的称号。但结果是，1204 年 11 月 7 日，他在塔尔诺沃（Tǎrnovo）从一位罗马枢机主教手中接过王冠，因而他至少在原则上处于教宗的保护之下。[22] 当然，他的方法实际上极富策略性，而且他既没有放弃东正教信仰，也没有放弃帝国抱负。[23] 直到保加利亚第二帝国结束时，沙皇和牧首的称号仍在使用，这一点始于篡位者鲍里尔于 1211 年在塔尔诺沃宗教会议（synodikon）上所采用的；此次宗教会议没有放弃对罗马的顺从，也再次重申保加利亚的东正教信仰，与此同时，再次宣称保加利亚沙皇反对鲍格米尔主义的传统斗争。[24] 这一异端从来没有在保加利亚的土地上灭绝，1204—1205 年在普罗夫迪夫发生的事件证实了这一点：维拉杜安描述了由这些异教徒居住，并被雷尼尔·德·特里特的卑鄙军队焚毁的城区。[25]

783　　　卡洛扬也有机会利用来自色雷斯执政官的服务，君士坦丁堡的拉丁皇帝鲍德温一世的不妥协态度，曾将这些执政官拒之门外，他们也对与拉丁人达成的权宜之计感到失望。1205 年年初，这些执政官甚至愿意将帝国皇冠给予保加利亚沙皇。5—6 月，保加利亚—瓦拉几人希什曼的阴谋在塞萨洛尼卡引起骚动，其领主蒙费拉的卜尼法斯被迫解除对诺普里昂的围困，这样他可以全力以赴地解救妻子匈牙利的玛丽亚，她已被囚禁在塞萨洛尼卡的卫城。[26]

保加利亚的政策至少在短期内奏效了。1205 年 4 月 14 日，在一支强大的由库曼人骑手组成的骑兵中队的支持下[27]，希腊—保加利亚

[22]　Obolensky（1971），pp. 239 – 241；Primov（1966），Ⅱ，pp. 22 – 46.

[23]　Dujčev（1960），p. 43.

[24]　Popruzensko, ed. "Sinodik carja Borila"；Angelov（1961），pp. 253 – 254. 关于东正教和塔尔诺沃宗教会议的"罗马"特征，可参见 Shivarov（1987），pp. 89 – 99。

[25]　Villehardouin（1961），Ⅱ，pp. 345 – 346；Asdracha（1976），pp. 60 – 62 and 237；Primov（1948 – 1949），pp. 145 – 158. Vlachos（1970），pp. 277 – 278. 拉丁人在马其顿和色雷斯获取鲍格米尔派的一些主要中心，此举可能缓解了这些信仰向西传播：Primov（1960），p. 86, preferable to his（1975b）.

[26]　Krantonelle（1964），对此应小心使用；Choniates, Historia, p. 818；Villehardouin（1961），Ⅱ，p. 389；Apostolides（1929），p. 336；Hendrickx（1970），doc. 22（ⅩLⅧ），pp. 139 – 40.

[27]　维拉杜安只提到14000 名"突厥人"，但送往英诺森三世的关于此战的描述中言道：卡洛扬"和突厥人以及其他的基督教敌人"攻击拉丁人，参见 Theiner, Vetera monumenta slavorum meridionalium，p. 41；这导致有人猜测沙皇和鲍格米尔派之间建立了联盟；参见 Derzavin（1946），p. 130；cf. Angelov（1961），pp. 251 – 252，该学者肯定地表明这是在教宗眼中败坏卡洛扬的名声之举；Hansen-Love（1971），fasc. 3，pp. 102 – 112。

联军在哈德良堡彻底摧毁了拉丁军队，俘虏了拉丁皇帝本人。[28] 保加利亚的这一行动给君士坦丁堡带来如此大的威胁，以致狄奥多勒·拉斯卡里斯可以自在地在小亚细亚建立自己的权力，在那里他正积极地建立尼西亚的残余政权。卡洛扬过早地暴露了他的真正野心，将传统的拜占庭技术重新引入色雷斯；于是，他的军队从 1205 年到 1207 年靠色雷斯提供给养，而当地的人力与牲畜都被带到缺乏人员和牲畜的多瑙河地区。[29] 实际上，作为希腊人早期强制的结果，他已经有了"罗马人的刽子手"的名声，而且他在希腊人中还将保留着"约翰狗"的称呼。[30] 毫不意外的是，希腊人对保加利亚人采取敌对的态度；当新拉丁皇帝亨利放弃他的哥哥对希腊贵族阶级的残暴政策时，这种敌对态度更为明显。因此，各省的执政官毫不犹豫地与拉丁人和解，有些人实际上还与拉丁人联姻。这方面的一个例子就是狄奥多勒·布拉纳，他是法兰西国王菲利普·奥古斯都的妹妹法兰西的阿涅丝的丈夫。如果卡洛扬没有于 1207 年 10 月在塞萨洛尼卡的城墙下被突然杀害，那么他的下一步将会走向哪里，尚有争议。[31] 不管如何，他的死对拉丁帝国来说是一种安慰。在亨利的统治下，拉丁帝国能够控制小亚细亚的最西北端。在鲍里尔篡夺卡洛扬的儿子伊万·阿森的位置后，保加利亚的内部纷争再次出现，其邻国只是加速了这一趋势：在瓦尔达尔河和斯特鲁马河之间的西部地区，当拉丁人接受斯拉夫的归顺时，梅尔尼克王公年轻的塞尔维亚领导者斯特凡二世，承认斯特雷兹大公在普罗塞克和斯特鲁米察周边地区的权威。[32]

　　塞尔维亚时代现在已经开始，即使西欧对达尔马提亚的干预，意在将塞尔维亚帝国的重力中心推回大陆深处，这一干预表现最突出的是 1205 年威尼斯人保证至少是对杜勃罗文克名义上的领主权。在来自匈牙利咄咄逼人的威胁下，以及对洪诺留三世治下的教会抱负的了解，斯特凡二世恢复了卡洛扬 15 年前实行的各项政策，在 1217 年从

　　　㉘　Gerland（1905），pp. 46－47；Longnon（1949），pp. 77－78。
　　　㉙　Asdracha（1976），pp. 190－192。
　　　㉚　Acropolita（1903），pp. 23－25；Skoutariotes，*Chronique*，ed. Sathas，p. 459；Vlachos（1970），pp. 276，279－280；Nicol（1957），p. 20；Asdracha（1976），pp. 237－238。
　　　㉛　Zlatarski（1970－1972），Ⅲ，pp. 254－255。由于圣迪米特的献祭，塞萨洛尼卡对斯拉夫人来说很重要，而且卡洛扬的死归因于这位圣徒的干涉：Obolensky（1974），esp. p. 19。
　　　㉜　Asdracha（1976），pp. 240－241。

教宗使节手中接过王冠。此后，他将拥有"普尔沃韦卡尼"（*prvoven-cani*）的绰号，意为"第一个加冕者"，但塞尔维亚人那模糊不清的前景以此种方式变得清晰起来：1219 年，为了获得自己作为自治的塞尔维亚大主教的祝圣仪式，身为阿陀斯山修士的国王的兄弟萨瓦找到自治的尼西亚大主教。因此，这不仅仅是坚定地保留东正教的问题，而且还是将尼西亚视为旧帝国的唯一真正遗风的问题。实际上，萨瓦和斯特凡二世很清楚，正常的做法将是尊重奥赫里德大主教在塞尔维亚的权威，这将把他们带入伊庇鲁斯的专制君主的势力范围中；这些专制君主都是十分强大的近邻，显然带着不可阻碍地扩张到马其顿的计划。当塞尔维亚继承人斯特凡·拉多斯拉夫与伊庇鲁斯统治者狄奥多勒·安杰洛斯·杜卡斯的女儿订婚时[33]，斯特凡已经不得不为伊庇鲁斯人提供担保人。1224 年，狄奥多勒·安杰洛斯·杜卡斯亲自夺得塞萨洛尼卡。[34] 保加利亚人将不会忘记这与他们最恶劣的敌人达成的联盟。在斯特凡·拉多斯拉夫即位后，当塞尔维亚教会确实归顺了强势的奥赫里德大主教迪米特里·乔玛特诺，因此推翻了 1219 年的违抗之举时，塞尔维亚和伊庇鲁斯的联盟从即将成为定局的形势表面呈现出来。然而，伊庇鲁斯人的扩张仅仅激怒了塞尔维亚人；像保加利亚人一样，塞尔维亚人因终于能够踏足在爱琴海和亚得里亚海海滨的梦想而着迷。在行加冕礼前后，斯特凡·普尔沃韦卡尼吞并佩克—佩贾（Pec-Peja）地区，即便塞尔维亚人还不能在现在称为科索瓦的整个地区建立统治，在那里，伊利里亚—阿尔巴尼亚人自古以来就一直在此繁衍生息。[35] 除此之外，狄奥多勒在 1225 年成功地将拉丁人赶出整个东马其顿，却尊重保加利亚人的那个小小的梅尔尼克公国。他沿着色雷斯海岸获得一个接一个的胜利，控制卡瓦拉、克桑西、格拉提亚诺波利斯、莫西诺波利斯，然后推进到迪迪莫泰乔斯，甚至远至哈德良堡，由此将刚刚成功地控制该城的尼西亚人驱赶出

785

---

[33] Nicol (1957), p. 60, and ref. Nn. 34–35, p. 73, 该学者因谈及伊庇鲁斯和塞尔维亚之间的"友谊"歪曲了事件的发展方向。

[34] Nicol (1957), pp. 62–63, with further references; Longnon (1950), pp. 141–142; Sinogowitz (1952), p. 28.

[35] Ducellier (1987c), p. 3; Garasanin (1988), pp. 361–367; *Shqiptaret dhe Trojet e Tyre* (1982), 尤其是其中由加希（Gashi）撰写的文章。参见 *E Verteta mbi Kosoven dhe shqiptaret ne Jugosllavi* (1990), K. Jireček and M. Šufflay 将现代著作与以前的研究结合起来。

去。㊱ 作为保加利亚王国现在的近邻，他毫不怀疑保加利亚人在其后背构成极大的威胁，这将阻碍他的伟大计划的实现，即占领君士坦丁堡。他图谋与保加利亚的伊万·阿森达成极富策略性的联盟，阿森在1218 年恢复控制权，并赐福于他的私生女玛丽亚·贝洛斯拉瓦与狄奥多勒的弟弟曼努埃尔的联姻。这意味着伊庇鲁斯和保加利亚在对抗尼西亚和间接对抗塞尔维亚方面有了共同的利益。

与此截然不同的是罗马尼亚分裂后的阿尔巴尼亚的局势；除迪拉基乌姆及其属地外，威尼斯分到了格拉维尼察和瓦格内提亚的特许地（*chartolarates*），威尼斯人不做任何真正的努力去持有这些地区，到1205 年落入伊庇鲁斯首位统治者米哈伊尔·安杰洛斯·杜卡斯的手中。随着伊庇鲁斯的兴起和新斯拉夫各权力的出现，这对阿尔巴尼亚造成严重的不良影响；利用阿尔巴尼亚作为通往西欧的跨巴尔干主要路线，即赞塔大道和埃格纳提亚大道，该地区因连续不断的斗争而遭到严重破坏，失去其作为东方商品出口的传统作用，为伊庇鲁斯和阿尔巴尼亚各港口的不可逆转的衰退铺垫了道路，尤其是迪拉基乌姆。㊲ 1205 年 7—8 月，在前往君士坦丁堡使总督托马索·莫诺西尼就职为牧首的路上，威尼斯远征军乘机占领迪拉基乌姆；一个小公爵领在此建立起来，威尼斯借此试图抽取某种经济利益，虽然这证明对该小公爵领的存在造成威尼斯与伊庇鲁斯和塞尔维亚的紧张关系来说只是微小的补偿。㊳

阿尔巴尼亚因而发现自己被好几股力量包围，包括安提瓦里（蒂瓦尔、巴尔）的拉丁大主教区，它忙于试图使该地区天主教化，正如所看到的，即使这不被认为与传统的东正教信仰不相容。㊴ 然而，由于展开全面扩张的塞尔维亚以及伊庇鲁斯诸王公的逼近，封闭于腹地、以克鲁贾为主要政治中心的小阿尔巴农，选择继续坚持东正教传统、服从于伊庇鲁斯和结盟于塞尔维亚。㊵ 即使难以确定死于

786

㊱　Nicol（1957），pp. 104 – 105；Asdracha（1976），p. 241.

㊲　Ducellier（1981b），pp. 75 – 84 and 151.

㊳　Ducellier（1981b），pp. 126 – 127；特别重要的是达妮埃莱·巴尔巴罗（Daniele Barbaro）的尚未编辑的编年史：Venice, Cod. Marc. Ital. Classe Ⅶ, 126 = 7442, fol. 128；参见 Ducellier（1993），pp. 297 – 314.

㊴　1187 年后，克鲁贾主教区似乎落入天主教徒手中：Ducellier（1987d），pp. 3 – 4；Cirković（1988），pp. 348 – 349。

㊵　Von Thalloczy, Jireček and Šufflay（eds.），*Acta et diplomata res Albaniae*, no. 134, p. 42；Ducellier（1981b），p. 136.

1208 年的普罗贡的儿子吉恩大公的前景，但他的继承人迪米特将威尼斯视为主要敌人是显而易见的；当威尼斯人在 1208 年 7 月 3 日与塞尔维亚统治者斯特凡二世的侄子芝塔大公乔治结盟时，这种态度更为明显。乔治与斯特凡二世维持着令人头疼的关系：1208 年的条约中有条款甚至坚持认为，如果这位阿尔巴尼亚大公背叛了威尼斯共和国，那么芝塔将支持威尼斯。[41] 迪米特在此展现出外交才能，因而只能在敌人的各种联盟的镜像中寻求结盟，娶了内马尼娅和欧多基娅的女儿科姆尼娜，与伊庇鲁斯建立起极为良好的联系。[42] 1210 年，威尼斯也被迫与伊庇鲁斯人签订一项协议；根据协议，米哈伊尔·安杰洛斯显然接受作为威尼斯共和国的封臣的地位，以此换取威尼斯承认其对远至瑙帕克托斯的什昆比河谷的控制为合法。[43] 到了 1212 年，在形势未明的情况下，威尼斯已经决心放弃这个阿尔巴尼亚黄蜂巢，将那个无用且位置尴尬的公爵领丢给米哈伊尔·安杰洛斯。[44] 正好与此相同的是，阿尔巴农仍然坚持一贯的忠诚对象，即拜占庭、塞尔维亚语和东正教；迪米特可能于 1215 年去世，他的继任者，希腊—阿尔巴尼亚领主格雷戈里奥·卡莫纳斯早些时候已经娶了吉恩的女儿，现在从迪米特里·乔玛特诺那里求得教规特许后娶了科姆尼娜为第二位妻子；迪米特里·乔玛特诺是奥赫里德的礼仪记录者（*chartophy-lax*），为伊庇鲁斯的一方权势。[45] 与此同时，与塞尔维亚的联系得到加强，斯拉夫人在威尼斯的都拉斯（迪拉基乌姆）公爵领垮台后对什库台（斯库塔里）发起的一场攻击一度削弱了这些联系。[46] 1217 年，君士坦丁堡的新拉丁皇帝彼得·德·考特尼正是因为对抗这一"东正教联盟"而自行展开军事行动。在前往都城的路上，他偷偷地

占领都拉斯，只是为了消失、隐蔽、藏身和疾行于"阿尔巴尼亚的山间隘口中"，[47] 狄奥多勒·杜卡斯正在那里等着他。[48]

---

[41] Ducellier (1981b), pp. 138 – 139；von Thalloczy, Jireček and Šufflay (eds.), *Acta et diplomata res Albaniae*, no. 134.

[42] 因此，科姆尼娜是巴西利乌斯·阿列克修斯三世·安杰洛斯的侄女。Nicol (1957), p. 26；Ducellier (1981b), p. 138.

[43] Nicol (1957), pp. 30 – 31；Ducellier (1981b), pp. 141 – 145.

[44] Ducellier (1981b), pp. 149 – 151.

[45] Ducellier (1981b), p. 160.

[46] Laskaris (1926), pp. 38 – 53；Nicol (1957), pp. 49 and n. 6, 71；Ducellier (1981b), p. 160.

[47] Acropolita (1903), p. 28；similarly, Skoutariotes, *Chronique*, ed. Sathas, p. 461.

[48] Nicol (1957), p. 50；Ducellier (1981b), pp. 161 – 163.

　　这一复杂的关系网以来自拉丁人的有效危险为前提，建立在保加利亚人和伊庇鲁斯人之间的协定之上。这只不过是一个机会主义的联盟，因为在伊万·阿森治下再次强大起来的保加利亚从未隐藏其夺取君士坦丁堡的野心，而且君士坦丁堡同样是伊庇鲁斯统治者在与对手尼西亚竞争中的目标。保加利亚人一边觊觎着亚得里亚海，一边没有忘记他们派往教宗那里的使节们已经能够前进到不超过都拉斯的地方。⑭ 皇帝亨利死于 1216 年，彼得·德·考特尼败于次年，这促使试图收复君士坦丁堡的三方力量获得新生，即尼西亚、伊庇鲁斯和保加利亚。在伊万·阿森二世（1218—1241 年在位）的治下，保加利亚经历了中世纪最后一段辉煌时期；此后，它的作用将是通过不同的联盟，来试图为君士坦丁堡削弱各希腊竞争者。到了 1225 年，都城本身几乎已经遥遥在望。拉丁皇帝罗伯特·德·考特尼死于 1228 年，留下年幼的鲍德温二世，这促使拉丁人寻求与保加利亚人结盟。鲍德温与伊万的女儿海伦娜的联姻计划已经准备妥当。对伊万来说，最大的意外收获是拉丁帝国摄政权的提议，该提议使 1229 年 4 月已经给予年长者布里恩的约翰的承诺被搁置一旁，但这样的计划只能导致违背与伊庇鲁斯的狄奥多勒·杜卡斯达成的协议。⑩

　　1230 年春，狄奥多勒·杜卡斯认为，如果首先不消除保加利亚对其后背造成的威胁，他将不能向君士坦丁堡前进。⑪ 于是，他开始进攻保加利亚人，却在马里查河谷的克洛克特尼查之战中为他们所败。⑫ 他被俘并被刺瞎双眼，这一失败最终决定了希腊残余诸国的最西部的命运。⑬ 1230 年 4 月，伊万·阿森发起全面反击，夺取哈

　　⑭ For 1203, Registers of Innocent Ⅲ, year 6, letter 5, in Theiner, *Vetera monementa slavorum meridionalium*, p. 28；Nicol（1957），p. 23 n. 24，错误地将 1203 年当作 1204 年；for 1207, Registers of Innocent Ⅲ, year 10, letter 65, in von Thalloczy, Jireček and Šufflay（eds.）, *Acta et diplomata res Albaniae*, no. 132；Ducellier（1981b），pp. 123 and 144 – 145.

　　⑩ Nicol（1957），p. 108；基于不确定材料，该学者认为这一提议来自伊万·阿森。Ostrogorsky（1956），pp. 460 – 461；该学者也弄混了。参见 Though Acropolita（1903），p. 59；Marino Sanudo Torsello, *Secreta fidelium crucis*.

　　⑪ Nicol（1957），p. 110；该学者的解释是令人信服的，与阿克罗波利塔的解释相反；后者只是根据狄奥多勒放肆的野心来解释其行动［Acropolita（1903），pp. 41 – 42］.

　　⑫ Acropolita（1903），p. 45；Zlatarski（1970 – 1972），Ⅲ，p. 358；克洛克特尼查是现代的塞米卡。Nicol（1957），p. 112 n. 14；拉丁人可能在失去克洛克特尼查之后失去菲利波利斯，他们直到 1229 年仍然保有后者，可参见 Tafel and Thomas, Urkunden, Ⅱ, no. 273, pp. 267 – 268；Asdracha（1976），p. 242 n. 2.

　　⑬ Nicol（1957），pp. 111 – 112.

788　德良堡、迪迪莫台乔斯、波莱罗斯、塞雷、佩拉戈尼亚、普里莱普，还有塞萨利（大瓦拉几亚）和阿尔巴尼亚，一直打到都拉斯门口；这场反击本身似乎已经脱离伊万的控制。[54] 保加利亚人是否已经能够实现将亚得里亚海与爱琴海连接起来的梦想尚不确定，因为在同一年（1230 年）里与杜勒罗文克达成的协定里，伊万提到斯科普里、普里莱普、迪沃尔（迪波利斯）等阻碍塞尔维亚前往马其顿，甚至塞萨洛尼卡的新近获得的城市，却没有提及任何阿尔巴尼亚港口。[55] 不管如何，随着经济现实逐渐赶上军事方面，该协定证明斯拉夫权力之一优先复兴了跨巴尔干贸易。[56] 这有助于抗衡意大利人对该地区贸易的过分干预。[57] 阿克罗波莱特可能盛赞伊万·阿森对待希腊臣民的态度，这样他可以更明确地因狄奥多勒·杜卡斯的行动而谴责他；杜卡斯是这位编年史家的棘手难题。无论如何，伊万没有犯卡洛扬的错误，似乎受到新臣民们的赞誉，这些人为他的新称号"保加利亚人和希腊人的沙皇"提供了某种保证。[58] 他希望通过从拉丁人手中征服君士坦丁堡来使这一称号更名副其实。他几乎刚刚赢得克洛克特尼查之战就去拜访阿陀斯山，将大量礼物给予山上的各修道院，而且这也象征性地表达了他作为拜占庭皇帝的应当继任者的地位。[59] 他的征服行动也使他插手邻国塞尔维亚这一潜在对手的事务，他发现塞尔维亚与伊庇鲁斯结盟是难以原谅的。保加利亚的军事行动导致塞尔维亚沙皇斯特凡·拉多斯拉夫的垮台，[60] 他被迫撤退到杜勒罗文克，再撤至都拉斯。[61]

　　然而，伊万是一位现实主义者，他知道他不能亲自占领君士坦丁堡。于是，他将一个东正教联盟紧密地聚集在一起，包括尼西亚皇帝

　　[54] Nicol (1957), p. 111; Ducellier (1981b), p. 166; Acropolita (1903), pp. 41 –43，但主要的证据可参见 Ouspenskij (1901); Zlatarski (1970 –1972), Ⅲ, app. 5, pp. 587 –596.

　　[55] 公正地说，因为伊万的女婿曼努埃尔·杜卡斯只承蒙保加利亚沙皇的恩宠来进行统治，后者同时乐于使大主教区顺从于塔尔诺沃大主教区，参见 Nicol (1957), pp. 114 –115。

　　[56] 关于恢复防御工事的政策，可参见斯泰尼马乔的例子和伊万二世的纪念碑文；Zlatarski (1911/1912), pp. 231 –232; Asdracha (1976), p. 242.

　　[57] Stojanovic (1934), no. 790, p. 205; van Thalloczy, Jireček and Šufflay (eds.), Acta et diplomata res Albaniae, pp. 50 –51; Nicol (1957), p. 113 (其中引用了那份资料); Ducellier (1981b), p. 166.

　　[58] 这就是拉古萨特权上的签名: Nicol (1957), p. 111.

　　[59] Dujčev (1965), p. 500; Nastase (1983), p. 72.

　　[60] 参见 Miklosich and Muller, Acta et diplomata graeca, Ⅲ, pp. 65 –67; Jireček (1911), Ⅰ, pp. 304 –305; Marković (1952), pp. 211 –219.

　　[61] Jireček (1911), p. 304; Krekić (1963), pp. 27 –28; Nicol (1957), p. 123.

约翰·瓦塔泽斯，甚至狄奥多勒的弟弟曼努埃尔在内。曼努埃尔是伊万的不忠诚的连襟，正好于 1232 年在塞萨洛尼卡放弃与罗马和弗雷德里克二世和解的计划。[62] 这一联盟使伊万趁机宣布放弃卡洛扬与教宗达成的名义上的结盟，他希望从这个联盟获得即刻利益，将保加利亚的大主教区转变为彻底的牧首辖区。从 1233 年起，与尼西亚的关系可能已经密切到足以迫使塔尔诺沃的"统一主义"大主教放弃其大主教区，退隐到阿陀斯山，这一行为表明他通过尼西亚大主教已经与东正教派和解。[63] 1235 年春，希腊—保加利亚联盟在加利波利因未来的狄奥多勒二世·拉斯卡里斯与保加利亚沙皇的女儿的联姻而得到进一步加强，此女以前曾与鲍德温二世订婚。[64] 经过与尼西亚牧首和东方牧首的漫长协商，[65] 保加利亚新大主教约阿基姆被承认为牧首，他前往尼西亚行祝圣礼，这也加强了希腊—保加利亚联盟。[66] 然而，对保加利亚人来说，这一联盟显然意味着放弃了对拜占庭皇位的任何要求权，因为给牧首称号付出的代价，包括伊万声明放弃他对阿陀斯山的庇护。[67]

从那时起，保加利亚人的态度变得不那么一致：为了独自获得牧首辖区，伊万·阿森没有成为瓦塔泽斯的盟友，而且无疑已经意识到尼西亚对他造成的威胁。于是，在 1235—1236 年短时间内试图联合围困君士坦丁堡后，保加利亚沙皇转而与拉丁人形成联盟。塔尔诺沃发生了一场可怕的瘟疫，夺走这位沙皇的妻子、一个孩子和新牧首的生命后，沙皇随即在 1237 年年底与尼西亚决裂。他感到正在为没有信守承诺之举而遭受惩罚，这个时期来自保加利亚领土的种种著作满是提及辉煌胜利的末日论调，还有对罪的典型惩罚。[68] 好像是为了证实这些预言，伊万二世在 1241 年去世。不久之后，他的土地遭受可

⑥ Ostrogorsky (1956), p. 461; Nicol (1957), pp. 116 – 117. 关于约翰·瓦塔泽斯和弗雷德里克二世 (1238 年)，参见 Norden (1903), pp. 323 – 325; Borsari (n. d.), pp. 286 – 287.

⑥ Tarnanidis (1975), pp. 34 – 35.

⑥ Acropolita (1903), pp. 41 – 43; Čankova-Petkova (1969), pp. 49 – 79; Asdracha (1976), p. 242.

⑥ Acropolita (1903), pp. 54 – 55; Vasiljevskij (1885), pp. 1 – 56 and 206 – 224. 圣萨瓦在 1233—1234 年完成最后一次圣地航行，显然在 1235 年死于塔尔诺沃；关于他的作用，可参见 Ostrogorsky (1956), p. 462.

⑥ Tarnanidis (1975), pp. 46 – 49 and 52.

⑥ Papachryssanthou, *Actes du Protaton*, pp. 267 – 270, 有关于关键文献的真实性描述。另参见 Dujcev (1965), pp. 502 – 503; Nastase (1983), p. 78.

⑥ Acropolita (1903), p. 54; Tapkova-Zaimova and Miltenova (1984), pp. 505 – 507.

怕的蒙古人和库曼人军队的劫掠，这使其帝国梦想永久结束了。尼西亚甚至因无数的库曼人在亚洲和欧洲的边界上定居下来而获益。[69] 然而，保加利亚的外部边界仍然非常敏感，主要由保加利亚人居住，而且其他保加利亚人无论何时试图行动起来，他们都随时准备拿起武器，正如 1254 年瓦塔泽斯去世后所发生的那样，即便这是长期的结果。[70]

790

然而，保加利亚人已经将尼西亚推到色雷斯那边，结果伊庇鲁斯和阿尔巴农获得一定的行动自由，尤其在伊万二世去世后。在确保自己可以控制整个塞萨利的米哈伊尔二世统治时期，[71] 都拉斯再次回到伊庇鲁斯人的控制下，[72] 即使米哈伊尔不得不通过允许瓦塔泽斯的使节们自由通行来抚慰尼西亚，这些使节们于 1250 年前往意大利；这表明，都拉斯没有失去作为联系巴尔干半岛和西欧的中转站的传统作用。[73] 然而，决定性的经济变化正是此时在阿尔巴尼亚内部发生。意大利人到来的频率越来越高，包括许多威尼斯人，伊庇鲁斯与他们的关系不太好。拉古萨人也非常活跃，到这里来寻找粮食、木材、畜产品等，使阿尔巴尼亚沿海在经济上很高程度地独立于腹地之外，二者之间的传统联系逐渐被割断。由于米哈伊尔一世和阿尔巴农的迪米特授予的各项优惠（米哈伊尔二世在 1237 年、1251 年重申这些优惠），[74] 不仅仅是这些群体变得重要起来，而且由斯拉夫人为主体的本土商人阶级也得到发展。[75] 意大利人和达尔马提亚人之间的文化互渗程度得到证实，这不仅从语言和法律上表现出来，而且从拉丁和东正教礼拜仪式的自然并存中显现出来，迪米特里·乔玛特诺大约在 1230 年指出这一点。[76] 在阿尔巴尼亚北部，二者之间的关系保持着一

　　⑥ Gregoras (1829 – 30)，Ⅰ，pp. 36 – 37；Asdracha (1976)，pp. 242 – 243.

　　⑦ Acropolita (1903)，pp. 108 – 109；Asdracha (1976)，pp. 64 and 243. 关于地方人口的民族构成，参见 Apostolides (1941/2)，pp. 93 and 97，and p. 79；Asdracha (1976)，p. 64.

　　⑦ Nicol (1957)，pp. 136 – 137 and 141 – 142.

　　⑦ Nicol (1957)，p. 148；Ducellier (1981b)，p. 167.

　　⑦ Festa (1894)，pp. 15 – 16；Miklosich and Muller，Acta et diplomata graeca，Ⅲ，pp. 68 – 69；Ducellier (1981b)，pp. 167 – 168.

　　⑦ Ducellier (1981b)，pp. 186 – 187.

　　⑦ Ducellier (1981b)，pp. 192 – 194.

　　⑦ Ducellier (1981b)，pp. 204 – 205；参见奥赫里德的希腊大主教给迪拉基乌姆的希腊大主教的教义问答：Constantine Kabasilas，Pitra，Analecta，Ⅶ，cols. 618 – 686；von Thalloczy，Jireček and Šufflay (eds.)，Acta et diplomata res Albaniae，no. 164，p. 51.

种更为自然的状态；著名的乔万尼·达·皮安·卡尔皮尼在 1250 年前后为安提瓦里大主教，因而能够从在尼西亚征服行动面前软弱无力的斯拉夫人和伊庇鲁斯人中获利，这一征服行动导致米哈伊尔二世将普里莱普、韦莱斯，甚至阿尔巴农的首都克鲁贾都割让给了瓦塔泽斯。在托钵僧的帮助下，他试图使自己对阿尔巴农的忠心放下心来，但这令他直面奥赫里德的各大主教。这样一来，他没能对舒纳维亚和波拉图姆两个边界主教区产生影响，它们（无疑是在模糊不清的情况下）加入了东正教阵营。[77] 但即便如此，天主教在该地区的征服行动飞速推进。至于阿尔巴农本身，大公古拉姆已经抛弃米哈伊尔二世，加入尼西亚的阵营，无疑看到尼西亚是对抗天主教教会的更为有效的堡垒。[78] 与此同时，瓦塔泽斯重申克鲁贾从曼努埃尔·科穆宁那里得到的各种特权，即使谁在此刻控制着那座城市尚不确定。1282 年，安德罗尼卡将会重申这一授权，正如斯特凡·杜尚将在 1342 年所做的那样。[79]

这样的冒犯行为损害了保加利亚人和塞尔维亚人的利益。尽管自身存在不足之处，但由于瓦塔泽斯的去世，保加利亚沙皇米哈伊尔·阿森能够在 1254 年收复直抵迪勒拉地区的西马其顿，在其他地方还占领了斯科普里，虽然尼西亚人在 1256 年将此地夺回。米哈伊尔二世和争夺马其顿控制权的另一候选人塞尔维亚沙皇斯特凡·乌罗什二世（1242—1276 年在位）达成富有危险性的谅解，只是在 1256 年狄奥多勒二世终于成功地控制了通往亚得里亚海的路线，[80] 夺取已经失去了的马其顿各要塞，甚至都拉斯。[81] 由于最近夺取的地方，巴赛勒斯（*Basileus*：民族军事首领）鼓吹已经控制了索非亚、普罗夫迪夫、

791

---

[77] Šufflay (1916), p. 211；von Thalloczy, Jirček and Šufflay (eds.), *Acta et diplomata res Albaniae*, no. 164, p. 51；Karpozilos (1973), pp. 46 – 69；Ducellier (1981b), p. 206, and (1987d), pp. 5 – 6. 在迪米特里·乔特诺去世后，奥赫里德大主教区为两位保加利亚人所占，但在 1252 年，正是新近从都拉基翁卸任的希腊人康斯坦丁·卡巴斯拉斯在那里担任此职；Gelzer (1903), p. 12.

[78] Acropolita (1903), p. 98；Nicol (1957), pp. 151 – 152；Ducellier (1981b), pp. 168 – 169.

[79] Ducellier (1981b), p. 169；von Thalloczy (1916), pp. 147 – 151.

[80] Zlatarski (1970 – 1972), Ⅲ, pp. 456 – 457.

[81] Acropolita (1903), p. 142；Jireček (1911), Ⅰ, p. 317；Balascev (1911)；Nicol (1957), pp. 158 – 159；Ducellier (1981b), pp. 169 – 170.

韦莱斯、斯科普里，甚至塞尔维亚是很有好处的。[82] 1256—1257 年冬，乔治·阿克罗波莱特对新进获取的各省行使权威，在都拉斯将阿尔巴农的"各显要人物"集聚一堂后随意地在该地区出游，这些显要中无疑包括大公古拉姆（此人随后查无音讯）。于是，乔治·阿克罗波莱特顺利地吞并了这一小国，在此设置民政、军事和财政管理机构，完全照搬拜占庭的那一套。[83] 阿克罗波莱特谈到这些"显要人物"，他们后来将成为王公，将主导到现代以前从未获得统一的阿尔巴尼亚。虽然仍然忠诚于米哈伊尔二世，但正是他们将使阿尔巴尼亚人卷入一场大叛乱中，导致米哈伊尔在迪勃拉、奥赫里德，甚至普里莱普围困阿克罗波莱特，[84] 这些地区此后还是阿尔巴尼亚的定居中心。[85] 然而，这场叛乱席卷阿尔巴尼亚本土和伊庇鲁斯，其盟友斯特凡·乌罗什的塞尔维亚能够充分利用时机，向马其顿中部进军，攻下

792 斯科普里并远远地推进到基卡瓦和普里莱普。[86] 与此同时，霍亨斯陶芬的曼弗雷德追随着诺曼人的脚步，从该地区的动乱中获利，夺得对阿尔巴尼亚中部部分地区的控制权（可能在 1257 年年末），控制了都拉斯、贝拉特、发罗拉、斯皮纳里扎及其周边地区，这成为与伊庇鲁斯专制君主的女儿海伦娜联姻的基础。在失败面前，伊庇鲁斯被迫承认曼弗雷德获得这些领土作为嫁妆的权利，并且额外增加了科孚和阿尔巴尼亚南部沿海地区（希马拉、索波特、布特林特）。[87] 由于约翰·巴列奥略在 1259 年春发起的征战，[88] 尼西亚人重新立足于西马其顿，后来为米哈伊尔八世·巴列奥略同年夏天在佩拉戈尼亚所取得的胜利巩固下来。[89] 然而，直到保加利亚沙皇君士坦丁·蒂什

[82] *Theodori Ducae Lascaris Epistulae*, ed. Festa, app. I, pp. 280 – 281; Skoutariotes, *Chronique*, ed. Sathas, p. 526; Nicol (1957), pp. 159 – 160; Asdracha (1976), p. 172; Ducellier (1981b), p. 170 (with references).

[83] Acropolita (1903), pp. 149 – 150; Nicol (1957), pp. 160 – 162; Ducellier (1981b), p. 171.

[84] Acropolita (1903), pp. 151 – 152; Nicol (1957), pp. 161 – 162, 参见 Kravari (1989), p. 47.

[85] Frashëri (1982), pp. 208 – 209; 关于现代的各种问题，参见 Roux (1992), pp. 73 – 74 and map, p. 77.

[86] Acropolita (1903), p. 153; Nicol (1957), p. 163; Kravari (1989), p. 47.

[87] 这场征服始于 1258 年 2 月都拉斯发生的一次行动：Miklosich and Müller, *Acta et diplomata graeca*, III, pp. 240 – 242; Ducellier (1981b), p. 173; Geanakoplos (1953), p. 103 and n. 51, and (1959), p. 103 and n. 51, and (1959), p. 49. 关于曼弗雷德的嫁妆，可参见 Nicol (1957), p. 167; Geanakoplos (1959), pp. 327 – 333; Ducellier (1981b), pp. 173 – 174.

[88] Acropolita (1903), pp. 165 – 167; Pachymeres, *Ρωμαϊκὴ ἱστορία*, I p. 151; Nicol (1957), pp. 176 – 177; Kravari (1989), p. 48.

[89] Geanakoplos (1953), pp. 135 – 6; Nicol (1956), p. 71, and (1957), p. 182.

（1265—1270 年在位）发起攻势之前，斯科普里似乎仍然留在塞尔维亚手中，当时这座城市以某种方式回到拜占庭的势力范围里。⑨⑩ 但是，当斯特凡·米卢廷在 1303 年谈及塞尔维亚人失去该城时，他是什么意思尚不清楚。⑨① 无论如何，保加利亚在 1241 年后就没有真正的危险了；1262 年，米哈伊尔八世能够占领沿海城市安谢拉奥斯和梅塞姆布里亚（内塞巴尔），承诺将它们作为侄女玛丽亚的嫁妆，目的明确地表示再也不要还给保加利亚人。保加利亚人在 1272 年发起的反击很容易就被制止，这证明保加利亚现在已是一个分裂王国，呈现出颓败之势。该王国在 13 世纪剩余时间里政治不稳定，而且其后面临着希腊皇帝和钦察蒙古人的可怕同盟。⑨② 然而，如果认为保加利亚正在经历一个文化真空时期，那将是错误的。保加利亚大主教亚科夫仍然能够在 13 世纪中期创作出还算不错的六音步希腊诗歌，只有普拉努德斯能够与之相媲美。⑨③ 充满活力的手稿作坊保留了斯拉夫—希腊传统（在塞尔维亚也是如此），正如从拉多米尔和卡拉迪莫夫的圣诗集中所见。没有这些，人们难以弄清 14 世纪发生的、以马纳塞斯的编年史和托米奇圣诗集为代表的全盛时期。⑨④ 新形式出现了，如装饰 13 世纪手稿的"畸形"字母图案。⑨⑤ 然而，这个收复的帝国的边缘仍然有两个引起忧虑的危险：后来导致安茹家族干预的那不勒斯和伊庇鲁斯联盟，还有塞尔维亚在马其顿的征服目标。

　　在 1267 年《维泰博条约》的条款中，那不勒斯国王小心地将提

<small>793</small>

<small>
　　⑨⑩ 关于库曼人，参见 Asdracha（1976），p. 247；Kravari（1989），p. 48 nn. 129 and 130, with references, and p. 161. 这座城市在 1268 年仍然是保加利亚的，因为米哈伊尔八世派到塞尔维亚的使节不得不绕过该地区（Pachymeres, *Ρωμαικὴ ἱστορὶα*, Ⅱ, pp. 453 – 454）。关于边疆，可参见 Asdracha（1976），pp. 245 – 247。

　　⑨① Chrysobull of Milutin for Hilander and Pygos（1903），Spomenici za srednovekovnata i ponovata istorija na Makedonija, Ⅱ, pp. 458 – 488；Pachymeres, Ⅱ, pp. 453 – 454；Grujic（1933），p. 273；and Kravari（1989），p. 48.

　　⑨② Pachymeres, *Ρωμαικὴ ἱστορὶα*, Ⅰ, pp. 2 – 3；Ostrogorsky（1956），pp. 475 and 482；关于米哈伊尔八世与钦察—拜占庭—埃及的重大联盟，可参见 Geanakoplos（1959）；Mansuri（1992a）and（1992b），pp. 317 – 324.

　　⑨③ Mercati, "Iacobi Bulgariae Archiepiscopi Opuscula", pp. 73 – 89 和 208 – 227, 关于那首诗，尤其参见第 82 – 83 页；Constantinides（1982），pp. 82 – 83.

　　⑨④ Djourova（1990），pp. 46 – 47.

　　⑨⑤ Djourova（1990），pp. 36 – 99, and plates Ⅲ, p. 57, XXI, p. 75, XXIII, p. 77, and XXV, p. 79（Evangelium and Radomir, Zographou, Mount Athos），XXVII, p. 81（Parimeinikos of Belgrade），XXVIII, p. 82（Oktoechos of Zagreb），etc.
</small>

及他在阿尔巴尼亚继承曼弗雷德的权利包括在内,[96] 但这让他花了点时间才实现这一诉求,首先是因为他参加了突尼斯十字军征战,然后是因为他在 1272 年后对米哈伊尔二世的反应不确定。于是,只有在米哈伊尔去世后他才控制了都拉斯,此地刚好遭受了一场可怕地震的破坏。[97] 1272 年 2 月 21 日,他在那里自封为阿尔巴尼亚国王;[98] 然后他也取得了发罗拉,由此霍亨斯陶芬支持者们只是在 1274 年被排除在外。[99] 米哈伊尔八世非常清楚地认识到这场拉丁政变带来的危险,而且这有助于他更热切地对待两个教会在 1274 年里昂公会议上的统一。这使安茹的查理受到了束缚,因为他现在将攻击一位真正的基督徒,不管《维泰博条约》的条款如何。米哈伊尔反而可以证明他在阿尔巴尼亚的抵抗是合理的,这里在 1272—1284 年成为希腊—拉丁冲突的舞台;[100] 他的抵抗以安茹家族在贝拉特失利而告终(1281 年春),这表明当地人对拜占庭倡议的热情。[101] 到了 1284 年,结果是安茹家族已经确定失去了所有征服的土地,包括都拉斯和发罗拉,只保有阿尔巴尼亚海岸线最南端的一小部分,布特林特和索波特在 1279 年被伊庇鲁斯的专制君主尼基弗鲁斯割让给他们。[102] 作为重新占领该地区的象征,米哈伊尔八世可能选择这个时候命人完成装饰阿波罗尼亚(波亚尼)的圣马利亚教堂的外门厅(*exonarthex*)的壁画,他和未来的皇帝安德罗尼卡二世与米哈伊尔九世一起在此地出现。[103] 然794 而,直到 14 世纪中期,安茹家族持续不断地试图控制阿尔巴尼亚,但从未能够使自己在任何真正意义上安定下来。他们甚至被诱使将阿尔巴尼亚赠送他人,以换取阿拉贡人的西西里,这一提议理所当然地被拒绝了。

　　不过,安茹家族对阿尔巴尼亚的征服表明该国的贵族化进程,这里的执政官愿意接受拜占庭或斯拉夫称号,有些人期待着新主人,其

　　[96]　Ducellier (1981b), pp. 230 – 231.

　　[97]　Ferjančić (1966), pp. 29 – 32, and Nicol (1972), p. 171.

　　[98]　Ducellier (1981b), pp. 176 – 177 and 236 – 239;尽管 A. 法耶尔在他编辑的帕奇梅尔的文本中进行了描述,但人们不能确定这场地震发生在 1273 年,因为该城在安茹家族占领前就已经成了一片废墟。Pachymeres, *Ρωμαικἡ ίστορία*,Ⅰ, p. 358; Ducellier (1981b), p. 177.

　　[99]　Ducellier (1981b), pp. 234 – 236.

　　[100]　Ducellier (1981b), pp. 240 – 262.

　　[101]　Ducellier (1981b), pp. 253 – 255; Geanakoplos (1959), pp. 333 – 334.

　　[102]　Ducellier (1981b), pp. 249; Nicol (1972), pp. 184 – 185, and Nicol (1984), pp. 23 – 25.

　　[103]　Buschhausen and Buschhausen (1976), pp. 143 – 144 and tables ⅩⅪ – ⅩⅫ.

他人则仍然忠于传统的希腊联盟，有时候付出被驱逐到阿普利亚的代价。[104] 在沿海地带，安茹家族的严厉财政政策阻止了商人的到来，他们当中的拉古萨人领先于威尼斯人在主要港口自给自足。这些港口经历了严重的衰退，转变成王公们交易谷物、木材、盐、毛皮和鱼干的小补给站。[105] 阿尔巴尼亚人成为陆地上的主要民族，即使希腊和斯拉夫少数群体没有被压倒。[106] 帕奇梅尔向我们展示阿尔巴尼亚人在都拉斯地震后重新迁入的进程。[107] 沿海和内陆的不和加深了，跨巴尔干半岛的各种关系在奥斯曼新秩序到来前一直混乱不堪。[108] 于是，这个地区的社会和政治都处于不稳定之中，拆散了原有的家族纽带，导致人口向马其顿和塞萨利迁移，这股移民浪潮的前锋到中世纪末进入了意大利。[109] 这些因素将形成长期阻碍阿尔巴尼亚获取任何国家统一的能力。

此外，在马其顿，正是一个更为明显地流露出民族特性的民族取得了支配地位，即塞尔维亚人，尽管面临着各种王朝内部困难、保加利亚人的竞争，以及最重要的是拜占庭的复兴。[110] 地方贵族阶级（*vlastela*）寻求领土上的优势，[111] 而内马尼亚王朝的帝国欲望发现其最杰出的代表，即国王（*kral*）斯特凡·米卢廷；他是一位勇士，也是一位知道如何令贵族们感到满意的政客。他采用拜占庭的赐地制度（*pronoia*，塞尔维亚语为 *pronija*），这使他既加强了贵族阶级又抑制了贵族阶级人数超量。[112] 由于发生在这个保留许多希腊元素并利用君士坦丁堡流派的王国中的文化渗透，塞尔维亚在 13 世纪经历了长期演变：始于圣萨瓦的塞尔维亚礼拜仪式和圣徒传记文学在米莱舍瓦的

795

---

[104] Ducellier（1981b），pp. 239 and 257 – 259.

[105] Ducellier（1981b），pp. 286 – 289，尤其是斯皮纳里扎（兹韦涅克），and（1981b），pp. 276 – 277.

[106] Ducellier（1981b），pp. 294 – 295 and 298 – 299.

[107] Ducellier（1981b），pp. 179 – 180.

[108] Ducellier（1981b），pp. 281 – 288，and（1981a），pp. 28 – 31，and（1985），pp. 200 – 204，both reprinted in（1987a）.

[109] Ducellier，Imhaus，Doumerc and de Miceli（1992），pp. 75 – 91.

[110] Ostrogorsky（1966），p. 1.

[111] 塞尔维亚赐地制的首批例子出现在斯科普里被塞尔维亚人重新征服之后；Ostrogorsky（1966），p. 2；Novakovic（1912），pp. 391 – 393 and 608 – 621. 赐地制的第一例可追溯到 1300 年：Novakovié（1912），p. 614. 关于赐地制的概述，参见 Ostrogorsky（1954）.

[112] Capaldo（1989），pp. 209 – 251.

"颂词"中为我们提供了其中的一种主要著作。[113] 乡村环境中存在着一个完整的世界,希腊使节们于1266年在那里发现斯特凡·乌罗什的法庭和对所有拜占庭式的庆典与服装的热爱;狄奥多勒·梅托基泰什于1299年在形成塞尔维亚—希腊条约的协商中确定了这些。这一和平使塞尔维亚利用分成两个连续阶段的17年战争,将塞尔维亚—希腊边界从普里兹伦和利普连一线推进到迪勃拉和韦莱斯外围,几乎可以看见普里莱普和奥赫里德。[114] 从1282年起,斯科普里明确地落入塞尔维亚手中,同年米卢廷实现伟大梦想,抵达爱琴海,在那里取得卡瓦拉,极其危险地逼近塞萨洛尼卡。[115] 但米卢廷不仅仅是向南推进;他也将祖先对亚得里亚海的夙愿放在心上,在1296年从挡在道路上的那些人的去世中获利,即伊庇鲁斯专制君主尼基弗鲁斯和贵族摄政塞萨利的约翰。同年,都拉斯落入他的手中,而且他至少在1304年前一直保有该城。[116] 这位国王(kral)从那里对杜勃罗文克和南达尔马提亚造成威胁,正如他的前任们曾经做过的,此举预示斯特凡·杜尚未来向亚得里亚海的扩张。[117] 1299年,安德罗尼卡二世失去了其他的选择:他不得不承认既成事实,将年幼的女儿西蒙妮嫁给米卢廷,塞尔维亚征服的土地将当作她的嫁妆。[118] 1303年,他颁发给阿陀斯山上的希兰德和皮尔戈斯修道院的《金玺诏书》夸耀了这一成就。[119]

从此以后,塞尔维亚的扩张势不可当,使该地区的居民长期忽视了突厥人的威胁。这种威胁现在正危及拜占庭,再次在两个仇敌之间碰撞起来。

阿兰·杜斯里尔 (Alain Ducellier)

莫玉梅 译

徐 浩 校

[113] Sathas (1872), p. 173; Apostolovic (1902).

[114] Danilo (1866), pp. 107 and 111; Kravari (1989), p. 49.

[115] Mavromatis (1973), p. 398.

[116] Ducellier (1981b), pp. 327 – 328; Nicol (1984), pp. 49 and 67 – 68.

[117] Krekic (1973), p. 398.

[118] 西蒙妮年仅6岁,牧首对这样的结合感到不高兴;Pachymeres, *Ρωμαικὴ ιστορία*, II, pp. 272 – 276 and 285 – 286; Gregoras (1829 – 1830), I, pp. 203 – 204; Laskaris (1926), pp. 53 – 55; Kravari (1989), p. 49 n. 135.

[119] Spomenici za Srednovekovnata i ponovata istorija na Makedonija (1975), pp. 304 – 316; Kravari (1989), p. 49. For Hilandar and Zographou, see Dujčev (1966), pp. 31 – 32.

第二十四章

（3）东欧：基辅罗斯

　　所有时期都是转型时期，但有些时期比其他的更具有转型性。1237 年秋，成吉思汗的孙子拔都的军队开始征服东斯拉夫的土地。按照惯例，这一事件标志着两个时代的象征性划分：年老不堪但一度辉煌的"基辅罗斯"的最后灭亡和"鞑靼人"奴役的黑暗压迫时代的开始。这种传统看法当然过于粗糙，但并非完全不恰当。在 13 世纪，罗斯①不复存在或尚未出现。它既不是一个政体也不是一个地方，或者它反而是指相互之间无甚关联的不同政体和地方。13 世纪罗斯（或俄罗斯）的特有概念是现代编年史和地理上的惯例，不是一个连贯的历史实体。

　　这是对系列事件的一种解读。根据另一种说法，蒙古人入侵带来的影响表面上令人惊骇，实则不然，应该看到其潜在着这样一个政治、社会和文化的连续性问题：13 世纪罗斯的各种变化或许因蒙古人加速了，但蒙古人不是根本原因。阐释的钟摆在各种连续理论和灾难性混乱理论之间摇摆不定。② 对 13 世纪罗斯人的土地从政治上进行概览作用不大，只不过指明其发展道路上的一些要点而已。

---

　　① 俄罗斯是早期对罗斯人土地的拉丁名称，但那些土地包括现代乌克兰的大部分地区和现代俄罗斯的欧洲部分。
　　② 对此的概述，可参见 Kargalov（1967），pp. 219 – 255；还可参见 Cherepnin（1977）；对比：Fennell（1983），pp. 86 – 90.

1200—1237 年的留里克诸公国

首先，征服前的几十年的政治史似乎是一出肥皂剧的连续不断且有点漫无目的的剧本，有几百个演员和几乎过于错综复杂而无法概述的情节。这是四个家族的故事，这些家族是一个单一王朝的四个分支。这个王朝就是留里克王朝，据说源自 9 世纪斯堪的纳维亚的瓦兰吉人。瓦兰吉部族被从海的那边召唤过来统治诺夫哥罗德周围混战不断的各个部落，其后裔后来在基辅建都。诺夫哥罗德和基辅位于这片森林的北端和南端，即"从瓦兰吉人到希腊人"的贸易与劫掠路线的森林—草原交叉部分，是早期留里克土地上最富有、最有声望的城市，人口可能达 3 万—4 万。③ 基辅—诺夫哥罗德轴线（Kiev-Novgorod axis）是从 10 世纪晚期到 12 世纪早期基辅罗斯的黄金时代里的主要动脉。

在整个 12 世纪，各个地方公国快速成长，从东到西一派繁荣景象。数量激增的青年王子们使各自的祖传之地具有了更多的自治权。内部结盟和效忠模式不断发生变化。外交政策上也是各自为政。某种凝聚力通过瓦兰吉部族得到保留，因为所有公国的权力都由留里克家族垄断。某种凝聚力也通过教会保留下来，因为所有公国都处于单一的罗斯大主教区的教会司法权之下，其大主教座堂是基辅的圣索菲亚大教堂。然而，到了 13 世纪初，留里克王朝的统一和共同目的的声明已经极为少见，且变得空洞无比。

该王朝的主要分支从各自的世袭封地开始行动起来，分别是：东北部的尤雷维奇家族，领有弗拉基米尔、罗斯托夫和苏兹达尔各地；南部的切尔尼戈夫的奥尔戈维奇家族；西部的沃伦和加利西亚（现在的西乌克兰）的伊济尔斯拉维奇家族；中部的斯摩棱斯克的罗斯季斯拉维奇家族。基辅和诺夫哥罗德在地方世袭封地体系之外或之上，是由该家族的大多数分支代表，以不同程度的貌似合理的说辞提

---

③ Goehrke（1973），估计诺夫哥罗德有 2.5 万—3 万人，接受托洛奇科（Tolochko）认为基辅超过 4 万人的说法。关于合理估计的范围，可参见 Tolochko（1983），pp. 182–192；Mezentsev（1989）；Muhle（1991），pp. 127–131.

出要求权的共同继承财产（根据复杂且通常模棱两可的旁系继承原则）④。它们是地方王公争夺的奖品：争夺基辅是为其声望、工艺和古老的财富，争夺诺夫哥罗德是为其广阔的盛产毛皮的腹地及其与西北欧的商业联系。

如果一个政治分析家被问及对 1200 年罗斯人的评价，那么他可能会理性地推断：基于外围接管中心的形势，可能稳定的新秩序正在出现。在东北部，弗拉基米尔大公"大巢"弗塞沃洛德·尤雷维奇已经统治了 25 年，他的资历和权威为切尔尼戈夫的奥尔戈维奇家族和斯摩棱斯克的罗斯季斯拉维奇家族所承认。1200 年 1 月 1 日，弗塞沃洛德年仅三岁的儿子雅罗斯拉夫被诺夫哥罗德人承认为他们的大公。与此同时，西南部的（沃伦的伊济尔斯拉维奇家族的）罗曼·姆斯季斯拉维奇正在建立一个平行帝国。1199 年，他吞并了加利西亚的土地，1200 年占领基辅，1297—1204 年发起三次针对大草原上的波罗维茨游牧部落的成功征战。⑤

如果同一位评论家在五年后回来，那么他将很快发现留里克王朝政治的反复无常。1203 年，罗曼失去基辅；在切尔尼戈夫的奥尔戈维奇家族和波罗维茨人的帮助下，斯摩棱斯克的留里克·罗斯季斯拉维奇占领并掠夺了该城。1205 年，（仍然在其边界之外徒劳作战的）罗曼（在波兰）去世。他的孩子们全都未成年，加利西亚—沃伦联盟解体，加利西亚被波兰人、匈牙利人和切尔尼戈夫的奥尔戈维奇家族轮流占领和再占领了 15 年。在 1205—1212 年，留里克·罗斯季斯拉维奇和年长者奥尔戈维奇（弗塞沃洛德·切尔姆尼）从对方手中接管和再接管基辅至少六次。1206 年，弗塞沃洛德·切尔姆尼短暂地在整个南部和西南部享有名义上的权威，包括南佩雷亚斯拉夫、基辅、沃伦、加利西亚及其原有的切尔尼戈夫。但任何秩序都不稳定，任何政治地图的有效期都将不会过多地超过画图所花费的时间。

1212 年，两位弗塞沃洛德——切尔尼戈夫的弗塞沃洛德·切尔姆尼和弗拉基米尔的"大巢"弗塞沃洛德——都去世了，家族实力的排列再次发生变化。与先前非常不同的是，弗拉基米尔和苏兹达尔

798

---

④ 关于大公继承一事，可参见 Dimnik（1987）；Kollmann（1991）.
⑤ 关于大草原征战的日期和国际背景，可参见 Kotliar（1991），p. 25.

（这里的权力已经被正好先后继任的三位王公几乎毫无挑战地把持了90多年）陷入小规模的混战中。南部是斯摩棱斯克的罗斯季斯拉维奇家族的机会，其影响力变得持久且令人惊讶地顽强。罗斯季斯拉维奇从1212年到1235年统治着基辅，从1209年到1221年统治着诺夫哥罗德，从1219年直到1227年统治着加利西亚。因此，在13世纪20年代初，罗斯季斯拉维奇家族控制着包括斯摩棱斯克、诺夫哥罗德、基辅和加利西亚在内的庞大领土网，而切尔尼戈夫的奥尔戈维奇家族和沃伦的伊济尔斯拉维奇家族，已经收缩到各自的世袭封地内。

　　到目前，我们名义上的访问分析家明白，他的眼睛从来不可相信。东北部连续性的断裂是短暂的：从1218年起，"大巢"弗塞沃洛德的儿子尤里在与蒙古人的战斗中死去前，统治了弗拉基米尔20年。在南部，罗斯季斯拉维奇家族在13世纪20年代晚期失去支配地位。匈牙利人再次与沃伦的伊济尔斯拉维奇家族争夺加利西亚的控制权，切尔尼戈夫的奥尔戈维奇家族的野心，被弗塞沃洛德·切尔姆尼的儿子米哈伊尔重新唤醒。米哈伊尔成功地使南部诸公国在13世纪30年代晚期的大多数时间里忙于内战。基辅每隔数月就易手，周期性地为留里克王朝的所有四个主要分支的成员所控制。[6] 在匈牙利的支持下，米哈伊尔更为成功地控制了加利西亚，但也是在此，他最终被丹尼尔·罗马诺维奇赶走。这一切都不是抵抗蒙古人进攻的理想准备。

　　这就是直到1240年留里克王朝内部政治的表面进程。变迁兴衰表面上似乎依靠家族竞争和王公个人的素质或雄心。然而，似乎无序的家族混战模式背后隐藏着一个更为一致的地区经济与商业利益的模式。

　　东北部的弗拉基米尔和苏兹达尔诸王公，首先关心通往伏尔加河与波罗的海之间的贸易路线通道是否顺畅。他们持续且最终成功的政策是要保证对该路线两端的控制。1221年，尤里·弗谢沃洛多维奇在伏尔加河与奥卡河交汇处建立了新诺夫哥罗德（Nizhnyi Novgorod）城，弗谢沃洛多维奇家族从13世纪30年代起对任命诺夫哥罗德王公拥有真正的垄断权。在西南部，加利西亚人和沃伦人通常拿不准

---

⑥　六年里首次包括一位来自东北部的王公："大巢"弗塞沃洛德的儿子雅罗斯拉夫。

（有时有着严重分歧）该地区的真正利益所在：与老罗斯的北部草原在一起或与喀尔巴阡山脉附近以西的诸王国在一起。前匈牙利的游说团体是强大的，而且匈牙利统治的各个时期不能总是完全地称为外国人占领期。真正的留里克传统主义者是中部和南部的斯摩棱斯克和切尔尼戈夫两王公。这不是由于情感或性格的缘故。没有原来的统一罗斯，也没有至少通向诺夫哥罗德、更可取地通向加利西亚和沃伦的通道，它们就不可能有兴盛的希望。这些地区利益与地区特征上的差别，不仅仅隐藏在 13 世纪最初几十年里留里克王朝的看似杂乱的内部冲突背后；这些差别也有助于决定罗斯诸王公对蒙古人入侵的不同反应。

蒙古征服及其后果

1223 年，蒙古人首次出现在欧亚大草原的视野内。在这个阶段，他们正在对波罗维茨人而不是罗斯人造成威胁，但南部诸王公却胆战心惊起来，足以令他们采取先发制人的行动。奥尔戈维奇家族和罗斯季斯拉维奇家族的同盟与波罗维茨人联合起来向南进军。联军在卡尔卡河之战中被彻底打败。波罗维茨权力被摧毁，但令罗斯人感到欣慰和不解的是，蒙古人接着也消失了。

这种欣慰来得早了点。1237 年 12 月 16 日，拔都的军队围困梁赞。五天后，该城被占领和劫掠，其王公被杀。莫斯科是下一个。然后，在仅围困了四天后，拔都于 1238 年 2 月 7 日占领弗拉基米尔这座东北罗斯的主要城市。大公尤里·弗谢沃洛多维奇的两个儿子被杀，主教和几位公主在避难到大教堂后被烧死。3 月 4 日，尤里在希特河之战中被斩首。蒙古人继续征服东北部的其他城市，远至诺夫哥罗德的前哨站托茨克和切尔尼戈夫土地的北部外围的科泽利斯克。在始于 1239 年春的下一次远征中，他们占领了切尔尼戈夫和南佩雷亚斯拉夫。基辅于 1240 年 12 月 6 日在次年的攻击中失陷。大什一教堂由大公弗拉基米尔·斯维亚托斯拉维奇建于 10 世纪末，当时他率先宣布其领地信奉基督教。该教堂由于涌入避难的人过多而坍塌。蒙古军队继续西进；在 1241 年年初几乎杂乱无章地征服加利西亚和沃伦后，拔都将注意力转向天主教东欧。

　　罗斯人的土地为什么如此迅速地落入蒙古人之手？经常提及的原因包括情报缺乏、政治割据、人数众多、战术低劣及技术低下等。[⑦]然而，我们也许不应该寻找具体的地方因素。罗斯人毕竟不孤独：从中国到克罗地亚都迅速地落入蒙古人手中，对这些原因的分析将不得不远远超出这一考察的范畴。在这里，比这些原因更重要的是结果。

　　这些入侵带来的直接外部影响是不均衡的。当地编年史提到犹如世界末日公式般的普遍屠杀，而被教宗派往金帐汗国传教的乔万尼·迪·皮安·卡尔皮尼在 1245 年走遍罗斯南部，说拔都毁灭了"整个罗斯"且基辅留存下来的房屋不足 200 座。[⑧] 大多数现代的描述认为摧毁的程度大约从极大到灾难性。然而，这些编年史都是些夸大的陈词滥调；[⑨] 乔万尼的观点有它的局限性，像"极大的"等字眼几乎没有出现。我们不可能在这么久之后推断出死亡人数。在这片广袤土地的许多地方，大多数人在这些年里或许从未见过一个蒙古人。在主要城市中，诺夫哥罗德和斯摩棱斯克未受到损害。对于那些生活在南部和东部的人来说，他们发现自己处于入侵者的道路上，他们的经历无疑极其痛苦。

　　如果外部摧毁的细节依赖于猜测加情感，那么经济影响则更为清晰可见。蒙古入侵突然延缓了东部和南部的城市经济发展。虽然基辅早已停止扩展，但在 13 世纪初仍然是一个人口众多的富有城市：货币充足，建筑华丽，工商业繁荣。[⑩] 1240 年后，基辅用来满足本地使用和出口的手工产品（陶瓷、珠子、护身符、手镯）几乎消失了。[⑪]贸易和市场的混乱，也妨碍了自身没有受到攻击的城市经济发展。例

　　⑦　参见 Fennell（1983），pp. 84 – 86.

　　⑧　Van den Wyngaert（ed.），*Sinica franciscana*, p. 72：'Unde quando per terram illam ibamus, inveniebamus innumerabilia capita et ossa hominum mortuorum super campum iacere. Fuerat enim civitas valde magna et nimium populosa, et nunc quasi in nichilum redacta est. Vix enim ducente domus sunt ibi modo, et illi hominess tenentur in maxima servitude. Inde procedentes pugnando, destruxerunt totam Rusciam.' English translation in Dawson（ed.），*The Mongol mission*, pp. 29 – 30.

　　⑨　关于当地描述中的事实与意识形态上的歪曲，可参见 Halperin（1986）. 关于文学上的反应，参见如 *The Tale of the destruction of the land of the Rus*', in Begunov, *Pamiatnik russkoi literatury XIII v.*, pp. 153 – 157; *Pamiatniki literatury Drevnei Rusi. XIII vek*, p. 130; English translation in Dymtryshyn, *Medieval Russia*, pp. 97 – 99.

　　⑩　参见 Tolochko（1983），pp. 137 – 180；Miller（1986）；Noonan（1988）.

　　⑪　参见 Rybakov（1948），pp. 525 – 538；Fennell（1983），pp. 86 – 90，提供了另一种评价。

如，在斯摩棱斯克，方兴未艾的公共建筑项目在入侵后嘎然而止。[12]

然而，经济并没有被完全破坏。城市生活在继续，在有些地区很快复兴；遭到劫掠的乡村地区恢复了。从地球表面消除罗斯人及其所有财产不是蒙古人的目的。蒙古人为了权势和利益而入侵，使可能以贡金或贸易形式得到收益的来源枯竭，不符合蒙古人的利益。[13]

蒙古的武力很快显现出来，但甚至对那些直接受到蒙古入侵影响的人来说，这些入侵的政治后果不是立即显现的。蒙古人的统治在20多年里分阶段建立起来，逐渐扩展到不同地区和不同的社会群体中。罗斯的反应也是逐渐发生的。13世纪中期呈现出普遍的不确定和临时拼凑之感，因为每个地区和每个群体要么试着避免直接面对我们认为是事实的后见之明，要么试着利用自身的优势歪曲那些事实。

胜利者的第一个要求，是留里克各王公承认他们在蒙古人的许可下进行统治。每个王公不得不到金帐汗国来接受授权书（iarlyk），授权书将授予他在公国中的统治权。因此，与其说蒙古人破坏了政治体系，不如说他们将留里克各王公变成代理人和被委派者。对这些王公来说，这是相对容易的阶段，拒绝的惩罚就是死亡，死亡这一事实使做决定变得更为简单。到了1246年，所有的主要王公都已经去过萨莱。

然而，屈服之路在1246年之前和之后都是不平坦的。这个时期的王公政策的变动通常根据一个相当简略的标准来进行评价，即顺从或勉强的程度，王公们由此向新主人弯下了腰。不过，他们的反应从地区视角而不是"英雄"视角能够更好地得到理解。地区利益没有因为征服而消除。实际上，地区竞争或许变得更加严重，因为蒙古人可以授予或拿走比纯粹的内讧可以取得的更大权力。

13世纪40年代初，加利西亚的丹尼尔在与地方波雅尔的对抗中稳固了地位，寻找各种方式战胜与他匹敌的王公们。他成功地使他自己

---

[12] Voronin and Rappoport（1979），pp. 372 – 402. 关于其他城市中的公共建筑的终止，可参见Borisov（1976）.

[13] 关于乡村地区的恢复情况，可参见Beliaeva（1982），pp. 30 – 34. 关于东部贸易的继续，可参见Noonan（1983）；还可参考卡尔皮尼列出的从君士坦丁堡取道萨莱到达基辅的国际商人名单：van den Wyngaert（ed.），*Sinica Franciscana*，p. 129；Dawson（ed.），The Mongol mission，p. 71. 关于斯摩棱斯克的西欧贸易，可参见Avanesov（ed.），*Smolenskie gramoty XIII – XIV vekov*，pp. 62 – 69. 关于诺夫哥罗德的西欧贸易，可参见下面的第24章注释。

的人基里尔被任命为基辅大主教；尽管基辅城已经消失，但基辅大主教依然是整个留里克土地上的教会领袖。1245—1246 年，丹尼尔通过到金帐汗国接受授权书以阻止蒙古人的迫近（并避开他在南部的对手切尔尼戈夫的米哈伊尔）。但是加利西亚仍然在东西方之间游移，他对蒙古人的顺从在这个阶段里大多是名义上的。1252 年，丹尼尔的儿子娶了奥地利公爵的侄女，两年后丹尼尔从教宗英诺森四世那里接受了王冠。他甚至感到有足够的把握，抵抗一支蒙古分遣队的侵入，也获得了一定的成功。因此，在蒙古人入侵后的近 20 年里，丹尼尔成功地"像平常一样"处理政务，仅仅将蒙古人看作一个额外的难题。

　　切尔尼戈夫的米哈伊尔在 1240 年已经逃跑，千方百计地从国外组织抵抗。到了 1246 年，在被各敌对家族孤立并占了上风后，他也去了萨莱。他在那里被处死：据那时的传说，这是出于他那傲慢的挑战行为，[14] 虽然有人怀疑这也是加利西亚的丹尼尔或大公雅罗斯拉夫的秘密交易。米哈伊尔的一生是 13 世纪留里克家族无用的最好例子。13 世纪 20 年代，他的目标是诺夫哥罗德。在与苏兹达尔人为争夺该城打了十年后，他失败了。13 世纪 30 年代，他经常为了基辅和加利西亚与罗斯季斯拉维奇家族和伊济尔斯拉维奇家族作战，再次败北。13 世纪 40 年代，他鼓动人们抵抗蒙古人，遭遇败绩。他是最后一位战斗着的奥尔戈维奇，一位被困在老罗斯的长期野心勃勃的传统主义者。外围已经失去，黑海贸易剧减，基辅变得贫困不堪，切尔尼戈夫公国几乎没有了存在下去的理由。在米哈伊尔去世后，切尔尼戈夫已经不足一提，而米哈伊尔自己开始了作为圣徒的更为成功的死后生涯。[15]

　　相对于加利西亚的推诿和切尔尼戈夫的动作，东北部的弗拉基米尔和苏兹达尔诸王公从一开始就全面地与蒙古人合作。从 1242 年起的十年里，有记录表明苏兹达尔各王公访问金帐汗国达 19 次，[16] 其中最早的是雅罗斯拉夫·弗谢沃洛多维奇及其儿子阿列克山德罗（时为诺夫哥罗德王公）。1248—1249 年，阿列克山德罗和弟弟安德烈越过萨莱前往哈喇和林的大帐汗国，重新商议他们父亲死后如何划

803

---

　　⑭　Van den Wyngaert（ed.），*Sinica Franciscana*，p. 38；Dawson（ed.），*The Mongol mission*，p. 10；cf. *Pamiatniki literatury Drevnei Rusi. XⅢ vek*，pp. 228–234.

　　⑮　关于更为赞赏的评价，可参见 Dimnik（1981）.

　　⑯　参见 Fennell（1983），pp. 99–100；关于蒙古部落里的王公们，参见 Poluboiarinova（1978），pp. 8–18.

分土地。结果令人感到难以理解：弟弟被任命为弗拉基米尔大公，而阿列克山德罗自己被任命为"基辅和所有罗斯人的"王公。这个称号中代表的权力不是领土意义上的（基辅的统治是无价值的，而且阿列克山德罗驻守在东北部），但是具有象征意义和敬意。说起来有点矛盾，蒙古统治已经在留里克家族的土地上恢复了某种统一，因为所有人都承认一个最高领主。阿列克山德罗的基辅称号可能是有目的的，凭此正式承认东北部为新核心和老罗斯的继任者。这是一个拙劣的策略，而且阿列克山德罗长期以来对此一直不太乐意。1252 年，在蒙古大帐经历权力变化后，他说服蒙古人帮助他将弟弟安德烈从弗拉基米尔除去，并任命他自己为大公。安德烈正在与加利西亚的丹尼尔达成令人生疑的同盟。

有些人夸赞阿列克山德罗很实际，其他人则谴责他胆小懦弱。[17] 正如我们将看到的，他和蒙古人的相互合作没有在除掉他弟弟后终止。对教会而言（他是圣徒），以及在各种电影传说中（通过谢尔盖·艾森施泰因的经典电影，他是超级英雄），阿列克山德罗的主要成就是将他的土地从掠夺成性的拉丁人手中拯救出来，当时他仍然是诺夫哥罗德王公：1242 年与条顿骑士团的佩普西湖冰面之战，1240 年与瑞典人的涅瓦河之战——他因此战而成为著名的阿列克山德罗·涅夫斯基。[18] 然而，地方视角或许再次更具有揭露性。其实，阿列克山德罗·涅夫斯基仅仅在北部和东北部实行家族的传统政策：使地方波雅尔保持稳定，维护弗拉基米尔大公的支配地位，保证并保留苏兹达尔在诺夫哥罗德的地位，保持伏尔加河—波罗的海路线畅通无阻。像一个世纪里的前任者们一样，他总体上成功了。像前任者们一样，他试图与控制伏尔加河中部的人保持合理的关系。

只要蒙古统治在王公们的权力游戏中限于监管角色，那么其影响就只停留在表面上。然而，对蒙古人来说，这些王公只不过是工具。重点是榨取贡金和人，而且为了计算贡金和人数，他们需要进行人口

⑰ 夸奖的：例如，从不同角度的，参见 Klepinin（n. d. ），Pashuto（1951），Shaskol'skii（1978），pp. 195 – 196，Durand-Cheynet（1983）；关于反面观点，参见 Fennell（1983），pp. 97 – 124.

⑱ 关于阿列克山德罗的生平，参见 Begunov, *Pamiatnik russkoi literatury* XIII v. , pp. 12 – 83, 158 – 180, and *Pamiatniki literatury Drevnei Rusi. XIII vek*, pp. 426 – 439; partial English translation in Dmytryshyn, *Medieval Russia*, pp. 99 – 105. 关于他保卫诺夫哥罗德的外部观点，可参见 Urban（1975），pp. 127 – 171；Christiansen（1980），pp. 126 – 131.

普查；为了监督普查的顺利管理以及人们顺从普查，他们任命自己的代理人（*basqaq*，突厥语，意为"巴思哈）。这是创建蒙古统治的下一阶段：在这一阶段，蒙古统治对大量的人来说已成为触手可及的事实，这个时期的各种反应不得不变得明确起来，而不再是权宜之计。

　　1252 年，蒙哥汗在整个蒙古帝国发起一次人口普查。这是一项大规模的管理工作。由于缺乏合适的地方或中央政府官僚机构，这项工作在罗斯变得尤其复杂。到了 13 世纪初，罗斯人开始注意到——尽管是隐隐约约地——各种文献程序和侵扰式管理在逐渐传播开来。[19] 但是，比如与英格兰或中国或拜占庭相比，本土官僚制度尚处原始阶段。实际上，罗斯的蒙古统治产生的一个社会后果可能是成为官僚政府最终出现的催化剂。[20]

　　在罗斯，人口普查的系统工作始于 1257 年。[21] 它的实施以征税和招募军队而告终，历时五年之久。在极西之地和西北地区，蒙古人造成的直接混乱迄今还是最小的，最后也面临着真正而不是表面顺从的要求。1258 年，蒙古将军布伦代再次出现在加利西亚。他的主要事务与立陶宛相关，但他的日程表上着重处理的是加利西亚顺从人口普查。丹尼尔长期以来已经在改善与其西欧诸邻国的关系，但那些模棱两可的努力在关键时刻证明是白费了。教宗给予的荣誉没有给他带来教宗的军队。他先逃往波兰，然后到匈牙利，但这里也没有给他任何抚慰。当布伦代下令将他领土上的所有设防城市摧毁时，丹尼尔不得不屈服。从 1260 年直到 1264 年去世，他一直是蒙古人的忠实仆人。[22]

　　在 13 世纪的前 50 年里，诺夫哥罗德甚至已经开始逐渐脱离留里克家族，为其王公设置了严格的条件。1255 年，它几乎断绝与阿列克山德罗·涅夫斯基的联系。蒙古人口普查的想法是一种侮辱，诺夫

⑲　参见 Kaiser (1980)，pp. 94 – 114，164 – 188；Franklin (1985)；Halbach (1985)，pp. 241 – 250.

⑳　如：Vernadsky (1953)，pp. 214 – 233，344 – 366. 然而，需要注意的是当地采用蒙古术语的证据与稍晚时期相关。

㉑　Alisen (1981). 巴思哈首次在罗斯提及可追溯到 13 世纪 50 年代中期：Ipat' evskaia letopis'，col. 829，s. a. 6763（= 1254 – 1255）；English translation in Perfecky，The Hypatian Codex，p. 68. 注意：这位巴思哈确实是本地人。关于这个术语，可参见 Vasary (1978). 卡尔皮尼（Carpini）[van den Wyngaert (ed.)，Sinica franciscana，pp. 86 – 87；Dawson (ed.)，The Mengol mission，p. 40] 早些时候描述了这种巴思哈体系，但没有具体提及罗斯各地。卡尔皮尼在基辅遇到的千夫长（millenarius）[Van den Wyngaert (ed.)，Sinica franciscana，p. 104；Dawson (ed.)，The Mongol mission，p. 52] 是另一种的官职，可能也是本地人。

㉒　Zdan (1957) 认为加利西亚只是在丹尼尔死后才成为蒙古人的附庸国，而且认为巴思哈体系从未强加给此地。

哥罗德人在三年里一直拒绝进行任何与之相关的工作。阿列克山德罗和蒙古人都不能让诺夫哥罗德自行其是，他们的联军在 1260 年强迫该城承认人口普查官员。于是，在蒙古入侵将近一代人之后，诺夫哥罗德屈从于蒙古的统治。

对人口普查的抵制不仅仅来自边远地区。1262 年，税收征收员被从东北各城市中驱逐出去，有时动用武力；这里是阿列克山德罗·涅夫斯基及其家族的世袭领地，包括罗斯托夫、弗拉基米尔、苏兹达尔和雅罗斯拉夫尔。从中体现的普遍抵制（当然最终都失败了）促成阿列克山德罗前往金帐汗国的最后一次旅行，该行程的目的可能是为了劝说蒙古人进行报复时要适度。1263 年 11 月，他死于归途中。有些地区在大约 1273—1275 年展开了又一次的人口普查，可能是忽必烈汗在中国下令进行的那次人口普查的衍生物。文献中没有留下激烈反对的记录。

在 1237—1240 年蒙古人入侵的余波中，留里克诸王公想出不同的方式，与征服者达成政治和解。但这个真正征服、真正的"鞑靼人奴役"的时代始于 1257—1262 年，其时所有罗斯人的土地，通过被迫遵从人口普查都处于蒙古的行政和财政控制之下。

1262—1300 年的留里克诸公国

即便在几次人口普查后，蒙古人的控制仍然大多是间接的，因为这种控制经由现存政治结构来实施。蒙古代理人有时进行干预，但留里克的内部政治呈现出连续性。于是，在丹尼尔·罗马诺维奇去世后，加利西亚和沃伦经历再一轮的分裂（在丹尼尔的儿子列夫、斯瓦尔恩和姆斯基斯拉夫之间）和再统一（约 1300 年在列夫的儿子尤里治下）。丹尼洛维奇家族将应缴款交付给蒙古人，但他们的日常外交仍然更多地指向波兰和匈牙利。一种新因素是信奉异教的立陶宛的初期扩张主义，但这直到 14 世纪都没有成为主要威胁。在东北地区，阿列克山德罗·涅夫斯基去世后，大公的称号传给了他的弟弟们特维尔的雅罗斯拉夫（死于 1271 年）和科斯特罗马的瓦西里（死于 1277 年），然后给他的儿子们德米特里（死于 1294 年）和安德烈（死于 1304 年）。因此，在表面上，并行继承的旧体系正如入侵前那样顺利或混乱地（也就是说，时有内战发生）起着作用。实际上，有时蒙古人似乎已经适应了地方政治习俗，而不是反其道而行之，因为处于竞争中的蒙古各将军，在 13 世纪 80 年代处于竞争中的东北各王公的斗争中站在对立面。

适应蒙古人统治的错综复杂性，或许在诺夫哥罗德一例中得到最好的体现。缴纳给蒙古人的贡品榨干了各种来源，诺夫哥罗德城不再是留里克家族竞争的对象，大公不再是通常人们所认可的，而是要由蒙古可汗批准。诺夫哥罗德的经济因苏兹达尔贸易站乌斯季尤格（Ustiug）的发展而被削弱，乌斯季尤格越过诺夫哥罗德直接将毛皮供给伏尔加河贸易路线。㉓ 虽然处于帝国政治的边缘，坚韧的诺夫哥罗德商人反倒关注于他们与波罗的海的经济关系。诺夫哥罗德的圣彼得宫的德意志人社团在 1191—1192 年已经创立，贩卖珠宝、武器、陶器、布料、银锭和盐来换取毛皮和蜡。德意志人与诺夫哥罗德之间时而发生的战争几乎阻碍不了商业的增长。德意志人社团的第一家现存的施拉（Schra）拥有自治条例，可能可以追溯到 13 世纪的第二个 25 年。1259—1269 年，一系列详细的建议与反建议证实对恰好在蒙古人强制实施人口普查时期里发展与保护波罗的海贸易的关心。㉔ 诺夫哥罗德的政策是要为自身建立一种垄断：德意志人不允许与除诺夫哥罗德人之外的任何人做交易，而且大公被禁止与德意志人直接交易。经过一段短暂的平静期后，诺夫哥罗德在承认财政和政治从属的同时加强了商业和制度自主权。

在东北地区，弗拉基米尔在名义上的荣誉中保留首要地位，但在 12 世纪作为一个整体的基辅罗斯，地区发展导致权力多样化。最终，但也仅仅是在 1300 年之后，特维尔和莫斯科成为争夺继承权的主要竞争者。

㉓　关于诺夫哥罗德与其王公达成的协议，可参见 Valk（ed.），*Gramoty Velikogo Novgoroda i Pskova*，pp. 9–15（nos. 1–5）；对此的分析，参见 Ianin（1991），pp. 142–151。关于北方贸易路线，参见 Martin（1986），pp. 27–34，61–68。

㉔　关于施拉，参见 Schlüter（1911），pp. 50–56；关于各种条约和建议，参见 Valk（ed.），*Gramoty Velikogo Novgoroda i Pskova*，pp. 56–61，64–65（nos. 29–31，36）；von Bunge *Liv-, Esth-und Curlandisches Urkundenbuch nebst Regesten*，cols. 517–527；带有详细评论的，参见 Goetz（ed.），*Deutsche-Russiche Handelsvertrage des Mittlalters*，pp. 72–166。关于这些和有关文献的日期，参见 Ianin（1991），pp. 81–85。关于这个时期诺夫哥罗德的德意志人社团，参见 Rennkamp（1977），pp. 59–192；Rybina（1986），pp. 31–41。

即便在 1237 年前，留里克诸公国之间就已存在相当明显的"南北分界线"。在蒙古时代，由于中央地区被摧毁且中立化，这一分界线扩大成几乎无法逾越的鸿沟。随着基辅经济被破坏，奥尔戈维奇家族、罗斯季斯拉维奇家族和伊兹雅思拉维奇家族之间原有的竞争失去了目标。在 13 世纪最后 25 年里，几乎无人知道基辅或切尔尼戈夫。在没有遭受蒙古人蹂躏的斯摩棱斯克，罗斯季斯拉维奇家族放弃了领土之外的所有野心。因此，蒙古统治首次将苏兹达尔的土地和加利西亚的土地作为单一帝国的组成部分统一起来。然而由于大多数实际目的，二者之间相互联系或缺乏联系，东北地区和西南地区已经成为独立国家，而诺夫哥罗德尽管已经正式归顺，但正在变得更加与众不同。即使在提及 13 世纪初时，我们也难以将俄罗斯或罗斯人的土地视为统一的政治观念；当我们谈及 13 世纪末时，这种观念好像变得无意义了。

然而，即便无意义，有一种机构使我们不得不去理解其意义。这就是教会。所有留里克公国都处于基辅大主教区的教会司法权之下，教会在适应方面做出努力，表明留里克共同体的模式和多样性要比只有政治所揭示出来的更加微妙。有一个人经历了漫长且极具影响力的一生，他的生涯极好地阐述并例证了教会对 13 世纪中期遭受的挫折所做的反应。他就是大主教基里尔二世。在蒙古人入侵的余波中，基里尔于 1242 年或 1243 年获得任命。他死于 1281 年或 1282 年㉕，其时，蒙古人的入侵已成为老人们的遥远回忆。

蒙古统治对教会和身在其中以及为其工作的人来说是有利可图的，因为教会和所有"教会人员"被给予人口普查费用和赋税的豁免权。㉖ 这是关于地方宗教的标准蒙古做法：出于害怕地方神祇的愤怒或是以此贿赂来影响地方道德和精神领袖的看法。关于基里尔的讽刺观点是：像阿列克山德罗·涅夫斯基（他与此人关系密切）一样，他以特权交换服从。赞颂的观点是：他是牧群的聪明牧者，因为服从的唯一备选要么是灭绝，要么是更糟糕的对"拉丁人"的顺从。在这种情况下，嘲讽和赞颂都是无知无用的，仅只是随便说说而已，因

㉕ 关于这一日期，参见 Ianin（1978），他优先于 Poppe（1989），p. 205。关于基里尔，也可参见 Stökl（1966）；Fuhrmann（1976）。

㉖ 参见自 1267 年起蒙哥—帖木儿颁发的授权书：Pamiatniki russkogo prava，Ⅲ，pp. 467 – 468；English translation in Dmytryshyn，*Medieval Russia*，pp. 175 – 176；参见 Schurmann（1956），pp. 342 – 346；对背景的详细分析，参见 Grigor'ev（1990）。

为基里尔的动机因证据缺乏而无法考证。更清晰可见的是他的行动。在将近40年里，基里尔相当成功地抵制了明显的时代浪潮，维持甚至拓展了基辅教会在整个罗斯的地位和作用。

基里尔是个四处游历的领导人，前无古人地在各个公国中游历。在加利西亚的丹尼尔的庇护下获得任命后，他经常前往苏兹达尔和弗拉基米尔巡游，也到过诺夫哥罗德，仍然终其任期，他始终将基辅和圣索菲亚作为理论上和事实中的庆典所在地。1261年，基里尔将其教省延伸至蒙古人的中心地带：他将南佩雷雅思拉维尔主教区拓展到将萨莱包括在内的地方。1273年，在基辅召开的一次大会认可了希腊文《东方教法纲要》（*Nomokanon*）的修订版，该版本（斯拉夫语译本）从保加利亚送到基里尔那里，基里尔开始监督对教会法和世俗法的再一次最后汇编工作。大主教的泛罗斯权威的最明显标志是这一事实：没几年，这一法律汇编在原来的留里克土地上被广为接受和抄写，如在沃伦、诺夫哥罗德和东北地区。[㉗]

在这几十年里，基辅及其大主教有可能在蒙古人入侵后在东斯拉夫人当中进一步加强了权威，类似于罗马主教在蛮族入侵后在西欧所积累的那样，这似乎行得通。但基里尔创造的地位是继任者所不能保持的。1299年或1300年，他的继任者马克西姆随波逐流，将居住地从东北基辅搬至弗拉基米尔，即大公所在地。老罗斯，即基辅罗斯，以各种方式消失了许多次，如地方公国兴起、留里克各家族之间的战争、从波罗的海到黑海的南北贸易轴线的衰败、蒙古入侵者对基辅的掠夺、阿列克山德罗·涅夫斯基放弃伪基辅称号等。当这个大都市，"罗斯诸城之母"（一位早期的编年史家以此称之）[㉘]，甚至为大主教所抛弃时，然后基辅罗斯——以基辅为中心的泛留里克共同体（即使只是仪式上的），终于失去了生机。

西蒙·富兰克林（Simon Franklin）

莫玉梅 译

徐　浩 校

㉗ 关于此次大会和法典，参见 Shchapov（1978），pp. 181–233；还可参见 Zuzek（1964）。
㉘ *Ipat' evskaia letopis'*，col. 17.

第二十五章

不列颠群岛上的凯尔特人诸国

把 13 世纪威尔士、爱尔兰和苏格兰的政治史放在同一章里进行讨论的正当理由，不是因为这三个地区在地理位置上相邻，也不是因为将会在这三个地区发现任何所谓的凯尔特人的社会结构，而事实在于它们在这一时期里都面临着一个共同的外部压力并以极为不同的方式做出反应。当然，那个压力来自位于南部和东部的富有、强大且统一的英格兰王国的逐渐崛起。在这些地区中的每一个与其咄咄逼人的邻国的关系史上，13 世纪是一个关键时期。威尔士被征服和合并；苏格兰进入那个血腥而英勇的阶段，最终成功地维护了自己作为一个王国的独立性；而在爱尔兰，讲英语部分与讲盖尔语部分的划分将成为长远未来的主要特征，这已再清楚不过了。因此，各自的结局完全不同。三个地区出现种种共同的困境。威尔士、爱尔兰和苏格兰在英格兰化、城市化的南部和东部与讲凯尔特语、人口稀少的北部和西部之间都表现出文化、语言和社会上的二元论。所有三个地区都不得不同时与英格兰君主协商相互之间的关系，在独立又相互冲突的权力和人口之间建立内部平衡或至少暂时的妥协。在每个地区，地理、社会结构、过往历史、政治意愿和机遇共同造就了这个结果。

威尔士

13 世纪伊始，南威尔士的沿海平原相当牢固地控制在盎格鲁—诺曼边界领主手中。最西端的彭布罗克伯爵领直到 1245 年都为马歇

810

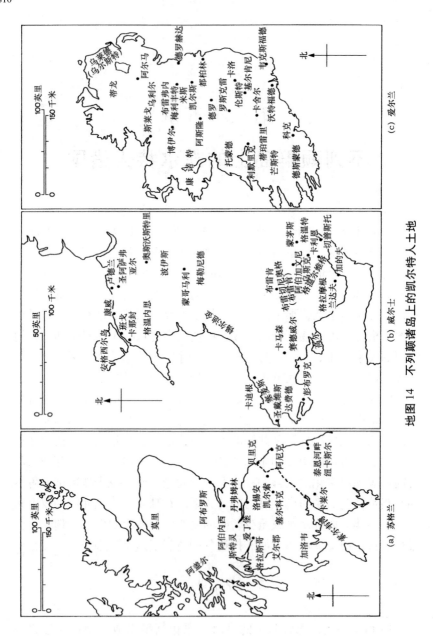

地图 14　不列颠诸岛上的凯尔特人土地

(a) 苏格兰　　(b) 威尔士　　(c) 爱尔兰

尔家族持有，英格兰和佛来芒城乡定居者早已大量地移民此处。在东南部，格拉摩根的广大领主权于 1217 年落入格洛斯特和赫里福德的 811 克莱尔家族各伯爵之手，包括散布着城堡和自治市镇的南部部分和处于威尔士本土领主权威下的一片高地地区。格拉摩根以北出现大大小小的领主权，如布雷肯、阿伯加文尼和比尔斯；德·布劳斯家族已经开始在此累积，形成各种渗透途径，深入直达阿斯克河谷和怀河河谷（the Wye）的威尔士内部地区。此外，威尔士北部和西部仍然处于威尔士本土贵族的统治下。最重要的是许多德修巴斯的小统治者，该公国以陶伊河河谷和提菲河河谷为基地；波伊斯的统治者，波伊斯位于威尔士东北部，毗邻柴郡和什罗普郡，长期以来为波伊斯家族的北支和南支所分裂；以及格温内思。13 世纪威尔士政治史以格温内思王朝的崛起、其家族成员建立威尔士自治公国的尝试，及其在对手们尤其是英格兰国王之手惨败为主调。英格兰国王合并了他们的大部分土地，以此作为英格兰王室的封地。

　　格温内思的优势一部分在于其战略和地理位置，像过去那样拥有被誉为"威尔士之母"[①] 的肥沃的安格尔西耕地和斯诺多尼亚（Snowdonia）各要塞，另一部分在于自本土君主制王朝建立以来的一系列卓越统治者的个性魅力。这个发源于安格尔西的阿伯弗劳（Aberffraw）的家族，在 1200 年以卢埃林·阿普·约沃思为首。他逐渐夺得领导地位，与叔伯兄弟联盟来对抗其他叔伯兄弟，剥夺盟友的继承人的继承权，最终占有竞争对手南波伊斯的格温韦温的土地。他的成功震惊了约翰王，约翰王在 1211 年与格温韦温及其阵营中的其他威尔士贵族一道发起反对他的两次远征。卢埃林被迫屈服，但次年抓住约翰内困之机再度发起进攻。通过约翰统治末年和亨利三世未成年时期的内战，卢埃林扩大了领土和军事权力。1215 年，他发起一场冬季征战，结果占领了重要的王室中心卡马森和卡迪根。次年，他主持阿伯多维（Aberdovey）的贵族与学者大会，在这里众人同意了对南威尔士的领土安排。1218 年，当英格兰内战结束时，他能够通过与英格兰王室政府议和来保护所获得的大部分利益。他向英王效忠，但保留卡迪根和卡马森作为王室保管机构，在早于 1216 年就已

---

① Gerald of Wales, "Itinerarium Kambriae" and "Descriptio Kambriae", pp. 127, 177.

去世的格温韦温的继承人未成年期间保有该继承人的土地。

812　　　在余下的 22 年统治期里，卢埃林不得不四处作战，但从未决定性地从他在 1218 年就已经获得的主导位置上被击退过。在 13 世纪 20 年代和 30 年代初，他面临着由彭布罗克的马歇尔家族诸伯爵和亨利三世未成年时期的领导人物胡伯尔·德·伯格形成的挑衅势力，不得不做出某些让步（尤其是卡马森）；但是他能够真正不失分毫地维护自己的领土和最高领主地位，在 13 世纪 30 年代可以向整个格拉摩根地区以及中部和北部边界地区全线进军，从卡马森以南的基德韦利（Kidwelly）到位于什罗普郡边界的奥斯韦斯特里（Oswestry）一路焚烧劫掠。1234 年后，他与英格兰国王和平共处，集中精力确保由约翰王的私生女琼为他所生的儿子戴维兹的继承权，将另一个女人为他所生的年长的儿子格鲁福德排除在外。1238 年，"所有威尔士贵族在斯特拉塔—弗罗里达向戴维兹·阿普·卢埃林·阿普·约沃思宣誓效忠"。两年后，卢埃林去世，这是"一个难以将其业绩与其人联系在一起的人"。②

卢埃林去世的后果清楚地表明威尔士的继承惯例如何可以导致政治上的不稳定。边界领主权遵从英格兰的继承规则，于是男性长子继承制确保了领主权的完整。例如，格拉摩根的克莱尔家族领主权从 1217 年到 1314 年由父传子历经五代。只有当没有儿子却有几个女儿存活下来时，分封确实会发生，正如 1245 年马歇尔家族领地或者德·布劳斯嫡支在卢埃林于 1230 年发现威廉·德·布劳斯与其妻子琼的奸情而将他绞死后的情况。此外，威尔士法律承认所有儿子享有继承权，包括由不同母亲所生的。因此，在卢埃林于 1240 年去世后，他的儿子格鲁福德可以非常合理地提出自己的王位要求权，并且从英格兰国王那里寻求帮助，让英格兰国王"根据威尔士法律，在其法庭……对他从父亲卢埃林那里继承属于他的、为戴维兹·阿普·卢埃林不公正地扣留的那部分做出判决"③。如果英格兰国王有干涉的能力或意向，那么威尔士的分封继承制就是其干涉的借口。

从卢埃林·阿普·约沃思于 1240 年去世，到他的孙子，与其同

---

② *Bruty tywysogyon*, ed. And trans. Jones, pp. 235, 237.

③ *Littere Wallie*, ed. Edwards, p. 52.

名的卢埃林·阿普·格鲁福德于 1256 年开始军事和政治征服，这个
时期以王室与边界领主的权力在威尔士不断扩大为标志。亨利三世在
1241 年和 1245 年陈兵于北威尔士海岸沿线，构筑了迪塞思（Dis-
erth）和德甘威（Degannwy）两座城堡，德甘威正好位于康威河河
畔，而且接受了割让给他的佩费德拉德，这是康威河东岸格温内思的
那部分属地。王室与边界领主的军队确保格鲁福德·阿普·格温韦温
在南波伊斯恢复统治，并且在威尔士南部和中部重建一系列稳固的王
室基地。当戴维兹·阿普·卢埃林在 1246 年去世后，康威河西岸的
格温内思在他的两个儿子欧文和卢埃林之间瓜分。到 1250 年，威尔
士本土贵族的权力显然不可避免地被分割了，英格兰君主的直接统治
已经抵达目光所及的斯诺多尼亚。 813

　　1256 年，格温内思王朝为威尔士的统治权展开了最后的争夺。
前一年，卢埃林·阿普·格鲁福德已经在战斗中打败了他的兄弟们，
成为康威河西岸格温内思的唯一统治者。威尔士居民渐渐发觉英格兰
在佩费德拉德的统治具有压迫性。英格兰国王在威尔士的代表乔弗
雷·德·兰利"在国王及王后面前吹嘘：他已经将所有威尔士人控
制在手中"。反应是爆炸性的。"威尔士人从自己的领土上走出来，
汇集成一支人数众多的军队，由长相英俊且作战勇猛的卢埃林二世率
领，可以说卢埃林已经将所有威尔士人集结在自己身边。"④ 不到一
个星期，佩费德拉德就落入卢埃林之手。在下一个十年里，他继续取
得一系列军事和政治上的成功。在使人回想起其祖父的那些征战的战
斗中，他驱逐了南波伊斯的格鲁福德·阿普·格温韦温，劫掠范围南
至彭布罗克郡，以牺牲像莫蒂默家族这样的边界领主为代价在中部边
界地区展开一系列征服，夺得比尔斯和布雷肯。1258 年，"威尔士权
贵大会向卢埃林·阿普·格鲁福德宣誓效忠；1264 年，《列王纪》
（the *Brut*）记载："威尔士人与英格兰人和平共处，卢埃林·阿普·
格鲁福德王公统治整个威尔士。"⑤ 卢埃林和英格兰君主的《蒙哥马
利和约》（Peace of Montgomery）于 1267 年签订，实际上将卢埃林征
服的所有土地、"威尔士亲王"的称号和"威尔士的所有威尔士贵族

---

④ "Annals of Dunstable", pp. 200 – 201.
⑤ *Brut y tywysogyon*, ed. And trans. Jones, p. 255.

的忠诚与顺从都割让给他，这样一来，那些贵族将主要地从这位王公及其继承人那里持有土地"⑥。格温内思的亲王政权因而被认可为联系威尔士本土酋长与英格兰君主的唯一渠道。

于是，在三代人期间，卢埃林·阿普·约沃思家族已经看到其权力扩展到威尔士的每个角落，也紧缩至斯诺多尼亚这个小小的核心区；实际上已经将各种条件强加给英格兰国王，同时也谦卑地顺从于他。13 世纪格温内思权力的这种摇摆幅度部分由人格魅力、部分由更广阔的政治环境所决定。当像卢埃林·阿普·约沃思和卢埃林·阿普·格鲁福德等强势统治者能够利用英格兰王国的内部不和时，例如引人注目的 1215—1217 年内战或蒙福尔时期，最急剧的扩张时期便出现了。在这些年里，与英格兰君主的贵族反对者结盟可以产生直接814 结果：1215 年，卢埃林·阿普·约沃思和愤愤不平的德·布劳斯家族在威尔士边界合作，而在 1264 年，针对莫蒂默家族的联合军事行动由德·蒙福尔家族和卢埃林·阿普·格鲁福德共同承担。除趁机对贵族的忠心进行可能有利的重组外，这样的政治联合，也清除了王室操纵威尔士本土竞争对手的威胁。在政治稳定的日子里，约翰王能够随意地对卢埃林·阿普·约沃思和格温韦温之间的竞争加以利用，交替地驱逐和恢复波伊斯王公。然而，当卢埃林在 1216 年驱逐格温韦温时，约翰及其儿子的摄政政府都没能对此加以利用。在没有出现英格兰国王的对抗权力时，波伊斯或德修巴斯王公可能做过一番计较：对格温内思治下的边界统治权进行掠夺，要比为他们各自的自治而战更可取。因此，当英格兰贵族产生分歧且英格兰王权由此被削弱时，格温内思各王公发现自己走在其他威尔士王公之前，而不是把他们吞并。

当强势的英格兰国王将注意力转向威尔士时，格温内思王公持续抵抗的可能性很小，这也是显而易见的。供给问题经常阻碍英格兰国王的远征，约翰在 1211 年的第一次远征或亨利三世和胡伯尔·德·伯格在 1228 年的远征都徒劳无功，但总体印象是爱德华一世以相当冷酷的方式简单地完成了其祖父和父亲其实已经有能力去完成的事情。约翰和亨利三世都曾沿着北威尔士的海岸进军，修筑城堡来遏制

---

⑥ *Littere Wallie*, ed. Edwards, no. 1, pp. 1–4.

威尔士人，都曾偶尔能够提出条件进军。甚至考虑到在两位卢埃林的生涯中的政治与军事顶点，格温内思是否曾经取得某种独立似乎尚存疑问。欧洲有些其他小领主权确实取得过这种独立，有些取得君主称号，如纳瓦拉，其他的则没有，如勃兰登堡。虽然格温内思的这种初始国家地位的证据混杂在一起，但并不是均衡的。一方面，其统治者取得亲王称号，获得威尔士各酋长的效忠与顺从，创建享有特权的行政群体，加强他们可以从臣民那里榨取的款项强度，修建石头城堡并宣布享有某种司法自治和优越地位。一份与格温内思相关的威尔士法律文本大胆地声称，"所有威尔士国王应该从阿伯弗劳国王（即格温内思王公）那里接受土地……他的命令对抗所有国王，而不是他们的命令对抗他"[7]。另一方面，他们没有君主称号，没有铸造货币，承认英格兰国王高出一等，从未在安格尔西和斯诺多尼亚以外建立永久的领土基地。然而，格温内思自治实际上结束了，有这种非常彻底的方式没有什么是不可避免的。 815

1275 年 9 月，爱德华一世"从伦敦来到切斯特，宣召卢埃林亲王来对他效忠。亲王将所有威尔士贵族召集起来。经过共同协商，他没有前去觐见国王，因为国王藏匿了他的逃犯，即戴维兹·阿普·格鲁福德和格鲁福德·阿普·格温韦温"[8]。藏匿别人的敌人是一个争论不休的问题。卢埃林的祖父卢埃林·阿普·约沃思以主权保护神的身份已经说过：他有权接收英格兰国王的敌人，"因为我们不比苏格兰国王缺少自由，苏格兰国王接收来自英格兰的不法分子，却没有受到惩罚"[9]。和约往往包含关于双方不得藏匿敌人的条款，正是这样的双边条款被纳入 1267 年的《蒙哥马利和约》中。和约中清楚规定，"作为封君的国王及其继承人将不会藏匿或帮助威尔士亲王或其继承人的敌人或对手"[10]。因此，当看到他那位不和的兄长和老对手时，卢埃林有了合理的借口。这两人曾在 1274 年阴谋暗杀他，却获得英格兰君主的同意住在英格兰。然而，司法因素很快在军事因素面前相形见绌。爱德华判定卢埃林坚持拒绝效忠的行为构成宣战的原因（casus belli）。

---

[7]　*Latin texts of the Welsh laws*, ed. Emanuel, p. 207.

[8]　*Brut y tywysogyon*, ed. And teans. Jones, p. 263.

[9]　*Royal and other historical letters*, ed. Shirley, I, p. 229, no. 201（1224）.

[10]　*Littere Wallie*, ed. Edwards, no. 1, p. 3.

1276—1277 年战争分为两个阶段。在第一阶段，三支军队分别以切斯特、蒙哥马利和卡马森为基地，夺取了格温内思周围的土地，卢埃林在前 20 年里征服了这里。德修巴斯和北波伊斯的本土威尔士王公屈服了。战争的第二阶段始于国王在 1277 年夏抵达切斯特之时。他的计划是沿着北威尔士海岸慢慢推进，一边向前推移，一边从森林中开辟出大量宽阔的长条形土地并稳固各个基地。他极为依赖步兵，其人数一度超过 1.5 万人，8 月有 1500 多名雇工在弗林特（Flint）和里兹兰（Rhuddlan）之间砍伐树木。与此同时，他派出军队到安格尔西，阻止那里丰收的粮食运送到斯诺多尼亚。在没有盟友、到处都是大量的英格兰军队且很快就要挨饿的情况下，卢埃林屈服了。

1277 年达成的协议使卢埃林的土地只剩下格温内思原有的核心地带。佩费德拉德为英格兰国王和卢埃林的兄弟大卫所分，波伊斯的格鲁福德恢复了统治权，英格兰国王和边界领主们占领或重新占领了中威尔士。卢埃林前往伦敦宣誓效忠，被允许保留威尔士亲王的称号。1278 年 10 月，他在伍斯特娶了他的未婚妻埃莉诺·德·蒙福尔，英格兰国王曾将她扣押。爱德华参加了婚庆活动并承担婚礼费用。看起来，只要表现出适度的顺从，友好关系就可以建立。然而，如后来苏格兰的约翰·巴利奥尔一例所示，甚至封臣最顺从之处都可能找到爱德华一世关于其权利被侵犯的思想。正如巴利奥尔的例子那样，正是爱德华的司法惯例最后证明是令人难以接受的。1277 年，众人达成一致：如果卢埃林宣称他应该正当地拥有他已经被剥夺的土地，"那么作为封君的国王将依据那些土地所在地区的法律和习俗向他展示充分的公正"[11]。在 1278—1281 年的一场拖延已久的诉讼中，卢埃林向格鲁福德·阿普·格温韦温提出对阿威斯特利（Arwystli）的要求权，该地涉及威尔士本土法律的地位的微妙问题。关于该地的纷争最终似乎使卢埃林相信，"充分的公正"是他在爱德华一世那里最不可期盼的事。

卢埃林在爱德华的公正面前碰壁的同时，他的兄弟大卫慢慢发现，他与英格兰人合作获得的奖赏不尽如人意。在整个威尔士，新外族官员们的统治和由王室司法机构对本土土地持有者带来的侵扰造成

---

⑪ *Littere Wallie*, ed. Edwards, no. 211, p. 119.

不满，这种不满最终在 1282 年 3 月爆发。那时，大卫夺取了哈瓦登（Hawarden），奥斯韦斯特里（Oswestry）被烧毁，阿伯里斯特威斯（Aberystwyth）被占领。卢埃林不是这场叛乱的发起者，却使自己成为领导者。爱德华一世决定"最后终结这场纷争"。[12] 他所拥有的决心、海军、明显占优势的财力与人力被用来实现这一目标。王室指挥官和边界领主们努力征服南部和中部的威尔士人，而爱德华像 1277年那样从切斯特向西进军，率领着由舰队护卫的大军。他决心在整个冬天继续征战。到了 12 月，他的军队抵达安格尔西和康威河东岸。此时，卢埃林在比尔斯附近的战斗中被杀。战争尚未结束，但其结果已经毋庸置疑。1283 年上半年，格温内思被征服，其他地方的威尔士人的抵抗被逐一击败，卢埃林的兄弟大卫被俘，很快被处死。在付出 10 万英镑的代价后，格温内思王朝已经被摧毁。

在爱德华征服之后，威尔士的政治和军事版图彻底重组与重构。卢埃林的格温内思公国被分成三个郡（安格尔西郡、卡那封郡和麦里昂思郡），这三个郡与卡迪根郡和卡马森郡构成一个王室领土联盟，南北长达 100 多英里。这个联盟传统上称为威尔士公国，从1301 年起，它成为英格兰王位继承人的惯常属地。其行政机构包括郡守、郡法庭、验尸官和财政署，模仿当时英格兰的做法。在被征服 817的威尔士的其他部分，新的边界领主权为爱德华的军事领导者们而设。例如，在 1282—1283 年战争中占领佩费德拉德的里辛（Ruthin）的雷金纳德·格雷立即被授予此地及其附属土地为封地。在边界地区的其他地方，现有领主保留不动。极少数威尔士酋长从 1282—1283年战争中幸存下来，但这些人中有几个在后来的叛乱后被没收了财产，或者眼看着他们的继承权通过联姻转到英格兰领主手中。到 14世纪初，具有威尔士血统的高等贵族阶级不再存在。本土社会的顶层因外族征服而断裂。

爱尔兰

13 世纪初，承认英格兰国王权威的盎格鲁—诺曼领主兼移民可能

---

[12] *Calendar of various chancery rolls* 1277 – 1326, p. 275.

获得对整个爱尔兰的政治控制权，这仍然似乎是可能的。他们拥有所有重要沿海城市，牢牢地将主要领主权扎根于乌尔斯特、米斯和伦斯特。从科克和利默里克两个中心出发，他们逐渐占领明斯特和康纳赫特的部分地区。当然，当地的重要家族继续统治，尤其是托蒙德的奥布赖恩家族、德蒙的麦卡锡家族和康纳赫特的奥康纳家族，还有乌尔斯特各王国的统治家族，但他们被消除或同化也是可以想到的。实际上，康纳赫特在13世纪上半叶的历史将似乎表明这样的结果是可能的。

　　康纳赫特是爱尔兰各省中被盎格鲁—诺曼征收财产运动触及的最后一个省份。统治王族是奥康纳家族，他们在上个世纪已经持有王的称号，但从12世纪晚期起，盎格鲁—诺曼人德·伯格家族将野心勃勃的目光投向那里，该家族在爱尔兰的第一位领导人威廉·德·伯格显然接受了某种康纳赫特的授予权。在特洛·奥康纳的后代争夺王位的持续战争期间，他事实上成为国王拥立者。但在他于1205年去世后，德·伯格家族的权利要求，在他儿子理查德未成年期间处于静默中。1215年，约翰王在同一天颁发了两份授予"整块康纳赫特土地"的特许状，一份支持理查德·德·伯格，另一份支持奥康纳家族的国王卡瑟尔·克罗布德格（Cathal Crobderg）。德·伯格家族得到的授权似乎以胁迫性的保留方式持有，而奥康纳家族得到的被安排为奥康纳家族国王从属于英格兰国王的明显标志，因为康纳赫特被授予"给他及其继承人拥有和持有……只要他们好好地为我们服务"[13]。这个附带条件在卡瑟尔·克罗布德格于1224年去世后被援用。他的儿子埃德被剥夺继承权，康纳赫特被给予理查德·德·伯格。在接下来的十年里，政治形势变得极为复杂。当奥康纳家族的各个王位要求者为王位相互争夺时，德·伯格的命运随着他的叔叔的命运上下起伏，他的叔叔是亨利三世的首席大臣胡伯尔。当胡伯尔于1232年垮台后，理查德被冷落了好几年，但到1235年，他再度指挥对康纳赫特的大规模远征，开始令其盎格鲁—爱尔兰盟友兼追随者在那里定居下来。1235年后，康纳赫特被瓜分。奥康纳家族被允许保留以现代罗斯康芒县（County Roscommon）为中心的五个百村区（cantred），这些村

818

区以前附属于王室城堡阿斯隆（Athlone），奥康纳家族要为它们向国王缴纳租金。康纳赫特的剩余部分为德·伯格所有，他开始实行领地分封和定居政策。德·伯格的领地集中在康纳赫特南部，那里有一主要中心洛赫雷（Loughrea）。而在北部，斯莱戈为菲茨杰拉德家族的一个分支所持有。甚至在马约半岛的西部，像巴雷特家族这样的小移民家族定居下来。

　　于是，康纳赫特在13世纪上半叶的历史显示出一种模式：英格兰王权和外国人居留区将最终使本土政治权威变得完全无足轻重。事实上，这样的局面将不是最后结果。到1300年，本土各家族将不仅幸存下来，而且也开始复兴，"英格兰人的"爱尔兰的各项限制受到制约且变得脆弱不堪，这是显而易见的。从13世纪起，爱尔兰史以政治二元性为特征，这一特征到现在仍是其标志。因此，13世纪英格兰人和爱尔兰人的爱尔兰历史由两个截然不同却又交织在一起的篇章构成。一方面，那里存在着本土王国，它们是饱受外族进攻和财产征用打击的不同群体，但慢慢容忍了外族的存在，使自己稳定下来，到13世纪末开始重获失地。另一方面，那是英格兰人的爱尔兰，它的历史是一个殖民历史，因为爱尔兰的领主权可以说几近于现代意义上的殖民地；这是中世纪欧洲产生的殖民地，甚至比"意大利的爱尔兰"——撒丁岛——更像殖民地。爱尔兰从1254年起不可分解地与英格兰君主绑在一起，其制度和法律几乎完全照搬英格兰的，其赋税成为英格兰国王的战争基金。

　　在约翰王于1210年远征后，虽然没有英格兰国王在这个时期到过爱尔兰，但英格兰人的爱尔兰早已彻底地照搬英格兰的机构和法律。12世纪晚期、13世纪早期定居在爱尔兰的盎格鲁—诺曼人，来自一个已经习惯了行政和司法专业化、有着正式行政程序和官僚方法的社会；他们在爱尔兰建立的政府以同样的特征为标志，这也就不足为怪了。12世纪90年代，都柏林拥有一个郡法庭；在整个13世纪，总共有11个王室郡县出现，由正式任命的英格兰官员进行管理，如郡守和验尸官。英格兰定居者的法律明显是英格兰的普通法，英格兰王室政府在1223年写道："我们的爱尔兰和英格兰的土地上的法律

819

是、也应当是一致的。"⑭ 中央政府的公职和机构是英格兰的微缩版，考虑到君主永久性缺席而做出适当调整。这个政府以政法官为首，他有时是一位本土的盎格鲁—爱尔兰权贵，有时是一位英格兰官员，而且还有大法官法庭、财政署和中央法庭。由这些机构产生的一些记录幸存下来，如 1211—1212 年的爱尔兰圆筒卷档和自 13 世纪 90 年代起的政法官法庭卷档。第一次爱尔兰议会于 1264 年举行，此后议会经常召开，13 世纪 90 年代召开了 10 次，通常在都柏林，有时在基尔肯尼（Kilkenny）。

　　然而，英格兰人的爱尔兰不能简单地等同于代理王室政府及与之联系在一起的土地和机构。盎格鲁—诺曼人的到来涉及贵族自由抢夺土地的行为，原先的冒险者们的后代或同种类型的后来者为移民社会增添了更狂野且更具排他主义的色彩，超出专注于都柏林政府记录可能表明的范畴。大权贵家族拥有自己的权利，领主权享有各种特权并置身于郡体系之外。乌尔斯特伯爵领（这个时期爱尔兰唯一的伯爵领）先为德·莱西家族、后为德·伯格家族所持有，米斯为德·莱西家族及其继承人所持有，尤其是精力旺盛的国际勇士杰弗里·德·杰内维尔（1252—1308 年）。到彭布罗克的马歇尔家族诸伯爵于 1245 年灭亡前，伦斯特一直属于他们，因此该领主权分成四份特权，通常由不在此居住的权贵持有。这些相邻的大片领土由贵族的行政与军事机构来管理，有着它们自己的习俗、法庭和大法官法庭。除这些严格意义上的特权领主外，还有许多强大的移民家族，如菲茨杰拉德家族和巴特勒家族，这些家族拥有军事权力、广阔的土地和活跃的姻亲关系。随着 13 世纪的流逝，盎格鲁—爱尔兰"民族"开始形成：氏族式的亲属群体有着同样的姓氏，人数极多（大概因为接受私生子女），军事与政治行动统一。英格兰人的爱尔兰的社会与政治团体已经开始与英格兰的那些团体明显地区分开来。

　　直到 13 世纪中期，英格兰人的爱尔兰似乎是一个不断扩张的社会，一项殖民冒险事业；在这项事业中，进一步的财产征用和新殖民活动在到达大西洋前没有任何可预见的限制。这种感觉慢慢发生变化，但重点必须放在"慢慢"这个词上。标志着盎格鲁—诺曼人在

---

⑭ *Rotuli chartarum*, ed. Hardy，Ⅰ，p. 497.

爱尔兰征服并定居下来的全盛时期的一系列激烈战斗，或引人瞩目的政治事件并没有出现。虽然 1261 年芬尼·麦卡锡大败由政法官率领的对立军队的卡兰之战和布赖恩·奥尼尔在 1258 年复兴王权的行动（未成功）有时以这种方式呈现出来，但是时人不可能在这样的事件中看到无休止的军事机遇和政治重组的游戏之外的东西，军事机遇和政治重组自首批盎格鲁—诺曼人到来后（当然，在此之前也一样）成为爱尔兰历史的特征。爱尔兰殖民地如此不自在地纳入"征服"与"抵抗"模式，原因之一在于本土爱尔兰人或英格兰移民当中都缺乏统一的领导。爱尔兰诸国王通常既是对手又是盟友。在每个君主朝代，竞争者都产生于该家族被排除在外的支系。在英格兰人当中，政法官制和以都柏林为中心的王室政府的存在，似乎暗示着一定程度的政治协调，但实权掌握在盎格鲁—爱尔兰大家族手中，如德·伯格家族和菲茨杰拉德家族。这些大家族谋求发展地方权力基地，适时与本土统治者结盟，如果有好处便相互斗争。因此，13 世纪爱尔兰的编年史呈现出一连串令人困惑不解的袭击、伏击和掠夺性远征，当地人和移民在看似混乱的重新模式化中结盟与竞争。

　　然而，平衡的转变在整个 13 世纪清晰可辨，事实就是这样。1250 年前没有被英格兰人占领或定居的地区此后也不可能被占领了。作为 1170—1250 年殖民地特征的新城堡、新领主权和新市镇的目录册开始变薄，而且建立前所未有的侵入式领主权的情况相当少有，如托蒙德在 1276 年被授予爱德华一世的宠臣托马斯·德·克莱尔。例如，乌尔斯特的西北部和明斯特的西南部将永远不会被并入英格兰人的爱尔兰，这变得清晰起来。爱尔兰匪徒从威克洛山脉（Wicklow mountains）下来破坏都柏林谷地的王室庄园，来自此处的威胁从未消失过。移民村庄容易受到攻击，这被记录在一系列单一的抗议中，控告"国王的臣民每天都被杀害，他们的房屋被焚毁，无法忍受的破坏已经造成"[15]。

　　12 世纪晚期，从盎格鲁—诺曼人的最初攻击中幸存下来的本土家族中，尽管各家族内部和各家族之间有着不停的竞争，但这些家族具有相当大的连续性。1300 年的主要统治家族从 1200 年的那些延续

---

[15]　*Calendar of documents relating to Ireland*（1171 – 1307），ed. Sweetman，Ⅲ，no. 559，p. 271.

821　下来，统治的地区几乎与其祖先曾统治过的一样。因为东部沿海现在落入英格兰人之手，所以他们没有一个人可以奢望与 11—12 世纪的爱尔兰国王竞争，国王有时曾获得对整个岛屿的实际权威，但有些人逐渐开始重塑并扩大政治与军事资源，如蒂龙的奥尼尔家族。有一项革新是雇佣武装随员（"外族封臣"），他们是来自苏格兰西部和赫布里底群岛的战斗人员。在盎格鲁—诺曼人渗入的早期阶段，加洛韦和苏格兰西部的领主们曾与本土爱尔兰人打过仗，从英格兰国王那里接受了位于乌尔斯特的封地。但随着 13 世纪的推移，他们趋向推翻这一结盟关系。1247 年，"阿盖尔国王麦克索利（MacSorley）"与正在和菲茨杰拉德—奥康纳联军作战的蒂尔康奈尔（Tyconnell）国王奥唐奈（O'Donnell）同时去世，[⑯] 到 13 世纪最后几十年，北爱尔兰诸王雇佣武装随员已成为标准惯例。

　　然而，13 世纪爱尔兰统治者发起的大多数战斗在方式和目标上都很传统。通过展示军事实力、袭击城堡和俘获人质来行使权力，从而创造超出局部范围的领主权。长期的对手被以残害身体的惯常方式从政治舞台上清除掉。康纳赫特的卡瑟尔·克罗德贝格的孙子塔德克·多尔·奥康纳，以凶暴活跃的方式进入家族斗争的世界，在 1243 年秋为他的对手奥赖利家族俘获。他被囚禁了整个冬天，然后在春天到来时被弄瞎了双眼且被阉割。他在 28 年后死去，编年史家在他的讣告中哀悼道："直到被弄瞎之前，他都是其所在省份最有资格的王位继任者。"[⑰] 对本土统治者来说，随着场合需要，英格兰人和定居者的权力代表着可能遭受最激烈的反对、利用最彻底或最获认可的政治力量。康纳赫特的菲利姆·奥康纳走向带领军队的极端，为亨利三世在 1245 年发起的威尔士远征提供服务。结果，至少在当地编年史家的评价中，他"被国王大加赞赏"。[⑱] 他的儿子埃德（死于 1274 年）是盎格鲁—爱尔兰人的激烈反对者，与德·伯格家族发生战争，劫掠王室中心城市罗斯康芒，将舰队开到里湖（Lough Ree），死后被赞誉为"他那个时代的所有爱尔兰国王中最令人畏惧且最成

⑯　*Annals of Connacht*, ed. Freeman, 1247 · 7, p. 91.
⑰　*Annals of Connacht*, ed. Freeman, 1272 · 4, p. 159.
⑱　*Annals of Connacht*, ed. Freeman, 1245 · 5, p. 85.

功的国王"。[19] 蒂龙国王布赖恩·奥尼尔的一生也表现出一种机会主义的感觉，但更为清晰地展现出一种鲜明的民族主义情感。他曾被益格鲁—诺曼人任命为国王。起初，他的主要反对者是麦克劳克林家族的与其竞争的一系，他在 1241 年的战斗中几乎将之毁灭。不过，从那以后，他开始不断地与菲茨杰拉德家族和其他移民势力作战。13 世纪 50 年代，他大肆劫掠了乌尔斯特伯爵领的土地。1258 年，在卡尔乌斯（Cael Uisce）召开的一次会议上，康纳赫特的埃德·奥康纳和托蒙德的泰格·奥布赖恩将"爱尔兰盖尔人的王位"给了他。[20] 1260 年，他的雄心壮志以灾难告终，那时他被唐郡（Down）的地方兵打败并被杀，他的头颅送到伦敦——"布赖恩的头颅被置于异国他乡寒冷的泥土之下"。[21]

1300 年，爱尔兰仍然战乱不断，地方势力割据，如奥尼尔家族、德·伯格家族或菲茨杰拉德家族。在东部和南部，英格兰人的政府机构继续存在，但其权力受到限制并不断紧缩。到这个时期，暴力、地方化、民族混合的模式已经在这个岛上出现，这将成为该岛在中世纪晚期和都铎王朝时期的特征。

苏格兰

在本章探讨的这三个地区中，正是苏格兰展现出与英格兰最为相似的政治结构。到 13 世纪初，苏格兰出现中央集权的世袭君主制，其贵族阶级在人员和作风上日益英法化。诸王四处敛财，修建城堡，颁发特许状，谋求和边界以南的与其地位相当之人保持联系（并与他们联姻），而不是培育苏格兰王权的凯尔特传统。政法官和郡守构成王室司法与行政机构的框架。各市镇和王国里的许多宗教机构在文化上英格兰化，在情感上都属于保皇派。首先映入人们眼帘的是一幅小封建王国的景象。

然而，这不是整幅景象。苏格兰王室礼仪的某些方面源自前封建时代；本土权贵家族继续把持着大多数古老的伯爵领，该国的大部分

[19] *Annals of Connacht*, ed. Freeman, 1274·2, p. 163.

[20] *Annals of Connacht*, ed. Freeman, 1258·9, p. 127.

[21] Giolla Brighde Mac Con Midhe, *Poems*, ed. And trans. Williams, XIII, 1, p. 137.

地区讲盖尔语，保留了盖尔语文化。此外，老王室家族的一些后代显然没有接受家族削减旁系的做法，将嫡系注定要强制精简的旁支排除在外。特别是国王邓肯二世（1094 年）的后裔麦克威廉家族，可能还有以麦克白（1040—1057 年在位）为著名代表的诸王的老莫里一系，继续提出王位要求权。1215 年，当苏格兰的少年国王亚历山大二世初登王位时，"苏格兰的敌人们的领主国王进入莫里，这些敌人即是麦克威廉的儿子多纳德·班、肯尼思·麦克赫思和拥有人数众多的保王党人的某位爱尔兰国王的儿子"。一位地方权贵将其击溃，"砍下他们的头颅，作为新礼物献给新国王"。[22] 1230 年记录了另一次麦克威廉家族的叛乱，也被残酷镇压。

823

随着竞争支系的摧毁而来的是苏格兰王权在不列颠北部的缓慢扩张，因为王国的自治部分受到的控制逐渐加强，王国以外的土地被合并进来。加洛韦提供了一个完美的例子：该地区正式从属于苏格兰国王，却有着自己的统治者一系，有时这些统治者在非苏格兰文献上被称为"国王"，还有着分离主义传统。加洛韦的统治者阿兰在 1234 年去世，这为行使王室权威和实现英法继承规则提供了机会。阿兰留下三个女儿；根据封建习俗，他的领地将在她们之间平分。尽管本土加洛韦人抵制这种做法，而且阿兰的一个私生子提出了继承权要求，但领地还是被平分了。因为每个女儿都嫁给了具有英法血统的权贵，所以加洛韦将来显然会构成跨边界贵族阶级的领地，而不再是本土地方附属王国。

加洛韦不是西部沿海地区唯一的自治区。赫布里底群岛的领主权也存在争议。在 12 世纪上半叶，从刘易斯岛到马恩岛的西部群岛（即赫布里底群岛）已经形成一个王国，但从 12 世纪 50 年代开始，群岛的统治权为马恩岛的戈弗雷（死于 1187 年）的后代和阿盖尔的索默莱德（死于 1164 年）的后代麦克索利家族瓜分。这两个家族自身分裂成不同的分支，有着不同的地方权力基地，有时对王位的渴望使他们相互竞争。他们的首要目标是大西洋，原因在于：虽然马恩岛诸王在 13 世纪有时被英格兰国王封为骑士，但英格兰的权力在爱德华一世当政前没有系统地集中在不列颠群岛的这个部分。更常见的

㉒ *Chronicle of Melrose*, ed. Anderson and Anderson, p. 59.

是，马恩岛的统治者或麦克索利家族的不同分支（麦克杜格尔家族、麦克唐纳家族和麦克鲁艾里德家族）劫掠康纳赫特沿海，在斯凯岛或马恩岛相互激烈地战斗，到挪威国王的宫廷进行游说来获得优先权。因为理论上对西部群岛（正如奥克尼群岛与设得兰群岛一样）的最高统治权在挪威手中，而且该群岛（或索德岛和马恩岛）的主教从属于特隆赫姆大主教。

从 13 世纪 40 年代起，有证据表明，苏格兰国王意欲由自己取代挪威对西部群岛行使宗主权。起初，诱惑从金钱开始，但据说挪威的哈康四世（1217—1263 年在位）回复道，"他不知道自己缺钱缺到需要卖地的地步"。㉓苏格兰诸王随后试图以更直接的方式来达成目的；"带着征服整个群岛并置于自己治下的意图准备好一大支海军后"，㉔亚历山大二世竟然在阿盖尔的凯勒拉岛去世了（1249 年）。他的继任者运气更好一些。哈康四世于 1263 年在西部群岛最后展示了挪威人的强大威势，产生的影响为拉格斯之战所减弱，并且因哈康在奥克尼群岛去世而逐渐清除。此后，苏格兰国王和挪威国王商议将西部群岛从挪威人手中转移到苏格兰人手中。根据 1266 年《珀斯条约》，该群岛的居民移至苏格兰国王的权威下。挪威国王马格努斯接受了他的父亲不屑一顾的那些银钱中的一部分作为回报。九年后，马恩岛最后一位国王的一个私生子试图重建王朝，却被血腥地击败。编年史家的结论认可道："国王不再统治马恩岛了。"㉕总的说来，13 世纪因此见证了苏格兰王室权威在西部地区得到广泛地拓展，这种情形与北部地区的相似，那里的凯斯内斯（Caithness）和罗斯（Ross）感受到了苏格兰国王的军事权力，即便奥克尼群岛和设得兰群岛直到 15 世纪仍然处于挪威的统治下。

在西部和北部，苏格兰诸王面临来自斯堪的纳维亚的要求权、岛上的统治家族以及盖尔人和加罗韦人的世界。在南部，他们面临英格兰王国，一个在不列颠群岛内规模与人口独特的政治单位。在这个时期里，两个王国的关系直到 13 世纪即将结束时通常都是和平，甚至缓和的。两个王国之间的领土定界和两位国王之间的确切法律关系这

824

㉓ "Saga of Hakon Hakon's son", trans. Dasent, p. 249.
㉔ *Chronicle of the kings of Mann and the Isles*, ed. And trans. Broderick, p. 78.
㉕ "Continuation of William of Newburgh", p. 549.

两大议题都可以激起不和，但几乎没有造成流血事件。在 1237 年的
《约克条约》中，亚历山大二世放弃他对英格兰北方各郡的要求权，
这一领土野心曾经是苏格兰国王自 11 世纪以来各项政策的从属部分，
也曾经是亚历山大二世本人在统治初期（1215—1217 年）通过战争
努力实现的目标。比定界问题更微妙的是两位国王的关系。苏格兰国
王向英格兰国王宣誓效忠，但这种效忠是为了苏格兰王国或只是为了
他们在英格兰持有的土地（正如英格兰国王为了在法兰西的土地向
法兰西国王宣誓效忠一样）尚存争议。根据对亚历山大三世在 1278
年向爱德华一世宣誓效忠的描述来看，苏格兰国王在行此举时明确地
保留了他的王国；有位英格兰主教通过保留英格兰国王为其王国宣誓
效忠的权利来做出回应；亚历山大做了鼓舞人心的陈述，"除了上
帝，没有人有权获得我的苏格兰王国的效忠"。㉖

　　无论法律细节是什么，英格兰国王对苏格兰国王的家长作风显而
易见。亚历山大二世和亚历山大三世都在英格兰由英格兰国王封为骑
士，都娶了英格兰国王的女儿为妻。特别是从 1249 年到 1260 年，亚
历山大三世的未成年期提供了机会，亚历山大和亨利三世的女儿的婚
姻提供了借口，使英格兰君主开始干预苏格兰的政治事务。正如君主
未成年时期经常发生的，贵族的竞争行为集中在控制君主本人并主导
摄政议事会。强大的贵族世家科明家族与福斯河以北的苏格兰政法官
阿兰·德沃德关系紧张，前者的家族成员此时持有两个伯爵领，后者
是一个渴望拥有他自己的伯爵领的人。复发性政变成为 13 世纪 50 年
代的标志，两大竞争派系在政变中请求英格兰国王出手相助。1255
年，亨利三世来到苏格兰，监督执行由包括德沃德和他们的其他竞争
者在内的议事会取代科明家族主导的议事会。1257 年，科明家族筹
划了一场反政变，绑架了国王，使德沃德逃亡英格兰，并且向威尔士
的卢埃林主动示好。最后，双方在次年达成妥协。君主未成年时期发
生的这些事件当然预示着英格兰国王在 1286 年后的那个时期里对苏
格兰的侵入作用，但也表明贵族竞争行为可以被遏制的方式，预示着
只要继位顺利，苏格兰君主制就可以保持基本的稳定。

　　从他们避免同时代的威尔士和爱尔兰实行的分封继承制与片面竞

㉖ Stones（ed.），*Anglo-Scottish relations 1174 – 1328*，p. 80 [40] .

争的方式来看，13 世纪的苏格兰国王具有大陆属性，而不是凯尔特人属性。王室长子继承制为在好几代人期间巩固权力和抑制王朝纷争带来的好处是显而易见的，大多数欧洲王国和公国在中世纪期间都采用这一制度。然而，这在新的一脉相承的世系遗传脆弱性方面将付出代价。苏格兰诸王在 12—13 世纪接连不断地打击潜在敌人和旁系亲属；但到了 1286 年，他们将自己的世系锤炼到父系没有了继承人的地步。那时，亚历山大三世不知缘由地从马背上掉下来，摔断了脖子。欧洲王室继承的普遍制度的不稳定性几乎不可能有比这更清晰的证明了——同时代的爱尔兰王国不会因突然失去其现任国王而受到妨碍。

始于 1286 年的继承危机推动了两个重要的政治发展。第一个是由权贵和重要神职人员组成的委员会的形成，这在有效君主缺席时提供了一个临时政府。这样的安排的某些经验是在以前的君主未成年时期得到积累的，尤其是亚历山大三世的未成年时期。自伯爵、主教和男爵们当中选出的监护人受到任命，宣称他们代表着"王国共同体"。这样的贵族团体在亚历山大三世的外孙女挪威的玛格丽特（1286—1290 年）缺席统治时期、随后的君主空位期（1290—1292年）和 1296 年后的无主时期治理着整个国家。第二个主要发展是英格兰国王这边近来对苏格兰产生侵入式兴趣。起初，苏格兰统治各阶级对此不完全拒绝，他们当中有些人将爱德华一世视为能够阻止贵族竞争行为摧毁苏格兰王国的仲裁者和保护者。然而，爱德华非常善于审时度势，利用苏格兰领导人首次接近的时机，开始商谈挪威的玛格丽特和他的儿子兼继承人的联姻，这一安排将会导致两个王室的联合。当被要求对竞争中的各王位要求者进行仲裁时，他利用第二次接近之机从各王位要求者那里获得对其封君权利的明确认可。因此，当约翰·巴利奥尔以伤害布鲁斯家族的意愿为代价，在有权势的科明家族的支持下于 1296 年即位时，他早已向英格兰国王让步，比前 100年的任何一位苏格兰君主让出的都要多。

爱德华一世在 13 世纪 90 年代与苏格兰国王达成的交易，和他在 13 世纪 70、80 年代与卢埃林达成的交易有着惊人的相似之处。在两项交易中，他那坚持不懈的律法主义给附属统治者造成持续不断的压力，直到封臣君主发现自己被迫在卑下的司法从属和诉诸武力之间进行选择。正如卢埃林的情况那样，巴利奥尔及其顾问与盟友最终选择了后者，很快被从军事上摧毁。1295 年的法兰西—苏格兰联盟尤其使爱德华感到愤怒，于是他沿着东海岸进军，迅速攻占苏格兰的主要贸易城市伯威克，并且派出军队继续前进，在邓巴尔打败并俘虏了大量的苏格兰重要权贵。巴利奥尔弃国而去，爱德华下令摔碎苏格兰御玺，毁掉苏格兰国王一直以来登基所用的斯昆石，建立占领政府，其实际领导是强硬的官员克莱辛翰的休。

　　1296 年前，英格兰和苏格兰之间的武装冲突在整个 13 世纪只出现过一次，发生在 1215—1217 年英格兰内战的混乱时期。从那以后，直到 16 世纪中期，冲突只在局部暴发。因此，这种危机标志着不列颠内部政治关系史上的一个明显的转折点。这个问题就是政治独立。827 1296 年，爱德华一世可能认为问题已经解决，今后不列颠将只会有一个国王。他错了，因为反对合并的民族情感已经调动起来。这种情感的广度特别在 1297 年表露出来，当时大多数苏格兰权贵仍然在囚禁当中，游击抵抗运动在威廉·华莱士的领导下开始了，此人是一个等级比较低的土地所有者。"这片土地上的普通民众追随着他，将他视为领袖和酋长。"[27] 在他的领导下，苏格兰长枪兵能够于 1297 年在斯特灵桥打败由英格兰骑兵和步兵组成的军队，这在步兵取得的系列胜利中还是第一次，标志着 1300 年前后发生了军事革命。克莱辛翰的休被杀，而且还被剥了皮，剥下的皮被割成无数碎片。

　　苏格兰独立战争持续了好几十年。1298 年，爱德华一世在福尔柯克给予华莱士沉重打击。在接下来的几年里，他似乎有可能发起全面的重新征服。正是罗伯特·布鲁斯在 1306 年发起的抵抗开始了一系列具有契机的事件，这些事件将导致苏格兰人在班诺克本（1314年）取得决定性的胜利和英格兰在 1328 年承认了布鲁斯的国王身份。苏格兰王国没有像格温内思一样消失，而是继续存在了四个多世纪，一个新的民族主义神话诞生了。

　　实际上，13 世纪"凯尔特土地"上的政治兴衰各不相同。对苏格兰和威尔士来说，英格兰的爱德华一世的统治时期标志着一个决定性时刻。威尔士的本土政治权力被摧毁，尽管 15 世纪初发生欧文·

　　㉗　Walter of Guisborough, *Chronicle*, ed. Rothwell, p. 299.

格伦道尔起义，但那种摧毁证明是永久性的，为整个威尔士最终合并到都铎王朝治下的统一国家铺平了道路。在英格兰—苏格兰事务中，13世纪90年代标志着两个世纪以和谐为主的两国关系的结束和两国之间长达二百五十年的冲突与战争的开始。这些冲突与战争使两个王国分离开来，将两国的边界各郡都变成危险的军事化区域。13世纪爱尔兰历史上没有出现过这样危险的发展，但到了1300年，英格兰—爱尔兰移民社会和爱尔兰本土社会显然都没有完全吸收或主导对方。因此，英格兰殖民集团逐渐在威尔士取得主导地位，从爱尔兰持续不断的冲突中幸存下来，在苏格兰遭到激烈的断然拒绝。中世纪晚期和现代早期的政治发展，将深深地受到这些在13世纪所走的不同道路的影响。

罗伯特·巴特利特（Robert Bartlett）

莫玉梅 译

徐　浩 校

附录　王朝世系一览表

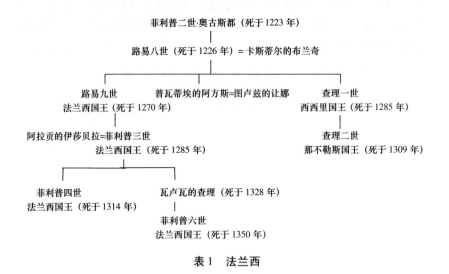

菲利普二世·奥古斯都（死于1223年）

路易八世（死于1226年）＝卡斯蒂尔的布兰奇

路易九世
法兰西国王（死于1270年）

普瓦蒂埃的阿方斯＝图卢兹的让娜

查理一世
西西里国王（死于1285年）

阿拉贡的伊莎贝拉＝菲利普三世
法兰西国王（死于1285年）

查理二世
那不勒斯国王（死于1309年）

菲利普四世
法兰西国王（死于1314年）

瓦卢瓦的查理（死于1328年）

菲利普六世
法兰西国王（死于1350年）

表1　法兰西

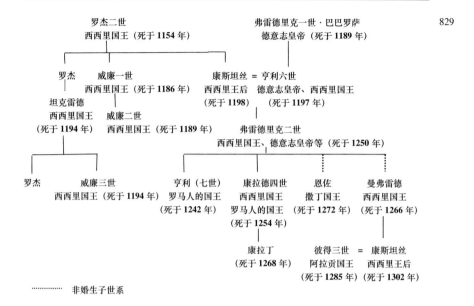

.... 非婚生子世系

表 2 霍亨斯陶芬家族治下的德意志和西西里

830

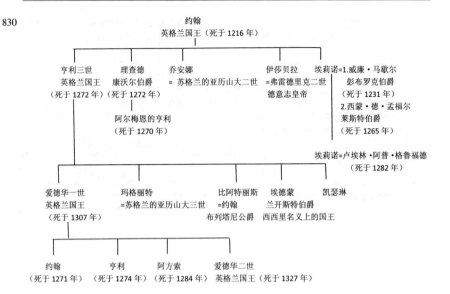

表 3　英格兰

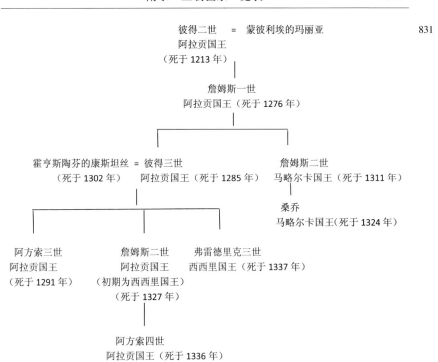

831

表 4　阿拉贡 – 加泰罗尼亚

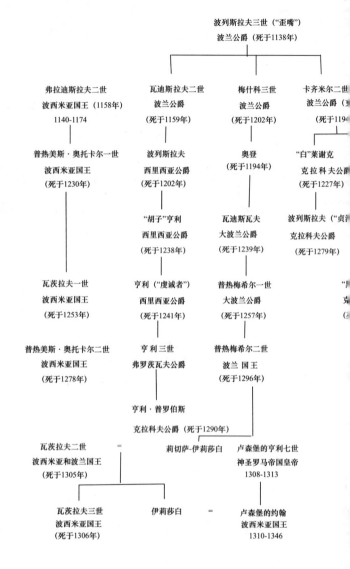

波列斯拉夫三世（"歪嘴"）
波兰公爵（死于1138年）

弗拉迪斯拉夫二世
波西米亚国王（1158年）
1140-1174

瓦迪斯拉夫二世
波兰公爵
（死于1159年）

梅什科三世
波兰公爵
（死于1202年）

卡齐米尔二世
波兰公爵（
（死于1194

普热美斯·奥托卡尔一世
波西米亚国王
（死于1230年）

波列斯拉夫
西里西亚公爵
（死于1202年）

奥登
（死于1194年）

"白"莱谢克
克拉科夫公爵
（死于1227年）

"胡子"亨利
西里西亚公爵
（死于1238年）

瓦迪斯瓦夫
大波兰公爵
（死于1239年）

波列斯拉夫（"贞洁
克拉科夫公爵
（死于1279年）

瓦茨拉夫一世
波西米亚国王
（死于1253年）

亨利（"虔诚者"）
西里西亚公爵
（死于1241年）

普热梅希尔一世
大波兰公爵
（死于1257年）

"
克
（

普热美斯·奥托卡尔二世
波西米亚国王
（死于1278年）

亨利三世
弗罗茨瓦夫公爵
（死于1296年）

普热梅希尔二世
波兰 国王
（死于1296年）

亨利·普罗伯斯
克拉科夫公爵（死于1290年）

瓦茨拉夫二世
波西米亚和波兰国王
（死于1305年）

＝

莉切萨-伊莉莎白

卢森堡的亨利七世
神圣罗马帝国皇帝
1308-1313

瓦茨拉夫三世
波西米亚国王
（死于1306年）

伊莉莎白

＝

卢森堡的约翰
波西米亚国王
1310-1346

表 5

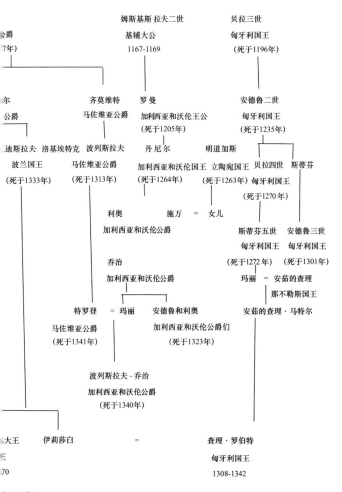

姆斯基斯 拉夫二世
基辅大公
1167-1169

贝拉三世
匈牙利国王
（死于1196年）

爵
7年)

尔
公爵

齐莫维特
马佐维亚公爵

罗曼
加利西亚和沃伦王公
（死于1205年）

安德鲁二世
匈牙利国王
（死于1235年）

迪斯拉夫 洛基埃特克
波兰国王
（死于1333年）

波列斯拉夫
马佐维亚公爵
（死于1313年）

丹尼尔
加利西亚和沃伦国王
（死于1264年）

明道加斯
立陶宛国王
（死于1263年）

贝拉四世
匈牙利国王
（死于1270 年）

斯蒂芬

利奥
加利西亚和沃伦公爵

施万 ＝ 女儿

斯蒂芬五世
匈牙利国王
（死于1272 年）

安德鲁三世
匈牙利国王
（死于1301年）

乔治
加利西亚和沃伦公爵

玛丽 ＝ 安茹的查理
那不勒斯国王

特罗登 ＝ 玛丽
马佐维亚公爵
（死于1341年）

安德鲁和利奥
加利西亚和沃伦公爵们
（死于1323年）

安茹的查理·马特尔

波列斯拉夫 - 乔治
加利西亚和沃伦公爵
（死于1340年）

大王
王
70

伊莉莎白 ＝

查理·罗伯特
匈牙利国王
1308-1342

各王朝

834

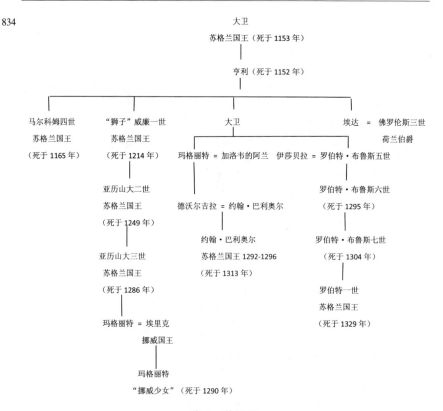

表6　苏格兰

按章节排列的原始资料和二手著作

I(1) 贵族和骑士

Secondary works

Abulafia, D. (1985), 'Catalan merchants and the western Mediterranean, 1236–1300: studies in the notarial acts of Barcelona and Sicily', *Viator* 16: 209–42

Altschul, M. (1965), *A baronial family in medieval England: the Clares, 1217–1314*, Baltimore

Arnold, B. (1985), *German knighthood, 1050–1300*, Oxford

Arnold, B. (1991), *Princes and territories in medieval Germany*, Cambridge

Bartlett, R. (1989), 'Colonial aristocracies of the high Middle Ages', in Bartlett and MacKay (1989), pp. 23–47

Bartlett, R. and MacKay, A. (eds.) (1989), *Medieval frontier societies*, Oxford

Battle Gallart, Carmen (1980) 'La burguesia de Barcelona a mediados del siglo XIII', in *Jaime I y su epoca: communicaciones 3, 4, y 5*, X Congreso de Historia de la Corona de Aragón, Saragossa, pp. 7–19

Bean, J.M.W. (1968), *The decline of English feudalism, 1215–1540*, Manchester

Bennett, M. (1986), 'The status of the squire: the northern evidence', in Harper-Bill and Harvey (1986), pp. 1–11

Bensch, S.P. (1995), *Barcelona and its rulers, 1096–1291*, Cambridge

Bisson, T.N. (1985), 'Prelude to power: kingship and constitution in the realms of Aragon, 1175–1250', in R.I. Burns (ed.), *The worlds of Alfonso the Learned and James the Conqueror: intellect and force in the Middle Ages*, Princeton, pp. 23–40

Bisson, T.N. (1986), *The medieval crown of Aragon: a short history*, Oxford

Bloch, M. (1961), *Feudal society*, trans. L. Manyon, London

Bonenfant, P. and Despy, G. (1958), 'La noblesse en Brabant aux XIIe et XIIIe siècles', *Le moyen âge* 64: 27–66

Brioso y Mayral, J.V. (1980), 'Los infanzones en los fueros aragonéses de la epoca de Jaime I', in *Jaime I y su epoca: communicaciones 3, 4, y 5*, X Congreso de Historia de la Corona de Aragón, Saragossa, pp. 61–70

Bumke, J. (1982), *The concept of knighthood in the Middle Ages*, trans. W.T.H. and E. Jackson, New York

Bush, M.L. (1984), *The English aristocracy: a comparative synthesis*, Manchester

Carpenter, D.A. (1980), 'Was there a crisis of the knightly class in the thirteenth century? The Oxfordshire evidence', *EHR* 95: 721–52

836　Chibnall, M. (1984), *The world of Orderic Vitalis*, Oxford

Contamine, P. (1976a), 'De la puissance aux privilèges: doléances de la noblesse française envers la monarchie aux XIVe et XVe siècles', in Contamine (1976b), pp. 235–57

Contamine, P. (ed.) (1976b), *La noblesse au moyen âge, XIe–XVI siècles: essais à la mémoire de Robert Boutruche*, Paris

Contamine, P. (1986), 'France at the end of the Middle Ages: who was then the gentleman?', in Jones (1986), pp. 201–16

Cooper, J.P. (1983), *Land, men and beliefs: studies in early-modern history*, London

Corral Lafuente, J.L. (1983), 'Cambios estructurales en Aragón a mediados del siglo XIII', *Aragón en la edad media. Estudios de economia y sociedad* 5: 95–112

Coss, P.R. (1975), 'Sir Geoffrey de Langley and the crisis of the knightly class in thirteenth-century England', *P&P* 68: 3–37

Coss, P.R. (1988), 'Knighthood and the early thirteenth-century county court', in Coss and Lloyd (1988), pp. 45–57

Coss, P.R. (1989), 'Bastard feudalism revised', *P&P* 125: 27–64

Coss, P.R. (1991), *Lordship, knighthood and locality: a study in English society, c. 1180–c. 1280*, Cambridge

Coss, P.R. and Lloyd, S.D. (eds.) (1986), *Thirteenth-century England*, I: *Proceedings of the Newcastle upon Tyne conference 1985*, Woodbridge

Coss, P.R. and Lloyd, S.D. (eds.) (1988), *Thirteenth century England*, II: *Proceedings of the Newcastle upon Tyne conference 1987*, Woodbridge

Crouch, D. (1990), *William Marshal: court, career and chivalry in the Angevin empire*, London

Crouch, D., Carpenter, D.A. and Coss, P.R. (1991), 'Debate: bastard feudalism revised', *P&P* 131: 165–203

Cuvillier, J.P. (1970), 'La noblesse catalane et le commerce des blés aragonais, 1316–1318', *Mélanges de la casa de Velázquez* 6: 113–30

de Moxó, S. (1969), 'De la nobleza vieja a la nobleza nueva. La transformación nobiliaria castellana en la baja edad media', *Cuadernos de historia anexos a la revista Hispania* 3: 1–210

de Moxó, S. (1970), 'La nobleza castellano-leonesa en la edad media. Problematica que suscita su studio en el marco de una historia social', *Hispania* 30: 5–68

de Win, P. (1986), 'The lesser nobility of the Burgundian Netherlands', in Jones (1986), pp. 95–118

Dean, T. (1985), 'Lords, vassals and clients in Renaissance Ferrara', *EHR* 100: 106–19

Dean, T. (1988), *Land and power in late medieval Ferrara: the rule of the Este, 1350–1450*, Cambridge

Denholm-Young, N. (1965), *History and heraldry*, London

Denholm-Young, N. (1969), *Collected papers of Noël Denholm-Young*, Cardiff

Desportes, P. (1979), *Reims et les rémois aux XIIIe et XIVe siècles*, Paris

Desportes, P. (1989), 'Les pairs de France et la couronne', *Revue historique* 282: 305–40

Dollinger, P. (1976), 'Aspects de la noblesse allemande, XIe–XIIIe siècles', in Contamine (1976b), pp. 133–49

du Boulay, F.R.H. (1986), 'Was there a German "gentry"?', in Jones (1976b), pp. 119–32

Duby, G. (1971), *La société aux XIe et XIIe siècles dans la région mâconnaise*, 2nd edn, Paris

Duby, G. (1976), 'La diffusion de titre chevaleresque sur le versant méditerranéen de la　837
Chrétienté latine', in Contamine (1976b), pp. 39–70

Duby, G. (1980), *The chivalrous society*, trans. Cynthia Postan, London and Berkeley

Duby, G. and Le Goff, J. (eds.) (1977), *Famille et parenté dans l'occident médiévale*, Collection de l'Ecole Française de Rome, 30, Rome

English, B. (1979), *The lords of Holderness, 1086–1260*, Oxford

Evergates, T.J. (1975), *Feudal society in the bailliage of Troyes under the counts of Champagne, 1152–1284*, Baltimore

Fenske, L., Rösener, W. and Zotz, T. (eds.) (1984), *Institutionen, Kultur und Gesellschaft im Mittelalter: Festschrift für Josef Fleckenstein zu seinem 65. Geburtstag*, Sigmaringen

Fleckenstein, J. (ed.) (1977), *Herrschaft und Stand: Untersuchungen zur Sozialgeschichte im 13. Jahrhundert*, Göttingen

Fleming, D.F. (1990), '*Milites* as attestors to charters in England, 1101–1300', *Albion* 22: 185–98

Flori, J. (1986), *L'essor de la chevalerie, XIe–XIIe siècles*, Geneva

Fossier, R. (1968), *La terre et les hommes en Picardie jusqu'à la fin du XIIIe siècle*, Paris

Fossier, R. (1976), 'La noblesse picarde au temps de Philippe le Bel', in Contamine (1976b), pp. 105–27

Freed, J.B. (1976), 'The origins of the European nobility: the problem of the ministerials', *Viator* 7: 211–41

Freed, J.B. (1978), 'The formation of the Salzburg ministerialage in the tenth and eleventh centuries: an example of upward social mobility in the early Middle Ages', *Viator* 9: 65–102

Freed, J.B. (1984), 'The counts of Falkenstein: noble self-consciousness in twelfth-century Germany', *Transactions of the American Philosophical Society* 74: 1–70

Freed, J.B. (1986), 'Reflections on the medieval German nobility', *American Historical Review* 91: 553–75

Freed, J.B. (1987), 'Nobles, ministerials, and knights in the archdiocese of Salzburg', *Speculum* 62: 575–611

Freed, J.B. (1989), 'The crisis of the Salzburg ministerialage, 1270–1343', *Studies in Medieval and Renaissance History* n.s. 11: 111–71

Génicot, L. (1960), *L'économie rural namuroise au bas moyen âge, 2. Les hommes. La noblesse*, Louvain

Génicot, L. (1982), *La noblesse dans l'occident médiévale*, London

Gillingham, J. (1988), 'War and chivalry in the *History of William the Marshal*', in Coss and Lloyd (1988), pp. 1–13

Given-Wilson, C. (1987), *The English nobility in the late Middle Ages: the fourteenth-century political community*, London

González Anton, L. (1978), *Las cortes de Aragón*, Saragossa

González Jiménez, M. (1989), 'Frontier and settlement in the kingdom of Castile (1085–1350)', in Bartlett and MacKay (1989), pp. 49–74

Harper-Bill, C. and Harvey, R. (eds.) (1986), *The ideals and practice of medieval knighthood: papers from the First and Second Strawberry Hill Conferences*, Woodbridge

Harvey, S. (1970), 'The knight and the knight's fee', *P&P* 49: 3–43

Haverkamp, A. (1988), *Medieval Germany, 1056–1273*, trans. H. Braun and R. Mortimer, Oxford

838　Hillgarth, J.N. (1976), *The Spanish kingdoms, 1250–1516*, 1, Oxford

Hilton, R.H. (1966), *A medieval society: the west Midlands at the end of the thirteenth century*, London

Hilton, R.H. (1971), review of Fossier (1968) in *EHR* 86: 114–17

Holt, J.C. (1961), *The northerners*, Oxford

Hunt, T. (1981), 'The emergence of the knight in France and England, 1000–1200', *Forum for Modern Language Studies* 17: 93–114

Hyde, J.K. (1973), *Society and politics in medieval Italy: the evolution of the civil life, 1000–1350*, London

Jones, M. (ed.) (1986), *Gentry and lesser nobility in late medieval Europe*, Gloucester

Keen, M. (1984), *Chivalry*, New Haven

King, E. (1970), 'Large and small landowners in thirteenth-century England', *P&P* 47: 26–50

Lansing, C. (1991), *The Florentine magnates: lineage and faction in a medieval commune*, Princeton

Larner, J. (1980), *Italy in the age of Dante and Petrarch*, London

Larner, J. (1988), 'Chivalric culture in the age of Dante', *Renaissance Studies* 2: 117–30

Leyser, K. (1968), 'The German aristocracy from the ninth to the early twelfth century: a historical and cultural sketch', *P&P* 41: 25–53

Leyser, K. (1984), 'Early medieval canon law and the beginnings of knighthood', in Fenske, Rösener and Zotz (1984), pp. 549–66

Lourie, E. (1966), 'A society organized for war: medieval Spain', *P&P* 35: 54–76

McFarlane, K.B. (1973), *The nobility of later medieval England*, Oxford

MacKay, A. (1977), *Spain in the Middle Ages: from frontier to empire, 1000–1500*, London

MacKay, A. (1986), 'The lesser nobility in the kingdom of Castile', in Jones (1986), pp. 159–80

Maddicott, J.R. (1984), 'Magna Carta and the local community, 1215–59', *P&P* 102: 26–65

Maddicott, J.R. (1986), 'Edward I and the lessons of baronial reform: local government, 1258–80', in Coss and Lloyd (1986), pp. 1–30

Maddicott, J.R. (1988), 'The crusade taxation of 1268–1270 and the development of parliament', in Coss and Lloyd (1988), pp. 93–117

Miller, E. (1986), 'Rulers of thirteenth century towns: the cases of York and Newcastle upon Tyne', in Coss and Lloyd (1986), pp. 128–41

Morris, C. (1978), '*Equestris ordo*: chivalry as a vocation in the twelfth century', in D. Baker (ed.), *Studies in Church History* 15: 87–96

Mortimer, R. (1986), 'Knights and knighthood in Germany in the central Middle Ages', in Harper-Bill and Harvey (1986), pp. 86–103

Naughton, K.S. (1976), 'The gentry of Bedfordshire in the thirteenth and fourteenth centuries', University of Leicester Department of English Local History, Occasional Papers, Third Series, no. 2, Leicester

Newman, J.E. (1977), 'Greater and lesser landowners and parochial patronage: Yorkshire in the thirteenth century', *EHR* 92

O'Callaghan, J.F. (1989), *The cortes of Castile–Leon, 1188–1350*, Philadelphia

Parisse, M. (1976), *La noblesse lorraine, XIe–XIIIe siècles*, Lille

Parisse, M. (1982), *Noblesse et chevalerie en Lorraine médiévale: les familles nobles du XIe au XIIIe siècles*, Nancy

Patterson, L.M. (1986), 'The Occitan squire in the twelfth and thirteenth centuries', in 839
Harper-Bill and Harvey (1986), pp. 133–51

Perroy, E. (1962), 'Social mobility among the French *noblesse*', *P&P* 21: 25–38

Pescador del Hoyo, C. (1961–4), 'La caballería popular en León y Castilla', *Cuadernos de historia de España* 33–4 (1961): 101–238; 35–6 (1962): 56–201; 37–8 (1963): 88–198; 39–40 (1964): 169–260

Powers, J.F. (1988), *A society organized for war: the Iberian municipal militias in the central Middle Ages, 1000–1284*, Berkeley

Powicke, M.R. (1962), *Military obligation in medieval England*, Oxford

Prevenier, W. (1976), 'Noblesse de Flandre au moyen âge', review of Warlop (1975), in *Le moyen âge* 82: 343–8

Prevenier, W. (1984), review of Parisse (1976) in *Le moyen âge* 85: 516–19

Quick, J. (1986), 'The number and distribution of knights in thirteenth century England: the evidence of the grand assize lists', in Coss and Lloyd (1986), pp. 114–23

Raban, S. (1985), 'The land market and the aristocracy in the thirteenth century', in D. Greenway, C. Holdsworth and J. Sayers (eds.), *Tradition and change: essays in honour of Majorie Chibnall*, Cambridge, pp. 239–61

Reuter, T. (ed.) (1978), *The medieval nobility*, Europe in the Middle Ages, Selected Studies, 14, Amsterdam

Rotondo-McCord, J. (1991), 'The allod in the medieval Rhineland', PhD diss., Yale University

Sánchez Saus, R. (1989), *Caballeria y linaje en la Sevilla medieval: estudio genealogico y social*, Publicaciones de la Exca. Diputacion Provincial de Sevilla, Cádiz

Saul, N. (1981), *Knights and esquires: the Gloucestershire gentry in the fourteenth century*, Oxford

Saul, N. (1986), *Scenes from provincial life: knightly families in Sussex, 1280–1400*, Oxford

Shideler, J.C. (1983), *A medieval Catalan noble family: the Montcadas*, Berkeley

Simpson, G.G. (1985), 'The *familia* of Roger de Quincy, earl of Winchester and constable of Scotland', in Stringer (1985), pp. 102–30

Sivéry, G. (1983), *Saint Louis et son siècle*, Paris

Stringer, K.J. (ed.) (1985), *Essays on the nobility of medieval Scotland*, Edinburgh

Sugar, P. (ed.) (1990), *A history of Hungary*, Bloomington

Tabacco, G. (1976), 'Nobili e cavalieri a Bologna e a Firenze fra XII e XIII secolo', *Studi medievali* 3rd series 17: 41–79

Tabacco, G. (1989), *The struggle for power in medieval Italy: structures of political rule*, trans. R.B. Jensen, Cambridge

Thomas, Hugh M. (1993), *Vassals, heiresses, crusaders, and thugs: the gentry of Angevin Yorkshire*, Philadelphia

Trautz, F. (1977), 'Noblesse allemande et noblesse anglaise: quelques points du comparaison', in Duby and Le Goff (1977), pp. 63–84

Treharne, R.F. (1947), 'The knights in the period of reform and rebellion, 1258–67', *BIHR* 21: 1–12

van Winter, J.M. (1986), 'Knighthood and nobility in the Netherlands', in Jones (1986), pp. 81–94

Warlop, E. (1975), *The Flemish nobility before 1300. Part I. Historical study*, trans. J.B. Ross and H. Vandermoere, Kortrijk

Waugh, S.L. (1983), 'Reluctant knights and jurors: respites, exemptions and public obligations in the reign of Henry III', *Speculum* 58: 937–86

840 Waugh, S.L. (1986), 'Tenure to contract: lordship and clientage in thirteenth-century England', *EHR* 101: 811–39

Wickham, C.J. (1981), *Early medieval Italy: central power and local society, 400–1000*, London

Wickham, C.J. (1986), review of *I ceti dirigenti dell'età communale nei secoli XII e XIII*, in *EHR* 101: 218–19

Wolffe, P. (1976), 'La noblesse toulousaine: essai sur son histoire médiévale', in Contamine (1976b), pp. 153–74

1(2) 城市社会

Secondary works

Abulafia, David (1977), *The two Italies: economic relations between the Norman kingdom of Sicily and the northern communes*, Cambridge

Abulafia, David (1994), *A Mediterranean emporium: the Catalan kingdom of Majorca*, Cambridge

Acloque, Geneviève (1917), *Les corporations, l'industrie et le commerce à Chartres du XIe siècle à la révolution*, Paris

Airaldi, Gabriella (1986), *Genova e la Liguria nel medioevo*, Turin

Aston, T.H. and Philpin, C.H.E. (1985), *The Brenner debate: agrarian class structure and economic development in pre-industrial Europe*, Cambridge

Balard, Michel (1968), 'Remarques sur les esclaves à Gênes dans la seconde moitié du XIIIe siècle', *Mélanges d'archéologie et d'histoire de l'Ecole française de Rome* 80: 628–80

Baldwin, John (1970), *Masters, princes, and merchants: the social views of Peter the Chanter and his circle*, Princeton

Balletto, Laura (1984), 'I lavoratori nei cantieri navali (Liguria, secc. XII–XV)', in *Artigiani e salariati: il mondo del lavoro nell'Italia dei secoli XII–XV*, Pistoia, pp. 103–53

Becker, Marvin (1967), *Florence in transition*, Baltimore

Bensch, Stephen P (1995), *Barcelona and its rulers 1096–1291*, Cambridge

Black, Antony (1984), *Guilds and civil society in European thought from the twelfth century to the present*, Ithaca

Blanshei, Sarah R. (1986), *Perugia 1260–1340: conflict and change in a medieval Italian urban society*, in Transactions of the American Philosophical Society, 66 (pt 2): 1–128

Bloch, Marc (1966), *Mélanges historiques*, Paris

Boissonade, Prosper (1900), *Essai sur l'organisation du travail en Poitou depuis le XIe siècle jusqu'à la révolution*, Paris

Bok, Sissela (1982), *Secrets: on the ethics of concealment and revelation*, New York

Bonnassie, Pierre (1975), *La organizacion del trabajo en Barcelona a fines del siglo XV*, Barcelona

Boswell, John (1988), *The kindness of strangers: the abandonment of children in western Europe from late antiquity to the Renaissance*, London and New York

Bowsky, William M. (1981), *Siena under the nine 1287–1355*, Berkeley

Bremond, Claude, Le Goff, Jacques and Schmitt, Jean-Claude (1982), *L'Exemplum*, Turnhout

Brentano, Robert (1974), *Rome before Avignon: a social history of thirteenth-century Rome*, London and New York

Brooke, Christopher and Keir, Gillian (1975), *London 800–1216: the shaping of a city*, London and Berkeley 841

Burns, Robert I. (1973), *Islam under the crusaders: colonial survival in the thirteenth-century kingdom of Valencia*, Princeton

Bynum, Caroline Walker (1987), *Holy feast and holy fast: the religious significance of food to medieval women*, Berkeley

Byrne, Eugene (1930), *Genoese shipping in the twelfth and thirteenth centuries*, Cambridge, MA

Carus-Wilson, E. (1940), 'An industrial revolution of the thirteenth century', *EcHR* 11: 39–60

Carus-Wilson, E. (1962), *Essays in economic history*, 11, London and New York

Castaing-Sicard, Mireille (1958), 'Contrat de travail et louage d'ouvrage dans la ville toulousaine des XIIe et XIIIe siècles', *Recueil de mémoires et travaux publié par la Société d'histoire du droit et des institutions des anciens pays de droit écrit* 4: 83–9

Cazelles, Raymond (1972), *Nouvelle histoire de Paris: de la fin du règne de Philippe Auguste à la mort de Charles V 1223–1380*, Paris

Cipolla, Carlo (1970), *Clocks and culture 1300–1700*, New York

Cipolla, Carlo (1976), *Before the industrial revolution: European society and economy 1000–1700*, New York

Clanchy, M.T. (1979), *From memory to written record: England 1066–1307*, London

Clarke, Elaine (1983), 'Medieval labor law and the English local courts', *American Journal of Legal History* 27: 330–53

Coornaert, Emile (1941), *Les corporations en France avant 1789*, Paris

Day, John (1987), *The medieval market economy*, Oxford

de la Roncière, Charles (1977), *Florence: centre économique régionale au XIV siècle*, 5 vols., Aix-en-Provence

Dixon, E. (1895), 'Craftswomen in the *Livre des métiers*', *Economic Journal* 5: 209–38

Dockès, Pierre (1982), *Medieval slavery and liberation*, Chicago

Dollinger, Philippe (1970), *The German Hansa*, trans. D.S. Ault and S.H. Steinberg, London

Dopsch, Alfons (1937), *The economic and social foundations of European civilization*, London

Doren, Alfred (1901), *Die Florentiner Wollentuchindustrie*, Stuttgart

Doren, Alfred (1934), *Italienische Wirtschaftsgeschichte*, Jena

Dufourcq, Charles-Emmanuel (1966), *L'Espagne catalane et le Maghrib aux XIIIe et XIVe siècles*, Paris

Durkheim, Emile (1930), *De la division du travail social*, Paris

Epstein, Steven (1984), *Wills and wealth in medieval Genoa 1150–1250*, Cambridge, MA

Epstein, Steven (1991), *Wage labor and guilds in medieval Europe*, Chapel Hill

Fagniez, Gustave (1877), *Etudes sur l'industrie et la classe industrielle à Paris au XIII et au XIV siècle*, Paris

Fanfani, Amintore (1936), *Saggi di storia economica italiana*, Milan

Geremek, Bronislaw (1968), *Le salariat dans l'artisanat parisien aux XIIIe–XIVe siècles*, Paris

Geremek, Bronislaw (1976), *Les marginaux parisiens aux XIVe et XVe siècles*, Paris

Given, James B. (1977), *Society and homicide in thirteenth-century England*, Stanford

Goitein, S.D. (1967, 1988), *A Mediterranean society: the Jewish communities of the Arab world as*

842 　　*portrayed in the documents of the Cairo Geniza*, i (1967): *Economic foundations*, Berkeley; v (1988): *The individual*, Berkeley

Goody, Jack (1983), *The development of the family and marriage in Europe*, Cambridge

Gouron, André (1958), *La réglementation des métiers en Languedoc au moyen âge*, Paris

Greci, Roberto (1976, 1977), 'Il contratto di apprendistato nelle corporazioni bolognesi (XIII–XIV sec.)', *Atti e memorie della deputazione di storia per le provincie di Romagna* 27 (1976): 145–78, and (1977): 61–106

Gross, Charles (1890), *The gild merchant*, Oxford

Grossi Bianchi, Luciano and Poleggi, Ennio (1980), *Una città portuale nel medioevo: Genova nei secoli X–XVI*, Genoa

Gyr, Salomon (1929), *Züricher Zunft-Historien*, Zurich

Hanawalt, Barbara (ed.) (1986), *Women and work in preindustrial Europe*, Bloomington

Hartman, Ludo M. (1904), *Zur Wirtschaftsgeschichte Italiens im frühen Mittelalter*, Gotha

Heers, Jacques (1981), *Esclaves et domestiques au moyen âge dans le monde mediterranéen*, Paris

Herlihy, David (1958), *Pisa in the early Renaissance: a study of urban growth*, New Haven

Herlihy, David (1967), *Medieval and Renaissance Pistoia*, New Haven

Herlihy, David (1985), *Medieval households*, Cambridge, MA

Hessel, Alfred (1910), *Geschichte der Stadt Bologna von 1116 bis 1280*, Berlin

Howell, Martha (1986), *Women, production, and patriarchy in late medieval cities*, Chicago

Hyde, J.K. (1966), *Padua in the age of Dante*, New York

Jordan, William C. (1976), 'Problems of the meat market of Béziers 1240–1247', *Revue des études juives* 135: 31–49

Karras, Ruth Mazo (1988), *Slavery and society in medieval Scandinavia*, New Haven

Klapisch-Zuber, Christiane (1985), *Women, family, and ritual in Renaissance Italy*, Chicago

Landes, David S. (1983), *Revolution in time: clocks and the making of the modern world*, Cambridge, MA

Lane, Frederic C. (1934), *Venetian ships and shipbuilders of the Renaissance*, Baltimore

Lane, Frederic C. (1973), *Venice: a maritime republic*, Baltimore

Lane, Frederic C. and Mueller, R.C. (1985), *Money and banking in medieval and Renaissance Venice*, Baltimore

Lapidus, Ira (1967), *Muslim cities in the later Middle Ages*, Cambridge, MA

Le Goff, Jacques (1980), *Time, work and culture in the Middle Ages*, trans A. Goldhammer, Chicago

Lespinasse, René de and Bonnardot, F. (1879), *Les métiers et corporations de la ville de Paris: le Livre des métiers d'Etienne Boileau*, Paris

Little, Lester K. (1978), *Religious poverty and the profit economy in medieval Europe*, London

Little, Lester K. (1988), *Liberty, charity, fraternity: lay religious confraternities at Bergamo in the age of the commune*, Bergamo and Northampton, MA

Lopez, Robert S. (1936), *Studi sull'economia genovese nel medio evo*, Turin

Lopez, Robert S. (1976), *The commercial revolution of the Middle Ages 950–1301*, Cambridge

Lopez, Robert S. and Raymond, I.W. (1955), *Medieval trade in the Mediterranean world*, New York

Mackenney, Richard (1987), *Tradesmen and traders: the world of the Guilds in Venice and Europe c. 1250–c. 1650*, London

Martines, Lauro (1979), *Power and imagination: city states in Renaissance Italy*, London

Maurer, Helmut (1989), *Konstanz im Mittelalter: Von den Anfängen bis zum Konzil*, 843
Constance

Mazzaoui, Maureen F. (1981), *The Italian cotton industry in the later Middle Ages 1100–1600*, Cambridge

Michaud-Quantin, Pierre (1970), *Universitas: espressions du mouvement communautaire dans le moyen âge latin*, Paris

Mickwitz, Gunnar (1936), *Die Kartellfunktionen der Zünfte und ihre Bedeutung bei der Enstehung des Zunftwesens*, Helsinki

Miret y Sans, Joaquin (1917), 'L'esclavitud en Cataluña en los ultimos tiempos de la edad media', *Revue hispanique* 41: 1–109

Miskimin, Harry A., Herlihy, D. and Udovitch, A.L. (1977), *The medieval city*, New Haven

Mollat, Michel (1980) *The poor in the Middle Ages*, trans. A. Goldhammer, New Haven

Muir, Edward (1981), *Civic ritual in Renaissance Venice*, Princeton

Murray, Alexander (1978), *Reason and society in the Middle Ages*, Oxford

Najemy, John M. (1982), *Corporatism and consensus in Florentine electoral politics 1280–1400*, Chapel Hill

Nicholas, David (1987), *Metamorphosis of a medieval city: Ghent in the age of the Arteveldes 1302–1390*, Lincoln, NB

Oexle, Otto G. (1985), 'Conjuratio und Gilde im frühen Mittelalter: ein Beitrag zum Problem der sozialgeschichtlichen Kontinuität zwischen Antike und Mittelalter', in Schwineköper (1985), pp. 151–213

Orvitt, George, Jr (1987), *The restoration of perfection: labor and technology in medieval culture*, New Brunswick

Otis, L.L. (1985), *Prostitution in medieval society: the history of an urban institution in Languedoc*, Chicago

Phillips, William D., Jr (1985), *Slavery from Roman times to the early transatlantic trade*, Minneapolis

Pini, Antonio Ivan (1984), 'La ripartizione topografica degli artigiani a Bologna nel 1294: un esempio di demografia sociale', in *Artigiani e salariati: il mondo del lavoro nell'Italia dei secoli XII–XV*, Pistoia, pp. 189–224

Pini, Antonio Ivan (1986), *Città, comuni e corporazioni nel medioevo italiano*, Bologna

Platt, Colin (1976), *The English medieval town*, London

Postan, M.M. (1972), *The medieval economy and society: an economic history of Britain 1000–1500*, London

Pryor, John H. (1981), *Business contracts of medieval Provence: selected notulae from the cartulary of Giraud Amalric of Marseilles 1248*, Toronto

Reyerson, Kathryn (1985), *Business, banking, and finance in medieval Montpellier*, Toronto

Reynolds, Susan (1970), *An introduction to the history of English medieval towns*, Oxford

Romano, Dennis (1987), *Patricians and popolani: the social foundations of the Venetian Renaissance state*, Baltimore

Russell, J.C. (1972), 'Population in Europe 500–1500', in C.M. Cipolla (ed.), *The Fontana economic history of Europe*, 1: *The Middle Ages*, London, pp. 25–70

Schultz, Knut (1985), *Handwerksgesellen und Lohnarbeiter*, Sigmaringen

Schwineköper, B. (ed.) (1985), *Gilde und Zünfte*, Sigmaringen

Sennett, Richard (1977), *The fall of public man*, New York

Shahar, Shulamith (1983), *The fourth estate: a history of women in the Middle Ages*, trans. C. Galai, London and New York

844 Spicciani, Amleto (1984), 'Solidarietà, previdenza e assistenza per gli artigiani nell'Italia medievale (secoli XII–XV)', in *Artigiani e salariati: il mondo del lavoro nell'Italia dei secoli XII–XV,* Pistoia, pp. 293–343

Sprandel, Rolf (1964), 'Die Ausbreitung des deutschen Handwerks im mittelalterlichen Frankreich', *Vierteljahrschrift für Sozial und Wirtschaftsgeschichte* 51: 66–100

Spufford, Peter (1988), *Money and its use in medieval Europe,* Cambridge

Thrupp, Sylvia (1962), *The merchant class of medieval London,* Ann Arbor

Thrupp, Sylvia (1963), 'The gilds', in *Cambridge economic history of Europe,* III, Cambridge, pp. 230–80, 624–35

Verlinden Charles (1955–77), *L'esclavage dans l'Europe médiévale,* 2 vols., Ghent

Violante, Cinzio (1953), *La società milanese nell'età precomunale,* Bari

Vitale, Vito (1951), *Il comune del podestà a Genova,* Milan

Waley, Daniel (1988), *The Italian city republics,* 3rd edn, London

White, Lynn, Jr (1962), *Medieval technology and social change,* Oxford

White, Lynn, Jr (1978), *Medieval religion and technology,* Berkeley

Zanoni, Luigi (1911), *Gli Humiliati nei loro rapporti con l'eresia, l'industria della lana ed i comuni nei secoli XII e XIII,* Milan

1(3) 乡村社会

It is obviously impossible to provide an exhaustive inventory of sources, books and articles. Two criteria have been used to determine my invidious but necessary choices: listing those documents which were most useful in writing this chapter, and indicating the general or more specialist works which in turn refer to a great number of sources or diverse writings.

Primary sources

Charters, registers of landowners and tenants (*censiers/terriers*), rural charters, the testimony of fiefs, accounts kept by royalty and lords, legal enquiries and other judicial sources, archaeological digs, the scope is enormous. Here are but a few.

England

Court roll of Chalgrave manor (1272–1312), ed. M.K. Dale, Streatby (1950)
Curia regis roll of the reign of Henry III, London (1961)
W. Stubbs, *Select charters,* 9th edn, Oxford (1921)
The red book of Worcester, ed. M. Hollings, London (1950)

France

Beaumanoir, P. de, *Coutumes de Beauvaisis,* 2 vols., Paris (1899–1900)
Cocheris, H., *Documents relatifs à l'histoire de la Picardie,* V: *La cartulaire de Guise,* Laon (n.d.)
Enquêtes de 1247, Recueil des Histoires des Gaules et de la France, XXIV, Paris (1909)
Fossier, R., *Chartes de coutumes en Picardie (XI–XIIIe siècles),* Paris (1925)
Guérard, B., *Cartulaire de Notre-Dame de Paris,* 4 vols. Paris (1950)

Germany 845

Kotzschke, R., *Quellen sur Geschichte des Ostdeutschen Kolonisation*, Leipzig and Berlin (1912)

Repgow, E. von, *Sachsenpiegel*, ed. K.A. Eckhardt, Hanover (1966)

Wopfner, H., *Urkunden sur deutschen Agrargeschichte*, Stuttgart (1928)

Italy

Bizzarri, D., *Imbreviature notarili, liber imbreviaturarum Appulliensis notarii comunis Senarum*, Fonti per le storia d'Italia, Turin (1934–8)

Imberciadori, I., *Mezzadria classica toscana con documentazione inedita dal IX al XIV secolo*, Florence (1951)

Netherlands

Augustini, I.-B. and Palmbooni, E., *Bronnen vor de agrarische geschiedenis van de middeleleeuwse graffschap Vlanderen, I: Dokumenten bewaard in het Rijksarchief te Gent*, Ghent (1983)

Beugnot, M., *Assises de Jérusalem. Recueil des historiens des croisades, Lois*, 2 vols., Paris (1841–3)

Espinas, G., Verlinden, C. and Buntinx, J., *Privilèges et chartes de la Flandre, I*, Brussels (1961)

Harenberg, E.-J., Kentner, F. and Dillo, M., *Oorkondenboek van Gelre en Zutphen tot 1326*, The Hague (1980)

Prevenier, W., *De oorkonden der graven van Vlaanderen (1191-aanvang 1206)*, Brussels (1964)

Sivéry, G., *L'évolution des documents comptables dans l'administration hennuyère de 1287 à 1360 environ*, Brussels (1975)

Verriest, L., *Sources de l'histoire du droit rural. Corpus de records de coutumes et des lois de chefs-lieux de l'ancien comté de Hainaut*, Mons (1946)

Spain

Bofarull y Mascaro, P. de, *Collection de documentos ineditos del Archivo de la Corona de Aragón*, 41 vols., Barcelona (1847–1910)

Rodriguez, J., *Los fueros del reino de León*, 2 vols., León (1981)

Secondary works

General

Abel, W. (1935), *Agrarkrisen und Agrarkonjunktur in Mitteleuropa von 13. bis zum 19. Jahrhundert*, Berlin

Bloch, M. (1968), *La société féodale*, new edn, Paris

Boutruche, (1968–70), *Seigneurie et féodalité*, 2 vols., Paris

Colloques Flaran (1984, 1987), *Les communautés villageoises en Europe occidentale; les revenus de la terre*, nos. 4 and 7, Auch

Duby, G. (1962), *L'économie rurale et la vie des campagnes dans l'occident médiéval*, 2 vols., Paris

846　　Fourquin, G. (1976), *Lordship and feudalism in the Middle Ages*, London

Génicot, L. (1968), *Le XIIIe siècle européen*, Paris

Heers, J. (1974), *Le clan familial au moyen âge*, Paris

Persson, K.-G. (1988), *Pre-industrial economic growth*, Oxford

Postan, M., *et al.* (1966), *Cambridge economic history of Europe*, 1, 2nd edn, Cambridge

Slicher van Bath, B.-H. (1960), *De agrarische geschiedenis van West-Europa (500–1850)*, Utrecht and Antwerp

England and Scotland

Bolton, J.L. (1980), *The medieval English economy (1150–1500)*, London

Darby, H.C. (1936), *The medieval Fenland*, Cambridge

Hilton, R.H. (1957), 'A study on the prehistory of English enclosures in the thirteenth century', in *Studi in onore di A. Sapori*, Milan, 1, pp. 675–84

Hilton, R.H. (1983), *A medieval society: the west Midlands at the end of the thirteenth century*, London

Kominsky, E.A. (1956), *Studies in the agrarian history of England in the thirteenth century*, Oxford

McIntosh, M.K. (1986), *Autonomy and community: the royal manor of Havering, 1200–1500*, Cambridge

Miller, E. and Hatcher, J. (1978), *Medieval England: rural society and economic changes*, London

Postan, M. (1937), 'Chronology of labour services', *TRHS* 4th series 20: 169–93

Raftis, J.A. (1966), *Peasant mobility and freedom in medieval England*, Montreal

Russell, J.C. (1948), *British medieval population*, Albuquerque, NM

Titow, J.Z. (1962), 'Some differences between manors and their effects on the conditions of the peasant in thirteenth century', *Agricultural History Review* 10: 1–13

Vinogradoff, P. (1978), *Villeinage in England*, repr., Oxford

France

Barthélemy, D. (1984), *Les deux âges de la seigneurie banale*, Paris

Bloch, M. (1911), 'Blanche de Castille et les serfs de Paris', *Mémoires de la Société pour l'histoire de Paris et Ile-de-France* 38: 225–72

Bloch, M. (1988), *Les caractères originaux de l'histoire rurale française*, repr., preface by P. Toubert, Paris

Bois, G. (1964), *Crise du féodalisme*, Paris

Duby, G. (1971), *La société aux XIe et XIIe siècles dans la région mâconnaise*, 2nd edn, Paris

Evergates, T. (1975), *Feudal society in the bailliage of Troyes*, Baltimore

Fossier, R. (1968), *La terre et les hommes en Picardie jusqu'à la fin du moyen âge*, 2 vols., Paris and Louvain

Fourquin, G. (1964), *Les campagnes de la région parisienne à la fin du moyen âge*, Paris

Jordan, W.C. (1986), *From servitude to freedom: manumission in the Senonais in the thirteenth century*, Philadelphia

Higounet, Ch. (1975), *Paysages et villages neufs*, Bordeaux

Le Roy Ladurie, E. (1975), *Montaillou, village occitan de 1294 à 1324*, Paris

Mollat, M. (1978), *Les pauvres au moyen âge*, Paris

Sivéry, G. (1977–80), *Structures agraires et vie rurale dans le Hainaut à la fin du moyen âge*, 2   847
vols., 2nd edn, Lille

Sivéry, G. (1984), *L'économie du royaume de France au siècle de Saint Louis*, Lille

Sivéry, G. (1990), *Terroirs et communautés rurales*, Lille

Vaillant, P. (1967), 'Les origines d'une libre confédération de vallées: les habitants des
communautés briançonnaises du XIII siècle', *Bibliothèque de l'Ecole des chartes* 125:
301–48

Germany

Abel, W. (1978), *Geschichte der deutschen Landwirtschaft*, Stuttgart

Bader, K.-S. (1957–73), *Studien zur Rechtsgeschichte des Mittelalterichen Dorfes*, 3 vols.,
Weimar

Blicke, P. (1984), 'Les communautés villageoises en Allemagne', in Colloques Flaran
(1984), no. 4, pp. 129–42

Dollinger, Ph. (1949), *L'évolution des classes rurales en Bavière depuis la fin de l'époque carolingi-
enne jusqu'au milieu du XIIIe siècle*, Paris

Dopsch, A. (1939), *Herrschaft und Bauer in der deutschen Kaiserzeit*, Jena

Spiess, K.H. (1987), 'Teilpacht et Teilbauvertrage en Allemagne occidentale', in
Colloques Flaran (1987), no. 7, pp. 119–44

Iberian peninsula

Bonnassie, P. and Guichard, P. (1984), 'Les communautés rurales en Catalogne et dans
le pays valencien IXe–XVe siècle', in Colloques Flaran (1984), no. 4, pp. 79–115

Da Gama Barros, H. (1964), *Historia de Administracão Publica em Portugal nos seculos XIII a
XV*, I, 2nd edn, ed. T. de Sousa Soares, Lisbon

Freedman, P. (1991), *The origins of peasant servitude in medieval Catalonia*, Cambridge

Procter, E.S. (1936), 'The development of Catalan corts in the thirteenth century',
Estudis universitaris catalans, 22: 525–46

Ireland

Richardson, H.G. and Sayles, G.O. (1963), *The administration of Ireland (1172–1377)*, Dublin

Italy

Cherubini, G. (1974), *Signori contadini borghesi*, Florence

Cipolla, C.M. (1957), 'Per la storia delle terre della "Bassa" Lombarda', in *Studi in onore di
A. Sapori*, Milan, 1957, I, pp. 671 ff

Jones, Ph. (1964), 'Per la storia agraria italiana nel medioevo. Lineamenti e problemi',
Rivista storica italiana 76: 287–348

Piccini, G. (1987), 'Mezzadria et mezzdri en Italie centrale et septentrionale
(XIIIe–XVe siècles)', in Colloques Flaran (1987), no. 7, pp. 93–105

Toubert, P. (1973), *Les structures du Latium médiéval*, 2 vols., Rome

Toubert, P. (1983), 'L'Italie rurale aux VIIIe–IXe siècles: essai de typologie domaniale',
in *Settimane di Spoleto*

848 *Netherlands*

Génicot, L. (1965/6), 'L'étendue des exploitations agricoles dans le comté de Namur à la fin du XIIIe siècle', *Etudes rurales* 5–6: 5–31

Génicot, L. (1993), *L'économie rurale namuroise au bas-moyen âge*, Louvain

Hoebanx, J.-J. (1952), *L'abbaye de Nivelles des origines au XIVe siècle*, Brussels

Slicher van Bath, B.-H. (1965), 'The economic and social conditions in the Frisian districts from 900 to 1500', *Afdeling Agrarische Geschiedenis Bijdragen*: 97–133

Verhulst, A. (1966), *Histoire du paysage rural en Flandre*, Brussels

Verhulst, A. (1990), *Précis d'histoire de la Belgique*, Brussels

Poland

Gieysztor, A. (1964), 'En Pologne mediévale: problèmes du régime politique et de l'organisation administrative du Xe au XIIIe siècle', *Annali della fondazione per la storia amministrativa* 1: 135–56

Scandinavia

Pierarczyk, St. (1961), 'Some notes on the social and economic situation of the Swedish tenants in the XIIIth century', *Scania* 27: 192–216

2 商业和交往

Secondary works

Northern Europe

Bautier, Robert-Henri (1961), 'Recherches sur les routes de l'Europe médiévale', *Bulletin philologique et historique (1960)*: 99–143

Boelcke, Willi (1981–3), 'Handel und Verkehr in Alemannien', *Alemannisches Jahrbuch*: 33–54

Blin, Léon (1983), 'Du Brabant à Lyon et en Italie par la Champagne et la Bourgogne (XIIe et XIIIe siècles)', *Publications du Centre européen d'études bourguignonnes* 23: 105–21

Boyer, M.N. (1951), 'A day's journey in medieval France', *Speculum* 26: 597–608

Boyer, M.N. (1976), *Medieval French bridges*, Cambridge, MA

Cambridge economic history of Europe, II: *Trade and industry in the Middle Ages* (1987), 2nd edn, Cambridge

Cambridge economic history of Europe, III: *Economic organization and policies in the Middle Ages* (1963), Cambridge

Carus-Wilson, Eleanora (1978), 'The German Hanse in the economy of medieval England', in *Aspekte der deutsche-britische Beziehungen im Laufe der Jahrhunderte*, Paul Klute and Peter Alter (eds.), Stuttgart

Cassard, Jean-Christophe (1983), 'Les flottes du vin de Bordeaux au début de XIVe siècle', *Annales du Midi* 95, 2: 119–33

Chanaud, Robert (1984), 'Le mouvement du trafic transalpin d'après un journal du

péage de Briançon (1368–69)', in *Economies et sociétés dans le Dauphiné médiéval*, Paris, pp. 849
105–20

Clarke, Helen (1985), 'English and Baltic trade in the Middle Ages – an evaluation of the evidence', in Sven-Olof Lindquist (ed.), *Society and trade in the Baltic during the Viking age*, Visby, pp. 113–20

Combes, Jean (1955), 'Transports terrestres à travers la France centrale à la fin du XIVe siècle et au commencement du XVe siècle', in *Fédération historique du Languedoc et Roussillon, XXIX congrès (Mende, 1955)*, Montpellier, pp. 3–7

Desaye, Henri (1986), 'Les voies de communication entre la combe de Die et le sillon alpin dans l'antiquité et au moyen âge', *Etudes drômoises* 3: 35–40

Dubois, Henri (1980), 'Techniques et coûts des transports terrestres dans l'espace bourguignonne aux XIVe et XVe siècles', *Annales de Bourgogne* 52: 65–82

Fourquin, Guy (1990), *Histoire économique de l'occident médiéval*, Paris

Friedland, Klaus (1981), 'Denmark's part in the economic system of late medieval northern Europe', in Niels Sykum-Nielsen and Niels Lund (eds.), *Danish medieval history*, Copenhagen, pp. 171–8

Gelsinger, Bruce E. (1981), *Icelandic enterprise: commerce and economy in the Middle Ages*, Columbia, SC

Génicot, Léopold (1968), *Le XIIIe siècle européen*, Paris

Gerdai, Istvain (1982), 'Commercial connections between central and northern Europe in the X–XIth centuries', in Tony Hackens and Raymond Weiller (eds.), *Actes du 9ème Congrès international de numismatique*, Luxemburg

L'homme et la route en Europe occidentale au moyen âge et aux temps modernes (1982), Deuxième Journées Internationales d'Histoire, 20–2 Septembre 1980, Auch

Jansen, Hubert (1983), 'Voies commerciales aux Pays-Bas à la fin du moyen âge: continuité et changement', *Publications du Centre européen d'études bourguignonnes* 23: 21–6

Lambert, Elie (1956, 1957), 'Etude sur le pélérinage de Saint-Jacques de Compostelle', *Etudes médiévales* 3: 121–259, 265–71; 4: plates II, III, IV

Langdon, John (1984), 'Horse hauling: a revolution in vehicle transport in twelfth- and thirteenth-century England?', *P&P* 103: 37–66

Lopez, Robert S. (1951), 'Majorcans and Genoese on the North Sea route in the thirteenth century', *Revue belge de philologie et d'histoire* 29: 1163–79

Lopez, Robert S. (1956), 'The evolution of land transport in the Middle Ages', *P&P* 9: 17–19

Mackenney, Richard (1985), 'Towns and trade', in Lesley Smith (ed.), *The making of Britain: the Middle Ages*, London, pp. 119–34

Nightingale, Pamela (1985), 'The evolution of weight standards and the creation of new monetary and commercial links in northern Europe from the 10th to the 12th century', *EcHR* 2nd series 38, 2: 192–209

North, Douglass C. and Thomas, Robert Paul (1980), *L'essor du monde occidental*, trans. Jean-Michel Davis, Paris

Owen, D.M. (1984), *The making of King's Lynn: a documentary survey*, Oxford

Les routes de la France depuis les origines jusqu' à nos jours (1959), Colloques des 'Cahiers de civilisation', Paris

Sivéry, Gérard (1984), *L'économie du royaume de France au siècle de Saint Louis*, Lille

850   Sprandel, Rolf (1984), 'Die Konkurrenzfähigkeit der Hanse im Spätmittelalter', *Hansische Geschichtsblätter* 102: 21–38

Theurot, Jacky (1981), 'Relations, marchands, échanges à Dole aux XIIIe et XIVe siècles', *Travaux de la Société d'émulation du Jura*: 41–63

Wolff, Philippe (1985), 'L'approvisionnement des villes françaises au moyen âge', in *L'approvisionnement des villes de l'Europe occidentale au moyen âge et aux temps modernes*, Auch

Southern Europe

Abulafia, David (1977), *The two Italies: economic relations between the Norman kingdom of Sicily and the northern communes*, Cambridge

Abulafia, David (1994), *A Mediterranean emporium: the Catalan kingdom of Majorca*, Cambridge

Abu-Lughod, Janet L. (1989), *Before European hegemony: the world system A.D. 1250–1350*, Oxford and New York

Attman, Arthur (1981), *The bullion flow between Europe and the east, 1000–1750*, Göteborg

Balard, Michel (1983), 'Gênes et la Mer Noire (XIIIe–XVe siècles)', *Revue historique* 270, 1: 31–54

Balletto, Laura (1980), 'Mercanti italiani in oriente nel secolo XII: da Savona a Bisanzio (1179)', *Atti e memorie della Società savonese di storia patria* n.s. 14: 85–96

Balletto, Laura (1983), *Genova nel Duecento: uomini nel porto e uomini sul mare*, Genoa

Berlow, R.K. (1979), 'The sailing of the *Saint-Esprit*', *JEH* 39: 345–62

Bresc, Henri (1980a), 'Course et piraterie en Sicile (1250–1450)', *Anuario de estudios medievales* 10: 751–7

Bresc, Henri (1980b), *Navigation et gens du mer en Méditerranée de la préhistoire à nos jours*, Paris

Cambridge economic history of Europe, II: *Trade and industry in the Middle Ages* (1987), 2nd edn, Cambridge

Dufourcq, Charles-Emmanuel (1980), 'Rapports entre l'Afrique et l'Espagne au XIIIe siècle', *Mediaevalia* 1: 83–102

Eskenasy, Victor (1982), 'Notes concernant l'histoire du littoral ouest de la Mer Noire: Dobrotitch et ses relations avec Gênes', *Revue roumaine d'histoire* 21, 2: 239–56

Favier, Jean (1987), *De l'or et des épices: naissance de l'homme d'affaires au moyen âge*, Paris

Guiral, Jacqueline (1984), 'Les relations du littoral valencien avec la Méditerranée et l'Atlantique au XVe siècle', *Anuario de estudios medievales* 14: 517–33

Heyd, Wilhelm (1885–6), *Histoire du commerce du Levant au moyen âge*, 2 vols., Leipzig; repr. Amsterdam (1959)

Hyde, J.K. (1978), 'Navigation of the eastern Mediterranean in the fourteenth and fifteenth centuries according to pilgrims' books', in H. Blake, T. Potter and D. Whitehouse (eds.) *Papers in Italian archaeology* IV, ii, British Archaeological Reports, Supplementary Series 41, ii, Oxford, pp. 521–40

Lagos Trindade, María José (1980), 'Marchands étrangers de la Meditérranée au Portugal pendant le moyen âge', *Anuario de estudios medievales* 10: 343–59

Laiou, Angeliki (1984), 'Observations on the results of the Fourth Crusade: Greeks and Latins in port and market', *Medievalia et humanistica* n.s. 12: 47–60

Lopez, Robert S. (1971), *The commercial revolution of the Middle Ages, 950–1350*, New York

Maguelone, M.-C. Blanc-Lébnédeff (1982, 1983), 'Le port de Saint-Gilles au moyen   851
age', *Cahiers d'études cathares* 33, 96: 42–50; 34, 99: 43–65

Mainoni, P. (1982), *Mercanti lombardi tra Barcellona e Valenza nel basso medioevo*, Bologna

Miskimin, Harry A. (1969), *The economy of early Renaissance Europe*, New York

Phillips, J.R.S. (1998), *The medieval expansion of Europe*, 2nd edn, Oxford

Pryor, John H. (1977), 'The origins of the *commenda* contract', *Speculum* 52: 5–37

Pryor, John H. (1981), *Business contracts of medieval Provence: selected notulae from the cartulary of Giraud Amalric of Marseille, 1248*, Toronto

Ragosta, P. (ed.) (1982), *Navigazioni mediterranee e connessioni continentali (secoli XI–XVI)*, Naples

Renouard, Yves (1951), 'Les voies de communication entre pays de la Méditerranée et pays de l'Atlantique au moyen âge, problèmes et hypothèses', in *Mélanges Louis Halphen*, Paris

Renouard, Yves (1962), 'Routes, étapes et vitesses de marche de France à Rome au XIIIe et au XIVe siècle d'après les itinéraires d'Eudes Rigaud (1254) et de Barthélemy Bonis (1350)', in *Studi in onore di Amintore Fanfani*, III, Milan, pp. 405–28

Reyerson, Kathryn L. (1985), *Business, banking and finance in medieval Montpellier*, Toronto

Roux, Jean-Paul (1985), *Les explorateurs au moyen âge*, Paris

Schaube, Adolf (1906), *Handelsgeschichte der Romanischen Völker des Mittelmeergebiets bis zum Ende der Kreuzzüge*, Munich and Berlin

Schaube, Adolf (1908), 'Die Anfänge der Venezianischen Galeerenfahrt nach dem Nordsee', *Historische Zeitschrift* 101: 28–9

Schulte, Aloys (1900), *Geschichte des Mittelalterlichen Handels und Verkehrs zwischen Westdeutschland und Italien mit Ausschluß von Venedig*, 2 vols., Leipzig

Tangheroni, M. and Di Nero, L. (1978), *Commercio e navigazione nel Mediterraneo medievale*, Rome

Vernet, Robert (1980), 'Les relations céréalières entre le Maghreb et la péninsule ibérique du XIIe au XVe siècle', *Anuario de estudios medievales* 10: 343–59.

Vielliard, Jeanne (1938), *Le guide du pélérin de Saint-Jacques*, Mâcon

Fairs and markets

Bautier, Robert-Henri (1942–3), 'Les registres des foires de Champagne: à propos d'un feuillet récemment découvert', *Bulletin philologique et historique*: 157–85

Bautier, Robert-Henri (1953), 'Les foires de Champagne: recherches sur une évolution historique', in *Recueils de la Société Jean Bodin*, V: *La foire*, Brussels, pp. 97–148

Berlow, Rosalind K. (1971), 'The development of business techniques used at the fairs of Champagne from the end of the twelfth century to the middle of the thirteenth century', *Studies in Medieval and Renaissance History* 8: 3–32

Biddick, Kathleen (1985), 'Medieval English peasants and market involvement', *JEH* 45, 4: 823–31

Bourquelot, Felix (1865), *Etude sur les foires de Champagne*, 2 vols., Paris

Britnell, R.H. (1981a), 'Essex markets before 1350', *Essex Archaeology and History* 13: 15–21

Britnell, R.H. (1981b), 'The proliferation of markets in England, 1200–1349', *EcHR* 2nd series 34, 1: 209–21

Combes, Jean (1958), 'Les foires en Languedoc au moyen âge', *Annales ESC* 13: 231–59

852　Dubois, H. (1976), *Les foires de Chalon dans le commerce dans la vallée de la Saône à la fin du moyen âge (vers 1280–vers 1430)*, Paris

Dubois, H. (1982), 'Le commerce et les foires au temps de Philippe Auguste', in Robert-Henri Bautier (ed.), *La France de Philippe Auguste: les temps des mutations*, Paris, pp. 689–709

Face, R.D. (1958), 'Techniques of business in the trade between the fairs of Champagne and the south of Europe in the twelfth and thirteenth centuries', *EcHR* 2nd series 10: 427–38

Face, R.D. (1959–60), 'The *vectuarii* in the overland commerce between Champagne and southern Europe', *EcHR* 12: 239–46

Gausson, André (1980), 'Les foires de la Brie française au moyen âge'. *Revue de la Société historique de Villiers-sur-Marne et de la Brie française* n.s. 33, 8: 37–41

Hardt-Friedrichs, Friederum (1980), 'Markt, Münze und Zoll im Ostfränkischen Reich bis zum ende der Ottonen', *Blätter für deutsche Landesgeschichte* 116: 1–31

Hilton, Rodney (1985), 'Medieval market towns and simple commodity production', *P&P* 109: 3–23

Huvelin, Paul (1897), *Essai historique sur le droit des foires et des marchés*, Paris

Laurent, Henri (1932), 'Droit des foires et droits urbains aux XIIIe et XIVe siècles', *Revue historique de droit français et étranger* 4th series 11: 660–710

Lombard-Jourdan, Ann (1982–3), 'Les foires aux origines des villes', *Francia* 10: 429–48

Mitterauer, Michael (1980), *Markt und Stadt im Mittelalter*, Stuttgart

Moore, Ellen Wedemeyer (1981), 'Medieval English fairs: evidence from Winchester and St. Ives', in J.A. Raftis (ed.), *Pathways to medieval peasants*, Toronto, pp. 283–99

Moore, Ellen Wedemeyer (1985), *The fairs of medieval England*, Toronto

Reynolds, Robert L. (1931), 'Genoese trade in the late twelfth century, particularly in cloth from the fairs of Champagne', *Journal of Economic and Business History* 3: 362–81

3　各族语言

Compiled by Roger Wright

Secondary works

Banniard, Michel (1992), *Viva voce: communcation écrite et communication orale du IVe siècle au IXe siècle en occident latin*, Paris

Banniard, Michel (1995), 'Language and communication in Carolingian Europe', in Rosamond McKitterick (ed.), *The new Cambridge medieval history*, II, Cambridge, pp. 695–708

Beer, Jeannette (ed) (1997), *Translation theory and practice in the Middle Ages*, Kalamazoo

Bruford, Alan (1990), 'Song and recitation in early Ireland', *Celtica* 21: 61–74

Bumke, Joachim (1990), *Geschichte der deutschen Literatur im hohen Mittelalter*, Munich

Buridant, C. (1990), 'Y a-t-il un courant anti-épique au moyen âge . . . et au-delà?', *Actes du XIe Congrès international de la Société Rencesvals, Barcelona, 1988=Memorias de la Real Academia de buenas letras de Barcelona* 21: 121–49

Burns, Robert I. (ed.) (1990), *Emperor of culture: Alfonso X the Learned and his thirteenth-century Renaissance*, Philadelphia

Clanchy, Michael T. (1979), *From memory to written record: England 1066–1307*, London

Comrie, Bernard (ed.) (1990), *The major languages of western Europe*, London

Coulmas, Florian and Ehrlich, K. (eds.) (1983), *Writing in focus*, Berlin

Dronke, Peter (1968), *The medieval lyric*, London 853

Dumville, David N. (1977), 'Kingship, genealogies and regnal lists', in P.H. Sawyer and I.N. Wood (eds.), *Early medieval kingship*, Leeds, pp. 72–104

Elcock, William D. (1975), *The Romance languages*, 2nd edn, London

Ernst, U. (1975), *Der Liber Evangeliorum Otfrids von Weißenburg*, Cologne

Frank, Barbara and Hartmann, Jörg (1997), *Inventaire systématique des premiers documents des langues romanes*, Tübingen

Goody, Jack (1989), *The interface between the written and the oral*, Cambridge

Green, Dennis H. (1994), *Medieval listening and reading: the primary reception of German literature, 800–1300*, Cambridge

Gross, G. (1991), 'El fuero de Uclés, documento de mediados del siglo XII', *Boletín de la real academia de la historia* 188: 105–77

Hamlin, Frank R., *et al.* (1967), *Introduction à l'étude de l'ancien provençal*, Geneva

Harvey, Anthony (1990), 'Retrieving the pronunciation of early Celtic scribes: towards a methodology', *Celtica* 21: 178–90

Herman, József (1990), *Du latin aux langues romanes*, Tübingen

Koch, John T. (1985–6), 'When was Welsh literature first written down?', *Studia Celtica* 20–1: 43–66

Lomax, Derek W. (1969), 'The Lateran reforms and Spanish literature', *Iberoromania* 1: 299–313

Lomax, Derek W. (1971), 'La lengua oficial de Castilla', in *Actele celui de-al XII Congres international de linguistica si filologie romanica*, Bucharest, pp. 411–17

Lord, Albert B. (1991), *Epic singers and oral tradition*, Ithaca

McKitterick, Rosamond (1989), *The Carolingians and the written word*, Cambridge

McKitterick, Rosamond (ed.) (1990), *The uses of literacy in mediaeval Europe*, Cambridge

Niederehe, Hans-Josef (1987), *Alfonso X, el Sabio, y la lingüística de su tiempo*, Madrid

O'Keeffe, K. O'B. (1990), *Visible song: traditional literacy in Old English verse*, Cambridge

Ong, Walter J. (1982), *Orality and literacy: the technologizing of the word*, London

Pope, M.K. (1934), *From Latin to modern French with especial consideration of Anglo-Norman*, Manchester

Posner, Rebecca (1996), *The Romance languages*, Cambridge

Richter, Michael (1994), *The formation of the medieval west: studies in the oral culture of the barbarians*, Dublin

Richter, Michael (1995), *Studies in medieval language and culture*, Dublin

Richthofen, E. von (1989), *La metamorfosis de la épica medieval*, Madrid

Rothwell, W. (1980), 'Lexical borrowing in a medieval context', *Bulletin of the John Rylands Library* 63: 118–43

Rothwell, W. (1985), 'From Latin to modern French: fifty years on', *Bulletin of the John Rylands Library* 68: 179–209

Scragg, D. (1975), *A history of English spelling*, Manchester

Selig, Maria, *et al.* (eds.) (1993), *Le passage à l'écrit des langues romanes*, Tübingen

Spiegel, Gabrielle M. (1978), *The chronicle tradition of Saint Denis: a survey*, Brookline, MA

Stevens, John E. (1986), *Words and music in the Middle Ages: song, narrative, dance and drama, 1050–1350*, Cambridge

Stock, Brian (1983), *The implications of literacy: written language and models of interpretation in the eleventh and twelfth centuries*, Princeton

Toon, Thomas E. (1983), *The politics of early Old English sound change*, New York

854   van Scoy, H.A. (1940), Alfonso X as lexicographer', *Hispanic Review* 8: 277–84

Wright, Roger (1982), *Late Latin and early Romance (in Spain and Carolingian France)*, Liverpool

Wright, Roger (ed.) (1991), *Latin and the Romance languages in the early Middle Ages*, London; repr. Pennsylvania (1996)

Wright, Roger (1994), *Early Ibero-Romance: twenty-one studies on language and texts from the Iberian peninsula between the Roman Empire and the thirteenth century*, Newark, DE

Zumthor, Paul (1984), *La lettre et la voix dans la littérature médiévale*, Paris

4　艺术与建筑

Secondary works

Abulafia, D. (1988), *Frederick II: a medieval emperor*, London

Alexander, J.J.G. (1992), *Medieval illuminators and their methods of work*, New Haven and London

Alexander, J.J.G. and Binski, P. (eds.) (1987), *Age of chivalry: art in Plantagenet England 1200–1400*, London

Belting, H. (1977), *Die Oberkirche von San Francesco in Assisi*, Berlin

Belting, H. (1990), *The image and its public in the Middle Ages*, trans. M. Bartusis and R. Meyer, New York

Belting, H. (1994), *Likeness and presence: a history of the image before the era of art*, trans. E. Jephcott, Chicago

Binski, P. (1995), *Westminster Abbey and the Plantagenets: kingship and the representation of power 1200–1400*, New Haven and London

Binski, P. (1996), *Medieval death, ritual and representation*, Ithaca and London

Bony, J. (1979), *The English Decorated Style: Gothic architecture transformed 1250–1350*, Oxford

Bony, J. (1983), *French Gothic architecture of the 12th & 13th centuries*, Berkeley

Branner, R. (1965), *St Louis and the Court Style in Gothic Architecture*, London

Branner, R. (1977), *Manuscript painting in Paris during the reign of Saint Louis*, Berkeley

Brentano, R. (1988), *Two churches: England and Italy in the thirteenth century*, Berkeley and Los Angeles

Brieger, P. (1957), *English art 1216–1307*, Oxford

Brown, E.A.R. (1981), 'Death and the human body in the later Middle Ages: the legislation of Boniface VIII on the division of the corpse', *Viator* 12: 221–70

Bruzelius, C. (1985), *The 13th-century church at St-Denis*, New Haven

Buchthal, H. (1957), *Miniature painting in the Latin kingdom of Jerusalem*, Oxford

Bynum, C.W. (1987), *Holy feast and Holy fast: the religious significance of food to medieval women*, Berkeley

Bynum, C.W. (1992), *Fragmentation and redemption: essays on gender and the human body in medieval religion*, New York

Bynum, C.W. (1995), *The resurrection of the body in western Christianity, 200–1336*, New York

Camille, M. (1989), *The Gothic idol: ideology and image-making in medieval art*, Cambridge

Colvin, H.M. (ed.) (1963), *The history of the king's works*, 2 vols., London

Douglas, D.C. (1975) (ed.), *English historical documents*, III, London

Erlande-Brandenburg, A. (1994), *The cathedral: the social and architectural dynamics of construction*, Cambridge

Fassler, M. (1993), *Gothic song: Victorine sequences and Augustinian reform in twelfth-century Paris*, Cambridge　　855

Folz, R. (1969), *The concept of empire in western Europe from the fifth to the fourteenth century*, London

Frisch, T.G. (1971), *Gothic art 1140–c. 1450: sources and documents*, Toronto

Gardner, J. (1990), 'The French connection: thoughts about French patrons and Italian art, c. 1250–1300', in C.M. Rosenberg (ed.), *Art and politics in late medieval and early Renaissance Italy: 1250–1500*, Notre Dame Conferences in Medieval Studies, 11, Notre Dame and London, pp. 81–102

Gardner, J. (1991), 'Giotto: "first of the moderns" or last of the ancients?', *Wiener Jahrbuch für Kunstgeschichte* 44: 63–78

Gardner, J. (1992), *The tomb and the tiara: curial tomb sculpture in Rome and Avignon in the late Middle Ages*, Oxford

Geary, P.J. (1994), *Living with the dead in the Middle Ages*, Ithaca and London

Génicot, L. (1968), *Le XIIIe siècle européen*, Paris

Greenhalgh, M. (1989), *The survival of Roman antiquities in the Middle Ages*, London

Hallam, E. (1982), 'Royal burial and the cult of kingship in France and England, 1060–1330', *JMH* 8: 359–80

Hills, P. (1987), *The light of early Italian painting*, New Haven and London

James, J. (1979–81), *The contractors of Chartres*, 2 vols., Wyoming

Kemp, E.W. (1948), *Canonization and authority in the western church*, London

Krautheimer, R. (1980), *Rome, profile of a city, 312–1308*, Princeton

Le Goff, J. (1984), *The birth of purgatory*, trans. A. Goldhammer, Chicago

Lewis, S. (1987), *The art of Matthew Paris in the Chronica majora*, Berkeley and Los Angeles

Mâle, E. (1958), *The Gothic image: religious art in France of the thirteenth century*, London and New York (first published as *L'art religieux du XIIIe siècle en France*, Paris (1902))

Moore, R.I. (1987), *The formation of a persecuting society: power and deviance in western Europe 950–1250*, Oxford

Murray, S. (1987), *Building Troyes Cathedral: the late Gothic campaigns*, Indiana

Onians, J. (1988), *Bearers of meaning: the classical orders in Antiquity, the Middle Ages, and the Renaissance*, Cambridge

Os, H.W. van (1984), *Sienese altarpieces 1215–1460*, 1, Groningen

Osborne, J. (ed.) (1987), *Master Gregorius: the marvels of Rome*, Toronto

Owst, G.R. (1966), *Literature and pulpit in medieval England*, Oxford

Page, C. (1993), *Discarding images: reflections on music and culture in medieval France*, Oxford

Panofsky, E. (1951), *Gothic architecture and scholasticism*, New York

Panofsky, E. (1960), *Renaissance and renascences in western Art*, Stockholm

Panofsky, E. (1979), *Abbot Suger on the Abbey Church of St-Denis and its art treasures*, rev. 2nd edn, Princeton

Pantin, W.A. (1955), *The English Church in the fourteenth century*, Cambridge

Pevsner, N. (1945), *The leaves of Southwell*, London and New York

Powicke, F.M. and Cheney, C.R. (eds.) (1964), *Councils & synods with other documents relating to the English Church*, 11: *A.D. 1205–1313*, 2 parts, Oxford

Ringbom, S. (1965), *Icon to narrative: the rise of the dramatic close-up in fifteenth-century devotional painting*, Acta Academiae Aboensis, ser. A., Humaniora 31, 2, Åbo

Rubin, M. (1991), *Corpus Christi: the Eucharist in late medieval culture*, Cambridge

856　　Rudolph, C. (1990), *Artistic change at St-Denis: Abbot Suger's program and the early twelfth-century controversy over art*, Princeton

Ryan, W.G. (trans.) (1993), *Jacobus de Voragine, The Golden Legend: readings on the saints*, 2 vols., Princeton

Sandler, L.F. (1983), *The psalter of Robert de Lisle*, London

Sauerländer, W. (1972), *Gothic sculpture in France 1140–1270*, London

Simson, O. von (1956), *The Gothic cathedral: origins of Gothic architecture and the medieval concept of order*, New York

Southern, R.W. (1986), *Robert Grosseteste: the growth of an English mind in medieval Europe*, Oxford

White, J. (1987), *Art and architecture in Italy 1250–1400*, Harmondsworth

Wieck, R.S. (1988), *Time sanctified: the book of hours in medieval art and life*, Baltimore

Williams, J.W. (1993), *Bread, wine and money: the windows of the trades at Chartres Cathedral*, Chicago and London

Wilson, C. (1986), 'The Cistercians as "missionaries of Gothic" in Northern England', in C. Norton and D. Park (eds.), *Cistercian art and architecture in the British Isles*, Cambridge, pp. 86–116

Wilson, C. (1990), *The Gothic cathedral: the architecture of the Great Church 1130–1530*, London

Wright, G.S. (1974), 'A royal tomb program in the reign of Saint Louis', *Art Bulletin* 56: 224–43

5 教宗权

Reference work

Histoire des conciles œcuméniques publiée sous la direction de G. Dumeige, VI (1965), VII (1966), Paris

Primary sources

Conciliorum oecumenicorum decreta, ed. G. Alberigo *et al.*, Freiburg im Breisgau (1962)

García y García, A. (ed.), *Constitutiones concilii quarti Lateranensis cum commentariis glossatorum*, Mon. Iuris Canonici Series A: Corpus Glossatorum, 2, Vatican City (1981)

Huillsard-Bréholles, J.L., *Historia diplomatica Friderici II*, 6 vols. in 12, Paris (1852–61)

Kempf, F., *Regestum Innocenti III papae super negotio Romani imperii*, Miscellanea historiae pontificiae, XII, Rome (1947)

Le *liber censuum de l'église romaine*, ed. P. Fabre and L. Duchesne, 3 vols. in 2, Paris (1889–19)

'Vita Innocentii IV scripta a Fr. Nicolao de Carbio', ed. F. Pagnotti, *Archivio della Società romana di storia patria* 21 (1898), pp. 76–120

Secondary works

Abulafia, D. (1988), *Frederick II: a medieval emperor*, London

Alberigo, G. (1969), *Cardinalato e collegialità: studi sull' ecclesiologia tra l'XI e il XIV secolo*, Florence

Bagliani, A. Paravicini (1972), *Cardinali di curia e 'familiae' cardinalizie dal 1227 al 1254*, Italia sacra. Studi e documenti di storia ecclesiastica, 17, 18, Padua

Battifol, P. (1924), *Le siège apostolique (359–451)*, Paris　　857

Beck, H.G. (1947), 'William Hundleby's account of the Anagni outrage', *Catholic Historical Review* 32: 190–225

Benson, R.L. (1967). '*Plenitudo potestatis*: evolution of a formula from Gregory IV to Gratian', *Studia Gratiana* 14: 195–217

Boase, T.S.R. (1933), *Boniface VIII*, London

Bolton, B. (1991), 'A show with a meaning: Innocent III's approach to the Fourth Lateran Council, 1215', *Medieval History* 1: 53–67

Bréhier, L. (1947), *Vie et mort de Byzance*, Paris

Brentano, R. (1974), *Rome before Avignon: a social history of thirteenth-century Rome*, London and New York

Cantini, J.A. (1961), 'De autonomia judicis saecularis et de Romani pontificis plenitudine potestatis in temporalibus secundum Innocentium IV', *Salesianum* 3: 407–80

Carlyle, R.W. and Carlyle, A.J. (1938), *A history of mediaeval political theory in the west*, V: *The political theory of the thirteenth century*, 2nd edn, London

Cheney, C.R. (1976), *Pope Innocent III and England*, Stuttgart

Cheney, C.R. and Semple, W.H. (1953), *Selected letters of Pope Innocent III concerning England 1198–1216*, London and Edinburgh

Congar, Y.M.-J. (1952), 'Cephas-cephale-caput', *Revue du moyen âge latin* 8: 5–42

Congar, Y.M.-J. (1957), 'Ecce constitui te super gentes et regna (Jér.1.10) "in Geschichte und Gegenwart"', in *Theologie in Geschichte und Gegenwart: M. Schmaus zum sechzigsten Geburtstag dargebracht*, Munich, pp. 671–96

Congar, Y.M.-J. (1970), *L'église de saint Augustin à l'époque moderne*, Paris

Denifle, H. (1889), 'Die Denkschriften der Colonna gegen Bonifaz VIII, und der Cardinäle gegen die Colonna', *Archiv für Literatur-und Kirchengeschichte* 5: 493–529

Denzinger, H. (1911), *Enchiridion symbolorum, definitionum et declarationum de rebus fidei et morum*, 11th edn, quam paravit C. Bannwart, Freiburg im Breisgau

Digard, G. (1963), *Philippe le Bel et le Saint-Siège de 1285 à 1304*, 2 vols., Paris

Dondaine, A. (1952), 'Documents pour servir à l'histoire de la province de France: l'appel au concile (1303)', *Archivum fratrum praedicatorum* 22: 381–439

Dupuy, P. (1655), *Histoire du différend d'entre le pape Boniface VIII et Philippe le Bel, Roy de France*, Paris

Eubel, C. (1913), *Hierarchia catholica medii aevi*, 2nd edn, Munster

Favier, J. (1978), *Philippe le Bel*, Paris

Fawtier, R. (1948), 'L'attentat de Anagni', *Mélanges d'archéologie et d'histoire* 60: 153–79

Foreville, R. (1965), *Latran I, II, III et Latran IV*, Histoire des conciles œcuméniques, 6, Paris

Franchi, A. (1965), *Il concilio di Lione (1274) secondo la Ordinatio Concilii Generalis Lugdunensis*, Rome

Gatto, L. (1959), *Il pontificato di Gregorio X (1271–1276)*, Rome

Geanakoplos, D.J. (1959), *Emperor Michael Palaeologus and the west 1258–1282: a study in Byzantine–Latin relations*, Cambridge, MA

Gill, J. (1973), 'Innocent III and the Greeks: aggressor or apostle?', in D. Baker (ed.), *Relations between east and west in the Middle Ages*, Edinburgh, pp. 95–108

Gill, J. (1974), 'The Church Union of the Council of Lyons (1274) portrayed in Greek documents', *Orientalia christiana periodica* 40: 5–45

858　Gill, J. (1979), *Byzantium and the papacy 1198–1400*, London

Graefe, F. (1909), *Die Publizistik in der letzten Epoche Kaiser Friedrichs II*, Heidelberg

Grumel, V. (1926), 'Lyon: le IIe concile et la réunion de l'église grecque', *Dictionnaire de théologie catholique* 98: 1391–410

Hampe, K. (1913), 'Ein ungedruckter Bericht über das Konklave von 1241 im römischen Septizonium', *Sonderband der Heidelberg Phil.-hist. Klasse* Bd. 4: 1–34

Hampe, (1973), *Germany under the Salian and Hohenstaufen emperors*, trans. with an introd. by R. Bennett, Oxford

Herde, P. (1967), 'Ein Pamphlet der papstlichen Kurie gegen Kaiser Friedrich II. von 1245–6 ("Eger cui lenia")', *Deutsches Archiv für Erforschung des Mittelalters* 23: 468–538

Housley, N. (1982), *The Italian crusades: the papal–Angevin alliance and the crusades against Christian lay powers, 1254–1343*, Oxford

Hove, A. van (1945), *Prolegomena ad codicem iuris canonici. Commentarium lovaniense in codicem iuris canonici*, I, pt 1, Rome

Huillard-Bréholles, J.L. (1852–61), *Historia diplomatica Friderici II*, 6 vols. in 12, Paris

Hussey, J.M. (1986), *The Orthodox Church in the Byzantine Empire*, Oxford History of the Christian Church, Oxford

Imkamp, W. (1983), *Das Kirchenbild Innocenz' III*, Stuttgart

Jordan, E. (1909), *Les origines de la domination angevine en Italie*, Paris

Kelly, J.N.D. (1986), *The Oxford dictionary of popes*, Oxford

Kempf, F. (1954), *Papsttum und Kaisertum bei Innocenz III*, Rome

Kempf, F. (1985), 'Innocenz III und der deutscher Thronstreit', *Archivium historiae pontificiae* 23: 63–91

Kuttner, S. (1949), 'Conciliar law in the making: the Lyonese constitutions of Gregory X in a manuscript of Washington', *Miscellanea P. Paschini* 2: 39–81

Kuttner, S. and García y García, A. (1964), 'A new eyewitness account of the Fourth Lateran Council', *Traditio* 20: 115–78

Laurent, M.H. (1947), *Le bienheureux Innocent V (Pierre de Tarentaise) et son temps*, Studi e Testi, 129, Vatican City

Le Bras, G. (1959), *Institutions ecclésiastiques de la Chrétienté médiévale*, Histoire de l'Eglise depuis les origines jusqu'à nos jours, 12, Paris

Le Bras, G., Lefebvre, C. and Rambaud, J. (1965), *Histoire du droit et des institutions de l'église en Occident*, VII: *L'âge classique*, Paris

Lecler, J. (1964), 'Pars corporis papae: le Sacré Collège dans l'ecclésiologie médiévale', in *L'homme devant Dieu. Mélanges H. de Lubac*, II, Paris, pp. 183–94

Lloyd, S.D. (1988), *English society and the crusade 1216–1307*, Oxford

Luchaire, A. (1908), *Innocent III: le concile du Latran et la réforme de l'église*, Paris

Maccarrone, M. (1940), *Chiesa e stato nella dottrina di Papa Innocenzo III*, Rome

Maccarrone, M. (1952), *Vicarius Christi: storia del titolo papale*, Rome

Maccarrone, M. (1961), 'Il IV Concilio Lateranense', *Divinitas* 2: 270–98

Maccarrone, M. (1972), *Studi su Innocenzo III*, Italia Sacra, 17, Padua

Maccarrone, M. (1995), *Nuovi studi su Innocenzo III*, Rome

Maitland, F.W. (1898), 'William of Drogheda and the universal ordinary', in his *Roman canon law in the Church of England*, London, pp. 100–31

Maleczek, W. (1984), *Papst und Kardinnalskolleg von 1191 bis 1216*, Vienna

Martin, V. (1937), 'Comment s'est formée la doctrine de la superiorité du concile sur le pape', *Revue des sciences religieuses* 17: 120–43

Melville, M. (1950), 'Guillaume de Nogaret et Philippe le Bel', *Revue de l'histoire de l'église* 859
de France 36: 56–66

Morris, C. (1989), *The papal monarchy: the western Church from 1050 to 1250*, Oxford History
of the Christian Church, Oxford

Nicol, D.M. (1961), 'The Greeks and the union of the Churches: the preliminaries to
the Second Council of Lyons, 1261–1274', in *Medieval studies presented to A. Gwynn, S.J.*,
Dublin, pp. 454–80

Nicol, D.M. (1962), 'The Greeks and the union of the Churches: the report of Ogerius,
protonotarius of Michael VIII Palaeologus, in 1280', *Proc. Roy. Irish Academy* 63
Section C

Nicol, D.M. (1971), 'The Byzantine reaction to the Second Council of Lyons 1274',
Studies in Church History 7: 113–47

Pacaut, M. (1960), 'L'autorité pontificale selon Innocent IV', *Le moyen âge* 66: 85–119

Pennington, K. (1984), *Pope and bishops: the papal monarchy in the twelfth and thirteenth cen-
turies*, Philadelphia

Peters, (1970), *The shadow king: rex inutilis in medieval law and literature, 751–1327*, New
Haven

Picot, G. (1901), *Documents relatifs aux Etats Généraux sous Philippe le Bel*, Paris

Rivière, J. (1926), *Le problème de l'église et de l'état au temps de Philippe le Bel*, Louvain

Roberg, B. (1964), *Die Union zwischen der griechischen und der lateinischen Kirche auf dem II.
Konzil von Lyon (1274)*, Bonn

Robinson, I.S. (1990), *The papacy 1073–1198: continuity and innovation*, Cambridge

Runciman, S. (1958), *The Sicilian Vespers: a history of the Mediterranean world in the later thir-
teenth century*, Cambridge

Schatz, K. (1970), 'Papsttum und partikularkirchliche Gewalt bei Innocenz III.
(1198–1216)', *Archivium historiae pontificiae* 8: 61–111

Schulte, J.F. von (1871), *Die Stellung des Concilien, Päpste und Bischöfe*, Prague

Seegrün, W. (1968), 'Kirche, Papst und Kaiser nach den Anschauungen Kaiser
Friedrichs II.', *Historische Zeitschrift* 207: 4–41

Seppelt, F.X. (1931–6), *Geschichte der Papsttums*, 5 vols., Leipzig

Sieben, H.J. (1984), *Die Konzilsidee des lateinischen Mittelalters 847–1378*, Paderborn

Southern, R.W. (1970), *Western society and the Church in the Middle Ages*, The Pelican
History of the Church, 2, Harmondsworth

Stickler, A.M. (1950), *Historia iuris canonici latini: institutiones academicae*, 1: *Historia fontium*,
Turin

Strayer, J.R. (1980), *The reign of Philip the Fair*, Princeton, NJ

Taylor, M.L. (1991), 'The election of Innocent III', in D. Wood (ed.), *The Church and sov-
ereignty*, Studies in Church History, *Subsidia* 9: 97–112

Tierney, B. (1955), *Foundations of the conciliar theory*, Cambridge

Tierney, B. (1965), 'The continuity of papal political theory in the thirteenth century',
Mediaeval Studies, 27: 227–45

Tillmann, H. (1980), *Pope Innocent III*, trans. W. Sax, Amsterdam

Ullmann, W. (1955), *The growth of papal government in the Middle Ages: a study in the ideological
relation of clerical to lay power*, London

Ullmann, W. (1960), 'Leo I and the theme of papal primacy', *Journal of Theological Studies*
11: 25–51

Ullmann, W. (1972), *A short history of the papacy in the Middle Ages*, London

860　van Cleve, T.C. (1972), *The Emperor Frederick II of Hohenstaufen: immutator mundi*, Oxford

Vernet, F. (1926), 'Lyon (IIe Concile œcuménique de). L'œuvre du concile', *Dictionnaire de théologie catholique* 9: 1374–91

Waley, D.P. (1961), *The papal state in the thirteenth century*, London

Watt, J.A. (1965a), *The theory of papal monarchy in the thirteenth century: the contribution of the canonists*, New York

Watt, J.A. (1965b), 'Medieval deposition theory: a neglected canonist *consultatio* from the First Council of Lyons', *Studies in Church History* 2: 197–214

Watt, J.A. (1980), 'Hostiensis on *Per venerabilem*: the role of the College of Cardinals', in B. Tierney and P. Linehan (eds.), *Authority and power: studies in medieval law and government presented to Walter Ullmann on his seventieth birthday*, Cambridge, pp. 99–113

Watt, J.A. (1988), 'Spiritual and temporal powers', in *The Cambridge history of medieval political thought c. 350–c. 1450*, Cambridge, pp. 367–423

Watt, J.A. (1992), 'Jews and Christians in the Gregorian decretals', *Studies in Church History* 29: 93–105

Wenck, K. (1926), 'Das erste konklave der Papstgeschichte, August bis Oktober 1241', *Quellen und Forschungen aus italienischen Archiven und Bibliotheken* 18: 101–70

Wolter, H. and Holstein, H. (1966), *Lyon I et Lyon II*, Histoire des conciles œcuméniques 7, Paris

6　阿尔比派十字军和异端

Bibliographies

Berkhout, C.T. and Russell, J.B. (1981), *Medieval heresies: a bibliography (1960–1979)*, Pontifical Institute of Mediaeval Studies, Subsidia Mediaevalia, 11, Toronto

Grundmann, H. (1967), *Bibliographie zur Ketzergeschichte des Mittelalters (1900–60)*, Sussidi Eruditi, 20, Rome

Vekené, E. van der (1963), *Bibliographie der Inquisition: ein Versuch*, Hildesheim

Primary sources

Devic, Cl. and Vaissète, J., *Histoire générale de Languedoc*, ed. A. Molinier, 16 vols., Toulouse (1872–1915) (volumes VI–VIII are a fundamental work of reference for this period and contain a large selection of contemporary records)

Paris, Matthew, *Chronica majora*, ed. H.R. Luard, RS, LVII (IV), London (1877)

Vincent of Beauvais, *Speculum maius*, 4 vols., Douai (1624); facsimile repr. Graz (1954–5)

The Albigensian Crusade

La chanson de la croisade albigeoise, ed., with modern French trans. E. Martin-Chabot, 3 vols., Les classiques de l'histoire de France au moyen âge, Paris (1960)

Guillaume de Puylaurens, *Chronique*, ed., with French trans., J. Duvernoy, Paris (1976)

Pierre des Vaux-de-Cernay, *Hystoria Albigensis*, ed. P. Guébin and E. Lyon, 3 vols., Paris (1926–39); modern French translation, *Histoire Albigeoise*, by P. Guébin and H. Maisonneuve, L'église et l'état au moyen âge, X, Paris (1951)

The Inquisition

Amati, G., 'Processus contra Valdenses in Lombardia superiori anno 1387', *Archivio storico italiano* 3rd series 1(ii) (1865), pp. 16–52; 2(i) (1865), pp. 3–61

Cazenave, A., 'Les Cathares en Catalogne et Sabarthès d'après les registres de l'Inquisition', *Bulletin philologique et historique année 1969* (1972), pp. 387–436

Douais, C. (ed.), *Documents pour servir à l'histoire de l'Inquisition dans le Languedoc*, 2 vols., Paris (1972)

Duvernoy, J. (ed.), *Le registre d'Inquisition de Jacques Fournier, évêque de Pamiers (1318–1325)*, 3 vols., Toulouse (1965)

Gui, Bernard, *Practica Inquisitionis haereticae pravitatis*, ed. C. Douais, Paris (1886); Part v, ed., with French trans., G. Mollat, *Manuel de l'inquisiteur*, 2 vols., Paris (1926–7)

Limborch, P. van, *Historia inquisitionis cui subiungitur Liber sententiarum inquisitionis Tholosanae ab anno Christi MCCCVII ad annum MCCCXXIII*, Amsterdam (1692)

Pales Gobilliard, A., *L'inquisiteur Geoffroy d'Ablis et les Cathares du comté de Foix, 1308–1309*, Sources d'histoire mediévale publiées par l'Institut de Recherche et d'Histoire des Textes, Paris (1984)

The heretics

Brooke, R.B., *The coming of the friars*, London (1975)

Döllinger, J.J.I. von, *Beiträge zur Sektengeschichte des Mittelalters*, 2 vols., Munich (1890)

Dondaine, A., 'La hiérarchie cathare en Italie. I. Le "De heresi catharorum in Lombardia"', *Archivum fratrum praedicatorum* 19 (1949), pp. 280–312

Dondaine, A., 'II. Le "Tractatus de hereticis" d'Anselme d'Alexandrie, O.P.'; 'III. Catalogue de la hiérarchie cathare d'Italie', *Archivum fratrum praedicatorum*, 20 (1950), pp. 234–324; reprinted in Dondaine (1990)

Dondaine, A., *Un traité néo-manichéen du XIIIe siècle: le 'Liber de duobus principiis', suivi d'un fragment de rituel cathare*, Rome (1939)

Moneta di Cremona, *Adversus Catharos et Valdenses libri quinque*, ed. T.A. Ricchini, Rome (1743)

Patschovsky A. and Selge, K.V., *Quellen zur Geschichte der Waldenser*, Texte zur Kirchen- und Theologiegeschichte, 18, Gütersloh (1973)

Peters, E., *Heresy and authority in medieval Europe*, Philadelphia (1980) (selected sources with commentary)

Raynerius Sacconi, 'Summa de Catharis et Pauperibus de Lugduno', ed. F. Šanjek, *Archivum fratrum praedicatorum*, 44 (1974), pp. 31–60

Thouzellier, C. (ed.), *Livre des deux principes*, Sources chrétiennes, no. 198, Paris (1973)

Thouzellier, C., *Rituel cathare*, Sources chrétiennes, no. 266, Paris (1977)

Thouzellier, C., *Une somme anti-cathare: 'Le liber contra Manicheos' de Durand de Huesca*, Louvain (1964)

Venckeleer, T., 'Un recueil cathare: le manuscrit A.6.110 de la Collection Vaudoise de Dublin', *Revue belge de philologie et d'histoire*, 38 (1960), pp. 815–34; 39 (1961), pp. 758–93

Wakefield, W.L. and Evans, A.P., *Heresies of the high Middle Ages*, New York (1969) (a wide selection of translated texts with commentaries)

862 *Other*

Guiraud, J. (ed.) *Cartulaire de Notre-Dame de Prouille, précédé d'une étude sur l'Albigéisme languedocien au XIIe et XIIIe siècles*, 2 vols., Paris (1907)

Limouzin-Lamothe, R., *La commune de Toulouse et les sources de son histoire (1120–1249)*, Toulouse and Paris (1932)

Sbaralea, I.H., *Bullarium Franciscanum*, 4 vols., Rome (1759–68); continued C. Eubel, 3 vols., Rome (1898–1904)

Papal records

Auvray, L. (ed.), *Les registres de Grégoire IX*, 3 vols., BEFAR, Paris (1896–1955)

Berger, E. (ed.), *Les registres d'Innocent IV*, 4 vols., BEFAR, Paris (1884–1921)

Bourel de la Roncière, C., de Loye, J., de Cenival, P. and Coulon, A. (eds.), *Les registres d'Alexandre IV*, 2 vols., BEFAR, Paris (1902–31)

Digard, G., Faucon, M., Thomas, A. and Fawtier, R. (eds.), *Les registres de Boniface VIII*, 4 vols., BEFAR, Paris (1884–1939)

Gay, J. and Vitte, S. (eds.), *Les registres de Nicholas III*, BEFAR, Paris (1898–1938)

Grandjean, C. (ed.), *Les registres de Benedict XI*, BEFAR, Paris (1905)

Guiraud, J. (ed.), *Les registres d'Urbain IV*, 4 vols., BEFAR, Paris (1901–29)

Guiraud, J. and Cadier, L. (eds.), *Les registres de Grégoire X et Jean XXI*, BEFAR, Paris (1892–1906)

Hageneder, O. and Haidacher, A. (eds.), *Die Register Innocenz' III*, 2 vols., Graz (1968–79)

Innocent III, *Regesta*, *PL*. 214–17

Jordan, E. (ed.), *Les registres de Clement IV*, 1 vol. and tables, BEFAR, Paris (1893–1945)

Langlois, E. (ed.), *Les registres de Nicholas IV*, 4 vols., BEFAR, Paris (1886–93)

Mansi, J.D., *Sacrorum conciliorum nova et amplissima collectio*, 31 vols., Florence and Venice (1759–98)

Mollat, G. (ed.), *Jean XXII (1316–24): lettres communes*, 16 vols., BEFAR, Paris (1904–47)

Monachi OSB, ed., *Regestum Clementis papae V*, 9 vols., BEFAR, Paris (1885–92)

Olivier Martin, F. (ed.), *Les registres de Martin IV*, BEFAR, Paris (1901–35)

Pressutti, P. (ed.), *Regesta Honorii papae III*, 2 vols., Rome (1888–95)

Prou, M. (ed.), *Les registres d'Honorius IV*, BEFAR, Paris (1888)

Secondary works

Abels, R. and Harrison, E. (1979), 'The participation of women in Languedocien Catharism', *Mediaeval Studies* 41: 215–51

Audisio, G. (ed.) (1990), *Les Vaudois des origines à leur fin (XIIe–XVIe siècles)*, Turin

Barber, M.C. (1995), 'Women and Catharism' and 'Catharism and the Occitan nobility: the lordships of Cabaret, Minerve and Termes', in his collected essays, *Crusaders and heretics, 12th–14th centuries*, Aldershot

Belperron, P. (1967), *La croisade contre les albigeois et l'union de Languedoc à la France, 1209–1249*, 2nd edn, Paris

Biller, P. (1985), '*Multum ieiunantes et se castigantes*: medieval Waldensian asceticism', *Studies in Church History* 22: 215–28

Biller, P. (1990), 'The common woman in the western Church in the thirteenth and early 863
fourteenth centuries', *Studies in Church History* 27: 127–57

Biller, P. and Hudson, A. (eds.) (1994), *Heresy and literacy, 1000–1530*, Cambridge (contains
P. Biller, 'The Cathars of Languedoc and written materials', pp. 61–82; L. Paolini,
'Italian Catharism and written culture', pp. 83–103; A. Patschovsky, 'The literacy of
Waldensianism from Valdès to c.1400', pp. 112–36; A. Brenon, 'The Waldensian
books', pp. 137–59)

Birks, W. and Gilbert, R.A. (1987), 'From Cathars to Neo-Cathars', in *The treasure of
Montségur*, London

Borst, A. (1955), *Die Katharer*, Schriften der Monumenta Germaniae historica, XII,
Stuttgart

Brenon, A. (1988), *Le vrai visage du Catharisme*, Portet-sur-Garonne

Brenon, A. (1992), *Les femmes cathares*, Paris

Burr, D. (1989), *Olivi and Franciscan poverty: the origins of the* usus pauper *controversy*,
Philadelphia

Costen, M. (1997), *The Cathars and the Albigensian Crusade*, Manchester

Davis, G.W. (1974), *The Inquisition at Albi, 1299–1300*, New York

Delaruelle, E. (1960), 'Le catharisme en Languedoc vers 1200: une enquête', *Annales du
Midi* 72: 149–67

Delaruelle, E. (1976), 'Saint Louis devant les Cathares', in *Septième centenaire de la mort de
Saint Louis: actes des colloques de Royaumont et de Paris*, Paris, pp. 273–80

Dondaine, A. (1990), 'Le manuel de l'inquisiteur (1230–1330)', in his *Les hérésies et
l'Inquisition, XIIe–XIIIe siècles*, Collected Studies, Aldershot

Dossat, Y. (1959), *Les crises de l'Inquisition toulousaine au XIIIe siècle (1233–1273)*, Bordeaux

Dossat, Y. (1969), 'Simon de Montfort', in *Paix de Dieu et guerre sainte en Languedoc*,
Cahiers de Fanjeaux, 4, pp. 281–302

Dossat, Y. (1982), *Eglise et hérésie en France au XIIIe siècle*, Collected Studies, London

Douais, C. (1906), *L'Inquisition: ses origines, sa procédure*, Paris

Douie, D. (1932), *The nature and the effect of the heresy of the Fraticelli*, Manchester

Dupré Theseider, E. (1963), 'Gli eretici nel mondo comunale italiano', *Bollettino della
società di studi valdesi* 73: 3–23

Duvernoy, J. (1966), *Inquisition à Pamiers*, Toulouse

Duvernoy, J. (1976), *Le Catharisme: la religion des Cathares*, Toulouse

Duvernoy, J. (1979), *Le Catharisme: l'histoire des Cathares*, Toulouse

Emery, R.W. (1941), *Heresy and Inquisition in Narbonne*, Faculty of Political Science of
Columbia University, Studies in History, Economics and Public Law, 480, New York

Evans, A.P. (1962), 'The Albigensian Crusade', in K.M. Setton (gen. ed.), *History of the
crusades*, II, Philadelphia, pp. 277–324

Fine, J.V.A. (1975), *The Bosnian Church, a new interpretation*, London and New York

Fliche, A. (1957), 'L'état toulousain', in F. Lot and R. Fawtier (eds.), *Histoire des institutions
françaises au moyen âge*, I: *Institutions seigneuriales*, Paris, pp. 71–99

Given, J.G. (1997), *Inquisition and medieval society: power, discipline and resistance in Languedoc*,
Ithaca, NY

Gouron, A. (1963), 'Diffusion des consulats méridionaux et expansion du droit romain
aux XIIe et XIIIe siècles', *Bibliothèque de l'école des chartes* 121: 26–73

Griffe, E. (1971), *Le Languedoc cathare de 1190 à 1210*, Paris

864　Griffe, E. (1973), *Le Languedoc cathare au temps de la croisade (1209–1229)*, Paris

Griffe, E. (1980), *Le Languedoc cathare et l'inquisition (1229–1329)*, Paris

Grundmann, H. (1961), *Religiöse Bewegungen im Mittelalter: Untersuchungen über die geschichtlichen Zusammenhänge zwischen der Ketzerei, den Bettelorden und der religiösen Frauenbewegungen im 12. und 13. Jahrhundert und über die geschichtlichen Grundlagen der deutschen Mystik*, 2nd edn, Hildesheim

Guiraud, J. (1935–8), *Histoire de l'Inquisition au moyen âge*, 2 vols., Paris

Hamilton, B. (1974), *The Albigensian Crusade*, Historical Association, London

Hamilton, B. (1981), *The medieval Inquisition*, London

Haskins, C.H. (1929), 'Robert le Bougre and the beginnings of the Inquisition in northern France', in his collected essays, *Studies in the history of medieval culture*, New York, pp. 193–244

Hefèle, C.J. (1913), *Histoire des conciles*, ed. and trans. H. Leclercq, v (II), Paris

Hinnebusch, W. (1965), *A history of the Dominican Order: origins and growth*, I, New York

Housley, N. (1982), 'Politics and heresy in Italy: anti-clerical crusades, orders and confraternities', *Journal of Ecclesiastical History* 33: 193–208

Housley, N. (1985), 'Crusades against Christians: their origins and early development, c.1000–1210', in P.W. Edbury (ed.), *Crusade and settlement*, Cardiff, pp. 17–36

Kaltner, B. (1882), *Konrad von Marburg und die Inquisition in Deutschland*, Prague

Kieckhefer, R. (1979), *The repression of heresy in medieval Germany*, Liverpool

Knowles, D. (1962), ed. D. Luscombe, *The evolution of medieval thought*, London; rev. edn, D. Luscombe, 1988

Koch, G. (1962), *Frauenfrage und Ketzertum im Mittelalter: Die Frauenbewegung im Rahmen des Katharismus und des Waldensertums und ihre sozialen Wurzeln (XII–XIV Jahrhundert)*, Forschungen zur mittelalterlichen Geschichte, IX, Berlin

Kolmer, L. (1982), *Ad capiendas vulpes. Die Ketzerbekämpfung in Südfrankreich in der ersten Hälfte des 13 Jahrhunderts und die Ausbildung des Inquisitionsverfahrens*, Bonn

Lafont, R., Duvernoy, J., Roquebert, M., Labal, P., Marten, P. and Pech, R. (1982), *Les Cathares en Occitanie*, Paris

Lambert, M. (1961), *Francisan poverty: the doctrine of the absolute poverty of Christ and the Apostles in the Franciscan Order, 1210–1323*, London

Lambert, M. (1977), *Medieval heresy: popular movements from the Gregorian reform to the Reformation*, Oxford; 2nd edn, 1992

Lambert, M. (1998), *The Cathars*, Oxford

Le Goff, J. (ed.) (1968), *Hérésies et sociétés dans l'Europe pré-industrielle, 11e–18e siècles*, Paris and The Hague

Le Roy Ladurie, E. (1978), *Montaillou: Cathars and Catholics in a French village, 1294–1324*, trans. B. Bray, London

Lea, H.C. (1887), *A history of the Inquisition in the Middle Ages*, 3 vols., New York

Leff, G. (1958), *Medieval thought from St. Augustine to Ockham*, Harmondsworth

Leff, G. (1967), *Heresy in the later Middle Ages: the relation of heterodoxy to dissent c.1250–c.1450*, 2 vols., Manchester

Little, L.K. (1978), *Religious poverty and the profit economy in medieval Europe*, London

Loos, M. (1974), *Dualist heresy in the Middle Ages*, Prague

Lourdeaux, W. and Verhelst, D. (eds.) (1976), *The concept of heresy in the Middle Ages (11th–13th centuries)*, Mediaevalia Lovaniensia, Series 1, Studia IV, Louvain and The Hague

Luchaire, A. (1904–8), *Innocent III*, 6 vols., Paris 　　　865

Maisonneuve, H. (1960), *Etudes sur les origines de l'Inquisition*, Paris

Manselli, R. (1977), 'Les Chrétiens de Bosnie: le Catharisme en Europe orientale', *Revue d'histoire ecclésiastique* 72: 600–14

Merlo, G.G. (1977), *Eretici e inquisitori nella società piemontese del trecento*, Turin

Molinier, C. (1880), *L'Inquisition dans le midi de la France au XIIIe et au XIVe siècle*, Paris

Molnar, J.G.A. (1974), *Les Vaudois au moyen âge*, Turin

Moore, R.I. (1985), *The origins of European dissent*, 2nd edn, Oxford

Moore, R.I. (1987), *The formation of a persecuting society: power and deviance in western Europe, 950–1250*, Oxford

Mundy, J.H. (1954), *Liberty and political power in Toulouse, 1050–1230*, New York

Mundy, J.H. (1985), *The repression of Catharism at Toulouse: the Royal Diploma of 1279*, Pontifical Institute of Mediaeval Studies, Toronto

Mundy, J.H. (1990), *Men and women at Toulouse in the age of the Cathars*, Toronto

Nelli, R. (1969), *La vie quotidienne des Cathares du Languedoc au XIIIe siècle*, Paris

Paterson, L.M. (1993), *The world of the troubadours: medieval Occitan Society, c.1100–c.1300*, Cambridge

Peters, E. (1988), *Inquisition*, Berkeley and Los Angeles

Reeves, M. (1969), *The influence of prophecy in the later Middle Ages: a study in Joachimism*, Oxford

Ribacourt, C. (1973), 'Les mendiants du Midi', in *Les mendiants en pays l'Oc au XIIIe siècle*, Cahiers de Fanjeaux, 8, Toulouse

Roach, A. (1986), 'The Cathar economy', *Reading Medieval Studies* 12: 51–71

Roach, A. (1990), 'The relationship of the Italian and southern French Cathars, 1170–1320', Oxford University DPhil thesis

Roquebert, M. (1970–89) *L'épopée cathare*, 4 vols., Toulouse: I: *1198–1212: L'invasion* (1970); II: *1213–1216: Muret ou la dépossession* (1977); III: *1216–1229: Le lys et la croix* (1986); IV: *Mourir à Montségur* (1989)

Rottenwöhrer, G. (1982), *Der Katharismus*, 2 vols., Bad Honnef

Šanjek, F. (1976), *Les chrétiens bosniaques et le mouvement cathare, XII–XVe siècles*, Brussels, Paris and Louvain

Schneider, M. (1981), *Europäisches Waldensertum im 13. und 14. Jahrhundert*, Berlin and New York

Segl, P. (1980), 'Conrad von Marburg, inquisitor', in *Neue Deutsche Biographie*, XII, Berlin, pp. 544–6

Selge, K.V. (1967), *Die ersten Waldenser*, 2 vols., Arbeiten zur Kirchengeschichte, 37, Berlin

Shannon, A.C. (1983), *The medieval Inquisition*, Washington, DC

Stephens, J.N. (1972), 'Heresy in medieval and Renaissance Florence', *P&P* 54: 25–60

Strayer, J.R. (1971), *The Albigensian Crusades*, New York

Sumption, J. (1978), *The Albigensian Crusade*, London and Boston

Thouzellier, C. (1969a), *Catharisme et Valdéisme en Languedoc à la fin du XIIe et au début du XIIIe siècle*, 2nd edn, Louvain and Paris

Thouzellier, C. (1969b), *Hérésie et hérétiques: Vaudois, Cathares, Patarins, Albigeois*, Storia e Letteratura, Raccolta di Studi e Testi, 116, Rome

866 Throop, P.A. (1940), *Criticism of the crusade*, Amsterdam

Tillmann, H. (1980), *Pope Innocent III*, trans. W. Sax, Amsterdam

Timbal, P. (1950), *Un conflit d'annexation au moyen âge: l'application de la coutume de Paris au pays d'Albigeois*, Toulouse

Vicaire, M.-H. (1964), *Saint Dominic and his times*, trans. K. Pond, London

Vicaire, M.-H. (1973), 'La province dominicaine de Provence', in *Les mendiants en pays d'Oc au XIIIe siècle*, Cahiers de Fanjeaux, 8, Toulouse

Vidal, J.M. (1906), 'Les derniers ministres de l'albigéisme en Languedoc: leurs doctrines', *Revue des questions historiques* 79: 57–107

Vidal, J.M. (1909), 'Doctrine et morale des derniers ministres albigeois', *Revue des questions historiques* 85: 357–409; 86: 5–48

Wakefield, W.L. (1974), *Heresy, crusade and Inquisition in southern France 1100–1250*, London

Wessley, S. (1978), 'The thirteenth-century Guglielmites: salvation through women', in D. Baker (ed.), *Medieval women*, Oxford, pp. 289–303

Cahiers de Fanjeaux have appeared annually since 1966 devoted to the history of medieval Languedoc: the following volumes are of particular value for the study of heresy:

1 *Saint Dominique en Languedoc*

2 *Vaudois languedociens et Pauvres Catholiques*

3 *Cathares en Languedoc*

4 *Paix de Dieu et guerre sainte en Languedoc*

6 *Le credo, la morale et l'Inquisition*

7 *Les évêques, les clercs et le roi (1250–1300)*

8 *Les mendiants en pays d'Oc au XIIIe siècle*

10 *Franciscans d'Oc: les Spirituels, 1280–1324*

11 *La religion populaire en Languedoc du XIIIe s. à la moitié du XIVe s.*

14 *Historiographie du Catharisme*

16 *Bernard Gui et son monde*

20 *Effacement du Catharisme? (XIIIe–XIVe s.)*

21 *Les Cisterciens de Languedoc (XIIIe–XIVe s.)*

23 *La femme dans la vie religieuse du Languedoc (XIIIe–XIVe s.)*

Heresis, edited by Anne Brenon, has appeared twice yearly since 1983 under the auspices of the Centre national d'études cathares, at Villegly, France, and is an invaluable source for reports of work in progress in the field of medieval heresy. See specially, A. Brenon and N. Gouzy (1989), 'Christianisme médiéval, mouvements dissidents et novateurs', *Heresis* 13, 14.

7 教会与世俗信徒

Primary sources

Hostiensis, *Summa aurea*, III, Venice (1570)

Humbert de Romans, *Opera*, II, ed. J.J. Berthier, Rome (1888)

Salimbene de Adam, *Cronica*, ed. G. Scaglia, Bari (1966)

Secondary works 867

Addleshaw, W.O. (1956), *Rectors, vicars and patrons in twelfth and early thirteenth century canon law*, York

Assistance et charité (1978), Cahiers de Fanjeaux, 13, Toulouse

Aubrun, M. (1986), *La paroisse en France des origines au XVe siècle*, Paris

Avril, J. (1980), 'A propos du proprius sacerdos. Quelques réflexions sur les pouvoirs des prêtres de paroisse', in *Proceedings of the Fifth International Congress of Canon Law, Salamanca, 1978*, Vatican City, pp. 471–86

Baker, D. and Cuming, G.J. (eds.) (1972), *Popular belief and practice* (Studies in Church History, 8), Oxford

Baldwin, J. (1970), *Masters, princes and merchants: the social views of Peter the Chanter and his circle*, 2 vols., Princeton

Benvenuti-Papi, A. (1991), *In castro poenitentiae: santità e società femminile nell'Italia medievale*, Italia sacra, 45, Rome

Bériou, N. (1983), 'Autour de Latran IV (1215): naissance de la confession auriculaire', in *Pratiques de la confession* (1983), pp. 74–93

Bériou, N. (1998), *L'avènement des maîtres de la Parole: la prédication à Paris au XIIIe siècle*, 2 vols., Paris

Berlioz, J. (1981),'Quand dire c'est faire. *Exempla* et confession chez Etienne de Bourbon', in Vauchez (1981a), pp. 300–4

Bolton, B. (1973), 'Mulieres sanctae', in *Sanctity and secularity: the Church and the world*, Studies in Church History, 10, Oxford, pp. 76–95

Boyle, L. (1981), *Pastoral care, clerical education and canon law*, London

Bremond, Cl., Le Goff, J. and Schmitt, J.C. (1982), *L'exemplum,* Typologie des sources du moyen âge occidental, 40, Louvain

Brooke, R. and Brooke, C. (1984), *Popular religion in the Middle Ages: western Europe, 1000–1300*, London

Browe, P. (1932a) *Die häufige Kommunion in Mittelalter*, Rome

Browe, P. (1932b), *Die Verehrung der Eucharistie im Mittelalter*, Munich

Browe, P. (1938), *Die eucharistischen Wunder im Mittelalter*, Breslau

Buc, Ph. (1993), '"Vox clamantis in deserto", Pierre le Chantre et la prédication laïque', *Revue Mabillon* n.s. 4: 5–47

Bynum, C.W. (1987), *Holy feast and Holy fast: the religious significance of food to medieval women*, Berkeley and Los Angeles

Casagrande, C. and Vecchio, S. (1991), *Les péchés de langue: discipline et éthique de la parole dans la culture médiévale*, Paris

Chenu, M.D. (1969), *L'éveil de la conscience dans la civilisation médiévale*, Montreal and Paris

Città e servizi sociali nell'Italia dei secoli XII–XV (1990), Pistoia

Clay, R.M. (1914), *The hermits and anchorites of England*, London

Clément, M. (1895), 'Recherches sur les paroisses et les fabriques au commencement du XIIIe siècle', *Mélanges de l'École française de Rome* 15: 387–418

Cole, P. (1991), *The preaching of the crusades to the Holy Land (1095–1270)*, Cambridge, MA

Le credo, la morale et l'Inquisition (1971), Cahiers de Fanjeaux, 6, Toulouse

D'Avray, D. (1985), *The preaching of the friars: sermons diffused from Paris before 1300*, Oxford

Delaruelle, E. (1975), *La piété populaire au moyen âge*, Turin

868 Delaruelle, E. (1981), *L'idée de croisade au moyen âge*, Turin

Delcorno, C. (1989), *Exemplum e letteratura tra Medioevo e Rinascimento*, Bologna

Dickson, G. (1989), 'The Flagellants and the crusades', *JMH* 15: 227–67

Dinzelbacher, P. (1981), *Vision und Visionliteratur in Mittelalter*, Stuttgart

Dinzelbacher, P. and Baur, D. (eds.) (1988), *Religiöse Frauenbewegung und mystike Frommigkeit im Mittelalter*, Cologne and Vienna

Elm, K. (1981), 'Die Stellung der Frau in Ordenwesen, Semireligiösentum und Häresis zur Zeit der heiligen Elisabeth', in *Sankt Elisabeth Fürstin, Dienerin, Heilige*, Sigmaringen, pp. 7–28

Gallego Blanco, E. (1971), *The Rule of the Spanish military Order of St James, 1170–1493*, Leiden

Godding, Ph. (1990), 'La pratique du testament en Flandre au XIIIe siècle', *Revue d'histoire du droit* 58: 281–300

Godfrey, J. (1969), *The English parish (600–1300)*, London

Gy, P.M. (1986), 'Le précepte de la confession annuelle et la détection des hérétiques', *Revue des sciences philosophiques et théologiques*, 58: 444–50

Kieckhefer, R. (1990), *Magic in the Middle Ages*, Cambridge

Klapisch-Zuber, C. (ed.) (1991), *Histoire des femmes en occident*, II: *Le moyen âge*, Paris

Landini, L.C. (1968), *The causes of the clericalization of the Order of Friars Minor*, Chicago

Le Blévec, D. (1978), 'Une institution d'assistance en pays rhodanien: les frères pontifes', in *Assistance et charité* (1978), pp. 87–110

Le Goff, J. (1981), *La naissance du purgatoire*, Paris

Lemaitre, J.L. (ed.) (1986), *L'église et la mémoire des morts dans la France médiévale*, Paris

Little, L.K. (1981), 'Les techniques de la confession et la confession comme technique', in Vauchez (1981a), pp. 87–9

Longère, P. (1983), *La prédication médiévale*, Paris

McDonnell, E.W. (1954), *Beguines and Beghards in medieval culture with special emphasis on the Belgian scene*, New Brunswick

Maire-Vigueur, J.C. (ed.) (1986), *L'aveu: antiquité et moyen âge*, Collection de l'Ecole française de Rome, 88, Rome

Meersseman, G.G. (1977), *Ordo confraternitatis: confraternite e pietà dei laici nel medio evo*, 3 vols., Italia sacra, 24–6, Rome

Meersseman, G.G. (1982), *Dossier de l'ordre de la Pénitence au XIIIe siècle*, Fribourg

Michaud-Quantin, P. (1971), 'Les méthodes de la pastorale du XIIIe au XVe siècle', in A. Zimmermann (ed.), *Methoden und Kunst des Mittelalters*, Berlin, pp. 76–91

Militia Christi e Crociata nei secoli XI–XIII (1992), Milan

Mollat, M. (ed.) (1974), *Etudes sur l'historie de la pauvreté (moyen âge–XVIe siècle)*, 2 vols., Paris

Le mouvement confraternel (1987): *Le mouvement confraternel au moyen âge: France, Suisse, Italie*, Collection de l'Ecole française de Rome, 97, Rome and Lausanne

Il movimento dei disciplinati (1962): *Il movimento dei disciplinati nel settimo centenario del suo inizio (Perugia, 1260)*, Rome

Movimento religioso (1980): *Movimento religioso femminile e francescanesimo nel secolo XIII*, Assisi

Nichols, J.A. and Shank, L.T. (eds.) (1983), *Medieval religious women*, Kalamazoo

'Nolens intestatum decedere' (1985), *Il testamento come fonte della storia religiosa e sociale*, Perugia

Nykrog, P. (1957), *Les fabliaux*, Copenhagen; new edn Geneva (1973)

Owst, G.R.C. (1961), *Literature and Pulpit in Medieval England*, Cambridge

Parisse, M. (1981), 'La conscience chrétienne des nobles', in *La cristianità dei secoli XI e XII*, Milan, pp. 365–7

Payen, J. Ch. (1967), *Le motif du repentir dans la littérature française, des origines à 1230*, Geneva

Pievi e parrocchie in Italia (1984): *Pievi e parrocchie in Italia nel basso medio evo (sec. XIII–XV)*, 2 vols, Italia sacra, 35–6, Rome

Pontal, O. (ed.). (1983): *Les statuts synodaux français du XIIIe siècle*, 1, Paris

Pratiques de la confession (1983): *Pratiques de la confession, des Pères du désert à Vatican II: quinze siècles d'histoire*, Paris

Robson, C.A. (1952), *Maurice de Sully and the medieval vernacular homily*, Oxford

Rubin, M. (1991), *Corpus Christi: the Eucharist in late medieval culture*, Cambridge

Sargent-Baur, B.N. (ed.) (1992), *Journeys towards God: pilgrimages and crusades*, Kalamazoo

Schmid, K. and Wollasch, J. (1967), 'Die Gemeinschaft der Lebenden und Verstorbenen im Zeugnis des Mittelalters', *Frühmittelalterliche Studien* 1: 365–405

Schmid, K. and Wollasch, J. (1975), 'Societas et fraternitas', *Frühmittelalterliche Studien* 9: 1–45

Schmitt, J.C. (1981), 'Du bon usage du Credo', in Vauchez (1981a), pp. 343–53

Schmitt, J.C. (1988), 'Les superstitions', in J. Le Goff and R. Rémond (ed.), *Histoire de la France religieuse*, 1, Paris, pp. 417–551

Southern, R.W. (1982), 'Between Heaven and Hell', *Times Literarcy Supplement*, 18 June pp. 651–2

Thompson, A. (1992), *Revival preachers and politics in thirteenth-century Italy: the Great Devotion of 1233*, Oxford

Tierney, B. (1959), *Medieval Poor Law: a sketch of canonical theory and its application in England*, Berkeley and Los Angeles

Töpfer, M. (1981), *Die Konversen der Zisterzienser: Untersuchung über ihrer Beitrag zur mittelalterlichen Blute des Ordens*, Berlin

Vauchez, A. (ed.) (1981a), *Faire croire: modalités de la diffusion et de la réception des messages religieux du XIIe au XVe siècle*, Collection de l'Ecole française de Rome, 51, Rome

Vauchez, A. (1981b), *Religion et société dans l'occident médiéval*, Turin

Vauchez, A. (1987), *Les laïcs au moyen âge: pratiques et expériences religieuses*, Paris

Vauchez, A. (1988), *La sainteté en occident aux derniers siècles du moyen âge*, BEFAR, 241, Rome; Eng. trans. *Sainthood in the later Middle Ages*, Cambridge (1997)

Vogel, C. (1982), *Le pécheur et la pénitence au moyen âge*, Paris

Westlake, H.F. (1919), *The parish guilds of medieval England*, London

Wood-Legh, K. (1965), *Perpetual chantries in England*, Cambridge

Zerfaß, R. (1974), *Der Streit uber die Laienpredigt: eine pastoralhistorische Untersuchung zur Verstandnis des Predigtamtes im 12. und 13. Jahrhundert*, Freiburg

Zink, M. (1974), *La prédication en langue romane avant 1300*, Paris

8　教会与犹太人

Primary sources

Alexander of Hales, *Summa theologica*, Quaracchi (1925)

Thomas Aquinas, *Summa theologica*, New York (1947)

Chazan, Robert, *Church, state, and Jew in the Middle Ages*, New York (1980)

870 De Susannis, Marquardus, *De iudaeis et aliis infidelibus*, Venice (1558)

Maccoby, H., *Judaism on trial: Jewish–Christian disputations in the Middle Ages*, East Brunswick, NJ (1982)

Panormitanus (Nicholas de Tudeschi), *Lectura super libros V Decretalium* (1559)

Raymundus Martinus, *Pugio fidei adversus Mauros et Judaeos*, ed. J.B. Carpzov, Leipzig (1687)

Secondary works

Abulafia, Anna Sapir (1995), *Christians and Jews in the twelfth-century Renaissance*, London

Abulafia, David (1992), 'From privilege to persecution: crown, Church and Synagogue in the city of Majorca, 1229–1343', in D. Abulafia, M. Rubin and M. Franklin (eds.), *Church and city, 1000–1500: essays in honour of Christopher Brooke*, Cambridge, pp. 111–26

Abulafia, David (1996), 'Monarchs and minorities in the late medieval western Mediterranean: Lucera and its analogues,' in Scott L. Waugh and Peter D. Diehl (eds.), *Christendom and its discontents: exclusion, persecution and rebellion, 1000–1500*, Cambridge, pp. 234–63

Albert, Bat Sheva (1974), *The case of Baruch*, Ramat Gan

Baer, Y.F. (1961), *A history of the Jews in Christian Spain*, trans. L. Schoffman, 2 vols., Philadelphia

Baron, S.W. (1952), *A social and religious history of the Jews*, XI, Philadelphia

Baron, S.W. (1972), 'Plenitude of apostolic powers and medieval Jewish serfdom', in his *Ancient and medieval Jewish history*, New Brunswick

Ben Sasson, H.H. (1976), *A history of the Jewish people*, Cambridge, MA

Berger, David (1986), 'Mission to the Jews and Jewish–Christian contacts in the polemical literature of the high Middle Ages', *American Historical Review* 91: 576–91

Bonfil, Robert (1971), 'The nature of Judaism in Raymundus Martini's *Pugio Fidei*', *Tarbiz* 40: 360–75

Boureau, Alain (1986), 'L'inceste de Judas: essai sur la genèse de la haine antisémite au XIIe siècle', *L'amour de la haine: nouvelle revue de psychanalyse* 32: 25–41

Browe, Petrus (1942), *Die Judenmission im Mittelalter und die Päpste*, Rome

Brundage, James (1988), 'Intermarriage between Christians and Jews in medieval canon law', *Jewish History* 3, 1: 25–41

Chazan, Robert (1972), '1007–1012, initial crisis for northern European Jewry', *Proceedings of the American Academy for Jewish Research* 38–9: 101–19

Chazan, Robert (1989), *Daggers of faith: thirteenth-century Christian missionizing and Jewish response*, Berkeley

Chazan, Robert (1992), *Barcelona and beyond: the disputation of 1263 and its aftermath*, Berkeley and Los Angeles

Cohen, Jeremy (1982), *The friars and the Jews*, Ithaca

Cohen, Jeremy (1983), 'The Jews as killers of Christ in the Latin tradition, from St Augustine to the Friars', *Traditio* 39: 1–27

Cohen, Jeremy (1986), 'Scholarship and intolerance in the medieval academy: the study and evaluation of Judaism in European Christendom', *American Historical Review* 91: 592–613

Cohen, Jeremy (1989), 'Recent historiography on the medieval Church and the decline

of European Jewry', in J.R. Sweeney and Stanley Chodorow (eds.), *Popes, teachers and*　　871
canon law in the Middle Ages, Ithaca, pp. 251–62

Finkelstein, Louis (1972), *Jewish self-government in the Middle Ages*, Westport, CT

Foa, Anna (1984), 'Il nuovo e il vecchio: l'insorgere della sifilide (1494–1530)', *Quaderni Storici* 19: 11–34; English trans. in E. Muir and G. Ruggiero (eds.), *Sex and gender in historical perspective*, Baltimore and London (1990), pp. 26–45

Foa, Anna (1988), 'Il gioco del proselitimismo: politica della conversione e controllo della violenza nella Roma del Cinquecento', in M. Luzzati, *et al.* (eds.), *Ebrei e Cristiani nell'Italia medievale e moderna: conversioni, scambi, contrasti*, Rome

Fox, Marvin (1989), 'Nahmanides on the status of Aggadot: perspectives on the disputation at Barcelona, 1263', *Journal of Jewish Studies* 40: 95–109

Friedberg, Emil (1965), *De finium inter ecclesiam et civitatem regundorum judicio*, Leipzig

Frugoni, Arsenio (ed.) (1957), *Adversus Judaeos di Gioacchino di Fiore*, Rome

Gafni, Isaiah and Ravitzky, Aviezer (eds.) (1992), *Sanctity of life and martyrdom: studies in memory of Amir Yequtiel* (in Hebrew), Jerusalem

Gilchrist, John (1988), 'The perception of Jews in the canon law in the period of the first two crusades', *Jewish History* 3, 1: 9–25

Ginzburg, Carlo (1989), *Storia notturna*, Turin

Grayzel, Solomon (1958), 'The confessions of a medieval convert', *Historia Judaica* 17: 89–120

Grayzel, Solomon (1966), *The popes and the Jews in the thirteenth century*, I, New York

Grayzel, Solomon (1977), 'Popes, Jews, and Inquisition, from "Sicut" to "Turbato corde"', in *Essays on the occasion of the seventieth anniversary of the Dropsie University*, Philadelphia

Grayzel, Solomon (1989), *The Church and the Jews in the thirteenth century*, II: *1254–1314*, ed. and revised by K.R. Stow, New York and Detroit

Greenbaum, Shmuel (ed.) (1873), *Vikuah R. Yehiel*, Thorn

Jordan, W.C. (1989), *The French monarchy and the Jews: from Philip Augustus to the last Capetians*, Philadelphia

Kedar, B.Z. (1979), 'Canon law and the burning of the Talmud', *Bulletin of Medieval Canon Law* 9: 79–82

Kriegel, Maurice (1978), 'Premarranisme et Inquisition dans la Provence des XIIIe et XIVe siècles', *Provence historique* 29: 313–23

Kriegel, Maurice (1979), *Les Juifs à la fin du moyen âge dans l'Europe méditerranéenne*, Paris

Langmuir, Gavin (1963), 'The Jews and the archives of Angevin England', *Traditio* 19: 183–244

Lotter, Friedrich (1988a), 'Hostienfrevelvorwurf und Blutwunderfälschung bei den Judenverfolgungen von 1298 ("Rintfleisch") und 1336–1338 ("Armleder")', in *Fälschungen im Mittelalter: Fingierte Briefe, Frömmigkeit and Fälschung, Realienfälschungen*, Hanover

Lotter, Friedrich (1988b), 'Die Judenverfolgung des "König Rintfleisch" in Franken um 1298', *Zeitschrift fuer Historische Forschung* 15: 385–422

Merchavia, Ch. M. (1973), *The Church versus Talmudic and Midrashic literature*, Jerusalem

Milano, Attilio (1963), *Storia degli ebrei in Italia*, Turin

Morrison, K.F. (1969), *Tradition and authority in the western Church, 300–1140*, Princeton

Mundy, John (1973), *Europe in the high Middle Ages*, New York

872　Pakter, Walter (1974), 'De his qui foris sunt: the teachings of the medieval canon and civil lawyers concerning the Jews', PhD diss., Johns Hopkins University

Pales-Gobilliard, A. (1977), 'L'Inquisition et les juifs: le cas de Jacques Fournier', in B. Blumenkranz and M.H. Vicaire (eds.), *Juifs et Judaisme en Languedoc*, Toulouse

Parkes, James (1934), *The conflict of the Church and the Synagogue*, London

Parkes, James (1938), *The Jew in the medieval community*, London

Rosenthal, Judah (1956), 'The Talmud on trial', *Jewish Quarterly Review* 47: 58–76, 145–69

Roth, Cecil (1946), *The history of the Jews of Italy*, Philadelphia

Roth, Cecil (1964), *A history of the Jews in England*, 3rd edn, Oxford

Shatzmiller, Joseph (1973), 'L'Inquisition et les juifs de Provence au XIIIe siècle', *Provence historique* 23: 327–38

Shatzmiller, J. and Simonsohn, S. (eds.) (1991), *Michael: on the history of the Jews in the diaspora*, XII: *The Jews of France in medieval and modern times*, Tel Aviv

Simonsohn, Shlomo (1990), *The apostolic see and the Jews*, 8 vols., Toronto

Stacey, Robert (1992), 'The conversion of Jews to Christianity in thirteenth century England', *Speculum* 67: 263–83

Starr, Joshua (1946), 'The mass conversion of Jews in southern Italy 1200–1293', *Speculum* 21: 203–11

Stow, Kenneth R. (1972), 'The burning of the Talmud in 1553, in the light of sixteenth century Catholic attitudes toward the Talmud', *Bibliothèque d'Humanisme et Renaissance* 34: 435–59

Stow, Kenneth R. (1977), *Catholic thought and papal Jewry policy, 1555–1593*, New York

Stow, Kenneth R. (1981), 'Papal and royal attitudes toward Jewish lending in the thirteenth century', *AJS Review* 6: 161–84

Stow, Kenneth R. (1984), *The '1007 anonymous' and papal sovereignty: Jewish perceptions of the papacy and papal policy in the high Middle Ages*, Cincinnati

Stow, Kenneth R. (1988), 'Expulsion Italian style: the case of Lucio Ferraris', *Jewish History* 3, 1: 55–64

Stow, Kenneth R. (1991), 'The papacy and the Jews, Catholic Reformation and beyond', in B. Walfish (ed.), *Frank Talmage memorial volume=Jewish History* 6, 1–2

Toaff, Ariel (1989), *Il vino e la carne*, Bologna

Yerushalmi, Y.H. (1970), 'The Inquisition and the Jews of France in the time of Bernard Gui', *Harvard Theological Review* 63: 317–76

Yuval, Yisrael (1993), 'Vengeance and curse, blood and libel' (in Hebrew), *Zion* 58: 33–90

9　修道会

Secondary works

Abulafia, D., Franklin M. and Rubin, M. (eds.) (1992), *Church and city 1000–1500: essays in honour of Christopher Brooke*, Cambridge

Assistance et charité (1978), Cahiers de Fanjeaux, 13, Toulouse

Bloomfield, M.V. and Reeves, M.E. (1954), 'The penetration of Joachism into northern Europe', *Speculum* 29: 772–93

Brodman, J. (1986), *Ransoming captives in crusader Spain: the Order of Merced on the Christian–Islamic frontier*, Philadelphia

Brooke, C.N.L. (1974), *The monastic world, 1000–1300*, London

Brooke, R.B. and Brooke, C.N.L. (1979), 'St. Clare', in *Medieval women*, Studies in Church   873
History, Subsidia, 1, Oxford, pp. 375–87

Cardini, F. (1989), *Francesco d'Assisi*, Milan

Chazan, R. (1985), *Daggers of faith: thirteenth-century Christian missionizing and Christian response*, Berkeley and Los Angeles

Chazan, R. (1992), *Barcelona and beyond: the disputation of 1263 and its aftermath*, Berkeley and Los Angeles

Cohen, J. (1982), *The friars and the Jews: the evolution of medieval anti-Semitism*, Ithaca, NY

Dal Pino, F. (1972), *I servi di Maria dalle origini all'approvazione (1233–ca.1304)*, 3 vols., Louvain

D'Avray, D. (1985), *The preaching of the friars: sermons diffused from Paris before 1300*, Oxford

Demurger, A. (1980), *Vie et mort de l'ordre du Temple (1118–1314)*, Paris

Deslandres, P. (1903), *L'ordre des Trinitaires pour le rachat des captifs*, 2 vols., Toulouse and Paris

Donkin, R.A. (1960), 'Settlement and depopulation on Cistercian estates during the twelfth and thirteenth centuries', *BIHR* 33: 145–60

Dossat, Y. (1978), 'Les ordres de rachat: les Mercédaires', in *Assistance et charité* (1978), pp. 365–88

Douie, D. (1954), *The conflict between the seculars and the mendicants at the University of Paris in the thirteenth century*, London

Duby, G. (1973), 'Le monachisme et l'économie rurale', in *Hommes et structures du moyen âge*, Paris and The Hague, pp. 381–94

Elm, K. (1973), 'Ausbreitung, Wirksamkeit und Ende der provençalischen Sackbrüder', *Francia* 1: 257–324

Elm, K. (ed.) (1981), *Stellung und Wirksamkeit der Bettelorden in der stadtische Gesellschaft*, Berlin

Elm, K. (ed.) (1982), *Die Zisterzienser zwischen Ideal und Wirklichkeit*, Bonn

Espansione del Francescanesimo tra occidente e oriente nel secolo XIII (1979), Assisi

Esser, K. (1966), *Die Anfänge und ursprüngliche Zielsetzungen des Ordens der Minderbrüder*, Leiden; English trans. Chicago (1977)

L'età dello Spirito e la fine dei tempi. Atti del II congresso internazionale di studi gioachimiti, San Giovanni in Fiore

Fontette, M. de (1967), *Les religieuses à l'âge classique du droit canon*, Paris

Francescanesimo e vita universitaria (1990), Assisi

Freed, J. (1971), *The friars and German society in the thirteenth century*, Cambrdige, MA

Grundmann, H. (1961), *Religiöse Bewegungen im Mittelalter*, Darmstadt

Gutierrez, D. (1980), *Los Agustinos en la edad media*, 1, Rome

Hilka, A. (1933–7), *Die Wundergeschichte des Caesarius von Heisterbach*, Bonn

Hinnebusch, W.A. (1959/60), 'Poverty in the Order of the Preachers', *Catholic Historical Review* 14: 436–53

Hinnebusch, W.A. (1965), *A history of the Dominican Order*, 1, London

Hood, J.Y.B. (1995), *Aquinas and the Jews*, Philadelphia

Hourlier, J. (1971), *L'âge classique (1140–1378): les religieux*, Paris

Housley, N.J. (1982), 'Politics and heresy in Italy: antiheretical crusades, orders and confraternities' *JEH* 33: 201–8

Jotischky, A. (1995), *The perfection of solitude: hermits and monks in the crusader states*, University Park, PA

874 Jugnot, J. (1978), 'Deux fondations augustiniennes en faveur des pèlerins', in *Assistance et charité* (1978), pp. 321–41

Kedar, B.Z. (1984), *Crusade and mission: European approaches towards the Muslims*, Princeton, NJ

Kloczowski, J. (1987), *Histoire religieuse de la Pologne*, Paris

Knowles, D. (1968), *The monastic Orders in England*, Cambridge

Lambert, M.D. (1961), *Franciscan poverty: the doctrine of the absolute poverty of Christ and the Apostles in the Franciscan Order*, London

Lawrence, C.H. (1984), *Medieval monasticism: forms of religious life in western Europe in the Middle Ages*, London

Lawrence, C.H. (1994), *The friars: the impact of the early mendicant movement on western society*, London

Le Goff, J. (1968), 'Apostolat mendiant et fait urbain dans la France médiévale', *Annales ESC* 23: 335–52

Le Goff, J. (1986), *La bourse et la vie: économie et religion au moyen âge*, Paris

Leclercq, J. (1980), 'Il monachesimo femminile', in *Movimento religioso* (1980), pp. 79–92

Lemmens, L. (1926), *Testimonia minora de sancto Francisco Assisiensi*, Assisi

L'Hermite-Leclercq, P. (1989), *Le monachisme féminin dans la société de son temps: le monastère de La Celle (XI–début du XVIe siècle)*, Paris

Little, L.K. (1978), *Religious poverty and the profit economy in medieval Europe*, London

Lomax, D.W. (1965), *La orden de Santiago (1170–1275)*, Madrid

Manselli, R. (1980), *San Francesco d'Assisi*, Rome

Martin, H. (1975), *Les ordres mendiants en Bretagne (v.1230–v.1530): pauvreté volontaire et prédication à la fin du moyen âge*, Paris

Mattoso, J. (1968), *Le monachisme ibérique et Cluny*, Louvain

Meer, F. van der (1965), *Atlas de l'ordre cistercien*, Amsterdam

Melville, G. (1990), Cluny après Cluny. Le treizième siècle: un champ de recherche, *Francia* 17: 91–124

Mendiants en pays d'Oc au XIIIe siècle (1973), Cahiers de Fanjeaux, 8, Toulouse

Mischlewski, A. (1976), *Geschichte des Antonitenordens bis zum Ausgang des 15 Jahrhunderts*, Cologne

Moorman, J. (1968), *A history of the Franciscan Order*, Oxford

Movimento religioso (1980): *Movimento religioso femminile e francescanesimo nel secolo XIII*, Assisi

Murray, A. (1981), 'Archbishop and the mendicants', in Elm (1981), pp. 19–76

Naissance et fonctionnement (1991), *Naissance et fonctionnement des réseaux canoniques et canoniaux*, Publications du CERCOR, 1, Saint-Etienne

Nowak, H. (ed.) (1983), *Die Rolle der Ritterorden in der Christianisierung des Ostgebietes*, Torun

O'Callaghan, F. (1975), *The Spanish military Order of Calatrava and its affiliates*, London

Pacaut, M. (1986), *L'ordre de Cluny*, Paris

Parisse, M. (1983), *Les nonnes au moyen âge*, Le Puy

Pellegrini, L. (1984), *Insediamenti francescani nell'Italia del duecento*, Rome

Power, E. (1964), *English medieval nunneries*, New York and London

Revel, M. (1978), 'Le rayonnement de l'ordre du Saint-Esprit de Montpellier', in *Assistance et charité* (1978), pp. 343–56

Riley-Smith, J. (1967), *A history of the Order of the Hospital of Saint John of Jerusalem*, 1, London

Roison, S. (1943), 'L'efflorescence cistercienne et le courant féminin de piété au XIIIe 　875
siècle', *Revue d'histoire ecclésiastique* 38: 342–768

Roisin, S. (1947), *L'hagiographie cistercienne dans le diocèse de Liège au XIIIe siècle*, Louvain and Brussels

Rosenwein, B. and Little, L.K. (1974), 'Social meaning of the monastic and mendicant spiritualities', *P&P* 63: 4–32

Rubin, M. (1992), 'Religious culture in town and country: reflections on a great divide', in Abulafia, Franklin and Rubin (1992), pp. 3–23

Schmitz, Ph. (1948), *Histoire de l'ordre de sant Benoît*, III, Maredsous

Scuole degli ordini mendicanti (sec. XIII–XIV) (1978), Todi

Simon, L. (1992), 'The friars of the Sack in Majorca', *JMH* 18: 279–92

Simons, W. (1987), *Stad en Apostolaat: de Vestiging van de Bedelorden in het graffschap Vlaanderen (ca.1225–ca.1350)*, Brussels

Spicciani, A. (1990), *Capitale e interesse tra mercatura e povertà nei teologi e canonisti dei secoli XIII–XIV*, Rome

Staring, A. (1989), *Medieval Carmelite heritage: early reflections on the nature of the Order*, Rome

Szittya, P. (1986), *The antifraternal tradition in medieval literature*, Princeton

Thompson, W.R. (1974), *The friars in the Cathedral: the first Franciscan bishops, 1226–1261*, Toronto

Tierney, B. (1972), *The origins of papal infallibility, 1150–1350*, Leiden

Trexler, R. (1972), 'Le célibat à la fin du moyen âge: les religieuses à Florence', *Annales ESC* 27: 1329–50

Vauchez, A. (ed.) (1977), *Les ordres mendiants et la ville en Italie centrale (v.1220–v.1350)*, Mélanges de l'Ecole Française de Rome, moyen âge–temps modernes, 89, Rome

Vauchez, A. (1980), *Religion et société dans l'occident médiéval*, Turin

Vauchez, A. (ed.) (1983), *Mouvements franciscains et société française, XIIIe–XXe siècle*, Paris

Vauchez, A. (1990). *Ordini mendicanti e società italiana, XIII–XV secolo*, Milan

Vekeman, H. (1985), 'Beatrijs van Nazareth: die Mystik einer Zisterzienserin', in P. Dinzelbacher and D. Bauer (eds.), *Frauenmystik im Mittelalter*, Ostfildern, pp. 78–98

Vicaire, M.H. (1982), *Histoire de saint Dominique*, 2 vols., Paris

10　大学与经院哲学

Primary sources

This list represents only a selection of the main publications of primary sources concerning the main European universities in the thirteenth century

Bulario de la universidad de Salamanca, ed. V. Beltrán de Heredia, 3 vols., Salamanca (1966–7)

Cartulario de la universidad de Salamanca, ed. V. Beltrán de Heredia, 6 vols., Salamanca (1970–3)

Chartularium studii Bononiensis: documenti per la storia dell'università di Bologna dalle origini fino al secolo XV, 15 vols., Bologna (1909–88)

Chartularium universitatis Parisiensis, ed. H. Denifle and E. Châtelain, 4 vols., Paris (1889–97) and *Auctarium chartularii universitatis Parisiensis*, ed. H. Denifle and E. Châtelain, 6 vols., Paris (1894–1964)

876 Fournier, M., *Les statuts et privilèges des universités françaises depuis leur fondation jusqu'en 1789*, 4 vols., Paris (1890–4)

Hackett, M.B. (1970), *The original statutes of Cambridge University: the text and its history*, Cambridge

Monumenti della università di Padova, ed. A. Gloria, 2 vols., Venice and Padua (1885–8)

Secondary works

General

Baldwin, J.W. (1976), '*Studium et Regnum*: the penetration of university personnel into French and English administration at the turn of the twelfth and thirteenth centuries', *Revue des études islamiques*, 44 (special issue=*L'enseignement en Islam et en occident au moyen âge)*: 199–215

Brizzi, G.P. and Verger, J. (eds.) (1990, 1993, 1994), *Le università dell'Europa*, I: *La nascita delle università*, IV: *Gli uomini e i luoghi – secoli XII–XVIII*, V: *Le scuole e i maestri – il medioevo*, Cinisello Balsamo

Cobban, A.B. (1975), *The medieval universities: their development and organization*, London

Fried, J. (ed.) (1986), *Schulen und Studium im sozialen Wandel des hohen und späten Mittelalters*, Vorträge und Forschungen, XXX, Sigmaringen

Grundmann, H. (1964), *Vom Ursprung der Universität im Mittelalter*, 2nd edn, Darmstadt

History of universities (one annual issue since 1981)

Kenny, A., Kretzmann, N. and Pinborg, J. (eds.) (1982), *The Cambridge history of later medieval philosophy*, Cambridge

Kibre, P. (1948), *The nations in the mediaeval universities*, Cambridge, MA

Kibre, P. (1961), *Scholarly privileges in the Middle Ages: the rights, privileges, and immunities of scholars and universities at Bologna, Padua, Paris, and Oxford*, London

Leff, G. (1968), *Paris and Oxford Universities in the thirteenth and fourteenth centuries*, New York

Le Goff, J. (1985), *Les intellectuels au moyen âge*, 2nd edn, Paris

Michaud-Quantin, P. (1970), *Universitas: expressions du mouvement communautaire dans le moyen âge latin*, Paris

Piltz, A. (1981), *The world of medieval learning* (English trans.), Oxford

Rashdall, H. (1936), *The universities of Europe in the Middle Ages*, new edn by F.M. Powicke and A.B. Emden, 3 vols., London

Ridder-Symoens, H. de (ed.) (1992), *A history of the university in Europe*, I: *Universities in the Middle Ages*, Cambridge

Verger, J. (1973), *Les universités au moyen âge*, Paris

Weijers, O. (1987), *Terminologie des universités au XIIIe siècle*, Lessico intellettuale europeo, 39, Rome

England

Catto, J.I. (ed.) (1984), *The history of the University of Oxford*, I: *The early Oxford schools*, Oxford

Cobban, A.B. (1988), *The medieval English universities: Oxford and Cambridge to 1500*, Berkeley and Los Angeles

Gabriel, A.L. (1974), *Summary bibliography of the history of Great Britain and Ireland up to 1800 covering publications between 1900 and 1968*, Texts and Studies in the History of Mediaeval Education, XIV, Notre Dame   877

Leader, D.R. (1988), *A history of the University of Cambridge*, I: *The university to 1546*, Cambridge

Southern, R.W. (1984), 'From schools to university', in Catto (1984), pp. 1–36

Southern, R.W. (1992), *Robert Grosseteste: the growth of an English mind in medieval Europe*, 2nd edn, Oxford

France

Avi-Yonah, R. (1986–7), 'Career trends of Parisian masters of theology, 1200–1320', *History of Universities* 6: 47–64

Bernstein, A.E. (1978), 'Magisterium and licence: corporate autonomy against papal authority in the medieval University of Paris', *Viator* 9: 291–307

Bianchi, L. (1990), *Il vescovo e i filosofi: la condanna parigina e l'evoluzione dell'aristotelismo scolastico*, Bergamo

Dufeil, M.-M. (1972), *Guillaume de Saint-Amour et la polémique universitaire parisienne, 1250–1259*, Paris

Ferruolo, S.C. (1985), *The origins of the university: the schools of Paris and their critics, 1100–1215*, Stanford

Glorieux, P. (1933–4), *Répertoire des maîtres en théologie de Paris au XIIIe siècle*, 2 vols., Paris

Glorieux, P. (1965–6), *Aux origines de la Sorbonne*, 2 vols., Paris

Glorieux, P. (1969), 'L'enseignement au moyen âge. Techniques et méthodes en usage à la faculté de théologie de Paris au XIIIe siècle, *Archives d'histoire doctrinale et littéraire du moyen âge* 35: 65–186

Gouron, A. (1984), *La science du droit dans le Midi de la France au moyen âge*, London

Guenée, S. (1978–81), *Bibliographie de l'histoire des universités françaises des origines à la Révolution*, 2 vols., Paris

Hissette, R. (1977), *Enquête sur les 219 articles condamnés à Paris le 7 mars 1277*, Louvain

Menache, S. (1982), 'La naissance d'une nouvelle source d'autorité: l'université de Paris', *Revue historique* 544: 305–27

Steenberghen, F. van (1997), *Maître Siger de Brabant*, Louvain and Paris

Les universités du Languedoc au XIIIe siècle (1970), Cahiers de Fanjeaux, 5, Toulouse

Verger, J. (1982), 'Des écoles à l'université: la mutation institutionnelle', in R.-H. Bautier (ed.), *La France de Philippe Auguste: le temps des mutations*, Paris, pp. 817–46

Verger, J. (ed.) (1986a), *Histoire des universités en France*, Toulouse

Verger, J. (1986b), 'A propos de la naissance de l'université de Paris: contexte social, enjeu politique, portée intellectuelle', in Fried (1986), pp. 69–96; repr. in Verger (1995), pp. 1–36

Verger, J. (1995), *Les universités françaises au moyen âge*, Education and Society in the Middle Ages and the Renaissance, 7, Leiden

Italy

Bellomo, M. (1979), *Saggio sull'università nell'età del diritto comune*, Catania

Gargan, L. and Limone, O. (eds.) (1989), *Luoghi e metodi di insegnamento nell'Italia medioevale (secoli XII–XIV)*, Galatina

878　Maffei, D. (1975), 'Un trattato di Bonaccorso degli Elisei e i più antichi statuti dello Studio di Bologna nel manoscritto 22 della Robbins Collection', *Bulletin of Medieval Canon Law* n.s. 5: 73–101

Paravicini-Bagliani, A. (1989), 'La Fondazione dello *Studium* Curiae: una rilettura critica', in Gargan and Limone (1989), pp. 57–81

Pini, A.I. (1988), '*Discere turba volens*: studenti e vita studentesca a Bologna dalle origini dello studio alla metà del Trecento', *Studi e memorie per la storia dell'università di Bologna* n.s. 7: 45–136

Quaderni per la storia dell'università di Padova (one annual issue since 1968)

Rossi, G. (1956), '*Universitas scholarium* e comune (sec. XII–XIV)', *Studi e memorie per la storia dell'università di Bologna* n.s. 1: 173–266

Torraca, F., *et al.* (1924), *Storia della università di Napoli*, Naples and Bologna; repr. 1993

Weimar, P. (1982), 'Zur Doktorwurde der bologneser Legisten', in *Aspekte europäischen Rechtsgeschichte. Festgabe für Helmut Coing zum 70. Geburtstag*, Frankfurt am Main, pp. 421–43

Spain

Ajo Gonzalez de Rapariegos y Sainz de Zuñiga, C.M. (1957–77), *Historia de las universidades hispanicas: origenes y desarrollo desde su aparición a nuestros dias*, 11 vols., Madrid

Estudios sobre los origenes de las Universidades españolas (1988), Valladolid

Fernández Alvarez, F., Robles Carcedo, L. and Rodríguez San Pedro, L.E. (eds.) (1989–90), *La Universidad de Salamanca*, 3 vols., Salamanca

11　从菲利普二世之死到菲利普四世时期的卡佩王朝

Primary sources

Actes du parlement de Paris, ed. E. Boutaric, 2 vols., Paris (1863)

Cartulaire normand de Philippe-Auguste, Louis VIII, Saint-Louis, et Philippe le Hardi, ed. L. Delisle, Caen (1852)

Chartularium universitatis Parisiensis, I, ed. H. Denifle, Paris (1889)

The Church and the Jews, ed. S. Grayzel, 2 vols., Philadelphia and Detroit (1933–89)

Comptes royaux, ed. R. Fawtier, 3 vols., Paris (1953–6)

Correspondance administrative d'Alfonse de Poitiers, ed. A. Molinier, 2 vols., Paris (1894–1900)

The Coutumes de Beauvaisis *of Philippe de Beaumanoir*, trans. F. Akehurst, Philadelphia (1992)

Documents of the baronial movement of reform and rebellion, ed. R. Treharne and J. Sanders, Oxford (1973)

Documents relatifs aux états généraux sous Philippe le Bel, ed. G. Picot, Paris (1901)

Documents sur les relations de la royauté avec les villes en France 1180 à 1314, ed. A. Giry, Paris (1885)

Enquêtes administratives d'Alfonse de Poitiers, ed. P.-F. Fournier and P. Guébin, Paris (1959)

Les établissements de Saint Louis, ed. P. Viollet, Paris (1881)

Feudal society in medieval France: documents from the county of Champagne, ed. and trans. T. Evergates, Philadelphia (1993)

Foedera, conventiones, literae, ed. T. Rymer and R. Sanderson, 10 vols., The Hague 879
(1739–45)

Gallia Christiana in provincias ecclesiasticas distributa, 16 vols., Paris (1715–1865)

Histoire générale du Languedoc, ed. J. Vaissète, C. Devic and A. Molinier, 2nd edn, 16 vols.,
Toulouse (1872–1904)

Jean de Joinville, *Histoire de Saint Louis*, ed. J. Natalis de Wailly, Paris (1872)

Journaux du trésor de Philippe IV, ed. J. Viard, Paris (1940)

Layettes du trésor de chartes, ed. A. Teulet, *et al.*, 5 vols., Paris (1863–1909)

Lespinasse, R. de (ed.), 'Chronique ou histoire abrégée des évêques et des comtes de
Nevers'. *Bulletin de la Société nivernaise* 7 (1872)

Le livre des métiers d'Etienne Boileau, ed. R. de Lespinasse and F. Bonnardot, Paris
(1879)

Matthew Paris, *Chronica majora*, ed. H. Luard, 7 vols., RS, London (1872–83)

Les olim ou registres des arrêts rendus par la cour du roi, ed. A. Beugnot, Paris (1839)

Ordonnances des rois de France de la troisième race, ed. E.-J. Laurière, 21 vols., Paris
(1723–1849)

Philippe de Beaumanoir: coutumes de Beauvaisis, ed. A. Salmon, 2 vols., Paris (1899–1900)

Recueil de jugements de l'échiquier de Normandie, ed. L. Delisle, Paris (1864)

Recueil des historiens des Gaules et de la France, ed. M. Bouquet, *et al.*, 24 vols., Paris
(1738–1904)

Regestum Clementis papae V, ed. Monks of the Order of St Benedict, 10 vols., Rome
(1885–92)

The register of Eudes of Rouen, trans. S. Brown and J. O'Sullivan, New York and London
(1964)

Registres de Boniface VIII, ed. G. Digard, M. Faucon and A. Thomas, Paris (1907–39)

Registres du Trésor des chartes, 1: *Règne de Philippe le Bel*, ed. R. Fawtier, Paris (1958)

The royal domain in the bailliage of Rouen, ed. J. Strayer, Princeton (1936)

Veterum scriptorum et monumentorum historicorum, dogmaticorum, moralium: amplissima collectio,
ed. E. Martène and U. Durand, 9 vols., Paris (1724–33)

Secondary works

Artonne, André (1912), *Le mouvement de 1314 et les chartes provinciales de 1315*, Paris

Barber, Malcolm (1978), *The trial of the Templars*, Cambridge

Baudon de Mony, C. (1897), 'La mort et les funérailles de Philippe le Bel', *Bibliothèque de
l'Ecole des chartes* 58: 5–14

Berger, Elie (1893), *Saint Louis et Innocent IV*, Paris

Bloch, Marc (1973), *The royal touch: sacred monarchy and scrofula in England and France*, trans.
J. Anderson, London

Borelli de Serres, Leon (1895–1901), *Recherches sur divers services publics du XIIIe au XVIIe
siècles*, 3 vols., Paris

Brown, Elizabeth (1992), *Customary aids and royal finance in Capetian France: the marriage aid
of Philip the Fair*, Cambridge, MA

Carolus-Barré, Louis (1973), 'La grande ordonnance de réformation de 1254', *Académie
des inscriptions et belles-lettres: comptes rendus*: pp. 181–6

Denton, Jeffrey (1991), *Philip the Fair and the ecclesiastical assemblies of 1294–1295*,
Transactions of the American Philosophical Society, 81, Philadelphia

880 Duby, Georges (ed.) (1980), *Histoire de la France urbaine*, II, Paris

Duby, Georges and Wallon Armond (eds.) (1975), *Histoire de la France rurale*, I, Paris

Dufeil, M.-M. (1972),*Guillaume de Saint-Amour et la polémique universitaire parisienne, 1250–1259*, Paris

Dupuy, Pierre (1655), *Histoire du différend d'entre le pape Boniface VIII et Philippe le Bel*, Paris

Emery, Richard (1941), *Heresy and Inquisition in Narbonne*, New York

Evergates, Theodore (1975), *Feudal society in the bailliage of Troyes*, Baltimore

Faure, C. (1909), *Etude sur l'administration et l'histoire du Comtat-Venaissin du XIIIe au XVe siècle*, Paris and Avignon

Favier, Jean (1963), *Un conseiller de Philippe le Bel: Enguerran de Marigny*, Paris

Favier, Jean (1978), *Philippe le Bel*, Paris

Hedeman, Anne (1991), *The royal image: illustrations of the* Grandes Chroniques de France, *1274–1422*, Berkeley

Jordan, William (1979), *Louis IX and the challenge of the crusade: a study of rulership*, Princeton

Jordan, William (1981), 'Communal administration in France, 1257–1270: problems discovered and solutions imposed', *Revue belge de philologie et d'histoire* 59: 292–313

Jordan, William (1989), *The French monarchy and the Jews from Philip Augustus to the last Capetians*, Philadelphia

Jordan, William (1991a), 'Isabelle d'Angoulême, by the grace of God, Queen', *Revue belge de philologie et d'histoire* 69: 821–52

Jordan, William (1991b), 'The Jews and the transition to papal rule in the Comtat-Venaissin', *Michael* 12: 213–32

Kantorowicz, Ernst (1957), *The king's two bodies: a study in medieval political theology*, Princeton

Langlois, Charles-Victor (1887), *Le règne de Philippe le Hardi*, Paris

Le Goff, J. (1996), *Saint Louis*, Paris

Painter, Sidney (1937), *The scourge of the clergy: Peter of Dreux, duke of Brittany*, Baltimore

Pegues, Franklin (1962), *The lawyers of the last Capetians*, Princeton

Petit-Dutaillis, Charles (1894), *Etude sur la vie et le règne de Louis VIII*, Paris

Redoutey, J.-P. (1977), 'Philippe le Bel et la Franche-Comté', in *Provinces et états dans la France de l'Est*, Cahiers de l'Association Interuniversitaire de l'Est, no. 19, pp. 207–31

Richard, Jean (1983), *Saint Louis: roi d'une France féodale, soutien de la Terre Sainte*, Paris

Richard, Jean (1988), 'L'adoubement de saint Louis', *Journal des savants*: 207–17

Sivéry, Gérard (1983), *Saint Louis et son siècle*, Paris

Sivéry, Gérard (1987), *Marguerite de Provence: une reine au temps des cathédrales*, Paris

Sivéry, Gérard (1990), *Blanche de Castille*, Paris

Sivéry Gérard (1995), *Louis VIII le Lion*, Paris

Spiegel, Gabrielle (1993), *Romancing the past: the rise of vernacular prose historiography in thirteenth-century France*, Berkeley

Strayer, Joseph (1977), 'The costs and profits of war: the Anglo-French conflict of 1294–1303', in A. Miskimin, *et al.* (eds.), *The medieval city*, New Haven, CT, pp. 269–91

Strayer, Joseph (1980), *The reign of Philip the Fair*, Princeton

Strayer, Joseph and Taylor, Charles (1939), *Studies in early French taxation*, Cambridge, MA

Sumption, Jonathan (1978), *The Albigensian Crusade*, London and Boston

Taittinger, Claude (1987), *Thibaud le Chansonnier*, Paris

Tierney, Brian (1964), *The crisis of Church and state 1050–1300*, Englewood Cliffs, NJ   881
Wood, Charles (1966), *The French apanages and the Capetian monarchy*, Cambridge, MA

12 金雀花王朝诸王

Primary sources

Collections of sources

Councils and synods with other documents relating to the English Church 1205–1313, ed. F.M. Powicke and C.R. Cheney, 2 vols., Oxford 1964

Diplomatic documents 1101–1272, ed. P. Chaplais, London, HMSO (1964)

Documents illustrating the crisis of 1297–98 in England, ed. M. Prestwich, Camden Society, 4th series, 24 (1980)

Documents of the movement of baronial reform and rebellion 1258–1267, ed. R.F. Treharne and I.J. Sanders, Oxford (1972)

England under Henry III, ed. M.A. Hennings, London (1924)

English historical documents 1189–1327, ed. H. Rothwell, London (1974)

Foedera, conventiones, litterae, et acta publica, vol. 1, parts i and ii, ed. T. Rymer, Record Commission (1816)

The functions of the medieval parliament of England, ed. G.O. Sayles, London (1988)

Royal and other historical letters illustrating the reign of Henry III, ed. W.W. Shirley, 2 vols., RS, London (1862–6)

Narrative sources

The narrative sources (chiefly chronicles of religious houses) are fully discussed and translations where available indicated in A. Gransden, *Historical writing in England c. 550 to c. 1307*, London (1974).

Annales monastici, 5 vols., ed. H.R. Luard, RS, London (1864–9)

Matthaei Parisiensis Chronica majora, ed. H.R. Luard, 7 vols., RS, London (1872–83)

Memoriale fratris Walteri de Coventria, ed. W. Stubbs, 2 vols., RS, London (1872–3)

Radulphi de Coggeshall chronicon anglicanum, ed. J. Stevenson, RS, London (1875)

Royal government records

The royal household

The survival of records of the royal household in the thirteenth century is patchy. Of those which have been published from the *corpus* in the Public Record Office at Kew, the most accessible are *Records of the wardrobe and household 1285–1289*, ed. B.F. and C.R. Byerly, 2 vols., London HMSO (1977–86). *List of documents relating to the household and wardrobe: John to Edward I*, PRO Handbooks, 7, London (1964) is an invaluable survey.

The chancery

From the reign of John the English royal chancery recorded a high proportion of the charters and letters which it issued on a series of rolls. For the thirteenth century these

882   have nearly all been published, either *in extenso* or in English calendar, by the Commissioners of Public Records (in the first half of the nineteenth century) and (from the end of the nineteenth century) by HMSO. These are fully discussed in Carpenter (1997).

The exchequer

The pipe rolls, the annual record of the exchequer's audit of money owed the king, have been published by the Pipe Roll Society down to 1222. Thereafter (apart from the rolls of 1230 and 1242) they remain unpublished in the PRO, as do the exchequer's memoranda, receipt and issue rolls, apart from a few published likewise by the Pipe Roll Society.

Records of the king's courts

The records of the bench at Westminster and the court *coram rege* are published down to 1243 in *Curia regis rolls*, 17 vols., London HMSO (1922–91). Thereafter they remain largely unpublished in the PRO. A good number of eyre rolls (the records of procedures heard before the king's judges in the counties) have been published by the Selden Society and local record societies. Many, however, remain unpublished in the PRO. See D. Crook, *Records of the general eyre*, PRO Handbook, 20 (1982). The great treatise on early thirteenth-century legal procedure is *Bracton de legibus et consuetudinibus Anglie*, ed. G.E. Woodbine, translated with revisions and notes by S.E. Thorne, Cambridge, MA (1968–77).

Records of government enquiries into local government and land tenure

The Book of Fees commonly called Testa de Nevill, 3 vols., London, HMSO (1920–31)
Calendar of inquisitions miscellaneous, 1, London, HMSO (1916)
Calendar of inquisitions post mortem Henry III–Edward I, 4 vols., London HMSO (1916–)
Rotuli hundredorum in Turr' Lond', 2 vols., Record Commission (1812, 1818). For the hundred roll enquiries see, D. Roffe, 'The hundred rolls of 1255', *Historical Research* 69 (1996): 201–10, and S. Raban, 'The making of the 1279–80 hundred rolls', *Historical Research* 70 (1997), 123–45.

Ecclesiastical records

Numerous cartularies of religious houses and some bishop's registers have been published by local record societies. Bishop's registers and collections of their *acta* have also been published by the Canterbury and York Society and the British Academy. For ecclesiastical legislation, see the *Councils and synods* volume cited above under 'Collections of sources'.

Private lay records

Private charters are found in cartularies of religious houses. Many others are preserved in the local record offices, the PRO and the British Library. *A descriptive catalogue of ancient deeds in the Public Record Office*, 6 vols., London, HMSO (1890–1915), is one printed collection, though it covers a much wider period than the thirteenth century. So does *Household accounts from medieval England*, ed. C.M. Woolgar, 2 vols., British Academy Records of Social and Economic History, n.s., xvii–xviii (1992–3).

Jewish records 883

Calendar of the plea rolls of the exchequer of the Jews 1218–1279, ed. J.M. Rigg, H. Jenkinson, H.G. Richardson and P. Brand, 5 vols., Jewish Historical Society (1905–92), provides an English calendar of the plea rolls which survive very haphazardly. See also *Select pleas, starrs and other records from the rolls of the exchequer of the Jews 1220–80*, ed. J.M. Rigg, Selden Soc., xv, London (1902), and *Starrs and Jewish charters preserved in the British Museum*, ed. I. Abrahams, H. Stokes and H. Loewe, 3 vols., London (1930–2).

Secondary works

Altschul., M. (1965), *A baronial family in medieval England: the Clares 1217–1314*, Baltimore

Barratt, N. (1996), 'The revenue of King John', *EHR* 111: 835–55

Barratt, N. (forthcoming), 'The revenues of John and Philip Augustus revisited', in Church (forthcoming)

Bazeley, M.L. (1921), 'The extent of the English royal forest in the thirteenth century', *TRHS* 4th series 4: 140–72

Bémont, C. (1884), *Simon de Montfort*, Paris; 2nd edn., trans. E.F. Jacob, Oxford (1930)

Binski, P. (1995), *Westminster Abbey and the Plantagenets: kingship and the representation of power 1200–1400*, New Haven and London

Britnell, R.H. and Campbell, B.M.S. (eds.) (1995), *A commercialising economy: England 1086–1300*, Manchester

Bolton, J.L. (1989), *The medieval English economy 1150–1500*, 2nd edn, London

Bolton, J.L. (1992), 'Inflation, economics and politics in thirteenth-century England', in *TCE*, iv, pp. 1–14

Brand, P. (1992a), *The making of the common law*, London

Brand, P. (1992b), *The origins of the English legal profession*, Oxford

Burton, D.W. (1992), 'Requests for prayers and royal propaganda under Edward I', in *TCE*, iii, pp. 25–35

Cam, H. (1930), *The hundred and the hundred rolls: an outline of local government in medieval England*, London

Carpenter, D.A. (1987), *The battles of Lewes and Evesham 1264/65*, Keele

Carpenter, D.A. (1990), *The minority of Henry III*, London

Carpenter, D.A. (1996a), 'England in the twelfth and thirteenth centuries', in A. Haverkamp and H. Vollrath (eds.), *England and Germany in the high Middle Ages*, Oxford, pp. 105–25

Carpenter, D.A. (1996b), *The reign of Henry III*, London

Carpenter, D.A. (1997), 'The English royal chancery in the thirteenth century', in K. Fianu and D.J. Guth (eds.), *Ecrit et pouvoir dans les chancelleries médiévales*, Louvain-la-Neuve, pp. 25–53

Cheney, C.R. (1976), *Pope Innocent III and England*, Stuttgart

Church, S.D. (1992), 'The knights of the household of King John: a question of numbers', in *TCE*, iv, pp. 151–66

Church, S.D. (1995), 'The rewards of royal service in the household of King John: a dissenting opinion', *EHR* 110: 277–302

Church, S.D. (ed.) (forthcoming), *Essays on the reign of King John*, Woodbridge

Clanchy, M.T. (1968), 'Did Henry III have a policy?', *History* 54: 203–16

884　Clanchy, M.T. (1979), *From memory to written record: England 1066–1307*, London

Clanchy, M.T. (1983), *England and its rulers 1066–1272: foreign lordship and national identity*, Glasgow

Collingwood, J. (1996), 'English royal finance 1255–72', University of London, PhD thesis

Colvin, H.M. (ed.) (1963), *The history of the king's works: the Middle Ages*, 2 vols., London

Coss, P.R. (1975), 'Sir Geoffrey de Langley and the crisis of the knightly class in thirteenth-century England', *P&P* 68: 3–37

Coss, P.R. (1989), 'Bastard feudalism revised', *P&P* 125: 27–64

Coss, P.R. (1991), *Lordship, knighthood and locality: a study in English society c.1180–c.1280*, Cambridge

Coss, P.R. (1995), 'The formation of the English gentry', *P&P* 147: 38–64

Crook, D. (1982), 'The later eyres', *EHR* 97: 241–68

Crouch, D. (1990), *William Marshal: court, career and chivalry in the Angevin Empire 1147–1219*, London

Crouch, D. (1992), *The image of the aristocracy in Britain 1100–1300*, London

Crouch, D., Carpenter D.A. and Coss, P.R. (1991), 'Debate: bastard feudalism revised', *P&P* 131: 165–203

Davies, R.G. and Denton, J.H. (eds.) (1981), *The English parliament in the Middle Ages: a tribute to J.S. Roskell*, Manchester

Davies, R.R. (1978), *Lordship and society in the March of Wales, 1282–1400*, Oxford

Davies, R.R. (1987), *Conquest, coexistence and change: Wales, 1063–1415*, Oxford

Davies, R.R. (1990), *Domination and conquest: the experience of Ireland, Scotland and Wales 1100–1300*, Cambridge

Denholm-Young, N. (1947), *Richard of Cornwall*, Oxford

Denholm-Young, N. (1969), *Collected papers*, Cardiff

Denton, J.H. (1980), *Robert of Winchelsea and the crown 1294–1313: a study in the defence of ecclesiastical liberty*, Cambridge

Denton, J.H. (1981), 'The clergy and parliament in the thirteenth and fourteenth centuries', in Davies and Denton (1981), pp. 88–108

Denton, J.H. (1992), 'From the foundation of Vale Royal Abbey to the statute of Carlisle: Edward I and ecclesiastical patronage', in *TCE*, IV, pp. 123–38

Douie, D. (1952), *Archbishop Pecham*, Oxford

Dyer, C. (1989), *Standards of living in the later Middle Ages: social change in England c.1200–1520*, Cambridge

Eales, R. (1986), 'Henry III and the end of the Norman earldom of Chester', in *TCE*, I, pp. 100–13

Edwards, J.G. (1940), introduction to *Littere wallie*, Cardiff

English, B. (1979), *The lords of Holderness 1086–1260*, Oxford

Faulkner, K. (1996), 'The transformation of knighthood in early thirteenth-century England', *EHR* 111: 1–23

Frame, R. (1990), *The political development of the British Isles 1100–1400*, Oxford

Frame, R. (1992), 'King Henry III and Ireland. The shaping of a peripheral lordship', in *TCE*, IV, pp. 179–202

Fraser, C.M. (1957), *A history of Anthony Bek bishop of Durham 1283–1311*, Oxford

Fryde, E.B. and Miller, E. (eds.) (1970), *Historical studies in the English parliament: origins to 1399*, Cambridge

Gibbs, M. and Lang, J. (1934), *Bishops and reform 1215–1272 with special reference to the Lateran Council of 1215*, Oxford　　885

Gillingham, J. (1984), *The Angevin empire*, London; repr. in *idem* (1994)

Gillingham, J. (1994), *Richard Coeur de Lion: kingship, chivalry and war in the twelfth century*, London

Gillingham, J. (1992), 'The beginnings of English imperialism', *Journal of Historical Sociology* 5: 392–409

Harding, A. (1973), *The law courts of medieval England*, London

Harding, A. (1993), *England in the thirteenth century*, Cambridge

Harris, B.E. (1964), 'King John and the sheriffs' farms', *EHR* 79: 532–42

Harriss, G.L. (1975), *King, parliament and public finance in medieval England to 1369*, Oxford

Harvey, B.F. (1977), *Westminster Abbey and its estates in the Middle Ages*, Oxford

Harvey, B.F. (1993), *Living and dying in medieval England 1100–1540: the monastic experience*, Oxford

Harvey, P.D.A. (1973), 'The English inflation of 1180–1220', *P&P* 61

Hershey, A.H. (1995), 'Success or failure? Hugh Bigod and judicial reform during the baronial movement, June 1258–February 1259', in *TCE*, v, pp. 65–88

Hillaby, J. (1988–90), 'A magnate among the marchers: Hamo of Hereford, his family and clients 1218–1253', *Transactions of the Jewish Historical Society of England* 31: 23–82

Hillaby, J. (1990–2), 'London: the 13th-century Jewry revisited', *Transactions of the Jewish Historical Society of England* 32: 89–158

Hilton, R.H. (1966), *A medieval society: the west midlands at the end of the thirteenth century*, London

Holt, J.C. (1961), *The northerners: a study in the reign of King John*, Oxford

Holt, J.C. (1984), 'The loss of Normandy and royal finance', in J. Gillingham and J.C. Holt (eds.), *War and government in the Middle Ages: essays in honour of J.O. Prestwich*, Woodbridge, pp. 92–105

Holt, J.C. (1985), *Magna Carta and medieval government*, London

Holt, J.C. (1992), *Magna Carta*, 2nd edn, Cambridge

Howell, M.E. (1962), *Regalian right in medieval England*, London

Howell, M.E. (1998), *Eleanor of Provence: queenship in thirteenth-century England*, Oxford

Hudson, J. (1996), *The formation of the English common law: law and society in England from the Norman Conquest to Magna Carta*, London

Hunnisett, R.F. and Post, J.B. (1978), *Medieval legal records edited in memory of C.A.F. Meekings*, London

Hunt, R.W., Pantin, W.A. and Southern, R.W. (1948), *Studies in medieval history presented to F.M. Powicke*, Oxford

Hyams, P.R. (1980), *King, lords, and peasants in medieval England: the common law of villeinage in the twelfth and thirteenth centuries*, Oxford

Jacob, E.F. (1925), *Studies in the period of baronial reform and rebellion 1258–1267*, Oxford

Kaeuper, R.W. (1973), *Bankers to the crown: the Riccardi of Lucca and Edward I*, Princeton

Keene, D.J. (1989), 'Medieval London and its region', *London Journal* 19: 99–111

King, E. (1979), *England 1175–1425*, London

Knowles, C.H. (1975), *Simon de Montfort 1265–1965*, Historical Association, London

Knowles, C.H. (1982), 'The resettlement of England after the Barons' War, 1264–67', *TRHS* 5th series 32

886　Kosminsky, E.A. (1956), *Studies in the agrarian history of England in the thirteenth century*, Oxford

Labarge, M.W. (1962), *Simon de Montfort*, London

Labarge, M.W. (1980), *Gascony: England's first colony 1204–1453*, London

Langmuir, G.I (1972), 'The knight's tale of young Hugh of Lincoln', *Speculum* 47: 459–82

Latimer, P. (forthcoming), 'Early thirteenth-century prices', in Church (forthcoming)

Lawrence, C.H. (1960), *St Edmund of Abingdon*, Oxford

Lawrence, C.H. (1984), 'The university in state and church', in J.I. Catto (ed.), *The history of the University of Oxford*, I: *The early Oxford schools*, Oxford

Lloyd, J.E. (1939), *A history of Wales from the earliest times to the Edwardian conquest*, 2 vols., 3rd edn, London

Lloyd, S.D. (1988), *English society and the crusade 1216–1307*, Oxford

Lloyd, S.D. (1991–2), 'William Longespee II; the making of an English crusading hero', *Nottingham Medieval Studies* 35–6: 41–69, 79–125

Lunt, W.E. (1939), *Financial Relations of the papacy with England to 1327*, Cambridge, MA

McFarlane, K.B. (1965), 'Had Edward I a "policy" towards the earls?', *History* 50: 145–59

Maddicott, J.R. (1975), *The English peasantry and the demands of the crown*, *P&P* supplement

Maddicott, J.R. (1981), 'Parliament and the consituencies, 1272–1377', in Davies and Denton (1981), pp. 60–87

Maddicott, J.R. (1984), 'Magna Carta and the local community', *P&P* 102: 26–65

Maddicott, J.R. (1986), 'Edward I and the lessons of baronial reform: local government 1258–80', in *TCE*, I, pp.1–30

Maddicott, J.R. (1994), *Simon de Montfort*, Cambridge

Maddicott, J.R. (1998), '"An infinite multitude of nobles": quality, quantity and politics in the pre-reform parliaments of Henry III', in *TCE*, VII

Marsh, F.B. (1912), *English rule in Gascony 1199–1259 with special reference to the towns*, Ann Arbor, MI

Meekings, C.A.F. (1960), introduction to *Crown pleas of the Wiltshire eyre 1249*, Wiltshire Archaeological and Natural History Society, Records Branch, 16, Salisbury

Meekings, C.A.F. (1981), *Studies in 13th-century justice and administration*, London

Miller, E. and Hatcher, J. (1978), *Medieval England: rural society and economic change 1086–1348*, London

Mitchell, S.K. (1914), *Studies in taxation under John and Henry III*, Yale

Moorman, J.R.H. (1945), *Church life in England in the thirteenth century*, Cambridge

Morris, J.E. (1901), *The Welsh wars of Edward I*, Oxford

Morris, W.A. (1927), *The medieval English sheriff to 1300*, Manchester

Mortimer, R. (1994), *Angevin England 1154–1258*, Oxford

Nightingale, P. (1996), 'The growth of London in the medieval English economy', in R.H. Britnell and J. Hatcher (eds.), *Progress and problems in medieval England*, Cambridge, pp. 89–106

Ormrod, W.M. (1991), 'State building and state finance in the reign of Edward I', in W.M. Ormrod (ed.), *England in the thirteenth century: proceedings of the 1989 Harlaxton Symposium*, Stamford, pp. 15–35

Ormrod, W.M. (1995), 'Royal finance in thirteenth-century England', in *TCE*, V, pp. 141–64

Painter, S. (1933), *William Marshal knight-errant, baron and regent of England*, Baltimore   887

Painter, S. (1943), *Studies in the history of the English feudal barony*, Baltimore

Painter, S. (1949), *The reign of King John*, Baltimore

Palmer, R.C. (1982), *The county courts of medieval England 1150–1350*, Princeton

Parsons, J.C. (1977), *The court and household of Eleanor of Castile in 1290*, Toronto

Parsons, J.C. (1995), *Eleanor of Castile: queen and society in thirteenth-century England*, London

Plucknett, T.F.T. (1949), *Legislation of Edward I*, Oxford

Pollock, F. and Maitland, F.W. (1968), *The history of English law*, 2nd edn, with an introd. by S.F.C. Milsom, 2 vols., Cambridge

Powell, E. (1989), *Kingship, law and society: criminal justice in the reign of Henry V*, Oxford

Power, D. (forthcoming), 'King John and the Norman aristocracy', in Church (forthcoming)

Powicke, F.M. (1928), *Stephen Langton*, Oxford

Powicke, F.M. (1947), *King Henry III and the Lord Edward*, 2 vols., Oxford

Powicke, F.M. (1953), *The thirteenth century*, Oxford

Powicke, F.M. (1961), *The loss of Normandy 1189–1204*, 2nd edn, Manchester

Prestwich, M. (1972), *War, politics and finance under Edward I*, London

Prestwich, M. (1980), *The three Edwards: war and state in England 1272–1377*, London

Prestwich, M. (1988), *Edward I*, London

Prestwich, M. (1990), *English politics in the thirteenth century*, London

Prestwich, M. (1996), *Armies and warfare in the Middle Ages: the English experience*, New Haven and London

Ramsay, J.H. (1908), *The dawn of the constitution 1216–1307*, Oxford

Reynolds, S. (1977), *An introduction to the history of English medieval towns*, Oxford

Reynolds, S. (1984), *Kingdoms and communities in western Europe 900–1300*, Oxford

Reynolds, S. (1994), *Fiefs and vassals: the medieval evidence reinterpreted*, Oxford

Richardson, H.G. (1960), *The English Jewry under Angevin kings*, London

Ridgeway, H.W. (1986), 'The Lord Edward and the Provisions of Oxford (1258): a study in faction', in *TCE*, I, pp. 89–99

Ridgeway, H.W. (1988), 'King Henry III and the "aliens", 1236–72', in *TCE*, II, pp. 81–92

Ridgeway, H.W. (1989), 'Foreign favourites and Henry III's problems of patronage', *EHR* 104: 590–610

Ridgeway, H.W. (1992), 'William de Valence and his *familiares*', *Historical Research* 65: 241–57

Ridgeway, H.W. (1996), 'The ecclesiastical career of Aymer de Lusignan, bishop elect of Winchester, 1250–1260', in J. Blair and B. Golding (eds.), *The cloister and the world: essays in medieval history in honour of Barbara Harvey*, Oxford: 148–77

Sayers, J. (1984), *Papal government and England during the pontificate of Honorius III (1216–1227)*, Cambridge

Sayles, G.O. (1975), *The king's parliament of England*, London

Southern, R.W. (1994), *Robert Grosseteste: the growth of an English mind in medieval Europe*, 2nd edn, Oxford

Stacey, R.C. (1987), *Politics, policy and finance under Henry III, 1216–1245*, Oxford

Stacey, R.C. (1988), '1240–60: a watershed in Anglo-Jewish relations?', *Historical Research* 61: 135–50

888　Stacey, R.C. (1991), 'Crusades, crusaders and the baronial *gravamina* of 1263–4', in *TCE*, III, pp. 137–50

Stacey, R.C. (1992), 'The conversion of Jews to Christianity in thirteenth-century England', *Speculum* 67: 263–83

Stacey, R.C. (1995), 'Jewish lending and the medieval English economy', in Britnell and Campbell (1995), pp. 78–101

Stacey, R.C. (1997), 'Parliamentary negotiation and the expulsion of the Jews from England', in *TCE*, VI, pp. 77–101.

Storey, R.L. (1991), 'The first Convocation, 1257?', in *TCE*, III, pp. 151–9

Stringer, K. (1994), 'Identities in thirteenth-century England: frontier society in the far north', in C. Bjørn, H. Grant and K. Stringer (eds.), *Social and political identities in western history*, Copenhagen, pp. 28–66

Summerson, H.R.T. (1979), 'The structure of law enforcement in thirteenth-century England', *American Journal of Legal History* 23: 314–27

Summerson, H.R.T. (1992), 'The enforcement of the statute of Winchester 1285–1327', *Journal of Legal History* 13: 232–48

Sutherland, D.W. (1963), *Quo warranto proceedings in the reign of Edward I 1278–1294*, Oxford

Swanson, J. (1989), *John of Wales*, Cambridge

Thomas, H.M. (1993), *Vassals, heiresses, crusaders and thugs: the gentry of Angevin Yorkshire 1154–1216*, Philadelphia

Tout, T.F.T. (1920–33), *Chapters in the administrative history of medieval England*, 6 vols., Manchester

Tout, T.F.T. (1932–4), 'Wales and the March in the Barons' Wars', in his *Collected papers*, 3 vols., Manchester, II, pp. 45–100

Trabut-Cussac, J.P. (1950), 'Les coutumes ou droits de douane perçus à Bordeaux ... de 1252 à 1307', *Annales du Midi* 62: 135–50

Treharne, R.F. (1971), *The baronial plan of reform*, 2nd edn, Manchester

Treharne, R.F. (1986), *Simon de Montfort and baronial reform: thirteenth-century essays*, London

Turner, R.V. (1968), *The king and his courts: the role of John and Henry III in the administration of justice 1199–1240*, Ithaca, NY

Turner, R.V. (1985), *The English judiciary in the age of Glanvill and Bracton c.1176–1239*, Cambridge

Turner, R.V. (1994a), *Judges, administrators and the common law in Angevin England*, London

Turner, R.V. (1994b), *King John*, London

Turner, R.V. (forthcoming), 'John and justice', in Church (forthcoming)

Vale, M. (1990), *The Angevin legacy and the Hundred Years War 1250–1340*, London

Vaughan, R. (1958), *Matthew Paris*, Cambridge

Vincent, N. (1996), *Peter des Roches: an alien in English politics 1205–1238*, Cambridge

Vincent, N. (forthcoming), 'Isabella of Angoulême', in Church (forthcoming)

Warren, W.L. (1997), *King John*, 3rd edn, London

Warren, W.L. (1987), *The governance of Norman and Angevin England 1086–1272*, London

Waugh, S.L. (1983), 'Reluctant knights and jurors: respites, exemptions and public obligations in the reign of Henry III', *Speculum* 58: 937–86

Waugh, S.L. (1986), 'From tenure to contract: lordship and clientage in thirteenth-century England', *EHR* 101: 811–39

Waugh, S.L. (1988), *The lordship of England: royal wardships and marriages in English society and politics 1217–1327*, Princeton　　889

Waugh, S.L. (1995), 'The origins and early development of the articles of the escheator', in *TCE*, v, pp. 89–113

West, F.J. (1966), *The justiciarship in England 1066–1232*, Cambridge

Wicks, M. (1984), *The world of John of Salisbury*, Oxford

Williams, G.A. (1963), *Medieval London: from commune to capital*, London

Young, C.R. (1979), *The royal forests of medieval England*, Pennsylvania

13　勃艮第王国、萨伏依家族的领地及邻近领土

Primary and secondary works

Baratier, E. (1969a), *Enquêtes sur les droits et revenues de Charles Ier d'Anjou en Provence, 1252 et 1278*, Paris

Baratier, E. (1969b), *Historie de la Provence*, Toulouse

Baratier, E. (1971), *Documents de l'histoire de la Provence*, Toulouse

Baratier, E., Duby, G. and Hildesheimer, E. (1969), *Atlas historique: Provence, Comtat-Venaissin, principauté d'Orange, comté de Nice, principauté de Monaco*, Paris

Bautier, R.H. and Sornay, J. (1968, 1971), *Les sources de l'histoire économique et sociale du moyen âge: Provence, Comtat-Venaissin, Dauphiné, Etats de la maison de Savoie*, i, *Archives des principautés territoriales et archives seigneuriales*; ii: *Archives ecclésiastiques, communales, notariales*, Paris

Bénoit, F. (1921), *La Provence sous Raymond-Bérenger V*, Monaco

Bénoit, F. (1925), *Recueil des actes des comtes de Provence appartenant à la maison de Barcelona*, Collection des textes pour servir à l'histoire de la Provence, 2 vols., Monaco

Bligny, B. and Chomel, V. (1973), *Histoire du Dauphiné*, Toulouse

Bourrilly, V. and Busquet, R. (1924), *La Provence au moyen âge 1112–1481*, Marseilles

Brondy, R., Demotz, B. and Leguay, J.-P. (1984), *La Savoie de l'an mil à la réforme*, Editions Ouest-France, Rennes

Chevalier, J. (1897), *Mémoires pour servir à l'histoire des comtes de Valentinois et de Diois*, Paris

Chevalier, U. (1913–26), *Regeste dauphinois, ou répertoire chronologique et analytique des documents imprimés et manuscrits inédits relatifs à l'histoire du Dauphiné des origines chrétiennes à l'année 1349*, 5 vols., Valence

Clerc, E. (1870), *Essai sur l'histoire de la Franche-Comté*, 2nd edn, 2 vols., Besançon

Cox, E. (1974), *The Eagles of Savoy: the house of Savoy in thirteenth-century Europe*, Princeton

Fournier, P. (1891), *Le royaume d'Arles et de Vienne (1138–1378)*, Paris

Gauthier, J. (1908), *Cartulaire des comtes de Bourgogne*, Mémoires et documents inédits pour servir à l'histoire de la Franche-Comté, viii, Besançon

Lesage, G. (1950), *Marseille angevine*, Paris

Mariotte, J.-Y. (1963), *Le comté de Bourgogne sous les Hohenstaufen 1156–1208*, Paris

Mariotte-Löber, R. (1973), *Ville et seigneurie: les chartes de franchises des comtes de Savoie, fin XIIe siècle–1343*, Annecy and Geneva

Perret, A. (1960), 'Principaux organes du gouvernement de l'état savoyard de 1189 à 1323', *Bulletin philologique et historique*: 345–60

890 Stouff, L. (1899), *Les comtes de Bourgogne et leurs villes domaniales: étude sur le régime communal, XIIIe et XIVe siècles*, Paris

Vaillant, P. (1951), *Les libertés des communautés dauphinoises des origines au 5 Janvier 1355*, Paris

14(1) 韦尔夫家族、霍亨斯陶芬家族及哈布斯堡家族

Primary sources

Weinrich, Lorenz, *Quellen zur deutschen Verfassungs-, Wirtschafts- und Sozialgeschichte bis 1250*, Ausgewählte Quellen zur deutschen Geschichte des Mittelalters, Freiherr vom Stein-Gedächtnisausgabe, Band XXXII, Darmstadt (1977)

Weinrich, Lorenz, *Quellen zur Verfassungsgeschichte des römisch-deutschen Reiches im Spätmittelalter (1250–1500)*, Ausgewählte Quellen zur deutschen Geschichte des Mittelalters, Freiherr vom Stein-Gedächtnisausgabe, Band XXXIII, Darmstadt (1983)

Secondary works

Abulafia, David (1988), *Frederick II: a medieval emperor*, London

Angermeier, Heinz (1966), *Königtum und Landfriede im deutschen Spätmittelalter*, Munich

Arnold, Benjamin (1985), *German knighthood 1050–1300*, Oxford

Arnold, Benjamin (1991a), *Count and bishop in medieval Germany: a study of regional power 1100–1350*, Philadelphia

Arnold, Benjamin (1991b), *Princes and territories in medieval Germany*, Cambridge

Barraclough, G. (1946), *The origins of modern Germany*, Oxford

Bayley, Charles (1949), *The formation of the German College of Electors in the mid-thirteenth century*, Toronto

Beumann, H. (1987), 'Das Reich der späten Salier und der Staufer 1056–1250. 4. Vom Thronstreit bis zum Ende des staufischen Kaisertums 1198–1250', in Th. Schieder and F. Seibt (eds.), *Handbuch der europäischen Geschichte*, II, Stuttgart, pp. 366–82

Blaschke, K. (1989), 'Heinrich Raspe', *Lexikon des Mittelalters* 4: 2079

Blok, P.J. and Waugh, W.T. (1932), 'Germany, 1273–1313', in *Cambridge medieval history*, VII, pp. 78–112

Blondel, G. (1892), *Etudes sur la politique de Frédéric II en Allemagne et sur les transformations de la constitution allemande dans la première moitié du XIIIe siècle*, Paris

Boockmann, H. (1987), *Stauferzeit und spätes Mittelalter: Deutschland 1125–1517*, Berlin

Bosl, Karl (1950–1), *Die Reichsministerialität der Salier und Staufer*, Schriften der *MGH*, Band 10, 2 vols., Stuttgart

Bosl, Karl (1973), *Staat, Gesellschaft, Wirtschaft im deutschen Mittelalter*, Gebhardt Handbuch der deutschen Geschichte, 9th edn, 7, Munich

Brunner, Otto (1984), *Land und Herrschaft: Grundfragen der territorialen Verfassungsgeschichte Österreichs im Mittelalter*, Darmstadt

Denholm-Young, N. (1947), *Richard of Cornwall*, New York

Duby, G. (1973), *Le dimanche de Bouvines*, Paris; English trans. *The legend of Bouvines*, Berkeley and Los Angeles (1990)

Engels, O. (1987), 'Deutschland: D. Stauferzeit und Interregnum', *Lexikon des Mittelalters* 3: 815–35, 866–8

Fleckenstein, Josef (1977), *Herrschaft und Stand: Untersuchungen zur Sozialgeschichte im 13.* 891
Jahrhundert, Veröffentlichungen des Max-Planck-Instituts für Geschichte, 51, Göttingen

Frey, Carl (1881), *Die Schicksale des königlichen Gutes in Deutschland unter den letzten Staufern seit König Philipp*, Berlin; repr. Aalen (1966)

Gerlich, A. (1991), 'Konrad I.', *Lexikon des Mittelalters* 5: 1352–3

Gernhuber, J. (1952), *Die Landfriedensbewegung in Deutschland bis zum Mainzer Reichslandfrieden von 1235*, Bonner rechtswissenschaftliche Abhandlungen H., 44, Bonn

Gillingham, John (1991), 'Elective kingship and the unity of medieval Germany', *German History* 9: 124–35

Groten, M. (1991), 'Konrad von Hochstaden', *Lexikon des Mittelalters* 5: 1351–2

Grundmann, Herbert (1966), 'Kaiser Friedrich II. 1194–1250', in Wolf (1966), pp. 109–33

Grundmann, Herbert (1973), *Wahlkönigtum, Territorialpolitik und Ostbewegung im 13. und 14. Jahrhundert*, Gebhardt Handbuch der deutschen Geschichte, 9th edn, 5, Munich

Haverkamp, Alfred (1975), 'Die "frühbürgerliche" Welt im hohen und späten Mittelalter: Landesgeschichte und Geschichte der städtischen Gesellschaft', *Historische Zeitschrift* 221: 571–602

Haverkamp, Alfred (1988), *Medieval Germany 1056–1273*, Oxford

Hessel, A. (1931), *Jahrbücher des deutschen Reiches unter König Albrecht I. von Habsburg*, Munich

Hucker, Bern Ulrich (1990), *Kaiser Otto IV*, Schriften der *MGH*, Band 34, Hanover

Irsigler, F. (1987), 'Deutschland: H. Städtische Sozial- und Wirtschaftsgeschichte. I. Hochmittelalter', *Lexikon des Mittelalters* 3: 893–900

Janssen, W. (1980), 'Berg', *Lexikon des Mittelalters* 1: 1943–5

Kantorowicz, Ernst (1927), *Kaiser Friedrich der Zweite*, Berlin

Kempf, J. (1893), *Geschichte des deutschen Reiches während des großen Interregnums 1245–1273*, Würzburg

Klingelhöfer, E. (1955), *Die Reichsgesetze von 1220, 1231–2 und 1235*, Quellen und Studien zur Verfassungsgeschichte des deutschen Reiches, 8, pt 2, Weimar

Koch, W. (1989), 'Heinrich (VII)', *Lexikon des Mittelalters* 4: 2047

Koller, H. (1980), 'Albrecht I.', *Lexikon des Mittelalters* 1: 311–13

Koller, H. (1987), 'II. Das Reich von den staufischen Kaisern bis zu Friedrich III. 1250–1450', in Th. Schieder and F. Seibt (eds.), *Handbuch der europäischen Geschichte*, ii, Stuttgart, pp. 383–412

Leuschner, Joachim (1980), *Germany in the late Middle Ages*, Amsterdam

Martin, Th. (1963), *Die Städtepolitik Rudolfs von Habsburg*, Göttingen

Maschke, E. and Sydow, J. (1973), *Stadt und Ministerialität*, Stuttgart

Metz, Wolfgang (1964), *Staufische Güterverzeichnisse*, Berlin

Moraw, Peter (1987), 'Deutschland: E. Spätmittelalter', *Lexikon des Mittelalters* 3: 835–62, 686–9

Moraw, Peter (1989), *Von offener Verfassung zu gestalteter Verdichtung: das Reich im späten Mittelalter 1250 bis 1490*, Frankfurt am Main and Berlin

Patschovsky, A. (1991), 'Konrad von Marburg', *Lexikon des Mittelalters* 5: 1360–1

Patze, H. (1971), *Der deutsche Territorialstaat im 14. Jahrhundert*, Vorträge und Forschungen, Bände XIII, XIV, 2 vols., Sigmaringen

892　Patze, H. (1980), 'Adolf von Nassau', *Lexikon des Mittelalters* 1: 157–9

Planitz, Hans (1965), *Die deutsche Stadt im Mittelalter*, Vienna

Poole, A.L. (1936a), 'Philip of Swabia and Otto IV', in *Cambridge medieval history*, VI, pp. 44–79

Poole, A.L. (1936b), 'Germany in the reign of Frederick II', in *Cambridge medieval history*, VI, pp. 80–109

Poole, A.L. (1936c), 'The interregnum in Germany', in *Cambridge medieval history*, VI, pp. 110–30

Redlich, O. (1903), *Rudolf von Habsburg*, Innsbruck

Rösener, W. (1987), 'Deutschland: G. Ländliche Sozial- und Wirtschaftsgeschichte. II. Der Wandel im 12. und 13. Jahrhundert', *Lexikon des Mittelalters* 3: 882–7

Rübsamen, D. (1989), review of Schlunk (1988), in *DA* 45, 2: 712–14

Ruser, Konrad (1979), *Die Urkunden und Akten der oberdeutschen Städtebünde vom 13. Jahrhundert bis 1549*, I, Göttingen

Scheibelreiter, G. (1989), 'Friedrich II. der Streitbare', *Lexikon des Mittelalters* 4: 953–4

Schlunk, A. Ch. (1988), *Königsmacht und Krongut: die Machtgrundlage des deutschen Königtums im 13. Jahrhundert und eine neue historische Methode*, Stuttgart

Schubert, Ernst (1979), *König und Reich: Studien zur spätmittelalterlichen deutschen Verfassungsgeschichte*, Göttingen

Schubert, Ernst (1991), 'Kurfürsten', *Lexikon des Mittelalters* 5: 1581–3

Spindler, M. (1977), *Handbuch der bayerischen Geschichte*, II, Munich

Stehkämper, H. (1978), 'Geld bei deutschen Königswahlen des 13. Jahrhunderts', in J. Schneider (ed.), *Wirtschaftskräfte und Wirtschaftswege: Festschrift für H. Kellenbenz*, I, Stuttgart, pp. 83–135

Stehkämper, H. (1980), 'Adolf I. von Altena', *Lexikon des Mittelalters* 1: 159–61

Stoob, Heinz (1978), 'Formen und Wandel staufischen Verhaltens zum Städtewesen', in Heinz Stoob (ed.), *Altständisches Bürgertum*, I, Darmstadt, pp. 380–413

Thomas, H. (1983), *Deutsche Geschichte des Spätmittelalter 1250–1500*, Stuttgart

Thorau, P. (1991), 'Konrad IV.', *Lexikon des Mittelalters* 5: 1340–1

Toch, Michael (1986a), 'Asking the way and telling the law: speech in medieval Germany', *Journal of Interdisciplinary History* 16: 667–82

Toch, Michael (1986b), 'Lords and peasants: a reappraisal of medieval economic relationships', *Journal of European Economic History* 15: 163–82

Toch, Michael (1989), 'Peasants of the mountains, peasants of the valleys and medieval state building: the case of the Alps', in J.-F. Bergier (ed.), *Montagnes, fleuves, forêts dans l'histoire*, Saint-Katharinen, pp. 65–70

Töpfer, Bernhard and Engel, Evamaria (1976), *Vom staufischen Imperium zum Hausmachtkönigtum: deutsche Geschichte vom Wormser Konkordat 1122 bis zur Doppelwahl von 1314*, Weimar

Treichler, W. (1971), *Mittelalterliche Erzählungen und Andekdoten um Rudolf von Habsburg*, Berne and Frankfurt

Uhlhorn, F. and Schlesinger, Walter (1974), *Die deutschen Territorien*, Gebhardt Handbuch der deutschen Geschichte, 9th edn, 13, Munich

Van Cleve, Thomas Curtis (1972), *The Emperor Frederick II of Hohenstaufen, immutator mundi*, Oxford

Willemsen Carl (1986), *Bibliographie zur Geschichte Kaiser Friedrichs II. und der letzten Staufer*,   893
Munich; Italian edn, Bari (1982)

Winkelmann, Eduard (1889–1897), *Kaiser Friedrich II.*, Jahrbücher der deutschen Geschichte, 2 vols., Leipzig

Wolf, A. (1987), 'Confoederatio cum principibus ecclesiasticis', *Lexikon des Mittelalters* 3: 130–1

Wolf, Gunther (1966), *Stupor mundi: zur Geschichte Friedrichs II. von Hohenstaufen*, 1st edn, Darmstadt

Wolf, Gunther (1982), *Stupor mundi: zur Geschichte Friedrichs II. von Hohenstaufen*, 2nd edn, Darmstadt

Wolter, Heinz (1987), 'Engelbert I. v. Berg', *Lexikon des Mittelalters* 3: 1917–18

Württembergisches Landesmuseum (1977), *Die Zeit der Staufer, Geschichte – Kunst – Kultur*, 4 vols., Stuttgart

14(2) 弗兰德

Secondary works

Augustyn, B. (1992), *Zeespiegelrijzing, transgressiefasen en stormvloeden in maritiem Vlaanderen tot het einde van de XVIde eeuw*, Brussels

Blockmans, F. (1938), *Het Gentsche Stadspatriciaat tot omstreeks 1302*, Antwerp

Blockmans, W. (1993), 'Formale und informelle soziale Strukturen in und zwischen den grossen flämischen Städten im Spätmittelalter', in P. Johannek (ed.), *Städtische Einungen und Genossenschaften*, Münster

Chorley, P. (1987), 'The cloth exports of Flanders and northern France during the thirteenth century: a luxury trade?', *EcHR* 40: 349–79

Coppejans-Desmedt, H. (1987), 'Handel en handelaars op de Vlaamse jaarmarkten in de tweede helft van de XIIIde eeuw', in *Album Carlos Wyffels*, Brussels, pp. 69–88

de Hemptinne, Th. (1982), 'Vlaanderen en Henegouwen onder de erfgenamen van de Boudewijns 1070–1244', in *Algemene Geschiedenis der Nederlanden*, 11, Haarlem, pp. 372–98

de Smet, A. (1950), 'De klacht van de "Ghemeente" van Damme in 1280', *Bulletin de la Commission royale d'histoire* 115: 1–15

Dept, G.G. (1932), *Les influences anglaise et française dans le comté de Flandre au début du XIIIe siècle*, Ghent

Derville, A. (1972), 'Les draperies flamandes et artésiennes vers 1250–1350', *Revue du nord* 54: 353–70

Derville, A. (1983), 'Le nombre d'habitants des villes de l'Artois et de la Flandre Wallone (1300–1450)', *Revue du Nord* 65: 277–99

des Marez, G. (1901), *La lettre de foire à Ypres au XIIIe siècle*, Brussels

Espinas, G. (1933–6), *Les origines du capitalisme*, 2 vols., Lille

Ganshof, F.L. (1932), *Recherches sur les tribunaux de châtellenie en Flandre avant le milieu du XIIIe siècle*, Antwerp

Ganshof, F.L. (1941), *Over Stadsontwikkeling tusschen Loire en Rijn gedurende de middeleeuwen*, Antwerp

Kittell, E.E. (1991), *From ad hoc to routine: a case study in medieval bureaucracy*, Philadelphia

894   Koch, A.C.F. (1951), *De rechterlijke organisatie van het graafschap Vlaanderen tot in de 13e eeuw*, Antwerp

Luykx, Th. (1946), *Johanna van Constantinopel: Gravin van Vlaanderen en Henegouwen*, Antwerp

Luykx, Th. (1961), *De grafelijke financiële bestuursinstellingen en het grafelijk patrimonium in Vlaanderen tijdens de regering van Margareta van Constantinopel (1244–1278)*, Brussels

Lyon, B. and Verhulst, A.E. (1967), *Medieval finance: a comparison of financial institutions in northwestern Europe*, Providence

Monier, R. (1924), *Les institutions judiciares des villes de Flandre des origines à la rédaction des coutumes*, Lille

Nowé, H. (1929), *Les baillis comtaux de Flandre, des origines à la fin du XIVe siècle*, Brussels

Simons, W. (1987), *Bedelordekloosters in het Graafschap Vlaanderen: chronologie en topografie van de bedel ordenverspreiding vóór 1300*, Brussels

Stubbe, E.I. (1942), *Egidius van Breedene: Grafelijk ambtenaar en stichter van de abdij Spermalie*, Bruges

Uytven, R. van (1982), 'Het stedelijk leven 11de–14de eeuw', in *Algemene Geschiedenis der Nederlanden*, 11, Haarlem, pp. 187–253

Vandermaesen, M. (1982), 'Vlaanderen en Henegouwen onder het huis van Dampierre 1244–1384', in *Algemene Geschiedenis der Nederlanden*, 11, Haarlem, pp. 399–400

van Houtte, J.A. (1977), *An economic history of the Low Countries, 800–1800*, London

Verhulst, A. (1989), 'The origins of towns in the Low Countries and the Pirenne thesis', *P&P* 122: 3–35

Warlop, E. (1975), *The Flemish nobility before 1300*, 4 vols., Courtrai

Werveke, H. van (1968), 'Das Wesen der flandrischen Hansen', in H. van Werveke, *Miscellanea mediaevalia*, Ghent, pp. 88–103

Wyffels, C. (1951), *De Oorsprong der Ambachten in Vlaanderen en Brabant*, Brussels

Wyffels, C. (1960),'De Vlaamse Hanze van Londen op het einde van de XIIIde eeuw', *Annales de la Société d'émulation Brugge* 97: 5–30

Wyffels, C. (1963), 'De Vlaamse handel op Engeland voor het Engels-Vlaamse konflikt van 1270–1274', *Bijdragen voor de Geschiedenis der Nederlanden* 17: 205–13

Wyffels, C. (1966), 'Nieuwe gegevens betreffende een XIIIe eeuwse "democratische" stedelijke opstand: de Brugse "Moerlemaye" (1280–1281)', *Bulletin de la Commission royale d'histoire* 132: 37–142

Wyffels, C. (1967), 'Contribution à l'histoire monétaire de Flandre au XIIIe siècle', *Revue belge de philologie et d'histoire* 45: 1113–41

Wyffels, C. (1991), *Analyses de reconaissances de dettes passées devant les échevins d'Ypres (1249–1291)*, Brussels

15(1) 沿海共和国

Primary sources

Balletto, L. (ed.), *Atti rogati a Ventimiglia da Giovanni di Amandolesio dal 1258 al 1264*, Genoa (1985)

Balletto, L. (ed.), *Notai genovesi in Oltremare: atti rogati a Laiazzo da Federico di Piazzalunga (1274) e Pietro di Bargone (1277, 1279)*, Genoa (1989)   895

Belgrano, L.T. (ed.), *Documenti inediti riguardanti le due crociate di San Ludovico XI, re di Francia*, Genoa (1859)

Besta, E. and Predelli, R. (eds.), 'Gli statuti civili di Venezia anteriori al 1242', *Nuovo archivio veneto* n.s. 1.2 (1901), pp. 205–300

Blancard, L. (ed.), *Documents inédits sur le commerce de Marseille au moyen âge*, 2 vols., Marseilles (1884–5)

Bonaini, F. (ed.), *Statuti inediti della città di Pisa dal XII al XIV secolo*, 3 vols., Florence (1854–70)

Breviarium pisanae civitatis, in *RISS*, vi, pp. 163–98

Caffaro, *Annali genovesi di Caffaro e de' suoi continuatori dal MXCIX al MCCXCIII*, ed. L.T. Belgrano and C. Imperiale, 5 vols., Genoa (1890–1929)

Chiaudano, M. and Lombardo, A. (eds.), *Leonardo Marcello: notaio in Candia 1278–1281*, Venice (1960)

Corvaria, Guido de, *Historiae pisanae fragmenta*, in *RISS*, xxiv, pp. 673–94

Dandolo, Andrea, *Chronica*, ed. E. Pastorello, Bologna (1938–42)

Falco, G. and Pistarino, G. (eds.), *Il cartulario di Giovanni di Giona di Portovenere (sec. XIII)*, Turin (1955)

Ferretto, A. (ed.), *Liber magistri Salmonis sacri palatii notarii 1222–26*, Genoa (1906)

Filangieri, R., Mazzoleni, J., *et al.* (eds.), *I registri della cancelleria angioina*, 33 vols., Naples (1950–81)

Hall-Cole, M.W., Krueger, H.C., Reinert, R.G. and Reynolds, R.L. (eds.), *Giovanni di Guiberto (1200–1211)*, 2 vols., Genoa (1939–40)

Krueger, H.C. and Reynolds, R.L. (eds.), *Lanfranco (1202–1226)*, Genoa (1952)

Lombardo, A. (ed.), *Documenti della colonia veneziana di Creta* i: *Imbreviature di Pietro Scardon (1271)*, Turin (1942)

Lombardo, A. and Morozzo della Rocca, R. (eds.), *Nuovi documenti del commercio veneto dei sec. XI–XIII*, Treviso (1953)

Morozzo della Rocca, R. and Lombardo, A. (eds.), *Documenti del commercio veneziano nei secoli XI–XIII*, Turin (1940)

Pistarino, G. (ed.), *Le carte portoveneresi di Tealdo 'de Sigestro'*, Genoa (1958)

Promis, V. (ed.), 'Statuti della colonia genovese di Pera edita da Vincenzo Promis', *Miscellanea di storia italiana edita per cura della Regia Deputazione di Storia Patria* 11 (1870), pp. 513–780

Puncuh, D. (ed.), *Il cartulario del notaio Martino: Savona, 1203–1206*, Genoa (1974)

Sacerdoti, A. and Predelli, R. (eds.), 'Gli statuti maritimi veneziani fino al 1255', *Nuovo archivio veneto* n.s. 4.1 (1902), pp. 113–61; 4.2 (1909), pp. 267–91; 5.1 (1902), pp. 161–251; 5.2 (1902), pp. 314–55

Sardo, Ranieri, *Cronica pisana*, ed. F. Bonaini, in *Archivio storico italiano* 6, pt ii, sec. 2 (1845), pp. 73–244

Tafel, T.L.F. and Thomas, G.M., *Urkunden zur älteren Handels- und Staatsgeschichte der Republik Venedig*, 3 vols., Vienna (1856–7)

Thomas, G.M., 'Ein Tractat über das heilige Land und den dritten Kreuzzug', *Sitzungsbericht der Bayerischen Akademie der Wissenschaften: Philosophische-philologische Classe* (1865), pp. 141–71

896 *Secondary works*

General

Airaldi, G. and Kedar, B.Z. (eds.) (1986), *I comuni italiani nel regno crociato di Gerusalemme: atti del colloquio 'The Italian communes in the crusading kingdom of Jerusalem' (Jerusalem, May 24–May 28, 1984)*, Genoa

Balard, M., Laiou, A.-E. and Otten-Froux, C. (1987), *Les Italiens à Byzance: édition et présentation de documents*, Paris

Becker, M.B. (1981), *Medieval Italy: constraints and creativity*, Bloomington

Benvenuti, G. (1989), *Le repubbliche marinare: Amalfi, Pisa, Genova e Venezia*, Rome

Cessi, R. (1942), *Le colonie medioevali italiani in Oriente*, Bologna

Doren, A. (1936), *Storia economica dell'Italia nel medio evo*, Padua

Genova, Pisa e il Mediterraneo tra Due e Trecento: per il VII centenario della battaglia della Meloria (1984), 24–7 October, Genoa

Heyd, W. (1885–6), *Histoire du commerce du Levant au moyen âge*, 2 vols., Leipzig

Larner, J. (1980), *Italy in the age of Dante and Petrarch 1216–1380*, London and New York

Pryor, J.H. (1981), *Business contracts of medieval Provence: selected notulae from the cartulary of Giraud Amalric of Marseilles, 1248*, Toronto

Pryor, J.H. (1984a) '*Commenda*: the operation of the contract in long-distance commerce at Marseilles during the thirteenth century', *Journal of European Economic History* 13: 397–440

Pryor, J.H. (1984b) 'The naval architecture of crusader transport ships: a reconstruction of some archetypes for round-hulled sailing ships', *Mariner's Mirror* 70: 171–219, 275–92, 363–86

Renouard, Y. (1969), *Les villes d'Italie de la fin du Xe siècle au début du XIVe siècle*, new edn by Ph. Braustein, 2 vols., Paris

Sayous, A.-E. (1929), *Le commerce des Européens à Tunis depuis le XIIe siècle jusqu'à la fin du XVIe: exposé et documents*, Paris

Schaube, A. (1906), *Handelsgeschichte der romanischen Volker des Mittelmeergebiets bis zum ende der Kreuzzüge*, Munich

Genoa

Abulafia, D. (1975), 'Henry count of Malta and his Mediterranean activities, 1203–1230', in A.T. Luttrell (ed.), *Medieval Malta: studies on Malta before the knights*, Supplementary Monographs of the British School at Rome, London, pp. 104–25

Abulafia, D. (1977), *The two Italies: economic relations between the Norman kingdom of Sicily and the northern communes*, Cambridge Studies in Medieval Life and Thought, 3rd series, 9, Cambridge

Balard, M. (1966), 'Les Génois en Romanie entre 1204 et 1261: recherches dans les minutiers notariaux Génois', *Mélanges d'archéologie et d'histoire de l'Ecole française de Rome* 78: 467–502

Balard, M. (1978), *La Romanie génoise (XIIe–début du XVe siècle)*, Genoa and Rome

Balard, M. (1987), 'Le film des navigations orientales de Gênes au XIIIe siècle', in H. Dubois, J.-C. Hocquet and A. Vauchez (eds.), *Horizons marins, itinéraires spirituels (Ve–XVIIIe siècles)*, 2 vols., Paris, II, pp. 99–122

Balletto, L. (1978), 'Genova e la Sardegna nel secolo XIII', *Saggi e documenti*, Genoa, 1:   897
  61–262
Balletto, L. (1983a), *Bilancio di trent'anni e prospettive della medievistica genovese*, Genoa
Balletto, L. (1983b), *Genova nel duecento: uomini nel porto e uomini sul mare*, Genoa
Benvenuti, G. (1977), *Storia della repubblica di Genova*, Milan
Bratianu, G.I. (1929), *Recherches sur le commerce génois dans la Mer Noire au XIIIe siècle*, Paris
Byrne, E.H. (1930), *Genoese shipping in the twelfth and thirteenth centuries*, Cambridge, MA
Caro, G. (1895–9), *Genua und die Macht am Mittelmeer, 1257–1311*, 2 vols., Halle
Epstein, S. (1984), *Wills and wealth in medieval Genoa 1150–1250*, Cambridge, MA
Krueger, H.C. (1985), *Navi e proprietà navale a Genova, seconda metà del sec. XIII*, Genoa
Krueger, H.C. (1987), 'Genoese shipowners and their ships in the twelfth century',
  American Neptune 47: 229–39
Lopez, R.S. (1936), *Studi sull'economia genovese nel medioevo*, Turin
Lopez, R.S. (1938), *Storia delle colonie genovesi nel Mediterraneo*, Bologna
Vitale, V. (1955), *Storia di Genova*, Genoa

Pisa

Benvenuti, G. (1985), *Storia della repubblica di Pisa*, 4th edn, Pisa
Caciagli, G. (1972), *Pisa*, 4 vols., Pisa
Cristiani, E. (1962), *Nobiltà e popolo nel comune di Pisa*, Naples
Herlihy, D. (1958), *Pisa in the early Renaissance: a study of urban growth*, New Haven
Lopez, R.S. and Airaldi, G. (1983), 'Il più antico manuale italiano di pratica della mer-
  catura', in *Miscellanea di studi storici*, II, Genoa, pp. 99–134
Otten-Froux, C. (1983), 'Les Pisans en Egypte et à Acre dans la seconde moitié du
  XIIIe siècle: documents nouveaux', *Bollettino storico pisano* 52: 163–90
Otten-Froux, C. (1987), 'Documents inédits sur les Pisans en Romanie aux
  XIIIe–XIVe siècles', in Balard, *et al.* (1987), pp. 153–95
Rossi-Sabatini, G. (1935), *L'espansione di Pisa nel Mediterraneo fino alla Meloria*, Florence
Violante, C. (1980), *Economia, società, istituzioni a Pisa nel medioevo*, Bari
Volpe, G. (1970), *Studi sulle istituzioni comunali a Pisa*, Florence

Venice

Benvenuti, G. (1971), *Storia della repubblica di Venezia*, Pisa
Cessi, R. (1968), *Storia della repubblica di Venezia*, 2nd edn, 2 vols., Milan
Fondazione Giorgio Cini (1955–66), *Storia della civiltà veneziana*, 10 vols., Florence
Jacoby, D. (1986), 'A Venetian manual of commercial practice from Crusader Acre', in
  Airaldi and Kedar (1986), pp. 401–28.
Lane, F.C. (1934), *Venetian ships and shipbuilders of the Renaissance*, Baltimore
Lane, F.C. (1966), *Venice and history: the collected papers of Frederick C. Lane*, Baltimore
Lane, F.C. (1973), *Venice: a maritime republic*, Baltimore
Luzzatto, G. (1961), *Storia economica di Venezia dall'XI al XVI secolo*, Venice
Pertusi, A. (ed.) (1973), *Venezia e il Levante fino al secolo XV*, 2 vols., Florence
Queller, D.E. (1986), *The Venetian patriciate: reality vs. myth*, Urbana and Chicago
Robbert, L.B. (1985), 'Venice and the crusades', in K.M. Setton (ed.), *A history of the
  crusades*, V, Madison, pp. 379–451

898　Thiriet, F. (1962), *Histoire de Venise*, Paris

Thiriet, F. (1975), *La Romanie vénitienne au moyen âge: le développement et l'exploitation du domaine colonial vénitien (XIIe–XVe siècles)*, Paris

15(2) 从12世纪中期到14世纪早期的撒丁岛和科西嘉岛

Compiled by David Abulafia

Primary sources

Artizzu, F., *Documenti inediti relativi ai rapporti economici tra la Sardegna e Pisa nel medioevo*, 2 vols., Padua (1961–2)

Cancellieri, J.A., *Bonifacio au moyen âge*, Ajaccio (1997)

Galoppini, L., *Sardegna e Mediterraneo: dai vandali agli Aragonesi. Antologia di fonti scritte*, Pisa (1993)

Secondary works

Sardinia

Abulafia, D. (1993), 'Southern Italy, Sicily and Sardinia in the medieval Mediterranean economy', in D. Abulafia, *Commerce and conquest in the Mediterranean, 1100–1500*, Aldershot

Abulafia, D. (1995), 'Le relazioni fra il regno di Maiorca e la Sardegna, 1267–1324', in *XIV° Congresso di storia della corona d'Aragona, la corona d'Aragona in Italia nei secoli XIII–XVIII: il 'regnum Sardiniae et Corsicae' nell'espansione mediterranea della corona d'Aragona (secc. XIV–XVIII)*, Comunicazioni, vol. 1, pp. 11–28, Cagliari

Artizzu, F. (1973), *Pisani e Catalani nella Sardegna medievale*, Padua

Artizzu, F. (1985), *La Sardegna pisana e genovese*, Sassari

Artizzu, F. (1995), *Società e istituzioni nella Sardegna medievale*, Cagliari

Artizzu, F., *et al.* (1963), *Studi sui Vittorini in Sardegna*, Padua

Balletto, L. (1978), 'Genova e Sardegna nel secolo XIII', in *Saggi e documenti*, Genoa, 1, pp. 61–262

Bertino, F. (1989), *L'Alghero dei Doria: notizie e ipotesi su un borgo sardo-ligure del basso medioevo*, 1, Alghero

Besta, E. (1908–9), *La Sardegna medievale*, 2 vols., Palermo

Boscolo, A. (1978), *La Sardegna bizantina e alto-giudicale*, Sassari

Brigaglia, G. (ed.) (1981), *La Sardegna nel mondo mediterraneo*, 11: *Gli aspetti storici*, Sassari

Brigaglia, G. (ed.) (1984), *La Sardegna nel mondo mediterraneo*, 1V: *La storia del mare e della terra*, Sassari

Brown, R. (1985), 'Social development and economic dependence: northern Sardinia, c. 1100–1300', PhD thesis, University of Cambridge

Casula, F.C. (1990), *La Sardegna aragonese*, 1, Sassari

Casula, F.C. (1994), *Breve storia della Sardegna*, Cagliari

Day, J. (1984), 'La Sardegna e i suoi dominatori dal secolo XI al secolo XIV', in J. Day, *et al.*, *La Sardegna medioevale e moderna*, UTET Storia d'Italia, ed. G. Galasso, Turin;

chapter by Day reissued separately as *La Sardegna sotto la dominazione pisano-genovese*, 899
  Turin (1986)

Day, J. (1987a), *The medieval market economy*, Oxford

Day, J. (1987b), *Uomini e terre nella Sardegna coloniale, XII–XVIII secolo*, Turin

Fois, B. (1990), *Territorio e paesaggio agrario nella Sardegna medievale*, Pisa

Fois, B. (1996), *Donnos Paperos. I 'Cavalieri Poveri' della Sardegna medievale*, Cagliari

Guidetti, M. (ed.) (1987), *Il medioevo: dai giudicati agli Aragonesi*, Storia dei Sardi e della
  Sardegna, 2, Milan

Mattone, A. and Sanno, P. (eds.) (1994), *Alghero, la Catalogna, il Mediterraneo*, Sassari

Mattone, A. and Tangheroni, M. (eds.) (1985), *Gli statuti Sassaresi: economia, società, isti-
  tuzioni a Sassari nel medioevo e nell'età moderna*, Sassari

Meloni, G. (1988), *Mediterraneo e Sardegna nel basso medioevo*, Cagliari

Mugoni, P. (1985), *Economia e società nella Sardegna medievale*, Oristano

Petrucci, S. (1988), *Re in Sardegna, a Pisa cittadini: ricerche sui 'domini Sardinee' pisani*, Bologna

Salavert i Roca, V. (1956), *Cerdeña y la expansión mediterránea de la corona de Aragón,
  1297–1314*, 2 vols., Madrid

Tangheroni, M. (1981), *Aspetti del commercio dei cereali nei paesi della corona d'Aragona*, I: *La
  Sardegna*, Cagliari

Tangheroni, M. (1985), *La città dell'argento: Iglesias dalle origini alla fine del medioevo*,
  Naples

Tangheroni, M. (1992), *Medioevo tirrenico: Sardegna, Toscana e Pisa*, Pisa

Corsica

Antonetti, P. (1990), *Histoire de la Corse*, 2nd edn, Paris

Arrighi, P. and Olvesi, A. (eds.) (1990), *Histoire de la Corse*, 2nd edn, Toulouse

Cancellieri, J.A. (1981), 'Formes rurales de la colonisation génoise en Corse au XIIIe
  siècle: un essai de typologie', *Mélanges de l'Ecole française de Rome, moyen âge/temps mod-
  ernes*, 93: 89–146

Scalfati, S.P.P. (1992), *Corsica monastica: studi di storia e di diplomatica*, Pisa

15 (3) 领主制的兴起

Primary sources

Annales forolivienses, in *RISS²* XXII, pt 2

Annales mantuani, in *MGH SS*, XIX

Annales mediolanenses, in *RISS,* XVI

Annlaes placentini gibellini, in *MGH SS*, XVIII

Annales placentini guelfi, in *MGH SS*, XVIII

Annales veteres mutinensium, in *RISS*, XI

Baroni, M.F. and Perelli Cippo, R. (eds.) *Gli atti del comune di Milano nel secolo XIII*, II, pt 1,
  Alessandria (1982)

Baroni, M.F. and Perelli Cippo, R. (eds.) *Gli atti del comune di Milano nel secolo XIII*, II, pt 2,
  Alessandria (1987)

Berger, E. (ed.), *Les registres d'Innocent IV*, Paris (1884–1911)

900   Betto, B. (ed.), *Gli statuti del comune di Treviso*, Fonti per la storia d'Italia, 109, Rome (1984)

Contini, G. (ed.), *Poeti del Duecento*, Milan and Naples (1960)

Cronache malatestiane, in *RISS²*, xv, pt 2

Chronica parva ferrariensis, in *RISS*, viii

Chronicon estense, in *RISS²*, xv, pt 3

Chronicon parmense, in *RISS²*, ix, pt 9

Chronicon placentinum Guerinus, in P. Pallastrelli, *Chronica tria placentina*, Parma (1859)

Chronicon veronense, in *RISS*, viii

Cipolla, C. (ed.), *Antiche cronache veronesi*, Deputazione veneta di storia patria, Monumenti storici, 3rd series 2, Venice (1890)

Cipolla, C., *Documenti per la storia delle relazioni diplomatiche fra Verona e Mantova nel secolo XIII*, Milan (1901)

Cipolla, C., 'Annales veronenses antiqui', *Bullettino dell'Istituto storico italiano per il medio evo* 29 (1908)

Corpus chronicorum bononiensium, in *RISS²*, xviii, pt 1

Digard, E. (ed.), *Les registres de Boniface VIII*, Paris (1884–1939)

Fantuzzi, M., *Monumenti ravennati de' secoli di mezzo per la gran parte inediti*, Venice (1801–4)

Frati, C., '"Flore di parlare" o "Somma d'arengare" attribuita a ser Giovanni fiorentino da Vignano, *Giornale storico della letteratura italiana* 61 (1913)

Gay, J. (ed.), *Les registres de Nicolas III*, Paris (1898–1938)

Gualvanei Flammae, *Manipulus florum sive historia mediolanensis*, in *RISS*, Milan (1723–51), xi

Guiraud, J. (ed.), *Les registres d'Urbain IV*, Paris (1901–58)

Hagemann, W., 'Unbekannte Dokumente zur Geschichte der Scaliger von Verona (1259–1304) aus dem Archivio Segreto Vaticano', in *Mélanges Eugène Tisserant*, Studi e testi, 234, Vatican City (1964)

Hagemann, W., 'Documenti sconosciuti dell'Archivio capitolare di Verona per la storia degli Scaligeri (1259–1304)', in *Scritti in onore di Mons. C. Turrini*, Verona (1973)

Jordan, E. (ed.), *Les registres di Clément IV*, Paris (1893–1945)

Lacaita, J.P. (ed.), *Benvenuti de Rambaldis de Imola comentum super Dantis Aldigherii Comoediam*, 5 vols., Florence (1887)

Langlois, E. (ed.), *Les registres de Nicolas IV*, Paris (1886–93)

Lattes, E. (ed.), *Repertorio diplomatico visconteo*, i, Milan (1911)

Manaresi, C. (ed.), *Gli atti del comune di Milano*, Milan (1919)

Memoriale potestatum regiensium, in *RISS*, viii

Muratori, L.A., *Antiquitates italicae medii aevi*, Milan (1738–42)

Nicolai Smeregli Vincentini Annales Civitatis Vincentiae, in *RISS²*, viii, pt 5

Quaglioni, D., *Politica e diritto nel trecento italiano. Il 'De tyranno' di Bartolo di Sassoferrato (1314–57)*, Florence (1983)

Riccobaldus, *Historia imperatorum*, in *RISS*, ix

Rolandini Patavini Cronica in factis et circa facta Marchie Trivixane, in *RISS²*, viii, pt 1

Salimbene de Adam, *Cronica fratris Salimbene de Adam ordinis minorum*, ed. O. Holder-Egger, in *MGH SS*, xxxii

Sandri, G. (ed.), *Gli statuti veronesi del 1276*, Deputazione di storia patria per le Venezie, Monumenti storici, n.s. 3, Venice (1940)

Savioli, L.V., *Annali bolognesi*, Bassano (1784–95)

Tarlazzi, A., *Appendice ai Monumenti Ravennati de' secoli di mezzo del conte M. Fantuzzi*, 901
Ravenna (1872–4)

Theiner, A., *Codex diplomaticus dominii temporalis Sanctae Sedis*, Rome (1860–3)

Secondary works

Affo, I. (1792–5), *Storia della città di Parma*, Parma

Artifoni, E. (1986), 'I podestà professionali e la fondazione retorica della politica comu-
nale', *Quaderni storici* 63

Bertelli, S. (1978), *Il potere oligarchico nello stato-città medievale*, Florence

Bertoni, G. (1915), *I trovatori d'Italia*, Modena

Betto, B. (1976), 'Lo statuto caminese trevigiano del 1283–1284', *Archivio veneto* 5th
series 106

Biancolini, G. (1760), *Serie cronologica dei vescovi e governatori di Verona*, Verona

Biscaro, G. (1911), 'I maggiori dei Visconti, signori di Milano', *Archivio storico lombardo*
4th series 16

Biscaro, G. (1914), 'Il delitto di Gherardo e di Rizzardo da Camino (1298)', *Nuovo
archivio veneto* n.s. 28

Biscaro, G. (1928), 'Gli estimi del comune di Milano nel secolo XIII', *Archivio storico lom-
bardo* 6th series 5

Biscaro, G. (1931), 'I patti della riconciliazione di Alberico da Romano col fratello
Ezzelino, 3 aprile 1257', *Archivio veneto* 5th series 9

Biscaro, G. (1932), 'Eretici ed inquisitori nella Marca trevisana (1280–1308)', *Archivio
veneto* 5th series 11

Bortolasso, V. (1912), 'Vicenza dalla morte di Ezzelino alla signoria scaligera
(1259–1311)', *Nuovo archivio veneto* n.s. 24

Bozzola, A. (1922), 'Un capitano di guerra e signore subalpino: Guglielmo VII di
Monferrato (1254–92)', *Miscellanea di storia italiana* 3rd series 19

Bueno de Mesquita, D.M. (1965), 'The place of despotism in Italian politics', in J. Hale,
R. Highfield and B. Smalley (eds.), *Europe in the late Middle Ages*, London

Castagnetti, A. (1974), 'La famiglia veronese degli Avvocati', in G. Galasso (ed.), *Studi sul
medioevo cristiano offerti a R. Morghen*, Rome

Castagnetti, A. (1981), 'I due famiglie comitali veronesi: i San Bonifacio e i Gandolfingi-
di Palazzo', *Passatopresente* 1

Castagnetti, A. (1985), *Società e politica a Ferrara dall'età postcarolinigia alla signoria estense*,
Bologna

Castagnetti, A. (1987), 'La Marca Veronese-Trevigiana (secoli XI–XIV)', in UTET
Storia d'Italia, VII, pt 1, Turin

Castignoli, C. (1971), 'Il comune di Piacenza nel 1300: organi comunitativi e signorili', in
Studi storici in onore de E. Nasalli Rocca, Piacenza

Chabod, F. (1925), 'Di alcuni studi recenti sull'età comunale e signorile nell'Italia setten-
trionale', *Rivista storica italiana* n.s. 3

Chiappa Mauri, L., De Angelis Cappabianca, L. and Mainoni, P. (1993), *L'età dei Visconti:
il dominio di Milano fra XIII e XV secolo*, Milan

Chiappini, L. (1967), *Gli Estensi*, Varese

Chittolini, G. (1969), 'Città e contado nella tarda età comunale', *Nuova rivista storica* 53

902   Chittolini, G. (1970), 'La crisi delle libertà comunali e le origini dello stato territoriale', *Rivista storica italiana* 82

Chittolini, G. (1981), 'Signorie rurali e feudi alla fine del medioevo', in UTET *Storia d'Italia*, IV, Turin

Cipolla, C. (1883), 'Il patarenismo a Verona nel secolo XIII', *Archivio veneto* 25

Cipolla, C. (1885), 'Una congiura e un giuramento in Verona al tempo di Alberto I della Scala', *Archivio veneto* 29

Cipolla, C. (1903), *La storia scaligera secondo i documenti degli Archivi di Modena e di Reggio*, Deputazione veneta di storia patria, Miscellanea di storia veneta, 2nd series, Venice

Cipolla, C. (1910–11), 'Appunti ezzeliniani', *Atti dell'Istituto veneto di scienze, lettere ed arti* 70

Cipolla, C.M. (1947), 'Une crise ignorée: comment s'est perdue la propriété ecclésiastique dans l'Italie du nord entre les XIe et les XVIe siècle', *Annales ESC* 2

Cognasso, F. (1923), 'Note e documenti sulla formazione dello stato visconteo', *Bollettino della Società pavese di storia patria*, 23

Cognasso, F. (1956), 'Le origini della signoria lombarda', *Archivio storico lombardo* 8th series 6

Cognasso, F. (1968), *Il Piemonte nell'età sveva*, Turin

Collodo, S. (1987), 'Il Cadore medievale verso la formazione di un'identità di regione', *Archivio storico italiano* 145

Collodo, S. (1988), 'Il ceto dominante padovano dal comune alla signoria (secoli XII–XIV)', in G. Ortalli and M. Knapton (eds.), *Istituzioni, società e potere nella Marca Trevigiana e Veronese (secoli XIII–XIV)*, Rome

Coniglio, G. (ed.) (1958), *Mantova: la storia*, I: *Dalle origini a Gianfrancesco primo marchese*, Mantua

Cracco, G. (ed.) (1983), *Minoritismo e centri veneti nel Duecento*, Trent

Cracco, G. (1988), 'Da comune di famiglie a città satellite', in G. Cracco (ed.), *Storia di Vicenza*, II Vicenza

D'Arco, C. (1871–4), *Studi intorno al municipio di Mantova*, Mantua

Davari, S. (1901), 'Per la genealogia dei Bonacolsi', *Archivio storico lombardo* 3rd series 16

De Vergottini, G. (1977), 'Il "popolo" di Vicenza', in idem, *Scritti di storia del diritto*, Milan

Dean, T. (1987), *Land and power in late medieval Ferrara: the rule of the Este*, Cambridge

Dean, T. (1994a), 'Este, Azzo d'', *Dizionario biografico degli italiani*, XLIII Rome

Dean, T. (1994b), 'Este, Obizzo d''', *Dizionario biografico degli italiani*, XLIII Rome

Diaz, F. (1966), 'Di alcuni aspetti istituzionali dell'affermarsi delle signorie', *Nuova rivista storica* 50

Ercole, F. (1910), 'Comuni e signori nel Veneto', *Nuovo archivio veneto* 19

Fasoli, G. (1934), 'Un comune veneto nel duecento: Bassano', *Archivio veneto* 5th series 15

Fasoli, G. (1936), 'Guelfi e Ghibellini di Romagna nel 1280–81', *Archivio storico italiano* 94

Fasoli, G. (1939), 'Ricerche sulla legislazione antimagnatizia nei comuni dell'alta e media Italia', *Rivista di storia del diritto italiano* 12

Fasoli, G. (1958), 'Lineamenti di una storia della cavalleria', in *Studi di storia medievale e moderna in onore di E. Rota*, Rome

Fasoli, G. (1973), 'Feudo e castello', in *Storia d'Italia Einaudi*, V, Turin

Fasoli, G. (1980), 'Città e feudalità', in *Structures féodales et féodalisme dans l'occident méditerranéen (Xe–XIIIe siècles)*, Collection de l'Ecole française de Rome, Rome

Franceschini, G. (1970), *I Montefeltro*, Varese

Frizzi, A. (1847–8), *Memorie per la storia di Ferrara*, 2nd edn, Ferrara   903

Gallavresi, O. (1906), 'La riscossa dei guelfi in Lombardia dopo il 1260 e la politica di Filippo della Torre', *Archivio storico lombardo* 4th series 6

Ghiron, I. (1876–7), 'La credenza di Sant'Ambrogio', *Archivio storico lombardo* 3–4

Giulini, G. (1854–7), *Memorie spettanti alla storia, al governo ed alla descrizione della città e della campagna di Milano*, 2nd edn, Milan

Gualazzini, U. (1937), 'Dalle prime affermazioni del *Populus* di Cremona agli statuti della *Societas populi* del 1229', *Archivio storico lombardo* n.s. 2

Hallam, H. (1818), *View of the state of Europe during the Middle Ages*, London

Heers, J. (1974), *Le clan familial du moyen âge*, Paris

Hyde, J.K. (1966), *Padua in the age of Dante*, Manchester

Hyde, J.K. (1973), *Society and politics in medieval Italy: the evolution of the civil life, 1000–1300*, London

Jones, P.J. (1965), 'Communes and despots: the city state in late medieval Italy', *TRHS* 5th series 15

Jones, P.J. (1974), *The Malatesta of Rimini and the papal state*, Cambridge

Jones, P.J. (1980), *Economia e società nell'Italia medievale*, Turin

Jones, P.J. (1997), *The Italian City-State*, Oxford

Koebner, R. (1951), 'Despot and despotism: vicissitudes of a political term', *Journal of the Warburg and Courtauld Institutes* 14

Koenig, J.C. (1977), 'The popolo of north Italy (1196–1274): a political analysis', DPhil diss., UCLA

Larner, J. (1965), *The lords of Romagna: Romagnol society and the origins of the signorie*, London

Larner, J. (1980), *Italy in the age of Dante and Petrarch, 1216–1380*, London

Luzio, A. (1913), 'I Corradi di Gonzaga, signori di Mantova', *Archivio storico lombardo* 4th series 19

Maire-Vigueur, J.C. (1987), 'Comuni e signori in Umbria, Marche e Lazio', in UTET *Storia d'Italia*, VII, pt 2, Turin

Merkel, C. (1886), *Manfredi I e Manfredi II Lancia*, Turin

Monti, G.M. (1930), *La dominazione angioina in Piemonte*, Turin

Mor, C.G. (1964), 'La cavalleria', in *Nuove questioni di storia medievale*, Milan

Nasalli Rocca, E. (1950), 'Il testamento di un "signore" del XIII secolo, Alberto Scotti signore di Piacenza', *Archivio storico lombardo* 8th series 2

Nasalli Rocca, E. (1956), 'La signoria di Oberto Pallavicino nello formulazioni dei suoi atti di governo', *Archivio storico lombardo* 8th series 6

Nasalli Rocca, E. (1964), 'I "testamenti" di Ubertino Landi', *Archivio storico per le provincie parmensi* 4th series 16

Nasalli Rocca, E. (1968), 'La posizione politica dei Pallavicino dall'età dei comuni a quella della signoria', *Archivio storico per le provincie parmensi* 4th series 20

Novati, F. (1891), 'Le serie alfabetiche proverbiali e gli alfabeti disposti nella letteratura italiana de' primi tre secoli', *Giornale storico della letteratura italiana* 18

Novati, F. (1905), 'I codici francesi dei Gonzaga', in *idem, Attraverso il medio evo*, Bari

Oltrona Visconti, G. (1978), 'Per la genealogia dei Visconti dei secoli XI–XIII', *Archivio storico lombardo* 10th series 4

Picotti, G.B. (1905), *I Caminesi e la loro signoria in Treviso dal 1283 al 1312*, Livorno

Picotti, G.B. (1926), 'Qualche osservazione sui caratteri delle signorie italiane', *Rivista storica italiana* n.s. 4

904 Pini, A.I. (1981), 'Dal comune città-stato al comune ente amministrativo', in UTET *Storia d'Italia*, IV, Turin

Previté-Orton, C.W. (1929), 'Italy 1250–1290', in *Cambridge medieval history*, VI, Cambridge

Racine, P. (1979–80), *Plaisance du Xème à la fin du XIIIème siècle*, 2 vols., Lille

Rando, D. (1988), 'La classe dirigente trevisana durante la dominazione di Alberico da Romano', in G. Ortalli and M. Knapton (eds.), *Istituzioni, società e potere nella Marca Trevigiana e Veronese secoli XIII–XIV*, Rome

Rossini, E. (1975), 'La signoria scaligera', in *Verona e il suo territorio*, III, pt 1, Verona

Salzer, E. (1900), *Über di Anfänge der Signorie in Oberitalien*, Berlin

Sestan, E. (1961), 'Le origini delle signorie cittadine: un problema storico esaurito?', *Bullettino dell'Istituto storico italiano per il medio evo* 73

Simeoni, L. (1913), 'Per la genealogia dei conti di Sambonifacio e Ronco', *Nuovo archivio veneto* n.s. 26

Simeoni, L. (1919), 'Ricerche sulle origini della signoria estense a Modena', *Atti e memorie della deputazione di storia patria per le provincie modenesi* 5th series 12

Simeoni, L. (1926), 'La formazione della signoria scaligera', *Atti dell'Accademia di agricoltura, scienze e lettere di Verona* 5th series 3

Simeoni, L. (1930), 'Nuovi documenti sull'ultimo periodo della signoria di Ezzelino', *Rendiconti dell'Accademia scientifica dell'Istituto di Bologna* 3rd series 4; and in *Studi storici veronesi* 13 (1962)

Simeoni, L. (1932–3), 'Lodovico di San Bonifacio e gli inizii della signoria Scaligera', *Atti dell'Istituto veneto di scienze, lettere ed arti* 92; and in *Studi storici veronesi* 10 (1959)

Simeoni, L. (1935), 'L'elezione di Obizzo d'Este a signore di Ferrara', *Archivio storico italiano* 93

Storia di Brescia (1963), I: *Dalle origini alla caduta della signoria viscontea*, Brescia

Storia di Ferrara (1987), V: *Il basso medioevo*, Ferrara

Storia di Milano (1954), IV: *Dalle lotte contro il Barbarossa al primo signore (1152–1310)*, Milan

Tabacco, G. (1969), 'Fief et seigneurie dans l'Italie communale', *Le moyen âge* 75

Tacoli, A. (1742–9), *Memorie istoriche della città di Reggio*, Reggio, Parma and Carpi

Tiraboschi, G. (1793), *Memorie storiche modenesi*, II, Modena

Tonini, L. (1848–82), *Storia di Rimini*, Rimini

Torelli, P. (1923), 'Capitanato del popolo e vicariato imperiale come elementi costitutivi della signoria bonacolsiana', *Atti e memorie dell'Accademia virgiliana di Mantova* n.s. 14–16

Torre, A. (1966), *I Polentani fino al tempo di Dante*, Florence

Vaini, M. (1986), *Dal comune alla signoria: Mantova dal 1200–1328*, Milan

Vaini, M. (1994), *Ricerche gonzaghesche*, Florence

Varanini, G.M. (1984), 'Primi contributi alla storia della classe dirigente veronese del Duecento: un documento del giugno 1230', in M.C. Billanovich (ed.), *Viridarium floridum*, Medioevo e Umanesimo, 54, Padua

Varanini, G.M. (ed.) (1988), *Gli Scaligeri 1277–1387*, Verona

Varanini, G.M. (1991), 'Istituzioni e società a Treviso tra comune, signoria e poteri regionali', in D. Rando and G.M. Varanini (eds.), *Storia di Treviso*, II: *Il medioevo*, Venice

Verci, G.B. (1779), *Storia degli Ecelini*, Bassano

Verci, G.B. (1786–91), *Storia della Marca Trivigiana e Veronese*, Venice

Villa, E.T. (1976), 'Ottone Visconti, i Castiglioni e i patroni della chiesa di San Bartolomeo al Bosco', *Archivio storico lombardo* 10th series 2

Waley, D. (1961), *The papal state in the thirteenth century*, London

Waley, D. (1988), *The Italian city republics*, 3rd edn, London　　　　905

Walter, I. (1969), 'Bonacolsi, Pinamonte', *Dizionario biografico degli italiani*, xi

Zardo, A. (1889), 'L'*Ecerinis* di Albertino Mussato sotto l'aspetto storico', *Rivista storica italiana* 6

Zorzi, M.A. (1931), *L'ordinamento comunale padovano nella seconda metà del secolo XIII*, Deputazione di storia patria per le Venezie, Miscellanea di storia veneta, 5, Venice

15(4) 佛罗伦萨

Primary sources

Compagni, Dino, *Cronica*, ed. I. del Lungo, in *RISS²*, ix, pt 2

Villani, Giovanni, *Cronica*, ed. F.G. Dragomanni, 4 vols., Florence (1844–5)

Secondary works

Abulafia, D. (1981), 'Southern Italy and the Florentine economy, 1265–1370', *EcHR* 2nd series 33: 377–88

Arias, G. (1902), *Studi e documenti di storia di diritto*, Florence

Bernocchi (1979), *Il sistema monetario fiorentino e le leggi del governo popolare del 1378–1382*, Bologna

Berti, P. (1857), 'Documenti riguardanti il commercio dei Fiorentini in Francia nei secoli XIII e XIV', *Giornale storico degli archivi toscani* 1: 168–271

Bonaini, F. (1855), 'Gli ordinamenti di giustizia del comune e popolo di Firenze, compilati nel 1293', *Archivio storico italiano* 2nd series 1: 1–93

Bonaini, F. (1858–60), 'Della Parte Guelfa in Firenze', *Giornale storico degli archivi toscani* 2: 171–87, 257–89; 3: 77–99, 167–84; 4: 3–31

Bowsky, W.M. (1981), *A medieval Italian commune: Siena under the Nine, 1287–1355*, Florence

Caggese, R. (1903), 'Su l'origine della Parte Guelfa e le sue relazioni col comune', *Archivio storico italiano* 5th series 32: 265–309

Cavalca, D. (1967–8), 'Il ceto magnatizio a Firenze dopo gli Ordinamenti di giustizia', *Rivista di storia del diritto italiano*, 40–1: 85–132

Ceva, B. (1965), *Brunetto Latini: l'uomo e l'opera*, Milan and Naples

Cherubini, G. (1981), 'Le campagne italiane dall'XI al XV secolo', in O. Capitani, R. Manselli, G. Cherubini, A.I. Pini and G. Chittolini (eds.), *Comuni e signorie: istituzioni, società e lotte per l'egemonia* in G. Galasso (ed.), UTET *Storia d'Italia*, iv, Turin, pp. 267–448

Chittolini, G. (1967), 'Qualche considerazioni sulle campagne dell'Italia centrosettentrionale tra l'XI e il XV secolo', *Rivista storica italiana* 79: 111–57

Conti, E. (1965), *La formazione della struttura agraria moderna del contado fiorentino*, 2 vols., Rome

Cristiani, E. (1962), *Nobiltà e popolo nel comune di Pisa dalle origini del podestariato alla signoria dei Donoratico*, Naples

Davidsohn, R. (1896–1908), *Forschungen zur Geschichte von Florenz*, 4 vols., Berlin

Davidsohn, R. (1956–68), *Storia di Firenze* (Italian translation of *Geschichte von Florenz*, 4 vols., Berlin (1896–1927), 8 vols., Florence

Davis, C.T. (1984), *Dante's Italy and other essays*, Philadelphia

De Vergottini, G. (1943), *Arte e popolo nella prima metà del secolo XIII*, Milan

906　del Lungo, I. (1921), *I Bianchi e i Neri: pagina di storia fiorentina da Bonifazio VIII ad Arrigo VII per la vita di Dante*, Milan

Dorini, U. (1902), *Notizie istoriche sull'università di Parte Guelfa in Firenze*, Florence

Fasoli, G. (1933), *Le compagnie delle armi a Bologna*, Bologna

Fasoli, G. (1936), *Le compagnie delle arti a Bologna*, Bologna

Fiumi, E. (1977), *Fioritura e decadenza dell'economia fiorentina*, Florence

Holmes, G. (1986), *Florence, Rome and the origins of the Renaissance*, Oxford

Hunt, E.S. (1994), *The medieval super-companies: a study of the Peruzzi of Florence*, Cambridge

Ildefonso di San Luigi (1770–89), *Delizie degli eruditi toscani*, 24 vols., Florence

Jones, P.J. (1997), *The Italian City-State*, Oxford

Jordan, E. (1909), *Les origines de la domination angévine en Italie*, 2 vols., Paris

Lansing, C. (1991), *The Florentine magnates: lineage and faction in a medieval commune*, Princeton, NJ

Lesnick, D.R. (1989), *Preaching in medieval Florence: the social world of Franciscan and Dominican spirituality*, Athens, GA

Levi, G. (1882), *Bonifacio VIII e le sue relazioni col comune di Firenze*, Rome

Masi, G. (1927), 'Sull'origine dei Bianchi e dei Neri', *Giornale dantesco* 30: 124–32

Masi, G. (1928), 'Il popolo a Firenze alla fine del Dugento', *Archivio giuridico* 99

Masi, G. (1930), 'La struttura sociale delle fazioni politiche fiorentine ai tempi di Dante', *Giornale dantesco* 31: 3–28

Najemy, J. (1982), *Corporatism and consensus in Florentine electoral politics*, Chapel Hill, NC

Niccolai, F. (1940), *I consorzi nobiliari ed il comune nell'alta e media Italia*, Bologna

Oerter, H.L. (1968), 'Campaldino 1289', *Speculum* 43: 429–50

Ottokar, N. (1933), 'Studi fiorentini I: a proposito della presunta riforma costituzionale addottata il 6 luglio dell'anno 1295', *Archivio storico italiano* 7th series 19: 173–9

Ottokar, N. (1962) *Il comune di Firenze alla fine del dugento*, Florence; 1st edn, Florence (1926)

Pampaloni, G. (1971), 'I magnati a Firenze alla fine del dugento', *Archivio storico italiano* 129: 387–423

Pampaloni, G. (1973), *Firenze al tempo di Dante: documenti sull'urbanistica fiorentina*, Rome

Pardi, G. (1916), 'Disegno della storia demografica di Firenze', *Archivio storico italiano* 74, 1: 3–84, 185–245

Plesner, J. (1934), *L'émigration de la campagne à la ville libre de Florence au XIIIe siècle*, Copenhagen

Raveggi, S., Tarassi, M., Medici, D. and Parenti, P. (1978), *Ghibellini, guelfi e popolo grasso: i detentori del potere politico a Firenze nella seconda metà del Dugento*, Florence

Roncière, C.M. de la (1982), *Prix et salaires à Florence au XIVe siècle (1280–1380)*, Rome

Rubinstein, N. (1935), 'La lotta contro i magnati a Firenze: la prima legge sul sodamento e la pace del cardinal Latino', *Archivio storico italiano* 93, 2: 161–71

Salvemini, G. (1892), 'Gli ordini della giustizia del 6 luglio 1295', *Archivio storico italiano* 5th series 10: 241–61

Salvemini, G. (1899/1966), *Magnati e popolani in Firenze dal 1280 al 1295*, in *Opere* 1 (originally published 1899), Florence

Sanfilippo, M. (1980), 'Guelfi e ghibellini a Firenze: la pace del cardinal Latino', *Nuova rivista storica* 64: 1–24

Santini, P. (1887), 'Società delle torri in Firenze', *Archivio storico italiano* 4th series 20: 25–58, 178–204

Santini, P. (1903), *Studi sull'antica costituzione del comune di Firenze*, Florence 　　907

Stahl, B. (1965), *Adel und Volk in Florentiner Dugento*, Cologne

Sundby, T. (1884), *Della vita e delle opere di Brunetto Latini*, ed. R. Renier (Italian translation of *Brunetto Latinos leunet og skrifter*, Copenhagen 1869), Florence

Sznura, F. (1975), *L'espansione urbana di Firenze nel dugento*, Florence

Villari, P. (1893), *I primi due secoli della storia di Firenze*, Florence; 2nd edn, Florence (1906)

16　霍亨斯陶芬家族和安茹家族统治下的西西里王国

Primary sources

Actes et lettres de Charles Ier roi de Sicile concernant la France, 1257–84, ed. A. de Boüard, Paris (1926)

Annales parmenses maiores, in *MGH SS*, XVIII

Annales placentini gibellini, in *MGH SS*, XVIII

Annales placentini guelfi, in *MGH SS*, XVIII, and in *MGH Scriptores in usum scholarum*, ed. O. Holder-Eggger, Hanover and Leipzig (1901)

Annali genovesi di Caffaro e de' suoi continuatori, ed. L.T. Belgrano and C. Imperiale di Sant'Angelo, 4 vols., Fonti per la storia d'Italia, Rome (1890–1929)

Bartolomeo di Neocastro, *Historia Sicula*, ed. G. Paladino, in *RISS²*, XIII, pt 3

Capasso, B., *Historia diplomatica regni Siciliae, 1250–1266*, Naples (1874)

Carcani, C., *Constitutiones regum regni utriusque Siciliae mandante Friderico II imperatore per Petrum de Vinea Capuanum praetorio praefectum et cancellarium . . . et fragmentum quod superest regesto eiusdem imperatoris ann. 1239 & 1240*, Naples (1786); repr. with introduction by A. Romano, Messina (1992)

Chronicon parmense, in *RISS²*, IX, pt 9

Constitutiones regni Siciliae, printed by Sixtus Rießinger, Naples (1475); repr. Glashütten (1973)

Constitutiones regni utriusque Siciliae, Glossis ordinariis, Commentariis excellentiss. I.U.D. Andraeae de Isernia, ac Bartholomaei Capuani, Lyons (1568)

Dilcher, H., *et al.*, *Die Konstitutionen Friedrichs II. für sein Königreich Sizilien*, Cologne (1972)

Documents en français des archives angevines de Naples, règne de Charles Ier, 2 vols., Paris (1933–5)

Due cronache del Vespro in volgare siciliano: lu Rebellamentu di Sicilia; la vinuta e lu suggiurnu di lu Re Japicu, ed. E. Sicardi, in *RISS²*, XXXIV

Frederick II of Hohenstaufen, *De arte venandi cum avibus*, facsimile of Vatican MS Pal. Lat. 1071, ed. C.A. Willemsen, Graz (1969)

Frederick II of Hohenstaufen, *The art of falconry, being the De arte venandi cum avibus of Frederick II of Hohenstaufen*, Stanford (1943)

Giovanni Villani, *Nuova cronica*, ed. G. Porta, Parma (1990)

Huillard-Bréholles, J.L.A., *Historia diplomatica Friderici secundi*, 6 vols. in 12 parts, Paris (1952–61)

Die Konstitutionem Friedrichs II. für sein Königreich Sizilien, ed. H. Conrad, T. von der Lieck-Buyken and W. Wagner, Cologne (1972)

908 Matthew Paris, *Chronica majora*, ed. H.R. Luard, 7 vols., RS, London (1872–83)

Matthew Paris, *Historia minor*, ed. F. Madden, 3 vols., RS, London (1865–9)

Nicholas of Jamsilla, *Historia de rebus gestis Friderici II imperatoris ejusque filiorum Conradi et Manfredi*, in *RISS*, VIII

Nicholas Specialis, *Historia Sicula*, in *RISS*, X

Philippe de Novare, *Mémoires*, ed. C. Kohler, Paris (1913); new edn by S. Melani, *Guerra di Federico II in Oriente (1223–1242)*, Naples (1994)

Powell, J.M., *The Liber Augustalis or Constitutions of Melfi promulgated by the Emperor Frederick II for the kingdom of Sicily in 1231*, Syracuse, NY (1971)

Pressutti, P., *Regesta Honorii III papae*, 2 vols., Rome (1888–95)

Registres des papes, published by the Ecoles françaises d'Athènes et de Rome: Alexander IV, Boniface VIII, Clement IV, Gregory X, John XXI, Honorius IV, Innocent IV, Martin IV, Nicholas IV, Urban IV, 26 vols., Paris (1884–1945)

Registri della cancelleria angioina, ed. R. Filangieri di Candida, J. Mazzoleni, *et al.*, Naples, 33 vols. (1950–81)

Ryccardi de Sancto Germano Chronica, ed. C.A. Garufi, in *RISS²*, VII, pt 2

Saba Malaspina, *Rerum sicularum historia*, in G. de Re, *Cronisti e scrittori sincroni napoletani*, Naples (1868)

Salimbene de Adam, *Cronica*, ed. G. Scalia, Scrittori d'Italia, Bari (1966)

Trifone, R., *La legislazione angioina*, Naples (1921)

Winkelmann, E., *Acta imperii inedita*, 2 vols., Innsbruck (1880–5)

Secondary works

Sicily and southern Italy in the period of Frederick II

Abulafia, D. (1975), 'Henry count of Malta and his Mediterranean activities', in A.T. Luttrell (ed.), *Medieval Malta*, London, pp. 104–25

Abulafia, D. (1977), 'Kantorowicz and Frederick II', *History* 62: 193–210

Abulafia, D. (1983a), 'Maometto e Carlomagno: le due aree monetarie dell'oro e dell'argento', in R. Romano and U. Tucci (eds.), *Economia naturale, economia monetaria, Storia d'Italia, Annali*, 6, Turin, pp. 223–70

Abulafia, D. (1983b), 'The crown and the economy under Roger II and his successors', *Dumbarton Oaks Papers*, 37, pp. 1–14

Abulafia, D. (1988), *Frederick II; a medieval emperor*, London

Abulafia, D. (1990), 'The end of Muslim Sicily', in J.M. Powell (ed.), *Muslims under Latin rule, 1100–1300*, Princeton, NJ, pp. 105–33

Abulafia, D. (1993), *Commerce and conquest in the Mediterranean, 1100–1500*, Aldershot

Abulafia, D. (1994a), 'Ethnic variety and its implications: Frederick II's relations with Jews and Muslims', in W. Tronzo (ed.), *Intellectual life at the court of Frederick II Hohenstaufen*, Washington, DC, pp. 213–24

Abulafia, D. (1994b), 'The kingdom of Sicily and the origins of the political crusades', in *Società, istituzioni, spiritualità. Studi in onore di Cinzio Violante*, 2 vols., Spoleto (1994), I, pp. 65–77

Abulafia, D. (1994c), 'Lo stato e la vita economica', in A. Paravicini Bagliani and H. Toubert, (eds.), *Federico II e il mondo mediterraneo*, Palermo, pp. 165–87

Abulafia, D. (1997), *The western Mediterranean kingdoms, 1200–1500*, London   909

Clementi, D. (1955), 'Calendar of the diplomas of the Hohenstaufen emperor Henry VI concerning the kingdom of Sicily', *Quellen und Forschungen aus italienischen Archiven und Bibliotheken* 35

Csendes, P. (1993), *Heinrich VI.*, Darmstadt

Götze, H. (1998), *Castel del Monte, geometric marvel of the Middle Ages*, New York

Herde, Peter (1994), 'Literary activities of the imperial and papal chanceries during the struggle between Frederick II and the papacy', in W. Tronzo (ed.), *Intellectual life at the court of Frederick II Hohenstaufen*, Washington, DC, pp. 227–39

Kantorowicz, E. (1931), *Frederick the Second, 1194–1250*, trans. E.O. Lorimer, London

Maschke, E. (1966), 'Die Wirtschaftspolitik Friedrichs II. im Königreich Sizilien', *Vierteljahrschrift für Sozial- und Wirtschaftsgeschichte* 55: 289–328

Palumbo, P.F. (1955), 'Gli atti di Tancredi e Guglielmo III di Sicilia', in *Atti del convegno internazionale di studi ruggeriani*, Palermo

Pispisa, E. (1991), *Il regno di Manfredi: proposte di interpretazione*, Messina

Powell, J.M. (1961), 'Frederick II and the Church in the kingdom of Sicily, 1220–40', *Church History* 30: 28–34

Powell, J.M. (1962/3), 'Frederick II and the Church: a revisionist view', *Catholic Historical Review* 44: 487–97

Pybus, H.J. (1929/30), 'The Emperor Frederick II and the Sicilian Church', *Cambridge Historical Journal* 3: 134–63

Shearer, C. (1955), *The Renaissance of architecture in Southern Italy: a study of Frederick II and the Capua Triumphator Archway and Towers*, Cambridge

Stürner, W. (1992), *Friedrich II.*, I: *Die Königsherrschaft in Sizilien und Deutschland, 1194–1220*, Darmstadt

Tronzo, W. (ed.) (1994), *Intellectual life at the court of Frederick II Hohenstaufen*, Washington, DC

Van Cleve, T.C. (1972), *The Emperor Frederick II of Hohenstaufen*, Oxford

Waley, D. (1961), *The papal state in the thirteenth century*, London

Willemsen, C.A. (1953), *Kaiser Friedrich II.s Triumphtor zu Capua*, Wiesbaden

The rise of the Angevins, 1266–1309

Abulafia, D. (1981), 'Southern Italy and the Florentine economy, 1265–1370', *EcHR* 2nd series 33: 377–88

Abulafia, D. (1996), 'Monarchs and minorities in the medieval Mediterranean c. 1300: Lucera and its analogues', in P. Diehl and S. Waugh (eds.), *Christendom and its discontents: exclusion, persecution and rebellion, 1000–1500*, Cambridge, pp. 234–63

Amari, M. (1850), *History of the War of the Sicilian Vespers*, 3 vols., London

Boase, T.S.R. (1933), *Boniface VIII*, London

Bresc, H. (1983–4), '1282: classes sociales et révolution nationale', in *XI Congresso di storia della corona d'Aragona: la società mediterranea all'epoca del Vespro. VII centenario del Vespro Siciliano*, 4 vols., Palermo, II, pp. 241–58; repr. in Bresc (1990)

Bresc, H. (1985), 'La formazione del popolo siciliano', in *Tre millenni di storia linguistica della Sicilia. Atti del Convegno della Società italiana de Glottologia*, Pisa, pp. 243–65; repr. in Bresc (1990)

910 Bresc, H. (1986), *Un monde méditerranéen: économie et société en Sicile, 1300–1450*, 2 vols., Rome and Palermo

Bresc, H. (1990), *Politique et société en Sicile, XIIe–XVe siècles*, Aldershot

Cadier, L. (1891), *Essai sur l'administration du royaume angevin de Sicile*, Paris; new Italian edn prepared by F. Giunta, *L'amministrazione della Sicilia angioina*, Palermo (1974).

Catalioto, L. (1995), *Terre, baroni e città in Sicilia nell'età di Carlo I d'Angiò*, Messina

Ducellier, A. (1981), *La façade maritime de l'Albanie au moyen âge: Durazzo et Valona du XIe au XVe siècle*, Thessalonika

Dunbabin, J. (1998), *Charles I of Anjou: power, kingship and state-making in thirteenth-century Europe*, London

Epstein, S.R. (1992), *An island for itself: economic development and social change in late medieval Sicily*, Cambridge

Geanakoplos, D.J. (1959), *Emperor Michael Palaeologus and the west, 1258–1282*, Cambridge, MA

Göbbels, J. (1979), *Das militarwesen im Königreich Sizilien zur Zeit Karls I. von Anjou*, Stuttgart

Grierson, P. and Travaini, L. (1998), *Medieval European coinage, with a catalogue of the coins in the Fitzwilliam Museum, Cambridge*, XIV: *Italy*, pt 3: *South Italy, Sicily and Sardinia*, Cambridge

Herde, P. (1979), *Karl I. von Anjou*, Stuttgart

Housley, N.J. (1982), *The Italian crusades: the papal–Angevin alliance and the crusades against Christian lay powers, 1254–1343*, Oxford

Jordan, E. (1960), *Les origines de la domination angevine en Italie*, Paris; repr. in 2 vols., New York (1960)

Kamp, N. (1974), 'Von Kämmerer zum Sekreten: Wirtschaftsreformen und Finanzverwaltung im staufischen Königreich Sizilien', in J. Fleckenstein (ed.), *Probleme um Friedrich II.*, Sigmaringen

Léonard, E. (1967), *Les Angevins de Naples*, Paris; Italian edn, *Gli Angioini di Napoli*, Milan (1967)

Maier, C. (1995), 'Crusade rhetoric again the Muslim colony of Lucera: Eudes of Châteauroux' *Sermones de rebellione sarracenorum Lucera in Apulia*', *JMH* 21: 343–84

Nicol, D.M. (1972), 'The relations of Charles of Anjou with Nikephoros of Epiros', *Byzantinische Forschungen* 4: 170–94

Percy, W.A. (1964), 'The revenues of the kingdom of Sicily under Chalres I of Anjou, 1266–1285, and their relationship to the Vespers', PhD dissertation, Princeton University

Percy, W.A. (1981), 'The earliest revolution against the "modern state": direct taxation in medieval Sicily and the Vespers', *Italian Quarterly* 22: 69–83

Pryor, J.H. (1993), 'The galleys of Charles I of Anjou, king of Sicily', *Studies in Medieval and Renaissance History*, 14: 33–104

Runciman, S. (1958), *The Sicilian Vespers: a history of the Mediterranean world in the thirteenth century*, Cambridge

Sabatini, F. (1975), *Napoli angioina: cultura e società*, Naples

Toynbee, M.R. (1929), *St Louis of Toulouse*, Manchester

Wieruszowski, H. (1971), *Politics and culture in medieval Spain and Italy*, Rome

Xhufi, P., 'Shqiptarët përballë anzhuinëve (1267–1285)', *Studime Historike*: 199–222

Yver, G. (1903), *Le commerce et les marchands dans l'Italie méridionale*, Paris

Sicily in the late thirteenth century　　911

Abulafia, D. (1986), 'The merchants of Messina: Levant trade and domestic economy', *Papers of the British School at Rome* 54: 196–212

d'Alessandro, V. (1963), *Politica e società nella Sicilia aragonese*, Palermo

d'Alessandro, V. (1994), *Terra, nobili e borghesi nella Sicilia medievale*, Palermo

Backman, C. (1995), *The decline and fall of medieval Sicily: politics, religion and economy in the reign of Frederick III, 1296–1337*, Cambridge

Mazzarese Fardella, E. (1974), *I feudi comitali di Sicilia dai Normanni agli Aragonesi*, Milan and Palermo

Peri, I. (1981), *La Sicilia dopo il Vespro: uomini, città e campagne, 1282–1376*, Bari

Peri, I. (1993), *Villani e cavalieri nella Sicilia medievale*, Bari

Sciascia, L. (1993), *Le donne e i cavalier, gli affanni e gli agi: famiglia e potere in Sicilia tra XII e XIV secolo*, Messina

17(1) 君士坦丁堡的拉丁帝国与希腊的法兰克诸国

Primary sources

Cessi, R. (ed.), *Deliberazioni del Maggior Consiglio di Venezia*, 3 vols., Bologna (1931–50)

Hendrickx, B., 'Régestes des empereurs latins de Constantinople (1204–1261/1272)', *Byzantina* 14 (1988), pp. 7–221; also a separate volume, Thessalonika, 1988

Hopf, Ch., *Chroniques gréco-romanes inédites et peu connues*, Berlin (1873)

Longnon, J. (ed.), *Livre de la conqueste de la princée de l'Amorée, Chronique de Morée (1204–1305)*, Paris (1911)

Recoura, G. (ed.), *Les Assises de Romanie: édition critique avec une introduction et des notes*, Bibliothèque de l'Ecole des hautes études, fasc. 258, Paris (1930)

Tafel, T.L.F. and Thomas, G.M. (eds.), *Urkunden zur älteren Handels- und Staatsgeschichte der Republik Venedig*, 3 vols., Vienna (1856–7)

Secondary works

Ahrweiler, H. (1966), *Byzance et la mer: la marine de guerre, la politique et les institutions maritimes de Byzance aux VIIe–XVe siècles*, Paris

Angold, M. (1989), 'Greeks and Latins after 1204: the perspective of exile', *Mediterranean Historical Review* 4: 63–86; repr. in Arbel, Hamilton and Jacoby (1989)

Arbel, B., Hamilton, B. and Jacoby, D. (eds.) (1989), *Latins and Greeks in the Eastern Mediterranean after 1204*, London

Balard, M. (1966), 'Les Génois en Romanie entre 1204 et 1261: recherches dans les minutiers notariaux génois', *Mélanges de l'Ecole française de Rome* 78: 467–502

Balard, M. (1978), *La Romanie génoise (XIIe–début du XVe siècle)*, Genoa and Rome

Barber, M. (1988), 'Western attitudes to Frankish Greece in the thirteenth century', *Mediterranean Historical Review* 4: 111–28; repr. in Arbel, Hamilton and Jacoby (1989)

Bon, A. (1969), *La Morée franque: recherches historiques, topographiques et archéologiques sur la principauté d'Achaïe (1205–1430)*, BEFAR, 213, Paris

Borsari, S. (1955), 'I rapporti tra Pisa e gli stati di Romania nel Duecento', *Rivista storica italiana* 67: 477–92

912   Borsari, S. (1966), *Studi sulle colonie veneziane in Romania nel XIII secolo*, Naples

Carile, A. (1978), *Per una storia dell'Impero Latino di Costantinopoli (1204–1261)*, 2nd edn, Bologna

Geanakoplos, D.J. (1959), *Emperor Michael Palaeologus and the west, 1258–1282: a study in Byzantine–Latin relations*, Cambridge, MA

Heyd, W. (1885–6), *Histoire du commerce du Levant au moyen âge*, 2 vols., Leipzig

Ilieva, A. (1991), *Frankish Morea (1205–1262): socio-cultural interaction between the Franks and the local population*, Athens

Jacoby, D. (1971), *La féodalité en Grèce médiévale: les 'Assises de Romanie': sources, application et diffusion*, Paris and The Hague

Jacoby, D. (1973), 'The encounter of two societies: western conquerors and Byzantines in the Peloponnesus after the Fourth Crusade', *American Historical Review* 78: 873–906; repr. in D. Jacoby, *Recherches sur la Méditerranée orientale du XIIe au XVe siècle: peuples, sociétés, économies*, London (1979), no. II

Jacoby, D. (1981), 'Les Vénitiens naturalisés dans l'Empire byzantin: un aspect de l'expansion de Venise en Romanie du XIIIe au milieu du XVe siècle', *Travaux et mémoires* 8: 217–35; repr. in Jacoby (1989c), no. IX

Jacoby, D. (1986), 'Knightly values and class consciousness in the crusader states of the eastern Mediterranean', *Mediterranean Historical Review* 1: 158–86; repr. in Jacoby (1989c), no. I

Jacoby, D. (1989a), 'Social evolution in Latin Greece', in Setton (1969–89), VI, pp. 175–221

Jacoby, D. (1989b), 'From Byzantium to Latin Romania: continuity and change', *Mediterranean Historical Review* 4: 1–44; repr. in Arbel, Hamilton and Jacoby (1989)

Jacoby, D. (1989c), *Studies on the crusader states and on Venetian expansion*, Northampton

Jacoby, D. (1993), 'The Venetian presence in the Latin Empire of Constantinople (1204–1261): the challenge of feudalism and the Byzantine inheritance', *Jahrbuch der österreichischen Byzantinistik* 43: 141–201

Jacoby, D. (1997). 'Italian migration and settlement in Latin Greece: the impact on the economy', in H.E. Mayer (ed.), *Die Kreuzfahrerstaaten als Multikulturelle Gesellschaft. Einwanderer und Minderheiten im 12. und 13. Jahrhundert*, Munich, pp. 97–127

Jacoby, D. (1998), 'Venetian settlers in Latin Constantinople (1204–1261): rich or poor?', in Ch. A. Maltezou (ed.), *Πλούσιοι καί θτώχοι στην κοινώνια τῆς ἑλληνολατινικῆς Ἀνατόλης* (=*Ricchi e poveri nella società dell'Oriente grecolatino*), Venice, pp. 181–204.

Kordoses, M.S. (1987), *Southern Greece under the Franks (1204–1262): a study of the Greek population and the Orthodox Church under the Frankish dominion*, Ioannina

Lock, P. (1995), *The Franks in the Aegean, 1204–1500*, London

Longnon, J. (1949), *L'empire latin de Constantinople et la principauté de Morée*, Paris

Longnon, J. (1962), 'The Frankish states in Greece, 1204–1311', in Setton (1969–89), II, pp. 235–69

Maltézou, Ch. (1978), 'Il quartiere veneziano di Costantinopoli (Scali marittimi)', *Thesaurismata* 15: 30–61

Morgan, G. (1976), 'The Venetian Claims Commission of 1278', *Byzantinische Zeitschrift* 69: 411–38

Nicol, D.M. (1966), 'The Fourth Crusade and the Greek and Latin Empires, 1204–1261', in J.M. Hussey (ed.), *The Cambridge medieval history*, IV/1: *The Byzantine empire*, Cambridge, pp. 275–330

Nicol, D.M. (1988), *Byzantium and Venice: a study in diplomatic and cultural relations*, 913
Cambridge

Nystazopoulou Pélékidis, M. (1973), 'Venise et la Mer Noire du XIe au XVe siècle', in A.
Pertusi (ed.), *Venezia e il Levante fino al secolo XV*, Florence, 1/2, pp. 541–82

Queller, D.E. (1977), *The Fourth Crusade: the conquest of Constantinople, 1201–1204*, 2nd edn,
Philadelphia

Richard, J. (1989), 'The establishment of the Latin Church in the empire of
Constantinople (1204–27)', *Mediterranean Historical Review* 4: 45–62; repr. in Arbel,
Hamilton and Jacoby (1989)

Robbert, L.B. (1985), 'Venice and the crusades', in Setton (1969–89), v, pp. 379–451

Setton, K.M. (ed.) (1969–89), *A history of the crusades*, 2nd edn, 6 vols., Madison, WI

Setton, K.M. (1976), *The papacy and the Levant (1204–1571)*, 1, Philadelphia

Thiriet, F. (1959), *La Romanie vénitienne au moyen âge: le développement et l'exploitation du
domaine colonial vénitien (XIIe–XVe siècles)*, BEFAR, Paris

Topping, P. (1949), *Feudal institutions as revealed in the assizes of Romania: the law code of
Frankish Greece*, Philadelphia; repr. in P. Topping, *Studies on Latin Greece, A.D.
1205–1715*, London (1977), no. 1

Wolff, R.L. (1948), 'The organization of the Latin patriarchate of Constantinople',
Traditio 6: 33–60; repr. in Wolff (1976), no. VIII

Wolff, R.L. (1954a), 'Mortgage and redemption of an emperor's son: Castile and the
Latin Empire of Constantinople', *Speculum* 29: 45–84; repr. in Wolff (1976), no. V

Wolff, R.L. (1954b), 'Politics in the Latin patriarchate of Constantinople', *DOP* 8:
227–303; repr. in Wolff (1976), no. IX

Wolff, R.L. (1962), 'The Latin empire of Constantinople, 1204–1261', in Setton
(1969–89), II, pp. 187–233; repr. in Wolff (1976), no. I

Wolff, R.L. (1976), *Studies in the Latin empire of Constantinople*, London

17(2) 流亡中的拜占庭

Primary sources

Acropolites, George
> *Opera*, ed. A. Heisenberg and P. Wirth, 2 vols., Stuttgart (1978); German trans. by W.
> Blum, *Georgios Akropolites, (1217–1282), die Chronik*, Bibliothek der griechischen
> Literatur, 28, Stuttgart (1989)

Apokaukos, John
> Bees-Seferle, E., 'Unedierte Schriftstücke aus der Kanzlei des Johannes Apokaukos
> des Metropoliten von Naupaktos', *Byzantinisch-neugriechische Jahrbücher* 21 (1971–4),
> pp. 57–160
>
> Papadopoulos-Kerameus, A., 'Συνοδικὰ Γράμματα Ἀποκαύκου', *Βυζαντὶς*
> 1 (1909), pp. 3–30
>
> Papadopoulos-Kerameus, A., *Noctes Petropolitanae*, St Petersburg (1913); repr. Leipzig
> (1976), pp. 249–94
>
> Petrides, S. 'Jean Apokaukos, lettres et autres documents inédits', *Izvestija russkogo
> arkheologicheskogo instituta v Konstantinople* 14 (1909), pp. 69–100
>
> Vasiljevskij, V., 'Epirotica saeculi XIII.', *Vizantiskij Vremennik* 3 (1896), pp.
> 241–99

914　*Bibliographies*

Lampropoulos, K., Ἰωάννης Ἀπόκαυκος, Athens (1988), pp. 15–18, 90–117

Nicol, D.M., *The despotate of Epiros*, Oxford (1957), pp. 217–21

Autoreianos, Arsenios

Testamentum, in J.P. Migne, *Patrologia graeca*, 140, pp. 947–58

Autoreianos, Michael

Oikonomidès, N., 'Cinq actes inédits du patriarche Michel Autôreianos', *Revue des études byzantines* 25 (1967), pp. 113–45

Babouscomites, George

Laurent, V., 'La correspondance inédite de Georges Babouscomitès', in Εἰς μνήμην Σπυρίδωνος Λαμπροῦ, Athens (1935), pp. 83–100

Bardanes, George

Hoeck, J.M. and Loenertz, R.-J. *Nikolaos-Nektarios von Otranto Abt von Casole*, Studia patristica et byzantina, 11, Ettal (1965), Anhang II – Briefe des Georgios Bardanes, pp. 147–235

Kurtz, E., 'Georgios Bardanes, Metropolit von Kerkyra', *Byzantinische Zeitschrift* 15 (1906), pp. 603–13

Loenertz, R.-J., 'Lettre de George Bardanès, métropolite de Corcyre, au patriarche oecuménique Germain II 1226–1227c.', Ἐπετερὶς ἑταιρείας Βυζαντινῶν σπουδῶν 33 (1964), pp. 87–118

Papadopoulos-Kerameus, A.P., 'Κερκυραικὰ', *Vizantiniskij Vremennik* 13 (1906), pp. 334–51

Roncaglia, P., *George Bardanès, métropolite de Corfou, et Barthélemy de l'ordre franciscain. Les discussions sur le Purgatoire (15 oct.–17 nov. 1231)*, Studi e testi francescani, 4, Rome (1953)

Barthelemy of Constantinople

Contra errores Graecorum, in J.P. Migne, *Patrologia graeca*, 140, pp. 487–574

Dondaine, A., '"Contra Graecos". Premiers écrits polémiques des Dominicains d'Orient', *Archivum fratrum praedicatorum* 21 (1951), pp. 320–446

Loenertz, R., 'Autour du traité de Fr. Barthélmy de Constantinople contre les Grecs', *Archivum fratrum praedicatorum* 6 (1936), pp. 361–71

Blemmydes, Nikephorus

Autobiography

Heisenberg, A., *Nicephori Blemmydae curriculum vitae et carmina*, Leipzig (1896)

Munitiz, J.A., *Nicephori Blemmydae autobiographia sive curriculum vitae necnon epistula universalior*, Corpus Christianorum Series Graeca, 13, Turnhout and Louvain (1984); English trans. by J.A. Munitiz, *Nikephoros Blemmydes: a partial account*, Spicilegium Sacrum Lovaniense, Etudes et documents, 48, Louvain (1988), with bibliography

Commentary

Bell, H., 'The commentary on the Psalms by Nikephoros Blemmydes', *Byzantinische Zeitschrift* 30 (1929–30), pp. 295–300

Encomium

Munitiz, J.A., 'Blemmydes' Encomium on St John the Evangelist (BHG 931)', *Analecta Bollandiana* 107 (1989), pp. 285–346

Imperial statue　　　　　　　　　　　　　　　　　　　　　　　　915
Hunger, H. and Ševčenko, I., *Des Nikephoros Blemmydes Βασιλικὴ Ἀνδριὰς und dessen Metaphrase von Georgios Galesiotes und Georgios Oinaiotes*, Wiener byzantinische Studien, 18, Vienna (1986)

Letters
Nicephori Blemmydae Epistolae: Appendix III of *Theodori Ducae Lascaris epistolae CCXVII* (q.v.), Florence (1898), pp. 290–329
Bury, J.B., 'Inedita Nicephori Blemmydae', *Byzantinische Zeitschrift* 6 (1897), pp. 526–31
Mercati, G., 'Blemmidea', *Bessarione* 31 (1915), pp. 236–8
Westerinck, L.G., 'Some unpublished letters of Nicephorus Blemmydes', *Byzantinoslavica* 12 (1951), pp. 43–55

Memorandum
Canart, P., 'Nicéphore Blemmyde et le mémoire adressé aux envoyés de Grégoire IX (Nicée, 1234)', *Orientalia christiana periodica*, 25 (1959), pp. 310–25

Poems
Bury, J.B., 'An unpublished poem of Nicephorus Blemmydes', *Byzantinische Zeitschrift* 10 (1901), p. 418

Testament
Browning, R., *Notes on Byzantine Prooimia*, Wiener byzantinische Studien, 1 – Supplement, Vienna (1966)

Theology
Lackner, W., *Nikephoros Blemmydes, 'Gegen die Vorherbestimmung der Todesstunde'*, Corpus philosophorum medii aevi. Philosophi Byzantini, 2, Leiden (1985)

Typikon
Munitiz, J.A., 'A missing chapter from the *typikon* of Nikephoros Blemmydes', *Revue des études byzantines* 44 (1986), pp. 199–207

Chomatianos, Demetrios
Pitra, J.B., *Analecta sacra et classica Spicelegio solesmensi parata, juris ecclesiastici graecorum selecta paralipomena*, VI (VII), Rome (1891; repr. Farnborough (1967)
Prinzing, G., *Die Πονήματα Διάφορα der Demetrios Chomatenos*, 2 vols., Münster (1980)

Choniates, Michael
Lampros, Sp.P., *Μιχαὴλ Ἀκομινάτου τοῦ Χωνιάτου τά σωζόμενα*, Athens (1879–80; repr. Groningen (1968)

Choniates, Nicetas

History
van Dieten, J.L., *Nicetae Choniatae historia*, 2 vols., Berlin and New York (1975); English trans. by H. Magoulias, *O city of Byzantium: annals of Niketas Choniates*, Detroit (1984)

916 *Orations*

van Dieten, J.L., *Nicetae Choniatae orationes et epistulae*, Berlin and New York (1972)

van Dieten, J.L., *Niketas Choniates. Erläuterungen zu den Reden und Briefen nebst einer biographie*, Berlin and New York (1971); German trans. by F. Grabler, *Kaisertaten und Menschenschicksale im Spiegel der schönen Rede. Reden und Briefe des Niketas Choniates*, Byzantinische Geschichtsschreiber, xi, Graz, Vienna and Cologne (1966)

Treasury of Orthodoxy

Migne, J.P., *Patrologia graeca*, 139–40

van Dieten, J.L. *Zur Überlieferung und Veröffentlichung der* Panoplia dogmatike *des Niketas Choniates*, Amsterdam (1970)

Comnena, Anna, *Alexiadis libri XV*, ed. B. Leib, 2 vols., Bonn (1839–78)

Cotelerius, J.B., *Ecclesiae graecae monumenta*, iii, Paris (1686)

Dölger, F.

Regesten der Kaiserurkunden des oströmischen Reiches, Corpus der griechischen Urkunden des Mittelalters und der neueren Zeit, Reihe A, Abt. 1, iii: *1204–1282*, 2nd edn, P. Wirth, Munich (1977)

Eirenikos, Nicholas

Heisenberg, A., 'Aus der Geschichte und Literatur der Palaiologenzeit', *Sitzungsberichte der bayerischen Akademie der Wissenschaften*, Philos.-philol. und hist. Klasse (1920), Abh. 10, pp. 97–112

Eirenikos, Theodore

Papadopoulos-Kerameus, A., 'Θεόδωρος Εἰρηνικὸς Πατριάρχης οἰκουμενικὸς', *Byzantinische Zeitschrift* 10 (1901), pp. 182–92

Germanos II

J. Gill, 'An unpublished letter of Germanos, patriarch of Constantinople', *Byzantion* 44 (1974), pp. 142–51

Lagopates, S.N., *Γερμανὸς ὁ β´ Πατριάρχης Κωνσταντινουπόλεως-Νικαίας (1222–1240)*, Tripolis (1913), pp. 214–360

Nicole, J., 'Bref inédit de Germain II patriarche de Constantinople avec une recension nouvelle de l'empereur Jean Ducas Vatacès', *Revue des études grecques* 7 (1894), pp. 68–80

Prinzing, J., 'Die Antigraphe des Patriarchen Germanos II. an Erzbischof Demetrios Chomatenos von Ohrid und die Korrespondenz zum nikäisch-epiro-tischen Konflikt 1212–1233', *Rivista di studi bizantini e slavi* 3 (1983), pp. 21–64

Golubovich, H.

'Disputatio Latinorum et Graecorum seu relatio apocrisariorum Gregorii IX de gestis Nicaeae in Bithynia et Nymphaeae in Lydia 1234', *Archivum franciscanum historicum* 12 (1919), pp. 418–70

Gregoras, Nicephorus

Byzantina historia, ed. L. Schopen, 3 vols., Bonn (1829–55); German trans. by J.L. van Dieten, *Nikephoros Gregoras, Romäische Geschichte*, Stuttgart (1973–)

Romaike historia, ed. B.G. Niebuhr, Bonn (1829)

Gregory of Cyprus

Autobiography

Lameere, W., *La tradition manuscrite de la correspondance de Grégoire de Chypre, patriarche de*

Constantinople (1283–1289), Etudes de philologie et d'histoire anciennes publiées par l' Institut belge de Rome, II, Brussels and Rome (1937), pp. 176–91   917

Hofmann, G.,

'Patriarch von Nikaia Manuel II. an Papst Innocenz IV', *Orientalia christiana periodica* 19 (1953), pp. 59–70

Holobolos, Manuel

Treu, M., 'Manuel Holobolos', *Byzantinische Zeitschrift* 5 (1896), pp. 538–59

Treu, M. (ed.), '*Manuelis Holoboli Orationes, I–II*', in *Programm des königlichen Victoria-Gymnasiums zu Potsdam*, Potsdam (1906–7)

Previale, L., 'Un panegirico inedito per Michele VIII Paleologo', *Byzantinische Zeitschrift* 42 (1943–9), pp. 1–49

Karpozilos, A.

'An unpublished encomium by Theodore bishop of Alania', *Βυζαντινά* 6 (1974), pp. 226–49

Kurtz, E.

'Christophoros von Ankyra als Exarch des Patriarchen Germanos II', *Byzantinische Zeitschrift* 16 (1907), pp. 120–42

Lascaris, Theodore II

Letters

Theodori Ducae Lascaris epistolae CCVII, ed. N. Festa, Florence (1898)

Orations

Bachmann, L., *Theodori II Ducae Lascaris imperatoris in laudem Nicaeae urbis oratio*, Rostock (1847); English trans. in C. Foss and J. Tulchin, *Nicaea: a Byzantine capital and its praises*, Brookline, MA, (1990)

Dragoumis, N., '*Ἐπιτάφιος εἰς φρεδερίκον β' βασιλέα τῶν Ἀλαμάνων*', *Βυζαντὶς* 2 (1911), pp. 404–15

Delehaye, H., '*Ἐγκώμιον εἰς τὸν ἅγιον Μεγάλομάστηρα τοῦ Χριστου Τρυφωνα*', in *Acta sanctorum novembris*, IV, Brussels (1925), pp. 352–57

Markopoulos, A.Ph., '*Ἀνέκδοτον ἐγκώμιον πρὸς τὸν Γεώργιον Ἀκροπολίτην*', *Ἐπετερὶς ἑταιρείας βυζαντινῶν Σπουδῶν* 36 (1968), pp. 104–18

Tartgaglia, L., 'L'opuscolo *De subiectorum in principem officiis* di Teodoro II Lascaris', *Δίπτυχα* 2 (1980–1), pp. 187–222

Teodoro II Duca Lascari encomio dell'imperatore Giovanni Duca, Naples (1990)

Tartaglia, L., *Theodori II Ducae Lascaris opuscula rhetorica*, Stuttgart and Leipzig (1999)

Philosophical works

Κοσμικὴ Δήλωσις, ed. N. Festa, *Giornale della società asiatica italiana* 11 (1898), pp. 97–114; 12 (1899), pp. 1–52

Φυσικὴ κοινωνία, ed. G. Richter, *Theodoros Dukas Laskaris: Der natürliche Zusammenhang. Ein Zeugnis vom Stand der byzantinischen Philosophie in der Mitte des 13. Jahrhunderts*, Amsterdam (1989)

Theological works

Kosmatopoulos, A., *Τοῦ σοφώτατου βασιλέως Κύρου Θεοδώρου Δούκα τοῦ Λασκάρι λόγος τέταρτος περὶ θεωνυμίας*, Athens (1987)

918　　Krikonis, Kh. Th., *Θεοδώρου β' Λασκάρεως περὶ χριστιανικῆς θεολογίας λόγοι,*
　　　　Ἀναλεκτα Βλαταδων, 49, Thessalonika (1988), with bibliography
　　　　Swete, H.B., *Theodorus Lascaris junior de processione spiritus sancti oratio apologetica,* London
　　　　(1875)

　　　　Laurent, V.
　　　　　Les regestes des actes du patriarcat de Constantinople, I, fasc. 4: *Les regestes de 1208 à 1309,* Le
　　　　　patriarcat byzantin. Recherches de diplomatique, d'histoire et de géographie
　　　　　ecclésiastiques publiées par l'Institut d'études byzantines, Paris, 1st series, Paris
　　　　　(1971)
　　　　Laurent, V. and Darrouzès, J.
　　　　　Dossier grec de l'Union de Lyon (1273–1277), Archives de l'Orient chrétien, 16, Paris (1976)
　　　　Lemerle, P.
　　　　　'Trois actes du despote d'Epire Michel II concernant Corfou', *Προσφορὰ εἰς Στ. Π.*
　　　　　Κυριακιδην, Thessalonika (1953), pp. 405–26
　　　　Loukaki, M.
　　　　　'Première didascalie de Serge le Diacre: éloge du patriarche Michel Autôreianos',
　　　　　Revue des études byzantines 52 (1994), pp. 151–73
　　　　Merendino, E.
　　　　　'Quattro lettere greche di Federico II', *Atti dell'Accademia di scienze, lettere e arti di*
　　　　　Palermo 4th series 34 (1974–5), pp. 291–344
　　　　Mesarites, Nicholas
　　　　　Heisenberg, A., 'Neue Quellen zur Geschichte des lateinischen Kaisertums und der
　　　　　Kirchenunion. I. Der Epitaphios des Nikolaos Mesarites auf seinen Bruder
　　　　　Johannes; II. Die Unionsverhandlungen vom 30. August 1206; III. Der Bericht des
　　　　　Nikolaos Mesarites über die politischen und kirchlichen Ereignisse des Jahres
　　　　　1214', *Sitzungsberichte der bayerischen Akademie der Wissenschaften,* Philos.-philol. und
　　　　　hist. Klasse, 1922, Abh. 5; 1923, Abh. 2–3, Munich (1923) (=A. Heisenberg,
　　　　　Quellen und Studien zur spätbyzantinischen Geschichte, London, (1973), no. II)
　　　　　Kurtz, E., 'Tri sinodalnykh gramoty mitropolita Efesskago Nikolaja Mesarita',
　　　　　Vizantiskij Vremennik 12 (1906), pp. 99–111
　　　　Nikopoulos, P.G.
　　　　　'Ἀκολουθία ἀνέκδοτὴ εἰς Ἀρσένιον πατριάρχην Κωνσταντινουπόλεως', *Ἐπετερις*
　　　　　ἑταιρείας βυζαντινῶν Σπουδῶν, 43 (1977–8), pp. 365–83
　　　　　'Ἀνέκδοτος λόγος εἰς Ἀρσένιον Αὐτωρειανὸν πατριάρχην Κωνσταντι νουπόλεως',
　　　　　Ἐπετερις ἑταιρείας βυζαντινῶν Σπουδῶν, 45 (1981–2), pp. 406–61
　　　　Pachymeres, George
　　　　　Relations historiques, 2 vols., ed. A. Failler, trans. V. Laurent, Paris (1984)
　　　　　De Michaele Palaeologo; De Andronico Palaeologo, ed. I. Bekker, 2 vols., Bonn (1835)
　　　　Palaiologos, Michael
　　　　　Autobiography, ed. H. Grégoire, 'Imperatoris Michaelis Palaeologi de vita sua',
　　　　　Byzantion 29–30 (1959–60), pp. 447–75; ed. A. Dmitrievskij, *Opisanie liturgicheskikh*
　　　　　rukopisej, khranjashchikhsja v bibliotekakh pravoslavnago vostoka, I, Kiev (1895), pp.
　　　　　769–84
　　　　Pediadites, Basil
　　　　　Manphes, K.A., *Ἐπίστολη Βασιλείου Πεδιαδίτου μητροπολίτου Κερκύρας πρὸς*
　　　　　τὸν πάπαν Ἰννοκεντίον Γ' καὶ ὁ χρόνος πατριαρχείας Μιχαὴλ Δ' τοῦ

Αὐτωρειανοῦ', Ἐπετερις ἑταιρείας βυζαντινῶν Σπουδῶν 42 (1975–6), 919
pp. 429–40

Sathas, K.N., Μεσαιωνικη βιβλιοθηκη, II, Venice and Paris (1873)

Stilbes, Constantine

Darrouzès, J., 'Le mémoire de Constantin Stilbès contre les Latins', *Revue des études byzantines* 21 (1963), pp. 50–100

Theognosti thesaurus, ed. J.A. Munitiz, Corpus Christianorum. Series Graeca, 5, Turnhout and Louvain (1979)

Secondary works

The Nicaean empire

Ahrweiler, H. (1965), 'L'histoire et la géographie de la région de Smyrne entre les deux occupations turques (1081–1317), particulièrement au XIIIe siècle', *Travaux et mémoires* 1: 1–204

Ahrweiler, H. (1975), 'L'expérience nicéenne', *DOP* 29: 21–40

Andreeva, M.A. (1926), 'Priem tatarskikh poslov pri nikejskom dvore', in *Recueil d' études dédiées à la mémoire de N.P. Kondakov*, Prague, pp. 187–200

Angold, M.J. (1975a), *A Byzantine government in exile: government and society under the Laskarids of Nicaea 1204–1261*, Oxford

Angold, M.J. (1975b), 'Byzantine "nationalism" and the Nicaean Empire', *Byzantine and Modern Greek Studies* 1: 49–70

Angold, M.J. (1993), 'Administration of the empire of Nicaea', *Byzantinische Forschungen* 19: 127–38

Bartusis, M.C. (1982), 'On the status of *stratiotai* during the late Byzantine period', *Zbornik radova vizantološkog instituta* 21: 53–9

Charanis, P. (1946–8), 'The Slavic element in Byzantine Asia Minor in the thirteenth century', *Byzantion* 18: 69–83

Charanis, P. (1947), 'On the Asiatic frontiers of Nicaea', *Orientalia christiana periodica* 13: 58–62

Charanis, P. (1953), 'On the ethnic composition of Byzantine Asia Minor in the thirteenth century', in Προσφορὰ εἰς Στ. Π. Κυριακίδην, Thessalonika, pp. 140–7

Czebe, G. (1931), 'Studien zum Hochverratsprozesse des M. Paläologos im Jahr 1252', *Byzantinisch-neugriechische Jahrbücher* 8: 59–98

Dieten, J.-L. van (1985), 'Manuel Prinkip +17.06.6719 (1211): welches Manuel in welcher Kirche zu Nikaia?', *Byzantinische Zeitschrift* 78: 63–91

Dölger, F. (1927), 'Chronologisches und Prosopographisches zur byzantinischen Geschichte des 13. Jahrhunderts', *Byzantinische Zeitschrift* 27: 291–320

Gardner, A. (1912), *The Lascarids of Nicaea: the story of an empire in exile*, London

Glykatzi, H. (1954), 'L'épitéleia dans le cartulaire de Lemviotissa', *Byzantion* 24: 71–93; 25/7: 369–72

Glykatzi-Ahrweiler, H. (1958), 'La politique agraire des empereurs de Nicée', *Byzantion* 28: 51–66, 135–6

Gounarides, P. (1985), 'Η χρονολογία τῆς ἀναγόρευσης καὶ τῆς στέψης τοῦ Θεόδωρου Α´ τοῦ Λασκάρεως', Σύμμεικτα 6: 59–71

Irmscher, J. (1970a), 'Nikäa als "Zentrum des griechischen Patriotismus"', *Revue des études sud-est européennes* 8: 33–47

920 Irmscher, J. (1972), 'Nikäa als "Mittelpunkt des griechischen Patriotismus"', *Byzantinische Forschungen* 4: 114–37

de Jerphanion, G. (1935), 'Les inscriptions cappadociennes et l'histoire de l'empire grec de Nicée', *Orientalia christiana periodica* 1: 239–56

Macrides, R. (1994), 'From the Komnenoi to the Palaiologoi: imperial models in decline and exile', in P. Magdalino (ed.), *New Constantines: the rhythm of imperial renewal at Byzantium, 4th to 13th centuries*, Aldershot, pp. 269–82

Meliarakes, A. (1898), '*Ἱστορία τοῦ Βασιλείου τῆς Νικαίας καὶ τοῦ Δεσποτάτου τῆς Ἠπείρου (1204–1261)*, Athens

Nicol, D.M. (1976a), '*Kaisersalbung*: the unction of emperors in late Byzantine coronation ritual', *Byzantine and Modern Greek Studies* 2: 37–52

Nystazopoulou-Pelekidou, M. (1983), 'Sur la diplomatique byzantine à l'époque de l'empire de Nicée', *Βυζαντιακὰ* 3: 161–73

Oikonomidès, N. (1964), 'Contribution à l'étude de la pronoia au XIIIe siècle: une formule d'attribution de parèques à un pronoiaire', *Revue des études byzantines* 22: 158–75

Oikonomidès, N. (1976), 'La décomposition de l'empire byzantin à la veille de 1204 et les origines de l'empire de Nicée: à propos de la Partitio Romanie', in *XVe congrès international d'études byzantines, rapports et co-rapports*, Athens, pp. 1–28

Orgels, P. (1935), 'Sabas Asidénos, dynaste de Sampson', *Byzantion* 10: 67–77

Ostrogorsky, G. (1955), 'Zur Kaisersalbung und Schilderhebung im spätbyzantinischen Krönungszeremoniell', *Historia* 4: 246–56

Papadopoulos, J. (1908), *Théodore II Lascaris, empereur de Nicée*, Paris

Polemis, D.I. (1966), 'A manuscript note of the year 1247', *Byzantinische Forschungen* 1: 269–76

Polemis, D.I. (1983), 'Remains of an Acoluthia for the Emperor John Ducas Batatzes', in C. Mango and O. Pritsak (eds.), *Okeanos: essays presented to Ihor Ševčenko on his sixtieth birthday*, Cambridge, MA (=*Harvard Ukrainian Studies* 7 (1983), pp. 542–7)

Radosević, N. (1987), 'Nikejski tsarevi u savpremenoj im retoritsi', *Zbornik radova vizantološkog instituta* 26: 69–85

Savvides, A. (1987), *Βυζαντινὰ στασιαστικὰ καὶ αὐτονομιστικὰ κινήματα στὰ Δωδεκάνησα καὶ στὴ Μικρὰ Ἀσία 1189–c. 1240 μ.χ.*, Athens

Sinogowitz, B. (1952), 'Über das byzantinische Kaisertum nach dem vierten Kreuzzuge (1204–1205)', *Byzantinische Zeitschrift* 45: 345–56

Wirth, P. (1972a), 'Zur Frage eines politisches Engagements Patriarch Johannes' X Kamateros nach dem vierten Kreuzzug', *Byzantinische Forschungen* 4: 239–52

Xanalatos, D. (1939), 'Wirtschaftliche Aufbau- und Autarkiemaßnahmen im XIII. Jahrhundert', *Leipziger Vierteljahrschrift für Südosteuropa* 3: 129–39

Zhavoronkov, P.I. (1980), 'Dopolnenija k tretlemu tomu "Regest" F. Dölgera perioda Nikejskoj Imperij', *Vizantiskij Vremennik* 41: 183–93

Zuckerman, C. (1986), 'The dishonest soldier Constantine Planites and his neighbours', *Byzantion* 56: 314–31

Relations with the Latin world

Angold, M.J. (1980), 'The interaction of Latins and Byzantines during the period of the Latin empire: the case of the ordeal', in *Actes du XVe congrès international des études byzantines*, IV, Athens, pp. 1–10

Angold, M.J. (1989), 'Greeks and Latins after 1204: the perspective of exile',   921
   Mediterranean Historical Review 4: 63–86

Arbel, B., Hamilton, B. and Jacoby, D. (1989), *Latins and Greeks in the eastern Mediterranean*
   after 1204, London

Balard, M. (1966), 'Les Génois en Romanie entre 1204 et 1261: recherches dans les
   minutiers notariaux génois', *Mélanges d'archéologie et d'histoire* 78: 467–501

Berg, B. (1988), 'Manfred of Sicily and the Greek east', *Byzantina* 14: 263–89

Borsari, S. (1951), 'Federigo II e l'Oriente bizantino', *Rivista storica italiana* 63: 279–91

Borsari, S. (1955), 'I rapporti tra Pisa e gli stati di Romania nel duecento', *Rivista storica*
   italiana 67: 477–92

Brezeanu, S. (1974), 'Notice sur les rapports de Frédéric II de Hohenstaufen avec Jean
   III Vatatzès', *Revue des études sud-est européennes* 12: 583–5

Brezeanu, S. (1979), 'La politique économique des Lascarides à la lumière des relations
   vénéto-nicéennes', *Etudes byzantines et post-byzantines* 1: 39–54

Dagron, G. (1980), 'La perception d'une différence: les débats de la "Querelle du pur-
   gatoire"', in *Actes du XVe congrès international des études byzantines*, iv, Athens, pp.
   84–92

Ferjanić, B. (1967), 'Rapports entre Grecs et Latins après 1204', *Zbornik Radova vizanti-
   loškog Instituta* 10: 171–6

Franchi, A. (1981), *La svolta politico-ecclesiastica tra Roma e Bisanzio (1249–1254). La legazione*
   di Giovanni da Parma. Il ruolo di Federico II, Spicilegium Pontificii Athenaei Antoniani,
   21, Rome

Geanakoplos, D.J. (1953), 'Greco-Latin relations on the eve of the Byzantine restora-
   tion: the battle of Pelagonia – 1259', *DOP* 7: 99–141

Geanakoplos, D.J. (1976), *Interaction of the 'sibling' Byzantine and western cultures in the Middle*
   Ages and Italian Renaissance (330–1600), New Haven

Gill, J. (1973), 'Innocent III and the Greeks: apostle or aggressor?', in D. Baker (ed.),
   Relations between east and west in the Middle Ages, Edinburgh, pp. 95–108

Gill, J. (1979), *Byzantium and the papacy 1198–1400*, New Brunswick

Grumel, V. (1930), 'L'authenticité de la lettre de Jean Vatatzès, empereur de Nicée, au
   pape Grégoire IX', *Echos d'orient*: 450–8

Hoeck, J.M. and Loenertz, R.-J. (1965), *Nikolaos-Nektarios von Otranto, Abt von Casole.*
   Beiträge zur Geschichte der ost-westlichen Beziehungen unter Innozenz III. und Friederich II.,
   Studia Patristica et Byzantina, 11, Ettal

Jacoby, D. (1967), 'Les archontes grecs et la féodalité en Morée franque', *Travaux et*
   mémoires 2: 451–63

Jacoby, D. (1973), 'The encounter of two societies: western conquerors and Byzantines
   in the Peloponnesus after the Fourth Crusade', *American Historical Review* 78: 873–906

Jacoby, D. (1989), 'From Byzantium to Latin Romania: continuity and change',
   Mediterranean Historical Review 4: 1–44

Kordoses, M.S. (1980), 'Σχέσεις τοῦ Μιχαὴλ Ἀγγελοῦ Δούχα μὲ τὴν Πελοπόννησο',
   'Ηπειρωτικὰ Χρονικὰ 22: 49–57

Kordoses, M.S. (1987), *Southern Greece under the Franks (1204–1262)*, Ioannina

Krekić, B. (1972), 'Y eut-il des relations directes entre Dubrovnik (Raguse) et l'empire
   de Nicée?', *Byzantinische Forschungen* 4: 151–6

Laurent, V. (1935), 'Le pape Alexandre IV (1254–1261) et l'empire de Nicée, *Echos d'ori-
   ent* 34: 26–55

922 L'Huillier, P. (1960), 'La nature des relations ecclésiastiques gréco-latines après la prise de Constantinople par les croisés', in *Akten des XI. internazionalen Byzantinisten-Kongresses*, Munich, pp. 314–20

Maltezou, Ch. (1989), 'L'impero di Nicea nelle fonti della Creta veneziana', *Σύμμεικτα* 8: 27–32

Merendino, E. (1974), 'Federico II e Giovanni III Vatatzes', *Byzantino-Sicula* 2: 1–15

Merendino, E. (1980), 'Manfredi fra Epiro e Nicea', in *Actes du XVe congrès international des études byzantines*, IV, Athens, pp. 245–52

Munitiz, J.A. (1990), 'A reappraisal of Blemmydes' first discussion with the Latins', *Byzantinoslavica* 51: 20–6

Nicol, D.M. (1964), 'Mixed marriages in Byzantium in the thirteenth century', *Studies in Church History* 1: 160–72

Nicol, D.M. (1966), 'The Fourth Crusade and the Greek and Latin Empires, 1204–1261', in J. Hussey (ed.), *Cambridge medieval history*, IV/1, Cambridge, pp. 275–330 (with full bibliography)

Nicol, D.M. (1988), 'The fate of Peter of Courtenay, Latin emperor of Constantinople, and a treaty that never was', in J. Chrysostomides (ed.), *Καθηγήτρια*, Camberley, pp. 377–83

Prinzing, G. (1973), 'Der Brief Kaiser Heinrichs von Konstantinopel vom. 13 Januar 1212', *Byzantion* 43: 395–431

Roncaglia, M. (1954), *Les frères mineurs et l'église grecque orthodoxe au XIIIe siècle (1231–1274)*, Biblioteca bio-bibliografica della terra sancta e dell'Oriente francescano, ser. IV, Studi II, Cairo

Schillmann, F. (1903), 'Zur byzantinischen Politik Alexanders IV', *Römische Quartalschrift für christliche Altertumskunde und Kirchengeschichte* 22: 108–31

Stiernon, D. (1977), 'Le problème de l'union gréco-latine vu de Byzance: de Germain II à Joseph 1er (1232–1273)', in *1274. Année charnière: mutations et continuités*, Colloques internationaux du CNRS, 558, Paris, pp. 139–66

Wellas, M.B. (1983), *Griechisches aus dem Umkreis Kaiser Friedrichs II.*, Münchener Beiträge zur Mediävistik und Renaissance-Forschung, 33, Munich

Wolff, R.L. (1944), 'The Latin empire and the Franciscans', *Traditio* 2: 213–37

Zhavoronkov, P.I. (1974), 'Nikejskaja Imperija i Zapad', *Vizantiskij Vremennik* 36: 100–22

Zhavoronkov, P.I. (1976), 'Nikejsko-latinskie i nikejsko-seldzhukskie otonoshenija v 1211–1216 g.', *Vizantiskij Vremennik* 37: 48–61

Relations with the Orthodox world and the Near East

Amitai-Preiss, R. (1995), *Mongols and Mamluks: the Mamluk–Ilkhanid war, 1260–81*, Cambridge

Angold, M.J. (1972), 'The problem of the unity of the Byzantine world after 1204: the empire of Nicaea and Cyprus (1204–1261)', in *Πρακτικὰ τοῦ Πρώτου Διεθνοῦς Κυπρολογικου Συνέδριου*, II, Nicosia, pp. 1–6

Avenarius, A. (1980), 'Nikaia und Rußland zur Zeit der tatarischen Bedrohung', *Byzantinoslavica* 41: 33–43

Bryer, A. (1988–9), 'David Komnenos and St Eleutherios', *Ἀρχεῖον Πόντου* 42: 161–88

Cankova-Petkova, G. (1969), 'Griechisch-bulgarische Bündnisse in den Jahren 1235　923
und 1236', *Byzantinobulgarica* 3: 49–80

Gill, J. (1977), 'The tribulations of the Greek Church in Cyprus 1196–c. 1280',
Byzantinische Forschungen 5: 73–93

Gjuselev, V. (1977), 'Bulgarien und das Kaiserreich von Nikaia (1204–1261)', *Jahrbuch
der österreichischen Byzantinistik* 26: 143–54

Hussey, J.M. (1986), *The Orthodox Church in the Byzantine empire*, Oxford History of the
Christian Church, Oxford

Irmscher, J. (1970b), 'Das nikänische Kaisertum und Rußland', *Byzantion* 40: 377–84

Khatzepsaltes, K. (1951), 'Σχέσεις τῆς Κύπρου πρὸς τὸ ἐν Νικαία Βυζαντινὸν
Κράτος', *Κυπριακαὶ Σπουδαὶ* 15: 65–82

Khatzepsaltes, K. (1964), Ἡ Ἐκκλησία Κύπρου καὶ τὸ ἐν Νικαία οἰκουμενικὸν
Πατριαρχεῖον, ἀρχόμενου τόυ ΙΓ´ μ.χ. αἰώνος', *Κυπριακαὶ Σπουδαὶ* 28: 141–68

Kratonelles, A. (1964), Ἡ κατὰ τῶν Λατίνων Ἑλληνοβουλγαρικὴ Σύμπραξις ἐν
Θρακῃ (1204–1206), Athens

Kuršankis, M. (1988), 'L'empire de Trébizonde et les Turcs au 13e siècle', *Revue des études
Byzantines* 46: 109–24

Lampsidis, O. (1977–8), 'Ὁ ἀνταγωνισμὸς μεταξὺ τῶν Κράτων τῆς Νικαίας καὶ τῶν
Μεγάλων Κομνηνῶν διὰ τὴν κληρονομία τῆς βυζαντινῆς Ἰδέας', Ἀρχεῖον Πόντου
34: 3–19

Langdon, J.S. (1985), 'The forgotten Byzantino-Bulgarian assault and siege of
Constantinople, 1235–36 and the breakup of the *entente cordiale* between John III
Ducas Vatatzes and John Asen II as background to the genesis of the
Hohenstaufen–Vatatzes alliance of 1242', *Βυζαντινα καὶ Μεταβυζαντινα* 4: 105–35

Langdon, J.S. (1992), *Byzantium's last imperial offensive in Asia Minor: the documentary evidence
for the hagiographical lore about John III Ducas Vatatzes' crusade against the Turks, 1222 or 1225
to 1231*, New York

Obolensky, D. (1988), *Six Byzantine portraits*, Oxford

Petrović, M. (1980), 'Istorijsko-pravna strana Homatijanovog pisma "najprechasnijem
medju monasima i sinu velikog zhupana Srbije kir Savi"', *Zbornik radova vizantoloskog
instituta* 19: 173–208

Prinzing, G. (1972), *Die Bedeutung Bulgariens und Serbiens in den Jahren 1204–1219 im
Zusammenhang mit der Entstehung und Entwicklung der byzantinischen Teilstaaten nach der
Einnahme Konstantinopels infolge des 4. Kreuzzugs*, Munich

Savvides, A.G.K. (1981), *Byzantium in the Near East: its relations with the Seljuq sultanate of
Rum in Asia Minor, the Armenians of Cilicia and the Mongols, A.D. ca.1192–1237, Βυζαντινα
Κειμενα καὶ Μελεται*, 17, Thessalonika

Tarnanidas, I. (1975), 'Byzantine–Bulgarian ecclesiastical relations during the reigns of
Ioannis III Vatatzes and Ivan Asen II, up to the year 1235', *Cyrillomethodianum* 3:
28–52

Vasiliev, A. (1936), 'The foundation of the empire of Trebizond', *Speculum* 11: 3–37

Zhavoronkov, P.I. (1977), 'Nikejsko-bulgarskie otnoshenija pri Ivane II Asen
(1218–1241)', *Vizantiskie ocherki* 1: 95–209

Zhavoronkhov, P.I. (1978), 'Nikejskaja imperija i Vostok', *Vizantijskij Vremmenik* 39:
93–101

Zhavoronkhov, P.I. (1981), 'Nikejsko-bolgariskie otnoshenija v seredine XIII v.',
Byzantinobulgarica 7: 195–8

924 Zhavoronkhov, P.I. (1982), 'Nikejskaja imperija i knazhestva drvnej Rusi', *Vizantiskij Vremennik* 43: 81–9

Ecclesiastical history

Angold, M.J. (1988), ῾Η Βυζαντινὴ ἐκκλησία καὶ τὰ προβλήματα τοῦ γάμου. ῾Η συμβολὴ τοῦ Ἰωάννου Ἀπόκαυκου, μητροπολίτου Ναύπακτου', Δωδώνη 18: 179–95

Angold, M.J. (1995), *Church and society in Byzantium under the Comneni 1081–1261*, Cambridge

Basilikopoulou, A. (1981–2), ᾿Ανέκδοτη γραφὴ τοῦ Ἀπόκαυκου στὸν ᾿επίσκοπον Κορώνης', in Πρακτικὰ τοῦ β᾿ Διεθνοῦς Συνεδρίου Πελοποννησιακῶν Σπουδῶν, II, Athens, pp. 241–8

Bees, N.A. (1932–4), 'Die Klosterregeln des Nikephoros Blemmydis in bezug auf Pachomios Rhousanos sowie eine Inschrift aus Jenischehir', *Byzantinisch-neugriechische Jahrbücher* 10: 115–23

Bredenkamp, Fr. (1983a), 'The "Sampson Incident" ca. 1215 and the deterioration of Epirote–Nicaean orthodox ecclesiastical relations', Βυζαντιακα 3: 161–73

Constantelos, D.J. (1972), 'Emperor John Vatatzes' social concern: basis for canonisation', Κληρονομία 4: 92–104

Darrouzès, J. (1973), 'Les résponses canoniques de Jean de Kitros', *Revue des études byzantines* 31: 319–34

Dölger, F. (1950), 'Zwei byzantinische Reiterheroen erobern die Festung Melnik', *Ephemerides Instituti Archaeologici Bulgarici* 16: 275–9 (=F. Dölger, Παρασπορα, Ettal (1961), pp. 299–305)

Fogen, M.T. (1985), 'Horror Iuris. Byzantinische Rechtsgelehrte disziplinieren ihren Metropoliten', in L. Burgmann, M.T. Fogen and A. Schminck (eds.), *Cupido Legum*, Frankfurt, pp. 47–71

Grumel, V. (1929), 'Nicéphore Blemmyde et la procession du Saint-Esprit', *Revue des sciences philosophiques et théologiques* 18: 636–56

Karpozilos, A.D. (1973), *The ecclesiastical controversy between the kingdom of Nicaea and the principality of Epiros (1217–1233)*, Thessalonika

Lampsidis, O. (1977), 'Wunderbare Rettung des Theodoros Laskaris durch den Erzengel Michael', *Jahrbuch der österreichischen Byzantinistik* 26: 125–7

Laurent, V. (1954), 'Charisticariat et commende à Byzance', *Revue des études byzantines* 12: 100–13

Laurent, V. (1963), 'La succession épiscopale de la métropole de Thessalonique dans la première moitié du XIIIe siècle', *Byzantinische Zeitschrift* 54: 284–96

Laurent, V. (1969), 'La chronologie des patriarches de Constantinople au XIIIe siècle', *Revue des études byzantines* 27: 129–50

Macrides, R. (1981), 'Saints and sainthood in the early Palaiologan period', in S. Hackel (ed.), *The Byzantine saint*, London, pp. 67–87

Macrides, R. (1990), 'Subversion and loyalty in the cult of St Demetrios', *Byzantinoslavica* 51: 189–97

Macrides, R. (1992), 'Bad historian or good lawyer? Demetrios Chomatenos and novel 131', *DOP* 46: 187–96

Munitiz, J.A. (1980), 'Religious instruction in the mid-XIIIth century: the evidence of 925 an unpublished Greek θησαυρòς', in *Actes du XVe congrès international des études byzantines*, IV, Athens, pp. 253–8

Munitiz, J.A. (1981), 'Self-canonisation: the "Partial Account" of Nikephoros Blemmydes', in S. Hackel (ed.), *The Byzantine saint*, London, pp. 164–8

Munitiz, J.A. (1983), 'A "Wicked Woman" in the thirteenth century', *Jahrbuch der österreichischen Byzantinistik* 32, 2: 529–37

Munitiz, J.A. (1986), 'A missing chapter from the typikon of Nikephoros Blemmydes', *Revue des études byzantines* 44: 199–207

Nicol, D.M. (1952), 'Ecclesiastical relations between the despotate of Epiros and the kingdom of Nicaea in the years 1215 to 1230', *Byzantion* 22: 207–28

Nystazopoulou, M. (1964), 'Ὁ "Ἀλανικòς" τοῦ ἐπισκόπου Ἀλανίας Θεόδωρου καὶ ἡ εἰς τòν πατριαρχικòν θρόνον ἀνάρρησις Γερμανοῦ τοῦ β' (χρονολογικὴ διακρίβωσις)', *Ἐπετερις ἑταιρείας Βυζαντινῶν Σπουδων* 33: 270–8

Prinzing, G. (1983), 'Die Antigraphe des Patriarchen Germanos II. an Erzbischof Demetrios Chomatenos von Ohrid und die Korrespondenz zum nikäisch-epirotischen Konflikt 1212–1233', *Rivista di studi bizantini e slavi* 3: 21–64

Richter, G. (1984), 'Des Georgios Akropolites Gedanken über Theologie, Kirche und Kircheneinheit', *Byzantion* 54: 276–99

Rigo, A. (1993), 'Il patriarca Germano II (1223–40) e i Bogomili', *Revue des études byzantines* 51: 91–110

Stavridou-Zaphraka, A. (1990), *Νικαία καὶ Ἤπειρος τοῦ 13ου αἰώνα: ἰδεολογικὴ ἀντιπαράθεση στὴν προσπαθεία τους νὰ ἀνακτήσουν τὴν Αὐτοκρατορία*, Thessalonika

Wirth, P. (1972b), 'Ein Kuriosum in der Geschichte der Konstantinopolitischen Patriarchalkanzlei. Zur urkundenden Tätigkeit der Patriarchen Manuel I. (1217–1222) und Manuel II. (1244–1254)', *Byzantinische Forschungen* 4: 236–8

Scholarship and the arts

Andreeva, M.A. (1927), *Ocherki po kul'ture vizantijskago dvora v XIII veke*, Prague

Andreeva, M.A. (1938), 'A propos de l'éloge de l'empereur Jean III Batatzès par son fils Théodore II Lascaris', *Annales de l'Institut Kondakov* 10: 133–44

Astruc, C. (1965), 'La tradition manuscrite des œuvres oratoires profanes de Théodore II Lascaris', *Travaux et mémoires* 1: 393–404

Buchwald, H. (1979), 'Lascarid architecture', *Jahrbuch der österreichischen Byzantinistik* 28, 261–96

Codellas, S. 'Nikephoros Blemmydes' philosophical works and teachings (XIIIth c.)', in *Proceedings of the Xth International Congress of Philosophy*, Amsterdam, pp. 1117ff

Conley, T. (1985), 'Blemmydes' debt to Euthymios Zigabenos', *Greek, Roman, and Byzantine Studies* 26: 303–9

Constantinides, C.N. (1982), *Higher education in Byzantium in the thirteenth and early fourteenth centuries (1204–ca.1310)*, Texts and Studies of the History of Cyprus, XI, Nicosia

Dräseke, J. (1894), 'Theodoros Lascaris', *Byzantinische Zeitschrift* 3: 498–515

Dufrenne, S. (1972), 'Architecture et décor monumental d'art byzantin à l'époque de l'empire latin de Constantinople (1204–61)', *Byzantinische Forschungen* 4: 64–75

926 Eyice, S. (1958), 'La palais byzantin de Nymphaion près d'Izmir', in *Akten des XI. internationalen Byzantinisten-Kongresses*, Munich, pp. 150–3

Hörander, W. (1972), 'Prodromos-Reminiszenzen bei Dichtern der nikänischen Zeit', *Byzantinische Forschungen* 4: 88–113

Hörander, W. (1984), 'Die Progymnasmata des Theodoros Hexapterygos', in W. Hörander, *et al.* (eds.), Βυζάντιος. *Festschrift für Herbert Hunger zum 70. Geburtstag*, Vienna, pp. 147–62

Hunger, H. (1959), 'Von Wissenschaft und Kunst der frühen Palaiologenzeit', *Jahrbuch der österreichischen byzantinischen Gesellschaft* 8: 123–55

Ivanka, E. von (1972), 'Mathematische Symbolik in den beiden Schriften des Kaisers Theodoros II Laskaris, Δήλωσις φυσική und Περὶ φυσικῆς Κοινωνίας', *Byzantinische Forschungen* 4: 138–41

Kouzes, A.P. (1947), 'Τὰ ἰατρικὰ ἔργα τοῦ Νικηφόρου Βλεμμύδου κατὰ τοὺς ὑπάρχοντας κώδικας', Πρακτικὰ τῆς Ἀκαδημίας Ἀθηνῶν 19: 56–75

Lackner, W. (1972), 'Zum Lehrbuch der Physik des Nikephoros Blemmydes', *Byzantinische Forschungen* 4: 157–69

Lackner, W. (1981), 'Die erste Auflage des Physiklehrbuches des Nikephoros Blemmydes', in F. Paschke (ed.), *Überlieferungsgeschichtliche Untersuchungen*, Berlin, pp. 351–64

Lackner, W. (1986), 'Anthropologische Themen in den Schriften des Nikephoros Blemmydes', in C. Wenin (ed.), *L'homme et son univers au moyen âge*, Louvain, pp. 247–51

Lappa-Zizicas, E. (1950), 'Un traité inédit de Théodore II Lascaris', in *Actes du VIe congrès international des études byzantines*, 1, Paris, pp. 119–26

Merendino, E. (1986–7), 'Per la reedizione dell' ἐγκώμιον εἰς τὴν μεγαλόπολιν Νίκαιαν di Teodoro Lascaris', Δίπτυχα 4: 379–83

Munitiz, J.A. (1992), 'Autohagiography in the thirteenth century', *Byzantinoslavica* 53: 243–9

Niarchos, K.G. (1982), 'Τὰ ἰδιώματα τοῦ ἡγεμόνα. Ἀνάφορα στὴν πολιτικὴ διανόηση τοῦ Θεόδωρου II (Λάσκαρι) καὶ τοῦ Νικηφόρου Βλεμμύδου', in Φιλοσοφία καὶ Πολιτικὴ, Athens, pp. 237–48

Ševčenko, I. (1978), 'A new manuscript of Nicephorus Blemmydes' "Imperial Statue" and some patriarchal letters', *Byzantine Studies/Etudes byzantines* 5: 222–32

Ševčenko, I. (1982), 'Nicéphore Blemmydès, *Autobiographies* (1264 et 1265)', in *La civiltà bizantina dal XII al XV secolo*, III, Rome, pp. 111–37

Uthemann, K.-H. (1984), 'Zur Sprachtheorie des Nikephoros Blemmydes: Bemerkungen zu einem byzantinischen Beitrag zur Geschichte der Logik', *Jahrbuch der österreichischen Byzantinistik* 34: 123–53

Verhelst, M. (1966–7), 'La tradition manuscrite de Nicéphore Blemmyde: à propos du manuscrit, Paris, Bibl. Nat., grec 1999', *Bulletin de philosophie médiévale*, 8/9: 111–18

Verhelst, M. (1972), 'Le Περὶ ψυχῆς de Nicéphore Blemmyde: préliminaires à une édition critique', *Byzantinische Forschungen* 4: 214–19

Epiros

Angelomatis-Tsoungarakis, H.N. (1983), 'Women in the society of the despotate of Epiros', *Jahrbuch der österreichischen Byzantinistik*, 32, 2: 473–80

Angelov, D. (1951), 'K voprosu o praviteljakh fem v epirskom despotate i nikejskoj 927
imperii', *Byzantinoslavica* 12: 56–74

Barišić, F. (1966), 'Pismo Mihaila II Andjela dubrovačkom kneza iz 1237', *Zbornik Radova vizantiloškog Instituta* 9: 1–24

Bees-Seferle, E. (1971–6), "Ὁ χρόνος στέψεως, τοῦ Θεόδωρου Δούκα ὡς προσδιορί. ζεται ἐκ ἀνέκδοτων γραμμάτων Ἰωαννου τοῦ Ἀποκαύκου', *Byzantinisch-neugriechische Jahrbucher* 21: 272–9

Bredenkamp, Fr. (1983b), 'Sources for a history of the Byzantine Empire of Thessalonike (1224–1242) and a *Status quaestionis* of its historiography', Ἀπολλωνία: 27–55

Ferjanić, B. (1974), *Tesalija u XIII i IV veku*, Belgrade

Ferjanić, B. (1979), 'Solunski Car Manojlo Angeo (1230–1237)', *Zbornik filosofskog fakulteta* 14: 93–101

Ferjanić, B. (1989), 'Srbija i vizantijski svet u prvoj polovini XIII veka (1204–1261)', *Zbornik radova vizantološkog instituta*, 27/8: 103–48

Karpozilos, A.D. (1974), 'The date of the coronation of Theodore Doukas Angelos', *Βυζαντινα* 6: 251–61

Kiousopoulou, A. (1990), Ὁ θεσμὸς τῆς οἰκογένεια στὴν Ἤπειρον κατὰ τὸν 13o αἰώνα, Athens

Laiou, A. (1984), 'Contribution à l'étude de l'institution familiale en Epire au XIIIe siècle', *Fontes minores* 6: 277–323

Lampropoulos, K. (1988), Ἰωάννης Ἀπόκαυκος. Συμβολὴ στὴν ἔρευνα τοῦ βίου καὶ τοῦ συγγραφικοῦ ἔργου τον, Athens

Lampropoulos, K. (1988–9), "Ὁ χρόνος τῆς στέψης τοῦ ἡγεμόνα τῆς Ἠπείρου Θεόδωρου Α'Κομνηνου', Ἠπειρωτικὰ Χρονικὰ 29: 133–44

Loenertz, R.-J. (1973), 'Aux origines du despotat d'Epire et de la principauté d'Achaïe', *Byzantion* 43: 360–94

Longo, A.A. (1985–6), 'Per la storia di Corfù nel XIII secolo', *Rivista di studi bizantini e neoellenici* n.s. 22–3: 209–43

Magdalino, P. (1977), 'A neglected authority for the history of the Peloponnese in the early thirteenth century: Demetrius Chomatianos, archbishop of Bulgaria', *Byzantinische Zeitschrift* 70: 316–23

Nicol, D.M. (1957), *The despotate of Epiros*, Oxford

Nicol, D.M. (1976b), 'Refugees, mixed population and local patriotism in Epiros and western Macedonia after the Fourth Crusade', in *XVe congrès international des études byzantines, Rapports: 1. Histoire*, Athens, pp. 1–33

Nicol, D.M. (1980), 'Πρόσφατες ἔρευνες γιὰ τὶς ἀπαρχὲς τοῦ Δεσποτάτου τῆς Ἠπείρου', Ἠπειρωτικὰ Χρονικὰ 22: 39–48

Nicol, D.M. (1984), *The despotate of Epiros 1267–1479: a contribution to the history of Greece in the Middle Ages*, Cambridge

Prinzing, G. (1982, 1983), 'Studien zur Provinz- und Zentralverwaltung im Machtbereich der Epirotischen Herrscher Michael I. und Theodoros Doukas', Ἠπειρωτικὰ Χρονικὰ 24: 73–120; 25: 37–112

Prinzing, G. (1983), 'Sozialgeschichte der Frau im Spiegel der Chomatenos-Akten', *Jahrbuch der österreichischen Byzantinistik* 32, 2: 453–62

Prinzing, G. (1993), 'Die Verwaltungssystem im epirotischen Staat der Jahre 1210 bis. ca. 1246', *Byzantinische Forschungen* 19: 113–26 (with bibliography)

928 Simon, D. (1984a), 'Princeps legibus solutus. Die Stellung des byzantinischen Kaisers zum Gesetz', in D. Nörr and D. Simon (eds.), Gedächtnisschrift für Wolfgang Kunkel, Frankfurt, pp. 449–92

Simon, D., (1984b), 'Witwe Sachlikina gegen Witwe Horaia', Fontes minores 6: 325–75

Simon, D. (1986), 'Byzantinische Provinzialjustiz', Byzantinische Zeitschrift 79: 310–43

Simon, D. (1987), 'Die Bußbescheide des Erzbischofs Chomatian von Ochrid', Jahrbuch der österreichischen Byzantinistik 37: 235–75

Sinogowitz, B. (1952), 'Zur Eroberung Thessalonikes im Herbst 1224', Byzantinische Zeitschrift 45: 28

Stavridou-Zaphraka, A. (1988), 'Συμβολὴ στὸ Ζήτημα τῆς ἀναγορεύσεως τοῦ Θεόδωρου Δούκα', in Ἀφιέρωμα στόν Ε. Κριαρά, Thessalonika

Stiernon, L. (1959), 'Les origines du despotat d'Epire', Revue des études byzantines 17: 90–126

Stiernon, L. (1964), 'Les origines du despotat d'Epire (suite)', in Actes du XIIe congrès d'études byzantines. Ochride 1961, 11, Belgrade, pp. 197–202

Michael VIII Palaiologos

Arnakis, G.G. (1964), 'Byzantium's Anatolian provinces during the reign of Michael Palaeologus', in Actes du XIIe congrès international d'études Byzantines, 11, Belgrade, pp. 37–44

Burgmann, L. and Magdalino, P. (1984), 'Michael VIII on maladministration: an unpublished novel of the early Palaiologan period', Fontes minores 6: 377–90

Canard, M. (1935), 'Le traité de 1281 entre Michel Paléologue et le Sultan Qalâ'un', Byzantion 10: 669–80

Canard, M. (1937), 'Un traité entre Byzance et l'Egypte au XIIIe siècle et les relations diplomatiques de Michel VIII Paléologue avec les sultans Mamlûks Baibars et Qalâ'un,' in Mélanges Gaudefroy-Demombynes, Cairo, pp. 197–224 (=M. Canard, Byzance et les musulmans du Proche Orient, London (1973), no. IV)

Capizzi, C. (1985), 'Il IIᵒ concilio di Lione e l'Unione del 1274: saggio bibliografico', Orientalia christiana periodica 51: 87–122

Chapman, C. (1926), Michel Paléologue, restaurateur de l'empire byzantin (1261–82), Paris

Dabrowska, M. (1989), 'L'attitude pro-byzantine de Saint-Louis', Byzantinoslavica 50: 11–23

Dölger, F. (1940), 'Die dynastische Familienpolitik des Kaisers Michael Palaiologos', in Festschrift E. Eichman zum 70. Geburtstag, Paderborn, pp. 179–90 (=F. Dölger, ΠΑΡΑΣΠΟΡΑ, Ettal, pp. 178–88)

Dölger, F. (1956), 'Der Vertrag des Sultans Qalâ'un von Ägypten mit dem Kaiser Michael VIII. Palaiologos (1281)', in Serta Monacensia, Festschrift F. Babinger, Leiden, pp. 60–79 (=F. Dölger, Byzantinische Diplomatik, Ettal (1956), pp. 225–44)

Dunbabin, J. (1998). Charles I of Anjou: power, kingship and state-making in thirteenth-century Europe, London

Evert-Kappesowa, H. (1949), 'La société byzantine et l'Union de Lyon', Byzantinoslavica 10: 28–41

Evert-Kappesowa, H. (1952–3), 'Une page de l'histoire des relations byzantino-latines: le clergé byzantin et l'Union de Lyon (1274–1282)', Byzantinoslavica 12: 68–92

Evert-Kappesowa, H. (1955), 'Byzance et le saint-siège à l'époque de l'Union de Lyon',　929
Byzantinoslavica 16: 297–317

Evert-Kappesowa, H. (1956), 'La fin de l'Union de Lyon', Byzantinoslavica 17: 1–18

Failler, A. (1986), 'La proclamation impériale de Michel VIII et d'Andronic II', Revue des
études byzantines 44: 237–51

Franchi, A. (1965), Il Concilio II de Lione, Studi e testi francescane, 33, Naples

Franchi, A. (1984), I Vespri siciliani e le relazioni tra Roma e Bisanzio, Palermo

Geanakoplos, D.J. (1953a), 'The Nicene revolution of 1258 and the usurpation of
Michael VIII Palaeologus', Traditio 9: 420–30

Geanakoplos, D.J. (1953b), 'Michael VIII Palaeologus and the Union of Lyons (1274)',
Harvard Theological Review 46: 79–89

Geanakoplos, D.J. (1954), 'On the schism of the Greek and Roman Churches: a
confidential papal directive for the implementation of Union (1278)', Greek Orthodox
Theological Review 1: 16–24

Geanakoplos, D.J. (1959), Emperor Michael Palaeologus and the west, 1258–1282: a study in late
Byzantine–Latin relations, Cambridge, MA

Geanakoplos, D.J. (1976), 'Bonaventura, the Mendicant Orders and the Greeks at the
Council of Lyons', Studies in Church History 13: 183–211

Hofmann, G. (1945), 'Patriarch Johann Bekkos und die lateinische Kultur', Orientalia
christiana periodica 11: 141–64

Irmscher, J. (1986), 'Über den Charakter der Orientpolitik König Manfreds von
Sizilien', in Βυζάντιον. Ἀφιέρωμα στὸν Α.Ν. Στρατὸ, Athens, 1, pp. 93–9

Laurent, V. (1946), 'Le rapport de Georges le Métochite apocrisaire de Michel
VIII auprès du pape Grégoire X (1275/6)', Revue historique du sud-est européen 23:
233–47

Loenertz, R.-J. (1965), 'Mémoire d'Ogier, protonotaire, pour Marco et Marchetto
nonces de Michel VIII Paléologue auprès du pape Nicholas III. 1278 printemps-été',
Orientalia christiana periodica 31: 374–408

Macrides, R.J. (1980), 'The new Constantine and the new Constantinople – 1261',
Byzantine and Modern Greek Studies 6: 13–41

Nicol, D.M. (1956), 'The date of the battle of Pelagonia', Byzantinische Zeitschrift 49:
68–71

Nicol, D.M. (1961), 'The Greeks and the Union of the Churches: the preliminaries to
the second Council of Lyons, 1261–1274', in J.A. Watt, et al. (eds.), Medieval studies pre-
sented to A. Gwynn, S.J., Dublin, pp. 454–80

Nicol, D.M. (1962), 'The Greeks and the Union of the Churches: the report of Ogerius,
protonotarius of Michael VIII Palaiologos, in 1280', Proceedings of the Royal Irish
Academy 63, sect. C. 1, pp. 1–16

Nicol, D.M. (1971), 'The Byzantine reaction to the second Council of Lyons, 1274',
Studies in Church History 7: 113–46

Nicol, D.M. (1989), 'Popular religious roots of the Byzantine reaction to the second
Council of Lyons', in C. Ryan (ed.), The religious roles of the papacy: ideals and realities,
Papers in Medieval Studies 8: 321–39

Nicol, D.M. (1993), The last centuries of Byzantium 1261–1453, 2nd edn, Cambridge

Richter, G. (1990), 'Johannes Bekkos und sein Verhältnis zur römischen Kirche',
Byzantinische Forschungen 15: 167–217

930　Roberg, B. (1964), *Die Union zwischen der griechischen und lateinischen Kirche auf dem II. Konzil von Lyon (1274)*, Bonn

Roberg, B. (1990), *Das Zweite Konzil von Lyon (1274)*, Paderborn, Munich, Vienna and Zurich

Rouillard, G. (1943), 'La politique de Michel VIII Paléologue à l'égard des monastères', *Etudes byzantines* 1: 73–84

Runciman, S. (1958), *The Sicilian Vespers: a history of the Mediterranean world in the late thirteenth century*, Cambridge

Runciman, S. (1960), 'The ladies of the Mongols', in Εἰς μνήμη Κ. Ἀμάντου, Athens, pp. 46–53

Talbot, A.-M. (1992), 'Empress Theodora Palaiologina, wife of Michael VIII', *DOP* 46: 295–303

Talbot, A.-M. (1993), 'The restoration of Constantinople under Michael VIII', *DOP* 47: 243–61

Wirth, P. (1961), 'Die Begründung der Kaisermacht Michaels VIII Palaiologos', *Jahrbuch der österreichischen byzantinischen Gesellschaft* 10: 85–91

Wirth, P. (1962), 'Von der Schlacht von Pelagonia bis Wiedereroberung Konstantinopels: zur äußeren Geschichte der Jahre 1259–1261', *Byzantinische Zeitschrift* 55: 30–7

18(1)　地中海地区的13世纪十字军东征

Secondary works

Abulafia, David (1988), *Frederick II: a medieval emperor*, London

Barber, Malcolm (1984), 'The Crusade of the Shepherds in 1251', in John F. Sweets (ed.), *Proceedings of the Tenth Annual Meeting of the Western Society for French History*, Lawrence, KS, pp. 1–23

Beebe, Bruce (1975), 'The English baronage and the crusade of 1270', *BIHR* 48: 127–48

Brand, Charles M. (1968a), 'A Byzantine plan for the Fourth Crusade', *Speculum* 43: 462–75

Brand, Charles M. (1968b), *Byzantium confronts the west, 1180–1204*, Cambridge, MA

Brand, Charles M. (1984), 'The Fourth Crusade: some recent interpretations', *Medievalia et humanistica* 12: 33–45

Bridrey, Emile (1900), *La condition juridique des croisés et le privilège de croix*, Paris

Brundage, James A. (1967a), 'The crusader's wife: a canonistic quandary', *Studia Gratiana* 12: 425–41

Brundage, James A. (1967b), 'The crusader's wife revisited', *Studia Gratiana* 14: 241–51

Brundage, James A. (1969), *Medieval canon law and the crusader*, Madison, WI

Cardini, Franco (1974), 'Nella presenza del soldan superbo: Bernardo, Francesco, Bonaventura e il superamento spirituale dell'idea di crociata', *Studi francescani* 71: 199–250

Cardini, Franco (1977), 'La crociata nel Duecento: l'avatara di un ideale', *Archivio storico italiano* 135: 101–39

Cessi, Roberto (1951), 'Venezia e la quarta crociata', *Archivio veneto* 5th ser. 48/9: 1–52

Cole, Penny J. (1991), *The preaching of the crusades to the Holy Land, 1095–1270*, Cambridge, MA　　931

Dickson, Gary (1988), 'The advent of the *pastores* (1251)', *Revue belge de philologie et d'histoire* 66: 249–67

Dickson, Gary (1989), 'The Flagellants of 1260 and the crusades', *JMH* 15: 227–67

Donovan, Joseph P. (1950), *Pelagius and the Fifth Crusade*, Philadelphia, PA

Folda, Jaroslav (1965), 'The Fourth Crusade, 1201–1203 (some reconsiderations)', *Byzantinoslavica* 26: 277–90

Forey, Alan J. (1973), 'The crusading vows of the English King Henry III', *Durham University Journal* 65: 229–47

Forey, Alan J. (1980), 'The military Orders in the crusading proposals of the late-thirteenth and early-fourteenth centuries', *Traditio* 36: 317–45

Gatto, Ludovico (1959), *Il pontificato di Gregorio X, 1271–1276*, Rome

Gill, Joseph (1973), 'Innocent III and the Greeks: aggressor or apostle?', in Derek Baker (ed.), *Relations between east and west in the Middle Ages*, Edinburgh, pp. 95–108

Gill, Joseph (1979), *Byzantium and the papacy, 1198–1400*, New Brunswick, NJ

Godfrey, John (1980), *1204: the unholy crusade*, Oxford

Gottlob, Adolf (1892), *Die päpstlichen Kreuzzugssteuern des 13. Jahrhunderts*, Heiligenstadt

Housley, Norman J. (1982), *The Italian crusades: the papal–Angevin alliance and the crusades against Christian lay powers, 1254–1343*, Oxford

Housley, Norman J. (1986), *The Avignon papacy and the crusades, 1305–1378*, Oxford

Housley, Norman J. (1992), *The later crusades, 1274–1580: from Lyons to Alcázar*, Oxford

Jackson, Peter (1980), 'The crisis in the Holy Land in 1260', *EHR* 95: 481–513

Jackson, Peter (1987), 'The crusades of 1239–41 and their aftermath', *BSOAS* 50: 32–60

Jordan, William C. (1976), 'Supplying Aigues-Mortes for the crusade of 1248: the problem of restructuring trade', in William C. Jordan, *et al.* (eds.), *Order and innovation in the Middle Ages*, Princeton, NJ, pp. 165–72

Jordan, William C. (1979), *Louis IX and the challenge of the crusade: a study in rulership*, Princeton, NJ

Kedar, Benjamin Z. (1972), 'The passenger list of a crusader ship, 1250: towards the history of the popular element on the Seventh Crusade', *Studi medievali* 3rd ser. 13: 267–79

Kedar, Benjamin Z. (1984), *Crusade and mission: European approaches toward the Muslims*, Princeton, NJ

Laurent, Vitalien (1945), 'La croisade et la question d'orient sous le pontificat de Grégoire X (1272–1276)', *Revue d'histoire sud-est européenne* 22: 105–37

Lloyd, Simon (1984), 'The Lord Edward's crusade, 1270–2: its setting and significance', in John Gillingham and J.C. Holt (eds.), *War and government in the Middle Ages*, Woodbridge, pp. 120–33

Lloyd, Simon (1986), 'Gilbert de Clare, Richard of Cornwall and the Lord Edward's crusade', *Nottingham Medieval Studies* 30: 46–66

Lloyd, Simon (1988), *English society and the crusade 1216–1307*, Oxford

Longnon, Jean (1939), *Recherches sur la vie de Geoffroy de Villehardouin*, Paris

Longnon, Jean (1976), 'Les vues de Charles d'Anjou pour la deuxième croisade de Saint-Louis: Tunis ou Constantinople?', in *Septième centenaire de la mort de Saint-Louis: actes des colloques de Royaumont et de Paris*, Paris, pp. 183–95

932　Longnon, Jean (1978), *Les compagnons de Villehardouin: recherches sur les croisés de la quatrième croisade*, Geneva

Luchaire, Achille (1911), *Innocent III: la question d'orient*, Paris

Lunt, William E. (1934), *Papal revenues in the Middle Ages*, 2 vols., New York

Lunt, William E. (1939), *Financial relations of the papacy with England to 1327*, Cambridge, MA

Macquarrie, Alan (1985), *Scotland and the crusades 1095–1560*, Edinburgh

Marshall, Christopher (1991), *Warfare in the Latin east 1192–1291*, Cambridge

Martini, Giuseppe (1944), 'Innocenzo III ed il finanziamento delle crociate', *Archivio della R. deputazione romana di storia patria* 67: 309–35

Mayer, Hans E. (1967), 'Das Pontifikale von Tyrus und die Krönung der lateinischen Könige von Jerusalem: zugleich ein Beitrag zur Forschung über Herrschaftszeichen und Staatssymbolik', *DOP* 21: 141–232

Mayer, Hans E. (1988), *The crusades*, 2nd edn, Oxford

Mayer, Hans E. and McLellan, Joyce (1989), 'Select bibliography of the crusades', in Harry W. Hazard and Norman P. Zacour (eds.), *A history of the crusades*, VI: *The impact of the crusades on Europe*, Madison, WI, pp. 511–664

Miccoli, Giovanni (1961), 'La "Crociata dei fanciulli" del 1212', *Studi medievali* 3rd ser. 2: 407–43

Pixton, Paul B. (1978), 'Die Anwerbung des Heeres Christi: Prediger des Fünften Kreuzzuges in Deutschland', *DA* 34: 166–91

Powell, James M. (1977), 'Honorius III and the leadership of the crusade', *Catholic Historical Review* 63: 521–36

Powell, James M. (1983a), 'Crusading by royal command: monarchy and crusade in the kingdom of Sicily', in *Potere, società e popolo tra età normanna ed età sveva*, Bari, pp. 131–46

Powell, James M. (1983b), 'Francesco d'Assisi e la Quinta Crociata: una missione di pace', *Schede medievali* 4: 68–77

Powell, James M. (1986), *Anatomy of a crusade 1213–1221*, Philadelphia

Pryor, John H. (1988), *Geography, technology, and war: studies in the maritime history of the Mediterranean 649–1571*, Cambridge

Purcell, Maureen (1975), *Papal crusading policy 1244–1291*, Leiden

Queller, Donald E. (1978), *The Fourth Crusade: the conquest of Constantinople 1201–1204*, Leicester; 2nd edn, 1998

Queller, Donald E. and Day, Gerald W. (1976), 'Some arguments in the defense of the Venetians on the Fourth Crusade', *American Historical Review* 81: 717–37

Queller, Donald E. and Gill, Joseph (1970), 'Franks, Venetians and Pope Innocent III', *Studi veneziani* 12: 85–105

Queller, Donald E. and Katele, Irene (1982), 'Attitudes toward the Venetians on the Fourth Crusade: the western sources', *International History Review* 4: 1–36

Queller, Donald E. and Stratton, Susan J. (1969), 'A century of controversy on the Fourth Crusade', *Studies in Medieval and Renaissance History* 6: 233–77

Queller, Donald E., Compton, Thomas K. and Campbell, Donald A. (1974), 'The Fourth Crusade: the neglected majority', *Speculum* 49: 441–65

Raedts, Peter (1977), 'The Children's Crusade of 1212', *JMH* 3: 279–323

Richard, Jean (1969), 'The Mongols and the Franks', *Journal of Asian History* 3: 45–57

Richard, Jean (1976), 'La politique orientale de Saint-Louis: la croisade de 1248', in

Septième centenaire de la mort de Saint-Louis: actes des colloques de Royaumont et de Paris, Paris, 933
pp. 197–207

Richard, Jean (1992), *Saint Louis: crusader king of France*, trans. S. Lloyd, Cambridge

Riley-Smith, Jonathan S.C. (1977), *What were the crusades?*, London

Riley-Smith, Jonathan S.C. (1980), 'Crusading as an act of love', *History* 65: 1977–92

Riley-Smith, Jonathan S.C. (1987), *The crusades: a short history*, London

Röhricht, Reinhold (1874–8), *Beiträge zur Geschichte der Kreuzzüge*, 2 vols., Berlin

Röhricht, Reinhold (1890), *Kleine Studien zur Geschichte der Kreuzzüge*, Berlin

Röhricht, Reinhold (1891), *Studien zur Geschichte des Fünften Kreuzzuges*, Innsbruck

Roscher, Helmut (1969), *Papst Innocenz III. und die Kreuzzüge*, Göttingen

Runciman, Steven (1951–4), *A history of the crusades*, 3 vols., Cambridge

Russell, Frederick H. (1975), *The Just War in the Middle Ages*, Cambridge

Schein, Sylvia (1979), '*Gesta Dei per Mongolos* 1300: the genesis of a non-event', *EHR* 94:
805–19

Schein, Sylvia (1984), 'The future *Regnum Hierusalem*: a chapter in medieval state plan-
ning', *JMH* 10: 95–105

Schein, Sylvia (1985), 'Philip IV and the crusade: a reconsideration', in Peter W. Edbury
(ed.), *Crusade and settlement*, Cardiff, pp. 121–6

Schein, Sylvia (1991), *Fideles crucis: the papacy, the west, and the recovery of the Holy Land
1274–1314*, Oxford

Schmandt, Raymond H. (1975), 'The Fourth Crusade and the Just-War theory', *Catholic
Historical Review* 61: 191–221

Schwerin, Ursula (1937), *Die Aufrufe der Päpste zur Befreiung des Heiligen Landes von den
Anfängen bis zum Ausgang Innocenz IV: ein Beitrag zur Geschichte der kurialen
Kreuzzugspropaganda und der päpstlichen Epistolographie*, Berlin

Siberry, Elizabeth (1983), 'Missionaries and crusaders, 1095–1274: opponents or
allies?', *Studies in Church History* 20: 103–10

Siberry, Elizabeth (1985), *Criticism of crusading 1095–1274*, Oxford

Spence, R. (1979), 'Gregory IX's attempted expedition to the Latin Empire of
Constantinople: the crusade for the Union of the Latin and Greek Churches', *JMH*
5: 163–76

Sternfeld, Richard (1896), *Ludwigs des Heiligen Kreuzzug nach Tunis 1270 und die Politik Karls
I. von Sizilien*, Berlin

Stickel, Erwin (1975), *Der Fall von Akkon: Untersuchungen zum Abklingen des
Kreuzzugsgedankens am Ende des 13. Jahrhunderts*, Berne

Throop, Palmer A. (1940), *Criticism of the crusade: a study of public opinion and crusade propa-
ganda*, Amsterdam

Tyerman, Christopher (1986), 'Some English evidence of attitudes to crusading in the
thirteenth century', in P.R. Coss and S.D. Lloyd (eds.), *Thirteenth century England*, 1:
Proceedings of the Newcastle upon Tyne Conference 1985, Woodbridge, pp. 168–74

Tyerman, Christopher (1988), *England and the crusades 1095–1588*, Chicago

Van Cleve, Thomas C. (1972), *The Emperor Frederick II of Hohenstaufen, Immutator Mundi*,
Oxford

Villey, Michel (1942), *La croisade: essai sur la formation d'une théorie juridique*, Paris

Wolff, Robert L. and Hazard, Harry W. (eds.) (1969), *A history of the crusades*, II: *The later
crusades, 1189–1311*, Madison, WI

18(2) 十字军建立的国家

Secondary works

Barag, D. (1979), 'A new source concerning the ultimate borders of the Latin kingdom of Jerusalem', *Israel Exploration Journal* 29: 197–217

Benvenisti, M. (1970), *The crusaders in the Holy Land*, Jerusalem

Boase, T.S.R. (1971), *Kingdoms and strongholds of the crusaders*, London

Boase, T.S.R. (ed.) (1978), *The Cilician kingdom of Armenia*, Edinburgh

Bromiley, J. (1977), 'Philip of Novara's account of the war between Frederick II of Hohenstaufen and the Ibelins', *JMH* 3: 325–37

Buchthal, H. (1957), *Miniature painting in the Latin kingdom of Jerusalem*, Oxford

Bulst-Thiele, M.L. (1966), 'Zur Geschichte der Ritterorden und des Königreichs Jerusalem im 13. Jahrhundert, bis zur Schlacht bei la Forbie am 17 Okt. 1244', *DA* 22: 197–226

Bulst-Thiele, M.L. (1974), *Sacrae domus militiae templi hierosolymitani magistri*, Göttingen

Cahen, C. (1940), *La Syrie du nord à l'époque des croisades et la principauté franque d'Antioche*, Paris

Chandon de Briailles, F. (1946–8), 'Lignages d'Outre-Mer, les seigneurs de Margat', *Syria* 25: 231–58

du Fresne du Cange, C. (1869), *Les familles d'Outremer*, ed. E.G. Rey, Paris

Edbury, P.W. (1974), 'The Ibelin counts of Jaffa: a previously unknown passage from the "Lignages d'Outremer"', *EHR* 89: 604–10

Edbury, P.W. (1977), 'Feudal obligations in the Latin east', *Byzantion* 47: 328–56

Edbury, P.W. (1978), 'The "Cartulaire de Manosque": a grant to the Templars in Latin Syria and a charter of King Hugh I of Cyprus', *BIHR* 51: 174–81

Edbury, P.W. (1979), 'The disputed regency of the kingdom of Jerusalem, 1264/6 and 1268', *Camden Miscellany* 27 (=Camden 4th series 22): 1–47

Edbury, P.W. (1980), 'The baronial coinage of the Latin kingdom of Jerusalem', in P.W. Edbury and D.M. Metcalf (eds.), *Coinage in the Latin east*, Oxford, pp. 59–72

Edbury, P.W. (1983), 'John of Ibelin's title to the county of Jaffa and Ascalon', *EHR* 98: 115–33

Edbury, P.W. (ed.) (1985), *Crusade and settlement: papers read at the First Conference of the Society for the Study of the Crusades and the Latin East and presented to R.C. Smail*, Cardiff

Edbury, P.W. (1989), 'La classe des propriétaires terriens franco-chypriotes et l'exploitation des ressources rurales de l'Ile de Chypre', in M. Balard (ed.), *Etat et colonisation au moyen âge*, Lyon, pp. 145–52

Edbury, P.W. (1990), 'The "Livre" of Geoffrey le Tor and the "Assises" of Jerusalem', in M.J. Peláez (ed.), *Historia administrativa y ciencia de la administracion comparada. Trabajos en homenaje a Ferran Valls i Taberner*, xv, Barcelona, pp. 4291–8

Edbury, P.W. (1991), *The kingdom of Cyprus and the crusades, 1191–1374*, Cambridge

Favreau, M.-L. (n.d. [1975]), *Studien zur Frühgeschichte des deutschen Ordens*, Kiel and Stuttgart

Favreau, M.-L. (1977), 'Die Kreuzfahrerherrschaft Scandelion (Iskanderune)', *Zeitschrift des deutschen Palästina-Vereins* 93: 12–29

Favreau-Lilie, M.-L. (1986), 'Friedenssicherung und Konfliktbegrenzung: Genua, Pisa 935
und Venedig in Akkon, ca. 1220–1224', in G. Airaldi and B.Z. Kedar (eds.), *I comuni italiani nel regno crociato di Gerusalemme*, Genoa, pp. 429–47

Favreau-Lilie, M.-L. (1987), 'Die italienischen Kirchen im Heiligen Land, 1098–1291', *Studi veneziani* 13: 15–101

Folda, J. (1976), *Crusader manuscript illumination at Saint-Jean d'Acre, 1275–1291*, Princeton

Forey, A.J. (1977), 'The military Order of St Thomas of Acre', *EHR* 92: 481–503

Gill, J. (1977), 'The tribulations of the Greek Church in Cyprus, 1196–c.1280', *Byzantinische Forschungen* 5: 73–93

Grandclaude, M. (1923), *Etude critique sur les livres des Assises de Jérusalem*, Paris

Hamilton, B. (1980), *The Latin Church in the crusader states: the secular Church*, London

Hill, G. (1940–52), *A history of Cyprus*, 4 vols., Cambridge

Hilsch, P. (1980), 'Der Deutsche Ritterorden im südlichen Libanon', *Zeitschrift des deutschen Palästina-Vereins* 96: 174–89

Holt, P.M. (1976), 'Qalawun's treaty with Acre in 1283', *EHR* 91: 802–12

Holt, P.M. (1980), 'The treaties of the early Mamluk sultans with the Frankish states', *BSOAS* 43: 67–76

Holt, P.M. (1986), *The age of the crusades: the Near East from the eleventh century to 1517*, London and New York

Holt, P.M. (1988), 'Mamluk–Frankish diplomatic relations in the reign of Baybars (685–96/1260–77)', *Nottingham Medieval Studies* 32: 181–95

Hubatsch, W. (1955), 'Der deutsche Orden und die Reichslehnschaft über Cypern', *Nachrichten der Akad. der Wissenschaften in Göttingen. Philol-Hist. Kl.*: 245–306

Humphreys, R.S. (1977), *From Saladin to the Mongols: the Ayyubids of Damascus, 1193–1260*, Albany

Irwin, R. (1980), 'The supply of money and the direction of trade in thirteenth-century Syria', in P.W. Edbury and D.M. Metcalf (eds.), *Coinage in the Latin east*, Oxford, pp. 73–104

Irwin, R. (1985), 'The Mamluk conquest of the county of Tripoli', in Edbury (1985), pp. 246–50

Irwin, R. (1986), *The Middle East in the Middle Ages: the early Mamluk sultanate*, London and Sydney

Jackson, P. (1980), 'The crisis in the Holy Land in 1260', *EHR* 95: 481–513

Jackson, P. (1986), 'The end of Hohenstaufen rule in Syria', *BIHR* 59: 20–36

Jackson, P. (1987), 'The crusades of 1239–41 and their aftermath', *BSOAS* 50: 32–60

Jacoby, D. (1977a), 'Citoyens, sujets and protégés de Venise et de Gênes en Chypre de XIIIe au XVe siècle', *Byzantinische Forschungen* 5: 159–88

Jacoby, D. (1977b), 'L'expansion occidentale dans le Levant: les Vénitiens à Acre dans la seconde moitié du treizième siècle', *JMH* 3: 225–64

Jacoby, D. (1982), 'Montmusard, suburb of crusader Acre: the first stage of its development', in Kedar (1982), pp. 205–17

Jacoby, D. (1986a), 'The kingdom of Jerusalem and the collapse of Hohenstaufen power in the Levant', *DOP* 40: 83–101

Jacoby, D. (1986b), 'A Venetian manual of commercial practice from crusader Acre', in G. Airaldi and B.Z. Kedar (eds.), *I comuni italiani nel regno crociato di Gerusalemme*, Genoa, pp. 401–28

936　Kedar, B.Z., *et al.* (eds.) (1982), *Outremer: studies in the history of the crusading kingdom of Jerusalem*, Jerusalem

La Monte, J.L. (1937), 'John d'Ibelin: the old lord of Beirut, 1177–1236', *Byzantion* 12: 417–58

La Monte, J.L. (1944–5), 'The lords of Sidon in the twelfth and thirteenth centuries', *Byzantion* 17: 183–211

La Monte, J.L. (1947), 'The lords of Caesarea in the period of the crusades', *Speculum* 22: 145–61

La Monte J.L. and Downs, N. (1950), 'The lords of Bethsan in the kingdoms of Jerusalem and Cyprus', *Medievalia et humanistica* 6: 57–75

La Monte, J.L. and Hubert, M.J. (1936), *The wars of Frederick II against the Ibelins in Syria and Cyprus*, New York

Loud, G.A. (1985), 'The *Assise sur la Ligece* and Ralph of Tiberias', in Edbury (1985), pp. 206–12

Lourie, E. (1969), 'An offer of the suzerainty and escheat of Cyprus to Alphonso III of Aragon by Hugh de Brienne in 1289', *EHR* 84: 101–8

Marshall, C.J. (1989), 'The French regiment in the Latin east', *JMH* 15: 301–7

Marshall, C.J. (1990), 'The use of the charge in battles in the Latin east, 1192–1291', *BIHR* 63: 221–6

Marshall, C.J. (1991), *Warfare in the Latin east 1192–1291*, Cambridge

Mas Latrie, L. de (1852–61), *Histoire de l'île de Chypre sous le règne des princes de la maison de Lusignan*, Paris

Mayer, H.E. (1967), 'Das Pontifikale von Tyrus und die Krönung der lateinischen Könige von Jerusalem', *DOP* 21: 141–232

Mayer, H.E. (1972), *Marseilles Levantehandel und ein akkonensisches Fälscheratelier des 13. Jahrhunderts*, Tübingen

Mayer, H.E. (1977a), *Bistümer, Klöster und Stifte im Königreich Jerusalem*, Stuttgart

Mayer, H.E. (1977b), 'Die Kreuzfahrerherrschaft *Arrabe*', *Zeitschrift des Deutschen Palästina-Vereins* 93: 198–212

Mayer, H.E. (1978a), 'Ibelin *versus* Ibelin: the struggle for the regency of Jerusalem, 1253–1258', *Proceedings of the American Philosophical Society* 122: 25–57

Mayer, H.E. (1978b), *Das Siegelwesen in den Kreuzfahrerstaaten*, Munich

Mayer, H.E. (1980), 'Die Seigneurie de Joscelin und der deutsche Orden', in J. Fleckenstein and M. Hellmann (eds.), *Die geistlichen Ritterorden Europas*, Sigmaringen

Mayer, H.E. (1984), 'John of Jaffa, his opponents and his fiefs', *Proceedings of the American Philosophical Society* 128: 134–63

Mayer, H.E. (1988), *The crusades*, 2nd edn, Oxford

Mayer, H.E. and McLellan, J. (1989), 'Select bibliography of the crusades', in Setton (1955–89), VI, pp. 511–64

Metcalf, D.M. (1983), *Coinage of the crusades and the Latin east in the Ashmolean Museum Oxford*, London

Morgan, D.O. (1985), 'The Mongols in Syria, 1260–1300', in Edbury (1985), pp. 231–5

Morgan, M.R. (1973), *The Chronicle of Ernoul and the Continuations of William of Tyre*, Oxford

Papadopoulou, E. (1983), 'Οἱ πρῶτες ἐγκαταστάσεις Βενετῶν στην Κυπρο', Ευμμεικτχ τοῦ Κέντρου βυζαντινων Ερευνῶν 5: 303–32

Paris, G. (1902), 'Les mémoires de Philippe de Novare', *ROL* 9: 164–205

Partner, P. (1982), *The murdered magicians: the Templars and their myth*, Oxford

Prawer, J. (1969–70), *Histoire du royaume latin de Jérusalem*, 2 vols., Paris　　937

Prawer, J. (1972), *The Latin kingdom of Jerusalem*, London

Prawer, J. (1980), *Crusader institutions*, Oxford

Prawer, J. (1988), *The history of the Jews in the Latin kingdom of Jerusalem*, Oxford

Pringle, D. (1985), 'Reconstructing the castle of Safad', *Palestine Exploration Quarterly* 117: 139–49

Pringle, D. (1986), *The Red Tower (Al-Burj al-Ahmar): settlement in the plain of Sharon at the time of the crusaders and Mamluks, 1099–1516*, London

Pryor, J.H. (1988), *Geography, technology and war: studies in the maritime history of the Mediterranean 649–1571*, Cambridge

Rey, E.G. (1895), 'Les seigneurs de Giblet', *ROL* 3: 398–422

Richard, J. (1950), 'Pairie d'orient latin: les quatre baronnies des royaumes de Jérusalem et de Chypre', *Revue historique de droit français et étranger* 4th series 28: 67–88

Richard, J. (1953), 'Un partage de seigneurie entre Francs et Mamelouks: les "casaux de Sur"', *Syria* 30: 72–82

Richard, J. (1969), 'The Mongols and the Franks', *Journal of Asian History* 3: 45–57

Richard, J. (1969–70), 'L'abbaye cistercienne de Jubin et le prieuré Saint-Blaise de Nicosie', Ἐπετερὶς τοῦ Κέντρου Ἐπιστημονικῶν Ἐρευνῶν 3: 63–74

Richard, J. (1972), 'Le comté de Tripoli dans les chartes du fonds des Porcellet', *Bulletin de l'Ecole des chartes* 130: 339–82

Richard, J. (1979a), *The Latin kingdom of Jerusalem*, trans. J. Shirley, Amsterdam

Richard, J. (1979b), 'Le peuplement latin et syrien en Chypre au XIIIe siècle', *Byzantinische Forschungen* 7: 157–73

Richard, J. (1986a), 'La diplomatique royale dans les royaumes d'Arménie et de Chypre (XIIe–XVe siècles)', *Bulletin de l'Ecole des chartes* 144: 69–86

Richard, J. (1986b), 'La lettre du Connétable Smbat et les rapports entre Chrétiens et Mongols au milieu de XIIIème siècle, in D. Kouymjian (ed.), *Armenian studies in memoriam Haïg Berbérian*, Lisbon, pp. 683–96

Richard, J. (1986c), 'Les turcopoles au service des royaumes de Jérusalem et de Chypre', *Revue des études islamiques* 56: 259–70

Richard, J. (1987), 'Frankish power in the eastern Mediterranean', *Mediterranean Historical Review* 2: 168–87

Riley-Smith, J. (1967), *The Knights of St John in Jerusalem and Cyprus c.1050–1310*, London

Riley-Smith, J. (1971a), 'The *Assise sur la Ligece* and the Commune of Acre', *Traditio* 27: 179–204

Riley-Smith, J. (1971b), 'A note on confraternities in the Latin kingdom of Jerusalem', *BIHR* 44: 301–8

Riley-Smith, J. (1972), 'Some lesser officials in Latin Syria', *EHR* 87: 1–26

Riley-Smith, J. (1973a), *The feudal nobility and the kingdom of Jerusalem, 1174–1277*, London

Riley-Smith, J. (1973b), 'Government in Latin Syria and the commercial privileges of foreign merchants', in D. Baker (ed.), *Relations between east and west in the Middle Ages*, Edinburgh, pp. 109–32

Riley-Smith, J. (1977), 'The survival in Latin Palestine of the Muslim administration', in P.M. Holt (ed.), *The eastern Mediterranean lands in the period of the crusades*, Warminster, pp. 9–22

Riley-Smith, J. (1978), 'Peace never established: the case of the kingdom of Jerusalem', *TRHS* 5th series 28: 87–102

938   Riley-Smith, J. (ed.) (1991), *The atlas of the crusades*, London

Rudt de Collenberg (Rüdt-Collenberg), W.H. (1963), *The Rupenides, Hethumides and Lusignans: the structure of the Armeno-Cilician dynasties*, Paris

Rudt de Collenberg, W.H. (1977–9), 'Les Ibelin aux XIIIe et XIVe siècles', Ἐπετερις τοῦ Κέντρου Ἐπιστημονικῶν Ἐρευνῶν 9: 117–265

Rudt de Collenberg, W.H. (1979), 'Les dispenses matrimoniales accordées à l'orient latin selon les registres du Vatican d'Honorius III à Clément VII (1223–1385)', *Mélanges de l'Ecole française de Rome* 69: 10–93

Rudt de Collenberg, W.H. (1980), 'Les Lusignan de Chypre', Ἐπετερις τοῦ Κέντρου Ἐπιστημονικῶν Ἐρευνῶν 10: 85–319

Schlumberger, G., *et al.* (1943), *Sigillographie de l'orient latin*, Paris

Setton, K.M. (ed.) (1955–89) *A history of the crusades*, Philadelphia and Madison

Smail, R.C. (1973), *The crusaders in Syria and the Holy Land*, London

Thorau, P. (1987), *Sultan Baibars I. von Ägypten. Ein Beitrag zur Geschichte des Vorderen Orients im 13. Jahrhundert*, Wiesbaden

Tibble, S. (1989), *Monarchy and lordships in the Latin kingdom of Jerusalem, 1099–1291*, Oxford

19(1) 马穆鲁克王朝的兴起

Primary sources

Arabic

Abu Shama, Isma'il b. 'Ali, *Dhayl ala'l-Rawdatayn*, ed. M.Z. al-Kawthari, Cairo (1947)

Abu al-Fida, Isma'il b. 'Ali, *Al-Mukhtasar fi Akhbar al-Bashar*, 4 vols., Istanbul (1869–70); partly trans. by P.M. Holt as *The memoirs of a Syrian prince (672–732/1273–1331)*, Wiesbaden (1983)

Beitrage zur Geschichte der Mamlukensultane in den Jahren 690–741 der Higra nach arabischen Handscrhiften, ed. K.V. Zettersteen, Leiden (1919)

Ibn 'Abd al-Zahir, Muhyi al-Din, *Al-altaf al-Khafiya 'min al-Sira al-Sharifa al-Sultaniyya al-Malikiyya al-Ashrafiyya*, ed. A. Moberg, Lund (1902)

Ibn 'Abd al-Zahir, Muhyi al-Din, *Tashrif al-Ayyam wa'l-Usur fi Sirat al-Malik al-Mansur*, ed. M. Kamil, Cairo (1961)

Ibn 'Abd al-Zahir, Muhyi al-Din, *Al-Rawd al-Zahir fi'l Sirat al-Malik al-Zahir*, ed. A.A. Khowaiter, Riyadh (1976)

Ibn al-'Adim, *Zubdat al-Halab min Tarikh al-Halab*, 3 vols., ed. S. Dahan, Damascus (1951–68)

Ibn al-Amid, al-Makin Jirjis, *Akhbar al-Ayyubiyun*, selected, ed. and trans. by C. Cahen, 'La chronique des Ayyoubides', *Bulletin d'études orientales* 15 (1955–7), pp. 109–84

Ibn al-Athir, 'Izz al-Din, *Al-Kamil fi'l-Tarikh*, ed. C.J. Tornberg, 13 vols., Leiden (1851–76)

Ibn al-Dawadari, Abu Bakr b. 'Abdallah, *Kanz al-Durar/Die Chronik des Ibn ad-Dawadari*, VIII ed. U. Haarmann, Freiburg (1971)

Ibn al-Furat, Muhammad b. 'Abd al-Rahim, *Tarikh al-Duwal wa'l-Muluk*, partially ed. and trans. by U. and M.C. Lyons and J.S.C. Riley-Smith as *Ayyubids, Mamlukes, and crusaders*, Cambridge (1971)

Ibn al-Fuwati, ʿAbd al-Razzaq b. Ahmad, *Al-Hawadith al-Jamiʿa*, ed. M. Jawad, Baghdad   939
(1932)

Ibn Hajar al-ʿAsqalani, Ahmad, *Al-Durar al-Kamina*, 5 vols., Hyderabad (1929–32)

Ibn Kathir, Abuʾl-Fida ʿAbd Allah, *Al-Bidaya waʾl-Nihaya fiʾl-Tarikh*, 14 vols., Beirut
(1977)

Ibn Khallikan, Ahmad b. Muhammad, *Wafayat al-Aʿyan fi Anbaʾ Abnaʾ al-Zaman*, ed. I.
ʿAbbas, 8 vols., Beirut (1972)

Ibn Shaddad, *Al-Aʿlaq al-Khatira fi Dhikr al-Sham waʾl-Jazira*, partially ed. by S. Dahan as
Liban, Jordanie, Palestine: topographie historique dʾIbn Saddad, Damascus (1963)

Ibn Shaddad, ʿIzz al-Din Muhammad b. Ibrahim, *Tarikh al-Malik al-Zahir/Die Geschichte
des Sultans Baibars*, ed. A. Hutait, Wiesbaden (1983)

Ibn al-Shihna, Muhibb al-Din Abuʾ l-Fadl Muhammad, *Al-Durr al-Muntakhab fi Tarikh
Mamlakat Halab*, ed. Y. Sarkis, Beirut (1909)

Ibn al-Suqaʿi, Fadlallah b. Abi Fakhr, *Tali Kitab Wafayat al-Aʿyan*. ed. and trans. J. Sublet,
Damascus (1974)

Ibn Wasil, Jamal al-Din, 'Mufarrij al-Kurub fi Akhbar Bani Ayyub', MSS Paris, Ar 1702
and 1703

al-Jazari, Shams al-Din Muhammad, *Hawadith al-Zaman*, extracts selected and trans. by
J. Sauvaget as *La Chronique de Damas dʾal-Jazari (années 689–698)*, Paris (1949)

al-Maqrizi, Ahmad b. ʿAli, *Kitab al-Suluk li-Maʿrifat Duwal al-Muluk*, ed. M.M. Ziada, 6
vols., Cairo (1956–8)

Mufaddal b. Abiʾl-Fadaʾil, *Al-Nahj al-Sadid waʾDurr al-Farid fi ma baʿd Tarikh Ibn al-ʾAmid*,
partly ed. and trans. by E. Blochet, as 'Moufazzal ibn Abil-Fazail. "Histoire des
sultans mamlouks"', *Patrologia orientalis* 12 (1919), pp. 345–550; 14 (1920), pp.
375–672; 20 (1929), pp. 1–270

al-Nabulusi, ʿUthman b. Ibrahim, *Kitab Lumaʿ al-Qawanin al-Mudiyya*, ed. C. Becker and
C. Cahen, *Bulletin dʾétudes orientales* 16 (1958–60), pp. 110–34 (1*–78* Arabic text)

Qirtay al-ʾIzzi al-Khazindari, 'Tarikh al-Nawadir mimma ghara liʾl-Awaʾil waʾl-
Awakhir', MS Gotha 1655

Shafi b. ʿAli, ʾAl-Fadl al-Maʾthur min Sirat al-Malik al-Mansur', MS Bodleian, Oxford,
no. Marsh 424

Shafi b. ʿAli, *Husn al-Manaqib*, ed. A. Khowaiter, Riyadh (1976)

Sibt b. al-Jauzi, *Mirʾat al-Zaman fi Tarikh al-Aʿyan*, facs. ed. J.R. Jewett, Chicago (1907)

al-Yunini, Qutb al-Din Musa, *Dhayl Mirʾat al-Zaman*, 4 vols., Hyderabad (1954–6)

Other languages

Bar Hebraeus, *The chronography of Gregory Abuʾl-Faraj*, ed. E.A. Wallis, London (1932)

Cartulaire général de lʾordre des Hospitaliers de St-Jean de Jerusalem (1100–1310), ed. J. Delaville
Le Roulx, 4 vols., Paris (1894–1906)

Ibn Bibi, al-Husayn b. Muhammad, *Tawarikh al-e Saljuq*. ed. T. Houtsma, Leiden (1902)

Jean de Joinville, *Histoire de Saint Louis*, ed. N. de Wailly, Paris (1868)

Juvaini, ʿAta-Malik, *The history of the world-conqueror*, ed. J.A. Boyle, 2 vols., Manchester
(1958)

Marco Polo, *Il Milione*, ed. L. Foscolo, Florence (1928)

Oliver of Paderborn, *Historia Damiatina*, ed. H. Hoogeweg, as *Die Schriften des Kölner
Domscolasters ... Oliverus*, Tübingen (1894)

940   *Secondary works*

Abu-Lughod, J.L. (1987), *Before European hegemony: the world system A.D. 1250–1350*, Oxford

Amitai, R. (1987), 'Mongol raids into Palestine (A.D. 1260 and 1300)', *Journal of the Royal Asiatic Society*: 236–55

Amitai, R. (1988), 'Mamluk espionage among Mongols and Franks', *Asian and African Studies* 22: 173–88

Amitai-Preiss, R. (1990), 'In the aftermath of 'Ayn Jalut: the Beginnings of the Mamluk-Ilkhanid cold war', *Al-Masaq* 3: 1–21

Amitai-Preiss, R. (1995), *Mongols and Mamluks: the Mamluk–Ilkhanid war, 1260–1281*, Cambridge

Ashtor, E. (1976), *A social and economic history of the Near East in the Middle Ages*, London

Ashur, F.H. (1976), *Al-ʿAlaqat al-Siyasiyya bayna al-Mamamlik wa'l-Mughul fi'l-Dawla al-Mamlukiyya al-Ula*, Cairo

Ayalon, D. (1977), *Studies on the Mamluks of Egypt (1250–1517)*, London

Ayalon, D. (1979), *The Mamluk military society*, London

Ayalon, D. (1988), *Outsiders in the lands of Islam*, London

Barthold, W. (1958), *Turkestan down to the Mongol invasion*, London

Boswell, B. (1927–8), 'The Kipchak Turks', *Slavonic Review* 6: 244–311

Burgoyne, M.H. and Richards, D.S. (1987), *Mamluk Jerusalem: an architectural study*, London

Cahen, C. (1940), *La Syrie du nord à l'époque des croisades et la principauté franque d'Antioche*, Paris

Cahen, C. (1968), *Pre-Ottoman Turkey*, London

Cahen, C. (1970), 'Abdallatif al-Baghdadi, portraitiste et historien de son temps: extraits inédits de ses mémoires', *Bulletin d'études orientales* 23: 101–28

Cahen, C. (1977), 'Le Testament d'al-Malik as-Salih Ayyub', *Bulletin d'études orientales* 29: 97–114

Dahlmannsi, F.J. (1975), 'Al-Malik al-ʿAdil, Ägypten und der Vordere Orient in den Jahren 589/1193 bis 615/1218', doctoral thesis, Gießen

Elham, S.M. (1977), *Kitbuga und Lagin; Studien zur Mamlukengeschichte nach Baibars al-Mansuri und an-Nuwairi*, Freiburg

Gibb, H.A.R. (1962), 'The Aiyubids', in R.L. Wolff and H.W. Hazard (eds.), *A history of the crusades*, ii, Philadelphia, pp. 693–714

Goitein, S.D. (1967–88), *A Mediterranean society: the Jewish communities of the Arab world as protrayed in the documents of the Cairo Geniza*, 5 vols., Berkeley and Los Angeles

Gottschalk, H.L. (1956), 'Die Aulad Sayh as-Suyuh (Banu Hamawiya)', *Wiener Zeitschrift fur die Kunde des Morgenlandes* 53: 55–87

Gottschalk, H.L. (1958), *Al Malik al Kamil von Ägypten und seine Zeit*, Wiesbaden

Haarmann, U. (1969), *Quellenstudien zur frühen Mamlukenzeit*, Freiburg

Haarman, U. (1987), 'Der arabische Osten im späten Mittelalter 1250–1517', in U. Haarmann (ed.), *Geschichte der arabischen Welt*, Munich, pp. 217–263

Halm, H. (1987), 'Die Ayyubiden', in U. Haarmann (ed.), *Geschichte der arabischen Welt*, Munich, pp. 200–16

Heyd, W. (1932), *Histoire du commerce du Levant au moyen âge*, 2 vols., Leipzig

Hodgson, M.G.S. (1955), *The Order of Assassins*, The Hague

Holt, P.M. (1973), 'The sultanate of Lajin', *BSOAS* 38: 521–32　　　941

Holt, P.M. (1986), *The age of the crusades: the Near East from the eleventh century to 1517*, London

Holt, P.M. (1988), 'Mamluk–Frankish diplomatic relations in the reign of Baybars (658–76/1260–77)', *Nottingham Medieval Studies* 32: 180–95

Holt, P.M. (1989), 'The presentation of Qalawun by Shafi' ibn 'Ali', in C.E. Bosworth, *et al.* (eds.), *Essays in honor of Bernard Lewis: the Islamic world from classical to modern times*, Princeton, NJ, pp. 141–50

Humphreys, R.S. (1977a), 'The emergence of the Mamluk army', *Studia Islamica* 45: 67–99; 46: 147–82

Humphreys, R.S. (1977b), *From Saladin to the Mongols: the Ayyubids of Damascus 1193–1260*, Albany

Humphreys, R.S. (1989), 'Politics and architectural patronage in Ayyubid Damascus', in C.E. Bosworth, *et al.* (eds.), *Essays in honor of Bernard Lewis: the Islamic world from classical to modern times*, Princeton, NJ, pp. 151–74

Humphreys, R.S. (1991), *Islamic history: a framework for inquiry*, 2nd edn, London

Irwin, R. (1980), 'The supply of money and the direction of trade in thirteenth-century Syria', in P.W. Edbury and D.M. Metcalf (eds.), *Coinage in the Latin east*, British Archaeological Reports, International Series 77: 73–104

Irwin, R. (1985), 'The Mamluk conquest of the county of Tripoli', in P.W. Edbury (ed.), *Crusade and settlement*, Cardiff, pp. 246–9

Irwin, R. (1986), *The Middle East in the Middle Ages: the early Mamluk sultanate*, London and Sydney

Jackson, P. (1980), 'The crisis in the Holy Land in 1260', *EHR* 95: 481–513

Jackson, P. (1987), 'The crusades of 1239–41 and their aftermath', *BSOAS* 50: 32–60

Khowaiter, A.A. (1978), *Baibars the first: his endeavours and achievements*, London

Labib, S. (1970), *Handelsgeschichte Ägyptens im Spätmittelalter (1171–1517)*, Wiesbaden

Lapidus, I.M. (1967), *Muslim cities in the later Middle Ages*, Cambridge, MA

Levi della Vida, G. (1935), 'L'invasione dei Tartari in Siria nel 1260 nei ricordi di un testimone oculare', *Orientalia* n.s. 4: 353–76

Little, D.P. (1987), 'The fall of 'Akka in 690/1291: the Muslim version', in M. Sharon (ed.), *Studies in Islamic history and civilization in honour of Professor David Ayalon*, Leiden, pp. 159–81

Little, D.P. (1989), 'Jerusalem under the Ayyubids and Mamluks 1197–1516', in K.J. Asali (ed.), *Jerusalem in history*, Buckhurst, Essex, pp. 177–9

Marshall, C. (1992), *Warfare in the Latin east 1192–1291*, Cambridge

Morgan, D.O. (1985), 'The Mongols in Syria, 1260–1300', in P.W. Edbury (ed.), *Crusade and settlement*, Cardiff, pp. 231–5

Rabie, H. (1972), *The financial system of Egypt, A.H. 564–741/A.D. 1169–1341*, London

Schein, S. (1979), '*Gesta Dei per Mongolos* 1300: the genesis of a non-event', in *EHR* 94: 805–19

Schregle, G. (1961), *Die Sultanin von Ägypten: Sagarat ad-Durr in der arabischen Geschichtschreibung und Literatur*, Wiesbaden

Sivan, E. (1967), 'Le caractère sacré de Jérusalem dans l'Islam aux XIIe–XIIIe siècles', *Studia Islamica* 27: 149–82

Sivan, E. (1968), *L'Islam et la croisade*, Paris

942　　Sourdel-Thoumine, J. (1961–2), 'Les conseils du sayh al-Harawi à un prince ayyubide', *Bulletin d'études orientales de l'Institut français de Damas* 17: 205–66

Thorau, P. (1985), 'The battle of ʿAyn Jalut: a re-examination', in P.W. Edbury (ed.), *Crusade and settlement*, Cardiff, pp. 236–41

Thorau, P. (1987), *Sultan Baibars I. von Ägypten: ein Beitrag zur Geschichte des Vorderen Orients im 13 Jahrhundert*, Wiesbaden

19(2) 马格里布

Primary sources

ʿAbd al-Wahid al-Marrakushi, *History of the Almohades*, ed. R.P.A. Dozy, 2nd edn, Leiden (1881); repr. Amsterdam (1968)

al-Qadi al-Nuʿman, *Iftitah al-daʿwa wa ibtidaʾal-dawla*, ed. F. Dachraoui, Tunis (1975)

Ibn Khaldun, *The Muqaddimah: an introduction to history*, trans. F. Rosenthal, 3 vols., 2nd edn, Princeton, NJ (1967)

Ibn Marzuq, *Al-Musnad al-sahih al-hasan fi maʾathir Mawlana Abiʾl-Hasan*, ed. M.J. Viguera, Algiers (1981)

Ibn Marzuq, *El Musnad, hechos memorables de Abuʾl-Hasan, Sultan de los Benimerines*, Madrid (1977)

Rihlat al-Tijani, Tunis (1958)

Secondary works

Abun-Nasr, J.M. (1987), *A history of North Africa in the Islamic period*, Cambridge

al-Azmeh, A. (1981), *Ibn Khaldun in modern scholarship*, London

Benchekroun, M.B.A. (1974), *La vie intellectuelle marocaine sous les Mérinides et les Wattasides (XIIIe–XIVe–XVe–XVIe siècles)*, Rabat

Bosworth, C.E. (1996), *The new Islamic dynasties*, Edinburgh

Brett, M. (1975–6), 'The journey of al-Tijani to Tripoli at the beginning of the fourteenth century A.D./eighth century A.H.', *Society for Libyan Studies, Seventh Annual Report* (*Libyan Studies* from vol. 10), pp. 41–51

Brett, M. (1977), 'Islam in the Maghreb: the evolution of the *zawiya*', *Maghreb Review* 2, 4: 14–18

Brett, M. (1979), 'Ibn Khaldun and the Arabisation of North Africa', *Maghrib Review* 4: 9–16

Brett, M. (1980a), *The Moors: Islam in the west*, London

Brett, M. (1980b), 'Mufti, Murabit, Marabout and Mahdi: four types in the Islamic history of North Africa', *Revue de l'occident musulman et de la Méditerranée* 30: 5–15

Brett, M. (1981), 'Arabs, Berbers and holy men in southern Ifriqiya, 650–750/1250–1350 AD', *Cahiers de Tunisie* 29: 533–59

Brett, M. (1983), 'Islam and trade in the *Bilad al-Sudan*, tenth–eleventh century AD', *Journal of African History* 24: 431–40

Brett, M. (1984), 'Morocco and the Ottomans: the sixteenth century in North Africa', *Journal of African History* 25: 331–41

Brett, M. (1986), 'The city-state in mediaeval Ifriqiya: the case of Tripoli', *Cahiers de Tunisie* 34: 69–94

Brett, M. (1988), 'Islam in North Africa', in S. Sutherland *et al.* (eds.), *The world's religions*, London, pp. 329–53; repr. in P. Clarke (ed.), *Islam*, London (1990), pp. 23–47   943

Brett, M. (1991a), 'Ibn Khaldun and the dynastic approach to local history: the case of Biskra', *Al-Qantara* 12: 157–80

Brett, M. (1991b), 'Muslim justice under infidel rule: the Normans in Ifriqiya, 517–555AH/1123–1160AD', *Cahiers de Tunisie* 43: 325–68

Brett, M. (1992), 'The Islamisation of Morocco: from the Arabs to the Almoravids', *Morocco* 2: 57–71

Brett, M. (1993), 'The flood of the dam and the sons of the new moon', in *Mélanges offerts à Mohamed Talbi*, Tunis, pp. 55–67

Brett, M. (1994), 'The unification of North Africa by Islam in the seventh to thirteenth centuries', *Morocco. Occasional Papers No. 1*: 3–12

Brett, M. (1995), 'The way of the nomad', *BSOAS* 58: 251–69

Brett, M. and Fentress, L. (1996), *The Berbers*, Oxford

Brett, M. (1999), *Ibn Khaldun and the medieval Maghrib*, Variorum Reprints, Aldershot

Brignon, J., Amine, A., Boutaleb, B., Martinet, G. and Rosenberger, B. (1967), *Histoire du Maroc*, Paris

Brunschvig, R. (1940–7), *La Berbérie orientale sous les Hafsides*, 2 vols., Paris

Cambridge history of Africa, III: *c. 1050–c. 1600* (1977), Cambridge

Cheddadi, A. (1986), *Ibn Khaldun: peuples et nations du monde*, 2 vols., Paris

Cornell, V.J. (1987), 'Understanding is the mother of ability: responsibility and action in the doctrine of Ibn Tumart', *Studia Islamica* 66: 71–103

De Gogorza Fletcher, M. (1979), 'The Nazm al-juman as a source for Almohad history', in *Actes du premier congrès d'histoire et de la civilisation du Maghreb*, 2 vols., Tunis, 1, pp. 193–9

Deverdun, G. (1959), *Marrakech des origines à 1912*, 2 vols., Rabat

Dhina, A. (1984), *Les états de l'occident musulman aux XIIIe, XIVe et XVe siècles*, Algiers

Djait, H. (1976), *Histoire de la Tunisie: le moyen âge*, Tunis

Dufourcq, C.-E. (1966), *L'Espagne catalane et le Maghrib au XIIIe et XIVe siècles*, Paris

Dufourcq, C.-E. (1968), 'Les relations du Maroc et de la Castille pendant la première moitié du XIIIe siècle', *Revue d'histoire et de la civilisation du Maghreb* 5: 37–62

Hopkins, A.G. (1973), *An economic history of West Africa*, London

Hopkins, J.F.P. (1958), *Medieval Muslim government in Barbary*, London

Huici-Miranda, H. (1956–7), *Historia política del Imperio Almohade*, 2 vols., Tetuán

Julien, Ch.-A.(1951–2), *Histoire de l'Afrique du Nord*, 2 vols., 2nd edn, Paris; II: *De la conquête arabe à 1830*, Eng. trans., *History of North Africa from the Arab conquest to 1830*, ed. C.C. Stewart, London (1970)

Kably, M. (1986), *Société, pouvoir et religion au Maroc à la fin du moyen âge*, Paris

Kaddache, M. (1982), *L'Algérie médiévale*, Algiers

Kennedy, H. (1996), *Muslim Spain and Portugal*, London and New York

Kurio, H. (1973), *Geschichte und Geschichtsschreiber der ʿAbd al-Wadiden (Algerien im 13.15. Jahrhundert)*, Freiburg im Breisgau

Laroui, A. (1970), *L'histoire du Maghreb: un essai de synthèse*, Paris; trans. R. Manheim, *The history of the Maghrib*, Princeton (1977)

Latham, D. (1986), 'The rise of the ʿAzafids of Ceuta', in *idem, From Muslim Spain to Barbary: studies in the history and culture of the Muslim west*, Variorum Reprints, London, II

Le Tourneau, R. (1949), *Fès avant le Protectorat*, Casablanca

944   Le Tourneau, R. (1961), *Fez in the age of the Marinides*, Norman, OK

Le Tourneau, R. (1969), *The Almohad movement in North Africa in the 12th and 13th centuries*, Princeton

Le Tourneau, R. (1970), 'Sur la disparition de la doctrine almohade', *Studia islamica* 32: 193–201

Mackeen, A.M.M. (1971), 'The early history of Sufism in the Maghrib prior to al-Shadili (d.656/1256)', and 'The rise of al-Shadhili', *Journal of the American Oriental Society* 91: 398–408, 477–86

Marçais, G. (1913), *Les Arabes en Berbérie du 11e au 14e siècle*, Constantine and Paris

Marçais, G. (1955), 'Les villes de la côte algérienne et la piraterie au moyen âge', *Annales de l'Institut des études orientales* (Algiers) 13: 118–42

Marçais, G. (1957), 'Le makhzen des Beni 'Abd al-Wad, rois de Tlemcen', in *idem*, *Mélanges d'histoire et d'archéologie de l'occident musulman*, 2 vols., Algiers, I, pp. 51–7

Masqueray, E. (1886), *Formation des cités chez les populations sédentaires de l'Algérie*, Paris; repr. Aix-en-Provence (1983)

Norris, H.T. (1982), *The Berbers in Arabic literature*, London and New York

Norris, H.T. (1986), *The Arab conquest of the western Sahara*, Harlow, Essex

O'Callaghan, J.F. (1975), *A history of medieval Spain*, Ithaca and London

Shatzmiller, M. (1982), *L'historiographie mérinide: Ibn Khaldun et ses contemporains*, Leiden

Terrasse, H. (1949–50), *Histoire du Maroc*, 2 vols., Casablanca

UNESCO general history of Africa, III (1988), Paris, London and Berkeley

Wansbrough, J.E. (1969), 'On recomposing the Islamic history of North Africa', *Journal of the Royal Asiatic Society*: 161–70

19(3) 格拉纳达的奈斯尔王朝

Primary sources

Ibn Khaldun, 'Histoire des Benou l'Ahmar rois de Grenade', trans. M. Gaudefroy-Demombynes, *JA* 9th series 12 (1898), pp. 309–40, 407–62

Ibn Khaldun, *Histoire des Berbères et des dynasties musulmanes de l'Afrique septentrionale*, trans. Macguckin de Slane, ed. P. Casenove, Paris (1956)

al-Maqqari, *History of the Mohammedan dynasties in Spain*, trans. P. de Gayangos, 2 vols., London (1840)

Secondary works

Abulafia, D. (1994), *A Mediterranean emporium: the Catalan kingdom of Majorca*, Cambridge

Arié, R. (1973), *L'Espagne musulmane au temps des Nasrides (1232–1492)*, Paris

Arié, R. (1990), *Etudes sur la civilisation de l'Espagne musulmane*, Leiden

Arié, R. (1992), *El reino nasri de Granada (1232–1492)*, Madrid

Bolens, L. (1991), *L'Andalousie du quotidien au sacré (XIe–XIIIe siècles)*, Aldershot

Burns, R.I. (1984), *Muslims, Christians and Jews in the crusader kingdom of Valencia: societies in symbiosis*, Cambridge

Constable, O.R. (1994), *Trade and traders in Muslim Spain: the commercial realignment of the Iberian peninsula, 900–1500*, Cambridge

Corcos, D. (1967), 'The attitude of the Almohad rulers towards the Jews', *Zion* 25: 　945
137–60; repr. in D. Corcos, *Studies in the history of the Jews of Morocco*, ed. E. Ashtor,
Jerusalem (1976), pp. 342–20 (in Hebrew)

Dufourcq, C.E. (1966), *L'Espagne catalane et le Maghrib au XIIIe et XIV siècles*, Paris

Glick, T.F. (1995), *From Muslim fortress to Christian castle: social and cultural change in medieval
Spain*, Manchester

Guichard, P. (1973), 'Un seigneur musulman dans l'Espagne chrétienne: le ra'is de
Crevillente (1243–1318)', *Mélanges de la Casa de Velázquez* 9: 183–334

Guichard, P. (1990–1), *Les musulmans de Valence et la reconquête, XIe–XIIIe siècles*, 2 vols.,
Damascus

Harvey, L.P. (1991), *Islamic Spain, 1250–1500*, Chicago

Hillgarth, J.N. (1976), *The Spanish kingdoms, 1250–1410*, 1: *Precarious balance, 1250–1410*,
Oxford

Huici Miranda, A. (1956–7), *Historia política del Imperio almohade*, 2 vols., Tetuán

Kennedy, H. (1996), *Muslim Spain and Portugal: a political history of al-Andalus*, London

Ladero Quesada, M.A. (1969), *Granada: historia de un país islámico (1232–1571)*. Madrid

Lomax, D.W. (1989), 'Heresy and Orthodoxy in the fall of Almohad Spain', in D.W.
Lomax and D. Mackenzie (eds.), *God and man in medieval Spain: essays in honour of J.R.L.
Highfield*, Warminster, pp. 37–48

Lourie, E. (1990) *Crusade and colonisation: Muslims, Christians and Jews under the crown of
Aragon*, Aldershot

Manzano Rodriguez, M.A. (1992), *La intervención de los Benimerines en la Península Iberica*,
Madrid

Powell, J.M. (ed.) (1990), *Mulims under Latin rule, 1100–1300*, Princeton, NJ

Spivakovsky, E. (1976), 'The Jewish presence in Granada', *JMH* 2: 215–37

20　阿拉贡—加泰罗尼亚的兴起

Primary sources

Bisson, T.N., *Fiscal accounts of Catalonia under the early count-kings (1151–1213)*, 2 vols.,
Berkeley and Los Angeles (1984)

Bonner, A., *Select works of Ramon Llull*, 2 vols., Princeton, NJ (1985); condensed version:
Doctor illuminatus: a Ramon Llull reader, Princeton, NJ (1993)

Chronicle of James I king of Aragon, trans. J. Forster, 2 vols., London (1883)

Chronicle of Muntaner, trans. Lady Goodenough, 2 vols., Hakluyt Society, London (1921)

Chronicle of San Juan de la Peña, trans. L. Nelson, Philadelphia (1991)

Chronicle of the reign of King Pedro III, trans. F.L. Critchlow, 2 vols., Princeton, NJ
(1928–34)

Gesta comitum Barcinonensium, ed. L. Barrau Dihigo and J.J. Massó Torrents, Barcelona
(1925)

Layettes du trésor des chartes, III, ed. J. de Laborde, Paris (1875)

Maccoby, H., *Judaism on trial: Jewish–Christian disputations in the Middle Ages*, London and
Toronto (1982)

Mut Calafell, A. and Rosselló Bordoy, G. (eds.), *La remembrança de Nunyo Sanç*, Palma de
Mallorca (1993)

946   Soldevila, F., *Les quatre grans cròniques*, Barcelona (1971)
      Usatges de Barcelona, ed. R. d'Abadal and F. Falls, Barcelona (1913); trans. as: *Usatges of Barcelona: the fundamental law of Catalonia*, by D. Kagay, Philadelphia (1994)
      Zurita, J., *Anales de la corona de Aragón*, ed. A. Canellas López, 8 vols., Saragossa (1967–77)

Secondary works

Abulafia, D. (1985), 'Catalan merchants and the western Mediterranean, 1236–1300: studies in the notarial acts of Barcelona and Sicily', *Viator: Medieval and Renaissance Studies* 16: 209–42

Abulafia, D. (1994), *A Mediterranean emporium: the Catalan kingdom of Majorca*, Cambridge

Abulafia, D. (1997), *The western Mediterranean kingdoms, 1200–1500*, London

Backman, C. (1995), *The decline and fall of medieval Sicily: politics, religion and economy in the reign of Frederick III, 1296–1337*, Cambridge

Bensch, S. (1995), *Barcelona and its rulers, 1096–1291*, Cambridge

Bisson, T.N. (1986), *The medieval crown of Aragon: a short history*, Oxford

Bisson, T.N. (1989), *Medieval France and its Pyrenean neighbours: studies in early institutional history*, London

Burns, R.I. (1967), *The crusader kingdom of Valencia: reconstruction on a thirteenth-century frontier*, 2 vols., Cambridge, MA

Burns, R.I. (1973), *Islam under the crusaders: colonial survival in the thirteenth-century kingdom of Valencia*, Princeton, NJ

Burns, R.I. (1975), *Medieval colonialism: postcrusade exploitation of Islamic Valencia*, Princeton, NJ

Burns, R.I. (1984), *Muslims, Christians and Jews in the crusader kingdom of Valencia: societies in symbiosis*, Cambridge

Burns, R.I. (1985), *Diplomatarium of the crusader kingdom of Valencia*, I: *Society and documentation in crusader Valencia*, Princeton, NJ

Burns, R.I. (1990), 'Muslims in the thirteenth-century realms of Aragon: interaction and reaction', in J.M. Powell (ed.), *Muslims under Latin rule*, Princeton, NJ, pp. 57–102

Burns, R.I. (1996), *Jews in the notarial culture: Latinate wills in Mediterranean Spain, 1250–1350*, Berkeley and Los Angeles

Cateura Bennàsser, P. (1997a), 'Las cuentas de la colonización feudal (Mallorca, 1231–1245)', *En la España medieval* 20: 57–141

Cateura Bennàsser, P. (1997b), *Mallorca en el segle XIII*, Palma de Mallorca

Chazan, R. (1989), *Daggers of faith: thirteenth-century Christian missionizing and Jewish response*, Berkeley and Los Angeles

Chazan, R. (1992), *Barcelona and beyond: the disputation of 1263 and its aftermath*, Berkeley and Los Angeles

Cohen, J. (1982), *The friars and the Jews*, Ithaca, NY

Congreso de la historia de la corona de Aragón/Congresso di storia della corona d'Aragona/Congrés d'història de la corona d'Aragó: IV Congreso (Palma de Mallorca, 1955); VI Congreso (Madrid, 1959); X Congreso, 3 vols. (Saragossa, 1979–80); XI Congresso, 4 vols. (Palermo, 1983–4); XII Congrès, 3 vols. (Montpellier, 1987–9); XIII Congrés, 4 vols.

(Palma de Mallorca, 1989–90); XIV Congresso, 4 vols. (Cagliari, 1993–7); XV 947
Congresso, 5 vols. (Jaca, 1994–7)

Dufourcq, C.E. (1966), *L'Espagne catalane et le Maghrib au XIIIe et XIVe siècles: de la bataille de Las Navas de Tolosa (1212) à l'avènement du sultan mérinide Aboul-Hasan (1331)*, Paris

Dufourcq, C.E. (1975), *La vie quotidienne dans les ports méditerranéens au moyen âge*, Paris

Dufourcq, C.E. (1990), *L'Ibérie chrétienne et le Maghreb, XIIe–XVe siècles*, London

Emery, R.W. (1959), *The Jews of Perpignan in the thirteenth century*, New York

Fernández-Armesto, F. (1987), *Before Columbus: exploration and colonisation from the Mediterranean to the Atlantic, 1229–1492*, London

Freedman, P. (1988), *Assaig d'història de la pagesia catalana*, Barcelona

Freedman, P. (1991), *The origins of peasant servitude in medieval Catalonia*, Cambridge

Glick, T.F. (1995), *From Muslim fortress to Christian castle: social and cultural change in medieval Spain*, Manchester

Guichard, P. (1990–1), *Les musulmans de Valence et la reconquête, XIe–XIIIe siècles*, 2 vols., Damascus

Harvey, L.P. (1991), *Islamic Spain, 1250 to 1500*, Chicago

Hibbert, A.B. (1949), 'Catalan consulates in the thirteenth century', *Cambridge Historical Journal* 9: 352–8

Hillgarth, J.N. (1975a), *The problem of a Catalan Mediterranean empire, 1229–1324*, *English Historical Review* Supplement, no. 8

Hillgarth, J.N. (1975b), *The Spanish kingdoms*, I: *1250–1410, precarious balance*, Oxford

Lalinde Abadia, J. (1979), *La corona de Aragón en el mediterráneo medieval*, Saragossa

Linehan, P.A. (1971), *The Spanish Church and the papacy in the thirteenth century*, Cambridge

Lourie, E. (1990), *Crusade and colonisation: Muslims, Christians and Jews in medieval Aragon*, Aldershot

Mackay, A. (1977), *Spain in the Middle Ages: from frontier to empire, 1000–1500*, London

McVaugh, M. (1993), *Medicine before the plague: practitioners and their patients in the crown of Aragon 1285–1345*, Cambridge

Martínez Ferrando, J.E. (1960), *La tràgica història dels reis de Mallorca*, Barcelona

Miret i Sans, J. (1981), *Itinerari de Jaume I 'el Conqueridor'*, Barcelona

O'Callaghan, J.F. (1975), *A history of medieval Spain*, Ithaca, NY

Parpal i Marqués, C. (1981), *La conquista de Menorca en 1287 por Alfonso III de Aragón*, Barcelona 1901; repr. as: *La conquesta de Menorca, el 1287, per Alfons el Liberal*, Barcelona (1964)

Richard, J. (1992), *Saint Louis*, trans. S.D. Lloyd, Cambridge

Riera Melis, A. (1986), *La corona de Aragón y el reino de Mallorca en el primer cuarto del siglo XIV*, I: *Las repercusiones arancelarias de la autonomia balear (1298–1311)*, Madrid and Barcelona

Riu, M. (1979), 'Banking and society in late medieval and early modern Aragon', in *The dawn of modern banking*, ed. Center for Medieval and Renaissance Studies, University of California, Los Angeles, New Haven, CT, pp. 131–67.

Riu, M. (1983), 'The woollen industry in Catalonia in the later Middle Ages', in N.G. Harte and K.G. Ponting (eds.), *Cloth and clothing in medieval Europe: essays in memory of E.M. Carus-Wilson*, London, pp. 205–29

Salavert i Roca, V. (1956), *Cerdeña y la expansión mediterránea de la corona de Aragón, 1297–1314*, 2 vols., Madrid

948 Santamaría, A. (1980), 'La reconquista de las vías marítimas', *Anuario de estudios medievales* 10

Santamaría, A. (1990), *Ejecutoria del reino de Mallorca*, Palma de Mallorca

Schramm, P.E., Cabestany, J.F. and Bagué, E. *Els primers comtes-reis*, Barcelona

Sevillano Colom, F. (1974), *Historia del puerto de Palma de Mallorca*, Palma de Mallorca

Shideler, J.C. (1983), *A medieval Catalan noble family: the Montcadas, 1000–1230*, Berkeley and Los Angeles

Soldevila, F. (1965), *Els grans reis del segle XIII: Jaume I, Pere el Gran*, Barcelona

Soldevila, F. (1968), *Els primers temps de Jaume I*, Barcelona

Swift, F.D. (1894), *The life and times of James I, the Conqueror*, Oxford

Ventura, J. (1960), *Pere el Catòlic i Simó de Montfort*, Barcelona

Vicens Vives, J. (1967), *Approaches to the history of Spain*, trans. J.C. Ullman, Berkeley and Los Angeles

21 卡斯蒂尔、葡萄牙和纳瓦拉

Primary sources

Alfonso X, *Setenario*, ed. K.H. Vanderford, Buenos Aires (1945); repr. Barcelona (1984)

Brandão, A., *Crónicas de D. Sancho I e D. Afonso II*, ed. A. de Magalhães Basto, Oporto (1945)

Brandão, A., *Crónicas de D. Sancho II e D. Afonso III*, ed. A. de Magalhães Basto, Oporto (1946)

Catalan, D. and Gil, J. (eds.), 'Guillelmi Petri de Calciata Rithmi de Iulia Romula seu Ispalensi Urbe (a. 1250)', *Anuario de estudios medievales* 5 (1968), pp. 548–58

'Chronique latine inédite des rois de Castille (1236)', ed. G. Cirot, *Bulletin hispanique*, 14–15 (1912–13)

Costa, A. de J. da and Marques, M.A. Fernandes, *Bulário português: Inocêncio III (1198–1216)*, Coimbra (1989)

Crónica de Alfonso X, ed. C. Rosell, Biblioteca de Autores Españoles, 66 (*Crónicas de los reyes de Castilla*, I), Madrid (1875), pp. 3–66

Crónica de Sancho IV, ed. C. Rosell, Biblioteca de Autores Españoles, 66 (*Crónicas de los reyes de Castilla*, I), Madrid (1875), pp. 69–90

Guiraud, J. and Clémencet, S., *Les registres d'Urbain IV: recueil des bulles de ce pape publiées ou analysées d'après les manuscrits originaux du Vatican*, 4 vols., Paris (1892–1958)

Ibn Khaldun, 'Histoire des Benou l'Ahmar, rois de Grenade', trans. M. Gaudefroy-Demombynes, *JA* 9th series 12 (1898), pp. 309–40, 407–62

James of Aragon, *Libre dels feyts*, ed. F. Soldevila, *Les quatre gran cròniques*, Barcelona (1971)

Jofré de Loaisa, *Crónica de los reyes de Castilla*, ed. A. García Martínez, Murcia (1982)

Lucas of Tuy, *Chronicon mundi*, ed. A. Schottus, *Hispania illustrata*, IV, Frankfurt (1608), pp. 1–116

Muntaner, Ramon, *Crònica*, ed. F. Soldevila, *Les quatre gran cròniques*, Barcelona (1971)

Primera crónica general de España, ed. R. Menéndez Pidal, 2 vols., Madrid (1955)

Quintana Prieto, A. (ed.), *La documentación pontificia de Inocencio IV (1243–1254)*, 2 vols., Rome (1987)

Rey, A. (ed.), *Sancho IV, Castigos é documentos para bien vivir ordenados por el rey Don Sancho IV,*　949
　　Bloomington, IN (1952)
Rodrigo Ximénez de Rada, *Historia de rebvs hispanie sive historia gothica,* ed. J. Fernández
　　Valverde, in *Corpus christianorum, continuatio medievalis,* Turnhout (1987), LXXII
Rodríguez de Lama, I., *La documentación pontificia de Alejandro IV (1254–61),* Rome
　　(1976)
Rymer, T. (1816), *Foedera . . .,* I.ii, London
Solalinde, A.G. (ed.), *Antología de Alfonso X,* Madrid (1941)
William of Newburgh, *Historia rerum Anglicarum,* ed. R. Howlett, *Chronicles of the reigns of
　　Stephen, Henry II and Richard I,* II, RS, London (1885)

Secondary works

Aguadé Nieto, S. (1988), 'En los orígenes de una coyuntura depresiva. La crisis agraria
　　de 1255 a 1262 en la Corona de Castilla', *De la sociedad arcaica a la sociedad campesina en la
　　Asturias medieval. Estudios de historia agraria,* Alcalá de Henares, pp. 335–70
Almeida, F. de (1922), *História de Portugal,* I, Coimbra
Almeida, F. de (1967), *História da Igreja em Portugal,* ed. D. Peres, I, Oporto
Antunes, J. (1990), 'O percuso e o pensamento político de Pedro Hispano, arcebispo-
　　eleito de Braga e Papa João XXI', in *IX centenário da dedicação da Sé de Braga. Congresso
　　internacional. Actas,* II, Braga, i, pp. 125–84
Arié, R. (1973), *L'Espagne musulmane au temps des Nasrides (1232–1492),* Paris
Ayala Martínez, C. de (1986), *Directrices fundamentales de la política peninsular de Alfonso X.
　　(Relaciones castellano-aragonesas de 1252 a 1263),* Madrid
Ayala Martínez, C. de (1987), 'Alfonso X: Beaucaire y el fin de la pretensión imperial',
　　Hispania 47: 5–31
Ayala Martínez, C. de (1991), 'La monarquía y las ordenes militares durante el reinado
　　de Alfonso X', *Hispania* 51: 409–65
Azevedo, R.P. de (1967), 'O livro de registo da chancelaria de Afonso II de Portugal',
　　Anuario de estudios medievales 4: 35–73
Ballesteros, A. and Ballesteros, P. (1919), 'Alfonso X de Castilla y la corona de Alemania:
　　las partidas y el imperio', *Revista de archivos, bibliotecas y museos* 40: 467–90
Ballesteros y Beretta, A. (1963), *Alfonso X el Sabio,* Barcelona
Bayley, C.C. (1949), *The formation of the German College of Electors in the mid-thirteenth century,*
　　Toronto
Burns, R.I. (1973), *Islam under the crusaders: colonial survival in the thirteenth-century kingdom of
　　Valencia,* Princeton
Burns, R.I. (1985), 'Alfonso X of Castile, the Learned: "Stupor mundi"', *Thought* 60:
　　375–87
Castro, Armando, *A evolução económica de Portugal dos séculos XII a XV,* I, Lisbon (1964)
Chabás y Lloréns, R. (1890–2), 'Ceid Abu Ceid', *El archivo* 4: 215–21; 5: 143–66,
　　288–304, 362–76; 6: 407–9
Coelho, M.H. da Cruz (1981), 'A população e a propriedade na região de Guimarães
　　durante o século XIII', *Actas do congresso histórico de Guimarães e sua colegiada* 3: 493–52
Costa, A.D. de Sousa (1963), *Mestre Silvestre e Mestre Vicente, juristas da contienda entre D.
　　Afonso II e suas irmãs,* Braga

950　Costa, A. de J. da (1975), 'La chancellerie royale portugaise jusqu'au milieu du XIIIe siècle', *Revista portuguesa de história* 15: 143–69

Craddock, J. (1981), 'La cronología de las obras legislativas de Alfonso X el Sabio', *Anuario de historia de derecho español* 51: 365–418

Daumet, G. (1913), *Mémoire sur les relations de la France et de la Castille de 1255 à 1320*, Paris

Dufourcq, C.E. (1966a), 'Un projet castillan du XIIIe siècle: la croisade d'Afrique', *Revue d'histoire et de civilisation du Maghreb* 1: 26–51

Dufourcq, C.E. (1966b), *L'Espagne catalane et le Maghrib aux XIIIe et XIVe siècles: de la bataille de Las Navas de Tolosa (1212) à l'avènement du sultan mérinide Abou-l-Hasan (1331)*, Paris

Dufourcq, C.E. (1968), 'Les relations du Maroc et de la Castille pendant la première moitié du XIIIe siècle', *Revue d'histoire et de civilisation du Maghreb* 5: 37–62

Estepa, C. (1984), 'Alfonso X y el "fecho del Imperio"', *Revista de occidente* 43 (extraordinario 11): 43–54

Fanta, A. (1885), 'Ein Bericht über die Ansprüche des Königs Alfons auf den deutschen Thron', *Mittheilungen des Instituts für österreichische Geschichtsforschung* 6: 94–104

Fernández-Ordóñez, I. (1992), *Las Estorias de Alfonso el Sabio*, Madrid.

Franco Silva, A. (1990), 'La fundación de pueblas en tierras situadas al noreste del reino de Toledo a fines del siglo XIII', *Historia. Instituciones. Documentos* 17: 31–53

Gaibrois de Ballesteros, M. (1922–8), *Historia del reinado de Sancho IV de Castilla*, 3 vols., Madrid

Gama Barros, H. da (1945–54), *História da administração pública em Portugal*, 2nd edn, 11 vols., Lisbon

García de Cortázar, J.A. (1988), *La sociedad rural en la España medieval*, Madrid

García Gallo, A. (1976), 'Nuevas observaciones sobre la obra legislativa de Alfonso X', *Anuario de historia de derecho español* 46: 609–70

García y García, A. (1982), *Synodicon Hispanum*, II, Madrid

Gelsinger, B.E. (1981), 'A thirteenth-century Norwegian–Castilian alliance', *Medievalia et humanistica* 2nd series 10: 55–80

Goñi Gaztambide, J. (1979), *Historia de los obispos de Pamplona*, I: *Siglos IV–XIII*, Pamplona

González, J. (1951), *Repartimiento de Sevilla*, 2 vols., Madrid

González, J. (1960), *El reino de Castilla en la época de Alfonso VIII*, 3 vols., Madrid

González, J. (1980–6), *Reinado y diplomas de Fernando III*, 3 vols., Córdoba

González, J. (1990), in J. Torres Fontes, *et al.*, *Historia de España Menéndez Pidal*, XIII: *La expansión peninsular y mediterránea (c. 1212–c. 1350*, I: *La corona de Castilla*, Madrid

González Jiménez, M. (1985), 'Andalucía bética' in J.A. García de Cortázar, *et al.* (eds.), *Organización social del espacio en la España medieval: la corona de Castilla en los siglos VIII a XV*, Barcelona, pp. 163–94

González Jiménez, M. (1988), *En torno a los orígenes de Andalucía: la ropoblación del siglo XIII*, 2nd edn, Seville

González Jiménez, M. (1993), *Alfonso X el Sabio 1252–1284*, Palencia

Harvey, L.P. (1990), *Islamic Spain, 1250 to 1500*, Chicago

Herculano, A. (1846–53), *História de Portugal desde o começo da monarquía até o fim do reinado de D. Afonso III*, Lisbon; 9th edn, 8 vols., Lisbon (n.d.)

Hernández, F.J. (1993), *Las rentas del rey: sociedad y fisco en el reino castellano del siglo XIII*, 2　　951
vols., Madrid

Huici Miranda, A. (1952), 'La toma de Salé por la escuadra de Alfonso X', *Hésperis* 39:
41–74

Iglesia Ferreirós, A. (1971), 'Las cortes de Zamora de 1274 y los casos de corte', *Anuario de historia de derecho español* 41: 945–71

Iglesia Ferreirós, A. (1982), 'Alfonso X, su labor legislativa y los historiadores', *Historia. Instituciones. Documentos* 9: 9–112

Iglesia Ferreirós, A. (1986), 'La labor legislativa de Alfonso X el Sabio' in A. Pérez Martín (ed.), *España y Europa: un pasado jurídico común*, Murcia, pp. 275–653

Kinkade, R.P. (1992), 'Alfonso X, *Cantiga* 235, and the events of 1269–1278', *Speculum* 67: 284–323

Krus, L., Bettencourt, O. and Mattoso, J. (1982), 'As inquirições de 1258 como fonte de história da nobreza: o julgado de Aguiar de Sousa', *Revista de história económica e social* 9: 17–74

Lacarra, J.M. (1972a), *Historia política del reino de Navarra desde sus orígenes hasta su incorporación a Castilla*, 1, Pamplona

Lacarra, J.M. (1972b), *El juramento de los reyes de Navarra (1234–1329)*, Madrid

Ladero Quesada, M.A. (1993), *Fiscalidad y poder real en Castilla (1252–1369)*, Madrid

Linehan, P. (1971), *The Spanish Church and the papacy in the thirteenth century*, Cambridge

Linehan, P. (1980), 'The Spanish Church revisited: the episcopal *gravamina* of 1279', in B. Tierney and P. Linehan (eds.), *Authority and power: studies on medieval law and government presented to Walter Ullmann on his 70th birthday*, Cambridge, pp. 127–47 (repr. in *Spanish Church and society 1150–1300*, London (1983))

Linehan, P. (1981), 'Segovia: a "frontier" diocese in the thirteenth century', *EHR* 96: 481–508 (repr. in *Spanish Church and society 1150–1300*, London (1983))

Linehan, P. (1993), *History and the historians of medieval Spain*, Oxford

Linehan, P. (1997), *The ladies of Zamora*, Manchester

Lomax, D.W. (1978), *The reconquest of Spain*, London and New York

Lomax, D.W. (1988), 'La conquista de Andalucía a través de la historiografía europea de la época', in E. Cabrera (ed.), *Andalucía entre oriente y occidente (1236–1492): actas del V Coloquio Internacional de Historia Medieval de Andalucía*, Córdoba, pp. 37–49

Lopez, R.S. (1975), *Su e giù per la storia di Genova*, Genoa

López Ferreiro, A. (1902), *Historia de la santa iglesia de Santiago de Compostela*, v, Santiago de Compostela

MacDonald, R.A. (1965), 'Alfonso the Learned and succession: a father's dilemma', *Speculum* 40: 647–53

MacDonald, R.A. (1985), 'Law and politics: Alfonso's program of political reform', in R.I. Burns (ed.), *The worlds of Alfonso the Learned and James the Conqueror: intellect and force in the Middle Ages*, Princeton, pp. 150–202

Mansilla, D. (1945), *Iglesia castellano–leonesa y Curia Romana en los tiempos del Rey San Fernando*, Madrid

Mansilla, D. (1955), *La documentación pontificia hasta Inocencio III (965–1216)*, Rome

Mansilla, D. (1965), *La documentación pontificia de Honorio III (1216–1227)*, Rome

Maravall, J.A. (1973), *Estudios de historia del pensamiento español: edad media*, 1, 2nd edn, Madrid

952　Marcos Pous, A. (1956), 'Los dos matrimonios de Sancho IV de Castilla', *Escuela española de arqueología e historia en Roma: cuadernos de trabajo* 8: 7–108

Mariana, J. de (1992), *De rebus hispaniae*, Toledo

Marques, M.A. Fernandes (1990), 'O Papado e Portugal no tempo de D. Afonso III (1245–1279)', diss., Coimbra

Mattoso, J. (1988), *Identificação de um país: ensaio sobre as origens de Portugal 1096–1325*, 3rd edn, 2 vols., Lisbon

Mattoso, J. (1993), in *História de Portugal*, II: *A monarquia feudal (1096–1480)*, ed. J. Mattoso, Lisbon, pp. 8–309

Mondéjar, Marqués de (Gaspar Ibáñez de Segovia, Peralta y Mendoza) (1971), *Memorias históricas del rei D. Alonso el Sabio*, ed. F. Cerdá y Rico, Madrid (1777)

Moxó, S. de (1979), *Repoblación y sociedad en la España cristiana medieval*, Madrid

Moxó, S. de (1990), in J. Torres Fontes, *et al.*, *Historia de España Menéndez Pidal*, XIII: *La expansión peninsular y mediterránea (c. 1212–c. 1350)*, I: *La corona de Castilla*, Madrid

Moxó y Montoliu, F. de (1989), 'El enlace de Alfonso de Castilla con Violante de Aragón: marco político y precisiones cronológicas', *Hispania* 49: 69–110

Nieto Soria, J.-M. (1994), *Sancho IV 1284–1295*, Palencia

Peres, D. (1949), 'As côrtes de 1211', *Revista portuguesa de história* 4: 1–8

Peters, E. (1970), *The shadow king: 'rex inutilis' in medieval law and literature 751–1327*, New Haven and London

Powicke, F.M. (1947), *King Henry III and the Lord Edward*, 2 vols., Oxford

Presilla, M.E. (1987), 'The image of death and political ideology in the *Cantigas de Santa Maria*', in I.J. Katz and J.E. Keller (eds.), *Studies on the 'Cantigas de Santa Maria': art, music, and poetry. Proceedings of the International Symposium on the 'Cantigas de Santa Maria' of Alfonso X, el Sabio (1221–1284) in commemoration of its 700th anniversary year – 1981 (New York, November 19–21)*, Madison, WI, pp. 403–57

Procter, E.S. (1945), 'The scientific works of the court of Alfonso X of Castille: the king and his collaborators', *Modern Language Review* 40: 12–29

Procter, E.S. (1951), *Alfonso X of Castile, patron of literature and learning*, Oxford

Procter, E.S. (1980), *Curia and cortes in León and Castile 1072–1295*, Cambridge

Retaña, L.F. de (1941), *Albores del imperio: Vida del San Fernando el Tercero, rey de Castilla y León*, Madrid

Reuter, A.E. (1928), *Königtum und Episkopat in Portugal im 13. Jahrhundert*, Abhandlungen zur mittleren und neueren Geschichte, 69, Berlin

Rico, F. (1972), *Alfonso el Sabio y la 'General Estoria'*, Barcelona

Ríos, J. Amador de los (1862), *Historia crítica de la literatura española*, II, Madrid

Ruiz, T.F. (1977), 'The transformation of the Castilian municipalities: the case of Burgos 1248–1350', *P&P* 77: 3–32

Ruiz, T.F. (1979), 'Expansion et changement: la conquête de Séville et la société castillane 1248–1350', *Annales ESC* 34: 548–65

Ruiz de la Peña, J.I. (1976), 'Los procesos tardíos de repoblación urbana en las tierras del Norte del Duero (siglos XII–XIV)', *Boletín del Instituto de estudios asturianos* 30: 735–77

Runciman, S. (1954), *A history of the crusades*, III, Cambridge

Saraiva, F. de S. Luís (1872), 'Memoria sobre a deposição de El Rei D. Sancho II', in his *Obras completas*, I, Lisbon, pp. 387–92

Scheffer-Boichorst, P. (1888), 'Zur Geschichte Alfons' X. von Castilien', *Mittheilungen des Instituts für österreichische Geschichtsforschung* 9: 226–48

Schramm, P.E. (1950), 'Das kastilische Königtum und Kaisertum während der Reconquista (11. Jahrhundert bis 1252)', in *Festschrift für Gerhard Ritter zu seinem 60. Geburstag*, Tübingen, pp. 87–139　　953

Serrão, J. Veríssimo (1979), *História de Portugal*, I: *Estado, pátria e nação (1080–1415)*, 3rd edn, Lisbon

Soares, T. de Sousa (1983), 'Antecedentes das cortes reunidas em Guimarães em 1250', *Revista portuguesa de história* 20: 141–54

Socarras, C.J. (1975), *Alfonso X of Castile: a study on imperialistic frustration*, Barcelona

Torres Fontes, J., *et al.* (eds.) (1990), *La expansión peninsular y mediterránea (c. 1212–c. 1350)*, in *Historia de España Espasa Calpe*, XIII.i, Madrid

Veloso, M.T. (1980), 'A questão entre Afonso II e suas irmãa sobre a detencão dos direitos senhoriais', *Revista portuguesa de história* 18: 197–229

Vicens Vives, J. (1967), *Manual de historia económica de España*, 5th edn, Barcelona

Woolf, R.L. (1954), 'Mortgage and redemption of an emperor's son: Castile and the Latin empire of Constantinople', *Speculum* 29: 45–84

2 2　蒙古人和欧洲

Primary sources

Bar Hebraeus, *The chronography of Gregory Abû'l-Faraj, . . . commonly known as Bar Hebraeus*, ed. and trans. E.A. Wallis Budge, 2 vols., London and Oxford (1932)

Benedictus Polonus, 'Relatio', ed. in van den Wyngaert, *Sinica franciscana*, I, pp. 133–43; trans. in Dawson, *The Mongol mission*, pp. 79–84

Budge, E.A.W. (trans.), *The monks of Kûblâi Khân emperor of China or the history of the life and travels of Rabban Sâwmâ. . .*, London (1928)

Carpini, Giovanni di Pian di, 'Ystoria Mongalorum quos nos Tartaros appellamus', ed. in van den Wyngaert, *Sinica franciscana*, I, pp. 3–131; trans. in Dawson, *The Mongol mission*, pp. 3–72

Chabot, J.B. (trans.), *Histoire de Mar Jabalaha III et du moine Rabban Çauma*, Paris (1895)

Dawson, C. (trans.), *The Mongol mission: narratives and letters of the Franciscan missionaries in Mongolia and China in the thirteenth and fourteenth centuries*, London and New York (1955)

Delaborde, H.F. (ed.), 'Lettre des Chrétiens de Terre-Sainte à Charles d'Anjou', *ROL* 2 (1894), pp. 212–15

Dörrie, H. (ed.), 'Drei Texte zur Geschichte der Ungarn und Mongolen', *Nachrichten der Akademie der Wissenschaften in Göttingen, phil.-hist. Klasse* 6 (1956), pp. 125–202

Göckenjan, H. and Sweeney, J.R. (eds.), *Der Mongolensturm: Berichte von Augenzeugen und Zeitgenossen 1235–1250*, Graz, Vienna and Cologne (1985)

Golubovich, G. (ed.), *Biblioteca bio-bibliografica della Terra Santa e dell'oriente francescano*, 5 vols., Quaracchi (1906–23)

Gombos, A.F. (ed.), *Catalogus fontium historiae Hungaricae*, 3 vols., Budapest (1937–8)

Haluščynskyj, T.T. and Wojnar, M. (eds.), *Acta Innocentii PP. IV (1243–1254)*, Vatican City (1962)

Hayton of Gorighos, 'La flor des estoires de la terre d'orient', in *Recueil des historiens des croisades: documents arméniens*, II, Paris (1906)

Jackson, P. and Morgan, D. (trans.), *The mission of Friar William of Rubruck: his journey to the*

954　　*court of the Great Khan Möngke (1253–1255)*, Hakluyt Society, 2nd series, 173, London (1990)

Kirakos of Gantsak, *Patmutʿiwn Hayocʿ*, trans. L.A. Khanlarian, *Istoriia Armenii*, Moscow (1976)

Laurent, J.C.M. (ed.), *Peregrinatores medii aevi quatuor*, Leipzig (1873)

Luard, H.R. (ed.), 'Annales monasterii de Burton', in *Annales Monastici*, I, RS, London (1864)

Lupprian, K.E. (ed.), *Die Beziehungen der Päpste zu islamischen und mongolischen Herrschern im 13. Jahrhundert anhand ihres Briefwechsels*, Vatican City (1981)

Matthew Paris, *Chronica majora*, ed. H.R. Luard, 7 vols., RS, London (1872–83)

Meyvaert, P. (ed.), 'An unknown letter of Hulagu, Il-Khan of Persia, to King Louis IX of France', *Viator* 11 (1980), pp. 245–59

Montecorvino, Giovanni di, 'Epistolae', ed. in van den Wyngaert, *Sinica franciscana*, I, pp. 335–55

Mostaert, A. and Cleaves, F.W. (ed. and trans.), *Les lettres de 1289 et 1305 des ilkhan Aryun et Öljeitü à Philippe le Bel*, Cambridge, MA

Önnerfors, A. (ed.), *Hystoria Tartarorum C. de Bridia monachi*, Berlin (1967)

Perfecky, G.A. (trans.), *The Hypatian Codex, part two: the Galician-Volynian Chronicle*, Munich (1973)

Polo, Marco, *Le divisament dou monde* (Latin text in MS Z), ed. and trans. A.C. Moule and P. Pelliot, *Marco Polo: the description of the world*, 2 vols., London (1938); trans. A. Ricci, *The travels of Marco Polo*, London (1931)

Roger of Varad, 'Carmen miserabile', ed. L. Juhász, in Szentpétery, *Scriptores rerum Hungaricarum*, II, pp. 543–88

Rubruck, Guillaume de, 'Itinerarium', ed. in Van den Wyngaert, *Sinica franciscana*, I, pp. 147–332; trans. in Jackson and Morgan, *The mission of Friar William*

Saint-Quentin, Simon de, *Historia Tartarorum*, ed. J. Richard, *Simon de Saint-Quentin: histoire des Tartares*, Documents relatifs à l'histoire des croisades, 8, Paris (1965)

Szentpétery, E. (ed.), *Scriptores rerum Hungaricarum*, 2 vols., Budapest (1938)

Theiner, A. (ed.), *Vetera monumenta historica Hungariam sacram illustrantia*, 2 vols., Rome (1859–60)

Thomas Spalatensis, 'Historia pontificum Salonitanorum atque Spalatensium', in Gombos, *Catalogus*, III

Vardan of Arewel', *Hawakʿumn Patmutʿean*, trans. R.W. Thomson, 'The historical compilation of Vardan Arewelcʿi', *DOP* 43 (1989), pp. 125–226

Wyngaert, A. van den (ed.), *Sinica franciscana*, I: *Itinera et relationes fratrum minorum saeculi XIII et XIV*, Quaracchi and Florence (1929)

Yule, Sir Henry and Cordier, H. (eds.), *Cathay and the way thither*, new edn, Hakluyt Society, 2nd series, 33, 37, 38, 41, London (1913–16)

Secondary works

1274. Année charnière (1977), *1274. Année charnière: mutations et continuités*, Colloques internationaux du CNRS, 558, Paris

Abel-Rémusat, J.P. (1822, 1824), 'Mémoire sur les relations politiques des princes chrétiens, et particulièrement des rois de France, avec les empereurs Mongols', *Mémoires de l'Institut royal de France, Académie des inscriptions et belles-lettres* 6: 396–469; 7: 335–438

Allsen, T.T. (1987), *Mongol imperialism: the policies of the Grand Qan Möngke in China, Russia and the Islamic lands, 1251–1259*, Berkeley and Los Angeles　　955

Altaner, B. (1924), *Die Dominikanermissionen des 13. Jahrhunderts*, Breslauer Studien zur historischen Theologie, 3, Habelschwerdt

Altunian, G. (1911), *Die Mongolen und ihre Eroberungen in kaukasischen und kleinasiatischen Ländern im XIII. Jahrhundert*, Historische Studien, 91, Berlin

Amitai-Preiss, R. (1995), *Mongols and Mamluks: the Mamluk–Ilkhanid war, 1260–1281*, Cambridge

Andreeva, M. (1926), 'Priem tatarskikh poslov pri nikeiskom dvore', in *Sbornik statei posviashchennykh pamiati N.P. Kondakova*, Prague, pp. 187–200

Ashtor, E. (1983), *Levant trade in the later Middle Ages*, Princeton

Balard, M. (1970), 'Notes sur l'activité maritime des Génois de Caffa à la fin du XIIIe siècle', in Mollat du Jourdain (1970), pp. 375–86

Balard, M. (1977), 'Les Génois en Asie centrale et en extrême-orient au XIVe siècle: un cas exceptionnel?', in *Mélanges Edouard Perroy*, Paris, pp. 681–9

Baldwin, M.W. (1985), 'Missions to the east in the thirteenth and fourteenth centuries', in Setton (1969–90), v, pp. 452–518

Barthold, W. (1968), *Turkestan down to the Mongol invasion*, 3rd edn. by C.E. Bosworth with additional chapter trans. by Mrs T. Minorsky, Gibb Memorial Series, n.s., 5, London

Bautier, R.-H. (1970), 'Les relations économiques des occidentaux avec les pays d'orient au moyen âge: points de vue et documents', in Mollat du Jourdain (1970), pp. 263–331

Beckingham, C.F. (1966), *The achievements of Prester John*, London; repr. in his *Between Islam and Christendom*, London (1983)

Beckingham, C.F. and Hamilton, B. (eds.) (1996), *Prester John, the Mongols and the Ten Lost Tribes*, Aldershot

Bezzola, G.A. (1974), *Die Mongolen in abendländischer Sicht (1220–1270): ein Beitrag zur Frage der Völkerbegegnungen*, Berne and Munich

Bigalli, D. (1971), *I Tartari e l'Apocalisse: ricerche sull'escatologia in Adamo Marsh e Ruggero Bacone*, Florence

Boyle, J.A. (1963), 'Kirakos of Ganjak on the Mongols', *CAJ* 8: 199–214; repr. in Boyle (1977)

Boyle, J.A. (1964), 'The journey of Het'um I, king of Little Armenia, to the court of the Great Khan Möngke', *CAJ* 9: 175–89: repr. in Boyle (1977)

Boyle, J.A. (1968), 'Dynastic and political history of the Il-Khans', in *The Cambridge history of Iran*, v: *The Saljuq and Mongol periods*, ed. J.A. Boyle, Cambridge, pp. 303–421

Boyle, J.A. (1976), 'The Il-khans of Persia and the princes of Europe', *CAJ* 20: 25–40

Boyle, J.A. (1977), *The Mongol world empire, 1206–1370*, London

Brătianu, G. (1929), *Recherches sur le commerce génois dans la Mer Noire au XIIIe siècle*, Paris

Brincken, A.D. von den (1973), *Die 'Nationes Christianorum Orientalium' im Verständnis der lateinischen Historiographie*, Kölner Historische Abhandlungen, 22, Cologne

Brincken, A.D. von den (1975), 'Die Mongolen im Weltbild der Lateiner um die Mitte des 13. Jahrhunderts unter besonderer Berücksichtigung des "Speculum Historiale" des Vincenz von Beauvais OP', *Archiv für Kulturgeschichte* 57: 117–40

Cahen, G. (1924), 'Les Mongols dans les Balkans', *Revue historique* 146: 55–9

Cahen, C. (1969), 'The Mongols and the Near East', in Setton (1969–90), II, pp. 715–33

Canard, M. (1935–45), 'Un traité entre Byzance et l'Egypte au XIIIe siècle et les rela-

956　　tions diplomatiques de Michel VIII Paléologue avec les sultans mamluks Baibars et Qalâ'ûn', in *Mélanges offerts à Gaudefroy-Demombynes*, Cairo, pp. 197–224

Chabot, J.B. (1896), 'Notes sur les relations entre le roi Arghoun et l'Occident', *ROL* 2: 566–629

Connell, C.W. (1973), 'Western views of the origin of the "Tartars"', *Journal of Medieval and Renaissance Studies* 3: 115–37

Critchley, J. (1992), *Marco Polo's book*, Aldershot

Dauvillier, J. (1983), *Histoire et institutions des églises orientales au moyen âge*, London

de Rachewiltz, I. (1971), *Papal envoys to the Great Khans*, London

de Rachewiltz, I. (1973), 'Some remarks on the ideological foundations of Chingis Khan's empire', *Papers on Far Eastern History* 7: 21–36

de Rachewiltz, I. (1989), 'The title Cinggis Qan re-examined', in W. Heissig and K. Sagaster (eds.), *Gedanke und Wirkung: Festschrift zum 90. Geburtstag von Nikolaus Poppe*, Asiatische Forschungen, 108, Wiesbaden, pp. 281–98

Ehrenkreutz, A. (1981), 'Strategic implications of the slave trade between Genoa and Mamluk Egypt in the second half of the thirteenth century', in A.L. Udovitch (ed.), *The Islamic Middle East 700–1900*, Princeton, pp. 335–45

Fennell, J. (1983), *The crisis of medieval Russia 1200–1304*, London

Fiey, J.M. (1975), *Chrétiens syriaques sous les Mongols (Il-Khanat de Perse, XIIIe–XIVe s.)*, Corpus Scriptorum Christianorum Orientalium, Subsidia, 44, Louvain

Franke, H. (1966), 'Sino-western contacts under the Mongol empire', *Journal of the Hong Kong Branch of the Royal Asiatic Society* 6: 49–72

Fried, J. (1986), 'Auf der Suche nach der Wirklichkeit: die Mongolen und die europäische Erfahrungswissenschaft im 13. Jahrhundert', *Historische Zeitschrift* 243: 287–332

Graf, A. (1941), 'Die Tataren im Spiegel der byzantinischen Literatur', in A. Scheiber (ed.), *Jubilee volume in honour of Prof. Bernhard Heller*, Budapest, pp. 77–85

Guzman, G.G. (1971), 'Simon of Saint-Quentin and the Dominican mission to the Mongol Baiju: a reappraisal', *Speculum* 46: 232–49

Guzman, G.G. (1972), 'Simon of Saint-Quentin as historian of the Mongols and Seljuk Turks', *Medievalia et humanistica* 3: 155–78

Haeger, J.W. (1978), 'Marco Polo in China: problems with internal evidence', *Bulletin of Sung and Yüan Studies* 14: 22–30

Halecki, O. (1966), 'Diplomatie pontificale et activité missionnaire en Asie au XIII–XIVe siècles', in *Comité international des sciences historiques. XIIe congrès international. Vienne 1965. Rapports*, Vienna, II, pp. 5–32

Halperin, C.J. (1983), 'Russia in the Mongol empire in comparative perspective', *Harvard Journal of Asiatic Studies* 43: 239–61

Hamilton, B. (1985), 'Prester John and the Three Kings of Cologne', in H. Mayr-Harting and R.I. Moore (eds.), *Studies in medieval history presented to R.H.C. Davis*, London, pp. 177–91

Heers, J. (1984), 'De Marco Polo à Christophe Colomb: comment lire le *Devisement du monde*?', *JMH* 10: 125–43

Heyd, W. (1885–6), *Histoire du commerce du Levant au moyen âge*, trans. F. Raynaud, 2 vols., Leipzig

Humphreys, R.S. (1977), *From Saladin to the Mongols: the Ayyubids of Damascus 1193–1260*, New York

Jackson, P. (1978), 'The dissolution of the Mongol empire', *CAJ* 22: 186–244

Jackson, P. (1980), 'The crisis in the Holy Land in 1260', *EHR* 95: 481–513

Jackson, P. (1982), 'Abaqa', *EIr.*

Jackson, P. (1984), 'Aḥmad-Takūdār', *EIr.*

Jackson, P. (1986), 'Arġūn', *EIr.*

Jackson, P. (1989), 'Bāyjū', *EIr.*

Jackson, P. (1991), 'The crusade against the Mongols (1241)', *JEH* 42: 1–18

Jackson, P. (1998), 'Marco Polo and his "Travels"', *BSOAS* 61: 82–101

Klopprogge, A. (1993), *Ursprung und Ausprägung des abendländischen Mongolenbildes im 13. Jahrhundert: ein Versuch zur Ideengeschichte des Mittelalters*, Wiesbaden

Lederer, E. (1953), 'Tatarskoe nashestvie na Vengriiu v sviazi s mezhdunarodnymi sobytiiami epokhy', *Acta historica academiae scientiarum hungaricae* 2: 1–45

Lockhart, L. (1968), 'The relations between Edward I and Edward II of England and the Mongol Il-khans of Persia', *Iran* 6: 23–31

Lopez, R.S. (1970), 'Les méthodes commerciales des marchands occidentaux en Asie du XIe au XIVe siècle', in Mollat du Jourdain (1970), pp. 343–51

Mollat du Jourdain, M. (ed.) (1970), *Sociétés et compagnies du commerce en orient et dans l'océan indien*, Paris

Monti, G.M. (1936), 'I re angioini e i Tartari', in G.M. Monti, *Da Carlo I a Roberto di Angió*, Trani, pp. 17–36

Morgan, D.O. (1985), 'The Mongols in Syria, 1260–1300', in P.W. Edbury (ed.), *Crusade and settlement*, Cardiff, pp. 231–5

Morgan, D.O. (1986), *The Mongols*, Oxford

Morgan, D.O. (1989), 'The Mongols and the eastern Mediterranean', *Mediterranean Historical Review* 4: 198–211; also in B. Arbel, *et al.* (eds.), *Latins, Muslims and Greeks in the eastern Mediterranean after 1204*, London and Tel Aviv

Moule, A.C. (1930), *Christians in China before the year 1550*, Cambridge

Muldoon, J.P. (1979), *Popes, lawyers and infidels*, Liverpool

Müller, R. (1988), 'Jean de Montecorvino (1247–1328) – premier archevêque de Chine', *Neue Zeitschrift für Missionswissenschaft* 44: 81–109, 197–217, 263–84

Olschki, L. (1960), *Marco Polo's Asia*, Berkeley and Los Angeles

Origo, I. (1955), 'The domestic enemy: the eastern slaves in Tuscany in the fourteenth and fifteenth centuries', *Speculum* 30: 321–66

Pashuto, V.T. (1977), 'Mongol'skii pokhod v glub' Evropy', in S.L. Tikhvinskii (ed.), *Tataro-Mongoly v Azii i Evrope: sbornik statei*, 2nd edn, Moscow, pp. 210–27

Pelliot, P. (1923, 1924 and 1932), 'Les Mongols et la papauté', *Revue de l'orient chrétien* 23: 3–30; 24: 225–335; 28: 3–84

Pelliot, P. (1959–73), *Notes on Marco Polo*, 3 vols., Paris

Pelliot, P. (1973), *Recherches sur les chrétiens d'Asie centrale et d'extrême orient*, Paris

Petech, L. (1962), 'Les marchands italiens dans l'empire mongol', *JA* 250: 549–74

Phillips, J.R.S. (1998), *The medieval expansion of Europe*, 2nd edn, Oxford

Ratchnevsky, P. (1991), *Genghis Khan: his life and legacy*, trans. T.N. Haining, Oxford

Richard, J. (1949), 'Le début des relations entre la papauté et les Mongols de Perse', *JA* 237: 291–7: repr. in Richard (1977d)

Richard, J. (1955), 'L'extrême-orient légendaire au moyen âge: roi David et Prêtre Jean', *Annales d'Ethiopie* 2: 225–42; repr. in Richard (1976)

Richard, J. (1957), 'La mission en occident de Rabban Çauma et l'union des églises', in

957

958   *XII° Convegno Volta. Oriente e occidente nel medio evo*, Rome, pp. 162–7; repr. in Richard (1976)

Richard, J. (1968), 'European navigation in the Indian Ocean and Caspian Sea (12th–15th centuries)', *Iran* 6: 45–52

Richard, J. (1973), 'Ultimatums mongols et lettres apocryphes: l'occident et les motifs de guerre des Tartares', *CAJ* 17: 212–22; repr. in Richard (1976)

Richard, J. (1976), *Orient et occident au moyen âge (XIIe–XVe s.): contacts et relations*, London

Richard, J. (1977a), 'Les Mongols et l'occident: deux siècles de contacts', in *1274. Année charnière* (1977), pp. 85–96; repr. in Richard (1983)

Richard, J. (1977b), 'Chrétiens et Mongols au concile: la Papauté et les Mongols de Perse dans la seconde moitié du XIIIe siècle', in *1274. Année charnière* (1977), pp. 31–44; repr. in Richard (1983)

Richard, J. (1977c), *La papauté et les missions d'orient au moyen âge (XIIIe–XVe siècles)*, Rome

Richard, J. (1977d), *Les relations entre l'orient et l'occident au moyen âge: études et documents*, London

Richard, J. (1979a), 'Les causes des victoires mongoles d'après les historiens occidentaux du XIIIe siècle', *CAJ* 23: 104–17; repr. in Richard (1983)

Richard, J. (1979b), 'Une ambassade mongole à Paris en 1262', *Journal des savants*: 295–303; repr. in Richard (1983)

Richard, J. (1983), *Croisés, missionnaires et voyageurs: les perspectives orientales du monde latin médiéval*, London

Richard, J. (1986), 'La lettre du Connétable Smbat et les rapports entre Chrétiens et Mongols au milieu du XIIIème siècle', in D. Kouymjian (ed.), *Armenian studies in memoriam Haïg Berbérian*, Lisbon, pp. 683–96

Richard, J. (1989), 'La croisade de 1270, premier "passage général"?', *Comptes rendus de l'Académie des inscriptions et belles-lettres*: 510–23

Richard, J. (1994), 'A propos de la mission de Baudouin de Hainaut: l'empire latin de Constantinople et les Mongols', *Journal des Savants*: 115–21

Roberg, B. (1973), 'Die Tartaren auf dem 2. Konzil von Lyon', *Annuarium historiae conciliorum* 5: 241–300

Rossabi, M. (1988), *Khubilai Khan: his life and times*, Berkeley and Los Angeles

Rossabi, M. (1992), *Voyager from Xanadu: Rabban Sauma and the first journey from China to the West*, Tokyo and New York

Rudolf, K. (1977), 'Die Tataren 1241/2. Nachrichten und Wiedergabe: Korrespondenz und Historiographie', *Römische Historische Mitteilungen* 19: 79–107

Saunders, J.J. (1969), 'Matthew Paris and the Mongols', in T.A. Sandquist and M.R. Powicke (eds.), *Essays in medieval history presented to Bertie Wilkinson*, Toronto, pp. 116–32

Saunders, J.J. (1971), *The history of the Mongol conquests*, London

Saunders, J.J. (1977), 'The Mongol defeat at Ain Jalut and the restoration of the Greek empire', in J.J. Saunders, *Muslims and Mongols*, ed. G.W. Rice, Canterbury, NZ, pp. 67–76

Schein, S. (1979), '*Gesta Dei per Mongolos* 1300: the genesis of a non-event', *EHR* 94: 805–19

Schmieder, F. (1994), *Europa und die Fremden: die Mongolen im Urteil des Abendlandes vom 13. bis in das 15. Jahrhundert*, Sigmaringen

Schmilewski, U. (ed.) (1992), *Wahlstatt 1241. Beiträge zur Mongolenschlacht bei Liegnitz und zu ihren Nachwirkungen*, Würzburg

Setton, K.M. (general ed.) (1969–90), *A history of the crusades*, 6 vols. (I and II, 2nd edn),　959
Madison, WI

Sinor, D. (1952), 'Un voyageur du treizième siècle: le Dominicain Julien de Hongrie',
BSOAS 14: 589–602; repr. in Sinor (1977b)

Sinor, D. (1956), 'Les relations entre les Mongols et l'Europe jusqu'à la mort d'Arghoun
et de Béla IV', *Journal of World History* 3: 39–62; repr. in Sinor (1977b)

Sinor, D. (1972a), 'Horse and pasture in Inner Asian history', *Oriens extremus* 19: 171–84;
repr. in Sinor (1977b)

Sinor, D. (1972b), 'The mysterious "Talu Sea" in Öljeitü's letter to Philip the Fair of
France', in *Analecta Mongolica dedicated to Owen Lattimore*, Bloomington, IN, pp.
115–21; repr. in Sinor (1977b)

Sinor, D. (1975), 'The Mongols and western Europe', in Setton (1969–90), III, pp.
513–44; repr. in Sinor (1977b)

Sinor, D. (1977a), 'Le Mongol vu par l'occident', in *1274. Année charnière* (1977), pp.
55–72

Sinor, D. (1977b), *Inner Asia and its contacts with medieval Europe*, London

Smith, J.M., Jr (1984), "'Ayn Jalut: Mamluk success or Mongol failure?', *Harvard Journal
of Asiatic Studies* 44: 307–45

Soranzo, G. (1930), *Il papato, l'Europa cristiana e i Tartari: un secolo di penetrazione occidentale
in Asia*, Milan

Spuler, B. (1965), *Die Goldene Horde: die Mongolen in Rußland 1223–1502*, 2nd edn,
Wiesbaden

Spuler, B. (1985), *Die Mongolen in Iran: Politik, Verwaltung und Kultur der Ilchanzeit 1220–1350*,
4th edn, Leiden

Strakosch-Graßmann, G. (1893), *Der Einfall der Mongolen in Mitteleuropa in den Jahren 1241
und 1242*. Innsbruck

Sweeney, J. (1982), 'Thomas of Spalato and the Mongols: a thirteenth-century
Dalmatian view of Mongol customs', *Florilegium* 4: 156–83

Szcześniak, B. (1956), 'The mission of Giovanni di Piano Carpini and Benedict the Pole
of Vratislavia to Halicz', *JEH* 7: 12–20

Troll, C.W. (1966, 1967), 'Die Chinamission im Mittelalter', *Franziskanische Studien* 48:
109–50; 49: 22–79

Voegelin, E. (1941), 'The Mongol orders of submission to European powers,
1245–1255', *Byzantion* 15: 378–413

Wood, F. (1995), *Did Marco Polo go to China?* London

Zakirov, S. (1966), *Diplomaticheskie otnosheniia Zolotoi Ordy s Egiptom*, Moscow

Zarncke, F. (1879–80), 'Der Priester Johannes', *Abhandlungen der phil. Klasse der sächsischen
Akademie der Wissenschaften zu Leipzig* 7: 829–1028: 8: 3–186

Zatko, J.J. (1957), 'The Union of Suzdal, 1222–1252', *JEH* 8: 33–52

23(1) 斯堪的纳维亚诸王国

Secondary works

Arup, E. (1925–32), *Danmarks historie*, I–II, Copenhagen

Bagge, S. (1984), 'Nordic students at foreign universities until 1660', *Scandinavian Journal
of History* 9: 1–29

960 Bagge, S. (1986), 'Borgerkrig og statsutvikling i Norge i middelalderen', *Historisk tidsskrift* (Norwegian): 145–97

Bagge, S. (1987), *The political thought of The King's Mirror*, Medieval Scandinavia Supplements, 3, Odense

Bagge, S. (1989), 'State building in medieval Norway', *Forum for utviklingsstudier*. 129–47

Bagge, S. (1991), *Society and politics in Snorri Sturluson's Heimskringla*, Berkeley

Blom, G.A. (ed.) (1977), *Urbaniseringsprosessen i Norden. Del 1. Middelaldersteder*, Det XVII nordiske historikermøte, Trondheim 1977, Oslo

Bøgh, A. (1987), 'Magten i middelalderen', *Den jyske historiker* 42: 85–106

Bøgh, A., Würz-Sørensen, J. and Tvede-Jensen, L. (eds.) (1988), *Til kamp for friheden. Sociale oprør i nordisk middealder*, Ålborg

Byock, J. (1982), *Feud in the Icelandic saga*, Berkeley

Byock, J. (1988), *Medieval Iceland: history and sagas*, Berkeley

Christensen, A.E. (1968), *Kongemagt og aristokrati*, Copenhagen

Christensen, A.E. (1977), 'Tiden 1042–1241', in *Danmarks historie*, 1, Copenhagen, pp. 211–399

Christensen, C.A. (1964), 'Ændringerne i landsbyens økonomiske og sociale struktur i det 14. og 15. århundrede', *Historisk tidsskrift* (Danish) 12, 1: 257–349

Dahlerup, T. (1973), review of E. Ulsig, *Danske adelsgodser i middelalderen*, *Historisk tidsskrift* (Danish) 12, 6: 219–32

Damsholt, N. (1970), 'Kingship in the arengas of Danish royal diplomas 1170–1223', *Medieval Scandinavia* 3: 66–108

Diplomatarium Danicum (1938), ed. F. Blatt, *et al.*, Copenhagen

Duby, G. (1974), *Guerriers et paysans*, Paris

Elias, N. (1977), *Über den Prozess der Zivilisation*, I–II, Frankfurt

Erslev, K. (1898), *Den senere Middelalder*, Danmarks Riges Historie, 2, Copenhagen

Fenger, O. (1971), *Fejde og mandebod*, Copenhagen

Finer, S.E. (1975), 'State and nation-building in Europe: the role of the military', in C. Tilly (ed.), *The formation of national states in western Europe*, Princeton, pp. 83–164

Friis-Jensen, K. (ed.) (1981), *Saxo Grammaticus: a medieval author between Norse and Latin culture*, Copenhagen

Gaunt, D. (1983), *Familjeliv i Norden*, Malmö

Helle, K. (1972), *Konge og gode menn i norsk riksstyring 1150–1319*, Bergen

Helle, K. (1974), *Norge blir en stat*, Bergen

Helle, K. (1981), 'Norway in the high Middle Ages', *Scandinavian Journal of History* 6: 161–89

Hørby, K. (1977), *Status regni Dacie*, Copenhagen

Hørby, K. (1980), *Samfundet i vikingtid og middelalder*, Dansk socialhistorie, 3, Copenhagen

Holmsen, A. (1977), *Norges historie: fra de eldste tider til 1660*, Oslo

Jochens, J. (1986), 'Consent in marriage: Old Norse law, life and literature', *Scandinavian Studies* 58: 142–76

Jochens, J. (1987), 'The politics of reproduction: medieval Norwegian kingship', *American Historical Review* 92: 327–49

Jóhannesson, Jón (1974), *A history of the Old Icelandic commonwealth*, Manitoba

Jonsson, B. (1991), 'The ballad and oral literature', *Harvard English Studies* 17: 139–70

Lexikon des Mittelalters (1977–98), Munich

Lindkvist, T. (1979a), 'Swedish medieval society: previous research and recent develop- 961
ments, *Scandinavian Journal of History* 4: 253–68

Lindkvist, T. (1979b), *Landborna i Norden under äldre medeltid*, Studia Historica
Upsaliensia, 110, Uppsala

Lindkvist, T. (1988), *Plundring, skatter och den feodala statens framväxt*, Opuscula Historica
Upsaliensia, 1, Uppsala

Lönnroth, E. (1934), *Sverige och kalmarunionen*, Göteborg

Lönnroth, E. (1940), *Statsmakt och statsfinans i det medeltida Sverige*, Götenborg

Lönnroth, E. (1964), 'De äkta folkungarnas program', *Från svensk medeltid*: 13–29

Lunden, K. (1977), *Norge under Sverreætten 1177–1319 (Norges historie*, ed. K. Mykland, III),
Oslo

Lunden, K. (1978), 'Det norske kongedømet i høgmellomalderen', *Studier i historisk
metode* 13: 124–40

Medieval Scandinavia: an Encyclopedia (1993), ed. P. Pulsiano, New York

Miller, W.I. (1990), *Bloodtaking and peacemaking*, Chicago

Nedkvitne, A. (1983), 'Utenrikshandelen fra det vestafjelske Norge', doctoral thesis,
Bergen

Norseng, P. (1987), 'Lovmaterialet som kilde til tidlig nordisk middelalder', *Kilderne til
den tidlige middelalders historie*, Rapporter til den XX nordiske historikerkongres,
Reykjavik 1987, 1, Reykjavik, pp. 48–77

Opsahl, E. (1992), 'Bastard feudalism or sub-vassality in medieval Norway', *Collegium
Medievale* 4: 177–214

Paludan, H. (1977), 'Tiden 1241–1340', in *Danmarks historie*, 1, Copenhagen, pp.
401–512

Paludan, H. (1979), 'Conceptions of Danish society during the high Middle Ages',
Scandinavian Journal of History 4: 269–85

Philpotts, B. (1913), *Kindred and clan in the Middle Ages and after*, Cambridge

Riis, T. (1977), *Les institutions politiques centrales du Danemark 1100–1332*, Copenhagen

Rosén, J. (1939), *Striden mellan Birger Magnusson och hans bröder*, Lund

Rosén, J. (1962), *Svensk historia*, 1, Stockholm

Sawyer, P. (1982), *Kings and Vikings*, London

Sawyer, P. (1987), 'The blood-feud in fact and fiction', in *Tradition og historieskrivning.
Kilderne til Nordens ældste historie*, K. Hastrup and P. Meulengracht Sørensen (eds.),
Acta Jutlandica, 63: 2, Århus

Schück, H. (1985), 'Rikdsdagens framväxt: tiden intill 1611', in Schück, *et al.*, *Riksdagen
genom tiderna*, Stockholm, pp. 7–58

Sigurðsson, Jon Viðar (1989), *Frá goðorðum til ríkja: þróun goðavalds a 12. og 13. öld*,
Ságnfræðirannsokir (Studia Historica), 10, Reykjavik

Sjöholm, E. (1988), *Sveriges medeltidslagar*, Lund

Skovgaard-Petersen, I. (1977), 'Oldtid og vikingtid', in *Danmarks historie*, 1,
Copenhagen, pp. 15–210

Skovgaard-Petersen, I. (1987), *Da Tidernes Herre var nær. Studier i Saxos historiesyn*,
Copenhagen

Skovgaard-Petersen, I. (1991), 'Saxo Grammaticus: a national chronicler making use of
the genre *Chronica Universalis*', in J.-P. Genet (ed.), *L'historiographie médiévale en Europe*,
Actes du colloque organisé par la Fondation Européenne de la Science au Centre de

962 Recherches Historiques et Juridiques de l'Université de Paris du 29 mars au 1er avril 1989, pp. 331–40, Paris

Sørensen, P.M. (1977), *Saga og samfund*, Copenhagen

Suuvanto, Seppo (1979), 'Medieval studies in Finland: a survey', *Scandinavian Journal of History* 4: 287–304

Ulsig, E. (1968), *Danske adelsgodser i middelalderen*, Skrifter utgivne af Det Historiske Institut ved Københavns Universitet, 2, Copenhagen

Ulsig, E. (1981), 'Landboer og bryder, skat og landgilde. De danske fæstebønder og deres afgifter i det 12. og 13. århundre', in *Middelalder, metode og medier. Festskrift til N. Skyum-Nielsen*, Copenhagen, pp. 137–66

Ulsig, E. (1983), 'Kronens kamp for bevarelsen af skattegodset 1241–1396', *Profiler i nordisk senmiddelalder og renaissance. Festskrift til P. Enemark*, Århus, pp. 203–18

van Engen, J. (1986), 'The Christian Middle Ages as a historiographical problem', *American Historical Review* 91, 3: 519–51

Vestergaard, T. (1988), 'The system of kinship in early Norwegian law', *Medieval Scandinavia* 12: pp. 160–93

23(2) 波罗的海的骑士修道会

Compiled by David Abulafia

Note: the editor of this volume is much indebted for help with this bibliography to the bibliographies of the first and second editions of E. Christiansen's now classic work on *The northern crusades*, listed below.

Primary sources

Chronicle of Henry of Livonia, ed. and trans. J. Brundage, Madison, WI (1961)

Chronicle of Novgorod, trans. R. Michell and N. Forbes, Camden Society, 3rd ser., 25, London (1914)

Hubatsch, W., *Quellen zur Geschichte des deutschen Ordens*, Göttingen (1954)

Livonian Rhymed Chronicle, trans. J. Smith and W. Urban, Bloomington, IN (1977)

Peter of Dusberg's Chronicle, in *Scriptores rerum prussicarum*, ed. T. Hirsch, M. Toeppen and E. Strehlke, 5 vols., Leipzig (1861–74), I

Peter of Dusberg's Chronicle, in *Scriptores rerum prussicarum*, new edn with German trans. by C. Scholz and D. Wojtecki, Darmstadt (1984)

Wigand of Marburg, 'Cronica nova prutenica', in *Scriptores rerum prussicarum*, ed. T. Hirsch, M. Toeppen and E. Strehlke, 5 vols., Leipzig (1861–74), II

Secondary works

Arnold, U. and Biskup, M. (eds.) (1982), *Der Deutschordensstaat Preußen in der polnischen Geschichtsschreibung der Gegenwart*, Marburg

Bartlett, R. (1990), *The making of Europe: conquest, colonization and cultural change*, London

Bartlett, R. and Mackay, A. (eds.) (1989), *Medieval frontier societies*, Oxford

Benninghoven, F. (1965), *Der Orden der Schwertbrüder*, Cologne

Biskup, K. (1960), 'Teutonic Order state organization', *Acta Poloniae historica* 1960　　963

Boockmann, H. (1981), *Der Deutsche Orden: Zwölf Kapitel aus seiner Geschichte*, Munich

Brankack, J. (1964), *Heidenmission und Kreuzzugsgedanke in der deutschen Ostpolitik*, Bad Homburg

Christiansen, E. (1980), *The northern crusades: the Baltic and the Catholic frontier 1100–1525*, London; 2nd edn Harmondsworth (1998)

Cristianizzazione della Lituania, La (1990), Pontificio Comitato per le Scienze Storiche, Vatican City

Dollinger, P. (1970), *The German Hansa*, trans. S.H. Steinberg, London

Dygo, M. (1989), 'The political role of the cult of the Virgin Mary in Teutonic Prussia', *JMH* 15

Dygo, M. (1990), 'The German empire and the grand master of the Teutonic Order in the light of the Golden Bull of Rimini', *Acta Poloniae historica* 60

Favreau, M.L. (n.d. [1975]), *Studien zur Frühgeschichte des Deutschen Ordens*, Kiel and Stuttgart

Forey, A. (1992), *The military Orders*, London

Forstreuter, K. (1938), *Preußen und Rußland im Mittelalter*, Königsberg

Forstreuter, K. (1955), *Preußen und Rußland von den Anfängen des Deutschen Ordens bis zum Peter dem Großen*, Göttingen

Forstreuter, K. (1962), *Deutschland und Litauen im Mittelalter*, Cologne

Franklin, S.C. and Shepard, J.E.B. (1996), *The emergence of Rus 750–1200*, London

Gnegel-Waitschies (1958), *Bischof Albert von Riga*, Hamburg

Gorski, K. (1963), 'L'Ordre theutonique: un nouveau point de vue', *Revue historique* 230

Gorski, K. (1966), 'The Teutonic Order in Prussia', *Medievalia et humanistica* 17

Higounet, C. (1990), *Les Allemands et l'Europe centrale et orientale au moyen âge*, Paris

Housley, N. (1992), *The later crusades, from Lyons to Alcázar, 1274–1580*, Oxford

Inizi del cristianesimo in Livonia-Lettonia, Gli (1989), Pontificio Comitato per le Scienze Storiche, Vatican City

Johnson, E. (1975), 'The German crusade in the Baltic', in K.M. Setton, *et al.* (eds.), *A history of the crusades*, Madison, WI, III

Krollmann, C. (1938), *The Teutonic Order in Prussia*, trans. E. Horstmann, Elbing

Leighley, J. (1939), *The towns of medieval Livonia*, University of California Publications in Geography, 6, no. 7, Berkeley and Los Angeles

Mazeika, R.J. (1994), 'Of cabbages and kings', *JMH* 20

Muldoon, J. (1979), *Popes, lawyers and infidels: the Church and the non-Christian world 1250–1550*, Liverpool

Nicholson, H. (1993), *Templars, Hospitallers and Teutonic Knights: images of the military Orders*, Leicester

Olins, P. (1925), *The Teutonic Knights in Latvia*, Riga

Preußenland und Deutscher Orden: Festschrift K. Forstreuter (1958), Würzburg

Purcell, M. (1975), *Papal crusading policy*, Leiden

Rowell, S. (1994), *Lithuania ascending: a pagan empire within east-central Europe, 1290–1345*, Cambridge

Sedlar, J.W. (1994), *East-central Europe in the Middle Ages, 1000–1500*, Washington, DC

Stern, I. (1982), 'Crime and punishment among the Teutonic Knights', *Speculum* 57

Szacherska, S. (1988), 'Valdemar II's expedition to Pruthenia', *Mediaeval Scandinavia* 12

964　Treitschke, H. von (1942), *Treitschke's origins of Prussianism*, trans. E. and C. Paul, London

Tumler, M. (1955), *Der Deutsche Orden im Wenden, Wachsen und Wirken bis 1400*, Vienna

Tumler, M. and Arnold, U. (1981), *Der Deutsche Orden von seinem Ursprung bis zur Gegenwart*, Marburg

Urban, W. (1973), 'The organisation of the defence of the Livonian frontier in the thirteenth century', *Speculum* 48

Urban, W. (1980), *The Prussian Crusade*, Washington, DC

Urban, W. (1989), *The Samogitian Crusade*, Chicago

Urban, W. (1994), *The Baltic Crusade*, 2nd edn, Chicago

Wippermann, W. (1979), *Der Ordenstaat als Ideologie: das Bild des Deutschen Ordens in der deutschen Geschichtsschreibung und Publizistik*, Berlin

24(1) 中欧诸王国

General introduction to central Europe

The reader who wishes to learn more about medieval central and eastern Europe is limited only by linguistic proficiency. It should be noted that the Polish, Hungarian and Czech works cited below contain, where necessary, summaries in French, German or English. They are offered merely as departure points for more detailed study and do not always reflect the present state of central European studies.

Bak, J.M. (ed.) (1994), *Nobilities in central and eastern Europe: kinship, property and privilege* (=*History and society in central Europe*, II, Medium Aevum Quotidianum, XXIX), Budapest and Krems

Bartlett, R. and MacKay, A. (eds.) (1989), *Medieval frontier societies*, Oxford

Dvornik, F. (1960), *The Slavs in European history and civilisation*, New Brunswick

Klaniczay, G. (1990), *The uses of supernatural power: the transformation of popular religion in medieval and early-modern Europe*, trans. S. Singerman, ed. K. Margolis, Cambridge

Sedlar, J.W. (1994), *East central Europe in the Middle Ages 1000–1500*, A History of East central Europe, III, Seattle

Schlesinger, W. (ed.), *Die Deutsche Ostsiedlung des Mittelalters als Problem der europäischen Geschichte*, Sigmaringen

Hungary

General

Fügedi, E. (1986a), *Castle and society in medieval Hungary (1000–1437)*, Budapest

Fügedi, E. (1986b), *Kings, bishops, nobles and burghers in medieval Hungary*, London

Györffy, G. (1960), *Einwohnerzahl und Bevölkerungsdichte in Ungarn bis zum Anfang des XIV. Jahrhunderts*, Budapest

Homan, Balint (1935), *Gli Angioini di Ungheria, 1309–1403*, Rome, ch. 1

Homan, Balint (1943), *Geschichte des ungarischen Mittelalters*, II, Berlin – bearing in mind the place and date

Szücs, J. (1980), *Theoretical elements in Simon of Keza's gesta hungarorum*, Budapest

Towns in medieval Hungary (1990), ed. L. Gerevich, Boulder CO

Wyrozumski, J. (ed.) (1997), *Polska i Węgry w kulturze cywilizacji europejskiej*, Cracow

965

Sources

Göckenjan, H., and Sweeney, J.R., *Der Mongolensturm. Berichte von Augenzeugen und Zeitgenossen 1235–1250*, Graz, Vienna and Cologne (1985)
Historiae Hungariae fontes domestici, ed. M. Florianus, Budapest (1881–5)
The laws of medieval Hungary/Decreta regni mediaevalis Hungariae, 1, ed. G. Bonis, J. Bak and J.R. Sweeney, Bakersfield (1989)
Macartney, C.A., *The medieval Hungarian historians: a critical and analytical guide*, Cambridge (1953)
The Mongol mission, ed. C.H. Dawson, New York (1955)
Old Hungarian literary reader, 11th–18th centuries, ed. T. Klaniczay, Bekescsaba (1985)
Scriptores rerum hungaricarum, 2 vols., Budapest (1937–9)
Simonis de Kéza Gesta hungarorum, ed. A. Domanovszky, *Scriptores rerum hungaricarum*, 1, ed. E. Szentpétery, Budapest (1937), pp. 129–94

Periodical literature

Acta historica academiae scientiarum hungaricae (Budapest)
Etudes historiques hongroises
Századok

Bohemia

General

Bachmann, E. (1969), *Gotik in Böhmen*, Munich
Ehm, J. and Wagner, J. (1979), *Československé hrady a zámky*, Prague
Graus, F. (1980), *Die Nationenbildung der Westslawen im Mittelalter*, Sigmaringen
Iwańczak, W. (1985), *Tropem rycerskiej przygody. Wzorzec rycerski w piśmiennictwie czeskim XIV wieku*, Warsaw
Neubert, K. and Stejskal, K. (1978), *Karl IV und die Kultur und Kunst seiner Zeit*, Prague (1978)
Seibt, F. (1974), *Bohemia sacra: das Christentum in Böhmen 973–1973*, Dusseldorf
Wyrozumski, J. (ed.) (1998), *Czechy i Polska na szlakach ich kulturalnego rozwoju*, Cracow

Sources

Die alttschechische Reimchronik des sogenannten Dalimil, herausgegeben im Jahre 1620 von Pavel Ješín von Bezdezi, ed. J. Danhelka, Munich (1981)
Codex diplomaticus et epistolaris regni Bohemiae, ed. G. Friedrich *et al.*, 5 vols., Prague (1907–82)
Fontes rerum bohemicarum, ed. J. Emler, I–VI, VIII, Prague (1873–1932)
Kroniky doby Karla IV, Prague (1987)

Periodical literature

Acta historica Bohemiae
Český časopis historicky

966   *Folia historica Bohemiae* I
        Mediaevalia Bohemica

Poland

General

Fedorowicz, J.K., Bogucka, M. and Samsonowicz, H. (eds.) (1982), *A republic of nobles: studies in Polish history to 1864,* Cambridge

Gieysztor, A. and Kieniewicz, S. *et al.* (1979), *History of Poland,* Warsaw

Sources

Chronica Poloniae maioris, ed. B. Kürbis, *Monumenta Poloniae historica,* n.s. VIII, Warsaw (The fifteenth-century compilation from older chronicles made by Jan Dlugosz is extremely useful. The books dealing with the thirteenth century (VI, VII and VIII) have been edited and published with a Latin commentary by D. Turkowska and a team of Polish scholars: *Annales seu cronicae incliti regni Poloniae,* V–VI and VII–VIII, Warsaw (1972, 1975).)

Dąbrowski, J. *Dawne dziejopisarstwo polskie (do roku 1480),* Wrocław, Warsaw and Cracow (1964)

David, P. *Les sources de l'histoire de Pologne à l'époque des Piasts (963–1386),* Paris (1934)

Monumenta Poloniae historica, Cracow

Studies

Carter, F.W. (1994), *Trade and urban development in Poland. An economic geography of Cracow, from its origins to 1795,* Cambridge

Gąsiorowski, A. (ed.), *The Polish nobility in the Middle Ages,* Wrocław, Warsaw, Cracow, Gdańsk and (1984)

Gorecki, P. *Economy, society and lordship in medieval Poland 1100–1250,* New York and London (1992)

Gorecki, P. *Parishes, tithes and society in earlier medieval Poland, c. 1100–c. 1250,* Transactions of the American Philosophical Society 82/3 (1993)

Kłoczowski, J. (ed.) *The Christian community of medieval Poland,* Wrocław (1981)

Kłoczowski, J. *Zakony Franciszkanskie w Polsce,* I, Lublin (1982)

Swiechowski, Z. *Sztuka romanska w Polsce,* Warsaw (1990)

Szymanski, J. *Herbarz średniowiecznego rycerstwa polskiego,* Warsaw (1993)

Weinryb, B.D. *The Jews of Poland: a social and economic history of the Jewish community in Poland from 1100 to 1800,* Philadelphia (1973)

Periodical literature

Acta Poloniae historica

Kwartalnik historyczny and *Przegląd historyczny* (Polish)

Quaestiones medii aevi

A summary of early Lithuanian history is provided in: 　　967

Paszkiewicz, H. (1954), *Origins of Russia*, London

Giedroyć, M. (1984), 'The rulers of thirteenth-century Lithuania: the search for the origins of Grand Duke Traidenis and his kin', *Oxford Slavonic Papers* n.s. 17 (1984), pp. 1–22

Giedroyć, M. (1987), 'The arrival of Christianity in Lithuania . . .', *Oxford Slavonic Papers* n.s. 18 (1985), pp. 1–30; 20 (1987), pp. 1–33

24(2) 阿尔巴尼亚、塞尔维亚和保加利亚

Primary sources

Archivio di Stato, Venezia, Liber Albus

Choniates, Nicetas, *Historia*, ed. L. Bekker, Corpus Scriptorum Historiae Byzantinae, Bonn (1835)

Chrysobull of Milutin for Hilandar and Pyrgos (1303), *Spomenici za srednovekovnata i ponovata istorija na Makedonija*, II, Skopje (1977)

Corović, V. (ed.), *Spisi sv. Save, Zitije Stefana Nemanje*, Belgrade and Sremski Karlovci (1928)

Marino Sanudo Torsello, *Secreta fidelium crucis*, II, ch. XVIII, in J.B. Bongars, *Gesta dei per Francos*, II, Hanover (1611)

Mercati, S.G., 'Iacobi Bulgariae archiepiscopi opuscula', *Bessarione* 33 (1917)

Miklosich, F. and Müller, G. *Acta et diplomata graeca medii aevi sacra et profana*, 6 vols., Vienna (1860–90)

Pachymeres, G., Ῥωμαικὴ ἱστορία, ed. A. Failler, 2 vols., Corpus Fontium Historiae Byzantinae, Paris

Papachryssanthou, D., *Actes du Protaton*, Paris (1975)

Pitra, Jean Baptiste, *Analecta sacra et classica Spicilegio*, Paris and Rome (1888–91)

Popruzensko, M.G. (ed.), 'Sinodik carja Borila', in *Balgarski Starini*, VIII, Sofia (1928)

Skoutariotes, Théodore, *Chronique*, ed. Sathas, Μεσαιωνικη βιβλιοθηκη, VII, Venice (1894)

Tafel, T.L.F. and Thomas, G.M., *Urkunden zur älteren Handels- und Staatsgeschichte der Republik Venedig*, 3 vols. Vienna (1856–7)

Thalloczy, L. von, Jireček, K. and Šufflay, M. (eds.), *Acta et diplomata res Albaniae mediae aetatis illustrantia*, I, Vienna (1913)

Theiner, A., *Vetera monumenta slavorum meridionalium*, I, Rome (1863)

Theodori Ducae Lascaris Epistulae, ed. N. Festa, Florence (1898)

Villehardouin, G. de, *La conquête de Constantinople*, ed. E. Faral, 2 vols., Paris (1967)

Secondary works

Acropolita, George (1903), *Georgii Acropolitae opera*, ed. A. Heisenberg, Leipzig

Angelov, D. (1961), *Bogomilstvoto v B'lgarija*, Sofia

Apostolides, M. (1929), 'Δυο ἐγγραψα εκ φιλιππουπολεως απο των ἀρχων του 13ου αἰωνος', Θρακικα 11

Apostolides, M. (1941/2), 'Η δια των αἰωῶν ἐθνικη φυσιογνωμια της Θρακης', and

968   'Πωμανια-Ζαγορα και τα της Θρακης ὁρια ἐπι της βυσαντιακης αὐτοκρατοριας',
'Αρχειον θρακικου Λαουραφικου και Γλωσσικου θησαυρου 8

Apostolović, M. (1902), 'Teodora Metohita o diplomatskom putu u Srbiju', *Letopis Matice srpske* 216

Asdracha, C. (1976), *La région des Rhodopes aux XIIIe et XIVe siècles: étude de géographie historique*, Athens

Asdracha, C. (1982), 'Modes d'affirmation des pouvoirs locaux bulgares pendant le moyen âge tardif', in *Actes du Ier congrès international d'études bulgares*, 1, Sofia

Balascev, G. (1911), 'Pismo ot imperatora Teodora II Laskar po skljucvaneto mira s car Michaila Asena (1256 g.)', *Minalo* 11, 5–6 (1911)

Borsari, S. (n.d.), *Federico II e l'oriente bizantino*, Naples

Buschhausen, Heide and Buschhausen, Helmut (1976), *Die Marienkirche von Apollonia in Albanien: Byzantiner, Normannen und Serben im Kampf um die Via Egnatia*, Byzantina Vindobonensia, VIII, Vienna

Čankova-Petkova, G. (1969), 'Griechisch-bulgarische Bündnisse in den Jahren 1235 und 1246', *Byzantino-bulgarica* 3

Capaldo, M. (1989), 'Contributi allo studio delle collezioni agiografico-omiletiche in area slava: struttura e preistoria del "Panegirico di Mileseva"', *Europa orientalis* 8

Carile, A. (1965), 'Partitio terrarum imperii romanie, *Studi veneziani* 7

Cirković, S. (1964), *Istorija Bosne*, Belgrade

Cirković, Sima (1988), 'Les Albanais dans les sources historiques des slaves du sud', in *Iliri i Albanci*, Belgrade

Constantinides, C.N. (1982), *Higher education in Byzantium in the thirteenth and early fourteenth centuries (1204–ca. 1310)*, Nicosia

Danilo, (1866), *Zivoti kraljeva i arhiepiskopa srpskih*, ed. Dj. Daničić, Zagreb

Derzavin, N.S. (1946), *Istorija Bolgarij*, Moscow

Djourova, A. (1977), 'Le manuscrit pendant le deuxième royaume bulgare (1185–1396)', *Cyrillomethodianum* 4

Djourova, A. (1990), *Tomicov Psaltir*, 2 vols., Centar za Slavjano-vizantijski proucvanija 'Ivan Dujčev', Universitetsko Izdatelstvo 'Kliment Ohridski', Sofia

Djurović, M. (1970), *Istorija Crne Gore*, II, pt 1, Titograd

Ducellier, A. (1981a), 'L'économie albanaise au moyen âge: une traite coloniale, *Albanie* 11; repr. in (1987a)

Ducellier, A. (1981b), *La façade maritime de l'Albanie au moyen âge: Durazzo et Valona du XIe au XVe siècle*, Thessalonika

Ducellier, A. (1985), 'La côte albanaise au moyen âge: exutoires locaux ou ports de transit?', *Etudes balkaniques* 2; repr. in (1987a)

Ducellier, A. (1987a), *L'Albanie entre Byzance et Venise*, Variorum Reprints, London

Ducellier, A. (1987b), 'Les Albanais du XIe au XIIIe siècle, nomades ou sédentaires?', in Ducellier (1987a), ch. 6

Ducellier, A. (1987c), 'Les Albanais ont-ils envahi le Kosovo?', in Ducellier (1987a), ch. 10

Ducellier, A. (1987d), 'Aux frontières de la romanité et de l'orthodoxie au moyen âge: le cas de l'Albanie', in Ducellier (1987a), ch. 11

Ducellier, A. (1993), 'La Penisola Balcanica vista dall'osservatorio veneziano nei sec. XIV e XV' in *Europa e Mediterraneo tra medioevo e prima età moderna: l'osservatorio italiano*, Centro di Studi sulla civiltà del tardo medioevo, San Miniato, studi e ricerche, 4, Pisa

Ducellier, A., Imhaus, B., Doumerc, B. and de Miceli, J. (1992), *Les chemins de l'exil: bouleversements de l'est européen et migrations vers l'ouest à la fin du moyen âge*, Paris   969

Dujčev, I. (1942), 'Prepiskata na papa Inokentij III s Balgarite, *Godisnik na Sofijsk. Univ., Istor.-Filol. Fakultet* 38

Dujčev, I. (1956), 'Vastanieto v 1185 i negovata hronologija', *IIBI* 6

Dujčev, I. (1960), 'Les slaves et byzance', in *Etudes historiques à l'occasion du XIe congrès international des sciences historiques – Stockholm août 1960*, Sofia

Dujčev, I. (1965), 'Le Mont Athos et les slaves au moyen âge', *Medioevo bizantino-slavo* 1

Dujčev, I. (1966), 'Chilandar et Zographou au moyen âge, *Hilandarski zbornik* 1

Dusa, J. (1991), *The medieval Dalmatian episcopal cities: development and transformation*, American University Studies, Series IX, no. 94, New York

Ferjančić, B. (1966), 'Kada je umro Despot Mikhailo II angeo?', *Zbornik Radova Vizantolosskog Instituta* 9

Festa, N. (1894), 'Le lettere greche di Federigo II', *Archivio storico italiano* 5th series 13

Frashëri, K. (1982), 'Trojet e shqiptarëve në shek. XV', in *Shqiptaret dhe Trojet e Tyre* (1982)

Garasanin, M. (1988), 'Zakljucna razmatranja', in *Iliri i Albanci*, Belgrade

Gashi, S. (1982), 'Prania e etnosit shqiptar në Kosovë gjatë shek. XIII–XIV', in *Shqiptaret dhe Trojet e Tyre* (1982)

Geanakoplos, D.A. (1953), 'Greco-Latin relations on the eve of the Byzantine restoration, *DOP* 7

Geanakoplos, D.A. (1959), *Emperor Michael Palaeologus and the west*, Cambridge, MA

Gelzer, H. (1903), 'Der Patriarchat von Achrida', *Abhandlungen der philologisch.- historischen Classe der königlich-sächsischen Gesellschaft der Wissenschaften* 20

Gerland, E. (1905), *Geschichte des lateinischen Kaiserreiches von Konstantinopel*, 1: *Geschichte der Kaiser Baldwin I und Heinrich 1204–1216*, Homburg v.d. Höhe

Gregoras, N. (1829–30), *Byzantina historia*, ed. L. Schopen, 2 vols., Bonn

Grujić, R. (1933), 'Kada je Nemenjin unuk po kceri, Bugarski car Konstantin Tih, mogao vladati u Skopskoj oblasti?', *GSND* 12

Hansen-Love, A.A. (1971), 'Die Darstellung der Schlacht bei Andrinopel (1205) in der "Chronik von Morea"', *Etudes balkaniques* 7

Hendrickx, B. (1970), 'Recherches sur les documents diplomatiques non conservés concernant la quatrième croisade et l'empire latin de Constantinople pendant les premières années de son existence', *Byzantina* 2

Jireček, K. (1911), *Geschichte der Serben*, Gotha

Jireček, K. (1916), 'Albanien in der Vergangenheit' and 'Skutari und sein Gebeit im Mittelalter', in *Illyrisch-Albanische Forschungen*, 1, Vienna

Kalić, J. (1979), *Crkvene prilike u srpskim zemljama do stavaranja archiepiskopije 1219 godine, Sava Nemanjić-Sveti Sava, istorija i predanje*, Belgrade

Karpozilos, A.D. (1973), *The ecclesiastical controversy between the kingdom of Nicaea and the principality of Epiros (1217–1233)*, Thessalonika

Krantonelle, A. (1964), *Ἡ κατα των Λατινων ἑλληνο-βουλαρικη συμπραξις ἐν Θρακη, 1204–1205*, Athens.

Kravari, V., *Villes et villages de Macédoine occidentale*, Paris

Krekić, B. (1963), *Dubrovnik (Raguse) et le Levant au moyen âge*, Paris

Krekić, B. (1973), 'Venezia, Ragusa e le popolazioni serbo-croate', in *Venezia e il Levante fino al sec. XV*, 2 vols., Florence

970　Laskaris, M. (1926), *Vizantiske princeze u srednjevekovnoj Srbiji*, Belgrade

Longnon, J. (1949), *L'empire latin de Constantinople et la principauté de Morée*, Paris

Longnon, J. (1950), 'La reprise de Salonique par les Grecs en 1224', in *Actes du VIème congrès international des études byzantines*, 1, Paris

Maksimović, Lj. (1981), *Istorija srpskog naroda*, 1, Belgrade

Mansuri, M.T. (1992a), *Recherche sur les relations entre Byzance et l'Egypte (1259–1453) d'après des sources arabes*, ed. l'Université de Tunis–La Manouba, série histoire, 1, Tunis

Mansuri, M.T. (1992b), 'Byzantins, Mamluks et Mongols aux alentours de 1265: la politique étrangère de Michel VIII Paléologue au début de son règne', *Byzantiaka* 12

Marković, M. (1952), 'Byzantine sources in the archives of Dubrovnik', *ZRVI* 1

Mavromatis, L. (1973), 'La prise de Skopje par les Serbes', *Travaux et mémoires* 5

Mirdita, Z. (1981), *Antroponimia e Dardanisë në kohën romake (L'anthroponymie de la Dardanie à l'époque romaine)*, Pristina

Nastase, D. (1983), 'Le patronage du Mont Athos au XIIe siècle', *Cyrillomethodianum* 7

Nicol, D. (1956), 'The date of the battle of Pelagonia', *Byzantinische Zeitschrift*

Nicol, D. (1957), *The despotate of Epiros*, 1, Oxford

Nicol, D. (1972), 'The relations of Charles of Anjou with Nikephoros of Epiros', *Byzantinische Forschungen* 4

Nicol, D. (1984), *The despotate of Epiros, 1267–1479: a contribution to the history of Greece in the Middle Ages*, Cambridge

Norden, W. (1903), *Das Papsttum und Byzanz*, Berlin

Novaković, S. (1912), *Zakonski Spomenici srpskih drzava srednjega veka*, Belgrade

Obolensky, D. (1971), *The Byzantine commonwealth: eastern Europe 500–1453*, London

Obolensky, D. (1974), 'The cult of St. Demetrius of Thessaloniki in the history of Byzantine–Slav relations, *Balkan Studies* 15, 1

Ostrogorsky, G. (1954), *Pour l'histoire de la féodalité byzantine*, Brussels

Ostrogorsky, G. (1956), *Histoire de l'état Byzantin*, Paris

Ostrogorsky, G. (1966), 'Problèmes des relations byzantino-serbes au XIVe siècle', in *Actes du XIIIe congrès international des études byzantines*, Main Papers, Oxford

Ouspenskij, F.I. (1901), in *Izvest. Roussk. Arkheol. Inst. v Konst.* 7

Primov, B. (1948–9), 'Balgarija, Garci i Latinci v Plovdiv prez 1204–1205. Roljata na bogomilite (La Bulgarie, les Grecs et les Latins à Plovdiv en 1204–1205. Le rôle des Bogomiles)', *Izvestija na Istoričeskoto druzestvo v Sofija, Bulletin de la société historique bulgare* 21–3

Primov, B. (1960), 'Medieval Bulgaria and the dualistic heresies in western Europe', *Etudes historiques*

Primov, B. (1966), 'Mezdunarodno znacenie na Vtorata balgarska darzava v perioda na nejnoto sazdavane i utverzdavane', *Istorijski pregled* 22

Primov, B. (1975a), *Les Bougres: histoire du pape Bogomile et de ses adeptes*, Paris

Primov, B. (1975b), 'The Third and Fourth Crusades and Bulgaria', in *Etudes historiques* 7

Roux, M. (1992), *Les Albanais en Yougoslavie, minorité nationale, territoire et développement*, Paris

Sathas, K. (1872), Μεσαιωνικη βιβλιοθηκη, 1, Venice

Shivarov, N. St. (1987), 'Otnosno njakoi saobrazsenija i motivi za svikvaneto na tărnovskija sabor v 1211 g. i za negovija obrazec', *Annuaire de l'université de Sofia 'Kliment Ohridski', centre de recherches slavo-byzantines 'Ivan Dujčev'* 1

Shqiptaret dhe Trojet e Tyre (1982), Akademia e Shkencave e RPS të Shqipërisë, Tirana　971

Shuteriqi, Dh. (1967), 'Një mbishkrim i Arbërit (1190–1216)', *Studime historike* 3

Sinogowitz, B. (1952), 'Zur Eroberung Thesssalonikes im Herbst 1224', *Byzantinische Zeitschrift* 45

Solovjev, A.V. (1934), 'Eine Urkunde des Panhypersebastos Demetrios', *Byzantinische Zeitschrift* 34

Spomenici za Srednovekovnata i ponovata istorija na Makedonija (1975), I, Skopje

Stojanović, Lj. (1934), *Stare srpske povelje i pisma*, II, Belgrade

Šufflay, M. (1916), 'Die Kirchenzustände im vortürkischen Albanien: die orthodoxe Durchbruchszone im katholischen Damme', *Illyrisch-Albanische Forschungen* 1

Tapkova-Zaimova, V. and Miltenova, V. (1984), 'The problem of prophecies in Byzantine and Bulgarian literature', *Balkan Studies* 25, 2

Tarnanidis, I. (1975), 'Byzantine–Bulgarian ecclesiastical relations during the reigns of Ioannis Vatatzis and Ivan Asen II, up to the year 1235', *Cyrillomethodianum* 3

Thalloczy, L. von (1916), 'Zwei Urkunden aus Nordalbanien', in *Illyrisch-Albanische Forschungen* 1

Thiriet, F. (1959), *La Romanie vénitienne*, Paris

Vasiljevskij, V. (1885), 'Obnovlenie Bolgarskogo Patriarchestva pri tsare Ioanne Asene II v 1235 g.', *Zhurnal Ministerstva narodnago prosveceniya* 238

E Verteta mbi Kosoven dhe Shqiptaret ne Jugosllavi (1990), Tirana

Vlachos, Th. (1970), 'Kalojan plündert Thrakien und Makedonien', *Byzantina* 2

Wolff, R.L. (1952), 'Baldwin of Flanders and Hainaut, first Latin emperor of Constantinople', *Speculum* 27

Xhufi, P. (1987), 'Shqiptarët përballë anzhuinëve (1276–1285)', *Studime historike*

Zlatarski, V. (1911/12), 'Asenevijat nadpis pri Stanimaka', *Izvestija na Balgarskoto Arheologicesko Druzestvo* 2

Zlatarski, V.N. (1970–2), *Istorija na b'lgarskata d'rzhava prez srednite vekove*, 3 vols., Sofia

24(3) 基辅罗斯

Primary sources

Avanesov, R.I. (ed.), *Smolenskie gramoty XIII–XIV vekov*, Moscow (1963)

Begunov, Iu. K., *Pamiatnik rusokoi literatury XIII v., 'Slovo o pogibeli russkoi zemli'*, Moscow and Leningrad (1965)

Bunge, Friedrich von (ed.), *Liv-, Esth- und Curländisches Urkundenbuch nebst Regesten*, 1: *1093–1300*, Reval (1853)

Dawson, Christopher (ed.), *The Mongol mission: narratives and letters of the Franciscan missionaries in Mongolia and China in the thirteenth and fourteenth centuries: translated by a nun of Stanbrook Abbey*, London and New York (1955)

Dmytryshyn, Basil, *Medieval Russia: a source book, 850–1700*, 3rd edn, Fort Worth and Chicago (1991)

Goetz, Leopold Karl, *Deutsch-Russische Handelsverträge des Mittelalters*, Abhandlungen des Hamburgischen Kolonialinstituts, 37, Reihe A, Rechts- und Staatswissenschaften, 6, Hamburg (1916)

Ipat'evskaia letopis', Polnoe sobranie russkikh letopisei 2, St Petersburg (1908); repr. Moscow (1962)

972　　*Lavrent'evskaia letopis'*, Polnoe sobranie russkikh letopisei, 1, Leningrad (1926); repr. Moscow (1962)

Michell, Robert and Forbes, Neville (trans.), *The chronicle of Novgorod, 1016–1471*, Camden 3rd series, 25, London (1914); repr. Hattiesburg, VA (1970)

Novgorodskaia pervaia letopis' starshego i mladshego izvodov, ed. A.N. Nasonov, Moscow (1950)

Pamiatniki literatury Drevnei Rusi. XIII vek, Moscow (1981)

Pamiatniki russkogo prava, III, Moscow (1955)

Patriarshaia ili Nikonovskaia letopis', Polnoe sobranie russkikh letopisei, 10, St Petersburg (1885); repr. Moscow (1965)

Perfecky, G.A. (ed. and trans.), *The Hypatian codex. Part two: the Galician–Volynian chronicle*, Munich (1973)

Schlüter, W., *Die Nowgoroder Schra in sieben Fassungen vom XIII. bis XVII. Jahrhundert*, Dorpat (1911)

Valk, A.N. (ed.), *Gramoty Velikogo Novgoroda i Pskova*, Moscow and Leningrad (1949)

Vernadsky, George (ed.), *A source book for Russian history from early times to 1917*, 1: *Early times to the late seventeenth century*, New Haven (1972)

Wyngaert, Anastasius van den (ed.), *Sinica franciscana*, 1: *Itinera et relationes fratrum minorum. Saeculi XIII et XIV*, Florence (1929)

Zenkovsky, Serge A. (trans.), *The Nikonian chronicle*, 1–v, Princeton (1984–9)

Secondary works

Alekseev, L.V. (1975), 'Polotskaia zemlia', in L.G. Beskrovnyi (ed.), *Drevnerusskie kniazhestva X–XIII vv.*, Moscow, pp. 202–39

Allsen, Thomas T. (1981), 'Mongol census taking in Rus', 1245–1275', *Harvard Ukrainian Studies* 5: 32–53

Allsen, Thomas T. (1987), *Mongol imperialism: the policies of the Grand Qan Möngke in China, Russia, and the Islamic lands, 1251–59*, Berkeley

Beliaeva, S.A. (1982), *Iuzhnorusskie zemli vo vtoroi polovine XIII–XIV v.*, Kiev

Berezhkov, N.G. (1963), *Khronologiia russkogo letopisaniia*, Moscow

Borisov, N.S. (1976), 'Russkaia arkhitektura i mongolo-tatarskoe igo (1238–1300)', *Vestnik Moskovskogo universiteta. Istoriia* 6: 63–79

Budovnits, I.U. (1959), 'Russkoe dukhovenstvo v pervoe stoletie mongolo-tatarskogo iga', *Voprosy istorii religii i ateizma* 7: 284–302

Cherepnin, L.V. (1977), 'Mongolo-Tatary na Rusi (XIII v.)', in S.L. Tikhvinskii (ed.), *Tataro-Mongoly v Azii i Evrope*, 2nd edn, Moscow, pp. 186–209

Christiansen, E. (1980), *The northern Crusades: the Baltic and the eastern frontier, 1100–1525*, London; 2nd edn, Harmondsworth (1998)

Dimnik, Martin (1978), 'Russian princes and their identities in the first half of the thirteenth century', *Mediaeval Studies* 40: 157–89

Dimnik, Martin (1981), *Mikhail, prince of Chernigov and grand prince of Kiev 1224–1246*, Toronto

Dimnik, Martin (1987), 'The "Testament" of Iaroslav "The Wise": a re-examination', *Canadian Slavonic Papers* 29: 369–86

Durand-Cheynet, Catherine (1983), *Alexandre Nevski ou le soleil de la Russie*, Paris

Egorov, V.L. (1985), *Istoricheskaia geografiia Zolotoi Ordy v XIII–XIV vv.*, Moscow

Fedotov, George P. (1946), *The Russian religious mind*, i: *Kievan Christianity: the 10th to the 13th centuries*, Cambridge, MA   973

Fedotov, George P. (1966), *The Russian religious mind*, ii: *The Middle Ages: the 13th to the 15th centuries*, ed. with foreword by John Meyendorff, Cambridge, MA

Fennell, John (1983), *The crisis of medieval Russia, 1200–1304*, London

Franklin, Simon (1985), 'Literacy and documentation in early medieval Russia', *Speculum* 60: 1–38

Fuhrmann, Joseph T. (1976), 'Metropolitan Cyrill II (1242–1281) and the politics of accommodation', *Jahrbücher für Geschichte Osteuropas* 24: 161–72

Giedroyć, Michal (1985), 'The arrival of Christianity in Lithuania: early contacts (thirteenth century)', *Oxford Slavonic Papers. New Series* 18: 1–30

Goehrke, C. (1973), 'Einwohnerzahl und Bevölkerungsdichte altrussischer Städte. Methodische Möglichkeiten und vorläufige Ergebnisse', *Forschungen zur osteuropäische Geschichte* 18: 25–53

Goetz, Leopold Karl (1922), *Deutsch-Russische Handelsgeschichte der Mittelalters*, Hansische Geschichtsquellen, Neue Folge, 5, Lübeck

Golubinskii, E. (1900–1), *Istoriia russkoi tserkvi*, 2nd edn, Moscow

Grekov, B. and Iakoubovski, A. (1939), *La horde d'or: la domination tatare au XIIIe et au XIVe siècle de la mer jaune à la mer noire*, Paris

Grigor'ev, V.V. (1990), 'Iarlyk Mengu-Timura: rekonstruktsiia soderzhaniia', *Istoriografiia i istochnikovedenie istorii stran Azii i Afriki* 12: 53–102

Halbach, Uwe (1985), *Die russische Fürstenhof vor dem 16. Jahrhundert*, Quellen und Studien zur Geschichte des östlichen Europa, 23, Wiesbaden and Stuttgart

Halperin, Charles J. (1985), *Russia and the Golden Horde: the Mongol impact on Russian history*, Bloomington, IN

Halperin, Charles J. (1986), *The Tatar yoke*, Columbus, OH

Hellmann, M. (ed.) (1981), *Handbuch der Geschichte Rußlands*, i, Stuttgart

Hrushevsky, Michael (1941), *A history of the Ukraine*, New Haven

Ianin, V.L. (1978), 'O date novgorodskoi sinodal'noi Kormchei', in *Drevniaia Rus' i slaviane*, Moscow, pp. 287–92

Ianin, V.L. (1991), *Novgorodskie akty XII–XV vv.*, Moscow

Isaevich, Ia.D. (1989), 'Galitsko-Volynskoe kniazhestvo v kontse XIII–nachale XIV v.', *Drevneishie gosudarstva na territorii SSSR, 1987*, pp. 71–7

Istoriia Kieva, i: *Drevnii i srednevekovyi Kiev* (1982), Kiev

Ivakin, G.Iu. (1982), *Kiev v XIII–XV vekakh*, Kiev

Kaiser, Daniel H. (1980), *The growth of the law in medieval Russia*, Princeton

Kargalov, V.V. (1965), 'Posledstviia mongolo-tatarskogo nashestviia XIII v. dlia sel'skikh mestnostei severo-vostochnoi Rusi', *Voprosy istorii* 3: 53–8

Kargalov, V.V. (1967), *Vneshnepoliticheskie faktory razvitiia feodal'noi Rusi. Feodal'naia Rus' i kochevniki*, Moscow

Kleinenberg, I.E. (1976), 'Dogovor Novgoroda s Gotskim beregom i nemetskimi gorodami 1262–1263 gg.', *Vspomogatel'nye istoricheskie distsipliny* 7: 118–26

Klepinin, N.A. (n.d.), *Sviatoi i blagovernyi velikii kniaz' Aleksandr Nevskii*, Paris

Kliuchevsky, V.O. (1911), *A history of Russia*, i, trans. C.J. Hogarth, London

Kollmann, Nancy Shields (1991), 'Collateral succession in Kievan Rus'', *Harvard Ukrainian Studies* 14: 377–87

Kotliar, N.F. (1991), 'Galitsko-volynskaia Rus' i Vizantiia v XII–XIII vv. (sviazi real'nye

974   i vymyshlennye)', in *Iuzhnaia Rus' i Vizantiia. Sbornik nauchnykh trudov (k XVIII kongressu vizantinistov)*, Kiev, pp. 20–33

Kuchera, M.P. (1975), 'Pereiaslavskoe kniazhestvo', in L.G. Beskrovnyi (ed.), *Drevnerusskie kniazhestva X–XIII vv.*, Moscow, pp. 118–43

Kuchkin, V.A. (1984), *Formirovanie gosudarstvennoi territorii severno-vostochnoi Rusi v X–XIV vv.*, Moscow

Limonov, Iu.A. (1987), *Vladimiro-Suzdal'skaia Rus'*, Leningrad

Martin, Janet (1986), *Treasure of the land of darkness: the fur trade and its significance for medieval Russia*, Cambridge

Meyendorff, J. (1981), *Byzantium and the rise of Russia*, Cambridge

Mezentsev, Volodymyr I. (1989), 'The territorial and demographic development of medieval Kiev and other major cities of Rus': a comparative analysis based on recent archaeological research', *Russian Review* 48: 145–70

Miller, David B. (1986), 'The Kievan principality in the century before the Mongol invasion: an inquiry into recent historical research and interpretation', *Harvard Ukrainian Studies* 10: 215–40

Mühle, Eduard (1991), *Die städtische Handelszentren der nordwestlichen Rus'*, Quellen und Studien zur Geschichte des östlichen Europa, 32, Stuttgart

Nasonov, A.N. (1940), *Mongoly i Rus': istoriia tatarskoi politiki na Rusi*, Moscow and Leningrad

Noonan, Thomas S. (1975), 'Medieval Russia, the Mongols and the west: Novgorod's relations with the Baltic, 1100–1350', *Mediaeval Studies* 37: 316–39

Noonan, Thomas S. (1978), 'Suzdalia's eastern trade in the century before the Mongol conquest', *Cahiers du monde russe et soviétique* 19: 371–84

Noonan, Thomas S. (1983), 'Russia's eastern trade, 1150–1350: the archeological evidence', *Archivum eurasiae medii aevi* 3: 201–64

Noonan, Thomas S. (1988), 'The monetary history of Kiev in the pre-Mongol period', *Harvard Ukrainian Studies* 11: 384–443

Pashuto, V.T. (1950), *Ocherki po istorii Galitsko-Volynskoi Rusi*, Moscow

Pashuto, V.T. (1951), *Aleksandr Nevskii i bor'ba russkogo naroda za nezavisimost' v XIII veke*, Moscow

Pashuto, V.T. (1968), *Vneshniaia politika Drevnei Rusi*, Moscow

Podskalsky, G. (1982), *Christentum und theologische Literatur in der Kiever Rus' (988–1237)*, Munich

Podvigina, N.L. (1976), *Ocherki sotsial'no-ekonomicheskoi i politicheskoi istorii Novgoroda v XII–XIII vv.*, Moscow

Poluboiarinova, M.D. (1978), *Russkie liudi v zolotoi orde*, Moscow

Poppe, A.V. (1989), 'Mitropolity Kievskie i Vseia Rusi (988–1305 gg.)', in Ia.N. Schchapov (ed.), *Gosudarstvo i tserkov' Drevnei Rusi X–XIII vv.*, Moscow, pp. 191–206

Presniakov, A.I. (1970), *The formation of the great Russian state*, trans. A.E. Moorhouse, introd. Alfred J. Rieber, Chicago

Ramm, B. Ia. (1959), *Papstvo i Rus' v X–XV vekakh*, Moscow and Leningrad

Rapov, O.M. (1977), *Kniazheskie vladeniia na Rusi v X–pervoi polovine XIII v.*, Moscow

Rennkamp, Walter (1977), *Studien zum deutsch-russischen Handel bis zum Ende des 13. Jahrhunderts. Nowgorod und Dünagebet*, Bochumer historische Studien. Mittelalterliche Geschichte, 2, Bochum

Rybakov, B.A. (1948), *Remeslo Drevnei Rusi*, Moscow   975

Rybina, E.A. (1984), 'Ausländische Höfe in Nowgorod vom 12. bis 17. Jahrhundert', in K. Fritze, E. Miller-Mertens and W. Stark (eds.), *Autonomie, Wirtschaft und Kultur der Hansestädte*, Abhandlungen zur Handels- und Sozialgeschichte, 23, Hansische Studien, 6, Weimar, pp. 111–29

Rybina, E.A. (1986), *Inozemnye dvory v Novgorode XII–XVII vv.*, Moscow

Saunders, J.J. (1971), *The history of the Mongol conquests*, London

Schurmann, H.F. (1956), 'Mongolian tributary practices of the thirteenth century', *Harvard Journal of Asiatic Studies* 19: 304–89

Shaskol'skii, I.P. (1978), *Bor'ba Rusi protiv krestonosnoi agressii na bergakh Baltiki v XII–XIII vv.*, Leningrad

Shchapov, Ia.N. (1978), *Vizantiiskoe i iuzhnoslavianskoe pravovoe nasledie na Rusi v XI–XIII vv.*, Moscow

Shchapov, Ia.N. (1989), *Gosudarstvo i tserkov' Drevnei Rusi X–XIII vv.*, Moscow

Spuler, B. (1965), *Die Goldener Horde. Die Mongolen in Rußland 1223–1502*, 2nd edn, Wiesbaden

Stökl, Günther (1966), 'Kanzler und Metropolit', in *Studien zur Geschichte Osteuropas. III. Teil. Gedenkband für Heinrich Felix Schmid*, Wiener Archiv für Geschichte des Slawentums und Osteuropas, 5, Graz and Cologne, pp. 150–75

Tikhomirov, M. (1959), *The towns of ancient Rus*, Moscow

Tolochko, P.P. (1980), *Kiev i kievskaia zemlia v epokhu feodal'noi razdroblennosti XII–XIII vekov*, Kiev

Tolochko, P.P. (1983), *Drevnii Kiev*, Kiev

Tolochko, P.P. (1987), *Drevniaia Rus'. Ocherki sotsial'no-politicheskoi istorii*, Kiev

Urban, W. (1975), *The Baltic crusade*, De Kalb, Ill.

Usachev, N.N. (1961), 'K otsenke zapadnykh vneshnepoliticheskikh sviazei Smolenska v XII–XIV vv.', in A.A. Zimin and V.T. Pashuto (eds.), *Mezhdunarodnye sviazi Rossii do XVII veka*, Moscow, pp. 203–23

Vásáry, István (1978), 'The origin and institution of *Basqaqs*', *Acta Orientalia Academiae Scientiarum Hungaricae* 32: 201–6

Vernadsky, George (1953), *The Mongols and Russia*, New Haven, Conn.

Voronin, N.N. and Rappoport, P.A. (1979), *Zodchestvo Smolenska XII–XIII vv.*, Leningrad

Włodarski, Bronisław (1966), *Polska i Ruś 1194–1340*, Warsaw

Zdan, Michael B. (1957), 'The dependence of Halych-Volyn' Rus' on the Golden Horde', *Slavonic and East European Review* 35: 505–22

Žužek, P. Ivan (1964), *Kormčaja Kniga. Studies in the chief code of Russian canon law*, Orientalia Christiana Analecta, 168, Rome

25 不列颠群岛上的凯尔特人诸国

Primary sources

Acts of the parliaments of Scotland, 1, ed. T. Thomson and C. Innes, Edinburgh (1844)

Acts of William I, king of Scots, 1165–1214, ed. Geoffrey Barrow, Regesta regum Scottorum, 2, Edinburgh (1971)

Anderson, A.O. (ed. and trans.), *Early sources of Scottish history 500 to 1286*, 2 vols., Edinburgh (1922)

976 Anderson, A.O. (ed. and trans.), *Scottish annals from English chroniclers 500 to 1286*, London (1908)

Annales Cambriae, ed. J.W. ap Ithel, RS, London (1860)

Annals of Connacht (Annala Connacht), ed. A. Martin Freeman, Dublin (1944)

'Annals of Dunstable', in H.R. Luard (ed.) *Annales Monastici*, iii, RS, London (1866), pp. 1–420

Annals of Inisfallen, ed. and trans. Seán Mac Airt, Dublin (1951)

Annals of the kingdom of Ireland by the four masters, ed. John O'Donovan, 7 vols., Dublin (1848–51)

Annals of Loch Cé, ed. and trans. William M. Hennessy, 2 vols., RS, London (1871)

Annals of Ulster (Annála Uladh), ed. and trans. William M. Hennessy and Bartholomew MacCarthy, 4 vols., Dublin (1887–1901)

Black Book of Limerick, ed. James MacCaffrey, Dublin (1906)

Bower, Walter, *Scotichronicon*, ed. D.E.R. Watt, 9 vols., Aberdeen (1987–98)

Brut y tywysogyon or The chronicle of the princes: Peniarth MS 20 Version, ed. and trans. Thomas Jones, Cardiff (1952)

Brut y tywysogyon or The chronicle of the princes: Red Book of Hergest Version, ed. and trans. Thomas Jones, Cardiff (1955)

Caithreim Thoirdhealbaigh, ed. Standish O'Grady, 2 vols., Irish Texts Society, 26–7, London (1929)

Calendar of ancient correspondence concerning Wales, ed. John Goronwy Edwards, Cardiff (1935)

Calendar of ancient petitions relating to Wales, ed. William Rees, Cardiff (1975)

Calendar of Archbishop Alen's Register, ed. Charles McNeill, Dublin (1950)

Calendar of documents relating to Ireland (1171–1307), ed. H.S. Sweetman, 5 vols., London (1875–86)

Calendar of documents relating to Scotland, ed. Joseph Bain, 4 vols., Edinburgh (1881–8)

Calendar of the Gormanston Register, ed. James Mills and M.J. McEnery, Dublin (1916)

Calendar of the justiciary rolls . . . of Ireland (1295–1303), ed. James Mills, Dublin (1905)

Calendar of Ormond deeds, ed. Edmund Curtis, 6 vols., Irish Manuscripts Commission, Dublin (1932–46)

Calendar of various chancery rolls: supplementary close rolls, Welsh rolls, scutage rolls 1277–1326, London (1912)

Cartae et alia munimenta quae ad dominium de Glamorgancia pertinent, ed. George T. Clark, 2nd edn, 6 vols., Cardiff (1910)

Chartae, privilegia et immunitates, Dublin (1889)

Charters of the Abbey of Coupar Angus, i, ed. D.E. Easson, Scottish History Society, 3rd series, 40, Edinburgh (1947)

Charters of the Abbey of Duiske, ed. Constance Mary Butler and John Henry Bernard, Proceedings of the Royal Irish Academy, 35 C 1, Dublin (1918)

Charters of the Abbey of Inchcolm, ed. D.E. Easson and Angus MacDonald, Scottish History Society, 3rd series, 32, Edinburgh (1938)

Charters, bulls and other documents relating to the Abbey of Inchaffray, ed. William A. Lindsay, *et al.*, Scottish History Society, 1st series, 56, Edinburgh (1908)

Chartularies of St Mary's Abbey Dublin, ed. John T. Gilbert, 2 vols., RS, London (1884)

Chartulary of the Abbey of Lindores, ed. John Dowden, Scottish History Society, 1st series, 42, Edinburgh (1903)   977

Chartulary of the Cistercian Priory of Coldstream, ed. Charles Rogers, Grampian Club, London (1879)

Chronicle of the kings of Mann and the Isles, ed. and trans. George Broderick, Edinburgh (1973)

Chronicle of Lanercost, ed. H. Maxwell, Glasgow (1913)

Chronicle of Melrose, ed. A.O. and M.O. Anderson, London (1936)

Concilia Scotiae: ecclesiae Scoticanae statuta, ed. Joseph Robertson, 2 vols., Bannatyne Club, Edinburgh (1866)

'Continuation of William of Newburgh', in Richard Howlett (ed.), *Chronicles of Reigns of Stephen, Henry II and Richard I*, II, RS, London (1884–9)

Crede mihi, ed. John T. Gilbert, Dublin (1897)

'Cronica de Wallia', ed. Thomas Jones, *Bulletin of the Board of Celtic Studies*, 12 (1946–8), pp. 27–44

Dignitas decani, ed. Newport B. White, Dublin (1957)

Documents on the affairs of Ireland before the king's council, ed. G.O. Sayles, Irish Manuscripts Commission, Dublin (1979)

Documents illustrative of the history of Scotland 1286–1306, ed. Joseph Stevenson, 2 vols., Edinburgh (1870)

Episcopal acts and cognate documents relating to Welsh dioceses 1066–1272, ed. J. Conway Davies, 2 vols., Cardiff (1946–8)

Exchequer rolls of Scotland, I, ed. John Stuart and George Burnett, Edinburgh (1878)

Gerald of Wales, 'Itinerarium Kambriae' and 'Descriptio Kambriae', in James F. Dimock (ed.), *Giraldi Cambrensis opera*, VI, RS, London (1868)

Giolla Brighde Mac Con Midhe, *Poems*, ed. and trans. N.J.A. Williams, Irish Texts Society, 51, Dublin (1980)

Historic and municipal documents of Ireland, ed. John T. Gilbert, RS, London (1870)

Irish cartularies of Llanthony Prima and Secunda, ed. Eric St John Brooks, Irish Manuscripts Commission, Dublin (1953)

Irish pipe roll of 14 John, 1211–12, ed. Oliver Davies and David B. Quinn, *Ulster Journal of Archaeology* 4, Supplement (July 1941)

Jenkins, Dafydd, *The law of Hywel Dda: law texts from medieval Wales*, Llandysul (1986)

Latin texts of the Welsh laws, ed. H.D. Emanuel, Cardiff (1967)

Laws of the Marches, ed. Thomas Thomson and Cosmo Innes, Acts of the Parliaments of Scotland 1, Edinburgh (1844), pp. 413–16 (red); trans. George Nielson, Miscellany of the Stair Society 1, Stair Society, 26 (1971), pp. 11–77

Liber cartarum prioratus sancti Andree in Scotia, ed. Thomas Thomson, Bannatyne Club, Edinburgh (1841)

Liber cartarum Sancte Crucis, ed. Cosmo Innes, Bannatyne Club, Edinburgh (1840)

Liber ecclesie de Scon, ed. William Smythe, Bannatyne Club, Edinburgh (1843)

Liber sancte Marie de Calchou, ed. Cosmo Innes, 2 vols., Bannatyne Club, Edinburgh (1846)

Liber sancte Marie de Melros, ed. Cosmo Innes, 2 vols., Bannatyne Club, Edinburgh (1837)

Liber sancti Thome de Aberbrothoc, ed. Cosmo Innes, 2 vols., Bannatyne Club, Edinburgh (1848–56)

978 *Littere Wallie*, ed. John Goronwy Edwards, Cardiff (1940)

Llandaff episcopal acta 1140–1287, ed. David Crouch, Cardiff (1988)

Macniocaill, Gearoid, *Na Buirgéisi*, 2 vols., Dublin (1964)

Merioneth lay subsidy roll 1292–3, ed. K. Williams-Jones, Cardiff (1976)

Oxford book of Welsh verse, ed. T. Parry, Oxford (1962)

Parliaments and councils of medieval Ireland, ed. H.G. Richardson and G.O. Sayles, Irish Manuscripts Commission, Dublin (1947)

Pontificia Hibernica: medieval papal chancery documents concerning Ireland 640–1261, ed. Maurice P. Sheehy, 2 vols., Dublin (1962–5)

Raine, James (ed.), *The history and antiquities of north Durham*, London (1852), appendix of documents

Register of the Abbey of St Thomas Dublin, ed. John T. Gilbert, RS, London (1889)

Registrum cartarum monasterii beatae virginis Mariae de Tristernagh, ed. M.V. Clarke, Irish Manuscripts Commission, Dublin (1941)

Registrum chartarum hospitalis sancti Johannis Baptistae extra novam portam civitatis Dublin, ed. Eric St John Brooks, Irish Manuscripts Commission, Dublin (1936)

Registrum de Dunfermlyn, ed. Cosmo Innes, Bannatyne Club, Edinburgh (1842)

Registrum episcopatus Glasguensis, ed. Cosmo Innes, 2 vols., Bannatyne and Maitland Clubs, Edinburgh (1843)

Registrum episcopatus Moraviensis, ed. Cosmo Innes, Bannatyne Club, Edinburgh (1837)

Registrum monasterii de Passelet, ed. Cosmo Innes, Bannatyne Club, Edinburgh (1832); New Club, Paisley (1877)

Registrum monasterii sancte Marie de Cambuskenneth, ed. Sir William Fraser, Grampian Club, Edinburgh (1872)

Registrum prioratus omnium sanctorum iuxta Dublin, ed. Richard Butler, Irish Archaeological Society, Dublin (1845)

Registrum sancte Marie de Neubotle, ed. Cosmo Innes, Bannatyne Club, Edinburgh (1849)

Reports of the deputy keeper of the Public Records of Ireland, 1–55, Dublin (1869–1923)

Rotuli chartarum in turri Londinensi asservati (1199–1216), ed. T.D. Hardy, London (1837)

Rotuli litterarum clausarum in turri Londinensi asservati (1204–27), ed. T.D. Hardy, London, 2 vols. (1833–44)

Rotulorum patentium et clausarum cancellariae Hiberniae calendarium, 1, Irish Record Commission, Dublin (1828)

Royal and other historical letters illustrative of the reign of Henry III, ed. W.W. Shirley, 2 vols., RS, London (1862–6)

'Saga of Hakon Hakon's son', trans. G.W. Dasent, in *Icelandic Sagas*, IV, RS, London (1894)

Statutes and ordinances and acts of the parliament of Ireland: King John to Henry V, ed. Henry F. Berry, Dublin (1907)

Stones, E.L.G. (ed.), *Anglo-Scottish relations 1174–1328: some select documents*, Oxford (1965)

Stones, E.L.G. and Grant G. Simpson (eds.), *Edward I and the throne of Scotland, 1290–1296: an edition of the record sources for the Great Cause*, 2 vols., Oxford (1977–8)

Theiner, Augustin (ed.), *Vetera monumenta Hibernorum et Scotorum historiam illustrantia*, Rome (1864)

Walter of Guisborough, *Chronicle*, ed. H. Rothwell, Camden Society 3rd series, 89, London (1957)

Welsh assize roll 1277–84, ed. James Conway Davies, Cardiff (1940)

Secondary works

Avent, Richard (1985), *Cestyll tywysogion Gwynedd/Castles of the princes of Gwynedd*, Cardiff

Barrow, Geoffrey (1956), *Feudal Britain*, London

Barrow, Geoffrey (1973), *The kingdom of the Scots*, London

Barrow, Geoffrey (1980), *The Anglo-Norman era in Scottish history*, Oxford

Barrow, Geoffrey (1981), *Kingship and unity: Scotland 1000–1306*, London

Barrow, Geoffrey (1982), *Robert Bruce and the community of the realm of Scotland*, 2nd edn, Edinburgh

Barry, T.B. (1987), *The archaeology of medieval Ireland*, London

Barry, Terry, Frame, Robin and Simms, Katherine (eds.) (1995), *Colony and frontier in medieval Ireland: essays presented to J.F. Lydon*, London

Bartlett, R. (1993), *The making of Europe: conquest, colonization and cultural change 950–1350*, London

Brand, Paul (1981), 'Ireland and the literature of the early common law', *Irish Jurist* n.s. 16: 95–113

Carr, A.D. (1995), *Medieval Wales*, London

Cowan, Ian B. and Easson, D.E. (1976), *Medieval religious houses: Scotland*, London

Cowley, F.G. (1977), *The monastic Order in South Wales 1066–1349*, Cardiff

Curtis, Edmund (1938), *A history of medieval Ireland*, 2nd edn, London

Davies, Rees (1966), 'The twilight of Welsh law, 1284–1506', *History* 51: 143–64

Davies, Rees (1969), 'The survival of the bloodfeud in medieval Wales', *History* 54: 338–57

Davies, Rees (1970–1), 'The law of the March', *Welsh History Review* 5: 1–30

Davies, Rees (1974), 'Colonial Wales', *P&P* 65: 3–23

Davies, Rees (1974–5),'Race relations in post-conquest Wales', *Transactions of the Honourable Society of Cymmrodorion*: 32–56

Davies, Rees (1978), *Lordship and society in the March of Wales 1282–1400*, Oxford

Davies, Rees (1979), 'Kings, lords and liberties in the March of Wales, 1066–1272', *TRHS* 5th series 29: 41–61

Davies, Rees (1984), 'Law and national identity in thirteenth-century Wales', in Rees Davies, *et al.* (eds.), *Welsh society and nationhood: historical essays presented to Glanmor Williams*, Cardiff, pp. 51–69

Davies, Rees (1987), *Conquest, coexistence and change: Wales 1063–1415*; repr. as *The age of conquest*, Oxford (1991)

Davies, Rees (ed.) (1988), *The British Isles 1100–1500*, Edinburgh

Davies, Rees (1990), *Domination and conquest: the experience of Ireland, Scotland and Wales 1100–1300*, Cambridge

Dickinson, W.C. (1977), *Scotland from the earliest times to 1603*, 3rd edn, Oxford

Duncan, A.A.M. (1975), *Scotland: the making of the kingdom*, Edinburgh

Ellis, T.P. (1926), *Welsh tribal law and custom in the Middle Ages*, 2 vols., Oxford

Empey, C.A. (1981), 'The settlement of the kingdom of Limerick', in Lydon (1981), pp. 1–25

Empey, C.A. (1985), 'The Norman period, 1185–1500', in William Nolan (ed.), *Tipperary: history and society, interdisciplinary essays on the history of an Irish county*, Dublin, pp. 71–92

Empey, C.A. (1986), 'Conquest and settlement: patterns of Anglo-Norman settlement

980   in north Munster and south Leinster', *Irish Social and Economic History Journal* 13: 5–31

Frame, Robin (1973), 'The justiciarship of Ralph Ufford: warfare and politics in fourteenth-century Ireland', *Studia Hibernica* 13: 7–47

Frame, Robin (1977), 'Power and society in the lordship of Ireland, 1272–1377', *P&P* 76: 3–33

Frame, Robin (1981), *Colonial Ireland 1169–1369*, Dublin

Frame, Robin (1990), *The political development of the British Isles 1100–1400*, Oxford

Frame, Robin (1993), '"Le Engleys née en Irlande": the English political identity in medieval Ireland', *TRHS* 6th series 3: 83–103

Glamorgan county history, III: *The Middle Ages* (1971), ed. T.B. Pugh, Cardiff

Graham, B.J. (1985), *Anglo-Norman settlement in Ireland*, Athlone

Graham, Brian (1975), 'Anglo-Norman settlement in county Meath', *Proceedings of the Royal Irish Academy* 75 C: 223–48

Graham, Brian (1976), 'The evolution of the settlement pattern in Anglo-Norman Eastmeath', in R.H. Buchanan, *et al.* (eds.), *Fields, farms and settlement in Europe*, Holywood

Graham, Brian (1977), 'The towns of medieval Ireland', in R.A. Butlin (ed.), *The development of the Irish Town*, London and Totowa

Graham, Brian (1979), 'The evolution of urbanization in medieval Ireland', *Journal of Historical Geography* 5: 111–25

Graham, Brian (1980a), *Medieval Irish settlement: a review*, Historical Geography Research Series, 3, Norwich

Graham, Brian (1980b), 'The mottes of the Anglo-Norman liberty of Trim', in Harman Murtagh (ed.), *Irish Midland studies: essays in commemoration of N. W. English*, Athlone, pp. 39–56

Griffiths, R.A. (ed.) (1978), *Boroughs of medieval Wales*, Cardiff

Gwynn, Aubrey and Neville Hadcock, R. (1970), *Medieval religious houses: Ireland*, London

Hand, Geoffrey (1967), *English law in Ireland 1290–1324*, Cambridge

Hand, Geoffrey (1972), 'English law in Ireland, 1172–1351', *Northern Ireland Legal Quarterly* 23: 393–422

Harbison, Peter (1975–6), 'Native Irish arms and armour in medieval Gaelic literature, 1170–1600', *Irish Sword* 12: 173–99, 270–84

Herbert, Trevor and Jones, Gareth Elwyn (eds.), (1988), *Edward I and Wales*, Cardiff

Historical atlas of Scotland 400–1600 (1975), ed. Peter McNeill and Ranald Nicholson, St Andrews

Historical atlas of Wales (1951), ed. William Rees, London

Jack, R.I. (1972), *The sources of history: medieval Wales*, London

Kenyon, John R. and Avent, Richard (eds.) (1987), *Castles in Wales and the Marches: essays in honour of D.J. Cathcart King*, Cardiff

Leask, H.G. (1973), *Irish castles and castellated houses*, Dundalk

Lloyd, J.E. (1939), *A history of Wales*, 3rd edn, 2 vols., London

Lydon, James (1967), 'The problem of the frontier in medieval Ireland', *Topic. A Journal of the Liberal Arts* 13: 5–22

Lydon, James (1972), *The lordship of Ireland in the Middle Ages*, Dublin

Lydon, James (1973), *Ireland in the later Middle Ages*, Dublin

Lydon, James (ed.) (1981), *England and Ireland in the later Middle Ages: essays in honour of* 981
  Jocelyn Otway-Ruthven, Dublin

Lydon, James (ed.) (1984), *The English in medieval Ireland,* Dublin

Lynch, Michael, Spearman, M. and Stell, G. (eds.) (1988), *The Scottish medieval town,*
  Edinburgh

MacKenzie, William Mackay (1949), *The Scottish burghs,* Edinburgh

McNeill, T.E. (1980), *Anglo-Norman Ulster: the history and archaeology of an Irish barony*
  1177–1400, Edinburgh

Macquarrie, Alan (1985), *Scotland and the crusades 1095–1560,* Edinburgh

MacQueen, Hector (1993), *Common law and feudal society in medieval Scotland,* Edinburgh

Martin, Geoffrey (1981), 'Plantation boroughs in medieval Ireland, with a handlist of
  boroughs to c. 1500', in David Harkness and Mary O'David (eds.), *The town in Ireland,*
  Historical Studies, 13, Belfast, pp. 25–53

Metcalf, D.M. (ed.) (1977), *Coinage in medieval Scotland (1100–1600),* British Archaeological
  Reports, 45, Oxford

Morris, John E. (1901), *The Welsh wars of Edward I,* Oxford

New history of Ireland, II: *Medieval Ireland, 1169–1534* (1987), ed. Art Cosgrove, Oxford

Nicholls, Kenneth (1972), *Gaelic and Gaelicised Ireland in the Middle Ages,* Dublin

Nicholls, Kenneth (1982), 'Anglo-French Ireland and after', *Peritia* 1: 370–403

O'Sullivan, M.D. (1962), *Italian merchant bankers in Ireland in the thirteenth century,* Dublin

Orpen, Goddard H. (1911–20), *Ireland under the Normans, 1169–1333,* 4 vols., Oxford

Otway-Ruthven, A.J. (1948–9), 'The request of the Irish for English law, 1277–80', *Irish*
  Historical Studies 6: 261–70

Otway-Ruthven, A.J. (1950–1), 'The native Irish and English law in medieval Ireland',
  Irish Historical Studies 7: 1–16

Otway-Ruthven, A.J. (1951), 'The organisation of Anglo-Irish agriculture in the Middle
  Ages', *Journal of the Royal Society of Antiquaries of Ireland* 81: 1–13

Otway-Ruthven, A.J. (1958), 'The constitutional position of the great lordships in
  South Wales', *TRHS* 5th series 8: 1–20

Otway-Ruthven, A.J. (1959), 'Knight service in Ireland', *Journal of the Royal Society of*
  Antiquaries of Ireland 89: 1–15

Otway-Ruthven, A.J. (1961a), 'Knights' fees in Kildare, Leix and Offaly', *Journal of the*
  Royal Society of Antiquaries of Ireland 91: 163–81

Otway-Ruthven, A.J. (1961b), 'The medieval church lands of county Dublin', in J.A.
  Watt, J.B. Morrall and F.X. Martin (eds.), *Medieval studies presented to A. Gwynn,* Dublin,
  pp. 54–73

Othway-Ruthven, A.J. (1964), 'Parochial development in the rural deanery of Skreen',
  Journal of the Royal Society of Antiquaries of Ireland 94: 111–22

Otway-Ruthven, A.J. (1965), 'The character of Norman settlement in Ireland', in J.L.
  McCracken (ed.), *Historical studies,* v, London, pp. 75–84

Otway-Ruthven, A.J. (1968), 'Royal service in Ireland', *Journal of the Royal Society of*
  Antiquaries of Ireland 98: 37–46

Otway-Ruthven, A.J. (1980), *A history of medieval Ireland,* 2nd edn, London

Pierce, T. Jones (1972), *Medieval Welsh society,* Cardiff

Pryce, Huw (1993), *Native law and the Church in medieval Wales,* Oxford

Rees, William (1924), *South Wales and the March 1284–1415,* Oxford

982　Reid, Norman H. (ed.) (1990), *Scotland in the reign of Alexander III 1249–1286*, Edinburgh

Richardson, H.G. and Sayles, G.O. (1952), *The Irish parliament in the Middle Ages*, Philadelphia

Scots peerage (1904–14), ed. James Balfour Paul, 9 vols., Edinburgh

Simms, Katharine (1975–6), 'Warfare in the medieval Gaelic lordships', *Irish Sword* 12: 98–108

Simms, Katharine (1987), *From kings to warlords: the changing political structure of Gaelic Ireland in the later Middle Ages*, Woodbridge

Smith, Llinos Beverley (1980–1), 'The statute of Wales, 1284', *Welsh History Review* 10: 127–54

Smith, Llinos Beverley (1984), 'The gravamina of the community of Gwynedd against Llywelyn ap Gruffudd', *Bulletin of the Board of Celtic Studies* 31: 158–76

Soulsby, Ian (1983), *The towns of medieval Wales*, Chichester

Stalley, R.A. (1987), *The Cistercian monasteries of Ireland*, New Haven

Stephenson, David (1984), *The governance of Gwynedd*, Cardiff

Stringer, K.J. (1985a), *Earl David of Huntingdon, 1152–1219: a study in Anglo-Scottish history*, Edinburgh

Stringer, K.J. (ed.) (1985b), *Essays on the nobility of medieval Scotland*, Edinburgh

Taylor, Arnold (1986), *The Welsh castles of Edward I*, London

Walker, David (1990), *Medieval Wales*, Cambridge

Waters, W.H. (1935), *The Edwardian settlement of North Wales in its administrative and legal aspects (1284–1343)*, Cardiff

Watt, D.E.R. (1971), 'The minority of Alexander III of Scotland', *TRHS* 5th series 21: 1–24

Watt, D.E.R. (1977), *A biographical dictionary of Scottish graduates to AD 1410*, Oxford

Watt, J.A. (1961), 'English law and the Irish Church: the Reign of Edward I', in J.A. Watt, J.B. Morrall and F.X. Martin (eds.), *Medieval studies presented to A. Gwynn*, Dublin, pp. 133–67

Watt, J.A. (1970), *The Church and the two nations in medieval Ireland*, Cambridge

Watt, J.A. (1972), *The Church in medieval Ireland*, Dublin

Webster, Bruce (1975), *Scotland from the eleventh century to 1603*, The Sources of History, London

Welsh History Review, The Welsh Laws (1963), special issue

Whyte, Ian D. (1995), *Scotland before the Industrial Revolution: an economic and social history c. 1050–c. 1750*, London

Williams, A.H. (1948), *An introduction to the history of Wales*, II: *1063–1284*, Cardiff

Williams, A.H. (1984), *The Welsh Cistercians*, 2 vols., Tenby

Williams, Glanmor (1976), *The Welsh Church from the Conquest to the Reformation*, 2nd edn., Cardiff

Williams, Gwyn A. (1964), 'The succession to Gwynedd 1238–47', *Bulletin of the Board of Celtic Studies* 20: 393–413

索　引

说明：如军队、君主和贸易等概念都当作普通概念编入索引，也放置在所属国家和地区下面。用斜体标注的页码表示主要主题，黑体的表示地图。

985

988

992

999

1005

1010

1011

I

1014

1017

1019

1024

1033

1034

1035

1038

1040